平安中国年鉴 2024

中央政法委办公厅 编

中国长安出版传媒有限公司
中国长安出版社

图书在版编目（CIP）数据

平安中国年鉴. 2024 / 中央政法委办公厅编. -- 北京：中国长安出版传媒有限公司，2025. 2 -- ISBN 978-7-5107-1160-2

Ⅰ. D63-54

中国国家版本馆 CIP 数据核字第 2024JG5660 号

平安中国年鉴（2024）

中央政法委办公厅　编

出版发行　中国长安出版传媒有限公司　中国长安出版社
社　　址　北京市东城区北池子大街 14 号（100006）
网　　址　www.changancbcm.com
邮　　箱　capress@163.com
电　　话　（010）55603463
责任编辑　刘英雪　李　涛
印　　刷　北京博海升彩色印刷有限公司
开　　本　889 毫米 × 1194 毫米　1/16
印　　张　42.75
插　　页　68
字　　数　1500 千字
版　　次　2025 年 2 月第 1 版
印　　次　2025 年 2 月第 1 次印刷

书　　号　ISBN 978-7-5107-1160-2
定　　价　380.00 元

《平安中国年鉴》编辑委员会

何国锋　汪　兵　沈厚富　张　昕　张　涛

张　强　张　磊　张立刚　张自军　张旭东

张庆宏　张新辉　陆亚凡　陈绍清　林文学

范巧兰　周　戈　周　涛　周健辉　周惠永

郑　辉　赵　清　胡　敏　胡志勇　胡增印

聂辰录　徐永胜　郭　磊　郭利锁　诸建全

黄　敏　章亮亮　梁一波　彭　波　蒋中平

赖圣聪　翟惠敏　樊忠诚　德吉卓嘎　滕　勇

《平安中国年鉴》编辑部

吕　猛	吕世克	朱　文	朱　峰	朱　琳
朱冬冬	全敏慧	刘　宁	刘　伟	刘　军
刘　剑	刘　敏	刘　琦	刘　福	刘中琦
刘白帆	刘海滨	齐永生	闫梦筠	江　磊
汤　明	安景旭	许　星	阮山峰	孙　超
孙成林	孙健嵘	纪　聿	杜　凡	李　方
李　刚	李　辉	李　路	李　睿	李万俊
李世炜	李东升	李佳杰	李宜侯	李茜娅
李海清	李跃文	李燕峰	杨天东	杨晓睿
杨雪峰	肖　军	肖海云	时苗苗	吴汉聪
岑泽玉	何奇钊	邹佳俊	汪全龙	汪莎莎
宋　欢	宋垒磊	张　宁	张　雷	张少青
张玉路	张兴聪	张红军	张志远	张连生

张泊帆　张维卫　张耀玮　陈　巍　陈从彩

陈恪睿　陈鹏帆　范宗平　林香超　林润祥

明淑红　罗建国　岳文钰　周　政　郑　坤

郑宇鹏　郑燕君　孟　斌　赵　波　赵　哲

赵　磊　赵从军　郝利锋　胡剑祎　柳晨龙

钟河林　俞治帆　施家毅　姜　迪　姜　聪

洛桑加措　骆劲圯　袁　健　聂文德　莫锦晶

栗　鹏　夏晶晶　徐　繁　徐亚杰　徐金龙

殷鸿儒　高启建　高林皓　桑　娜　曹　云

曹西鹏　曹丽华　曹润涵　崔　豪　崔东树

康志纯　梁　菱　蒋丽萍　韩永生　程　斌

程志鹏　谢宏斌　靳宝天　褚　新　谭海波

翟　威　熊　争　樊　彬　潘晓恒　魏敬亮

编 辑 说 明

一、《平安中国年鉴》是中央政法委主管主办的专业年鉴，旨在充分展示全国政法系统深入学习贯彻习近平新时代中国特色社会主义思想特别是习近平法治思想、总体国家安全观、习近平总书记关于政法工作重要论述的生动实践，真实客观记录党领导政法工作、开展平安建设和法治建设的历史足迹、辉煌成就和成功经验，为深入推进平安中国、法治中国建设服务。

二、《平安中国年鉴》前身为《中国社会治安综合治理年鉴》，始于1991年；2019卷起改版为《平安中国年鉴》。截至2024卷，共出版27卷。

三、《平安中国年鉴》收录的资料由中央政法委，最高人民法院，最高人民检察院，公安部，国家安全部，司法部，中国法学会，各省、自治区、直辖市和新疆生产建设兵团党委政法委组织撰写和提供，内容全面、翔实、权威、准确。

四、《平安中国年鉴》2024卷记述和收录了2023年中央和地方政法工作情况，主要有5项内容：习近平总书记重要讲话和重要指示批示；专记，包括学习贯彻党的二十大精神、学习贯彻习近平新时代中国特色社会主义思想主题教育；专文，包括中央政法委书记、副书记和委员公开发表的署名文章；中央政法工作，包括会议部署、工作调研、交流合作、其他重要活动、政策文件、年度工作综述、大事记；地方政法工作，包括工作概况、会议活动、文件选辑、特色专栏。篇尾还附录了年度重要统计资料和表彰名录。

五、《平安中国年鉴》的编辑出版得到了中央和地方有关部门的有力指导和大力支持，谨在此表示诚挚感谢。

《平安中国年鉴》编辑部

2025年2月

目　　录

习近平总书记重要讲话和重要指示批示

专　记

学习贯彻党的二十大精神

学习贯彻习近平新时代中国特色社会主义思想主题教育

专　文

中央政法工作

一、会议部署

五、政策文件

地方政法工作

北京市

天津市

河北省

吉林省

工作概况

会议活动

文件选辑

特色专栏

黑龙江省

工作概况

会议活动

文件选辑

特色专栏

上海市

工作概况

会议活动

文件选辑

特色专栏

江苏省

工作概况

会议活动

文件选辑

特色专栏

浙江省

工作概况

会议活动

文件选辑

特色专栏

安徽省

工作概况

会议活动

文件选辑

广东省

工作概况

会议活动

文件选辑

特色专栏

广西壮族自治区

工作概况

会议活动

文件选辑

特色专栏

海南省

工作概况

会议活动

文件选辑

特色专栏

重庆市

工作概况

会议活动

文件选辑

特色专栏

四川省

工作概况

会议活动

文件选辑

特色专栏

贵州省

工作概况

会议活动

文件选辑

特色专栏

甘肃省

工作概况

会议活动

文件选辑

特色专栏

青海省

工作概况

会议活动

文件选辑

特色专栏

宁夏回族自治区

工作概况

会议活动

文件选辑

特色专栏

附　录

一、统计资料

法院系统

检察系统

公安系统

司法行政系统

二、表彰名录

党委政法委系统

法院系统

习近平总书记
重要讲话和重要指示批示

习近平对政法工作作出重要指示强调

坚持改革创新发扬斗争精神
奋力推进政法工作现代化

中共中央总书记、国家主席、中央军委主席习近平对政法工作作出重要指示强调，政法工作是党和国家工作的重要组成部分。要全面贯彻落实党的二十大精神，坚持党对政法工作的绝对领导，提高政治站位和政治判断力、政治领悟力、政治执行力，坚持以人民为中心，坚持中国特色社会主义法治道路，坚持改革创新，坚持发扬斗争精神，奋力推进政法工作现代化，全力履行维护国家政治安全、确保社会大局稳定、促进社会公平正义、保障人民安居乐业的职责使命，为全面建设社会主义现代化国家、全面推进中华民族伟大复兴贡献力量。各级党委要加强对政法工作的领导，为推进政法工作现代化提供有力保障。

“中国人民警察节”即将到来，习近平代表党中央，向全国人民警察致以节日祝贺和慰问，希望同志们矢志不渝做党和人民的忠诚卫士，为维护国家安全和社会稳定再立新功。

中央政法工作会议1月7日至8日在北京召开。中共中央政治局委员、中央政法委书记陈文清在会上传达习近平重要指示并讲话，表示要以习近平新时代中国特色社会主义思想为指导，全面贯彻落实党的二十大精神，坚决落实习近平总书记对政法工作的重要指示，深刻领悟“两个确立”的决定性意义，增强“四个意识”、坚定“四个自信”、做到“两个维护”，坚持党对政法工作的绝对领导，坚持统筹国内国际两个大局，坚持统筹发展安全两件大事，全力履行职责使命，奋力推进新时代新征程政法工作现代化，为全面建设社会主义现代化国家、全面推进中华民族伟大复兴贡献力量。

中共中央书记处书记、公安部部长王小洪主持会议并作总结讲话。会议以电视电话会议形式召开。

（新华社）

习近平主持召开二十届中央国家安全委员会第一次会议强调

加快推进国家安全体系和能力现代化
以新安全格局保障新发展格局

5月30日，中共中央总书记、国家主席、中央军委主席、中央国家安全委员会主席习近平主持召开二十届中央国家安全委员会第一次会议。习近平在会上发表重要讲话强调，要全面贯彻党的二十大精神，深刻认识国家安全面临的复杂严峻形势，正确把握重大国家安全问题，加快推进国家安全体系和能力现代化，以新安全格局保障新发展格局，努力开创国家安全工作新局面。

中共中央政治局常委、中央国家安全委员会副主席李强、赵乐际、蔡奇出席会议。

会议指出，中央国家安全委员会坚持发扬斗争精神，坚持并不断发展总体国家安全观，推动国家安全领导体制和法治体系、战略体系、政策体系不断完善，实现国家安全工作协调机制有效运转、地方党委国家安全系统全国基本覆盖，坚决捍卫了国家主权、安全、发展利益，国家安全得到全面加强。

会议强调，当前我们所面临的国家安全问题的复杂程度、艰巨程度明显加大。国家安全战线要树立战略自信、坚定必胜信心，充分看到自身优势和有利条件。要坚持底线思维和极限思维，准备经受风高浪急甚至惊涛骇浪的重大考验。要加快推进国家安全体系和能力现代化，突出实战实用鲜明导向，更加注重协同高效、法治思维、科技赋能、基层基础，推动各方面建设有机衔接、联动集成。

会议指出，要以新安全格局保障新发展格局，主动塑造于我有利的外部安全环境，更好维护开放安全，推动发展和安全深度融合。要推进维护和塑造国家安全手段方式变革，创新理论引领，完善力量布局，推进科技赋能。要完善应对国家安全风险综合体，实时监测、及时预警，打好组合拳。

会议强调，国家安全工作要贯彻落实党的二十大决策部署，切实做好维护政治安全、提升网络数据人工智能安全治理水平、加快建设国家安全风险监测预警体系、推进国家安全法治建设、加强国家安全教育等方面工作。

会议审议通过了《加快建设国家安全风险监测预警体系的意见》《关于全面加强国家安全教育的意见》等文件。

中央国家安全委员会常务委员、委员出席会议，中央和国家机关有关部门负责同志列席会议。

（新华社）

习近平对网络安全和信息化工作作出重要指示强调

深入贯彻党中央关于网络强国的重要思想
大力推动网信事业高质量发展

中共中央总书记、国家主席、中央军委主席习近平对网络安全和信息化工作作出重要指示指出，党的十八大以来，我国网络安全和信息化事业取得重大成就，党对网信工作的领导全面加强，网络空间主流思想舆论巩固壮大，网络综合治理体系基本建成，网络安全保障体系和能力持续提升，网信领域科技自立自强步伐加快，信息化驱动引领作用有效发挥，网络空间法治化程度不断提高，网络空间国际话语权和影响力明显增强，网络强国建设迈出新步伐。

习近平强调，新时代新征程，网信事业的重要地位作用日益凸显。要以新时代中国特色社会主义思想为指导，全面贯彻落实党的二十大精神，深入贯彻党中央关于网络强国的重要思想，切实肩负起举旗帜聚民心、防风险保安全、强治理惠民生、增动能促发展、谋合作图共赢的使命任务，坚持党管互联网，坚持网信为民，坚持走中国特色治网之道，坚持统筹发展和安全，坚持正能量是总要求、管得住是硬道理、用得好是真本事，坚持筑牢国家网络安全屏障，坚持发挥信息化驱动引领作用，坚持依法管网、依法办网、依法上网，坚持推动构建网络空间命运共同体，坚持建设忠诚干净担当的网信工作队伍，大力推动网信事业高质量发展，以网络强国建设新成效为全面建设社会主义现代化国家、全面推进中华民族伟大复兴作出新贡献。

习近平强调，各级党委（党组）要加强组织领导、强化统筹协调，确保党中央关于网信工作决策部署落到实处；各级网信部门要忠于党和人民，勇于担当作为，善于开拓创新，敢于斗争亮剑，甘于拼搏奉献，为推动网信事业高质量发展提供坚强保证。

全国网络安全和信息化工作会议7月14日至15日在京召开。中共中央政治局常委、中央书记处书记蔡奇出席会议并讲话，中共中央政治局常委、国务院副总理丁薛祥出席会议并传达了习近平重要指示。

蔡奇在讲话中指出，习近平总书记重要指示鲜明提出网信工作的使命任务，明确“十个坚持”重要原则，并对网信工作提出要求，具有很强的政治性、战略性、指导性，为做好新时代新征程网信工作指明了方向，我们要坚决贯彻落实。

蔡奇强调，党的十八大以来网信事业取得重大成就，最根本在于有习近平总书记领航掌舵，有习近平新时代中国特色社会主义思想科学指引。习近平总书记关于网络强国的重要思想，科学回答了网信事业发展的一系列重大理论和实践问题，把党对网信工作的规律性认识提升到全新高度，是新时代新征程引领网信事业高质量发展、建设网络强国的行动指南，我们要深入学习领会，更加深刻领悟“两个确立”的决定性意义，坚决做到“两个维护”，切实贯彻到网信工作全过程。

蔡奇强调，党的二十大对网信工作作出战略部署，要牢记使命任务，细化任务举措，着力推动落实。要加强网上正面宣传引导，防范网络意识形态风险，提高网络综合治理效能，形成良好网络生态，牢牢掌握网络意识形态工作领导权。统筹发展与安全，实施网络安全重大战略和任务，构建大网络安全工作格局，筑牢国家网络安全屏障。坚持创新驱动、自立自强、赋能发展、普惠公平，攻克短板不足，发挥信息化驱动引领作用。加强网络立法执法司法普法，推进网络空间法治化进程。深化网信领域国际交流与务实合作。坚持党管互联网，加强党对网信工作的全面领导，中央网信委及成员单位、各级党委（党组）及网信部门要落实主体责任，形成合力推动网信工作的生动局面。

中共中央政治局委员、中宣部部长李书磊在总结讲话中表示，要深入学习贯彻习近平新时代中国特色社会主义思想特别是关于网络强国的重要思想，认真贯彻落实习近平总书记重要指示，坚定拥护“两个确立”、坚决做到“两个维护”，切实肩负起举旗帜聚民心、防风险保安全、强治理惠民生、增动能促发展、谋合作图共赢的使命任务，把党的全面领导体现到网信工作各方面全过程，推动网信事业高质量发展，为强国建设、民族复兴伟业提供坚实支撑。

北京市、上海市、广东省、教育部、工业和信息化部、人民日报社有关同志作交流发言。

石泰峰、何立峰、张又侠、陈文清、王小洪、吴政隆出席会议。

中央网络安全和信息化委员会成员，各省区市和计划单列市、新疆生产建设兵团，中央和国家机关有关部门、有关人民团体、有关国有企业、军队有关单位，中央重点新闻网站负责同志等参加会议。

（新华社）

习近平向第十次上海合作组织成员国司法部长会议致贺信

9月5日，国家主席习近平向第十次上海合作组织成员国司法部长会议致贺信。

习近平指出，自2013年上海合作组织成员国司法部长会议机制运行以来，各成员国秉持和弘扬“上海精神”，相互支持，精诚合作，不断促进各国法治建设，加强政府间司法领域交流互鉴，持续开展法律服务领域务实合作，坚定维护以联合国为核心的国际体系和以国际法为基础的国际秩序，发挥了重要作用。

习近平强调，中国高度重视法治固根本、稳预期、利长远的保障作用，积极参与全球治理体系改革和建设。中国愿同上海合作组织其他成员国一道，不断深化新时代各国法律和司法行政领域交流合作，以法治方式促进各国经济高质量发展，维护地区和平稳定，推动构建人类命运共同体。

第十次上海合作组织成员国司法部长会议由司法部主办，9月5日在上海开幕。

（新华社）

习近平回信勉励中国人民公安大学在读英烈子女

以英雄的父辈为榜样
矢志不渝做党和人民的忠诚卫士

9 月 28 日，在中秋节、国庆节来临之际，中共中央总书记、国家主席、中央军委主席习近平给中国人民公安大学在读英烈子女回信，对他们提出殷切期望，向公安英烈的家人致以问候。

习近平在回信中说，得知你们怀着对党的感恩之心，立志扛起父辈的旗帜，为守护平安中国贡献青春力量，我很欣慰。

习近平强调，维护国家安全和社会稳定，守护人民的幸福和安宁，是人民警察的神圣职责。你们的父辈勇于担当作为，甘于牺牲奉献，他们的精神永远值得铭记和发扬。希望你们以英雄的父辈为榜样，坚定理想信念，刻苦学习训练，努力练就报国为民的过硬本领，矢志不渝做党和人民的忠诚卫士，为建设更高水平的平安中国不懈努力，为推进强国建设、民族复兴伟业积极贡献力量。

新中国成立至今，全国公安机关共有 1.7 万余名民警因公牺牲，其中 3700 余人被评为烈士。党的十八大以来，习近平总书记多次接见全国公安系统英模代表，对弘扬公安英模精神、照顾好因公牺牲同志的家人提出要求。近日，中国人民公安大学 8 名在读英烈子女给习近平总书记写信，汇报在校学习训练的情况和成长感悟，表达继承父辈遗志、为守护平安中国贡献力量的决心。

（新华社）

习近平会见全国“枫桥式工作法”入选单位代表

11 月 6 日，中共中央总书记、国家主席、中央军委主席习近平在北京人民大会堂亲切会见全国“枫桥式工作法”入选单位代表，向他们表示诚挚问候和热烈祝贺，勉励他们再接再厉，坚持和发展好新时代“枫桥经验”，为推进更高水平的平安中国建设作出新的更大贡献。

中共中央政治局常委、中央办公厅主任蔡奇，中共中央政治局常委、中央纪委书记李希参加会见。

上午 10 时 30 分，习近平等来到人民大会堂东大厅，全场响起热烈掌声。习近平等向代表们挥手致意，同大家亲切交流并合影留念。

陈文清、王小洪、吴政隆、张军、应勇参加会见。

党的十八大以来，习近平总书记就坚持和发展新时代“枫桥经验”作出一系列重要指示，各地认真贯彻落实习近平总书记重要指示精神，紧紧依靠群众探索创新，努力为中国式现代化建设创造安全稳定的社会环境。中央政法委在全国范围内评选出 104 个“枫桥式工作法”单位。

（新华社）

习近平在中共中央政治局第十次集体学习时强调

加强涉外法制建设
营造有利法治条件和外部环境

11 月 27 日，中共中央政治局就加强涉外法制建设进行第十次集体学习。中共中央总书记习近平在主持学习时强调，加强涉外法治建设既是以中国式现代化全面推进强国建设、民族复兴伟业的长远所需，也是推进高水平对外开放、应对外部风险挑战的当务之急。要从更好统筹国内国际两个大局、更好统筹发展和安全的高度，深刻认识做好涉外法治工作的重要性和紧迫性，建设同高质量发展、高水平开放要求相适应的涉外法治体系和能力，为中国式现代化行稳致远营造有利法治条件和外部环境。

武汉大学特聘教授黄惠康同志就这个问题进行讲解，提出工作建议。中央政治局的同志认真听取了讲解，并进行了讨论。

习近平在听取讲解和讨论后发表了重要讲话。他指出，法律是社会生活、国家治理的准绳。涉外法律制度是国家法制的重要组成部分，是涉外法治的基础，发挥着固根本、稳预期、利长远的重要作用。在强国建设、民族复兴新征程上，必须坚持正确政治方向，以更加积极的历史担当和创造精神，加快推进我国涉外法治体系和能力建设。

习近平强调，涉外法治作为中国特色社会主义法治体系的重要组成部分，事关全面依法治国，事关我国对外开放和外交工作大局。推进涉外法治工作，根本目的是用法治方式更好维护国家和人民利益，促进国际法治进步，推动构建人类命运共同体。必须坚定不移走中国特色社会主义法治道路。

习近平指出，涉外法治工作是一项涉及面广、联动性强的系统工程，必须统筹国内和国际，统筹发展和安全，坚持前瞻性思考、全局性谋划、战略性布局、整体性推进，加强顶层设计，一体推进涉外立法、执法、司法、守法和法律服务，形成涉外法治工作大协同格局。要坚持立法先行、立改废释并举，形成系统完备的涉外法律法规体系。要建设协同高效的涉外法治实施体系，提升涉外执法司法效能，推进涉外司法审判体制机制改革，提高涉外司法公信力。要积极发展涉外法律服务，培育一批国际一流的仲裁机构、律师事务所。要深化执法司法国际合作，加强领事保护与协助，建强保护我国海外利益的法治安全链。要强化合规意识，引导我国公民、企业在“走出去”过程中自觉遵守当地法律法规和风俗习惯，运用法治和规则维护自身合法权益。

习近平强调，要坚定维护以国际法为基础的国际秩序，主动参与国际规则制定，推进国际关系法治化。积极参与全球治理体系改革和建设，推动全球治理朝着更加公正合理的方向发展，以国际良法促进全球善治，助力构建人类命运共同体。

习近平指出，法治同开放相伴而行，对外开放向前推进一步，涉外法治建设就要跟进一步。要坚持在法治基础上推进高水平对外开放，在扩大开放中推进涉外法治建设，不断夯实高水平开放的法治根基。法治是最好的营商环境，要完善公开透明的涉外法律体系，加强知识产权保护，维护外资企业合法权益，用好国内国际两类规则，营造市场化、法治化、国际化一流营商环境。要主动对接、积极吸纳高标准国际经贸规则，稳步扩大制度型开放，提升贸易和投资自由化便利化水平，建设更高水平开放型经济新体制。要对标国际先进水平，把自由贸易试验区等高水平对外开放的有效举措和成熟经验及时上升为法律，打造开放层次更高、营商环境更优、辐射作用更强的对外开放新高地。要全面提升依法维护开放安全能力。完善外国人在华生活便利服务措施和相关法律法规。

习近平强调，要加强专业人才培养和队伍建设。坚持立德树人、德法兼修，加强学科建设，办好法学教育，完善以实践为导向的培养机制，早日培养出一批政治立场坚定、专业素质过硬、通晓国际规则、精通涉外法律实务的涉外法治人才。健全人才引进、选拔、使用、管理机制，做好高端涉外法治人才培养储备。加强涉外干部队伍法治能力建设，打造高素质专业化涉外法治工作队伍。各级领导干部要带头尊法、学法、守法、用法，切实提升涉外法治思维和依法办事能力。

习近平指出，要坚定法治自信，积极阐释中国特色涉外法治理念、主张和成功实践，讲好新时代中国法治故事。加强涉外法治理论和实践前沿课题研究，构建中国特色、融通中外的涉外法治理论体系和话语体系，彰显我国法治大国、文明大国形象。中华法系源远流长，中华优秀传统法律文化蕴含丰富法治思想和深邃政治智慧，是中华文化的瑰宝。要积极推动中华优秀传统法律文化创造性转化、创新性发展，赋予中华法治文明新的时代内涵，激发起蓬勃生机。

（新华社）

习近平在第十个国家宪法日之际作出重要指示强调

坚定维护宪法权威和尊严推动宪法完善和发展 更好发挥宪法在治国理政中的重要作用

在第十个国家宪法日到来之际，中共中央总书记、国家主席、中央军委主席习近平作出重要指示指出，宪法是治国安邦的总章程，是我们党治国理政的根本法律依据，是国家政治和社会生活的最高法律规范。党的十八大以来，党加强对宪法工作的全面领导，丰富和发展了中国特色社会主义宪法理论和宪法实践，推动我国宪法制度建设和宪法实施取得历史性成就。

习近平强调，新征程上，要坚定维护宪法权威和尊严，推动宪法完善和发展，更好发挥宪法在治国理政中的重要作用，为以中国式现代化全面推进强国建设、民族复兴伟业提供坚实保障。要坚定政治制度自信，坚持宪法确定的中国共产党领导地位不动摇，坚持宪法确定的人民民主专政的国体和人民代表大会制度的政体不动摇。要贯彻新时代中国特色社会主义法治思想，坚持宪法规定、宪法原则、宪法精神全面贯彻，坚持宪法实施、宪法解释、宪法监督系统推进，加快完善以宪法为核心的中国特色社会主义法律体系，不断提高宪法实施和监督水平。要加强宪法理论研究和宣传教育，坚持知识普及、理论阐释、观念引导全面发力，在全社会大力弘扬宪法精神、社会主义法治精神，推动宪法实施成为全体人民的自觉行动。

（新华社）

专　　记

学习贯彻党的二十大精神

中央政法委

学习宣传贯彻党的二十大精神 奋力谱写新时代政法工作现代化新篇章

党的二十大以来，中央政法委认真落实《中共中央关于认真学习宣传贯彻党的二十大精神的决定》要求，把学习宣传贯彻大会精神作为当前和今后一个时期的首要政治任务，作为谋划开展一切工作的立足点，采取多种方式引导广大党员干部把思想和行动统一到党的二十大精神上来，把智慧和力量凝聚到党的二十大提出的目标任务上来，更加紧密地团结在以习近平同志为核心的党中央周围，攻坚克难、苦干实干、踔厉奋发、勇毅前行，为全面建设社会主义现代化国家贡献政法力量。

一、旗帜鲜明讲政治，深刻领悟“两个确立”的决定性意义，坚决做到“两个维护”

中央政法委深入学习宣传贯彻党的二十大精神，举办政法领导干部专题研讨班、新任地市级党委政法委书记培训班。扎实开展学习贯彻习近平新时代中国特色社会主义思想主题教育，深入学习领会习近平法治思想、总体国家安全观和习近平总书记关于新时代政法工作的重要论述。坚决贯彻落实习近平总书记重要指示批示精神，建立“首要议题”制度，拧紧专题研究、部署落实、检查督办、跟踪问效等全流程工作链条，确保“事事有着落、件件有回音”。制定实施中央政法委《关于坚决维护党中央集中统一领导的规定》《贯彻落实中央八项规定实施细则的若干规定》，严格执行向党中央请示报告制度，严明党的政治纪律和政治规矩，彻底肃清周永康、孙力军政治团伙等流毒影响，确保政法工作始终听从习近平总书记直接指挥，始终置于以习近平同志为核心的党中央集中统一领导之下。

二、全面贯彻习近平法治思想，为全面建设社会主义现代化国家铺好法治之轨、畅通法治之道

以习近平法治思想为指引，时时处处用“十一个坚持”对照、审视工作。首次分专题研究部署科学立法、严格执法、公正司法等工作，努力让人民群众在每一项法律制度、每一个执法决定、每一宗司法案件中都感受到公平正义。制定政法领域立法五年规划，推动出台刑法修正案（十二），推动修改行政复议法等法律，围绕数字经济等新兴领域提出立法建议。推动实施“八五”普法规划，首次对全国律师行业党组织书记进行全覆盖培训。依法维护社会主义市场经济秩序，规范经济犯罪案件立案审查机制，依法平等保护各类市场主体产权和合法权益，优化法治化营商环境。

三、坚决贯彻总体国家安全观，切实维护国家安全

推动落实党委（党组）国家安全责任制，积极防范化解重大安全风险，严厉打击敌对势力渗透、破坏、颠覆、分裂活动，坚定维护国家政权安全、制度安全、意识形态安全。

四、推动加强社会治安综合治理，有力维护社会大局稳定

强化社会治安整体防控，全面落实“打防管控建”各项措施，提高驾驭社会治安局势的能力。推进扫黑除恶常态化，全力保障人民群众生命财产安全。发展壮大群防群治力量，加强见义勇为激励保障。坚持和发展新时代“枫桥经验”，推进矛盾纠纷多元化解，及时把矛盾纠纷化解在基层、化解在萌芽状态。推动信访工作法治化，依法依规落实“四个到位”。推动高标准完成全国两会、中国—中亚峰会、成都大运会、杭州亚运会、第三届“一带一路”国际合作高峰论坛等重大活动维稳安保任务。

五、全面深化政法改革，为推进政法工作现代化塑造新动能

推动出台法治领域五年改革纲要，深化司法体制综合配套改革。全面准确落实司法责任制，推动完善法官检察官逐级遴选制度，让最优秀的人留在办案一线。推进公安机关执法责任制改革，激励民警办好案。深化诉讼制度改革，提高办案质效。推进科技信息化建设，加强智慧法院建设，深入实施数字检察战略，实行科技兴警三年行动计划。加快推进跨部门大数据办案平台建设。

六、持续推进政法队伍专业化建设，建设堪当重任的高素质政法铁军

从严正风肃纪，深化纠治“四风”，严格落实防止干预司法“三个规定”。坚持用制度管权管事管人，健全政法各单位内部监督体系。强化党纪国法、警规警纪教育，定期通报典型问题，筑牢拒腐防变的思想防线。完善政法机关与高校合作培养人才机制，提高后备人才培养质量。推动健全政法干警身心健康保护机制，千方百计帮助解决干警家庭实际问题。强化正向激励，首次在全国党委政法委系统评选表彰先进集体和个人，组织开展向鲍卫忠、曹艳群、师帅等先进典型学习活动。

七、加强党委政法委自身建设，坚决落实党对政法工作的绝对领导

以深入实施《中国共产党政法工作条例》为抓手，推动完善政治督察、工作述职、执法监督、纪律作风督查巡查等制度机制，确保党中央政令畅通、令行禁止。加强统筹协调，着力推进事关全局和长远的大事要事，着力协调解决一个政法单位办不了、办不好的难点问题，着力抓好涉及法治建设和国家安全、社会稳定的重要工作，着力应对重大突发事件。

最高人民法院

把党的二十大精神落实到全领域各方面
以司法审判工作现代化服务保障中国式现代化

党的二十大是在全党全国各族人民迈上全面建设社会主义现代化国家新征程、向第二个百年奋斗目标进军的关键时刻召开的一次十分重要的大会，是一次高举旗帜、凝聚力量、团结奋进的大会。大会胜利闭幕后，按照党中央统一部署，最高人民法院党组把学习宣传贯彻党的二十大精神作为首要政治任务，带领全国法院深入学习宣传贯彻党的二十大精神，深刻领悟“两个确立”的决定性意义，全面学习、深刻领会党的二十大精神的丰富内涵和实践要求，确保党中央决策部署在人民法院不折不扣落到实处，以司法审判工作现代化服务保障中国式现代化。

一、坚持以上率下，把学习贯彻党的二十大精神作为头等大事摆上重要日程

院党组对学习贯彻党的二十大精神高度重视，先后召开党组会、干部大会专题传达学习党的二十大精神，向全国法院发出认真学习宣传贯彻党的二十大精神通知，举行专题辅导报告会、党组理论学习中心组（扩大）集体学习研讨。2023 年全国两会胜利闭幕后，院党组书记、院长张军第一时间主持召开党组会议，传达学习贯彻习近平总书记在全国两会期间系列重要讲话精神和全国两会精神，对学深悟透党的二十大精神、抓实抓好公正与效率进行再动员再部署。在全国法院学习贯彻党的二十大精神和习近平法治思想培训班开学典礼上，张军围绕“贯彻落实好党的二十大精神和习近平法治思想”讲授第一课。在深入学习贯彻习近平新时代中国特色社会主义思想主题教育动员部署会上，张军强调把党的二十大精神作为主题教育理论学习的必学必研内容，对照党的二十大部署的各项战略任务做深做实调查研究、推动发展、问题检视等工作。院党组理论学习读书班将学习贯彻党的二十大精神作为第一专题，重温党的二十大报告，院领导分别发言，深度交流学习体会，聚焦新时代人民群众对司法工作的更高要求和期待，共同研究如何以审判管理现代化服务保障审判执行工作现代化的措施办法。

二、科学统筹谋划，丰富形式方式，全面学习、深刻领会党的二十大精神的丰富内涵和实践要求

周密计划安排，狠抓工作落实，采取多种形式深入学习，切实把思想和行动统一到党中央重大决策部署上来。一是专题研究部署。根据党中央要求和院党组部署，结合人民法院工作实际，印发《最高人民法院机关认真学习宣传贯彻党的二十大精神实施方案》，对深入学习贯彻党的二十大精神作出部署安排。二是突出集中轮训。在国家法官学院举办院机关深入学习贯彻党的二十大精神集中轮训，邀请中央党校等单位的专家学者作授课辅导，安排最高人民法院出席党的二十大代表作宣讲报告，分组开展全员讨论。结合开展主题教育，邀请中央宣讲团成员作辅导报告，权威深入解读党的二十大精神和中国式现代化的本质、内涵。举办机关党校处级干部进修班，把党的二十大精神作为必修课，安排专门学习课程，努力推动党的二十大精神进教材、进课堂、进头脑。三是丰富手段方式。统一购置配发《党的二十大报告辅导读本》《习近平著作选读》等书目，用于干警个人自学研学。注重发挥线上培训优势，严格按规定组织党员领导干部参加中国干部网络学院“学习贯彻党的二十大精神”网上专题班，依托最高人民法院云课堂开设“学习宣传贯彻党的二十大精神专区”，交流各基层党组织学习经验做法，分享干警学习体会。紧密联系干警思想和工作实际，把学习贯彻党的二十大精神与开展主题教育结合起来，与有效履行新时代人民法院使命任务实践结合起来，以党支部、党小组、青年理论学习小组为载体，依托“三会一课”、主题党日等形式，广泛开展学习讨论，党员领导干部带头讲党课，人人谈体会、谈心得。

三、深刻领会中国式现代化的中国特色和本质要求，聚焦服务保障高质量发展，做深做实为大局服务、为人民司法

牢记“国之大者”，胸怀“两个大局”，找准找实司法审判贯彻党的二十大重大决策部署的切入点、结合点，以高度的政治自觉、法治自觉、审判自觉履职尽责。一是以高质量司法服务新安全格局。落实宽严相济刑事政策，开展农村刑事案件、恶性伤人案件、醉驾等情况分析调研，常态化开展扫黑除恶斗争，依法惩治腐败犯罪，积极参与追逃追赃，促进跨境腐败治理，坚决维护国家政治安全和社会大局稳定。二是以高质量司法助力高质量发展。坚持“两个毫不动摇”，加大对关键核心技术及新兴产业、重点领域等知识产权保护力度，积极营造法治化营商环境。发布保护文物和文化遗产、推进碳达峰碳中和、青藏高原生态司法保护、湿地司法保护等典型案例，促进统一法律适用，服务人与自然和谐共生。加强“一站式”国际商事纠纷多元化解决机制建设，加强涉外法治人才队伍建设，深化司法领域国际交流合作，有理有利有节开展涉外法律斗争，服务高水平对外开放。三是有力提升司法为民水平。做实涉诉信访实质性化解，出台相关规定，确保“有信必复”落地落实。积极回应群众关切，化解群众“急难愁盼”问题，以审限内结案率代替自然年度内结案率，辅之考评“审限变更率”，通过组合指标运用，促使兼顾公正与效率。

四、坚定不移推进全面从严治党，纵深推进正风肃纪反腐，建设绝对忠诚、绝对纯洁、绝对可靠的人民法院铁军

党组专门印发通知，要求各级法院坚持不懈用习近平新时代中国特色社会主义思想凝心铸魂，以党的政治建设为统领，坚持党对司法工作的绝对领导，扎实推进党支部标准化规范化建设，增强基层党组织政治功能和组织功能。驻院纪检监察组组长、院党组成员讲授党的纪律专题党课。组织干警观看警示教育片，教育引导干警知敬畏、存戒惧、守底线。制定出差纪律提示，锲而不舍落实中央八项规定及其实施细则精神，严格执行防止干预司法“三个规定”、新时代政法干警“十个严禁”等铁规禁令，健全一体推进“三不腐”的制度机制，以零容忍态度严惩司法腐败，坚决打好反腐败斗争攻坚战持久战。

最高人民检察院

用党的二十大精神统一思想指引行动
为实现中华民族伟大复兴贡献更优检察力量

党的二十大在党和国家发展进程中具有里程碑式的重大意义。最高人民检察院党组坚持把学习贯彻党的二十大精神作为首要政治任务抓紧抓实，团结带领机关党员干部深刻学习领会党的二十大重大意义和战略部署，做到融于心、铸于魂、践于行。

一、深刻学习领悟党的二十大精神，让坚定拥护“两个确立”、坚决做到“两个维护”成为新时代新征程检察机关的鲜明政治底色

党的二十大胜利闭幕后，最高人民检察院党组立即召开专题会议传达学习，结合工作实际提出学习宣传贯彻的具体要求。自觉落实党对检察工作的绝对领导，坚持把贯彻落实党的二十大精神和习近平总书记重要指示批示摆在日常履职首要位置，持续通过党组扩大会、党组理论学习中心组集体学习、专题辅导报告会等方式，学深悟透习近平新时代中国特色社会主义思想和党的二十大精神核心要义，全面履行检察职能，坚定捍卫“两个确立”、忠诚践行“两个维护”。组织政治轮训和网络培训，对最高人民检察院机关519名厅处级干部、100余名青年干部分4期进行集中培训；举办省级检察院班子成员、市县级院检察长专题研修班和检察人员网络培训，培训17万余人次。最高人民检察院党组成员到所在支部或分管部门参加学习研讨，讲授专题党课，带头宣讲党的二十大精神。最高人民检察院内部刊物、检察媒体开设专栏，集中宣传党的二十大精神及检察机关贯彻落实举措。结合领导干部上讲台、法治副校长、普法宣传教育等工作开展宣讲，推动党的二十大精神走进基层、走进群众。

二、为大局服务、为人民司法、为法治担当，努力以检察工作现代化服务中国式现代化

牢记“国之大者”，站在为中国人民谋幸福、为中华民族谋复兴的政治高度，把检察工作置于国家治理大格局中，认真贯彻落实党的二十大精神，努力以检察工作现代化服务中国式现代化。坚定不移贯彻总体国家安全观，坚决维护国家安全和社会稳定。常态化开展扫黑除恶斗争，依法落实认罪认罚从宽制度，从源头上减少上诉申诉。深入学习贯彻二十大和二十届中央纪委二次全会精神，在反腐败斗争中充分发挥检察职能作用。认真落实习近平总书记关于“坚持受贿行贿一起查”的重要指示，与中央纪委国家监委共同发布行贿犯罪典型案例，积极参与粮食购销领域腐败问题专项整治，配合深化整治金融领域腐败。完整、准确、全面贯彻新发展理念，充分运用法治力量更好推动经济社会高质量发展。依法严厉打击各类破坏市场经济秩序犯罪，积极服务创新驱动发展，保障绿色发展。召开首届服务保障黄河国家战略检察论坛。做实人民群众可感受、能体验、得实惠的检察为民。坚持和发展新时代“枫桥经验”，深化落实群众信访件件有回复制度，部署开展信访矛盾源头治理三年攻坚行动。加强未成年人综合司法保护，对侵害未成年人犯罪“零容忍”。对因犯罪致生活陷入困境的被害方予以司法救助。

三、依法履行法律监督职能，助力推进法治中国建设

落实党的二十大报告“加强检察机关法律监督工作”“完善公益诉讼制度”要求，自觉融入法治中国建设，依法正确履行法律监督职能，维护执法司法公正，保障国家法律统一正确实施，守护国家和社会公共利益。认真落实习近平总书记“努力让人民群众在每一个司法案件中感受到公平正义”重要指示，以“高质效办好每一个案件”作为新时代新征程检察履职办案的基本价值追求。修改案件质量主要评价指标体系，引导各级检察机关树立正确政绩观。加强对诉讼活动的监督，提升审判监督质效。会同公安机关推动侦查监督与协作配合机制实质化、规范化、体系化运行。加大检察侦查工作力度。深化“派驻+巡回”检察机制，开展社区矫正巡回检察试点，深化强制隔离戒毒检察监督试点。构建检察监督与行政执法衔接制度，稳妥推进行政执法和刑事司法双向衔接。加快研究推进检察公益诉讼专门立法，完善公益诉讼制度。牢记“公共利益代表”

的神圣职责，最高人民检察院直接立案办理重大公益损害案件，发挥示范引领作用。落实党的二十大报告有关深化司法体制综合配套改革决策部署，以加强检察机关法律监督为主题，以全面准确落实司法责任制为重点，制定实施检察改革工作规划。

四、压紧压实全面从严治党政治责任，以自我革命精神推进全面从严治检

深刻领悟党的二十大“坚定不移全面从严治党”部署精神，坚持自我革命、刀刃向内，持续锻造忠诚干净担当的检察铁军。深入开展学习贯彻习近平新时代中国特色社会主义思想主题教育。注重做好“结合”文章，立足检察工作实际，突出检察机关特色，做到主题教育和检察工作两手抓、两促进。在检察机关大兴调查研究，做到“调”“研”“用”并重，切实做到发现真问题、解决真问题、真解决问题。深化全面从严治检，把干部队伍教育整顿作为主题教育的重要内容，一体研究部署主题教育问题整改、干部队伍教育整顿和系统内巡视。认真落实“三个规定”，最高人民检察院党组与驻院纪检监察组开展全面从严治党专题会商，坚决支持配合纪检监察机关查处检察人员违纪违法问题，用身边人身边事做实警示教育。坚持管案与管人相结合，切实加强检察权运行的制约监督。围绕重点环节，加强程序性约束，健全内外部、上下级制约监督机制。坚持以主题教育为契机，进一步加强检察机关党的政治建设，举办新时代检察英模先进事迹报告会，铸牢政治忠诚，强化作风建设，让求真务实、担当实干成为新时代新征程检察人员的鲜明履职特征。

公安部

把思想和行动统一到党的二十大精神上来 忠实履行新时代维护安全稳定使命任务

党的二十大以来，在以习近平同志为核心的党中央坚强领导下，公安部党委把学习宣传贯彻党的二十大精神作为首要政治任务，部署全国公安机关落实“全面学习、全面把握、全面落实”要求，持续兴起学习宣传贯彻党的二十大精神热潮，切实把党的二十大精神贯彻到公安工作各方面全过程，更好为全面建设社会主义现代化国家、全面推进中华民族伟大复兴保驾护航。

一、加强组织领导，统筹部署学习宣传贯彻党的二十大精神工作

2022年10月23日，中共中央书记处书记，公安部部长、党委书记王小洪主持召开公安部党委（扩大）会议，认真传达学习党的二十大和二十届一中全会精神，研究贯彻落实意见，明确提出了“六个牢牢把握”“五个紧紧围绕”的具体要求。11月1日，召开全国公安机关电视电话会议，就全国公安机关学习宣传贯彻党的二十大精神进行动员部署。11月2日，印发关于深入学习宣传贯彻党的二十大精神的通知，要求各级公安机关和广大公安民警把学习宣传贯彻党的二十大精神作为首要的政治任务抓紧抓好，坚持用党的二十大精神武装头脑、指导实践、推动工作。成立学习宣传贯彻党的二十大精神领导小组及办公室，确定部门警种为成员单位，分设课题调研组和学习宣传组，部署持续做好学习宣传贯彻党的二十大精神学习研讨、宣讲阐释、轮训培训等各项工作，协调各成员单位完成7项重点任务，向中央有关部门报送专门报告，推动工作走深走实。

二、突出学研宣教，推动学习宣传贯彻党的二十大精神覆盖警营

一是精心组织学习研讨。各级公安机关通过集中学习、专题研讨、线上联学、主题学习活动等多种形式，深入开展学习研讨。公安部依托全国公安民警网络学院，对接地方公安机关“学测考信息化平台”，开辟学习专栏，提供资源课程。广大公安民警利用学习资料、电视直播、网络平台、手机客户端等跟进自学。二是大力强化宣传阐释。各级公安机关通过领导干部讲党课、专家作辅导报告、组建党代表或英模代表团队宣讲等形式，集中开展宣讲活动，推动进警营、进所队、进企业、进小区。三是深入开展轮训培训。举办全国公安机关领导干部学习宣传贯彻党的二十大精神政治培训班，各地公安机关因地制宜采取线上线下相结合方式，举办所属单位主职干部政治培训班和基层党组织书记示范培训班。将学习贯彻党的二十大精神纳入公安教育培训整体计划，分期分批、分级分类开展全员政治培训。四是注重抓好新闻宣传。印发学习贯彻党的二十大精神新闻宣传工作方案，组织公安英模“学习宣传贯彻党的二十大精神”云宣讲，召开新闻发布会，统筹各类媒体资源推进正面宣传。聚焦重要节点，推出“公安心向党、护航新征程”等系列宣传，深化“主题党日”“向人民报告”等活动。组织开展“全国公安楷模”发布、“最美基层民警”宣传发布等活动，大力宣传重大典型学习贯彻党的二十大精神的先进事迹，推出一批基层一线涌现出的先进典型。

三、抓好统筹结合，以学习贯彻习近平总书记重要回信精神深化学习宣传贯彻党的二十大精神各项工作

在第十个国家烈士纪念日来临之际，习近平总书记给中国人民公安大学在读英烈子女回信，充分体现了以习近平同志为核心的党中央对公安工作的高度重视和对公安队伍的关心厚爱。公安部党委高度重视，成立领导小组，制定具体方案，统筹抓好学习宣传贯彻工作。各省级公安机关和各公安院校党委对标对表，推进学习宣传贯彻工作走深走实。一是各级公安机关党委和领导干部带头学习贯彻。9月28日，王小洪主持召开公安部党委会议传达学习习近平总书记重要回信精神，研究贯彻落实意见。9月29日，公安部召开专题视频会议，深入学习领会习近平总书记重要回信精神，并下发学习宣传贯彻通知。各级公安机关召开党委会议和理论中心组学习会，党委班子带头开展学习，并通过“三会一课”、座谈交流等多种形式，深入开展学习研讨。二是公安院校集中深入学习贯彻。公安部举办公安院校在读英烈子女代表座谈会。各公安院校对重要回信精神进行传达学习。中国人民公安大学发布《致全国公安院校学生倡议书》。各公安院校通过青年小组学习、主题征文等多种形式组织深入学习。切实把习近平总书记重要回信精神作为各类教育培训和公安院校教学的重要内容，推动进课堂、进教材、进警营。三是各地各单位持续推进学习贯彻。公安部召开“弘扬英烈精神、铸牢忠诚警魂”线上主题新闻发布会，组建“弘扬英烈精神、凝聚奋进力量”公安英烈先进事迹报告团进行巡回报告。各级公安新闻宣传部门协调主流媒体和新媒体平台，深入挖掘、集中宣传反映近年来公安英烈的感人事迹。王小洪在调研期间看望慰问公安英烈子女，其他部党委成员也结合工作走访慰问公安烈士家属。各地公安机关通过致敬纪念、走访慰问公安烈属和牺牲民警家属、召开英烈子女座谈会等方式关爱英烈家属，帮助解决困难。

四、注重学以致用，将学习宣传贯彻成果转化为全力维护安全稳定实践

一是将学习宣传贯彻二十大精神成果转化为守护人民安宁的鲜活实践。推进扫黑除恶常态化，依法严厉打击涉枪涉爆、电信网络诈骗、侵犯公民个人信息等突出违法犯罪，强力打击整治诈骗老年人、侵害妇女儿童权益犯罪。紧盯食品、药品、生态环境等领域，加大对制售伪劣食品药品和非法采矿、采砂、捕捞等违法犯罪的打击惩处力度。聚焦服务“六稳”“六保”工作，在移民出入境管理、治安户政管理、道路交通管理等领域，研究推出更多新政策新举措。二是将学习宣传贯彻成果转化为深化社会治理的生动实践。加强重点区域、部位和人员密集场所巡防巡控，提高见警率、管事率。提升公共安全治理水平，完善公共安全体系，紧盯重点行业、重点领域，协同相关部门，加强安全监管，常态化开展隐患排查整治。坚持和发展新时代“枫桥经验”，推动落实属地管理责任、源头治理措施和多元化解机制，加强矛盾纠纷排查化解。坚持抓早抓小抓苗头，全力做好深化基层治理各项工作。三是将学习宣传贯彻成果转化为推进改革创新的坚定实践。聚焦实战推改革，在市县两级公安机关加快推进大部门大警种制改革，完善“情报、指挥、行动”一体化运行等机制。坚持聚焦基层强基础，加强以派出所为重点的基层基础工作。坚持聚焦科技抓应用，深入推进科技兴警战略，大力推进公安科技创新，引领新一代警务变革。完善参与全球安全治理机制，构建全方位、立体化、多层次、讲实效的国际执法合作工作格局。

国家安全部

研深悟透落实党的二十大精神
加快构建国家安全机关工作新格局

国家安全部把学习贯彻习近平新时代中国特色社会主义思想和党的二十大精神作为首要政治任务，认真落实《中共中央关于认真学习宣传贯彻党的二十大精神的决定》和习近平总书记有关重要讲话精神，有力有序推进各项重点工作，扎实推动党的二十大精神在全国国家安全机关形成生动实践。

一、以党的政治建设为统领，坚定拥护“两个确立”、坚决做到“两个维护”

召开国家安全机关学习贯彻党的二十大精神会议，印发通知和实施意见，制定全员轮训工作方案，接续举办宣讲报告会、厅局级干部集中轮训示范班、处级领导干部专题培训班，在全系统开展学习贯彻党的二十大精神情况专项监督，通过全面解读、专题辅导、系统部署，引领广大干警在全面学习、全面把握、全面落实上下功夫。坚持“第一议题”机制，重点围绕习近平总书记重要讲话和重要指示批示精神等内容开展专题学习 45 次，中心组集体学习 16 次。主题教育开展以来，把党的二十大精神作为理论学习的重中之重，分级分类办好部党委主题教育专题研讨班、厅局级干部领导力专题培训班、处级领导干部主题教育专题培训班、优秀年轻干部党性教育培训班，在全系统持续掀起理论大学习、思想大武装热潮。把习近平总书记重要指示批示作为政治要件，建立起传达学习、分解办理、督促检查、结果报告全流程工作机制。坚决维护党中央权威和集中统一领导，健全完善中央垂直领导、地方协助管理的领导体制，确保国家安全机关在党中央、习近平总书记领导下如臂使指、令行禁止。召开全系统视频大会，学习贯彻习近平总书记“7·11”重要指示精神和中央领导来部视察调研时讲话精神，带领全体国安干警坚定拥护“两个确立”，坚决做到“两个维护”。

二、以党的二十大精神为指引，奋力开创国家安全机关工作新局面

结合贯彻落实党的二十大精神，研究确立“十九八”发展蓝图，创建“九四一”实战体制，先后制定 2 个总体方案，扎实推进各项工作，不断推进构建国家安全机关工作新格局的理论创新和实践探索。推动修订出台《中华人民共和国反间谍法》，在法治轨道上有力推进国家安全机关工作体系和能力现代化。围绕“1·10”人民警察节、“4·15”全民国家安全教育日、“8·26”习近平总书记授警旗并致训词等重要时间节点，面向全社会开展国家安全宣传教育，在央视播出《从全民教育看国家安全》等节目，联合人民教育出版社推出中小学国家安全教育读本，有力提升全民国家安全意识和素养。首次开通部官方微信公众号，打造了学习宣传习近平新时代中国特色社会主义思想、习近平法治思想、总体国家安全观和反间谍法的权威平台，形成了国家安全机关信息发布和成果展示的官方渠道，国家安全机关社会影响力不断增强。

三、以锻造国安铁军为目标，不断推进全面从严管党治警向纵深发展

进一步加强从严管理。巩固深化政法队伍教育整顿成果，在主题教育中开展干部队伍教育整顿，同步开展纪检监察干部队伍教育整顿。研究制定队伍教育整顿问题清单、整改措施、专项整治方案。召开国家安全机关党风廉政建设会议，构建完善监督布局，推动正风肃纪反腐和深化改革、完善制度、促进治理有机贯通。聚焦带有隐蔽战线行业特点的“四风”问题开展专项监督，建立纠治“四风”常态化机制。进一步创新工作举措。健全完善新时代新征程国家安全机关党建工作体制机制，创新巡视督导工作，成立部巡视督导工作领导小组，组建

16 个巡视督导组，统筹推动政治巡视、业务督查、主题教育和专项教育整顿巡回指导一体化、常态化。创新经济责任审计对象选取方式，将所有厅局主要领导纳入抽选范围。首次面向全社会开通监督举报信箱和电话，广泛接受社会各界监督。进一步强化严管厚爱。完善新时代新征程国安干警荣誉表彰激励制度机制，将考核结果与干部选用、职级晋升相衔接，通过打造争优平台、创新评优办法、丰富奖优形式，在全系统营造崇尚实干、崇尚创新、崇尚先进的良好氛围。落实从优待警措施，帮助广大干警解决“急难愁盼”问题，更好激发干警创新创造创优的激情。

司法部

以党的二十大精神为引领
奋力谱写司法行政工作新篇章

司法部认真贯彻落实党中央统一部署，坚持以习近平新时代中国特色社会主义思想为指导，精心谋划安排，精细组织实施，引领推动部直属机关各级党组织和全体党员干部深入学习宣传贯彻党的二十大精神，切实在“全面学习、全面把握、全面落实”上下功夫，坚决把思想和行动统一到党的二十大精神上来，把智慧和力量凝聚到党的二十大确定的各项任务上来，履职尽责，担当作为，加快推进司法行政工作高质量发展，为以中国式现代化全面推进强国建设、民族复兴伟业贡献法治力量。

一、切实加强领导，迅速兴起学习宣传贯彻热潮

一是组织部直属机关各级党员干部集中收看党的二十大开幕会，并积极开展学习研讨。二是党的二十大胜利闭幕后，部党组及时召开会议，专题传达学习习近平总书记重要讲话和党的二十大精神，研究贯彻落实意见。三是召开全国司法行政系统电视电话会议，研究部署全系统学习宣传贯彻工作。四是根据《中共中央关于认真学习宣传贯彻党的二十大精神的决定》精神，结合司法部实际，制定印发学习宣传贯彻党的二十大精神实施方案和通知，明确总体要求、主要工作安排和责任分工并抓好落实。五是加强统筹指导和协调，切实形成合力，一级抓一级、层层抓落实，把学习宣传贯彻工作做深做细做实。

二、精心组织学习，深刻领会准确把握精髓要义

坚决贯彻落实习近平总书记系列重要讲话、重要指示批示和党中央决策部署，紧扣主题主线，把理论学习、调查研究、推动发展、检视整改贯通起来，结合扎实开展主题教育，进一步把全面贯彻党的二十大精神引向深入。部党组理论学习中心组举办专题读书班，引领带动广大党员干部认真学习研讨。举行学习贯彻党的二十大精神宣讲报告会，分层分类组织开展部直属机关学习贯彻党的二十大精神专题培训，举办部直属机关“学习大讲堂”，通过丰富学习内容、拓展学习视野，推动党员干部全面系统学习领悟，努力将学习成果转化为推进司法行政工作高质量发展的实效。

三、紧扣目标任务，全力推动党的二十大决策部署落地见效

一是将贯彻落实党的二十大精神同落实习近平总书记关于全面依法治国和司法行政工作的重要指示批示精神贯通起来，进一步完善坚决做到“两个维护”的制度机制，加强对贯彻落实习近平总书记重要指示批示常态工作机制落实情况督促检查，切实把党的绝对领导贯彻到工作全过程各方面。二是立足“一个统抓、五大职能”，完善全面依法治国顶层设计，起草并着力落实《关于加强新时代法学教育和法学理论研究的意见》，制定认真贯彻落实党的二十大精神、深入推进新时代全面依法治国意见和年度工作要点及分工方案。三是认真落实党的二十大对坚持党的全面领导和全面从严治党作出的重大部署，层层压实全面从严治党主体责任和监督责任，扎实推进机关党的建设，为推动事业高质量发展提供坚强保障。四是注重发挥机关党建的政治引领和保障作用，开展机关党建专项调研督查，推动各级党组织和广大党员干部聚焦“国之大者”，立足工作职责，创造性抓好落实。

学习贯彻
习近平新时代中国特色社会主义思想主题教育

中央政法委

在习近平新时代中国特色社会主义思想旗帜引领下奋力推进政法工作现代化

中央政法委坚决贯彻落实习近平总书记重要指示精神和党中央关于开展主题教育的部署要求，把开展主题教育作为一项重大政治任务，作为坚定拥护“两个确立”、坚决做到“两个维护”的一次政治检验，作为锻造新时代政法铁军、以政法工作现代化服务保障中国式现代化的一次政治动员，在中央第二十二指导组指导下，统筹自身和政法系统，推动各方面重点措施落实落地，取得了良好成效。中央政法委在部分中央和国家机关主题教育座谈会上交流经验，全党主题教育总结报告、中央主题教育简报多次刊发经验做法。

一、政治引领，政治机关建设得到新提升

把坚定拥护“两个确立”、坚决做到“两个维护”作为开展主题教育的核心要求，教育引导党员干部深刻认识“两个确立”是党和人民应对一切不确定性的最大确定性、最大底气、最大保证，深刻认识有习近平总书记作为坚强领导核心，全党全国人民就有了“主心骨”“顶梁柱”“定盘星”，发自内心、带着感情、真心实意地坚定拥护“两个确立”、坚决做到“两个维护”。固化于制度规定里，深入贯彻《中国共产党政法工作条例》，制定实施《党员干部严守政治纪律和政治规矩行为禁令》，确保“刀把子”始终牢牢掌握在党中央、习近平总书记手中。表现在实际行动上，严格落实中央政法委员会全体会议首要议题、专题会议制度，完善贯彻落实习近平总书记重要指示精神和党中央决策部署制度机制。把坚决贯彻落实习近平总书记重要指示批示作为讲忠诚、讲政治的具体检验，完善任务分工、督促检查、情况通报、监督问责等全流程体系，提升办理质效。

二、学习固本，凝心铸魂得到新升华

把理论学习作为根本任务，坚持再忙，也要静下心来学习。原原本本学习中央指定书目，及时跟进学习习近平总书记最新重要讲话和重要指示批示精神，中央政法委员会全体会议 14 次、秘书长会议 13 次开展集体学习，理论学习中心组深化集体研讨。中共中央政治局委员、中央政法委书记陈文清围绕“民族复兴必将实现”，中央政法委秘书长訚柏围绕“深入推进党的自我革命”，各位副秘书长围绕维护国家安全和社会稳定、深化政法改革等，为党员干部讲专题党课。举办为期 8 天的读书班，邀请国家安全部、外交部、科技部等部门负责同志和专家学者作专题辅导，各党支部采取制定“百日通读”计划、制作知识要点、每周研讨等方式，深化学思践悟。编写《中央政法委主题教育学习资料摘编》，召开理论学习座谈会，开展随机问答，促进熟读熟记、勤学深悟。

三、调研开路，推动发展取得新成效

把坚持群众路线、深入基层调研作为发现解决问题的根本途径，深入学习践行习近平总书记倡导的“深、实、细、准、效”五字诀和“四下基层”方法，在察实情、出实招、求实效上下功夫。明确中央政法委八大重点课题，书记、副书记、委员领题调研，陈文清围绕坚持和发展新时代“枫桥经验”、维护首都安全、海南自贸港安全保障等调研，闾柏牵头开展“辽宁省政法领导干部违纪问题多发”等调研，带动政法系统大兴调查研究，推动理论学习向实践运用转化。推进调研成果转化，在坚持和发展新时代“枫桥经验”、推进信访法治化、维护首都安全、推进醉驾治理、服务保障经济发展壮大等方面破解一批难题，办成一批实事。

四、教育整顿，政治生态得到新净化

坚决贯彻习近平总书记关于“在政法领域推动全面从严治党向纵深发展，着力锻造政法铁军”的重要指示精神，深入开展干部队伍教育整顿，全面推进政治教育、党性教育、革命传统教育、警示教育，强化问题查摆，开展党的建设、干部队伍建设专项调研，研究制定中央政法委《工作人员行为规范》《年轻干部社会交往“十不准”》《“软权力”廉政风险防范工作办法（试行）》《信息化项目廉政风险防控办法（试行）》等系列制度，进一步纯洁思想、纯洁组织、纯洁队伍，锻造忠诚、干净、担当的新时代政法铁军。把肃清周永康、孙力军政治团伙等流毒影响作为主题教育的一项重大任务，陈文清高度重视，多次作出专门部署。中央政法委深入推进思想发动、警示教育、检视剖析、整改落实，引导党员干部着重从政治上深刻认识周永康、孙力军政治团伙的流毒突出体现为对党不忠诚、不老实，当“两面人”、搞“两面派”，深入清政治、清思想、清组织、清纪律、清作风。加强对政法系统肃清流毒影响的督促指导，推动深化专题警示、组织处理、痕迹清理、建章立制等，进一步纯洁思想、纯洁组织、纯洁队伍。

五、检视从严，整改落实取得实质成效

严紧细实查摆问题，切实通过主题教育推动破解一批难题，办成一批实事。对照中央明确的问题，3 次召开人大代表、政协委员和企业家、律师代表座谈会开门纳谏，结合“回头看”，2 次主动征求中央和地方政法单位意见，查摆梳理形成 24 个问题，动态更新 58 项整改措施。动真碰硬整改落实，针对社会高度关注的执法司法不作为乱作为问题，组织开展中央政法委首次执法司法专项检查；针对群众反映强烈的境外电信诈骗、跨境赌博等违法犯罪，统筹境内境外两个战场开展打击治理；针对地方反映的“表现在基层、根子在上面”的问题，立足于服务、立足于帮助解决问题，主动认领，合力解决，形成一批实质性成果。

六、高位推进，确保主题教育走深走实

领导班子认真落实主体责任，精心谋划、周密组织、统筹推进，在抓进度、抓具体、抓出成效上下功夫。陈文清担任中央政法委主题教育领导小组组长，主持召开动员部署会、5 次领导小组会，传达学习习近平总书记系列重要指示和中央主题教育部署要求，研究贯彻意见，部署深化措施。闾柏任常务副组长，组织抓好方案制定、任务分解、督促指导等各环节工作。制定领导小组及其办公室工作规则，每周总结工作、查找不足、研提改进措施，做好下步规划。统筹政法系统，召开 5 次中央政法委员会全体会议进行研究部署，听取情况汇报，中央政法委书记、副书记、委员将指导主题教育作为赴地方政法单位调研的重要内容，及时了解掌握政法系统进展情况。举办政法领导干部专题研讨班，带动全系统开展全覆盖培训，抓好“关键少数”。印发在政法系统深入开展主题教育的通知，强化学习联动、调研联进、问题联治。认真履行代管中国法学会、主管中华见义勇为基金会的职责，加强督促指导。

最高人民法院

坚持习近平新时代中国特色社会主义思想 推动把主题教育成果转化为审判工作实际成效

最高人民法院坚持以习近平新时代中国特色社会主义思想为指导，紧扣“学思想、强党性、重实践、建新功”总要求，一体推进理论学习、调查研究、推动发展、检视整改、建章立制、干部队伍教育整顿，在以学铸魂、以学增智、以学正风、以学促干上取得实实在在进展，推动把主题教育成果转化为以审判工作现代化服务保障中国式现代化的实际成效。

一、坚持不懈用习近平新时代中国特色社会主义思想凝心铸魂，坚定拥护“两个确立”、坚决做到“两个维护”

牢牢把握主题教育根本任务，把“学思想”贯穿主题教育始终，引导干警切实在凝心铸魂上下功夫，打牢绝对忠诚、绝对纯洁、绝对可靠的思想根基。一是坚持读原著学原文悟原理。制定主题教育理论学习方案，明确学习内容，认真学习习近平总书记系列重要讲话和主题教育指定书目，读原著、学原文、悟原理，确保把内容学全学深学透。党组举办理论学习读书班，采用集体读书交流、理论学习中心组集中学习研讨、专题辅导报告、个人自学等形式，现场脱稿发言，深度互动研讨。二是做实领导领学带学促学。院党组书记、院长张军围绕“司法审判工作中的党性自觉”为全国四级法院党员干部讲授专题党课，其他院领导分别为分管单位全体党员干部讲授党课，教育引导党员干部把党性自觉落实到司法审判工作全过程各方面。三是以学铸魂增强党性自觉。运用党的创新理论引领推动全国法院审判理念现代化，强调把习近平法治思想作为“纲”和“魂”自觉融入审判执行工作全过程各方面，树立和践行“抓前端、治未病”、双赢多赢共赢、案结事了政通人和等审判理念，促进厚植党的执政根基。

二、大兴调查研究，努力发现真问题、开展真调研、解决真问题

扑下身子、深入一线查实情解难题，在调查研究中加深对党的创新理论的理解，切实转变司法作风、增进群众感情、提高履职能力。一是扎实开展调查研究。主题教育开展以来，院领导、司局级领导亲自带队外出调研，开展座谈交流、实地走访，提出针对性对策建议。二是因类施策推进调研成果转化运用。全院各调研组查找问题、梳理形成问题清单，制定整改措施，并逐一列出责任单位、责任人和完成时限。召开调研成果交流会，紧密结合实际畅谈运用党的创新理论分析解决问题的思路举措。三是严实作风科学统筹调研时间、形式、地点。坚决杜绝形式主义，将调研融入日常，科学统筹，防止调查研究中出现不良倾向。选择调研地点时注意平衡安排东、中、西部地区，落实既看“高楼大厦”又看“背阴胡同”，重在发现问题、研究问题、解决问题。

三、聚焦服务保障高质量发展，做深做实为大局服务、为人民司法

始终牢记“国之大者”，紧紧围绕高质量发展这个全面建设社会主义现代化国家的首要任务，通过扎实开展主题教育引领推动法院工作高质量发展。一是以高质量司法服务新安全格局。坚决维护国家政治安全，常态化开展扫黑除恶斗争，对涉黑恶犯罪保持严惩高压态势，严格依法定性处刑，努力做到“是黑恶犯罪一个不放过，不是黑恶犯罪一个不凑数”。二是以高质量司法助推高质量发展。坚持和发扬新时代“枫桥经验”，切实把习近平总书记要求的“抓前端、治未病”落到实处。营造法治化营商环境，研究制定一揽子优化营商环境、助推经济发展的司法政策措施。三是用心用情为民办实事解难题。办好司法为民实事好事，针对新就业形态劳动者保护、网络消费纠纷多发、农民工讨薪难、老年人权益保护、打击涉“两卡”犯罪等问题，发布典型案例，加强引导规范，促进依法保护。

四、动真碰硬抓实检视整改，推动标本兼治、常治长效

坚持有什么问题就解决什么问题，什么问题突出就重点解决什么问题，动真碰硬、务求实效，切实把整改整治成果体现到铸魂、增智、正风、促干的实际成效上。一是“实”字当头找准查实突出问题。实事求是检视问题，对各部门上报的问题逐个进行审核把关，形成“两个问题清单”。实事求是分类施策，对于能立即整改的问题坚决立行立改；对于防止干预司法“三个规定”落实不到位等顽瘴痼疾问题，明确要求在主题教育期间见到明显成效。二是动真碰硬抓好突出问题专项整治。建立新的审判质量管理指标体系，用最优质量、最高效率、最佳效果处理好每一个案件。重视裁判效果，设置“案－件比”等指标，防止“程序空转”，推动法院办案质效更高、司法资源投入更少、当事人的体验更好。三是强化统筹联动促进问题实质性解决。对涉及本院多个单位的问题，明确牵头单位和参与单位，牵头单位做好统筹协调，参与单位做好配合。强化法院系统上下联动，对需要地方法院联动整改整治的问题，认真履行条线指导职责，加强前后衔接、上下贯通、整体推进；对地方法院查找出来的“表现在基层、根子在上面”和单靠基层难以解决的问题，主动认领，形成“回路”，合力解决。

五、一体推进干部队伍教育整顿，打造忠诚干净担当的法院铁军

落实全面从严管党治院主体责任、监督责任，一体推进干部队伍教育整顿，努力建设让党中央和习近平总书记放心、让人民群众满意的法院铁军。一是针对性开展理论学习和警示教育。开展全面从严治党、推进党的自我革命、党章党规党纪等方面的专题学习。驻院纪检监察组组长、院党组成员讲授党的纪律专题党课。组织干警观看警示教育片，教育引导干警知敬畏、存戒惧、守底线。制定出差纪律提示，以钉钉子精神认真落实中央八项规定及其实施细则精神等各项纪律规定。二是靶向精准开展专项整治。围绕教育整顿部署要求，对干警监督管理存在“灯下黑”等问题，开展专项课题调研，制定干部队伍教育整顿问题清单，并制定相应专项整治方案。强力推动防止干预司法“三个规定”贯彻落实，成立工作组开展专题调研、专项检查。三是刀刃向内深化自查自纠。组织全体干警填报教育整顿自查事项报告表，引导自觉向组织说实话、报实情、交实底，全院干警经受了一次政治体检和党性锻炼。

六、坚决扛牢主体责任，有力有序推动主题教育深入开展

深刻领会主题教育的重大意义，以高度的政治自觉、思想自觉、行动自觉推进主题教育深入开展。一是坚持高标准推动。党组坚决扛起主体责任，党组书记切实负起第一责任人责任，班子成员认真履行“一岗双责”。第一时间召开党组会，传达学习习近平总书记在学习贯彻习近平新时代中国特色社会主义思想主题教育工作会议上的讲话，专题研究部署在法院系统开展主题教育工作。成立最高人民法院主题教育领导小组及其办公室，科学制定主题教育实施方案及工作台账，建立制度机制，为主题教育有序推进提供坚实组织保障。二是坚持严督实导。全程加强领导督导，在院主题教育领导小组办公室设置整改整治督导组、巡回指导组，分工负责对机关各单位主题教育开展情况进行检查督导，及时发现问题，督促抓好整改。三是坚持开门搞教育。始终把法院工作置于人民监督之下，将听取意见建议贯穿主题教育全过程，形成开门搞教育、用心办实事的良好氛围。

最高人民检察院

用习近平新时代中国特色社会主义思想武装头脑指导实践 奋力推进检察工作高质量发展

4月至8月，根据党中央统一部署，最高人民检察院深入开展学习贯彻习近平新时代中国特色社会主义思想主题教育。在中央主题教育领导小组和中央第二十二指导组有力指导下，最高人民检察院党组坚持把开展主题教育作为一项重大政治任务，作为坚定拥护“两个确立”、坚决做到“两个维护”的一次政治体检和政治淬炼，牢牢把握“学思想、强党性、重实践、建新功”的总要求，坚持做深做实理论学习，求真求实调查研究，唯干唯实推动发展，抓紧抓实检视整改，从严从实开展干部队伍教育整顿，持续推动主题教育与检察工作两手抓、两手硬、两促进，机关党的建设质量、检察业务质效、检察队伍素能明显提升，走好践行“两个维护”第一方阵的信心和决心持续增强。

一、坚持思想引领，着力在深学细悟中铸牢政治忠诚

坚持把深刻领悟“两个确立”、坚决做到“两个维护”作为理论学习的重中之重，对理论武装进行再深化，对思想灵魂进行再洗礼。一是领导干部带头学。院党组带头开展理论学习中心组和读书班学习，组织11次集中学习和专题辅导。院主要领导带头讲党课、作辅导、撰写理论文章，其他院领导带头抓好个人自学，讲授专题党课，充分发挥领学带学促学作用。二是紧密联系实际学。深入学思践悟习近平法治思想特别是习近平总书记对政法工作、检察工作的重要指示精神，更加深刻领会和准确把握新时代检察工作所处的历史方位、肩负的职责使命。三是创新形式载体学。举办新时代检察英模先进事迹报告会，引领全体检察人员善思善用党的创新理论。机关各厅级单位党组织依托落实“三会一课”制度、主题党日等，广泛开展读书分享、交流研讨、联学交流、案例剖析等形式多样的学习活动。

二、坚持真抓实干，着力在高质效履职中展现担当作为

坚持把开展主题教育同推动中心工作、提升履职质效有机结合，以主题教育成效引领推动检察工作高质量发展。一是主动服务党和国家工作大局。依法履行检察职能，充分运用法治力量服务中国式现代化这个最大的政治，在宽严相济维护大局稳定、全面准确贯彻新发展理念、依法平等保护各类市场主体、着力营造法治化营商环境、完善金融证券领域执法司法协作机制、防范化解系统性区域性经济金融风险、服务科技自立自强等方面持续发力并取得新成效。二是用心用情办好检察为民实事。立足各项检察职能，研究提出包含120项民生实事的任务清单，全程指导督办，确保取得实效。持续抓实守护食品药品安全、司法救助、老弱妇幼残权益司法保护、群众信访件件有回复等为民实事，谋划部署“检护民生”专项行动，进一步厚植党的执政根基。三是持续强化法律监督职能。围绕“高质效办好每一个案件”目标，先后两次修订完善《检察机关案件质量主要评价指标》，坚决取消一切不必要、不恰当、不合理考核，不再设置各类通报值等评价指标，不再对各地业务数据进行排名通报。以“加强检察机关法律监督工作”为总抓手，制定新一轮检察改革规划，明确“六大体系”36项改革任务，以深化改革引领推动检察工作创新发展。

三、坚持动真碰硬，着力在标本兼治中推动破题解难

坚持“当下改”和“长久立”相结合，抓实问题分类整改，深化难题专项整治，推动整改整治取得明显成效。一是坚持扭住重点，深查细照检视。对近年来中央巡视、党史学习教育、政法队伍教育整顿等发现的问题和院党组民主生活会对照检查的问题，以及检察机关大兴调查研究和党组重点督办任务需要解决的突出问题进行全面梳理汇总，对照主题教育明确的6个方面问题，梳理形成院级整改整治24个问题、各厅级单位整改整治302个问题。二是坚持上下联动，强化融合贯通。对“问题在下面、根子在上面”和单靠基层难以解决的突出问题，主动认领、切实整改；对整改落实涉及检察系统的共性问题，结合重点工作部署安排，实现上下贯通、系统整改、整体推进。三是坚持抓源治本，注重常态长效。在明确38项院级层面重点建章立制任务基础上，各厅级单位分批提出强化法律监督、优化队伍管理、规范日常管理等方面90项建章立制计划，在加快出台制度机制的同时狠抓执行落实，取得了一批丰硕的实践成果、制度成果。

四、坚持刀刃向内，着力在全面从严治检中锻造过硬队伍

坚持发扬自我革命精神，深入查纠检察干部队伍存在的突出问题，以严的基调、严的措施、严的氛围推动全面从严治检向纵深发展。一是全面深入查纠突出问题。对照干部队伍教育整顿9个方面问题，形成院机关干部队伍教育整顿15项问题清单和6个突出问题专项整治方案。制定各厅级单位干部队伍教育整顿工作11项任务清单并实行动态管理。二是多措并举推进系统整治。一体抓好典型案例剖析、廉政警示教育、“三个规定”落实、问题线索核查。对涉及党员干部的具体问题，用好监督执纪“四种形态”，严肃查处违规违纪问题，坚决防治“灯下黑”。三是健全从严治检制度机制。聚焦破解影响和制约检察队伍建设的发展难题，研究出台《关于加强新时代检察队伍建设的意见》，制定修订政治素质考察、考核管理、人才评选、表彰奖励、业务竞赛等制度办法，一体推进从严管理监督和鼓励担当作为，营造积极健康、干事创业的良好环境。

公安部

用习近平新时代中国特色社会主义思想凝心铸魂 为强国建设民族复兴贡献更大公安力量

公安部党委坚决贯彻落实习近平总书记重要讲话和重要指示批示精神，按照中央主题教育领导小组部署要求，围绕“学思想、强党性、重实践、建新功”总要求，将主题教育作为政治建警的重大战略工程紧抓不放，并与公安中心工作有机结合，高标准组织实施理论学习、调查研究、推动发展、检视整改、建章立制等重点任务措施，在以学铸魂、以学增智、以学正风、以学促干方面取得实实在在成效。

一、突出理论学习，全警做到“两个维护”更加坚定自觉

把“学思想”作为首要任务贯穿始终，依托“第一议题”等制度，创新拓展学习形式，线上线下齐发力，读原著、学原文、悟原理，在真学真信真用上求实效。部党委带头自学读书 7 次、专题研讨 7 次、专题辅导 1 次；各单位共举办读书班 3000 余天，讲授专题党课 5000 余场，组织“三会一课”、主题党日活动 4 万余次。特别是 9 月 28 日习近平总书记给中国人民公安大学在读英烈子女回信后，迅速传达学习，部署开展学习宣传贯彻活动，组织公安英烈先进事迹报告团巡回报告，举行致敬纪念公安英烈活动 7700 余场次，弘扬英烈精神，凝聚奋进力量。通过学习，广大党员干部深刻感悟到习近平新时代中国特色社会主义思想的真理力量和实践伟力，深刻认识到习近平总书记作为党的核心、人民领袖、军队统帅的决定性作用，政治忠诚更加铸牢，政治能力更加过硬，信仰信念更加坚定。

二、大兴调查研究，发现解决了一批矛盾问题

围绕党和国家战略部署、公安事业全局性根本性问题，确定 13 个部级重点课题、370 余个局级专项课题、1200 余个处级专项课题。部党委成员带头沉到一线调查研究，两批次主题教育单位上下联动、前后衔接，累计发现问题 7187 个，提出对策建议 9124 条，形成 1687 篇调研成果，以真调实研促进真学实做、真谋实干。特别是各单位把“四下基层”作为重要抓手，走访基层单位 3440 余家次，征求意见建议 18251 条，发现解决问题 4325 个，做到开门搞整治、用心解难题。通过调研，总结完善警卫安保系列新理念新机制，助力圆满完成中国—中亚峰会等系列重大活动安保任务；深化地方公安机关机构编制管理改革，探索建立“专业 + 机制 + 大数据”新型警务运行模式，完善“情指行”一体化运行等机制，公安机关管理体制更加科学，警务运行机制更加高效。

三、坚持问题导向，检视整改了存在的突出问题

把整改整治效果作为检验主题教育质量成色的重要标准，切实把“问题清单”转化为履职尽责的“成效清单”、服务人民的“民生清单”。紧盯党中央重视问题，建账督办习近平总书记重要指示批示，做到“件件有落实、事事有报告”。紧盯群众关心问题，部署开展夏季治安打击整治等行动，依法严打涉枪涉爆、一杀多人、侵害妇女儿童权益和黄赌毒、食药环、盗抢骗等群众反映强烈的违法犯罪；特别是以空前力度严打缅北涉我犯罪，成功抓获电诈犯罪嫌疑人 4.5 万名，其中幕后“金主”、组织头目和骨干 171 名。紧盯社会关注问题，推出“服务保障高质量发展 30 条措施”等系列便民利企新举措，在全国范围内实现户口迁移、首次申领居民身份证等高频事项“跨省通办”；交管领域推出 19 项便民利行措施，惠及群众 2000 多万人次，减少群众办事成本 50 多亿元；开展“护航 2023”行动，滚动打击海南离岛免税“套代购”等走私违法犯罪；推进“平安长江”等专项行动，破获各类刑事案件 5078 起。

四、深化自我革命，公安队伍呈现出新面貌新气象

坚持刀刃向内、自我革命，扎实开展干部队伍教育整顿，专题调研机关党建和干部队伍状况，深查实改干部队伍突出问题。进一步健全制度规范，部级层面制定出台执法监督、正风肃纪等方面规章制度 29 项，部属单位制定出台机关党建和队伍管理等内部制度规定 288 项，权力“笼子”进一步扎紧。

深入肃清孙力军政治团伙流毒影响，持续优化政治生态。大力严明纪律作风，加大问题线索核查力度，精准运用监督执纪“四种形态”，持续释放严字当头的强烈信号。着力加强正向激励，推进落实14项爱警暖警措施，加强公安英烈、因公牺牲伤残民警家属子女抚恤优待，进一步凝聚警心、激励斗志。

五、围绕中心工作，有力维护了政治安全和社会稳定

紧扣“实干担当促进发展”目标要求，忠实履行神圣职责，在防风险、保安全、护稳定上持续发力。聚焦捍卫政治安全，统筹抓好反渗透反颠覆反恐怖反分裂反邪教和网上斗争。聚焦维护社会稳定，持续加强矛盾纠纷排查化解，深化“百万警进千万家”等活动，调处化解纠纷760余万起，最大限度将矛盾化解在基层、隐患消除在萌芽。聚焦确保公共安全，严密枪爆、危险化学品等重点物品管理，加强铁路、民航、港航、地铁、公交等运输线路安全防范，积极配合做好重特大事故救援处置，有力维护了人民群众生命财产安全。

国家安全部

以习近平新时代中国特色社会主义思想为指引 推进国家安全工作体系和能力现代化

国家安全部党委牢牢把握“学思想、强党性、重实践、建新功”总要求，认真部署开展学习贯彻习近平新时代中国特色社会主义思想主题教育，坚持不懈用党的创新理论武装凝心铸魂，着力加强政治机关建设，筑牢政治忠诚根基，坚定捍卫“两个确立”，坚决做到“两个维护”，推动各项任务落地落实，在以学铸魂、以学增智、以学正风、以学促干上取得实效。

一、全过程“五学联动”，着力加强理论学习

把深入学习贯彻习近平总书记“7·11”重要指示精神作为重中之重，编辑印制《习近平总书记关于国家安全工作重要指示批示汇编》，按照领导带学、个人自学、支部共学、分层研学、实战检学“五学联动”方法，组织各级领导干部和广大干警静下心来读原著学原文悟原理。创办“新时代国安大讲堂”，所有部领导上讲台，带头作辅导报告22场。组织举办为期7天的部党委主题教育专题研讨班，办好厅局级、处级、优秀年轻干部、初任学员等不同层级培训班，既坚持分级分类，又坚持上下一体，通过视频会议形式开至全系统，推动理论武装全覆盖。

二、多方式破题解难，着力深化调查研究

部党委带头大兴调查研究之风，部领导带头深入基层、察实情、出实招、解难题。创建“庖丁解牛”工作机制，开展典型案例解剖式调研，梳理正反面典型案例，实现“解剖一个案例、解决一类问题”。召开各层级调研成果交流会，建立调研成果转化运用清单。组织第二批单位聚焦第一批调研成果细化、深化、转化，从解决“关键小事”入手确定调研课题，既深入斗争一线开展集中调研，又坚持落在经常、做在平常，持续开展建言献策活动。

三、纠问题靶向施治，着力推动检视整改

坚持边学习、边对照、边检视、边整改，建立落实整改整治工作双周审核报送机制，整改情况向全系统干警公开，整改成效得到干警认可好评。第二批主题教育期间，坚持部、厅局和派出机构的三级联动，两批次贯通推进，围绕第一批主题教育单位查摆出的需要第二批单位协同、尚未改到位的问题和第二批主题教育单位查摆出的“表现在基层、根子在上面”的问题以及单靠基层自身难以解决的问题，汇总形成国家安全部联动整改问题清单，制定务实整改措施，实事求是明确整改时限，并由部党委委员作为牵头责任人，逐条逐项整改到位。

四、实举措动真碰硬，着力狠抓教育整顿

全力推进队伍教育整顿，剖析制定队伍教育整顿问题清单，形成专项整治方案。结合实际制发“个人自查事项报告表”明确自查重点，组织干警全面梳理查摆。认真筹备召开主题教育专题民主生活会和组织生活会，确保开出高质量新气象。以建部40周年为契机，隆重召开全国国家安全系统表彰大会，举办全国国家安全系统先进典型事迹报告会，大力弘扬新时代冒险犯难精神，干部队伍敢于斗争、善于斗争，积极担当、守正创新的精气神进一步提振。

五、大踏步真抓实干，着力实现推动发展

认真贯彻落实习近平总书记关于维护政治安全和社会稳定的重要批示精神，坚持把开展主题教育同推动中心工作结合起来，召开国家安全机关新时代新征程改革工作会议，创建实战体制，建设体系化实战团队。指挥全系统坚决履行好党中央赋予的职责使命，坚决维护国家主权、安全、发展利益。

六、重成效巩固提升，着力持续建章立制

立足职能举办反间谍法和规章制度贯彻执行培训班，完善规章制度学习平台的使用管理，教育引导干警学法懂法守法用法。召开部级规章制度调研座谈会，开展部级规章制度贯彻执行情况书面调研，精心组织推进规章制定、修订工作，紧密结合实际和需要，及时将相关工作领域比较成熟的经验做法以制度形式固定下来，新制定修订一批部级规章制度和规范性文件。对全部部级规章审批权限进行系统梳理，不断深化隐蔽战线规章制度体系建设，在法治轨道上加快构建国家安全机关工作新格局。

司法部

全面学习领会习近平新时代中国特色社会主义思想 推进司法行政工作高质量发展

司法部聚焦凝心铸魂扎实深入开展学习贯彻习近平新时代中国特色社会主义思想主题教育，在中央第二十五指导组有力指导下，牢牢把握“学思想、强党性、重实践、建新功”总要求，采取务实措施一体推进理论学习、调查研究、推动发展、检视整改等，优化实化举措，压紧压实责任，着力强化政治建设和专业能力建设，狠抓作风转变和工作落实，切实做到以学铸魂、以学增智、以学正风、以学促干，把主题教育成果转化为推进工作高质量发展的实效。

一、加强组织领导，深入动员部署统一思想行动

一是成立领导小组，下设办公室，组建4个工作组和4个巡回指导组。各单位相应成立领导机构。二是部党组及时召开会议，传达学习习近平总书记重要讲话和党中央文件精神，研究贯彻落实举措。召开动员部署会，制定印发实施方案，作出全面部署安排。三是领导小组办公室组织3轮全覆盖督导，定期听取汇报，及时查缺补漏、纠偏正向。四是坚持内宣外宣有效联动，全网发布信息3.8万余条，编发简报24期。五是力戒形式主义，开展自查自纠，坚决杜绝“低级红”“高级黑”。

二、坚持以上率下，把学习贯彻党的创新理论不断引向深入

一是部党组成员带头通读精读8种学习材料，学深悟透习近平法治思想和习近平总书记重要指示批示精神。各单位制定集中自学计划，采取多种形式开展学习教育，不断夯实坚定拥护“两个确立”、坚决做到“两个维护”的思想根基。二是坚持“第一议题”制度，及时传达学习习近平总书记最新重要讲话、重要指示批示精神，研究贯彻落实意见。三是部党组成员分别讲授专题党课，各级党组织负责同志讲专题党课共计259次，举办11期专题读书班、2期学习大讲堂，进行全员轮训，引导广大党员干部准确把握党的创新理论的科学体系、核心要义和实践要求，自觉运用其世界观方法论分析解决司法行政实践难题。

三、聚焦突出问题，沉到一线做深做实调查研究

一是聚焦“全面依法治国中的重大问题”，统筹制定调研工作方案并确定12项重点课题，坚持领题调研与蹲点调研相结合，党组成员领题深入20多个省份和港澳地区开展21次实地调研，局级干部分赴31个省份开展142次蹲点调研，努力摸清情况、找准问题，研究提出解决问题的“路线图”“施工图”。二是召开调研成果交流会，总结部署调研工作，加强调研成果转化运用。三是科学统筹确定、定期统计调研情况，力戒形式主义、官僚主义，切实减少基层负担。

四、狠抓工作落实，凝心聚力推动事业高质量发展

一是抓实走深习近平法治思想原创性贡献研究阐释，第一次全覆盖集中培训全国625所法学院校负责人，开展“一规划两纲要”贯彻落实情况中期评估，建立领导干部应知应会党内法规和国家法律清单制度，加强红色法治文化研究和建设，统抓协调全面依法治国工作落实落地。二是以高水平法治服务保障高质量发展。强化法律法规供给，加强法规清理和立法审查把关。开展法治政府建设示范创建活动，加强行政规范性文件合法性审核，促进严格规范公正文明执法。部署开展行政复议质量提升年活动，推出惠民利企举措140多项，提升行政复议为民办实事、解难题的能力水平。开展专项排查整治行动，提升刑罚执行规范化水平和教育改造质效。统筹直面群众的法律服务资源，促进均衡发展。加强律师队伍政治引领和爱国教育，召开“做党和人民满意的好律师”座谈会，向广大律师提出“五点希望”，反响热烈。持续推进减证便民提速，规范33类81项公证事项、删减116项证明材料，有效解决循环证明、重复证明。研究确定重要涉外立法修法项目，及时跟进抓好督促落实。三是制定部党组为民办实事活动实施方案，积极为民办实事、解难题。

五、增强行动自觉，扎实推动检视整改落地见效

一是组织各单位梳理查摆具体问题，形成司法部整改整治问题清单。二是动态管理、项目推进、挂账销号，主题教育期间，部本级问题清单和专项整治方案已全部完成整改销号。三是研究制定专项整治方案，实现整治目标。四是健全完善长效机制，修订完善年度考核实施办法，统筹做好干部选拔任用与常态化职级晋升，切实加强干部教育管理监督，巩固拓展主题教育成效。

六、强化问题整治，稳妥有序开展干部队伍教育整顿

一是开展“纪法教育月”活动，以案示警、以案明纪。联合人力资源社会保障部追授陈旭同志、授予吴秋瑾同志“全国司法行政系统一级英雄模范”称号并举办先进事迹报告会，召开全国监狱戒毒系统表彰大会，举行人民警察授衔仪式，加强正面宣传引导。二是将教育整顿纳入主题教育重点措施，推动教育整顿与检视整改有机结合，完善整改整治问题清单，推动教育整顿向纵深发展。三是对有关问题线索进行再梳理，集中开展有关问题整改“回头看”，常态化开展排查整治，持续深化行业治理。全面排查政商有关问题，大力纠治部机关突出问题，切实加强“八小时外”监督管理，精准用好监督执纪“四种形态”。

通过深入开展主题教育，司法部广大党员干部受到了一次全面深刻的政治教育、思想淬炼、精神洗礼，凝心铸魂持续纵深推进，政治忠诚全面锻造夯实，事业发展开创良好局面，司法为民取得明显成效，纯洁队伍树立新风正气，进一步巩固了思想上的统一、政治上的团结、行动上的一致，凝聚起推动事业高质量发展的强大动力。

专　　文

深入学习贯彻习近平法治思想 在法治轨道上全面建设社会主义现代化国家

中共中央政治局委员　中央书记处书记　中央政法委书记　陈文清

党的二十大报告，擘画了全面建设社会主义现代化国家、以中国式现代化全面推进中华民族伟大复兴的宏伟蓝图，并首次用专章部署全面依法治国工作，充分体现了以习近平同志为核心的党中央对党和国家事业发展的深远战略考虑。习近平总书记在党的二十大上有关全面依法治国的重要论述，进一步丰富和发展了习近平法治思想，我们要深入学习体会、坚决贯彻落实。

从我们党的执政规律看，法治是国家长治久安的重要保障。习近平总书记在报告中指出，“全面依法治国是国家治理的一场深刻革命，关系党执政兴国，关系人民幸福安康，关系党和国家长治久安”，这是对共产党执政规律的深刻把握。法治兴则国兴，法治强则国强。从我们党执政历史看，从“依法治国”到“全面依法治国”，从“有法可依、有法必依、执法必严、违法必究”到“科学立法、严格执法、公正司法、全民守法”，从“法治是治国理政的基本方式”到“全面依法治国是国家治理的一场深刻革命”，我们越来越深刻认识到，治国理政，一刻也离不开法治；国家富强，必须依靠法治。

从现代化的发展规律看，法治是国家走向现代化的重要保障。习近平总书记在报告中指出，“在法治轨道上全面建设社会主义现代化国家”，“全面推进国家各方面工作法治化”，这是对现代化规律的深刻把握。一个现代化强国，必定是一个良法善治、法治昌明的国家。中国特色社会主义发展到今天，我们要统筹好市场经济和法治建设，发挥市场在资源配置中的决定性作用，更好发挥政府作用，同时发挥法治调节各类市场主体活动的有效作用。构建高水平社会主义市场经济体制，必须在法治轨道上推进。

从民族复兴的历史规律看，法治是战胜前进道路上各类风险挑战的重要保障。习近平总书记在报告中指出，“必须更好发挥法治固根本、稳预期、利长远的保障作用”，这是对法治保障作用的深刻把握。当前，中华民族伟大复兴进入关键时期，我国发展进入战略机遇和风险挑战并存、不确定难预料因素增多的时期。前进道路上，形势越是复杂，挑战越是艰巨，任务越是繁重，越要运用法治思维和法治方式深化改革、推动发展、化解矛盾、维护稳定、应对风险，以法治的确定性应对前进道路上的各种不确定性。

政法机关作为社会主义法治建设的生力军，在中国式现代化的历史进程中，责任重大、使命光荣，舞台广阔、大有可为。我们要坚持以习近平法治思想为指导，贯彻落实习近平总书记关于政法工作的重要指示精神，牢牢扭住在法治轨道上全面建设社会主义现代化国家、全面推进国家各方面工作法治化的时代命题，努力建设更高水平的法治中国。

一、牢牢把握党的绝对领导这一根本保证

习近平总书记强调，党的领导是中国特色社会主义法治之魂，是我们的法治同西方资本主义国家的法治最大的区别；坚持党的领导、人民当家作主、依法治国有机统一，最根本的是坚持党的领导；党的领导和社会主义法治是一致的，社会主义法治必须坚持党的领导，党的领导必须依靠社会主义法治。这些重要论述，深刻揭示了社会主义法治建设必须遵循的根本政治原则，对于确保全面依法治国正确政治方向意义重大。我们必须深刻认识到，社会主义法治建设的每一次重大进步，都是党的领导的生动体现。只有中国共产党才能担负起领导人民推进全面依法治国的历史使命和时代重任，只有在党的领导下依法治国、厉行法治，人民当家作主才能充分实现，国家和社会生活法治化才能有序推进。党的十八大以来，法治中国建设之所以能够取得历史性成就、发生历史性变革，根本在于习近平总书记领航掌舵，根本在于习近平新时代中国特色社会主义思想科学指引。

新时代新征程，政法机关作为党和人民掌握的“刀把子”，必须深刻领悟“两个确立”的决定性意义，坚决做到“两个维护”，必须始终坚持党对政法工作的绝对领导，把党的绝对领导作为最大优势和根本保证，贯彻落实到政法工作各方面全过程。在坚持党的绝对领导这一大是大非问题上，政法机关一定要头脑十分清醒、立场十分坚定、行动十分坚决，坚定不移走中国特色社会主义法治道路，旗帜鲜明同西方“宪政”“三权鼎立”“司法独立”等错误观念作斗争。

二、牢牢把握以人民为中心这一根本立场

习近平总书记强调，江山就是人民、人民就是江山。中国共产党领导人民打江山、守江山，守的是人民的心；全面依法治国最广泛、最深厚的基础是人民，必须把体现人民利益、反映人民愿望、维护人民权益、增进人民福祉落实到全面依法治国各领域全过程；必须牢牢把握社会公平正义这一法治价值追求，努力让人民群众在每一项法律制度、每一个执法决定、每一宗司法案件中都感受到公平正义。这些重要论述，鲜明回答了全面依法治国为了谁、依靠谁的重大问题，郑重宣示了社会主义法治的根本立场。我们必须深刻认识到，以人民为中心是政法工作的根本宗旨和优良传统。早在延安时期，我们党就把党的群众路线与司法实践有机结合起来，确立了一切为了人民、一切方便人民的司法理念。从新中国成立时起，法院、检察院、公安机关前面就有“人民”二字，旗帜鲜明地表明了政法机关的宗旨立场，成为政法工作最鲜明的标识、最深厚的底气、最坚强的支撑。我国社会主义法治是人民的法治，是为人民服务的，必须始终坚持法治建设为了人民、依靠人民、造福人民、保护人民。

新时代新征程，我国已经全面建成小康社会，社会主要矛盾发生历史性变化，高等教育进入普及化阶段。这个历史方位下，人民群众的法治意识和权利观念进一步提升了，对民主、法治、公平、正义、安全、环境等各方面的需求进一步增长了，他们不仅希望人身权、财产权不受侵犯，而且更加期待个人的尊严、情感得到更多尊重，名誉、荣誉等人格权得到有效保护，更加期待权利有保障、权力受制约、公平可预期、正义看得见的良法善治。政法机关要进一步发扬彻底的人民性，确保屁股端端地坐在老百姓这一面，不断提高正义维护、权利救济、安全保障、服务供给的能力水平，努力使人民群众的获得感、幸福感、安全感更有保障，努力让人民群众切实感受到公平正义就在身边。

三、牢牢把握依法治国和以德治国相结合这一鲜明特色

习近平总书记强调，法安天下，德润人心，法律有效实施有赖于道德支持，道德践行也离不开法律约束；法律和道德都具有规范社会行为、调节社会关系、维护社会秩序的作用；治理国家、治理社会必须一手抓法治、一手抓德治，既重视发挥法律的规范作用，又重视发挥道德的教化作用。这些重要论述，科学指明了中国特色社会主义法治道路的鲜明特点。我们必须深刻认识到，强调法治和德治两手抓、两手都要硬，既是历史经验的总结，也是对治国理政规律的科学把握。中华法系历史悠久、底蕴深厚，从战国荀子主张“隆礼重法”，到汉朝董仲舒提出“德主刑辅”，再到唐朝强调“德礼为政教之本，刑罚为政教之用”，蕴含着十分丰富的礼法并重、德法合治思想。全面建设社会主义现代化国家，法治和德治不可分离、不可偏废，推进国家治理体系和治理能力现代化，需要法律和道德协同发力。

新时代新征程，政法机关要发挥好法律的规范作用，以法治体现道德理念、强化法律对道德的促进作用；同时要发挥好道德的教化作用，以道德滋养法治精神、强化道德对法治文化的支撑作用。中国特色的矛盾调解机制，被国际社会誉为“东方经验”，体现了中国德治传统。要坚持和发展新时代“枫桥经验”，推动更多法治力量向引导和疏导端用力，坚持把非诉讼纠纷解决机制挺在前面，构建起分层递进、衔接配套的矛盾调解和纠纷解决体系，从源头上化解社会矛盾，防止我国社会成为“诉讼社会”。

四、牢牢把握建设中国特色社会主义法治体系这一总体目标

习近平总书记强调，中国特色社会主义法治体系，本质上是中国特色社会主义制度的法律表现形式；中国特色社会主义法治体系是推进全面依法治国的总抓手，要加快形成完备的法律规范体系、高效的法治实施体系、严密的法治监督体系、有力的法治保障体系，形成完善的党内法规体系。这些重要论述，准确锚定了全面依法治国的总体目标，具有纲举目张的重要意义。我们必须深刻认识到，建设中国特色社会主义法治体系是全面依法治国的总抓手，是全面建设社会主义现代化国家的主要任务之一。法治体系是法律制定和法治实施、监督、保障的有机统一，是立法、执法、司法、守法的有机统一。政法机关作为制定法律的重要力量和实施法律的职能部门，在建设中国特色社会主义法治体系的历史进程中肩负着重大职责使命。

新时代新征程，政法机关要全面推进立法、执法、司法、守法工作，为加快建设中国特色社会主义法治体系贡献力量。推进科学立法。要结合政法机关职能，及时提出立法建议，制定修订法规规章，研究完善司法解释。要推动重点领域、新兴领域、涉外领域立法，提高立法系统性、整体性、协同性、时效性，努力以良法促进发展、保障善治。推进严格执法。要全面推进法治政府建设，推进机构、职能、权限、程序、责任法定化，推动各级干部养成依照“三定”履职、依照法制办事、依照岗位责任落实的习惯。要全面推进严格规范公正文明执法，加大关系群众切身利益的重点领域执法力度，让执法既有力度又有温度。推进公正司法。要坚持以事实为根据、以法律为准绳，以公开促公正、以透明保廉洁，准确贯彻宽严相济刑事政策，坚守防范冤假错案底线，依法审理涉民生案件，让人民群众信任司法、信服裁判、信仰法治。推进全民守法。要推动实施“八五”普法规划，弘扬社会主义法治精神，深入开展法治宣传教育，全面落实“谁执法谁普法”普法责任制，让法治走到人民群众身边，让尊法学法守法用法在全社会蔚然成风。

五、牢牢把握维护国家安全和社会稳定这一首要任务

习近平总书记强调，国家安全是民族复兴的根基，社会稳定是国家强盛的前提，必须坚定不移贯彻总体国家安全观，把维护国家安全贯穿党和国家工作各方面全过程，确保国家安全和社会稳定；我国之所以创造出经济快速发展、社会长期稳定“两大奇迹”，同我们不断推进社会主义法治建设有着十分紧密的关系。这些重要论述，为政法机关更好履行职责使命指明了前进方向。我们必须深刻认识到，一个现代化强国，必定是一个国家安全、社会稳定的国家。回顾新中国成立以来的历史，在“站起来”阶段，我们党更加注重安全；在“富起来”阶段，我们党更加注重发展；在“强起来”的新阶段，要统筹好发展和安全。发展和安全合则兴、离则弱、悖则亡，这是历史留给我们的深刻启示。

新时代新征程，政法机关必须坚定不移贯彻总体国家安全观，更好地统筹发展和安全，全力以赴做好防风险、保安全、护稳定各项工作。要着力维护国家安全，健全国家安全体系，增强维护国家安全能力，严厉打击敌对势力渗透、破坏、颠覆、分裂活动，坚定维护国家政权安全、制度安全、意识形态安全。要着力维护社会安定，积极推动完善社会治理体系，健全新形势下维护社会稳定机制，提升社会治理效能。要着力维护人民安宁，依法打击突出违法犯罪活动，推进扫黑除恶常态化，努力创造人民群众安居乐业的良好环境。

六、牢牢把握服务保障经济高质量发展这一重大职责

习近平总书记强调，社会主义市场经济本质上是法治经济；坚持推动经济发展在法治轨道上运行，依法保护产权和知识产权，恪守契约精神，营造市场化、法治化、国际化一流营商环境。这些重要论述，深刻阐明了法治建设和市场经济的关系，对充分发挥法治对经济发展的引领规范保障作用意义重大。我们必须深刻认识到，高质量发展是全面建设社会主义现代化国家的首要任务，高质量发展必须依靠法治提供牢固的基础、持久的动力、公平公正的环境。纵观世界各国的现代化进程，经济发展和法治建设是一体两翼，缺一不可。凡是顺利实现现代化的国家，无一例外都走上了法治的道路。有的国家之所以落入了各种各样的发展陷阱，一个重要原因就在于没有解决好法治问题。

新时代新征程，政法机关要完整、准确、全面贯彻新发展理念，助力构建新发展格局，以中国特色社会主义法治保障社会主义市场经济。要在打击非法、维护秩序上下功夫，配合市场监管等部门，依法打击经济金融领域违法犯罪活动，加大反垄断、反不正当竞争执法司法力度，确保市场主体平等、市场竞争有序、市场配置资源、政府监管到位、司法维护公正。要在稳定预期、增强信心上下功夫，健全以公平为原则的产权保护制度，依法平等保护各类市场主体产权和合法权益，努力营造稳定公平透明、可预期的法治化营商环境。要在激励创新、激发活力上下功夫，围绕数字经济、互联网金融、人工智能、无人驾驶等新兴领域，及时提出立法建议，制定完善司法解释，支持新产业新业态健康发展、大显身手。

七、牢牢把握加快涉外法治工作布局这一战略课题

习近平总书记强调，法治是国家核心竞争力的重要内容，要坚持统筹推进国内法治和涉外法治，加快涉外法治工作战略布局，协调推进国内治理和国际治理；要把法治应对摆在更加突出位置，用规则说话，靠规则行事，维护我国政治安全、经济安全，维护我国企业和公民合法权益。这些重要论述，充分彰显了我们党统筹国内国际两个大局的战略考量，为我们推进涉外法治工作提供了根本遵循。我们必须深刻认识到，随着我国在全球治理中的分量上升，中国对世界的影响，从未像今天这样广泛、深刻，世界对中国的关注，也从未像今天这样广泛、深切。法律是和平年代的有力武器，提升涉外法治工作水平，使之与我国经济政治地位相匹配，已经是十分紧迫的任务。

新时代新征程，政法机关要充分发挥职能作用，更好运用法治方式和法治力量应对挑战、防范风险。要运用法治手段维护国家主权、安全、发展利益，健全反制裁、反干涉、反“长臂管辖”机制，推进域外适用法律体系建设，统筹运用执法、司法力量，有理有利有节应对各种挑战。要运用法治力量服务走出去，健全最高人民法院国际商事法庭运行机制，推进国际商事仲裁中心建设试点工作，培养一批具有国际视野、通晓国际规则，能够参与国际法律事务、善于维护国家利益的高层次涉外法治人才。要运用法治思维提升国际话语权，深化重要双边、多边关系的法治领域交流合作，善于运用法治话语阐明中国立场、表达中国观点，讲好中国法治故事，传播好中国法治声音。

八、牢牢把握全面深化政法改革这一有力保障

习近平总书记强调，改革和法治相辅相成、相伴而生，如鸟之两翼、车之两轮；解决法治领域的突出问题，根本途径在于改革。这些重要论述，深刻阐明了改革和法治的辩证关系，对于进一步深化政法改革具有重大指导意义。我们必须深刻认识到，党的十八大以来，在以习近平同志为核心的党中央坚强领导下，司法体制改革取得重大进展，全面深化政法改革纵深推进，做成了一系列想了很多年、讲了很多年但没有做成的大事，社会公平正义保障更为坚实，政法工作实现历史性变革、系统性重塑、整体性重构。同时，随着形势任务发展，一些体制机制性障碍仍需破解，改革综合效能仍需提升，需要拿出更多开创性、引领性的举措，推动政法改革系统集成、协同高效、纵深推进。

新时代新征程，政法机关要坚持改革创新，推动形成全方位深层次政法改革新格局。要全面准确落实司法责任制。推进员额和编制跨域统筹使用、动态调整，推进司法辅助人员招录、培养、使用机制改革，让最优秀的人留在办案一线。准确界定法院检察院法定办案组织的主体地位，准确界定法官检察官办案职权与领导干部监管职权的界限，准确界定违法办案责任的认定标准和处理程序，确保有权必有责、有权不任性。要全面优化政法机构职能体系。统筹研究专门法院规划布局，持续推进四级法院审级职能定位改革，配套推进各级法院内设机构改革。推动检察公益诉讼专门立法，完善公益诉讼制度体系。推进市县两级公安机关大部门大警种制改革。加强乡镇（街道）综治中心和人民法庭、公安派出所、司法所等标准化规范化建设，推动重心下移、资源下沉，夯实基层根基。要全面深化诉讼制度改革。深化以审判为中心的诉讼制度改革，构建诉讼以审判为中心、审判以庭审为中心、庭审以证据为中心的刑事诉讼新格局。发挥检察机关审前把关、过滤作用，加强对刑事立案、侦查活动的监督。

在中国这样一个人口规模超过现有发达国家人口总和的社会主义国家推进现代化，是前无古人的开创性事业；在中国这样一个超大规模的发展中国家建设社会主义法治，也是史无前例的开创性事业。我们要更加紧密地团结在以习近平同志为核心的党中央周围，坚持以习近平法治思想为指导，牢牢把握坚持党的绝对领导、坚持以人民为中心、坚持依法治国和以德治国相结合等重大原则，以深化政法改革为强大动力，全力履行党和人民赋予的职责使命，为全面建设社会主义现代化国家、全面推进中华民族伟大复兴贡献力量。

坚持和发展新时代“枫桥经验”提升矛盾纠纷预防化解法治化水平

中共中央政治局委员　中央书记处书记　中央政法委书记　陈文清

新时代“枫桥经验”是习近平新时代中国特色社会主义思想在平安中国建设领域的生动实践，是全国政法战线一面高高飘扬的旗帜。习近平总书记在浙江工作期间，对坚持发展“枫桥经验”高度重视，提出了一系列重要思想和举措，为新时代“枫桥经验”的孕育发展提供了“源头活水”。党的十八大以来，以习近平同志为核心的党中央统筹国内国际两个大局，统筹发展安全两件大事，推动党和国家事业取得历史性成就、发生历史性变革。在这一伟大进程中，通过理论和实践上的全面创新发展，形成了新时代“枫桥经验”。党的二十大报告提出，要在社会基层坚持和发展新时代“枫桥经验”，完善正确处理新形势下人民内部矛盾机制，及时把矛盾纠纷化解在基层、化解在萌芽状态。2023 年 9 月，习近平总书记在浙江绍兴考察时，专程到枫桥经验陈列馆，了解新时代“枫桥经验”创新发展情况，强调下一步要在全国更好地推广新时代“枫桥经验”。11 月 6 日，习近平总书记在北京亲切会见全国“枫桥式工作法”入选单位代表，勉励大家再接再厉，坚持和发展好新时代“枫桥经验”，为推进更高水平的平安中国建设作出新的更大贡献。我们要认真学习贯彻习近平总书记重要指示精神，深刻领悟“两个确立”的决定性意义，增强“四个意识”、坚定“四个自信”、做到“两个维护”，在新时代新征程上不断坚持和发展新时代“枫桥经验”，为强国建设、民族复兴伟业创造更加安全稳定的社会环境。

一、充分认识坚持和发展新时代“枫桥经验”的重大意义，准确把握其科学内涵和实践要求

新时代“枫桥经验”是我们党治国理政的重要经验。我们要深刻认识、全面把握，并在新征程上不断发扬光大。

（一）充分认识坚持和发展新时代“枫桥经验”的重大意义。从历史传承看，新时代“枫桥经验”植根于中华优秀传统文化，凝聚了中华民族的精神和智慧，与“德主刑辅、明德慎罚”的治国理念、“未雨绸缪、预防在前”的治理理念、“以和为贵、息诉止讼”的司法理念、“重义轻利、义在利前”的文化基因等相契合，坚持和发展新时代“枫桥经验”是弘扬中华优秀传统文化的必然要求。从全球视野看，新时代“枫桥经验”始终坚持党的领导这一根本保证、为人民服务这一根本宗旨、群众路线这一重要法宝，体现了注重调解、司法为民、重在“治未病”等中国特色，是实践证明行之有效的人民内部矛盾预防和化解方案。坚持和发展新时代“枫桥经验”，是彰显中国特色社会主义制度优势的重要方面。从时代视角看，我国经济社会发展稳中有进、整体向好，同时世界百年未有之大变局加速演变，我国发展进入战略机遇和风险挑战并存、不确定难预料因素增多的时期，社会矛盾纠纷较多，发现、防范、处置难度大，坚持和发展新时代“枫桥经验”是续写“两大奇迹”新篇章的迫切需要。我们要从历史与现实相贯通、国内与国际相比较、理论与实践相结合的高度，深刻认识和把握新时代“枫桥经验”的民族特色、制度优势和时代价值，进一步增强坚持和发展新时代“枫桥经验”的责任感、使命感。

（二）深刻理解新时代“枫桥经验”的科学内涵。“枫桥经验”形成于社会主义建设时期，发展于改革开放和社会主义现代化建设新时期，全面创新发展于中国特色社会主义新时代。在新时代“枫桥经验”的形成过程中，习近平总书记发挥了决定性作用。我们要深入学习贯彻习近平总书记重要指示精神，深刻领悟新时代“枫桥经验”科学内涵，即坚持和贯彻党的群众路线，在党的领导下，充分发动群众、组织群众、依靠群众解决群众自己的事情，做到“小事不出村、大事不出镇、矛盾不上交”。重点从以下几个方面加强理解和把握：党的领导是根本保证，必须充分发挥党总揽全局、协调各方的领导核心作用，使党的领导政治优势充分转化为化解矛盾、解决问题的强大效能；科学理论是根本指引，必须在习近平新时代中国特色社会主义思想指引下创新发展新时代“枫桥经验”；以人民为中心是根本

立场，必须坚持一切为了人民、一切依靠人民，着力解决好人民群众急难愁盼问题，让乡里乡亲根据实际，用各种有效方法化解矛盾问题；就地解决矛盾是目标导向，必须把基层一线作为化解矛盾纠纷主阵地，不上交矛盾，切实做到守土有责、守土尽责；依法办事是时代特征，必须牢牢坚持法治这一治国理政的基本方式，把矛盾纠纷预防化解工作全面纳入法治轨道；基层基础是坚实支撑，必须坚持大抓基层的鲜明导向，实现重心下移、力量下沉、保障下倾，不断筑牢国家安全和社会稳定的根基。

（三）准确把握新时代“枫桥经验”的实践要求。随着时代发展，“枫桥经验”面临的形势任务与诞生之初相比发生了深刻变化。在矛盾性质上，新时代“枫桥经验”处理的是人民内部矛盾；在矛盾对象上，新时代“枫桥经验”主要用于更好解决群众合理合法利益诉求；在工作手段上，新时代“枫桥经验”以协商调解为基本方式，充分发挥法律定分止争的作用，注重在法治轨道上平衡社会利益、调节社会关系、规范社会行为。我们要深入学习贯彻习近平法治思想，牢牢把握新时代“枫桥经验”的实践要求，即立足预防、立足调解、立足法治、立足基层，切实做到预防在前、调解优先、运用法治、就地解决。

二、预防在前，最大限度避免和减少矛盾纠纷发生

习近平总书记指出，要从源头上预防减少社会矛盾，提高预防化解社会矛盾水平。矛盾无处不在无时不有，要深入研究诱发各类矛盾纠纷的深层次原因，加强源头治理和关口把控，努力将矛盾消解于未然，将风险化解于无形。

（一）统筹发展和安全。从源头上预防矛盾纠纷产生，必须坚持发展为了人民，统筹协调、妥善处理好各方面利益关系，让现代化建设成果更多更公平惠及全体人民。要将保障和改善民生作为预防和化解矛盾纠纷的基础性工作，落实好各项民生政策，强化基本公共服务，在医疗、养老、就业、住房、教育等方面持续增进民生福祉，不断增强人民群众获得感、幸福感、安全感。弘扬“四下基层”优良作风，组织广大党员干部、政法干警下社区、进网格，听民意、察民情、解民忧。畅通和规范群众诉求表达、利益协调、权益保障机制，及时回应群众诉求，依法保障群众权益。

（二）坚持依法办事。只要坚持依法办事，就能从根本上预防许多矛盾纠纷的发生。现在有的矛盾纠纷就是不依法办事造成的，出现问题后又不依法处理，使得问题更加尖锐复杂。要坚持科学决策、民主决策、依法决策，加强社会稳定风险评估，确保各项决策遵循规律、切合实际。坚持依照“三定”履职、依照法制办事、依照岗位职责落实，做到既不滥用职权也不玩忽职守。

（三）深入排查社会矛盾问题。现在各地普遍加大了矛盾纠纷排查力度，效果是好的。要通过召开基层矛盾纠纷排查调处工作协调会议等形式，健全矛盾纠纷排查机制，实行日常排查、集中排查、条块排查相结合，全面动态排查掌握矛盾纠纷。注重用好群防群治力量，充分发挥网格员、楼栋长、“五老”人员、平安志愿者等贴近群众、熟悉情况的优势，及时发现苗头隐患。加强对重点领域风险传导链条的梳理和主要风险指标的监测，实现精确预测、精准预警、精密预防。

三、调解优先，充分发挥调解在矛盾纠纷预防化解中的基础性作用

调解作为我国独创的化解矛盾、消除纷争的非诉讼纠纷解决方式，具有非对抗性、经济性、及时性等优势，在维护我国社会基层长期稳定中发挥着独特的作用。坚持和发展新时代“枫桥经验”，要把调解贯穿矛盾纠纷化解工作始终，实现案结、事了、人和。

（一）做好人民调解。人民调解组织扎根基层、遍布城乡社区，人民调解员来自基层群众、熟悉社情民意，是实现“小事不出村、大事不出镇”的重要依靠力量。要加强人民调解组织规范化建设，确保全国乡镇（街道）、行政村（社区）人民调解委员会实现全覆盖，确保人民调解组织依法设立、人员充实、制度健全、工作规范。加强专职人民调解员队伍建设，落实经费保障，支持个人和品牌调解工作室发展，更好地发挥人民调解作用。

（二）做实行政调解。行政调解是法治政府建设的重要内容，是调解体系中的重要环节。行业主管部门具有更加了解情况、更加熟悉相关法规政策和行业规范的优势，应当在化解行业领域矛盾中发挥更大作用。司法行政机关要加强对行政调解的指导，各职能部门要规范行政调解范围和程序，依法加强消费者权益保护、交通损害赔偿、治安管理、环境污染、社会保障、房屋土地征收、知识产权等方面行政调解，及时妥善化解矛盾纠纷。

（三）做强司法调解。司法调解已成为当事人解决纠纷的重要方式，不仅大大减轻了当事人的解纷成本，也有利于从源头上防止矛盾激化。要进一步提升司法调解工作质效，对当事人起诉到法院的纠纷，由人民法院认真开展诉前调解、诉中调解，促进其实质性化解。司法调解工作中，要贯彻自愿原则，既要应调尽调，也要当判则判，不能久调不决。

（四）做细行业性专业性调解。当前，矛盾纠纷主体日益多元、涉及的行业领域类型日趋多样，需要不断提升调解工作的专业性。要适应新兴产业发展形势，推动健全金融、互联网等领域调解组织，加强商事调解特别是涉外商事调解工作，确保专业性的问题得到专业化的调解。加强律师调解工作，扩大律师调解工作社会认可度。

（五）做优各类调解协调联动机制。针对当前矛盾纠纷跨界性、关联性、复杂性增强的实际，必须统筹各类调解资源，在充分发挥各类调解手段优势的基础上，完善衔接联动机制，增强整体合力。人民法院与司法行政机关要履行好指导调解工作的法定职能，推动形成以人民调解为基础，各类调解优势互补、有机衔接、协调联动的工作格局。

四、运用法治，把矛盾纠纷预防化解工作全面纳入法治化轨道

习近平总书记强调，要不断提高运用法治思维和法治方式深化改革、推动发展、化解矛盾、维护稳定、应对风险的能力。习近平总书记的重要论述，赋予了新时代“枫桥经验”浓厚的法治底色。运用法治思维和法治方式解决矛盾纠纷，成为新时代“枫桥经验”的鲜明时代特征。坚持和发展新时代“枫桥经验”，要全面贯彻落实习近平法治思想，时时刻刻、事事处处用“十一个坚持”对照、审视工作，把各种矛盾纠纷化解方式纳入法治轨道，在法律框架下分清是非、在权利义务统一中判断对错，从根本上实现定分止争。

（一）前提是明确职责、规范运行。目前，相关法律法规政策对各有关方面的矛盾纠纷预防化解职责都作了规定，重在抓好法定职责的履行和落实。要按照地域、职能、级别管辖的原则，明确化解各类矛盾纠纷的主体责任。要明确政府部门、群团组织、社会力量在化解矛盾纠纷工作中的职能作用，明确矛盾纠纷受理登记、流转办理、跟踪回访等各环节的法定要求，推动各职能部门按照法定程序履职、按照法定环节配合，把矛盾纠纷化解工作做到位。

（二）关键是优化流程、加强衔接。我国国情决定了我们不能成为“诉讼大国”，必须坚持把非诉讼机制挺在前面，进一步完善矛盾纠纷化解“路线图”，构建调解优先、分层递进、司法兜底的多元化解工作体系。行政复议机关、法院、检察院、仲裁机构、相关行政机关、群团组织、信访事项受理办理单位，要优先鼓励当事人通过自愿和解、依法调解方式化解矛盾纠纷；调解不成的，根据矛盾纠纷性质，依法引导当事人通过仲裁、行政裁决、行政复议等途径解决；对处理结果不服的再引导当事人依法提起诉讼。要规范各类解纷手段的衔接方式，完善有关解纷手段的司法确认程序，增强矛盾纠纷化解整体效果。要推动各地立足本地实际，细化完善矛盾纠纷多元化解的相关法规和政策文件。

（三）基础是加强普法、推动守法。推动全社会树立法治意识，是推进矛盾纠纷预防化解法治化的长期基础性工作。要深入实施“八五”普法规划，全面落实“谁执法谁普法”普法责任制，深化民主法治示范村（社区）创建，在城乡基层培育“法律明白人”，引导群众办事依法、遇事找法、解决问题用法、化解矛盾靠法。将矛盾纠纷化解与普法宣传紧密结合起来，做到在矛盾纠纷化解中推动全民守法，在全民守法中化解矛盾纠纷。

（四）要加快推进信访工作法治化。具体任务是推进预防法治化、受理法治化、办理法治化、监督追责法治化、维护秩序法治化“五个法治化”，做到信访部门分清性质、明确管辖、转办督办到位，职能部门对信访事项依照法律规定和程序按时处理到位，监督部门对滥用职权、玩忽职守的公职人员坚决问责到位，政法机关对相关违法犯罪行为及时依法处理到位。通过推进信访工作法治化，把《信访工作条例》和有关法律法规要求切实落到实处，实现权责明、底数清、依法办、秩序好、群众满意的目标。

五、就地解决，及时把矛盾纠纷化解在基层、化解在萌芽状态

习近平总书记指出，基层既是产生利益冲突和社会矛盾的“源头”，也是协调利益关系和疏导社会矛盾的“茬口”；基础不牢，地动山摇。只有把基层的事解决好，把群众身边问题解决好，人民才能安居乐业、社会才能安定有序、国家才能长治久安。坚持和发展新时代“枫桥经验”，必须立足基层，最大限度把人民群众反映的各类矛盾问题解决在当地。

（一）建强基层战斗堡垒。基层党组织是源头化解矛盾纠纷的战斗堡垒。要健全基层党组织工作体系，推动基层党的组织和工作全覆盖，选优配强基层党组织书记，持续增强基层党组织在群众中的感召力、影响力。加强理论武装和业务培训，提升基层党组织负责人预防化解矛盾纠纷的能力。

（二）充实基层政法力量。基层政法单位和政法干警是预防化解矛盾纠纷的重要专业力量。要推动政法各单位进一步把基层基础工作置于优先发展地位，将关口前置、防线下移，更好增强基层实力、激发基层活力、提高基层效率。结合实际优化警力布局，通过多种方式充实基层政法单位人员，推动政法力量向基层下沉、向社区前置、向矛盾纠纷产生链条的前端延伸，在矛盾风险监测预警等工作中更好发挥专业优势。完善乡镇（街道）政法委员在党委领导下统筹指导基层政法力量制度机制，增强矛盾纠纷化解合力。按照党中央部署，落实好地方机构改革任务，充实基层一线特别是乡镇（街道）平安、法治力量。

（三）规范基层平台建设。统筹好发展和安全，根据各地实际，着眼“发展”问题，建立行政服务中心等实体平台，为法人、自然人提供高效服务，力争做到“最多跑一次”；着眼“安全”问题，建立综治中心等实体平台，强化矛盾纠纷多元化解、网格化管理等功能，力争做到“最多跑一地”。结合各层级不同情况，明确综治中心等矛盾纠纷多元化解平台功能，完善工作运行机制。总体上，省、市两级平台强化统筹协调功能，县、乡镇（街道）两级平台因地制宜、做实“一站式”化解功能，村（社区）强化“第一道防线”功能。落实《中国共产党政法工作条例》，加强基层综治中心建设，强化资源力量聚合，推动诉讼服务中心、检察服务平台、公共法律服务中心、信访接待大厅等与综治中心有机整合，做到权责明晰、运转顺畅、方便群众。加强和规范网格化服务管理工作，加强网格员队伍建设。党委政法委要加强对综治中心的管理和指导，落实综治中心建设标准，重点加强规范化建设。

（四）推广基层鲜活经验。坚持和发展新时代“枫桥经验”，离不开广大基层干部群众的辛劳付出、无私奉献。要充分尊重基层首创精神，鼓励和支持各地区各有关部门结合实际探索坚持和发展新时代“枫桥经验”的新举措，促进形成百花齐放、满园春色的生动局面。系统总结各地区各领域的成功经验做法，定期评选全国新时代“枫桥经验”先进典型，加大宣传推广力度。

坚持和发展新时代“枫桥经验”、推进矛盾纠纷预防化解法治化是一项系统工程。必须加强各级党委和政府的组织领导，以“时时放心不下”的责任感，坚决落实维护稳定责任，推动矛盾纠纷实质性化解。必须压实各部门责任，按照“谁主管谁负责”原则，加强排查预警，做好本行业、本系统矛盾纠纷预防化解工作，对职权范围内的矛盾纠纷和信访事项，依照有关法律法规规定和程序及时妥善办理。必须充分发挥基层群众的主动性，推进全过程人民民主，创新基层民主协商平台，发挥好群团组织、相关社会组织优势和作用，广泛动员群众参与矛盾纠纷化解实践。必须深化科技支撑，推动建设全国矛盾纠纷多元化解信息系统，打通数据资源，完善数据链条，创新数据应用，用科技力量助力矛盾纠纷预防化解。要通过不懈努力，切实把“预防在前、调解优先、运用法治、就地解决”落到实处，实现“小事不出村、大事不出镇、矛盾不上交”，为推进强国建设、民族复兴伟业作出新的更大贡献！

新时代公安工作的历史性成就和变革

中共中央书记处书记 国务委员 中央政法委副书记 公安部部长、党委书记 王小洪

党的十八大以来，以习近平同志为核心的党中央高度重视公安工作。习近平总书记亲自出席全国公安工作会议并发表重要讲话，亲自为中国人民警察队伍授旗并致重要训词，多次深入公安基层单位视察指导，亲切会见慰问公安民警，就新时代公安工作作出一系列重要论述，引领新时代公安工作取得了历史性成就、发生了历史性变革。在以习近平同志为核心的党中央坚强领导下，全国公安机关坚持以习近平新时代中国特色社会主义思想为指导，深入学习贯彻习近平法治思想特别是习近平总书记关于新时代公安工作的重要论述，贯彻落实新时代党的建警治警方针，牢牢把握对党忠诚、服务人民、执法公正、纪律严明总要求，坚持统筹发展和安全，以政治建设为统领，以全面深化公安改革为动力，忠实履行捍卫政治安全、维护社会安定、保障人民安宁的新时代使命任务，为续写经济快速发展和社会长期稳定“两大奇迹”新篇章作出了重要贡献。人民群众安全感由2012年的87.55%上升至2021年的98.62%，我国已成为世界上最有安全感的国家之一。

一、强化政治建设、做到“两个维护”，忠诚警魂进一步铸牢

牢牢把握公安姓党的根本政治属性，坚持从政治上建设和掌握公安机关，坚决把党的绝对领导落实到公安工作各方面全过程。“两个维护”更加坚定。始终把“两个维护”作为最高政治原则和根本政治规矩，制定出台《公安部党委关于坚决维护党中央集中统一领导的规定》《公安部党委关于加强公安机关党的政治建设的实施意见》等文件，持续强化忠诚教育，引导广大民警深刻领悟“两个确立”的决定性意义，坚定自觉忠诚核心、拥护核心、跟随核心、捍卫核心，在任何时候任何情况下都坚决听从习近平总书记命令、服从党中央指挥。理论武装更加自觉。紧密结合全党集中性学习教育，把学习贯彻习近平新时代中国特色社会主义思想作为首要政治任务，把学习贯彻习近平法治思想特别是习近平总书记关于新时代公安工作的重要论述作为重中之重，发挥各级公安机关党委（党组）理论学习中心组的示范引领作用，共举办各类政治轮训班7.5万期，累计培训602万人次，打牢全警高举旗帜、听党指挥、忠诚使命的思想根基。政治纪律更加严明。牢记“五个必须”，严防“七个有之”，坚决同一切违背和损害“两个维护”的言行作斗争，坚决彻底肃清周永康等人和孙力军政治团伙流毒影响，及时发现、坚决清除对党不忠诚不老实的两面人、两面派。执行落实更加有力。健全完善“第一议题”和贯彻落实党中央决策部署督促检查、问责问效等制度机制，强化政治巡视巡察，探索开展政治督察，做到党中央提倡的坚决响应、党中央决定的坚决照办、党中央禁止的坚决不做。

二、强化底线思维、发扬斗争精神，政治安全防线更加坚固

始终把防范政治安全风险置于首位，统筹境内境外、网上网下，深入开展反渗透反颠覆反恐怖反分裂斗争，有力维护国家政权安全、制度安全、意识形态安全。聚焦防范抵御“颜色革命”。保持高度敏感敏锐，下先手棋、打主动仗，严密防范、严厉打击境内外敌对势力各类渗透颠覆捣乱破坏活动，努力做到防患于未然，丹心守卫红色江山。聚焦反恐防恐。推动制定《中华人民共和国反恐怖主义法》等法律法规，完善反恐怖防范标准体系，坚持凡“恐”必打、露头就打，持续开展严打暴恐活动、网络暴恐音视频等专项行动，持续加强反恐国际合作，打好反恐防恐“组合拳”。聚焦确保重点地区安全。牢记“首都稳、全国稳”，以系列重大活动安保维稳工作为牵引，持续排查化解突出风险隐患，创新完善社会面管控整治机制措施，坚决保卫祖国“心脏”；坚定支持香港警队、澳门警队等纪律部队依法履行职责，保障基本法、香港国安法等法律有效实施，助力香港实现由乱到治的重大转折、澳门保持和谐稳定，护航“一国两制”事业行稳致远。聚焦维护网络安全。牢记“没有网络安全就没有国家安全”，开展“净网”等专项行动，深入打击治理网络谣言和有害信息，严防严打网络渗透攻击窃密

活动，健全并落实网络安全等级保护、关键信息基础设施安全保护等制度措施，全力营造安全清朗网络空间。

三、强化系统观念、注重综合施策，社会大局保持持续稳定

始终坚持稳字当头，紧盯各类可能影响社会稳定的风险隐患，与各有关部门密切协作配合，加强预测预警预防，努力做到发现在早、处置在小。深化矛盾纠纷排查化解。坚持和发展新时代“枫桥经验”，开展创建“枫桥式公安派出所”“百万警进千万家”等活动，推动落实属地管理责任、源头治理措施、多元化解机制，有效防范矛盾累积发酵；持续开展公安信访突出问题攻坚化解，着力解决群众合理合法诉求，减存量、控增量成效显著。稳妥应对重点领域风险。紧盯经济、民生等重点领域，协同行政主管、行业监管等部门，细化完善监测预警、研判评估、稳控处置等措施；积极参与互联网金融风险专项整治，严厉打击非法集资等犯罪，全力追赃挽损，严防风险外溢传导。扎实做好重大安保工作。坚持“人民至上、安全第一”理念、“万无一失、一失万无”标准和“细致、精致、极致”作风，创新完善重大活动安保模式，圆满完成一系列重要会议、重大活动安保任务，实现了安全效果和政治效果、社会效果的有机统一。全力抓好疫情防控。严格落实“外防输入、内防反弹”总策略和“动态清零”总方针，完善与卫健、交通、海关等部门联动机制，动态调整出入境管理政策措施，强化陆路水路口岸管控，积极配合做好人员管控、秩序维护等工作，助力打赢打好疫情防控人民战争、总体战、阻击战。

四、强化为民宗旨、深化平安建设，人民群众安全感不断提高

聚焦人民群众对平安品质的更高期待，严格落实打防管控建各项措施，有效提升社会治安掌控力，努力让人民群众感到安全触手可及、就在身边。攥紧“打”的拳头。针对人民群众深恶痛绝的突出违法犯罪，坚持依法严打方针，组织开展系列专项行动，有效遏制多发高发态势，2021 年八类主要刑事犯罪案件立案数比 2012 年下降 64.4%，我国长期处于全球命案发案率最低国家行列；在扫黑除恶专项斗争中，充分发挥主力军作用，打掉涉黑组织 3644 个、恶势力犯罪集团 1.1 万个，破获刑事案件 24.6 万起，扫黑除恶专项斗争成为党的十九大以来最得人心的大事之一；着力破解打击治理电信网络诈骗违法犯罪难题，创新完善专题研究、专门队伍、专案攻坚、专业技术和抓好内部合力、促成外部合力的“四专两合力”理念及配套机制措施，共破获电信网络诈骗案件 122.7 万起，发案数自 2021 年 6 月起同比保持连续下降；集中打击治理跨境赌博违法犯罪活动，彻底摧毁一批跨境网络赌博平台，有效遏制境外吸赌招赌势头。织密“防”的网络。创新完善立体化信息化社会治安防控体系，健全快速反应等警务机制，强化重点区域、部位、时段巡防巡控，全国建成 2.1 万个街面警务站，日均投入约 50 万警力开展巡逻，2021 年全国“两抢”案件、盗窃案件立案数比 2012 年分别下降 96.1%、62.6%；加强道路交通和铁路、民航、港航安全管理，常态化开展隐患排查整治，公共安全形势保持总体稳定。强化“治”的合力。坚持共建共治共享，创新公安机关参与基层社会治理机制，完善群防群治机制，强化力量统筹、部门协同，涌现出“朝阳群众”“沈阳义勇”“杭州义警”“厦门百姓”等一大批品牌，有力铸就专群结合、共保平安的铜墙铁壁。

五、强化问题导向、锐意改革创新，公安改革实现系统性重塑和整体性变革

落实党中央全面深化改革部署要求，大力实施改革强警战略，在一些重要领域和关键环节上取得重大突破，推动公安工作质量变革、效率变革、动力变革。推进公安管理体制改革。深化公安现役部队和国家移民管理体制改革，顺利完成公安历史上规模最大、涉及 30 万官兵的改制转隶；深化行业公安机关管理体制改革，理顺了领导指挥关系；按照“党委领导、部级抓总、省级主责、市县主战、派出所主防”的思路，全面完成公安部机关机构改革任务，稳妥推进市县公安机关大部门大警种制改革，构建自上而下高效率组织体系；推进公安队伍管理改革，全面落实人民警察职级序列、招录培养、职业保障制度改革政策，规范警务辅助人员管理。推进警务运行机制改革。大力推进“情报、指挥、行动”一体化和市县公安机关扁平化、实战化、合成化运行机制改革，推行派出所“两队一室”“一村（格）一警”等机制模式，全国已设立社区（驻村）警务室 19.5 万个，配备社区民警 22.3 万人，基层基础不断夯实；建立健全京津冀、长三角、粤港澳等警务协作机制，不断深化国际执法合作机制，安全保障能力稳步提升。推进行政管理服务创新。围绕服务高质量发展，加强顶层设计，因时因势连续推出系列便民利企政策措施。加快推进户籍制度改革，全面实施开具户籍类证明和5个户口迁移事项“跨省通办”，提前完成1亿人进城落户目标；全面实施申领出入境证件“只跑一次”“全国通办”，累计为非户籍地人员签发出入境证件2800余万本次；将公安机关12项涉企经营许可全部纳入“证照分离”改革，驾驶证“全国通考”、机动车“全国通检”等78项交管便利措施全面落地；完成公安部“互联网+政务服务”平台2.0建设，越来越多的公安政务服务可全程网办，努力实现让人民群众“零跑腿”。推进智慧警务建设。坚持科技兴警，聚焦实战应用，全面实施公安大数据战略，基本形成全国公安大数据智能化应用新生态，极大提升了警务运行效能和核心战斗力。

六、强化法治思维、突出规范执法，法治公安建设迈出重大步伐

深入学习贯彻习近平法治思想，持续深化执法规范化建设，公安工作法治化水平和执法公信力不断提升。完善公安法规制度体系。积极配合制定修订《中华人民共和国刑法》《中华人民共和国刑事诉讼法》《中华人民共和国网络安全法》《中华人民共和国反有组织犯罪法》《中华人民共和国反电信网络诈骗法》等法律法规，推动危险驾驶罪、袭警罪等入刑，联合最高人民法院、最高人民检察院出台一系列执法指导意见；修订完善公安机关办理行政、刑事案件程序规定等规章制度，出台现场执法活动、治安管理处罚裁量等具体指导意见，为一线执法提供精准指导、有力支撑；严格落实规范性文件法律审核和备案审查机制，保障执法决策和制度的合法性、科学性。完善执法权力运行机制。推进受立案制度和刑事案件“两统一”、涉案财物管理、“阳光警务”等改革，完善案件评查、执法责任追究、常态化责任倒查等机制，在派出所等基层单位推行法制员制度，持续整治有案不立、压案不查和办关系案、人情案、金钱案等突出问题，构建系统严密、运行高效的监督管理体系；特别是大力推进执法办案管理中心建设，全国市县两级已建成2994个，计划完成率达到97.4%，实现一站式办案、智能化管理、全流程监督。完善执法教育培训体系。依托全警实战大练兵等载体形式，举办各类警务技战术训练班、专业培训班等30余万期，组织各类对抗性比武竞赛和实战演练25万余场次，实行执法资格等级考试制度，全国约190万民警取得基本级执法资格、6万民警取得高级执法资格，全警法治素养和执法能力显著提升。

七、强化党建引领、狠抓从严治警，公安队伍革命化正规化专业化职业化建设稳步推进

锚定“四个铁一般”标准要求，结合开展群众路线教育实践活动、“三严三实”专题教育、“两学一做”学习教育、“不忘初心、牢记使命”主题教育和党史学习教育，纵深推进全面从严管党治警，着力锻造高素质过硬公安铁军。始终坚持党建带队建。构建部省市县四级全面从严管党治警工作体系，健全责任清单、述职评议、党建督察等制度，以推进党支部标准化规范化建设为重点，把各级党组织建设得更加坚强有力；组织开展“公安心向党、护航新征程”等主题宣传活动和“公安楷模”“最美基层民警”等评选表彰活动，推树“七一勋章”获得者崔道植、“时代楷模”潘东升等先进典型，全国公安机关共有240余万人次、24万余个集体被记功嘉奖，弘扬了主旋律、激发了正能量。始终坚持正确选人用人导向。认真贯彻新时代党的组织路线和好干部标准，制定修订领导干部能上能下实施细则、优秀年轻干部双向交流锻炼实施办法等，严格执行“凡提四必”、党风廉政意见“双签字”、任前公示等制度，选好配强各级公安机关领导班子和领导干部，推动省市县三级公安机关主要领导异地交流任职比例分别上升至96.8%、99.3%、98.2%。始终保持“严”的氛围、“惩”的力度。坚持严在平时、管在日常、抓在小处，紧盯领导干部这个“关键少数”，紧盯重点领域、重点环节、重点岗位，严格执行中央八项规定及其实施细则精神，制定出台并严格落实一系列新的铁规禁令，构建完善具有公安特色的大监督格局，充分运用监督执纪“四种形态”，着力提高一体推进“三不腐”能力水平，引导全警做到知敬畏、存戒惧、守底线；特别是以前所未有的力度开展队伍教育整顿，刀刃向内、刮骨疗毒，清除一批害群之马、整治一批顽瘴痼疾、出台一批制度规定，队伍风气面貌焕然一新。始终怀着深厚的感情带队伍。公安队伍是和平年代牺牲最多、奉献最大的队伍。党的十八大以来，有3700余名民警因公牺牲，5万余名民警因公负伤。牢记党中央关心厚爱，推动设立中国人民警察节、确定中国人民警察警歌、修订人民警察誓词，不断健全人民警察标识体系、荣誉制度，增强民警职业归属感、荣誉感；推动出台《人民警察抚恤优待办法》《公安机关维护民警执法权威工作规定》等制度规范，专门印发爱警暖警工作指导意见，推动解决民警家庭就医、就业、就学等实际困难，提升队伍凝聚力战斗力。

党的十八大以来公安工作取得的历史性成就，最根本在于习近平总书记掌舵领航，在于习近平新时代中国特色社会主义思想科学指引。新时代公安工作的变革性实践，进一步加深了我们对公安工作的规律性认识，这就是：必须坚持党对公安工作的绝对领导，永葆绝对忠诚、绝对纯洁、绝对可靠的政治本色，确保“刀把子”始终牢牢掌握在党和人民手中；必须坚持用习近平新时代中国特色社会主义思想武装头脑、指导实践、推动工作，确保公安工作始终沿着正确道路前进；必须坚持统筹发展和安全，全面贯彻总体国家安全观，全力为全面建设社会主义现代化国家、实现中华民族伟大复兴保驾护航；必须坚持以人民为中心，全心全意做好保民安、护民利、惠民生、聚民力等各项工作，不断增强人民群众获得感、幸福感、安全感；必须坚持公平正义价值取向，持续推进法治公安建设，切实把严格规范公正文明执法要求落到实处；必须坚持改革创新，加快构建符合新时代要求、体现实战化特点、具有中国特色的现代警务体系，积极推动公安工作高质量发展；必须坚持政治建警、全面从严治警，永葆自我革命精神，为履行好新时代使命任务提供坚强保证。

深入学习贯彻习近平法治思想 加快推进审判工作现代化

中央政法委委员　最高人民法院党组书记、院长　张　军

党的二十大报告擘画了全面建成社会主义现代化强国、以中国式现代化全面推进中华民族伟大复兴的宏伟蓝图，强调“在法治轨道上全面建设社会主义现代化国家”。习近平总书记2023年1月对政法工作作出重要指示，要求坚持改革创新，坚持发扬斗争精神，奋力推进政法工作现代化。人民法院是党领导下的国家审判机关，审判工作现代化既是政法工作现代化的重要内容，也是中国式现代化的重要保障，必须围绕“公正与效率”工作主题，做实为大局服务、为人民司法，从审判理念、审判机制、审判体系、审判管理等方面整体推进、系统落实，努力以审判工作现代化服务保障中国式现代化。

一、加快推进审判理念现代化

审判工作现代化，最首要的、最关键的是审判理念现代化，以审判理念现代化统领、引导、促进各项工作现代化。审判理念现代化的根本，是把习近平法治思想作为“纲”和“魂”自觉融入审判执行工作全过程、各方面。必须牢牢坚持党对司法工作的绝对领导，坚决贯彻落实党的路线、方针、政策，积极创新地通过司法捍卫、保障、促进党的绝对领导在党和国家各方面工作中落到实处，不断厚植党的执政根基。必须坚持以人民为中心，始终牢记民心是最大的政治，全力满足人民群众在民主、法治、公平、正义、安全、环境等方面更高水平的需求，让人民群众在每一个司法案件中感受到公平正义。必须坚持中国特色社会主义法治道路，深刻认识与本国国情相适应的制度才是、就是最好的制度，增强走中国特色社会主义法治道路的自信、底气和定力。在习近平法治思想指引下，立足我国国情，传承中华优秀传统法律文化，加快推进审判理念现代化，努力跟上、适应新时代新发展阶段新要求。

（一）坚持“抓前端、治未病”。习近平总书记强调，“法治建设既要抓末端、治已病，更要抓前端、治未病”。在党中央集中统一领导下，从源头上预防和减少类案多发高发，把党的领导和我国社会主义司法制度优势转化为公正高效审判、促进国家和社会治理的效能优势，是面对大量案件的治本之道，更是为大局服务的必然要求。要高度重视审判执行态势分析研判，通过办案关注、思考类案的成因，特别是明显升降的原因，敏于发现案件背后的深层社会治理问题，针对性提出司法建议、工作意见。要做实新时代“枫桥经验”，深入贯彻全国调解工作会议精神，把诉调对接的“调”向前延伸，在党委、党委政法委领导下，做好对人民调解及其他各类调解的业务指导、司法确认，努力把矛盾纠纷化解在基层、解决在萌芽状态。要正确认识“诉”和“访”的辩证关系，加强涉诉信访案件实质性化解，引导当事人依法理性表达诉求，加快推进信访工作法治化。

（二）坚持双赢多赢共赢。司法审判工作的裁判属性、监督属性，尤其需要善用智慧、讲究方法，坚持原则性与灵活性相统一，把“刚强的内心”与“柔软的身段”结合起来，在团结协作、和谐互促中实现司法审判工作的目的，实现“三个效果”的统一。行政审判是一项带有司法监督性质的审判工作。行政权和司法权根本上统一于党的绝对领导、统一于维护人民根本利益，审判工作中要牢固树立双赢多赢共赢的理念，才可能把监督就是支持、支持就是监督贯穿始终。

（三）坚持案结事了政通人和。人民群众到法院来不是走程序的，是希望通过公正裁判维护自己的合法权益，确定名分、止息纷争。要把实质性化解矛盾、解决问题作为司法审判的目标、导向，每一个审判环节都要把案结事了、服判息诉的功课做到极致。立案时、裁判中就要考虑执行工作，把财产保全做在前、把涉案财产处分理据查证清楚，避免无法执行再生纷争；裁判本案时就要考虑潜在的关联案件，进而选择最适合的处理方案。当事人诉请有理，但诉由不当，可以释法说明利弊，由当事人作出更有利于问题依法公平公正解决的决定。要以“如我在诉”的意识，把让人民群众在每一个司法案

件中感受到公平正义真正落到实处。

二、加快推进审判机制现代化

审判机制现代化，就是要让审判权运行符合司法规律，确保司法责任制全面准确落实。党中央始终把司法责任制作为司法体制改革的“牛鼻子”抓住不放。党的十八届三中、四中全会提出，完善主审法官、合议庭办案责任制，让审理者裁判、由裁判者负责，落实谁办案谁负责；党的十九大报告提出，全面落实司法责任制，努力让人民群众在每一个司法案件中感受到公平正义；党的二十大报告强调，全面准确落实司法责任制，加快建设公正高效权威的社会主义司法制度。从“落实”到“全面落实”，再到“全面准确落实”的递进，蕴含着党对司法责任制规律性认识的持续深化，为人民法院以全面准确落实司法责任制为牵引、加快推进审判机制现代化指明了方向，提出了新的更高要求。

（一）以党的领导责任统领、压实司法审判责任。司法责任是人民法院的宪法责任，由审委会、院庭长、合议庭、法官依法定职责分别承担、共同负责。司法责任制既不意味着错案责任由法官个人全部承担，也不意味着审判权力由法官个人独立行使，党组的领导责任、审委会和院庭长的监督管理责任必须落实到位。司法裁判责任和监督管理责任根本统一于宪法、法院组织法的规定，要以党的政治领导责任统领、压实司法审判各环节、各方面责任，全面准确落实司法责任制。

（二）落实落细审判组织法定职责。审判组织是审判权运行的载体。独任法官、合议庭、审委会等审判组织依法履职，是全面准确落实司法责任制的基本要求。要在落实有效监管责任基础上，充分发挥独任法官制度优势，依法优质高效多办案、办好案。要规范合议庭运行，通过科学完善的管理机制，督促合议庭成员依法规范履职，合议庭成员必须独立发表具体明确的意见并阐明理由。要把审委会履职重点放在抓大事、议要案上，落实审委会总结审判经验、发挥监督指导等职责。宏观指导上，要更加注重审判经验的总结，定期听取审判工作运行情况分析总结，作出科学评价判断，把监督指导的责任和压力向前端传导、压实。个案讨论上，善于由表及里、由此及彼，努力实现个案价值类案化、促进管理治理效果最大化。

（三）落实落细上级法院监督指导责任。要注重发挥上级法院“统”的优势，做深做细上诉、申诉等案件分析，加强审判数据会商，突出问题导向做实做好监督指导。要优化上诉、申诉案件审理中的上下一体衔接机制，对上诉、申诉案件加强管理、优化办理，依法切实提升办案质效、减少群众诉累，对确有错误的，应当确定能直接改判就不发回重审的原则，力争以最小的程序成本定分止争。加强上诉、申诉案件审理中存在问题的总结分析，强化对下监督指导，不能让同类问题反复发生。要用足用好提级管辖、再审提审工作机制，更好发挥规范引领裁判的作用。充分发挥案例指导作用，推进建立人民法院案例库，促进法律适用统一，促进公民、社会法治意识养成。

三、加快推进审判体系现代化

推进审判体系现代化，关键在优化法院机构职能体系，实现机构设置规范、职能行使协同、体系运行高效等目标，统筹制度机制健全完善，照顾上下左右协同，推动改革真正发生“化学反应”。

（一）组织机构要科学规范设置。司法权是中央事权，司法体制改革本质上属于政治体制改革，专门法院、专门法庭的设置要充分研究论证，确保科学规范。要把重点放在已设立的专门法院、专门法庭如何充分发挥司法改革效能、不断完善综合配套机制上，同时指导普通法院、普通法庭通过发挥专业审判庭、合议庭作用，优质高效审理好相关案件，更加注重总结审判经验，借鉴专门法院专业优势，把更有效促进专门领域治理的职责优化担当起来。法院内设机构设置要实事求是，遵循确有必要、统一、高效原则，做到机构设置科学、职能配置优化、体制机制完善、运行管理高效。要符合审判机关特点和审判权运行规律，注重审判中心、上下贯通、规范严肃。

（二）审判体系运行要强化大数据战略保障。增强大数据战略思维，发挥大数据战略保障作用，以“数字革命”驱动新时代新发展阶段司法审判整体提质增效。要在夯实数据基础上求实效，建好司法大数据库，加强标准化建设，确保规范高效地把各类司法信息资源转化为海量有效数据。要在创新深度应用上下功夫，探索创新大数据应用方式、平台、工具，充分发挥大数据在优化审判管理服务、提高司法审判质效等方面的作用。要在打破数据壁垒上抓联动，加快建成全国法院“一张网”，有效汇集各方面数据，确保审判体系高效顺畅运行。

四、加快推进审判管理现代化

党的二十大报告提出“完善干部考核评价体系，引导干部树立和践行正确政绩观，推动干部能上能下、能进能出，形成能者上、优者奖、庸者下、劣者汰的良好局面”。推进审判管理现代化，科学的考核评价体系是重要抓手。调动队伍积极性、提升审判质量，必须发挥好考评指挥棒作用。

（一）建立科学的、符合司法规律的审判质量管理指标体系。最高人民法院经过充分调研论证，制定完善审判质量管理指标体系。新的审判质量管理指标体系坚持质量优先、兼顾效率、关注效果，设置服判息诉率、案访比、“案－件比”等指标，重在引导办案实现“三个效果”有机统一。“案－件比”是推进审判管理现代化的核心指标，目的就是引导各级法院注重实质性化解矛盾，防止“一案结而多案生”，用最优质量、最高效率、最佳效果处理好每一起案件，更好维护老百姓合法权益。为防止唯指标、数据论英雄，引领性指标设置“合理区间/参考区间”，杜绝违背司法规律的层层加码、盲目追高、数据造假等“反管理”现象。对于已经“做起来”、指标达到合理区间的，重在督导、引领做优做深“质”的工作，把更多精力放在提升质量、效果上。

（二）做实全员绩效考核，把评案与考人贯通起来。最高人民法院全面推开完善绩效考核工作，着力解决干与不干、干多干少、干好干差一个样的问题。健全院庭长办案考核机制，充分发挥院庭长办案示范作用。完善院庭长办案通报机制，既要公开办案数量，更要公开类型、方式、质效等。在晋职晋级、评优评先中把考评结果作为重要依据，真正形成能者上、优者奖、庸者下、劣者汰的激励机制，引导干部树立和践行正确政绩观。落实员额退出机制，考评不合格的，该退额的要及时调整岗位。

（三）一体融合推进政治素质、业务素质、职业道德素质建设。政治素质建设是统领，要切实防止形式主义、空喊口号，要看是否融入审判执行、形成行动自觉，要看案件办理“三个效果”有机统一是否落到了实处。业务素质建设要有政治灵魂、紧跟时代要求、突出问题导向，把服务保障经济社会高质量发展要求落到实处，切实提升队伍专业能力、专业精神。最高人民法院通过开通“法答网”、编写法院培训统编教材、开设“人民法院大讲堂”等方式，促进提高司法能力水平。职业道德素质建设要严格落实全面从严管党治院政治责任，落实严管就是厚爱，通过严管做到不敢腐、做实不能腐、做深不想腐。要把抓好“三个规定”落实作为检验一体融合推进政治素质、业务素质、职业道德素质建设的试金石，以更高标准更严要求，把“三个规定”抓得紧而又紧，确保公正廉洁司法。

新时代新征程，人民法院要坚持以习近平新时代中国特色社会主义思想为指导，全面贯彻落实党的二十大精神，深入贯彻习近平法治思想，坚持稳中求进、守正创新，加快推进审判工作现代化，更好服务保障中国式现代化，努力为强国建设、民族复兴伟业提供有力司法服务和保障。

学习贯彻习近平新时代中国特色社会主义思想以检察工作现代化服务中国式现代化

中央政法委委员　最高人民检察院党组书记、检察长　应　勇

在全面贯彻党的二十大精神开局之年，党中央部署开展学习贯彻习近平新时代中国特色社会主义思想主题教育，对于动员全党同志为完成党的中心任务而团结奋斗，具有重大现实意义和深远历史意义。党的二十大擘画了以中国式现代化全面推进中华民族伟大复兴的宏伟蓝图，强调“在法治轨道上全面建设社会主义现代化国家”“全面推进国家各方面工作法治化”。检察机关作为国家的法律监督机关、保障国家法律统一正确实施的司法机关，是在法治轨道上全面建设社会主义现代化国家的重要参与者、推动者。各级检察机关要扎实开展主题教育，以习近平新时代中国特色社会主义思想武装头脑、指导实践、推动工作，以理论清醒保证政治坚定，以政治坚定引领履职有力，不断加强法律监督工作，以检察工作现代化服务中国式现代化，为全面建设社会主义现代化国家提供有力法治保障。

一、始终坚持党对检察工作的绝对领导

中国共产党领导是中国特色社会主义最本质的特征，是中国特色社会主义制度的最大优势。中国式现代化是中国共产党领导的社会主义现代化。党的领导直接关系中国式现代化的根本方向、前途命运、最终成败。检察机关作为党绝对领导下的政治机关、法律监督机关和司法机关，既要从政治上着眼，旗帜鲜明讲政治，坚定拥护“两个确立”、坚决做到“两个维护”；又要从法治上着力，全面履行检察职能，坚定捍卫“两个确立”、忠诚践行“两个维护”。这是新时代新征程检察工作最大的政治、最大的大局、最大的责任，也是新时代新征程检察机关的鲜明政治底色。

（一）牢牢把握新时代十年的伟大变革，深刻领悟“两个确立”的决定性意义。过去五年、新时代十年，极不寻常、极不平凡。面对世所罕见、史所罕见的严峻复杂形势，面对涉滩之险、爬坡之艰、闯关之难，正是因为有了“两个确立”，我们党和国家才攻克了许多长期没有解决的难题，办成了许多事关长远的大事要事，确保实现中华民族伟大复兴进入了不可逆转的历史进程。实践充分证明，“两个确立”是党的十八大以来最重大政治成果、最重要历史经验、最客观实践结论，是推动党和国家事业取得历史性成就、发生历史性变革的决定性因素，是党和国家战胜一切艰难险阻、应对一切不确定性的最大确定性、最大底气、最大保证。也正是因为有了“两个确立”，法治建设不断开创新局面，党的检察事业欣逢最好发展时期。检察机关要紧密结合过去五年、新时代十年来检察工作的发展变革，更加深入理解“两个确立”“两个维护”的理论逻辑、历史逻辑、实践逻辑，不断增强政治自觉、思想自觉、行动自觉。

（二）牢牢把握新征程检察机关使命任务，坚定拥护“两个确立”、坚决做到“两个维护”。2021 年 6 月，党中央专门印发《中共中央关于加强新时代检察机关法律监督工作的意见》；党的二十大报告专章部署“坚持全面依法治国，推进法治中国建设”，特别强调“加强检察机关法律监督工作”。这充分体现了以习近平同志为核心的党中央对法治建设、检察工作的高度重视和坚强领导。面对新时代新征程党和人民赋予的更重责任，面对风高浪急甚至惊涛骇浪的重大考验，只有坚定拥护“两个确立”、坚决做到“两个维护”，并且转化为检察履职的实际行动，才能确保党的检察事业行稳致远。检察机关要深入学习贯彻习近平新时代中国特色社会主义思想，全面贯彻习近平法治思想和习近平总书记对政法工作、检察工作的重要指示批示精神，深入贯彻党的二十大精神和党中央决策部署，让求真务实、担当实干成为新时代新征程检察人员的鲜明履职特征，以实际行动践行对党忠诚。

（三）坚定不移走中国特色社会主义法治道路，坚定中国特色社会主义检察制度自信。习近平总书记明确指出：“全面推进依法治国必须走对路。”中国特色社会主义法治道路，本质上是中国特色社会主义道路在法治领域的具体体现。中国特色社会主义法治道路坚持党的领导、人民当家作主、依法治国有机统一，是根植中国大地、反映人民意愿、适

应时代发展要求的必然选择。检察机关推动主题教育走深走实，深刻领悟“两个确立”的决定性意义，不断增强“四个意识”、坚定“四个自信”、做到“两个维护”，很重要的就是坚定中国特色社会主义制度和法治道路、司法制度、检察制度自信。要通过加强理论学习，深化对中国特色社会主义检察制度的认识，把握好其历史必然性、内在合理性和显著优越性，从思想根源上自觉抵制西方“宪政”“三权鼎立”“司法独立”等错误观点。

二、聚焦党和国家工作的中心任务、首要任务，充分运用法治力量服务中国式现代化

党中央明确指出，这次主题教育的总要求是“学思想、强党性、重实践、建新功”。检察机关既要在为大局服务、为人民司法、为法治担当中不断深化主题教育，也要在服务党和国家中心工作中检验主题教育成效。最高检党组深入学习领会党的二十大精神，聚焦党和国家工作的中心任务、首要任务，明确提出当前和今后一个时期，检察工作的中心任务是以检察工作现代化服务中国式现代化。各级检察机关要自觉将各项工作置于党和国家事业大局中思考、谋划、推动，在服务统筹发展和安全中全面履职，为在法治轨道上推进中国式现代化贡献检察力量。

（一）依法履行检察职能，以法治力量服务经济社会高质量发展。社会主义市场经济本质上是法治经济，法治是最好的营商环境。检察机关任何时候都要遵循法律规定，秉持法的精神，任何时候都要绷紧“严格依法”这根弦，任何时候都要坚持法治思维、运用法治方式，始终做到严格依法办案。要完整、准确、全面贯彻新发展理念，努力为构建新发展格局、推动高质量发展营造更好的法治环境、营商环境、发展环境。习近平总书记深刻指出，经济秩序混乱多源于有法不依、违法不究。要认真履行各项检察职能，始终把依法惩治严重经济犯罪作为重要任务，坚决维护社会主义市场经济秩序。坚持依法平等保护各类市场主体，着力营造市场化、法治化、国际化一流营商环境。加快实现高水平科技自立自强是全面建设社会主义现代化国家的战略抉择，是推动高质量发展的必由之路。要持续深化知识产权综合司法保护，审慎办理涉科技创新案件，依法惩治侵犯商业秘密、恶意注册商标、滥用诉权等行为，回应好创新主体保护诉求，维护市场公平竞争，打好服务创新发展“组合拳”。经济安全是高质量发展的基石。要依法惩治经济金融领域犯罪，守牢安全发展法治防线。发挥好驻中国证监会检察室作用，推动完善金融证券领域执法司法协作机制，更好维护资本市场安全。绿色发展是高质量发展的鲜明特征。要深入践行习近平生态文明思想，进一步加强和改进生态环境和资源保护领域检察工作，统筹履行好各项检察职能，服务打好蓝天、碧水、净土保卫战。

（二）坚持人民至上、检察为民，厚植党执政的政治根基。中国式现代化是全体人民共同富裕的现代化，出发点、落脚点都是为民谋利，高质量发展根本上也是以人民为中心的发展。人民性是检察机关的根本属性，落实以人民为中心的发展思想，必须始终坚持检察为民。要以满足人民群众日益增长的美好生活需要为出发点和落脚点，持续做实人民群众可感受、能体验、得实惠的检察为民，进一步厚植党执政的政治根基。近年来，检察机关力推群众信访件件有回复、行政争议实质性化解、公开听证、民事和解等工作，增强了人民群众的获得感，要持续深入抓实做好。同时，紧紧抓住人民群众的急难愁盼问题，在主题教育中推出更多惠民生、暖民心的检察为民举措，切实保障民生福祉。要更加注重化解人民群众涉法涉检诉求，深化完善群众信访件件有回复制度，开展回访和满意度调查、加大信访听证力度，用心用情用法高质效办好每一件信访案件。有效践行新时代“枫桥经验”，深入开展信访问题源头治理三年攻坚行动，努力把矛盾化解在当地、化解于未然，做到矛盾不上交、不升级。要进一步加强未成年人综合司法保护，认真落实全国人大常委会关于未成年人检察工作的审议意见，以检察履职促进家庭、学校、社会、网络、政府、司法“六大保护”进一步走深走实、形成“护未”合力。要进一步把司法救助、老弱妇幼残权益司法保护等工作做在日常，有效解决弱势群体、困难群众所急所盼，让人民群众真切感受到党的温暖、司法的温度。就业是民生之本。要充分发挥各项检察职能作用，更好保障就业者、劳动者合法权益。

（三）不断更新法律监督理念、完善法律监督机制，以更高质效法律监督维护司法公正。党的二十大报告强调，“强化对司法活动的制约监督，促进司法公正”。检察机关是在诉讼程序中履行监督职能的专责部门，法律监督职能的履行直接关系执法司法公正。要对标新时代新征程党和人民的更高要求，从更新理念、完善机制入手，不断提升检察机关法律监督质效，更好维护司法公正。

提高法律监督质效，必须坚持讲政治与讲法治有机统一，从政治上着眼、从法治上着力，不断更新法律监督理念。习近平总书记反复强调，要“努力让人民群众在每一个司法案件中感受到公平正义”。检察机关抓好落实，必须通过检察履职办案，在实体上确保实现公平正义，在程序上让公平正义更好更快实现，在效果上让人民群众可感受、能感受、感受到公平正义，做到检察办案质量、效率、效果有机统一于公平正义。就是要让“高质效办好每一个案件”成为新时代新征程检察履职办案的基本价值追求，检察机关要朝着这个方向持续努力。

一体推进执法司法制约监督机制建设是提升法律监督质效的重要举措。过去五年，检察机关会同政法各机关建立了一系列行之有效的互相配合、互相制约机制，对于加强法律监督、促进司法公正和法治进步具有长远意义，要与时俱进深化落实。要会同公安机关进一步推动侦查监督与协作配合机制实质化、规范化、体系化运行，推动构建以证据为核心的刑事指控体系，坚持和拓展这种“在办案中监督、在监督中办案”的特殊优势。要深化“派驻+巡回”检察机制，一体加强对监狱、看守所等监管场所派驻检察和巡回检察。

提升法律监督整体效能，必须进一步解决影响检察职能发挥的薄弱环节。要积极探索推进对履职中发现行政机关违法行使职权、不行使职权监督的有效实现方式，助推法治政府建设。要加大对司法工作人员利用职权实施的非法拘禁、刑讯逼供等侵犯公民权利、损害司法公正犯罪立案侦查工作力度，统筹加强检察侦查专业队伍和办案机制建设，惩治司法腐败，促进司法公正。

（四）持续推动完善公益诉讼制度，当好公共利益的代表。检察公益诉讼是习近平法治思想在公益诉讼领域的生动实践和原创性成果。这一制度从提出、建立到不断发展，习近平总书记始终高度重视。检察机关认真贯彻落实习近平总书记关于公益诉讼的系列重要指示精神和党中央决策部署，忠实履行“公共利益代表”神圣职责，2018 年至 2022 年，共立案办理民事、行政公益诉讼 75.6 万件，年均上升 14.6%，在保护国家利益和社会公共利益方面发挥了重要作用。全国人大常委会给予立法支持。继 2017 年 6 月民事诉讼法、行政诉讼法修改明确规定检察公益诉讼的履职范围包括生态环境和资源保护、食品药品安全、国有财产保护、国有土地使用权出让 4 个领域之后，相关法律制定、修改时，进一步增加了英烈权益保护、未成年人保护、军人荣誉名誉权益保障、安全生产、个人信息保护、反垄断、反电信网络诈骗、农产品质量安全、妇女权益保障、无障碍环境建设、文物保护等 11 个领域，为检察履职、公益保护提出了明确法律指引。党的二十大报告强调“完善公益诉讼制度”。落实这一重要要求，深化实践是基础。要突出抓好法定领域公益诉讼办案工作，不断提升办案质效，拿出更加扎实的实践成果，更充分体现检察公益诉讼的制度价值和实践效能。要在深化实践的基础上，加快推动检察公益诉讼专门立法，推动公益诉讼规范化、法治化建设。

三、加快推进检察工作现代化，不断提升服务中国式现代化的能力和水平

党的二十大报告系统阐述了中国式现代化的中国特色、本质要求和重大原则。习近平总书记在对政法工作作出的重要指示中强调“奋力推进政法工作现代化”。新时代新征程上，加快推进检察工作现代化，是自觉融入政法工作现代化、更好服务中国式现代化的必然要求。要坚持系统观念，胸怀“国之大者”，在推进政法工作现代化、中国式现代化大局中，统筹谋划检察工作现代化的思路、方法和路径，一体推进检察工作自身现代化建设。

（一）不断提升队伍政治业务素能。开启新征程，党的检察事业发展面临新的时代重任，检察队伍既要政治过硬也要本领高强。政治素质是最根本的素质。要以主题教育为契机，加强党的创新理论武装，进一步铸牢政治忠诚，不断提高队伍的政治判断力、政治领悟力、政治执行力。要更加注重“练好内功”，既要敢于监督、善于监督、勇于自我监督，又要正确监督、有效监督、依法监督，不断提高监督办案的能力和水平。调查研究是持续加强学习、提高履职本领的重要抓手。要坚持目标导向和问题导向，加强对长期制约检察事业发展、困扰基层基础和队伍建设、影响法律监督质效、妨碍司法公正和廉洁等突出问题的调查研究，坚持“调”“研”“用”并重，做到发现真问题、解决真问题、真解决问题。

（二）始终坚持从严治检。党的二十大深刻总结全面从严治党十年磨一剑的历史性成就，要求必须时刻保持解决大党独有难题的清醒和坚定。这是以习近平同志为核心的党中央对新时代新征程全面从严治党提出的新的重大命题。检察机关要牢记全面从严治党永远在路上、党的自我革命永远在路上，一刻不停歇地推进全面从严治检。要按照党中央要求，紧密联系检察队伍特别是最高检干部队伍实际，以更实举措深化干部队伍教育整顿，与主题教育一体部署、一体推进，以严肃教育纯洁思想，以严格整顿纯洁队伍，把全面从严治检贯穿检察机关党的建设、履职办案和队伍建设全过程。2015年，中共中央办公厅、国务院办公厅印发的《领导干部干预司法活动、插手具体案件处理的记录、通报和责任追究规定》，是司法环境的“净化器”、公平正义的“安全阀”、拒腐防变的“护身符”，也是从源头上防止人情案、关系案、金钱案的治本之策。检察机关狠抓落实，取得明显成效。要坚持铁规禁令越往后越严，久久为功抓下去，促进司法环境、社会风气海晏河清。

（三）持续深化检察改革。这是全面推进检察工作现代化的关键一招。新时代检察工作发展进步得益于改革，奋进新征程仍然要深化改革。党的二十大报告部署“深化司法体制综合配套改革，全面准确落实司法责任制，加快建设公正高效权威的社会主义司法制度”。要认真落实党中央改革部署，制定实施《2023—2027年检察改革工作规划》，坚持目标导向、问题导向、强基导向，确保改革举措符合党和人民要求，符合司法工作规律，符合检察工作实际，真正起到对新征程检察工作发展的牵引作用。

（四）进一步夯实基层基础。党的二十大报告强调，坚持大抓基层的鲜明导向。检察机关法律监督重心在基层，为民服务重点在基层，而检察力量最薄弱环节也在基层，法律监督最突出短板也在基层，队伍出现的问题也往往发生在基层。要结合大兴调查研究，切实加强基层检察院建设，更好地为基层减负、为基层服务，推动基层工作整体提升。数字检察战略是法律监督手段的“革命”。要以数字检察赋能法律监督，以法律监督维护司法公正。坚持把加快实施数字检察战略作为基础性、前瞻性工作来抓，积极推动构建“业务主导、数据整合、技术支撑、重在应用”的数字检察工作模式。

新时代新征程，全国检察机关将更加紧密地团结在以习近平同志为核心的党中央周围，坚持以习近平新时代中国特色社会主义思想为指导，全面贯彻习近平法治思想，深入贯彻党的二十大精神，守正创新、开拓进取，不断加强检察机关法律监督工作，以检察工作高质量发展服务经济社会高质量发展，以检察工作现代化服务中国式现代化，为强国建设、民族复兴贡献更大检察力量！

学深悟透习近平总书记关于政法工作的重要论述 切实用以铸魂增智正风促干

中央政法委委员　中央政法委秘书长　闫　柏

党的十八大以来，在以习近平同志为核心的党中央坚强领导下，政法事业取得了长足进步。习近平总书记对政法工作倾注了大量心血，从全局和战略的高度，多次就政法工作发表重要讲话，作出重要指示批示，提出一系列新理念新思想新战略，形成了习近平总书记关于政法工作的重要论述。这是加强和改进新时代政法工作的总纲领，为我们指明了前进方向、提供了根本遵循。

当前，全党上下正在深入开展学习贯彻习近平新时代中国特色社会主义思想主题教育。全国政法机关和广大政法干警要认真贯彻落实党中央决策部署，坚持知行合一、学以致用，坚持联系实际、立足岗位，全面、系统、深入学习贯彻习近平总书记关于政法工作的重要论述，更加深刻体悟真理的味道、思想的力量，更加深刻领悟“两个确立”的决定性意义，更加自觉增强“四个意识”、坚定“四个自信”、做到“两个维护”，进一步提升维护国家政治安全、确保社会大局稳定、促进社会公平正义、保障人民安居乐业的能力水平，推动新时代政法事业不断迈上新台阶、开辟新境界。

深入学习贯彻习近平总书记关于政法工作的重要论述，要把握好以下十个方面。

一、深入学习贯彻习近平新时代中国特色社会主义思想，牢牢掌握推动政法事业发展的强大思想武器

伟大时代诞生伟大思想，伟大思想引领伟大征程。习近平新时代中国特色社会主义思想，在新时代伟大实践中创立，随新时代伟大变革而发展，在指导实践、推动实践中展现出巨大真理力量和独特思想魅力，是新时代党的理论创新、实践创新、制度创新成果的集大成，是我们做好一切工作的根本遵循。展望新征程，有习近平新时代中国特色社会主义思想作为伟大思想旗帜，全党精神上就有了鲜明的时代标识，党的团结统一就有了坚实的思想根基，走好新的赶考之路就有了最可靠保证。这次主题教育确定以学习贯彻习近平新时代中国特色社会主义思想为主题，就是要推动全党特别是领导干部把学习贯彻这一重要思想不断引向深入。政法机关作为党和人民手中掌握的“刀把子”，要在学习贯彻上走在前、作表率，坚持不懈用习近平新时代中国特色社会主义思想凝心铸魂，打牢绝对忠诚、绝对纯洁、绝对可靠的思想根基。广大政法干警要坚持读原著、学原文、悟原理，深刻把握这一重要思想的科学体系、核心要义、实践要求，坚持好、运用好这一重要思想的世界观、方法论和贯穿其中的立场观点方法，切实将其转化为坚定理想、锤炼党性和指导实践、推动工作的强大力量。

二、坚持党的绝对领导，确保政法工作始终沿着正确方向前进

习近平总书记强调，政法姓党是政法机关永远不变的根和魂。政法机关首先是政治机关，党的绝对领导是政法工作的最高原则、最大优势。在坚持党的绝对领导这样的大是大非问题上，政法战线一定要头脑十分清醒、立场十分坚定、行动十分坚决。坚持党的绝对领导，根本的是坚决维护习近平总书记党中央的核心、全党的核心地位，坚决维护以习近平同志为核心的党中央权威和集中统一领导，始终在思想上政治上行动上同以习近平同志为核心的党中央保持高度一致。党对政法工作的绝对领导是全方位的，必须贯彻到政治、思想、组织等各方面，落实到决策、执行、监督等各环节，确保党中央决策部署在政法机关得到不折不扣贯彻落实。《中国共产党政法工作条例》以党内基本法规的形式，把我们党领导政法工作的成功经验转化为制度成果，要持之以恒抓好贯彻落实。

三、坚持以人民为中心的发展思想，着力解决人民群众最关切的公共安全、权益保障、公平正义问题

习近平总书记强调，保障人民安居乐业是政法工作的根本目标。政法机关名称前面的“人民”二字，旗帜鲜明地表明了政法机关的宗旨立场，成为政法工作最鲜明的标识、最深厚的底气、最坚强的支撑。踏上新征程，人民群众对政法机关在正义维护、权利救济、安全保障、服务供给方面的能力和水平提出了新要求。我们要自觉把以人民为中心作为看问题、想对策、抓落实的出发点和落脚点，创新组织群众、发动群众的机制，让群众的聪明才智成为政法工作的不竭源泉。政法机关承担着大量公共服务职能，要创新为民谋利、为民办事、为民解忧的机制，不断增强人民群众获得感、幸福感、安全感。

四、把政法工作放到党和国家工作大局中谋划，更好服务经济社会高质量发展

习近平总书记强调，政法工作做得怎么样，直接关系广大人民群众切身利益，直接关系党和国家工作大局，直接关系党和国家长治久安。历史地看政法机关的任务，新民主主义革命时期，主要是保卫党中央、保护工农群众权益，为粉碎旧政权、建立新政权服务；新中国成立后，主要是巩固人民民主专政、保护人民民主权利、促进社会生产力发展；改革开放以来，主要是保护人民、打击敌人、惩治犯罪、维护国家安全和社会稳定、保卫社会主义国家政权、保障改革开放和社会主义现代化建设顺利进行；进入新时代，主要是维护国家政治安全、确保社会大局稳定、促进社会公平正义、保障人民安居乐业。可见，无论形势如何变化，政法机关服务大局、保障大局的基本职责始终没有变。踏上新征程，我们要自觉把政法工作放到党和国家工作大局中谋划，积极主动服务经济社会高质量发展，服务国家政治安全，服务反腐败斗争，服务对外斗争，努力以高质量法治服务高质量发展，以新安全格局保障新发展格局。

五、贯彻总体国家安全观，坚决捍卫党的执政地位和中国特色社会主义制度

习近平总书记强调，国家安全是民族复兴的根基。党的十八大以来，以习近平同志为核心的党中央创造性提出了总体国家安全观，系统回答了如何既解决好大国发展进程中面临的共性安全问题，同时又处理好中华民族伟大复兴关键阶段面临的特殊安全问题这个重大时代课题。当前，我国国家安全的内涵和外延比历史上任何时候都要丰富，时空领域比历史上任何时候都要宽广，内外因素比历史上任何时候都要复杂。政法机关作为维护国家安全的主力军，要坚定不移贯彻总体国家安全观，更好统筹外部安全和内部安全、国土安全和国民安全、传统安全和非传统安全、自身安全和共同安全，更好统筹维护和塑造国家安全，进一步健全国家安全体系，增强维护国家安全能力，坚决维护国家安全。

六、推进社会治安综合治理，切实维护社会安全稳定

习近平总书记强调，社会治理是一门科学，管得太死，一潭死水不行，管得太松，波涛汹涌也不行；社会治理的最好办法，就是将矛盾消解于未然，将风险化解于无形。作为社会治理的重要内容，社会治安综合治理是解决影响我国社会治安深层次问题、建设更高水平平安中国的根本途径。政法战线要坚持一手抓保安全、护稳定，一手抓打基础、谋长远，把专项治理和系统治理、综合治理、依法治理、源头治理结合起来，深入推进社会治安综合治理，强化社会治安整体防控，常态化开展扫黑除恶斗争，依法严惩盗抢骗、黄赌毒、食药环等突出违法犯罪，切实保障人民群众生命财产安全。“枫桥经验”发展到今天，最重要的成果和最鲜明的特色就是实现自律和他律、刚性和柔性、治身和治心、人力和科技相统一。要坚持好、发展好新时代“枫桥经验”，正确处理维权和维稳、活力和秩序等关系，不断提升矛盾纠纷调处化解法治化水平，及时把矛盾纠纷化解在基层、化解在萌芽状态。

七、坚定不移推进法治建设，提高严格规范公正文明执法司法水平

习近平总书记强调，落实依法治国基本方略，加快建设社会主义法治国家，必须全面推进科学立法、严格执法、公正司法、全民守法进程；政法机关要完成党和人民赋予的光荣使命，必须严格执法、公正司法。我们必须深刻认识到，政法干警肩扛公正天平、手持正义之剑，坚持严格规范公正文明执法司法，保障的是人民群众切身利益，维护的是党和政府公信力。踏上新征程，我们要深入学习贯彻习近平法治思想，坚持走中国特色社会主义法治道路，运用法治思维和法治方式保障权益、化解矛盾、维护稳定，统筹推进科学立法、严格执法、公正司法、全民守法，提高严格规范公正文明执法司法水平，推动社会主义法治迈向良法善治新境界。法治国家无法外之人，谁都不能为所欲为。要强化对执法司法活动的制约监督，严格落实防止干预司法“三个规定”等制度，确保执法司法权在法治轨道上运行。

八、深入推进改革创新，推动政法工作质量变革、效率变革、动力变革

习近平总书记强调，政法系统要在更高起点上，推动改革取得新的突破性进展，加快构建优化协同高效的政法机构职能体系。党的十八大以来，在以习近平同志为核心的党中央坚强领导下，政法领域全面深化改革纵深推进，政法工作实现历史性变革、系统性重塑、整体性重构。同时要看到，一些体制机制性障碍仍需破解，改革综合效能仍需提升，需要拿出更多开创性、引领性的举措。我们要按照党中央部署要求，以深化司法体制综合配套改革为牵引，以全面准确落实司法责任制为保障，以深化诉讼制度改革、强化制约监督为重点，以深化科技应用为支撑，推动政法改革系统集成、协同高效、纵深推进。

九、按照政治过硬、业务过硬、责任过硬、纪律过硬、作风过硬的要求，建设一支高素质政法队伍

习近平总书记强调，政法队伍肩负责任重、掌握权力大、面临诱惑多，必须打造一支纪律严明、行为规范、作风优良的政法铁军。政法铁军，铁就铁在有铁一般的理想信念、铁一般的责任担当、铁一般的过硬本领、铁一般的纪律作风。全国政法机关和广大政法干警要持续加强思想政治建设，坚决彻底肃清周永康、孙力军政治团伙等流毒影响，始终坚定不移高举旗帜、听党指挥、忠诚使命。要持续加强纪律作风建设，完善政法队伍从严管理监督体系，在政法领域推动全面从严治党向纵深发展。要持续加强专业能力建设，全面提升政法干警的法律政策运用能力、防控风险能力、群众工作能力、科技应用能力、舆论引导能力，不断增强亮剑的本事和克敌制胜的本领。要持续加强职业保障建设，做到政治上激励、工作上鼓劲、待遇上保障、人文上关怀，千方百计帮助政法干警解决实际困难，让他们安身、安心、安业。

十、奋力推进政法工作现代化，为全面建设社会主义现代化国家、全面推进中华民族伟大复兴贡献力量

习近平总书记在今年1月6日关于政法工作的重要指示中，首次提出了“奋力推进政法工作现代化”的重大命题。从世界范围看，一个现代化强国，必定是一个良法善治、法治昌明的国家，必定是一个国家安全、社会稳定的国家。我们建设中国式现代化，也需要以法治建设为保障，以国家安全为基石。作为党和国家工作的重要组成部分，政法工作的现代化是中国式现代化的重要组成部分，也是全面建设社会主义现代化国家的重要保障。我们要按照今年中央政法工作会议要求，紧紧围绕中国式现代化谋划推进政法工作现代化，在推进思想观念、工作体系、工作能力现代化上积极探索、开拓创新，努力以政法工作现代化服务保障中国式现代化。

实践越发展，我们越深刻感受到，习近平总书记关于政法工作的重要论述，深刻揭示了新时代政法工作的规律特点，与时俱进回答了政法工作中具有方向性、全局性、战略性的重大问题，标志着我们党的政法理论实现了历史性飞跃，必须长期坚持并不断发展。全国政法机关和广大政法干警要按照这次主题教育的部署要求，深入学习贯彻习近平总书记关于政法工作的重要论述，使之成为改造主观世界、坚定理想信念的强大思想武器，成为改造客观世界、推动新时代政法事业高质量发展的科学行动指南，努力在以学铸魂、以学增智、以学正风、以学促干等方面取得实实在在的成效。

深入学习贯彻党的二十大精神
加快构建新安全格局

中央政法委委员 国家安全部党委书记、部长 陈一新

习近平总书记在党的二十大报告中对“推进国家安全体系和能力现代化，坚决维护国家安全和社会稳定”作出专章论述和战略部署，鲜明提出“以新安全格局保障新发展格局”的重大要求，充分体现了党中央统筹发展和安全、协调推进构建新发展格局和新安全格局、实现高质量发展和高水平安全动态平衡的重大战略考量。我们要结合正在全党开展的学习贯彻习近平新时代中国特色社会主义思想主题教育，深入学习贯彻习近平总书记关于国家安全工作的重要论述和党的二十大重要决策部署，紧紧围绕“构建什么样的新安全格局、怎样构建新安全格局”这个新时代重大课题，深化理论研究，推进实践创新，加快构建新安全格局保障新发展格局，以高水平安全保障中国式现代化。

一、全面把握构建新安全格局的重大意义

构建新安全格局，是以习近平同志为核心的党中央从坚持和发展中国特色社会主义的战略高度，审时度势回答新时代新征程如何既解决好大国发展进程中面临的共性安全问题，同时又处理好中华民族伟大复兴关键阶段面临的特殊安全问题，作出的重大战略部署，具有重大政治意义、理论意义、实践意义、世界意义。

（一）构建新安全格局，彰显出坚持党对国家安全工作的绝对领导、走中国特色国家安全道路的重大政治意义。习近平总书记指出，中国共产党领导是中国特色社会主义最本质的特征，是中国特色社会主义制度的最大优势，是党和国家的根本所在、命脉所在。新时代新征程，构建新安全格局，要始终坚持党对国家安全工作的绝对领导，坚持党中央对国家安全工作的集中统一领导，充分发挥党在中国特色国家安全实践中总揽全局、协调各方的领导核心作用，确保党的领导和我国社会主义制度不动摇，确保中国特色国家安全道路越走越宽广。

（二）构建新安全格局，彰显出贯彻总体国家安全观、不断开辟马克思主义国家安全理论新境界的重大理论意义。习近平总书记强调，必须坚定不移贯彻总体国家安全观，健全国家安全体系，增强维护国家安全能力，提高公共安全治理水平，完善社会治理体系。这是构建新安全格局的题中之义，内在蕴含了要坚持以人民安全为宗旨、以政治安全为根本、以经济安全为基础、以军事科技文化社会安全为保障、以促进国际安全为依托，统筹外部安全和内部安全、国土安全和国民安全、传统安全和非传统安全、自身安全和共同安全，统筹维护和塑造国家安全，夯实国家安全和社会稳定基层基础，完善参与全球安全治理机制，建设更高水平的平安中国。构建新安全格局，进一步拓展和升华了对新时代国家安全工作的规律性认识，进一步丰富和发展了马克思主义国家安全理论。

（三）构建新安全格局，彰显出推进中国式现代化、实现中华民族伟大复兴的重大实践意义。党的二十大擘画了全面建设社会主义现代化国家、以中国式现代化全面推进中华民族伟大复兴的宏伟蓝图。当前，我国发展站在了新的历史起点，外部环境和安全格局发生了重大变化，各种可以预料和难以预料的风险挑战、艰难险阻甚至惊涛骇浪，对国家安全工作提出了更高要求。只有加快构建新安全格局，牢牢守住安全发展这条底线，才能把发展建立在更加安全、更为可靠的基础之上；才能以安全保发展、以发展促安全，实现新安全格局与新发展格局互促共进；才能确保中华民族伟大复兴进程不被迟滞甚至中断、中国式现代化行稳致远。

（四）构建新安全格局，彰显出坚持推进国际共同安全、构建人类命运共同体的重大世界意义。当今世界，安全问题的联动性、跨国性、多样性更加突出，我国国家安全同国际安全大格局密不可分，我们既要做好自身国家安全工作，又要促进国际安全。构建新安全格局，要从“安全不可分割”、安全共同体等马克思主义国家安全理论的基本原则出发，摒弃“国强必霸”、零和博弈、绝对安全、结盟对抗等旧观念，推动构建人类命运共同体。构建新安全格局指明了应对全球性挑战、走向更加光明前景的

方向，标志着人类国家安全治理的新进步，为那些既希望维护社会安全稳定又希望保持自身独立性的国家提供了重要借鉴。

二、全面把握构建新安全格局的强大优势

构建新安全格局，是当前和今后一个时期国家安全工作的主要任务。以习近平同志为核心的党中央对国家安全工作的重视程度、支持力度前所未有，构建新安全格局的有利条件也前所未有。我们要勇担时代重任，更好地保持战略定力和战略主动。

（一）最根本的政治优势是坚强的领导核心。习近平总书记作为党中央的核心、全党的核心掌舵领航，为构建新安全格局提供了根本保证。党的十八大以来，面对世所罕见、史所罕见的风险挑战，习近平总书记以马克思主义政治家、思想家、战略家的恢弘气魄和大无畏革命精神，在风云变幻中举旗定向，在大战大考中指挥若定，在惊涛骇浪中力挽狂澜，从根本上确保实现中华民族伟大复兴进入了不可逆转的历史进程。实践充分证明，“两个确立”是战胜一切艰难险阻、应对一切不确定性的最大确定性、最大底气、最大保证。新征程上，有经过历史检验、实践考验、斗争历练的党的核心、人民领袖、军队统帅掌舵领航，我们就有了战胜各种风险挑战的主心骨，构建新安全格局就能够塑优势、占先机、赢主动。

（二）最鲜明的理论优势是党的创新理论指引。党的十八大以来，以习近平同志为核心的党中央从新时代坚持和发展中国特色社会主义的战略高度，把马克思主义国家安全理论和当代中国安全实践、中华优秀传统战略文化结合起来，创造性提出了总体国家安全观，为构建新安全格局提供了根本遵循。总体国家安全观坚持马克思主义立场观点方法，运用总体战略思维和宽广世界眼光把握国家安全，将安全列为人民美好生活需要的重要内容，围绕发展和安全、独立自主和对外开放、维稳和维权、秩序和活力等重大命题，作出一系列创造性阐发，为我们从政治上全局上认识和把握国家安全提供了根本指导，在新时代防风险、保安全、护稳定的系列重大斗争中展现出强大的真理力量、独特的思想魅力、巨大的实践伟力。

（三）最强大的发展优势是雄厚的实力基础。党的十八大以来，我们在经济发展、社会稳定、全面脱贫、抗击疫情等方面取得了重大成就，为构建新安全格局打下了坚实根基。我们创造了经济发展奇迹，推动经济迈上高质量发展之路，经济总量占世界比重从2012年的11.4%提高到2021年超过18%；创造了社会稳定奇迹，加快建设更高水平的平安中国，我国成为世界上最安全的国家之一；创造了全面脱贫奇迹，历史性地解决了绝对贫困问题，全面建成小康社会；创造了人类文明史上人口大国成功走出疫情大流行的奇迹，取得疫情防控重大决定性胜利。构建新安全格局，我们具有前所未有的雄厚实力基础，比以往任何时候都更有信心、更有力量。

（四）最重要的制度优势是走出中国特色国家安全道路。党的十八大以来，我们成功开创中国特色国家安全道路，国家安全领导体制和法治体系、战略体系、政策体系不断完善，为构建新安全格局提供了坚强制度保证。中国特色国家安全道路，坚持党的绝对领导，完善集中统一、高效权威的国家安全工作领导体制，实现人民安全、政治安全、国家利益至上相统一；坚持捍卫国家主权和领土完整，维护边疆、边境、周边安定有序；坚持安全发展，推动高质量发展和高水平安全动态平衡；坚持总体战，统筹传统安全和非传统安全；坚持走和平发展道路，促进自身安全和共同安全相协调。中国特色国家安全道路充分彰显了“中国特色国家安全之治”的制度密码、制胜密码，为构建新安全格局、应对重大风险挑战赢得了优势，奠定了胜势。

三、全面把握构建新安全格局的内涵特征

构建新安全格局，是党中央着眼强国复兴大业的长远战略谋划，是关系全局的国家安全治理实践，具有鲜明特征。

（一）强调国家安全是民族复兴的根基。党的十九大从国家治理层面，指出“国家安全是安邦定国的重要基石”；党的十九届五中全会从经济社会发展层面，指出“安全是发展的前提，发展是安全的保障”；党的二十大首次从中华民族伟大复兴的战略全局高度，赋予“国家安全是民族复兴的根基，社会稳定是国家强盛的前提”的全新定位，体现了党对国家安全工作规律性认识的深化，揭示了构建新安全格局在党中央工作大局中的战略地位和重要作用。

（二）集中统一、高效权威的国家安全领导体制。构建新安全格局，必须把党的领导贯穿到国家安全工作各方面全过程。党的十八大以来，党中央加强对国家安全工作的集中统一领导，设立中央国家安全委员会，完善高效权威的国家安全领导体制。中央国家安全委员会成立以来，坚持党的全面领导，解决了许多长期想解决而没有解决的难题，办成了许多过去想办而没有办成的大事，国家安全工作得

到全面加强，牢牢掌握了维护国家安全的全局性主动。

（三）统筹各领域安全的大安全理念。当前，国家安全形势发生前所未有的深刻变化，非传统安全的重要性日益凸显，新冠病毒全球大流行带来的冲击为我们敲响了警钟。新安全格局强调传统安全和非传统安全并重，全面认识和把握我国国家安全丰富的内涵外延、宽广的时空领域、复杂的内外因素，把一切可能影响国家安全的风险纳入视野。

（四）新时代新征程的国家安全目标任务。党的二十大提出关于未来五年的主要目标任务，强调"国家安全更为巩固"，并提出到二〇三五年"国家安全体系和能力全面加强"，指明了构建新安全格局的目标。习近平总书记在学习贯彻党的二十大精神研讨班开班式上的重要讲话，深刻阐释了中国式现代化的一系列重大理论和实践问题，再次强调要统筹发展和安全，贯彻总体国家安全观，健全国家安全体系，增强维护国家安全能力，坚定维护国家政权安全、制度安全、意识形态安全和重点领域安全。推进国家安全体系和能力现代化、加快构建新安全格局，成为以中国式现代化全面推进中华民族伟大复兴的重要目标组成。

（五）统筹兼顾、科学辩证的系统思维。构建新安全格局，强调要立足国际秩序大变局来把握规律，立足防范风险的大前提来统筹，立足我国发展重要战略机遇期大背景来谋划，既重视外部安全又重视内部安全，既重视国土安全又重视国民安全，既重视传统安全又重视非传统安全，既重视发展问题又重视安全问题，既重视自身安全又重视共同安全，体现了普遍联系的、全面系统的、发展变化的唯物辩证观点，蕴含着前瞻性思考、全局性谋划、整体性推进国家安全工作的系统思维方法。

（六）灵活机动、敢斗善斗的策略方法。党的十八大以来，习近平总书记向全党全国人民反复强调发扬斗争精神、增强斗争本领。在党的十九大报告中，将"伟大斗争"放在"四个伟大"的第一位；在党的二十大报告中，将"务必敢于斗争、善于斗争"作为"三个务必"之一引领全篇。强调与时俱进创新斗争艺术，做到敢于斗争和善于斗争结合、加强预防和应对极端并举等，体现了构建新安全格局的策略方法。

（七）构建人类命运共同体的大国气派。构建新安全格局，强调胸怀天下，以国家核心利益为底线维护国家主权、安全、发展利益，以公平正义为理念引领全球治理体系变革，既通过维护世界和平发展自己，又通过自身发展维护世界和平，坚决反对一切形式的霸权主义和强权政治，坚决反对一切以牺牲别国安全换取自身绝对安全的做法，推动构建人类命运共同体。这充分体现了新时代中国的大国担当，开辟了国家安全治理的新境界。

四、全面把握构建新安全格局的实践要求

构建新安全格局是新时代国家安全工作的顶层设计、管总规划，也是对有效创新实践的系统集成。要处理好顶层设计与实践探索的关系，在"战略布局、主攻方向、创新举措"方面系统谋划，在"党委统筹、条线主建、平台主战"的协调指挥方面积极探索，在"任务引领、需求拉动、保障有力"的专业化支柱力量打造方面加快进度，努力迈出构建新安全格局的坚实步伐。实践中，要着重把握好以下基本要求。

（一）全体系推进。当前国际形势复杂严峻、国际斗争日趋激烈，体系对抗成为大国博弈的显著特征。构建新安全格局，亟须加强国家安全体系建设。要坚持党中央对国家安全工作的集中统一领导，完善高效权威的国家安全领导体制，完善国家安全法治体系、战略体系、政策体系、风险监测预警体系、国家应急管理体系，构建全域联动、立体高效的国家安全防护体系，完善重大斗争方向协调指挥体制，打造适应斗争需要的专业化支柱力量，切实把体制优势转化为实战效能。

（二）全领域谋划。随着国际国内环境深刻变化，国家安全领域不断拓展延伸。构建新安全格局，必须统筹推进各领域安全。要拓宽视野、全域覆盖，重点加强政治、经济、国土、社会、网络、金融等领域安全，强化军事、科技、文化安全基础支撑作用，推进粮食、生态、资源、核安全，有效保护海外利益安全，维护太空、深海、极地、生物、人工智能等新型领域安全，将危害国家安全的各种行为纳入视线，实现各领域安全统筹治理、共同巩固。

（三）全方位布局。我国国家安全问题涉及国内外全方位，国家利益分布广泛。构建新安全格局，必须统筹国内国际两个大局。对内，以维护政治安全为根本，严厉打击敌对势力渗透、破坏、颠覆、分裂活动，切实防范化解重大风险，确保政治安全、社会安定、人民安宁。对外，防范反击外部对我极端遏制打压，加强海外安全保障能力建设，落实全球发展倡议、全球安全倡议、全球文明倡议，弘扬全人类共同价值，推动构建人类命运共同体。

（四）全手段运用。新形势下我们面临的风险点多面广，各类风险的倒灌效应、合流效应、叠加效应、联动效应、放大效应、诱导效应更加凸显。构建新安全格局，要综合运用政治、经济、文化、外交、司法、教育、科技等一切手段，有力有效防范化解重大风险。要更加注重协同高效，更加注重法治思维，更加注重科技赋能，更加注重基层基础，实现工作从“事后反应、被动应对”向“事先预警、主动塑造”转变，牢牢掌握国家安全工作主动权。

（五）全社会动员。国家安全一切为了人民、一切依靠人民。构建新安全格局，要广泛动员全社会力量，打好维护国家安全的人民战争。增强全民国家安全意识和素养，建立起强大的国家安全人民防线。要在党中央坚强领导下，汇聚党政军民学各战线各方面各层级强大合力，推动各部门各地方各要素有效统筹，实现国家安全各领域战略布局一体融合、战略资源一体整合、战略力量一体运用，更加有力地维护国家主权、安全、发展利益。

五、全面把握构建新安全格局的重要保障

构建新安全格局，是一项系统工程，也是一个动态发展完善的过程。要发挥中国特色社会主义制度的政治优势、体制优势，着力强化基础性、战略性支撑，搭建起保障新安全格局的“四梁八柱”。

（一）强化政治保障，守卫生命线。坚持党对国家安全工作的绝对领导，是维护国家安全和社会安定的根本保证。要把握政治方向，认真学习领会习近平新时代中国特色社会主义思想和党的二十大精神，深刻领悟“两个确立”的决定性意义，增强“四个意识”、坚定“四个自信”、做到“两个维护”。要发挥政治优势，持续完善党中央的集中统一领导，调动各级党组织在维护国家安全方面的积极作用。要凝聚政治力量，发挥党员领导干部先锋模范作用，动员全党全社会共同努力，汇聚起构建新安全格局的强大合力。

（二）强化法治保障，织密防护网。构建立法执法司法普法并进的国家安全法治布局，更好发挥法治固根本、稳预期、利长远的保障作用。要科学立法，统筹推进国内法治和涉外法治，加强重点领域、新兴领域、涉外领域立法，不断充实法律“工具箱”。要严格执法，依法防范制止打击危害国家安全犯罪活动，严格规范公正文明执法。要公正司法，确保每一起案件都经得起历史和法律的检验。要加强普法，广泛开展国家安全法治宣传，增强全民法治观念，在法治轨道上推动构建新安全格局。

（三）强化科技保障，打造赋能器。当前，科技发展使国家安全领域的斗争呈现前所未有的颠覆性特征，大数据、人工智能正在重塑斗争新形态。要顺应时代潮流，以战略思维谋划科技赋能的“最优蓝图”，以系统思维打造科技赋能的“最强大脑”，以服务思维发挥科技赋能的“最大效能”，以底线思维构筑科技赋能的“最牢屏障”。瞄准事关国家安全的重大工程科技问题，加快自主创新成果转化应用，着力打造更多攻防制胜的先进手段，着力提高运用科学技术维护国家安全的能力。

（四）强化队伍保障，建强主力军。国家安全干部队伍是维护国家主权、安全、发展利益，建设和发展中国特色社会主义的重要力量。要加强国家安全系统党的建设，始终坚决维护习近平总书记党中央的核心、全党的核心地位，坚决维护党中央权威和集中统一领导。加强能力建设，强化干部斗争精神和斗争本领养成，全面提升法律政策运用能力、防控风险能力、群众工作能力、科技应用能力、舆论引导能力。加强全面从严管党治警，强化监督执纪问责，锻造绝对忠诚、绝对纯洁、绝对可靠的国安铁军。

学悟笃行习近平新时代中国特色社会主义思想 以过硬队伍保障司法行政工作高质量发展

中央政法委委员　司法部党组书记、部长　贺　荣

在全党深入开展学习贯彻习近平新时代中国特色社会主义思想主题教育之际，举办政法领导干部学习贯彻习近平新时代中国特色社会主义思想锻造政法铁军专题研讨班，对于政法机关扎实开展主题教育、深入学习践行习近平法治思想，切实把坚定拥护“两个确立”、坚决做到“两个维护”落到实处，为强国建设、民族复兴提供有力法治保障，具有重要意义。

一、司法行政机关历史性变革和新时代主要职能

司法行政工作是政法工作、政府工作的重要组成部分。新中国成立以来，司法行政工作内涵和外延不断丰富，体制机制逐步健全，走出一条具有中国特色的司法行政工作之路。党的十八大以来，在习近平法治思想指引下，我国司法行政工作不断实现新的发展进步。特别是党的十九届三中全会决定将原司法部和国务院法制办公室的职责整合，将中央全面依法治国委员会办公室设在司法部，司法部职能发生重大变化。目前主要有六方面：一是承担中央依法治国办职能。负责组织开展全面依法治国重大问题政策研究，协调督促有关方面落实委员会决定事项、工作部署和要求，提出全面依法治国顶层设计方面建议，负责全面依法治国重大决策部署督察工作。二是行政立法相关职能。承担统筹规划立法职责，负责承办立法起草、审查、协调、清理、立法后评估、文本公开和法规规章备案审查等工作。三是依法行政相关职能。统筹推进法治政府建设，指导、监督依法行政工作，负责行政执法协调监督、推进严格规范公正文明执法，承办申请国务院裁决的行政复议案件，指导监督全国行政复议和行政应诉工作。四是刑罚执行相关职能。负责全国监狱管理、社区矫正、刑满释放人员安置帮教等工作。此外，还负责司法行政戒毒工作。五是公共法律服务相关职能。负责公共法律服务体系建设，负责法治宣传教育以及律师、法律援助、司法鉴定、公证、仲裁、基层法律服务、人民调解、国家统一法律职业资格考试的组织实施等工作。六是涉外法治相关职能。负责国家法治对外合作工作，承担报送国务院审核的国际条约法律审查工作，承办涉港澳台法律事务等。

目前，司法行政工作有五个主要特点：一是坚持党的领导和政府依法履职高效推进的职能定位。中央依法治国办是党中央决策议事协调机构的日常办事机构，我们既履行中央依法治国办相关职责，又作为政法机关和政府组成部门负责推进落实法治领域重要任务，能够有效参与依法治国、依法执政、依法行政共同推进，法治国家、法治政府、法治社会一体建设。二是法治保障和法律服务相辅相成的功能作用。司法行政机关通过行政立法、出台政策文件等方式，为改革发展稳定提供法治保障，又面向社会、基层提供公共法律服务，二者有机结合、相辅相成，有利于最大限度发挥工作效能。三是“立执司守”各环节贯通的工作体系。立法方面，主要承担行政立法相关职责；执法方面，以行政执法协调监督为重点，推进严格规范公正文明执法；司法方面，承担监狱和社区矫正管理，是刑罚执行机关之一；守法普法方面，组织实施全民普法宣传，推进人民调解、化解社会矛盾等。四是司法执行和行业管理分工负责的职权配置。既承担相应的刑罚执行权，又负责监督管理律师、公证、仲裁、法律援助、司法鉴定等工作，在保障侦查、检察、审判等司法活动的同时，也直接为当事人提供法律服务。五是相关国内法治和涉外法治协调推进的工作格局。司法部既承担国内法治工作，还代表国家对外行使法治合作工作职能，履行国际司法协助条约确定的对外联系机关（中央机关）职责，同时承担中央依法治国办相关涉外法治工作职责。总的看，司法行政工作覆盖范围广、职能跨度大、条线种类多；司法行政这支队伍规模也比较大，是一支党和人民信赖、敢打和能打硬仗的队伍。

二、司法行政工作面临的新机遇新任务

党的二十大报告专章论述、部署法治建设，充

分体现了以习近平同志为核心的党中央对全面依法治国的高度重视，体现了对中国式现代化规律性的深刻认识，体现了抓关键、补短板、防风险的战略考量。司法行政机关要结合主题教育，准确把握职责使命，切实把扎实开展主题教育与加快推进司法行政工作现代化紧密结合起来，以推进法治中国建设的新成效检验主题教育成果，在更好发挥法治固根本、稳预期、利长远的保障作用上履职尽责。从服务中国式现代化行稳致远看，中国式现代化五个方面的中国特色，每一项都与司法行政工作密切相关，尤其是立法、执法、守法等方面工作，必须基于我国国情、各省省情。从服务高质量发展看，高质量发展是全面建设社会主义现代化国家的首要任务，是我国发展走向更高级形态必须经历的，必须迈过去的。司法行政机关职能涉及改革发展稳定的很多方面，要完整、准确、全面贯彻新发展理念，服务构建新发展格局，准确把握新发展阶段是社会主义初级阶段中的一个阶段，同时又是站在新起点上的一个阶段，想问题、做工作既不能超越阶段，又不能抱残守缺、不思进取，必须守正创新，积极稳步把承担的法治方面职责推进好、落实好。从满足人民群众美好生活的更高需求看，司法行政工作的根本属性是人民性，坚持以人民为中心，既是根本立场，也是重要优势，还是工作方法，必须适应我国社会主要矛盾变化，立足职能满足人民群众对民主、法治、公平、正义、安全、环境等方面日益增长的更高需求。从应对国内外风险挑战看，必须有效履行承担的国内法治和涉外法治相关职能，切实运用法治力量应对风险挑战，守牢安全稳定底线。

与党中央要求和形势任务发展相比，司法行政工作还存在一些不适应的问题，比如，职能作用还需进一步发挥，制约司法行政工作高质量发展的体制机制问题一定程度上仍然存在，队伍整体素质还需持续提升，等等。解决上述问题，要坚持问题导向、目标导向，这是一对相互衔接的命题。问题导向是目标生成的依据，强调的是发现和分析问题的方法论；目标导向是问题解决的结果设定，强调的是解决问题的担当和实效。新征程上不断推进司法行政工作现代化，锻造一支忠诚、干净、担当的司法行政铁军，是司法部党组必须承担起的重大使命和责任，我们将结合主题教育，突出重点，加强统筹协调。

三、推进新征程司法行政工作高质量发展的考虑

新征程上，司法行政工作要坚持以习近平新时代中国特色社会主义思想为指导，学悟笃行习近平法治思想，坚持党的绝对领导，坚定不移走中国特色社会主义法治道路，把坚定拥护“两个确立”、坚决做到“两个维护”落到实际行动上，以过硬队伍保障工作高质量发展，推进司法行政工作现代化。要突出抓好七个方面。

（一）持续推动学习贯彻习近平法治思想走深走实。习近平法治思想是我们党百年来提出的最全面、最系统、最科学的法治思想体系，是新时代推进全面依法治国的根本遵循。抓实走深习近平法治思想的学习宣传、研究阐释和贯彻落实。推动把习近平法治思想纳入党员教育体系、干部教育体系、国民教育体系和社会教育体系，在深化法治工作部门全战线、全覆盖培训轮训上采取硬实措施，把习近平法治思想作为“八五”普法首要任务做扎实，深入推进党的创新理论同步进教材、进课堂、进头脑。统筹协调相关方面力量，加强对习近平法治思想原创性贡献的学理化阐释、学术化表达、体系化构建，推出一批高质量研究成果。抓好法治建设“一规划两纲要”落实。部署开展中期评估，掌握落实情况，实事求是评估工作成效，研究采取进一步实的措施。加强和改进法治督察工作。在调查研究基础上，创新方式方法，优化法治考核，提高法治督察的严肃性、针对性和实效性。完善法治督察与纪检监察监督协作配合机制，推动法治督察融入党内监督工作体系，形成监督合力。开展好党中央部署的重点课题调查研究。围绕党中央在全党大兴调查研究工作方案中列明的“全面依法治国中的重大问题”这一课题深入开展调查研究，研究提出有针对性的建议和措施。

（二）牢记“国之大者”履职尽责，以高质量立法服务保障党和国家事业发展。党的二十大强调要完善以宪法为核心的中国特色社会主义法律体系，推进科学立法、民主立法、依法立法，统筹立改废释纂。司法行政系统要大力加强政治建设，强化法治意识和专业能力，司法部也将加强条线指导。强化统筹协调提高立法质量。既要当好“裁判员”，认真履职，防止审议不决，在充分调研论证基础上敢于拿出“切一刀”的意见建议；又要做好“运动员”，以良好专业素养高质量牵头起草或审查好有关法律法规草案。围绕“国之大者”强化法律法规供给。紧扣高质量发展主题，按照突出重点、急用先行原则，加快推进改革发展稳定急需、人民群众期盼的重点立法项目。比如，在服务构建高水平社会主义市场经济体制方面，加快推动完善产权保护、市场准入、公平竞争、社会信用等市场经济基础制度，从制度和法律上把各类市场主体的依法平等保护的要求落下来。在服务保障国家重大发展战略方面，围绕党和国家重要发展战略布局，制定完善服务国家战略实施的法律法规。

（三）落实推进依法行政的相关职责，推动法治政府建设率先突破。习近平总书记指出，推进全面依法治国，法治政府建设是重点任务和主体工程，对法治国家、法治社会建设具有示范带动作用，要率先突破。党的二十大报告对扎实推进依法行政作出进一步部署。司法行政系统要主动履职尽责，更好发挥法治政府建设的示范带动作用。完善落实法治政府建设推进机制。在推进法治政府建设上，进一步完善法治督察和示范创建“两手抓”的推进机制。法治督察重在及时发现问题、纠治问题，强化问责，推动责任落实；示范创建重在正向选树、示范倡导引领。组织开展第三批全国法治政府建设示范创建活动，重点在全国市、县级政府评选出综合示范地区和单项示范项目，以示范带发展，以创建促提升。加强和改进法治政府建设督察，指导推进省、市、县各级抓好整改落实，层层压实责任。加强行政规范性文件的合法性审核。推动各层级配齐配强力量，把提升审核人员的政治能力、法治意识和专业能力放在更加突出位置，确保审核工作严格规范。加强行政执法协调监督。研究制定加强行政执法协调监督工作体系建设的意见，力争到2024年年底基本建成省市县乡四级全覆盖的行政执法协调监督工作体系。研究制定行政执法协调监督条例，实现对行政执法的全方位、常态化、长效化监督。推动深化行政执法体制改革，与法治督察结合，开展执法领域突出问题专项整治。加强行政复议工作，实质性化解行政争议。开展“复议质量提升年”专项活动，加强个案监督纠错和执法共性问题源头治理，加强与人民法院、人民检察院沟通，共同促进行政争议实质性化解。

（四）全面落实总体国家安全观，着力营造安全稳定的社会环境。司法行政系统承担监狱、社区矫正、戒毒、安置帮教等职能，要切实担起保障国家安全和社会安定的责任。加强监狱管理，守住安全稳定底线。加快推进监狱法修改，强化监狱工作标准化、规范化、法治化建设，确保监狱持续安全稳定。强化罪犯教育改造，加强社区矫正和安置帮教，预防和减少重新犯罪。把监狱改造、社区矫正、安置帮教作为一个整体来抓，强化系统观念，提升工作整体效能。依法规范办理“减假暂”。严格落实关于依法推进假释制度适用的指导意见，健全规范暂予监外执行、判处监禁刑罪犯交付执行等工作的制度机制，提升刑罚执行规范化水平。加强司法行政戒毒工作。科学开展教育矫正、心理矫治、康复训练等工作，开展戒毒工作规范化建设提升年活动，为解决戒毒这一世界难题立足职能作出更多探索。

（五）坚持以人民为中心，贯彻落实党的二十大关于法治社会建设决策部署。党的二十大提出加快建设法治社会，强调要建设覆盖城乡的现代公共法律服务体系，深入开展法治宣传教育，增强全民法治观念。要坚持把推进全民普法守法作为全面依法治国的长期基础性工作，不断推动在全社会弘扬社会主义法治精神。推进公共法律服务均衡发展。有针对性地均衡配置城乡基本公共法律服务资源，实现从基本满足群众需求到精准满足群众多元化、个性化需求转变，健全覆盖全业务全时空的法律服务网络，让群众有更多的法治获得感。完善公共法律服务制度体系。律师工作方面，律师队伍是推进全面依法治国、推进中国式现代化的一支高素质重要力量，要加强律师行业党的建设，推动律师法修订，深化律师制度改革，完善律师行业评级评价体系，完善律师惩戒制度，健全律师执业权利保障制度。公证方面，深化公证体制改革，规范推进合作制公证机构建设，提高公证服务的公信力。司法鉴定方面，切实加强监督管理，推进制定司法鉴定法，规范鉴定人参与诉讼程序，提高鉴定质量。仲裁方面，充分发挥仲裁在多元化解纠纷机制中的重要作用，推进仲裁体制机制改革，健全监督管理体系，加强仲裁专业化建设。探索切实有效的措施，提升我国仲裁的国际竞争力、影响力。加强法治宣传，夯实法治建设基层基础。深入推进“八五”普法，推动宪法宣传教育常态化长效化，深化“全国守法普法示范市（县、区）”“全国民主法治示范村（社区）”创建，培育乡村（社区）“法律明白人”，弘扬社会主义法治精神。加快构建新时代大调解工作格局，坚持和发展新时代“枫桥经验”，严格规范市场化调解服务，加强人民调解工作，把矛盾纠纷化解在基层和萌芽状态。加强司法所建设。充分发挥司法所承担的调解、社区矫正、安置帮教、基层公共法律服务、普法宣传等职能。

（六）落实统筹推进国内法治和涉外法治的相关

职责，坚决维护国家主权、安全、发展利益。习近平总书记指出，中国走向世界，以负责任大国参与国际事务，必须善于运用法治。要立足职能，把加快推进涉外法治工作各项任务抓得更实、更有成效。推动涉外重点立法任务落实，进一步完善涉外法律法规体系。履行司法部承担的国家法治对外合作工作职责。加强双边、区域和多边法治交流合作，做好条约审核和法规译审工作，主动参与并引领国际规则制定，深化司法协助领域国际合作，推进被判刑人移管条约的谈判、缔结和执行工作。大力提升涉外法律服务水平。紧扣营造市场化、法治化、国际化一流营商环境目标，在稳步扩大制度型开放、合理缩减外资准入负面清单等方面法律法规的立改废释上更好发挥职能作用。加强涉外法律服务机构建设，推进国际商事仲裁中心建设试点，加快培育国际一流仲裁机构和律师事务所，发挥好“一带一路”律师联盟作用，为越来越多的公民和企业“走出去”提供法律服务。深化涉外法律服务示范机构创建活动。加强涉外法治人才培养。在职责范围内加强协调统筹，推动建设高水平涉外法治人才教育培养基地，提升我国涉外律师法律服务水平。

（七）坚持以党的政治建设为统领，锻造忠诚干净担当的司法行政铁军。切实担起抓班子、带队伍的政治责任，强化政治建设和专业能力建设，狠抓工作作风转变和工作落实，为司法行政工作高质量发展提供有力组织保障。坚持以党的政治建设为统领。司法行政工作是政治性很强的业务工作，也是业务性很强的政治工作，讲政治的要求更是具体的、实践的。坚持把党的政治建设摆在首位，抓实党的建设和业务工作的深度融合，在党的绝对领导下坚定不移走中国特色社会主义法治道路，把“两个维护”作为最高政治原则和根本政治责任不折不扣落实到工作各领域全过程。坚决肃清傅政华流毒影响，严守党的政治纪律和政治规矩，严格执行重大事项请示报告制度，把提高政治站位和政治判断力、政治领悟力、政治执行力体现在推动工作高质量发展中。坚持运用法治思维和法治方式开展工作。深刻把握习近平法治思想的精髓要义和实践要求，学悟笃行蕴含其中的立场观点方法，创造性开展工作。在强化政治素质的同时，强化法治思维、法治观念，自觉运用法律规范、法律原则、法律逻辑分析处理各类问题，实现司法行政各方面工作法治化。全面加强专业能力建设。把专业能力建设摆在更加突出位置，聚焦法治督察、行政立法、监狱管理、行政复议、涉外法治等重点，加大培训力度和人才培养，提高履职能力。切实转变工作作风。坚持以人民为中心，践行法治为民宗旨，用心用情解决群众急难愁盼问题。力戒形式主义、官僚主义，在务实解决实际问题上下大的功夫。狠抓工作落实、责任落实，切实把理论学习、调查研究、推动发展、检视整改贯通起来，有机融合、一体推进。落实全面从严管党治警政治责任。对司法行政系统党风廉政建设和反腐败斗争形势依然严峻复杂保持清醒头脑，切实担起全面从严治党政治责任，督促全系统各级领导干部履行好“一岗双责”，持续保持严的基调、严的措施、严的氛围，抓好警示教育，在一体推进不敢腐、不能腐、不想腐上研究采取针对性强的措施。严格队伍管理，落实严于律己、严负其责、严管所辖要求，强化制度建设，狠抓制度执行，严格落实中央八项规定及其实施细则精神，严格执行防止干预司法“三个规定”等制度规定。大力弘扬英模精神，加强典型选树和舆论宣传引导，激励干警更好担当作为、干事创业。狠抓从优待警工作，健全完善职业保障制度体系，把关爱干警身心健康作为领导干部的责任，对监狱戒毒警察要给予特殊关爱，在优化勤务模式、科学安排警力、合理安排倒休等方面采取更加符合实际的措施。

中央政法工作

一、会议部署

中央政法工作会议

全面贯彻落实党的二十大精神
奋力推进新时代新征程政法工作现代化

1月7日至8日，中央政法工作会议在北京召开。会议坚持以习近平新时代中国特色社会主义思想为指导，全面贯彻落实党的二十大和二十届一中全会、中央经济工作会议精神，总结工作，分析形势，研究部署2023年和今后一个时期政法工作。

会前，中共中央总书记、国家主席、中央军委主席习近平对政法工作作出重要指示强调，政法工作是党和国家工作的重要组成部分。要全面贯彻落实党的二十大精神，坚持党对政法工作的绝对领导，提高政治站位和政治判断力、政治领悟力、政治执行力，坚持以人民为中心，坚持中国特色社会主义法治道路，坚持改革创新，坚持发扬斗争精神，奋力推进政法工作现代化，全力履行维护国家政治安全、确保社会大局稳定、促进社会公平正义、保障人民安居乐业的职责使命，为全面建设社会主义现代化国家、全面推进中华民族伟大复兴贡献力量。各级党委要加强对政法工作的领导，为推进政法工作现代化提供有力保障。

中共中央政治局委员、中央政法委书记陈文清在会上传达习近平重要指示并讲话，表示要以习近平新时代中国特色社会主义思想为指导，全面贯彻落实党的二十大精神，坚决落实习近平总书记对政法工作的重要指示，深刻领悟“两个确立”的决定性意义，增强“四个意识”、坚定“四个自信”、做到“两个维护”，坚持党对政法工作的绝对领导，坚持统筹国内国际两个大局，坚持统筹发展安全两件大事，全力履行职责使命，奋力推进新时代新征程政法工作现代化，为全面建设社会主义现代化国家、全面推进中华民族伟大复兴贡献力量。

会议指出，新时代新征程政法机关的历史使命，就是坚决落实习近平总书记对政法工作的重要指示，坚决落实党对政法工作的绝对领导，奋力推进政法工作现代化，为全面建设社会主义现代化国家、全面推进中华民族伟大复兴贡献力量。政法机关要将党的中心任务作为谋划开展一切工作的立足点，紧紧围绕中国式现代化谋划推进政法工作现代化，以政法工作现代化服务保障中国式现代化。

如何推进政法工作现代化？会议给出了明确指引。

（一）要推进思想观念现代化。思想观念是行动的先导，是推动变革的力量。要更加注重政治统领，提高政治站位和政治判断力、政治领悟力、政治执行力，从政治上开展政法工作、推进政法事业、建设政法队伍；更加注重法治思维，善于通过科学立法解决新问题，善于通过严格执法解决现实问题；更加注重系统观念，加强前瞻性思考、全局性谋划、战略性布局、整体性推进，统筹发展和安全，统筹国内和国际，统筹人力和科技，统筹网上和网下，推动各项政法工作相互促进、协同配合；更加注重改革创新，主动识变应变求变，实现顶层设计和基层探索有机结合、良性互动，推动形成全方位深层次政法改革新格局。

（二）要推进工作体系现代化。要在党的绝对领导下，加快构建系统完备、科学规范、运行高效的政法工作体系，推动中国特色政法制度更加成熟定型：着力构建总揽全局、协调各方的党的领导体系，完善党领导政法工作的体制机制，把党的绝对领导贯彻到政法工作各方面全过程，确保党的路线方针政策在政法机关得到不折不扣落实；着力构建优化协同、科学合理的政法机构职能体系，不断完善政法机关职能配置、机构设置、人员编制，形成政法各单位整体合力；着力构建权责统一、运行高效的执法司法权力运行体系，健全公安机关、检察机关、审判机关、国家安全机关、司法行政机关各司其职、相互配合、相互制约的体制机制，规范执法司法权力运行，进一步提升执法司法质量、效率和公信力，以高水平法治保障高质量发展；着力构建联动融合、实战实用的维护安全稳定体系，把实战化要求、战斗力标准贯穿始终，创新维护国家政治安全、打击违法犯罪、化解社会矛盾工作机制，以新安全格局保障新发展格局；着力构建普惠均等、便捷高效的政法公共服务体系，深化政法公共服务供给，为群众提供更优质、更高效、更贴心的服务，不断满足人民日益增长的美好生活需要。

（三）要推进工作能力现代化。推进政法工作现代化，不仅是战略性部署，也是专业性要求，必须注重提升专业能力、专业精神。要进一步提升法律运用能力，把打击犯罪和保障人权、实现公正和追求效率、执法目的和执法形式结合起来，努力实现最佳的政治效果、法律效果、社会效果；进一步提升风险防控能力，全力防范重大风险，最大限度把风险化解于无形；进一步提升群众工作能力，善于解决群众急难愁盼问题，善于从人民群众的喜怒哀乐中检视政法工作，善于运用群众喜闻乐见的语言讲好政法故事，不断提高执法司法亲和力；进一步提升科技应用能力，坚持高起点规划、高水平建设，系统集成、共享发展，着力提高防范化解风险的精准性、打击违法犯罪的实效性、执法司法的公正性、政法公共服务的便捷性。

围绕做好2023年政法工作，会议要求重点抓好以下七方面工作。

一、旗帜鲜明讲政治

推进政法工作现代化，最根本的就是要深刻领悟“两个确立”的决定性意义，坚决做到“两个维护”。会议要求，要深入学习贯彻党的二十大精神，举办政法领导干部专题研讨班、新任地市级政法委书记培训班，扎实开展习近平新时代中国特色社会主义思想主题教育，加强对党的创新理论原创性贡献的研究。要坚决贯彻落实习近平总书记重要指示精神，坚决听从党中央指挥，严明党的政治纪律和政治规矩。

二、全面贯彻习近平法治思想

为全面建设社会主义现代化国家铺好法治之轨、畅通法治之道，政法机关责无旁贷。会议强调，要以习近平法治思想为指引，充分发挥政法机关法治建设生力军作用，在法治轨道上促进发展、保障善治、应对挑战，推动国家各方面工作法治化。政法机关作为制定法律的重要力量和实施法律的职能部门，要全面推进立法、执法、司法和守法工作，努力让人民群众在每一项法律制度、每一个执法决定、每一宗司法案件中都感受到公平正义。推进科学立法。中央政法各单位要强化立法意识，围绕数字经济、人工智能、无人驾驶等新兴领域，及时提出立法建议，制定完善司法解释。推进严格执法。要加快建立权责统一、权威高效的依法行政体制，推进法治政府建设。公安机关要加大关系群众切身利益的重点领域执法力度，全面推行行政裁量权基准制度，推动执法办案管理中心提质增效。推进公正司法。人民法院要坚持以事实为根据、以法律为准绳，以公开促公正、以透明保廉洁，依法审理教育、就业、医疗、住房、婚姻家庭、社会保障等涉民生案件。人民检察院要全面履行“四大检察”职能，加强法律监督工作，“实质性化解”群众合理合法诉求，深化落实“群众信访件件有回复”，解决好人民群众的操心事烦心事揪心事。推进全民守法。政法各单位要全面落实“谁执法谁普法”普法责任制，完善典型案例定期发布、重大案件庭审直播等制度。司法部要推动实施“八五”普法规划，建立健全领导干部应知应会法律法规清单制度，加快建设覆盖城乡的现代公共法律服务体系。高质量发展必须依靠法治提供牢固的基础、持久的动力、公平公正的环境。会议要求，要健全以公平为原则的产权保护制度，加大知识产权保护力度，依法平等保护各类市场主体产权和合法权益。要统筹推进国内法治和涉外法治，推进域外适用法律体系建设，主动服务保障“走出去”，加快推进涉外法治话语体系建设。

三、坚决贯彻总体国家安全观

国家安全是民族复兴的根基。会议要求，要健全国家安全体系，增强维护国家安全能力，坚决维护国家安全。要有力捍卫政治安全。全面加强国家安全教育，筑牢国家安全人民防线。要有力维护网络安全。加大对电信网络诈骗、网络贩枪、网络黄赌毒等打击力度，坚决遏制网络违法犯罪多发势头。加强关键信息基础设施安全保护，加强个人信息保护，全力保卫网络空间安全。

四、积极推动完善社会治理体系

社会稳定是国家强盛的前提。会议要求，要加快推进社会治理现代化，健全新形势下维护社会稳定责任制，确保城乡更安宁、群众更安乐。要坚持和发展新时代“枫桥经验”，进一步健全党组织领导的自治、法治、德治相结合的城乡基层治理体系，提高社会治理能力。深入开展“百万警进千万家”等活动，滚动排查上学就业、劳资债务、家庭邻里等矛盾隐患。构建调解、信访、仲裁、行政裁决、行政复议、诉讼等多种方式有机衔接的工作体系，及时把矛盾纠纷化解在基层、化解在萌芽状态。要着力解决好信访突出问题。要强化社会治安整体防控。以社会治安防控体系建设示范城市创建为牵引，提高驾驭社会治安局势的能力。推进扫黑除恶常态化，创新打击治理新型犯罪机制手段，依法严厉打击涉枪涉爆等突出违法犯罪，全力保障人民群众生命财产安全。深化危险化学品、交通运输等行业领域安全隐患排查整治，不断提高公共安全治理水平。要发展壮大群防群治力量，加强见义勇为激励保障。

五、全面深化政法改革

会议强调，要推动政法改革系统集成、协同高效、纵深推进。要全面准确落实司法责任制。推进员额和编制跨域统筹使用、动态调整，推进司法辅助人员招录、培养、使用机制改革，让最优秀的人留在办案一线。推进公安机关执法责任制改革。要全面优化政法机构职能体系。统筹研究专门法院规划布局，探索深化跨行政区划法院改革，持续推进四级法院审级职能定位改革，配套推进各级法院内设机构改革。推动检察公益诉讼专门立法，完善公益诉讼制度体系。推动出台地方公安机关机构编制管理改革指导意见，推进市县两级公安机关大部门大警种制改革。加强乡镇（街道）综治中心和人民法庭、检察室、公安派出所、司法所等标准化规范化建设，推动重心下移、资源下沉，夯实基层根基。要全面深化诉讼制度改革。深化以审判为中心的诉讼制度改革，构建诉讼以审判为中心、审判以庭审为中心、庭审以证据为中心的刑事诉讼新格局。发挥检察机关审前把关、过滤作用，加强对刑事立案、侦查活动的监督，推动侦查监督与协作配合机制实质化运行。要全面推进科技信息化建设。完善顶层设计，加强智慧法院建设，深入实施数字检察战略，实行科技兴警三年行动计划，加快“数字法治、智慧司法”建设，实现政法改革与科技应用双轮驱动。加快推进跨部门大数据办案平台建设。探索建立与现代科技深度融合的执法办案新模式，实现职能优化、流程再造、规则重塑。

六、持续推进政法队伍专业化建设

政法工作是政治性、业务性很强的工作，必须锻造政治过硬、本领高强、作风优良的精兵劲旅，将拥护“两个确立”、做到“两个维护”体现在攻坚克难、战则必胜的能力水平和实际成效上。会议要求，要在从严正风肃纪上紧抓不放。坚持严的基调不动摇，坚持不敢腐、不能腐、不想腐一体推进，最大限度预防减少违纪违法问题发生。强化党纪国法、警规警纪教育，定期通报典型问题，筑牢拒腐防变的思想防线。要在提升素质能力上久久为功。实施新时代政法领军人才培养计划，分系统建设高水平国家政法智库和业务专家库，推动政法专业人才发展。完善政法机关与高等院校合作培养人才机制，办好中国政法实务大讲堂，提高后备人才培养质量。要在健全保障机制上力求实效。健全政法干警身心健康保护机制，制定关爱扶助因公牺牲伤残干警家庭的意见。坚定支持干警依法行使职权，健全依法履职免责制度。

七、加强党委政法委自身建设

党委政法委是党委领导和管理政法工作的职能部门，是实现党对政法工作领导的重要组织形式。会议要求，要重在抓政治建设，以深入实施《中国共产党政法工作条例》为抓手，推动完善政治督察、工作述职、执法监督、纪律作风督查巡查等制度机制，确保党中央政令畅通、令行禁止；重在抓统筹协调，着力推进事关全局和长远的大事要事，着力抓好涉及法治建设和国家安全、社会稳定的重要工作；重在抓班子带队伍，协助加强政法单位领导班子和干部队伍建设。各级政法单位党组（党委）要坚决落实党对政法工作的绝对领导，确保党的路线方针政策和宪法法律正确统一实施。要坚决落实党的二十大部署要求，研究制定贯彻落实的具体举措，谋划推进本地区本部门现代化建设规划。要坚决落实党的干部政策，树立选人用人正确导向，激励广大政法干警担当作为、奋发有为。各级领导干部要讲政治、讲法治、讲学习、讲担当、讲纪律，当好示范和表率。

中共中央书记处书记、公安部部长王小洪主持会议并作总结讲话。会议以电视电话会议形式召开。

纪念毛泽东同志批示学习推广“枫桥经验”60周年暨习近平总书记指示坚持发展“枫桥经验”20周年大会

坚持和发展新时代“枫桥经验”提升矛盾纠纷预防化解法治化水平

11月6日，纪念毛泽东同志批示学习推广“枫桥经验”60周年暨习近平总书记指示坚持发展“枫桥经验”20周年大会在北京召开。会前，中共中央总书记、国家主席、中央军委主席习近平在北京人民大会堂亲切会见全国“枫桥式工作法”入选单位代表，向他们表示诚挚问候和热烈祝贺，勉励他们再接再厉，坚持和发展好新时代“枫桥经验”，为推进更高水平的平安中国建设作出新的更大贡献。

中共中央政治局委员、中央政法委书记陈文清出席大会并讲话。他强调，要坚持以习近平新时代中国特色社会主义思想为指导，全面贯彻习近平法治思想，坚持和发展新时代“枫桥经验”，提升矛盾纠纷预防化解法治化水平，为强国建设、民族复兴伟业创造更加安全稳定的社会环境。

陈文清指出，习近平总书记亲切会见全国“枫桥式工作法”入选单位代表，充分体现了以习近平同志为核心的党中央对坚持和发展新时代“枫桥经验”的高度重视，对奋战在基层一线同志们的亲切关怀和殷切期望。要把习近平总书记的亲切关怀转化为坚持和发展新时代“枫桥经验”的强大动力，更好地肩负起党和人民赋予的职责使命。

会议指出，“枫桥经验”诞生于浙江诸暨，是土生土长的中国智慧、东方经验，形成于社会主义建设时期，发展于改革开放和社会主义现代化建设新时期，全面创新发展于中国特色社会主义新时代。新时代“枫桥经验”的科学内涵是：坚持和贯彻党的群众路线，在党的领导下，充分发动群众、组织群众、依靠群众解决群众自己的事情，做到“小事不出村、大事不出镇、矛盾不上交”。新时代“枫桥经验”已经成为全国政法战线一面高高飘扬的旗帜，党的领导是根本保证，科学理论是根本指引，以人民为中心是根本立场，就地解决矛盾是目标导向，依法办事是时代特征，基层基础是坚实支撑。

会议强调，各地区各有关部门要坚持以习近平新时代中国特色社会主义思想为指导，深刻领悟“两个确立”的决定性意义，增强“四个意识”、坚定“四个自信”、做到“两个维护”，深刻把握新时代“枫桥经验”的科学内涵和实践要求，坚持好、发展好新时代“枫桥经验”，着力提升矛盾纠纷预防化解法治化水平。

（一）要深刻认识坚持和发展新时代“枫桥经验”的重大意义。新时代“枫桥经验”是党治国理政的重要经验。从历史传承看，坚持和发展新时代“枫桥经验”是弘扬中华优秀传统文化的必然要求。从全球视野看，坚持和发展新时代“枫桥经验”是彰显中国特色社会主义制度优势的重要方面。从时代视角看，坚持和发展新时代“枫桥经验”是续写“两大奇迹”新篇章的迫切需要。迈上新征程，我国经济社会发展稳中有进、整体向好。同时，世界百年未有之大变局加速演进，我国发展进入战略机遇和风险挑战并存、不确定难预料因素增多的时期：随着经济社会发展，矛盾纠纷总体增多；矛盾纠纷涉及面广，联动性强，发现、防范、处置难度大。新形势下，必须坚持和发展新时代“枫桥经验”，在法治轨道上依靠群众解决群众自己的事情，营造更加平安、祥和的社会环境，为促进经济快速发展、维护社会长期稳定贡献更大力量。

（二）要牢牢把握新时代“枫桥经验”的实践要求。要深入学习贯彻习近平法治思想，牢牢把握新时代“枫桥经验”的实践要求：立足预防、立足调解、立足法治、立足基层，切实做到预防在前、调解优先、运用法治、就地解决。要统筹发展和安全，坚持依法办事，深入了解民意、民情、民忧，深入排查社会矛盾问题；要做好人民调解，做实行政调解，做强司法调解，做优行业性专业性调解，加强各类调解协调联动；要明确职责、规范运行，优化流程、加强衔接，完善立法、于法有据，加强普法、推动守法，抓紧推进信访工作法治化；要建强基层战斗堡垒，充实基层政法力量，动员基层广泛参与。

（三）要加强对坚持和发展新时代“枫桥经验”的组织领导。要发挥党的领导政治优势，从健全制度、落实责任、搭建平台、科技支撑入手，不断开创工作新局面。要建立健全制度，定期开展分析会商。要压实部门责任，落实法定职责。要整合基层力量，规范矛盾纠纷化解实体平台建设。要打通数据资源，建设全国矛盾纠纷多元化解信息系统，要用现代科技力量助力矛盾纠纷化解，推动数据联通，完善数据链条，创新数据应用。

会议要求，坚持和发展新时代“枫桥经验”，提升矛盾纠纷预防化解法治化水平，对实现国家治理体系和治理能力现代化具有重大意义，功在当代、利在千秋。要更加紧密地团结在以习近平同志为核心的党中央周围，坚持好、发展好新时代“枫桥经验”，做到“预防在前、调解优先、运用法治、就地解决”，实现“小事不出村、大事不出镇、矛盾不上交”，为推进强国建设、民族复兴伟业作出新的更大贡献！

中央信访工作联席会议
推进信访工作法治化全国视频会议

深入学习贯彻习近平法治思想
全面推进信访工作法治化

12 月 27 日，中共中央政治局委员、中央政法委书记陈文清在推进信访工作法治化全国视频会议上强调，要深入学习贯彻习近平法治思想，学习贯彻《信访工作条例》，全面推进信访工作法治化，为保障中国式现代化作出新的更大贡献。

陈文清指出，全面推进信访工作法治化，是党中央重大决策部署，是《信访工作条例》明确要求，必须落实到位。推进信访工作法治化，目标任务是群众的每一项诉求都有人办理、群众的每一项诉求都依法推进，实现权责明、底数清、依法办、秩序好、群众满意。2024 年，要在试点工作基础上，全面推开信访工作法治化，预防、受理、办理、监督追责、维护秩序每一个环节，信访统计、通报、考核每一项工作，都要围绕目标任务、根据信访“路线图”，严格按照法律规定和程序进行。各级信访工作联席会议要牵头推进工作，抓统筹、抓督导、抓落实，各级信访部门要转变思想观念、转变工作方式、转变工作作风，带头落实好信访工作法治化要求。

国务委员兼国务院秘书长吴政隆主持会议，强调要进一步提升政治站位，明确工作重点，牢记为民解难、为党分忧的政治责任，坚持运用法治思维和法治方式解决问题、化解矛盾、防范风险，以实际行动更好促进高质量发展、增进民生福祉、维护社会稳定。

全国党委政法委系统“新时代政法楷模”表彰大会

学习弘扬政法楷模的优秀品质 忠诚履行好党和人民赋予的职责使命

5月11日，全国党委政法委系统“新时代政法楷模”表彰大会在北京人民大会堂举行。大会紧密结合学习贯彻习近平新时代中国特色社会主义思想主题教育，深入贯彻落实习近平总书记关于加强政法队伍建设的重要指示，表彰全国党委政法委系统先进模范，激励广大党委政法委干部在锻造新时代政法铁军中走在前、作表率。

中共中央政治局委员、中央政法委书记陈文清出席大会并讲话。他强调，要坚持以习近平新时代中国特色社会主义思想为指导，坚定拥护“两个确立”、坚决做到“两个维护”，深入学习、大力弘扬政法楷模的优秀精神品质，忠诚履行好党和人民赋予的职责使命。

陈文清指出，在以习近平同志为核心的党中央坚强领导下，广大党委政法委干部恪尽职守、默默奉献，涌现出许多先进人物和英雄事迹，彰显了敢于担当、善于作为的时代风采。党委政法委干部要紧密结合学习贯彻习近平新时代中国特色社会主义思想主题教育，以受到表彰的楷模为榜样，学习弘扬对党忠诚的政治品格、服务大局的使命担当、恪守法治的价值追求、心系人民的公仆情怀，奋力谱写新时代新征程政法工作新篇章，努力为强国建设、民族复兴作出新的更大贡献。

一、学习弘扬对党忠诚的政治品格

对党忠诚，是共产党人首要的政治品格。从职责任务看，确保政法各单位在党中央绝对领导下开展工作，听从党中央指挥，是党委政法委的首要职责任务。这样的职责任务决定了党委政法委必须在绝对忠诚于党上，走好第一方阵、立好第一标杆。新时代政法楷模首先是政治上忠诚、政治上先进、政治上坚定的楷模。大会强调，新征程上，要以受到表彰的楷模为榜样，牢牢把握“政法姓党”的根本政治属性，始终坚持党对政法工作的绝对领导，始终对党绝对忠诚。

二、学习弘扬服务大局的使命担当

在强国建设、民族复兴的新征程上，国家安全是民族复兴的根基，社会稳定是国家强盛的前提。推动广大政法干警坚决维护国家安全和社会稳定，助力书写经济快速发展和社会长期稳定新篇章，是党委政法委必须紧紧抓住的大事、必须全力服务的大局。新时代政法楷模紧紧围绕党和国家工作大局，扭住职能、履职尽责，战斗在对敌斗争最前沿、维护稳定第一线，以实际行动做到了知责于心想干事、担责于身能干事、履责于行干成事，展现了强烈的事业心和使命感。大会强调，新征程上，要以受到表彰的楷模为榜样，以“时时放心不下”的责任感，积极主动做好维护国家安全、社会稳定等各项工作，在有效应对重大挑战、抵御重大风险中冲锋在前、担当作为。

三、学习弘扬恪守法治的价值追求

全面依法治国既是一场深刻的社会变革，更是长期而重大的历史任务。推动科学立法、严格执法、公正司法、全民守法，就需要从事党委政法委工作的同志恪守法治、信仰法治、践行法治。新时代政法楷模牢记政法工作职责使命，在各自不同的岗位上积极投身法治建设事业，成为中国特色社会主义法治的忠实信仰者、坚定捍卫者、积极践行者。大会强调，新征程上，要以受到表彰的楷模为榜样，学习贯彻习近平法治思想，坚定不移走中国特色社会主义法治道路，全面推进科学立法、严格执法、公正司法、全民守法等各项工作，让人民群众在每一个司法案件中感受到公平正义。

四、学习弘扬心系人民的公仆情怀

新时代政法楷模坚持以人民为中心，埋头苦干、倾心为民，生动诠释了共产党人心系人民的公仆情怀。大会强调，新征程上，要以受到表彰的楷模为榜样，一心一意老老实实把屁股坐在老百姓这一面，坚持和发展新时代“枫桥经验”，推动执法司法为民，把体现人民利益、反映人民愿望、维护人民权益、增进人民福祉贯彻到各项政法工作之中。要紧密结合主题教育，统筹政法各单位办成一批为民实事，不断增强人民群众的获得感幸福感安全感。党委政法委是党委领导和管理政法工作的职能部门，是实现党对政法工作领导的重要组织形式。担此重任，必须有一支忠诚干净担当的干部队伍。新征程上，党委政法委要大力加强自身干部队伍建设。具体而言，一是要着力加强政治建设，二是要着力加强廉政建设，三是要着力加强专业化建设，四是要着力提升队伍凝聚力、干部归属感。大会强调，各级党委政法委要首先做到自身正、自身硬，在锻造政法铁军上干在实处、走在前列、作出示范。

会上，33 个集体和 10 名个人受到表彰，2 位代表作了发言。

中央政法委员会全体会议（专题研究严格执法）

全面推进严格执法
做到有法必依执法必严违法必究

9 月 1 日，中共中央政治局委员、中央政法委书记陈文清主持召开会议，专题研究严格执法，强调政法机关要深入学习贯彻习近平法治思想，全面推进严格执法，确保法律统一正确实施，做到有法必依、执法必严、违法必究。

会议指出，一个时期以来，政法机关坚持严格执法，有力保证法律实施，取得显著成效，为服务开启经济快速发展、社会长期稳定两大奇迹新篇章作出了贡献。法律的生命在于实施，严格执法是推进国家治理体系和治理能力现代化、在法治轨道上全面建设社会主义现代化国家的必然要求。政法机关肩负着祛邪扶正、激浊扬清的职责，要把严格执法放在第一位，对破坏社会主义市场经济秩序、妨害社会管理秩序、侵犯公民权利等违法犯罪行为，坚决依法予以惩治，有力维护社会主义市场经济秩序，有力保护人民群众合法权益。

会议强调，政法机关要勇于自我革命，认真查摆、切实解决执法不作为、乱作为等问题。要把严格执法置于有力监督之下，抓住容易发生问题的执法岗位和关键环节，大力推进执法规范化建设，不断完善执法权力运行机制和管理监督制约体系。要建立健全执法权益保护机制和依法履职免责制度，支持和保护执法人员严格执法。

中央政法委员会全体会议（专题研究公正司法）

全面推进公正司法　促进社会公平正义

中共中央政治局委员、中央政法委书记陈文清主持召开会议，专题研究公正司法工作。

会议强调，政法机关要贯彻落实习近平法治思想和习近平总书记关于“努力让人民群众在每一个司法案件中感受到公平正义”的重要指示精神，全面推进公正司法，促进社会公平正义。

会议指出，党的十八大以来，政法机关以深化司法体制改革为牵引，以落实司法责任制为抓手，推进公正司法取得新成效。新时代新征程，政法机关要坚持司法为民、公正司法，不断满足人民群众对公平正义的更高需求。

会议强调，全面推进公正司法，既要遵守法律，又要遵循规律。要坚持权责统一，全面准确落实司法责任制，严格落实办案责任，完善问责惩戒机制，既要“让审理者裁判”，更要“由裁判者负责”。要坚持权力制约，规范司法权力运行，强化制约监督。

要坚持公开公正，以公开促公正，以透明保廉洁。要坚持尊重程序，落实好依法回避、证据裁判等原则，实现实体公正和程序公正相统一。推进公正司法要以严格依法办事为基础，对刑事案件做到不枉不纵、宽严相济，对民事案件做到案结事了、定分止争，对行政案件做到政通人和、取信于民。

第二十二次全国法院工作会议

深入学习贯彻习近平法治思想
坚定不移走中国特色社会主义法治道路

1月6日，第二十二次全国法院工作会议以视频方式召开，总结新时代10年人民法院工作，研究部署新时代新征程人民法院工作总体思路和主要任务。

中共中央政治局委员、中央政法委书记陈文清出席会议并讲话。他强调，要深刻领悟“两个确立”的决定性意义，增强“四个意识”、坚定“四个自信”、做到“两个维护”，坚持以习近平新时代中国特色社会主义思想为指导，全面贯彻落实党的二十大精神，深入学习贯彻习近平法治思想，坚定不移走中国特色社会主义法治道路，主动服务和融入中国式现代化历史进程，为全面建设社会主义现代化国家、全面推进中华民族伟大复兴提供有力司法保障。

陈文清指出，新时代10年人民司法事业取得历史性成就、发生历史性变革，根本在于习近平总书记领航掌舵，习近平新时代中国特色社会主义思想科学指引。做好新时代新征程人民法院工作，要坚持党的绝对领导，坚定拥护“两个确立”、做到“两个维护”，铸牢政治忠诚。坚持服务大局，紧紧围绕党的中心任务履职尽责。坚持司法为民，站稳人民立场。坚持公平正义，持续提升司法质效和公信力，努力让人民群众在每一个司法案件中感受到公平正义。坚持改革创新，加快推进审判体系和审判能力现代化。坚持严管厚爱，锻造忠诚干净担当的人民法院队伍。

最高人民法院、司法部全国调解工作会议

充分发挥调解基础性作用
为中国式现代化营造和谐稳定社会环境

10月8日，最高人民法院、司法部在北京联合召开全国调解工作会议，深入学习贯彻习近平法治思想特别是习近平总书记关于调解工作的重要指示精神，总结交流近年来调解工作取得的成效经验，表彰全国模范人民调解委员会和模范人民调解员，研究部署推进新时代新征程调解工作的任务措施，推动建设更高水平的平安中国、法治中国。中共中央政治局委员、中央政法委书记陈文清出席会议，为受表彰代表颁奖并讲话。最高人民法院党组书记、院长张军，司法部党组书记、部长贺荣出席会议并讲话。

陈文清向辛勤工作在矛盾纠纷排查化解第一线的广大调解员、基层法官和司法行政工作者表示慰问。他指出，调解工作具有鲜明的民族特色和制度优势，是促进新征程社会长期稳定的重要保障。随着经济社会快速发展，社会矛盾纠纷规模较大，不能都进入诉讼，要充分发挥调解作用，切实把矛盾纠纷化解在基层、化解在萌芽状态，依法保障人民群众合法权益。

陈文清要求，要进一步推动调解工作创新发展，完善调解工作格局，做好人民调解，做实行政调解，做强司法调解，做优行业性专业性调解，促进各类调解协调联动。要进一步加强党对调解工作的领导，强化工作指导，压实相关部门责任，关心关爱广大调解员队伍。

张军在讲话中指出，要深入学习贯彻习近平法治思想，认真学习领会陈文清书记讲话精神，坚持和发展新时代“枫桥经验”，增强政治自觉、法治自觉、审判自觉，推动新时代调解工作深化实化、高质量发展。要坚持“抓前端、治未病”理念，把诉调对接的“调”向前延伸，主动融入党委领导下的社会治理体系。要汇聚化解合力，完善诉调对接，做好诉前引导，健全委派委托人民调解工作机制，提升纠纷化解效果。要加强对指导人民调解工作的组织领导，完善业务协同和信息共享，把党的领导和我国社会主义制度优势转化为做实指导和支持调解职能、促进完善国家和社会治理的效能优势，从源头上预防和减少矛盾纠纷发生。

贺荣在讲话中指出，要认真贯彻落实习近平总书记关于调解工作重要指示精神和党中央决策部署，落实陈文清书记讲话要求，坚持党对调解工作的领导，坚持以人民为中心，把政治建设和调解工作深度融合，确保调解工作正确政治方向。要坚持和发展新时代“枫桥经验”，将矛盾纠纷实质化解作为根本任务，在预防排查上采取硬实措施，切实把问题解决在基层、化解在萌芽状态。要加强人民调解规范化建设，健全行政调解工作体制，完善行业性专业性调解制度规则。要加快建设全国调解工作信息平台，实现调解业务“一网统管”“一网通办”。要加强调解组织和队伍建设，推进行业性专业性人民调解组织建设，培育高素质调解员队伍。要强化协调联动，加强诉调对接，深化访调对接、警调对接，探索检调对接，统筹协调各方面力量资源，合力推动调解工作取得更大实效。

中央政法委、国家信访局、最高人民法院、最高人民检察院、公安部有关领导出席。部分中央和国家机关有关部门负责同志参加。

全国法院党风廉政建设会议

以高度责任担当推动全面从严管党治院
打造忠诚干净担当的过硬法院铁军

9月27日，最高人民法院召开全国法院党风廉政建设会议。最高人民法院党组书记、院长张军出席会议并讲话。张军从对党负责、对党和国家事业负责、对人民群众负责、对干部负责四个方面阐述了如何“从政治上看”法院党风廉政建设。

“管住‘案’是管住人、治好‘院’的关键。”张军指出，当前法院党风廉政建设方面存在三方面突出问题：由风及腐、风腐一体的特征明显，审判权力制约监督制度虚化问题突出，司法不作为的腐败问题亟待纠治。围绕审判机关工作特点，以事例、案例重点剖析了立案、审判、执行各环节存在的管理失职缺位表现，指出：“作风问题和腐败问题历来都是同根同源、一体同生，抓反腐败首先要抓作风建设。”“滥用审判权谋取私利是腐败，司法不作为，监督、管理、执纪不作为也是腐败，是在助推、酿成腐败，人民群众一样深恶痛绝。”

强化“抓前端、治未病”理念，努力做到“不能腐”，是当前要下更大力气解决的问题，关键在制度、根本在制度落实。张军指出，要坚持融合贯通，把审判管理、政务管理融入、落在党风廉政建设中；强化制度执行，用九分力气狠抓制度落实、责任落实；牢记“第一身份”，压紧压实“关键少数”的监督管理责任；用足用好“第一种形态”，严在平时，抓早抓小抓端倪。针对当前存在的制度执行不到位、责任追究不到位的问题，张军指出：“制度不执行比没有制度更可怕，发现问题见怪不怪、习以为常比发现不了问题更值得反思。每一起严重司法腐败案件都是任由制度被突破、被异化，最终全线失守酿成的。”“要把制度落实作为监督管理的重要内容，不仅检查谁违反了制度、造成了恶果，更要检查相关领导干部有没有抓制度落实。”

发挥法院党组的领导作用、纪检监察和审务督察的专责作用，形成强大监督合力。张军指出，加强法院党风廉政建设，关键在于抓住主体责任这个“牛鼻子”，推动审判管理与干部监督、督察监督、机关纪委专责监督、基层党组织日常管理监督贯通起来，形成合力。要像党中央抓八项规定那样抓“三个规定”落实，坚持“有问必录、应报尽报”，驰而不息抓下去，越往后要越严。要不断增强职业敏感性，善于从群众投诉举报中捕捉违规违纪违法办案的蛛丝马迹，不放过任何疑点。纪检监察派驻机构、机关纪委要把办案就是反腐、就是防腐、就是标本兼治的政治责任牢牢抓在手上，坚持无禁区、全覆盖、零容忍，坚决打赢惩治司法腐败的攻坚战、持久战。

最高人民法院院领导、机关各部门主要负责同志和干警代表在主会场参加。地方各级法院干警在分会场参加。

“枫桥式人民法庭”创建示范项目动员部署会

做深做实新时代“枫桥经验”
以审判工作现代化服务保障中国式现代化

经党中央批准，设立“枫桥式人民法庭”创建示范项目，至2035年，每两年从全国人民法庭中创建100家“枫桥式人民法庭”。11月16日，最高人民法院召开“枫桥式人民法庭”创建示范项目动员部署会。最高人民法院党组书记、院长张军出席会议并讲话。

围绕创建工作如何开展，新时代“枫桥经验”如何在审判工作中做深做实，张军提出三点要求。

一是深入学习贯彻习近平法治思想，深刻理解把握新时代“枫桥经验”的科学内涵和实践要求。人民法院坚持和发展新时代“枫桥经验”，必须把“从政治上看、从法治上办”落到实处，把人民立场与和为贵、无讼等中华优秀传统文化相结合，让调解不断焕发新的生机活力。要坚持和贯彻党的群众路线，在党的领导下，依靠群众解决群众自己的事情，做到“小事不出村、大事不出镇、矛盾不上交”。要深入践行群众路线，坚持运用法治思维和法治方式预防化解矛盾纠纷，坚持把发动群众化解矛盾和依靠群众实现自治的“前哨阵地”扎在基层，努力将矛盾纠纷止于未发、化于无形。

二是做深做实新时代“枫桥经验”。要坚持“抓前端、治未病”，在“引进来”多元解纷的基础上，更加注重做实“走出去”，一体推进诉（讼）源、执（行）源、信（访）源治理，发挥“枫桥式人民法庭”创建示范作用，通过巡回审判、公开审理、以案释法做实普法宣传，努力提升全社会法治意识、法治氛围。要把非诉讼纠纷解决机制挺在前面，推动形成以人民调解为基础，各类调解优势互补、有机衔接、协调联动的大调解工作格局。严格遵循自愿原则，防止强迫调解、久调不决等。要做实案结事了、政通人和，把实质性化解贯穿案件审理始终，在每一个环节都把化解矛盾、服判息诉的功课做到极致。

三是坚持系统思维和强基导向，切实把制度优势转化为做实新时代“枫桥经验”的效能优势。党的领导和我国社会主义制度优势，为做深做实新时代“枫桥经验”提供了根本保证。要把制度优势转化为坚持和发展新时代“枫桥经验”，把问题解决在基层、化解在萌芽状态的效能优势。要紧紧依靠党委领导，完善矛盾纠纷共同分析研判等机制，抓实审判管理。

会议宣读了党和国家功勋荣誉表彰工作委员会办公室批复。中央政法委、公安部、司法部、财政部、农业农村部和最高人民法院有关部门负责同志，地方各级法院院长、分管院领导、相关部门负责同志和各人民法庭负责同志分别在主会场、分会场参加。

全国检察机关队伍建设工作会议暨第十次先进集体先进个人表彰大会

锻造忠诚干净担当的检察铁军 为强国建设、民族复兴贡献更大检察力量

12月20日，全国检察机关队伍建设工作会议暨第十次先进集体先进个人表彰大会在北京举行，深入总结检察队伍建设成效，隆重表彰全国检察机关先进集体和先进个人，部署加强新时代新征程检察队伍建设工作。中共中央政治局委员、中央政法委书记陈文清出席会议并讲话，在会前接见受表彰代表。最高人民检察院党组书记、检察长应勇主持会议并讲话。

陈文清指出，检察机关作为党绝对领导下的政治机关、法律监督机关，必须要有“铁心跟党走”的坚定信念。要坚持不懈用习近平新时代中国特色社会主义思想凝心铸魂，坚定拥护“两个确立”、坚决做到“两个维护”，始终同以习近平同志为核心的党中央保持高度一致，坚定不移走中国特色社会主义法治道路，确保绝对忠诚、绝对纯洁、绝对可靠。

陈文清强调，检察干警要敢于担当、善于作为，更好为大局服务、为人民司法，以新安全格局保障新发展格局、以高水平法治服务高质量发展。要进一步做优做强法律监督主业，敢于监督、善于监督，努力让人民群众在每一个司法案件中感受到公平正义。要推动检察机关全面从严治党向纵深发展，做到纪律严明、作风优良。

应勇在讲话中强调，要坚持以习近平新时代中国特色社会主义思想为指导，深入贯彻习近平法治思想和习近平总书记关于政法队伍建设的重要论述精神，牢牢把握检察队伍建设的根本要求，一体加强党的政治建设、领导班子建设、人才队伍建设、专业能力建设、职业保障建设和纪律作风建设，持续锻造忠诚干净担当的检察铁军，努力以检察队伍建设新成效奋力推动检察事业开创新局面，为强国建设、民族复兴贡献更大检察力量。

会上宣读了关于表彰“全国模范检察院”“全国模范检察官（检察干部）”、为先进集体和先进个人记一等功的决定。

全国检察长会议

全面贯彻党的二十大精神 以检察工作现代化服务中国式现代化

1月8日，最高人民检察院召开全国检察长会议，坚持以习近平新时代中国特色社会主义思想为指导，全面贯彻党的二十大和二十届一中全会、中央经济工作会议、中央政法工作会议精神，认真学习贯彻习近平总书记对政法工作的重要指示精神，深入落实《中共中央关于加强新时代检察机关法律监督工作的意见》，总结过去5年检察工作，部署2023年和今后一个时期检察工作。

会议简要回顾了过去五年的检察工作。会议认为，党的检察事业稳步向前，实现职能重塑、机构重组、机制重构，根本在于习近平总书记领航掌舵，根本在于习近平新时代中国特色社会主义思想科学指引，离不开社会各界、广大人民群众监督支持、配合，充分体现出全体检察人踔厉奋发、勇毅前进的精神。

会议指出，要深入学习贯彻习近平总书记对政

法工作的重要指示精神，时刻牢记“国之大者”，站位全面建设社会主义现代化国家战略目标，“心无旁骛做好自己的事”，把“两个确立”“两个维护”落实到新时代新征程检察工作全过程各环节，依法履行法律监督职责，以检察工作现代化融入和助力政法工作现代化、服务中国式现代化。要始终坚持党的绝对领导，更加自觉维护和捍卫党的全面领导。忠诚践行党的全面领导，最根本的是坚持和捍卫“两个确立”、坚决做到“两个维护”，既要坚持党对检察工作的绝对领导，更要自觉以检察履职维护和捍卫党的全面领导。要做优做实人民至上，牢记和践行初心、使命，以履职监督办案充分体现党的初心、使命，努力跟上、适应时代之变、人民之需，以更高水平监督办案引领法治进步、助推时代发展、满足人民期盼，在每一个具体案件办理中，落实宪法法律规定的人民主体地位，让人民群众感受到公平正义。

会议强调，要深入学习贯彻党的二十大和中央政法工作会议精神，把握党和国家工作的中心任务与首要任务，切实履行检察职能，加强法律监督，充分运用法治力量服务中国式现代化。要履行检察职能，运用法治力量，更加有力维护国家安全和社会稳定，更加有力服务经济高质量发展，更加有力厚植党执政的政治根基。检察机关要不断提高法律监督水平，在高质量履职过程中，批捕、起诉、自侦这些基本职能只能加强，不能削弱。要加强对刑事立案、侦查、审判、执行活动的监督，加强民事诉讼精准监督，加强行政检察工作，加强检察公益诉讼工作，加强侦办司法人员职务犯罪工作，努力让人民群众在每一个司法案件中感受到公平正义。要坚持自信自立自强，深化检察改革，加强队伍建设，实施数字检察战略，优化检务管理，强化基层建设，全面加强检察工作自身现代化建设。

会议以电视电话会议形式开至基层检察机关。最高人民检察院院领导、检委会专职委员，最高人民检察院咨询委员会主任、副主任，中央纪委国家监委驻最高人民检察院纪检监察组负责人，最高人民检察院机关各内设机构、各直属事业单位负责人在主会场参加会议。地方各级检察院、军事检察院领导班子成员和内设机构负责人在分会场参加会议。

最高人民检察院党组第一轮巡视动员部署会

牢牢把握政治巡视定位　发挥好利剑作用

10月9日，最高人民检察院党组第一轮巡视动员部署会在北京召开。最高人民检察院党组书记、检察长应勇出席会议并作动员部署讲话。

应勇强调，要认真学习贯彻习近平新时代中国特色社会主义思想，深入学习领会习近平总书记关于巡视工作的重要论述精神，在新时代新征程上坚决扛起系统内巡视政治责任，牢牢把握政治巡视定位，旗帜鲜明把“两个维护”作为根本任务。深入开展系统内巡视，必须对标党中央要求，结合检察实际，坚持发现问题、形成震慑这个生命线不动摇，督促被巡视省级检察院党组进一步加强理论武装，铸牢政治忠诚，严明政治纪律和政治规矩，推动习近平总书记重要指示批示精神和党中央决策部署在检察机关落实见效。

动员部署会后，6个巡视组分别对陕西、湖北、湖南、安徽、云南、广西6个省级检察院党组进行为期2个月的常规巡视。本轮巡视聚焦“两个维护”根本任务，把学习贯彻党的二十大精神作为监督检查主线，紧扣新时代新征程检察工作的历史方位和更重责任，紧紧围绕坚持党对检察工作的绝对领导、加强法律监督、提升办案质效、全面从严治检、全面准确落实司法责任制等政治、业务、队伍建设和检察改革重点工作，聚焦“四个落实”强化政治监督，查找政治偏差，更加强化震慑作用，更加突出标本兼治，以系统内巡视新成效，持续推进习近平法治思想的检察实践。

中央纪委国家监委、中央政法委有关同志到会指导。最高人民检察院其他院领导、检委会专职委员，各巡视组全体同志，驻最高人民检察院纪检监察组中层以上干部，机关各内设机构、各直属事业单位主要负责同志，被巡视省级检察院有关负责同志，最高人民检察院巡视办全体人员等参加会议。

全国公安厅局长会议

全面贯彻落实党的二十大精神
为中国式现代化创造安全稳定的政治社会环境

1月8日，全国公安厅局长会议在北京召开。中共中央书记处书记、国务委员、公安部部长王小洪出席会议并讲话。

会议指出，习近平总书记对政法工作作出重要指示，明确提出了当前和今后一个时期做好政法工作的重要要求，为进一步做好新时代政法工作提供了根本遵循。刚刚结束的中央政法工作会议，就全面贯彻落实党的二十大精神，深入学习贯彻习近平总书记重要指示精神，做好今年和今后一个时期的政法工作进行了全面部署。要结合公安工作实际，抓好贯彻落实。

会议全面总结了过去五年公安工作取得的成就。会议指出，五年来的实践，进一步深化了我们对新时代公安工作的规律性认识，即必须坚持党对公安工作的绝对领导，必须坚持人民至上，必须坚持统筹发展和安全，必须坚持公平正义价值取向，必须坚持改革创新，必须坚持敢于斗争善于斗争，必须坚持强基固本，必须坚持全面从严管党治警。

会议强调，今后五年，是全面建设社会主义现代化国家开局起步的关键时期，全国公安机关要紧紧围绕贯彻落实党的二十大精神、奋力推进公安工作现代化这一主题主线，聚焦聚力平安中国建设、法治中国建设两大战略部署，健全完善同国家安全体系和能力现代化要求相适应的捍卫政治安全体系、维护社会稳定体系、公共安全治理体系三大职能体系，大力加强法治公安建设、智慧公安建设、基层基础建设、过硬队伍建设四个基本建设，努力以新安全格局保障新发展格局、以高水平安全保障高质量发展。

会议指出，今年是全面贯彻落实党的二十大精神的开局之年，做好公安工作具有重要意义。要深刻领悟“两个确立”的决定性意义，坚持从政治上建设和掌握公安机关，强化党的创新理论武装，抓好党中央重大决策部署贯彻落实，着力增强践行“两个维护”的高度自觉。要健全完善捍卫政治安全体系，筑就反渗透反颠覆坚固防线，巩固拓展反恐怖反分裂斗争主动态势，加强网络安全工作，着力维护国家政权安全、制度安全、意识形态安全。要健全完善维护社会稳定体系，坚持和发展新时代“枫桥经验”，完善矛盾纠纷常态化排查化解机制，着力防范化解经济社会领域各类风险。要健全完善公共安全治理体系，依法严厉打击各类突出违法犯罪，纵深推进社会治安防控体系建设，常态化开展公共安全隐患排查整治，着力推进更高水平的平安中国建设。要积极服务党和国家重大战略部署，着力保障高质量发展。要大力推动法治公安建设提档升级，健全执法制度体系，完善执法监督管理机制，改进执法方式方法，着力提升公安工作法治化水平和执法公信力。要深入推进公安改革创新，着力塑造公安工作高质量发展新动能新优势。要毫不动摇坚持全面从严管党治警，选优配强领导干部，锤炼专业本领，严格纪律作风，关心关爱民警，着力锻造“四个铁一般”过硬公安队伍。

全国打击治理电信网络新型违法犯罪工作电视电话会议

深入推进打击治理电信网络诈骗犯罪工作
夺取反诈人民战争新胜利

5月30日，全国打击治理电信网络新型违法犯罪工作电视电话会议在北京召开，中共中央书记处书记、国务委员、公安部部长王小洪出席会议并讲话。

会议强调，要深入贯彻落实习近平总书记重要指示精神和党中央决策部署，坚持“四专两合力”总体思路，以落实反电信网络诈骗法和中央办公厅、国务院办公厅《关于加强打击治理电信网络诈骗违法犯罪工作的意见》为契机，以减少人民群众财产损失为目标，全面加强打防管控各项措施，推动打击治理工作不断迈上新台阶，确保电信网络诈骗犯罪多发高发态势得到有效遏制，全力夺取反诈人民战争新胜利，以实际行动彰显主题教育成效。

会议指出，要进一步加大打击力度。要坚持依法严打方针，深入开展专项行动，集中攻坚一批大案要案。要联合挂牌督办一批重大案件，公开曝光一批典型案例，形成强大震慑。要加强国际执法合作，打击摧毁境外诈骗窝点，缉捕境外重大在逃人员。要及时研究制定出台司法解释和法律适用指导意见，依法从严惩处电信网络诈骗及其关联违法犯罪。

会议强调，要进一步织密防护网络。要坚持关口前移、预防为先，综合采取多种防范措施。要加强技术反制，完善涉诈资金快速止付、冻结和延迟到账机制。要加强预警劝阻，及时发现潜在受害群众。要加强资金返还，坚持“依法、精准、及时”原则，最大力度追缴涉诈资金，最大限度返还被骗财产。要加强宣传防范，建立全方位、广覆盖的反诈宣传体系。

会议指出，要进一步抓好源头管控。要落实属地主体责任，聚焦涉诈重点人员和黑灰产业，把源头管控各项工作抓实抓细抓到位。要加强出入境证件申办审查，对涉诈人员、出境作案嫌疑人员落实法定不准出境措施，严打偷渡等非法出境活动。要加大教育劝返力度，敦促出境作案人员尽快回国投案自首。重点地区要加强综合整治、专项整治、依法整治，并优化产业布局，拓宽就业渠道。

会议强调，要进一步深化行业治理。要认真贯彻落实反电信网络诈骗法，加大治理力度，堵塞监管漏洞。要聚焦切断涉诈“资金链”，出台更加严格的管理规定。要深入开展“断卡”专项整治行动，组织开展电信行业专项督导检查。要组织开展涉诈网络黑灰产专项整治，及时发现、快速处置网上涉诈有害信息。要健全行业主管部门、企业、用户三级责任制，建立电信网络诈骗严重失信主体名单制度，及时约谈、督导、曝光问题突出企业。

会议要求，要进一步强化组织推进。要加强统筹组织、协调推进，形成与打击治理电信网络诈骗犯罪新形势新任务相适应的工作机制和工作格局。要推动各级党委和政府把反诈工作摆在突出位置来抓，统筹力量资源，加大保障力度，加强“四专两合力”建设，努力构建党委领导、政府主导、部门主责、行业监管、有关方面齐抓共管的整体格局。要牢固树立“一盘棋”思想，密切配合、通力合作，加强督导检查，狠抓责任落实，广泛动员人民群众和社会各界积极参与打击治理工作，做到全民反诈、全社会反诈。

全国公安厅局长座谈会

坚持和发展新时代“枫桥经验”
更好履行公安机关神圣职责

11月23日至24日，全国公安厅局长座谈会在浙江杭州召开，中共中央书记处书记、国务委员、公安部部长王小洪出席会议并讲话。

王小洪强调，要以习近平新时代中国特色社会主义思想为指导，全面贯彻党的二十大精神，深入学习贯彻习近平总书记重要指示精神，认真落实纪念毛泽东同志批示学习推广“枫桥经验”60周年暨习近平总书记指示坚持发展“枫桥经验”20周年大会精神，坚定拥护“两个确立”、坚决做到“两个维护”，坚持和发展新时代“枫桥经验”，增强政治意识，在坚持和加强党的绝对领导上聚焦发力；树牢为民观念，在守护人民幸福和安宁上聚焦发力；坚持系统观念，在建立完善新型警务运行模式上聚焦发力；强化大抓基层意识，在夯实基层基础上聚焦发力；着力推进智能化，在深化智慧公安建设上聚焦发力；更加注重效果导向，在提升工作质效上聚焦发力，把各项打防管控建措施抓到位，把各项改革举措推到底，更好履行公安机关神圣职责，以公安工作现代化为中国式现代化保驾护航。

全国国家安全系统表彰大会

矢志不渝做党和人民的忠诚卫士
为强国建设、民族复兴筑牢安全屏障

7月14日，全国国家安全系统表彰大会在北京人民大会堂举行。中共中央政治局委员、中央政法委书记陈文清出席大会并讲话。他强调，国家安全机关要坚持以习近平新时代中国特色社会主义思想为指导，坚持党对国家安全工作的绝对领导，矢志不渝做党和人民的忠诚卫士，以新安全格局保障新发展格局，为强国建设、民族复兴筑牢安全屏障。

陈文清指出，广大国安干警始终牢记习近平总书记“坚定纯洁、让党放心、甘于奉献、能拼善赢”的殷切嘱托，奋勇拼搏、无私奉献，在新时代谱写了英雄赞歌。党的二十大以来，国家安全机关在新一届部党委带领下，推动隐蔽战线工作取得了新的成效。

陈文清强调，新征程上，国家安全机关要坚定拥护“两个确立”，坚决做到“两个维护”。要坚持不懈用习近平新时代中国特色社会主义思想凝心铸魂，坚决贯彻习近平法治思想和总体国家安全观。要忠诚履职、担当作为，坚定维护国家主权、安全、发展利益。要加速推进工作体系和工作能力现代化，加快构建国家安全工作新格局。要坚持政治建警，锻造忠诚干净担当的新时代国安铁军。

陈文清要求，各级党委政法委和各有关部门要高度重视、关心支持隐蔽战线工作，为国家安全机关依法履职提供有力保障。

国家安全机关纪检监督干部队伍教育整顿动员部署会

突出“四项任务” 确保取得实效

3月23日，国家安全部召开国家安全机关纪检监督干部队伍教育整顿动员部署会，国家安全部党委书记、部长陈一新出席会议并讲话。

会议深入学习贯彻习近平总书记关于加强纪检监察干部队伍建设的重要指示精神，按照党中央统一部署和中央纪委国家监委工作要求，对国家安全机关纪检监督干部队伍教育整顿进行动员部署。

会议强调，开展教育整顿，是确保国家安全机关纪检监督干部队伍对党绝对忠诚的必然要求，是推进国家安全机关纪检监督干部队伍自我革命的迫切需要，是开创国家安全机关纪检监督工作新局面的重要契机。国家安全机关要善于借鉴全国政法队伍教育整顿经验，突出铸就政治忠诚、清除害群之马、健全严管体系、增强斗争本领“四项任务”，蹄疾步稳推进，确保取得实实在在的成效。

一是学习教育要“求真”：永葆忠诚干净担当的政治本色。抓理论武装，把学习贯彻习近平新时代中国特色社会主义思想和党的二十大精神作为首要任务，以思想上的高度统一保证行动上的坚定有力。抓纪法修养，认真学习党章和纪检监督相关党规党纪、法律法规、规章制度，以明纪知法促进自觉遵纪守法。抓警示教育，深化以案为鉴、以案明纪、以案说法、以案促改，引导纪检监督干部知敬畏、存戒惧、守底线。抓英模示范，大力发掘纪检监督干部队伍中的先进模范，广泛宣传他们的感人事迹、崇高品质和可贵精神。

二是检视整治要“动真”：刀刃向内不手软，坚决清除害群之马。要激发自查自纠的内力，动员干部如实向组织讲清自身存在的违纪违法问题，敢于直面问题，勇于修正错误，体悟严管厚爱。要发挥组织查处的威力，线索处置要清仓起底，清理门户要严肃认真，政策把握要实事求是。要提升问题整改的效力，找准“病灶”，检视“病因”，治理“病根”，及时整治纪检监督权力运行的风险隐患。

三是巩固提升要“较真”：促进长效常治，增强斗争本领。要强化制度建设，用制度形式把教育整顿中形成的好经验好做法固化下来，进一步加强纪检监督工作规范化、法治化、正规化建设。要强化体系建设，健全监督执纪权力运行和管理监督体系，建立管思想、管工作、管作风、管纪律的管理机制。要强化能力建设，纪检监督干部队伍要不断强化思想淬炼、政治历练、实践锻炼、专业训练、斗争磨炼，练就担当作为的硬脊梁、铁肩膀、真本事。

国家安全部巡视督导工作汇报会

创新巡视督导工作
推动政治巡视、业务督查、主题教育和专项教育整顿一体化

8月，国家安全部召开巡视督导工作汇报会，国家安全部党委书记、部长陈一新主持会议并讲话。会议听取了16个部巡视督导组工作汇报，全面了解掌握部机关和地方厅局第一批主题教育开展情况，为推进第二批主题教育和第一批主题教育“回头看”作好准备。

陈一新指出，创新巡视督导工作，是加快构建国家安全机关工作新格局的重大创新举措。今年以来，部党委组建16个巡视督导组，承担对各地方厅局和部机关各单位的一线巡视督导任务，统筹推动政治巡视、业务督查、主题教育和专项教育整顿巡回指导一体化、常态化，“下去一把抓，回来再分

家”，把合的力量调动起来，把分的任务落实下去，把统的效益发挥出来，既减轻对各厅局重复巡视督导的压力，又加强对各厅局的日常监督指导。

陈一新指出，巡督工作启动以来，部巡视督导组开展第一批主题教育巡回指导有声有色，开展主题教育和纪检监督干部队伍教育整顿巡回指导有力有效，开展优秀年轻干部调研谈话有度有为，有力推动了国家安全机关在以学铸魂、以学增智、以学正风、以学促干上取得更多成果。

陈一新从三个方面对创新巡视督导助推主题教育走深走实提出要求：一是对巡视督导发现的工作亮点要及时总结推广。第一阶段巡视督导工作发现了一批可复制、可推广的工作亮点，体现了国家安全机关坚决贯彻落实党中央要求、扎实开展第一批主题教育、加快构建国家安全机关工作新格局的生动实践。要做好经验总结，提炼出普遍适用的新鲜经验。要做好顶层设计，将先进经验和有益做法通过规章制度的形式固定下来。要做好宣传推广，积极宣传交流先进经验，实现互通共享、互学共鉴。要做好考评激励，进一步激发守正创新、比学赶超的内生动力。二是对巡视督导发现的突出问题要全面整改到位。部巡视督导组要把及时发现的问题作为查漏补缺的着力点、攻坚克难的突破点，与所在厅局一起分析原因、找准症结、探讨对策，推动问题解决到位。要认真梳理问题，针对不同地区、不同领域、不同层级，分门别类建立问题台账。要着力破解问题，区分问题性质，深入剖析症结，深化源头治理，有针对性地推动解决。要全面整改问题，把问题整改融入日常工作，融入深化改革，融入全面从严管党治警，融入班子建设，确保整改任务落地见效。三是对第一批主题教育开展“回头看”和第二批主题教育巡视督导要统筹协调推进。要推动习近平新时代中国特色社会主义思想学深悟透做实，作为第二批主题教育和第二阶段巡视督导工作的首要任务，统筹抓好对市县两级派出机构主题教育的巡回指导，同步开展第一批主题教育“回头看”。要抓好常态化政治巡视，突出政治定位，彰显利剑属性，把握常态特点，做到监督常在、震慑长存、长效常治。要抓好业务督查，进行全项目、全流程督查，确保部党委决策部署落地见效。

全国司法行政工作推进会
暨全国监狱戒毒系统先进集体和先进个人表彰大会

坚持习近平法治思想
推进司法行政工作高质量发展

4月4日，司法部召开全国司法行政工作推进会暨全国监狱戒毒系统先进集体和先进个人表彰大会，对奋战在监狱戒毒工作一线的先进集体、先进个人予以表彰。司法部党组书记、部长贺荣出席会议并讲话。

会议指出，近年来，在以习近平同志为核心的党中央坚强领导下，全国监狱戒毒系统坚决铸牢政治忠诚，坚定不移贯彻总体国家安全观，全面推进严格规范公正文明执法，着力提高教育改造和教育戒治质量，有效预防和减少重新违法犯罪，监所保持持续安全稳定，打赢一系列维稳安保硬仗，为维护国家安全、社会安定、人民安宁作出重要贡献，涌现出张文博、童亮、陈旭等一大批先进典型，有的干警甚至献出宝贵生命，以实际行动诠释了忠于党、忠于国家、忠于人民、忠于法律的政治本色，是一支党和人民完全可以信赖、特别能打硬仗的过硬队伍。

会议强调，在强国建设、民族复兴的新征程上，司法行政机关要把坚定拥护“两个确立”、坚决做到“两个维护”落实到实际行动中，扎实抓好主题教育，坚持不懈用习近平新时代中国特色社会主义思想凝心铸魂，统筹推动党中央关于全面依法治国的决策部署落实落地，坚定不移走中国特色社会主义法治道路，自觉运用习近平法治思想的立场观点方法推进立法、依法行政、刑罚执行、公共法律服务和涉外法治工作高质量发展，以务实担当、真抓实干的工作成效为中国式现代化提供有力法治保障。

会前，司法部按照程序授予晋升了部分干警警监警衔和警督警衔。

司法部领导，受表彰代表，各省区市和新疆生产建设兵团司法厅（局）主要负责同志，中央依法治国办秘书局、驻部纪检监察组、部机关各厅局和在京直属单位有关负责同志，军委政法委政治工作局、审计署政法审计局主要负责同志在主会场参会。各省区市和新疆生产建设兵团司法厅（局）班子成员及中层干部，司法警官职业学院（校）、律师协会、公证协会、司法鉴定协会主要负责同志等共2000余人在分会场参会。

律师工作座谈会

加强律师行业党的建设
建设党和人民满意的高素质律师队伍

6月30日，在中国共产党成立102周年到来之际，司法部党组召开律师工作座谈会，部分律师行业党代会代表、人大代表、政协委员和律师代表，全国律协常务理事、监事等近百人参加座谈。司法部党组书记、部长贺荣出席会议并强调，要深入学习贯彻习近平总书记关于“努力做党和人民满意的好律师”重要指示精神，切实加强律师行业党的建设，加快建设党和人民满意的高素质律师队伍，引导广大律师把坚定拥护“两个确立”、坚决做到“两个维护”落实到实际行动上，在强国建设、民族复兴的新征程上建功立业。

会议指出，律师队伍是推进全面依法治国、推进中国式现代化建设的重要力量，在法治中国建设中承担重要职责。贺荣代表司法部党组对广大律师提出五点希望：一是做拥护中国共产党领导、拥护我国社会主义法治这一从业基本要求的践行者。坚持用党的创新理论凝心铸魂，自觉坚持党对律师工作的领导，坚定走中国特色社会主义法治道路。二是做热爱国家，强国建设、民族复兴的奋斗者。传承律师队伍爱国传统，弘扬社会主义核心价值观，充分发挥职业优势服务中国式现代化建设。三是做人民群众合法权益的维护者。践行法治为民宗旨，通过依法执业办案、公益法律服务等解决人民群众“急难愁盼”问题，维护社会公平正义。四是做经济社会高质量发展的推动者。心系“国之大者”，潜心钻研业务，更好适应时代新需求新变化，为国家重大发展战略实施提供高质量专业法律服务。五是做行业清风正气的守护者。坚持正确价值导向，恪守职业道德和执业纪律，依法依规诚信执业。

会议强调，司法部将在强化律师队伍政治引领、加强执业权利保障和执业监督、发展涉外法律服务等方面采取硬实举措，各级司法行政机关和各律师协会要切实履行好行政管理和行业自律管理责任，把律师队伍引导好、管理好、服务好，推动律师工作高质量发展。

学习贯彻新修订的行政复议法电视电话会议

学习贯彻新修订的行政复议法
打造便民高效的行政复议“窗口”

12 月 29 日，司法部召开学习贯彻新修订的行政复议法电视电话会议。

会议强调，各级司法行政机关要深入学习贯彻习近平法治思想，全面贯彻落实习近平总书记关于行政复议工作的重要指示精神，自觉把党的领导贯彻到行政复议工作全过程各方面，充分发挥行政复议化解行政争议的主渠道作用。要主动融入党和国家中心工作，准确适用扩大受案范围和前置范围等新规定。落实便民为民举措，积极打造便捷高效的行政复议“窗口”。坚持和发展新时代“枫桥经验”，注重运用好调解方式化解行政争议。坚持有错必纠，用好行政复议意见书制度，提高行政复议公信力和监督依法行政效能。落实“繁简分流”、听取意见等程序要求，全面提升办案质效。强化工作保障，配齐配强行政复议人员，提升行政复议队伍专业化、职业化水平。

中央政法委、最高人民法院、最高人民检察院有关部门负责同志和司法部行政复议特邀监督员应邀参加会议。各省（区、市）和新疆生产建设兵团司法厅（局）负责同志参加会议，北京、浙江、广东、四川、甘肃等地司法厅（局）作了交流发言。

第五届中国法学优秀成果奖表彰会

全面贯彻落实习近平法治思想
提升法学理论研究能力和水平

5 月 19 日，第五届中国法学优秀成果奖表彰会在北京举行。中共中央政治局委员、中央政法委书记陈文清在会上强调，广大法学法律工作者要在党的领导下，全面贯彻落实习近平法治思想和党的二十大战略部署，提升法学理论研究能力和水平，在全面依法治国新征程中展现新担当、实现新作为、作出新贡献。

陈文清指出，中国法学会团结带领广大法学法律工作者坚持正确政治方向，在加强政治引领、繁荣法学研究、服务法治实践、拓展对外交流、培养法治人才等方面做了大量卓有成效的工作，为建设中国特色社会主义法治体系作出了重要贡献。要进一步增强政治性、先进性、群众性，吸引和团结广大法学法律工作者积极投身平安中国、法治中国建设。

陈文清强调，加强新时代法学理论研究，要始终坚持和加强党的全面领导，坚定不移走中国特色社会主义法治道路，确保法学研究正确方向。要始终以习近平法治思想为根本遵循，时时处处用“十一个坚持”对照、审视工作，不断丰富和发展中国特色社会主义法治理论体系。要始终围绕强国建设、民族复兴中心任务，探索把握法治建设规律，有力服务全面依法治国伟大实践，为推进中国式现代化贡献法治力量。

中国法学会会长王晨出席会议并讲话。他强调，法学理论研究承担着为法治中国建设提供科学理论支撑的光荣使命。要坚持以习近平新时代中国特色社会主义思想为指导，深入贯彻落实习近平法治思想，始终胸怀“国之大者”，扎实开展法学研究，积极服务法治实践，为推进中国式现代化贡献法治力量。

王晨指出，推进中国式现代化建设的伟大实践是理论和政策研究的“富矿”，广大法学法律工作者大有可为。要深刻把握新时代法学理论研究的政治性，深刻领悟“两个确立”的决定性意义，增强“四个意识”、坚定“四个自信”、做到“两个维护”，坚定不移走中国特色社会主义法治道路。要深入学习研究宣传阐释习近平法治思想，充分展现习近平法治思想鲜明的中国特色、实践特色、时代特色，做习近平法治思想的坚定信仰者、积极传播者、模范实践者。要切实担负起历史赋予的光荣使命，立时代潮头，通古今变化，发思想先声，在党的创新理论研究阐释、推进党的理论创新、为党和政府建言献策等方面推出更多高质量成果。要加强学风作风建设，严谨治学、潜心研究，更好服务党和人民。

王晨强调，中国法学会作为党和政府联系和团结广大法学法律工作者的桥梁纽带，是加强社会主义民主法治建设，推进全面依法治国、建设社会主义法治国家的重要力量，承担着加强政治引领、繁荣法学研究、服务法治实践、拓展对外交流、培养法治人才等重要职责。要紧紧围绕新时代新征程党的中心任务履职尽责，为广大法学法律工作者发挥优势、发挥作用搭建平台、提供舞台，更好把大家团结起来、组织起来、动员起来，积极投身全面依法治国伟大实践，服务更高水平的平安中国、法治中国建设，服务全面建设社会主义现代化国家。

全国首席法律咨询专家工作会议

扎实推进首席法律咨询专家工作
积极服务平安中国法治中国建设

9 月 26 日至 27 日，全国首席法律咨询专家工作会议在广西南宁举行。中国法学会会长王晨出席会议并讲话。他强调，要坚持以习近平新时代中国特色社会主义思想为指导，深入学习贯彻党的二十大精神，扎实推进首席法律咨询专家工作，积极服务更高水平的平安中国、法治中国建设，为在法治轨道上全面建设社会主义现代化国家作出更大贡献。

王晨指出，推进中国式现代化，必须坚持全面依法治国，更好发挥法治固根本、稳预期、利长远的保障作用。开展首席法律咨询专家工作，是法学会发挥职能作用，团结带领广大法学法律工作者投身强国建设、民族复兴伟业，为推进中国式现代化贡献法治力量的平台和途径。自 2019 年 11 月在广西梧州开展试点以来，各级法学会充分发挥全面依法治国“智囊团”“思想库”“人才库”作用，通过首席法律咨询专家工作，有效服务重大决策，推动帮助基层解决一些多年积累的矛盾和问题，维护公平正义，彰显法治精神，取得积极成效。

王晨强调，新征程上做好首席法律咨询专家工作，要贯彻习近平法治思想，始终坚持党的领导，心怀“国之大者”，更好服务科学决策、民主决策、依法决策，推进多层次多领域依法治理，提升社会治理法治化水平。要坚持好、发展好新时代“枫桥经验”，积极开展法律咨询服务、矛盾纠纷预防化解等工作。要充分发挥首席法律咨询专家的特长和优势，坚持依法依规开展工作，持续推动解决人民群众“急难愁盼”问题。要狠抓工作落实，强化组织保障，努力使这项工作成为法学会服务法治实践的有力抓手。

各省、自治区、直辖市法学会，新疆生产建设兵团法学会负责同志，各副省级城市、省会市法学会负责同志，中国法学会机关各部室、各直属单位主要负责同志参加会议。

与会者通过现场参观、分组讨论和大会发言，交流了首席法律咨询专家工作情况，研究了《县（市、区）法学会首席法律咨询专家工作指引》，11 个省级法学会代表介绍了经验做法。

二、工作调研

陈文清在北京调研

全力维护首都安全稳定
全面推进依法治国各项工作

3月24日，中共中央政治局委员、中央政法委书记陈文清在北京调研时强调，首都政法机关要坚持以习近平新时代中国特色社会主义思想为指导，深入学习贯彻习近平法治思想，全力维护首都安全稳定，全面推进依法治国各项工作，奋力开创首都政法工作新局面。

在北京市公安局指挥中心、西城区人民法院多元解纷诉调对接中心、人民检察院检务中心，陈文清深入了解维护首都安全稳定、矛盾纠纷诉前化解、法律监督职能履行等情况，慰问一线政法干警，并主持召开座谈会，听取意见建议。他指出，党的二十大以来，首都政法机关广大干警发扬连续作战精神，先后打赢了服务疫情防控转段、春节安保、全国两会安保等硬仗，展现了过硬的政治素质和能力作风，为维护国家安全和社会稳定作出了贡献。

陈文清强调，要学习贯彻习近平法治思想，时时处处用“十一个坚持”对照、审视工作。要推动落实维护首都安全稳定责任制，有效防范、排查、化解风险，确保万无一失。要善于运用法治思维和法治方式开展工作，依法打击惩治犯罪，依法管理网络空间。要围绕中国特色社会主义法治体系建设，全面推进各方面工作法治化。要把矛盾纠纷化解纳入法治轨道，提高信访工作法治化水平。

陈文清指出，首都是首善之区，首都政法机关要将党的中心任务作为谋划开展一切工作的立足点，在政法工作现代化进程中走在前、作表率，以政法工作现代化服务保障中国式现代化。希望同志们在贯彻落实习近平法治思想和总体国家安全观上作表率，在服务书写两大奇迹新篇章上作表率，在严格执法、公正司法上作表率，在推进科技手段现代化上作表率，在锻造过硬政法铁军上作表率，通过不懈努力奋斗，为推进强国建设、民族复兴贡献智慧和力量。

陈文清强调，首都政法队伍肩负神圣使命，必须在政治建设上有更高的标准和要求。要落实党对政法工作的绝对领导，确保这支队伍以高度的思想、政治和行动自觉，坚定拥护“两个确立”、坚决做到“两个维护”，做到绝对忠诚、绝对纯洁、绝对可靠。

陈文清在河北调研

学习贯彻习近平法治思想　筑牢首都“护城河”

3月28日至29日，中共中央政治局委员、中央政法委书记陈文清在河北石家庄、雄安新区调研时强调，河北政法机关要坚持以习近平新时代中国特色社会主义思想为指导，学习贯彻习近平法治思想，进一步拱卫首都安全，进一步推进信访工作法治化，进一步推动河北政法事业全面发展，以实际行动做到让党放心、让人民满意。

在石家庄市人民检察院检务中心、市公安局指挥中心、裕华区人民法院、桥西区矛盾纠纷多元化解中心、新华区西苑街道司法所、正定县塔元庄警务室、雄安新区安新县白洋淀人民法庭巡回审判点，陈文清调研了维护首都安全稳定、矛盾纠纷多元化解等工作，看望慰问一线政法干警。他指出，河北政法机关和广大干警深入学习贯彻习近平法治思想和总体国家安全观，担当作为、连续作战，为服务党和国家工作大局，建设法治河北、平安河北作出了贡献。

陈文清强调，河北政法机关要提高政治站位，把当好首都“护城河”作为首要政治任务，以“时时放心不下”的责任感做好工作，以实际行动坚定拥护“两个确立”，坚决做到“两个维护”。要进一步健全立体化防控体系，守好防线、守好通道，以河北的安全稳定保证首都的安全稳定。要进一步在做好基础工作上下功夫，在依法处置风险上下功夫，更加积极有效维护社会大局稳定。要进一步提升社会治理水平，坚持问题导向，依法严惩群众反映强烈的各类违法犯罪。要进一步坚持强基导向，加强乡镇（街道）综治中心和人民法庭、公安派出所、司法所等标准化规范化建设。

陈文清要求，要贯彻落实习近平法治思想，按照全面依法治国战略部署，全面推进国家各方面工作法治化，加快建设中国特色社会主义法治体系。要坚持以人民为中心，坚持和发展新时代“枫桥经验”，扭住依法办事这个关键，把各类矛盾纠纷化解工作规范起来，纳入法治轨道。要进一步推进信访工作法治化，把带着感情做好群众工作与依法依规做好信访工作结合起来，依法维护人民群众合法权益，把矛盾纠纷化解在基层。

陈文清在海南调研

着力服务发展
保障海南自贸港2025年封关运作安全

4月17日至19日，中共中央政治局委员、中央政法委书记陈文清在海南三亚、儋州、海口调研时强调，海南政法机关要认真开展学习贯彻习近平新时代中国特色社会主义思想主题教育，着力服务发展、保障安全，推动海南自由贸易港建设行稳致远。

调研期间，陈文清到公安社管平台指挥中心、基层法庭、检察室、边检执勤点、反走私综合执法站、司法所等政法单位，了解政法机关开展主题教育、保障自贸港安全等工作情况。陈文清指出，海南政法机关和广大干警坚持党对政法工作的绝对领导，忠诚履职、努力奋斗，全力做好各项工作，扎实有效维护安全稳定，为服务党和国家工作大局作出了贡献。

陈文清要求，海南政法机关要认真落实党中央部署，把坚定拥护“两个确立”、坚决做到“两个维护”作为开展主题教育核心要求，进一步统一思想、统一意志、统一行动。要深入学习习近平新时代中国特色社会主义思想，深入学习中国式现代化理论，深入学习习近平法治思想、总体国家安全观和习近平总书记对政法工作的重要指示精神，学深悟透、指导实践。要在政法领域推动全面从严治党向纵深发展，着力锻造政法铁军。中央政法委就贯彻党中央部署、扎实推进主题教育提出具体要求，要结合实际全面落实理论学习、调查研究、推动发展、检视整改、建章立制等重点措施，确保主题教育有章有法、取得实效。

陈文清强调，政法机关要积极主动服务海南自由贸易港建设大局，加快构建风险防控体系，保障2025年封关运作安全。要深入学习党中央对海南自由贸易港建设的部署要求，加紧制定工作方案。要加强法治建设，全面推进立法、执法、司法、守法，加快构建与自由贸易港建设相适应的法治体系。要加强人才建设，对照自由贸易港建设需求，强化教育培训，不断提升政法队伍专业素养和能力。要加强科技建设，不断提高服务自由贸易港建设的科技应用能力。要加强模拟演练，不断完善预案，提高实战能力。各级领导干部要严格依法办事，不断提高运用法治思维和法治方式开展工作的能力。

陈文清在浙江调研

坚持和发展新时代“枫桥经验”
推进矛盾纠纷化解法治化

5月16日至18日，中共中央政治局委员、中央政法委书记陈文清在浙江杭州、宁波、绍兴调研时强调，浙江政法机关要坚决贯彻习近平总书记对浙江工作的重要指示精神，深入开展学习贯彻习近平新时代中国特色社会主义思想主题教育，深入实施“八八战略”，把主题教育成果转化为坚持和发展新时代“枫桥经验”的实际成效，转化为全力做好杭州亚运会、亚残运会安保工作的实际成效，推动浙江政法工作迈上新台阶、开辟新局面。

陈文清实地调研检察院、人民法庭、派出所、司法所、综治中心等政法单位，参观走访诸暨市枫桥经验陈列馆、枫源村等地，了解政法机关开展主题教育、推进矛盾纠纷化解法治化等情况，并查看杭州市公安局亚运会现场安保指挥部运行情况。他指出，近年来，浙江政法机关讲政治、讲法治，保安全、促发展，营造了安全稳定的政治社会环境、公正的法治环境、优质的服务环境，形成了一批有浙江特点的政法工作成果。希望浙江政法机关深入、扎实开展主题教育，坚定拥护“两个确立”、坚决做到“两个维护”，打牢绝对忠诚、绝对纯洁、绝对可靠的思想根基，锻造新时代政法铁军，在强国建设、民族复兴历史进程中作出更大贡献。

陈文清指出，今年是毛泽东同志批示学习推广“枫桥经验”60周年暨习近平总书记指示坚持和发展“枫桥经验”20周年。“枫桥经验”在新时代伟大实践中丰富发展，更加强调党的领导、更加彰显法治思维、更加突出科技支撑、更加注重社会参与，展现出历久弥新的魅力。要贯彻落实习近平法治思想，善于运用法治思维和法治方式开展工作，研究完善矛盾纠纷化解“路线图”和平台机制建设、信息系统建设，推进矛盾纠纷化解和信访工作法治化。

陈文清强调，政法机关要坚持底线思维、强化整体防控，全力做好杭州亚运会、亚残运会安保工作。要推动落实各方责任，深入排查化解风险，优化工作方案预案，深入细致做好备战阶段基础性工作。要完善协作配合机制，形成整体合力，为盛会圆满成功举办提供安全保障。

陈文清在新疆调研

完整准确贯彻新时代党的治疆方略 确保新疆社会稳定和长治久安

6月14日至18日，中共中央政治局委员、中央政法委书记陈文清在新疆调研时强调，新疆政法机关要坚持以习近平新时代中国特色社会主义思想为指导，全面贯彻习近平法治思想和总体国家安全观，完整准确贯彻新时代党的治疆方略，坚持依法治疆，大力推进反恐维稳法治化常态化，强化责任落实，加强能力建设，全力确保新疆社会稳定和长治久安。

陈文清深入乌鲁木齐、和田、巴音郭楞和昆玉、铁门关等地基层政法单位调研，看望慰问一线干警，会见政法英模和牺牲干警家属代表。他指出，近年来，新疆政法机关牢牢扭住社会稳定和长治久安总目标，扎实推进反恐维稳各项工作，有力维护了新疆社会大局稳定。广大干警忠诚履职，不怕牺牲，经受了生与死、血与火的考验。希望新疆政法机关坚持从战略上审视和谋划新疆工作，强化使命担当，忠诚履职尽责，把“两个维护”体现在实际行动上、工作成效上。要加强维护新疆社会稳定工作，压实反恐维稳主体责任，坚决依法打击暴恐犯罪，保持新疆社会大局持续稳定、长期稳定。要统筹好发展和安全，保障发展、服务发展。要坚持标本兼治、综合治理，增进团结、凝聚人心，为实现长治久安奠定坚实基础。

陈文清强调，要进一步落实党中央决策部署，推进反恐维稳法治化常态化，把全面依法治国的要求落实到新疆反恐维稳工作各方面。推进科学立法，加强配套法律法规建设，推动从制度层面解决执法司法现实问题。推进严格执法，善于运用法律武器维护稳定、打击犯罪。推进公正司法，让各族人民群众信仰法治。推进全民守法，引导各族人民群众自觉增强国家意识、公民意识、法治意识。

陈文清要求，要深入开展学习贯彻习近平新时代中国特色社会主义思想主题教育，加强政治建设，确保政法干警绝对忠诚、绝对纯洁、绝对可靠。要加强法治建设，善于运用法治思维和法治方式，自觉做尊法学法守法用法的模范。要加强关心关爱，让广大干警安身、安心、安业，为党和人民再立新功。

陈文清在公安部调研

把禁毒工作作为重大政治任务来抓 打赢新时代禁毒人民战争

第36个国际禁毒日到来之际，6月26日，中共中央政治局委员、中央政法委书记陈文清到公安部和北京市调研禁毒工作，看望慰问基层禁毒工作者。他强调，要坚持以习近平新时代中国特色社会主义思想为指导，认真贯彻落实党的二十大精神，学习贯彻习近平总书记关于禁毒工作的重要指示精神，以对国家、对人民、对民族、对历史高度负责的态度，切实把禁毒工作作为重大政治任务来抓，坚决打赢新时代禁毒人民战争。

陈文清考察了公安部禁毒情报技术中心和国家毒品实验室建设运行情况，通过视频系统听取了北京、浙江、云南公安机关禁毒工作汇报，参观了全国禁毒工作成果展、北京市林则徐禁毒教育基地，并与首都禁毒民警、社工、志愿者、教师、学生互动交流。他指出，近年来，各地区各部门认真贯彻党中央决策部署，持续开展禁毒人民战争，推动禁毒工作取得显著成效。广大禁毒民警冲锋在前、奋斗牺牲，社会各界人民群众大力支持、积极参与，作出了重要贡献。希望广大禁毒民警和禁毒工作者从中国共产党领导的百年禁毒史中增强战胜毒品的信心，凝聚起全社会禁毒的整体合力，一如既往、坚决彻底把禁毒工作深入开展下去。

陈文清强调，要提高政治站位，紧密结合深入开展学习贯彻习近平新时代中国特色社会主义思想主题教育，认真学习贯彻习近平总书记重要指示精神，坚决把党中央关于禁毒工作的决策部署落到实处，把主题教育激发出来的担当作为、干事创业热情转化为做好禁毒工作的强大动力，更加扎实有效地推进毒品问题治理，努力为推进中国式现代化创造安全稳定的社会环境。要强化责任担当，大力整治人民群众反映强烈的突出毒品问题，依法严厉打击毒品犯罪活动，加强宣传教育，推进禁毒科技创新应用，全面提升毒品治理能力，推动禁毒工作高质量发展。要加强队伍建设，坚持从优待警，加强专业技术人才培养，做到政治上关怀、工作上支持、生活上关心，着力营造拴心留人、干事创业的良好环境，努力锻造一支忠诚干净担当的过硬禁毒铁军。

陈文清在四川调研

学习贯彻习近平法治思想
发挥法治固根本稳预期利长远的保障作用

7月4日至6日，中共中央政治局委员、中央政法委书记陈文清在四川成都、绵阳、乐山、眉山调研时强调，政法机关要深入学习贯彻习近平新时代中国特色社会主义思想，深入学习贯彻习近平法治思想，全面推进科学立法、严格执法、公正司法、全民守法，更好发挥法治固根本、稳预期、利长远的保障作用。

在基层政法单位，陈文清深入了解政法机关开展主题教育、维护国家安全和社会稳定、推进矛盾纠纷排查化解、建设法治化营商环境等情况。陈文清充分肯定近年来四川政法工作取得的成绩，希望全省政法机关和广大干警深入、扎实开展主题教育，深刻领悟“两个确立”的决定性意义，自觉用马克思主义中国化时代化最新成果武装头脑、指导实践。

陈文清强调，要深刻认识到社会主义市场经济本质上是法治经济，高质量发展必须依靠法治提供牢固的基础、持久的动力、公平公正的环境。要依法维护社会主义市场经济秩序，依法平等保护各类市场主体产权和合法权益，充分发挥法治建设对构建高水平社会主义市场经济体制的保障作用，努力营造法治化营商环境。要坚持和发展新时代“枫桥经验”，发挥好基层综治中心整合政法工作资源、依法化解矛盾纠纷的重要平台作用，运用法治思维和法治方式从源头上化解各类矛盾。要推进信访工作法治化，制定信访工作路线图，实现信访预防、受理、办理、监督追责、维护秩序法治化，依法保护人民群众合法权益。

成都大运会即将开幕，陈文清实地调研了大运会安保工作情况，就加强维稳安保工作作出了部署。他指出，要认真贯彻落实习近平总书记关于办好成都大运会的重要指示精神，切实增强做好安保工作的使命感，做到思想上高度重视、行动上周密细致、责任上落实到位，坚决打赢安保硬仗。要坚持问题导向、底线思维，全面排查化解风险，坚决消除潜在隐患。要完善预案、压实责任，以严之又严、细之又细、实之又实的作风，确保各项安保措施落地见效。要推动重庆、贵州、云南、西藏、甘肃、青海、新疆等省区市与四川省加强协同，形成合力。

陈文清在宁夏调研

学习贯彻习近平法治思想
有力维护人民群众合法权益

7月17日至19日，中共中央政治局委员、中央政法委书记陈文清在宁夏银川、吴忠调研时强调，要贯彻落实习近平总书记关于以学铸魂、以学增智、以学正风、以学促干的重要指示，深入扎实开展学习贯彻习近平新时代中国特色社会主义思想主题教育，切实把主题教育成果转化为政法工作实效。要学习贯彻习近平法治思想，坚持以人民为中心，坚持依法办事，有力维护人民群众合法权益。

在永宁县闽宁镇，陈文清参观了闽宁新貌展示馆。在闽宁镇司法所、人民法庭，陈文清详细了解了人民调解等情况。他指出，在习近平总书记亲自领导推动下，闽宁镇从当年的“干沙滩”变成了今天的“金沙滩”，摆脱贫困，实现小康，奋进新征程。我们要从闽宁镇的非凡变迁中深刻感悟习近平总书记的人民情怀，坚定拥护“两个确立”，坚决做到“两个维护”。要坚持依法办事，从源头上减少矛盾纠纷，依法处理矛盾纠纷，让人民群众在每一个司法案件中感受到公平正义，真正维护好人民群众的合法权益。要整合各方资源，以综治中心为依托，统筹做好乡镇街道矛盾纠纷化解工作。

陈文清深入宁夏基层政法单位走访调研，看望慰问一线干警，并听取宁夏政法工作汇报。他要求，要通过持续深入抓好主题教育，加强政法机关党的政治建设，锻造忠诚干净担当的政法铁军。要在贯彻落实总体国家安全观、维护国家安全和社会稳定上取得新成效，统筹发展和安全，有力维护政治安全、民族团结。要在贯彻落实习近平法治思想、推进全面依法治国上取得新成效，统筹推进科学立法、严格执法、公正司法、全民守法，提升经济发展、信访工作、生态环境治理等各方面工作法治化水平。陈文清希望宁夏政法机关在全面依法治国实践中打造宁夏亮点，形成宁夏特色，创造宁夏经验。

调研期间，陈文清出席在银川召开的部分省区市反分裂反恐怖工作会议并讲话，充分肯定前期工作成效，要求政法机关增强忧患意识，树立底线思维，坚持严密防范、严厉打击、严格管理，推进反恐维稳法治化常态化，确保社会大局持续稳定。

陈文清在甘肃调研

奋力开创甘肃政法工作新局面
为服务保障中国式现代化作出新贡献

8月22日至24日，中共中央政治局委员、中央政法委书记陈文清在甘肃调研时强调，要坚持以习近平新时代中国特色社会主义思想为指导，深入贯彻习近平法治思想和总体国家安全观，奋力开创甘肃政法工作新局面，为服务保障中国式现代化作出新贡献。

陈文清深入兰州白银路街道、临夏纳沟村、甘南当应道村等街道乡村调研。他指出，在以习近平同志为核心的党中央坚强领导下，新时代富民兴陇事业大步向前，呈现经济发展、社会稳定、民族团结的良好局面。中国式现代化是强国建设、民族复兴的康庄大道，新时代新征程，政法机关和政法干警要深刻领悟“两个确立”的决定性意义，深刻把握政法战线在中国式现代化建设中的历史使命和职能作用，忠诚履职、担当作为，以政法工作现代化服务保障中国式现代化。

在甘南，陈文清调研了涉藏维稳工作，出席了部分省区涉藏维稳工作会议。他强调，在推进中国式现代化建设新征程上，必须旗帜鲜明维护祖国统一，反对民族分裂，确保国家安全。要深入贯彻新时代党的治藏方略，前瞻部署工作，扭住工作重点，落实工作责任，主动防控风险，坚决维护西藏和四省涉藏州县长治久安。

在基层政法单位调研时，陈文清指出，社会稳定是国家强盛的前提。要推动落实党委主体责任、部门主管责任，全力防范化解风险挑战，为推进中国式现代化建设创造安全稳定的社会环境。要坚持和发展好新时代“枫桥经验”，着力化解矛盾纠纷，切实把问题解决在萌芽状态、化解在基层。甘肃政法机关要以开展主动创稳行动为抓手，强化社会治安综合治理，推进信访工作法治化，确保社会大局持续稳定。

陈文清指出，党的二十大要求，在法治轨道上全面建设社会主义现代化国家，全面推进国家各方面工作法治化，这是对中国式现代化建设规律的深刻把握。政法机关要深入贯彻习近平法治思想，全面推进科学立法、严格执法、公正司法、全民守法，依法维护社会主义市场经济秩序，依法维护人民群众权益，依法保护生态环境，为中国式现代化建设提供有力法治保障。

陈文清在河南调研

学习弘扬焦裕禄精神
在新时代新征程忠诚履职担当作为

10月10日至13日，中共中央政治局委员、中央政法委书记陈文清在河南郑州、开封、三门峡调研时强调，河南政法机关要坚持以习近平新时代中国特色社会主义思想为指导，深入学习贯彻习近平法治思想和总体国家安全观，学习弘扬焦裕禄精神，在锻造政法铁军、维护安全稳定、加强法治建设、化解矛盾纠纷上奋勇争先、争创一流，在新时代新征程忠诚履职、担当作为。

在兰考县，陈文清拜谒焦裕禄纪念园，参观焦裕禄生平事迹展览。他指出，焦裕禄同志亲民爱民、艰苦奋斗、科学求实、迎难而上、无私奉献的崇高精神令人感动。政法干警要结合开展第二批主题教育，贯彻落实习近平总书记关于学习弘扬焦裕禄精神的重要指示，在红色血脉赓续中滋养初心，淬炼灵魂。要把坚定拥护“两个确立”、坚决做到“两个维护”作为核心要求，把清正廉洁作为刚性底线，把履职担当作为基本素养，锻造新时代政法铁军。

在基层公安机关、国家安全机关，陈文清详细了解维护国家政治安全、处置突出涉稳风险等情况。他指出，政法机关要统筹好发展和安全，推动落实属地主体责任和行业主管责任，会同有关部门认真做好维护国家安全和社会稳定工作。要做好“晴天修屋顶”的工作，及时预防风险、排查风险、化解风险。对境外电信网络诈骗、编造传播网络谣言等违法犯罪，要依法从严打击，切实维护人民群众切身利益。

在基层法院、检察院调研时，陈文清要求，要贯彻落实习近平总书记“努力让人民群众在每一个司法案件中感受到公平正义”重要指示精神，全面贯彻宽严相济刑事政策，针对犯罪的具体情况，做到该宽则宽、当严则严、宽严相济，确保每一个案子都办成铁案。

在市县平安建设促进中心、基层司法行政机关，陈文清调研矛盾纠纷化解情况。他强调，要坚持和发展新时代“枫桥经验”，立足于预防、立足于调解，认真推进矛盾纠纷化解这项“民心工程”。要加快推进信访工作法治化，做到权责明、底数清、依法办、秩序好、群众满意。要把调解工作和普法工作结合起来，增强全民法治观念。

陈文清在广东调研

落实以学铸魂、以学增智、以学正风、以学促干重要要求 推进政法机关高质量开展好第二批主题教育

11月13日至15日，中共中央政治局委员、中央政法委书记陈文清在广东调研时强调，广东政法机关要对标对表习近平总书记重要指示精神和党中央决策部署，全面落实“以学铸魂、以学增智、以学正风、以学促干”的重要要求，高质量开展好第二批主题教育，大力弘扬改革开放精神，在锻造政法铁军、维护安全稳定、推进法治建设、深化政法改革上继续走在全国前列。

在广州市中级人民法院、广州反诈联勤作战中心、广州市海珠区人民检察院走访调研时，陈文清看望慰问一线干警，深入了解多元解纷、打击治理电信网络新型违法犯罪、12309检察服务中心依法依规处理信访事项等工作情况。他指出，当前，第二批主题教育正在扎实有序推进。广东政法机关要以习近平新时代中国特色社会主义思想凝心铸魂，着力锻造政法铁军，坚定拥护“两个确立”、坚决做到“两个维护”。要确保做到严格执法、公正司法，切实解决群众“急难愁盼”问题，维护好人民群众合法权益。

陈文清深入广州市黄埔区社会治理综合服务中心，了解信访法治化、新时代“枫桥经验”广东实践等情况。他指出，要处理好“访”和“诉”的辩证关系，二者既相互区别，又相互联系。“访”解决得不好就会更多地进入“诉”，“诉”解决得不好又会更多地转回到“访”。要推进矛盾纠纷预防化解法治化，切实做到预防在前、调解优先、运用法治、就地解决，把矛盾纠纷化解在基层一线。

陈文清指出，社会主义市场经济本质上是法治经济，法治是最好的营商环境。要深入研究新型经济犯罪相关问题，做到依法打击、有案必立、有罪必罚，依法维护社会主义市场经济秩序。要全力保障国家重大战略实施，努力打造法律服务最优的湾区。要大力推进涉外法治建设，善于运用法治力量服务走出去。

陈文清强调，广东是改革开放的排头兵、先行地、实验区，要先行先试、再接再厉，统筹好改革和法治，在推进政法改革上为全国创造更多先进经验。

陈文清在江西调研

勇担重任　奋勇争先 奋力推进政法工作现代化的江西实践

11月28日至12月1日，中共中央政治局委员、中央政法委书记陈文清在江西南昌、赣州、景德镇调研时强调，江西政法机关要坚持以习近平新时代中国特色社会主义思想为指导，深入学习贯彻习近平法治思想和总体国家安全观，传承红色基因，在锻造政法铁军、维护安全稳定、加强法治建设、保障高质量发展上勇担重任、奋勇争先，奋力推进政法工作现代化的江西实践。

在瑞金，陈文清参观了中华苏维埃共和国法制建设纪念馆。他指出，党的政法战线自诞生以来，就始终流淌着绝对忠诚、纪律严明、担当奉献的红色血脉。政法机关要结合高质量推进第二批主题教育，大力传承井冈山精神、苏区精神、长征精神，坚定拥护“两个确立”、坚决做到“两个维护”。要

锤炼钢铁般的纪律作风，练就担当作为的硬脊梁、铁肩膀、真本事，锻造党和人民满意的政法铁军。

陈文清指出，政法机关要把防范化解重大涉稳风险作为重要任务来抓，推动落实属地主体责任和行业主管责任，按照法治化原则协同高效化解和处置涉众金融等领域的风险，依法保护人民群众合法权益。要加强依法管网治网，深入开展“净网”专项行动，对违法犯罪行为依法严查。要用足用好新时代“枫桥经验”，把各类矛盾纠纷预防化解方式纳入法治轨道，从根本上实现定分止争。各级信访工作联席会议机制要抓紧改革完善信访工作通报、考核等办法，严格落实信访工作条例规定，严格依法办理信访事项。要围绕高质量发展和构建新发展格局，主动担责尽责，在打造法治化营商环境、保障高水平开放、服务绿色发展等方面作出新的更大贡献。

在江西省未成年犯管教所、景德镇市未成年人专门学校、南昌市人民检察院，陈文清深入了解了未成年人违法犯罪情况和教育矫治效果。他指出，青少年是祖国的未来，要加强关心关爱。要结合贯彻实施预防未成年人犯罪法，推动家庭、学校、社会共同做好未成年人保护工作，加强预防犯罪对策研究，抓紧完善适合未成年人身心特点的教育矫治体系，护航青少年健康成长。

王小洪在云南调研

高质量开展主题教育　高标准推进公安工作

7月2日至5日，中共中央书记处书记、国务委员、公安部部长王小洪到云南德宏和昆明调研公安工作，看望慰问基层民警辅警。他强调，要深入贯彻落实习近平总书记重要指示精神和党中央决策部署，坚定拥护“两个确立”、坚决做到“两个维护”，高质量开展主题教育，高标准推进公安工作，忠实履行新时代使命任务，坚决维护国家政治安全和社会大局稳定，始终做党和人民的忠诚卫士。

在德宏州，王小洪来到瑞丽姐告口岸、瑞丽市公安局银河派出所、姐勒边境派出所、畹町镇法坡一级联防所、瑞丽市外籍人员服务管理中心和州公安局涉边犯罪侦查支队，检查口岸边境管控、涉边犯罪防范打击、基层基础建设等工作，深入了解派出所窗口服务管理、社区警务等情况，并同办事群众、外籍人员和执勤民警辅警亲切交流，征求意见建议。他指出，要立足地区实际，健全完善边境立体化防控体系，深化边境人防物防技防建设，严厉打击跨境违法犯罪，提升边境治理能力，保障边境人民安宁，筑牢边境安全屏障。要主动服务国家重大战略，研究推出更多高效便捷的移民出入境管理等政策措施，更好促进人员往来、经贸发展。

在昆明市，王小洪先后前往度假公安分局公安综合服务站、市反诈中心、西山公安分局执法办案管理中心、盘龙公安分局东华派出所和省公安厅禁毒局、特勤局等，调研打击治理电信网络诈骗和毒品犯罪、派出所警务运行机制、治安防控体系建设、警卫安保等工作，了解公安行政管理服务、执法监督管理、派出所党建工作等情况。他强调，要主动问需于民、问需于企，借助大数据等新技术手段，使更多事项由网上预约变网上办理，实现“一网通办”“一窗通办”。要紧盯电信网络诈骗、制贩毒品等群众反映强烈的突出违法犯罪，创新打击治理机制手段，集中开展专项行动，依法精准打击犯罪分子，形成高压震慑态势。要坚持严格规范公正文明执法，完善执法监督管理机制，拓展执法办案管理中心功能，推动执法规范化水平整体提升。

调研期间，王小洪在德宏州公安局、省公安厅分别主持召开座谈会，了解云南公安机关开展主题教育、推进夏季治安打击整治行动、深化公安改革、服务经济社会发展等情况，听取各级领导干部和基层民警意见建议。座谈中，王小洪对云南公安机关主题教育开展情况和近年来公安工作成绩予以肯定。他指出，云南地处我国西南边陲，是我国少数民族种类最多的省份，是我国西南生态安全屏障，是我国面向南亚东南亚和环印度洋地区开放的大通道和桥头堡，做好云南安全稳定工作，在国家总体安全格局中具有特殊重要意义。云南公安机关要立足新形势新情况新特点，扎实做好防风险、保安全、护稳定、促发展等各项工作，全力为云南闯出一条跨越式发展的路子创造安全稳定的政治社会环境。要在深入开展主题教育上有新成效，坚持不懈用习近平新时代中国特色社会主义思想凝心铸魂，坚决同一切违背“两个维护”的言行作斗争，切实把忠诚核心、拥戴核心、维护核心、捍卫核心体现到实际行动上。要在捍卫国家政治安全上有新担当，深化反渗透反颠覆反恐怖反分裂斗争，严密防范、严厉打击敌对势力捣乱破坏活动，坚定维护国家政权安全、制度安全、意识形态安全和重点领域安全。要在维护社会稳定上有新突破，在党委领导下，与有关部门密切配合，坚持和发展新时代“枫桥经验”，广泛深入群众，有效化解各类矛盾纠纷。要在保障人民安宁上有新作为，依托夏季治安打击整治行动，对突出违法犯罪盯着打，对公共安全隐患盯着改，切实维护人民群众生命财产安全。要在深化改革创新上有新举措，推动重心下移、警力下沉、保障下倾，推动执法办案管理中心提质增效，优化行政管理服务，更好激发基层活力，更好服务经济社会发展。要在锻造过硬队伍上有新气象，纵深推进全面从严管党治警，严格落实中央八项规定及其实施细则精神，完善常态化监督管理机制，建强干部人才队伍，深化实战练兵和爱警暖警工作，把队伍建设得更加坚强有力。

王小洪在湖南调研

全面推进公安工作现代化
以高水平安全保障高质量发展

10月18日至20日，中共中央书记处书记、国务委员、公安部部长王小洪到湖南调研公安机关维护安全稳定、服务保障发展工作，看望慰问基层民警辅警。他强调，要坚持以习近平新时代中国特色社会主义思想为指导，全面贯彻党的二十大精神，深刻领悟“两个确立”的决定性意义，增强“四个意识”、坚定“四个自信”、做到“两个维护”，全面推进公安工作现代化，坚决履行维护国家安全和社会稳定、守护人民幸福和安宁的神圣职责，努力以高水平安全保障高质量发展。

在长沙，王小洪来到毛泽东与第一师范纪念馆，接受红色教育，缅怀毛泽东同志从学生到教员再到革命家的奋斗历程，感悟毛泽东同志以救国救民为己任、立志“改造中国与世界”的责任与担当。他强调，公安机关要牢记初心使命，传承红色基因，厚植家国情怀，更加奋发有为地做好工作，为强国建设、民族复兴伟业贡献更大力量。王小洪深入湖南省山河智能装备股份有限公司、中国铁建重工集团股份有限公司、中南大学粉末冶金研究院、湘江新区三诺生物科技产业园，以及省公安厅情报指挥中心、长沙市公安局刑侦支队和高新区分局雷锋派出所等，同专家、企业家、群众和基层公安领导干部、民警辅警面对面交流，详细了解湖南公安机关开展主题教育、打击违法犯罪、深化公安改革和服务保障长江经济带高质量发展、先进制造业发展等工作情况，并看望慰问公安英烈子女。他要求，要坚持民意导向，创新机制战法，依法严厉打击电信网络诈骗和食药环等领域违法犯罪，坚决维护人民群众合法权益。要坚持统筹发展和安全，深化公安行政管理服务改革，为高质量发展增添动能。要认真落实公安英烈家属优待抚恤政策，健全完善常态化、长效化的机制措施，营造崇尚英雄、学习英雄、关爱英雄的浓厚氛围。

调研期间，王小洪主持召开座谈会，听取湖南、江西、湖北三地公安工作情况汇报，征求意见建议。他指出，近年来，三地公安机关深入学习贯彻习近平总书记关于新时代公安工作的重要论述和有关地方工作的重要指示精神，在党委和政府的领导下，以坚定的决心、清晰的思路、精细的措施，有力有序推进公安各项工作，确保了地方社会大局持续稳定，有效服务了经济社会发展。

王小洪强调，公安工作现代化是中国式现代化的重要组成部分。要坚持以推进公安工作现代化为主线，全面推进公安工作思想观念现代化、组织形态现代化、职能体系现代化、支撑保障现代化、队伍素质现代化，努力为中国式现代化保驾护航。要坚持以党的政治建设为统领，坚持不懈用习近平新时代中国特色社会主义思想凝心铸魂，巩固拓展好第一批主题教育成果，组织开展好第二批主题教育，狠抓党中央决策部署贯彻执行，坚决同一切违背“两个维护”的言行作斗争，矢志不渝做党和人民的忠诚卫士。要坚持以防范化解重大风险为基点，严密防范、严厉打击敌对势力渗透、破坏、颠覆、分裂活动，坚持好、发展好新时代“枫桥经验”，深入开展矛盾纠纷排查化解，强化社会面整体防控、公共安全隐患排查整治，全力营造安全稳定的政治社会环境。要坚持以促进区域协调发展为重点，向保障现代化产业体系建设、推进高水平对外开放、优化营商环境聚焦发力，完善长江经济带等区域警务协作机制，不断推出更多的便民利企政策措施，更好服务高质量发展。要坚持以深化改革创新为动力，突出实战化、一体化、法治化、智能化，推进市县公安机关大部门大警种制改革，深化“情指行”一体化、“两队一室”、“一村（格）一警”等机制模式建设，推动执法办案管理中心提质增效，加快智慧公安建设，着力构建现代警务体系。要坚持以锻造过硬公安队伍为保证，纵深推进全面从严管党治警，锲而不舍落实中央八项规定及其实施细则精神，完善日常监督管理机制，建强干部人才队伍，健全帮助解决民警“急难愁盼”问题的制度机制，营造风清气正、干事创业良好环境。

王小洪要求，针对第四季度社会治安形势规律特点，要牢牢绷紧安全稳定这根弦，狠抓重点措施落实，善始善终地把各项工作做好、做扎实，保持社会大局持续稳定，努力为今年工作收好官。

王小洪在天津调研

扎实推进大数据智能化建设战略工程
谱写公安工作现代化天津篇章

11 月 19 日，中共中央书记处书记、国务委员、公安部部长王小洪在天津调研公安大数据智能化建设应用等工作情况，看望慰问基层公安民警辅警。他强调，要坚持不懈用习近平新时代中国特色社会主义思想凝心铸魂，全面贯彻党的二十大精神，增强“四个意识”、坚定“四个自信”、做到“两个维护”，扎实推进大数据智能化建设战略工程，助推公安工作质量变革、效率变革、动力变革，在更高层次更高水平上抓好防风险、保安全、护稳定、促发展各项工作，更好谱写公安工作现代化天津篇章。

王小洪深入天津市公安局大数据实战中心、基础管控中心、违法犯罪数字化侦查中心，天津市滨海新区公安局南海路派出所、国家计算机病毒应急处理中心和国家超级计算天津中心等，实地了解大数据支撑执法办案、基层基础等工作情况。他强调，公安机关要准确把握科技发展大势，深化科技兴警，把大数据更多更好融入打防管控各项工作，以新技术新手段应对新风险新挑战。看望慰问在南海路派出所工作的公安英烈子女时，他勉励公安英烈子女牢记习近平总书记殷切嘱托，继承父辈遗志，在工作岗位上书写忠诚与奉献。

调研期间，王小洪主持召开座谈会，听取天津公安工作情况汇报，同天津市公安局部分分局、基层所队主要负责同志和社区民警代表进行面对面交流。他指出，近年来，天津公安机关深入学习贯彻习近平总书记关于新时代公安工作的重要论述和对天津工作的重要指示精神，按照市委、市政府和公安部部署要求，立足区位特点，守正创新、苦干实干，做了大量卓有成效的工作，有力维护了天津社会大局持续稳定，有效发挥了首都“护城河”作用。特别是在公安大数据智能化建设应用方面打造了品牌和亮点，为全国智慧公安建设创造了经验，提供了样板。

王小洪强调，要聚焦“为谁建、谁来用”这一问题，推动公安大数据智能化建设真正发挥作用。要围绕实战而建，坚持“一切面向实战，一切为了实战”，推进数据共享、系统整合、模型研发、功能拓展，做到更主动、更精准。要围绕群众而建，不断优化完善平台功能，推动更多事项“全程网办”“最多跑一次”，让人民群众感到更便捷、更高效。

要围绕一线而建，更多倾听一线意见，总结推广基层首创做法，推动大数据更好服务支撑一线，真正让民警想用会用爱用。

王小洪指出，要聚焦“怎么建得更好”这一问题，围绕建立“专业+机制+大数据”的新型警务运行模式，下更大气力，想更多办法，不断提升公安大数据智能化建设应用质效。整合融合要更优，在数据共享上做“加法、乘法”，在系统整合上做“减法、除法”，努力做到集约共享、高度融合。功能手段要更好，拓展赋能场景，丰富数据模型，推出更多实用好用的“小快灵”实战应用。人才队伍要更强，坚持外部引进与内部培养相结合，加强专业培训、实战练兵、竞赛比武，着力建强专业人才队伍。

王小洪要求，要准确把握现阶段社会治安规律特点，始终保持敏感敏锐，抓紧抓实抓细政治安全、反恐防恐、打击整治等工作。要立足公安机关职责，与有关部门密切配合，针对性开展公共安全隐患排查整治，切实维护人民群众生命财产安全和社会大局稳定。

王小洪在浙江调研

坚持更高标准更实举措更强担当
谱写公安工作现代化浙江新篇章

11月22日至23日，中共中央书记处书记、国务委员、公安部部长王小洪在浙江调研公安工作，看望慰问基层民警辅警。他强调，要坚持以习近平新时代中国特色社会主义思想为指导，深入学习贯彻习近平总书记关于新时代公安工作的重要论述和对浙江工作的重要指示精神，坚定拥护“两个确立”、坚决做到“两个维护”，坚持更高标准、更实举措、更强担当，以“细致、精致、极致”作风抓好保安全、促发展各项工作，当好浙江持续推动“八八战略”走深走实的参与者、保障者，奋力谱写公安工作现代化浙江新篇章。

在杭州市，王小洪深入杭州市公安局萧山区分局执法办案管理中心、钱江世纪城派出所，上城区公安分局以及市公安局指挥中心大楼，同基层公安民警辅警面对面交流，详细了解浙江公安机关法治公安建设、智慧公安建设、基层基础建设等情况。在金华市，王小洪到浦江县“干部下基层开展信访工作”教研中心参观，到义乌铁路口岸、义乌国际商贸城二区和义乌市公安局出入境管理局、铁路分局，同企业家、个体工商户、办事群众、外国志愿者、基层公安民警辅警深入交流，了解基层公安机关坚持和发展新时代“枫桥经验”、干部接访下访、服务高质量发展、便民服务等情况。

调研中，王小洪指出，浙江是习近平新时代中国特色社会主义思想的重要萌发地，也是“枫桥经验”的诞生地。近年来，浙江公安机关在省委、省政府和公安部领导下，牢牢把握省情国情世情，坚持守正创新、实干争先，持续推进公安工作思路创新、体制创新、机制创新、方法创新，有力维护了政治安全和社会稳定，圆满完成了亚运会亚残运会等系列重大安保任务，有力促进了地区经济社会高质量发展，有许多好经验好做法值得深入总结、全面推广。

王小洪强调，新征程上，浙江公安机关要牢记嘱托、感恩奋进，始终干在实处、走在前列、勇立潮头，不断在公安工作现代化先行探索中实现新突破、展现新气象。要坚持从政治上建设和掌握公安机关，学深悟透党的创新理论，不断提高政治判断力、政治领悟力、政治执行力，严守政治纪律和政治规矩，确保绝对忠诚、绝对纯洁、绝对可靠。要坚持人民至上，坚持和发展新时代“枫桥经验”，落实领导干部常态接访下访机制，加强改进公安机关基层社会治理工作，有效化解社会矛盾纠纷，着力解决群众困难诉求，让群众有更多的获得感、幸福感、安全感。要坚持服务大局，围绕共建“一带一路”重大倡议和长江经济带高质量发展等国家重大战略，围绕浙江自身高质量发展新要求，不断优化公安行政管理服务政策措施，更加主动地护航发展、促进发展。要坚持改革强警，围绕构建“专业+机制+大数据”新型警务运行模式，因地制宜推进公安机关机构改革，持续完善“情指行”一体化运行等机制，深化公安大数据智能化建设应用，积极塑造公安工作高质量发展新动能新优势。要坚持大抓基层、大抓基础，落实“派出所主防”要求，深化派出所标准化、规范化建设，做实“两队一室”，深入探索专群结合、群防群治新路子，夯实公安工作根基。要坚持严格规范公正文明执法，持续推进执法办案管理中心提质增效，既更加精准支撑保障一线执法办案，又更加严格监督管理，不断提升民警依法履职能力和公安机关执法公信力。

张军在北京调研

把党的绝对领导和以人民为中心落到实处
加强和改进新时代人民法院工作

3月28日，最高人民法院党组书记、院长张军率调研组赴北京市海淀区人民法院调研，就加强和改进新时代人民法院工作听取意见建议。

在海淀法院二层展板前，海淀法院负责同志介绍了近年来各项工作取得的成绩。了解到海淀法院少年法庭经历过合并，之后单独挂牌后，张军指出，专门和兼职做不一样，海淀是教育大区，少年法庭有优势，也有责任。要把“尚妈妈”的精神承继下去，发扬光大好。

座谈会上，北京市高级人民法院负责同志作了发言，海淀法院干警代表汇报了工作情况，就法院深入贯彻落实党的二十大精神，抓好抓实习近平总书记在全国两会期间重要讲话精神和全国两会精神，做深做实“公正与效率”谈体会、提建议。

张军对北京法院近年来的工作成效予以充分肯定，要求从三个方面继续坚持、巩固、深化、发展，为全国法院提供走在前的北京方案。一是要把党的绝对领导落到实处。面对北京法院的收案量，要结合实际，更加重视抓实入心入脑的党建工作，从制度机制建设、员额法官和司法辅助人员优质高效办案着手，化消极因素为积极因素，把党建工作进一步做实。二是要把以人民为中心落到实处。案件审理全过程、各环节都要注重“三个效果”的统一。法官队伍在学历上越来越高，但这还不够，还应有政治上的成熟和历练上的丰富。“要更具针对性地办理好每一个具体案件，用不同当事人都可以听懂理解的方式交流，切忌只会说‘法言法语’。”把以人民为中心落到实处，要做深做实司法建议工作。“以我们典型案例的审判和充分运用，落实‘一个案例胜过一打文件’，让当事人充分了解和认同判决结果，努力做实依法维护好当事人的合法权益。”三是要把德才兼备、高素质能力建设落到实处。加强队伍管理，考核很重要。要围绕质量、效率、效果三个维度设计好更加科学合理的案件审判质效指标体系，同时把考核结果充分运用好，形成能者上、庸者下、劣者汰的激励机制。“干警的政治素质、业务素质、职业道德素质建设要进一步抓实，真正做到以司法审判工作高质量发展，更好服务保障经济社会高质量发展。”

调研组一行还看望慰问了一线法院干警。

张军在广东调研

深入开展主题教育 推动人民法院工作再上新台阶

4月5日至7日，最高人民法院党组书记、院长张军率调研组来到广东法院开展调研，围绕学习贯彻习近平新时代中国特色社会主义思想主题教育，对照党的二十大重大部署，对照习近平总书记在全国两会期间的重要讲话和全国两会精神，对照全国法院学习贯彻全国两会精神电视电话会议有关要求，找准人民法院工作中的差距和不足，明确努力方向，以司法审判工作高质量发展服务保障经济社会高质量发展。

在广州市中级人民法院综合立案大厅自助填单区，了解到法院电子送达短信附带下一步操作指引后，张军指出，要从老百姓实际需要的角度出发提供诉讼服务。群众来信就是群众的“急难愁盼”。要做到“有信必复”，这是依法履职，更是厚植党的执政根基的政治问题。

广州市天河区人民法院凤凰法庭积极参与社区治理，通过一个案件促进解决整个小区一系列物业纠纷。张军指出，人民法庭在办案时要注意将社会效果好的典型案件主动提供给各综治单位参考，促进达到“审理一案，治理一片”的效果。

广州互联网法院审理涉及金融产品案件的同时，总结背后存在的共性问题，提出风险防范建议，使得大量纠纷化解于无形。张军指出，普通法院要注意总结经验，运用大数据、信息化手段，为社会治理提出建议。

在深圳市中级人民法院，张军认真翻看《新时代深圳法院群众工作指南》后指出，通过做群众工作，把解纷工作再往前延伸，总结成案原因，以司法建议的形式发给综治部门，努力让一些纠纷在形成诉讼前，在街道、乡村化解在萌芽状态，这才是传承好、发扬好新时代“枫桥经验”。

深圳前海合作区人民法院创新工作机制，不断提高涉外案件审批质效。张军指出，涉外案件有其特殊性，提高审判质效不仅方便了当事人，也展示了中国法治、司法的软实力，是服务大局的要求。

在广东高院召开的座谈会上，张军结合调研了解到的情况，对广东法院下一步工作提出要求。一是学思想，司法审判工作要有灵魂。要对照主题教育要求，检查我们对习近平新时代中国特色社会主义思想的学习是否还不够深入，对习近平法治思想的领会、落实是否还不够到位，结合自己的思想和工作实际，找准方向，守住司法审判工作之“正”。二是强党性，服务高质量发展要更自觉。司法是政治性很强的业务工作，也是业务性很强的政治工作。广东法院身处改革开放最前沿，更要始终绷紧政治这根弦，把政治自觉、法治自觉融为一体，积极主动为党和国家工作大局服务。三是重实践，法院法官管理要遵循规律。必须以科学的审判质效考评体系为抓手，最大限度内部挖潜。考核要遵循司法规律，破解“年底不收案”的关键在于科学运用好审限内结案率。考核要与激励奖惩结合起来。四是建新功，审判队伍建设要展现新貌。要把政治素质、业务素质、职业道德素质融为一体抓，把严管就是厚爱落到实处。

调研组一行还看望慰问了最高人民法院第一巡回法庭干警，与诉讼服务窗口的工作人员、调解员沟通交流，了解一线办案情况。

张军在河南调研

主动担当　提升能力素质
提高审判质效

11月8日至10日，最高人民法院党组书记、院长张军率调研组来到农业大省同时也是案件大省的河南，深入了解法院服务乡村振兴的经验做法，探寻提升审判质效的务实举措。

郑州市金水区人民法院杨金人民法庭发挥贴近基层的优势，探索实行包村法官制度。张军指出，要紧紧依靠党委领导，把指导人民调解的职能做实，在已有“引进来”多元解纷的基础上更加注重“走出去”，通过培训、指导和典型案例宣传，帮助、支持基层解纷工作，让调解员知道怎么干，让老百姓知道怎么办。

金水区人民法院坚持审执衔接，给每一份裁判文书附上判后告知书，讲明判决依据、裁判文书生效时间、判决义务履行方式、权利救济方式等。为了提高审判质效，修订法官审理案件的计分办法。郑州市中级人民法院在行政审判领域探索落实“阅核制”要求，一审行政案件服判息诉率同比提升14个百分点。在队伍建设方面，河南省高级人民法院在院机关建立“4+1”考核体系。张军说，严管要严在工作上，把责任压实，把压力传导下去。厚爱要爱在生活中，制度设置要科学、体现人性化，传递组织的温暖，激发干事创业的劲头。

在最高人民法院对口帮扶的宁陵县、睢县，张军指出，乡村振兴离不开法治保障，人民法院开展对口帮扶，也要突出职能特色，把法治融入乡村治理中。要总结老百姓在网购、线上可能遇到的法律问题以及与大家息息相关的法律规定，通过“直播”的方式以案释法，既能减少自身涉诉情况，也有利于展示诚信，从而促进“带货”，实现双赢多赢共赢。

在河南高院召开的座谈会上，张军结合调研中发现的审判理念、管理方法方面的问题，对河南法院下一步工作提出三点要求。一是向审判管理要“公正与效率”。用好审判质量管理指标体系和绩效考核机制，重在精细化、落实到位，统筹抓好“管案”与“考人”。做实数据会商，层层传导压力，有针对性地监督、指导工作。用好“案－件比”核心指标，防止程序空转。格外重视上诉率、申请再审率、信访率等反映人民群众司法获得感的指标，通过科学的研判，以案件管理带动人员管理，最终落脚在对干警的激励上。二是向审判管理要素质能力提升。要把政治建设融入业务建设、职业道德建设，把党的绝对领导、习近平法治思想创造性地融入履职过程中，解决好政治、业务“两张皮”的问题。领导干部要切实担起责任，把纪律作风建设摆在更加突出的位置，带头并督促如实填报“三个规定”，不断提升法院的公信、权威。三是向审判管理要忠诚、干净、担当。院庭长要主动担当，做绩效考核的第一责任人，通过公正的管理，让广大干警对绩效考核有信心。分管负责同志要敢于担当作为，履行应尽职责，不能“击鼓传花”“问题上交”。最高人民法院要做好表率，把责任担起来，高级法院、中级法院要把对辖区法院的责任担起来，推动党风廉政建设走深走实，把共同的职责使命落到实处。

调研组一行还瞻仰了焦裕禄烈士陵墓，看望慰问了最高人民法院第四巡回法庭干警、在对口帮扶县的挂职干部和驻村锻炼选调生，通过视频连线问答、面对面交谈、实地走访等形式，与一线干警、特邀调解员、当事人沟通交流。

应勇在陕西调研

传承红色基因 汲取奋斗力量
走好新时代新征程检察事业奋进之路

3月21日至23日，最高人民检察院党组书记、检察长应勇率调研组前往陕西延安、西安、渭南调研。应勇强调，要深入学习贯彻党的二十大精神和全国两会精神，弘扬伟大建党精神、延安精神，牢记初心使命，传承红色基因，汲取奋斗力量，更加坚定捍卫“两个确立”、做到“两个维护”，走好新时代新征程检察事业奋进之路，以检察工作高质量发展推动经济社会高质量发展，以检察工作现代化服务中国式现代化。

调研组瞻仰延安革命纪念地，参观陕甘宁边区检察史陈列室等。应勇表示，要从党的检察事业红色历史中深刻体悟我们从哪里出发，为什么出发；弄明白过去为什么能够成功，未来怎样才能继续成功。要始终坚持党对检察工作的绝对领导，始终坚持以人民为中心，“把屁股端端地坐在老百姓的这一面”，让人民群众在每一个司法案件中感受到公平正义。要继承和弘扬老一辈革命家的优良作风，坚定理想信念，秉持为民初心，求真务实、真抓实干，不断提升法律监督质效。

应勇先后来到延安市宝塔区检察院和渭南市富平县检察院，调研基层院政治建设、业务建设、队伍建设情况。应勇强调，要树立鲜明强基导向，持续加大关心关爱力度，充分尊重、鼓励、支持基层开展有益的首创性探索。要持续加强业务指导和政策支持，不断提升基层综合履职能力。要加强党建引领，持续推动党建与业务深度融合，不断创品牌、提质效、强监督。

在陕西省检察院召开的座谈会上，应勇强调，全国检察机关要坚持以习近平新时代中国特色社会主义思想为指导，学思践悟习近平法治思想，牢牢把握党和国家的中心任务和首要任务，找准检察工作的切入点、着力点，更好为大局服务、为人民司法，为推进中国式现代化贡献检察力量。要主动服务高质量发展，依法维护社会主义市场经济秩序，营造法治化营商环境；主动服务科技自立自强，加强知识产权检察保护；主动服务生态文明建设，不断深化探索生态环境领域公益诉讼检察实践。要坚持人民至上，做实为民检察，高质效办好每一个案件，努力实现办案质量、效率与公平正义的有机统一，既要通过履职办案实现公平正义，也要让公平正义更好更快实现，还要让人民群众真正、切实感受到公平正义。

应勇在浙江调研

坚持以人民为中心 高质效办好每一个案件

7月28日至29日，最高人民检察院党组书记、检察长应勇率调研组深入浙江杭州、诸暨等地检察机关调研。应勇强调，要以更高标准、更严要求抓好主题教育，把习近平法治思想落实到检察工作全过程、各环节，胸怀“国之大者”，以人民为中心，坚持和发展好新时代“枫桥经验”，加快推动法律监督理念、体系、机制、能力现代化，以检察工作现代化助力在法治轨道上推进国家治理体系和治理能力现代化，更好服务中国式现代化。

在杭州市西湖区检察院，应勇听取该院服务优化营商环境等工作情况。应勇指出，市场经济本质上是法治经济，法治是最好的营商环境。要坚持严格依法办案、公正司法，充分发挥法治固根本、稳预期、利长远的保障作用，着力营造市场化、法治化、国际化一流营商环境。

在诸暨市，应勇参观考察枫桥经验陈列馆和枫桥检察室。应勇指出，检察机关要坚持和发展好新时代“枫桥经验”，善于运用法治思维和法治方式，加强矛盾纠纷源头化解，推动涉法涉诉信访问题在法治轨道上解决，把矛盾纠纷化解在基层、化解在萌芽，用法治力量保障人民群众安居乐业。

在浙江省检察院、杭州市检察院，应勇察看数字检察建设等工作。应勇强调，要坚持“业务主导、数据整合、技术支撑、重在应用”的数字检察工作机制，加强整体谋划，逐步实现“一网运行、一网通办、一网赋能、一网运维”。检察技术要注重顶层设计，加强资源的统筹优化、一体履职、统一调配，避免盲目求全，推动集约化、专业化、特色化发展。

在听取浙江省检察院工作汇报后，应勇强调，检察机关要坚持讲政治与讲法治有机统一，从政治上着眼、从法治上着力，紧紧扭住党和国家中心任务、首要任务，以检察工作理念、体系、机制、能力的现代化实现检察工作现代化，服务中国式现代化。“四大检察”是新时代新征程检察机关法律监督的基本格局。要扬长补短、精耕细作、务实笃行，推动“四大检察”全面协调充分发展。要坚持为大局服务、为人民司法、为法治担当，高质效办好每一个案件，切实答好“努力让人民群众在每一个司法案件中感受到公平正义”的检察试卷。

应勇在安徽调研

践行全过程人民民主　接受人民监督
回应人民群众对公平正义的要求

12月20日至22日，最高人民检察院党组书记、检察长应勇率调研组在安徽合肥调研。应勇强调，要学深悟透做实习近平新时代中国特色社会主义思想，始终坚持以人民为中心，更加自觉践行全过程人民民主，更加自觉接受人民监督，切实把人民群众对公平正义的更高要求转化为生动的检察实践，让检察工作充分体现人民意志、切实保障人民权益，努力让人民群众在每一个司法案件中感受到公平正义。

在安徽创新馆，应勇察看检察机关保障创新驱动发展战略实施工作情况。他说，创新是引领发展的第一动力。检察机关要认真贯彻中央经济工作会议精神，自觉融入科技创新大局，关注新技术催生的新业态、新模式、新动能，持续深化完善知识产权检察综合履职机制，加大对高新技术领域知识产权和创新主体的司法保护力度，以更优履职服务发展新质生产力。

在合肥市综治信访中心，应勇调研信访法治化工作。他指出，推进检察信访工作法治化，要处理好“访”和“诉”的关系，充分运用法治思维、法治方式办理信访事项，按照中央政法委强调的“五化”“四到位”要求，在预防、受理、办理、监督追责、维护秩序等每个环节都要严格依法办事。解决涉法涉诉信访要有治本思维，坚持高质效办好每一个案件，严格依法办案、公正司法，从源头上防止和减少涉法涉诉信访发生。

在合肥市检察院，应勇调研主题教育等工作。应勇强调，要牢牢把握“学思想、强党性、重实践、建新功”总要求，以第二批主题教育为契机，推动理论武装常态化长效化，充分运用调查研究成果，实实在在发现真问题、解决真问题、真解决问题，努力以检察工作的实绩实效检验主题教育成效。

22日下午，应勇陪同部分驻皖全国人大代表、全国政协委员视察安徽省检察院工作。应勇表示，只有更好接受人民监督、代表委员监督，检察工作创新发展才有不竭动力，才能在贯彻全过程人民民主中把检察工作做得更好。新时代新征程，党和人民赋予检察机关更高期待、提出更高要求。检察机关要更加自觉接受人大监督和政协民主监督，更好支持和保障代表委员依法履职，从人民群众的参与和监督中，源源不断汲取加强和改进检察工作的智慧和力量。

闫柏在中国政法大学调研

深化部校合作 培养更多德法兼修的高素质法治人才

7月3日，中央政法委秘书长闫柏到中国政法大学调研座谈。他强调，要坚持以习近平新时代中国特色社会主义思想为指导，认真学习贯彻习近平法治思想，深入贯彻落实习近平总书记考察中国政法大学时的重要讲话精神，进一步深化部校合作，强化政治担当、责任落实，履行好为党育人、为国育才的光荣使命，努力培养更多德法兼修的高素质法治人才。

闫柏指出，2017年5月3日习近平总书记考察中国政法大学时发表的重要讲话，站在强国建设和伟大复兴的战略高度，深刻阐明了全面依法治国的重大意义、主要成果和前进方向，科学揭示了法治人才培养的重要地位、基本规律和目标任务，明确指出了加强法治建设、繁荣发展法治理论研究、改进法治人才培养的努力方向，是新时代法治人才培养的根本遵循。

闫柏强调，要深入贯彻落实习近平总书记考察中国政法大学时的重要讲话精神，充分认识政法机关与高等院校合作育人的重要意义，更好地结合法学理论和司法实践，完善政法机关与高等院校合作培养人才机制，持续推进政法队伍专业化建设。要努力实现法学院校与法治工作部门在人才培养方案制定、课程建设、教材建设等环节深度衔接，将政法机关的优质实践教学资源引进高校，发挥政法机关在法治人才培养中的积极作用。

闫柏强调，部校合作要充分发挥合作双方各自资源优势，强化政法领域意识形态引领，把党的领导贯彻到教育培训研究合作的全过程各方面，着力增强教育培训的针对性、实效性，达到优势互补、合作共赢的目的。要有序推动部校合作项目落地，继续开展好已有项目合作，精选合作项目重点推进，构建适应全面依法治国要求的政法干部教育培训课程体系和高端师资库，努力打造推进部校合作、落实协同育人机制的典范。

闫柏在国家反诈中心调研

掌握主动权 打赢攻坚战 夺取电信网络诈骗犯罪打击治理新胜利

8月14日，中央政法委秘书长闫柏到国家反诈中心调研座谈。他强调，要坚持以习近平新时代中国特色社会主义思想为指导，深入贯彻落实习近平总书记重要指示精神，结合正在开展的主题教育，将打击电信网络诈骗犯罪作为“办实事、解民忧”的有力抓手，掌握主动权，打赢攻坚战，夺取电信网络诈骗犯罪打击治理新胜利，向党和人民交出合格答卷。

在国家反诈中心，调研组了解资金研判、人员管控、线索核查、侦查打击、预警防范、反诈宣传等工作开展情况。闫柏指出，当前电信网络诈骗犯罪形势依然严峻复杂，特别是境外电信网络诈骗犯罪出现新动向、新特点，案件类型向严重危害人民群众人身安全的恶性案件发展，打击难度不断增大，危害严重，影响恶劣。要进一步完善指挥作战体系，巩固预警防范机制，不断优化打击模式，凝聚内外共识，形成整体合力，迅速遏制境外电信网络诈骗反弹势头。

闫柏强调，依法打击治理电信网络诈骗犯罪，事关人民切身利益，事关社会大局稳定，事关经济金融安全，党中央高度重视。要以更高站位认识依法打击治理电信网络诈骗的重大意义，进一步增强责任感使命感。要认真贯彻执行反电信网络诈骗法，全面落实打防管控各项措施，坚持依法攻坚一批大案要案，坚持关口前移、预防为先，坚持分类精准施策，坚持全链条全要素打击治理，不留盲区死角。要强力推进专项行动，开展源头治理综合整治，全力推动执法司法合作。要压紧压实各方责任，构建起党委领导、政府主导、部门主管、行业监管、有关部门齐抓共管的整体格局，确保境外电信网络诈骗打击治理工作取得更大成果。

陈一新在北京调研

扎实开展主题教育
以新安全格局保障新发展格局

4 月 24 日，国家安全部党委书记、部长陈一新深入北京市国家安全局基层单位实地调研，围绕开展学习贯彻习近平新时代中国特色社会主义思想主题教育、加强反间防谍、建设实战团队等情况，访一线干警、看主战装备、听工作汇报、摸难点难题，听取意见建议、研究思路举措、作出工作部署。

陈一新强调，首都国家安全机关责任重大、任务艰巨，必须要坚持以习近平新时代中国特色社会主义思想为指导，全面贯彻落实党的二十大精神，深入落实全国国家安全厅局长会议精神，在创新理念、创新思路、创新举措、创新实践上创造首都局经验，在以新安全格局保障新发展格局中展现担当，加快构建国家安全机关工作新格局。

陈一新指出，北京市国家安全局要在开展主题教育上体现首都局标准，抓紧抓实理论学习、调查研究、推动发展、检视整改、建章立制各项重点举措。“以学铸魂”要力求有丰富的政治成果，深刻领悟“两个确立”的决定性意义，增强“四个意识”、坚定“四个自信”、做到“两个维护”，始终在思想上政治上行动上同以习近平同志为核心的党中央保持高度一致。“以学增智”要力求有丰富的思想成果，学深悟透做实习近平新时代中国特色社会主义思想，全面学习贯彻总体国家安全观，教育引导全体干警不断提高政治水平、理论水平、思想水平。“以学正风”要力求有丰富的制度成果，持续纠治形式主义、官僚主义等“四风”问题，切实解决隐蔽战线加强监督的难点问题，努力查找思想上的痛点、工作上的堵点、制度上的薄弱点，不断加强党风廉政建设。“以学促干”要力求有丰富的实践成果，全面贯彻落实党中央重大决策部署和部党委工作要求，结合主责主业和工作实际创造性抓好落实、开展工作，以钉钉子精神确保各项重点工作任务落到实处、收到成效。

陈一新强调，首都北京是全国政治、文化、国际交往和科技创新中心，是反渗透、反颠覆、反间谍斗争的主战场。北京市国家安全局要从捍卫国家政治安全、维护核心秘密安全的高度，打造适应斗争需要的体系化实战团队，严厉打击敌对势力渗透、破坏、颠覆、分裂活动，全面加强新形势下反间谍斗争，切实防范化解重大风险，全方位筑牢国家安全屏障。

陈一新在广东调研

国安干警要提升“五种素养”当好隐蔽战线英勇卫士

9月，国家安全部党委书记、部长陈一新赴广东省国家安全厅和广州市、佛山市国家安全局调研，深入一线实战单位，听取典型案例汇报，考察先进能力建设，组织座谈交流研讨，指导地方国家安全机关扎实开展第二批主题教育和第一批主题教育“回头看”。调研期间，陈一新参加了所联系的基层党支部主题党日活动，并对加强基层党组织建设提出希望要求。

党的基层组织是党的全部工作和战斗力的基础。陈一新指出，国家安全机关各基层党组织要坚持以习近平新时代中国特色社会主义思想为指导，增强政治功能和组织功能，履行教育、管理、监督“三大职责”，发挥基层党组织战斗堡垒和党员先锋模范“两大作用”，贯通落实党中央精神和部党委决策部署的“最后一公里”，为加快构建国家安全机关工作新格局打牢坚实基础。

陈一新在基层党支部主题党日活动中，与党员同志作了积极交流，要求基层党组织要教育引导国安干警提升“五种素养”，当好新时代隐蔽战线英勇卫士。一是要教育引导广大干警提升政治素养。始终把旗帜鲜明讲政治作为党支部建设的首要任务，教育引导干警坚持不懈砥砺政治忠诚、筑牢思想根基、严明政治纪律，坚定捍卫“两个确立”、坚决做到“两个维护”，始终在思想上政治上行动上同以习近平同志为核心的党中央保持高度一致。二是要教育引导广大干警提升理论素养。把学深悟透习近平新时代中国特色社会主义思想作为政治要求、工作需求、精神追求，扎实开展主题教育，把握学习内容、学习方式、学习效果，建立党支部常态化理论学习机制，推动理论武装走深走实。三是要教育引导广大干警提升实战素养。树牢实战实用鲜明导向，把党支部建设与履行国安使命紧密结合，加快实战团队建设，提升干警实战能力，切实维护好国家主权、安全、发展利益。四是要教育引导广大干警提升业务素养。紧跟新形势下国家安全制胜要素、制胜方式的重大变化，引导干警通晓业务知识、掌握业务规律、破解业务难题，切实提升干警履职尽责能力，激励广大干警更加担当作为。五是要教育引导广大干警提升自律素养。加强党支部对党员干警的教育管理监督，以领导干部带头促自律，以业务管理严自律，以日常监督保自律，压实每名干警自律责任，纵深推进全面从严管党治警，确保干部队伍忠诚干净担当。

贺荣在全国律协调研

坚持和加强党的领导
在推进律师工作高质量发展上采取硬实举措

3月30日，司法部党组书记、部长贺荣在全国律协调研时强调，要深入践行习近平法治思想，全面加强律师行业党的建设，深化律师制度改革，努力建设拥护中国共产党领导、拥护社会主义法治、热爱国家的高素质律师队伍，下大气力推进律师工作高质量发展。

在全国律协党员活动室、国际部和“一带一路”律师联盟，贺荣深入了解律师行业党建、律师制度改革、涉外法律服务、行业自律管理等情况。随后贺荣主持召开座谈会，认真听取意见建议。她指出，律师队伍是推进全面依法治国、推进中国式现代化建设的一支高素质重要力量，律师职能贯穿立法执法司法守法涉外法律服务等各环节，律师服务覆盖经济社会发展各领域，律师工作对促进经济社会发展、确保法律正确实施、维护社会公平正义、维护国家安全和海外利益，发挥着重要作用。

贺荣强调，要毫不动摇坚持党对律师工作的领导，深化律师行业党的建设，引导广大律师把坚定拥护“两个确立”、坚决做到“两个维护”落实到实际行动上。要引导广大律师特别是青年律师，热爱国家，胸怀“国之大者”，在推进中国式现代化建设中发挥正能量。要践行法治为民宗旨，在法律援助、律师调解等工作中进一步增强实效性，服务民生福祉。要发展涉外法律服务，依法维护我国公民、法人海外合法权益，加快建设国际一流律所，培养高素质涉外人才，服务强国建设，提升国际竞争力。要深化律师制度改革，推进律师法修订和刑事案件律师辩护全覆盖试点，完善律师行业评级评价体系。要加强律师管理部门、律师协会自身建设，强化执业监管，保障执业权利，增强律师尊荣感，切实把律师队伍引导好、管理好、服务好。

贺荣在海南调研

深入学习贯彻习近平法治思想
推进海南自贸港法治建设

5月15日至17日，根据党中央大兴调查研究部署要求，司法部党组书记、部长贺荣率队赴海南开展全面依法治国重大问题专题调研。调研组深入学习贯彻习近平总书记关于调查研究的重要论述，以新时代海南法治建设特别是自贸港法治建设为实例，紧紧围绕立法、执法、司法、守法和涉外法治等方面情况开展“解剖式”调研，以小见大，以点带面，研究提出下步推进全面依法治国工作的措施建议。

调研期间，调研组采取务实灵活的调研方式，既有集中调研，又有针对重点问题的分组调研，还有后续派出的延伸调研。一是实地考察海南全面深化改革开放和中国特色自由贸易港建设成就，总结近年来海南在制度集成创新、营商环境建设、推进封关运作等方面的有效做法。二是深入基层、群众调研访谈，先后到海南国际仲裁院、龙华区城西司法所、海口市新海港等地，实地了解基层干部群众意见建议。三是专门召开调研座谈会，调研组与海南省政府主要负责同志以及有关部门交流座谈，深入听取意见建议。四是开展分组调研和延伸调研，调研期间派出小组分赴有关地区开展调研，回京后又派出小组就“一支队伍管执法”改革进行延伸调研。

为进一步做好调研“后半篇”文章，5月19日，贺荣主持召开专题会，强调要将调研成果转化为实际举措，从零碎的材料中总结提炼，透过纷繁的现象抓本质，由海南依法治省工作见微知著、举一反三，为推进海南自贸港建设、推进全面依法治国工作提出有价值的思路举措。研究起草调研报告，总结近年来海南依法治省工作取得的明显成效，分析海南自贸港法律制度、综合行政执法体制改革、涉外法律服务体系等方面存在的问题，有针对性地提出对策建议。

三、交流合作

陈文清会见香港纪律部队文化交流团

坚定不移贯彻“一国两制”方针
为强国建设、民族复兴作出贡献

4月25日，中共中央政治局委员、中央政法委书记陈文清在京会见香港特别行政区政府保安局局长邓炳强率领的香港纪律部队文化交流团。

陈文清指出，香港纪律部队政治忠诚、业务精良、纪律严明，为维护国家安全、特区繁荣稳定和市民合法权益付出了辛勤努力，作出了积极贡献。希望你们全面准确、坚定不移贯彻“一国两制”方针，坚决维护中央的全面管治权，做国家安全的忠诚捍卫者、香港国安法的坚定执行者、香港繁荣稳定的坚定守护者，为强国建设、民族复兴作出新贡献。

邓炳强等表示，香港纪律部队将忠实履职，竭尽所能捍卫国家安全、守护香港繁荣稳定。

陈文清出席第十一届安全事务高级代表国际会议和中俄执法安全合作机制第八次会议

参与完善全球安全治理　落实全球安全倡议
维护两国和国际社会安全利益

5月24日，中共中央政治局委员、中央政法委书记陈文清在俄罗斯出席第十一届安全事务高级代表国际会议并发表讲话。109个国家和国际组织的代表参加会议。

陈文清说，习近平主席提出全球发展倡议、全球安全倡议、全球文明倡议，核心思想就是团结合作。中国将始终胸怀天下，在坚持维护自身安全的同时推进国际共同安全，积极参与完善全球安全治理，为建设普遍安全、更加美好的世界作出不懈努力。

陈文清还出席了上海合作组织成员国代表团团长会晤、金砖国家代表团团长会晤，分别同俄罗斯对外情报局局长纳雷什金和部分与会国家代表团团长举行双边会见，就加强团结协作，推动建设新型国际关系达成共识。

22日，陈文清与俄罗斯联邦安全会议秘书帕特鲁舍夫共同主持中俄执法安全合作机制第八次会议。陈文清表示，习近平主席3月成功访俄，同普京总统就两国继续开展执法安全合作机制框架下的互信对话达成重要共识。中方愿同俄方制定好合作措施，

践行共同、综合、合作、可持续的安全观，共同落实全球安全倡议，更好维护两国和国际社会安全利益。帕特鲁舍夫说，深化俄中全面战略协作伙伴关系是俄坚定不移的方针，以元首共识为指引，全面推进两国执法安全合作，将为俄中应对安全风险挑战提供有力支撑。

陈文清会见俄罗斯联邦总检察长克拉斯诺夫

贯彻落实两国元首重要共识
推进多领域、各层级务实合作

7 月 13 日，中共中央政治局委员、中央政法委书记陈文清在京会见俄罗斯联邦总检察长克拉斯诺夫。

陈文清说，在习近平主席与普京总统战略擘画和引领下，中俄关系保持健康稳定发展势头。希望两国执法司法机关全面贯彻落实两国元首重要共识，深化战略协作，在各执法司法合作机制框架内开展深入交流，推进多领域、各层级务实合作，为更好维护两国共同利益、推动中俄关系行稳致远作出更大贡献。

克拉斯诺夫表示，愿推动双方执法司法合作取得新进展。

陈文清在第十次上海合作组织成员国司法部长会议上宣读习近平主席贺信并致辞

以习近平主席贺信为指引
为推动上海合作组织发展行稳致远贡献法治力量

9 月 5 日，第十次上海合作组织成员国司法部长会议在上海开幕，中共中央政治局委员、中央政法委书记陈文清出席开幕式，宣读习近平主席贺信并致辞。

陈文清表示，习近平主席的贺信，充分体现了中国对上海合作组织成员国法律和司法行政领域交流合作的高度重视，宣示了中国全面依法治国的坚定决心，为我们进一步深化交流合作指明了方向。

陈文清指出，法治是国家走向现代化的重要保障。中国将坚定不移贯彻落实习近平法治思想，坚定不移完善中国特色社会主义法律体系，坚定不移维护社会公平正义，坚定不移推进全球治理体系改革，坚定不移推进司法行政工作高质量发展，在法治轨道上全面建设社会主义现代化国家。

陈文清指出，10 年来，在习近平主席和上海合作组织各成员国元首引领下，司法部长会议机制运行取得重要成果，为加强各国法治建设、维护地区和平稳定、促进共同繁荣发展作出了积极贡献。中国愿同各成员国以习近平主席贺信精神为指引，充分发挥司法部长会议机制的平台优势，进一步凝聚共识、加强交流、深化合作，为推动上海合作组织发展行稳致远贡献法治力量。

开幕式前，陈文清会见了出席会议的上海合作组织成员国司法部长。

陈文清会见意大利副总理兼外长塔亚尼

完善安全合作机制建设
为维护两国安全利益作出新的贡献

9月22日，中共中央政治局委员、中央政法委书记陈文清在罗马会见意大利副总理兼外长塔亚尼。

陈文清说，中方高度重视发展中意关系，视意大利为全面战略伙伴和推动中欧关系健康发展的积极力量。中意同为文明古国，友好交往历史悠久，拥有广泛共同利益和深厚合作基础，理应继承和发扬友好传统，继续为不同社会制度、不同文化背景国家发展双边友好关系树立典范。明年是两国建立全面战略伙伴关系20周年，希望双方共同努力，落实好两国领导人重要共识，推动双边关系发展行稳致远。

陈文清指出，执法安全合作是中意关系重要组成部分和积极推动力量。两国相关职能部门多年来在反恐怖、大型活动安保、打击跨国有组织犯罪等领域取得了务实合作成果。面对复杂的国际形势和严峻的全球性挑战，中方愿与意方同行携手，完善安全合作机制建设，全面加强双方各领域各层级交流与合作，为维护两国安全利益作出新的贡献。

塔亚尼积极评价当前意中密切交流和高层政治交往。他表示，中国是重要合作伙伴，意中两国合作广泛、多样化，安全领域合作大有可为。意方愿同中方加强执法安全交流与合作，保护好两国人民安全。

访意期间，陈文清还会见了意大利内政部长皮安泰多西等意方有关部门负责人。

陈文清出席第四次中德高级别安全对话开幕式并致辞

加强执法安全对话与交流
为构建普遍安全的共同体作出积极贡献

9月26日，第四次中德高级别安全对话在柏林举行，中共中央政治局委员、中央政法委书记陈文清出席开幕式并致辞。

陈文清指出，中方始终高度重视并积极支持中德执法安全合作，中央政法委和德国联邦总理府共同牵头建立的中德高级别安全对话机制，为维护两国共同安全利益作出了贡献。中方遵照习近平主席提出的构建人类命运共同体理念和全球发展倡议、全球安全倡议、全球文明倡议，愿与德方进一步加强执法安全对话与交流，充实和巩固中德全方位战略伙伴关系内涵，为构建普遍安全的共同体作出积极贡献。

陈文清表示，希望中德双方携手，充分发挥高级别安全对话战略引领作用，有效落实两国领导人在安全领域达成的合作共识。要加强顶层设计，突出战略协调，完善合作机制建设。要聚焦现实威胁，关注潜在风险，推进合作创新发展。要推动增信释疑，努力为中德关系发展注入稳定性、确定性。

开幕式后，中央政法委秘书长闫柏与德国总理府有关负责人共同主持专业交流，中国外交部、工业和信息化部、公安部、国家安全部、司法部、人民银行与德方相关部门围绕打击恐怖主义、网络与经济、打击有组织犯罪等议题进行了坦诚、深入会谈，并达成共识和成果。

陈文清出席第二十一次上海合作组织成员国总检察长会议开幕式并致辞

秉持和弘扬“上海精神”
为上合组织发展行稳致远贡献检察力量

11月8日，第二十一次上海合作组织成员国总检察长会议在西安开幕，会议主题是“检察机关在服务国家现代化中的作用”。中共中央政治局委员、中央政法委书记陈文清出席开幕式并致辞。

陈文清表示，法治是国家走向现代化的重要保障。中共二十大擘画了以中国式现代化全面推进中华民族伟大复兴的宏伟蓝图。我们将坚定不移贯彻习近平法治思想，坚持全面依法治国，在法治轨道上全面建设社会主义现代化国家。

陈文清指出，总检察长会议机制是上合组织成员国开展司法合作的重要平台。在习近平主席和各成员国元首引领下，机制运行取得了丰硕成果。中方愿同各成员国一道，以习近平主席和各成员国元首擘画的蓝图为引领，继续秉持和弘扬“上海精神”，为上合组织发展行稳致远贡献检察力量。要以共识促行动，切实依靠法治为各成员国现代化建设提供牢靠的基础、持久的动力、公平公正的环境。要以交流促发展，围绕以检察工作服务国家现代化，从法治维度深化文明互鉴，促进民心相通。要以互信促合作，携手维护经济秩序、促进社会稳定，不断丰富和发展友好合作内涵。

开幕式前，陈文清会见了与会的上合组织成员国总检察长、上合组织秘书长。

陈文清会见新加坡最高法院首席大法官梅达顺

加强交流互鉴
为地区和平稳定与发展繁荣作出积极贡献

11月28日，中共中央政治局委员、中央政法委书记陈文清在京会见新加坡最高法院首席大法官梅达顺。

陈文清说，在习近平主席和新方领导人战略引领下，中新关系保持良好发展势头。法律和司法合作是两国的重点合作领域之一。希望两国最高法院以中新关系新定位为引领，落实好两国领导人战略共识，进一步加强交流互鉴，为地区和平稳定与发展繁荣作出积极贡献，为高质量共建“一带一路”提供有力法治保障。

梅达顺表示，愿推动新中司法友好关系向更高水平发展。

王小洪出席东盟与中日韩移民管理政策高级别研讨会开幕式并致辞

践行习近平主席提出的“三大全球倡议”推动区域移民治理朝着更加公正合理的方向发展

6月28日，国务委员、公安部部长王小洪在京出席东盟与中日韩移民管理政策高级别研讨会开幕式并致辞。

王小洪表示，中方愿同各方一道，认真践行习近平主席提出的全球发展倡议、全球安全倡议、全球文明倡议，共同推动区域移民治理朝着更加公正合理的方向发展，为本地区经济社会发展作出新贡献。各方要坚持共商共建，践行真正的多边主义，共同落实好《移民问题全球契约》，推动形成各国政府和国际组织相互协同、各利益攸关方普遍参与的移民治理新格局。要坚持开放包容，以推动“区域经济一体化”为目标，出台更加普惠、更具包容的移民管理政策，服务区域高效互联互通。要坚持新安全观，坚持共同安全、综合安全、合作安全、可持续安全，以高水平安全保障高质量发展。要坚持以人为本，促进移民交流互鉴，推动不同文明和谐共生。

柬埔寨内政部国务秘书索帕在开幕式上致辞，东盟副秘书长德尼致贺信，国际移民组织总干事维托里诺通过视频致辞。

王小洪与越南公安部部长苏林共同主持中越公安部第八次合作打击犯罪部长级会议

推进各层级交流合作服务构建具有战略意义的中越命运共同体

9月13日，中越公安部第八次合作打击犯罪部长级会议在京举行，中共中央书记处书记、公安部部长王小洪与越共中央政治局委员、越南公安部部长苏林共同主持。

王小洪指出，习近平总书记与阮富仲总书记共同为新时代中越全面战略合作伙伴关系擘画了宏伟蓝图，为双方各领域合作提供了重要政治遵循。第七次会议以来，中越公安部在维护政治安全、追逃追赃、打击人口拐卖等多个领域亮点频现，圆满完成了各项重点合作任务。中方愿与越方共同落实两党最高领导人达成的重要共识，深化政治安全、网络安全合作，推进各层级交流合作，加强打击犯罪务实合作，强化多边框架下协调配合，提升执法能力建设水平，努力服务构建具有战略意义的中越命运共同体，为两国和本地区安全稳定作出新的更大贡献。

苏林表示，越方愿加强两国执法高层交往，深化各领域执法合作，为各自国家发展营造安全稳定的社会环境。

王小洪与苏林共同签署了中越打击跨境赌博合作谅解备忘录。

王小洪出席全球公共安全合作论坛（连云港）2023 年大会开幕式并作主旨发言

坚持共同、综合、合作、可持续的安全观 为深化全球公共安全治理贡献智慧和力量

9 月 20 日，全球公共安全合作论坛（连云港）2023 年大会在江苏省连云港市开幕。本次大会主题为“同一个世界，共同的安全”。来自 50 余个国家和地区的政府、执法部门以及国际组织负责人、国际知名专家学者共 500 余人参会。国务委员、公安部部长王小洪出席开幕式并作主旨发言。

王小洪指出，在百年变局加速演进大背景下，国际社会正在经历罕见的多重风险挑战。中方愿同各方一道，积极践行习近平主席提出的全球安全倡议，坚持共同、综合、合作、可持续的安全观，高举合作、创新、法治、共赢旗帜，以打造责任共同体的使命担当共建公共安全合作网络，以打造利益共同体的价值追求共享公共安全合作成果，以打造命运共同体为愿景目标共商公共安全合作大计，深化公共安全领域交流合作，推动全球公共安全治理体系向更加公平、合理、高效的方向发展。

王小洪表示，中方愿与世界各国分享公共安全治理经验，支持论坛日常建设，建立全球执法培训体系，开展预防和打击各类跨国犯罪的区域和全球行动，支持论坛建设国际化智库，适时研究发布全球公共安全指数，为深化全球公共安全治理贡献智慧和力量，共同迈向持久和平、普遍安全的美好明天。

柬埔寨首相洪玛奈、所罗门群岛总理索加瓦雷、马来西亚副总理扎希德、联合国副秘书长拉克鲁瓦和有关嘉宾视频或现场致辞。

同日，王小洪还分别会见国际刑警组织主席埃尔拉斯、巴基斯坦内政部部长兼禁毒部部长萨尔夫拉兹·布格蒂、尼加拉瓜国家警察总局局长迪亚斯、埃塞俄比亚联邦警察总署署长德梅拉什，与缅甸移民和人口部部长敏载、阿根廷联邦警察总局前总局长隆加格利亚进行交流，并集体会见外方副部级团长、外方理事、前政要。

王小洪与萨摩亚警察部部长法乌阿诺共同主持第二次中国—太平洋岛国执法能力与警务合作部级对话

加强执法安全合作 助力提升岛国专业执法、打击犯罪、指挥行动能力

12 月 8 日，第二次中国—太平洋岛国执法能力与警务合作部级对话在京举行，国务委员、公安部部长王小洪与萨摩亚警察部部长法乌阿诺共同主持并作主旨发言。

王小洪表示，中方愿同各方一道，落实好习近平主席与各岛国领导人达成的重要共识，秉持“四个充分尊重”，本着“专业、高效、友好”和“公开、透明、善意”原则，用好中国—太平洋岛国警务培训中心平台，加强执法安全合作，助力提升岛国专业执法、打击犯罪、指挥行动能力，为深化中国和岛国友好合作关系、构建更加紧密的安全命运共同体贡献更大力量。

法乌阿诺表示，愿同各方共同培育好部级对话机制，开展务实互利合作。所罗门群岛、汤加、基里巴斯、瓦努阿图、巴布亚新几内亚、库克群岛代表团团长出席并发言。

本次对话充分肯定首次部级对话以来取得的丰硕成果，举行了中国—太平洋岛国警务培训中心揭牌仪式，决定将“让合作更专业、更高效、更友好，让岛国更安全”确定为部级对话永久主题，并就下步合作形成广泛共识。

张军出席中越边界省份法院研讨会开幕式并致辞

巩固深化司法领域交流合作
服务构建具有战略意义的中越命运共同体

今年恰逢中越两国建立全面战略合作伙伴关系15周年，为巩固和深化两国在司法领域的交流与合作，服务构建新时代中越全面战略合作伙伴关系，共同推动两国地方法院系统司法能力提升，经中央批准，最高人民法院于6月30日在广西南宁主办中越边界省份法院研讨会，广西壮族自治区高级人民法院承办会议。国家首席大法官、最高人民法院院长张军出席开幕式并致辞。

张军表示，中越两国山水相连、人文相通，理念相同、道路相近。近年来，两国秉持“长期稳定、面向未来、睦邻友好、全面合作”方针和“好邻居、好朋友、好同志、好伙伴”精神，巩固政治互信、加强团结合作，推动新时代中越全面战略合作伙伴关系长期健康稳定发展。去年10月，中共中央总书记、国家主席习近平同越共中央总书记阮富仲举行会谈，双方发表了《关于进一步加强和深化中越全面战略合作伙伴关系的联合声明》。今年3月，习近平总书记向越南国家主席武文赏致电。前不久，范明政总理访华，双方发表《中华人民共和国和越南社会主义共和国联合新闻公报》，提出积极推进两国发展战略对接，加强两国地方特别是边境省（区）友好交流与互利合作等，必将推动中越友好关系开启新篇章、达至新高度。本次研讨会对于巩固深化两国在司法领域的交流与合作，增进两国司法界的相互了解，服务构建具有战略意义的中越命运共同体，具有重大而深远的意义。

司法合作是中越两国的重点合作领域。围绕巩固两国司法机关现有合作机制、不断提升合作效能，张军提出三点倡议：一是秉持合作共赢精神。希望两国司法机关坦诚交流、深入磋商、启迪智慧、分享经验，推动司法政策、规则、标准“软联通”，以合作共赢的精神，助力夯实两国经济社会发展的法治基础。二是深化司法交流互鉴。希望两国司法机关特别是边境省（区）人民法院继续携手同行，开展多层次、多渠道、多领域的对话交流，通过人员往来、经验共享，增进互信，厚植共识，推动中越司法交流合作不断取得新发展。三是形成更多务实合作成果。希望两国司法机关共同推动完善司法协助机制，把合作倡议转化为实际行动，把合作共识转化为务实成果，为两国发展稳定、人民幸福贡献司法力量。

研讨会及各项活动圆满实现预期目标，通过了成果性文件《中国广西壮族自治区高级人民法院与越南谅山省人民法院合作备忘录》《中国广西壮族自治区高级人民法院与越南广宁省人民法院合作备忘录》。通过此次研讨会，双方就边界地区法院系统进一步开展司法合作达成多项共识，进一步增进了友谊，为两国法院互学互鉴、共同提升执法司法能力奠定了坚实的基础。

张军出席海上丝绸之路（泉州）司法合作国际论坛（2023）开幕式并作主旨发言

推动高质量司法合作
为共建“一带一路”营造良好法治环境

10 月 26 日，最高人民法院主办的海上丝绸之路（泉州）司法合作国际论坛（2023）在福建泉州开幕。来自中国、埃塞俄比亚、希腊、洪都拉斯、印度尼西亚、吉尔吉斯斯坦、巴布亚新几内亚、卡塔尔、萨摩亚、泰国、委内瑞拉 11 个国家的法律和司法界人士及驻华使节等出席论坛，其中中国、洪都拉斯、印度尼西亚、吉尔吉斯斯坦、巴布亚新几内亚、萨摩亚、委内瑞拉 7 个国家的最高法院院长或首席大法官出席论坛。国家首席大法官、最高人民法院院长张军出席开幕式并作主旨发言。萨摩亚、洪都拉斯、吉尔吉斯斯坦、委内瑞拉和巴布亚新几内亚首席大法官或院长于会前或会后率团顺访了北京、上海、西安、广州、深圳等城市。

张军在主旨发言中指出，中国法院将坚持以习近平新时代中国特色社会主义思想为指导，深入贯彻习近平外交思想和习近平法治思想，聚焦“公正与效率”工作主题，持续深化与共建“一带一路”各国的司法交流合作，以高质量司法服务保障共建“一带一路”高质量发展。张军表示，中国法院愿同各方一道，在开展刑事司法协助、打击跨国犯罪等方面密切沟通协作，营造安全稳定的社会环境；恪守国际条约，尊重国际惯例，履行国际义务，秉持平等保护原则，依法妥善审理涉“一带一路”相关案件，营造公平有序的市场环境；践行绿色发展理念，助推绿色基建、绿色能源、绿色交通、绿色金融等领域合作，参与全球环境治理，营造美丽宜居的生态环境；坚持共商共建共享，健全司法协助、案例研究、法律适用等合作机制，营造公正高效的法治环境；坚持创新驱动发展，深化互联网司法规则研究和全球治理合作，相互分享法院信息化建设成果经验，营造便捷智能的服务环境。

与会各方围绕论坛主题，就“最高法院在维护公正与提升效率方面的作用”“国际商事争端解决机制的创新发展”“数字经济、丝路电商与在线纠纷解决”“跨境犯罪取证问题”四个专题开展研讨。

论坛取得圆满成功，受到中外有关方面的高度肯定和普遍称赞。为展示本次论坛取得的成果、达成的共识，推动共建“一带一路”高质量发展，最高人民法院会后整理形成了论坛综述，翻译成英、俄、法、西、阿 5 个语种，会同外交部发送给我驻共建“一带一路”100 余个国家外交部和最高法院，进一步扩大论坛影响。论坛进一步凝聚了共建“海上丝绸之路”国家和平合作发展共识，被列入第三届“一带一路”国际合作高峰论坛多边合作成果文件清单。

张军出席第七届中新法律和司法圆桌会议开幕式并作专题发言

巩固创新司法交流合作机制 服务保障中新全方位高质量的前瞻性伙伴关系发展

11月28日，第七届中新法律和司法圆桌会议在京开幕。国家首席大法官、最高人民法院院长张军出席开幕式并作专题发言。新加坡最高法院首席大法官梅达顺出席开幕式并致辞。

会议围绕“司法机关在构建跨国商事司法体系中的作用”“知识产权案件技术事实查明机制的构建与完善”“外国判决承认和执行机制的最新发展”和“高效快速解决仲裁司法监督案件”等四个议题开展深入研讨。

张军在专题发言中指出，建设开放型世界经济，需要各国司法机关不断深化务实合作，共同研究国际商事纠纷解决规则，携手构建公正高效的跨国商事司法体系。期待中新双方司法机关以圆桌会议机制为基础，共促国际商事规则的协调与统一，就国际货物买卖、国际货物运输、国际融资担保等商法“公约数”较大的重点领域，建立合作框架，为形成国际社会共同接受的商事示范规则贡献智慧。共肩履行国际义务的责任与担当，秉持平等保护原则，依法妥善审理国际商事争议有关案件，维护公平竞争、诚实守信、和谐共赢的区域大合作环境。共享涉外商事审判的经验与规则，进一步丰富境外取证、送达、法律查明等合作方式，完善国际司法协助工作机制，为涉外商事纠纷解决提供更加公正高效的司法服务。共建国际商事纠纷多元解决机制，相互学习借鉴国际商事法庭建设的有益经验和先进做法，实现诉讼、仲裁、调解的有机衔接，为公正高效便捷低成本解决国际商事纠纷提供参鉴。共商国际司法合作与司法协助，在产权保护、互联网司法等领域扩大司法合作成果，推动完善区域司法协助机制、营造市场化法治化国际化一流营商环境。

应勇会见俄罗斯联邦总检察长克拉斯诺夫

全面贯彻落实两国元首重要共识 进一步增进互信、深化合作

应国家首席大检察官、最高人民检察院检察长应勇邀请，7月12日至14日，俄罗斯联邦总检察长克拉斯诺夫率团访华。12日，应勇在京会见克拉斯诺夫一行。

双方会谈中，应勇着重向俄方介绍了中共二十大以来中国检察工作的新进展。应勇表示，以习近平同志为核心的中共中央高度重视法治建设、检察工作。中共二十大报告对“坚持全面依法治国，推进法治中国建设”作出专章部署，并强调“加强检察机关法律监督工作”“完善公益诉讼制度”。中国检察机关坚持以习近平法治思想为指引，认真落实《中共中央关于加强新时代检察机关法律监督工作的意见》，依法履行刑事、民事、行政、公益诉讼“四大检察”职能，维护国家安全、社会安定、人民安宁，在推进全面依法治国、建设社会主义法治国家，服务强国建设、民族复兴中发挥着重要作用。司法交流与合作是中俄新时代全面战略协作伙伴关系的重要组成部分。中俄两国检察机关友好合作之所以始终保持高水平，最根本的是坚持两国元首战略引领。中国最高人民检察院愿同俄罗斯联邦总检

察院一道，全面贯彻落实两国元首重要共识，在上海合作组织成员国总检察长会议和金砖国家总检察长会议机制等多边框架下，进一步增进互信、深化合作，相互支持、密切配合，为丰富中俄新时代全面战略协作伙伴关系深刻内涵作出更大努力，更好造福两国和两国人民。

克拉斯诺夫表示，俄中发展新时代全面战略协作伙伴关系符合两国和两国人民利益。俄罗斯检察机关愿同中国检察机关加强经常性交流，在打击跨国犯罪、维护边境地区社会稳定、保护两国企业和投资者合法权益、加强检察官教育培训等方面进一步深化务实合作，互相学习借鉴，共同致力于维护两国国家、社会和人民利益。会见后，应勇与克拉斯诺夫共同签署了两国检察机关新的合作协议与合作计划。

应勇率中国检察代表团访问约旦、沙特和阿曼

分享和借鉴法治经验　共同维护社会公平正义

应约旦司法委员会主席穆罕默德·卡兹瓦、沙特总检察长沙特·穆阿贾布和阿曼最高司法委员会副主席穆罕默德·本·苏尔坦·布赛义迪邀请，10月24日至11月2日，国家首席大检察官、最高人民检察院检察长应勇率中国检察代表团访问约旦、沙特和阿曼。

中国检察代表团访问约旦期间，应勇与约旦第一副首相兼地方管理大臣陶菲克·克里山进行了友好交流，分别与穆罕默德·卡兹瓦主席、约旦总检察院总检察长优素福·齐亚巴特、司法大臣艾哈迈德·齐亚达特进行工作会谈。中国最高人民检察院与约旦总检察院签署了《合作谅解备忘录》草案。中国检察代表团访问沙特期间，应勇分别与沙特总检察长沙特·穆阿贾布、沙特最高法院院长哈立德·卢海丹进行工作会谈。中国检察代表团访问阿曼期间，应勇分别与阿曼最高司法委员会副主席穆罕默德·本·苏尔坦·布赛义迪、阿曼最高法院院长哈利法·本·赛义德·布赛义迪、阿曼总检察院总检察长纳赛尔·本·哈米斯·萨瓦伊进行工作会谈。

应勇和代表团成员充分利用各种场合宣传习近平新时代中国特色社会主义思想；宣传中国式现代化特别是中国特色社会主义法治国家建设的伟大成就；介绍中国特色社会主义司法制度、检察制度的特色和优势；介绍党的十八大以来中国推进司法体制改革和检察改革的成效，以及中国检察机关加强法律监督工作、以检察工作现代化服务中国式现代化的工作情况，讲好中国法治故事，传播中国法治声音。同时，表达了中国重视发展与阿拉伯国家司法检察机关友好关系、学习借鉴各国司法有益经验的良好意愿与开放态度，阐明我积极推动国际司法交流与合作、共同打击跨国犯罪、携手为“一带一路”建设提供优质司法保障的立场和决心。

应勇出席第二十一次上合组织成员国总检察长会议并作主旨发言

共同提升检察工作现代化水平 以有力司法保障促进上合组织地区经济社会可持续发展

11月8日，第二十一次上海合作组织成员国总检察长会议在陕西西安开幕，国家首席大检察官、最高人民检察院检察长应勇围绕“检察机关在服务国家现代化中的作用”的会议主题作主旨发言。

应勇表示，中国检察机关作为国家的法律监督机关和保障国家法律统一正确实施的司法机关，是在法治轨道上全面建设社会主义现代化国家的重要参与者、积极推动者。当前，中国检察机关正在进一步落实中共二十大部署和要求，以检察工作现代化服务中国式现代化。

应勇表示，围绕促进上合组织地区经济社会可持续发展，增进民生福祉和提高人民生活水平，中国检察机关愿与各国检察机关一道，积极推进三个方面的工作。一是深入贯彻《上海合作组织成员国元首理事会新德里宣言》，共同维护和发展上合组织成员国所加入的以发展经济、促进民生为宗旨的国际组织和会议机制，助力上海合作组织各领域合作迈上新台阶。二是积极开展上合组织框架下的检察合作，在各国检察机关法定职责范围内，依照各国法律规定，依法严厉打击“三股势力”、毒品走私、网络和跨国有组织犯罪，加强在打击金融领域违法犯罪、优化营商环境、生态环境保护等方面的合作，建立地方检察机关和边境地区检察机关合作机制，推动高质量共建“一带一路”同各国发展战略和地区合作倡议对接，坚定支持各国现代化建设。三是相互学习借鉴，常态化推进高层互访、检察官互派、理论和实践研讨，建立健全交流培训机制，发展检察机关教育及培训机构间相互协作，加强服务国家现代化方面的经验交流和技能培训，共同破解检察履职办案中遇到的重点难点问题，共同提升检察工作现代化水平。

在充分沟通交流的基础上，与会各方就加强打击金融领域犯罪和违法行为、惩治经济犯罪、深化法律领域合作、开展检察教育培训协作等问题，达成重要共识，出席会议的成员国代表共同签署《第二十一次上海合作组织成员国总检察长会议纪要》，为推动上合组织成员国总检察长会议机制不断发展完善明确了进一步努力方向。本次会议同步套开上海合作组织成员国军事检察长圆桌会议，围绕“联合反恐演习和维护边境秩序中的防务安全司法协作”主题开展研讨，推进各成员国军事检察机关增进互信、深化合作。

王晨出席2023年“港澳与内地青年法律交流周”开幕式并致辞

传承爱国爱港爱澳优良传统 为强国建设、民族复兴贡献青春力量

7月10日，2023年“港澳与内地青年法律交流周”在京举行开幕式。本次交流周活动由中国法学会主办，中国法学学术交流中心、澳门特区政府法务局、深圳市法学会承办，来自香港、澳门的数十名法学院系学生和青年律师，在北京和深圳两地参加参观交流、青年论坛、创业分享会等法律相关活动。

活动期间，邀请知名法学专家就习近平法治思想、宪法、“一国两制”等内容录制视频组织交流周学员观看；组织参访中央港澳办、最高人民法院、深圳国际仲裁院、粤港澳联营律所、前海深港青年梦工厂等部门和机构并召开座谈会；同时，举行粤港澳大湾区青年法治论坛等活动，进一步增进港澳青年与内地青年的交流互动。

开幕式上，中国法学会会长王晨表示，邀请港澳青年来北京和深圳，组织专家授课、参观交流、青年论坛、创业分享会等活动，目的就是加深大家对祖国内地的了解，促进港澳与内地青年的对话交流，共同开创伟大祖国更加美好的明天。希望港澳青年朋友始终坚定“一国两制”制度自信，做宪法和基本法的维护者和捍卫者；深刻认识国家和世界发展大势，切实增强民族自豪感和主人翁意识；传承爱国爱港爱澳的优良传统，积极融入国家发展大局，为强国建设、民族复兴贡献青春力量。

“港澳与内地青年法律交流周”创办于2008年。15年来，已有来自港澳和内地的近30所高校、1200余名法学院系学生和青年律师参加活动，成为港澳与内地青年法律交流的重要平台。

王晨出席中国（喀什）—中亚南亚法治论坛并致辞

持续深化共建“一带一路”法治合作 推动中国同中亚南亚国家关系发展取得丰硕成果

10月30日至31日，中国（喀什）—中亚南亚法治论坛在新疆维吾尔自治区喀什举行。论坛由新疆维吾尔自治区法学会、广东省法学会和中国法学学术交流中心共同主办，以“共建‘一带一路’高质量发展的法治保障”为主题，来自中国、哈萨克斯坦、吉尔吉斯斯坦、塔吉克斯坦、土库曼斯坦、乌兹别克斯坦、巴基斯坦、尼泊尔、斯里兰卡、印度10个国家的代表出席。论坛发布了《深化“一带一路”法治合作倡议书》，签署了多项合作协议。

中国法学会会长王晨出席论坛并致辞。他指出，今年是共建“一带一路”倡议提出10周年。习近平主席在第三届“一带一路”国际合作高峰论坛开幕式上发表主旨演讲，为深化“一带一路”国际合作，迎接共建“一带一路”更高质量、更高水平的新发展指明方向。法治是共建“一带一路”不可或缺的重要基础和保障。希望各国法学法律界人士深入交流研讨，持续深化共建“一带一路”法治合作，推动中国同中亚南亚国家关系发展取得更多丰硕成果。我们要努力提升政策规则标准“软联通”水平，打造畅通的“规则之路”，为促进全球互联互通做增量；深化执法司法和法律服务领域务实合作，更好发挥法治的引领、规范、保障作用，以高质量法治

合作护航共建“一带一路”高质量发展；深化法治学术交流合作，依托中国法治国际论坛等重要平台，通过开展双边多边合作研究，共同举办学术论坛、研讨会、研修班等形式，拓展交流领域和渠道。

陈一新会见越南公安部部长苏林

深化各领域务实合作
共同捍卫两国安全和发展利益

9月16日，国家安全部党委书记、部长陈一新在广州会见越共中央政治局委员、越南公安部部长苏林一行，就加强相关领域合作和共同关心问题交换了意见。

陈一新表示，中越山水相连、志同道合、命运与共。习近平总书记和阮富仲总书记保持战略沟通，为中越全面战略合作伙伴关系发展作出战略引领，注入强劲动力。两部门合作是两党两国关系重要组成部分，希望双方共同落实好两党最高领导人重要共识，秉持“长期稳定、面向未来、睦邻友好、全面合作”方针和“好邻居、好朋友、好同志、好伙伴”精神，深化各领域务实合作，共同捍卫两国安全和发展利益，为服务构建具有战略意义的中越命运共同体贡献力量。

苏林表示，越方愿与中方携手努力，弘扬“同志加兄弟”情谊，共同应对风险挑战，切实维护两国政治安全，为深化两党两国传统友好关系作出更大贡献。

陈一新应邀访问柬埔寨、越南和泰国

深化互利合作
维护国家主权、安全、发展利益

11月2日至11日，国家安全部部长陈一新应邀访问柬埔寨、越南和泰国。柬埔寨首相洪玛奈、越南国家主席武文赏和泰国总理赛塔分别会见陈一新。

访问期间，陈一新与柬第一副首相奈沙文、国务大臣兼国家信息技术中心主任蔡·西那利，与越共中央政治局委员、公安部部长苏林，越共中央政治局委员、胡志明市市委书记阮文年，与泰国国家情报局局长塔纳分别举行了会见或会谈，就深化中国与三国安全情报领域交流合作和共同关心问题深入交换意见，达成广泛共识；还考察了在柬越泰三国的“一带一路”中资企业和项目。

访柬期间，双方表示，今年是中柬建交65周年暨中柬友好年，在两国领导人的精心培育下，中柬传统友谊之苗已成长为参天大树。双方应以习近平主席提出的“三大全球倡议”为引领，坚定不移深化互利合作，加强“一带一路”共建，推动“钻石六边”合作走深走实，将两国传统友谊发扬光大。双方坚定支持彼此维护国家主权、安全、发展利益，深化安全情报领域务实合作，为维护两国社会安全稳定，增进两国人民福祉和构建高质量、高水平、高标准中柬命运共同体发挥更大作用。

访越期间，双方表示，中国和越南山水相连，命运与共。今年是中越建立全面战略合作伙伴关系15周年，双方将以两党两国最高领导人战略共识为引领，提升全面战略合作伙伴关系。安全合作是两党两国关系的重要组成部分，双方应秉持“长期稳定、面向未来、睦邻友好、全面合作”方针和“好邻居、好朋友、好同志、好伙伴”精神，进一步加

强安全情报领域务实合作，为两国国家安全作出更大贡献，为两国关系提质升级发挥积极作用。

访泰期间，双方表示，中泰两国人民情同手足，“中泰一家亲”深入人心。双方应以两国领导人重要共识为引领，以“一带一路”倡议提出10周年为契机，推动“一带一路”建设同泰国新发展战略对接，把两国传统友好的优势转化为合作共赢的动力。安全情报合作是深化两国友好合作关系的重要内容，双方应携手深化合作关系，及时就中泰关系重大问题及共同关心的国际地区问题深入交换意见，共同确保两国驻外项目、机构和人员安全，为构建更加稳定、更加繁荣、更可持续的中泰命运共同体保驾护航。

贺荣主持第十次上海合作组织成员国司法部长会议并作主旨发言

落实习近平主席贺信精神 立足司法职能 深化交流合作

9月5日，第十次上海合作组织成员国司法部长会议在上海举行。中国国家主席习近平向大会致贺信。中共中央政治局委员、中央政法委书记陈文清在开幕式上宣读贺信，向大会致欢迎辞。司法部部长贺荣主持会议并作主旨发言。

上海合作组织成员国司法部长会议是上海合作组织框架下的多边合作机制。本次会议由中国司法部主办，这是时隔10年后再次在我国主办。与会各方围绕会议机制建立10年来取得的成就与面临的挑战深入交流，就加强法治领域务实合作形成一系列成果。各成员国司法部长一致认为，上海合作组织各成员国在法律和司法领域开展合作十分重要，各方就加强各成员国（法律和）司法部之间互动、深化法律服务领域合作、继续定期对话并切实执行协议等达成一致，共同签署《第十次上海合作组织成员国司法部长会议联合声明》。联合声明强调，加强本组织成员国（法律和）司法部之间的交流，以扩大在法律和司法领域的合作；组织会议、法律合作论坛、研讨会等活动，以更好地交流经验；继续开展司法鉴定和法律服务专家工作组的活动，深化法律服务领域合作；相关国家根据本国实际，推动法律法规、法律服务机构和法律服务专家信息的交流，以促进成员国法治发展。

贺荣在主旨发言中表示，中国司法部将深入践行习近平法治思想，落实习近平主席贺信精神，立足行政立法、依法行政、刑罚执行、公共法律服务、涉外法治等相关职能，同各成员国司法部一道，秉持“上海精神”，深化交流合作，为各成员国经济繁荣发展和社会安全稳定提供有力法治保障。

会议期间，贺荣分别与俄罗斯司法部长崔琴科，巴基斯坦总检察长阿万，伊朗司法部长拉希米、副部长贾姆，哈萨克斯坦司法部长叶斯卡拉耶夫，乌兹别克斯坦司法部长塔什库洛夫，吉尔吉斯斯坦司法部长巴耶托夫，塔吉克斯坦司法部长阿舒里约恩举行双边会谈，并与俄罗斯司法部长崔琴科签署2024—2025年合作框架，与吉尔吉斯斯坦司法部长巴耶托夫签署2024—2025年合作计划。

上海合作组织成员国（法律和）司法部长以及部分成员国驻华使领馆官员代表等现场出席会议。中央政法委、司法部有关领导同志，中国—上海合作组织法律服务委员会成员单位代表，各地司法行政机关、律师协会、公证协会和相关法律服务机构，以及外国律师事务所驻华代表机构代表等370余人分别参加上海合作组织成员国司法部长会议和法律服务国际论坛。

贺荣会见蒙古国法律内务部部长尼亚木巴特尔

加强法律服务领域务实合作
更好运用法治方式服务两国经济社会发展

9月21日，司法部部长贺荣在京会见蒙古国法律内务部部长尼亚木巴特尔一行。双方就加强两国在法律和司法领域的务实合作进行了交流。

贺荣向尼亚木巴特尔介绍了习近平法治思想引领下新时代中国法治建设取得的巨大成就，中国司法部正在立足职能，为推进中国式现代化提供有力法治保障。她表示，中国司法部愿同蒙古国法律内务部一道，落实好两国领导人达成的重要共识，在已开展良好交流合作的基础上，继续深化司法协助、被判刑人移管以及律师、公证、仲裁、司法鉴定等法律服务领域的务实合作，更好运用法治方式服务两国经济社会发展，为推动中蒙全面战略伙伴关系行稳致远贡献法治力量。

尼亚木巴特尔高度评价中国在经济社会发展和法治建设方面取得的成就，表示愿与中方共同努力，加强交流互动，推动双方法治领域务实合作再上新台阶。

四、其他重要活动

中央组织部、中央政法委、中央党校（国家行政学院）联合举办政法领导干部学习贯彻习近平新时代中国特色社会主义思想锻造政法铁军专题研讨班

5 月 6 日至 10 日，中央政法委与中央组织部、中央党校（国家行政学院）联合举办政法领导干部学习贯彻习近平新时代中国特色社会主义思想锻造政法铁军专题研讨班。

此次专题研讨班的主要任务是按照党中央关于开展主题教育的部署要求，深入学习贯彻习近平新时代中国特色社会主义思想，全面贯彻落实党的二十大精神，锻造忠诚干净担当的新时代政法铁军，坚决做到让党放心、让人民满意。全国政法系统 259 名领导干部参加培训。

中共中央政治局委员、中央政法委书记陈文清作开班式讲话，并就学习贯彻习近平法治思想作了专题辅导。

陈文清指出，锻造政法铁军，根本是要用习近平新时代中国特色社会主义思想凝心铸魂，全面领会这一重要思想的科学体系、核心要义、真理力量、实践伟力，进一步深刻领悟“两个确立”的决定性意义，进一步增强“四个意识”、坚定“四个自信”、做到“两个维护”，打牢绝对忠诚、绝对纯洁、绝对可靠的思想根基。

陈文清强调，锻造政法铁军，关键是要在政法领域推动全面从严治党向纵深发展。政法领导干部要自身正、自身硬，严于律己、严负其责、严管所辖，切实担起抓班子、带队伍的政治责任。

陈文清指出，锻造政法铁军，落脚点是要敢于担当、履职尽责，奋力推进政法工作现代化，确保国家安全、社会稳定，让人民群众在每一个执法行为、每一个司法案件中感受到公平正义。

研讨班结束后，中央政法委及时印发通知，对各省区市党委政法委、中央政法单位贯彻落实研讨班精神作出部署、提出要求。

中央组织部、中央党校（国家行政学院）、国家信访局联合举办省部级干部信访工作专题研讨班

7月3日至7日，中央组织部、中央党校（国家行政学院）、国家信访局联合举办省部级干部信访工作专题研讨班。

研讨班坚持以习近平新时代中国特色社会主义思想为指导，全面贯彻党的二十大精神，深入学习贯彻习近平法治思想、习近平总书记关于加强和改进人民信访工作的重要思想，围绕切实加强党对信访工作的全面领导、贯彻落实《信访工作条例》和当前重点工作等开展学习研讨，进一步提升领导干部做好新时代信访工作的能力，推动在新时代新征程上不断开创信访工作新局面。

中共中央政治局委员、中央政法委书记陈文清在研讨班上强调，要深入学习贯彻习近平新时代中国特色社会主义思想，推进信访工作法治化，全力保障中国式现代化。

陈文清指出，要深入开展主题教育，深刻领悟“两个确立”的决定性意义，打牢绝对忠诚、绝对纯洁、绝对可靠的思想根基。要深入学习贯彻习近平法治思想，在厉行法治、依法办事中更好地化解矛盾、维护权益、促进发展、保障善治。要深入学习贯彻习近平总书记关于加强和改进人民信访工作的重要思想，更好地践行党的群众路线，维护好人民根本利益。要深入学习贯彻《信访工作条例》，保证信访干部人人熟悉、人人掌握。

陈文清强调，要制定信访工作路线图，全面提升信访工作法治化水平。要推进预防法治化，切实落实源头治理责任。推进受理法治化，做到分清性质、明确管辖，转办督办到位。推进办理法治化，对信访事项依照法律规定和程序按时处理到位。推进监督追责法治化，对滥用职权、玩忽职守的公职人员坚决问责到位。推进维护秩序法治化，对扰乱社会秩序的违法犯罪行为及时依法处理到位。要加强信访工作队伍能力建设，不断提高运用法治思维和法治方式开展工作的能力。

中央组织部、中央宣传部、中央政法委、中央和国家机关工委、教育部、司法部、中国法学会举办2023年“双百”活动中央和国家机关专场报告会

7月7日，2023年“百名法学家百场报告会”法治宣讲活动中央和国家机关专场报告会在人民大会堂小礼堂举行。

会议指出，党的二十大报告擘画了全面建设社会主义现代化国家、以中国式现代化全面推进中华民族伟大复兴的宏伟蓝图，首次专章部署全面依法治国工作，首次提出“在法治轨道上全面建设社会主义现代化国家”“全面推进国家各方面工作法治化”等重大论断。要紧紧围绕学习宣传贯彻党的二十大精神组织开展好“双百”活动，引导党员干部深入学习领会党的二十大精神，切实增强贯彻落实的自觉性和坚定性。要坚持不懈用习近平新时代中国特色社会主义思想凝心铸魂，深入学习宣传贯彻习近平法治思想和习近平总书记关于宪法的重要论述，推动完善以宪法为核心的中国特色社会主义法律体系，加强宪法理论研究和宣传教育，更好发挥宪法在治国理政中的重要作用，为在法治轨道上全面建设社会主义现代化国家贡献力量。

全国人大常委会委员、全国人大宪法和法律委员会主任委员信春鹰以“完善以宪法为核心的中国特色社会主义法律体系”为主题作了报告。报告系统梳理了中国特色社会主义法律体系的形成过程，

深刻阐释了这一体系所发挥的固根本、稳预期、利长远的重要作用，并从“宪法实施制度体系不断完善”“法律法规体系更加系统完备”“立法体制机制更加成熟完善”等方面，重点论述了新时代十年立法工作取得的巨大成就。在以习近平同志为核心的党中央坚强领导下，以宪法为核心、与推进国家治理体系和治理能力现代化相适应的中国特色社会主义法律体系与时俱进、不断完善，宪法法律成为引领、规范、保障改革开放和社会主义现代化建设的强大法治力量。

报告会由中央组织部、中央宣传部、中央政法委、中央和国家机关工委、教育部、司法部、中国法学会共同举办。中央组织部、中央宣传部、中央政法委、中央和国家机关工委、教育部、司法部、中央军委政法委员会相关部门负责同志，中央纪委国家监委驻司法部纪检监察组有关负责同志，中央和国家机关干部、在京部分高校师生、中国法学会机关党员干部参加报告会。

中央政法委、中国政法大学联合举办2023年新任地市级政法委书记培训班

9月5日至16日，中央政法委分两期在中国政法大学举办全国地市级政法委书记培训班，全国430个市394名地市级政法委书记参加培训。

中央政法委秘书长闻柏在开班式上强调，要坚持以习近平新时代中国特色社会主义思想为指导，推动新任地市级政法委书记深刻领悟“两个确立”的决定性意义，增强“四个意识”、坚定“四个自信”、做到“两个维护”，着力提升政治能力、法治素养、规矩意识、专业水平，忠实履行好党和人民赋予的新时代政法工作职责使命。

闻柏强调，要深入学习贯彻习近平新时代中国特色社会主义思想，按照第二批主题教育部署安排，坚持以学铸魂、以学增智、以学正风、以学促干，打牢绝对忠诚、绝对纯洁、绝对可靠的思想根基。要全面、系统、深入学习习近平法治思想、总体国家安全观和习近平总书记关于政法工作的重要论述，牢牢把握新时代政法工作的根本遵循，坚持联系实际、立足岗位，推动政法事业不断开创新局面。

闻柏指出，当前政法工作正处于新的历史方位、面临新的形势任务，地市党委政法委处在承上启下的关键层级，在贯彻落实党中央关于政法工作的大政方针、决策部署上肩负着重大责任，发挥着重要作用。要坚定不移落实党对政法工作的绝对领导，坚持以人民为中心的发展思想，坚决捍卫国家安全，全力维护社会大局稳定。要大力推进法治建设，深化政法改革，更好服务保障高质量发展。要在政法领域推动全面从严治党向纵深发展，着力锻造政法铁军。

闻柏强调，要正确把握和运用科学方法论，不断提升做好新时代政法工作的能力水平。坚持全局观念，始终把政法工作摆在党和国家工作大局、经济社会发展全局中来谋划；坚持守正创新，努力开创思想观念之新、工作体系之新、能力建设之新；坚持底线思维，强化风险预判、战略预置和应急处置；坚持发扬斗争精神，把握斗争原则，增强斗争本领，讲求斗争艺术；坚持强基固本，持之以恒夯实基层基础建设，为新征程上奋力推进政法工作现代化贡献力量。

培训班通过抓住“关键少数”，示范带动各级开展政治轮训，进一步增强了广大干警坚定拥护“两个确立”、坚决做到“两个维护”的政治自觉、思想自觉、行动自觉。

中央依法治国办、司法部、教育部、中国法学会联合举办全国法学院校深入学习贯彻党的二十大精神和习近平法治思想专题培训班

12月19日至21日，中央依法治国办、司法部、教育部、中国法学会联合举办全国法学院校深入学习贯彻党的二十大精神和习近平法治思想专题培训班，首次对全国625所法学院校负责同志进行全覆盖集中培训，共有2000余人参加培训。

培训班以习近平新时代中国特色社会主义思想为指导，深入贯彻落实党的二十大精神和习近平法治思想，贯彻落实中共中央办公厅、国务院办公厅《关于加强新时代法学教育和法学理论研究的意见》，紧密结合法学院校实际，突出对法学院校负责同志思想政治引领，全面贯彻党的教育方针，坚持为党育人、为国育才，立德树人、德法兼修，坚定不移走中国特色社会主义法治道路，为建设中国特色社会主义法治体系、建设社会主义法治国家，为以中国式现代化全面推进强国建设、民族复兴伟业提供坚实法治人才保障和理论支撑。

中央依法治国办、中央政法委、教育部、司法部、中国法学会有关负责同志出席开班式。培训班在中国政法大学设主课堂，在各省（区、市）司法厅（局）和新疆生产建设兵团司法局设分课堂，采取集中视频授课和研讨交流相结合的方式进行，中央依法治国办、中央政法委、最高人民法院、最高人民检察院、公安部、教育部、司法部、中国法学会有关负责同志授课。省级党委政法委、依法治省（区、市）办、司法厅（局）、教育厅（教委）、法学会有关负责同志在分课堂参加开班式、结业式。培训班期间，还召开了部分法学院校交流座谈会，听取加强和改进法学教育和法学理论研究工作意见建议。

最高人民法院、最高人民检察院、公安部、司法部相关部门负责人就发布《关于办理醉酒危险驾驶刑事案件的意见》答记者问

12月18日，最高人民法院、最高人民检察院、公安部、司法部联合发布《关于办理醉酒危险驾驶刑事案件的意见》（以下简称《意见》）。《意见》于2023年12月28日起施行。为准确理解《意见》内容，记者采访了“两高两部”相关部门负责人。

问：*“两高两部”此次出台《意见》的背景和主要考虑是什么？*

答：2011年5月，《刑法修正案（八）》增设了危险驾驶罪，在道路上醉酒驾驶机动车（以下简称醉驾）是其中一种危险驾驶行为。最高人民法院、最高人民检察院、公安部于2013年12月印发的《关于办理醉酒驾驶机动车刑事案件适用法律若干问题的意见》（以下简称“2013年意见”），对明确醉驾认定标准、规范案件办理程序起到了积极作用。醉驾入刑以来，各地坚持严格执法、公正司法，依法惩治酒驾醉驾违法犯罪行为，有力维护了人民群众生命财产安全和道路交通安全，酒驾醉驾百车查处率明显下降，酒驾醉驾导致的恶性交通死亡事故大幅减少，“喝酒不开车，开车不喝酒”的法治观念逐步成为社会共识，酒驾醉驾治理成效显著。

党的十八大以来，以习近平同志为核心的党中央领导人民续写了经济快速发展和社会长期稳定两大奇迹，人民群众获得感、幸福感、安全感不断增强，执法司法理念、社会治理能力也在与时俱进。

如何助力更高水平的平安中国建设，更好地发挥刑罚在社会治理中的作用，更好地落实严格执法、公正司法，各地在依法惩治酒驾醉驾方面进行了有益探索，积累了丰富的司法经验。同时，在醉驾案件办理中也遇到一些新情况、新问题，对“2013 年意见”进行补充完善很有必要，条件也已经成熟。为深入贯彻习近平法治思想，根据新形势新变化新要求，积极回应社会关切，在中央政法委组织领导下，最高人民法院、最高人民检察院、公安部、司法部总结各地经验，经深入调研、共同协商，听取司法实务人员和专家学者意见建议，并征求全国人大常委会法制工作委员会意见，制定了《意见》。

问：制定《意见》的总体思路是什么？《意见》主要包括哪些内容？

答：《意见》落实落细“四个坚持”。坚持人民至上，将维护人民群众生命财产安全置于首位，同时对醉驾情节轻微的初犯给予改过自新的机会。坚持严格执法、公正司法，进一步统一执法司法标准、规范执法办案，做到有法可依、有法必依、执法必严、违法必究。处理具体案件实事求是、不枉不纵、宽严相济、法理情融合，确保办案取得良好的政治效果、法律效果和社会效果。坚持系统思维，兼顾惩治与预防、公正与效率、刑罚手段与非刑罚手段的协调性。不仅关注醉酒危险驾驶犯罪的刑罚惩治，也注重因醉驾构成交通肇事罪、以危险方法危害公共安全罪等更严重犯罪的刑罚惩治。坚持综合治理，运用刑罚手段惩治醉驾的同时，也重视源头治理、综合施策，协同党政机关、行业协会、企事业单位以及公民个人，齐抓共管、群防群治，共同做好各环节的预防、治理工作。

《意见》共 30 条，分为总体要求、立案与侦查、刑事追究、快速办理、综合治理以及附则六部分，内容全面、法网严密。其中，立案与侦查部分对立案标准、道路、机动车认定、强制措施、证据收集等作了规定；刑事追究部分对从重、从宽处理情形、情节显著轻微、情节轻微认定、量刑标准，公益服务、刑事处罚与行政处罚衔接等作了规定；快速办理部分对醉驾案件适用快速办理机制的原则、范围、期限、流程等内容作了规定。

问：刚才谈到要坚持严格执法、公正司法，《意见》在这方面有哪些具体体现？

答：“两高两部”紧紧围绕严格执法、公正司法这个主题，根据醉驾治理新形势新变化新要求，着力运用法治思维、法治方式破难题、解新题，系统补充完善“2013 年意见”，形成标准统一、规则严密、要求明确、操作性强，行政执法与刑事司法相互衔接、梯次递进的酒驾醉驾治理体系。一是进一步统一执法司法标准。《意见》着力解决各地醉驾案件执法司法标准不够统一、处理不够均衡问题，统一行政处罚、刑事立案、起诉、量刑等标准，确保执法司法更加规范。比如，《意见》重申血液酒精含量 80 毫克/100 毫升的醉酒标准，明确情节显著轻微、情节轻微以及一般不适用缓刑的具体标准和情形，规定罚金刑的起刑点和幅度。二是织密法网，严密规则。《意见》进一步严密醉驾治理的刑事、行政法网和规则体系，依法治理醉驾的操作性更强。比如，《意见》细化醉驾案件证据收集、审查采信规则，对于血液样本提取、封装等环节的程序性瑕疵，提出补正完善和是否采信的规则，确保不枉不纵；明确醉驾属于严重的饮酒后驾驶机动车行为，对不追究刑事责任的醉驾行为人应依法予以行政处罚。三是更加注重考量醉驾的具体情节，确保公平公正地处理案件。《意见》充分考虑醉驾的动机和目的、醉酒程度、机动车类型、道路情况、行驶时间、速度、距离、后果以及认罪悔罪表现等因素，做到该宽则宽，当严则严，罚当其罪。比如，《意见》在“2013 年意见”规定的 8 项从重处理情形基础上，又调整、增加了醉驾校车、“毒驾”、“药驾”等 7 项从重处理情形。

问：《意见》在提升醉驾案件办理质效方面有哪些举措？

答：醉驾案件案情不复杂，适用法律方面相对明确。为兼顾公正与效率，《意见》提出要因地制宜建立健全醉驾案件快速办理机制，简程序不减权利，实现案件优质高效办理。一是明确符合规定情形、适用快速办理机制的案件，一般应当在立案侦查之日起 30 日内完成侦、诉、审工作。二是进一步简化办案手续。规定案件移送至审查起诉或者审判阶段时，取保候审期限尚未届满且符合取保候审条件的，受案机关可以不再重新作出取保候审决定。三是明确对拟适用缓刑的人员，一般不再委托社区矫正机构或者有关社会组织进行调查评估。四是简化法律文书制作，允许采取合并式、要素式、表格式等方式制作文书，具备条件的地区还可以通过网上办案平台流转卷宗和文书。

问：经过十余年的治理，仍然有一些人酒后开车。《意见》在源头预防和综合治理方面有哪些举措？

答：在保持惩治酒驾醉驾力度不减的情况之下，

为什么还有一些人以身试法，归根结底还是心存侥幸，守法意识淡薄。打击惩罚这一手不能放松，但“一罚了之”不是最佳方案、治本之策，源头预防、综合治理这一手不可或缺。《意见》从三方面要求加强源头预防和综合治理工作。一是加强普法宣传教育。酒驾醉驾预防宣传应当成为执法司法机关的常态化工作，要采取形式多样的宣传教育方式，引导社会公众认识到酒驾醉驾的危险性，让“喝酒不开车”的观念更加深入人心。二是加强协同治理。酒驾醉驾不仅是法律问题，更是社会治理问题。对执法司法过程中发现的酒驾醉驾治理问题，要充分运用司法建议、检察建议、提示函等机制，督促相关单位齐抓共管、群防群治。三是加强教育改造。惩前毖后、治病救人是我们党长期坚持的方针。在醉驾案件办理中，要加强对涉案人员的教育、矫正，防范再犯。

最后，我们呼吁广大驾驶人员，为了您和家人的幸福，为了大家出行安全，请自觉遵守交通规则，杜绝酒后驾驶，争做守护道路交通安全的第一责任人。

最高人民法院举办守护未成年人成长系列活动

习近平总书记对加强未成年人保护高度重视，作出重要指示，对未成年人教育、保护提出明确要求，激励少年司法审判工作要在“抓前端、治未病”上下更大功夫。

6月1日，最高人民法院以“法治护航　伴你成长”为主题，举办“六一”公众开放日活动。最高人民法院党组书记、院长张军同来自北京市第二中学、北京景山学校的百余名师生共庆“六一”儿童节。张军要求，要把习近平总书记考察北京育英学校时的重要讲话精神落实好，在思想上更加重视未成年人司法保护工作，呵护孩子们成长为德智体美劳全面发展的新时代好儿童。要进一步推进少年审判理念的现代化，树立保护性司法、联动性司法的意识，会同有关方面共同做好未成年人司法保护。要在推动具体落实上久久为功，提升“肯担当”的境界，增长“能担当”的才干，修炼“善担当”的智慧，创造性地抓好业务条线的落实，协调联动抓实抓出精彩。

9月5日，北京市第二中学法治副校长，最高人民法院党组书记、院长张军为北京二中师生和家长们讲授“提高自我保护能力　强化家庭学校协同　共同守护青春扬帆远航”的法治第一课。课堂上，张军围绕同学们要增强法治意识，家长要切实担负起家庭教育的主体责任，老师要切实履行好学校保护的直接责任，家庭、学校、司法保护要做好协同配合四个方面，结合案例、事例，进行了深入浅出的讲授。自我保护是根本，要不断增强法治意识，面对非法侵害时努力做到“百毒不侵”。张军以同学们学习和生活中可能遇到网络上的事例为切入点，讲述什么是法治，如何尊法、学法、守法、用法。“法治意识是否养成，是否形成自觉，重要的检验标准就是看有没有自我保护意识。”家庭保护是基础，要重视家庭建设，注重家庭、家教、家风。结合贯彻实施家庭教育促进法，张军说，家庭是第一个课堂，家长是第一任老师。家庭教育的根本任务是立德树人，要培育和践行社会主义核心价值观。学校保护是关键，既要教书育人，又要为学生提供安全保障。涉及未成年人学校保护的法律法规很多，关键在牢记为党育人、为国育才的初心使命，以德立身、以德立学、以德施教。张军结合相关法律规定和司法实践提示说，“教师队伍要落实好教书育人的各项要求，落实好各项学生保护制度，不断加强自身师德师风建设”。家庭、学校和司法保护要协同配合，发生“化学反应”，实现法治引领下的家校协同。“六大保护”相互关联、相互融合，缺一不可。张军以防治校园欺凌和依法打击“校闹”为例，阐述了家庭、学校、司法保护协同配合的基本理念。

最高人民法院
举办全国模范法官鲍卫忠同志先进事迹报告会

6月15日，最高人民法院举办全国模范法官鲍卫忠同志先进事迹报告会，最高人民法院党组书记、院长张军出席会议并讲话。

报告团成员结合亲身经历，讲述了鲍卫忠同志所思、所言、所做。“在他心里，老百姓的事再小，也是大事；在他心里，法是无私的，但必须有温度；在他心里，执法如山，却可以春风化雨、温润如玉。”“他说，我们迈出去的是脚步，带回来的是民心，虽然辛苦，但却值得。”“他用‘人心换人心’的方法，磨掉了一件件‘钉子案’‘骨头案’，每办一个案件，都会多一个民族兄弟和村民朋友。”“面对当事人的询问，他总是不厌其烦地解释、劝说，来了电话一定接，看到信息一定回，当事人随时都可以找到他。”……通过一个个生动的故事，一位对党忠诚、一心为民、实干担当、清正廉洁的模范法官的形象愈加清晰、高大。现场许多干警流下了泪水。

张军代表最高人民法院党组，向鲍卫忠同志表示深切缅怀，向鲍卫忠同志家属表示诚挚慰问，向长期奋战在审判执行工作一线的全国广大法院干警致以崇高敬意。围绕讲好英模故事，弘扬英模精神，推动党的二十大部署在人民法院落地生根，推动主题教育走深走实，张军提出三点要求：一是大力学习宣传鲍卫忠同志的先进事迹和崇高精神，把对党忠诚落到实处。全国法院干警要学习他对党忠诚、信念坚定，践行宗旨、一心为民，实干担当，公正廉洁、严于律己，以实际行动践行坚定拥护“两个确立”、坚决做到“两个维护”，展现昂扬向上的奋斗姿态，涵养新时代人民法官的浩然正气。二是把榜样的力量转化为砥砺奋进的强大动力，在全面依法治国这场国家治理的深刻革命中展现司法担当作为。全国法院干警要以鲍卫忠同志为榜样，深入学习贯彻习近平新时代中国特色社会主义思想，学深悟透做实习近平法治思想，在以学铸魂、以学增智、以学正风、以学促干上下功夫、见实效。三是驰而不息推进全面从严管党治院，在主题教育中淬炼忠诚干净担当的新时代法院铁军。各级法院要结合开展向鲍卫忠同志学习活动，在主题教育中抓严抓实干部队伍教育整顿。以抓实填报“三个规定”的“小切口”带动全面从严管党治院的“大生态”，让党中央放心，让人民群众满意。

报告会前，张军等接见了鲍卫忠同志的妻子周红和报告团其他成员。

中央第二十二指导组成员，最高人民法院在京院领导，部分全国人大代表、部分中央和国家机关有关部门负责同志。最高人民法院机关各部门干警在主会场参加。地方各级法院共59万名干警在分会场参加。

最高人民法院举办全国大法官研讨班

7月13日至14日，全国大法官研讨班在国家法官学院举行。最高人民法院党组书记、院长张军出席并讲话。

研讨班提出，人民法院是党领导下的国家审判机关，审判工作现代化既是政法工作现代化的重要内容，也是中国式现代化的重要保障。必须围绕“公正与效率”工作主题，找准司法审判在全面依法治国这场国家治理的深刻革命中的职责定位，稳中求进、守正创新，做实为大局服务、为人民司法，从审判理念、审判机制、审判体系、审判管理等方面整体推进、系统落实。

实现审判工作现代化，审判理念是关键。审判理念现代化的根本，是把习近平法治思想作为“纲”和“魂”自觉融入审判执行工作全过程、各方面，始终牢牢坚持党的绝对领导、坚持以人民为中心、坚持中国特色社会主义法治道路，立足我国国情、传承中华优秀传统法律文化，努力跟上、适应新时代新发展阶段新要求。实现审判工作现代化，审判机制是重点。做实审判机制现代化，就要让审判权运行符合司法规律，确保司法责任制全面准确落实。要以党的领导责任统领、压实司法审判责任。实现审判工作现代化，审判体系是基础。推进审判体系现代化，关键在优化法院机构职能体系，重点解决好机构设置规范、职能行使协同、体系运行高效等问题。组织机构要科学规范设置。实现审判工作现代化，审判管理是保障。推进审判管理现代化，科学的考核评价体系是重要抓手。要建立科学的、符合司法规律的审判质量管理指标体系。要做实全员绩效考核，把评案与考人贯通起来。绩效考核的根本是解决干与不干、干多干少、干好干差一个样的问题。要一体融合推进政治素质、业务素质、职业道德素质建设。政治素质建设是统领，要切实防止形式主义、空喊口号。业务素质建设要有政治灵魂，紧跟时代要求，突出问题导向。职业道德素质建设要落实严管就是厚爱，不严不可能带出过硬队伍。特别要把“三个规定”落实作为检验一体融合推进三个素质建设的试金石。

中央第二十二指导组成员，最高人民法院全体班子成员、咨询委成员，各高院院长，部分全国人大代表、全国政协委员、专家学者，中央和国家机关有关单位负责同志，最高人民法院各单位主要负责同志及新闻媒体记者参加。

最高人民检察院联合国家乡村振兴局开展“司法救助助力全面推进乡村振兴”专项活动

2 月 13 日，最高人民检察院与国家乡村振兴局共同印发《关于开展“司法救助助力全面推进乡村振兴”专项活动的通知》，明确专项活动从 2023 年 2 月开始，到 2025 年底结束，要求各级检察机关和乡村振兴部门，围绕乡村振兴战略规划，进一步深化拓展司法救助对象范围，对进入检察办案环节、有因案返贫致贫风险的六类农村地区生活困难当事人，切实加大司法救助和扶困帮扶工作力度：一是纳入防止返贫动态监测范围的脱贫不稳定户、边缘易致贫户、突发严重困难户；二是生活困难的退役军人；三是生活困难的未成年人；四是生活困难的妇女；五是生活困难的残疾人；六是生活困难的涉法涉诉信访人。专项活动对健全司法救助助力全面推进乡村振兴工作平台、常态化推进年度消灭司法救助空白点、全面落实司法救助和针对性帮扶措施、完善司法救助和社会救助衔接机制等重点工作措施作出安排。

一年来，全国检察机关坚持以习近平新时代中国特色社会主义思想为指导，深入贯彻习近平法治思想，全面贯彻党的二十大精神，以加强对农村地区因案导致生活困难当事人的司法救助为重点，扎实开展“司法救助助力全面推进乡村振兴”专项活动，高质效办理司法救助案件，有力推动新时代检察机关司法救助工作取得新成效。2023 年，全国检察机关共办理司法救助案件 9.8 万件，实际救助 9.6 万件 10.8 万人，发放救助金 9.5 亿元，同比分别上升 34.0%、34.1%、31.4%和 13.8%。院均救助 28 件，案均救助 1 万元。其中，救助农村地区脱贫不稳定户、边缘易致贫户、突发严重困难户以及生活困难的退役军人、未成年人、残疾人等重点对象 4.3 万户 5 万人，发放救助金 4.8 亿元，分别占同期实际救助人数、金额的 46.3%、50.5%。

总体看，2023 年全国检察机关开展“司法救助助力全面推进乡村振兴”专项活动呈现接续大力推进态势，推动整体救助规模取得新突破，全年实际救助人数首次超过 10 万人，发放救助金额接近 10 亿元，检察机关各办案部门移送司法救助线索更加主动，救助农村地区生活困难当事人数量大幅增加，救助困难妇女力度持续加大，检察机关与乡村振兴等部门协同开展救助质效进一步提升，为全面推进乡村振兴贡献了检察力量。

最高人民检察院举办大检察官研讨班

7月19日至21日，最高人民检察院在北京举办大检察官研讨班，深入学习贯彻习近平新时代中国特色社会主义思想，全面贯彻习近平法治思想，深入贯彻党的二十大精神，交流调查研究情况，扎实推进主题教育，研究谋划当前和今后一个时期的检察工作，推动新时代新征程党的检察事业创新发展，以检察工作现代化更好服务中国式现代化。最高人民检察院党组书记、检察长应勇出席并作开班式讲话。

应勇在讲话中强调，要坚持从政治上着眼、从法治上着力，把讲政治与讲法治有机结合起来，把执行党的政策与执行国家法律统一起来，在法治轨道上维护稳定、促进发展、保障善治，以行动践行对党忠诚，让坚定拥护“两个确立”、坚决做到“两个维护”成为新时代新征程检察机关的鲜明政治底色。要坚持“四大检察”法律监督基本格局，依法履行法定职责，推动“四大检察”全面协调充分发展。检察机关要有格局、有站位、有境界，加强与其他执法司法机关协作配合，一体推进执法司法制约监督机制建设，共同维护公正、维护人民利益。要紧紧围绕“努力让人民群众在每一个司法案件中感受到公平正义”的目标监督办案。让人民群众感受到公平正义，前提是依法、核心是公正。要坚持严格依法办案、公正司法，让“高质效办好每一个案件”成为新时代新征程检察履职办案的基本价值追求。“党的检察事业在求真务实、担当实干中开拓创建、跨越发展，也必将在求真务实、担当实干中走向未来。”不仅要在检察履职中自觉做到求真务实、担当实干，还要将其贯穿检察队伍建设全过程，使之成为检察人必备的精神状态、鲜明的履职特征。

结业式上，最高人民检察院就纵深推进主题教育，抓好研讨班精神贯彻落实作具体部署。

研讨班期间，最高人民检察院领导、检委会专职委员，各省级检察院、解放军军事检察院、新疆生产建设兵团检察院检察长围绕做好新时代新征程检察工作，结合大兴调查研究，进行了研讨交流。

中央第二十二指导组出席开班式和结业式。中央和国家机关有关部门负责同志应邀参会。最高人民检察院领导、检委会专职委员，最高人民检察院咨询委员会主任、副主任，各省级检察院、解放军军事检察院、新疆生产建设兵团检察院检察长，中央纪委国家监委驻最高人民检察院纪检监察组、最高人民检察院各部门主要负责同志参加会议。

最高人民检察院向全国人大常委会作关于生态环境和资源保护检察工作情况的报告

10月21日，最高人民检察院党组书记、检察长应勇代表最高人民检察院向第十四届全国人民代表大会常务委员会第六次会议作关于人民检察院生态环境和资源保护检察工作情况的报告。报告总结了2018年至2023年6月全国生态环境和资源保护检察工作成效。

一是坚持严的基调，依法惩治环境资源犯罪。全国检察机关受理审查起诉污染环境类犯罪4.3万人，受理审查起诉破坏资源保护类犯罪35.1万人。

二是依法维护公益，充分履行生态环境和资源保护领域公益诉讼检察职责。全国检察机关共办理生态环境和资源保护领域行政公益诉讼38.8万件、民事公益诉讼5.9万件，向行政机关发出诉前检察建议32.6万件，行政机关回复整改率99.3%，提起诉讼2.5万件，法院已审结2.2万件，99.8%得到裁判支持。

三是加强诉讼监督，促进提升环境资源执法司法质效。对认为应立案而未立案、不应立案而立案的环境资源案件，督促公安机关立案9543件、撤案9114件。督促行政执法机关向公安机关移送涉嫌犯罪案件1.1万件。对认为确有错误的刑事、民事、行政裁判分别提出抗诉1242件、53件、22件。

四是深化以案促治，助推生态环境和资源保护高水平治理。认真贯彻民法典，落实生态环境损害惩罚性赔偿制度。做实恢复性司法，采取损害赔偿、增殖放流、补植复绿、异地修复、劳务代偿等方式督促做好生态修复工作。坚持标本兼治，深化源头治理，严格落实“谁执法谁普法”，通过发布白皮书等方式助力营造崇尚生态文明的社会氛围。

五是树牢系统观念，推动构建生态环境和资源保护大格局。主动向地方党委、人大报告环境资源检察工作情况，27个省级党委、政府出台支持公益诉讼检察工作的意见，29个省级人大常委会出台加强公益诉讼检察工作的决定，均明确要求加强生态环境和资源保护领域公益诉讼工作。深化执法司法跨部门协作联动，会同水利部、国家林草局等单位健全行政执法与检察公益诉讼协作机制。健全检察机关一体履职机制，完善上下级检察院依法跟进监督、接续监督机制。健全社会支持工作机制，与中央统战部和各民主党派中央共建“益心为公”志愿者检察云平台，与公众共治公益损害问题。

六是强化素能建设，不断提升生态环境和资源保护检察工作专业化水平。发布涉环境资源检察工作司法解释和司法解释性质文件20件，发布指导性案例18件、典型案例424件，编写环境卫生犯罪等办案指引，引导规范办案。

公安部部署开展“昆仑2023”专项行动

2月21日，公安部召开“昆仑2023”专项行动动员部署视频会，部署全国公安机关全面贯彻落实党的二十大精神，坚持以人民为中心，坚持统筹发展与安全，扎实开展“昆仑2023”专项行动，依法严厉打击食药环和知识产权领域突出违法犯罪，全力抓好防风险、保安全、护稳定、促发展各项任务落实，努力为全面建设社会主义现代化国家开好局起好步创造安全稳定环境。

公安部要求，要突出打击重点，聚焦食品安全、药品安全、知识产权保护、污染防治、野生动物保护、环境资源安全和生物安全，保持高压震慑态势，提升打击整治质效，切实保障人民群众“舌尖上的安全”、用医用药安全、生产生活安全，切实服务好创新发展，守护好青山绿水，促进人与自然和谐共生。要主动服务大局，紧紧围绕粮食安全、乡村振兴、黑土地保护、长江经济带高质量发展等重大国家战略，因地制宜依法严厉打击食药环领域相关违法犯罪活动，切实发挥保驾护航作用。要创新打击理念，进一步强化源头打击，坚决查处整个犯罪链条组织者、获利者；强化区域合作，对团伙化、跨区域犯罪实施协同打击；强化大案侦办，通过挂牌督办、提级侦办等多种方式，实现“打源头、端窝点、摧网络、断链条、查流向”打击目标。

公安部要求，要进一步加强部门合作，强化行刑衔接，健全案件移送和联合整治机制，切实形成打击整治合力，有力推动系统治理、依法治理、综合治理和源头治理。要提高执法水平，用足用好现有法律武器，坚持宽严相济的刑事政策，强化相关法律政策保障，努力实现法律效果、社会效果、政治效果相统一。要加强组织领导，严格督导推进，强化支撑保障，狠抓工作落实，确保专项行动取得实效。要坚持政治建警，持续推进食药侦队伍革命化正规化专业化职业化建设，不断推进食药侦工作高质量发展。

据了解，去年以来，全国公安机关深入开展“昆仑2022”专项行动，严厉打击食药环和知识产权领域犯罪，共侦破刑事案件8.4万余起，有力维护了社会稳定和人民群众合法权益，服务了高质量发展。

公安部开展打击和防范经济犯罪宣传日活动

5月15日，公安部举行第14个“5·15”全国公安机关打击和防范经济犯罪宣传日活动，并在福建省福州市举办了启动仪式。全国公安机关以“与民同心、为您守护”为主题，围绕全面贯彻落实党的二十大精神，聚焦严重侵害人民群众切身利益、损害营商环境、危害经济秩序和经济安全的突出经济犯罪，揭示作案手法、传播防范知识，展示打击经济犯罪、服务经济社会高质量发展的坚定决心和显著成效，推动社会各界共同参与打击防范经济犯罪工作。

在宣传日活动中，推出了“5·15”特别节目《“筑”福新发展　奋进新征程》，集中展示公安机关在参与防范化解重大风险、打击防范突出经济犯罪、提升经侦执法规范化水平、服务经济社会发展等方面取得的显著成效，并发布了宣传日卡通形象“经侦侠小伍”。人民网上线宣传日活动专题页面，通过播放专题视频片、各地优秀宣传作品和举办防范经济犯罪网络有奖问答等形式，揭示常见经济犯罪作案手法，普及防范经济犯罪知识。各地公安机关结合当地特色和亮点，精心组织开展了丰富多彩的系列宣传活动。

近年来，针对经济犯罪新形势新特点，公安机关积极创新机制手段，依法严厉打击各类经济犯罪活动，持续组织开展了“猎狐”行动和打击非法集资、涉税、地下钱庄犯罪等专项行动，成功侦破了一大批经济犯罪重特大案件。2022年，全国公安机关共破获各类经济犯罪案件7.4万起，挽回经济损失236亿余元，通过国际执法合作从境外缉捕遣返各类潜逃经济犯罪嫌疑人700余名，有力维护了国家经济安全、社会稳定和群众合法权益。

公安部经济犯罪侦查局有关负责人表示，全国公安经侦部门将紧密结合学习贯彻习近平新时代中国特色社会主义思想主题教育，积极防范化解重大经济金融风险，依法打击防范各类经济犯罪，深入推进公安经侦执法规范化建设，依法保护广大人民群众合法权益，坚决维护市场经济秩序，保障国家经济金融安全。同时，不断巩固拓展宣传教育阵地，以人民群众喜闻乐见的方式积极开展宣传教育，切实增强各类市场主体和广大人民群众识别防范经济犯罪的意识和能力，凝聚社会各界共同打击和防范经济犯罪工作的强大合力。

公安部在国新办新闻发布会上谈以高水平安全保障高质量发展

10月24日，在国务院新闻办举行的“权威部门话开局”系列主题新闻发布会上，公安部有关负责人围绕以高水平安全保障高质量发展介绍了有关情况，并回答记者提问。

在加大制度供给护航发展服务民生方面，公安部服务党和国家重大战略，研究制定服务保障高质量发展若干措施，集中出台一批便民利企新举措。仅交通管理方面的系列便利措施就为群众企业节约办事成本超过200亿元。今年8月，公安机关向社会公布服务保障高质量发展26条措施。8月以来，办理户口迁移“跨省通办”50余万笔，优化城市公交专用道管理、推行轻微交通事故线上视频快处等措施惠及群众1000多万人次。

在剑指各类影响群众安全感的违法犯罪方面，公安机关深入开展“云剑”“断卡”“断流”“拔钉”等专项行动，截至今年9月底，缉捕电信网络诈骗集团重大头目和骨干387名，狠狠打击了诈骗分子的嚣张气焰。在持续织密筑牢防护网方面，今年以来，累计向各地推送预警指令3.1亿条，各地自主产出预警信息1.3亿条；会同工业和信息化部建成涉诈预警劝阻短信系统，累计发送预警提示短信、闪信6.4亿条；会同中央网信办建设推广国家反诈中心APP，累计预警提示1578.5万次。6月25日至9月30日，公安部部署全国公安机关集中开展了一场严打各类违法犯罪、严整突出治安问题的夏季治安打击整治行动，先后部署3波集群战役、3轮夏夜治安巡查宣防集中统一行动、7次区域会战。

在重拳打击食药犯罪保障群众食品用药安全方面，公安机关采取一系列严打整治措施，坚决治理“餐桌污染”和假药劣药，守护好群众“舌尖上的安全”和生命健康。在“昆仑2023”专项行动中，公安部部署对食品“两超一非”，即超范围、超限量滥用添加剂、非法添加有毒有害非食用物质犯罪进行集中打击，侦破刑事案件5300余起，抓获犯罪嫌疑人6300余名。针对食品案件隐案多、发现难问题，依托各地建设的500多个公安食药快检技术室，对问题多发的食品领域开展主动采样检测，及时发现一批问题线索，目前案件线索自主发现率达到60%。今年1月至9月，公安机关共侦破药品犯罪案件4600余起。随着打击治理力度不断加大，我国药品安全形势总体稳定向好。但受多种因素的影响，滋生药品犯罪的消极因素仍然大量存在，特别是黑作坊、黑窝点非法制售药品等犯罪问题仍然较为突出。下一步，公安机关将聚焦药品领域突出犯罪问题，会同有关部门深入开展专项打击整治，确保药品安全。

国家安全部开展“四下基层”实践活动

国家安全部党委高度重视学习践行习近平总书记大力倡导并身体力行的“四下基层”工作方法和工作制度，在第二批主题教育中创新建立落实基层联系点制度。国家安全部党委书记、部长陈一新先后赴北京、广东、天津等省市国家安全机关开展深入调研，每位部党委委员至少选择一个第二批主题教育单位进行实地调研，传达党中央相关精神要求，了解主题教育开展情况，发现推广工作经验，及时指出问题不足，帮助解决实际困难。在国家安全部党委示范引领下，各厅局各单位纷纷行动起来，从青藏高原到东南沿海，从边境口岸到中原腹地，在“四下基层”的生动实践中不断推动以学铸魂、以学增智、以学正风、以学促干取得实实在在的成效。

一是下基层强理论素养。国家安全机关始终把“学思想”作为首要任务贯穿始终，通过理论宣讲把习近平总书记重要指示批示精神真正落到基层一线。在广东，陈一新参加所联系的基层党支部主题党日活动，围绕以基层党建带动提升广大干警“五种素养”为大家讲了一堂“微党课”，启发和鼓舞一线干警。

二是下基层促成果转化。国家安全机关贯通“加快调研成果转化速度”和“加大问题整改强度”，在联系基层中着力推动发展。在北京和天津，陈一新深入调研指导国家安全机关重点工作任务落实，为冲刺全年工作目标任务注入强大动能。

三是下基层解民忧警忧。国家安全机关坚持人民至上根本立场，把维护人民安全贯穿国家安全工作始终。每到一地调研，陈一新均会对加强国家安全宣传教育、提升国家安全机关为民服务水平提出要求，并关心了解一线干警工作生活情况，“现场办公”解决实际困难。

国家安全部举办百名优秀年轻干部党性教育培训班

7 月，国家安全部举办百名优秀年轻干部党性教育培训班，国家安全部党委书记、部长陈一新出席开班式并开讲第一课。

陈一新指出，新时代新征程，国家安全机关要把培养选拔优秀年轻干部作为重大战略任务，坚持以习近平新时代中国特色社会主义思想为指导，落实全国组织工作会议要求，坚持新时代好干部标准，坚持勤政廉政优政导向，以“六炼（练）六修养”为途径，努力把优秀年轻干部锻造成为隐蔽战线的时代尖兵，为加快构建国家安全机关工作新格局提供有力组织保障。

一是强化思想淬炼，提升理论修养，最重要的是坚持用习近平新时代中国特色社会主义思想凝心铸魂。要把学懂弄通做实习近平新时代中国特色社会主义思想作为政治要求、工作需求、精神追求，围绕三大理论学习重点，坚持学思结合促深化、学研结合促内化、学用结合促转化，不断提升学思想的境界，增强党性觉悟，明确重实践的导向，激发建新功的追求。

二是强化政治历练，提升政治修养，最根本的是提升“政治三力”、做到“两个维护”。要深刻领悟“两个确立”的决定性意义，增强“四个意识”、坚定“四个自信”、做到“两个维护”，不断提高政治判断力、政治领悟力、政治执行力，始终在思想上政治上行动上与以习近平同志为核心的党中央保持高度一致，永葆绝对忠诚、绝对纯洁、绝对可靠的政治本色。

三是强化实践锻炼，提升能力修养，最突出的是要在加快构建国家安全机关工作新格局火热实践中增长才干。要自觉投身着力创建适应重大斗争需要的隐蔽战线实战体制、加快构建国家安全机关工作新格局的火热实践，不断提高履行新时代新征程职责使命、推动国家安全事业高质量发展的能力。

四是强化专业训练，提升业务修养，最基本的是不断提高适应工作发展和斗争需要的履职能力。要充分发挥精力充沛、思维活跃、接受能力强的独特优势，不断完善履职尽责必备的知识体系，勇于推进实践、理论、制度创新，加快成长为通晓业务理论的专才、掌握业务规律的行家、破解业务难题的高手，成长为新时代新征程国家安全机关工作的突击手、生力军。

五是强化斗争磨炼，提升作风修养，最关键的是练就战胜一切艰难险阻的精气神、真本事。要弘扬敢斗善斗精神、彰显冒险犯难品质、永葆甘于无名情怀，始终以无畏气概报党报国，以赤胆忠心许党许国，以前所未有的意志品质维护国家主权、安全、发展利益。

六是强化自律修炼，提升道德修养，最紧要的是以高标准严要求树立清正廉洁的良好形象。要将道德修养作为干事修身的重要标尺，正心明道，防微杜渐，明大德、守公德、严私德，以自重铸品德、以自省管小节、以自警慎言行、以自励把操守，做到有原则、有底线、有规矩。

国家安全部开展主题教育调研成果交流汇报活动

8 月，国家安全部党委召开主题教育调研成果交流汇报会，深入学习贯彻习近平总书记关于主题教育和调查研究的重要论述，交流研讨调研成果，深化优化调研思路，加快推动调研成果转化，加快构建国家安全机关工作新格局。部党委成员围绕“1 + 10 + 10”调研课题完成情况作了交流发言，部党委书记、部长陈一新主持会议并讲话。

调查研究是传家之宝、为民之要、决策之基、创新之道、制胜之术。部党委以解放思想开路，以调查研究开局，大兴调查研究已在全系统蔚然成风，取得了一系列实践成果、制度成果和理论成果。总的看，前期调研工作有力有序、求真求是、走深走实、见行见效。

陈一新就围绕“1＋10＋10”调研课题，做好调查研究“后半篇文章”提出了四点意见：一是坚持政治导向，推动调研思路“优化”。要学深悟透习近平新时代中国特色社会主义思想，进一步优化调研思路。要学好用好《习近平关于调查研究论述摘编》，进一步增强调研自觉、掌握调研方法、创新调研形式、增强调研能力。要学好用好浙江“千万工程”经验案例，深刻领悟习近平总书记坚持人民至上、掌握真情况、发现真问题、为民解难题的思想方法和工作方法，做到紧跟核心、对标对表。要学好用好习近平总书记对国家安全工作重要指示，以高质量的调查研究推动习近平总书记重要指示精神贯彻落实到隐蔽战线各方面全过程。二是坚持问题导向，推动调研过程“实化”。把摸实情、出实招、攻难题、求实效贯穿调研全过程。要抓住“急中之急”问题，胸怀“国之大者”，紧盯急迫重大事项，加紧谋划对策举措，力求尽快攻坚突破。要抓住“重中之重”问题，围绕战略布局谋大事，聚焦重大斗争方向，加快创建实战体制。要抓住“难中之难”问题，聚焦顽瘴痼疾，努力突破制约瓶颈，攻难点成亮点、化问题为成效。三是坚持实效导向，推动调研成果“转化”。坚持研以致用，推动调研成果转化。要努力转化为实践成果，通过课题的深入研究、系统集成，为推进重要部署、重要工作服务。要努力转化为制度成果，善于总结提炼实践创新理念和基层首创精神，使之上升为政策文件、法律法规。要努力转化为理论成果，深化对隐蔽斗争规律的认识，进一步增强工作的科学性、前瞻性、系统性、创造性。四是坚持责任导向，推动调研制度“深化”。把调研作为“必修课”“常修课”，更好促进决策、改进工作、推动发展。部党委担当领导责任，带头抓好调研成果系统集成和落地实施。各厅局要担当落实责任，逐一制定问题清单、责任清单、任务清单，确保所有问题得到有效解决。职能部门要担当督导责任，建立成果转化运用清单，开展跟踪问效，完善长效机制，推动调查研究在全系统走深走实、取得实效。

司法部
举办全国司法行政系统一级英雄模范先进事迹报告会

为深入贯彻习近平总书记关于弘扬英模精神的重要指示精神，扎实推进学习贯彻习近平新时代中国特色社会主义思想主题教育，司法部先后举办全国司法行政系统一级英雄模范陈旭同志先进事迹报告会、全国司法行政系统一级英雄模范吴秋瑾同志先进事迹报告会。两次报告会均以“现场＋电视电话会议”形式举行，分别在海南省人大会堂、安徽省广播电视台演播大厅设主会场，共计74万余人聆听学习先进事迹。

5月16日，司法部、海南省委在海南省人大会堂举办“闪光的足迹　榜样的力量——陈旭同志先进事迹报告会”。司法部党组书记、部长贺荣出席。报告会前后，司法部、海南省、人力资源社会保障部表彰办负责同志分别会见了报告团成员和新闻媒体记者，向陈旭同志家属颁发荣誉证书和奖章，高度赞扬陈旭同志是新时代政法干警的优秀代表、广大党员干部学习的榜样标兵。希望报告团成员和新闻媒体用心用情讲好英模故事、宣传英模事迹、弘扬英雄精神，形成见贤思齐、崇尚英雄、争做先锋的良好氛围，推进主题教育走深走实。

11月28日，司法部、安徽省委在合肥市联合举办吴秋瑾同志先进事迹报告会。司法部党组书记、部长贺荣出席。报告会前，贺荣等出席吴秋瑾同志“全国司法行政系统一级英雄模范”称号颁奖仪式并会见报告团成员，司法部、人力资源社会保障部有关负责同志分别向吴秋瑾同志颁授荣誉证书和奖章。在颁奖仪式上，贺荣指出，吴秋瑾同志牢记党的宗旨、忠诚党的事业，恪尽职守、勇于担当，冲锋在前、无私奉献，充分展现了监狱人民警察的时代风采和奋进姿态，是司法行政系统深入学习贯彻习近平法治思想的优秀代表，是全国司法行政系统的楷模，是广大司法行政干警学习的榜样。一个英模就是一面旗帜。全国司法行政系统要大力弘扬英模精神、发挥榜样力量，激励引导广大司法行政干警切实把坚定拥护“两个确立”、坚决做到“两个维护”落实到实际行动上，踔厉奋发、勇毅前行，为推进全面依法治国和司法行政工作高质量发展作出更大贡献。

司法部在国新办新闻发布会上谈加强法治建设、服务保障高质量发展

11月23日，国务院新闻办公室举行“权威部门话开局”系列主题新闻发布会，司法部党组书记、部长贺荣等介绍了加强法治建设、服务保障高质量发展有关情况。

一、加快提升涉外法律服务水平

“今年以来，全国办理涉外公证业务250多万件，公证文书发往180多个国家和地区；办理涉外仲裁3127件，涵盖金融、工程建设、合同买卖、知识产权、数字经济等领域，标的额累计达2087亿元，涉及100多个国家和地区。”贺荣重点介绍了近年来特别是今年以来，司法部履行涉外法治相关职能、服务高质量发展和高水平对外开放的有关情况。

一是立足职能统筹协调落实党中央关于涉外法治的重大部署。围绕加快涉外法治工作战略布局、我国法域外适用法律体系建设、提高涉外执法司法能力、加强涉外法治人才培养等工作，强化研究、协调和统筹，制定出台相关指导性意见，立足职能切实把党中央决策部署落实落细。

二是加快健全系统完备的涉外法律法规体系。按照党中央、国务院部署，落实全国人大常委会和国务院立法工作计划，着力提升涉外立法质效，和有关部门一起做好对外关系法、外国国家豁免法、领事保护与协助条例等重要基础性法律和法规的研究起草、审查修改工作。司法部正在牵头修订仲裁法，进一步完善具有中国特色、提高涉外仲裁制度开放性的仲裁制度。

三是深化法治领域交流合作。司法部承担国家法治对外合作工作，履行国际司法协助条约确定的对外联系机关（中央机关）职责。目前，我国已与86个国家签署双边司法协助条约，与17个国家签署移管被判刑人条约；年均办理国际刑事司法协助请求300多件、民商事请求3000多件。

四是加快提升涉外法律服务水平。支持北京、上海、广东、海南等地加快推进国际商事仲裁中心建设。充分发挥“一带一路”律师联盟作用，为国际贸易、跨境投资、海事海商等提供更加优质的法律服务。目前，我国律师事务所在35个国家和地区设立了180家分支机构，涉外律师有1.2万多人。

五是加快培养高素质涉外涉港澳法治人才。目前，正在加快建设国家级涉外法治研究基地，提升国际法理论研究和实践应用水平。加强涉外律师人才培养，遴选形成全国千名涉外律师人才名录，组建涉外仲裁人才库。同时，对港澳律师在粤港澳大湾区内地9市执业试点的期限延长3年，促进港澳律师更好融入国家发展大局。

二、加强对行政法规中有违公平条款的清理工作

市场经济是法治经济、信用经济，司法部在优化营商环境方面采取了一些务实措施。

一是优化营商环境立法供给。“今年以来，推动出台《私募投资基金监督管理条例》等法规，正在会同有关部门加快招标投标法、会计法、保险法、反不正当竞争法等重要法律的修订工作。”贺荣介绍，在加强立法的同时，还加强了对行政法规中有违公平条款的清理工作，今年以来，司法部牵头对602件行政法规开展集中清理，已向社会公布两批，第三批将尽快公布。

二是促进严格规范公正文明执法。组织开展提升行政执法质量三年行动，深化“减证便民”，重点加强涉企行政执法监督力度，依法纠正不作为、乱作为、粗暴执法、执法不规范等突出问题。同时，做好新修订的行政复议法实施准备工作，努力发挥行政复议化解行政争议的主渠道作用，加强和人民法院的协调配合，共同促进依法行政水平的提升。

三是贯通律师、公证、仲裁、调解等多项职能，为企业提供风险防范、纠纷解决等法律服务。支持商会等开展人民调解工作，目前已经建立各类企业人民调解委员会1.1万多个、商会人民调解组织

3100多个，去年以来化解涉企矛盾纠纷150多万件。同时，把对企业的法治宣传作为“八五”普法重要内容，努力营造诚信守约的市场环境和氛围。

三、有效解决循环证明、无谓证明问题

近年来，司法部聚焦群众在办理公证中的“急难愁盼”问题，推出了证明材料清单管理等一批措施。

针对群众反映强烈的办理公证材料繁琐问题，司法部全面梳理地方出台的公证证明材料清单。“通过梳理，今年已向社会公布了规范33类81项证明材料清单，删减了不必要的证明材料116项，删减证明达29.3%，有效解决了证明‘我是我、你是你’等循环证明、无谓证明的问题。”有关负责人介绍。

围绕服务保障民生、优化营商环境等重点领域，司法部部署各地进一步扩大“最多跑一次”公证事项范围，全面落实一次性告知制度。建立公证与领事认证协同联办机制，做到“一次申请、一窗受理、联动办理”，打通公证认证“最后一公里”。此外，完善公证服务价格形成机制，明确关系民生的基本公证服务项目，指导各地对低收入群体、老年人等特殊群体按规定减免公证费用，今年以来已经为老年人办理免费遗嘱公证2.4万余件。

法治建设既要抓末端、治已病，更要抓前端、治未病。今年以来，各级司法行政机关扎实推进调解工作，充分发挥调解在化解矛盾纠纷当中的基础性作用。

据介绍，全国共有人民调解委员会近70万个，基本形成了覆盖城乡和重点领域、重点单位的组织网络。“今年1—9月调解矛盾纠纷1180万件，将大量矛盾纠纷解决在基层、化解在诉前。”有关负责人表示，司法行政机关将进一步加强人民调解组织规范化建设，加强和规范医疗、道路交通、劳动争议等与人民群众生产生活密切相关领域的人民调解组织，不断推动人民调解工作取得新成效。

司法部、全国普法办和中央广播电视总台主办“宪法的精神　法治的力量——2023年度法治人物”专题活动

12月4日是第十个“国家宪法日”，由司法部、全国普法办和中央广播电视总台共同主办，总台社教中心承办的特别节目《宪法的精神　法治的力量——2023年度法治人物》于12月4日在央视综合频道和社会与法频道播出。

2023年是我国设立“国家宪法日”10周年，也是毛泽东同志批示学习推广“枫桥经验”60周年，习近平总书记指示坚持和发展“枫桥经验”20周年。这次专题活动深入贯彻落实党的二十大精神，坚持以习近平法治思想为引领，聚焦重点领域、典型人物，讲好“以人民为中心”的中国法治故事，向全社会揭晓10位“年度法治人物”和3位“致敬英雄”，讲述他们在法治战线上坚守和付出的感人故事，全面展现新时代全面依法治国新理念新举措新成就。司法部、全国普法办组织评选出的10位“年度法治人物”和3位已经牺牲的“致敬英雄”，涵盖了全面依法治国的方方面面，他们大都来自基层一线，是法治实践中涌现的大批先进人物的代表。

节目覆盖观众、读者4400万人，取得了良好的法治宣传效果。11月22日，司法部组织举办2023年度法治人物走进司法部活动，“年度法治人物”“致敬英雄”家属和单位代表受邀参观司法部，零距离感受司法行政工作氛围，并参观“历史传承砥砺奋进”展，一起重温司法行政事业的光辉历程。

中国法学会发布《中国法治建设年度报告（2022）》

8月24日，由中国法学会组织撰写的《中国法治建设年度报告（2022）》正式发布，这是中国法治建设年度报告连续15年向国内外发布。

报告全文共约5.6万字，通篇突出学习贯彻习近平法治思想，全面系统反映了2022年中国特色社会主义法治建设取得的重大成就，生动展现了习近平法治思想的真理力量和实践伟力。报告内容包括前言，习近平总书记发表的重要文章《谱写新时代中国宪法实践新篇章——纪念现行宪法公布施行40周年》，全国人大及其常委会的立法和监督工作，依法行政，全面深化政法改革工作，审判、检察、公安和司法行政工作，人权法治保障，知识产权保护，生态文明法治建设，法学理论研究、法学教育和法治宣传，涉外法治工作，结束语，附录，共13个部分。

报告指出，2022年是党和国家历史上极为重要的一年。党的二十大胜利召开，描绘了全面建设社会主义现代化国家的宏伟蓝图。面对风高浪急的国际环境和艰巨繁重的国内改革发展稳定任务，以习近平同志为核心的党中央团结带领全国各族人民迎难而上，全面落实疫情要防住、经济要稳住、发展要安全的要求，加大宏观调控力度，实现了经济平稳运行、发展质量稳步提升、社会大局保持稳定，中国发展取得来之极为不易的新成就。

报告指出，2022年也是中国法治建设历史进程中极为重要的一年。这一年，党的二十大对坚持全面依法治国、推进法治中国建设作出重要部署，全面开启法治中国新征程。这一年，现行宪法公布施行40周年，习近平总书记发表重要文章《谱写新时代中国宪法实践新篇章——纪念现行宪法公布施行40周年》，为全面贯彻实施宪法指明方向。这一年，中共中央、国务院发布《关于加快建设全国统一大市场的意见》，为建设高标准市场体系、构建高水平社会主义市场经济体制提供坚强支撑。这一年，全国人民代表大会进一步完善“爱国者治港”制度，维护香港特别行政区宪制秩序。这一年，中央全面依法治国委员会印发《关于进一步加强市县法治建设的意见》并启动相关督察工作，夯实全面依法治国基础，提升市县法治建设水平。这一年，中国新冠肺炎疫情防控政策作出重大优化调整，更好统筹疫情防控和经济社会发展。这一年，最高人民法院发布《关于适用〈中华人民共和国民法典〉总则编若干问题的解释》，指导各级人民法院贯彻实施好民法典，依法保护民事主体的合法权益。这一年，最高人民检察院发布《关于全面加强新时代知识产权检察工作的意见》，联合国家知识产权局出台《关于强化知识产权协同保护的意见》，推动构建知识产权“严保护、大保护、快保护、同保护”工作格局。这一年，司法部全面落实《全国公共法律服务体系建设规划（2021—2025年）》，推进完善公共法律服务体系建设。这一年，中国法官首次当选联合国上诉法庭和争议法庭法官，这是联合国上诉法庭和争议法庭自2009年设立以来，中国候选人首次当选。

报告指出，2022年，中国法治建设取得的重大成就，根本在于习近平总书记掌舵领航，根本在于习近平新时代中国特色社会主义思想科学指引，是习近平法治思想光辉而又生动的实践。回顾过去一年中国法治建设取得的成就和走过的历程，广大法学法律工作者必将更加坚信习近平法治思想的真理力量，必将更加坚信中国特色社会主义法治道路越走越宽广，必将更加坚信法治中国前景无限光明。

报告指出，踏上强国建设、民族复兴的新征程，广大法学法律工作者要坚持以习近平新时代中国特色社会主义思想为指导，全面贯彻落实党的二十大精神，深入贯彻落实习近平法治思想，更加紧密地团结在以习近平同志为核心的党中央周围，深刻领悟“两个确立”的决定性意义，增强“四个意识”、坚定“四个自信”、做到“两个维护”，强化使命担当，认真履职尽责，为在法治轨道上全面建设社会主义现代化国家贡献力量。

中国法学会
主办中国法治论坛（2023）暨第十六届中国法学青年论坛

12 月 17 日至 18 日，由中国法学会、广东省委政法委、深圳市委市政府主办的中国法治论坛（2023）暨第十六届中国法学青年论坛在深圳举行。本次论坛的主题是“深入学习贯彻习近平法治思想，在法治轨道上全面深化改革开放，加快构建新发展格局”。

会上，相关人士围绕“深刻领悟习近平法治思想关于坚持党的领导若干重要论断”“深入学习贯彻习近平法治思想，以高水平法治保障广东高质量发展”“以习近平法治思想引领中国特色社会主义法治先行示范城市建设”“学习习近平总书记关于法治文化的重要论述”“习近平法治思想的司法理论”“深入学习贯彻习近平总书记关于涉外法治的重要论述”“深刻领会习近平法治思想的实践逻辑”“在法治轨道上推进中国式经济现代化”“构建改革和法治良性互动关系”“推进中国式刑事司法现代化”“构建中国自主的法学知识体系”“打造高素质涉外法治人才队伍”等专题进行了交流研讨。

论坛指出，中国共产党领导是中国特色社会主义最本质的特征，是中国特色社会主义制度的最大优势，是社会主义法治最根本的保证。要把党的领导贯彻到全面依法治国全过程和各方面，坚定不移走中国特色社会主义法治道路，更好发挥法治固根本、稳预期、利长远的保障作用，以高质量法治保障高质量发展，在法治轨道上全面建设社会主义现代化国家。

五、政策文件

中共中央
印发《中央党内法规制定工作规划纲要（2023—2027年）》

（2023年4月2日）

全面建设社会主义现代化国家、全面推进中华民族伟大复兴，关键在党；完善党的领导制度体系、健全全面从严治党体系，基础在规。推进依规治党、加强党内法规制度建设，事关党长期执政和国家长治久安，事关事业兴旺发达和人民幸福安康。迈上新征程，党内法规制度建设进入高质量发展新阶段，依规治党面临巩固拓展提高新任务。为深入贯彻落实党的二十大重大决策部署，完善党内法规制度体系，增强党内法规权威性和执行力，进一步发挥依规治党的政治保障作用，现制定本规划纲要。

一、坚持以完善"两个维护"制度保证全党团结统一、行动一致

维护习近平总书记党中央的核心、全党的核心地位，维护党中央权威和集中统一领导，是党的最高政治原则和根本政治规矩，是保证党集中统一、坚强有力，团结成"一块坚硬的钢铁"的关键。要通过完善"两个维护"制度机制，推动全党始终在思想上政治上行动上同以习近平同志为核心的党中央保持高度一致。

（一）健全用习近平新时代中国特色社会主义思想武装全党、教育人民的制度。与时俱进推进党的理论创新，完善党的创新理论学习教育制度，持续推进党的创新理论同步进教材、进课堂、进头脑，坚持不懈用习近平新时代中国特色社会主义思想武装头脑、凝心铸魂。修订《中国共产党党委（党组）理论学习中心组学习规则》，发挥好"关键少数"在学习贯彻党的创新理论中的示范带动作用。健全年轻干部、青年党员理论武装制度，教育引导青年一代自觉做习近平新时代中国特色社会主义思想的坚定信仰者、忠实实践者。健全党的创新理论宣传研究阐释制度，更好推动党的创新理论深入人心，充分彰显习近平新时代中国特色社会主义思想强大真理力量。健全保证党的创新理论全面完整准确贯彻落实的制度，完善习近平总书记重要指示批示督促落实机制，自觉运用习近平新时代中国特色社会主义思想坚定理想、锤炼党性和指导实践、推动工作。

（二）健全党中央对重大工作的领导体制。坚定维护党中央权威和集中统一领导，制定推动《中国共产党中央委员会工作条例》贯彻落实的配套制度，确保涉及全党全国性的重大方针政策问题，只有党中央有权作出决定和解释。健全党中央总揽全局、协调各方的制度，坚持和加强党中央对党政军群和企事业单位重大工作的领导。健全中央政治局及其常务委员会决策制度，完善党中央重大决策的调查研究、征求意见、听取意见建议制度，健全党中央在领导推进中国特色社会主义事业中把方向、谋大局、定政策、促改革的制度。研究制定《党中央决策议事协调机构工作条例》，健全党中央决策议事协调机构的设立和运行机制，发挥对重大工作进行顶层设计、统筹协调、整体推进、督促落实的职能作用。完善推动党的全国代表大会重大决策部署贯彻落实的工作机制，健全党中央领导实施重大战略的体制机制，推动重大决策部署落地见效。

（三）健全党中央领导各级各类组织的制度。完善党中央对各级各类组织设立和运行的领导制度，强化对机构改革的顶层设计和谋篇布局。完善中央一级党组织向党中央请示报告工作的制度，进一步加强党中央对全国人大常委会、国务院、全国政协、最高人民法院、最高人民检察院党组的集中统一领导。完善中央一级党组织确保党的理论和路线方针政策在本机关本系统本领域全面贯彻落实的制度，推动各地区各部门自觉坚持党的全面领导，坚决维护党中央权威和集中统一领导。

（四）完善党中央重大决策部署落实机制。制定《贯彻落实党中央重大决策部署条例》，强化各地区各部门贯彻落实的政治责任，完善党中央重大决策部署的任务分工、督办落实、定期报告、检查通报、跟踪问效、监督问责等全链条工作机制，确保党中央政令畅通、令行禁止。制定完善督查工作相关法规制度，进一步健全党委领导、党委办公厅（室）牵头抓总、部门分工负责、各方面参与的督查工作格局。制定《规范地方党委政策性文件制定工作规定》，推动地方党委文件精简数量、提高质量、改进文风，切实解决文件配套简单照搬照抄、上下一般粗问题。

（五）健全保证全党同党中央保持高度一致的制度。严格落实《关于新形势下党内政治生活的若干准则》，完善党内政治生活相关制度，巩固和加强党的团结统一，防止和反对个人主义、分散主义、自由主义、本位主义。落实各级党委（党组）主体责任，健全领导本地区本部门本系统全面从严治党工作的制度，确保向党中央看齐，向党的理论和路线方针政策看齐，向党中央决策部署看齐。严明政治纪律和政治规矩，把“两个维护”作为强化监督执纪问责、深化政治巡视和政治监督的根本任务，坚决防止和纠正一切偏离“两个维护”的错误认识和言行，坚决防止和纠正一切形式的“低级红”“高级黑”。

（六）健全党员干部政治能力建设制度。推进党员、干部政治能力培养制度化长效化，把政治能力作为领导干部的首要履职能力，把增强坚定维护党中央权威和集中统一领导的能力作为各级领导班子和领导干部政治能力建设的首要任务，不断提高政治判断力、政治领悟力、政治执行力，始终做政治上的明白人和老实人。坚持敢于斗争、善于斗争，急党中央所急、忧党中央所忧，健全重大风险防范化解机制，树牢底线思维、增强忧患意识，推动领导干部提高知重负重、知难克难、知险化险的能力，依靠顽强斗争打开事业发展新天地。

二、坚持以完善党的领导法规制度有力保证党总揽全局、协调各方

党的领导是全面的、系统的、整体的，必须全面、系统、整体加以落实。要坚持和加强党对一切工作的领导，健全党总揽全局、协调各方的领导制度体系，坚持在制度轨道上全面实施党的领导活动，完善领导体制机制，创新领导方式方法，把党的领导贯彻落实到改革发展稳定、内政外交国防、治党治国治军各领域各方面各环节，确保党始终成为中国特色社会主义事业的坚强领导核心。

（七）完善党在各种组织中发挥领导作用的制度。强化党在同级各种组织中的领导核心作用，完善党领导人大、政府、政协、监察机关、审判机关、检察机关、武装力量、人民团体、企事业单位、基层群众性自治组织、社会组织等制度，确保各层级各方面在党的统一领导下，各就其位、各司其职、各尽其责、有序协同。健全地方党委对同级人大常委会、政府、政协、法院、检察院党组实施领导的体制机制，加强地方党委对本地区经济社会发展和党的建设的领导。完善党领导群团工作的制度，进一步增强群团组织的政治性、先进性、群众性。

（八）完善党领导各项事业的制度。健全党领导经济社会发展各方面重要工作的制度，把党的领导贯彻落实到统筹推进“五位一体”总体布局、协调推进“四个全面”战略布局各领域各方面各环节。健全党领导全面深化改革工作、全面依法治国工作、民族工作、宗教工作、教育工作、科技工作、社会主义精神文明建设工作、网络安全和信息化工作、生态文明建设等方面的制度，不断提高党的领导制度化规范化程序化水平。制定《中国共产党领导外事工作条例》，加强党中央对外事工作的集中统一领导，维护和塑造良好外部环境。加大党际交往力度，健全党际交往制度，完善社会组织参与国际非政府组织活动等民间外交的制度。

（九）完善把党的领导贯彻到党和国家机构履行职责全过程的制度。把坚持和加强党的全面领导同支持国家机关依法履行职责、开展工作统一起来，科学配置党的机关和国家机关职权职责，进一步明晰权限边界，保证党政机关各司其职、各负其责。加强党对机构编制工作的领导，把机构职责调整优化同完善制度机制有机统一起来，把加强党的长期执政能力建设同提高国家治理水平有机统一起来，深入推进机构编制制度化法定化，巩固党和国家机构改革成果。理顺党政机构职责关系，健全党的职能部门统一归口协调管理的制度，从机构职能上解决好党对一切工作领导的体制机制问题。将党中央决策部署及时转化为法律法规，推进党的领导入法入规，使国家机关依法履行职责的过程同时成为坚持和加强党的领导的过程。

（十）健全提高党的执政能力和领导水平的制度。坚持民主集中制，完善发展党内民主和实行正确集中的相关制度。研究制定《党委（党组）重大决策程序规定》，切实贯彻新发展理念、构建新发展格局、推动高质量发展，问政于民、问需于民、问计于民，加强调查研究、科学论证、风险评估、督促落实，不断提高科学决策、民主决策、依规依法决策水平。完善协商民主体系，推进协商民主广泛多层制度化发展。完善中国共产党领导的多党合作和政治协商制度，推动新时代多党合作更加规范有序、生动活泼。制定《党委（党组）落实统战工作责任制规定》，把党委（党组）统战工作主体责任落到实处。研究制定《健全落实新形势下维护社会稳定责任制规定》，构建党政同责、一岗双责、齐抓共管的风险防控责任体系。健全党员领导干部思想淬炼、政治历练、实践锻炼、专业训练的制度机制，提高领导现代化建设、统筹发展和安全能力，增强推动高质量发展本领、服务群众本领、防范化解风险本领。

三、坚持以完善党的组织法规制度全面贯彻新时代党的组织路线

严密的组织体系是党的优势所在、力量所在。要贯彻落实新时代党的组织路线，聚焦建设堪当民族复兴重任的高素质干部队伍、增强党组织政治功能和组织功能，健全维护党的集中统一的组织制度，为坚持和加强党的全面领导、坚持和发展中国特色社会主义提供坚强组织保证。

（十一）完善党的选举制度。制定《中国共产党中央组织选举工作条例》，着眼党的事业继往开来和国家长治久安，坚持党中央权威和集中统一领导，充分发扬党内民主，总结百年大党选贤任能的显著优势和宝贵经验，将党的中央组织产生程序和机制以制度形式确立下来并加以完善。完善党的地方组织和基层组织选举制度。

（十二）完善党的组织体系建设制度。以制度推动完善上下贯通、执行有力的组织体系，把党的组织优势巩固好、发展好、发挥好。修订《中国共产党地方委员会工作条例》，促进地方党委在本地区更好履行把方向、管大局、作决策、保落实职责，更加紧密结合本地区实际贯彻落实党中央决策部署，更加积极主动谋划推进本地区经济社会高质量发展。制定《新区、开发区、高新区党的工作委员会工作规定》，规范相关党委派出机关的设立和运行。修订《中国共产党工作机关条例（试行）》，体现和巩固机构改革成果。修订《中国共产党支部工作条例（试行）》，完善新经济组织、新社会组织、新就业群体党的组织建设制度，推动党的组织和党的工作全覆盖。探索推进党的组织法规制度法典化。

（十三）完善增强党组织政治功能和组织功能的制度。健全党组织的组织生活、组织运行、组织管理、组织监督等制度，推动党组织认真履行党章党规赋予的职责，从组织上保证党的基本理论、基本路线、基本方略的贯彻落实。健全抓党建促乡村振兴的机制，完善乡镇领导班子、村（社区）“两委”能力提升和管理监督制度。健全以城市基层党建引领基层治理的体制机制，加强城市社区党建工作。完善制度机制，全面提高机关党建质量，推进事业单位党建工作，促进国有企业、金融企业在完善公司治理中加强党的领导，加强混合所有制企业、非公有制企业党建工作，理顺行业协会、学会、商会党建工作管理体制。积极完善“互联网+党建”制度机制，注重运用信息技术手段推进和改进党建工作，增强党建工作的时代性实效性。

（十四）完善党的干部工作制度。坚持党管干部原则，坚持新时代好干部标准，健全干部培育、选拔、管理、使用制度体系，建设忠诚干净担当的高素质专业化干部队伍。修订《干部教育培训工作条例》，完善干部教育培训制度，更好发挥教育培训在干部队伍建设中的先导性、基础性、战略性作用。健全干部考察制度，做深做实干部政治素质考察，画好政治“肖像画”。修订《中管金融企业领导人员管理暂行规定》，推动建设高素质金融企业家队伍。健全年轻干部教育管理监督制度，完善培养选拔优秀年轻干部常态化工作机制，把到基层和艰苦地区锻炼成长作为年轻干部培养的重要途径。完善从严管理监督干部制度，探索加强对领导干部社会交往的监督，让干部习惯在受监督和约束的环境中工作生活。加强公务员法配套制度建设，修订《聘任制公务员管理规定（试行）》等相关制度。

（十五）完善党员队伍建设制度。围绕建设信念坚定、政治可靠、结构合理、素质优良、纪律严明、作用突出的党员队伍，健全发展党员和党员教育、管理、监督、服务制度。修订《中国共产党发展党员工作细则》，加强和改进发展党员工作，进一步提高发展党员质量。制定《民主评议党员办法》，健全党性锻炼制度，进一步强化党员意识、提高党性修养。适应社会环境新变化和党员队伍新情况，探索不同群体党员实行差异化管理的有效办法，健全流动党员、派驻国（境）外机构工作党员、离退休干部职工党员等教育管理制度。完善党费收缴、使用和管理相关规定，提高党费工作规范化水平，增强党费支出的政治效果。

（十六）完善党的人才工作制度。坚持党管人才原则，构建科学规范、开放包容、运行高效的人才发展治理体系，构建适应高质量发展的人才制度体系，完善党管人才工作格局，推动人才强国战略深入实施。实施更加积极、更加开放、更加有效的人才政策，完善人才战略布局，建设规模宏大、结构合理、素质优良的人才队伍，确保党和国家事业发展人才辈出、后继有人。深化人才发展体制机制改革，针对各类人才量身定制管理措施和标准，有效破除人才培养、使用、评价、服务、支持、激励等方面体制机制障碍，激发人才创新创造活力。

四、坚持以完善党的自身建设法规制度坚定推进党的自我革命

全面从严治党永远在路上，党的自我革命永远在路上。要时刻保持解决大党独有难题的清醒和坚定，落实新时代党的建设总要求，健全全面从严治党体系，充分发挥党内法规制度建设作为全面从严治党长远之策、根本之策的治本作用，完善党的自我革命制度规范体系，针对应对“四大考验”、克服“四种危险”建章立制，深入推进新时代党的建设新的伟大工程，保证我们党始终坚守初心使命，始终成为中国特色社会主义事业的坚强领导核心。

（十七）完善党的宣传教育制度。坚持党管宣传、党管意识形态、党管媒体，健全意识形态阵地管理、新闻媒体导向管理、重大舆情和突发事件舆论引导等方面制度，牢牢掌握党对意识形态工作的领导权。制定《中国共产党思想道德准则》，筑牢中国共产党人思想道德高地。制定《中国共产党思想政治工作条例》，完善思想政治工作体系，巩固全党全国各族人民团结奋斗的共同思想基础。制定《党史学习教育工作条例》，弘扬伟大建党精神，完善中国共产党人精神谱系研究宣传阐释机制，持之以恒推进党史总结、学习、教育、宣传，引导党员干部学史明理、学史增信、学史崇德、学史力行，传承红色基因，赓续红色血脉。

（十八）健全党内民主制度。着眼保持百年大党风华正茂和朝气蓬勃，完善保障党员广泛参与党内政治生活的制度，把党内民主贯彻到民主选举、民主协商、民主决策、民主管理、民主监督全过程，切实落实党员知情权、参与权、选举权、监督权等民主权利，进一步深耕党内民主土壤、浓厚党内民主氛围、充盈党内民主空气、提升党内民主效果，充分调动广大党员的积极性主动性创造性，持续激发党的活力和动力。健全党务公开制度，改进党务公开方式，加大党务公开力度，方便广大党员更好了解和参与党内事务。健全党的代表大会代表参与重大决策、参加重要干部推荐和民主评议、列席党委有关会议、联系党员群众等制度，更好发挥代表作用。健全党员旁听党委（党组）会议、党内情况通报反映、党内事务咨询、重大决策征求意见等制度，拓展党员参与党内事务的广度和深度，拓宽党员表达意见的渠道。

（十九）健全纠治形式主义、官僚主义制度。锲而不舍落实中央八项规定精神，抓住“关键少数”以上率下，持续深化纠治“四风”。推动领导干部谋事要实、创业要实、做人要实长效化常态化，完善党密切联系群众的制度规定，强化党执政为民的制度保障，切实做到坚持全心全意为人民服务的根本宗旨、坚持人民至上的政治立场、坚持以人民为中心的发展思想，始终保持党同人民群众的血肉联系，坚决把为民造福作为最大政绩和一切工作的立足点、出发点。健全党组织和党员、干部联系服务群众制度，完善网上群众工作制度，贯彻好从群众中来、到群众中去的群众路线。健全解决形式主义突出问题为基层减负长效机制，有效解决工作中重形式轻内容、重过程轻结果、重程序轻实效等突出问题，教育引导干部把心思和精力用在干实事、谋实招、求实效上来。

（二十）健全反对特权制度。坚持更高标准更严要求促使领导干部保持清正廉洁，健全党性教育、政德教育、警示教育和家风教育制度，督促领导干部提高党性觉悟、珍惜操守名节，坚持严以修身、严以用权、严以律己，坚决破除特权思想和特权行为，以自身廉、自身正赢得自身硬。弘扬艰苦奋斗、勤俭节约作风，从严从紧健全领导干部工作和生活待遇制度规定。健全规范领导干部配偶、子女及其配偶经商办企业行为常态化管理机制，明确领导干部亲属从业限制，严格领导干部身边工作人员辞职后从业限制和从业行为管理监督，切实防止领导干部亲属和身边工作人员利用特殊身份牟取不正当利益。制定《规范高级干部配偶、子女及其配偶在国（境）外工作学习生活规定》，规范高级干部及其亲属涉外行为。

（二十一）健全党的纪律建设制度。修订《中国共产党纪律处分条例》，进一步严明党的纪律，增强党的纪律建设的政治性、时代性、针对性。修订《国有企业领导人员廉洁从业若干规定》，完善国有企业领导人员廉洁从业纪律要求。修订《农村基层干部廉洁履行职责若干规定（试行）》，促进农村基层干部更好廉洁履职。

（二十二）健全党的工作防错纠偏机制。完善规范各级各类党组织的领导活动和决策制度，将民主协商、征求意见、专家论证、合规合法性审查、风险评估等作为重大决策必经程序，在决策后及时进行跟踪评估问效，筑牢党组织防错纠偏的制度堤坝。健全吸纳民意、汇集民智工作机制，推动征集人民建议工作经常化制度化，畅通群众监督、舆论监督渠道，引导人民群众积极建言献策，主动接受人民批评和监督。完善领导班子和领导干部重大决策失误终身责任追究和责任倒查制度，严格落实决策责任。加大党内法规和规范性文件备案审查力度，完善审查标准，健全裁量基准，坚持有件必备、有备必审、有错必纠，有效发挥备案审查的监督功能和纠错作用。

（二十三）健全一体推进不敢腐、不能腐、不想腐制度。健全党领导反腐败斗争的责任体系，建立健全党委（党组）定期分析研判本地区本部门本系统政治生态状况、研究解决反腐败工作中重大问题的制度，完善反腐败工作格局，形成反腐败工作合力。持续健全一体推进不敢腐、不能腐、不想腐的体制机制，在不敢腐上持续加压、不能腐上深化拓展、不想腐上巩固提升，把不敢腐的震慑力、不能腐的约束力、不想腐的感召力结合起来，使严厉惩治、规范权力、教育引导紧密结合、协调联动，推动取得更多制度性成果和更大治理效能。健全查处政治问题和经济问题交织腐败案件的制度。完善惩治新型腐败和隐性腐败制度，建立腐败预警惩治联动机制，有效应对腐败手段隐形变异。进一步规范党政领导干部在企业兼职任职、退休干部经商办企业和社会兼职任职，规范相关行业离任人员从业，整治重点领域和关键岗位“逃逸式辞职”和政商“旋转门”等问题，推动构建亲清统一的新型政商关系。健全风腐同查工作机制，深挖细查风腐同源、风腐一体问题。完善跨境腐败治理工作协调机制，强化对海外投资经营等领域廉洁风险防控，一体构建追逃防逃追赃机制。

五、坚持以完善党的监督保障法规制度持续激发党员干部秉公用权、干事创业

推进党的自我革命，必须坚持以党内监督为主导，实现党的自我监督和人民监督有机统一、良性互动。要着眼强化责任、规范用权、激励担当，不断健全党的监督保障法规制度，形成有权必有责、有责要担当、用权受监督、失责必追究的激励约束机制，确保党和人民赋予的权力始终用来为事业谋发展、为人民谋幸福。

（二十四）完善监督制度。健全党统一领导、全面覆盖、权威高效的监督体系，完善权力监督制约机制，让权力在阳光下运行。修订《中国共产党党内监督条例》，完善以党内监督为主导、各类监督贯通协调的机制，把监督制度优势更好转化为治理效能。完善政治监督制度，推进政治监督具体化、精准化、常态化，增强对“一把手”和领导班子监督实效。修订《中国共产党巡视工作条例》、《被巡视党组织配合中央巡视工作规定》，进一步发挥政治巡视利剑作用，加强巡视整改和成果运用。修订《领导干部自然资源资产离任审计规定（试行）》、《党政领导干部生态环境损害责任追究办法（试行）》，强化生态环境保护硬约束。

（二十五）健全追责问责制度。坚持权责一致、错责相当，进一步完善责任追究制度，推动严肃精准追责问责。制定运用监督执纪“四种形态”的具体政策规定，坚持实事求是、宽严相济、统一规范、公平公正，实现政治效果、纪法效果和社会效果相统一。修订《党组讨论和决定党员处分事项工作程序规定（试行）》，进一步规范党组开展党纪处分的程序和机制。完善涉罪党员刑事处罚与党纪政务处分衔接工作制度，促进执纪执法贯通衔接。

（二十六）健全党的纪检制度。深入推进纪检监察机关规范化、法治化、正规化建设，健全自身权力运行机制和管理监督体系，坚决防止和纠治“灯下黑”，确保执纪执法权正确行使。健全纪检监察机关派驻机构工作机制，更好发挥派驻监督作用。完善中央和国家机关部门机关纪委工作制度，推动机关纪委动起来、硬起来、强起来。

（二十七）健全激励干部担当作为制度。健全崇尚实干、带动担当、加油鼓劲的正向激励体系，加强对敢担当善作为干部的激励保护，以正确用人导向引领干事创业导向，充分调动广大干部干事创业的积极性主动性创造性，让愿担当、敢担当、善担当蔚然成风。完善干部考核评价体系，发挥考核评价“指挥棒”作用，引导干部树立和践行正确政绩观，多谋促发展的实招硬招，力戒博名利的虚招歪招。落实“三个区分开来”，健全容错纠错工作机制，解除干部探索创新、担当作为的后顾之忧。完善被诬告干部澄清正名制度，营造激浊扬清、干事创业的良好政治生态。健全表彰奖励制度，发挥先进典型示范引领作用，激励干部见贤思齐、实干进取。

（二十八）健全党政机关运行保障制度。修订《党政机关厉行节约反对浪费条例》，坚持过“紧日子”，规范和压缩“三公”经费支出，推动节约型机关建设。修订《党政机关国内公务接待管理规定》，完善经费管理、资产管理、差旅、会议等其他制度规定。修订《党政机关公文处理工作条例》，推动党政机关公文处理工作更加科学化、制度化、规范化。健全电子文件管理、密码管理、保密管理、档案管理、党政专用通信、机关事务管理等方面制度，提升安全服务保障水平。

本规划纲要的实施工作，在中央书记处直接领导下，由中央办公厅牵头负责。中央办公厅要加强统筹协调和督促指导，向党中央报告规划纲要的实施进展情况。承担起草任务的部门和单位要强化政治担当，制定工作方案，周密安排部署，认真抓好贯彻落实。规划纲要实施过程中，因情况发生变化需要对项目进行调整的，由牵头起草单位提出调整建议，按程序报党中央审批。

十四届全国人大常委会第二次会议修订《中华人民共和国反间谍法》

（2023 年 4 月 26 日）

第一章　总　则

第一条　为了加强反间谍工作，防范、制止和惩治间谍行为，维护国家安全，保护人民利益，根据宪法，制定本法。

第二条　反间谍工作坚持党中央集中统一领导，坚持总体国家安全观，坚持公开工作与秘密工作相结合、专门工作与群众路线相结合，坚持积极防御、依法惩治、标本兼治，筑牢国家安全人民防线。

第三条　反间谍工作应当依法进行，尊重和保障人权，保障个人和组织的合法权益。

第四条　本法所称间谍行为，是指下列行为：

（一）间谍组织及其代理人实施或者指使、资助他人实施，或者境内外机构、组织、个人与其相勾结实施的危害中华人民共和国国家安全的活动；

（二）参加间谍组织或者接受间谍组织及其代理人的任务，或者投靠间谍组织及其代理人；

（三）间谍组织及其代理人以外的其他境外机构、组织、个人实施或者指使、资助他人实施，或者境内机构、组织、个人与其相勾结实施的窃取、刺探、收买、非法提供国家秘密、情报以及其他关系国家安全和利益的文件、数据、资料、物品，或者策动、引诱、胁迫、收买国家工作人员叛变的活动；

（四）间谍组织及其代理人实施或者指使、资助他人实施，或者境内外机构、组织、个人与其相勾结实施针对国家机关、涉密单位或者关键信息基础设施等的网络攻击、侵入、干扰、控制、破坏等活动；

（五）为敌人指示攻击目标；

（六）进行其他间谍活动。

间谍组织及其代理人在中华人民共和国领域内，或者利用中华人民共和国的公民、组织或者其他条件，从事针对第三国的间谍活动，危害中华人民共和国国家安全的，适用本法。

第五条　国家建立反间谍工作协调机制，统筹协调反间谍工作中的重大事项，研究、解决反间谍工作中的重大问题。

第六条　国家安全机关是反间谍工作的主管机关。

公安、保密等有关部门和军队有关部门按照职责分工，密切配合，加强协调，依法做好有关工作。

第七条 中华人民共和国公民有维护国家的安全、荣誉和利益的义务，不得有危害国家的安全、荣誉和利益的行为。

一切国家机关和武装力量、各政党和各人民团体、企业事业组织和其他社会组织，都有防范、制止间谍行为，维护国家安全的义务。

国家安全机关在反间谍工作中必须依靠人民的支持，动员、组织人民防范、制止间谍行为。

第八条 任何公民和组织都应当依法支持、协助反间谍工作，保守所知悉的国家秘密和反间谍工作秘密。

第九条 国家对支持、协助反间谍工作的个人和组织给予保护。

对举报间谍行为或者在反间谍工作中做出重大贡献的个人和组织，按照国家有关规定给予表彰和奖励。

第十条 境外机构、组织、个人实施或者指使、资助他人实施的，或者境内机构、组织、个人与境外机构、组织、个人相勾结实施的危害中华人民共和国国家安全的间谍行为，都必须受到法律追究。

第十一条 国家安全机关及其工作人员在工作中，应当严格依法办事，不得超越职权、滥用职权，不得侵犯个人和组织的合法权益。

国家安全机关及其工作人员依法履行反间谍工作职责获取的个人和组织的信息，只能用于反间谍工作。对属于国家秘密、工作秘密、商业秘密和个人隐私、个人信息的，应当保密。

第二章 安全防范

第十二条 国家机关、人民团体、企业事业组织和其他社会组织承担本单位反间谍安全防范工作的主体责任，落实反间谍安全防范措施，对本单位的人员进行维护国家安全的教育，动员、组织本单位的人员防范、制止间谍行为。

地方各级人民政府、相关行业主管部门按照职责分工，管理本行政区域、本行业有关反间谍安全防范工作。

国家安全机关依法协调指导、监督检查反间谍安全防范工作。

第十三条 各级人民政府和有关部门应当组织开展反间谍安全防范宣传教育，将反间谍安全防范知识纳入教育、培训、普法宣传内容，增强全民反间谍安全防范意识和国家安全素养。

新闻、广播、电视、文化、互联网信息服务等单位，应当面向社会有针对性地开展反间谍宣传教育。

国家安全机关应当根据反间谍安全防范形势，指导有关单位开展反间谍宣传教育活动，提高防范意识和能力。

第十四条 任何个人和组织都不得非法获取、持有属于国家秘密的文件、数据、资料、物品。

第十五条 任何个人和组织都不得非法生产、销售、持有、使用间谍活动特殊需要的专用间谍器材。专用间谍器材由国务院国家安全主管部门依照国家有关规定确认。

第十六条 任何公民和组织发现间谍行为，应当及时向国家安全机关举报；向公安机关等其他国家机关、组织举报的，相关国家机关、组织应当立即移送国家安全机关处理。

国家安全机关应当将受理举报的电话、信箱、网络平台等向社会公开，依法及时处理举报信息，并为举报人保密。

第十七条 国家建立反间谍安全防范重点单位管理制度。

反间谍安全防范重点单位应当建立反间谍安全防范工作制度，履行反间谍安全防范工作要求，明确内设职能部门和人员承担反间谍安全防范职责。

第十八条 反间谍安全防范重点单位应当加强对工作人员反间谍安全防范的教育和管理，对离岗离职人员脱密期内履行反间谍安全防范义务的情况进行监督检查。

第十九条 反间谍安全防范重点单位应当加强对涉密事项、场所、载体等的日常安全防范管理，采取隔离加固、封闭管理、设置警戒等反间谍物理防范措施。

第二十条 反间谍安全防范重点单位应当按照反间谍技术防范的要求和标准，采取相应的技术措施和其他必要措施，加强对要害部门部位、网络设施、信息系统的反间谍技术防范。

第二十一条 在重要国家机关、国防军工单位和其他重要涉密单位以及重要军事设施的周边安全控制区域内新建、改建、扩建建设项目的，由国家安全机关实施涉及国家安全事项的建设项目许可。

县级以上地方各级人民政府编制国民经济和社会发展规划、国土空间规划等有关规划，应当充分考虑国家安全因素和划定的安全控制区域，征求国家安全机关的意见。

安全控制区域的划定应当统筹发展和安全，坚持科学合理、确有必要的原则，由国家安全机关会同发展改革、自然资源、住房城乡建设、保密、国防科技工业等部门以及军队有关部门共同划定，报省、自治区、直辖市人民政府批准并动态调整。

涉及国家安全事项的建设项目许可的具体实施办法，由国务院国家安全主管部门会同有关部门制定。

第二十二条　国家安全机关根据反间谍工作需要，可以会同有关部门制定反间谍技术防范标准，指导有关单位落实反间谍技术防范措施，对存在隐患的单位，经过严格的批准手续，可以进行反间谍技术防范检查和检测。

第三章　调查处置

第二十三条　国家安全机关在反间谍工作中依法行使本法和有关法律规定的职权。

第二十四条　国家安全机关工作人员依法执行反间谍工作任务时，依照规定出示工作证件，可以查验中国公民或者境外人员的身份证明，向有关个人和组织问询有关情况，对身份不明、有间谍行为嫌疑的人员，可以查看其随带物品。

第二十五条　国家安全机关工作人员依法执行反间谍工作任务时，经设区的市级以上国家安全机关负责人批准，出示工作证件，可以查验有关个人和组织的电子设备、设施及有关程序、工具。查验中发现存在危害国家安全情形的，国家安全机关应当责令其采取措施立即整改。拒绝整改或者整改后仍存在危害国家安全隐患的，可以予以查封、扣押。

对依照前款规定查封、扣押的电子设备、设施及有关程序、工具，在危害国家安全的情形消除后，国家安全机关应当及时解除查封、扣押。

第二十六条　国家安全机关工作人员依法执行反间谍工作任务时，根据国家有关规定，经设区的市级以上国家安全机关负责人批准，可以查阅、调取有关的文件、数据、资料、物品，有关个人和组织应当予以配合。查阅、调取不得超出执行反间谍工作任务所需的范围和限度。

第二十七条　需要传唤违反本法的人员接受调查的，经国家安全机关办案部门负责人批准，使用传唤证传唤。对现场发现的违反本法的人员，国家安全机关工作人员依照规定出示工作证件，可以口头传唤，但应当在询问笔录中注明。传唤的原因和依据应当告知被传唤人。对无正当理由拒不接受传唤或者逃避传唤的人，可以强制传唤。

国家安全机关应当在被传唤人所在市、县内的指定地点或者其住所进行询问。

国家安全机关对被传唤人应当及时询问查证。询问查证的时间不得超过八小时；情况复杂，可能适用行政拘留或者涉嫌犯罪的，询问查证的时间不得超过二十四小时。国家安全机关应当为被传唤人提供必要的饮食和休息时间。严禁连续传唤。

除无法通知或者可能妨碍调查的情形以外，国家安全机关应当及时将传唤的原因通知被传唤人家属。在上述情形消失后，应当立即通知被传唤人家属。

第二十八条　国家安全机关调查间谍行为，经设区的市级以上国家安全机关负责人批准，可以依法对涉嫌间谍行为的人身、物品、场所进行检查。

检查女性身体的，应当由女性工作人员进行。

第二十九条　国家安全机关调查间谍行为，经设区的市级以上国家安全机关负责人批准，可以查询涉嫌间谍行为人员的相关财产信息。

第三十条　国家安全机关调查间谍行为，经设区的市级以上国家安全机关负责人批准，可以对涉嫌用于间谍行为的场所、设施或者财物依法查封、扣押、冻结；不得查封、扣押、冻结与被调查的间谍行为无关的场所、设施或者财物。

第三十一条　国家安全机关工作人员在反间谍工作中采取查阅、调取、传唤、检查、查询、查封、扣押、冻结等措施，应当由二人以上进行，依照有关规定出示工作证件及相关法律文书，并由相关人员在有关笔录等书面材料上签名、盖章。

国家安全机关工作人员进行检查、查封、扣押等重要取证工作，应当对全过程进行录音录像，留存备查。

第三十二条　在国家安全机关调查了解有关间谍行为的情况、收集有关证据时，有关个人和组织应当如实提供，不得拒绝。

第三十三条　对出境后可能对国家安全造成危害，或者对国家利益造成重大损失的中国公民，国务院国家安全主管部门可以决定其在一定期限内不准出境，并通知移民管理机构。

对涉嫌间谍行为人员，省级以上国家安全机关可以通知移民管理机构不准其出境。

第三十四条　对入境后可能进行危害中华人民共和国国家安全活动的境外人员，国务院国家安全主管部门可以通知移民管理机构不准其入境。

第三十五条 对国家安全机关通知不准出境或者不准入境的人员，移民管理机构应当按照国家有关规定执行；不准出境、入境情形消失的，国家安全机关应当及时撤销不准出境、入境决定，并通知移民管理机构。

第三十六条 国家安全机关发现涉及间谍行为的网络信息内容或者网络攻击等风险，应当依照《中华人民共和国网络安全法》规定的职责分工，及时通报有关部门，由其依法处置或者责令电信业务经营者、互联网服务提供者及时采取修复漏洞、加固网络防护、停止传输、消除程序和内容、暂停相关服务、下架相关应用、关闭相关网站等措施，保存相关记录。情况紧急，不立即采取措施将对国家安全造成严重危害的，由国家安全机关责令有关单位修复漏洞、停止相关传输、暂停相关服务，并通报有关部门。

经采取相关措施，上述信息内容或者风险已经消除的，国家安全机关和有关部门应当及时作出恢复相关传输和服务的决定。

第三十七条 国家安全机关因反间谍工作需要，根据国家有关规定，经过严格的批准手续，可以采取技术侦察措施和身份保护措施。

第三十八条 对违反本法规定，涉嫌犯罪，需要对有关事项是否属于国家秘密或者情报进行鉴定以及需要对危害后果进行评估的，由国家保密部门或者省、自治区、直辖市保密部门按照程序在一定期限内进行鉴定和组织评估。

第三十九条 国家安全机关经调查，发现间谍行为涉嫌犯罪的，应当依照《中华人民共和国刑事诉讼法》的规定立案侦查。

第四章 保障与监督

第四十条 国家安全机关工作人员依法履行职责，受法律保护。

第四十一条 国家安全机关依法调查间谍行为，邮政、快递等物流运营单位和电信业务经营者、互联网服务提供者应当提供必要的支持和协助。

第四十二条 国家安全机关工作人员因执行紧急任务需要，经出示工作证件，享有优先乘坐公共交通工具、优先通行等通行便利。

第四十三条 国家安全机关工作人员依法执行任务时，依照规定出示工作证件，可以进入有关场所、单位；根据国家有关规定，经过批准，出示工作证件，可以进入限制进入的有关地区、场所、单位。

第四十四条 国家安全机关因反间谍工作需要，根据国家有关规定，可以优先使用或者依法征用国家机关、人民团体、企业事业组织和其他社会组织以及个人的交通工具、通信工具、场地和建筑物等，必要时可以设置相关工作场所和设施设备，任务完成后应当及时归还或者恢复原状，并依照规定支付相应费用；造成损失的，应当给予补偿。

第四十五条 国家安全机关因反间谍工作需要，根据国家有关规定，可以提请海关、移民管理等检查机关对有关人员提供通关便利，对有关资料、器材等予以免检。有关检查机关应当依法予以协助。

第四十六条 国家安全机关工作人员因执行任务，或者个人因协助执行反间谍工作任务，本人或者其近亲属的人身安全受到威胁时，国家安全机关应当会同有关部门依法采取必要措施，予以保护、营救。

个人因支持、协助反间谍工作，本人或者其近亲属的人身安全面临危险的，可以向国家安全机关请求予以保护。国家安全机关应当会同有关部门依法采取保护措施。

个人和组织因支持、协助反间谍工作导致财产损失的，根据国家有关规定给予补偿。

第四十七条 对为反间谍工作做出贡献并需要安置的人员，国家给予妥善安置。

公安、民政、财政、卫生健康、教育、人力资源和社会保障、退役军人事务、医疗保障、移民管理等有关部门以及国有企业事业单位应当协助国家安全机关做好安置工作。

第四十八条 对因开展反间谍工作或者支持、协助反间谍工作导致伤残或者牺牲、死亡的人员，根据国家有关规定给予相应的抚恤优待。

第四十九条 国家鼓励反间谍领域科技创新，发挥科技在反间谍工作中的作用。

第五十条 国家安全机关应当加强反间谍专业力量人才队伍建设和专业训练，提升反间谍工作能力。

对国家安全机关工作人员应当有计划地进行政治、理论和业务培训。培训应当坚持理论联系实际、按需施教、讲求实效，提高专业能力。

第五十一条 国家安全机关应当严格执行内部监督和安全审查制度，对其工作人员遵守法律和纪律等情况进行监督，并依法采取必要措施，定期或者不定期进行安全审查。

第五十二条　任何个人和组织对国家安全机关及其工作人员超越职权、滥用职权和其他违法行为，都有权向上级国家安全机关或者监察机关、人民检察院等有关部门检举、控告。受理检举、控告的国家安全机关或者监察机关、人民检察院等有关部门应当及时查清事实，依法处理，并将处理结果及时告知检举人、控告人。

对支持、协助国家安全机关工作或者依法检举、控告的个人和组织，任何个人和组织不得压制和打击报复。

第五章　法律责任

第五十三条　实施间谍行为，构成犯罪的，依法追究刑事责任。

第五十四条　个人实施间谍行为，尚不构成犯罪的，由国家安全机关予以警告或者处十五日以下行政拘留，单处或者并处五万元以下罚款，违法所得在五万元以上的，单处或者并处违法所得一倍以上五倍以下罚款，并可以由有关部门依法予以处分。

明知他人实施间谍行为，为其提供信息、资金、物资、劳务、技术、场所等支持、协助，或者窝藏、包庇，尚不构成犯罪的，依照前款的规定处罚。

单位有前两款行为的，由国家安全机关予以警告，单处或者并处五十万元以下罚款，违法所得在五十万元以上的，单处或者并处违法所得一倍以上五倍以下罚款，并对直接负责的主管人员和其他直接责任人员，依照第一款的规定处罚。

国家安全机关根据相关单位、人员违法情节和后果，可以建议有关主管部门依法责令停止从事相关业务、提供相关服务或者责令停产停业、吊销有关证照、撤销登记。有关主管部门应当将作出行政处理的情况及时反馈国家安全机关。

第五十五条　实施间谍行为，有自首或者立功表现的，可以从轻、减轻或者免除处罚；有重大立功表现的，给予奖励。

在境外受胁迫或者受诱骗参加间谍组织、敌对组织，从事危害中华人民共和国国家安全的活动，及时向中华人民共和国驻外机构如实说明情况，或者入境后直接或者通过所在单位及时向国家安全机关如实说明情况，并有悔改表现的，可以不予追究。

第五十六条　国家机关、人民团体、企业事业组织和其他社会组织未按照本法规定履行反间谍安全防范义务的，国家安全机关可以责令改正；未按照要求改正的，国家安全机关可以约谈相关负责人，必要时可以将约谈情况通报该单位上级主管部门；产生危害后果或者不良影响的，国家安全机关可以予以警告、通报批评；情节严重的，对负有责任的领导人员和直接责任人员，由有关部门依法予以处分。

第五十七条　违反本法第二十一条规定新建、改建、扩建建设项目的，由国家安全机关责令改正，予以警告；拒不改正或者情节严重的，责令停止建设或者使用、暂扣或者吊销许可证件，或者建议有关主管部门依法予以处理。

第五十八条　违反本法第四十一条规定的，由国家安全机关责令改正，予以警告或者通报批评；拒不改正或者情节严重的，由有关主管部门依照相关法律法规予以处罚。

第五十九条　违反本法规定，拒不配合数据调取的，由国家安全机关依照《中华人民共和国数据安全法》的有关规定予以处罚。

第六十条　违反本法规定，有下列行为之一，构成犯罪的，依法追究刑事责任；尚不构成犯罪的，由国家安全机关予以警告或者处十日以下行政拘留，可以并处三万元以下罚款：

（一）泄露有关反间谍工作的国家秘密；

（二）明知他人有间谍犯罪行为，在国家安全机关向其调查有关情况、收集有关证据时，拒绝提供；

（三）故意阻碍国家安全机关依法执行任务；

（四）隐藏、转移、变卖、损毁国家安全机关依法查封、扣押、冻结的财物；

（五）明知是间谍行为的涉案财物而窝藏、转移、收购、代为销售或者以其他方法掩饰、隐瞒；

（六）对依法支持、协助国家安全机关工作的个人和组织进行打击报复。

第六十一条　非法获取、持有属于国家秘密的文件、数据、资料、物品，以及非法生产、销售、持有、使用专用间谍器材，尚不构成犯罪的，由国家安全机关予以警告或者处十日以下行政拘留。

第六十二条　国家安全机关对依照本法查封、扣押、冻结的财物，应当妥善保管，并按照下列情形分别处理：

（一）涉嫌犯罪的，依照《中华人民共和国刑事诉讼法》等有关法律的规定处理；

（二）尚不构成犯罪，有违法事实的，对依法应当没收的予以没收，依法应当销毁的予以销毁；

（三）没有违法事实的，或者与案件无关的，应当解除查封、扣押、冻结，并及时返还相关财物；造成损失的，应当依法予以赔偿。

第六十三条 涉案财物符合下列情形之一的，应当依法予以追缴、没收，或者采取措施消除隐患：

（一）违法所得的财物及其孳息、收益，供实施间谍行为所用的本人财物；

（二）非法获取、持有的属于国家秘密的文件、数据、资料、物品；

（三）非法生产、销售、持有、使用的专用间谍器材。

第六十四条 行为人及其近亲属或者其他相关人员，因行为人实施间谍行为从间谍组织及其代理人获取的所有利益，由国家安全机关依法采取追缴、没收等措施。

第六十五条 国家安全机关依法收缴的罚款以及没收的财物，一律上缴国库。

第六十六条 境外人员违反本法的，国务院国家安全主管部门可以决定限期出境，并决定其不准入境的期限。未在规定期限内离境的，可以遣送出境。

对违反本法的境外人员，国务院国家安全主管部门决定驱逐出境的，自被驱逐出境之日起十年内不准入境，国务院国家安全主管部门的处罚决定为最终决定。

第六十七条 国家安全机关作出行政处罚决定之前，应当告知当事人拟作出的行政处罚内容及事实、理由、依据，以及当事人依法享有的陈述、申辩、要求听证等权利，并依照《中华人民共和国行政处罚法》的有关规定实施。

第六十八条 当事人对行政处罚决定、行政强制措施决定、行政许可决定不服的，可以自收到决定书之日起六十日内，依法申请复议；对复议决定不服的，可以自收到复议决定书之日起十五日内，依法向人民法院提起诉讼。

第六十九条 国家安全机关工作人员滥用职权、玩忽职守、徇私舞弊，或者有非法拘禁、刑讯逼供、暴力取证、违反规定泄露国家秘密、工作秘密、商业秘密和个人隐私、个人信息等行为，依法予以处分，构成犯罪的，依法追究刑事责任。

第六章　附　则

第七十条 国家安全机关依照法律、行政法规和国家有关规定，履行防范、制止和惩治间谍行为以外的危害国家安全行为的职责，适用本法的有关规定。

公安机关在依法履行职责过程中发现、惩治危害国家安全的行为，适用本法的有关规定。

第七十一条 本法自2023年7月1日起施行。

中共中央办公厅　国务院办公厅
关于加强新时代法学教育和法学理论研究的意见

（2023年2月21日）

法学教育和法学理论研究承担着为法治中国建设培养高素质法治人才、提供科学理论支撑的光荣使命，在推进全面依法治国中具有重要地位和作用。为加强新时代法学教育和法学理论研究，现提出如下意见。

一、总体要求

（一）指导思想。坚持以习近平新时代中国特色社会主义思想为指导，认真学习宣传贯彻党的二十大精神，深入学习贯彻习近平法治思想，弘扬伟大建党精神，深刻领悟“两个确立”的决定性意义，增强“四个意识”、坚定“四个自信”、做到“两个维护”，坚定不移走中国特色社会主义法治道路，坚持依法治国和以德治国相结合，坚持社会主义办学方向，提高法治人才培养质量，加强中国特色社会主义法治理论研究，提升法学研究能力和水平，加快构建中国特色法学学科体系、学术体系、话语体系，为建设中国特色社会主义法治体系、建设社会主义法治国家、推动在法治轨道上全面建设社会主义现代化国家提供有力人才保障和理论支撑。

（二）工作原则。坚持和加强党的全面领导，确保法学教育和法学理论研究始终沿着正确政治方向前进。坚持围绕中心、服务大局，把法学教育和法学理论研究放在党和国家工作大局中谋划和推进。坚持立德树人、德法兼修，努力培养造就更多具有坚定理想信念、强烈家国情怀、扎实法学根底的法治人才。坚持遵循法学学科发展规律和人才成长规律，分类建设和管理法学院校。坚持把马克思主义法治理论同中国具体实际相结合、同中华优秀传统法律文化相结合，总结中国特色社会主义法治实践规律，汲取世界法治文明有益成果，推动法学教育和法学理论研究高质量发展。

（三）主要目标。到 2025 年，法学院校区域布局与学科专业布局更加均衡，法学教育管理指导体制更加完善，人才培养质量稳步提升，重点领域人才短板加快补齐，法学理论研究领域不断拓展、研究能力持续提高，基础理论研究和应用对策研究更加繁荣，中国特色社会主义法治理论研究进一步创新发展。到 2035 年，与法治国家、法治政府、法治社会基本建成相适应，建成一批中国特色、世界一流法学院校，造就一批具有国际影响力的法学专家学者，持续培养大批德才兼备的高素质法治人才，构建起具有鲜明中国特色的法学学科体系、学术体系、话语体系，形成内容科学、结构合理、系统完备、协同高效的法学教育体系和法学理论研究体系。

二、坚持正确政治方向

（四）坚持以习近平法治思想为根本遵循。深入学习贯彻习近平法治思想，坚持用习近平法治思想全方位占领法学教育和法学理论研究阵地，教育引导广大法学院校师生和法学理论工作者做习近平法治思想的坚定信仰者、积极传播者、模范实践者。充分发挥习近平法治思想研究中心（院）及法治工作部门理论研究机构作用，深入研究阐释习近平法治思想的重大原创性贡献，不断丰富发展中国特色社会主义法治理论。深入推进习近平法治思想学理化阐释、学术化表达、体系化构建，推动理论研究成果向课程体系、教材体系、教学体系转化。统筹整合研究力量和资源，积极推出高质量研究成果，充分展现习近平法治思想鲜明的中国特色、实践特色、时代特色。全面推进习近平法治思想进教材、进课堂、进头脑，开设习近平法治思想概论法学专业核心必修课，鼓励有条件的高等学校开设相关必修、选修课程，与法治工作部门联合开设习近平法治思想的法治实践相关课程，打造习近平法治思想专门课程模块，开展好面向全体学生的习近平法治思想教育。加强习近平法治思想师资培训。用好《习近平法治思想学习纲要》《习近平法治思想学习问答》《中国共产党百年法治大事记》等读物。

（五）坚持和加强党的全面领导。牢牢把握党的领导是社会主义法治的根本保证，全面贯彻党的基本理论、基本路线、基本方略，引导广大法学院校师生和法学理论工作者自觉强化党的领导意识，健全党领导法学教育和法学理论研究的体制机制，将党的领导贯彻到法学教育和法学理论研究全过程各方面。坚定不移走中国特色社会主义法治道路，坚持党的领导、人民当家作主、依法治国有机统一，引导广大法学院校师生和法学理论工作者在原则问题和大是大非面前旗帜鲜明、立场坚定，坚决反对和抵制西方“宪政”“三权鼎立”“司法独立”等错误观点。全面贯彻党的教育方针，坚持为党育人、为国育才，着力培养社会主义法治事业的建设者和接班人。坚持用党的创新理论引领法学理论研究，深入学习把握党领导法治建设的百年光辉历程和历史经验，教育引导广大法学理论工作者努力做先进思想的倡导者、学术研究的开拓者、社会风尚的引领者、党执政的坚定支持者。法学院校和科研院所党组织要从严落实好管党治党主体责任，切实把好方向、管好阵地、建好队伍。

（六）加强思想政治建设。把讲政治作为根本要求，教育引导广大法学教师和理论工作者提高政治敏锐性和政治鉴别力，严守政治纪律和政治规矩，把政治标准和政治要求贯穿法学教育和法学理论研究工作始终。把思想政治工作贯穿法学教育教学全过程，加强理想信念教育和社会主义核心价值观教育，强化爱国主义、集体主义、社会主义教育，深入推进法学专业课程思政建设，将思想政治教育有机融入课程设置、课堂教学、教材建设、师资队伍建设、理论研究等人才培养各环节，教育引导广大师生做社会主义法治的忠实崇尚者、自觉遵守者、坚定捍卫者。深刻把握新时代法学理论研究的政治性，自觉围绕建设中国特色社会主义法治体系、建设社会主义法治国家，全面推进国家各方面工作法治化等重大理论和实践问题开展研究，建强马克思主义法治理论阵地。

三、改革完善法学院校体系

（七）优化法学院校发展布局。以服务国家发展大局、适应区域法治人才需求为根本，调整优化法学院校区域布局，统筹全国法学学科专业设置和学位授权点设置，推进法学教育区域均衡发展。完善法学教育准入制度，健全法学相关学科专业办学质量预警机制，对办学条件不足、师资水平持续低下、教育质量较差的院校畅通有序退出机制。建立法学教育质量评估制度，完善评估指标体系，在现有法学学科评估工作基础上，按计划开展高等学校法学本科教育教学评估，通过限期整改、撤销等措施，优化法学学科专业布局。加快“双一流”建设，鼓励法学院校突出特色，形成差异化发展格局。积极支持西部地区法学院校发展，进一步优化法学学位授权点布局，在招生规模、师资、经费、就业等方面加大政策倾斜力度，开展好全国法学教育东西对口支援，实现法学教育资源合理配置。

（八）完善法学院校管理指导体制。完善法学教育管理体制，加强中央依法治国办对法学教育工作的宏观指导，加强国务院教育主管部门和司法行政部门对高等学校法学教育工作的指导。推进法学院校改革发展，发挥好重点政法院校在法学教育和法学理论研究中的骨干示范作用。法治工作部门要加大对法学院校支持力度，积极提供优质实践教学资源，做好法律职业和法学教育之间的有机衔接。发挥好高等学校法学类专业教学指导委员会、国务院学位委员会法学学科评议组、全国法律专业学位研究生教育指导委员会、全国司法职业教育教学指导委员会等专家委员会作用，增加有法治实践经验的委员比例，优化人员组成，提高法学教育指导管理水平。

四、加快完善法学教育体系

（九）优化法学学科体系。完善法学学科专业体系，构建自主设置与引导设置相结合的学科专业建设新机制。立足中国实际，推进法理学、法律史等基础学科以及宪法学与行政法学、刑法学、民商法学、诉讼法学、经济法学、环境与资源保护法学、国际法学、军事法学等更新学科内涵，更好融入全面依法治国实践。适应法治建设新要求，加强立法学、文化法学、教育法学、国家安全法学、区际法学等学科建设，加快发展社会治理法学、科技法学、数字法学、气候法学、海洋法学等新兴学科。坚持依法治国和依规治党有机统一，加强纪检监察学、党内法规学学科建设。推进法学和经济学、社会学、政治学、心理学、统计学、管理学、人类学、网络工程以及自然科学等学科交叉融合发展，培养高质量复合型法治人才。完善涉外法学相关学科专业设置，支持能够开展学位授权自主审核工作的高等学校按程序设置国际法学相关一级学科或硕士专业学位类别，支持具有法学一级学科博士学位授权点的高等学校按程序自主设置国际法学相关二级学科，加快培养具有国际视野，精通国际法、国别法的涉外法治紧缺人才。

（十）健全法学教学体系。注重思想道德素养培育，结合社会实践，积极开展理想信念教育、中华优秀传统法律文化教育，大力弘扬社会主义法治精神，健全法律职业伦理和职业操守教育机制，培育学生崇尚法治、捍卫公正、恪守良知的职业品格。适应多层次多领域法治人才需求，扶持发展法律职业教育，夯实法学本科教育，提升法学研究生教育。完善法学一级学科博士、硕士学位基本要求，法律专业学位基本要求，法学类本科专业教学质量国家标准。更新职业教育法律相关专业教学标准。在法治工作部门支持下，建立法律专业学位研究生教育和法律职业资格衔接机制，研究探索法律专业学位研究生入学考试改革，开展法律专业学位研究生培养单位培养质量认证试点工作，提高培养质量。更新完善法学专业课程体系，一体推进法学专业理论教学课程和实践教学课程建设。适应“互联网＋教育”新形态新要求，创新教育教学方法手段。强化法学实践教学，深化协同育人，推动法学院校与法治工作部门在人才培养方案制定、课程建设、教材建设、学生实习实训等环节深度衔接。建立法治工作部门、法律服务机构等接收法学专业学生实习实训工作制度，探索法学专业学生担任实习法官检察官助理，积极拓宽法学专业学生到国际组织实习渠道。建设一批校外法学实践教学基地。根据民族地区实际需求，培养既掌握国家通用语言文字又懂少数民族语言文字的法治人才。

（十一）完善法学教材体系。坚持以习近平法治思想为统领，通过抓好核心教材、编好主干教材、开发新形态教材等，构建中国特色法学教材体系。用好《习近平法治思想概论》等教材，巩固法学类马克思主义理论研究和建设工程重点教材在法学教材体系中的核心地位，及时组织更新修订，拓展法学类马克思主义理论研究和建设工程重点教材建设的覆盖面，提升影响力。推进中国法学系列教材建设，充分反映全面依法治国发展成就。严格法学教材编写人员资质条件，加强教材分级分类审核，把好政治关、学术关。

（十二）加强法学教师队伍建设。突出政治标准，落实立德树人根本任务，推进法学教师队伍建设改革，打造一支政治立场坚定、法学根底深厚、熟悉中国国情、通晓国际规则的高水平专兼职教师队伍。坚持教育者先受教育，把师德师风作为评价教师队伍素质的第一标准，作为教师招聘引进、职称评审、岗位聘用、导师遴选、评优奖励、聘期考核、项目申报等的首要要求，加强日常教育管理督导，加强思想政治素质考察，强化法治和纪律教育，教育引导广大法学教师努力成为“四有”好老师。建立完善以教学科研工作业绩为主要导向的法学教师考核制度，提高法学教师教学业绩和教学研究在各类评审评价中的分值权重，建立符合法学学科特点的教师评价与职称晋升制度，着力破除唯分数、唯升学、唯文凭、唯论文、唯帽子倾向，弘扬“冷板凳精神”，激励引导法学教师专心治学、教书育人。推动法学院校、科研院所与法治工作部门人员双向交流，加大法学教师、研究人员和高等学校法务部门工作人员到法治工作部门挂职力度，在符合党政领导干部兼职等有关政策规定基础上，探索建立法治工作部门优秀实务专家到高等学校任教以及到智库开展研究制度，实施人员互聘计划。充分发挥全国法学教师培训基地作用。优化法学教师队伍结构，根据法学理论体系、学科体系、课程体系建设要求，形成梯次化法学教师队伍和学术创新团队。

五、创新发展法学理论研究体系

（十三）强化法学基础理论研究。加强马克思主义法学基本原理研究，以马克思主义经典著作为基础，加强法学理论提炼、阐释，不断完善马克思主义法治理论体系。坚持把习近平法治思想的研究阐释作为首要任务，加强对习近平法治思想的原创性概念、判断、范畴、理论的研究，加强对习近平法治思想重大意义、核心要义、丰富内涵和实践要求的研究。紧紧围绕新时代全面依法治国实践，切实加强扎根中国文化、立足中国国情、解决中国问题的法学理论研究，总结提炼中国特色社会主义法治具有主体性、原创性、标识性的概念、观点、理论，把论文写在祖国的大地上，不做西方理论的“搬运工”，构建中国自主的法学知识体系。把握党内法规研究跨学科特点，统筹基础研究和应用研究，为加强党内法规制度建设、依规治党提供有力学理支撑。加强对中国新民主主义革命法制史特别是革命根据地法制史的研究，传承红色法治基因，赓续红色法治血脉。推动中华优秀传统法律文化创造性转化、创新性发展，支持具有重要文化价值和传承意义的法学学科发展。加强外国法与比较法研究，合理借鉴国外有益经验，服务推进全面依法治国实践。强化国家社科基金和部级法学类科研项目导向作用，推进马克思主义法治理论中国化时代化。建设一批国家重点法学基础理论研究基地，加大对法学基础理论研究扶持力度，研究探索社会力量支持法学基础理论研究机制。

（十四）强化全面依法治国实践研究。立足建立健全国家治理急需、满足人民日益增长的美好生活需要必备的法律制度，围绕法治建设重大规划、重点改革、重要举措等，开展前瞻性、针对性、储备性法律政策研究，充分运用法治力量服务中国式现代化。积极回应人民群众新要求新期待，系统研究立法、执法、司法、守法等法治领域人民群众反映强烈的突出问题，提出对策建议。加强对基层立法联系点在发展全过程人民民主中的作用和发挥立法“直通车”功能的研究。围绕完整、准确、全面贯彻新发展理念，加快构建新发展格局，着力推动高质量发展，加强对国家重大发展战略法治保障研究，加强国家安全、科技创新、公共卫生、生物安全、生态文明、防范风险、大国外交等重点领域法治实践研究，加强新技术新业态新应用领域法律制度供给研究。建设国家亟需、特色鲜明、制度创新、引领发展的法治高端智库。建好用好国家级涉外法治研究基地。

（十五）完善科研考核评价制度。坚持鲜明的人才培养导向、潜心治学导向、服务党和人民导向，改进科研评价方式，构建符合法学学科特点的学术评价体系，以学术质量、社会影响、实际效果为衡量标准，建立健全教育、激励、规范、监督、奖惩一体化的科研诚信治理体系，坚持学术不端“零容忍”，健全学术规范监督机制，落实学术不端与师德失范处理处罚联动机制，引导教学研究人员潜心钻研、铸造精品，营造风清气正的科研环境。推动项目管理从重数量、重过程向重质量、重结果转变，实行绩效分类评价，推行科研成果代表作制度，完善将报刊理论文章、教学研究成果、决策咨询报告等纳入学术成果机制，把参与法治实践、咨政建言等纳入科研考核评价体系，提高科研考核评价工作科学性。完善法学研究成果评价评奖机制，组织好高等学校科学研究优秀成果奖（人文社会科学）、中国法学优秀成果奖、董必武青年法学成果奖、钱端升法学研究成果奖、全国法学教材与科研成果奖等评选活动。加强法学学术期刊管理，牢牢把握办刊正确方向和舆论导向，推动法学学术期刊多样化、差异化、高质量发展，支持外文法学学术期刊发展，构建法学学术期刊发展长效机制。完善法学期刊评价指标体系，科学合理设置实务类期刊评价指标，不唯引用率等学术化标准，综合考虑对法治实践的贡献进行评价。

（十六）推进对外学术交流与合作。加强习近平法治思想国际传播，全面展示新时代中国特色社会主义法治建设取得的历史性成就、发生的历史性变革，充分彰显习近平法治思想的理论伟力、真理伟力、实践伟力。加强法学对外交流，通过开展双边多边合作研究、共同举办学术论坛、互派访问学者等形式，拓展对外交流领域和渠道。发挥中国法治国际论坛等平台作用。加强我国优秀法学研究成果对外宣传，推动专家学者对外发声，创新对外话语表达方式，提升中国特色社会主义法学理论体系和话语体系的国际传播能力。认真总结我国法治体系建设和法治实践经验，阐发中华优秀传统法律文化，讲好中国法治故事，提升中国特色社会主义法治体系和法治理论的国际影响力和话语权。加强与共建“一带一路”国家法治学术交流合作。完善外国法查明机制，推进世界主要国家法律法规数据库建设，注重组织搜集筛选、翻译国外法律信息资料，加强世界法学名著的汉译工作和中国法学优秀成果的外译工作。

六、加强组织领导

（十七）强化组织实施。坚持党对法学教育和法学理论研究工作的全面领导，中央依法治国委加强统筹规划，国务院教育主管部门和司法行政部门会同有关法治工作部门密切协作、形成合力，推动各项任务落到实处。各级党委要加强组织领导，及时研究解决重大问题，统筹推进任务落地落实。法治工作部门要加强实践资源、实践平台和实践机会供给，推动法学教育与法治实务相互融合。中国法学会要充分发挥学术团体引领职能，吸引和团结广大法学法律工作者更好服务法治中国建设。组织人事、宣传、发展改革、财政等部门要完善政策保障机制，为加强法学教育和法学理论研究创造更好环境和条件。法学院校和科研院所党组织要履行好办学治校主体责任，切实将推进法学教育和法学理论研究各项工作举措落到实处。探索建立全国法学教育和法学理论研究资源信息网络平台，推进资源整合，实现系统集成、资源互联共享。

中共中央办公厅　国务院办公厅
关于建立领导干部应知应会党内法规和
国家法律清单制度的意见

（2023 年 7 月 25 日）

为深入贯彻落实党的二十大精神，推动领导干部带头尊规学规守规用规，带头尊法学法守法用法，根据《法治中国建设规划（2020—2025 年）》等要求，现就建立领导干部应知应会党内法规和国家法律清单制度提出如下意见。

一、总体要求

坚持以习近平新时代中国特色社会主义思想为指导，深入学习贯彻习近平法治思想，抓住领导干部这个“关键少数”，以增强法治观念、提升法治思维能力、遵守党规国法为目标，建立健全领导干部应知应会党内法规和国家法律清单制度，推动领导干部深刻领悟“两个确立”的决定性意义，做到“两个维护”；牢固树立党章意识，更加自觉地学习党内法规，用党章党规党纪约束自己的一言一行；牢固树立宪法法律至上、法律面前人人平等、权由法定、权依法使等基本法治观念，做到在法治之下想问题、作决策、办事情。

二、学习重点

（一）习近平法治思想

把学习掌握习近平法治思想作为重要必修课程，深入系统学习习近平总书记《论坚持全面依法治国》《习近平关于全面依法治国论述摘编》《习近平关于依规治党论述摘编》，学习《习近平法治思想学习纲要》，吃透基本精神、把握核心要义、明确工作要求，深刻理解习近平法治思想是习近平新时代中国特色社会主义思想的重要组成部分，是新时代全面依法治国的根本遵循和行动指南，带头做习近平法治思想的坚定信仰者、积极传播者、模范实践者。

（二）党内法规

1. 认真学习党章。把学习党章作为必修课、基本功，深刻理解党章是党的根本大法，是全党必须共同遵守的根本行为规范。用党章规范自己的言行、按党章要求规规矩矩办事，始终在政治立场、政治方向、政治原则、政治道路上同党中央保持高度一致。凡是党章规定党员必须做的，领导干部要首先做到；凡是党章规定党员不能做的，领导干部要带头不做。

2. 认真学习党的组织法规。根据工作需要，深入学习中国共产党中央委员会工作条例、地方委员会工作条例、纪律检查委员会工作条例、党组工作条例、工作机关条例（试行）、组织工作条例、支部工作条例（试行）、党政领导干部选拔任用工作条例、推进领导干部能上能下规定等，熟悉掌握党的组织结构、组织体系以及各级各类组织的设置定位、产生运行、职权职责。

3. 认真学习党的领导法规。根据工作需要，深入学习中国共产党农村工作条例、统一战线工作条例、政治协商工作条例、政法工作条例、机构编制工作条例、宣传工作条例、中国共产党领导国家安全工作条例、信访工作条例、地方党政领导干部安全生产责任制规定等，深刻理解坚持和加强党的全面领导的丰富内涵，增强做到“两个维护”的自觉性和坚定性。

4. 认真学习党的自身建设法规。根据工作需要，深入学习关于新形势下党内政治生活的若干准则、中国共产党廉洁自律准则、重大事项请示报告条例、党政机关厉行节约反对浪费条例、中央八项规定及其实施细则、党委（党组）落实全面从严治党主体责任规定、党委（党组）理论学习中心组学习规则等，深刻理解推进新时代党的建设新的伟大工程的重大意义，时刻保持永远在路上的坚韧和执着，增强坚定不移全面从严治党的政治定力。

5. 认真学习党的监督保障法规。根据工作需要，深入学习中国共产党党内监督条例、巡视工作条例、党政领导干部考核工作条例、问责条例、纪律处分条例、党员权利保障条例、组织处理规定（试行）、党内法规执行责任制规定（试行）、纪律检查机关监督执纪工作规则等，坚决贯彻党的自我革命战略部署，不断强化党的意识、纪律意识、规矩意识。

（三）国家法律

1. 认真学习宪法。深刻把握宪法原则和宪法确立的国家根本制度、根本任务、大政方针，坚持宪法确定的中国共产党领导地位不动摇，坚持宪法确定的人民民主专政的国体和人民代表大会制度的政体不动摇。强化宪法意识，弘扬宪法精神，推动宪法实施，更好发挥宪法在治国理政中的重要作用。根据工作需要，学习全国人民代表大会组织法、国务院组织法、监察法、地方各级人民代表大会和地方各级人民政府组织法、人民法院组织法、人民检察院组织法、民族区域自治法、立法法等宪法相关法，熟悉掌握国家机构的产生、组织、职权和基本工作制度，增强依照法定职责、限于法定范围、遵守法定程序推进国家各项工作的意识和能力。

2. 认真学习总体国家安全观和国家安全法。根据工作需要，学习保守国家秘密法、网络安全法、生物安全法、突发事件应对法、反恐怖主义法、反间谍法、数据安全法等，统筹发展和安全，提高领导干部运用法律武器防范化解重大风险的能力，增强依法斗争本领。

3. 认真学习推动高质量发展相关法律。根据工作需要，学习循环经济促进法、乡村振兴促进法、预算法、科学技术进步法、中小企业促进法、外商投资法、著作权法等，学习与建设现代化产业体系、优化营商环境、全面推进乡村振兴、推进高水平对外开放、实施科教兴国战略、推动绿色发展等相关的法律，增强领导干部推动高质量发展本领。

4. 认真学习民法典。深刻把握平等、自愿、公平、诚信、公序良俗、绿色等民事活动基本原则和坚持主体平等、保护财产权利、便利交易流转、维护人格尊严、促进家庭和谐、追究侵权责任等基本要求。把民法典作为决策、管理、监督的重要标尺，提高运用民法典维护人民权益、化解矛盾纠纷、促进社会和谐稳定的能力和水平。根据工作需要，学习其他民事法律。

5. 认真学习刑法和公职人员政务处分法。深刻把握罪刑法定、对任何人犯罪在适用法律上一律平等、罪责刑相适应等刑法基本原则，推动依法打击犯罪和保障人权。学习关于职务犯罪的刑法规定、公职人员政务处分法，牢固树立底线思维，不触碰法律红线。根据工作需要，学习反有组织犯罪法等其他刑事法律。

6. 认真学习行政法律。根据工作需要，学习行政许可法、行政处罚法、行政强制法、行政复议法、行政诉讼法、国家赔偿法、公务员法等，深刻把握合法行政、合理行政、程序正当、高效便民、诚实守信、权责统一等行政法基本原则，牢固树立职权法定、法定职责必须为、法无授权不可为等法治理念，强化依法行政意识。

7. 认真学习与履职密切相关的其他法律。根据工作需要，学习社会治理、“一国两制”、涉外法治、反腐败斗争等领域的法律；学习与我国司法制度相关的法律，支持和维护公正司法；学习重大行政决策程序、政府信息公开等行政法规和军事法规、监察法规等，善于运用法治思维和法治方式谋划和推进工作。

三、工作措施

（一）分级分类制定领导干部应知应会党内法规和国家法律清单。各地区各部门要从实际出发，区分不同层级、不同岗位，准确理解把握应知应会要求，抓住关键、突出重点，充分考虑工作需要和学习效果，合理编制应知应会党内法规和国家法律清单，提升学习的精准性、科学性、实效性。中央和国家机关要带头制定本单位或本行业本系统的领导干部应知应会党内法规和国家法律清单，发挥引领示范作用。建立健全清单动态调整机制，党中央对学习贯彻新制定修订的党内法规和国家法律作出部署安排的，要及时将有关党内法规和国家法律纳入清单，认真组织领导干部进行学习。

（二）把领导干部应知应会党内法规和国家法律学习纳入干部教育体系。党政主要负责人要带头学习掌握应知应会党内法规和国家法律，做尊规学规守规用规、尊法学法守法用法的模范，充分发挥示范作用。把应知应会党内法规和国家法律纳入各级党委（党组）理论学习中心组学习内容，纳入各级党校（行政学院）教学内容和领导干部任职培训、在职培训的必训课程，确保培训课时数量和培训质量；结合工作实际，纳入政府常务会议学规学法、单位领导班子会前学规学法、重大决策前学规学法等重要内容，把学习成果转化为依法决策、依法办事的自觉行动。

（三）建立健全领导干部学法用法激励机制。落实并完善有关领导干部年终述法制度，用好领导干部在线学法平台，推动学法用法常态化、规范化。加强督促检查评估，进一步把领导干部学法用法情况纳入考核评价干部和精神文明创建内容，列入法治创建考核指标，推动考核结果运用，增强学法用法示范效应，防止形式主义。

中央组织部　中央宣传部　中央政法委　教育部　司法部　中国法学会　印发《2023年“百名法学家百场报告会”法治宣讲活动指导意见》

（2023年7月31日）

2023年是贯彻党的二十大精神的开局之年，是全面建设社会主义现代化国家开局起步的重要一年。2023年“百名法学家百场报告会”法治宣讲活动（以下简称“双百”活动）的总要求是：坚持以习近平新时代中国特色社会主义思想为指导，全面贯彻落实党的二十大精神，深入学习宣传贯彻习近平法治思想和总体国家安全观，深刻领悟“两个确立”的决定性意义，增强“四个意识”、坚定“四个自信”、做到“两个维护”，紧紧围绕学习宣传贯彻党的二十大精神这条主线，围绕用新时代党的创新理论武装全党、教育人民、指导实践这个根本任务，坚持和加强党的全面领导，坚持正确政治方向和舆论导向，坚持稳中求进、自信自强、守正创新、敢于斗争，切实增强责任感使命感，进一步推动“八五”普法规划全面落实，扎实开展“双百”活动，努力使尊法学法守法用法在全社会蔚然成风，促进在法治轨道上全面建设社会主义现代化国家。

一、宣讲内容

（一）持续深入学习宣传贯彻党的二十大精神。坚持把学习宣传贯彻党的二十大精神作为当前和今后一个时期首要政治任务，在全面学习、全面把握、全面落实上下功夫，不断提高政治判断力、政治领悟力、政治执行力，切实把思想和行动统一到党的二十大精神上来。读原文、悟原理，深刻领悟党的二十大关于党和国家事业发展大政方针和战略部署的历史逻辑、理论逻辑、实践逻辑，完整、准确、全面领会党的二十大精神。全面把握习近平新时代中国特色社会主义思想的世界观、方法论和贯穿其中的立场观点方法，全面把握新时代十年伟大变革的深刻内涵和重大意义，全面把握中国式现代化的中国特色、本质要求和重大原则，全面把握党的二十大作出的各项战略部署，切实增强贯彻落实的自觉性和坚定性。着力贯彻落实党的二十大关于“弘扬社会主义法治精神，传承中华优秀传统法律文化”的要求，推动中华优秀传统法律文化精华同社会主义法治文化精髓相贯通、同中国特色社会主义法治精神相融通，引导全体人民做社会主义法治的忠实崇尚者、自觉遵守者、坚定捍卫者。着力贯彻落实党的二十大关于“发挥领导干部示范带头作用”的要求，坚持抓住领导干部这个关键少数，不断提高领导干部运用法治思维和法治方式深化改革、推动发展、化解矛盾、维护稳定、应对风险的能力，努力使尊法学法守法用法在全社会蔚然成风。

（二）坚持不懈用习近平新时代中国特色社会主义思想凝心铸魂，深入学习宣传贯彻习近平法治思想。深入开展学习贯彻习近平新时代中国特色社会主义思想主题教育，全面、系统、深入学习习近平新时代中国特色社会主义思想，完整准确掌握这一重要思想的主要内容，全面把握这一重要思想的世界观、方法论和贯穿其中的立场观点方法，深刻理解这一重要思想的道理学理哲理，推动党员、干部真学真懂真信真用，推动学习往深里走、往实里走、往心里走，提高思想觉悟，切实做到筑牢信仰之基、补足精神之钙、把稳思想之舵。坚持以习近平法治思想引领“双百”工作，把学习好、研究好、宣传好、阐释好习近平法治思想作为重大政治责任，深入开展习近平法治思想原创性贡献和实践成效的学习研究宣传阐释，充分发挥“双百”平台作用，着力推动习近平法治思想大众化传播，推动习近平法治思想进农村、进社区、进机关、进企业、进校园、进军营、进网络。全面推进习近平法治思想进教材、进课堂、进头脑，坚持用习近平法治思想全方位占领法学教育和法学理论研究阵地。用好《习近平法治思想概论》《习近平法治思想学习纲要》《习近平法治思想学习问答》《中国共产党百年法治大事记》等教材、读物，教育引导广大党员干部坚定不移走中国特色社会主义法治道路，坚持党的领导、人民当家作主、依法治国有机统一，在原则问题和大是大非面前旗帜鲜明、立场坚定，坚决反对和抵制西方“宪政”“三权鼎立”“司法独立”等错误观点。

（三）紧紧围绕党和国家工作大局开展法治宣传教育。深入贯彻落实习近平总书记发表的关于纪念现行宪法公布施行四十周年重要署名文章精神，抓住领导干部这个关键少数，抓住青少年、民营企业家、网民等重点群体，抓宪法纪念、宪法宣誓、宪法教材建设等重点载体，抓学校、社区、媒体等重点阵地，持续深入开展宪法宣传教育。深入贯彻落实习近平总书记“让民法典走到群众身边、走进群众心里”的重要指示精神，持续深入开展“美好生活・民法典相伴”主题宣传活动，提高全社会遇事找法、办事依法的意识和能力。贯彻落实中央经济工作会议精神，聚焦人民群众关心关注的热点痛点难点问题，从改善社会心理预期、提振发展信心入手，深入宣传平等保护、公平竞争、激发市场主体活力等与推动高质量发展相关的法律法规，促进市场化法治化国际化营商环境建设。加强国家安全法治宣传教育，大力宣传总体国家安全观和国家安全相关法律，增强全社会国家安全意识和风险防控能力。以党章、准则、条例等为重点，深入学习宣传党内法规。

二、宣讲主题

2023 年“双百”活动宣讲主题按照重大主题、重点专题和建议选题安排。

重大宣讲主题为：深入学习宣传贯彻习近平法治思想。

重点宣讲专题为：学习好、宣传好、贯彻好党的二十大精神；深入贯彻落实党的二十届三中全会精神；大力弘扬社会主义法治精神，深入宣传宪法和宪法相关法、民法典以及与推动高质量发展密切相关的法律法规；深入宣传总体国家安全观和国家安全相关法律；深入宣传党内法规。

建议宣讲选题为：1. 深刻理解“两个结合”的重大意义；2. 深刻把握中国式现代化的科学概念和丰富内涵；3. 全过程人民民主制度体系和理论体系；4. 扎实推进依法行政；5. 严格公正司法；6. 加快建设法治社会；7. 建构中国自主的法学知识体系；8. 坚持和发展新时代“枫桥经验”；9. 推进社会主义法治文化建设；10. 新时代我国法治体系建设和法治实践；11. 深化要素市场化改革法律问题；12. 加快

发展数字经济法律问题；13. 加强企业法治文化建设，推动企业积极履行社会责任；14. 碳达峰碳中和法治保障；15. 深入推进网络空间法治化进程；16. 加强未成年人保护和预防未成年人违法犯罪；17. 新时代“一国两制”法治理论和实践；18. 全球治理体系变革；19. 提高一体推进不敢腐、不能腐、不想腐能力和水平。

三、宣讲举措

（一）建强讲师队伍，赋能高质量发展。突出政治标准，加强思想政治素质考察，强化法治和纪律教育，全力打造一支政治立场坚定、理论功底深厚、熟悉中国国情的高水平法治宣讲队伍。健全邀请“全国杰出青年法学家”作报告机制，持续挖掘各地人才资源，探索跨区域讲师队伍共建共享，在体制创新、制度创新上下功夫，确保“双百”活动取得实效。

（二）坚持问题导向，提高活动质量。努力满足人民群众多层次的法治需求，适应人民群众对法治的需求从“有没有”向“好不好”转变，推动“双百”活动讲师结合当地法治建设实际做好调查研究和备课，注重分析各类人群的不同需求，鼓励“点单”式宣讲、互动式宣讲，提高法治宣讲的精准性、有效性。

（三）推动重心下移，夯实基层基础。根据不同地区、不同时间、不同受众、不同场合的特点，鼓励差异化探索，组织群众喜闻乐见的法治宣讲活动。将“双百”法治宣讲与首席法律咨询专家工作结合起来，跨地区、跨部门、跨层级整合各学科各领域法学专家和法律实务工作者，凝聚各方面资源和力量，组织各级首席法律咨询专家下基层、沉网格、入民心，聚焦疑难案件，解决实际法律问题，主动开展法治宣传教育，更好解决群众操心事烦心事揪心事，着力解决好人民群众“急难愁盼”问题。

（四）加强新媒体新技术运用。遵循现代传播规律，继续运用新技术新媒体开展法治宣讲，注重互联网思维和全媒体视角，鼓励创作个性化法治宣讲产品。充分运用短视频开展“双百”活动，强化互动化传播、沉浸式体验。充分利用中国干部网络学院、“共产党员”教育平台、“学习强国”学习平台、全国智慧普法平台、社会化互联网平台等，加大“双百”宣传力度，让正能量产生大流量。

四、组织领导

“双百”活动是法治理论与法治实践互相融合的重要平台，是组织开展理论宣传的有效形式。各地区各部门要高度重视，加强组织领导，完善工作机制，加强统筹协调，强化分类指导，形成整体合力，精心组织实施，严把政治关、质量关，确保“双百”活动扎实推进，取得实实在在的效果。

“双百”活动组委会各成员单位、相关部门单位要各司其职、密切配合，确保年度活动计划顺利实施。全国组委会负责确定重大宣讲主题、重点宣讲专题和建议宣讲选题；组织举办中央和国家机关专场报告会；加强讲师队伍建设，推动“全国杰出青年法学家”、首席法律咨询专家积极参与“双百”活动。

各省、区、市和新疆生产建设兵团“双百”活动组委会要抓好“双百”活动谋划和工作部署，为活动提供强有力的组织保障。各省、区、市和新疆生产建设兵团党委组织部要进一步把法治教育纳入干部教育培训总体安排，列入干部网络学习必修课，推动“双百”活动进机关，统筹好“双百”活动宣讲与党校（行政学院）、干部学院法治课教学，办好有关专场报告会。党委宣传部要把深入学习贯彻习近平法治思想列入党委（党组）理论学习中心组学习计划，以适当形式开展学习。党委政法委负责组织好政法系统报告会，为组委会办公室开展工作创造有利条件。教育（高校）工委和教育厅（局）要把“双百”活动纳入学校法治工作安排，加强青少年法治教育，提升法治宣传效果。司法厅（局）负责把“双百”活动纳入法治宣传教育总体安排和考核指标体系，纳入普法依法治理工作要点，进一步推动“双百”活动制度化、规范化。法学会作为组委会办公室单位，要推动建立“双百”活动进省委理论学习中心组学习制度，加强讲师队伍建设，坚持统筹协调，注重发挥组委会各成员单位的独特优势，加强同各有关部门单位的横向协作、联系服务，协助做好报告会主题确定、讲师推荐邀请、报告内容与课件审核把关，并加强与市、县组委会办公室的纵向联系、沟通指导，做好工作督促、录音录像、宣传报道、场次统计、信息报送等工作。

各地区各部门要进一步加强新技术新媒体在“双百”活动中的运用，继续邀请“全国杰出青年法学家”称号获得者和提名奖获得者、首席法律咨询专家作报告，并将相关安排列入实施方案。各省、区、市和新疆生产建设兵团“双百”活动组委会请于8月下旬将2023年“双百”活动具体实施方案报全国组委会办公室，并于12月中旬前完成年度“双百”活动工作情况报送。

最高人民法院　最高人民检察院　中国海警局 印发《依法打击涉海砂违法犯罪座谈会纪要》

（2023 年 6 月 6 日）

党的二十大作出“发展海洋经济，保护海洋生态环境，加快建设海洋强国”的战略部署，将海洋强国建设作为推动中国式现代化的有机组成和重要任务。面对严峻复杂的海洋形势与国际形势，我国作为海洋贸易和航运大国，依法打击涉海洋违法犯罪活动，加快推进海洋法治建设，是深入学习贯彻习近平新时代中国特色社会主义思想，贯彻落实习近平生态文明思想和习近平法治思想，完善涉外法治体系的必然要求。2022 年 7 月、2023 年 2 月，最高人民法院、最高人民检察院、中国海警局先后在福建、广东、海南、浙江四省召开座谈会，分析研判当前涉海砂违法犯罪的严峻形势，总结交流办理涉海砂刑事案件的经验做法，研究探讨办案中的疑难问题，对人民法院、人民检察院、海警机构依法打击涉海砂违法犯罪、统一法律适用标准达成了共识。

会议指出，近年来，涉海砂违法犯罪活动高发多发，威胁海洋生态环境安全，催生海上黑恶势力，危害建筑工程安全，影响海上通航安全，具有较大的社会危害性。会议要求，各部门要切实提高政治站位，牢记“国之大者”，紧紧围绕党和国家工作大局，用最严格制度、最严密法治筑牢维护海洋生态环境和海砂资源安全的执法司法屏障。会议强调，各部门要正确理解和准确适用刑法和《最高人民法院、最高人民检察院关于办理非法采矿、破坏性采矿刑事案件适用法律若干问题的解释》（以下简称《非法采矿解释》）、《最高人民法院关于充分发挥环境资源审判职能作用依法惩处盗采矿产资源犯罪的意见》等规定，坚持宽严相济刑事政策，统一执法司法尺度，依法加大对涉海砂违法犯罪的惩治力度，切实维护海洋生态环境和矿产资源安全。现形成纪要如下。

一、关于罪名适用

1. 未取得海砂开采海域使用权证，且未取得采矿许可证，在中华人民共和国内水、领海采挖海砂，符合刑法第三百四十三条第一款和《非法采矿解释》第二条、第三条规定的，以非法采矿罪定罪处罚。

对于在中华人民共和国毗连区、专属经济区、大陆架以及中华人民共和国管辖的其他海域实施前款规定的行为，适用我国刑法追究刑事责任的案件，参照前款规定定罪处罚。

2. 具有下列情形之一的，对过驳和运输海砂的船主或者船长，依照刑法第三百四十三条第一款的规定，以非法采矿罪定罪处罚：

（1）与非法采挖海砂犯罪分子事前通谋，指使或者驾驶运砂船前往指定海域直接从采砂船过驳和运输海砂的；

（2）未与非法采挖海砂犯罪分子事前通谋，但受其雇佣，指使或者驾驶运砂船前往指定海域，在非法采砂行为仍在进行时，明知系非法采挖的海砂，仍直接从采砂船过驳和运输海砂的；

（3）未与非法采挖海砂犯罪分子事前通谋，也未受其雇佣，在非法采砂行为仍在进行时，明知系非法采挖的海砂，临时与非法采挖海砂犯罪分子约定时间、地点，直接从采砂船过驳和运输海砂的。

具有下列情形之一的，对过驳和运输海砂的船主或者船长，依照刑法第三百一十二条的规定，以掩饰、隐瞒犯罪所得罪定罪处罚：

（1）未与非法采挖海砂犯罪分子事前通谋，指使或者驾驶运砂船前往相关海域，在非法采砂行为已经完成后，明知系非法采挖的海砂，仍直接从采砂船过驳和运输海砂的；

（2）与非法收购海砂犯罪分子事前通谋，指使或者驾驶运砂船前往指定海域过驳和运输海砂的；

（3）无证据证明非法采挖、运输、收购海砂犯罪分子之间存在事前通谋或者事中共同犯罪故意，但受其中一方雇佣后，指使或者驾驶运砂船前往指定海域，明知系非法采挖的海砂，仍从其他运砂船上过驳和运输海砂的。

二、关于主观故意认定

3. 判断过驳和运输海砂的船主或者船长是否具有犯罪故意，应当依据其任职情况、职业经历、专业背景、培训经历、本人因同类行为受到行政处罚或者刑事责任追究情况等证据，结合其供述，进行综合分析判断。

实践中，具有下列情形之一，行为人不能作出合理解释的，一般可以认定其"明知系非法采挖的海砂"，但有相反证据的除外：

（1）故意关闭船舶自动识别系统，或者船舶上有多套船舶自动识别系统，或者故意毁弃船载卫星电话、船舶自动识别系统、定位系统数据及手机存储数据的；

（2）故意绕行正常航线和码头、在隐蔽水域或者在明显不合理的隐蔽时间过驳和运输，或者使用暗号、暗语、信物等方式进行联络、接头的；

（3）使用"三无"船舶、虚假船名船舶或非法改装船舶，或者故意遮蔽船号，掩盖船体特征的；

（4）虚假记录船舶航海日志、轮机日志，或者进出港未申报、虚假申报的；

（5）套用相关许可证、拍卖手续、合同等合法文件资料，或者使用虚假、伪造文件资料的；

（6）无法出具合法有效海砂来源证明，或者拒不提供海砂真实来源证明的；

（7）以明显低于市场价格进行交易的；

（8）支付、收取或者约定的报酬明显不合理，或者使用控制的他人名下银行账户收付海砂交易款项的；

（9）逃避、抗拒执法检查，或者事前制定逃避检查预案的；

（10）其他足以认定的情形。

4.明知他人实施非法采挖、运输、收购海砂犯罪，仍为其提供资金、场地、工具、技术、单据、证明、手续等重要便利条件或者居间联络，对犯罪产生实质性帮助作用的，以非法采矿罪或者掩饰、隐瞒犯罪所得罪的共同犯罪论处。

三、关于下游行为的处理

5.认定非法运输、收购、代为销售或者以其他方法掩饰、隐瞒非法采挖的海砂及其产生的收益构成掩饰、隐瞒犯罪所得、犯罪所得收益罪，以上游非法采矿犯罪事实成立为前提。上游犯罪尚未依法裁判，但查证属实的，不影响掩饰、隐瞒犯罪所得、犯罪所得收益罪的认定。上游非法采挖海砂未达到非法采矿罪"情节严重"标准的，对下游对应的掩饰、隐瞒行为可以依照海洋环境保护法、海域使用管理法、治安管理处罚法等法律法规给予行政处罚。

6.明知是非法采挖的海砂及其产生的收益，而予以运输、收购、代为销售或者以其他方法掩饰、隐瞒，一年内曾因实施此类行为受过行政处罚，又实施此类行为的，应当依照刑法第三百一十二条的规定，以掩饰、隐瞒犯罪所得、犯罪所得收益罪定罪处罚。多次实施此类行为，未经行政处罚，依法应当追诉的，犯罪所得、犯罪所得收益的数额应当累计计算。

7.以掩饰、隐瞒犯罪所得、犯罪所得收益罪定罪处罚的，应当注意与上游非法采矿犯罪保持量刑均衡。

四、关于劳务人员的责任认定

8.《非法采矿解释》第十一条规定，对受雇佣提供劳务的人员，除参与利润分成或者领取高额固定工资的以外，一般不以犯罪论处，但曾因非法采矿、破坏性采矿受过处罚的除外。对于该条中"高额固定工资"的理解，不宜停留在对"高额"的字面理解层面，应当结合其在整个犯罪活动中的职责分工、参与程度等因素进行综合判断。

实践中，要注意结合本地区经济社会发展水平，以及采矿行业提供劳务人员的平均工资水平审查认定。一般情况下，领取或者约定领取上一年度本省（自治区、直辖市）同种类采矿、运输等行业提供劳务人员平均工资二倍以上固定财产性收益的，包括工资、奖金、补贴、物质奖励等，可以认定为"高额固定工资"。

9.具有下列情形之一的，一般不适用《非法采矿解释》第十一条"一般不以犯罪论处"的规定：

（1）明知他人实施非法采挖、运输、收购海砂犯罪，仍多次为其提供开采、装卸、运输、销售等实质性帮助或者重要技术支持，情节较重的；

（2）在相关犯罪活动中，承担一定发起、策划、操纵、管理、协调职责的；

（3）多次逃避检查，或者采取通风报信等方式为非法采挖海砂犯罪活动逃避监管或者为犯罪分子逃避处罚提供帮助的。

五、关于涉案海砂价格的认定

10.对于涉案海砂价值，有销赃数额的，一般根据销赃数额认定；对于无销赃数额，销赃数额难以查证，或者根据销赃数额认定明显不合理的，根据海砂市场交易价格和数量认定。

非法采挖的海砂在不同环节销赃，非法采挖、运输、保管等过程中产生的成本支出，在销赃数额中不予扣除。

11.海砂价值难以确定的，依据当地政府相关部门所属价格认证机构出具的报告认定，或者依据省级以上人民政府自然资源、水行政、海洋等主管部门出具的报告，结合其他证据作出认定。

12. 确定非法开采的海砂价值，一般应当以实施犯罪行为终了时当地海砂市场交易价格或者非法采挖期间当地海砂的平均市场价格为基准。犯罪行为存在明显时段连续性的，可以分别按照不同时段实施犯罪行为时当地海砂市场交易价格为基准。如当地县（市、区）无海砂市场交易价格，可参照周边地区海砂市场交易价格。

六、关于涉案船舶、财物的处置

13. 对涉案船舶，海警机构应当依法及时查封、扣押，扣押后一般由海警机构自行保管，特殊情况下，也可以交由船主或者船长暂时保管。

14. 具有下列情形之一的，一般可以认定为《非法采矿解释》第十二条第二款规定的“用于犯罪的专门工具”，并依法予以没收：

（1）犯罪分子所有，并专门用于非法采挖海砂犯罪的工具；

（2）长期不作登记或者系“三无”船舶或者挂靠、登记在他人名下，但实为犯罪分子控制，并专门用于非法采挖海砂犯罪的工具；

（3）船舶、机具所有人明知犯罪分子专门用于非法采挖海砂违法犯罪而出租、出借船舶、机具，构成共同犯罪或者相关犯罪的。

15. 具有下列情形之一的，一般可以认定为船舶所有人明知他人专门用于非法采挖海砂违法犯罪而出租、出借船舶，但是能够作出合理解释或者有相反证据的除外：

（1）未经有关部门批准，擅自将船舶改装为可用于采挖、运输海砂的船舶或者进行伪装的；

（2）同意或者默许犯罪分子将船舶改装为可用于采挖、运输海砂的船舶或者进行伪装的；

（3）曾因出租、出借船舶用于非法采挖、运输海砂受过行政处罚，又将船舶出租、出借给同一违法犯罪分子的；

（4）拒不提供真实的实际使用人信息，或者提供虚假的实际使用人信息的；

（5）其他足以认定明知的情形。

16. 非法采挖、运输海砂犯罪分子为逃避专门用于犯罪的船舶被依法罚没，或者为逃避一年内曾因非法采挖、运输海砂受过行政处罚，又实施此类行为被追究刑事责任，而通过虚构买卖合同、口头协议等方式转让船舶所有权，但并未进行物权变动登记，也未实际支付船舶转让价款的，可以依法认定涉案船舶为“用于犯罪的专门工具”。

17. 涉案船舶的价值与涉案金额过于悬殊，且涉案船舶证件真实有效、权属明确、船证一致的，一般不予没收。实践中，应当综合行为的性质、情节、后果、社会危害程度及行为人认罪悔罪表现等因素，对涉案船舶依法处置。

18. 船主以非法运输海砂为业，明知是非法采挖海砂仍一年内多次实施非法运输海砂犯罪活动，构成共同犯罪或者相关犯罪的，涉案船舶可以认定为《非法采矿解释》第十二条第二款规定的“供犯罪所用的本人财物”，并依法予以没收。

19. 海警机构对查扣的涉案海砂，在固定证据和留存样本后，经县级以上海警机构主要负责人批准，可以依法先行拍卖，并对拍卖进行全流程监管。拍卖所得价款暂予保管，诉讼终结后依法处理。

对于涉案船舶上采运砂机具等设施设备，海警机构在侦查过程中应当及时查封、扣押，人民法院原则上应当依法判决没收，或者交由相关主管部门予以拆除。

七、关于加强协作配合与监督制约

20. 案件发生后，犯罪嫌疑人、被告人从海上返回陆地的登陆地的海警机构、人民检察院、人民法院可以依法行使管辖权。“登陆地”既包括犯罪嫌疑人、被告人自行或者通过其他途径“主动登陆地”，也包括被海警机构等执法部门押解返回陆地的“被动登陆地”。海警机构应当按照就近登陆、便利侦查的原则选择登陆地。

21. 各级人民法院、人民检察院、海警机构办理涉海砂刑事案件和刑事附带民事公益诉讼案件，应当充分发挥职能作用，分工负责，互相配合，互相制约，有效形成打击合力。各级海警机构要加强串并研判，注重深挖彻查，依法全面收集、固定、完善相关证据，提升办案质量，依法提请批准逮捕、移送审查起诉。各级人民检察院要依法充分履行法律监督职责，高质效开展涉海砂刑事案件审查批准逮捕、审查起诉等工作。必要时，人民检察院可提前介入侦查，引导海警机构全面收集、固定刑事案件和刑事附带民事公益诉讼案件证据。各级人民法院在审理涉海砂刑事案件时，要切实发挥审判职能，贯彻宽严相济刑事政策，准确适用法律，确保罚当其罪。

22. 各级人民法院、人民检察院、海警机构应当建立健全日常联络、信息通报、类案研判等制度机制，及时对涉海砂违法犯罪活动出现的新情况新问题进行研究，解决重大疑难复杂问题，提升案件办理效果。

23. 各级人民法院、人民检察院、海警机构在办理涉海砂刑事案件时，应当结合工作职责，认真分析研判涉海砂违法犯罪规律、形成原因，统筹运用制发司法建议、检察建议、开展检察公益诉讼、进行法治宣传、以案释法等方式，构建惩防并举、预防为先、治理为本的综合性防控体系；在注重打击犯罪的同时，积极推动涉海砂违法犯罪的综合治理，斩断利益链条，铲除犯罪滋生土壤。

最高人民法院　最高人民检察院　公安部　司法部
关于办理醉酒危险驾驶刑事案件的意见

（2023 年 12 月 18 日）

为维护人民群众生命财产安全和道路交通安全，依法惩治醉酒危险驾驶（以下简称醉驾）违法犯罪，根据刑法、刑事诉讼法等有关规定，结合执法司法实践，制定本意见。

一、总体要求

第一条　人民法院、人民检察院、公安机关办理醉驾案件，应当坚持分工负责，互相配合，互相制约，坚持正确适用法律，坚持证据裁判原则，严格执法，公正司法，提高办案效率，实现政治效果、法律效果和社会效果的有机统一。人民检察院依法对醉驾案件办理活动实行法律监督。

第二条　人民法院、人民检察院、公安机关办理醉驾案件，应当全面准确贯彻宽严相济刑事政策，根据案件的具体情节，实行区别对待，做到该宽则宽，当严则严，罚当其罪。

第三条　人民法院、人民检察院、公安机关和司法行政机关应当坚持惩治与预防相结合，采取多种方式强化综合治理，从源头上预防和减少酒后驾驶行为发生。

二、立案与侦查

第四条　在道路上驾驶机动车，经呼气酒精含量检测，显示血液酒精含量达到 80 毫克/100 毫升以上的，公安机关应当依照刑事诉讼法和本意见的规定决定是否立案。对情节显著轻微、危害不大，不认为是犯罪的，不予立案。

公安机关应当及时提取犯罪嫌疑人血液样本送检。认定犯罪嫌疑人是否醉酒，主要以血液酒精含量鉴定意见作为依据。

犯罪嫌疑人经呼气酒精含量检测，显示血液酒精含量达到 80 毫克/100 毫升以上，在提取血液样本前脱逃或者找人顶替的，可以以呼气酒精含量检测结果作为认定其醉酒的依据。

犯罪嫌疑人在公安机关依法检查时或者发生道路交通事故后，为逃避法律追究，在呼气酒精含量检测或者提取血液样本前故意饮酒的，可以以查获后血液酒精含量鉴定意见作为认定其醉酒的依据。

第五条　醉驾案件中“道路”“机动车”的认定适用道路交通安全法有关“道路”“机动车”的规定。

对机关、企事业单位、厂矿、校园、居民小区等单位管辖范围内的路段是否认定为“道路”，应当以其是否具有“公共性”，是否“允许社会机动车通行”作为判断标准。只允许单位内部机动车、特定来访机动车通行的，可以不认定为“道路”。

第六条　对醉驾犯罪嫌疑人、被告人，根据案件具体情况，可以依法予以拘留或者取保候审。具有下列情形之一的，一般予以取保候审：

（一）因本人受伤需要救治的；

（二）患有严重疾病，不适宜羁押的；

（三）系怀孕或者正在哺乳自己婴儿的妇女；

（四）系生活不能自理的人的唯一扶养人；

（五）其他需要取保候审的情形。

对符合取保候审条件，但犯罪嫌疑人、被告人不能提出保证人，也不交纳保证金的，可以监视居住。对违反取保候审、监视居住规定的犯罪嫌疑人、被告人，情节严重的，可以予以逮捕。

第七条　办理醉驾案件，应当收集以下证据：

（一）证明犯罪嫌疑人情况的证据材料，主要包括人口信息查询记录或者户籍证明等身份证明；驾驶证、驾驶人信息查询记录；犯罪前科记录、曾因饮酒后驾驶机动车被查获或者行政处罚记录、本次交通违法行政处罚决定书等；

（二）证明醉酒检测鉴定情况的证据材料，主要包括呼气酒精含量检测结果、呼气酒精含量检测仪标定证书、血液样本提取笔录、鉴定委托书或者鉴定机构接收检材登记材料、血液酒精含量鉴定意见、鉴定意见通知书等；

（三）证明机动车情况的证据材料，主要包括机动车行驶证、机动车信息查询记录、机动车照片等；

（四）证明现场执法情况的照片，主要包括现场检查机动车、呼气酒精含量检测、提取与封装血液样本等环节的照片，并应当保存相关环节的录音录像资料；

（五）犯罪嫌疑人供述和辩解。

根据案件具体情况，还应当收集以下证据：

（一）犯罪嫌疑人是否饮酒、驾驶机动车有争议的，应当收集同车人员、现场目击证人或者共同饮酒人员等证人证言、饮酒场所及行驶路段监控记录等；

（二）道路属性有争议的，应当收集相关管理人员、业主等知情人员证言、管理单位或者有关部门出具的证明等；

（三）发生交通事故的，应当收集交通事故认定书、事故路段监控记录、人体损伤程度等鉴定意见、被害人陈述等；

（四）可能构成自首的，应当收集犯罪嫌疑人到案经过等材料；

（五）其他确有必要收集的证据材料。

第八条　对犯罪嫌疑人血液样本提取、封装、保管、送检、鉴定等程序，按照公安部、司法部有关道路交通安全违法行为处理程序、鉴定规则等规定执行。

公安机关提取、封装血液样本过程应当全程录音录像。血液样本提取、封装应当做好标记和编号，由提取人、封装人、犯罪嫌疑人在血液样本提取笔录上签字。犯罪嫌疑人拒绝签字的，应当注明。提取的血液样本应当及时送往鉴定机构进行血液酒精含量鉴定。因特殊原因不能及时送检的，应当按照有关规范和技术标准保管检材并在五个工作日内送检。

鉴定机构应当对血液样品制备和仪器检测过程进行录音录像。鉴定机构应当在收到送检血液样本后三个工作日内，按照有关规范和技术标准进行鉴定并出具血液酒精含量鉴定意见，通知或者送交委托单位。

血液酒精含量鉴定意见作为证据使用的，办案单位应当自收到血液酒精含量鉴定意见之日起五个工作日内，书面通知犯罪嫌疑人、被告人、被害人或者其法定代理人。

第九条　具有下列情形之一，经补正或者作出合理解释的，血液酒精含量鉴定意见可以作为定案的依据；不能补正或者作出合理解释的，应当予以排除：

（一）血液样本提取、封装、保管不规范的；

（二）未按规定的时间和程序送检、出具鉴定意见的；

（三）鉴定过程未按规定同步录音录像的；

（四）存在其他瑕疵或者不规范的取证行为的。

三、刑事追究

第十条　醉驾具有下列情形之一，尚不构成其他犯罪的，从重处理：

（一）造成交通事故且负事故全部或者主要责任的；

（二）造成交通事故后逃逸的；

（三）未取得机动车驾驶证驾驶汽车的；

（四）严重超员、超载、超速驾驶的；

（五）服用国家规定管制的精神药品或者麻醉药品后驾驶的；

（六）驾驶机动车从事客运活动且载有乘客的；

（七）驾驶机动车从事校车业务且载有师生的；

（八）在高速公路上驾驶的；

（九）驾驶重型载货汽车的；

（十）运输危险化学品、危险货物的；

（十一）逃避、阻碍公安机关依法检查的；

（十二）实施威胁、打击报复、引诱、贿买证人、鉴定人等人员或者毁灭、伪造证据等妨害司法行为的；

（十三）二年内曾因饮酒后驾驶机动车被查获或者受过行政处罚的；

（十四）五年内曾因危险驾驶行为被判决有罪或者作相对不起诉的；

（十五）其他需要从重处理的情形。

第十一条　醉驾具有下列情形之一的，从宽处理：

（一）自首、坦白、立功的；

（二）自愿认罪认罚的；

（三）造成交通事故，赔偿损失或者取得谅解的；

（四）其他需要从宽处理的情形。

第十二条 醉驾具有下列情形之一，且不具有本意见第十条规定情形的，可以认定为情节显著轻微、危害不大，依照刑法第十三条、刑事诉讼法第十六条的规定处理：

（一）血液酒精含量不满150毫克/100毫升的；

（二）出于急救伤病人员等紧急情况驾驶机动车，且不构成紧急避险的；

（三）在居民小区、停车场等场所因挪车、停车入位等短距离驾驶机动车的；

（四）由他人驾驶至居民小区、停车场等场所短距离接替驾驶停放机动车的，或者为了交由他人驾驶，自居民小区、停车场等场所短距离驶出的；

（五）其他情节显著轻微的情形。

醉酒后出于急救伤病人员等紧急情况，不得已驾驶机动车，构成紧急避险的，依照刑法第二十一条的规定处理。

第十三条 对公安机关移送审查起诉的醉驾案件，人民检察院综合考虑犯罪嫌疑人驾驶的动机和目的、醉酒程度、机动车类型、道路情况、行驶时间、速度、距离以及认罪悔罪表现等因素，认为属于犯罪情节轻微的，依照刑法第三十七条、刑事诉讼法第一百七十七条第二款的规定处理。

第十四条 对符合刑法第七十二条规定的醉驾被告人，依法宣告缓刑。具有下列情形之一的，一般不适用缓刑：

（一）造成交通事故致他人轻微伤或者轻伤，且负事故全部或者主要责任的；

（二）造成交通事故且负事故全部或者主要责任，未赔偿损失的；

（三）造成交通事故后逃逸的；

（四）未取得机动车驾驶证驾驶汽车的；

（五）血液酒精含量超过180毫克/100毫升的；

（六）服用国家规定管制的精神药品或者麻醉药品后驾驶的；

（七）采取暴力手段抗拒公安机关依法检查，或者实施妨害司法行为的；

（八）五年内曾因饮酒后驾驶机动车被查获或者受过行政处罚的；

（九）曾因危险驾驶行为被判决有罪或者作相对不起诉的；

（十）其他情节恶劣的情形。

第十五条 对被告人判处罚金，应当根据醉驾行为、实际损害后果等犯罪情节，综合考虑被告人缴纳罚金的能力，确定与主刑相适应的罚金数额。起刑点一般不应低于道路交通安全法规定的饮酒后驾驶机动车相应情形的罚款数额；每增加一个月拘役，增加一千元至五千元罚金。

第十六条 醉驾同时构成交通肇事罪、过失以危险方法危害公共安全罪、以危险方法危害公共安全罪等其他犯罪的，依照处罚较重的规定定罪，依法从严追究刑事责任。

醉酒驾驶机动车，以暴力、威胁方法阻碍公安机关依法检查，又构成妨害公务罪、袭警罪等其他犯罪的，依照数罪并罚的规定处罚。

第十七条 犯罪嫌疑人醉驾被现场查获后，经允许离开，再经公安机关通知到案或者主动到案，不认定为自动投案；造成交通事故后保护现场、抢救伤者，向公安机关报告并配合调查的，应当认定为自动投案。

第十八条 根据本意见第十二条第一款、第十三条、第十四条处理的案件，可以将犯罪嫌疑人、被告人自愿接受安全驾驶教育、从事交通志愿服务、社区公益服务等情况作为作出相关处理的考量因素。

第十九条 对犯罪嫌疑人、被告人决定不起诉或者免予刑事处罚的，可以根据案件的不同情况，予以训诫或者责令具结悔过、赔礼道歉、赔偿损失，需要给予行政处罚、处分的，移送有关主管机关处理。

第二十条 醉驾属于严重的饮酒后驾驶机动车行为。血液酒精含量达到80毫克/100毫升以上，公安机关应当在决定不予立案、撤销案件或者移送审查起诉前，给予行为人吊销机动车驾驶证行政处罚。根据本意见第十二条第一款处理的案件，公安机关还应当按照道路交通安全法规定的饮酒后驾驶机动车相应情形，给予行为人罚款、行政拘留的行政处罚。

人民法院、人民检察院依据本意见第十二条第一款、第十三条处理的案件，对被不起诉人、被告人需要予以行政处罚的，应当提出检察意见或者司法建议，移送公安机关依照前款规定处理。公安机关应当将处理情况通报人民法院、人民检察院。

四、快速办理

第二十一条　人民法院、人民检察院、公安机关和司法行政机关应当加强协作配合，在遵循法定程序、保障当事人权利的前提下，因地制宜建立健全醉驾案件快速办理机制，简化办案流程，缩短办案期限，实现醉驾案件优质高效办理。

第二十二条　符合下列条件的醉驾案件，一般应当适用快速办理机制：

（一）现场查获，未造成交通事故的；

（二）事实清楚，证据确实、充分，法律适用没有争议的；

（三）犯罪嫌疑人、被告人自愿认罪认罚的；

（四）不具有刑事诉讼法第二百二十三条规定情形的。

第二十三条　适用快速办理机制办理的醉驾案件，人民法院、人民检察院、公安机关一般应当在立案侦查之日起三十日内完成侦查、起诉、审判工作。

第二十四条　在侦查或者审查起诉阶段采取取保候审措施的，案件移送至审查起诉或者审判阶段时，取保候审期限尚未届满且符合取保候审条件的，受案机关可以不再重新作出取保候审决定，由公安机关继续执行原取保候审措施。

第二十五条　对醉驾被告人拟提出缓刑量刑建议或者宣告缓刑的，一般可以不进行调查评估。确有必要的，应当及时委托社区矫正机构或者有关社会组织进行调查评估。受委托方应当及时向委托机关提供调查评估结果。

第二十六条　适用简易程序、速裁程序的醉驾案件，人民法院、人民检察院、公安机关和司法行政机关可以采取合并式、要素式、表格式等方式简化文书。

具备条件的地区，可以通过一体化的网上办案平台流转、送达电子卷宗、法律文书等，实现案件线上办理。

五、综合治理

第二十七条　人民法院、人民检察院、公安机关和司法行政机关应当积极落实普法责任制，加强道路交通安全法治宣传教育，广泛开展普法进机关、进乡村、进社区、进学校、进企业、进单位、进网络工作，引导社会公众培养规则意识，养成守法习惯。

第二十八条　人民法院、人民检察院、公安机关和司法行政机关应当充分运用司法建议、检察建议、提示函等机制，督促有关部门、企事业单位，加强本单位人员教育管理，加大驾驶培训环节安全驾驶教育，规范代驾行业发展，加强餐饮、娱乐等涉酒场所管理，加大警示提醒力度。

第二十九条　公安机关、司法行政机关应当根据醉驾服刑人员、社区矫正对象的具体情况，制定有针对性的教育改造、矫正方案，实现分类管理、个别化教育，增强其悔罪意识、法治观念，帮助其成为守法公民。

六、附　则

第三十条　本意见自2023年12月28日起施行。《最高人民法院、最高人民检察院、公安部关于办理醉酒驾驶机动车刑事案件适用法律若干问题的意见》同时废止。

最高人民法院
关于综合治理类司法建议工作若干问题的规定

（2023 年 10 月 19 日由最高人民法院审判委员会第 1902 次会议通过
自 2023 年 11 月 16 日起施行）

为进一步加强和规范综合治理类司法建议工作，更好发挥审判机关在国家和社会治理中的重要作用，根据《中华人民共和国人民法院组织法》等法律规定，结合人民法院工作实际，制定本规定。

第一条 人民法院在履行审判执行职责时发现社会治理领域中存在引起矛盾纠纷多发高发，影响经济社会发展和人民群众权益保护的突出问题，需要向有关主管机关或者其他有关单位提出改进工作、完善治理的司法建议的，适用本规定。

第二条 人民法院提出司法建议，应当遵循确有必要的原则，确保司法建议的针对性、规范性和实效性。

第三条 人民法院提出司法建议时，应当根据综合治理问题涉及的行业、领域等向相应的主管机关或者其他有关单位提出；向主管机关提出的，一般应当向本院辖区范围内的同级主管机关提出。发现的综合治理问题需要异地主管机关采取措施的，可以提出工作建议，层报相应的上级人民法院决定。

第四条 司法建议应当以人民法院名义提出。

第五条 人民法院提出司法建议前，应当结合审判执行工作中发现的问题充分调查研究，并积极与被建议单位沟通，听取其意见。

第六条 人民法院提出司法建议，应当制作司法建议书。

司法建议书实行统一编号。

第七条 司法建议书起草完成后，应当依照《中华人民共和国人民法院组织法》第三十七条第一款第四项的规定提请审判委员会审议。

司法建议书审议通过后，由院长签发。

第八条 人民法院提出司法建议时，应当告知被建议单位就建议采纳落实情况等予以书面答复。答复期限根据具体情况确定，一般不超过两个月；法律、司法解释另有规定的，依照其规定。

人民法院应当结合审判执行工作支持、配合、督促被建议单位采取相应措施，协同抓好司法建议相关工作的落实。

第九条 司法建议涉及的问题重大，需要引起高度重视的，人民法院可以将司法建议书抄送被建议单位的上级主管机关或者其他有关单位。

第十条 各级人民法院应当确定司法建议工作日常管理机构，完善审核、指导、考核、激励等机制，并将司法建议工作质效纳入绩效考核。

第十一条 各级人民法院应当依照《中华人民共和国人民法院组织法》第九条的规定，将司法建议工作情况列入向同级人民代表大会及其常务委员会报告的事项。

第十二条 人民法院提出综合治理类司法建议以外的其他司法建议的，依照有关法律、司法解释、其他规范性文件的规定办理。有关法律、司法解释、其他规范性文件没有规定的事项，可以根据本辖区的具体情况和实际需要，参照本规定办理。

第十三条 本规定自 2023 年 11 月 16 日起施行。最高人民法院此前发布的司法解释和其他规范性文件与本规定不一致的，以本规定为准。

附件：1. 人民法院司法建议书制作规范
2. 文书样式
3. 封面样式

附件 1

人民法院司法建议书制作规范

为指导全国法院司法建议书的制作，确保司法建议文书格式统一、要素齐全、结构完整、繁简得当、逻辑严密、用语准确，提高文书质量，制定本规范。

一、基本要素

司法建议书由首部、主文、尾部三部分组成。

二、首部

首部包括标题、司法建议书编号、被建议单位名称。

标题包括法院名称、事由和司法建议书。例如："××人民法院关于××的司法建议书"。

司法建议书实行统一编号。最高人民法院的司法建议书以"法建"+〔文书年度〕+文书编号+"号"形式编号，地方各级人民法院的司法建议书以地名简称+"法建"+〔文书年度〕+文书编号+"号"形式编号。

被建议单位名称应使用该单位全称、规范化简称或者同类型单位统称。

三、主文

简要说明抓好相关领域工作的重要性和被建议单位在该领域已采取的主要举措及成效。然后列明在审判执行工作中发现的该领域需要重视和解决的问题，依据法律法规及政策提出的具体建议，反馈时限，以及其他需要说明的事项。建议与问题应当一一对应。

四、尾部

包括院印、法院名称和日期、联系人姓名和电话、附件和抄送单位名称。

司法建议书如有附件，应当在正文之后、成文日期之前注明附件的顺序号和名称。

抄送单位应当使用该机关全称、规范化简称或者同类型机关统称。

五、封面

1. 法徽图案高 55mm，宽 50mm。上页边距为 60mm，法徽下沿与标题文字上沿之间距离为 40mm。

2. 标题文字为"××人民法院司法建议书"，位于法徽图案下方，字体为小标宋体字；标题分两行或三行排列，法院名称字体大小为 30 磅，司法建议书字体大小为 36 磅。

3. 封面应庄重、美观，页边距、字体大小及行距可适当进行调整。

附件 2　文书样式

××人民法院关于×××的司法建议书

××法建〔××××〕×号

××××（被建议单位名称）：

…………（写明抓好相关领域工作的重要性，被建议单位已采取的主要举措及成效）。

我院在审判（执行）工作（或写明××个案，或写明案件类型，或写明司法调研工作）中，发现…………（围绕社会治理写明有关主管机关或者其他单位存在的重要问题，内容多的可分项书写）。为此，特建议：

…………（写明建议的具体事项，建议应当与问题一一对应，内容多的可分项书写）。

请你单位在收到本建议书后及时研究，采取有力措施推进××问题治理，并在×个月内向我院书面反馈工作进展情况。（已纳入考核的地区可写明：反馈、落实情况将纳入当地依法治理或平安建设等考核）。我院将积极支持、配合你单位做好相关工作，共同推进××领域的治理工作。

附件：（按顺序列明相关裁判文书、调研报告或者其他相关材料）

（院印）
××人民法院
年　月　日

联系人：×××　××××（联系电话）

抄送：××××。（抄送单位名称，如抄送单位较多，名称需要回行，回行时与冒号后的首字对齐，并在最后一个抄送单位名称后标句号）

附件3　封面样式

××人民法院

司法建议书

××人民法院监制

最高人民检察院　公安部
印发《人民检察院、公安机关羁押必要性审查、评估工作规定》

（2023 年 11 月 30 日）

为加强对犯罪嫌疑人、被告人被逮捕后羁押必要性的审查、评估工作，规范羁押强制措施适用，依法保障犯罪嫌疑人、被告人合法权益，保障刑事诉讼活动顺利进行，根据《中华人民共和国刑事诉讼法》《人民检察院刑事诉讼规则》《公安机关办理刑事案件程序规定》等，制定本规定。

第一条　犯罪嫌疑人、被告人被逮捕后，人民检察院应当依法对羁押的必要性进行审查。不需要继续羁押的，应当建议公安机关、人民法院予以释放或者变更强制措施。对于审查起诉阶段的案件，应当及时决定释放或者变更强制措施。

公安机关在移送审查起诉前，发现采取逮捕措施不当或者犯罪嫌疑人及其法定代理人、近亲属或者辩护人、值班律师申请变更羁押强制措施的，应当对羁押的必要性进行评估。不需要继续羁押的，应当及时决定释放或者变更强制措施。

第二条　人民检察院、公安机关开展羁押必要性审查、评估工作，应当分工负责、互相配合、互相制约，以保证准确有效地执行法律。

第三条　人民检察院、公安机关应当依法、及时、规范开展羁押必要性审查、评估工作，全面贯彻宽严相济刑事政策，准确把握羁押措施适用条件，严格保守办案秘密和国家秘密、商业秘密、个人隐私。

羁押必要性审查、评估工作不得影响刑事诉讼依法进行。

第四条　人民检察院依法开展羁押必要性审查，由捕诉部门负责。负责刑事执行检察、控告申诉检察、案件管理、检察技术的部门应当予以配合。

公安机关对羁押的必要性进行评估，由办案部门负责，法制部门统一审核。

犯罪嫌疑人、被告人在异地羁押的，羁押地人民检察院、公安机关应当予以配合。

第五条　人民检察院、公安机关应当充分保障犯罪嫌疑人、被告人的诉讼权利，保障被害人合法权益。

公安机关执行逮捕决定时，应当告知被逮捕人有权向办案机关申请变更强制措施，有权向人民检察院申请羁押必要性审查。

第六条　人民检察院在刑事诉讼过程中可以对被逮捕的犯罪嫌疑人、被告人依职权主动进行羁押必要性审查。

人民检察院对审查起诉阶段未经羁押必要性审查、可能判处三年有期徒刑以下刑罚的在押犯罪嫌疑人，在提起公诉前应当依职权开展一次羁押必要性审查。

公安机关根据案件侦查情况，可以对被逮捕的犯罪嫌疑人继续采取羁押强制措施是否适当进行评估。

第七条　人民检察院、公安机关发现犯罪嫌疑人、被告人可能存在下列情形之一的，应当立即开展羁押必要性审查、评估并及时作出审查、评估决定：

（一）因患有严重疾病、生活不能自理等原因不适宜继续羁押的；

（二）怀孕或者正在哺乳自己婴儿的妇女；

（三）系未成年人的唯一抚养人；

（四）系生活不能自理的人的唯一扶养人；

（五）继续羁押犯罪嫌疑人、被告人，羁押期限将超过依法可能判处的刑期的；

（六）案件事实、情节或者法律、司法解释发生变化，可能导致犯罪嫌疑人、被告人被判处拘役、管制、独立适用附加刑、免予刑事处罚或者判决无罪的；

（七）案件证据发生重大变化，可能导致没有证据证明有犯罪事实或者犯罪行为系犯罪嫌疑人、被告人所为的；

（八）存在其他对犯罪嫌疑人、被告人采取羁押强制措施不当情形，应当及时撤销或者变更的。

未成年犯罪嫌疑人、被告人被逮捕后，人民检察院、公安机关应当做好跟踪帮教、感化挽救工作，发现对未成年在押人员不予羁押不致发生社会危险性的，应当及时启动羁押必要性审查、评估工作，依法作出释放或者变更决定。

第八条 犯罪嫌疑人、被告人及其法定代理人、近亲属或者辩护人、值班律师可以向人民检察院申请开展羁押必要性审查。申请人提出申请时，应当说明不需要继续羁押的理由，有相关证据或者其他材料的，应当予以提供。

申请人依据刑事诉讼法第九十七条规定，向人民检察院、公安机关提出变更羁押强制措施申请的，人民检察院、公安机关应当按照本规定对羁押的必要性进行审查、评估。

第九条 经人民检察院、公安机关依法审查、评估后认为有继续羁押的必要，不予释放或者变更的，犯罪嫌疑人、被告人及其法定代理人、近亲属或者辩护人、值班律师未提供新的证明材料或者没有新的理由而再次申请的，人民检察院、公安机关可以不再开展羁押必要性审查、评估工作，并告知申请人。

经依法批准延长侦查羁押期限、重新计算侦查羁押期限、退回补充侦查重新计算审查起诉期限，导致在押人员被羁押期限延长的，变更申请不受前款限制。

第十条 办案机关对应的同级人民检察院负责控告申诉或者案件管理的部门收到羁押必要性审查申请的，应当在当日将相关申请、线索和证据材料移送本院负责捕诉的部门。负责刑事执行检察的部门收到有关材料或者发现不需要继续羁押的，应当及时将有关材料和意见移送负责捕诉的部门。

负责案件办理的公安机关的其他相关部门收到变更申请的，应当在当日移送办案部门。

其他人民检察院、公安机关收到申请的，应当告知申请人向负责案件办理的人民检察院、公安机关提出申请，或者在二日以内将申请材料移送负责案件办理的人民检察院、公安机关，并告知申请人。

第十一条 看守所在工作中发现在押人员不适宜继续羁押的，应当及时提请办案机关依法变更强制措施。

看守所建议人民检察院开展羁押必要性审查的，应当以书面形式提出，并附证明在押人员身体状况的证据材料。

人民检察院收到看守所建议后，应当立即开展羁押必要性审查，依法及时作出审查决定。

第十二条 开展羁押必要性审查、评估工作，应当全面审查、评估犯罪嫌疑人、被告人涉嫌犯罪事实、主观恶性、悔罪表现、案件进展情况、可能判处的刑罚、身体状况、有无社会危险性和继续羁押必要等因素，具体包括以下内容：

（一）犯罪嫌疑人、被告人基本情况，涉嫌罪名、犯罪性质、情节，可能判处的刑罚；

（二）案件所处诉讼阶段，侦查取证进展情况，犯罪事实是否基本查清，证据是否收集固定，犯罪嫌疑人、被告人认罪情况，供述是否稳定；

（三）犯罪嫌疑人、被告人是否有前科劣迹、累犯等从严处理情节；

（四）犯罪嫌疑人、被告人到案方式，是否被通缉到案，或者是否因违反取保候审、监视居住规定而被逮捕；

（五）是否有不在案的共犯，是否存在串供可能；

（六）犯罪嫌疑人、被告人是否有认罪认罚、自首、坦白、立功、积极退赃、获得谅解、与被害方达成和解协议、积极履行赔偿义务或者提供担保等从宽处理情节；

（七）犯罪嫌疑人、被告人身体健康状况；

（八）犯罪嫌疑人、被告人在押期间的表现情况；

（九）犯罪嫌疑人、被告人是否具备采取取保候审、监视居住措施的条件；

（十）对犯罪嫌疑人、被告人的羁押是否符合法律规定，是否即将超过依法可能判处的刑期；

（十一）犯罪嫌疑人、被告人是否存在可能作撤销案件、不起诉处理、被判处拘役、管制、独立适用附加刑、宣告缓刑、免予刑事处罚或者判决无罪的情形；

（十二）与羁押必要性审查、评估有关的其他内容。

犯罪嫌疑人、被告人系未成年人的，应当重点审查其成长经历、犯罪原因以及有无监护或者社会帮教条件。

第十三条 开展羁押必要性审查、评估工作，可以采取以下方式：

（一）审查犯罪嫌疑人、被告人不需要继续羁押的理由和证明材料；

（二）听取犯罪嫌疑人、被告人及其法定代理人、近亲属或者辩护人、值班律师意见；

（三）听取被害人及其法定代理人、诉讼代理人、近亲属或者其他有关人员的意见，了解和解、谅解、赔偿情况；

（四）听取公安机关、人民法院意见，必要时查阅、复制原案卷宗中有关证据材料；

（五）调查核实犯罪嫌疑人、被告人身体健康状况；

（六）向看守所调取有关犯罪嫌疑人、被告人羁押期间表现的材料；

（七）进行羁押必要性审查、评估需要采取的其他方式。

听取意见情况应当制作笔录，与书面意见、调查核实获取的其他证据材料等一并附卷。

第十四条　审查、评估犯罪嫌疑人、被告人是否有继续羁押的必要性，可以采取自行或者委托社会调查、开展量化评估等方式，调查评估情况作为作出审查、评估决定的参考。

犯罪嫌疑人、被告人是未成年人的，经本人及其法定代理人同意，可以对未成年犯罪嫌疑人、被告人进行心理测评。

公安机关应当主动或者按照人民检察院要求收集、固定犯罪嫌疑人、被告人是否具有社会危险性的证据。

第十五条　人民检察院开展羁押必要性审查，可以按照《人民检察院羁押听证办法》组织听证。

第十六条　人民检察院审查后发现犯罪嫌疑人、被告人具有下列情形之一的，应当向公安机关、人民法院提出释放或者变更强制措施建议；审查起诉阶段的，应当及时决定释放或者变更强制措施。

（一）案件证据发生重大变化，没有证据证明有犯罪事实或者犯罪行为系犯罪嫌疑人、被告人所为的；

（二）案件事实、情节或者法律、司法解释发生变化，犯罪嫌疑人、被告人可能被判处拘役、管制、独立适用附加刑、免予刑事处罚或者判决无罪的；

（三）继续羁押犯罪嫌疑人、被告人，羁押期限将超过依法可能判处的刑期的；

（四）案件事实基本查清，证据已经收集固定，符合取保候审或者监视居住条件的；

（五）其他对犯罪嫌疑人、被告人采取羁押强制措施不当，应当及时释放或者变更的。

公安机关评估后发现符合上述情形的，应当及时决定释放或者变更强制措施。

第十七条　人民检察院审查后发现犯罪嫌疑人、被告人具有下列情形之一的，且具有悔罪表现，不予羁押不致发生社会危险性的，可以向公安机关、人民法院提出释放或者变更强制措施建议；审查起诉阶段的，可以决定释放或者变更强制措施。

（一）预备犯或者中止犯；

（二）主观恶性较小的初犯；

（三）共同犯罪中的从犯或者胁从犯；

（四）过失犯罪的；

（五）防卫过当或者避险过当的；

（六）认罪认罚的；

（七）与被害方依法自愿达成和解协议或者获得被害方谅解的；

（八）已经或者部分履行赔偿义务或者提供担保的；

（九）患有严重疾病、生活不能自理的；

（十）怀孕或者正在哺乳自己婴儿的妇女；

（十一）系未成年人或者已满七十五周岁的人；

（十二）系未成年人的唯一抚养人；

（十三）系生活不能自理的人的唯一扶养人；

（十四）可能被判处一年以下有期徒刑的；

（十五）可能被宣告缓刑的；

（十六）其他不予羁押不致发生社会危险性的情形。

公安机关评估后发现符合上述情形的，可以决定释放或者变更强制措施。

第十八条　经审查、评估，发现犯罪嫌疑人、被告人具有下列情形之一的，一般不予释放或者变更强制措施：

（一）涉嫌危害国家安全犯罪、恐怖活动犯罪、黑社会性质组织犯罪、重大毒品犯罪或者其他严重危害社会的犯罪；

（二）涉嫌故意杀人、故意伤害致人重伤或死亡、强奸、抢劫、绑架、放火、爆炸、投放危险物质等严重侵犯公民人身财产权利、危害公共安全的严重暴力犯罪；

（三）涉嫌性侵未成年人的犯罪；

（四）涉嫌重大贪污、贿赂犯罪，或者利用职权实施的严重侵犯公民人身权利的犯罪；

（五）可能判处十年有期徒刑以上刑罚的；

（六）因违反取保候审、监视居住规定而被逮捕的；

（七）可能毁灭、伪造证据，干扰证人作证或者串供的；

（八）可能对被害人、举报人、控告人实施打击报复的；

（九）企图自杀或者逃跑的；

（十）其他社会危险性较大，不宜释放或者变更强制措施的。

犯罪嫌疑人、被告人具有前款规定情形之一，但因患有严重疾病或者具有其他不适宜继续羁押的特殊情形，不予羁押不致发生社会危险性的，可以依法变更强制措施为监视居住、取保候审。

第十九条 人民检察院在侦查阶段、审判阶段收到羁押必要性审查申请或者建议的，应当在十日以内决定是否向公安机关、人民法院提出释放或者变更的建议。

人民检察院在审查起诉阶段、公安机关在侦查阶段收到变更申请的，应当在三日以内作出决定。

审查过程中涉及病情鉴定等专业知识，需要委托鉴定，指派、聘请有专门知识的人就案件的专门性问题出具报告，或者委托技术部门进行技术性证据审查，以及组织开展听证审查的期间，不计入羁押必要性审查期限。

第二十条 人民检察院开展羁押必要性审查，应当规范制作羁押必要性审查报告，写明犯罪嫌疑人、被告人基本情况、诉讼阶段、简要案情、审查情况和审查意见，并在检察业务应用系统相关捕诉案件中准确填录相关信息。

审查起诉阶段，人民检察院依职权启动羁押必要性审查后认为有继续羁押必要的，可以在审查起诉案件审查报告中载明羁押必要性审查相关内容，不再单独制作羁押必要性审查报告。

公安机关开展羁押必要性评估，应当由办案部门制作羁押必要性评估报告，提出是否具有羁押必要性的意见，送法制部门审核。

第二十一条 人民检察院经审查认为需要对犯罪嫌疑人、被告人予以释放或者变更强制措施的，在侦查和审判阶段，应当规范制作羁押必要性审查建议书，说明不需要继续羁押犯罪嫌疑人、被告人的理由和法律依据，及时送达公安机关或者人民法院。在审查起诉阶段的，应当制作决定释放通知书、取保候审决定书或者监视居住决定书，交由公安机关执行。

侦查阶段，公安机关认为需要对犯罪嫌疑人释放或者变更强制措施的，应当制作释放通知书、取保候审决定书或者监视居住决定书，同时将处理情况通知原批准逮捕的人民检察院。

第二十二条 人民检察院向公安机关、人民法院发出羁押必要性审查建议书后，应当跟踪公安机关、人民法院处理情况。

公安机关、人民法院应当在收到建议书十日以内将处理情况通知人民检察院。认为需要继续羁押的，应当说明理由。

公安机关、人民法院未在十日以内将处理情况通知人民检察院的，人民检察院应当依法提出监督纠正意见。

第二十三条 对于依申请或者看守所建议开展羁押必要性审查的，人民检察院办结后，应当制作羁押必要性审查结果通知书，将提出建议情况和公安机关、人民法院处理情况，或者有继续羁押必要的审查意见和理由及时书面告知申请人或者看守所。

公安机关依申请对继续羁押的必要性进行评估后，认为有继续羁押的必要，不同意变更强制措施的，应当书面告知申请人并说明理由。

第二十四条 经审查、评估后犯罪嫌疑人、被告人被变更强制措施的，公安机关应当加强对变更后被取保候审、监视居住人的监督管理；人民检察院应当加强对取保候审、监视居住执行情况的监督。

侦查阶段发现犯罪嫌疑人严重违反取保候审、监视居住规定，需要予以逮捕的，公安机关应当依照法定程序重新提请批准逮捕，人民检察院应当依法作出批准逮捕的决定。审查起诉阶段发现的，人民检察院应当依法决定逮捕。审判阶段发现的，人民检察院应当向人民法院提出决定逮捕的建议。

第二十五条 人民检察院直接受理侦查案件的羁押必要性审查参照本规定。

第二十六条 公安机关提请人民检察院审查批准延长侦查羁押期限，应当对继续羁押的必要性进行评估并作出说明。

人民检察院办理提请批准延长侦查羁押期限、重新计算侦查羁押期限备案审查案件，应当依法加强对犯罪嫌疑人羁押必要性的审查。

第二十七条 本规定自发布之日起施行。原《人民检察院办理羁押必要性审查案件规定（试行）》同时废止。

公安部
印发《加强新时代公安派出所工作三年行动计划（2023—2025年）》

（2023年2月23日）

为全面贯彻党的二十大精神，深入贯彻落实习近平法治思想特别是习近平总书记关于新时代公安工作的重要论述，公安部印发《加强新时代公安派出所工作三年行动计划（2023—2025年）》（以下简称《行动计划》），牢固树立大抓基层、大抓基础的鲜明导向，持续推动重心下移、警力下沉、保障下倾，全力夯实国家安全和社会稳定基层基础。

《行动计划》明确，坚持把派出所工作置于战略性、基础性地位来抓，牢牢把握对党忠诚、服务人民、执法公正、纪律严明总要求，紧紧围绕加强基层组织、基础工作、基本能力建设的整体思路，以落实派出所工作标准化建设为牵动，坚持分类指导、实战导向、预防警务、科技支撑，组织实施基层提振、基础提质、基本能力提升三大行动。通过三年不懈努力，进一步增强派出所实力、激发活力、提升战斗力，到2025年，在更高水平上实现基础牢、出事少、治安好、党和人民满意的工作目标。

《行动计划》要求，实施基层提振行动。要坚持把加强派出所工作置于全面深化公安改革全局中统筹谋划、推动落实，采取更有力的政策措施，进一步增强派出所实力，营造活力迸发的派出所工作新生态。要加强派出所党支部标准化、规范化建设，坚持"支部建在所上"，提升派出所党支部政治功能和组织力，更好发挥派出所党支部战斗堡垒作用。要进一步优化警力布局，进一步推动市县公安机关警力向派出所下沉、派出所警力向社区前置，全面落实派出所和社区民警警力配置"两个40%以上"要求，鼓励在市辖区公安分局推行"两个50%以上"。要全面深化"两队一室"改革，围绕落实责任制，建立健全社区警务、案件办理和综合指挥工作规范，固化完善两队互为协同、一室支撑两队的警务运行机制，完善值班备勤制度。要推进"一村（格）一警"2025年底前实现全覆盖。要活跃城乡社区警务团队，发展壮大群防群治力量，依法健全城乡村（社区）治保会组织，积极培育"义警"等平安类社会组织，推进群防群治力量红色化、组织化、信息化、年轻化。要提高警情协同处置效能，建立健全110报警服务台与12345政务服务便民热线等平台高效对接联动机制，科学布建社会面巡逻防控网，加强对派出所处置警情的勤务支援。要完善落实经费、装备、基础设施保障标准，推动落实爱警暖警措施。要完善派出所等级评定制度和"枫桥式公安派出所"创建命名标准，建设更多的高等级、枫桥式派出所。要积极融入基层社会治理，在党委和政府领导下，加强协作配合，推动落实监管责任、主体责任，推进问题联治、工作联动、平安联创。

《行动计划》要求，实施基础提质行动。要树牢主防理念，推行预防警务，有效降警情、控发案、除隐患，实现社会治安良性循环。要建立健全风险隐患常态化排查机制，分级分类落实防控化解措施。要加强未成年人保护和不良行为干预矫治，建立健全对未尽到未成年人教育、管理、救助、看护等职责的单位依法提出公安建议制度，加强派出所民警担任中小学法治副校长的选派、管理和使用，定期开展对学生的法治教育、安全教育和预防犯罪教育。要健全落实家暴告诫处置制度，结合接处警、查办案、驻社区等工作，依法干预家庭矛盾、感情纠纷，及时发现预警、多元调处化解，严防激化升级。要深化"百万警进千万家"活动，广泛开展以防盗、防骗、防毒、防矛盾纠纷、防治安灾害事故为主题的群众性宣传行动，促进平安社区建设。要常态化治理重复举报警情。要及时查处关系群众切身利益民生小案，建立派出所办案民警单警办案积分制度，推动多办快办辖区发生的侵财、伤害、寻衅滋事等案件，经常性排查整治治安乱点和突出治安问题。要组织开展执法质量"查改评"活动，强化内部执法监督管理，提升规范执法的能力水平。要深入开展"我为群众办实事"活动，围绕群众急难愁盼问题，最大限度提供公安服务，让有需要的群众始终感到民警就在身边，守好人民的心。要建立完善派出所主防考评体系，推动主动警务、预防警务落实。

《行动计划》要求，实施基本能力提升行动。要坚持把民警练兵比武和作风养成作为派出所队伍建设的重要抓手，强化思想淬炼、政治历练、实践锻炼、专业训练，不断提高派出所民警矛盾化解、要素管控、处警办案、群众工作“四种能力”。要打造思想政治工作生命线工程，加强忠诚教育、宗旨教育、传统教育，培养更多扎根基层、爱岗敬业、忠诚履职、深受百姓信赖的优秀派出所民警。要健全完善派出所工作培训体系，组织派出所民辅警职业技能练兵比武，开展派出所民辅警岗位标兵专业能手选树活动。要落实警种部门支援派出所机制，明确响应程序和时限，加强对派出所警情处置、基础管控、案件办理工作的支援，推动形成机关围着基层转的支援体系。要推进数字化赋能派出所实战，提高派出所警务智能化水平。要锚定“四个铁一般”标准，加强派出所民警斗争精神和斗争本领养成，健全完善常态化监督管理机制，建设一支党和人民满意的派出所队伍。

公安部
印发《公安机关信访工作规定》

（2023 年 5 月 19 日）

第一章　总　则

第一条　为了坚持和加强党对公安信访工作的全面领导，做好新时代公安信访工作，密切党群关系、警民关系，根据《信访工作条例》和有关法律法规，结合公安工作实际，制定本规定。

第二条　公安信访工作是公安机关群众工作的重要组成部分，是公安机关了解社情民意、听取意见建议、检验执法质效、维护群众权益的一项重要工作，是公安机关接受群众监督、提升执法水平、改进工作作风、加强队伍建设的重要途径。

第三条　公安信访工作坚持以习近平新时代中国特色社会主义思想为指导，贯彻落实习近平法治思想、习近平总书记关于加强和改进人民信访工作的重要思想、关于新时代公安工作的重要论述，践行对党忠诚、服务人民、执法公正、纪律严明总要求，切实担负起为民解难、为党分忧的政治责任，服务党和国家大局，促进社会和谐稳定。

第四条　公安信访工作应当坚持党的全面领导、坚持以人民为中心、坚持依法按政策解决问题、坚持源头治理化解矛盾，按照“属地管理、分级负责”“谁主管、谁负责”原则，落实信访工作责任。

第五条　公安机关应当坚持改革创新，不断完善信访工作制度体系，畅通信访渠道，优化业务流程，规范信访秩序，依法分类处理信访诉求，提升信访工作质量、效率和公信力。

第六条　公安机关及其工作人员处理信访事项，应当恪尽职守、秉公办事，查明事实、分清责任，加强教育疏导，及时妥善处理，不得推诿、敷衍、拖延。

公安机关应当将涉法涉诉信访事项与普通信访事项相分离，适用不同程序处理。

公安机关工作人员与信访事项或者信访人有直接利害关系的，应当回避。

第七条　公安机关应当科学、民主决策，依法履行职责，严格规范公正文明执法，从源头上预防和减少信访事项的发生。

第二章　信访工作体制和机制

第八条　公安机关应当构建党委领导、信访工作领导小组统筹协调、信访部门推动落实、相关部门各负其责、各方齐抓共管的信访工作格局。

第九条　公安信访工作应当坚持党的领导：

（一）贯彻落实党中央关于信访工作的方针政策和决策部署，执行上级党组织关于信访工作的部署要求；

（二）强化政治引领，把握信访工作的政治方向和政治原则，严明政治纪律和政治规矩；

（三）公安机关党委定期听取汇报，研究解决重要信访问题。

第十条　公安机关应当成立由主要领导任组长，有关领导任副组长，相关部门主要领导为成员的信访工作领导小组。信访工作领导小组履行下列职责：

（一）分析信访工作形势，为党委决策提供参考；

（二）督促落实信访工作的方针政策和决策部署；

（三）统筹协调、组织推进信访工作，督导落实信访工作责任；

（四）协调处理影响较大或者办理部门存在争议的信访事项；

（五）承担本级公安机关党委交办的其他事项。

信访工作领导小组应当每年向本级公安机关党委报告工作情况，定期召开会议听取各成员单位信访工作报告。

第十一条　县级以上公安机关应当建立信访工作机构，设立专门接待场所。

信访问题突出的部门应当结合实际，确定承担信访工作的机构及人员。

第十二条　信访部门是开展信访工作的专门机构，履行下列职责：

（一）接收、登记信访事项；

（二）受理、办理、转送、交办信访事项；

（三）协调、督促、检查重要信访事项的处理、落实；

（四）综合反映信访信息，分析研判信访情况；

（五）指导相关部门和下级公安机关的信访工作；

（六）提出改进工作、完善政策和追究责任的建议；

（七）承担本级公安信访工作领导小组办公室职责；

（八）承担本级公安机关党委和上级机关交办的其他信访事项。

第十三条　公安机关相关部门应当按照分工，履行下列职责：

（一）承办属于职责范围内的信访事项；

（二）向信访部门回复转送信访事项的处理结果；

（三）分析本部门信访问题成因，针对性改进工作；

（四）承担本级公安信访工作领导小组交办的其他事项。

第十四条　公安机关应当坚持社会矛盾纠纷多元预防调处化解机制，拓宽社会力量参与信访工作的制度化渠道，综合运用法律、政策、经济、行政等手段和教育、协商、疏导等办法，多措并举化解矛盾纠纷。

公安机关应当依法按政策及时解决群众合理合法诉求，耐心细致进行教育解释，对符合条件的帮助予以司法救助。

第十五条　公安机关领导干部应当阅办群众来信和网上信访，定期接待群众来访和约访下访，调研督导信访工作，包案化解疑难、复杂和群众反映强烈的信访问题。

公安机关应当落实属地责任，认真接待处理群众来访，把问题解决在当地，引导信访人就地反映问题。建立完善联合接访工作机制，根据工作需要组织有关部门联合接待，一站式解决信访问题。

第十六条　公安机关应当建立重大信访信息报告和处理制度。对可能造成社会影响的重大、紧急信访事项和信访信息，应当及时报告本级党委政府和上一级公安机关，通报本级信访工作联席会议办公室，并在职责范围内依法及时采取措施，防止不良影响的产生、扩大。

第十七条　公安机关应当加强信访工作信息化、智能化建设，在依规依法、安全可靠的前提下，稳妥推进信访信息系统与本级党委政府信访部门、公安机关部门间互联互通、信息共享。

信访部门应当将信访事项的接收、处理等信息录入信访信息系统，使网上信访、来信、来访、来电的信息在网上流转，方便信访人查询处理情况、评价信访事项办理结果。

第十八条　公安机关应当加强信访队伍建设，选优配强领导班子，配备与形势任务相适应的工作力量，建立健全信访督察专员制度。建立完善优秀年轻干部、新提拔干部到信访岗位锻炼机制，深化信访工作人才库建设。应当关爱信访干部，落实轮岗交流，重视优秀干部使用，加强典型培养选树，打造高素质专业化信访干部队伍。

公安机关应当将信访工作列为各类教育培训公共课程和公安院校必修课程。

第十九条　公安机关应当为信访工作提供必要的支持和保障，所需经费列入本级预算。

第三章　信访事项的分类处理

第二十条　公安机关办理涉及公安机关及其工作人员履行职责、队伍管理问题的信访事项。

第二十一条　根据信访事项的性质、内容和主要诉求，信访事项分为申诉求决类、建议意见类、检举控告类等事项。

信访事项既有申诉求决诉求又有检举控告诉求，检举控告有实质内容的，分别处理；检举控告无实质内容的，按申诉求决类事项处理。

第二十二条 对申诉求决类信访事项，根据诉求内容及处理的程序，分为下列事项：

（一）通过法律程序处理的事项；

（二）通过复核、申诉等程序解决的人事争议事项；

（三）通过党员申诉、申请复审等程序解决的事项；

（四）不属于以上情形的事项。

第二十三条 符合下列诉求的信访事项属于通过法律程序处理的事项：

（一）申请查处违法犯罪行为、保护人身权或者财产权等合法权益的；

（二）可以通过行政裁决、行政确认、行政许可、行政处罚、政府信息公开等行政程序解决的；

（三）对公安机关作出的行政行为不服的；

（四）对公安机关依据刑事诉讼法授权的行为不服的；

（五）认为公安机关及其工作人员行使职权侵犯合法权益，造成损害，要求取得国家赔偿的；

（六）对公安机关出具或者委托其他机构出具的认定、鉴定意见不服，要求复核或者重新认定、鉴定的；

（七）公安机关通过法律程序处理的其他事项。

第二十四条 建议意见类信访事项由所提建议意见指向公安机关涉及职责的相关部门办理。

第二十五条 检举控告类信访事项由对被检举控告人有管理权限的公安机关纪律检查、组织人事等部门办理。

第二十六条 本规定第二十二条第一项至第三项信访事项，依照党内法规和法律法规由有权处理的公安机关相关部门办理；本规定第二十二条第四项信访事项，由诉求内容指向公安机关的信访部门办理。

第二十七条 信访事项涉及两个以上公安机关的，由相关公安机关协商；协商不成的，由共同的上一级公安机关指定的公安机关办理。

必要时，上级公安机关可以直接办理由下级公安机关办理的信访事项。

办理信访事项的公安机关分立、合并、撤销的，由继续行使其职权的公安机关办理；没有继续行使其职权的公安机关，由原公安机关的上一级公安机关或者其指定的公安机关办理。

第二十八条 信访事项涉及公安机关两个以上部门，或者相关部门对承办信访事项有异议的，由信访部门与相关部门协商；协商不成的，由信访部门提出意见后提请本级信访工作领导小组决定。

信访事项涉及的部门分立、合并、撤销的，由继续行使其职权的部门承办；继续行使其职权的部门不明确的，由信访部门提出意见后提请本级信访工作领导小组决定。

第四章 信访事项的提出和接收

第二十九条 公安机关应当向社会公布网络信访渠道、通信地址、投诉电话、信访接待的时间和地点、查询信访事项处理进展及结果的方式等相关事项。在信访接待场所或者互联网门户网站公布与信访工作有关的党内法规和法律法规、规范性文件，信访事项的处理程序，以及为信访人提供便利的其他事项。

第三十条 信访人一般应当采用书面形式并通过本规定第二十九条规定的信访渠道提出信访事项，载明其姓名（名称）、住址、联系方式和请求、事实、理由。对采用口头形式提出的信访事项，接待部门应当如实记录。

第三十一条 信访人采用走访形式提出信访事项的，应当到有权处理的公安机关或者上一级公安机关设立或者指定的接待场所提出。

多人采用走访形式提出共同的信访事项的，应当推选代表，代表人数不得超过5人。

第三十二条 信访人在信访过程中应当遵守法律、法规，不得损害国家、社会、集体的利益和其他公民的合法权利，自觉维护社会公共秩序和信访秩序，不得有下列行为：

（一）在机关、单位办公场所周围、公共场所非法聚集，围堵、冲击机关、单位，拦截公务车辆，或者堵塞、阻断交通；

（二）携带危险物品、管制器具；

（三）侮辱、殴打、威胁机关、单位工作人员，非法限制他人人身自由，或者毁坏财物；

（四）在信访接待场所滞留、滋事，或者将生活不能自理的人弃留在信访接待场所；

（五）煽动、串联、胁迫、以财物诱使、幕后操纵他人信访，或者以信访为名借机敛财；

（六）其他扰乱公共秩序、妨害国家和公共安全的行为。

第三十三条　对信访人直接提出的信访事项，公安机关应当接收，登记录入信访信息系统，按照下列方式处理：

（一）属于本机关职权范围且属于本规定第三十五条情形的，由信访部门转送有权处理的部门，并告知信访人接收情况以及处理途径和程序；属于本机关职权范围且属于本规定第二十二条第四项情形的，予以受理并告知信访人；

（二）属于下级公安机关职权范围的，自收到信访事项之日起 15 日内转送有权处理机关，转送信访事项中的重要情况需要反馈处理结果的予以交办，要求在指定期限内反馈结果，并告知信访人转送、交办去向；

（三）不属于本机关及下级公安机关职权范围的，告知信访人向有权处理的机关、单位提出。

前款规定的告知信访人，能够当场告知的，应当当场书面告知；不能当场告知的，应当自收到信访事项之日起 15 日内书面告知信访人，但信访人的姓名（名称）、住址不清的除外。

第三十四条　对党委政府信访部门和上级公安机关转送、交办的信访事项，按照下列方式处理：

（一）属于本机关职权范围的，按照本规定第三十三条第一款第一项、第二款规定处理；

（二）属于下级公安机关职权范围的，及时转送、交办有权处理机关；

（三）不属于本机关及下级公安机关职权范围的，自收到信访事项之日起 5 个工作日内提出异议并说明理由，经转送、交办的党委政府部门或者上级机关同意后退回；未能退回的，自收到信访事项之日起 15 日内书面告知信访人向有权处理的机关、单位提出。

对交办的信访事项，有权处理的公安机关应当在指定期限内办结，并向交办机关提交报告。

第五章　专门程序类事项的办理

第三十五条　专门程序类事项包括下列信访事项：

（一）建议意见类事项；

（二）检举控告类事项；

（三）本规定第二十二条第一项至第三项事项。

第三十六条　公安机关应当建立人民建议征集制度，主动听取群众建议意见并认真研究论证。对维护国家安全和社会稳定，或者加强改进公安工作和队伍建设有现实可行性的，应当采纳或者部分采纳，并予以回复。符合有关奖励规定的给予奖励。

第三十七条　对检举控告类信访事项，公安机关应当依规依纪依法办理和反馈。重大情况向公安机关主要领导报告。

不得将信访人的检举、揭发材料以及有关情况透露或者转给被检举、揭发的人员或者单位。

第三十八条　对本规定第二十二条第一项至第三项信访事项，公安机关应当导入党内法规和法律法规规定的程序办理，并依照规定将办理结果告知信访人。承办的部门在办结后 5 个工作日内将处理情况及结果书面反馈信访部门。

需要依申请启动的，公安机关应当告知信访人需要提供的相关材料；诉求缺乏形式要件的，可以根据情况要求信访人补充。

对本规定第二十三条第一项信访事项，法律法规没有履职期限规定的，应当自收到信访事项之日起两个月内履行或者答复。

第三十九条　对本级或者下级公安机关正在办理的信访事项，信访人以同一事实和理由提出信访诉求的，公安机关应当告知信访人办理情况。

第四十条　信访事项已经按照本规定第三十八条规定作出处理，信访人仍以同一事实和理由提出信访诉求的，公安机关不再重复处理；信访人提出新的事实和理由的，告知信访人按照相应的途径和程序提出。

第四十一条　对本规定第二十二条第一项信访事项，已经办结且符合法律规定要求，信访人仍反复提出相同信访诉求的，可以作出信访事项终结认定。信访事项终结的，认定机关应当书面告知信访人。

省级及以下公安机关办理信访事项的终结由省级公安机关认定。公安部办理信访事项的终结由公安部认定。

信访事项终结后，信访人仍以同一事实和理由提出信访诉求的，上级公安机关不再转送、交办。

第六章　信访程序类事项的办理

第一节　办理要求

第四十二条　对本规定第二十二条第四项信访事项，公安机关应当按照信访程序办理。

信访程序分为简易程序和普通程序。

第四十三条　下列初次信访事项可以适用简易程序：

（一）事实清楚、责任明确、争议不大、易于解决的；

（二）对提出的诉求可以即时反馈的；

（三）涉及群众日常生产生活、时效性强，应当即时处理的；

（四）有关机关已有明确承诺或者结论的；

（五）其他可以适用简易程序办理的。

第四十四条 下列信访事项不适用简易程序：

（一）党委政府信访部门和上级公安机关交办的；

（二）可能对信访人诉求不支持的；

（三）涉及多个责任主体或者集体联名投诉的重大、复杂、疑难等不宜适用简易程序办理的。

第四十五条 适用简易程序的，公安机关应当自收到信访事项之日起 3 个工作日内受理，并自受理之日起 10 个工作日内作出处理意见。

告知信访人受理和处理意见，除信访人要求出具纸质文书的，可以通过信息网络、手机短信等快捷方式告知；告知受理的，还可以采用当面口头方式。

第四十六条 适用简易程序办理过程中，信访部门发现不宜适用简易程序办理或者适用简易程序办理信访诉求未得到妥善解决的，应当经公安机关负责人批准后适用普通程序继续办理。

转为适用普通程序继续办理的信访事项，办理时限从适用简易程序受理之日起计算。

第四十七条 适用普通程序的，信访部门可以要求相关部门提出处理意见，或者当面听取信访人陈述事实和理由，向信访人、有关组织和人员调查，要求说明情况。对重大、复杂、疑难的信访事项，可以举行听证。

第四十八条 适用普通程序的，公安机关应当自受理之日起 60 日内办结；情况复杂的，经本机关负责人批准，可以延长办理期限，延长期限不得超过 30 日，并书面告知信访人延期理由。

第四十九条 在不违反法律法规强制性规定的情况下，公安机关可以在裁量权范围内，经争议双方当事人同意进行调解；可以引导争议双方当事人自愿和解。经调解、和解达成一致意见的，应当制作调解协议书或者和解协议书。

第五十条 公安机关应当按照下列规定作出处理，出具信访处理意见书并送达信访人：

（一）请求事实清楚，符合法律、法规、规章或者其他有关规定的，予以支持；

（二）请求事由合理但缺乏法律、法规、规章或者其他有关依据的，作出解释说明；

（三）请求缺乏事实根据，或者不符合法律、法规、规章或者其他有关规定的，不予支持。

信访处理意见书应当载明信访人投诉请求、事实和理由、处理意见及其法律法规依据。

支持信访请求的，信访部门应当督促相关部门执行；不予支持的，应当做好信访人的疏导教育工作。

第五十一条 对本级或者下级公安机关已经受理或者正在办理的信访事项，信访人在规定期限内以同一事实和理由再次提出信访诉求的，公安机关不重复受理并告知信访人。

第二节 复查和复核

第五十二条 信访人对公安机关的信访处理意见不服的，可以自收到信访处理意见书之日起 30 日内向处理机关的本级人民政府或者上一级公安机关提出复查请求。

第五十三条 信访人对公安机关的复查意见不服的，可以自收到信访复查意见书之日起 30 日内向复查机关的本级人民政府或者上一级公安机关提出复核请求。

第五十四条 信访人对省级公安机关的信访处理意见、复查意见不服的，向省级人民政府提出复查、复核请求。

第五十五条 复查、复核机关应当自收到请求之日起 30 日内办结。

对重大、复杂、疑难的信访事项，复核机关可以举行听证。复核机关决定听证的，应当自收到复核请求之日起 30 日内举行。听证所需时间不计算在复核期限内。

第五十六条 复查、复核机关应当按照下列规定作出处理，出具信访复查、复核意见书并送达信访人：

（一）信访处理意见、复查意见符合法律、法规、规章或者其他有关规定的，予以维持；

（二）信访处理意见、复查意见不符合法律、法规、规章或者其他有关规定的，予以撤销并责令 30 日内重新作出处理或者依职权直接变更。

对前款第二项撤销并责令重新作出处理的，原处理机关不得以同一事实和理由作出与原意见相同或者基本相同的处理意见或者复查意见。

第五十七条 复查、复核机关发现信访事项办理应当适用本规定第三十八条而未适用的，撤销信访处理意见、复查意见，责令重新处理；或者变更原处理意见、复查意见。

第五十八条　信访人对信访复核意见不服，仍然以同一事实和理由提出信访诉求的，公安机关不再受理并书面告知信访人。

第七章　监督与追责

第五十九条　公安机关应当对群众反映强烈或者重大、复杂、疑难的信访事项，以及复查、复核撤销、变更原处理意见、复查意见的信访事项组织评查。

信访事项评查工作由信访工作领导小组指定的部门组织开展，相关部门参与。上级公安机关可以通过异地指定、交叉互评、提级评查等方式开展评查。

信访事项评查应当重点从事实认定、证据收集、办理程序、法律适用、文书制作使用、办案效果等方面进行审查、评定，并出具评查报告。

第六十条　信访部门发现相关部门或者下级公安机关处理信访事项有下列情形之一的，应当进行督办：

（一）应当受理而不予受理的；

（二）未按照规定的程序、期限办理并反馈结果的；

（三）不执行信访处理意见或者复查、复核意见的；

（四）其他需要督办的情形。

信访督办可通过网上督办、发函督办、现场督办等形式实施，被督办的部门或者下级公安机关应当在30日内书面反馈办理结果。

第六十一条　公安机关应当将信访工作纳入巡视巡察、执法监督、警务督察范围，对本级及下级公安机关信访工作开展专项督察。

第六十二条　公安机关应当每年对下一级公安机关信访工作情况进行考核。考核结果在适当范围内通报，并作为对领导班子和有关领导干部综合考核评价的重要参考。

对信访工作成绩突出的单位或者个人，按照规定给予表彰奖励；信访工作履职不力、存在严重问题的，视情节轻重，由公安信访工作领导小组进行约谈、通报、挂牌督办，责令限期整改。

第六十三条　信访部门应当按照下列规定，履行三项建议职责：

（一）发现有本规定第六十条第一款情形的，及时向有关公安机关或者部门提出改进工作的建议；

（二）对工作中发现的政策性问题，及时向本级公安机关党委报告并提出完善政策的建议；

（三）违反本规定造成严重后果的，向有关公安机关或者部门提出对直接负责的主管人员和其他直接责任人员追究责任的建议。

对信访部门提出的三项建议，有关公安机关或者部门应当认真落实，并书面反馈情况。落实不力导致问题得不到解决的，责令改正；造成严重后果的，对直接负责的主管人员和其他直接责任人员依规依纪依法处理。

第六十四条　因下列情形之一导致信访事项发生，造成严重后果的，对直接负责的主管人员和其他直接责任人员依规依纪依法处理；构成犯罪的，依法追究刑事责任：

（一）超越或者滥用职权，侵害公民、法人或者其他组织合法权益；

（二）应当作为而不作为，损害公民、法人或者其他组织合法权益；

（三）适用法律法规错误或者违反法定程序，侵害公民、法人或者其他组织合法权益；

（四）拒不执行有权处理机关作出的支持信访请求意见。

第六十五条　信访事项处理有下列情形之一的，责令改正；造成严重后果的，对直接负责的主管人员和其他直接责任人员依规依纪依法处理：

（一）未按照规定登记、受理、转送、交办信访事项；

（二）未按照规定告知信访人；

（三）推诿、敷衍、拖延办理信访事项；

（四）作出不符合事实或者违反法律、法规、规章或者其他有关规定的错误结论；

（五）不履行或者不正确履行信访事项处理职责的其他情形。

第六十六条　有下列情形之一的，对直接负责的主管人员和其他直接责任人员依规依纪依法处理；构成犯罪的，依法追究刑事责任：

（一）对待信访人态度恶劣、作风粗暴，损害党群警民关系；

（二）在处理信访事项过程中吃拿卡要、谋取私利；

（三）对规模性集体访、负面舆情等处置不力，导致事态扩大；

（四）对可能造成社会影响的重大、紧急信访事项和信访信息隐瞒、谎报、缓报，或者未依法及时采取必要措施；

（五）将信访人的检举、揭发材料或者有关情况透露、转给被检举、揭发的人员或者单位；

（六）打击报复信访人；

（七）其他违规违纪违法的情形。

第六十七条 信访人违反本规定第三十一条、第三十二条规定的，信访部门应当对其进行劝阻、批评或者教育；信访人违反本规定第三十二条规定，构成违反治安管理行为的，或者违反集会游行示威相关法律法规的，公安机关依法采取必要的现场处置措施、给予治安管理处罚；构成犯罪的，依法追究刑事责任。

信访人捏造歪曲事实、诬告陷害他人，构成违反治安管理行为的，公安机关依法给予治安管理处罚；构成犯罪的，依法追究刑事责任。

第八章 附 则

第六十八条 本规定所称相关部门是指公安机关信访部门以外的内设机构和派出机构。

第六十九条 公安机关所属单位的信访工作，适用本规定。

第七十条 本规定自2023年7月1日起实施。

司法部
修订《办理法律援助案件程序规定》

（2012年4月9日司法部令第124号公布 2023年7月11日司法部令第148号修订）

第一章 总 则

第一条 为了规范办理法律援助案件程序，保证法律援助质量，根据《中华人民共和国法律援助法》《法律援助条例》等有关法律、行政法规的规定，制定本规定。

第二条 法律援助机构组织办理法律援助案件，律师事务所、基层法律服务所和法律援助人员承办法律援助案件，适用本规定。

本规定所称法律援助人员，是指接受法律援助机构的指派或者安排，依法为经济困难公民和符合法定条件的其他当事人提供法律援助服务的律师、基层法律服务工作者、法律援助志愿者以及法律援助机构中具有律师资格或者法律职业资格的工作人员等。

第三条 办理法律援助案件应当坚持中国共产党领导，坚持以人民为中心，尊重和保障人权，遵循公开、公平、公正的原则。

第四条 法律援助机构应当建立健全工作机制，加强信息化建设，为公民获得法律援助提供便利。

法律援助机构为老年人、残疾人提供法律援助服务的，应当根据实际情况提供无障碍设施设备和服务。

第五条 法律援助人员应当依照法律、法规及本规定，遵守有关法律服务业务规程，及时为受援人提供符合标准的法律援助服务，维护受援人的合法权益。

第六条 法律援助人员应当恪守职业道德和执业纪律，自觉接受监督，不得向受援人收取任何财物。

第七条 法律援助机构、法律援助人员对提供法律援助过程中知悉的国家秘密、商业秘密和个人隐私应当予以保密。

第二章 申请与受理

第八条 法律援助机构应当向社会公布办公地址、联系方式等信息，在接待场所和司法行政机关政府网站公示并及时更新法律援助条件、程序、申请材料目录和申请示范文本等。

第九条 法律援助机构组织法律援助人员，依照有关规定和服务规范要求提供法律咨询、代拟法律文书、值班律师法律帮助。法律援助人员在提供法律咨询、代拟法律文书、值班律师法律帮助过程中，对可能符合代理或者刑事辩护法律援助条件的，应当告知其可以依法提出申请。

第十条 对诉讼事项的法律援助，由申请人向办案机关所在地的法律援助机构提出申请；对非诉讼事项的法律援助，由申请人向争议处理机关所在地或者事由发生地的法律援助机构提出申请。

申请人就同一事项向两个以上有管辖权的法律援助机构提出申请的，由最先收到申请的法律援助机构受理。

第十一条　因经济困难申请代理、刑事辩护法律援助的，申请人应当如实提交下列材料：

（一）法律援助申请表；

（二）居民身份证或者其他有效身份证明，代为申请的还应当提交有代理权的证明；

（三）经济困难状况说明表，如有能够说明经济状况的证件或者证明材料，可以一并提供；

（四）与所申请法律援助事项有关的其他材料。

填写法律援助申请表、经济困难状况说明表确有困难的，由法律援助机构工作人员或者转交申请的机关、单位工作人员代为填写，申请人确认无误后签名或者按指印。

符合《中华人民共和国法律援助法》第三十二条规定情形的当事人申请代理、刑事辩护法律援助的，应当提交第一款第一项、第二项、第四项规定的材料。

第十二条　被羁押的犯罪嫌疑人、被告人、服刑人员以及强制隔离戒毒人员等提出法律援助申请的，可以通过办案机关或者监管场所转交申请。办案机关、监管场所应当在二十四小时内将申请材料转交法律援助机构。

犯罪嫌疑人、被告人通过值班律师提出代理、刑事辩护等法律援助申请的，值班律师应当在二十四小时内将申请材料转交法律援助机构。

第十三条　法律援助机构对申请人提出的法律援助申请，应当根据下列情况分别作出处理：

（一）申请人提交的申请材料符合规定的，应当予以受理，并向申请人出具收到申请材料的书面凭证，载明收到申请材料的名称、数量、日期等。

（二）申请人提交的申请材料不齐全，应当一次性告知申请人需要补充的全部内容，或者要求申请人作出必要的说明。申请人未按要求补充材料或者作出说明的，视为撤回申请。

（三）申请事项不属于本法律援助机构受理范围的，应当告知申请人向有管辖权的法律援助机构申请或者向有关部门申请处理。

第三章　审　查

第十四条　法律援助机构应当对法律援助申请进行审查，确定是否具备下列条件：

（一）申请人系公民或者符合法定条件的其他当事人；

（二）申请事项属于法律援助范围；

（三）符合经济困难标准或者其他法定条件。

第十五条　法律援助机构核查申请人的经济困难状况，可以通过信息共享查询，或者由申请人进行个人诚信承诺。

法律援助机构开展核查工作，可以依法向有关部门、单位、村民委员会、居民委员会或者个人核实有关情况。

第十六条　受理申请的法律援助机构需要异地核查有关情况的，可以向核查事项所在地的法律援助机构请求协作。

法律援助机构请求协作的，应当向被请求的法律援助机构发出协作函件，说明基本情况、需要核查的事项、办理时限等。被请求的法律援助机构应当予以协作。因客观原因无法协作的，应当及时向请求协作的法律援助机构书面说明理由。

第十七条　法律援助机构应当自收到法律援助申请之日起七日内进行审查，作出是否给予法律援助的决定。

申请人补充材料、作出说明所需的时间，法律援助机构请求异地法律援助机构协作核查的时间，不计入审查期限。

第十八条　法律援助机构经审查，对于有下列情形之一的，应当认定申请人经济困难：

（一）申请人及与其共同生活的家庭成员符合受理的法律援助机构所在省、自治区、直辖市人民政府规定的经济困难标准的；

（二）申请事项的对方当事人是与申请人共同生活的家庭成员，申请人符合受理的法律援助机构所在省、自治区、直辖市人民政府规定的经济困难标准的；

（三）符合《中华人民共和国法律援助法》第四十二条规定，申请人所提交材料真实有效的。

第十九条　法律援助机构经审查，对符合法律援助条件的，应当决定给予法律援助，并制作给予法律援助决定书；对不符合法律援助条件的，应当决定不予法律援助，并制作不予法律援助决定书。

不予法律援助决定书应当载明不予法律援助的理由及申请人提出异议的途径和方式。

第二十条　给予法律援助决定书或者不予法律援助决定书应当发送申请人；属于《中华人民共和

国法律援助法》第三十九条规定情形的，法律援助机构还应当同时函告有关办案机关、监管场所。

第二十一条 法律援助机构依据《中华人民共和国法律援助法》第四十四条规定先行提供法律援助的，受援人应当在法律援助机构要求的时限内，补办有关手续，补充有关材料。

第二十二条 申请人对法律援助机构不予法律援助的决定有异议的，应当自收到决定之日起十五日内向设立该法律援助机构的司法行政机关提出。

第二十三条 司法行政机关应当自收到异议之日起五日内进行审查，认为申请人符合法律援助条件的，应当以书面形式责令法律援助机构对该申请人提供法律援助，同时书面告知申请人；认为申请人不符合法律援助条件的，应当作出维持法律援助机构不予法律援助的决定，书面告知申请人并说明理由。

申请人对司法行政机关维持法律援助机构决定不服的，可以依法申请行政复议或者提起行政诉讼。

第四章　指　派

第二十四条 法律援助机构应当自作出给予法律援助决定之日起三日内依法指派律师事务所、基层法律服务所安排本所律师或者基层法律服务工作者，或者安排本机构具有律师资格或者法律职业资格的工作人员承办法律援助案件。

对于通知辩护或者通知代理的刑事法律援助案件，法律援助机构收到人民法院、人民检察院、公安机关要求指派律师的通知后，应当在三日内指派律师承办法律援助案件，并通知人民法院、人民检察院、公安机关。

第二十五条 法律援助机构应当根据本机构、律师事务所、基层法律服务所的人员数量、专业特长、执业经验等因素，合理指派承办机构或者安排法律援助机构工作人员承办案件。

律师事务所、基层法律服务所收到指派后，应当及时安排本所律师、基层法律服务工作者承办法律援助案件。

第二十六条 对可能被判处无期徒刑、死刑的人，以及死刑复核案件的被告人，法律援助机构收到人民法院、人民检察院、公安机关通知后，应当指派具有三年以上刑事辩护经历的律师担任辩护人。

对于未成年人刑事案件，法律援助机构收到人民法院、人民检察院、公安机关通知后，应当指派熟悉未成年人身心特点的律师担任辩护人。

第二十七条 法律援助人员所属单位应当自安排或者收到指派之日起五日内与受援人或者其法定代理人、近亲属签订委托协议和授权委托书，但因受援人原因或者其他客观原因无法按时签订的除外。

第二十八条 法律援助机构已指派律师为犯罪嫌疑人、被告人提供辩护，犯罪嫌疑人、被告人的监护人或者近亲属又代为委托辩护人，犯罪嫌疑人、被告人决定接受委托辩护的，律师应当及时向法律援助机构报告。法律援助机构按照有关规定进行处理。

第五章　承　办

第二十九条 律师承办刑事辩护法律援助案件，应当依法及时会见犯罪嫌疑人、被告人，了解案件情况并制作笔录。笔录应当经犯罪嫌疑人、被告人确认无误后签名或者按指印。犯罪嫌疑人、被告人无阅读能力的，律师应当向犯罪嫌疑人、被告人宣读笔录，并在笔录上载明。

对于通知辩护的案件，律师应当在首次会见犯罪嫌疑人、被告人时，询问是否同意为其辩护，并记录在案。犯罪嫌疑人、被告人不同意的，律师应当书面告知人民法院、人民检察院、公安机关和法律援助机构。

第三十条 法律援助人员承办刑事代理、民事、行政等法律援助案件，应当约见受援人或者其法定代理人、近亲属，了解案件情况并制作笔录，但因受援人原因无法按时约见的除外。

法律援助人员首次约见受援人或者其法定代理人、近亲属时，应当告知下列事项：

（一）法律援助人员的代理职责；

（二）发现受援人可能符合司法救助条件的，告知其申请方式和途径；

（三）本案主要诉讼风险及法律后果；

（四）受援人在诉讼中的权利和义务。

第三十一条 法律援助人员承办案件，可以根据需要依法向有关单位或者个人调查与承办案件有关的情况，收集与承办案件有关的材料，并可以根据需要请求法律援助机构出具必要的证明文件或者与有关机关、单位进行协调。

法律援助人员认为需要异地调查情况、收集材料的，可以向作出指派或者安排的法律援助机构报告。法律援助机构可以按照本规定第十六条向调查事项所在地的法律援助机构请求协作。

第三十二条 法律援助人员可以帮助受援人通

过和解、调解及其他非诉讼方式解决纠纷，依法最大限度维护受援人合法权益。

法律援助人员代理受援人以和解或者调解方式解决纠纷的，应当征得受援人同意。

第三十三条　对处于侦查、审查起诉阶段的刑事辩护法律援助案件，承办律师应当积极履行辩护职责，在办案期限内依法完成会见、阅卷，并根据案情提出辩护意见。

第三十四条　对于开庭审理的案件，法律援助人员应当做好开庭前准备；庭审中充分发表意见、举证、质证；庭审结束后，应当向人民法院或者劳动人事争议仲裁机构提交书面法律意见。

对于不开庭审理的案件，法律援助人员应当在会见或者约见受援人、查阅案卷材料、了解案件主要事实后，及时向人民法院提交书面法律意见。

第三十五条　法律援助人员应当向受援人通报案件办理情况，答复受援人询问，并制作通报情况记录。

第三十六条　法律援助人员应当按照法律援助机构要求报告案件承办情况。

法律援助案件有下列情形之一的，法律援助人员应当向法律援助机构报告：

（一）主要证据认定、适用法律等方面存在重大疑义的；

（二）涉及群体性事件的；

（三）有重大社会影响的；

（四）其他复杂、疑难情形。

第三十七条　受援人有证据证明法律援助人员未依法履行职责的，可以请求法律援助机构更换法律援助人员。

法律援助机构应当自受援人申请更换之日起五日内决定是否更换。决定更换的，应当另行指派或者安排人员承办。对犯罪嫌疑人、被告人具有应当通知辩护情形，人民法院、人民检察院、公安机关决定为其另行通知辩护的，法律援助机构应当另行指派或者安排人员承办。法律援助机构应当及时将变更情况通知办案机关。

更换法律援助人员的，原法律援助人员所属单位应当与受援人解除或者变更委托协议和授权委托书，原法律援助人员应当与更换后的法律援助人员办理案件材料移交手续。

第三十八条　法律援助人员在承办案件过程中，发现与本案存在利害关系或者因客观原因无法继续承办案件的，应当向法律援助机构报告。法律援助机构认为需要更换法律援助人员的，按照本规定第三十七条办理。

第三十九条　存在《中华人民共和国法律援助法》第四十八条规定情形，法律援助机构决定终止法律援助的，应当制作终止法律援助决定书，并于三日内，发送受援人、通知法律援助人员所属单位并函告办案机关。

受援人对法律援助机构终止法律援助的决定有异议的，按照本规定第二十二条、第二十三条办理。

第四十条　法律援助案件办理结束后，法律援助人员应当及时向法律援助机构报告，并自结案之日起三十日内向法律援助机构提交结案归档材料。

刑事诉讼案件侦查阶段应以承办律师收到起诉意见书或撤销案件的相关法律文书之日为结案日；审查起诉阶段应以承办律师收到起诉书或不起诉决定书之日为结案日；审判阶段以承办律师收到判决书、裁定书、调解书之日为结案日。其他诉讼案件以法律援助人员收到判决书、裁定书、调解书之日为结案日。劳动争议仲裁案件或者行政复议案件以法律援助人员收到仲裁裁决书、行政复议决定书之日为结案日。其他非诉讼法律事务以受援人与对方当事人达成和解、调解协议之日为结案日。无相关文书的，以义务人开始履行义务之日为结案日。法律援助机构终止法律援助的，以法律援助人员所属单位收到终止法律援助决定书之日为结案日。

第四十一条　法律援助机构应当自收到法律援助人员提交的结案归档材料之日起三十日内进行审查。对于结案归档材料齐全规范的，应当及时向法律援助人员支付法律援助补贴。

第四十二条　法律援助机构应当对法律援助案件申请、审查、指派等材料以及法律援助人员提交的结案归档材料进行整理，一案一卷，统一归档管理。

第六章　附　则

第四十三条　法律援助机构、律师事务所、基层法律服务所和法律援助人员从事法律援助活动违反本规定的，依照《中华人民共和国法律援助法》《中华人民共和国律师法》《法律援助条例》《律师和律师事务所违法行为处罚办法》等法律、法规和规章的规定追究法律责任。

第四十四条　本规定中期间开始的日，不算在期间以内。期间的最后一日是节假日的，以节假日后的第一日为期满日期。

第四十五条 法律援助文书格式由司法部统一规定。

第四十六条 本规定自2023年9月1日起施行。司法部2012年4月9日公布的《办理法律援助案件程序规定》（司法部令第124号）同时废止。

中国法学会 关于印发《县（市、区）法学会首席法律咨询专家工作指引》的通知

（2023年10月17日）

各省、自治区、直辖市法学会，新疆生产建设兵团法学会，各副省级城市法学会，中国法学会各研究会，机关各部室和各直属单位：

2022年1月，中国法学会印发了《关于推行首席法律咨询专家制度的指导意见》，对各级法学会推进首席法律咨询专家工作作出部署，各地各有关方面要继续抓好贯彻落实。

习近平总书记指出，郡县治，天下安。在我们党的组织结构和国家政权结构中，县一级处在承上启下的关键环节，是发展经济、保障民生、维护稳定的重要基础，也是干部干事创业、锻炼成长的基本功训练基地。县（市、区）法学会工作在中国法学会工作全局中具有举足轻重的地位。现将《县（市、区）法学会首席法律咨询专家工作指引》（下称《工作指引》）印发，请结合实际认真抓好落实。

党的二十大擘画了全面建设社会主义现代化国家、以中国式现代化全面推进中华民族伟大复兴的宏伟蓝图，对“在法治轨道上全面建设社会主义现代化国家”“全面推进国家各方面工作法治化”作出战略部署。首席法律咨询专家工作是法学会坚持以习近平新时代中国特色社会主义思想为指导，全面贯彻落实党的二十大精神，深入贯彻落实习近平法治思想和总体国家安全观，积极服务政法工作现代化，服务更高水平的平安中国、法治中国建设，服务在法治轨道上全面建设社会主义现代化国家的重要举措。

中共中央办公厅印发《关于进一步加强法学会建设的意见》提出，积极推动法学会组织建设，探索创新法学会的组织形式、活动方式，积极整合资源，进一步发挥法学会在参与社会治理、化解矛盾纠纷、维护社会和谐稳定中的重要作用。目前，全国县（市、区）法学会组织已经实现全覆盖。有作为才能有地位，县（市、区）法学会组织实现全覆盖后，必须充分发挥职能作用。实践证明，做好首席法律咨询专家工作是解开这一难题的一把“金钥匙”，是县级法学会有效服务党委政府中心工作、服务广大人民群众的重要抓手。

中共中央办公厅、国务院办公厅印发《关于加强新时代法学教育和法学理论研究的意见》强调，紧紧围绕新时代全面依法治国实践，切实加强扎根中国文化、立足中国国情、解决中国问题的法学理论研究，总结提炼中国特色社会主义法治具有主体性、原创性、标识性的概念、观点、理论，把论文写在祖国的大地上，不做西方理论的“搬运工”。首席法律咨询专家工作是法学会切实履行政治职责，充分发挥全面依法治国的“智囊团”“思想库”“人才库”作用，为广大法学法律工作者搭建的服务党和国家工作大局的重要法治实践平台，是广大法学法律工作者把论文写在祖国大地上的重要途径。

地方各级法学会要深刻领悟“两个确立”的决定性意义，增强“四个意识”、坚定“四个自信”、做到“两个维护”，进一步提高政治站位，增强责任感和使命感，切实加强对首席法律咨询专家工作的领导，把推动县（市、区）法学会首席法律咨询专家工作作为重要职责，为实施《工作指引》提供有力组织保障。地方各级法学会主要负责同志要坚持靠前指挥、率先垂范，形成一级抓一级、共同抓落实的良好局面。要组织各级首席法律咨询专家认真学习《工作指引》，进一步准确把握首席法律咨询专家的工作职责、主要任务、工作程序等，充分发挥

群团组织优势，坚持好、发展好新时代“枫桥经验”，深入实际、深入基层、深入群众调查了解情况，增强做好首席法律咨询专家工作的紧迫感和自觉性。要开展广泛深入的宣传活动，在各级法学会形成重视、关心、支持首席法律咨询专家工作的良好氛围。要结合本地区实际，采取有力措施，以落实《工作指引》为契机，推动首席法律咨询专家工作不断走深走实，取得更大成效。

县（市、区）法学会首席法律咨询专家工作指引

首席法律咨询专家工作，是法学会为广大法学法律工作者搭建的参与党委和政府重大决策论证、重大风险防控、重大矛盾纠纷调处、重大信访积案化解等的重要法治实践平台。为进一步推进首席法律咨询专家工作深入开展，实现县（市、区）法学会（下称县级法学会）首席法律咨询专家工作全覆盖，根据中国法学会《关于推行首席法律咨询专家制度的指导意见》《关于进一步推进首席法律咨询专家工作的通知》，制定本工作指引。

一、总体要求

坚持以习近平新时代中国特色社会主义思想为指导，全面贯彻落实党的二十大精神，深入贯彻落实习近平法治思想和总体国家安全观，认真贯彻落实《中国共产党政法工作条例》《全面深化法治领域改革纲要（2023—2027年）》，贯彻落实中共中央办公厅《关于进一步加强法学会建设的意见》和中共中央办公厅、国务院办公厅《关于加强新时代法学教育和法学理论研究的意见》，充分发挥全面依法治国的“智囊团”“思想库”“人才库”作用，扎实推进县级法学会首席法律咨询专家工作，开展符合法学会特点和规律的法律咨询和法律服务，努力把首席法律咨询专家工作打造成为法学会服务法治实践的精品名牌，更好服务基层治理体系和治理能力现代化，服务政法工作现代化，服务更高水平的平安中国、法治中国建设，为在法治轨道上全面建设社会主义现代化国家贡献力量。

（一）坚持遵循“三坚持”“三首”“三跨”工作原则。“三坚持”，即坚持以习近平新时代中国特色社会主义思想为指导，坚持围绕中心、服务大局，坚持人民利益高于一切。“三首”，即首要负责人带队，首席法律咨询专家领衔，聚焦当地党委政府最关心、人民群众最关切的首先必须解决的法律问题，提供法律咨询建议，推动问题解决。“三跨”，即在党委和党委政法委领导下，跨地区、跨部门、跨层级整合各学科各领域法学专家和法律实务工作者等，组建首席法律咨询专家团队，加强与法院、检察院、公安、信访等有关部门的联系协作，形成工作合力。

（二）坚持因地制宜、突出特色。县级法学会要在同级党委政法委的直接领导下开展工作，坚持实事求是，从本地区实际情况出发，找准服务地方法治实践、参与社会治理的切入点，突出时代特色、地方特色、法学会特色，确保首席法律咨询专家工作切实发挥作用。

（三）坚持整体推进和重点突破相结合。县级法学会要凝聚各方面资源和力量，抓住首席法律咨询专家工作这个“牛鼻子”，带动法学会各项工作实现整体提升。

（四）坚持示范引领。省、市法学会要加强对县级法学会首席法律咨询专家工作的指导、支持，总结推广典型经验、案（事）例，发挥示范引领作用，形成“办理一案、防范解决一类问题”的良好社会治理效果。

（五）坚持重心向下。健全重心下移、力量下沉的法律服务工作机制，积极探索在县（市、区）建立首席法律咨询专家工作联系点，推动优质法治资源向最基层倾斜。

（六）坚持依法依规开展工作。严格执行防止干预司法“三个规定”、新时代政法干警“十个严禁”等铁规禁令，严格按照规定的制度和程序开展工作，严禁借首席法律咨询专家工作之名干预司法活动、开展营利性法律咨询服务等。

二、主要任务

（一）为重大决策提供法律咨询意见。受党政群机关等委托，组织首席法律咨询专家参与立法调研、法规案起草论证评估等工作，形成法律咨询意见书；组织首席法律咨询专家对本地经济社会发展、重大公共利益、重大民生问题等决策事项进行合法性审查或者对其中涉及的法律问题进行研究论证，形成

法律咨询意见书。必要时，可以组织首席法律咨询专家对法律咨询意见书所涉重大法治理论和法治实践问题开展研究，形成课题研究成果。

（二）为重大风险防控提供法律咨询意见。受党政群机关等委托，组织首席法律咨询专家对本地区群体性、敏感舆论炒作、公共安全、暴力恐怖、非法宗教传播等重大案（事）件风险防控进行咨询论证，对本地重点行业、支柱产业、规上企业等重大项目建设推进以及重大活动举办过程中可能产生的社会稳定风险进行评估，形成法律咨询意见书。

（三）为重大矛盾纠纷调处提供法律咨询意见。受党政群机关等委托，组织首席法律咨询专家对"保交楼"、医疗卫生、教育、社会保障、劳动就业、征地拆迁、环境保护等人民群众反映强烈又带有普遍性的突出难点问题开展调查研究，进行咨询论证，形成法律咨询意见书；组织首席法律咨询专家对本地经济社会发展中出现的重大矛盾纠纷进行调处，形成法律咨询意见书。

（四）为重大信访积案化解提供法律咨询意见。受党政群机关等委托，组织首席法律咨询专家对重大疑难信访积案进行研究论证，会同有关部门进行联合攻关，配合做好释法说理工作，形成法律咨询意见书。

（五）完成党政群机关等交办或者委托的其他咨询事项。

三、首席法律咨询专家的选聘及管理

（一）首席法律咨询专家应具备以下条件：政治素质高，坚决拥护中国共产党的领导、拥护社会主义法治；具有良好的道德修养、职业操守和社会责任感；法治实践或者法学研究经验丰富，有行业公信力，在相关专业领域具有较高的权威性和影响力；身体健康，有时间和精力完成相关工作；未受过刑事处罚；没有其他不适合担任首席法律咨询专家的情形。

（二）首席法律咨询专家的选聘范围为广大法学法律工作者，一般从中国法学会会员中产生，根据工作需要也可以选聘非法学会会员。对符合入会条件的，可帮助其办理入会手续。选聘首席法律咨询专家，应充分利用好各级法学会现有的法学法律人才库资源，重点面向党委政法委领导干部，立法、执法、司法等部门法治专门队伍，律师等法律服务队伍，法学专家以及涉外法治人才队伍等。

（三）首席法律咨询专家人选可由有关单位推荐，也可由本人自荐并经所在单位审核后推荐。

（四）县级法学会对首席法律咨询专家人选进行审核，报同级党委政法委备案后，可按专业、领域划分组建首席法律咨询专家库。县级法学会一般可聘任 10—30 名首席法律咨询专家，对专家颁发聘书，聘期一般为 3 年，期满后可续聘。

（五）县级法学会首席法律咨询专家库可依托中国法学会会员信息管理系统，与省、市法学会首席法律咨询专家库实现条块同步、互联互通。针对疑难、复杂、涉外等实际情况，县级法学会可以聘请本辖区外的首席法律咨询专家，辖区外专家可以通过线上方式参加咨询工作，进行"远程诊断"。

（六）首席法律咨询专家可获取与委托事项有关的信息、资料，依据事实和法律，提出法律意见；获得开展工作必需的工作条件以及必要经费支持；对首席法律咨询专家相关工作提出意见建议；参加法学会组织的培训、交流、考察、调研和其他活动；参加法学会组织的优秀法学法律人才评选、奖励等活动。

首席法律咨询专家应遵守国家法律法规、相关职业规范和准则，及时、公正地提供法律服务；严格遵守保密制度，不得泄露党和国家秘密、工作秘密、商业秘密、个人隐私以及其他不应公开的信息；不得利用在工作期间获得的非公开信息或者便利条件，为本人及所在单位或者他人牟取利益；不得以法学会首席法律咨询专家身份从事与职责无关的活动；咨询服务期间妥善保管相关材料，咨询工作结束后全部移交法学会归档管理。

（七）县级法学会首席法律咨询专家实行动态管理。对没有认真履职尽责，不能积极完成工作任务，或者在政治思想、遵纪守法、廉洁自律等方面存在不良表现的首席法律咨询专家，县级法学会应及时作出调整，解聘并通知本人及相关单位和部门。

四、首席法律咨询专家工作流程

（一）受理委托咨询事项，组建首席法律咨询专家小组。

县级法学会根据委托事项，按照"一事一首席""一事一专班""一事一方案"的方式，从首席法律咨询专家库中选定首席法律咨询专家，组建专家小组，并指定召集人。首席法律咨询专家小组一般由 3—7 人组成。委托事项涉及领域多、情况特别复杂的，可申请上级法学会选配权威法学法律专家提供支持。

首席法律咨询专家有下列情形之一的，应当回避：本人或者其近亲属与委托事项存在利害关系；

本人与委托事项所涉及的机关、企事业单位、社会组织及其他单位存在利害关系；存在其他可能影响依法、独立、客观、公正开展工作的情形。

（二）开展咨询工作，形成法律咨询意见书。

首席法律咨询专家小组在法学会的指导下，确定工作方案。

召集人按照工作方案，主持开展相关工作，法学会应协调有关方面给予支持，提供工作便利。必要时，经委托部门同意，依法依规依纪走访群众了解情况。

咨询工作结束后，首席法律咨询专家小组应制作法律咨询意见书并签字。法律咨询意见书至少应包括委托事项、咨询内容、咨询意见和主要依据、理由阐释等。

专家小组经过研讨，最终无法达成一致意见的，应按照召集人的意见制作法律咨询意见书。

（三）法律咨询意见书经法学会审核后送委托单位。

（四）档案管理与考核评估。

县级法学会应做好委托事项的档案管理工作。

县级法学会应收集委托单位对法律咨询意见的采纳情况，并主动征求有关方面对首席法律咨询专家工作的意见建议，完善工作机制，提升服务质效。法律咨询意见被采纳或者产生积极效果的，应采取适当方式对首席法律咨询专家予以表彰、奖励，并告知专家所在单位。

县级法学会应结合工作成效，特别是重大案（事）件处理的法律效果、政治效果、社会效果，以及创新推动问题的解决、决策部署的落实等，对首席法律咨询专家的履职情况进行考核，强化考核结果的应用。

五、组织保障

（一）各级法学会要加强组织领导，把握工作要求，落实工作责任，及时研究解决推进首席法律咨询专家工作中的重大问题，按照规定向同级党委、党委政法委请示报告工作，积极争取党委、政府和党委政法委支持。主要负责同志要坚持靠前指挥，每年亲自督办1—2个案件或者完成1项重大课题，形成一级抓一级、共同抓落实的良好局面。县级法学会视情成立首席法律咨询专家工作领导小组，可由同级党委政法委主要领导或者一名分管领导担任领导小组组长。中国法学会会员部要加强指导，推动各地进一步加强县级法学会首席法律咨询专家工作。

（二）各级法学会要结合综治中心、调解中心、会员之家等阵地建设，设立和完善“首席法律咨询专家工作室”，为首席法律咨询专家开展工作创造良好条件。中国法学会在各省（区、市）和新疆生产建设兵团中确定一个县级法学会作为首席法律咨询专家工作联系点，确定一个县级法学会官方网站建设试点县。

（三）各级法学会要积极推动首席法律咨询专家工作列入本地区平安建设考评体系、纳入本地区平安建设条例等地方性法规。要将开展、参与首席法律咨询专家工作情况作为“全国法学会系统先进集体、先进个人”“青年法学家”“法治人物”等评选表彰活动的重要参考依据。

（四）各级法学会要强化宣传推介，发挥好各级法学会融媒体中心和基层普法阵地作用，及时总结推广好经验好做法，展现首席法律咨询专家工作的生动实践。中国法学会所属报、刊、网及融媒体要加强宣传，组织封面文章、专栏、专题等，印发案例选编，不断扩大首席法律咨询专家工作的知晓度和影响力。

（五）完善工作经费保障制度，积极争取将首席法律咨询专家工作经费列入同级财政年度预算，利用政府购买服务、基金会支持等方式，多举措落实工作经费。中国法学会对县级法学会首席法律咨询专家工作联系点、县级法学会官方网站建设试点县给予一定专项经费支持；民主与法制社根据新闻报道情况确定若干县级法学会给予经费支持。

（六）省、市法学会要不断完善首席法律咨询专家工作机制，及时制定发布实施细则、典型案例等，加强培训和实务指导。县级法学会要积极搭建业务培训、调研学习、交流研讨平台，不断提高首席法律咨询专家履职能力和服务水平。中国法学会培训中心定期举办专题培训。

（七）中国法学会机关各部室、各直属单位要结合各自职责，加大对县级法学会首席法律咨询专家工作的指导、支持力度。

六、年度工作综述

中央政法委

2023 年是全面贯彻落实党的二十大精神的开局之年，是新征程上中央政法委全面履职的起步之年。在以习近平同志为核心的党中央坚强领导下，中央政法委坚持以习近平新时代中国特色社会主义思想为指导，深入贯彻习近平法治思想和总体国家安全观，全面贯彻落实党的二十大精神，深刻领悟“两个确立”的决定性意义，增强“四个意识”、坚定“四个自信”、做到“两个维护”，坚持党对政法工作的绝对领导，坚持统筹国内国际两个大局，坚持统筹发展安全两件大事，忠诚履职、担当作为，发挥牵头抓总、统筹协调、督办落实等职能作用，全力履行维护国家政治安全、确保社会大局稳定、促进社会公平正义、保障人民安居乐业的职责使命，推动打赢了一系列大仗硬仗，为全面推进强国建设、民族复兴伟业作出了新贡献、取得了新成效。

一、以党的政治建设为统领，坚定拥护“两个确立”、坚决做到“两个维护”

党的十八大以来，习近平总书记正本清源、激浊扬清，强化了党对政法工作的绝对领导，确立了中国特色社会主义法治道路，重塑了党的政法战线和政法工作。中央政法委沿着习近平总书记指明的方向奋勇前进，党员干部深刻领悟“两个确立”的决定性意义，坚决做到“两个维护”，以实际行动彰显了忠诚干净担当的政治本色。坚决肃清周永康、孙力军政治团伙等流毒影响，制定出台《党员干部严守政治纪律和政治规矩行为禁令》，推动全国政法机关全面加强党的政治建设，做实“两个维护”的制度机制，确保“刀把子”牢牢掌握在党和人民手中。坚决做到习近平总书记的重要指示，件件都传达学习。从中央政法委员会全体会议做起，推动各级党委政法委和政法单位党组（党委）建立“首要议题”制度，专门学习习近平总书记重要讲话、重要指示批示精神。坚决做到习近平总书记批示交办的事项，件件都督办落实。从中央政法委员会专题会议做起，强化研究决策、督查督办、跟踪问效机制，力求出实招、见实效，一批重大事项取得新的实质性突破。坚决做到需要向习近平总书记请示报告的重大决策事项，件件都请示报告。严格执行政法工作条例和重大事项请示报告制度，确保了党对政法工作的绝对领导落到实处。

二、扎实开展主题教育，为奋进新征程凝心聚力铸魂

中央政法委坚决贯彻落实习近平总书记重要指示精神和党中央关于开展主题教育的部署要求，把开展主题教育作为一项重大政治任务，作为坚定拥护“两个确立”、坚决做到“两个维护”的政治检验，作为锻造新时代政法铁军、以政法工作现代化服务保障中国式现代化的政治动员，紧扣“学思想、强党性、重实践、建新功”总要求，围绕解决 6 个方面突出问题，精心谋划、周密组织、统筹推进，在抓紧、抓具体、抓出成效上下功夫，推动各方面重点措施落实落地，取得了良好成效。开展大学习，坚持再忙，也要静下心来学习，中央政法委员会全体会议开展了 14 次集体学习，中共中央政治局委员、中央政法委书记陈文清和委领导带头讲专题党课；举办为期 8 天的读书班，邀请国家部委相关部门负责同志和专家学者作专题辅导，引导干部读原著学原文悟原理，用习近平新时代中国特色社会主义思想凝心铸魂；举办政法领导干部专题研讨班和新任地市级政法委书记培训班、全国法学院校培训班，带动政法战线理论学习全覆盖。开展大调研，深入学习践行习近平总书记倡导的“深、实、细、准、效”五字诀和“四下基层”方法，确定8个重点调研课题，中央政法委书记、副书记、委员领提调研，带动政法系统调查研究蔚然成风，各部门深入开展调查研究。开展大整改，对照中央明确的问题，组织全员自查，主动开门纳谏，查摆问题24个，落实整改措施58项，经验做法在中央和国家机关主题教育座谈会上作了交流。开展大实践，推动全国政法机关践行新时代党的群众路线，出台信访“有信必复”、户口迁移“跨省通办”、精简公证证明材料等一批便民利民新举措，努力把工作做到人民群众的心坎上。

三、保持“时时放心不下”的政治责任感，坚决维护国家安全

国家安全是民族复兴的根基。党的二十大报告设专章论述国家安全工作，充分体现了国家安全工作的极端重要性。要坚定不移贯彻总体国家安全观，健全国家安全体系，提高国家安全能力。中央政法委以时时放心不下的政治责任感，把维护国家安全作为头等大事，推动落实党委（党组）国家安全责任制，积极防范化解重大安全风险，严厉打击敌对势力渗透、破坏、颠覆、分裂活动，坚定维护国家政权安全、制度安全、意识形态安全。加强国家安全教育，提高各级政法领导干部统筹发展和安全的能力，增强全民国家安全意识。

四、打有准备之仗，确保社会大局持续稳定

党的二十大报告指出：“社会稳定是国家强盛的前提。”中央政法委事不避难，把各项工作做在前头、落到实处，抓早、抓小、抓实，有力保障续写社会长期稳定新篇章。扭住重要节点，科学研判疫情防控转段后人流车流激增态势，确保了春节、五一、十一等节日平安度过。扭住重大活动，推动全警动员、全力以赴，圆满完成全国两会、中国—中亚峰会、成都大运会、杭州亚运会、第三届“一带一路”国际合作高峰论坛等维稳安保任务。扭住重点领域，坚持涉稳情报信息日报告、周分析、月研判，前瞻性做好工作。推动健全完善维护社会稳定责任制，组织开展专项督查，全面了解情况，及时发现问题，分析查找原因，推动立行立改。改进平安中国建设考评工作，提升考评工作的科学性实效性。

五、践行以人民为中心的发展思想，依法保障人民群众合法权益

正确处理人民内部矛盾，厚植党的执政根基，是政法机关的重要职责。严打突出违法犯罪。推动集中打击涉缅北电信网络诈骗违法犯罪活动，抓获诈骗集团核心成员78名、犯罪嫌疑人4.1万名。2023年8月以来，全国电信网络诈骗案件同比下降28.6%。常态化开展扫黑除恶斗争，2023年共打掉涉黑组织133个、恶势力组织1858个。加强社会治安综合治理。完善社会治安防控体系，保持对毒品、侵害妇女儿童等犯罪高压态势，加强对青少年违法犯罪问题的防治。推动开展“百万警进千万家”活动，有效维护公共安全。坚持和发展新时代“枫桥经验”。召开纪念毛泽东同志批示学习推广“枫桥经验”60周年暨习近平总书记指示坚持发展“枫桥经验”20周年大会、全国调解工作会议，把握新时代“枫桥经验”的科学内涵和实践要求，立足预防、立足调解、立足法治、立足基层，着力推动矛盾纠纷预防化解法治化，“访”“调”“诉”一体推进。学习贯彻《信访工作条例》，推动信访工作法治化，开展工作试点，制定实施依法办理信访事项“路线图”和工作指南，努力让群众的每一项诉求都有人办理、每一项诉求都依法推进，实现权责明、底数清、依法办、秩序好、群众满意。2023年，全国群众安全感为98.2%，连续4年保持在98%以上水平。

六、落实全面依法治国战略部署，奋力谱写新征程法治建设新篇章

党的二十大报告强调“坚持全面依法治国，推进法治中国建设”，报告中23次提到了“法治”，充分体现了以习近平同志为核心的党中央对全面依法治国的重视达到了新的高度。中央政法委深入学习贯彻习近平法治思想，组织编写《习近平法治思想学习问答》，推动出台《关于加强新时代法学教育和法学理论研究的意见》。抓住全面依法治国的重点环节，中央政法委员会首次分专题研究部署科学立法、严格执法、公正司法等工作。推动出台刑法修正案（十二），推动修订行政复议法等法律。贯彻宽严相济刑事政策，出台《关于办理醉酒危险驾驶刑事案件的意见》，统一全国醉驾执法司法标准，构建行政执法与刑事司法相衔接的醉驾治理体系。实施“八五”普法规划，加强首席法律咨询专家工作，强化律师队伍引导、管理、服务，首次对全国律师行业党组织书记进行全覆盖培训。会同政法单位，执法司法国际合作迈出新步伐，举行中俄执法安全合作机制会议、中德高级别安全对话，推动举办中国—上合组织国家地方法院大法官论坛、上合组织成员国总检察长会议、全球公共安全合作论坛（连云港）2023年大会、中国—太平洋岛国执法能力与警务合作部级对话、上合组织成员国司法部长会议。

七、充分发挥职能作用，服务保障高质量发展取得新成效

高质量发展是全面建设社会主义现代化国家的首要任务，社会主义市场经济是法治经济，高质量发展必须依靠法治提供牢固的基础、持久的动力、公平公正的环境。中央政法委认真贯彻落实习近平总书记要求，着力发挥法治固根本、稳预期、利长远的保障作用。坚持以法治保安全护稳定，保障疫情防控政策平稳转段。坚持以法治维护社会主义市场经济秩序，优化法治化营商环境，依法平等保护各类市场主体产权和合法权益，推动构建高水平社会主义市场经济体制，持续加大对关键核心技术、新兴产业领域的知识产权保护力度。坚持以法治保障高水平对外开放，研究提出完善涉外法律法规体系等5大类16个方面的工作建议，服务“一带一路”建设，加强“一带一路”沿线国家和地区执法安全合作，加强国际商事纠纷解决机制建设，完善外国人永久居留管理服务工作，推动营造对我国有利的法治条件和外部环境。

八、严管厚爱结合、激励约束并重，推动政法队伍建设展现新气象

中央政法委牢记习近平总书记期望重托，坚持不懈用习近平新时代中国特色社会主义思想凝心铸魂，深入落实新时代党的建设总要求，时刻保持政治本色，努力锻造忠诚干净担当的新时代政法铁军。5月，中央政法委与中央组织部、中央党校联合举办政法领导干部学习贯彻习近平新时代中国特色社会主义思想锻造政法铁军专题研讨班，全国政法系统259名领导干部参加培训。9月5日至16日，中央政法委分两期在中国政法大学举办全国地市级政法委书记培训班，全国430个市394名地市级政法委书记参加培训。通过抓住“关键少数”，示范带动各级开展政治轮训，进一步增强坚定拥护“两个确立”、坚决做到“两个维护”的政治自觉、思想自觉、行动自觉。推进从严治警，专门研究部署政法机关全面从严治党工作，推动落实“三严”“三个不再发生”要求，全面推进政治教育、党性教育、革命传统教育、警示教育，强化问题查摆，进一步纯洁思想、纯洁组织、纯洁队伍。全面落实防止干预司法“三个规定”，切实抓好有关问题整改落实，持续做好宣传引导、警示教育和案件通报工作，压实各级政法领导干部抓班子、带队伍的政治责任，严肃查处违纪干部。强化正向激励，5月11日，召开全国党委政法委系统“新时代政法楷模”表彰大会，首次在全国党委政法委系统评选表彰先进集体和个人，激励广大党委政法委干部在锻造新时代政法铁军中走在前、作表率。组织开展向鲍卫忠、曹艳群、刘亚斌、徐忠坤、师帅、陈旭、吴秋瑾等先进典型学习活动，激励广大政法干警忠诚履职、担当作为。加强重点领域法治人才培养，推进实战练兵常态化，干部队伍专业化水平稳步提升。

九、着力深化自我革命，推进党的建设迈上新台阶

党管政法，是中国特色社会主义的本质要求；政法姓党，是政法机关永远不变的根和魂。中央政法委坚定自觉坚持党对政法工作的绝对领导，以深化自我革命为重点，从政治、思想、组织、作风和纪律建设等各方面一体推进，党的建设迈上新台阶。严肃党内政治生活，严格落实“三会一课”组织生活制度，突出从政治上看、从忠诚上问、从党性上查、从机制上找，明确并落实整改措施，经验做法在中央和国家机关党的工作暨纪检工作会议上作交流。加强党支部建设，对标“四强”标准，推进组织设置、支委会建设等6个方面22项举措落实，新增获评中央和国家机关“四强”党支部2个。深入整治形式主义、官僚主义，坚持开短会、讲短话，制定落实文稿质量责任实施办法，倡导“短实新”文风；精简优化督查检查考核，着力为基层减负。一体推进“不敢腐、不能腐、不想腐”，制定《中央政法委工作人员行为规范》《年轻干部社会交往“十不准”》《“软权力”廉政风险防范工作办法（试行）》《信息化项目廉政风险防控办法（试行）》等规定。

最高人民法院

2023年是全面贯彻落实党的二十大精神的开局之年，在以习近平同志为核心的党中央坚强领导下，最高人民法院坚持以习近平新时代中国特色社会主义思想为指导，深入贯彻习近平法治思想，全面贯彻落实党的二十大和二十届二中全会精神，深刻领悟“两个确立”的决定性意义，增强“四个意识”、坚定“四个自信”、做到“两个维护”，扎实开展主题教育，牢牢坚持党的绝对领导，深入践行全过程人民民主，坚定不移走中国特色社会主义法治道路，主动服务和融入中国式现代化历史进程，适应经济社会高质量发展对司法审判工作提出的更高要求，坚持稳中求进、守正创新，围绕“公正与效率”工作主题，做实为大局服务、为人民司法，推动审判工作现代化迈出坚实步伐。

一、全年收结案情况

2023年，全国法院收案4557.37万件，增长15.62%（如无特别说明，文中增长、减少、上升、下降均指同比2022年情况）；结案4526.8万件，增长13.42%。其中，诉前调解成功案件1199.81万件，增长31.97%。各类审判执行案件收案3357.6万件，增长10.72%；结案3327万件，增长7.95%。审判执行案件中，刑事案件占比5.21%，收案174.98万件，增长15.7%；结案176.32万件，增长16.45%。民商事案件占比59.71%，收案2004.8万件，增长10.55%；结案1997.7万件，增长8.39%。行政案件占比2.1%，收案70.47万件，增长1.27%；结案69.74万件，下降1.17%。执行案件占比29.77%，收案999.45万件，增长11.32%；结案976万件，增长6.37%。从近五年收案态势看，一审收案数量因疫情等原因经历了2020年、2022年的两次下降后，在2023年恢复上升趋势。其中，一审民商事案件及衍生的二审案件、执行案件是审判执行案件增长的主体。2023年，全国法院法官人均结案356.51件，增长13.42%，位居前三的法院人均结案数超过500件，整体办案压力较大，反映出案多人少的客观困难日益突出。针对当前法院工作面临的最突出问题、矛盾是经济社会发展及人民群众对司法服务、公平正义日益增长的需求与审判工作质效总体不高之间的矛盾，要坚持提质增效，推进形成审判理念、机制、体系、管理“四个现代化”的工作布局，努力跟上、适应新时代新征程要求。

二、审判质量管理指标情况

司法办案是审判权力运行的基本载体，加快推进审判工作现代化必须以审判管理现代化为重心。最高人民法院坚持一体融合抓实“管案”与“管人”，把审判管理、政务管理与党风廉政建设贯通起来，以科学的审判管理是否做到位、能否管好案，作为能否管住人、治好院、建强队伍的最终检验和判断标准。这其中，建立符合司法规律的审判质量管理指标体系是重要抓手。最高人民法院在充分调研论证基础上，坚持质量优先、兼顾效率、注重效果的导向，健全完善适应新阶段新情况的审判质量管理指标体系，去年7月起在部分省（市）法院试点，10月起在全国法院试行，在此基础上进一步优化、调整，最终确定26项指标，已于今年1月在全国法院正式施行。比如，以审限内结案率取代结案率、结收比，防治“年底立案难”；将服判息诉率改为上诉率、申诉申请再审率，更直接体现当事人满意度，引导法官更加注重通过依法裁判、积极调解等方式实现案结事了；设定“案－件比”强化案件全周期管理，避免“一案结多案生”，徒增群众诉累。新的指标体系聚焦矛盾实质化解，严防程序空转，用指标“合理区间”防止盲目追高，既减轻基层负担，更突出对全国法院审判质量的科学评价和价值导向作用，引导法官办好每一个案件，真正回应人民群众关切，体现“如我在诉”的意识。2023年，全国法院审判质量管理指标体系26项指标中，有21项指标趋优。在设有总体合理区间的19项指标中，有18项指标处于合理区间，达标率为94.74%。其中，“案－件比”逐月改善，二审开庭率增长10.55个百分点，再审审查询问（听证）率增长3.04个百分点，执行完毕率增长2.85个百分点，平均结案时间减少6.82%，上诉案件移送时间减少5.48%，诉前调解成功分流率增长4.1个百分点，调解率增长2.21个百分点，执行到位率增长3.96个百分点。

三、清理长期未结、久押不决案件情况

结合主题教育期间突出问题专项整改，聚焦人民群众急难愁盼、长期制约影响法院工作高质量发展的矛盾问题，在全国法院开展长期未结诉讼案件、久押

不决案件专项清理，逐案督办、逐月通报，形成常态化清积工作机制，清积工作成效显著。审结诉讼时间逾三年案件1914件，久押不决案件2455件6909人，清理占比分别为81.3%、86.8%。截至2023年底，全国各地超12个月未结案件比为0.109%，下降0.167个百分点；三年以上未结诉讼案件为422件，比上年同期减少1093件，下降72.15%。

四、办理诉前调解案件情况

坚持和发展新时代“枫桥经验”，减少民事、行政案件多发高发，努力把助推良法善治、长治久安落到实处。深入学习贯彻“枫桥经验”纪念大会精神，会同司法部召开全国调解工作会议，做实指导调解法定职责，持续扩大“总对总”多元解纷机制“朋友圈”，强化“引进来”疏导止讼，狠抓“走出去”指导化讼，诉前调解数量、质量双提升。2023年，诉前调解收案1745.98万件，增长34.66%，诉前调解成功案件1199.81万件，增长31.97%，诉前调解成功分流率由1月的29.23%上升至12月的57.01%，诉前调解自动履行率达95.36%，实质性解纷效能不断提升。

五、刑事案件审判情况

坚定不移贯彻总体国家安全观，精准贯彻宽严相济刑事政策，依法惩治各类犯罪，同时坚持治罪与治理并重，推动从源头预防和减少犯罪，切实守护国家安全、社会安定、人民安宁。刑事一审收案122.98万件，增长18.3%。同时，结案124.33万件，增长19.71%，平均办案用时减少8.75%。针对危险驾驶、帮助信息网络犯罪活动等居各类犯罪前列的情况，会同有关单位出台办理醉酒危险驾驶刑事案件意见，有效衔接刑事惩罚与行政处罚，实现醉驾的科学分层治理。对受蛊惑出售出租“两卡”帮助信息网络犯罪活动的在校及刚毕业学生等依法从宽处理，加强教育警示。判处生效被告人166.03万人，增长15.97%，其中判处五年有期徒刑以上刑罚的罪犯13.41万人，增长13.64%，重刑率为8.08%，下降0.17个百分点；判处三年有期徒刑以下刑罚的罪犯143.13万人，增长16.78%，占比86.21%，增长0.7个百分点；宣告无罪804人，增长27.42%。刑事案件上诉率10.23%，下降1.24个百分点。

六、民商事案件审判情况

聚焦高质量发展这一首要任务，充分发挥法治固根本、稳预期、利长远的保障作用，助推经济社会高质量发展。民商事一审收案1753.05万件，增长10.76%；结案1747.72万件，增长8.46%；上诉率9.91%，下降0.04个百分点。其中，收案数量居前五的案由分别是借款合同纠纷399.91万件、离婚纠纷171.32万件、买卖合同纠纷170.94万件、物业服务合同纠纷88.27万件和机动车交通事故责任纠纷79.39万件。牢记“感受公平正义”的主体只能是人民群众，始终把人民群众满不满意作为评判审判质效、改革成效的标准，努力把暖民心的“小案”、顺民意的“实事”办好。通过制发司法解释、规范性文件和典型案例，解决好高额彩礼、“知假买假”、新业态劳动争议等人民群众的“难事”，黑龙江、陕西、广东、浙江、江西和云南等地民商事收案数量出现下降。健全涉外审判机制，提升涉外司法效能，公正高效审理案件，我国涉外司法公信力和国际影响力不断提升。其中，承认和执行外国法院民商事判决、裁定案件增势明显，收案增长146.79%，承认与执行量增长107.97%，彰显我国法治、文明大国形象。

七、行政案件审判情况

坚持双赢多赢共赢理念，把“监督就是支持、支持就是监督”贯穿行政审判工作始终，做实依法监督、协同治理，助推法治政府建设，促进实现案结事了、政通人和，不断厚植党的执政根基。行政一审收案31.04万件，增长6.39%；结案30.8万件，增长3.56%。针对近年来行政案件上诉率居高不下、老百姓不满意的问题，加强行政审判指导，会同行政机关推进行政争议多发高发领域纠纷源头治理，行政案件上诉率51.22%，下降1.68个百分点。制发行政类司法建议7231件，将司法理念、裁判标准向前传导至行政执法环节，行政案件调解撤诉率25.1%，上升2.8个百分点，陕西、广西、山东、浙江、贵州、海南等地行政收案数量出现下降。

八、知识产权案件审判情况

坚持严格保护、统筹协调理念，健全知识产权审判体系和机制，推动知识产权审判工作创新发展，为深入实施创新驱动发展战略、加快建设知识产权强国提供有力司法服务保障。知识产权一审收案49.01万件，增长5.52%；结案48.96万件，增长1.81%。其中，刑事收案7335件，增长37.46%，结案6967件，增长27.69%；民事收案46.22万件，增长5.4%，结案46.03万件，增长0.55%；行政收案2.06万件，下降0.28%，结案2.23万件，增长26.7%。上诉率9.94%，下降1.66个百分点。与国家知识产权局合作发力，促推商标行政案件收案数量首次下降。制发3号司法建议，加强电影知识产权保护，推动金鸡百花电影节首次举办电影知识产权保护论坛。通过降低判赔金额等措施，依法治理“拆分案件”大量起诉小商户的“批量式维权”，切实维护良好诉讼秩序。加大对关键核心技术及新兴产业、重点领域等保护力度，用足用好惩罚性赔偿制度，加大侵权损害判赔力度，以严格公正司法激励创新创造、维护公平竞争、促进文化繁荣。

九、环境资源案件审判情况

坚持用最严格制度最严密法治保护生态环境，以向全国人大常委会报告环境资源审判工作并接受专题询问为契机，认真落实审议意见，树立践行绿色发展、系统保护、最严法治、协同治理理念，努力为建设人与自然和谐共生的现代化提供司法服务和保障。环境资源一审收案 23.16 万件，下降 3.76%；结案 23.18 万件，下降5.8%。其中，刑事收案2.79 万件，增长 6.59%，结案 2.83 万件，增长 6.36%；民事收案 15.41 万件，下降 6.62%，结案 15.41 万件，下降 8.18%；行政收案 4.96 万件，增长 0.3%，结案 4.94 万件，下降 4.35%。推进公益诉讼案件、以生态系统和生态功能区为单位的案件集中管辖，做实生态环境一体保护、系统治理。发布生态环境侵权责任纠纷等 3 个司法解释，出台贯彻实施黄河保护法、司法服务碳达峰碳中和等意见，制发 5 个长江保护指导性案例和 88 个环境资源领域典型案例，指导各级法院全面准确适用法律。联合国环境规划署数据库收录第 4 批 15 件中国环境资源审判典型案例和 2 部司法报告，为全球生态环境司法保护提供中国方案，赢得国际社会认可赞许。

十、办理执行案件情况

执行工作是兑现当事人胜诉权益的“最后一公里”，着力解决人民群众“急难愁盼”问题，朝着切实解决执行难目标不断迈出坚实步伐。执行收案 999.45 万件，增长 11.32%；结案 976 万件，增长 6.37%。其中，首次执行案件结案 923.84 万件，增长 6.11%；执行完毕率 35.11%，增长 2.85 个百分点；执行到位率 46.31%，增长 3.96 个百分点。注重区分失信与确无财产可供执行的“失能”，注重善意文明执行，突出执行方式的合理性、执行强度的适当性以及执行的司法温度，最大限度降低对当事人的不利影响。依法做实交叉执行，将部分难以执行的积案移交其他法院执行，有效防止权力、关系、人情干扰，遏制滥用执行权乃至执行腐败问题，攻克一批大案要案“骨头案”。去年 10 月以来，交叉执行案件 1.08 万件，取得实质进展 4203 件，执行到位 206.7 亿元。充分利用网络司法拍卖提升财产处置变现效果，成交数 43.68 万件，增长 30.95%；成交率 67.28%，增长 5.55 个百分点；成交额 4115.1 亿元，增长 8.65%；为当事人节省佣金 122.2 亿元，最大程度兑现人民群众胜诉权益。

最高人民检察院

2023年是全面贯彻党的二十大精神开局之年。在以习近平同志为核心的党中央坚强领导下，全国检察机关坚持以习近平新时代中国特色社会主义思想为指导，深入贯彻习近平法治思想和党的二十大精神，深刻领悟“两个确立”的决定性意义，增强“四个意识”、坚定“四个自信”、做到“两个维护”，深入开展主题教育，持续落实《中共中央关于加强新时代检察机关法律监督工作的意见》，全面履行法律监督职能，扎实推进习近平法治思想的检察实践，以检察工作现代化服务中国式现代化，各项检察工作取得新进展。

一、始终坚持党的绝对领导，让坚定拥护“两个确立”、坚决做到“两个维护”成为新时代新征程检察机关的鲜明政治底色

检察机关作为党绝对领导下的政治机关、法律监督机关和司法机关，既要从政治上着眼，旗帜鲜明讲政治，又要从法治上着力，全面履行检察职能，坚定拥护“两个确立”、坚决做到“两个维护”。全面学习、把握、贯彻党的二十大精神，举办党的二十大精神专题培训班。深入开展学习贯彻习近平新时代中国特色社会主义思想主题教育，做到主题教育和检察工作两手抓、两手硬、两促进，更好为大局服务、为人民司法、为法治担当，持续擦亮坚定拥护“两个确立”、坚决做到“两个维护”的鲜明政治底色。

二、积极投入更高水平的平安中国建设，坚决维护国家安全、社会安定和人民安宁

（一）坚决维护国家安全和社会大局稳定。全年共批准逮捕各类刑事犯罪72.6万人，起诉168.8万人，同比分别上升47.1%和17.3%。严厉打击各种渗透、破坏、颠覆、分裂活动，把开展反恐反分裂斗争与推动维稳工作法治化常态化结合起来。推进扫黑除恶斗争常态化，共起诉涉黑恶犯罪1.5万人。依法严惩严重危害社会秩序和人民生命财产安全的各类犯罪，坚决惩治危害安全生产犯罪，起诉4750人。

（二）积极推动网络空间依法治理。制定《关于加强新时代检察机关网络法治工作的意见》，部署严格依法办理涉网络谣言及相关刑事案件。依法从严惩治电信网络诈骗、网络赌博，全国检察机关共起诉电信网络诈骗犯罪5.1万人、网络赌博犯罪1.9万人。

（三）协同推进金融风险防范化解。全国检察机关起诉金融诈骗、破坏金融管理秩序犯罪2.7万人。完善金融证券领域执法司法协作机制，协同完善惩治证券期货违法犯罪执法司法标准，督办重大案件，维护资本市场安全。与国家监委、公安部建立在办理贪污贿赂犯罪案件中加强反洗钱协作配合工作机制，全面推进打击治理洗钱犯罪，起诉洗钱犯罪2971人，同比上升14.9%。

（四）全面准确贯彻宽严相济刑事政策。对严重犯罪始终保持“严”的震慑力度。会同有关部门就醉驾治理出台专门意见，统一执法司法标准。统筹落实认罪认罚从宽制度，检察环节制度适用率超过90%，量刑建议采纳率97.5%；一审服判率96.8%，高出其他刑事案件36个百分点。

（五）注重以检察建议促进社会治理。全国检察机关共发出社会治理检察建议3.9万份，抓前端、治未病。最高人民检察院强调检察建议能否取得实效，首先取决于建议质量，同时也取决于落实“韧性”，要求发出建议后持续紧盯、跟进落实。

三、把握党和国家工作的中心任务与首要任务，切实履行检察职能，充分运用法治力量服务高质量发展

（一）依法维护市场经济秩序。依法惩治严重经济犯罪，起诉生产销售伪劣产品、合同诈骗、非法经营等破坏市场经济秩序犯罪12.1万人，同比上升20.4%。依法加大走私犯罪打击力度，会同公安部、海关总署、中国海警局等8部门联合开展打击海上走私专项行动，共起诉走私犯罪8053人，同比上升33.8%。针对民营企业关键岗位人员犯罪高发、侵害企业权益，制定12条检察措施。

（二）加强知识产权综合司法保护。持续推进知识产权案件刑事、民事、行政检察融合履职，所有省级检察院均成立了知识产权检察部门。出台办理知识产权案件工作指引，制定45项检察举措。全国检察机关共受理审查起诉侵犯知识产权犯罪案件3.1万人，同比上升52%；受理知识产权民事行政诉讼监督案件2508件，同比增长1.7倍。持续加大对信息技术、生物医药、新能源等高科技领域知识产权保护力度。针对涉知识产权恶意诉讼、恶意侵权多发问题，持续组织开展专项监督。

（三）加强环境资源检察工作。全国检察机关共起诉破坏环境资源犯罪3.8万人。办理生态环境和资源保护领域公益诉讼8.4万件。持续深化长江流域非法捕捞专项行动，联合最高人民法院、公安部等部门部署开展长江河道非法采砂专项打击整治、河湖安全保护专项执法行动。贯彻黄河保护法，举办首届服务保障黄河国家战略检察论坛，会同水利部开展黄河流域水资源保护专项行动。会同国家林草局健全行政执法与检察公益诉讼协作机制，携手抓实林草湿荒保护治理。

（四）服务文化强国建设。召开全国检察宣传文化工作会议，部署服务文化强国建设。协同国家文物局等6部门开展打击防范文物犯罪专项行动，会同国家文物局发布典型案例，全国检察机关共起诉损毁文物、盗掘古文化遗址或古墓葬等犯罪2089人，同比上升37.4%。各地检察机关加强红色资源、长征文化、石窟寺、传统村落和非物质文化遗产公益保护，共办理文物和文化遗产保护领域公益诉讼2734件。

（五）服务乡村振兴。部署开展“司法救助助力全面推进乡村振兴”专项活动，全国检察机关共救助因案致生活陷入困境的受害方10.8万人9.5亿元，同比分别上升31.4%和14.5%。持续推进食用农产品“治违禁　控药残　促提升”专项行动，起诉570人。与自然资源部等建立协作机制，共同发布典型案例，指导协同整治乱占耕地，起诉非法占用农用地犯罪2883人。协同农业农村部部署开展“检察公益诉讼助力高标准农田建设”专项工作，集中排查整治项目选址不符合规定、质量不合格、国有资金流失等问题。共办理相关公益诉讼1426件。加强土地执法查处领域检察监督，联合自然资源部发布典型案例，制发检察建议3944件，涉土地7.9万余亩。

（六）积极参与反腐败斗争。持续深化做实监检互相配合、互相制约。全国检察机关共受理各级监委移送职务犯罪2万人，已起诉1.8万人，同比分别上升9.3%和12%。坚持受贿行贿一起查，与国家监委共同发布第二批行贿犯罪典型案例，起诉行贿犯罪2593人，同比上升18.9%。

（七）服务更高水平对外开放。主办第二十一次上海合作组织成员国总检察长会议，积极在金砖国家总检察长会议、中国—东盟成员国总检察长会议、国际检察官联合会中发挥作用。依法办理涉外刑事案件4243件，办理刑事司法协助案件220件。

四、践行人民至上，持续做实检察为民实事，努力解决人民群众“急难愁盼”问题

（一）推进检察机关信访工作法治化。坚持和发展新时代“枫桥经验”，部署信访矛盾源头治理三年攻坚行动，深化落实群众信访件件有回复制度。班子成员带头下访接访，各级检察院领导包案办理信访案件4.6万件。在办案中贯彻全过程人民民主，对争议大、有影响的信访积案公开听证。探索建立控告申诉反向审视工作机制，对办理的刑事申诉、刑事赔偿、国家赔偿监督案件开展反向审查。

（二）加强未成年人综合司法保护。对侵害未成年人犯罪“零容忍”，起诉6.7万人。会同最高人民法院、公安部、司法部发布办案规定，依法从严惩治性侵未成年人犯罪。持续落实侵害未成年人强制报告、密切接触未成年人单位入职查询制度。会同国家卫生健康委发布典型案例，推动、引导医疗机构及其工作人员依法履行报告义务。坚持教育、感化、挽救方针。部署加强犯罪预防工作，推动罪错未成年人分级干预，协调推动专门学校建设，依法矫治有严重不良行为的未成年人。

（三）加强妇女权益保障。起诉强奸、猥亵等侵犯妇女权益犯罪4.6万人，办理就业歧视、贬损人格等妇女权益保障领域公益诉讼1490件。会同全国妇联发布典型案例，维护农村妇女涉土地合法权益。联合全国妇联部署开展“关注困难妇女群体，加强专项司法救助”活动，共救助涉案困难妇女2.3万人2.1亿元。协同人力资源社会保障部、国家卫生健康委等出台规范指引，推动完善工作场所女职工特殊劳动保护、消除工作场所性骚扰制度。

（四）维护特殊群体合法权益。与全国总工会共商保障劳动者合法权益，连续4年发布拒不支付劳动报酬犯罪典型案例，起诉恶意欠薪犯罪1082人。会同民政部、中国残联发布典型案例，共办理无障碍环境建设领域公益诉讼1983件。

五、依法履行宪法法律赋予的法律监督职责，努力让人民群众在每一个司法案件中感受到公平正义

（一）深化刑事诉讼监督。依法指控证明犯罪，对不构成犯罪或证据不足的依法不批捕21万人，不起诉5.4万人；对应当逮捕、应当起诉而未提请批捕、未移送起诉的，追加逮捕1.9万人，追加起诉9.9万人。会同公安部、海关总署、中国海警局推动侦查监督与协作配合机制实质化规范化体系化运行。督促侦查机关立案9.7万件，同比上升1.6倍；督促撤案4.3万件，同比下降7.1%。进一步提升刑事审判监督的精准度，提出刑事抗诉7876件，法院已审结6114件，其中改判、发回重审4885件，抗诉改变率79.9%。深化“派驻+巡回”检察，组织对4个省区相关看守所跨省交叉巡回检察，在9个省区市开展社区矫正巡回检察试点。对不当减刑、假释、暂予监外执行共提出纠正意见2.6万人。

（二）做实民事诉讼监督。联合最高人民法院完善调阅民事行政诉讼和执行案件卷宗制度，规范民事再审检察建议案件办理工作。全国检察机关对认为确有错误的民事裁判提出抗诉3807件，同比下降12.2%，法院已审结3368件，其中改判、发回重审、调解及和解撤诉3115件，改变率92.5%；提出再审检察建议1.1万件，同比上升10.6%，采纳率92.4%。对民事审判和执行活动违法情形提出检察建议13万件，采纳率99.6%。持续开展虚假诉讼专项监督，依法纠正9359件，起诉虚假诉讼犯罪925人。

（三）加强行政诉讼监督。对认为确有错误的行政裁判提出抗诉192件，同比上升17.1%，法院已审结129件，其中改判、发回重审、调解及和解撤诉106件，改变率82.2%；提出再审检察建议432件，同比下降7.1%，采纳率91.7%。对行政审判和执行活动违法情形提出检察建议4.5万件，采纳率100%。会同人民法院、行政机关等依法规范推进实质性化解相关行政争议。共化解行政争议2.2万件。

（四）积极探索行政违法行为监督。对行政机关违法行使职权或者不行使职权行为，提出检察建议3.2万件；发现公职人员涉嫌职务违法、职务犯罪的，及时移送监察机关处理。完善检察监督与行政执法衔接制度，督促行政执法机关移送涉嫌犯罪案件5869件，防止以罚代刑；对应受行政处罚的被不起诉人提出检察意见，移送主管机关处理11.3万人，推动行政执法与刑事司法双向衔接。会同司法部深化强制隔离戒毒检察监督试点。

（五）加强检察公益诉讼。牢记“公共利益代表”神圣职责，立案办理公益诉讼19万件，其中民事公益诉讼2.2万件，行政公益诉讼16.8万件。向行政机关发出诉前检察建议11.6万件，回复整改率99.1%。提起诉讼1.3万件，法院已审结1.2万件，99.96%得到裁判支持。配合立法机关加快研究推进制定“检察公益诉讼法”。

（六）加大查办司法工作人员相关职务犯罪力度。坚持加大力度、务必搞准，共立案侦查1976人，同比上升36.5%。落实刑事诉讼法规定，依法稳妥有序开展机动侦查，严格把握法定条件和程序，探索办理有示范引领意义的典型案件，把法定职能激活。

（七）深入实施数字检察战略。落实数字中国建设决策部署，出台数字检察建设规划，构建“业务主导、数据整合、技术支撑、重在应用”的工作机制。开展全国大数据法律监督模型竞赛，培养大数据思维，提升数字检察应用能力水平。

六、坚持敢于监督、善于监督、勇于自我监督，以自我革命精神推进全面从严治检，建设新时代检察铁军

（一）一体加强政治素质和业务素能建设。召开队伍建设工作会议，制定《关于加强新时代检察队伍建设的意见》《全国检察教育培训规划（2023—2027年）》。加强检察机关党的政治建设，制定政治素质考察办法。举办新时代检察英模先进事迹报告会、第十次先进集体和先进个人评选，表彰一批全国模范检察院、模范检察官。抓实专业素能建设，检察长列席法院审委会会议1.7万次，领导干部带头办案74.3万件。组织评选第五批49名全国检察业务专家，举办十佳公诉人等5项业务竞赛。深化检校合作，邀请11名专家学者在最高人民检察院挂职；开展检察实务专家进校园，精选180门检察专业课程送进10所高校。

（二）深化全面从严治检。在中央巡视办指导下，制定党组巡视工作5年规划，对6个省级检察院党组开展系统内巡视。注重用身边人身边事做实警示教育，通报违纪违法典型案例。狠抓“三个规定”落实，“有问必录”更加自觉。主动接受纪检监察机关监督，与驻院纪检监察组开展全面从严治党专题会商。坚决支持配合纪检监察机关监督执纪问责，982名检察人员被立案审查调查，同比下降18.7%。

（三）切实加强检察权运行制约监督。全面准确落实司法责任制，修订司法责任追究条例，完善检察官惩戒、权益保障等制度。强化检察办案管理，组织修改案件质量主要评价指标，引导树立正确政绩观。加强对自办案件的规范管理，以上率下依法规范监督。

（四）为基层办实事解难题。坚持大抓基层的鲜明导向，完成285个薄弱基层院脱薄攻坚任务。深化检察对口援助，组织检察业务骨干巡讲支教，选派322名业务骨干到西藏、新疆、青海检察机关支援工作。

（五）深化落实检察改革。编制《2023—2027年检察改革工作规划》，明确36项改革任务。完善依法一体履职、综合履职机制，纵向上下级检察院跟进监督，横向各业务部门线索移送、协作联动。在全国人大常委会法工委支持下，依法规范上级检察院统一调用辖区检察人员办案制度。

公安部

2023年是全面贯彻党的二十大精神的开局之年，全国公安机关在以习近平同志为核心的党中央坚强领导下，坚持以习近平新时代中国特色社会主义思想为指导，全面贯彻党的二十大精神，深入学习贯彻习近平总书记关于新时代公安工作的重要论述，以习近平总书记给中国人民公安大学在读英烈子女重要回信为动力，坚持统筹发展和安全，坚持总体国家安全观，坚持稳中求进总基调，以推进公安工作现代化为主线，主动担当作为、忠诚履职尽责，全力以赴防风险、保安全、促发展，坚定不移推改革、固根基、补短板，持之以恒抓队伍、严管理、正风纪，推动各项工作取得了新发展新进步，确保了国家政治安全和社会大局持续稳定。

一、坚持党对公安工作的绝对领导，做到“两个维护”更加自觉坚定

持之以恒推进政治建警，确保“刀把子”牢牢掌握在党和人民手中，确保在任何时候任何情况下都坚决听从习近平总书记命令、服从党中央指挥。按照党中央部署要求，高质量组织开展学习贯彻习近平新时代中国特色社会主义思想主题教育，一体推进理论学习、调查研究、推动发展、检视整改、建章立制工作，圆满完成第一批主题教育、高标准推进第二批主题教育，在以学铸魂、以学增智、以学正风、以学促干方面取得了实实在在的成效。深化政治建警，组织全国公安机关分期分批开展政治轮训，深入学习贯彻习近平总书记关于新时代公安工作重要论述和习近平总书记给中国人民公安大学在读英烈子女重要回信精神，推进全警政治训练。严格落实党委“第一议题”制度、重大事项请示报告制度和公安部党委关于坚决维护党中央权威和集中统一领导的规定，将习近平总书记重要指示批示作为党内政治要件来办，健全完善督促检查、问责问效机制，坚持一抓到底，力求极致。组织深化肃清孙力军政治团伙流毒影响专项工作，进一步净化政治生态、纯洁公安队伍。研究制定《公安部党委巡视工作规划（2023—2027年）》，有力推进政治监督具体化、精准化、常态化。

二、坚持最高标准，圆满完成系列重大安保任务

坚持“万无一失、一失万无”的标准和“细致、精致、极致”的作风，总结形成并坚持“双确保、双统筹、双调度、双复盘”的“四个双”工作要求，创新完善重大活动安保模式，适时启动高等级情报信息、指挥调度、应急值守等机制，扎实抓好各项安保维稳措施落实，确保全国两会、中国—中亚峰会、成都大运会、杭州亚运会亚残运会、第三届“一带一路”国际合作高峰论坛等重大活动安全顺利。坚持“人民至上、安全第一”理念，优化改进警卫形式，做到精准精细、集约高效，实现安全效果和政治效果、社会效果、舆论效果的有机统一。

三、坚持以政治安全为根本，有效应对敌对势力捣乱破坏

始终坚持把捍卫国家政治安全置于首位，下好先手棋、打好主动仗，坚决维护国家政权安全、制度安全、意识形态安全。深化反渗透、反颠覆、反恐怖、反分裂、反邪教和网上斗争，坚决粉碎敌对势力捣乱破坏活动，确保网上政治安全。

四、坚持主动防范化解涉稳风险，保持社会大局持续稳定

牵头国务院联防联控机制社会稳定组联勤值守专班工作，确保疫情防控平稳转段、相关涉稳风险稳妥化解。坚持和发展新时代“枫桥经验”，深化“百万警进千万家”活动，加强矛盾纠纷排查化解，推动落实属地管理责任、源头稳控措施和多元化解机制，会同相关部门做好教育疏导、源头稳控等工作。推动落实“保交楼、保民生、保稳定”等政策，配合做好重大风险主体处置工作，有效防范经济金融风险外溢传导。组织开展全国公安机关信访问题源头治理三年攻坚行动，有力维护人民群众合法权益。

五、坚持依法严打方针，打击突出违法犯罪战果丰硕

聚焦群众反映强烈的突出治安问题，组织开展夏季治安打击整治等行动，严厉打击电信网络诈骗、涉枪涉爆、侵害妇女儿童以及“黄赌毒”“盗抢骗”“食药环”等违法犯罪，全国刑事案件立案同比下降4.8%，现行命案破案率保持在99.9%。纵深推进常态化扫黑除恶斗争，及时打掉一批重大涉黑恶组织。针对缅北涉我电信网络诈骗犯罪，部署推进边境警务执法合作，连续开展多轮打击行动，成功抓获缅北诈骗集团核心成员139名、涉诈犯罪嫌疑人4.3万名。

8月至12月，全国电信网络诈骗案件立案同比下降16.9%，赢得社会广泛赞誉。继续以最严措施打击跨境赌博犯罪，组织开展缉捕遣返境外跨境赌博犯罪嫌疑人“金雕行动”，全力打击突出违法犯罪，取得积极成效。深化推进“平安长江”“昆仑”“春风”等专项行动，有力守护群众“舌尖上的安全”和绿水青山。

六、坚持整体防控、综合治理，有效维护公共安全

组织开展社会治安防控体系“示范城市”创建活动，命名首批59个“示范城市”，社会治安防控体系整体性、协同性、精准性进一步增强。全面加强社会面巡控，优化落实公安武警联勤武装巡逻等“四项机制”，广泛组织发动群防群治力量，社会面环境不断净化。加强大型活动安全监管和重点区域秩序维护，确保3.7万场大型群众性活动安全举办、14亿人次安全出游。深入开展重大事故隐患专项排查整治等行动，深化道路交通事故预防“减量控大”专项工作。加强公安监所安全管理，监管安全形势稳中向好。

七、坚持服务经济社会发展大局，助推高质量发展成效显著

聚焦构建高水平社会主义市场经济体制，严厉打击各类经济犯罪活动，依法平等保护市场主体合法权益。聚焦区域协调发展和高水平对外开放，制定服务保障自由贸易试验区建设29条措施，出台支持服务保障云南加快建设我国面向南亚东南亚辐射中心17条措施和支持海南省公安机关提升维护安全稳定能力服务自由贸易港建设10条措施。推出“服务保障高质量发展30条措施”等系列便民利企新举措，全国31个省区市全部实现户口迁移、首次申领居民身份证等高频事项“跨省通办”，上线公安政务服务业务办理项5.89万个，其中57.5%实现最多跑一次，37.7%实现全程网办。举办全球公共安全合作论坛（连云港）2023年大会、第二次中国—太平洋岛国执法能力与警务合作部级对话、东盟与中日韩移民管理政策高级别研讨会等，构建海外利益安全保障新架构，更好护航共建“一带一路”和我国公民、法人海外权益。

八、坚持深化改革强警战略，推动公安改革迈出新步伐

深入推进公安机关机构编制管理改革，推动深化地方公安机关机构编制管理改革，进一步理顺行业公安机关管理体制，基本完成部属事业单位改革试点。探索建立“专业＋机制＋大数据”新型警务运行模式，完善“情指行”一体化运行机制，警务管理体制、运行机制更加科学高效。健全执法制度体系，组织修订《公安机关执法细则》，全面规范各领域各环节执法活动。推动执法办案管理中心提质增效，开展执法突出问题整治，执法质量进一步提高。深化大数据赋能实战，加快构建公安移动警务生态，推进全国重点实验室建设，精确预警、精细管控、精准打防能力得到有力提升。持续深化人民警察管理制度改革。

九、坚持大抓基层、大抓基础，进一步夯实公安工作根基

坚持“派出所主防”，制定出台《加强新时代公安派出所工作三年行动计划（2023—2025年）》，完善派出所基础工作标准规范、刑事案件办理“负面清单”，推广建设实体化运行的基础管控中心，不断夯实公安基层基础工作。持续优化警力布局，推动警力重点向派出所倾斜、向社区前置，派出所警力实现近10年来的最大增幅。完善派出所警务运行机制，深化“一村（格）一警”、派出所“两队一室”等机制模式建设，全国1.3万个派出所实行“两队一室”，配备社区民警26万人，49%的派出所所长、57%的社区民警“两进”班子。评选命名第三批100个“枫桥式公安派出所”，有力发挥示范引领作用。

十、坚持全面从严管党治警，公安队伍呈现新面貌

严格落实中央八项规定及其实施细则精神，严格执行公安部严禁违规宴请饮酒“六项规定”等铁规禁令，驰而不息纠治“四风”尤其是形式主义、官僚主义顽疾，推进全警纪律作风持续改进。始终保持对违纪违法问题零容忍，做到发现一起、坚决查处一起。坚持科学规范选人用人，突出政治标准，选优配强领导班子和领导干部。加强民警专业训练和专业人才队伍建设，队伍能力素质得到有效提升。加强正面典型宣传教育，组织开展“公安楷模”“最美基层民警”等评选表彰活动，组建公安英烈先进事迹报告团开展巡回报告，不断增强队伍凝聚力、战斗力。推出一批爱警暖警硬措施，加强公安英烈、因公牺牲伤残民警家属子女抚恤优待，让“有困难找组织”成为民警第一选择。

国家安全部

（略）

司法部

2023 年，在以习近平同志为核心的党中央坚强领导下，司法部党组坚决贯彻落实党中央、国务院决策部署，在中央政法委领导和各有关方面大力支持下，抓班子带队伍谋发展，团结带领部机关和全系统坚定信心、凝心聚力、实干创新，扎实履行“一个统抓、五大职能”，着力强化政治建设和专业能力建设，狠抓作风转变和工作落实，在以往工作基础上，各项工作取得新发展新成效，有些方面取得新突破，新征程司法行政事业发展迈出坚实步伐。

一、党的政治建设全面加强

坚持以党的政治建设为统领，强抓政治建设和业务工作深度融合，确保在思想上政治上行动上同以习近平同志为核心的党中央保持高度一致。一是学悟笃行习近平新时代中国特色社会主义思想。在抓实党的创新理论武装上下功夫，引导广大党员干部准确把握科学体系、核心要义和实践要求，自觉运用其世界观方法论分析解决司法行政实践难题。聚焦凝心铸魂扎实深入开展主题教育，牢牢把握总要求，采取务实措施一体推进理论学习、调查研究、推动发展、检视整改等，切实做到以学铸魂、以学增智、以学正风、以学促干，把主题教育成果转化为推进工作高质量发展的实效。二是坚持把党的绝对领导贯穿到工作全过程各方面。坚持“第一议题”制度，多次召开党组会深入学习领会习近平总书记重要讲话、重要指示批示精神。健全习近平总书记重要指示批示跟踪落实机制，严守政治纪律和政治规矩，严格落实政法工作条例和请示报告制度，确保习近平总书记重要指示批示和党中央决策部署不折不扣落地见效。三是切实加强律师队伍政治建设。深入贯彻落实习近平总书记关于“努力做党和人民满意的好律师”重要指示精神，提出“五点希望”，结合开展第二批主题教育引领广大律师特别是青年律师厚植家国情怀，会同中央组织部、中央党校联合举办首次全国律师行业党组织书记培训班，第一次在中央层面对近 2 万名律师行业党组织负责人进行全覆盖培训，切实把律师队伍引导好、管理好、服务好。

二、统抓协调全面依法治国工作落实落地

发挥中央依法治国办设在司法部的职能，把落实党中央全面依法治国决策部署作为政治任务抓紧抓好。一是抓实走深习近平法治思想原创性贡献研究阐释，会同中央宣传部编写《习近平法治思想学习问答》，为全国 27.9 万名新录用公务员专题授课，起草并着力落实加强新时代法学教育和法学理论研究的意见，加强中央依法治国办对法学教育工作宏观指导，第一次全覆盖集中培训全国 625 所法学院校负责人，推进习近平法治思想深入法学教育和法学理论研究阵地。二是立足职能完善顶层设计，会同有关部门起草并由中央办公厅、国务院办公厅印发《关于建立领导干部应知应会党内法规和国家法律清单制度的意见》，统筹推进落实法治领域改革任务，推进述法全覆盖，党委法治建设议事协调机构牵头抓总、运筹谋划、督促落实的工作格局更加健全。三是加强红色法治文化研究和建设，用好江西瑞金、甘肃南梁、陕西延安、河北西柏坡等地红色法治文化资源，赓续红色法治血脉。

三、立法工作全面提质增效

突出紧扣中国式现代化立法需求，着力提升统筹协调能力，丰富立法形式，提高立法质效。一是强化法律法规供给。拟订并执行国务院年度立法工作计划，坚持突出重点、急用先行，强化立法审查和统筹协调，在矛盾焦点问题上敢于“切一刀”，审查完成 51 件立法项目，同比增长 96.2%。二是强化立改废释并举。对现行 604 部行政法规开展新中国成立以来规模最大的集中清理，已公布 3 批一揽子修改和废止成果，推进法律体系与时俱进。建成国家行政法规库，集中统一公开现行行政法规及其历史文本。三是扎实开展法规规章备案审查。2023 年共审查法规规章 3044 件，纠正存在违反上位法问题的规章 39 件，维护国家法治统一。

四、促进依法行政水平提升

突出提升监督能力，贯通做实法治督察、执法协调监督、行政复议等职能，推进法治政府建设。一是坚持示范创建和法治督察“两手抓”。组织开展第三批全国法治政府建设示范创建活动，部署各地加强行政规范性文件合法性审核，研究探索精准化、“小切口”法治督察。二是强化行政执法协调监督。依法指导协调推进综合执法改革，部署提升行政执法质量三年行动，推进建立省市县乡四级全覆盖的行政执法协调监督工作体系，健全行政裁量权基准制度，进一步规范和监督罚款设定与实施，开展道路交通安全和运输执法领域突出问题专项整治，促进严格规范公正文明执法。三是有效提升行政复议质效。深入学习宣传贯彻新修订的行政复议法，开展行政复议质量提升年活动。全国新收行政复议案件 38.5 万件，全国行政复议纠正违法或者不当行政行为 3.4 万件，制发行政复议意见书建议书 3200 多份，司法部办结国务院行政复议案件 4600 多件。

五、安全稳定工作持续向好

突出贯彻总体国家安全观，强化系统思维，充分发挥职能作用，全力维护国家安全和社会稳定。一是守牢安全稳定底线。加强重要节点安保维稳，开展重大事故隐患排查整治和监所安全稳定专项警务督察。二是依法规范办理“减假暂”。会同有关部门出台依法推进假释制度适用指导意见、规范暂予监外执行工作意见，按照中央政法委部署联合开展专项检查，制度功能有效发挥。三是大力化解矛盾纠纷。坚持和发展新时代“枫桥经验”，与最高人民法院联合召开全国调解工作会议，强化诉前调解，深化以人民调解为基础、各类调解衔接联动工作格局，全国人民调解委员会调解矛盾纠纷 1720 万件（含人民法院委派委托调解成功 728 万件）。

六、加快提升公共法律服务水平

突出解决人民群众反映强烈的问题，坚持以人民为中心，完善现代公共法律服务体系。一是推动公共法律服务有效覆盖。落实公共法律服务体系建设规划，推动公共法律服务从有形覆盖向有效覆盖转变。全年办理法律援助 158 万件、公证业务 1365.2 万件、仲裁业务 51.5 万件、司法鉴定案件 354.7 万件，群众法治获得感切实增强。二是推动解决律师行业东中西部发展不平衡问题。建立健全律师行业东中西部对口帮扶机制，实施“千名青年律师”对口培养、律师事务所“1 对 1”结对帮扶、律师协会结对互助工程，巩固深化基本解决全国“无律师县”问题工作成果，推动以律师行业均衡发展助力区域协调发展。三是创新和健全制度机制。完善法律援助法配套制度，推进法律援助标准化规范化建设。推进司法鉴定诚信等级评估制度落地。加快修订仲裁法，完善具有中国特色、与国际通行规则相融通的仲裁法律制度。四是持续推进减证便民提速。规范 33 类 81 项公证事项，删减 116 项证明材料，有效解决循环证明、无谓证明。深入开展“法援惠民生”“薪暖农民工”活动，切实维护农民工合法权益，全国法律援助机构组织办理农民工法律援助案件 48 万件，为 54 万农民工追索劳动报酬 68 亿元。五是深化普法依法治理。深入实施“八五”普法规划，部署首批“全国守法普法示范市（县、区）”创建和“乡村振兴　法治同行”活动，深化“民主法治示范村（社区）”创建，大力培养“法律明白人”，组织评选宣传“2023 年度法治人物”，开展提升公民法治素养试点，促进全民法治观念持续增强。六是强化法律职业资格考试管理。将习近平法治思想作为必考内容并加大考察力度，下大气力整治涉法考舆情乱象，确保国家级考试严肃性和权威性，组织创历史新高的近 86 万考生平稳顺利参考。

七、涉外法治工作打开新局

突出发挥贯通立法、执法、司法、守法和法律服务、法治人才培养等职能优势，推进涉外法治工作取得实效。一是深化法治领域交流合作。成功举办第十次上合组织成员国司法部长会议，习近平主席致贺信，与会人员反响热烈，各方签署联合声明，以法治方式服务构建人类命运共同体。积极开展高级别法治外交与多双边合作，积极参与国际治理和规则制定，有序开展国际司法协助，高效推进条约法律审核，法治交流合作不断深化。二是完善涉外法律法规体系。加快推进涉外领域相关法律法规制定修订工作，高质效推动一批涉外重点立法项目出台，进一步充实法律法规工具箱。三是加强涉外涉港澳法律服务。组织开展首批涉外法律服务示范机构创建，推进国际商事仲裁中心建设试点，遴选 295 家公证机构开展海外远程视频公证，推进粤港澳大湾区律师执业试点期限延长 3 年，促进港澳律师更好融入国家发展大局。四是加快涉外法治人才培养。深入实施涉外律师人才培养工程和涉外仲裁人才培养项目，建设涉外法治人才库和协同培养创新基地，继续选调驻外法务外交人员。

八、锻造过硬队伍取得实效

深入学习领悟习近平总书记关于党的自我革命的重要思想，落实全面从严管党治警政治责任，坚持严管厚爱、激励约束并重，聚焦薄弱环节，强基础补短板，锻造忠诚干净担当的司法行政队伍。一是抓实党建工作和业务工作深度融合。制定并落实加强和改进思想政治工作实施意见，持续开展机关党建专项督察，修订党建工作指标体系，15 个党支部被命名为中央和国家机关“四强”党支部，加快推进律师、公证、司法鉴定、仲裁等行业党的组织和党的工作从有形覆盖转向有效覆盖，切实增强基层党组织政治功能和组织功能。二是深入开展干部队伍教育整顿。结合实际制定教育整顿实施方案，部署开展自查自纠，着力纠治政治建设、选人用人、纪律作风以及重要业务、内部管理、工程项目等方面的问题隐患，全面排查政商“旋转门”“逃逸式辞职”问题，常态化开展执法司法顽瘴痼疾排查整治。三是以严的基调正风肃纪反腐。自觉接受驻部纪检监察组监督并形成工作合力，坚持把纪律融入日常、抓在经常，做深做细日常监督，强化巡视巡察、警务督察等内部监督，严格执行防止干预司法“三个规定”。四是力戒形式主义、官僚主义。持续精文减会，坚持发必发的文、管用的文，开解决问题的会，切实为基层减负。坚持分类管理、科学施策，全面加强内部管理特别是对直属单位的管理。树立正确政绩观，坚持把“高效办成一件事”作为重要抓手，敢于打破思维定势和路径依赖创造性开展工作，坚决纠治怠惰因循、推诿扯皮现象。五是落实从优待警政策。树立正确选人用人导向，统筹做好干部选拔任用与常态化职级晋升，大力培养选拔年轻干部，注重发挥各年龄段干部作用。加大正面典型选树和表彰奖励力度，追授陈旭同志、授予吴秋瑾同志一级英模称号并举行先进事迹报告会，把关心关爱干警措施落到实处，全系统充盈争先创优、干事创业的新风正气。

中国法学会

2023年，在以习近平同志为核心的党中央坚强领导下，中国法学会坚持以习近平新时代中国特色社会主义思想为指导，全面贯彻落实党的二十大精神，深入贯彻落实习近平法治思想和总体国家安全观，贯彻落实党中央决策部署，围绕强国建设、民族复兴中心任务扎实履职尽责，各项工作取得新进展新成效。

一、全面贯彻落实党的二十大精神，扎实开展学习贯彻习近平新时代中国特色社会主义思想主题教育，坚定拥护“两个确立”，坚决做到“两个维护”

一是深入学习宣传贯彻党的二十大精神。坚持把学习宣传贯彻党的二十大精神作为首要政治任务，举办中国法学会常务理事扩大会议，召开党组理论学习中心组集体学习会议5次，举办学习贯彻党的二十大精神干部培训班，着力在全面学习、全面把握、全面落实上下功夫，把党的二十大精神落实到法学会工作各方面。二是坚持用习近平新时代中国特色社会主义思想凝心铸魂。贯彻落实党中央关于主题教育的统一部署，举办中国法学会《习近平著作选读》学习交流会，印发实施方案，召开动员部署会、专题辅导报告会、党组专题民主生活会、主题教育总结会等，全面学习领会习近平新时代中国特色社会主义思想的科学体系、核心要义、实践要求。统筹推进主题教育各项工作，党组主要负责同志带头两次讲授专题党课，党组成员带队前往法学院校和中国历史研究院等参观调研学习，所属报刊网及新媒体刊发主题教育有关理论文章、新闻报道600余篇，努力在以学铸魂、以学增智、以学正风、以学促干方面取得实效。三是切实抓好习近平总书记重要指示批示精神的贯彻落实。完善党组会议学习制度，坚持把学习贯彻习近平总书记重要指示批示精神和党中央决策部署作为党组会议第一议题。通过深入学习领会，法学会全体党员干部更加深刻领悟“两个确立”的决定性意义，更加增强忠诚核心、拥戴核心、维护核心、捍卫核心的政治自觉、思想自觉、行动自觉，始终在思想上政治上行动上同以习近平同志为核心的党中央保持高度一致。

二、坚持和加强党对法学会工作的全面领导，切实履行团结带领广大法学法律工作者听党话、跟党走的重要政治职责，坚定不移走中国特色社会主义法治道路

一是强化政治引领。有效发挥桥梁纽带作用，印发《中国法学会贯彻落实〈关于加强新时代法学教育和法学理论研究的意见〉的若干实施意见》等，团结带领广大法学法律工作者牢牢把握党的领导这一根本保证，坚定法治自信，坚定不移走中国特色社会主义法治道路，坚决反对和抵制西方“宪政”“三权鼎立”“司法独立”等错误观点。开展2023年度省级法学会工作考核，明确要求对政治建设和意识形态工作有严重违纪违法行为的省级法学会实行一票否决。二是切实履行政治职责。加强对各研究会的管理、监督和业务指导，扎实开展研究会年检工作。加强对研究会会长、副会长、秘书长等的政治把关，积极稳妥推进民事诉讼法学等10个研究会完成换届，其中9个研究会会长由副部级领导同志和中国法学会副会长担任。积极推动中国行为法学会所属杂志及其网站的建设和改革。三是严格落实意识形态工作责任制。加强法学会意识形态阵地建设和管理，对学术会议、课题研究、评奖评优、对外交流等活动严把政治关、政审关，切实加强对研究会网站、新媒体等的管理和舆情监控，注重防范和化解政治风险，坚决防止非政治风险转化为政治风险。切实履行主管主办单位职责，督促所属报刊网严格执行三审三校制度，加大报刊政治审读力度，对主管主办报刊256期、1200余万字内容和网站、新媒体3.5万余条信息进行审读，牢牢掌握法学领域意识形态工作领导权和主导权。

三、全力以赴做好宪法教材编写工作，充分发挥习近平法治思想研究中心重要平台作用，促进中国特色社会主义法治理论创新发展

一是扎实做好宪法教材编写工作，积极推动习近平法治思想进教材、进课堂、进头脑。加强中国特色社会主义宪法理论研究，全力做好宪法教材编写工作，切实做好《习近平法治思想概论》教材修订工作。二是深入学习研究宣传贯彻习近平法治思想。组织开展第五届中国法学优秀成果奖评选表彰工作；《习近平法治思想概论》获第五届中国法学优秀成果奖特等奖，《习近平法治思想原创性贡献研究报告》获一等奖。围绕学习贯彻习近平法治思想，举办中国法治论坛、中国法学青年论坛，设立39项部级委托课题和45项部级招标资助课题，指导各研究会召开学术年会，把研究阐释中国特色社会主义法治理论引向深入。三是扎实做好习近平法治思想研究中心工作。编辑出版《习近平法治思想研究与实践》专刊10期，刊发党和国家领导同志文章或报道14篇、省部级单位或领导同志文章76篇、专家学者文章19篇，22篇文章在“学习强国”学习平台的阅读量超过100万次。习近平法治思想研究中心在《人民日报》等发表署名文章8篇，其中《习近平总书记重视法治人才培养》全网浏览量超1亿次。线上举办学习贯彻习近平法治思想培训班。

四、坚持和发展新时代“枫桥经验”，充分发挥法学会基层服务站点和首席法律咨询专家作用，努力服务更高水平的平安中国、法治中国建设

一是扎实推动首席法律咨询专家工作全面展开。举办全国首席法律咨询专家工作会议。印发《县（市、区）法学会首席法律咨询专家工作指引》等，召开首席法律咨询专家工作座谈会等，党组成员带队赴十余个省级法学会调研指导，着力推进省、市、县三级首席法律咨询专家工作全覆盖。目前，首席法律咨询专家工作已在31个省（区、市）和新疆生产建设兵团全面推行，全国2679个县级法学会开展了首席法律咨询专家工作。浙江、山西、贵州等地将首席法律咨询专家制度写入当地平安建设条例、矛盾纠纷多元化解条例。二是充分发挥法学会首席法律咨询专家作用，助力提升矛盾纠纷预防化解法治化水平。选优配强首席法律咨询专家，组织专家积极参与当地党委政府重大决策论证、重大风险防控、重大矛盾纠纷调处、重大信访积案化解等工作，一批多年积累的矛盾和问题得到有效化解，一批信访积案得到切实解决。据不完全统计，截至12月27日，全国共有首席法律咨询专家2.3万人，为10216件案件提供法律咨询意见。三是充分发挥法学会基层服务站点作用，积极服务公共法律服务体系建设。依托综治中心、会员之家、矛盾纠纷多元化解中心等建设法学会基层服务站点，组织法学会会员等提供法律咨询、矛盾纠纷调处、普法宣传等法律服务。继续选派志愿专家赴最高人民法院诉讼服务中心提供法律咨询服务。

五、始终牢记“国之大者”，切实加强涉外法治工作，积极服务党和国家工作大局，为推进中国式现代化贡献法治力量

一是有力服务科学决策、民主决策、依法决策。聚焦高质量发展这一首要任务，组织专家学者围绕中美战略博弈、网络与数据安全等重大问题积极建言献策。履行生态环境法典编纂领导小组成员职责，研究形成《生态环境法典专家建议稿（草案）》。做好全国人大常委会法工委等委托的咨询、论证等，召开30期立法专家咨询会，形成近105万字的咨询报告。指导相关地方法学会高质量办好“七大区域法治论坛”。充分发挥中国法学交流基金会作用。二是深化法治宣传，创新法治人才培养。继续举办“百名法学家百场报告会”法治宣讲活动，全国共举办9.5万余场次，听众2200万余人次；开展“青年普法志愿者法治文化基层行”活动。组织开展第十届“全国杰出青年法学家”评选表彰工作。《中国法学》学术和社会影响力在法学期刊中持续名列前茅。《民主与法制时报》、《民主与法制》周刊作为中国法学会机关报机关刊的作用发挥更加彰显。编辑出版 China Legal Science、《中国法律年鉴》、《中国法治建设年度报告（中英文）》等。三是办好中国（喀什）—中亚南亚法治论坛等，做好涉外法治工作。积极参与涉外法治斗争，围绕反制裁、反干涉、反“长臂管辖”和海外利益保护等加强研究，形成一批高质量研究成果。举办中国（喀什）—中亚南亚法治论坛，发布《深化“一带一路”法治合作倡议书》，签署多项合作协议，服务共建“一带一路”高质量发展。党组成员率团赴南非、巴西等国开展法治交流，举办第五届中国—东盟法治论坛等，讲好新时代中国法治故事。深化对港澳台法学交流，举办港澳与内地青年法律交流周、第十二届内地与港澳法律研讨会等。持续办好涉外法治高端人才培养项目，习近平法治思想研究中心涉外法治专家达24人。

六、坚定不移推进全面从严治党，坚持不懈加强自身建设，持续增强法学会的政治性、先进性、群众性

一是全面贯彻《关于进一步加强法学会建设的意见》。全国县级以上法学会组织增长到3225个，县（市、区）法学会已实现全覆盖。升级中国法学会会员信息管理系统，扎实做好会员发展服务管理工作，努力把法学会建成“法学法律工作者之家”。目前，全国共有个人会员812952名，团体会员24949个。二是全面提高法学会机关党的建设质量，努力建设让党中央放心、让人民群众满意的模范机关。印发《中国法学会关于坚决维护党中央集中统一领导进一步加强自身建设的若干规定》，深入开展干部队伍教育整顿，全面彻底肃清周永康、孙力军政治团伙等流毒影响。健全中国法学会党建工作领导机制，深化“四强”党支部创建，对外联络部党支部和民主与法制社第一党支部被评为中央和国家机关“四强”党支部。加大干部轮岗交流力度，锻造忠诚干净担当的法学会干部队伍。在全国法学会系统开展先进集体和先进个人评选表彰活动。做好重庆市开州区定点帮扶等工作。三是坚持以严的基调强化正风肃纪反腐。制定实施《中国法学会贯彻落实中央八项规定实施细则的若干规定》等，切实抓好全面从严治党主体责任清单的落实。积极支持配合中央纪委国家监委驻司法部纪检监察组工作，抓好纪检监察建议的整改落实。加强法学会机关纪委建设，扎实开展纪检干部队伍教育整顿。召开中国法学会坚持全面从严治党推进党风廉政建设工作会议，组织专题警示教育 4 次，从严从实加强对年轻干部的教育管理监督，不断深化不敢腐、不能腐、不想腐一体推进。

七、大事记

1月6日 第二十二次全国法院工作会议以视频方式召开，总结新时代10年人民法院工作，研究部署新时代新征程人民法院工作总体思路和主要任务。中共中央政治局委员、中央政法委书记陈文清出席会议并讲话。

1月7日至8日 中央政法工作会议在京召开，坚持以习近平新时代中国特色社会主义思想为指导，全面贯彻落实党的二十大和二十届一中全会、中央经济工作会议精神，总结工作，分析形势，研究部署2023年和今后一个时期政法工作。会前，中共中央总书记、国家主席、中央军委主席习近平对政法工作作出重要指示，强调要全面贯彻落实党的二十大精神，坚持党对政法工作的绝对领导，坚持中国特色社会主义法治道路，坚持改革创新，坚持发扬斗争精神，奋力推进政法工作现代化，全力履行维护国家政治安全、确保社会大局稳定、促进社会公平正义、保障人民安居乐业的职责使命。中共中央政治局委员、中央政法委书记陈文清在会上传达习近平总书记重要指示并讲话。

1月7日 中国法学会会长、中国延安精神研究会会长王晨在京出席“弘扬伟大建党精神 传承践行延安精神”专题研讨会，强调要深入学习贯彻党的二十大精神，贯彻落实习近平总书记带领中共中央政治局常委瞻仰延安革命纪念地时的重要讲话精神，扎实做好弘扬延安精神各项工作。

1月8日 最高人民检察院召开全国检察长会议，坚持以习近平新时代中国特色社会主义思想为指导，深入学习贯彻习近平总书记对政法工作的重要指示精神、党的二十大和中央政法工作会议精神，深入落实《中共中央关于加强新时代检察机关法律监督工作的意见》，认真总结过去五年检察工作，部署2023年和今后一个时期检察工作。

1月8日 公安部召开全国公安厅局长会议，强调要以习近平新时代中国特色社会主义思想为指导，全面贯彻落实党的二十大精神，深入贯彻习近平法治思想特别是习近平总书记关于新时代公安工作的重要论述，贯彻落实中央经济工作会议、中央政法工作会议精神，坚持政治建警、改革强警、科技兴警、从严治警、从优待警，以加强党的政治建设为统领，以防范化解重大风险为基点，以深化改革创新为动力，以锻造过硬公安队伍为保证，抓好防风险、保安全、护稳定、促发展各项工作，奋力推进公安工作现代化。中共中央书记处书记、国务委员、公安部部长王小洪出席会议并讲话。

1月13日 为宣传典型，推动行政执法机关转变行政管理方式，规范行政行为，改进服务作风，提升监管效能，司法部公布“减证便民”十大典型案例和十个优秀案例。

1月 中央依法治国办督察反馈组分赴山西、辽宁、河南召开现场反馈会议，反馈市县法治建设工作督察意见，相关省份党政主要负责同志出席并作表态讲话。

2月10日 中国法学会召开坚持全面从严治党、推进党风廉政建设工作会议，强调要认真学习贯彻习近平总书记在二十届中央纪委二次全会上的重要讲话精神，一刻不停推进法学会全面从严治党。

2月13日 最高人民检察院与国家乡村振兴局共同印发《关于开展“司法救助助力全面推进乡村振兴”专项活动的通知》，明确专项活动从2023年2月开始，到2025年底结束，要求各级检察机关和乡村振兴部门，围绕乡村振兴战略规划，进一步深化拓展司法救助对象范围，切实加大司法救助和扶困帮扶工作力度。

2月16日 公安部召开全国公安机关打击惩治涉网黑恶犯罪专项行动电视电话推进会，通报总结专项行动进展成效，对专项行动进行再部署、再推进。

2月17日 最高人民法院发布《关于完整准确全面贯彻新发展理念 为积极稳妥推进碳达峰碳中和提供司法服务的意见》及配套典型案例。《意见》紧扣国家“双碳”目标，对标中共中央、国务院《关于完整准确全面贯彻新发展理念 做好碳达峰碳中和工作的意见》主要任务，遵循全国统筹、节约优先、双轮驱动、内外畅通、防范风险的原则要求，立足发挥审判职能作用，为积极稳妥推进碳达峰碳中和提供有力司法服务。

2月20日 最高人民法院发布《中国法院的司法改革（2013—2022）》，从中国法院制度和改革历程、全面落实司法责任制、推进法院组织体系和管理体制改革、推进诉讼制度改革、强化人权司法保障制度机制、扎实推进“基本解决执行难”、完善司法便民利民制度机制、深化司法公开和司法民主、推行司法人员分类管理、完善司法服务保障国家发展制度机制、推进互联网司法和智慧法院建设等11个方面，向社会公众系统介绍了人民法院推进司法体制改革的历史进程和取得的丰硕成果。

2月20日 中国法学会召开年度常务理事扩大会议，强调要扎实开展法学研究，积极服务法治实践，为推进中国式现代化提供有力法治保障。中国法学会会长王晨出席会议并讲话。会议当日，还召开了中国法学会八届十一次会长会议。

2月21日 为加强新时代法学教育和法学理论研究，中共中央办公厅、国务院办公厅印发《关于加强新时代法学教育和法学理论研究的意见》，并发出通知，要求各地区各部门结合实际认真贯彻落实。

2月21日 公安部召开“昆仑2023”专项行动动员部署视频会，部署全国公安机关全面贯彻落实党的二十大精神，坚持以人民为中心，坚持统筹发展与安全，扎实开展“昆仑2023”专项行动，依法严厉打击食药环和知识产权领域突出违法犯罪，全力抓好防风险、保安全、护稳定、促发展各项任务落实，努力为全面建设社会主义现代化国家开好局起好步创造安全稳定环境。

2月23日 为全面贯彻党的二十大精神，深入贯彻落实习近平法治思想特别是习近平总书记关于新时代公安工作的重要论述，公安部印发《加强新时代公安派出所工作三年行动计划（2023—2025年）》，牢固树立大抓基层、大抓基础的鲜明导向，持续推动重心下移、警力下沉、保障下倾，全力夯实国家安全和社会稳定基层基础。

2月至10月 中央依法治国办部署开展为期8个月的道路交通安全和运输执法领域突出问题专项整治，各地党委依法治省（区、市）办在公安、交通运输部门支持配合下，精心谋划部署，狠抓问题核查，共收集核查有关问题线索9.1万件。

3月2日 最高人民检察院、公安部联合发布《关于依法妥善办理轻伤害案件的指导意见》。《意见》共6部分24条，从依法全面调查取证、审查案件，积极促进矛盾化解等方面进行了全面规定。

3月21日至23日 最高人民检察院党组书记、检察长应勇率调研组前往陕西延安、西安、渭南调研，强调要深入学习贯彻党的二十大精神和全国两会精神，传承红色基因，汲取奋斗力量，走好新时代新征程检察事业奋进之路。

3月23日 国家安全部召开国家安全机关纪检监督干部队伍教育整顿动员部署会，强调国家安全机关要善于借鉴全国政法队伍教育整顿经验，突出铸就政治忠诚、清除害群之马、健全严管体系、增强斗争本领“四项任务”，蹄疾步稳推进，确保取得实实在在的成效。国家安全部党委书记、部长陈一新出席会议并讲话。

3月24日 中共中央政治局委员、中央政法委书记陈文清在北京调研。陈文清强调，首都政法机关要坚持以习近平新时代中国特色社会主义思想为指导，深入学习贯彻习近平法治思想，全力维护首都安全稳定，全面推进依法治国各项工作，奋力开创首都政法工作新局面。

3月28日至29日 中共中央政治局委员、中央政法委书记陈文清在河北石家庄、雄安新区调研。陈文清强调，河北政法机关要坚持以习近平新时代中国特色社会主义思想为指导，学习贯彻习近平法治思想，进一步拱卫首都安全，进一步推进信访工作法治化，进一步推动河北政法事业全面发展，以实际行动做到让党放心、让人民满意。

3月28日 最高人民法院党组书记、院长张军率调研组赴北京市海淀区人民法院调研，就加强和改进新时代人民法院工作听取意见建议。

3月30日 司法部党组书记、部长贺荣到全国律协调研，深入了解律师行业党建、律师制度改革、涉外法律服务、行业自律管理等情况后，主持召开座谈会，认真听取意见建议，强调要切实把律师队伍引导好、管理好、服务好。

4月2日 中共中央印发《中央党内法规制定工作规划纲要（2023—2027年）》。《规划纲要》以习近平新时代中国特色社会主义思想为指导，全面贯彻党的二十大精神，对今后5年中央党内法规制定工作进行顶层设计，是新起点上引领党内法规制度建设的重要文件。《规划纲要》的制定实施，对于深入推进依规治党、推动党内法规制度建设高质量发展，确保全党在思想上政治上行动上同以习近平同志为核心的党中央保持高度一致，实现新时代新征程党的使命任务，具有重要意义。

4月4日 司法部召开全国司法行政工作推进会暨全国监狱戒毒系统先进集体和先进个人表彰大会，对奋战在监狱戒毒工作一线的先进集体、先进个人予以表彰，司法部党组书记、部长贺荣出席会议并讲话。会议期间，司法部党组还召开调研座谈会，就制约新时代司法行政事业发展的突出问题，逐一听取各地司法厅（局）长意见建议。

4月5日至7日 最高人民法院党组书记、院长张军率调研组到广东法院开展调研，围绕学习贯彻习近平新时代中国特色社会主义思想主题教育，对照党的二十大重大部署，对照习近平总书记在全国两会期间的重要讲话和全国两会精神，对照全国法院学习贯彻全国两会精神电视电话会议有关要求，找准人民法院工作中的差距和不足，明确努力方向，以司法审判工作高质量发展服务保障经济社会高质量发展。

4月12日 最高人民检察院联合水利部在郑州举办首届服务保障黄河国家战略检察论坛，并启动黄河流域水资源保护专项行动，着力构建水行政执法与刑事司法、检察公益诉讼相衔接的生态保护大格局，推动黄河流域生态保护和高质量发展。

4月17日至19日 中共中央政治局委员、中央政法委书记陈文清在海南三亚、儋州、海口调研。陈文清强调，海南政法机关要认真开展学习贯彻习近平新时代中国特色社会主义思想主题教育，着力服务发展、保障安全，推动海南自由贸易港建设行稳致远。

4月17日 国家安全部向全社会公布监督举报专用信箱和监督举报专用电话，正式开通国家安全机关监督举报平台，主动接受社会各界监督。

4月18日 最高人民检察院印发《关于加强新时代检察机关网络法治工作的意见》。《意见》共6方面21条，围绕党的二十大关于健全网络综合治理体系的重要部署，结合检察履职实际，从网络立法、执法、司法、普法以及法治研究、队伍建设等方面，对加强新时代检察机关网络法治工作提出具体要求。

4月24日 国家安全部党委书记、部长陈一新深入北京市国家安全局基层单位实地调研，强调要扎实开展主题教育，以新安全格局保障新发展格局。

4月25日 中共中央政治局委员、中央政法委书记陈文清在京会见香港特别行政区政府保安局局长邓炳强率领的香港纪律部队文化交流团。陈文清指出，要全面准确、坚定不移贯彻“一国两制”方针，为强国建设、民族复兴作出贡献。

4月26日 十四届全国人大常委会第二次会议表决通过了新修订的反间谍法，于2023年7月1日起施行。

5月6日至10日 中央政法委与中央组织部、中央党校（国家行政学院）联合举办政法领导干部学习贯彻习近平新时代中国特色社会主义思想锻造政法铁军专题研讨班，全国政法系统259名领导干部参加培训。此次专题研讨班的主要任务是按照党中央关于开展主题教育的部署要求，深入学习贯彻习近平新时代中国特色社会主义思想，全面贯彻落实党的二十大精神，锻造忠诚干净担当的新时代政法铁军，坚决做到让党放心、让人民满意。

5月10日至12日 中央组织部、司法部联合举办学习贯彻习近平法治思想暨强化行政执法能力建设专题培训班，37万多人参加了线上线下培训。

5月11日 全国党委政法委系统“新时代政法楷模”表彰大会在北京人民大会堂举行。大会紧密结合学习贯彻习近平新时代中国特色社会主义思想主题教育，深入贯彻落实习近平总书记关于加强政法队伍建设的重要指示，表彰全国党委政法委系统先进模范，激励广大党委政法委干部在锻造新时代政法铁军中走在前、作表率。中共中央政治局委员、中央政法委书记陈文清出席大会并讲话。

5月12日 最高人民检察院与国家邮政局、中央政法委、中央网信办、公安部等17个部门共同研究，决定开展为期6个月的平安寄递专项行动，集中整治寄递渠道安全隐患，严厉打击违法寄递行为。

5月15日 公安部举行第14个“5·15”全国公安机关打击和防范经济犯罪宣传日活动，并在福建省福州市举办了启动仪式。全国公安机关以“与民同心、为您守护”为主题，围绕全面贯彻落实党的二十大精神，聚焦严重侵害人民群众切身利益、损害营商环境、危害经济秩序和经济安全的突出经济犯罪，揭示作案手法，传播防范知识，展示打击经济犯罪、服务经济社会高质量发展的坚定决心和显著成效，推动社会各界共同参与打击防范经济犯罪工作。

5月15日至17日 根据党中央大兴调查研究部署要求，司法部党组书记、部长贺荣率队赴海南开展全面依法治国重大问题专题调研。调研组以新时代海南法治建设特别是自贸港法治建设为实例，紧紧围绕立法、执法、司法、守法和涉外法治等方面情况开展“解剖式”调研，以小见大、以点带面，研究提出下步推进全面依法治国工作的措施建议。

5月16日至18日　中共中央政治局委员、中央政法委书记陈文清在浙江杭州、宁波、绍兴调研。陈文清强调，浙江政法机关要坚决贯彻习近平总书记对浙江工作的重要指示精神，深入开展学习贯彻习近平新时代中国特色社会主义思想主题教育，深入实施“八八战略”，把主题教育成果转化为坚持和发展新时代“枫桥经验”的实际成效，转化为全力做好杭州亚运会、亚残运会安保工作的实际成效，推动浙江政法工作迈上新台阶、开辟新局面。

5月16日　为深入贯彻习近平总书记关于弘扬英模精神的重要指示精神，扎实推进学习贯彻习近平新时代中国特色社会主义思想主题教育，司法部、海南省委在海南省人大会堂召开全国司法行政系统一级英模陈旭同志先进事迹报告会。司法部党组书记、部长贺荣出席。

5月19日　为了坚持和加强党对公安信访工作的全面领导，做好新时代公安信访工作，密切党群关系、警民关系，根据《信访工作条例》和有关法律法规，公安部印发《公安机关信访工作规定》。

5月19日　中国法学会召开第五届中国法学优秀成果奖表彰会，发布《关于第五届中国法学优秀成果奖的表彰决定》。中共中央政治局委员、中央政法委书记陈文清在会上发表重要讲话。中国法学会会长王晨出席会议并讲话。

5月20日　最高人民检察院、公安部和中国海警局决定自5月20日起至11月20日，联合开展打击整治盗采海砂违法犯罪专项行动。此次专项行动聚焦重点海域、重要目标、关键场所，全时段管控、全区域覆盖、全链条打击。

5月22日　中共中央政治局委员、中央政法委书记陈文清与俄罗斯联邦安全会议秘书帕特鲁舍夫共同主持中俄执法安全合作机制第八次会议。陈文清表示，中方愿同俄方制定好合作措施，践行共同、综合、合作、可持续的安全观，共同落实全球安全倡议，更好维护两国和国际社会安全利益。

5月23日至24日　中国法学会党组书记、常务副会长陈训秋一行到天津调研，强调要发挥法学会“智囊团”“思想库”“人才库”作用，为经济社会高质量发展提供法学理论支撑和智力服务。

5月24日　中共中央政治局委员、中央政法委书记陈文清在俄罗斯出席第十一届安全事务高级代表国际会议并发表讲话。陈文清说，习近平主席提出全球发展倡议、全球安全倡议、全球文明倡议，核心思想就是团结合作。中国将始终胸怀天下，在坚持维护自身安全的同时推进国际共同安全，积极参与完善全球安全治理，为建设普遍安全、更加美好的世界作出不懈努力。

5月25日　《最高人民法院、最高人民检察院关于办理强奸、猥亵未成年人刑事案件适用法律若干问题的解释》《最高人民法院、最高人民检察院、公安部、司法部关于办理性侵害未成年人刑事案件的意见》发布。两部司法文件的发布，对于指导司法机关准确适用法律办理性侵害未成年人案件，加大打击力度从严惩处，不断提升未成年人权益保障水平，具有重要现实意义。

5月29日　最高人民检察院、公安部、生态环境部联合发布7件依法严惩危险废物污染环境犯罪典型案例。此次联合发布典型案例彰显了执法司法机关携手依法严厉打击非法排放、倾倒、处置危险废物和重点排污单位污染物排放自动监测数据弄虚作假等环境违法犯罪行为的决心和取得的成效。

5月30日　中共中央总书记、国家主席、中央军委主席、中央国家安全委员会主席习近平主持召开二十届中央国家安全委员会第一次会议。习近平在会上发表重要讲话强调，要全面贯彻党的二十大精神，深刻认识国家安全面临的复杂严峻形势，正确把握重大国家安全问题，加快推进国家安全体系和能力现代化，以新安全格局保障新发展格局，努力开创国家安全工作新局面。

5月30日　公安部召开全国打击治理电信网络新型违法犯罪工作电视电话会议，强调要深入贯彻落实习近平总书记重要指示精神和党中央决策部署，坚持“四专两合力”总体思路，以落实反电信网络诈骗法和中央办公厅、国务院办公厅《关于加强打击治理电信网络诈骗违法犯罪工作的意见》为契机，以减少人民群众财产损失为目标，全面加强打防管控各项措施，推动打击治理工作不断迈上新台阶，确保电信网络诈骗犯罪多发高发态势得到有效遏制，全力夺取反诈人民战争新胜利，以实际行动彰显主题教育成效。中共中央书记处书记、国务委员、公安部部长王小洪出席会议并讲话。

5月31日　司法部办公厅印发《关于进一步推进海外远程视频公证工作的通知》，共遴选295家公证机构与驻外使领馆共同开展海外远程视频公证。

5月　公安部、中央政法委、国务院妇儿工委、教育部、民政部、水利部、农业农村部、文化和旅游部、国家消防救援局9部门联合印发《关于学习借鉴福建省经验做法 进一步加强涉险公共区域安全防护工作的通知》，要求各地各有关部门在学习借鉴福建有关做法的基础上，结合本地实际，进一步加强临海临江、临河临湖、临山临崖等涉险公共区域安全防护，有效防范和处置人员溺水等涉险伤亡事故，切实保护人民群众生命安全。

5 月 司法部组织的 2023 年粤港澳大湾区律师执业考试在香港特别行政区和广东省珠海市举办。本次共有 300 多名港澳律师报名参加考试。

6 月 1 日 最高人民法院举办六一公众开放日活动。最高人民法院党组书记、院长张军同来自北京市第二中学、北京景山学校的百余名师生共庆“六一”儿童节。张军强调，要把习近平总书记考察北京育英学校时的重要讲话精神落实好，树立保护性司法、联动性司法的意识，在推动具体落实上久久为功，创造性地抓好业务条线的落实。

6 月 1 日 国家安全部设立“国家安全荣誉”纪念章。

6 月 6 日 最高人民法院、最高人民检察院、中国海警局联合发布《依法打击涉海砂违法犯罪座谈会会议纪要》。《纪要》要求，用最严格制度、最严密法治筑牢维护矿产资源和生态环境安全的司法屏障。

6 月 14 日至 18 日 中共中央政治局委员、中央政法委书记陈文清在新疆调研。陈文清强调，新疆政法机关要坚持以习近平新时代中国特色社会主义思想为指导，全面贯彻习近平法治思想和总体国家安全观，完整准确贯彻新时代党的治疆方略，坚持依法治疆，大力推进反恐维稳法治化常态化，强化责任落实，加强能力建设，全力确保新疆社会稳定和长治久安。

6 月 15 日 中央宣传部、公安部联合启动“全民反诈在行动”集中宣传月活动，进一步加强反诈宣传力度，不断提升群众防骗意识，切实营造全社会反诈浓厚氛围。

6 月 15 日 最高人民法院举办全国模范法官鲍卫忠同志先进事迹报告会，最高人民法院党组书记、院长张军出席并讲话。张军指出，讲好英模故事，弘扬英模精神，以榜样的力量推动主题教育走深走实。

6 月 15 日 最高人民法院与联合国妇女署共同举办“涉家暴案例审判的司法理念与实践经验暨中国反家暴十大典型案例发布”国际研讨会。会上，最高人民法院发布了中国反家暴十大典型案例（2023 年），参会嘉宾围绕涉家暴案件审判的司法理念与实践经验这一主题，分别从民事和刑事审判不同角度进行了深入研讨。

6 月 26 日 在第 36 个国际禁毒日到来之际，中共中央政治局委员、中央政法委书记陈文清到公安部和北京市调研禁毒工作，看望慰问基层禁毒工作者。陈文清强调，要坚持以习近平新时代中国特色社会主义思想为指导，认真贯彻落实党的二十大精神，学习贯彻习近平总书记关于禁毒工作的重要指示精神，以对国家、对人民、对民族、对历史高度负责的态度，切实把禁毒工作作为重大政治任务来抓，坚决打赢新时代禁毒人民战争。中共中央书记处书记、国务委员、公安部部长王小洪参加调研。

6 月 27 日 司法部公共法律服务管理局、中国公证协会印发《关于进一步做好公证证明材料清单管理工作的指导意见》，共规范公证事项 33 类 81 项，删减不必要的证明材料 116 项，删减证明达 29.3%，有效解决循环证明、无谓证明问题。

6 月 28 日 国务委员、公安部部长王小洪在京出席东盟与中日韩移民管理政策高级别研讨会开幕式并致辞。王小洪表示，中方愿同各方一道，认真践行习近平主席提出的全球发展倡议、全球安全倡议、全球文明倡议，共同推动区域移民治理朝着更加公正合理的方向发展，为本地区经济社会发展作出新贡献。

6 月 29 日 2023 年“百名法学家百场报告会”法治宣讲活动组委会会议在京举行。2023 年“双百”活动将围绕“深入学习宣传贯彻习近平法治思想”的重大宣讲主题、“学习好、宣传好、贯彻好党的二十大精神”等 5 个重点宣讲专题，以及“深刻理解‘两个结合’的重大意义”等 19 个建议宣讲选题开展。中国法学会会长王晨出席会议并讲话。

6 月 30 日 中越边界省份法院研讨会在广西南宁举行。国家首席大法官、最高人民法院院长张军出席开幕式并致辞。张军表示，巩固深化两国司法领域交流合作，服务构建具有战略意义的中越命运共同体。

6 月 30 日 司法部党组召开“做党和人民满意的好律师”座谈会，党组书记、部长贺荣出席会议，代表司法部党组对广大律师提出“五点希望”，反响热烈。

7 月 1 日 法答网在全国法院正式上线。法答网是最高人民法院为全国法院干警深入学习贯彻习近平新时代中国特色社会主义思想，提供法律政策运用、审判业务咨询答疑和学习交流服务的内网信息共享平台。

7 月 2 日至 5 日 中共中央书记处书记、国务委员、公安部部长王小洪到云南德宏和昆明调研公安工作，看望慰问基层民警辅警。王小洪强调，要深入贯彻落实习近平总书记重要指示精神和党中央决策部署，坚定拥护“两个确立”、坚决做到“两个维护”，高质量开展主题教育，高标准推进公安工作，忠实履行新时代使命任务，坚决维护国家政治安全和社会大局稳定，始终做党和人民的忠诚卫士。

7月3日　中共中央政治局委员、中央政法委书记陈文清出席由中央组织部、中央党校（国家行政学院）、国家信访局联合举办的省部级干部信访工作专题研讨班并讲话。陈文清强调，要深入学习贯彻习近平新时代中国特色社会主义思想，推进信访工作法治化，全力保障中国式现代化。

7月3日　中央政法委秘书长闻柏到中国政法大学调研座谈，强调要坚持以习近平新时代中国特色社会主义思想为指导，认真学习贯彻习近平法治思想，深入贯彻落实习近平总书记考察中国政法大学时的重要讲话精神，进一步深化部校合作，强化政治担当、责任落实，履行好为党育人、为国育才的光荣使命，努力培养更多德法兼修的高素质法治人才。

7月4日至6日　中共中央政治局委员、中央政法委书记陈文清在四川成都、绵阳、乐山、眉山调研。陈文清强调，政法机关要深入学习贯彻习近平新时代中国特色社会主义思想，深入学习贯彻习近平法治思想，全面推进科学立法、严格执法、公正司法、全民守法，更好发挥法治固根本、稳预期、利长远的保障作用。

7月7日　2023年“百名法学家百场报告会”法治宣讲活动中央和国家机关专场报告会在人民大会堂小礼堂举行。会议强调，要深入学习宣传贯彻习近平法治思想和习近平总书记关于宪法的重要论述，推动完善以宪法为核心的中国特色社会主义法律体系，加强宪法理论研究和宣传教育，更好发挥宪法在治国理政中的重要作用，为在法治轨道上全面建设社会主义现代化国家贡献力量。

7月10日　中国法学会主办的2023年“港澳与内地青年法律交流周”活动在京举行开幕式。来自香港、澳门的数十名法学院系学生和青年律师在北京和深圳两地参加参观交流、青年论坛、创业分享会等法律相关活动。中国法学会会长王晨出席开幕式并致辞。

7月11日　司法部公布修订后的《办理法律援助案件程序规定》。修订后的《程序规定》，在方便群众及时获得法律援助、提高法律援助服务质量等方面，作出了一系列具体规定。

7月12日　国家首席大检察官、最高人民检察院检察长应勇在京会见俄罗斯联邦总检察长克拉斯诺夫一行。双方共同签署了两国检察机关新的合作协议与合作计划。

7月12日　第十届“全国杰出青年法学家”颁奖仪式在京举行，10名“全国杰出青年法学家”称号获得者和20名提名奖获得者受到表彰。中国法学会会长王晨出席颁奖仪式并讲话。

7月13日　中共中央政治局委员、中央政法委书记陈文清在京会见俄罗斯联邦总检察长克拉斯诺夫。陈文清说，希望两国执法司法机关全面贯彻落实两国元首重要共识，深化战略协作，为更好维护两国共同利益、推动中俄关系行稳致远作出更大贡献。

7月13日至14日　全国大法官研讨班在国家法官学院举行。最高人民法院党组书记、院长张军出席并讲话，强调要找准司法审判在全面依法治国这场国家治理的深刻革命中的职责定位，努力以审判工作现代化服务保障中国式现代化，从审判理念、审判机制、审判体系、审判管理等方面整体推进、系统落实。

7月13日　司法部部长贺荣在京会见俄罗斯联邦总检察长克拉斯诺夫。贺荣介绍，在习近平主席领导下，中国全面依法治国不断取得历史性成就。贺荣表示，愿与俄联邦总检察院等相关部门一道，在习近平主席和普京总统的战略擘画和引领下，进一步加强中俄立法、执法、法学研究等方面交流合作，为两国关系发展和对外合作提供更高水平法治保障和法律服务。

7月14日　国家安全部召开全国国家安全系统表彰大会。中共中央政治局委员、中央政法委书记陈文清出席大会并讲话，强调国家安全机关要坚持以习近平新时代中国特色社会主义思想为指导，坚持党对国家安全工作的绝对领导，矢志不渝做党和人民的忠诚卫士，以新安全格局保障新发展格局，为强国建设、民族复兴筑牢安全屏障。

7月16日至21日　司法部党组书记、部长贺荣率团在香港、澳门围绕法治服务保障粤港澳大湾区建设开展调研，分别与香港特别行政区行政长官李家超、澳门特别行政区行政长官贺一诚等举行会谈。

7月17日至19日　中共中央政治局委员、中央政法委书记陈文清在宁夏银川、吴忠调研。陈文清强调，要贯彻落实习近平总书记关于以学铸魂、以学增智、以学正风、以学促干的重要指示，深入扎实开展学习贯彻习近平新时代中国特色社会主义思想主题教育，切实把主题教育成果转化为政法工作实效。要学习贯彻习近平法治思想，坚持以人民为中心，坚持依法办事，有力维护人民群众合法权益。

7月19日至21日 最高人民检察院在北京举办大检察官研讨班，深入学习贯彻习近平新时代中国特色社会主义思想，全面贯彻习近平法治思想，深入贯彻党的二十大精神，交流调查研究情况，扎实推进主题教育，研究谋划当前和今后一个时期的检察工作，推动新时代新征程党的检察事业创新发展，以检察工作现代化更好服务中国式现代化。最高人民检察院党组书记、检察长应勇出席并作开班式讲话。

7月24日 公安部召开公安机关夏季治安打击整治行动第一次推进会，通报“夏季行动”前期工作进展情况，部署紧密结合深入开展主题教育，进一步提升政治站位，全面深入落实打防管控建各项措施，纵深推进“夏季行动”。

7月25日 为深入贯彻落实党的二十大精神，推动领导干部带头尊规学规守规用规，带头尊法学法守法用法，根据《法治中国建设规划（2020—2025年）》等要求，中共中央办公厅、国务院办公厅印发《关于建立领导干部应知应会党内法规和国家法律清单制度的意见》，并发出通知，要求各地区各部门结合实际认真贯彻落实。

7月26日 新版国家行政法规库在司法部官网（中国政府法制信息网）正式上线，集中公开现行有效行政法规标准文本和历史文本，面向公众提供在线查阅、检索、下载等服务，并与中国政府网国家规章库实现双向嵌套。国务院明确国家行政法规库公布的行政法规版本是和国务院公报具有相同效力的国家版本。

7月27日 司法部召开律师行业党建工作先进典型表彰会暨律师行业东中西部对口帮扶工作推进会。律师行业97个先进基层党组织和100名优秀共产党员、50名优秀党务工作者受到表彰。

7月28日至29日 最高人民检察院党组书记、检察长应勇率调研组深入浙江杭州、诸暨等地检察机关调研。应勇强调，要把习近平法治思想落实到检察工作全过程、各环节，以人民为中心，以检察工作现代化助力在法治轨道上推进国家治理体系和治理能力现代化。

7月31日 中央组织部、中央宣传部、中央政法委、教育部、司法部、中国法学会印发《2023年“百名法学家百场报告会”法治宣讲活动指导意见》，对2023年“双百”活动作出部署。

7月 国家安全部举办百名优秀年轻干部党性教育培训班，国家安全部党委书记、部长陈一新出席开班式并开讲第一课。陈一新指出，国家安全机关要把培养选拔优秀年轻干部作为重大战略任务，坚持新时代好干部标准，坚持勤政廉政优政导向，以“六炼（练）六修养”为途径，努力把优秀年轻干部锻造成为隐蔽战线的时代尖兵。

8月9日至12日 司法部党组书记、部长贺荣率调研组在河南、山西专题调研监狱和基层司法行政工作。调研期间，贺荣分别与河南、山西两省省委、省政府主要负责同志就司法行政等工作交流意见，两省分管负责同志分别参加有关活动。

8月14日 中央政法委秘书长闻柏到国家反诈中心调研座谈，强调要坚持以习近平新时代中国特色社会主义思想为指导，深入贯彻落实习近平总书记重要指示精神，结合正在开展的主题教育，将打击电信网络诈骗犯罪作为“办实事、解民忧”的有力抓手，掌握主动权，打赢攻坚战，夺取电信网络诈骗犯罪打击治理新胜利，向党和人民交出合格答卷。

8月22日至24日 中共中央政治局委员、中央政法委书记陈文清在甘肃调研。陈文清强调，要坚持以习近平新时代中国特色社会主义思想为指导，深入贯彻习近平法治思想和总体国家安全观，奋力开创甘肃政法工作新局面，为服务保障中国式现代化作出新贡献。

8月24日 由中国法学会组织撰写的《中国法治建设年度报告（2022）》正式发布，这是中国法治建设年度报告连续15年向国内外发布。报告全文共约5.6万字，通篇突出学习贯彻习近平法治思想，全面系统反映了2022年中国特色社会主义法治建设取得的重大成就，生动展现了习近平法治思想的真理力量和实践伟力。

8月 公安部、最高人民检察院、生态环境部联合印发通知，要求各地公安机关、检察机关、生态环境部门深入学习贯彻习近平总书记在全国生态环境保护大会上的重要讲话精神，深入打好污染防治攻坚战，持续保持对重点排污单位自动监测数据弄虚作假污染环境犯罪的高压严打态势，同时对生态环境部门移送公安机关联合查处的11起重点排污单位自动监测数据弄虚作假污染环境案进行挂牌督办。

8月 国家安全部召开巡视督导工作汇报会，听取16个部巡视督导组工作汇报，全面了解掌握部机关和地方厅局第一批主题教育开展情况，为推进第二批主题教育和第一批主题教育“回头看”作好准备。国家安全部党委书记、部长陈一新主持会议并讲话。

8月 国家安全部党委召开主题教育调研成果交

流汇报会，深入学习贯彻习近平总书记关于主题教育和调查研究的重要论述，交流研讨调研成果，深化优化调研思路，加快推动调研成果转化，加快构建国家安全机关工作新格局。部党委成员围绕“1＋10＋10”调研课题完成情况作了交流发言，国家安全部党委书记、部长陈一新主持会议并讲话。

9月1日　中共中央政治局委员、中央政法委书记陈文清主持召开会议，专题研究严格执法，强调政法机关要深入学习贯彻习近平法治思想，全面推进严格执法，确保法律统一正确实施，做到有法必依、执法必严、违法必究。

9月1日　十四届全国人大常委会第五次会议审议通过《关于延长授权国务院在粤港澳大湾区内地九市开展香港法律执业者和澳门执业律师取得内地执业资质和从事律师职业试点工作期限的决定》，自公布之日起施行。

9月5日　第十次上海合作组织成员国司法部长会议在上海举行。国家主席习近平向大会致贺信。中共中央政治局委员、中央政法委书记陈文清在开幕式上宣读贺信，向大会致欢迎辞。司法部部长贺荣主持会议并作主旨发言。

9月5日至16日　中央政法委分两期在中国政法大学举办全国地市级政法委书记培训班，全国430个市394名地市级政法委书记参加培训。培训班通过抓住“关键少数”，示范带动各级开展政治轮训，进一步增强了广大干警坚定拥护“两个确立”、坚决做到“两个维护”的政治自觉、思想自觉、行动自觉。

9月5日　最高人民法院党组书记、院长张军作为北京市第二中学法治副校长，为北京二中师生和家长们讲授题为“提高自我保护能力　强化家庭学校协同　共同守护青春扬帆远航”的法治第一课。

9月6日　中央政法委秘书长闾柏赴最高人民法院立案庭开展调研，实地了解人民法院推进信访工作法治化进展情况。最高人民法院党组书记、院长张军参加调研活动。

9月7日　司法部党组书记、部长贺荣率调研组在华东政法大学实地调研，详细了解法学教育、法学理论研究与实践结合、法治人才培养等情况。

9月8日　“1＋1”中国法律援助志愿者行动2023年度启动仪式暨第五届理事会首次签约仪式在人民大会堂举行。此次派出126名律师志愿者和104名大学生志愿者和基层法律服务工作者，前往中西部13个省（区）和新疆生产建设兵团的126个县（区、市）开展法律援助志愿服务工作。

9月13日　中越公安部第八次合作打击犯罪部长级会议在京举行，中共中央书记处书记、公安部部长王小洪与越共中央政治局委员、越南公安部部长苏林共同主持。王小洪表示，中方愿与越方深化政治安全、网络安全合作，加强打击犯罪务实合作，提升执法能力建设水平，努力服务构建具有战略意义的中越命运共同体。

9月14日　司法部党组书记、部长贺荣在京会见越共中央政治局委员、越南公安部部长苏林一行，就加强两部相关职能合作进行了务实交流。

9月16日　国家安全部党委书记、部长陈一新在广州会见越共中央政治局委员、越南公安部部长苏林一行，就加强相关领域合作和共同关心问题交换了意见。

9月16日至17日　全国各考区分两批次举行2023年国家统一法律职业资格客观题考试。全国31个省（区、市）及新疆生产建设兵团和香港、澳门特别行政区共设置331个考区、582个考点、近8200个考场。

9月19日　中国—上合组织国家地方法院大法官论坛（2023）开幕式在山东青岛举行。国家首席大法官、最高人民法院院长张军出席并致辞。张军表示，持续开展务实高效司法合作，推动构建更加紧密的上合组织命运共同体。

9月20日　全球公共安全合作论坛（连云港）2023年大会在江苏省连云港市开幕，国务委员、公安部部长王小洪出席并作主旨发言。王小洪表示，中方愿与世界各国分享公共安全治理经验，支持论坛日常建设、建立全球执法培训体系、开展预防和打击各类跨国犯罪的区域和全球行动，支持论坛建设国际化智库，适时研究发布全球公共安全指数，为深化全球公共安全治理贡献智慧和力量。

9月20日　国家监察委员会办公厅、最高人民检察院办公厅、公安部办公厅联合印发《关于在办理贪污贿赂犯罪案件中加强反洗钱协作配合的意见》，就监察机关、检察机关、公安机关在办理贪污贿赂犯罪中切实加强反洗钱协作配合工作提出明确要求，强调提前介入、审查起诉贪污贿赂案件时应当同步审查是否存在洗钱犯罪线索，以进一步加大办案力度，全面推进打击治理洗钱犯罪，更好地维护国家安全、社会安全和人民群众切身利益。

9月21日　司法部部长贺荣在京会见蒙古国法律内务部部长尼亚木巴特尔一行。双方就加强两国在法律和司法领域的务实合作进行了交流。

9月21日　由中国法学会、全国人大监察和司法委员会、最高人民法院、最高人民检察院联合举办的检察公益诉讼立法专题研讨会在京召开。会议强调，要更广泛凝聚检察公益诉讼立法共识，将习近平法治思想在公益保护领域的生动实践和原创性成果法治化制度化。

9月22日　中共中央政治局委员、中央政法委书记陈文清在罗马会见意大利副总理兼外长塔亚尼。陈文清指出，执法安全合作是中意关系重要组成部分和积极推动力量。面对复杂的国际形势和严峻的全球性挑战，中方愿与意方同行携手，完善安全合作机制建设，全面加强双方各领域各层级交流与合作，为维护两国安全利益作出新的贡献。

9月25日　最高人民法院、最高人民检察院、公安部联合发布《关于依法惩治网络暴力违法犯罪的指导意见》暨典型案例。《意见》共20条，围绕网络暴力的罪名适用规则，惩治网络暴力违法犯罪的政策原则，网络侮辱、诽谤刑事案件的公诉标准和自诉转公诉的衔接程序以及网络暴力案件的公益诉讼规则等作了明确规定。

9月26日　第四次中德高级别安全对话在柏林举行，中共中央政治局委员、中央政法委书记陈文清出席开幕式并致辞。陈文清表示，希望中德双方携手，充分发挥高级别安全对话战略引领作用，有效落实两国领导人在安全领域达成的合作共识。

9月26日　第五届京津冀司法论坛在天津举行，聚焦京津冀协同发展目标任务，紧紧围绕“公正与效率”主题，坚持为大局服务、为人民司法，推动京津冀协同发展不断迈上新台阶。最高人民法院党组书记、院长张军出席开幕式并讲话。

9月26日至27日　中国法学会在广西南宁召开全国首席法律咨询专家工作会议，中国法学会会长王晨出席会议并讲话。近年来，中国法学会深入贯彻落实中央办公厅《关于进一步加强法学会建设的意见》和中央办公厅、国务院办公厅《关于加强新时代法学教育和法学理论研究的意见》精神，以首席法律咨询专家工作为抓手，组织广大法学法律工作者积极参与党委和政府重大决策论证、重大风险防控、重大矛盾纠纷调处、重大信访积案化解等工作，成为破解县级法学会履职难题的重要突破口。

9月27日　最高人民法院召开全国法院党风廉政建设会议，针对第一、二批主题教育检视整改和干部队伍教育整顿发现的问题，深入分析人民法院党风廉政建设形势，紧密结合司法审判工作实际和司法权运行规律，对全面从严管党治院作出部署。最高人民法院党组书记、院长张军出席会议并讲话。

9月28日　在中秋节、国庆节来临之际，中共中央总书记、国家主席、中央军委主席习近平给中国人民公安大学在读英烈子女回信，对他们提出殷切期望，向公安英烈的家人致以问候。

9月　最高人民检察院、公安部联合挂牌督办第三批5起特大跨境电信网络诈骗犯罪案件，坚持内外联动，全力打团伙、摧网络、斩链条，深挖组织者、领导者及幕后“金主”，切实维护社会稳定和人民群众切身利益。

9月　国家安全部党委书记、部长陈一新赴广东省国家安全厅和广州市、佛山市国家安全局调研，深入一线实战单位，听取典型案例汇报，考察先进能力建设，组织座谈交流研讨，指导地方国家安全机关扎实开展第二批主题教育和第一批主题教育“回头看”。

10月8日　最高人民法院、司法部在北京联合召开全国调解工作会议，总结交流近年来调解工作取得的成效经验，表彰全国模范人民调解委员会和模范人民调解员，研究部署推进新时代新征程调解工作的任务措施。中共中央政治局委员、中央政法委书记陈文清出席会议，为受表彰代表颁奖并讲话。最高人民法院党组书记、院长张军，司法部党组书记、部长贺荣出席会议并讲话。

10月9日　最高人民检察院党组召开第一轮巡视动员部署会。根据统一部署，分别对陕西、湖北、湖南、安徽、云南、广西6个省级检察院党组开展为期两个月的常规巡视。会议强调，全国巡视巡察“一盘棋”，系统内巡视必须自觉融入其中。要健全贯通协调的系统内巡视工作机制，提升政治监督效能，确保第一轮巡视取得扎扎实实效果。持续深化完善与省区市党委巡视机构协作配合工作机制，推动系统内巡视与地方参与双向发力。

10月10日至13日　中共中央政治局委员、中央政法委书记陈文清在河南郑州、开封、三门峡调研。陈文清强调，河南政法机关要坚持以习近平新时代中国特色社会主义思想为指导，深入学习贯彻习近平法治思想和总体国家安全观，学习弘扬焦裕禄精神，在锻造政法铁军、维护安全稳定、加强法治建设、化解矛盾纠纷上奋勇争先、争创一流，在新时代新征程忠诚履职、担当作为。

10月16日至17日　中央政法委秘书长闾柏在内蒙古自治区扎赉特旗调研座谈时强调，要坚持以习近平新时代中国特色社会主义思想为指导，深入开展第二批主题教育，全面推进扎旗乡村振兴工作，坚决维护安全稳定，以更大的决心、更强的力度、更精准的举措，推动各项工作取得新的更大成效。

10月17日　为进一步推进首席法律咨询专家工作深入开展，实现县（市、区）法学会首席法律咨询专家工作全覆盖，中国法学会印发《县（市、区）法学会首席法律咨询专家工作指引》。

10月18日至20日　中共中央书记处书记、国务委员、公安部部长王小洪到湖南调研公安机关维护安全稳定、服务保障发展工作，看望慰问基层民警辅警。王小洪强调，要坚持以习近平新时代中国特色社会主义思想为指导，全面贯彻党的二十大精神，深刻领悟“两个确立”的决定性意义，增强“四个意识”、坚定“四个自信”、做到“两个维护”，全面推进公安工作现代化，坚决履行维护国家安全和社会稳定、守护人民幸福和安宁的神圣职责，努力以高水平安全保障高质量发展。

10月21日　最高人民法院党组书记、院长张军在第十四届全国人大常委会第六次会议上作关于人民法院环境资源审判工作情况的报告。

10月21日　最高人民检察院党组书记、检察长应勇在第十四届全国人大常委会第六次会议上作关于人民检察院生态环境和资源保护检察工作情况的报告。

10月24日至11月2日　国家首席大检察官、最高人民检察院检察长应勇率中国检察代表团访问约旦、沙特和阿曼。应勇和代表团成员宣传习近平新时代中国特色社会主义思想特别是习近平法治思想，介绍党的十八大以来中国推进司法体制改革和检察改革的成效，讲好中国法治故事，传播中国法治声音。

10月24日　在国务院新闻办举行的“权威部门话开局”系列主题新闻发布会上，公安部有关负责人围绕以高水平安全保障高质量发展介绍了有关情况，并回答记者提问。

10月25日至28日　中国法学会党组书记、常务副会长陈训秋一行到新疆调研。陈训秋一行先后到阿勒泰地区、兵团第六师、昌吉州、自治区法学会调研，了解自治区法学会在加强政治引领、繁荣法学研究、服务法治实践、拓展对外交流、培养法治人才等方面的工作情况，与法学会负责同志、机关干部和法学会会员座谈。

10月26日　海上丝绸之路（泉州）司法合作国际论坛（2023）在福建泉州举办，国家首席大法官、最高人民法院院长张军出席开幕式并作主旨发言。张军表示，推动高质量司法合作，为共建“一带一路”营造良好法治环境。

10月27日　国务院印发《关于同意在海南自由贸易港暂时调整实施有关行政法规规定的批复》。在海南自由贸易港暂时调整实施认证认可条例、市场主体登记管理条例有关规定，在海南自由贸易港仅开展出口产品认证业务的境外认证机构，无须取得认证机构资质和办理经营主体登记，向国务院认证认可监督管理部门备案后，即可从事相关认证经营活动。

10月27日　国务院印发《关于取消和调整一批罚款事项的决定》，明确取消和调整9个领域33个罚款事项。文件首次在国务院取消行政事项时，同时决定暂停适用行政法规和部门规章中的规定，极大推进了改革落地。

10月30日至31日　中国（喀什）—中亚南亚法治论坛在新疆维吾尔自治区喀什市举行。中国法学会会长王晨出席并讲话。论坛由新疆维吾尔自治区法学会、广东省法学会和中国法学学术交流中心共同主办，以“共建‘一带一路’高质量发展的法治保障”为主题。论坛发布了《深化“一带一路”法治合作倡议书》，签署了多项合作协议。

10月　最高人民检察院、公安部、生态环境部联合发布4件依法严惩重点排污单位自动监测数据弄虚作假犯罪典型案例。该批典型案例聚焦自动监测数据弄虚作假常见多发行为及新类型、新手段，体现了执法司法机关加强行刑衔接协作、坚决打击污染环境犯罪的决心和态度。

11月2日至11日　国家安全部部长陈一新应邀访问柬埔寨、越南和泰国。柬埔寨首相洪玛奈、越南国家主席武文赏和泰国总理赛塔分别会见陈一新。

11月6日　纪念毛泽东同志批示学习推广“枫桥经验”60周年暨习近平总书记指示坚持发展“枫桥经验”20周年大会在京召开。会前，中共中央总书记、国家主席、中央军委主席习近平在北京人民大会堂亲切会见全国“枫桥式工作法”入选单位代表，向他们表示诚挚问候和热烈祝贺，勉励他们再接再厉，坚持和发展好新时代“枫桥经验”，为推进更高水平的平安中国建设作出新的更大贡献。中共中央政治局委员、中央政法委书记陈文清在会上强调，要坚持以习近平新时代中国特色社会主义思想为指导，全面贯彻习近平法治思想，坚持和发展新时代“枫桥经验”，提升矛盾纠纷预防化解法治化水平，为强国建设、民族复兴伟业创造更加安全稳定的社会环境。

11月8日　第二十一次上海合作组织成员国总检

察长会议在陕西省西安市开幕，主题为“检察机关在服务国家现代化中的作用”。中共中央政治局委员、中央政法委书记陈文清出席开幕式并致辞。陈文清表示，中方愿同各成员国一道，以习近平主席和各成员国元首擘画的蓝图为引领，继续秉持和弘扬“上海精神”，为上合组织发展行稳致远贡献检察力量。国家首席大检察官、最高人民检察院检察长应勇出席开幕式并致辞。应勇表示，中国检察机关愿与各检察官一道，共同提升检察工作现代化水平，以有力司法保障促进上合组织地区经济社会可持续发展。

11月8日至10日　最高人民法院党组书记、院长张军率调研组来到农业大省同时也是案件大省的河南，深入了解法院服务乡村振兴的经验做法，探寻提升审判质效的务实举措。

11月8日　司法部部长贺荣在京会见古巴共和国最高人民法院院长鲁本·雷米希奥·费罗一行。贺荣向雷米希奥介绍了中共十八大以来在习近平法治思想引领下中国法治建设取得的巨大成就。贺荣表示，中国司法部愿与包括古巴最高人民法院在内的古巴法律司法界一道，继续深化法治领域务实交流，拓展合作空间，为推动中古两党两国特殊友好关系不断发展贡献法治力量。

11月11日　中国法学会立法学研究会2023年学术年会在天津举行。中国法学会会长王晨出席年会开幕式并讲话。王晨强调，要坚持以习近平新时代中国特色社会主义思想为指导，紧跟时代发展步伐，围绕中心工作，扎实推进立法学研究，以高质量研究成果助力高质量立法，不断提升立法研究服务实践的能力水平。

11月13日至15日　中共中央政治局委员、中央政法委书记陈文清在广东调研。陈文清强调，广东政法机关要对标对表习近平总书记重要指示精神和党中央决策部署，全面落实“以学铸魂、以学增智、以学正风、以学促干”的重要要求，高质量开展好第二批主题教育，大力弘扬改革开放精神，在锻造政法铁军、维护安全稳定、推进法治建设、深化政法改革上继续走在全国前列。

11月14日　以“变革时代中的国际仲裁：直面挑战、增进共识”为主题的2023亚太区域仲裁组织大会在京开幕。司法部部长贺荣出席开幕式并致辞。

11月15日　为推动各级人民法院在法治轨道上有序开展综合治理类司法建议工作，最高人民法院发布《关于综合治理类司法建议工作若干问题的规定》。另外，为进一步规范综合治理类司法建议相关工作，最高人民法院还研究制定了司法建议书制作规范、文书样式和封面样式，与《规定》同时发布。

11月16日　最高人民法院召开“枫桥式人民法庭”创建示范项目动员部署会，强调要做深做实新时代“枫桥经验”，努力以审判工作现代化服务保障中国式现代化。最高人民法院党组书记、院长张军出席并讲话。

11月16日　由南非共和国总检察院主办的第五次金砖国家总检察长会议以视频形式召开。会议主题为“加强打击复杂跨国犯罪的国际合作——以资产追回为重点”。国家首席大检察官、最高人民检察院检察长应勇率团在京出席会议，在开幕式环节致辞，并在发言阶段围绕会议主题作主旨发言。

11月19日　中共中央书记处书记、国务委员、公安部部长王小洪在天津调研公安大数据智能化建设应用等工作情况，看望慰问基层公安民警辅警。王小洪强调，要坚持不懈用习近平新时代中国特色社会主义思想凝心铸魂，全面贯彻党的二十大精神，增强“四个意识”、坚定“四个自信”、做到“两个维护”，扎实推进大数据智能化建设战略工程，助推公安工作质量变革、效率变革、动力变革，在更高层次更高水平上抓好防风险、保安全、护稳定、促发展各项工作，更好谱写公安工作现代化天津篇章。

11月22日至23日　中共中央书记处书记、国务委员、公安部部长王小洪在浙江调研公安工作，看望慰问基层民警辅警。王小洪强调，要深入学习贯彻习近平总书记关于新时代公安工作的重要论述和对浙江工作的重要指示精神，坚持更高标准、更实举措、更强担当，以“细致、精致、极致”作风抓好保安全、促发展各项工作，当好浙江持续推动“八八战略”走深走实的参与者、保障者，奋力谱写公安工作现代化浙江新篇章。

11月23日至24日　全国公安厅局长座谈会在杭州召开，强调坚持和发展新时代“枫桥经验”，更好履行公安机关神圣职责，以公安工作现代化为中国式现代化保驾护航。中共中央书记处书记、国务委员、公安部部长王小洪出席并讲话。

11月23日　司法部党组书记、部长贺荣在国务院新闻办公室发布会上详细介绍司法部加强法治建设、服务保障高质量发展有关情况。

11月27日　中共中央政治局就加强涉外法治建设进行第十次集体学习。中共中央总书记习近平在主持学习时强调，加强涉外法治建设既是以中国式现代化全面推进强国建设、民族复兴伟业的长远所需，也是推进高水平对外开放、应对外部风险挑战的当务之急。要从更好统筹国内国际两个大局、更好统筹发展和安全的高度，深刻认识做好涉外法治工作的重要性和紧迫性，建设同高质量发展、高水平开放要求相适应的涉外法治体系和能力，为中国式现代化行稳致远营造有利法治条件和外部环境。

11 月 28 日至 12 月 1 日　中共中央政治局委员、中央政法委书记陈文清在江西南昌、赣州、景德镇调研。陈文清强调，江西政法机关要坚持以习近平新时代中国特色社会主义思想为指导，深入学习贯彻习近平法治思想和总体国家安全观，传承红色基因，在锻造政法铁军、维护安全稳定、加强法治建设、保障高质量发展上勇担重任、奋勇争先，奋力推进政法工作现代化的江西实践。

11 月 28 日　中共中央政治局委员、中央政法委书记陈文清在京会见新加坡最高法院首席大法官梅达顺。陈文清说，希望两国最高法院以中新关系新定位为引领，进一步加强交流互鉴，为地区和平稳定与发展繁荣作出积极贡献。

11 月 28 日　最高人民法院举办第七届中新法律和司法圆桌会议。国家首席大法官、最高人民法院院长张军与新加坡最高法院首席大法官梅达顺出席会议。张军简要介绍了中国法院当前的工作重点，并对下一阶段中新司法合作提出建议。

11 月 28 日　司法部、安徽省委在安徽省合肥市召开全国司法行政系统一级英模吴秋瑾同志先进事迹报告会，司法部党组书记、部长贺荣出席。

11 月 30 日　最高人民检察院、公安部联合印发《人民检察院、公安机关羁押必要性审查、评估工作规定》。《规定》立足近年来的逮捕羁押实践，围绕规范羁押强制措施适用、依法保障在押人员及被害人合法权益、保障刑事诉讼活动顺利进行等目标，对检察机关、公安机关开展羁押必要性审查、评估工作的职责分工、启动程序、内容方式、标准把握、监督管理等作出规定。

11 月　为深入贯彻落实《中华人民共和国反电信网络诈骗法》，公安部会同有关主管部门起草了《电信网络诈骗及其关联违法犯罪联合惩戒办法（征求意见稿）》，面向社会广泛征求意见。《惩戒办法（征求意见稿）》共 19 条，主要包括惩戒原则、惩戒对象、惩戒措施、分级惩戒、惩戒程序、申诉核查 6 个方面内容。

12 月 1 日至 7 日　中央宣传部、司法部、全国普法办以“大力弘扬宪法精神　建设社会主义法治文化”为主题，组织各地各有关部门持续开展“宪法宣传周”活动。司法部会同全国人大常委会办公厅、中央宣传部举行第十个国家宪法日座谈会。

12 月 4 日　最高人民法院举行“新时代推动法治进程 2023 年度十大案件”宣传启动活动，强调以典型案件促推法治中国建设，为强国建设民族复兴作出新的更大贡献。最高人民法院党组书记、院长张军出席并宣布启动。

12 月 4 日　由司法部、全国普法办和中央广播电视总台共同主办，总台社教中心承办的特别节目《宪法的精神　法治的力量——2023 年度法治人物》在央视综合频道和社会与法频道播出。

12 月 6 日　第十三届中国—东盟成员国总检察长会议在越南河内召开，会议由越南最高人民检察院主办，主题为“加强预防和打击高科技犯罪及跨国犯罪的国际合作”。国家首席大检察官、最高人民检察院检察长应勇率中国检察代表团出席会议并作发言。会议结束时，应勇与东盟各成员国总检察长共同签署《第十三届中国—东盟成员国总检察长会议联合声明》并就加强预防和打击高科技犯罪及跨国犯罪的国际合作等内容达成共识。

12 月 8 日　第二次中国—太平洋岛国执法能力与警务合作部级对话在京举行，国务委员、公安部部长王小洪与萨摩亚警察部部长法乌阿诺共同主持并作主旨发言。王小洪表示，中方愿同各方一道，落实好习近平主席与各岛国领导人达成的重要共识，秉持“四个充分尊重”，本着“专业、高效、友好”和“公开、透明、善意”原则，用好中国—太平洋岛国警务培训中心平台，加强执法安全合作，为深化中国和岛国友好合作关系、构建更加紧密的安全命运共同体贡献更大力量。

12 月 13 日至 16 日　中央组织部、中央党校（国家行政学院）、司法部联合举办全国律师行业党组织书记培训班，第一次在中央层面对近 2 万名律师行业党组织负责人进行全覆盖培训。

12 月 17 日至 18 日　由中国法学会、广东省委政法委、深圳市委市政府主办的中国法治论坛（2023）暨第十六届中国法学青年论坛在深圳举行。论坛以“深入学习贯彻习近平法治思想，在法治轨道上全面深化改革开放，加快构建新发展格局”为主题。

12 月 18 日　最高人民法院、最高人民检察院、公安部、司法部联合发布《关于办理醉酒危险驾驶刑事案件的意见》。《意见》建立健全醉驾案件快速办理机制，完善刑事司法与行政执法相互衔接、梯次递进的酒驾醉驾治理体系，有利于更好实现政治效果、社会效果和法律效果的有机统一。《意见》要求，各级政法机关应坚持惩治与预防相结合，采取多种方式强化综合治理，从源头上预防和减少酒驾醉驾违法犯罪行为发生。

12 月 19 日至 21 日 中央依法治国办、司法部、教育部、中国法学会联合举办全国法学院校深入学习贯彻党的二十大精神和习近平法治思想专题培训班，第一次对全国 625 所法学院校负责同志进行全覆盖集中培训，共有 2000 余人参加培训。

12 月 20 日 全国检察机关队伍建设工作会议暨第十次先进集体和先进个人表彰大会在京举行。中共中央政治局委员、中央政法委书记陈文清在会上强调，要坚持以习近平新时代中国特色社会主义思想为指导，深入学习贯彻习近平法治思想，努力建设一支忠诚干净担当的新时代检察铁军，为强国建设、民族复兴作出新的更大贡献。最高人民检察院党组书记、检察长应勇主持会议并讲话。

12 月 20 日至 22 日 最高人民检察院党组书记、检察长应勇率调研组在安徽合肥调研，强调要更加自觉践行全过程人民民主，更加自觉接受人民监督，努力让人民群众在每一个司法案件中感受到公平正义。

12 月 27 日 中共中央政治局委员、中央政法委书记陈文清在中央信访工作联席会议推进信访工作法治化全国视频会议上强调，要深入学习贯彻习近平法治思想，学习贯彻《信访工作条例》，全面推进信访工作法治化，为保障中国式现代化作出新的更大贡献。

12 月 28 日 最高人民检察院发布《关于充分发挥检察职能作用 依法服务保障金融高质量发展的意见》。《意见》以贯彻落实习近平总书记在中央金融工作会议上的重要讲话精神为主线，从提高政治站位、高质效履行检察职能、完善金融检察体制机制、优化金融生态、加强组织领导等方面，明确今后一个时期金融检察工作的目标任务和方法措施。

12 月 29 日 中央政法委秘书长阎柏一行到公安部、北京市公安局调研防范打击食品安全领域违法犯罪工作。阎柏强调，要坚持以习近平新时代中国特色社会主义思想为指导，深入贯彻党中央决策部署，把食品安全作为一项重大的政治任务来抓，将防范打击食品领域违法犯罪作为“办实事、解民忧”的有力抓手，以“零容忍”的态度对待食品安全案件，坚持严厉打击、严密防范、严明责任一体推进，确保人民群众吃得安全、吃得放心。

12 月 29 日 司法部召开学习贯彻新修订的行政复议法电视电话会议。会议强调，各级司法行政机关要深入学习贯彻习近平法治思想，全面贯彻落实习近平总书记关于行政复议工作的重要指示精神，自觉把党的领导贯彻到行政复议工作全过程各方面，充分发挥行政复议化解行政争议的主渠道作用。

12 月 29 日 司法部、中国残疾人联合会联合发布《关于进一步加强残疾人法律服务工作的意见》，明确到 2025 年要形成覆盖城乡、方便快捷、优质高效的残疾人法律服务网络。

12 月 为进一步严厉打击证券期货违法犯罪活动，公安部会同证监会部署有关地方公安机关联合证监稽查部门组织开展证券领域重点案件集中收网行动，破获多起重大内幕交易、恶性操纵证券期货市场案件，抓获犯罪嫌疑人 50 余名，查扣手机、电脑等作案电子设备 180 余台，涉案金额超 90 亿元，一举打掉多个实施证券违法犯罪团伙，行动取得显著战果，有力地维护了资本市场秩序，保护了投资者合法权益。

12 月 国家安全部党委书记、部长陈一新深入地方厅局调研谋划明年工作思路，主持召开部分省市厅局负责同志座谈调研会，听取明年工作考虑和有关意见建议。

北京市

市委政法工作会议

东城区深入推进基层治理实战化平台建设

海淀区法院举行"普法驿站"启动仪式

房山区检察院进校园开展普法宣传

西城区社区民警调解辖区居民纠纷

门头沟区司法局开展国家宪法日普法活动

天津市

市委政法工作会议

第二届反电信网络诈骗系列活动启动仪式

津南区法院巡回审判开庭

和平区检察院开展检察开放日活动

市公安局深入开展夏季治安打击整治行动

河东区大王庄街道“宜和调解工作室”调解员开展人民调解工作

河北省

全省坚持和发展新时代“枫桥经验”提升社会矛盾纠纷预防化解能力推进会议

省委政法委对全省2254名乡镇（街道）政法委员进行全覆盖式培训

承德市围场县半截塔镇包村法官和特邀调解员向企业和农户宣讲《民法典》等法律法规

秦皇岛市海港区检察院办理非法捕捞刑事附带民事公益诉讼案后开展增殖放流

邢台市公安局执勤民警春节期间走上街头，与群众面对面聊防盗、话防抢、讲反诈

定州市以全国试点地区为契机，培养“法律明白人”共26万余名

山西省

全省“坚持和发展新时代‘枫桥经验’化解基层矛盾纠纷 助力转型发展”专项行动现场推进会

第二届三晋法治论坛

阳泉市中级人民法院召开服务保障民生和创优法治营商环境十大典型案例新闻发布会

临汾市人民检察院开展检察开放日活动，并举行未成年人综合司法保护云平台上线仪式

长治市公安局开展夏季治安打击整治专项行动

运城市芮城县举办2023年“12·4”国家宪法日法治文艺节目汇演

内蒙古自治区

自治区深入践行新时代“枫桥经验”大会

自治区党委政法委为“枫桥式工作法”先进典型颁奖

呼和浩特市赛罕区人民法院金河法庭深入基层推动矛盾纠纷源头化解

巴彦淖尔市乌拉特后旗人民检察院开展“法润边疆　法治同行”双语普法送基层活动

锡林郭勒盟二连浩特市出入境边防检查站民警正在对中欧班列进行车体检查

通辽市举行“社区矫正开放日”暨司法所“智慧矫正”平台联通启动仪式

辽宁省

全省坚持和发展新时代"枫桥经验"全力构建共建共治共享社会治理格局大会

大连市甘井子区中华路街道政法委员在社区调解邻里纠纷

朝阳市法院利用"线上"优势将共享法庭开到社区和村屯

辽阳市人民检察院组织检察官法治巡讲团走进辽宁建筑职业学院开展宣讲活动

本溪市公安局推广宣传《反电信网络诈骗法》，持续提高广大人民群众防骗识骗拒骗能力

丹东市"四所一庭一部门"举行重点案件分析研判会

吉林省

省首届“十大法治事件”“十大法治人物”颁奖典礼

白山市委政法委组织政法机关在七道江纪念馆举行“重温入党入警誓词 筑牢绝对忠诚警魂”宣誓活动

梅河口市人民法院曙光人民法庭在田间开展巡回审判

磐石市人民检察院开展《未成年人保护法》普法宣传进校园活动

通化市边境管理支队移民管理警察在巡逻间隙举行升旗仪式

省司法厅在松原市长岭县开展法治文化巡演活动

黑龙江省

省委政法工作会议

新时代“枫桥经验”黑龙江实践宣传交流会

18家省直机关单位代表走进省法院参加旁听庭审活动

牡丹江铁路运输检察院公益诉讼办案人员前往铁路沿线附近河道进行水体质量勘察

哈尔滨市公安局举行夏季治安打击整治行动启动仪式

大庆市司法局组建公证、司法鉴定、仲裁、律师等15人的“公共法律服务团”

上海市

上海市坚持和发展新时代“枫桥经验”工作推进会

上海市《反有组织犯罪法》宣传月启动仪式

崇明区法院在基层设立法官工作室和法庭巡回审判点

杨浦区检察院检察官以法治副校长身份进校园为学生开展法治宣传

黄浦区公安分局民警在热门景区景点开展大客流安保

松江区正式启用长三角 G60 科创走廊公共法律服务中心

江苏省

省委政法工作会议

南京市实施“精网微格”助力居民幸福“升格”

宿迁市宿城区法院骆马湖流域环境资源法庭对污染环境案公开宣判

泰州市两级检察机关走进暑托班开展法治教育

淮安市公安机关民警向辖区群众宣传防范电信网络诈骗知识

全省市县全部建成“一站式”现代公共法律服务中心

浙江省

全省建设平安浙江工作会议

全省政法系统学习贯彻习近平新时代中国特色社会主义思想　锻造新时代政法铁军专题研讨班在浙江省委党校举行

杭州市萧山区人民法院联合街道社区开展法治游园会活动

宁波市鄞州区人民检察院检察官在“一站式”办案区开展心理疏导、询问取证

全省公安机关平安护航亚运誓师大会在浙江省公安特警训练基地举行

省监狱系统持续深化“平安监狱”建设，实战化运作联勤指挥部和“五情”专班

安徽省

司法部、安徽省委举办全国司法行政系统一级英模吴秋瑾同志先进事迹报告会

省委政法委联合省见义勇为基金会组织开展“见义勇为集中宣传周”活动

巢湖市人民法院组织开展涉法涉诉信访事项联动接访

省人民检察院开展检校协作，守护未成年人成长

淮北市濉溪县公安局社区民警成功调处一起民事纠纷

马鞍山市花山区司法局开展企业法治体检

福建省

全省坚持和发展新时代“枫桥经验”推进会

第三届海丝中央法务区论坛在厦门市开幕

南平市武夷山市人民法院法官走进茶园为茶农普法

省检察机关在闽江学院开展“全民反电诈 平安大学城”主题活动

“漳州110”大队长向“漳州110”优秀老队员、全国最美基层民警施晓健颁发纪念袖标

龙岩市上杭县“蒲公英”普法志愿者在“毛泽东才溪乡调查旧址群”进行法治宣传

江西省

省委政法工作会议

吉安市委政法委等单位举办平安建设集中宣传活动暨“平安义警”启动仪式

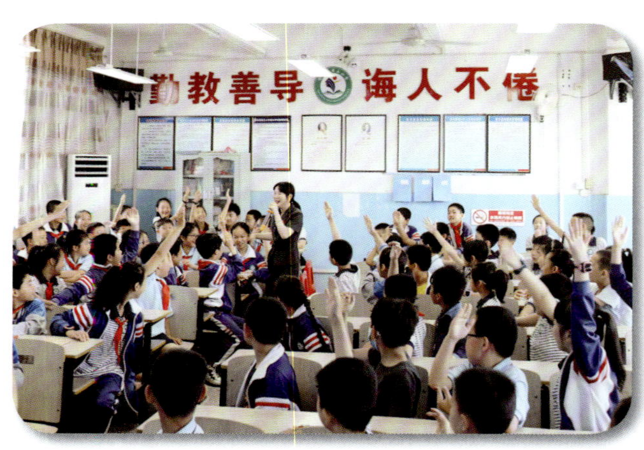

赣州市信丰县人民法院小法槌宣传队进校园开展法治宣传

南昌市人民检察院召开网约车行业安全隐患公益诉讼案听证磋商会

鹰潭市公安局组建“空警”巡航联队

萍乡市“老蒋调解工作室”热心为群众调解矛盾纠纷

山东省

省委政法工作会议

聊城市临清市委政法委干部在刘垓子镇孔集村召开“三微治理”座谈会

枣庄市市中区人民法院巡回法庭进社区

“全国模范检察官”到农户家中，通过现场说法和思想疏导，帮助双方当事人握手言和

淄博市公安局张店分局警务站民警在辖区烧烤城内巡逻执勤

滨州市惠民县胡集书会上，青年普法志愿者用三句半形式解说《民法典》

河南省

全省坚持和发展新时代“枫桥经验”暨深化“三零”创建观摩研讨会

郑州市金水区信访矛盾联合调处中心接待群众来访

周口市商水县人民法院巡回法庭法官成功化解一起长达十年的合同纠纷

鹤壁市浚县人民检察院检察官开展“护童健康成长”活动

三门峡市卢氏县公安民警走访群众

开封市宋都人民调解委员会化解一起汽车剐蹭纠纷

湖北省

省委政法委警示教育大会

黄石市开铁区鹏程社区综治中心积极调解居民家庭矛盾纠纷

赤壁市人民法院赤壁法庭在湖北某食品公司厂房就一起民间借贷纠纷案件开展巡回审判

武汉市汉阳区人民检察院开展《未成年人保护法》普法宣传

钟祥市公安机关在莫愁村景区开展反电诈、禁毒、交通安全等普法宣传活动

恩施州司法所工作人员向群众发放法治宣传材料

湖南省

全省政法系统优化法治化营商环境专项行动部署会议

湘潭市湘潭县委政法委组织开展“4·15”国家安全日宣传活动

常德市中级人民法院开展“送法进社区”服务

益阳市人民检察院开展法治进校园活动

永州市祁阳市公安局飞龙突击队进行授旗拉练

邵阳市司法局走进大祥区西直街小学开展禁毒宣传教育活动

广东省

广东省见义勇为英雄模范表彰大会

汕尾市陆河县河田镇组织召开社区民主协商议事会

茂名市信宜市人民法院法官深入山区开展平安大走访

肇庆市封开县人民检察院检察官运用科技赋能调查取证，守护碧水蓝天

省“澳车北上”“港车北上”政策落地实施

省涉外律师服务保障广交会

广西壮族自治区

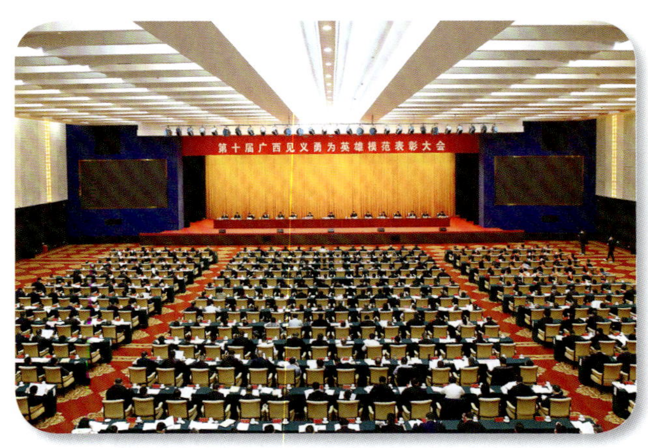

第十届广西见义勇为英雄模范表彰大会

贵港市政法信访双联办干部协调群众涉法涉诉案件

贺州市八步区人民法院“调立审执一体化”立案庭获企业赠锦旗

南宁市人民检察院开展大力推进清廉机关建设检察干警家属走进检察机关暨廉政家访启动仪式

防城港市公安机关开展“走企护商治乱”行动

百色市乐业县逻沙乡人民调解委员会联合公检法司、水利等相关部门调处全达村与塘英村塘英屯之间水源纠纷

海南省

司法部、海南省委在省人大会堂联合举办陈旭同志先进事迹报告会

省委政法工作会议

屯昌县委政法委开展“护苗”关爱女童志愿服务活动

省第二中级人民法院环境资源巡回法庭在鹦哥岭山脚下友谊村开庭审理滥伐林木案

海口市人民检察院检察官进校园讲授法治课

省公安厅港航公安局开展港口陆岛运输安全保障工作

重庆市

平安重庆建设大会表彰平安建设先进集体和先进个人

江津区鼎山街道艾坪社区举行评议会

巴南区人民法院法官指导驻派出所人民调解员调解矛盾纠纷

市检察机关创设长江生态检察官制度，推动构建长江生态环境保护“三化”保护格局

市公安局民警在嘉陵江滩网红打卡地巡逻防控

九龙坡区司法局组织律师前往养老中心开展志愿服务活动

四川省

全省坚持和发展新时代"枫桥经验"推进会暨调解工作会议

广安市武胜县嘉陵社区创新"五级五色五诊工作法"，巧解群众矛盾纠纷

天府中央法务区法治协同发展论坛举办

省人民检察院检察官与小朋友在省青少年法治宣传教育基地内交流互动

省公安厅在515战训基地举行成都第31届世界大学生夏季运动会百日安保誓师大会

省第二届社区矫正执法"大比武"总决赛在宜宾市举行

贵州省

全省坚持和发展新时代“枫桥经验”现场观摩会

黔南州三都县乡镇政法委员、兼职网格员开展入户走访工作

遵义市务川县人民法院法官在苗族姊妹节传统民俗活动现场开展法治宣传

铜仁市松桃县人民检察院检察官深入街头巷尾向群众普法

黔东南州榕江县公安民警走进“村超”现场，开展“文明观赛，平安回家”交通安全宣传

毕节市黔西市司法机关工作人员开展法律宣传进校园活动

云南省

省委政法工作会议表彰2018—2021年度平安云南建设先进集体及2022年度云南省见义勇为群体和个人

云南省政法系统先进事迹报告会暨2023年度“最美政法干警”发布仪式

追授鲍卫忠同志全国模范法官、云南省优秀共产党员表彰大会在昆明举行

昆明市西山区人民检察院到社区向群众开展普法宣传

西双版纳边境管理支队关累边境巡逻小分队在边境口岸开展日常巡逻

省司法厅联合省委宣传部、省普法办开展“百佳十优法律明白人”推荐活动

西藏自治区

全区基层社会治理现场推进会

自治区党委政法委开展宪法宣传

自治区高级人民法院与四川省高级人民法院举行服务保障川藏铁路建设司法协作协议签订仪式

拉萨市人民检察院开展数字检察业务培训

林芝市巴宜区交警救援受困车辆

日喀则市举办2023年法治文艺边境行活动

陕西省

全省坚持和发展新时代“枫桥经验” 推进基层矛盾纠纷多元预防化解现场会

西安市雁塔区人民法院共享法庭调处纠纷，有效化解当事人之间矛盾

宝鸡市人民检察院开展《未成年人保护法》宣传宣讲工作

延安市子长市公安局南沟岔派出所民警走进农家小院，用唠家常方式化解邻里矛盾

铜川市印台区“小成说事室”工作人员圆满调解一起矛盾纠纷，双方当事人握手言和

省国家安全人民防线建设领导小组办公室联合西安地铁，开通“国安号”主题地铁专列，进一步增强群众安全防范意识

甘肃省

全省主动创稳推进大会

嘉峪关市人民调解专家陈雅范团队开展诉前调解工作

全省法院开展“院长接访月”活动，三级法院院长、副院长接访并现场办公

天水市人民检察院嵌入式开展命案防治工作

兰州市公安局城关分局靖远路派出所民辅警在“黄河食渡”文化夜市巡逻

平凉市崇信县司法所运用“五步七天”调解法在田间地头开展调解工作

青海省

青海省举办第五届“4·19”反邪教宣传日暨“反邪教警示教育进乡村”主题活动

省委政法委组织开展平安青海建设集中宣传日活动

海东市互助县人民法院家事审判团队获评第三届“青海榜样”

省人民检察院举行黄河青海流域水资源保护专项行动启动仪式

果洛藏族自治州特警骑警中队开展虫草采挖期巡防宣传

省司法厅召开全省社区矫正购买社会服务工作推进会

宁夏回族自治区

宁夏坚持和发展新时代“枫桥经验”推进会暨全区调解工作会议

银川市永宁县闽宁镇依托“塞上枫桥”基层法治机制，组织法官、民警、调解员入户走访

石嘴山市大武口区人民法院法官在社区向群众释法说理

中卫市沙坡头区人民检察院开展特色农产品品牌保护公益诉讼专项活动

吴忠市公安局太阳山分局暖泉派出所“企业警长”走访辖区化工企业

固原市西吉县王民乡派出所和司法所干警联合入户化解矛盾纠纷

新疆维吾尔自治区

自治区法治政府建设现场推进会

喀什地区麦盖提县委政法委普法宣传农民画展

阿勒泰地区阿勒泰市人民法院阿拉哈克人民法庭法官跟着牧民巡回办案

博尔塔拉蒙古自治州温泉县人民检察院检察官到牧区向群众开展普法宣传

乌鲁木齐市公安局沙依巴克区分局反诈中心民警为社区居民宣讲反诈知识

哈密市巴里坤哈萨克自治县“法律明白人”入户进行普法宣传

新疆生产建设兵团

兵团党委政法委学习贯彻习近平新时代中国特色社会主义思想主题教育工作会议

第九师额敏垦区人民法院开展防范养老诈骗、守住“钱袋子”法治宣传进社区活动

第十三师哈密垦区（新星市）人民检察院开展预防校园欺凌、送法进校园活动

第四师可克达拉市61团旱田山边境警务站民辅警联合马巡组护边员定期踏雪巡边

依法治兵团办、兵团司法局在第三师图木舒克市开展法学名师大讲堂活动

第一师南口监狱开展“大学习、大练兵、大提升”活动

地方政法工作

北　京　市

工 作 概 况

2023 年度北京政法工作综述

2023 年，在中央政法委有力指导和北京市委坚强领导下，北京市政法系统坚持以习近平新时代中国特色社会主义思想为指导，全面贯彻落实党的二十大和二十届二中全会精神，深入学习贯彻习近平法治思想、总体国家安全观和习近平总书记关于政法工作、北京工作的重要指示批示精神，深入贯彻《中国共产党政法工作条例》，认真落实中央政法工作会议、中央政法委员会全体会议和市委全会部署，深入开展学习贯彻习近平新时代中国特色社会主义思想主题教育，奋力推进政法工作现代化，加快建设更高水平的平安北京和法治中国首善之区，锻造忠诚干净担当的政法铁军，以实际行动坚定拥护“两个确立”、坚决做到“两个维护”，全力护航新时代首都发展，全市政法工作取得新成效。

一、牢记“看北京首先要从政治上看”，坚定拥护“两个确立”、坚决做到“两个维护”

牢牢把握“政法姓党”根本政治属性，着力加强党的政治建设，不断提高政治判断力、政治领悟力、政治执行力。从市委政法委员会全体会议做起，持续健全习近平总书记重要指示学习机制，严格落实“第一议题”制度，持续完善落实习近平总书记重要批示办理机制，确保全部不折不扣落实到位。全面贯彻《中国共产党政法工作条例》，严格落实重大事项请示报告制度，自觉将党对政法工作的绝对领导落到实处。定期召开市委政法委员会全体会议，及时传达贯彻中央、市委要求，研究部署重点工作。扎实完成《中国共产党政法工作条例》督查反馈整改落实，认真落实市委对有关政法单位巡视整改要求，推动政治督察向基层延伸；加强党委政法委自身建设，党管政法的制度化、规范化水平持续提升。

二、深入开展主题教育，坚持用习近平新时代中国特色社会主义思想凝心铸魂

牢牢把握“学思想、强党性、重实践、建新功”总要求，坚持理论学习打头，以读书班开局领学，举办 679 个政治轮训班次，筑牢政治忠诚思想根基。坚持调查研究开路，扎实完成市委常委会集体调研子课题，市委政法委员会委员领题调研，带动全系统大兴调查研究之风。坚持真抓实干开局、动真碰硬整改，力戒形式主义、官僚主义，建立了一批务实有效的制度机制，解决了一批发展所需、改革所急、基层所盼的具体问题，进一步提振党员干警干事创业精气神。

三、加快建设更高水平的平安北京，营造安全稳定的社会环境

加强平安北京建设体系统筹牵动，圆满完成全国两会、服贸会、第三届“一带一路”国际合作高峰论坛等安保任务。加强京津冀政法协同，市委政法委与天津、河北党委政法委签订加强政法协同框架协议、推进落实八项举措，法院健全司法协同常态化机制，检察机关完善法律监督联动协作机制，公安机关健全区域警务合作和系列联防联控联动机制措施，司法行政机关深化法治协同合作，筑牢区域安全发展新机制。坚持和发展新时代“枫桥经验”，落实中央纪念大会精神，开展基层矛盾排查化解专项调研，健全恶性刑事案件复盘机制，推进多元解纷“一件事”建设，人民调解组织调解各类案件 22 万件。深化重大决策社会稳定风险评估，保障东六环西侧路建设等重大决策平稳实施。深入开展《信访工作条例》落实年活动，推动积案攻坚化解，依法妥善处理群体访。推进常态化扫黑除恶，推动教育、金融放贷、市场流通等行业领域整治。出台《关于加强首都群防群治工作的若干措施（试行）》，推动平安铁路、平安医院、平安校园等行业领域平安建设，加强严重精神障碍患者服务管理，深化社会治安综合治理中心建设，推动建立“风险地图”，平安北京基础更加夯实。

四、深入贯彻习近平法治思想，奋力推进法治中国首善之区建设

建立习近平法治思想执法、司法、守法、法律监督等实践研究基地。推进重点领域立法，推动出台《北京市实施〈反恐怖主义法〉办法》。推进严格执法，研究制定北京市加强行刑衔接工作意见，公安机关打造执法办案管理中心 2.0，优化完善“一站式办案、合成化作战、智能化管理、全流程监督”机制模式，加强办案中心与涉案财物管理中心融合运行，创建全国首家省级经济犯罪案件受案中心，全年审查嫌疑人同比上升 75.6%。推进公正司法，法院新收案 87.8 万件、结案 89.9 万件，同比上升 9.2%、9.7%，未结案下降 10.3%，审判态势更趋优化；检察机关受理“四大检察”案件 14.3 万件、办结 13.6 万件，同比增长 56.9%、52.9%，其中依职权监督案件占监督案件总量的 80%，法律监督职能进一步强化。推进全民守法，深入实施“八五”普法规划，推进“法律明白人”“法治帮扶”工程。市法学会运用“双百报告会”“法治文化基层行”等平台，持续加强法治宣传，进一步弘扬法治精神、助力增强全社会法治观念。

五、充分发挥政法职能作用，服务和保障新时代首都发展

聚焦北京率先基本实现社会主义现代化目标，围绕“四个中心”“四个服务”，完成中轴线申遗法治保障任务，制定落实服务全球数字经济标杆城市司法保障规划，实现“三城一区”科技创新主平台巡回审判全覆盖，深入推进知识产权恶意诉讼专项法律监督，出台优化加强大型活动安全管理十条措施，确保全年各项活动顺利举办。高水平做好金融审判工作，服务保障国家金融管理中心建设。加强涉外法治工作，审结涉外民商事案件 2314 件、涉外知识产权案件 7433 件，加强北京国际商事法庭、国际商事纠纷一站式多元解纷中心建设，推进国际商事仲裁中心建设，全面深化法律服务业对外开放，成功举办第三届服贸会法律平行论坛和亚太区域仲裁组织大会。

六、始终坚持以人民为中心，依法保障人民群众合法权益

面对极端强降雨，政法系统闻汛而动、向险而行，协助转移安置群众 12.7 万人，全力做好隐患排查、秩序维护和法律保障等工作。加强社会治安综合治理，公安机关深入开展系列平安行动，刑事、治安警情较 2018 年、2019 年“双下降”，命案连续 9 年、抢劫连续 5 年、抢夺连续 3 年 100% 侦破。依法严厉打击电信网络诈骗，实行疑似涉诈账户资金延付机制。法院推进解决执行难，执行标的到位率提升 6.6 个百分点。检察机关靶向执法司法高频投诉问题开展 17 项“小专项”监督，联动住建部门整治违规使用公租房，收回住房轮候配租。司法行政机关持续推进现代公共法律服务体系建设，2558 名律师受聘村（居）法律顾问，实现全覆盖。2023 年全市群众安全感为 99.1%，近 4 年保持在 99% 以上。

七、持续深化政法领域改革，为推进政法工作现代化塑造新动能

《北京市政法领域全面深化改革任务分工方案（2020—2023 年）》确定的 105 项任务全部完成。修订党委政法委员会执法监督实施细则。全面准确落实司法责任制，强化院庭长办案示范作用，院庭长结案 34.7 万件，占结案总数的 38.7%。优化政法机构职能体系，检察机关办理民事、行政、公益诉讼检察办案比重由 2020 年的 9.1% 上升至 2023 年的 35.1%；公安机关坚持“市局主责、分局主战、派出所主防”，出台新一轮加强派出所工作三年行动计划，推进刑事案件层级管辖分工改革；落实北京仲裁委员会体制机制改革总体方案，完成换届工作。加强科技信息化建设，推进北京政法办案智能管理系统全面应用，深入实施数字检察战略，6 个数据模型在第二届全国检察机关大数据法律监督模型竞赛中获奖，其中一等奖 3 个，智慧法院、智慧警务、智慧法治建设持续推进。

八、坚持全面从严管党治警，打造堪当重任的高素质首都政法铁军

压实全面从严管党主体责任，约谈全面从严治党责任考核问题较为突出的政法单位，严格落实意识形态工作责任制。加强政法领导班子和干部队伍建设，协助党委及其组织部门选优配强各级政法单位领导班子，推进遴选初任法官、检察官。强化素能培养，实施政治轮训、实战能力提升工程。全面巩固政法队伍教育整顿成果。坚持以严的基调强化正风肃纪反腐，出台强化防止干预司法“三个规定”

制度落实措施，依法严查政法系统干警违纪违法案件。加强先进典型推树，开展“双百政法英模”年度巡礼等主题宣传，队伍战斗力、凝聚力和向心力进一步增强。

会议活动

市委平安北京建设领导小组全体（扩大）会议

2月22日上午，市委平安北京建设领导小组全体（扩大）会议召开。

会议指出，党的二十大对建设更高水平的平安中国作出了战略部署、提出了新的要求，要认真贯彻落实，牢记职责使命，强化“首都稳、全国稳”意识，坚持底线思维，更好统筹发展和安全，努力建设更高水平的平安北京，为新时代首都发展保驾护航。

会议强调，要坚决捍卫首都政治安全。牢记“看北京首先要从政治上看”的要求，深化反恐维稳协作机制，守住不发生暴恐活动的底线。压紧压实意识形态工作责任制。坚持平战结合、整体防控，高标准做好重大活动维稳安保。全国两会召开在即，各区、各部门要加强安全保障，营造安定祥和的社会环境。

会议强调，要着力防范化解重大风险隐患。深入开展重大决策社会稳定风险评估，努力从源头预防和减少风险矛盾。持续推进首都地区安全风险隐患处置工作。聚焦重点领域，加强风险防范预警处置联动。强化社会治安整体防控，推进扫黑除恶常态化，依法严打严重影响群众安全感的违法犯罪。压实安全生产责任，强化重点行业领域安全监管，深入开展城乡结合部重点村综合整治，坚决防范和遏制重特大安全事故发生。

会议强调，要不断夯实平安建设基层基础。坚持和发展好新时代“枫桥经验”。深入推进市域社会治理现代化，坚持“每月一题”集中破解高频共性难题，及时把矛盾纠纷化解在基层、化解在萌芽状态。做实基层治理实战化平台。发扬首都群防群治优良传统，营造全民参与、共保平安的浓厚氛围。不断提升平安北京智能化水平。

会议要求，持续完善平安北京建设工作体系。强化市委对平安建设的统筹领导，各区严格落实属地责任，各专项组（行业组）加强各类安全风险的研判预警、排查处置、联防联控，各成员单位坚持“谁主管谁负责”，抓好日常监管，织密筑牢首都安全稳定防线。

会议审议了《市委平安北京建设领导小组领导成员及办公室成员建议名单》《2022年平安北京建设工作情况》《2023年平安北京建设工作要点》。

市委、市人大常委会、市政府、市政协、市“两院”、市委平安北京建设领导小组成员单位领导参加。

文件选辑

关于进一步加强劳动人事争议协商调解工作实施方案

（北京市人力资源和社会保障局　中共北京市委政法委员会　北京市高级人民法院
北京市经济和信息化局　北京市司法局　北京市财政局　北京市总工会
北京市工商业联合会　北京企业联合会/北京市企业家协会，2023 年 7 月 6 日）

为贯彻落实人力资源社会保障部等九部门《关于进一步加强劳动人事争议协商调解工作的意见》（人社部发〔2022〕71 号），发挥协商调解基础性、先导性作用，切实维护首都劳动关系和谐和社会稳定，特制定本实施方案。

一、总体要求和工作目标

以习近平新时代中国特色社会主义思想为指导，全面贯彻党的二十大精神，紧紧围绕首都城市战略定位，坚持人民至上，坚持问题导向，坚持首善标准，以提升劳动人事争议协商调解工作质效为目标，以健全劳动人事争议多元处理机制为重点，深化源头治理，促进协商和解，推动多元调解，强化协同联动，有效防范化解劳动关系领域风险，为新时代首都发展作出积极贡献。

加强协商调解制度机制和能力建设，到 2027 年底，形成具有首都特色的劳动人事争议协商调解工作格局。全市劳动人事争议协商调解组织机构更加健全，基础保障更加有力，协商调解效能明显提高，调解建议书发放比例达到 100%，50% 以上的争议由基层调解组织处理，力争调解成功率达到 60% 以上，劳动人事争议诉讼案件稳步下降至合理区间，全面提升协商调解工作规范化、标准化、专业化、智能化水平。

二、主要措施

（一）深化源头治理

1. 开展宣传引导。进一步落实普法责任制，通过普法讲座、网络课堂、普法短视频等方式，大力宣传劳动人事法律法规。推行典型案例发布、“流动仲裁庭”“京法巡回讲堂”，送法进街乡、进园区、进企业，引导用人单位依法合规用工、劳动者理性表达诉求。提高仲裁建议书、司法建议书发放比例，帮助用人单位改进用工管理，减少劳动人事争议发生。

2. 强化劳动人事争议预防指导。充分发挥用人单位基层党组织在劳动关系治理、协商调解工作中的重要作用，以党建引领劳动关系和谐发展。完善职代会运行机制，推进厂务公开，探索创新职工参与民主管理方式，保障职工知情权、参与权、表达权、监督权。以新时代和谐劳动关系创建活动为抓手，推进企业调解组织建设，提升争议预防化解能力。发挥北京市中小企业服务体系和中小企业公共服务示范平台作用，开展培训、咨询等服务，帮助中小企业进一步完善劳动管理制度，具备相应资质的服务机构可开展劳动关系事务托管服务。

3. 完善劳动人事争议风险监测预警机制。加大监测力度，运用北京市劳动用工风险监控平台、北京市工会劳动关系风险监测预警平台以及市民服务热线，全网全时监测用人单位用工风险情况，综合分析社会舆情、投诉举报、信访办理等信息，预防化解劳动关系风险隐患。指导基层劳动人事争议调解组织加强重大劳动人事争议风险预警，聚焦重要时间节点，突出农民工和劳务派遣、新就业形态劳动者等重点群体，围绕追索劳动报酬、解除或终止劳动合同等主要争议类型，强化监测预警，建立风险台账，及时跟进化解。

4. 深入开展劳动人事争议隐患排查。建立常态化联系企业机制，开展“百名调解员联千企”“青年仲裁员志愿者联系企业”“法治体检”等专项活动，重点选取生产经营较为困难、争议多发高发行业企业，深入排查争议隐患，规范行业用工，帮助企业稳产稳工稳岗。加强劳动人事争议隐患协同治理，调解仲裁机构与劳动关系、劳动保障监察机构、工会法律监督组织、街道（乡镇）、行业商（协）会等部门信息共享、协同联动，源头化解矛盾纠纷。

（二）促进协商和解

5. 指导用人单位建立内部劳动人事争议协商机制。培育协商文化，引导用人单位将科学管理与人文关怀相结合，以开通热线电话、召开座谈会、发放调查问卷、设立意见箱等方式，畅通诉求表达渠道。指导企业劳动争议调解委员会收集问题，调查核实情况，协调用人单位整改或向劳动者作出说明。推进用人单位完善内部申诉、协商回应制度，优化协商流程，制定解决方案，及时回应诉求。

6. 推动劳动人事争议协商。工会组织统筹劳动法律监督委员会和集体协商指导员等资源力量，健全劳动者申诉渠道和争议协商平台，帮助劳动者与用人单位开展劳动人事争议协商，做好咨询解答、释法说理、劝解疏导等工作。市、区及街道（乡镇）总工会以调解中心和调解室为载体，为用人单位和劳动者提供协商场所和法律服务。企业代表组织应引导企业开展协商，最大限度促进争议和解。鼓励、支持社会力量接受当事人委托，开展协商咨询、代理服务、争议化解等工作。

7. 督促和解协议履行。发挥劳动关系协调员作用，指导劳动者与用人单位开展民主协商，促成和解。工会组织要主动引导用人单位与劳动者签订和解协议，并推动和解协议履行。劳动者或者用人单位未按期履行和解协议的，工会组织要做好引导申请调解等工作。经劳动人事争议仲裁委员会审查，和解协议程序和内容合法有效的，可在仲裁办案中作为证据使用；但劳动者或者用人单位为达成和解目的作出的妥协认可的事实，不得在后续的仲裁、诉讼中作为对其不利的根据，但法律另有规定或者劳动者、用人单位均同意的除外。

（三）推动多元调解

8. 加强调解组织建设。推进街道（乡镇）劳动人事争议调解组织建设，提升专业化水平，切实发挥劳动人事争议调解主渠道作用。扩大调解组织覆盖面，在大中型企业普遍建立劳动争议调解委员会，试点在中小企业公共服务示范平台建立调解组织，加快在教育、文化、卫生等事业单位建立调解组织。优化调解组织布局，推动交通运输、餐饮、制造、建筑等劳动密集型行业调解组织建设，探索在非公企业集中的园区、商圈、楼宇等区域建立调解组织。

9. 丰富调解服务供给。深化首都劳动争议调解联动机制，加强市、区两级劳动争议调解中心建设，强化调裁衔接，在同级劳动人事争议仲裁机构设立办公地点，开展劳动争议调解等法律服务工作；在有条件的同级人民法院设立办公地点，建立常态化诉调对接机制。加大人民调解组织参与劳动人事争议调处力度。推动在有条件的区劳动人事争议仲裁院（中心）内设劳动人事争议调解中心，通过配备工作人员或者政府购买服务等方式提供劳动人事争议调解服务。调解中心负责办理仲裁院（中心）、人民法院委派委托调解的案件，协助人力资源社会保障部门指导辖区内的街道（乡镇）、工会、行业商（协）会、工业（产业）园区等调解组织做好工作。各部门要加强与社会矛盾纠纷调处中心的沟通衔接，主动参与社会矛盾纠纷调处，提供业务支持，将劳动人事争议处理向纠纷源头和前端延伸。

10. 开展规范化建设。人力资源社会保障部门会同司法行政、工会、企业代表组织等单位，指导各类劳动人事争议调解组织落实工作职责，完善受理登记、调解记录、档案管理及统计报告等制度，做好履约能力评估、回访反馈等工作，逐步向社会公布调解组织基本情况和调解员信息。指导调解组织探索创新，形成可复制、可推广的特色做法。

（四）优化联动机制

11. 加强调解与仲裁、诉讼衔接。完善仲裁机构常态化联系指导调解组织制度，采取仲裁员“一对一”“包片负责”等方式，加大对接指导力度。双方当事人经调解达成一致的，调解组织引导双方提起仲裁审查申请或者司法确认申请，巩固调解成果。推进劳动人事争议“总对总”在线诉调对接，做好委派委托调解、调解协议司法确认等工作。依法落实支付令制度。

12. 健全重大劳动人事争议应急联合调处机制。发挥用人单位行业主管部门、街道（乡镇）、行业商（协）会等部门职能优势，加强信息共享、会商研判，形成工作合力，促进重大集体争议依法妥善处置。进一步落实京津冀劳动人事争议协同处理机制，探索跨区域重大集体争议快速协商调解新路径。

（五）强化基础保障

13. 加强调解员队伍建设。调解组织要合理配备一定数量专兼职调解员，街道（乡镇）劳动人事争议调解组织应至少配备一名专职调解员。兼职调解员可聘请专家学者、律师、劳动关系协调员等专业人员担任。选择政治素质好、业务水平高、实践能力强的调解员充实北京市劳动人事争议调解专家库。调解员应持证上岗，从事调解活动时着正装并佩戴胸徽。各区人力资源社会保障部门要会同有关部门，指导各类调解组织做好调解员选聘、工作考评、证书管理等工作。开展调解员分级分类培训，提升调解员法律素养和工作能力。加强调解员队伍作风建设，增强服务意识，改进服务方式，提升服务水平。

14. 完善经费保障。可通过政府购买服务方式提供劳动人事争议调解、集体协商指导等服务。财政部门要合理安排，对协商调解工作经费给予必要的支持和保障，改善协商调解工作条件，确保协商调解工作正常开展。

15. 推进信息化建设。加强协商调解信息化建设，研究业务需求，确定建设目标，开发功能模块。推动跨部门数据共享，运用大数据分析研判劳动人事争议协商调解工作形势，为提升工作质效提供数据支撑。集成各部门网络资源，综合运用全国劳动人事争议在线调解服务平台、人民法院调解平台、多元矛盾纠纷解决“一件事”等网络平台，开展远程线上调解，完善手机APP、微信小程序、微信公众号的调解功能，为当事人提供便捷调解服务。

三、组织领导

健全党委领导、政府负责、人力资源社会保障部门牵头和有关部门参与、司法保障、科技支撑的劳动人事争议多元处理机制，加强劳动人事争议调解与人民调解、行政调解、司法调解的协调联动，形成矛盾联调、力量联动、信息联通的工作体系。

各级党委政法委要将劳动人事争议多元处理机制建设工作纳入平安建设考核，推动相关部门细化考评标准，完善督导检查、考评推动等工作。人力资源社会保障部门要发挥在劳动人事争议多元处理中的牵头作用，会同有关部门统筹推进调解组织、制度和队伍建设。人民法院要发挥司法引领、推动和保障作用，加强调解与诉讼有机衔接。司法行政部门要指导调解组织积极开展劳动人事争议调解工作，加强对调解员的劳动法律政策知识培训，鼓励、引导律师参与法律援助和社会化调解。财政部门要保障协商调解工作经费，督促有关部门加强资金管理，发挥资金使用效益。中小企业主管部门要指导中小企业服务机构帮助企业依法合规用工，降低用工风险，构建和谐劳动关系。工会要积极参与劳动人事争议多元化解，引导劳动者依法理性表达利益诉求，帮助劳动者协商化解劳动人事争议，依法为劳动者提供法律服务，切实维护劳动者合法权益。工商联、企业联合会等要发挥代表作用，引导和支持企业守法诚信经营、履行社会责任，建立健全内部劳动人事争议解决机制。

特色专栏

坚持和发展新时代“枫桥经验”
联动协同化解矛盾纠纷

北京市委政法委

近年来，北京市认真贯彻落实习近平总书记重要指示精神和中央有关决策部署，不断践行新时代“枫桥经验”，市委政法委持续推动力量下沉乡镇(街道)，变“单打独斗”为“联动协同”，将法治思维和法治方式融入基层矛盾纠纷预防化解各方面、全过程，实现了矛盾纠纷的主动感知和多元化解，努力做到“小事不出村、大事不出镇、矛盾不上交”，有力维护了首都安全稳定，全市群众安全感持续保持在高位。

一、充分发挥“接诉即办”工作机制作用，通过解决市民诉求防范矛盾纠纷

推动制定出台《北京市接诉即办工作条例》地方性法规，创新完善“接诉即办”机制，依托12345市民服务热线，整合60余条热线，开通微信、微博等10余个“网上12345”，全市16个区、343个街道乡镇、60余家市属委办局、40余家国资企业全部纳入“接诉即办”体系，设立区级、街道乡镇市民诉求处置中心，负责分流处置、督促解决市民诉求。针对群众来电，“对症下药”开展专项治理，第一时间解决群众的操心事烦心事揪心事，从源头上减少矛盾纠纷。

市委政法委依托12345热线设立“政法民声热线”，推动法院12368、检察12309、公安110、交管122、司法12348热线全面对接12345热线，运用“接诉即办”体系，办理群众诉求、化解矛盾纠纷、消除安全隐患。把“接诉”作为防范化解社会矛盾风险的哨点，从群众送上门的信息线索中发现矛盾苗头，用大数据“算出”群众“吐槽”的治理堵点，不断增强平安建设工作的靶向性；把“即办”作为防范化解社会矛盾风险的抓手，第一时间解决群众诉求，防止小纠纷激化成大矛盾、“小风波”演变为“大风暴”，切实维护首都安全稳定，实现解决群众诉求、防范化解矛盾的“双赢”，创造了防范化解矛盾纠纷的“北京经验”。

二、深化人民调解、行政调解、司法调解衔接联动机制，构建“大调解”工作格局

推进人民调解品牌化发展。建立市、区两级公共法律服务中心，融合实体、网络、热线三大平台，整合调解、公证、律师、司法鉴定、法律援助等资源，为纠纷解决提供专业化支撑。在物业、劳动争议、消费、医疗、道路交通及旅游景区、大型国企、批发市场等行业领域，建立专业性、区域性人民调解委员会；打造任建友调解室、海淀区学院路律师工作室等一批品牌调解室，得到群众广泛认可。推进行政调解规范化、法治化建设。在市政府行政复议立案大厅设置调解室，引导当事人在法律规定范围内调解，成为预防化解行政争议的“前哨站”。司法与公安、住建、工会、人力社保、市场监管等部门，建立人民调解与治安、物业、劳动、消费等领域行政调解衔接机制。推进诉调对接。建立立案前委派调解、立案后委托调解和审理中委托调解对接机制，全市各级法院立案庭全部建立诉前人民调解室，努力提升诉前调解成功率，为疏解司法审判压力发挥了有效作用。建立北京市知识产权纠纷调解中心，成立知识产权纠纷人民调解委员会和调解工作室，推动知识产权纠纷调解。在北京互联网法院成立诉前调解委员会，实现行业调解、电商平台调解、律师调解、人民调解“四位一体”。在全国调解工作会议上，北京5个人民调解委员会、18名人民调解员荣膺全国模范称号。

三、深入开展矛盾纠纷多元化解，最大限度将矛盾纠纷防范化解在诉前

深入贯彻习近平总书记“坚持把非诉讼纠纷解决机制挺在前面”的指示精神，着眼于从源头上减少诉讼增量，市委政法委印发工作文件，加强矛盾纠纷多元化解，市高级法院与10余家单位建立线上线下诉调对接机制，涵盖证券、金融、劳动争议、知识产权等10余个重点领域。通过“多元调解+速裁”机制，调顺民心民意，解开法结心结，全年在立案阶段调解纠纷165724件，增长74.4%。主动融入基层社会治理，推动人民法院调解平台“进乡村、进社区、进网格”。强化矛盾纠纷排查化解，落实村（社区）、乡镇（街道）两级调委会定期排查制度，推进全市矛盾纠纷多元化解“一件事”建设，全市人民调解组织累计排查纠纷224207次，预防纠纷2080余件，调解案件137019件，同比增长28.2%。

四、创新信访工作，积极推动访调对接

推动创立联合接访模式、创新多元化解机制、创建信息化平台，东城区“信访超市”、石景山区“石时解纷”矛盾纠纷多元化解平台、房山区“我来办工作室”、密云区“说法评理”平台等运行良好。深化访调对接助力问题化解，成立北京市信访诉求人民调解委员会，参与市公检法机关移交的信访积案化解攻坚工作，西城等区在信访部门设立调解组织，其他区建立人民调解参与信访问题化解工作机制。积极推动访调对接阵地下沉，昌平区各镇街调委会与镇信访办建立“访调联动”内部流转机制，平谷区建立“疑难纠纷评理团”调解队伍，针对农村信访突出问题，建立“说事评理议事普法中心”，推动村级覆盖率达到100%。

发挥“一核”引领作用 服务京津冀高质量发展 打造中国式现代化建设先行区、示范区

北京市高级人民法院

2023年以来，北京法院认真贯彻落实习近平总书记在深入推进京津冀协同发展座谈会上的重要讲话精神及市委十三届三次全会部署要求，协同津冀两地法院不断推进三地司法协作走深走实，为京津冀协同发展提供了有力司法服务和保障。

一、拓展协作领域，推动京津冀司法协作向纵深发展

2023年，市高级法院紧扣京津冀协同发展新形势新任务，在赴津冀两地法院学习考察基础上，研究起草并推动三地高院会签《关于加强司法协作为京津冀打造中国式现代化建设先行区示范区提供服务保障的框架协议》，提出涵盖立审执、审判管理研究、信息平台共建、资源共享、队伍联建等方面共26项具体工作举措。为推动框架协议落实落细，全市三级法院聚焦知产、执行、金融、环境资源等各领域，签署具体工作合作协议共计19份。2023年7月，三地高院签订《加强知识产权司法保护协作框架协议》，首次从高院层面建立三地知识产权司法保护协同体系，服务保障京津冀协同创新共同体建设。10月，北京互联网法院与天津滨海新区法院、河北容城县法院针对版权司法保护签署合作协议，将三地知识产权司法保护拓展至版权领域。在环境资源审判领域，2023年8月，京津冀12家毗邻法院在平谷区金海湖法庭举行三场签约仪式，签署司法协议4份，实现三地环境保护司法协作地域全覆盖；9月，市高院与河北等高院共同签订《太行山生态环境保护司法协作框架协议》，建立跨省保护司法协作机制。

二、深化跨域协作，推动立审执各方面实现“同城效应”

充分发挥审判职能作用，服务保障京津冀协同发展重点任务，妥善审理涉新一轮“疏整促”专项行动及“新两翼”建设案件，严格落实“三同步”原则，稳妥处置涉疏解非首都功能环境资源、项目建设等重大敏感案件。四中院运用集中管辖优势，妥善审理京津冀涉铁路运输上诉案件、天津环保行政上诉案件，为“轨道上的京津冀”和京津冀生态环境协同治理提供有力司法保障。在2023年最高人民法院发布的6个人民法院服务保障京津冀协同发展典型案例中，北京法院有3篇案例入选。依托司法协作机制，三中院高效化解涉京津冀三地当事人服务合同纠纷系列案件百余件。四中院顺利执结首例位于天津地区历史风貌建筑拍卖腾退案。全市法院协助津冀法院跨域立案、委托执行共计40185件次。持续完善跨域立案及诉讼服务，市高院完成2023年度“北京法院对外委托专业机构备选名册”入围更新工作，名册中的司法鉴定机构信息可供津冀法院使用。依托最高人民法院统建的“人民法院律师服务平台”，已实现三地律师申请延期开庭、调查取证、网上退费、网上阅卷等诉讼服务事项跨省通办。推动矛盾纠纷跨域共治，延庆法院与河北张家口中院、崇礼法院共同调研京冀两地六年来涉冰雪运动纠纷案件审理情况，共商风险防范工作举措并向体育局、文旅局等行政机关发送相关司法建议，促进冰雪运动及产业健康发展。石景山法院赴河北首钢矿山街道与河北迁安法院共同开展社区普法活动，共同推动迁安矿区基层治理。

三、强化资源共享，推动三地司法履职能力互促共建

以深入开展学习贯彻习近平新时代中国特色社会主义思想主题教育为牵引，全市三级法院围绕提高服务保障京津冀协同发展能力水平，针对多元解纷、党建队建等工作与津冀法院开展互访调研与座谈交流27次，推动三地先进经验互学互鉴。为推动三地法律统一适用，针对三地知识产权审判中遇到的网站经营主体认定等共性问题及时组织召开跨域知识产权法官会议；聚焦环境资源审判、破产审判、担保制度司法实务、数据知识产权保护等审判实践中的难点问题、前沿问题举办三地法院研讨会8次，有力促进三地相关领域裁判尺度统一。健全三地法院人员共同培训机制，三地高院教培部门建立月度协调会商机制，调研三地法院培训资源与培训需求，

选派审判业务专家为津冀法院授课，举办三地法院知识产权、执行、未成年人审判等领域线上线下同堂培训15场，惠及津冀法院干警百余人次；开放“京法网上课堂”以及各院精品网课等平台，为津冀法院开通小鱼易连账号权限，实现优质课件资源数据互通互联互访。加强党建队建领域交流合作，北京金融法院组织三地五家中院开展党组理论学习中心组联学活动，知产法院干警参加三地中院学习贯彻习近平法治思想专题党日活动，以党建共学促思想共聚。知产法院接收雄安中院两名法官助理挂职交流，积极探索三地法院协同培育专业人才的实践模式。

持续释放首都检察版“接诉即办”机制效能开创法律监督新局面

北京市人民检察院

首都检察版“接诉即办”立足全面落实《中共中央关于加强新时代检察机关法律监督工作的意见》及市委实施意见，主动有效对接《北京市接诉即办工作条例》，与12345市民服务热线共享民生诉求数据信息，聚焦群众反映的高频共性难点问题开展小专项监督，在推动检察办案由个案办理向类案办理转变，并向系统治理不断延伸等方面，取得了阶段性成效。2023年8月，市委深改委“接诉即办”改革专项小组听取了首都检察版“接诉即办”工作情况的汇报，审议并通过了《关于检察监督融入接诉即办改革深化首都检察版“接诉即办”的工作方案》，以市检察院、市委深改委“接诉即办”改革专项小组办公室名义联合印发。

一、强化组织统筹，确保合作机制落地见效

坚持职权法定、属地管理、分级负责的工作原则，按照市院主导、分院主推、区院主责的“网格化”模式深化合作，将12345热线数据纳入数字检察战略，深挖民生检察“富矿”。

朝阳院立足接收民生数据体量较大的实际，制定规范办理“接诉即办”工作的意见，进一步明确责任分工，规范办理流程，压实首办责任，确保“单单有回复、件件有落实”。

丰台院制定《关于做好“两个平台”线索相关工作的实施细则（试行）》，就12345市民服务热线数据导入检察监督线索管理平台流程进行规范，在确保群众诉求派单即收即复、接诉即办的基础上，规范管理使用民生数据信息。

石景山院邀请区城市管理指挥中心人员作为本院专班成员开展业务指导，将专班工作开展情况作为检察履职考核的重要内容，强化考核的激励约束作用。

门头沟院从院内选取既精通检察业务又熟悉信息技术的人员作为数字检察专员，及时对交换接收的12345市民服务热线数据开展分析研判和审查分流，定期向区城市管理指挥中心反馈监督成效，释放民生数据支撑监督办案效能。

二、深化专项监督，增强“四大检察”监督效能

2023年以来共享市民服务热线数据信息300余万条，为检察机关坚持问题导向，聚焦人民群众反映的热点高频问题，找准重点行业和领域治理问题提供了判断依据，并据此靶向开展了17项“小专项”监督，推动检察办案由个案办理向类案办理转变。

发挥刑事检察职能，开展集中整治。严厉打击销假销劣违法犯罪行为，根据调取的投诉数据筛查出400余条重点线索，形成按月更新的北京销假销劣投诉高发“点位图谱”，依法严惩相关犯罪173件，推动查处售假窝点76个。

发挥民事检察职能，依法支持弱势群体维权。建立健全与人社局、司法局等工作机制，对投诉数据信息进行梳理摸排，办理农民工支持起诉案件7000余件，协助依法讨回薪金8000余万元，做好农民工的“护薪人”。

发挥行政检察职能，推进依法行政。以“全面深化行政检察监督依法护航民生民利”“道路交通安全和运输领域专项整治”等为抓手，开展房屋租赁违法行为、交通安全隐患等专项监督，精准助力行政执法规范化建设。

发挥公益诉讼检察职能，守护美好生活。依托公益诉讼智能线索分析研判平台，筛查群众反映的破坏自然资源、生态环境污染等监督线索信息5000余条，立案490余件，制发50余件诉前检察建议推动相关责任部门依法履行监管职责。

三、推动矛盾纠纷多元化解，积极融入首都社会治理格局

坚持以类案办理促矛盾纠纷多元化解，着眼“办理一案，治理一片”，制发检察建议，破解涉法涉诉领域高频共性问题，助力提升首都治理体系和治理能力现代化水平。

利用热线数据更好保护未成年人。依托12345市民服务热线中专门设立的“未成年人保护热线”基础数据，朝阳院创设“未成年人保护热线检察融合履职大数据法律监督模型”，将未成年人保护热线数据作为获取未成年人权益保护线索的重要来源，充分关注校园内外风险，通过支持起诉、法治宣讲等护航青少年健康成长。

围绕民生热点优化检察产品供给。大兴院办理涉乡村生态环境保护案件63件，制发诉前检察建议29份，督促相关行政机关治理水污染点位11处，清理垃圾2000余吨。

积极助力行业治理，推进治罪与治理相结合。朝阳院收集整合辖区道路安全隐患投诉信息，实地走访事故高发地、投诉举报高频地，向相关主管部门制发检察建议，联合行政机关研究治理措施，保障道路安全。怀柔院通过制发社会治理检察建议，督促运营商增加手机卡开办业务提醒提示、强化手机卡使用监管、加强反电信网络诈骗宣传等，促使群众在开办手机卡时正确认识出租、出借、出卖手机卡的法律责任，确保“实名+实人”，从源头上斩断“两卡”非法供应链。

树牢“派出所主防”理念　建强基层战斗堡垒

北京市公安局

近年来，在公安部和北京市委、市政府坚强领导下，北京市公安局深入贯彻落实习近平总书记关于新时代公安工作的重要论述精神，坚持“大抓基层、大抓基础”鲜明导向，以优化机构编制、充实基层警力为先导，以建机制、明权责、促履职为关键，以减轻基层负担、完善综合保障为支撑，全力抓好基层提振、基础提质、基本能力提升三大行动，不断增强派出所实力、激发派出所活力、提升派出所战斗力，为维护首都安全稳定、圆满完成一系列重大安保任务奠定了坚实基础。

一、充实基层力量、注重常态长效，实现派出所主防“有人干”

一是坚持警力往基层走。标定城区、远郊派出所警力占分局警力“红线”，落实实名制管理，做到只增不减。颁行《警务辅助人员管理办法》，增加警辅额度、提高薪酬待遇，将置换出的警力继续充实到一线，确保总体达到“一区一警两辅”“一村一辅警”。

二是坚持干部从基层出。制定出台并严格执行“三个一律”规定，引领民警在基层建功立业。近两年，新提拔和进一步使用的局管副处级以上干部，具有基层所队工作经历的占81%。

三是坚持保障向基层倾斜。基层一线和实战单位立功受奖指标占全局85%以上，提高民警工资待遇三项政策全部落实到位，值勤岗位津贴、加班补贴始终做到基层高于机关，并积极争取党委、政府支持，推动派出所民警享受倾斜性奖励。

二、厘清职责边界、做实预防警务，规范派出所主防“干什么”

一是将刑事案件管辖分工改革作为“主防”突破口。推出派出所刑事案件办理8类285个罪名“负面清单”，分批次划转专业警种办理，同步完善11项重点类案移交标准等配套机制。2023年2月启动改革以来，首次采取强制措施、批准逮捕、移送起诉同比近三年基准值分别上升21.8%、16.8%和58.2%，七成刑事案件由专业警种主办。

二是将建立健全考评工作体系作为“主防”指挥棒。试点建立安全感考评指标体系，梳理完善警情控制、打击效能等5个方面、10项核心考核项目，赋予电诈、黄赌、盗窃非机动车等重点案件防范工作更大的考核权重。比如，把电信网络诈骗万人发案数、精准劝阻等纳入指标体系，将紧急止付权限直接下放到派出所，2023年以来累计处置预警线索1200余万条，为群众及时止损64.48亿元。

三是将主动融入基层社会治理作为“主防”落脚点。推动4220名党员民警兼任社区（村）党组织副书记、136名所长在街道（乡镇）任职。坚持和发展新时代“枫桥经验”，健全完善矛盾纠纷排查化解常态摸排、定期会商、多元化解等六项制度，搭建“1+N”矛盾纠纷调解工作体系，推广“公安提示函”以及“民警+调解委员会+律师”三方联调机制，持续擦亮“朝阳群众”“西城大妈”等群防群治品牌。

三、重塑工作机制、再造警务流程，明确派出所主防“怎么干”

一是做强社区警务队。严格落实社区警务队“三三制”组织架构，实行派出所和社区警务室“双值班”，676个警务室“7×24小时”开门办公，同步建立街面社区“2+X+N”巡防机制，完善社区民警带队巡逻、就地处警、案件到场等制度，做到接警处警在前沿、矛盾化解在源头、治安防控全覆盖、为民服务全天候。

二是做专案件办理队。理顺派出所与专业警种办案管辖分工，将捕诉效能作为执法办案重要评价标准，鼓励多办辖区内的侵财、故意伤害、寻衅滋事等案件。2023年以来涉车盗、盗窃门店等民生“小案”破案率均创历史新高。大力推进600个基层所队案管组规范化标准化运行，升级改造基层所队智能办案区，有效提升派出所办案质量。

三是做精综合指挥室。以110接处警专项整治引领指挥室规范化建设，建立“一警双布”机制，出警速度提高61%。完善指挥室建设工作规范，全量汇聚、分类管理、闭环处置各类工作指令，做到指挥调度全时空。将派出所三级共享平台联网接入视频监控汇聚共享体系，做到视频巡控全覆盖。强化情报线索、警情案件会商研判，做到综合分析全领域。

四、坚持面向基层、服务支撑一线，确保派出所主防“干得好”

一是突出减负增效，把务实作风贯彻到基层。制定实施为基层减负20条措施，开展多轮次规范考核、精文减会、精简报表台账等专项整治，派出所填报报表数量压减89%。加强110与12345市民服务热线的对接联动，实现系统对接、专席互设，将市容管理、民生保障等12类非警务警情第一时间分流转办。

二是突出合成作战，把优势资源整合到基层。打造两级合成作战中心、失联人员查找中心，推动110与122“两台合一”、交通治安警种“融合执法”，有效解决派出所专业手段不够等难题。建立警种部门支援派出所机制，细化3类、13种支援场景，支持派出所履职尽责。每季度组织派出所评议警种部门，百分制排名、全局性通报，做到真评、真比、真用。

三是突出科技赋能，把情报线索推送到基层。坚持“机关搭台、警种唱戏、基层受益”，研发8大类、120个基础通用模型，固化130个警务实战技战法，开通查询服务账号3.7万个，70余项专业应用“一键登录、全网通行”，调度指令、情报信息即时通达一线民警。同时，在全市建成1.3万个“智慧平安小区”，全市入室盗窃从2018年1.1万余起降至2022年966起。

构建以党建引领“四链”融合模式推动公共法律服务高质量发展

北京市司法局

公共法律服务是政府服务职能的重要组成部分，是司法行政系统重要的政治任务。北京市司法行政系统坚持以习近平新时代中国特色社会主义思想为指导，深刻把握习近平总书记关于公共法律服务工作的重要指示批示精神，围绕“建设更高水平现代公共法律服务体系”主题深入开展调研，分析公共法律服务事业面临的形势任务、存在的困难问题，探索构建党建引领公共法律服务“四链”融合模式，取得阶段性成效。

一、强化政治属性，建强“组织链”

坚持政治统领、党建引领，切实发挥市司法局党委“把方向、管大局、保落实”作用。构建党建引领“1+N”体系，以《北京市司法行政系统以党的政治建设为统领全面推进党的建设若干措施》为主体，分别出台了新时代关于加强党对全市律师、公证、司法鉴定、仲裁工作领导的举措、意见。坚持重大问题经行业党委研究并向市局党委请示报告制度，强化党委职能部门“抓行业抓党建”“管领域管人群”的职能。指导行业党委制定全面从严治党主体责任清单暨抓党建工作责任清单，开展全方位检查考核，拧紧责任链条。

二、把握规范尺度，完善“政策链”

强化顶层设计，印发《北京市加快推进公共法律服务体系建设的若干措施》，制定北京市公共法律服务体系建设五年发展规划，先后出台司法鉴定、公证公益法律服务管理办法等43个配套政策文件，形成覆盖公共法律服务全领域的“1+1+N”制度体系。通过积极推进工作体制机制创新，整合优化各类资源，北京市实现公共法律服务实体、网上、热线三大平台融合发展，仅2023年上半年，全市三大平台就接待法律咨询90余万人次，服务时长达17.5万小时，服务范围涵盖全国34个省级行政区，向群众提供100%全免费服务。“八五”普法规划全面启动、开局良好，在全国率先探索开展“法律十进”活动，全市“全国民主法治示范村（社区）”达74个，市级民主法治示范村（社区）达982个，培养1.2万余名乡村“法律明白人”。建立行专调解组织55家，区级法院诉前人民调解组织建设实现全覆盖，全市年均调解纠纷20万件，排查矛盾40万次，预防纠纷2万余件。

三、突出强基固本，打造“人才链”

始终坚持党管人才的原则，把抓人才工作放在讲政治的高度，突出党员先进性意识，加大领军型、专家型、骨干型人才培育力度，奋力在扩大法律服务人才增量、优化人才结构、提升人才素质上取得成效。制订首都涉外法治人才三年培养计划，启动百名高端涉外法治人才培养项目。开展第二届“北京榜样·最美法律服务人”评选、“做党和人民满意的好律师”主题活动，培树政治过硬、业务精通、作风优良的典型。发挥行业党建功能优势，组织引导律师在服务党委、政府中心工作及参与社会基层治理中担当作为。每年，遴选500余名律师参与涉法涉诉案件化解，1100余名律师参与法援值班，500余名律师进驻法院参与诉前调解，7000余名律师参与矛盾纠纷调解。组织110名律师组成接诉即办专家团。累计派遣244名律师参与“1+1”法律援助志愿者行动，服务新疆、西藏、青海等地区，派遣人数居全国之首。首都国际法律服务力量不断壮大，涉外律师队伍达4000余人，1200余人入选司法部涉外律师人才库；公证行业具有涉外法律服务资格的公证员327名，占公证员总数的73.3%；推动仲裁体制机制改革，北京仲裁委员会圆满换届，向国际一流仲裁机构迈进。北京仲裁委员会2023年上半年受理国际案件109件，当事人来自境外的16个国家或地区，在册境外仲裁员比例达24.6%。

四、突显惠民导向，构建“服务链”

坚持公共法律服务的职能定位，守正创新、优化服务，一大批公共法律服务惠民、利民、便民举措落地见效。以优化资源配置落实“覆盖城乡”，开展“乡村振兴法治同行”专项活动，建立城郊律师、公证法律资源对接支援机制。市法援基金会募集财物5000余万元，支持生态涵养区、乡镇惠农公益法律服务中心、站点建设和“1+1”法律援助项目。政府主导、社会广泛参与的法律援助服务格局基本形成，审判阶段刑事案件律师辩护、值班律师法律帮助实现100%全覆盖。全市共有2500余名职业律师被聘为村（居）法律顾问，基本实现村（居）法律顾问全覆盖。2023年共有10个月接诉即办工作排名全市并列第一。公证行业累计推出185项“最多跑一次”公证事项，核减66项证明材料，创新推出“公证服务周末不打烊”，下调公证事项收费标准，减免特殊群体公证费用，缩短办证时间，减证便民让人民群众感受到了公证的温度。

审稿人：方　洁

撰稿人：刘　军　马　岩　曹西鹏　高林皓

天 津 市

工 作 概 况

2023年度天津政法工作综述

2023年，在市委坚强领导下，天津市政法机关坚持以习近平新时代中国特色社会主义思想为指导，认真学习贯彻党的二十大和二十届二中全会精神，深入贯彻习近平法治思想和总体国家安全观，以守住筑牢首都政治、安全“护城河”为首责，以服务保障市委、市政府“十项行动”为重点，以夯实政法工作基层基础为支撑，全力履行政法机关职责使命，奋力推进新时代新征程天津政法工作现代化，推动建设更高水平的平安天津，为谱写中国式现代化的天津篇章贡献力量。

一、凝心铸魂担使命，政治建设取得新成效

（一）深入开展主题教育。高标准高质量开展学习贯彻习近平新时代中国特色社会主义思想主题教育，聚焦政法工作实际和政法机关使命，扎实推进学习教育、调查研究、检视问题、整改落实。组织开展各类宣讲活动9100余场，举办“忠诚颂”政法系统先进事迹讲述会，开展“人民满意的政法集体和政法干警”评选表彰宣传活动，举办政法系统“千名支部书记讲党课”、微视频大赛、知识竞赛等活动，持续营造浓厚学习氛围。分级分批开展全战线政治轮训，举办全市政法系统局级领导干部专题研讨班、优秀年轻处级领导干部党性教育培训班、政法大讲堂，有力提升政治能力、思维能力、实践能力，以学铸魂、以学增智、以学正风、以学促干取得实实在在成效，教育引导政法干警自觉做习近平新时代中国特色社会主义思想的坚定信仰者和忠实实践者。

（二）坚决贯彻落实习近平总书记重要指示批示精神。把学习贯彻落实习近平总书记重要讲话、重要指示批示精神作为首要政治任务，作为市委政法委“第一议题”，第一时间传达学习，研究贯彻落实意见，全程督办盯办，每月跟进督促、每季度调度汇总、年度全面检视开展“回头看”，形成市委政法委牵头、政法各单位参加，纵向贯通、横向联动的工作闭环体系。

（三）坚持党对政法工作的绝对领导。全面贯彻《中国共产党政法工作条例》，严格执行党中央、中央政法委和市委关于坚决维护党中央集中统一领导的有关规定，完善党委政法委全体会议议事决策规则，严格落实重大事项请示报告等制度，把党的绝对领导贯彻落实到政法工作各方面、全过程，坚定拥护“两个确立”、坚决做到“两个维护”。

二、铜墙铁壁护安澜，政治安全防线实现新加强

坚决贯彻总体国家安全观，始终把维护国家政治安全放在首位，树立“卫城”意识、前哨意识、“卫士”意识，提高政治敏锐性和政治判断力，以拱卫首都安全为核心，健全完善安全工作体系，坚持最高标准、最严要求、最实举措、最强保障，下好先手棋、打好主动仗，严密防范化解重大涉稳风险，严厉打击各类渗透颠覆捣乱破坏活动，持续深化对敌斗争，深入开展严打暴恐活动专项行动，圆满完成全国两会、中国—中亚五国峰会、“一带一路”国际合作高峰论坛和世界智能大会、夏季达沃斯论坛等重大维稳安保任务。

三、履职尽责求实效，护航高质量发展迈出新步伐

（一）着力服务保障京津冀协同发展国家重大战略实施。京津冀三地党委政法委联合会签协作框架协议，持续深化京津冀审执联动、检察协作、警务协同等机制，推进三地公共法律服务一体化，扎实抓好户籍、居住证、积分落户等政策落地。公安部门推出京津冀38项“同事同标”事项、11项“跨省通办”事项。三地法院就构建服务环渤海和港产城融合发展、执行协作联动等加强司法合作。检察机关与京冀晋蒙辽鲁等地建立公益诉讼协作机制，开展永定河、潮白河、大运河流域及环渤海生态环境和资源保护专项监督，助力区域生态环境协同治理；建立津冀检察长会商机制，推动互花米草外来入侵物种治理，促进中国海洋学会发布两项治理标准，为互花米草治理提供国家级专业参考。司法部门与京冀两地签署新的服务保障京津冀协同发展战略合作协议及人民调解、社区矫正、安置帮教等领域合作协议。

（二）着力打造法治化一流营商环境。制定法治化营商环境建设指标体系，切实发挥法治引领规范保障作用。制定加强知识产权保护的实施意见，强化数字产业、中医药、种业、涉会展等具有天津特色的重点领域保护，在全国率先建立知识产权联合保护办公室，在全国率先探索海事海商专业律师和律师事务所评价机制，涉外法律服务水平进一步提升。制定政法机关服务保障新就业形态持续健康发展的若干措施，服务保障平台经济规范健康持续发展。

（三）着力优化涉企法治服务。坚持为企业解难题、办实事，健全完善“服务企业直通车”“企业家法治会客厅”等机制，开展“服务实体经济　律企携手同行”等专项行动。深化“互联网+政务服务”，大力推行“一网通办”“一窗通办”，公安政务服务实现182个事项“全程网办”、122个事项“只跑一次”，综合排名连续52个月第一，“一窗通办”改革被评为国家级创新应用典型。发挥公共法律服务优势，实体平台提供服务24.7万人次，“12348”热线接听44.7万通，天津法网浏览量51万人次，办理各类法律援助案件6800余件，律师参与公益法律服务时长超40万小时。

四、枕戈待旦护民安，平安天津建设再上新台阶

（一）全力加强社会治安整体防控。深化立体化信息化社会治安防控体系建设，优化公安武警联勤武装巡逻“四项机制”和“1、3、5分钟”快速响应机制，大力推进移动警务、协同警务、主动警务、预防警务“四个警务”建设，不断完善“一警牵动全局、全局支撑一警”工作机制，加快形成“专业+机制+大数据”新型警务运行模式。持续深入开展安全隐患大排查大整治，狠抓交通事故预防“减量控大”，有力应对“23·7”流域性特大洪水、“5·31”局部地面沉降地质灾害等突发事件，解放桥开启、天津马拉松等866场大型活动安全顺利举办。保持监戒场所绝对安全，牢固树立“大改造”理念，做实罪犯教育改造，筑牢监管安全防线，狱内病亡率为近年最低；推进司法行政戒毒职能改革，开展戒毒工作规范化建设提升年活动，教育戒治质量稳步提升，构建具有天津特色的“一体两翼一辅”戒毒新发展格局。

（二）严厉打击突出违法犯罪。常态化推进扫黑除恶斗争，组织开展打击治理农村家族宗族黑恶势力、防范打击打砸殴打违法犯罪等专项行动，深化教育、金融放贷、市场流通等行业领域专项整治，打掉了一批群众深恶痛绝的黑恶团伙。深入开展“云剑”“昆仑”“清风”“清源断流”等系列专项行动，严厉打击电信网络诈骗、食药环等违法犯罪，全年破获刑事案件同比上升27.5%，连续9年保持命案全破，电信网络诈骗案件返还金额同比上升50.1%，群众安全感满意度达到98%，“平安”成为天津靓丽风景。全市法院严格贯彻罪刑法定、疑罪从无等原则，准确理解把握宽严相济的刑事政策和死刑政策，依法惩治涉枪支、弹药、爆炸物、危险物质犯罪，依法做好重大、敏感案件审判工作。全市检察机关依法严惩危害国家安全和社会稳定的各类刑事犯罪，批准逮捕6000余人、提起公诉17000余人，市检察院第一、二分院职务犯罪检察部门获评全国检察机关重大职务犯罪案件办理团队（基地），一分院相关办案经验在全国检察机关推广。

（三）坚持和发展新时代“枫桥经验”。召开全市工作推进会、调解工作会议，制定加强社会矛盾纠纷预防化解工作措施，全年排查化解纠纷44.7万次，调解案件6万余件，天津市3个单位获评全国“枫桥式工作法”先进典型，评选80个天津市“枫桥式工作法”先进典型。成立16个基层治理包联调研督导组，深入各区开展实地调研督导，基层基础工作进一步夯实。政法相关部门联合制定相关文件，构建党委领导下的多方协同、权责明晰、运行规范、高效联动、数据共享的预防化解纠纷机制，着力从源头上减少矛盾纠纷；法院、工会建立实施“总对总”劳动争议纠纷多元化解对接工作机制，工会调解组织、调解员入驻人民法院调解平台开展诉前调解；“院庭长直通车”服务和监督平台工作经验入选全国法院“十大最具创新一站式建设改革创新成果”。

（四）全面落实党建引领基层治理行动。推动社区民警发挥“六员”作用，出台社区民警“两委班子”任职规定，创新建立“警格+网格”“网格+网络”治理模式，完成4325个警格与2.1万个网格编码对应，实现“一区一警两辅助”“一村一辅助”全覆盖。制发社会治理检察建议384件，促进“抓前端、治未病”，打造北辰区检察院“丽芳和解工作室”，形成“四诚工作法”，在办案中化解矛盾纠纷、修复社会关系。

五、良法善治同心圆，法治天津建设开创新局面

（一）深入推进习近平法治思想学习贯彻。建立健全党委（党组）理论学习中心组学习习近平法治思想常态化机制，抓实以考促学。举办市管干部学习贯彻习近平法治思想专题研讨班、全市党政机关专题辅导报告会等，实现政法部门全战线、全覆盖培训轮训。举办学习贯彻习近平法治思想论坛、全国法学院校深入学习贯彻党的二十大精神和习近平法治思想专题培训班天津分课堂，开展全面依法治市“十大课题”研究，出版《天津法治发展报告》《天津法学》等，推出一批有分量、有价值的研究成果。

（二）扎实做好全面依法治市工作。组织开展全市第三批法治政府建设示范创建活动，评选命名3个市级示范区和10个示范项目，推荐3个区和5个项目参与全国争创。组织开展2022年度述法工作，采取“分片观摩”方式推动各区专题述法全覆盖，相关经验被中央依法治国办在全国推广。深入开展政法领域和行政执法领域典型差案和示范优案“优差双评”，扎实推进行政执法规范化建设，行政机关负责人出庭应诉率达99.8%，行政复议案件实质性化解率达89.1%。积极推动检察监督与其他监督贯通协同，在最高人民检察院指导下，建立党委政法委执法监督与检察机关法律监督协同机制并实质化开展工作。

（三）积极发挥法学会作用。市法学会整合全市法学法律界力量，加强对习近平法治思想原创性贡献和实践性成效的研究阐释，把习近平法治思想的研究和实践不断引向深入。组织专家学者围绕重点课题开展调查研究，为天津经济社会发展提供有力的法学理论支撑和法治服务保障。不断壮大首席法律咨询专家制度，被中国法学会确定为承办重点典型案例的省级法学会，红桥区典型案例入选全国典型案例。依托“百名法学家百场报告会”等法治宣讲活动，发动法学法律工作者进机关、进学校、进社区开展普法宣传，普法志愿者2.48万人，受众682.3万人。

六、真忠诚敢斗争勇担当重实干，津门政法铁军焕发新面貌

（一）组织实施“天津政法强基工程”。出台一批基层政法机关保障文件，人民法庭、基层检察院、派出所、司法所规范化建设进一步加强，为推进基层法治建设、维护基层群众合法权益、促进社会和谐稳定发挥了基础作用。

（二）加强队伍能力建设。制定加强全市政法系统年轻干部培养工作实施方案，推动政法各单位健全年轻干部“选育管用”全链条机制，分系统分级别建成优秀年轻干部储备库。加强精准化培训、专业化训练、实战化检验，扎实开展全警实战大练兵，全面增强政法干警推动高质量发展、服务群众、防范化解风险的能力本领。制定深化从优待警激励担当作为的措施，激励引导政法干警履职尽责、担当作为。

（三）强化纪律作风建设。坚持抓在经常、融入日常、严在平常，严格执行新时代政法干警“十个严禁”等铁规禁令，严格执行防止干预司法“三个规定”，确保政法队伍纪律严明、作风过硬。全市政法战线涌现出一大批可歌可泣的先进模范和典型事迹，一大批先进集体和个人获得全国和市委、市政府表彰。

会议活动

天津市坚持和发展新时代“枫桥经验”工作推进会

12月15日，天津市坚持和发展新时代“枫桥经验”工作推进会召开。

会议指出，“枫桥经验”在新时代伟大实践中丰富发展，历久弥新，常用常新。党的十八大以来，习近平总书记对坚持和发展新时代“枫桥经验”高度重视，作出一系列重要指示，为加强基层治理指明了方向，提供了遵循。在新征程上，要牢牢把握新时代“枫桥经验”的科学内涵和实践要求，把新时代“枫桥经验”坚持好、发展好，把党的群众路线坚持好、贯彻好，全面提升矛盾纠纷预防化解能力，把矛盾问题解决在基层、化解在萌芽状态。要加强党的领导，深入实施党建引领基层治理行动，强化基层党组织对基层各类组织、各方力量、各种资源、各项事务的统筹领导，着力增强党组织政治功能和组织功能，充分发挥党员先锋模范作用，切实把党的领导政治优势转化为基层治理效能。要彰显法治思维，善于运用法治思维和法治方式解决矛盾纠纷，依法决策、依法办事、依法调解，在法治轨道上平衡社会利益、调节社会关系、规范社会行为。要突出科技支撑，把党的优良传统和信息化手段结合起来，加强信息共享和数据联通，推进基层治理智能化，用现代科技力量助力矛盾纠纷化解、优化便民服务。要注重社会参与，充分发挥基层干部、网格员、志愿者的作用，深入了解掌握社情民意，用心用情服务群众，着力构建共建共治共享的基层治理格局。

会议强调，要坚持以习近平新时代中国特色社会主义思想为指导，深入贯彻习近平法治思想，坚决落实市委党建引领基层治理行动，立足预防、调解、法治、基层，做到预防在前、调解优先、运用法治、就地解决。要把好“源头关”“监测关”“管控关”，完善矛盾纠纷预防预警机制，抓实抓细人民调解、行政调解、司法调解、行业性专业性调解，秉持法治理念、法治思维、法治程序、法治方式开展工作，推动矛盾纠纷预防化解法治化，加强基层基础建设，夯实矛盾纠纷预防化解的工作根基，不断深化新时代“枫桥经验”天津实践，坚决守住筑牢首都“护城河”，为全面建设社会主义现代化大都市作出更大贡献。

天津市3个单位入选全国“枫桥式工作法”单位，80个单位入选天津市“枫桥式工作法”单位。会议对天津市“枫桥式工作法”入选单位代表进行授牌。

会上，先进典型代表作发言。市人大常委会秘书长，市有关部门、有关方面负责人，各区有关负责同志参加。

文件选辑

全市政法机关贯彻落实市委市政府“十项行动”的若干措施

（中共天津市委政法委员会，2023年3月31日）

为深入贯彻党的二十大精神，坚决落实市委、市政府“十项行动”，聚焦重点任务，紧盯关键环节，全面履行政法机关职责使命，全力抓好“十项行动”在政法系统落实落地、见行见效，提出如下措施。

一、聚焦推动京津冀协同发展走深走实行动，坚决筑牢首都政治“护城河”

1. 筑牢首都安全屏障。全面贯彻总体国家安全观，深入推进反渗透反颠覆反恐怖反邪教斗争，严防“颜色革命”风险，深化严打暴恐专项行动，依法打击邪教和非法宗教渗透活动，深入推进网上斗争和网络安全防护，筑牢安保维稳“三道防线”，全力做好首都地区安全风险隐患处置工作。

2. 依法保障承接北京非首都功能疏解。聚焦“一基地三区”功能定位，加强滨海新区战略合作功能区、天津滨海—中关村科技园、宝坻京津中关村科技新城、武清京津产业新城、京津合作示范区等重点平台法治保障，依法高效办理涉承接非首都功能项目建设案件，扎实抓好户籍、居住证、积分落户等政策落地，为来津企业发展创造良好法治环境。

3. 推动京津冀政法协同走深走实。全面落实各类政法领域合作框架协议，深化京津冀审执联动、检察协作、警务协同机制，构建“环津”小区域警务协作环带，推进三地公共法律服务一体化。落实三地联席会议机制，完善法律适用分歧协调解决、政法人才交流挂职、政法公共服务共建共享等机制，定期发布服务保障京津冀协同发展典型案例，推动三地执法司法标准统一、数据互联互通、资源共享共用、风险共同防范化解。

二、聚焦滨海新区高质量发展支撑引领行动，以建设法治“滨城”引领打造全市法治化一流营商环境

4. 健全国际商事纠纷多元调处机制。高标准建设自贸区法院国际商事审判庭，优化涉外商事案件管辖，加强滨海新区检察院派驻自贸区及滨海新区功能区检察室建设，制定我市律师“走出去”“引进来”政策措施，健全“国际调解＋国际仲裁＋司法保障＋多元化纠纷解决”多位一体的法治保障体系。

5. 支持保障金融创新发展。加强自贸区法院金融、融资租赁等专业法庭建设，做大做强金融仲裁业务品牌，充分发挥滨海新区公信调解中心作用，助力打造“国际一流国家租赁创新示范区”及北方“商业保理之都”。

6. 支持推进滨海新区依法治理。以滨海新区争创全国法治政府建设综合示范地区为引领，统筹推进严格执法、公正司法、全民守法各项工作。高标准建设滨海大数据实战中心，落实“滨城”落户政策措施，推进居住证、出入境、车驾管等业务“一站办、一网办、一次办”。健全滨海新区、开发区和街镇、村居三级人民调解服务体系。提升法治文化阵地覆盖率，实现公共法律服务实体平台全域覆盖。

7. 依法平等保护各类市场主体。加强产权执法司法保护，落实平等保护原则，对国有民营、内资外资、大中小微企业一律平等对待、一视同仁。严格区分经济纠纷与经济犯罪、合法财产与违法犯罪所得、正当融资与非法集资，依法严厉打击损害企业合法权益的违法犯罪，对职务侵占、合同诈骗、敲诈勒索等违法犯罪依法快侦快捕快诉快判，及时挽回企业损失。

8. 坚持宽严相济刑事政策，落实认罪认罚从宽制度，依法适用拘留、逮捕等羁押性强制措施。加强涉企案件执法司法监督，规范经济犯罪案件立案审查机制，组织涉企羁押必要性审查专项监督和涉企财产强制措施专项监督，深入开展涉企“挂案”清理专项行动。

9. 推进切实解决执行难。开展涉中小企业案件专项执行行动、执行信访“百日攻坚”行动，深化失信被执行人联合信用惩戒，加强执行和解。建立法院与检察院执行信息共享机制，开展涉企案件裁判执行专项监督。深化司法裁判执行联动中心建设，深化网络司法拍卖，完善不动产司法拍卖联动、涉案财物处置等配套机制，推动企业胜诉权益及时兑现。

10. 加强涉企法治服务。建立法治化营商环境建设指标体系。深入开展“送法进企业、进商会、进工商联”“企业家法治会客厅”“律企同行·法护营商”等活动，健全完善检察机关服务民营经济绿色通道信息平台、公安机关“服务企业直通车”“一企一警”服务机制。持续开展企业“法治体检”，推进企业公司律师试点工作。

三、聚焦科教兴市人才强市行动，加快建设科技创新和人才集聚法治保护高地

11. 加强科技创新保护。依法保护科技创新主体合法权益，妥善化解因科技成果、权属认定、权利转让、价值确定和利益分配产生的纠纷，激发科研人员和市场主体创新创业动力。依法审慎办理涉科研经费刑事案件，对重大科研活动中的职务犯罪依法慎用强制措施。

12. 加强天开高教科创园建设法治保障。充分发挥政法机关服务保障作用，主动对接天开高教科创园建设法治需求，加大对产教融合、科教融汇、人才汇聚等保护力度，为打造科技创新策源地、科技成果孵化地、科技服务资源集聚区提供坚实法治保障。

13. 加强知识产权保护。加强科技自主、数字产业、中医药、种业、涉展会等重点领域知识产权执法司法保护，构建知识产权检察工作体系和综合履职机制，严格落实惩罚性赔偿制度，推动知识产权纠纷多元化解决，建立科技成果创造、运用全链条执法司法保护工作格局。

14. 加强人才发展法治保障。全面准确落实海河英才、积分落户、过境免签等政策，完善户籍、居住证、出入境等管理制度，为“高精尖缺”等人才在津发展提供更多便利化措施，制定提级审批、双向评估办案机制，依法办理涉高科技人才案件。建立政法专业人才库，加强政法领军人才培养，畅通特殊人才入职渠道，落实法律职业人员统一职前培训制度，推动政法专业人才发展。

15. 加强高校和科研院所安全保障。完善涉高校和科研院所案件协调联络机制，加大顶尖人才、高层次专家等保护力度。常态化开展高校安全稳定隐患排查，加强周边巡逻防控，依法严厉打击涉校违法犯罪，筑牢校园安全防控屏障。

四、聚焦港产城融合发展行动，为北方国际航运核心区建设注入法治力量

16. 加强海事法律服务。构建海事海商纠纷多元化解平台，出台天津仲裁委员会海事仲裁规则，完善商事仲裁司法审查案件操作规程，开展“为港航企业送法”专项行动，定期发布海事海商典型案例，加大海事海商领域涉外律师人才培养和引进力度，实现2027年海事法律服务机构数量达到15家。

17. 加强港口建设法治保障。充分发挥海事司法跨区域、专业化优势，依法办理涉港口建设、临港物流、航运金融等案件。调整优化滨海新区法院天津港中心法庭职能，深入海港核心片区、临港经济片区、空港片区等开展巡回审判。建立服务港口企业直通车联系机制，加强危化品储存运输安全监管，深入研究港口区域案件特点，统一执法司法标准，深入开展涉企矛盾纠纷排查化解，强化港口区域治安、交通、稳控工作联动。

18. 加强海防建设。围绕拓展陆海双向联通大通道，开展平安海域行动，深入推进海上协同治理，严厉打击海上违法犯罪，加强涉海风险防控，健全完善应急响应机制，推动构建布局合理的海防基础设施体系。

五、聚焦制造业高质量发展行动，依法保障制造业立市战略实施

19. 依法保障现代化产业体系建设。聚焦“1+3+4”现代化产业体系，加强智能科技产业发展保护，积极回应人工智能、信创产业等重点领域司法需求，加大生物医药等新兴产业、绿色石化等优势产业和冶金、轻工等传统产业的执法司法保护力度，促进制造业向高端化、智能化、绿色化发展。

20. 依法保障重大产业工程实施。聚焦制造业创新引领、产业跃升重大工程，加强产业强基、产业链再造、产业集群培育、产业协同开放、产业生态优化等法治保障，加大关键核心技术执法司法保护力度，紧盯重大项目、重点产业园区建设等派驻法官工作室、检察官工作室、警务室、法律服务团开展精准法治服务。

六、聚焦中心城区更新提升行动，以高质量政法服务助推城市品质提升

21. 服务产业品质提升。紧紧围绕天开高教科创园、金融街、中央商务区和特色产业园区建设，加强对研发设计、金融、商贸、文旅等现代服务业和总部经济、楼宇经济的法治保障。加大对消费者和生产经营者的执法司法保护力度，在部分重点商圈建立法官工作室、检企联络点、警务站点、公共法律服务站。

22. 促进人文品质提升。加强历史文化街区、红色资源、小洋楼等保护利用的法治保障，妥善化解文化旅游、文化创意、非遗保护、“老字号”等领域矛盾纠纷。推动出台《天津市法治宣传教育条例》，加强法治宣传教育基地和法治主题公园建设，开展“百名法学家百场报告会”“青年普法志愿者法治文化基层行”等法治宣传活动，弘扬社会主义法治精神，促进提升市民法治素养。

23. 加强公共安全治理。常态化开展公共安全隐患排查整治，充分发挥公共安全视频监控网作用，推动建立全市出租房屋服务管理平台，加强轨道交通站点、重点商圈等重点区域巡防巡控，切实增强社会治安掌控力。深化道路交通“治堵保畅”，推进道路交通拥堵点段综合治理，守护群众出行安全。综合运用联合执法、司法建议、检察建议、公益诉讼等方式，开展交通运输、燃气电力、消防通道、窨井盖安全等领域专项治理，切实维护人民群众生产生活安全。

七、聚焦乡村振兴全面推进行动，夯实宜居宜业和美乡村建设的法治基石

24. 服务现代都市型农业发展。依法惩治乱占耕地、制售假劣农资、危害食用农产品安全等违法犯罪，加强对种业、特色农产品品牌、农业关键核心技术的执法司法保护，依法妥善解决涉农村集体经济合同、休闲农业、乡村旅游等纠纷。

25. 加强平安乡村建设。依法打击整治“村霸”“路霸”等黑恶势力和家族宗族势力，开展农村突出治安问题专项整治，推动“一村一辅警或警务助理”全覆盖。深化“赶大集”等农村反邪教警示宣传教育，加强乡村人民调解员队伍建设，加快推进“无讼乡村”建设，做到“小事不出村（社区）、大事不出乡镇（街道）”。

26. 加强法治乡村建设。深化“民主法治示范村（社区）”创建，优化人民法庭、巡回法庭设置，深入落实民警在村（社区）“两委”班子任职和“一村一法律顾问”制度。实施农村“法律明白人”培养工程，重点培养一批“法治带头人”，打造一村一法治文化阵地，推出更多具有乡土文化特色、群众喜闻乐见的法治文化作品，推动法治文化与民俗文化、乡土文化融合发展。

八、聚焦绿色低碳发展行动，全面构筑生态环境保护政法屏障

27. 依法打击环境污染违法犯罪。组织开展“昆仑”等专项行动，健全生态环境保护行刑衔接工作机制，推进环境资源审判“三合一”改革和环境资源案件跨区域集中管辖，加强环境资源审判团队、检察官办案组和公安侦查队伍建设，严格落实污染环境禁止令、惩罚性赔偿制度，助力持续打好蓝天、碧水、净土保卫战。

28. 依法推动生态保护修复。加强生态环境保护公益诉讼工作，建立健全“河（湖、林）长 + 检察长”协作机制，深化“专业化监督 + 恢复性司法 + 社会化治理”生态检察工作机制，构建“多方参与、共治共享”环境公益诉讼保护新模式。完善补植复绿、增殖流放、公益信托等预防性、恢复性司法措施。深入推进环渤海、“通武廊”等跨区域生态环境执法司法保护联动协作。

29. 依法保障发展方式绿色转型。加强与自然资源管理、生态环境保护等部门执法司法协调联动，完善案件信息共享、案情通报、损害结果评估等工作机制，加大对高耗能高排放企业的改制、破产、重整案件审判力度，妥善办理涉新能源、绿色金融、循环经济、碳排放权交易等案件，依法保障“双碳”工作稳步推进。

九、聚焦高品质生活创造行动，积极回应人民群众对政法工作的新要求新期待

30. 依法严惩人民群众反映突出的违法犯罪。深入推进常态化扫黑除恶斗争，依法严厉打击黄赌毒、盗抢骗、食药环、电信网络诈骗等违法犯罪，加大追赃挽损力度，快查快处寻衅滋事、聚众斗殴等违法犯罪，对社会影响大、危害严重的案件实行提级侦办、挂牌督办，切实让人民群众感到安全就在身边。

31. 加强民生执法司法保护。践行执法司法为民理念，坚持法理情相统一，改进执法方式方法，提高执法司法亲和力。开展涉民生执行专项行动，健全民心检察工作机制，加大对损害农民工、老年人、残疾人等民事权益案件的检察支持起诉力度，深化“法援惠民生”品牌活动，用足用好人身安全保护令、司法救助等制度措施。加大食药安全领域犯罪打击力度，确保人民群众“舌尖上的安全”。

32. 全面提升政法公共服务质效。深化政法机关“放管服”改革，全面施行审批、公证等事项一次性告知制度，实现只进一门、只跑一次。全面推进“互联网+政法服务”，加强一站式诉讼服务中心、检察服务中心和公安一体化在线政务服务平台建设，加快推进公共法律服务实体、热线、网络三大平台全面融合，进一步拓宽和畅通政法公共服务渠道。

十、聚焦党建引领基层治理行动，努力建设更高水平的平安天津

33.加强社会治安防控体系建设。深入推进社会治安防控体系“示范城市”建设，坚持打、防、管、控、建并举，加快建设立体化、智能化社会治安防控体系。健全公安武警联勤武装巡逻等社会治安联动协调机制，完善“情指行”一体化运行机制，加强社会治安重点地区综合整治，深化智慧平安社区建设，推动治安防控重心下移，提升基础防范和源头管控水平。

34.防范化解社会稳定风险。健全重大决策社会稳定风险评估机制，推进评估工作扩面、提质、增效。加强社会矛盾风险排查预警，健全“警格+网格”“网格+网络”的“双格双网”工作机制，深入开展常态化摸排。加强社会治安群防群治工作，建立四级平安志愿服务体系，健全完善警保联动体系建设，积极培育“义警”等平安类社会组织，健全社会心理服务体系和疏导、危机干预机制。

35.健全矛盾纠纷多元化解机制。坚持和发展新时代“枫桥经验”，完善社会矛盾纠纷调处化解综合机制，创建和推出一批乡镇（街道）“枫桥式”工作法，加强人民调解与行政调解、司法调解的衔接联动，定期组织矛盾纠纷集中排查化解，健全检察听证工作机制，开展多元解纷品牌创建活动，推动“无讼社区”“无讼商圈”建设。

36.推进涉法涉诉信访治理。进一步加强涉法涉诉信访工作，开展涉法涉诉初信初访“零转重”行动，推进涉法涉诉重复信访事项攻坚化解，完善领导包案、接访下访、部门联动、信访导出、帮扶救助、源头治理等机制，落实依法终结制度，依法打击处理涉访违法犯罪，维护信访良好秩序。

37.深入推进平安创建活动。高标准开展市域社会治理现代化试点验收。组织开展防范打击各类违法犯罪平安行动，统筹推动开展平安校园、平安医院、平安家庭等平安创建活动，健全完善重点场所安全工作长效机制，组织动员各方积极参与，努力实现“发案少、秩序好、服务优、群众满意”创建目标。

38.组织实施“天津政法强基工程”。加强政法基层基础建设，大兴调查研究，紧盯基层政法机关问题困难，由市级政法机关统筹推动解决。加强乡镇（街道）综治中心和人民法庭、派出所、司法所等标准化规范化建设，积极推进执法司法信息共享和数据资源共用，推动政法工作重心下移、力量下沉、资源下倾，切实提升基层政法工作效能，更好地将政法工作融入基层治理体系中。

市委政法委要加强统筹协调，健全联席会议、会商研判、督促检查等机制，统筹推动各项任务落实，切实增强政法机关贯彻落实“十项行动”的整体性、协同性、实效性。市政法各单位、各区委政法委要结合各自工作实际，研究制定务实工作举措，扎实抓好各项措施落实落地。

特色专栏

坚持“三破”“三立”守住三道防线 全力助推打赢防汛抗洪总体战

静海区委政法委

静海区委政法委认真贯彻落实习近平总书记关于防汛抗洪救灾工作的重要指示精神，国家防汛抗旱指挥部命令启用东淀蓄滞洪区后，将防汛抗洪作为全区政法工作的首要政治任务，组织区政法各单位迅速行动，坚持“三破”“三立”守住三道防线，全力以赴战洪峰、防洪灾、保安全、促稳定，为打赢防汛抗洪总体战贡献了政法力量、彰显了政法之为。

一、破解转移安置难题，立足于“实”，守住护民安民责任线

8月1日，市委连夜部署蓄滞洪区启用相关准备工作，静海区迅速响应，如期完成境内涉及蓄滞洪区的台头镇、独流镇、王口镇共计23个村、3.1万余人转移安置任务，实现人民群众“零”伤亡。

一是组织推动实。成立了以区委常委、政法委书记为组长的政法系统防汛抗洪抢险救灾工作领导小组，成立了60人的政法系统防汛救灾预备队，听从区委政法委统一调度，集中传达市委和区委关于防汛救灾工作精神，引导干警切实提高思想认识，进一步增强了做好防汛救灾工作的紧迫感、责任感，为防汛工作提供了坚强的人力保障。

二是排查动员实。区委政法委发挥示范带动作用，委机关抽调6人成立应急救援小组由分管日常工作的副书记带队，深入台头镇和平村，协助开展群众搬迁劝离工作，通过不间断的“敲门行动”，走访排查居民住房210余户，圆满完成了该村2505名群众的搬迁工作。政法各单位同步组织45岁以下干警180余人下沉防汛救援一线，通过“问、解、劝、记、帮”五步工作法，高质量完成了居民转移安置任务。

三是防范回流实。全力做好蓄滞洪区外围管控工作，3次开展地毯式排查，发现可通行出入口55个，除保留必要出入口外，全部实施了硬隔离管控。研究制定《静海区东淀蓄滞洪区外围卡口管控工作方案》，在保留的9个必要出入口设立卡口，抽调委机关及政法各单位共计40名年轻干部成立卡口值守队伍，对过往人员进行登记劝返，并建立2支巡控队伍不间断巡逻。其间，累计拦截劝返群众1200余人次，有力防范了已转移群众回流。

二、破解治安管控难题，立足于“防”，守住洪区安全警戒线

灾情就是命令，全区政法部门充分发挥政法工作职能作用，坚持“人民至上、生命至上”，迅速进入战时状态，全力防大汛、保平安，保障蓄滞洪区治安形势持续平稳。

一是严防治安问题干扰抗洪大局。针对蓄滞洪区内部分镇街紧邻河北省的区位特点，按照每村4名警力、1辆警车的标准，设立包村巡逻点位26处，依法严厉打击趁灾盗窃、抢劫、寻衅滋事、哄抢物资等违法犯罪，最大程度提高洪泛区社会面治安管控力度。同时，强化安置点巡防工作，抽调专门警力进行24小时值守，及时妥善处置安置点内部各类安全隐患，协助做好群众心理疏导和紧张情绪干预化解工作，全力避免群体性事件和个人极端案事件发生。

二是严防次生灾害造成人员伤亡。坚持“科技+人力”双管齐下，部署880余名巡逻警力镇守街面、动中备勤，全面提高见警率、管事率，同时通过大数据排查和无人机热成像对东淀蓄滞洪区进行不间断扫描监测，出动警用无人机716架次，配合开展治安巡逻、秩序维护等工作，防止社会面无关人员进入及转移安置人员回流，确保蓄滞洪区管理万无一失。及时发现劝返夜晚回流返村人员2户5人，有力维护人民群众生命安全。

三是严防道路隐患阻碍抢险救灾。围绕东淀蓄滞洪区整体路宽，精准划定交通管制道路，合理设置交通管控点位及执勤点位42处，科学部署300余名执勤警力，对洪区及周边14条道路开展不间断巡查。制定“三圈四线”交通管控工作法，及时拦截外围社会车辆，对工作车辆进入施行分级分流式“通行证管理”，对内部非应急保障工作车辆采取指定停放的限行措施，确保抗洪全过程不发生车辆涉水、运输物资车辆拥堵等隐患问题，以安全通畅的道路交通助力抗洪斗争。

三、破解涉稳风险难题，立足于“控”，守住社会稳定安全线

防汛抗洪工作中，区委政法委以“万无一失”的坚决态度和“一失万无”的高度清醒，进一步压紧责任，强化担当，全力确保全区社会大局安全稳定。

一是矛盾纠纷及时稳控。按照市委政法委部署要求，结合实际及时制定印发《关于在全区开展涉防汛类矛盾纠纷和安全隐患排查的通知》，组织各乡镇（街道）及各相关职能部门立即开展涉汛类矛盾纠纷排查化解工作，累计排查处置涉及蓄滞洪区村民安置、集中安置点环境、农作物被淹泡、灾后补偿补贴、封路阻塞交通、恢复供水供电供气、发放物资、其他咨询等各类矛盾纠纷425件。

二是正面宣传持续引导。依托“网信静海”“静海融媒”等宣传矩阵，累计发布宣传稿件4225件，通过及时正面发声破除了相关涉汛谣传造成的群众错误认知，形成了强大舆论正能量，持续巩固壮大主流舆论阵地。

三是重点群体提前落控。针对灾后重建及补偿问题易引发的线上线下不稳定风险等涉稳问题，提前着手组织各相关职能部门和属地街镇通过线上线下等不同形式，面向涉汛受损人员不间断开展法治政策宣传1350余次，提供法律咨询535批次600余人次，并为受灾群众开通公证“绿色通道”，安排专人接待受理，优化办理流程，缩短办证时限，为群众提供精准、高效的法律服务，为后续疏导稳控工作奠定基础。

提升社会矛盾纠纷预防化解法治化水平
积极推动“无讼”社区建设

天津市高级人民法院　和平区人民法院

近年来，和平区法院选取新兴街为试点，以司法建议为切入点，以法官工作室为载体，以业务指导赋能基层调解组织为重点，让大量矛盾纠纷消弭于未发。新兴街辖地社区物业纠纷案件由2019年的400余件降至2023年的3件，成为和平区“无讼”社区示范点。

一、聚焦“探真”，查实问题提建议

新兴街辖地社区位于中心城区，人口密集，物业纠纷、相邻关系纠纷、高空坠物侵权纠纷曾多发频发，顶峰时达1200余件。经大数据分析，发现电梯故障、公共道路坑洼、物业公司不作为等问题突出。对此，和平区法院向党委、政府提出司法建议。

一是积极争取党委领导支持。系统梳理纠纷类型、成讼原因、化解难点及建议方向，向区委、区委政法委专题汇报。区委高度重视，专门派驻一名区级领导牵头推动相关问题解决。区委政法委召开专题会议，分析研判电梯冲顶等严重危害居民人身安全问题。街道党委运用吹哨机制，组织业主代表、居委会、住建委、公安局、法院及区人大代表、区法学会专家召开磋商会议数十次，逐个问题研究，确定解决方案。

二是督促区住建部门履行监管职责。针对案件审理中的苗头性问题，向区住建委发送靶向式司法建议3件，建议加强对物业公司的指导管理监督，要求物业公司强化服务意识、规范服务行为，从源头上预防减少物业纠纷多发高发。区住建委高度重视，责成物业办主动作为，加强日常巡查与事中事后监管，积极参加联席会协商调解矛盾，为物业管理更好融入基层治理提供保障。

三是向市主管部门提出工作建议。及时将物业公司服务不到位造成电梯安全事故、拒不撤场引发激烈冲突等问题反映至市主管部门。市国土房管部门综合考评各项指标，最终将该物业公司评为C级不合格企业，计入全市物业服务企业黑名单，通过媒体向社会公布，令其退出天津市场，及时规范物业服务企业经营行为。犀地社区11部卡人电梯被彻底更换，公共道路完成修整，公共区域得到清理，新物业公司获得业主支持认可，以超95%得票率继续提供服务。

二、聚焦“赋能”，助力解纷提素质

针对基层人民调解组织法律专业知识不足，面临不敢调解、不会调解、不愿调解的问题，和平区法院做实业务指导职责，强化对基层调解组织的充电赋能，助力人民调解提质增效。

一是加强业务技能培训。系统梳理调解组织法律知识盲点、误区，选取《民法典》《人民调解法》进行专题培训，以案释法，让人民调解员更好理解法律条文，掌握更多调解技巧。邀请社区支部书记、妇联主席、人民调解员等来院参加观摩庭审、组织交流座谈，为调解人员“充电”。

二是开通业务点单服务。结合新兴街全国志愿服务社区发祥地特色，组建银发志愿调解库，参与矛盾调解、普法宣传等工作。派驻资深法官每周前往“无讼”社区法官工作室，现场接受调解人员咨询，结合具体案例就疑难复杂问题进行一对一辅导，使人民调解员及时了解人民调解新形势、法院审判新思路，有效提高调解人员业务能力和综合素质。

三是适时开展示范调解。开通线上法官直通车，如有具备调解意愿但多轮调解未果的案件，人民调解员可扫描“一键解纷二维码”，将问题提报至后台，法官助理根据纠纷类型及时派单，邀请专业法官前往社区，实地开展示范调解，提高社区调解员实战技能。一起房屋漏水纠纷，双方多次找到居委会调解，社区工作人员将纠纷提报至法官直通车，在法官指导下仅用时半天就成功调解，达到省时、省力、省钱的良好效果。

四是注重调解跟踪问效。提示街道办将人民调解组织调解成功的案件制作成展板张贴在“无讼”社区，增强居民对人民调解专业调解能力的信任。系统分析新兴街11个社区参与调解工作的力度及成效并向街道书记反馈，建议将调解工作成效纳入社区支部书记绩效考核和评星定级中，促进能者上、优者奖、庸者下、劣者汰。

三、聚焦“引领”，无讼理念润民心

针对普遍存在的有了纠纷找法院、基层人民调解组织权威性不足的问题，充分发挥文化引领作用，将无讼理念植入基层社会治理，力争从源头上减少诉讼案件。各街道办先后主动与法院对接，邀请法院对其基层治理建言献策。2023年以来，和平区物业纠纷案件同比下降77%，相邻关系纠纷案件同比下降47%。

一是注重规则示范引领。重视发掘典型案例引领价值，总结婚姻继承、民间借贷、劳动争议等方面的典型案例，按法律点位编纂成册，让社区支部书记在摸排矛盾纠纷过程中广泛宣传，引导居民了解法院裁判尺度并自觉规范自身行为，真正做到审理一案、宣传一法、教育一片、影响一方的法治宣传效果。

二是注重无讼价值引领。精心共建法治文化阵地，将成功调解案例制作成折页、海报等宣传材料，由社区工作人员分发宣传。依托街道社区普法宣传周活动，以通俗易懂的形式为人民群众提供点单式普法服务，广泛宣传人民调解，大力弘扬和谐相处、守望相助的价值观。

三是注重身边人行动引领。邀请天津电视台拍摄新兴街社区居民家门口调解的典型事例，在《都市报道60分》等民生节目中滚动播出，联动银发志愿者团队，为居民宣传“遇事找社区调解组织”“大家共同评理谈事解难题”，推动形成“有了问题找规则，有了规则找社区，依规调处促和谐”的无讼理念。

发挥检察公益诉讼职能　为大运河保护提供法治保障

天津市人民检察院

近年来，天津市检察机关认真贯彻落实习近平总书记对大运河“要统筹保护好、传承好、利用好”的重要指示精神，立足检察公益诉讼职能，围绕生态环境、河道水系治理和文物文化遗产保护等领域重点发力，为大运河保护提供优质检察保障。

一、加强协作配合，凝聚公益保护合力

一是深化“河长+检察长”工作机制。加强与行政部门交流协作，分别与河长办、水务、文旅、自然资源等部门会签工作意见，就大运河环境保护案件线索移送、调查取证、协作执行等达成共识，构建齐抓共管工作格局。建立跨区域协作办案机制，主动将大运河综合保护纳入京津冀检察协作框架，打造大运河保护共同体。如武清区院与北京市通州市院、河北省廊坊市院签订《关于开展京杭大运河（通武廊段）综合治理暨公益诉讼专项监督活动的实施意见》，解决大运河综合治理“上下游不同步”问题。

二是充分发挥“外脑”优势。与生态环境局共建“公益诉讼快速检测室”，协同开展大运河水质检测工作。发挥合作高校专业优势，为污染检测、损害评估等方面提供专业支持。邀请专家学者、人大代表参与公开听证，围绕违法设置拦河渔具、围垦河道、占压河道建设建筑物等案件，征求专业意见，在此基础上提出检察建议，督促行政机关依法整改。如北辰区院办理的督促规范运河边电表箱裸露安全隐患一案，与区人大建立检察协同监督机制，通过线上共享案件线索、线下参与调查程序和后续整改落实，一周内完成运河沿岸20余处问题整改，有效缩短办案周期。

三是强化线上平台联动。依托检察机关“益心为公”平台、司法机关“行政执法监督平台”、“12345”政务服务便民热线后台，建立“联络员+行政执法+网格”三位一体公益诉讼社会治理模式，及时共享信息、移送线索。如西青区院建设“全时空”智慧检务系统，在运河属地街镇设立“云检察室”，及时收集大运河治理线索，并督促整改。

二、坚持精准发力，提升司法办案质效

一是积极开展走访调研。主动走访河长办、生态环境局、水务局河道所、乡镇政府等单位，确定监督履职责任主体。实地踏查运河沿岸，确定违法情形的地理坐标，固定证据并建立问题台账。如河北区院针对非法捕捞问题，成立专门办案组，组建流动巡查分队，巡查北运河等5处河段，及时发现河道堤岸扫保不及时、违法放置“地笼”等问题，固定证据线索30余条。

二是建立“现场磋商+现场整改”办案模式。积极适用磋商制度，对事实清楚、行政机关有立即整改意愿的运河生态环境案件，分析问题原因、厘清监管责任，由行政机关当场提出解决措施并立即组织整改，经检察机关效果评估后终结案件。如红桥区院办理的一起区生态环境局在南运河水体腥臭问题中怠于履职案，与区生态环境局、市排水管理处现场磋商，在72小时内督促解决河段水体腥臭、河道杂物垃圾堆放问题。

三是加强运河流域文化保护。邀请文物专家、学者等参与调查、公开听证，研讨文物古迹损伤成因、修缮方法等，确保监督更加精准有力。逐一筛查国家、市、区三级文物保护名录和相关史料、走访排查案件线索，针对消防设施老化、文物损伤等问题向文旅局制发检察建议，督促修缮保护工作。如北辰、红桥区院针对运河流域烈士雕像损害、附属设施凌乱等问题，与北京军事检察院开展联合检查行动，向属地镇政府、区城管委制发检察建议，督促及时修缮维护英烈纪念设施。

三、强化综合治理，确保监督效果

一是积极开展动态监管。综合运用实地督查、现场走访等方式，二次复查检察建议落实情况，邀请人大代表、政协委员等重点查看整改措施、机制建设和成效巩固是否到位，确保整改落实到位。

二是以个案推动类案治理。从个案办理中发现运河保护共性问题，制发社会治理类检察建议，将公益诉讼制度优势转化为社会治理效能。如武清区院举行“大运河检察公益诉讼专项行动”公开听证，就运河非法捕捞水产品问题组织武清区农委、镇街相关人员进行公开听证，在送达检察建议的同时，开展释法说理和法治教育，达到宣传和警示的良好效果。

三是常态化开展普法宣传活动。联合河长办、水利等部门向运河沿岸居民开展普法教育活动，宣传生态环境保护、禁渔相关科普内容，发放各类宣传材料，增强群众保护河流生态环境与资源意识。如南开区院通过参加天津古文化街皇会展演的形式，向现场群众普及大运河文化遗产保护相关知识，营造人人保护运河的良好氛围。

探索推进新时代新型警务现代化

天津市公安局

天津公安机关深入贯彻落实习近平总书记关于科技创新、信息化工作、大数据的重要论述精神，坚持把实施大数据战略作为牵动公安工作现代化的“一号工程”，聚焦构建“专业+机制+大数据”的新型警务运行模式，坚持“四个第一”的理念，牢牢把握新时代公安机关的职责使命，以警种全涵盖、警员全覆盖、警务全流程、支撑全链条、监督全贯通“五全”为目标，以大数据应用新生态建设为牵引，以深化协同警务为抓手，全力推进新时代新型警务现代化实践探索。

一、充分发挥数据资源优势、数据人才力量、数据治理经验、数据运营能力，打造大数据实战应用力量体系

一是积极推动作战体系系统集成。以市公安局大数据实战中心建设为牵引，进一步整合“情指行”合成作战、党建引领基层治理平台、政治安全预警预防平台、数字化侦查平台、资金查控分析平台、执法办案管理监督平台、交管综合警务平台、公安大监督平台建设应用，推动“1中心+8平台”大数据实战应用体系迭代升级。

二是积极推动作战手段更新换代。按照“边建设边应用、边完善边提升”要求，推进党建引领基层治理公安行动中心、视图作战中心、网络合成作战中心、资金查控分析中心实体运行，尽快形成普惠全警、赋能基层、贯通一线的大数据2.0体系，牵引带动全局各项工作迈上新台阶。

三是积极推动作战资源全量汇聚。全面推进数据域建设，融合公安、视图、网络及开源数据，公安大数据平台数据总量达2520余类、1.7万亿余条，日均数据调用量超430万次，强化数据服务支撑，不断提升多域协同、整体联动能力。在推动警种组建数据战队的基础上，做强合成作战中心、数字化侦查中心、执法办案管理中心等专业中心“数字化作战力量”，全面打造基层数字单警、数字警格、数字警区、数字派出所，推动业务工作实现“数字化支撑管理”。

二、发挥大数据牵引作用，建立完善新型警务运行机制，将全警线上线下资源手段能力快速汇集一点、支撑一警、直达实战

做强协同岗“专业”力量，健全协同警务“机制”建设，构建起“单警随时发起、任务多点响应、责任实时绑定、需求全量支撑、质效全程监督”警务运行新模式，做到“以一警牵动全局，以全局支撑一警”。

一是大力深化移动警务建设。为全体民警配发2.9万部移动警务通，开发警务协同系统移动客户端，民警随时随地根据工作需要发起协同指令、获取数据支撑。基层民警警务通使用率达99%以上，真正成为基层民警想用、会用、爱用的工作利器。在市公安局各警种、分局各部门和基层所队设置协同岗，建立“线上履职”机制，明确专人负责值守响应、群组调度、运转保障，确保及时响应入群、随时提供服务支撑。机制建立以来，共组建协同群组44万个，群组内响应平均时间不超过30分钟，警务工作效率不断提升。

二是大力拓展应用场景服务实战。研发“视频飞投”、报警位置周边视频等12项功能，在指挥调度、侦查打击、基础管控等方面打造30余项协同警务应用场景，明确目标任务、健全闭环流程、量化工作质效、促进协同作战。已支撑线上警务工作42.5万起，其中处置各类警情19.4万起，支撑侦办各类案件6.6万余起。

三是聚焦刑事案件、治安案件和警情、舆情“两案两情”全量管理。大力深化“五统一”支撑办案机制和执法监督管理平台建设，全面强化法制支撑、刑事技术力量支撑、侦查手段支撑，推动“警情与案件、刑事与治安、打击与防范”“三个贯通”全市刑事案件破案率同比提升10.3%，治安案件结案率同比提升5.5%。

三、大力推动科技创新研发，为公安工作现代化提供新动能

一是深化“大模型”创新应用。建立“公安+

科技”协同工作机制，依托国家超级计算天津中心能力，围绕公安实战业务需求，在伴随式知识问答、数字人社区民警、AI数据查询支援、警务态势播报、事务性文字撰写等场景开展“大模型”创新应用，努力为公安工作高质量发展提供不竭动力。

二是激发基层创新活力。举办大数据局长论坛、科技人才论坛、“一展一赛一评选”等活动，启动示范基地和人才团队选树工作，开展“金点子”征集评选活动，建立“征集、论证、应用、孵化、评选”相贯通的工作机制，收集基层首创“金点子”546条，并逐一论证落地。

三是打造核心战斗力。深化“5110”数据专员支援机制，拓展数据协同能力清单，为一线民警提供“点对点、精准性、伴随式”数据支撑；深化“830视图作战平台”，打造全域多维布控统一、人车动态轨迹全息关联、多维数据融合研判的视图警务全警赋能体系；深化“501安保可视化系统”，推动警力、周边区域人流、重点关注人员等重点要素的全方位、可视化、动态化上图展示，搭建安保场景20个，支撑大型任务48次，有效提升全市大型活动安保水平。

“灯塔”引航　“蒲”满天津
服务禁毒普法教育

天津市司法局

天津市戒毒局认真学习贯彻习近平总书记关于禁毒工作重要指示精神，积极落实司法部戒毒工作向社会化延伸相关工作要求，深挖戒毒警察专业优势，将禁毒戒毒预防教育“关口”前移，迅速成立“蒲公英”“灯塔”2支专业团队，为全民特别是青少年易沾染毒品、社戒社康易复吸群体提供禁毒普法教育和心理健康服务，助力市委、市政府“十项行动”和平安天津建设。

一、吹响校园“禁毒戒毒号角”

一是抢抓“开学季”，为青少年上好“禁毒第一课”。结合青少年好奇心强、辨别是非能力弱、易受到诱惑欺骗等特点，以剖析典型案例、展示仿真模型、禁毒知识讲座等方式，使同学们深刻认识到毒品对个人、家庭、社会所造成的严重危害，教导同学如何预防、拒绝毒品及相关法律法规，引导同学们树立健康无毒的生活理念，筑牢校园禁毒防线。

二是紧抓禁毒重要节点开展系列宣传。在“6·1”《禁毒法》实施纪念日、“6·3”虎门销烟纪念日、“6·26”国际禁毒日等节点，面向青少年，以“一节禁毒宣讲课、一场联名禁毒签名、一栏禁毒手抄报、一篇禁毒戒毒感悟、一聘小小禁毒宣传员”等多种方式，引导青少年铭记民族英雄禁毒先驱林则徐，重点宣传新精神活性物质伪装形式、滥用“笑气”和欺骗诱导青少年的伎俩、手法及防范知识，提高青少年识毒防毒拒毒能力。

三是抢抓禁毒阵地建设深化共建联动。与南开大学、天津体育学院、天津理工大学、海运职业学院、南开中学、杨柳青二中、武清第十一中学、耀华小学、岳阳道小学等学校共建禁毒教育宣传基地31座，建立“校园普法宣传站”39个，联建民盟市委会“黄丝带”、“红烛”、律师事务所等单位共同走进学校开展禁毒宣传，13人次受聘为法治副校长，31人次受聘法治辅导员，聘任校园“小小禁毒宣传员”18人，开展校园禁毒宣传活动400余场次，辐射万余师生，为推进法治学校建设提供了强有力的支撑和保障，营造起全民共同预防毒品犯罪、共同宣传毒品危害的良好氛围。

二、唱响戒毒“好声音”

一是多维度广泛开展禁毒宣传。专业团队积极服务全市禁毒宣传大局，充分利用职能优势，自觉承担禁毒宣传的社会责任，以“地摊式”宣讲、“精准式”普法、“互动式”课堂、“流动式”宣传走进企业、乡村、社区、商超、网吧、夜店、地铁站、汽车站、火车站、公园、邮政系统、电视台演播间、“平小津”“快手”等网络平台、监狱系统、禁毒基地、市民广场累计300余场次，使禁毒宣传真正“走出去”，助力织密禁毒戒毒“防护网”。

二是聘任戒毒系统禁毒大使。先后聘任文艺界中国曲艺家协会会员佟有为、天津交响乐团钢琴独奏家张乐、天津人民艺术剧院国家二级演员李欣欣、体育界前奥运女排冠军张娜及卫健系统一中心医院、环湖医院、安定医院专家等为市戒毒局禁毒大使，特邀德云社相声演员录制禁毒戒毒宣传短片，通过“名人效应”拓宽了宣传半径，强化了宣传效能。

三是打好延伸帮教组合牌。结合派驻区域毒品滥用形势的新特点新变化，全谱系、全类别、全方位加强对后续照管人员服务帮教，围绕禁毒科普知识、“平安关爱”行动，广泛宣传开展“三清一收”行动的重要性和必要性，利用“天津戒毒”微信平台推发“家属学校”系列情景模拟禁毒课堂，科学阐释新型活性物质、笑气等概念，系统讲解新型毒品伪装形式和拒毒防毒技巧，不断完善戒毒康复工作取得的新成效，增强康复人员戒断毒瘾、回归社会的信心。

三、绷紧特殊群体“纪律弦”

围绕涉毒特殊群体开展毒品警示教育宣传，积极联建司法局、社矫中心、司法所，以观看警示教育片、沉浸式体验课等形式，配合对社矫对象涉毒特殊群体开展警示教育，场所之间做到要素流通、经验互学、合作共宣，丰富了对社区矫正对象警示教育方式，有效增强社区矫正对象认罪悔罪、自觉接受监督管理的意识。

四、为禁毒戒毒注入“心力量”

一是双频开展心理服务。进一步整合资源力量，“灯塔”团队与市戒毒局“24 小时心理服务热线”同频发力，为场所强制隔离戒毒所戒毒人员提供心理咨询服务。

二是联建社会组织定向开展服务。在心理健康领域强化合作交流，邀请社会专业心理团队、卫健系统专家与“灯塔”团队共同为社戒社康人员、强制隔离戒毒人员因需开展心理健康知识讲座和个体咨询服务，帮助戒毒人员树立健康心理，坚定戒治信心，护航戒毒人员心理健康。

审稿人：胡志勇
撰稿人：刘海滨　吕　猛

河　北　省

工 作 概 况

2023年度河北政法工作综述

2023年，在省委坚强领导下，河北省政法系统坚持以习近平新时代中国特色社会主义思想为指导，全面贯彻落实党的二十大精神，深入学习贯彻习近平总书记视察河北重要讲话精神，认真落实中央政法工作会议、省委十届四次和五次全会部署，扎实开展学习贯彻习近平新时代中国特色社会主义思想主题教育，统筹发展和安全两件大事，深入推进平安河北、法治河北建设，从严从实防风险、保安全、护稳定、促发展，党对政法工作的绝对领导全面加强，社会大局持续安全稳定。

一、坚持党的绝对领导，确保政法工作正确政治方向

牢牢把握政法机关政治属性，以扎实开展主题教育为主线，持之以恒加强政治建设和忠诚教育。

（一）坚持不懈加强理论武装。把学习贯彻习近平总书记视察河北重要讲话精神作为首要政治任务，与学习贯彻党的二十大精神结合起来，通过省委政法委员会全体会议、委务会、理论学习中心组学习会、专题研讨班等多种形式，推动学习贯彻向常态化、制度化延伸，第一次对河北省2248名乡镇（街道）政法委员进行全覆盖培训。

（二）精心组织开展主题教育。对标主题教育总要求和根本任务，聚焦“五个具体目标”，系统谋划“五项重点工作”，第一批主题教育检视整改问题130项、推动调研成果转化812项；统筹抓好第一批主题教育“回头看”和第二批主题教育指导，上下联动抓整改，切实筑牢政法姓党的思想根基。

（三）坚决有力维护政令畅通。把贯彻落实党中央和省委重大决策部署作为重要政治责任，严格落实“第一议题”制度，对习近平总书记重要讲话和重要指示批示精神，坚持第一时间传达学习、集中精力推进落实。对省委重大决策部署，坚持逐项细化分解，全程盯紧落实。

（四）健全落实党领导政法工作的体制机制。抓好重大事项请示报告、政法委员述职、党委政法委派员列席政法单位党组（党委）民主生活会等制度的贯彻落实。建立政治督察、案件评查、安全感和满意度调查“一督察一评查两调查”机制，启动首轮政治督察，实现对市级政法各单位领导班子全覆盖，党领导政法工作的制度化规范化水平不断提升。

二、坚持践行总体国家安全观，坚决筑牢首都安全屏障

（略）

三、坚持和发展新时代“枫桥经验”，努力打造更高水平平安河北

以坚持和发展新时代“枫桥经验”为牵引，以市域社会治理现代化试点为抓手，不断创新社会治理理念思路、体制机制、方法手段。

（一）创新发展新时代“枫桥经验”。承办中央政法委部分省区市新时代“枫桥经验”研讨班，开展“枫桥式”派出所、司法所、人民法庭评选活动，培育出50个“枫桥式工作法”先进典型，4个单位入选全国新时代“枫桥经验”先进典型，是入选单位最多的省份之一，相关经验做法在中央广播电视总台《新闻联播》播出。

（二）统筹抓好市域社会治理现代化试点建设验收。坚持“全面建、重点创”，石家庄、承德、秦皇岛、沧州、邢台5个试点市通过“全国市域社会治理现代化试点合格城市”验收。其中，石家庄市和秦皇岛市经验做法被评为“全国市域社会治理现代化试点优秀创新经验”。

（三）全面净化社会治安环境。坚持常态化开展扫黑除恶和社会治安综合防控，组织开展常态化扫黑除恶斗争省级督导，对各设区市进行全覆盖实地督导检查，打掉涉黑涉恶组织，发起打击电信网络诈骗犯罪集群战役，打造以合成治理、合成宣防、合成预警、合成打击“四大体系”为支撑的高碑店式反诈工作新机制，电信诈骗、刑事警情、现行命案数同比分别下降 4.5%、8.1%、13.9%；坚持“命案必破”，连续五年现行命案全部侦破。

（四）周密防范化解涉稳突出隐患。推进落实重大决策社会稳定风险评估，从源头上预防和减少了一批涉稳隐患。紧盯重点群体，持续强化情报预警、源头稳控、防线查控。

四、坚持法治思维和法治方式，全面提升法治河北建设水平

深入学习贯彻习近平法治思想，全面推进政法领域立法、执法、司法、守法等各项工作。

（一）统筹推进全面依法治省。将矛盾纠纷多元化解工作纳入全面依法治省工作进行总体谋划和部署推动，连续开展“抓实调解促和谐”“三大三提升”“提质增效创品牌”等系列活动，推动人民调解组织网络实现全覆盖，涌现出了以石家庄市正定县“帮大哥”、邢台市内丘县“好大哥”、唐山市丰南区“李小先”等为代表的一大批调解工作品牌。举办“深入推进全面依法治省专题研讨班”，召开全面依法治县规范化建设现场会，部署开展第三批省级法治政府建设示范创建，巩固深化“五级书记抓法治”工作格局，河北省 13510 名乡镇及以上党政主要负责人提交述法报告。筹办“法治三个十”、评选“百名法学家百场报告会”，推动“八五”普法规划纵深实施。

（二）精准强化执法监督。建立千名执法监督专家库，出台工作意见和办法，对工作落后的县级政法单位开展点对点执法检查，对易发多发领域、群众反映强烈、社会上有较大影响的案件开展案件评查，共评查 8682 件。

（三）有序推进信访工作法治化。按照“五个法治化”和“四个到位”的要求，遴选 5 个试点县，探索全流程、各环节法治化举措，形成了肃宁县“三级诊疗”、故城县“有理推定”“最多访一次”、武安市“一线三访”、唐县“一线统防、一厅统办、一网统揽”、丰南区“三个一”等法治化模式，肃宁县、故城县入选全国信访法治化试点。

（四）全面深化政法领域改革。贯彻落实党中央关于全面深化政法改革部署要求，组织开展全面深化政法改革集中督察，印发《〈关于深化政法领域执法司法权力运行机制改革的指导意见〉分工方案》，推动构建科学合理、规范有序、权责一致的执法司法权力运行机制。

（五）引领法学研究为法治实践提供保障。省法学会深入拓展习近平法治思想研究课题组工作平台建设，引导专家、学者在《习近平法治思想理论与实践》专刊发表 5 篇文章，并编印《习近平法治思想成果汇编》。精心组织并参与第十四届法治河北论坛、第十八届环渤海区域法治论坛、首届京津冀协同发展法治论坛等学术论坛，获多个奖项，省法学会服务京津冀法治协同发展的做法被《民主与法制时报》头版头条刊发。

五、坚持以服务高质量发展为主题，以新安全格局保障新发展格局

完整准确全面贯彻新发展理念，聚焦重大国家战略和全省中心工作，把政法工作置于全省改革发展稳定大局中谋划推进。

（一）全力服务保障雄安新区建设。印发《关于服务保障高标准高质量推进雄安新区建设的若干措施》，启用新区行政区划代码开展户籍管理，发放冀X 车牌照，指导新区筹建国家级司法鉴定中心，健全完善白洋淀跨区域生态保护司法协作机制，持续加强白洋淀生态环境司法保护，办理公益诉讼案件 152 件。

（二）拓展深化京津冀政法协同协作。印发《关于服务保障深入推进京津冀协同发展的若干措施》，与京津两地共同签署《筑牢区域安全发展机制协作框架协议》；推动实行京津冀易制毒化学品行政许可跨省通办，与天津协作办理互花米草入侵公益诉讼案，圆满举办第二届冰雪运动法治保障学术交流会，建立三地外馆外媒联合防范机制。

（三）优化法治化营商环境。印发《关于打造一流法治化营商环境的若干措施》，组织召开河北省政法机关优化法治化营商环境座谈会，河北省政法机关先后出台 108 项服务保障措施，推动 6 部营商环境领域立法；开展“服务实体经济　律企携手同行”专项行动，深入企业开展法治宣讲 1975 场次；2330 个户籍派出所全部推行“户籍 +”延伸服务。

（四）着力保障民生权益改善。加强生态环境司法保护，召开环太行山四省（市）生态环境保护司法协作联席会议，持续深化“燕赵山海·公益检察”

专项监督，立案数同比增长39.9%，环资领域公益诉讼立案数居全国前列。强化未成年人综合司法保护，加强涉罪未成年人帮教挽救和未成年被告人关爱救助，新建93个未成年人法治教育基地，出台综合司法保护措施15条，省市法院少年审判机构、省市县法院少年审判工作机制实现全覆盖。

六、坚持全面从严管党治警，倾力锻造忠诚干净担当的政法铁军

认真贯彻落实习近平总书记关于加强政法队伍建设的重要指示精神，持续巩固深化政法队伍教育整顿成果，推动政法领域全面从严治党向纵深发展。

（一）从严正风肃纪。召开河北省政法系统全面从严管党治警暨警示教育大会，组织开展巩固政法队伍教育整顿成果、推进全面从严管党治警“回头看”，推动落实防止干预司法“三个规定”，常态化排查整治有案不立、压案不查、有罪不究等问题。

（二）强化素质提升。加强政法队伍教育培训，广泛开展政治轮训、业务培训、实战练兵，省市县共举办各类培训班2160余期，举办河北省政法领导干部专题研讨班等多个政治培训班。

（三）培树政法楷模。涌现出全国公安系统一级英模刘亚斌、全国法院先进个人冯国生、河北省模范检察官王丽、全国人民满意公务员梁小辉等一批政法楷模；7名政法干警被评为一级、二级英雄模范，256名个人和132个集体获得省级以上表彰奖励。中央部委将刘亚斌同志先进事迹作为主题教育生动案例，在全国政法系统和全社会推广学习。

（四）落实从优待警。制定出台《关于推进全省政法干警权益保障委员会建设的指导意见》，省市县三级全面建成政法干警权益保障委员会，为牺牲、伤残、特困干警发放资助资金1000万元。2023年，河北省共有37名政法干警（含公安辅警）因公牺牲、185名因公负伤，彰显了敢于担当、履职尽责的忠诚本色。

会议活动

全省政法系统全面从严管党治警暨警示教育大会

12月27日，全省政法系统全面从严管党治警暨警示教育大会召开。

会议强调，深入学习贯彻习近平总书记关于全面从严治党重要论述和加强政法队伍建设重要指示批示精神，认真落实全省领导干部政治性警示教育大会精神，提高政治站位，进一步增强全面从严管党治警的责任感紧迫感，深入开展警示教育，努力锻造忠诚干净担当的新时代政法铁军。

会议强调，准确把握目标任务，一刻不停推进正风肃纪反腐。全省政法机关和广大政法干警要在筑牢政治忠诚上持续用力，在严惩执法司法腐败上持续用力，在落实防止干预司法“三个规定”上持续用力，在强化正风肃纪上持续用力，深刻认识党风廉政建设和反腐败斗争形势的严峻性和复杂性，坚决把严的基调、严的措施、严的氛围长期坚持下去，不断提高自我净化、自我完善、自我革新、自我提高的能力和水平。

会议要求，全面落实构建全面从严治党体系的重要要求，扎实推动全面从严管党治警向纵深发展。全省政法系统要立足新的形势任务，进一步健全管党治警责任体系、监督制约体系、制度体系，不断提升制度化、规范化、科学化水平，推动管党治警各方面工作有机衔接、联动集成、协同高效。

文件选辑

河北省群众安全感及政法队伍满意度调查办法

（中共河北省委政法委员会，2023 年 6 月 27 日）

第一条 深入学习贯彻习近平新时代中国特色社会主义思想，贯彻落实习近平法治思想，坚持总体国家安全观，全力履行维护国家政治安全、确保社会大局稳定、促进社会公平正义、保障人民安居乐业的职责使命，打造更高水平的平安河北，持续锻造新时代政法铁军，为实现中国式现代化建设河北篇章保驾护航，切实当好首都“护城河”，根据有关规定，就做好全省群众安全感及政法队伍满意度调查工作，制定本办法。

第二条 全省群众安全感及政法队伍满意度调查主要任务是：坚持以人民为中心，通过科学规范的信息采集、数据分析、结果运用，强化群众评价的监督作用，全面准确掌握群众对社会治安状况和政法队伍的真实感受，发现分析短板问题，公正评价工作成效，为深入推进平安河北建设、提升政法队伍质量水平提供客观参考，确保人民群众获得感、幸福感、安全感持续提升。

第三条 调查坚持以下原则：

（一）坚持人民立场。坚持以人民为中心，科学运用大数据、信息化、统计分析等调查手段，科学公正全面规范调查行为，确保调查结果具有普遍代表性，将平安建设工作和政法队伍建设成效交由人民评判，接受人民监督。

（二）坚持问题导向。针对调查发现的问题，逐项列出问题清单，分析问题原因，研究解决措施，着力补短板、堵漏洞、强弱项。

（三）坚持激励与约束并重。将调查结果与政法机关评优创先、政法系统领导干部选拔任用、培养教育、管理监督、问责追责相结合，鼓励先进、鞭策后进，推动能上能下，促进担当作为。

（四）坚持分类推动。综合运用表扬、通报、约谈、挂牌督办等方式，推动问题整改，持续提升群众安全感、满意度。

第四条 本办法包括全国群众安全感调查，全省群众安全感调查、全省政法队伍满意度调查。

第五条 调查范围。

（一）全国群众安全感调查范围。11 个设区市、雄安新区。

（二）全省群众安全感及政法队伍满意度调查范围。11 个设区市、雄安新区及所有县（市、区）。调查对象为年满 16 周岁以上常住居民，样本的县级行政区域分布、人群职业分布、城乡结构分布、调查间距分布等情况与上一年度省统计局发布的全省各地人口结构基本保持一致，确保具有普遍代表性。

第六条 调查时间和方式。

（一）全国群众安全感调查

1. 开展时间。每年度两次，分别于 6 月和 12 月进行，全国各地同步开展。

2. 调查方式。采取电话访问为主、网络调查为辅的调查方式。

（二）全省群众安全感及政法队伍满意度调查

1. 开展时间。每年度两次，分别于 6 月和 12 月进行，全省各地同步开展。

2. 调查方式。采取短信邀请网上问答的调查方式，以县级行政区划为基本单元，以上一年度全省常住人口数为依托，省内归属地手机号码库为基本样本框，通过手机短信邀请、网上答卷方式开展随机等距抽样问卷调查。同时，视信息技术发展情况，适时更新或增加其他方式。

第七条 全省群众安全感及政法队伍满意度调查的问卷内容，包括身份甄别、主体内容和背景信息三个部分。

（一）身份甄别。主要包括被调查人所在地区、居住时间等信息。

（二）主体内容。每次调查设置问题 50 个左右，主要包括：1. 安全感受、社会治安、矛盾纠纷调处、扫黑除恶等情况；2. 法院、检察机关、公安机关和司法行政机关的执法司法、工作成效、队伍建设等情况；3. 本年度全国和全省平安建设、队伍建设最新部署或重点工作；4. 其他需要调查的内容。

（三）背景信息。主要包括被调查人职业、性别、受教育程度、居住状况等信息。

第八条　全省群众安全感及政法队伍满意度调查的有效样本数量，根据调查精准性、提出问题样本数量、有效样本回收率、人口变化等因素确定，确保置信度不低于95%，每县平均有效样本不少于500份。

第九条　全省群众安全感及政法队伍满意度调查由第三方机构实施。

（一）项目资金。列入本年度省级财政预算，预算资金根据全省经济社会发展水平、调查成本、有效样本数量等方面确定。

（二）项目采购。按照省级财政预算资金使用有关规定，采用政府采购方式（竞争性磋商、公开招标）确定第三方机构负责项目实施。

第十条　调查报告。调查结束后由项目实施机构形成专门报告，主要包括调查结果、变化趋势、存在问题、对策建议等内容，对落后地方一地一分析、一地一报告，确保问题分析客观准确、清晰具体。

第十一条　结果运用。将全国群众安全感调查、全省群众安全感及政法队伍满意度调查结果作为省委政法委协助省委及其组织部门加强政法单位领导班子和干部队伍建设的重要依据，同时将调查结果通报相关干部人事部门。

（一）全国群众安全感调查

1. 对上一年度处于全国排名前10位的市，由省委政法委通报表扬。

2. 对上一年度处于全国排名后10位的市，由省委政法委通报批评；对连续两个年度处于全国排名后10位的市，由省委政法委机关主要领导对市委政法委主要领导进行约谈。

（二）全省群众安全感调查

1. 对上一年度全省排名前3位的市，由省委政法委通报表扬。

2. 对上一年度全省排名最后1位的市，由省委政法委通报批评；对连续两个年度全省排名后3位的市，由省委政法委机关主要领导对市委政法委主要领导进行约谈。

3. 对上一年度全省排名前10位的县（市、区），由省委政法委通报表扬。

4. 对上一年度全省排名后10位的县（市、区），由省委政法委机关主要领导对县级党委政法委主要领导进行约谈；对连续两个年度处于全省排名后10位的县（市、区），由省委政法委挂牌督办。

（三）全省政法队伍满意度调查

1. 对上一年度全省排名前3位的市及市级政法部门，由省委政法委通报表扬。

2. 对上一年度全省排名最后1位的市及市级政法部门，由省委政法委机关和省直政法部门主要领导分别对市委政法委及市级政法部门主要领导进行约谈。

3. 对上一年度全省排名前20位的县及县级政法部门，由省委政法委通报表扬。

4. 对上一年度全省排名后20位的县及县级政法部门，由省委政法委机关和省直政法部门主要领导分别对县级党委政法委及县级政法部门主要领导进行约谈；对连续两个年度处于全省排名后20位的县及县级政法部门，由省委政法委及省直政法部门挂牌督办。

第十二条　本办法由省委政法委负责解释。

第十三条　本办法自印发之日起施行。

特色专栏

河北探索“四四机制”加强政法宣传

河北省委政法委

为进一步提升河北政法新闻宣传的传播力和影响力，河北省委政法委以机制建设为牵引，创新传播平台、内容、形式，推进全省政法新闻宣传舆论工作，积极服务保障全省政法工作现代化。

一、围绕“四个机制”持续优化，构建政法宣传舆论工作新格局

一是健全统筹协调机制。坚持全省政法新闻宣传“一盘棋”，着力构建以省委政法委为主导，政法部门各履其职，各基层政法单位积极配合，新闻媒体衔接互动，内外联动、纵横一体的政法大宣传格局。

二是健全对接沟通机制。坚持每季度召开一次工作对接会议，总结通报季度新闻宣传舆论工作情况，沟通会商宣传主题，统一步调形成宣传声势。

三是健全发布推送机制。聚焦有特色的河北政法大政、大事，积极向《人民日报》、新华社、《法治日报》等中央媒体，以及中央、省内重点网站，今日头条等平台推送，形成强大传播效应。

四是健全反馈激励机制。探索建立科学的绩效考核奖励办法，把稿件阅读量、转发评论点赞量、跨平台传播量等作为重要考核指标，优绩厚酬、兑现奖惩，鼓励写好稿、出精品、创品牌。

二、围绕“四个方面”深度合作，打开政法宣传舆论工作新局面

一是合力做好政法新闻宣传。《河北日报》“要闻版”开设《政法在线》专栏，《河北日报》客户端开设政法频道，河北新闻网开设政法实践专栏，《河北日报》利用集团报网端微号等传播平台，积极宣传报道政法工作的重大部署及成效。

二是合力策划重大主题活动。围绕党中央重大决策部署，紧扣深化平安河北、法治河北建设，精心开展主题策划，适时推出主题宣传活动。

三是合力开展政法舆情引导工作。《河北日报》积极发挥舆情分析研判和服务团队专业化优势，对发现的涉政法舆情隐患及时预警，提供处置建议。

四是合力推进数字政法宣传平台建设。做强做优省委政法委新媒体中心，统筹推进政法新媒体矩阵建设，培育有潜力的政法新媒体账号。

三、围绕“四个度”精准发力，打造政法宣传舆论工作新高地

一是提升宣传高度。以深化宣传阐释习近平新时代中国特色社会主义思想、党的二十大精神为主题主线，紧扣党和国家工作大局，立足政法工作实际，着力做新做强政法正面宣传。

二是拓宽宣传广度。统筹政法宣传资源和社会媒体资源，动员各方力量，建立政法宣传的大传播格局，全方位、一体化、全媒体联动，实现横向融合、纵向融合、立体融合，形成强大聚合效应。

三是挖掘宣传深度。围绕政法工作重大部署、重大改革、重大典型组织策划精品力作；聚焦政法工作中的热点难点问题，深化专题报道，增加深度报道，追求最大化的宣传引导效果。

四是增强宣传温度。注重发现总结政法各单位先进典型并抓住其精神实质和闪光点，深入挖掘动人事迹和鲜活事例，推出有温度、有泪点、有人情味的“暖新闻”，增强可信度、感染力、说服力。

四、围绕“四个创新”下功夫，实现政法宣传舆论工作新跨越

一是创新内容。树立“内容为王”理念，努力提升内容品质，丰富内容表达，拓展内容呈现，用心用情讲好有格调、接地气的政法故事，让政法宣传既有“意义”，也有“意思”。

二是创新思路。结合政法领域改革等重点工作进程和重要节点，设置特色话题，生动展示政法工作实践，塑造河北政法好形象。

三是创新载体。牢固树立互联网思维，推动政法领域传统媒体和新型媒体加快融合，综合运用动漫、短视频、弹幕、新型超文本标记语言等新手段，创作推出爆款政法宣传作品，赢得关注、“吸粉”“圈粉”。

四是创新方式。把握受众的思维习惯和接受方式，改进话语文风，用老百姓听得进、看得懂、记得住的语言特别是数据、典型、案例说话，把每天都在发生的执法办案故事、政法英模故事、见义勇为故事，讲真、讲实、讲活，提高政法宣传舆论传播力、引导力、影响力、公信力。

2023年，先后组织策划“燕赵山海·公益检察”专项监督宣传、“印象冀法”主题活动、“十个样板两个一百”评选宣传，均取得良好效果。特别是重点开展的“反诈在冀一起来”主题短视频大赛活动，征集作品479件，全网播放总量达1.2亿次，网民参与讨论超过2000万人次。

加强执行规范化管理　切实推动解决执行难

河北省高级人民法院

长期以来，“执行难”一直是人民群众反映强烈、影响人民群众切身利益的突出问题。为切实推动解决执行难，着力保障人民群众权益，河北省高级人民法院于2023年10月出台《关于加强执行实施案件规范化管理的办法（试行）》（以下简称《办法》），并先行在28家中基层法院开展试点工作。经过试行，试点法院执行工作作风有效改进，执行质效各项指标显著提升，案件办理质量明显提高，执行异议、涉执信访案件明显减少，人民群众满意度和人民法院司法形象得到提升。

一、统筹执行立案，发挥协同效应

全省各级法院强化全院“一盘棋”理念，充分发挥“一把手”作用，统筹安排执行立案工作，加强立案、执行工作协同配合，明确由立案部门统一负责执行实施案件立案审查、向申请执行人送达文书、案款账户确认、案件信息录入等工作，实现立案阶段“应送尽送、应录尽录”，确保立案信息完整准确，便于执行工作开展。

二、指挥中心实体化运行，提高事务集约化水平

优化整合执行指挥中心职能，成立网络查控、线下查控、诉讼保全、事务管理督办等小组。指挥中心负责对所有执行实施案件登记造册，并集中完成案件信息核对、发起网络查控、向被执行人送达文书等工作。经网络查询后，对足额冻结到资金的案件及时扣划，将未足额冻结资金案件及时移交常规执行团队办理，繁简分流、简案快办，提升办案效率。

三、强化常规执行，实现能执尽执

一是实施分组包片执行模式。根据行政区划逐乡镇（街道）逐村（社区）建立台账，执行人员专注办理片区范围案件，节约人力和时间成本，密切与当地乡镇、村委、社区联系，助力查人找物，促推调解和解工作，并为集中执行、终本出清奠定基础。

二是严格时间节点管控。明确约见当事人、核实送达情况、核查财产线索、扣划资金、开展现场调查、采取强制措施、处置财产等工作时间节点，有效规范执行行为。

三是建立院局长调度案件机制。由执行局局长、主管副院长、院长分别对立案后3个月未结、4个月未结、5个月未结案件进行逐案调度，层层督导，对落实调度要求不力的案件进行内部交叉，并视情况对执行人员给予批评教育、调离执行岗位等处罚措施。

四、定期“拉网式”集中执行，增强威慑力

将经院局长调度督办仍未能执结的案件，恢复执行超过1个月无正当理由未执结的案件，群众反映强烈、领导督办、涉信访、涉民生的案件列入集中执行范畴，由院局长主导集中执行行动，杜绝办案人员提供案源。以逐乡逐村逐户形式为主，以抽取案件号段、同类案件、关联主体、专项行动等形式为补充，定期以大兵团作战形式开展“全覆盖、无死角”的“拉网式”集中执行，实现“执行一片、震慑一方”的效果。积极邀请人大代表、政协委员、检察机关、新闻媒体、基层组织参与见证，营造良好社会氛围。

五、强化评查归档，提高案件办理质量

明确执行案件归档标准及程序、时限要求，确保及时有序完成执行案件归档工作。建立案件评查机制，综合采取执行指挥中心组织交叉评查、分管院领导抽查、中院组织辖区法院交叉评查等方式，全面加强案件质量监管。每月通报工作开展情况，及时发现问题，限期督促整改，促使执行人员规范案件办理，执行工作质效及执行卷宗合格率不断提高。

以“燕赵山海·公益检察”专项监督助力天蓝地绿水秀的美丽河北建设

河北省人民检察院

为深入贯彻党的二十大“推动绿色发展，促进人与自然和谐共生”决策部署，认真落实省委“加快建设美丽河北”工作要求，2023年3月，省检察院党组聚焦河北省繁重的生态环境攻坚任务，在全省检察机关部署开展“燕赵山海·公益检察”护航美丽河北建设专项监督，围绕“四个领域”，深化“八个一批”，助力生态环境持续改善。

一、明确方向目标，强化督导指导

锚定省委、省政府“十四五”期间生态环境和资源保护目标，提出专项活动聚焦破坏大气、水、土壤环境和生态资源“四个领域”，谋划制定了“搜集一批案件线索、办理一批重点案件、修复一批生态环境、解决一批治理难题、健全一批长效机制、总结一批办案指引、发布一批典型案例、打造一批特色品牌”的“八个一批”工作举措，明确了专项监督主攻方向和工作目标。成立专项监督领导小组，建立领导包联和联络员制度，共组织召开领导小组会12次、推进会2次，院领导共深入各市县院130余次，召开座谈会120余次，持续推动专项活动走深走实。

二、坚持以案促改，筑牢司法屏障

牢固树立“以办案论英雄、以实绩论英雄”价值导向，省院带头办理污水处理厂非法倾倒污泥案、某矿业公司怠于履行矿山修复案等重大案件，制定出台《公益诉讼检察案件质效评价体系（试行）》，组织开展2次案件质量评查，召开4次高质效案件调度会，印发大气保护、水资源保护等8个领域办案指引，发布3批39件典型案例，推动市县两级院始终以办案为中心，持续加大办案力度，办理了一批企业大气监测数据弄虚作假、黑臭水体污染、跨省市倾倒危险废物、私挖乱采矿产资源等严重损害生态环境的“硬骨头”案件，推动解决了一批当地政府想解决而长期未解决的生态环境和资源保护领域重难点问题。七年沉船无人打捞污染海洋生态环境民事公益诉讼案被中央广播电视总台报道。全省27件案例入选最高人民检察院典型案例和优秀案例。

三、密切协作配合，凝聚保护合力

市县两级检察机关持续加强与行政机关以及相邻省市沟通联络，建立完善252项具有地域特色的协作配合机制。省委政法委牵头组织省检察院、省自然资源厅、省生态环境厅、省水利厅、省农业农村厅、省地矿局联合签署了《关于在生态环境和资源保护领域公益诉讼检察工作中加强协作配合的意见》，省检察院与省生态环境厅、省自然资源厅、省河长办、省水利厅分别建立了执法信息共享机制，与省地矿局联合签署了《关于在检察公益诉讼办案中加强协作的意见》，与省农业农村厅联合开展“高标准农田建设领域”公益诉讼专项监督，会同省水利厅、省法院、省公安厅、省司法厅联合开展河湖重点问题联合行动，取得良好成效。

四、注重宣传引导，浓厚社会氛围

统一设计宣传海报、制作宣传视频，通过地铁、广告位等2.6万余块屏幕循环播放，在人员密集场所张贴海报7万余张，在中央及省级主流媒体刊稿1700余篇，阅读量过七千万次。组织召开“生态环境公益检察助力美丽河北建设检察开放日”活动，举办新闻发布会、主题书画展，不断创新宣传形式，以人民群众耳熟能详、喜闻乐见的方式，推动专项活动走进千家万户、成为街谈巷议。

五、加强科技支撑，提升数字赋能

以“燕赵山海·公益检察”专项监督为牵引，在全国检察机关率先建成了贯通全省三级检察院的公益诉讼检察大数据智能化应用平台。着力构建智能研判辅助办案、类案监督模型超市、燕赵山海专项监督、办案质效综合分析、融合通信指挥调度“五大应用场景”，实现了让线索“自动上门”、使案件“浮出水面”、为办案“赋能增效”、助决策“耳聪目明”的良好效果。2023 年 9 月 28 日省级平台正式启用，12 月 28 日三级院正式启用。截至 12 月 31 日，共搜集案源信息 4 万余条，向各级院推送案件线索 7500 余条，立案 598 件，发挥了办案的倍增器作用。

在全省检察机关的共同努力下，截至 12 月 31 日，全省检察机关共立案 5453 件，履行诉前程序 5042 件，提起诉讼 335 件，其中，行政诉讼 123 件，全年立案数量和行政公益诉讼起诉数量均位居全国前列。通过办案，共挽回被损毁、非法占用的林地、耕地、草原 2.1 万亩，清理污染和非法占用的河道 1200 余公里，清理被污染水域面积 3500 余亩，保护被污染土壤 5100 余亩，督促清除各类生活垃圾和固体废物 96 万吨，追偿环境损害赔偿金、治理修复费用 2.7 亿元，挽回被非法开采矿产资源总案值 1.1 亿元。

小切口撬动大平安　硬功夫提升软实力
全面打造以“四大合成体系”为支撑的反诈新格局

河北省公安厅　保定市高碑店市公安局

2023 年，保定高碑店市将反诈工作纳入党委、政府重要议题和各部门“平安建设”考评，建立“三长一委一主管”联动机制，牢固树立“宁吃防范苦、不贪破案功”的理念，将工作重心向精准宣传和技术防范转移，探索实施合成治理、合成宣防、合成预警、合成打击“四大体系”，形成“落实 + 责任、科技 + 传统、警力 + 民力”的反诈工作全新机制。

一、坚持党政统筹、凝聚内外合力，构建高位推动的合成组织体系

高碑店市公安局把反诈工作作为“一把手”工程，坚持理念先行，将反诈工作上升为党政工程。

一是提级管理压责任。主动向市委、市政府汇报，成立了由市委书记任组长的全市反诈工作领导小组，市委政法委将打击治理电诈犯罪工作纳入社会治安综合治理和平安建设考核体系，出台了《全市防范电信网络诈骗“三长一委一主管”联动机制》，明确了村长、中小学校长、派出所所长、社区居委会主任和企事业单位主管的反诈职责。

二是凝心聚力强担当。市公安局党委班子和各级干部带头抓起，做到党委会必研反诈，把反诈工作作为基层党组织“三会一课”的重要内容，要求书记做表率、党员做骨干、支部做堡垒。市局专门制定了《反诈工作实施方案》，各警种部门“一把手”是反诈工作第一责任人，打破部门职责壁垒，强化警种协同。

三是问题导向补短板。针对电诈案件专业性强的特点，按照懂法律、懂侦查、懂财会、懂网络“四懂”标准，从全局挑选 15 名精干警力充实到反诈中队，编印发放《高碑店市公安局反诈工作“60 个怎么办”》1800 册，场景式设计、问答式讲解，成为民警反诈工作的教科书。

二、坚持机制驱动、增强全民免疫，构建滴漫并举的合成宣防体系

秉承“宁吃防范苦，不贪破案功”的理念，坚持第一轮宣防的结束，就是第二轮宣防的开始。

一是拓展宣传广度，不留死角盲区。“面对面”地毯式宣传，结合“百万警进千万家”行动，实行“N + 1”工作法，在民警上门走访、化解纠纷和给群众办理证照工作中都把反诈宣传作为“必加项”，坚持多说一句提示、多问一声需求、多发一张反诈宣传单。“点对点”投放式宣传，制作了反诈宣传即时贴，针对群众网购特点，联合快递公司、外卖平台和桶装水企业，在每一件寄递的货物、每一件投送的桶装水上都贴上电诈“小贴士”。“心贴心”互动式宣传，创建、加入了 1513 个覆盖全市每个家庭的警民微信群，及时发布预警信息、公布受害数据、制作抖音、短视频揭露网络诈骗犯罪手段，以案释法、以案醒人。“线连线”矩阵式宣传，制作反诈微电影、短片、改编反诈歌曲，在抖音、快手、百度、爱奇艺、微博等媒体发布。市局统一拍摄反诈公益电影《猎鳗行动》《境外来电》和 70 余部反诈短视频。

二是提升宣传精度，分类靶向施策。针对中老年群众生活特点，制作“反诈鸡蛋”7.4万份、“反诈购物袋”3.1万个。组织各学校校长、法治副校长开展防诈教育入课堂活动，组织学生家长共同制作反诈宣传手抄报，通过教育一名学生、影响一个家庭、辐射一方安宁。

三是强化宣传力度，严格考核奖惩。局党委把反诈工作作为平安稳定的“晴雨表”，建立全局反诈工作群，实行每日点评通报机制。建立《反诈工作奖惩机制》，并通过发案回访倒查宣防落实，以宣防质效兑现工作奖惩。

三、坚持全域感知、强化以快制快，构建精准制导的合成预警体系

充分发挥专业技术在预警反制中的优势作用，全面构建多触角、广维度、全覆盖的预警体系。

一是搭建预警感知“数据库”。扩大数据库容量，拓展数据采集渠道，整合科技公司数据资源、本地电诈警情信息，建立模型，第一时间发现潜在受害人。

二是拧紧执行落实“责任链”。建立“四同步”工作机制，预警指令同步推送给情指中心、辖区派出所、全局反诈微信群、警务督察大队。根据预警等级，采用绿、白、黄、红“四色管理法”，最大限度提升预警反制的操作性、时效性。

三是保障宣传深度，逐案复盘研判。紧盯“宣后被骗、预后被骗”难点痛点，不断创新宣传形式，丰富宣传载体，更新宣传内容，进一步强化宣传回访责任倒查，全链条掌控盯紧，在宣防“最后一公里”上做文章、下功夫。

四、坚持以专打职、堵塞治理漏洞，构建科技赋能的合成作战体系

坚持以专业打职业、以团队打团伙，以打促防、以打促治、以打促安。

一是多警联动重拳打。成立高碑店市“断卡”工作领导小组，组织公安、银行、工信局等部门，推动《反电信网络诈骗法》的落地实施，提高“两卡”违法犯罪打击质效。

二是提炼战法精准打。对电诈案件逐案进行资金流、网络流、信息流侦查，做到“一案一研判，一案一分析”，总结提炼多种打击电诈技战法，深挖收贩卡、跑分洗钱、引流吸粉等犯罪团伙，严打银行运营商“内鬼”。

三是科技赋能纵深打。整合社会力量，开展警企、警银、警校合作，建立了“电子物证勘察实验室”“反诈联合实验室”，加强研判筛查、案件线索清洗、探索渗透攻防，全力构建“机制契合、资源整合、能力聚合”打击治理新格局。

全力推动构建新时代调解工作大格局

河北省司法厅

河北省司法厅坚持以习近平新时代中国特色社会主义思想为指导，深入贯彻习近平法治思想和党的二十大精神，坚持和发展新时代“枫桥经验”，强化职能作用，有效整合资源，推进机制创新，全力推动构建新时代调解工作大格局。

一、坚持政治站位，切实把矛盾纠纷多元化解工作摆在重要位置

始终将矛盾纠纷多元化解工作纳入全面依法治省工作进行总体谋划和部署推动，作为平安河北、法治河北建设的重要内容，及时研究解决问题。联合省法宣办制定《关于学习贯彻〈河北省多元化解纠纷条例〉的通知》，要求各地切实将学习贯彻《条例》作为一项重要政治责任，明确具体工作任务。坚持系统治理、依法治理、综合治理、源头治理，出台《关于推进构建新时代大调解工作格局的意见》等文件，整合资源力量，构建有效衔接、相互支持、协调联动的工作格局。省法院、信访局、发展和改革委等十三部门出台的《河北省加快推进公共法律服务体系建设的主要任务分工方案》中，明确提出完善人民调解、行政调解、司法调解联动工作体系，推动构建大调解工作格局。围绕社会热点难点问题，省有关部门陆续出台金融、民营经济、婚姻家庭、物业等领域矛盾纠纷化解工作意见，聚力打造矛盾纠纷多元化解新模式。

二、坚持夯实基础，不断完善调解组织队伍网络

推动人民调解组织网络实现全覆盖，全省共建立人民调解组织58546个。各地在基层法院、派出所、信访等部门派驻调解工作室，逐步形成“有矛盾纠纷找人民调解”的社会氛围，涌现出了以石家庄市正定县“帮大哥”、邢台市内丘县“好大哥”、唐山市丰南区“李小先”等为代表的一大批调解工作品牌，在当地形成良好品牌效应。巩固拓展行业性专业性调解组织。省级层面成立了信用协会、住建物业、版权保护中心、造价协会等10个调委会，设立了省总商会、省河南商会等6个商会人民调解委员会。全省建立企事业单位调委会555个，行业性专业性调委会1501个，覆盖18个行业领域。优化完善调解员队伍结构。积极发展专职人民调解员队伍，规范兼职人民调解员，注重选聘律师、专家学者等社会专业人士和退休政法干警担任人民调解员，全省调解员达32万人。石家庄采取“协会+个人品牌调解室”的运作模式，培养出一批以高瑞奎为代表的活跃在基层、为群众提供贴身服务的人民调解员。

三、坚持有机衔接，凝聚矛盾纠纷多元化解工作合力

坚持党委领导、政府主导、司法行政机关指导、相关部门支持配合、社会广泛参与，推进分工负责与联合调处、属地管理与集中调处相结合的大调解格局建设。充分发挥诉调对接工作机制作用，普遍与法院建立完善诉调对接机制，实现矛盾纠纷线下线上一站式受理、一站式解决，诉调对接机制的建立和运行，减轻了诉讼压力，提高了办案效率，取得了良好效果。积极强化与公安、信访部门的协调联动，深化警调、访调对接工作，逐渐形成了基层司法所、派出所、信访办密切配合、协调联动的工作机制。邯郸市创新发展“大民调”工作机制，大力开展“一委一庭三中心”三级平台和调解“专家库”“人才库”“能人库”建设。保定高碑店市以村（社区）为单位组建多个警民微信工作群，全市14司法所和16个派出所全部入群解决群众诉求。充分发挥人民调解地区合作机制作用。强化京津冀资源协调联动，充分发挥通武廊、津沧廊等合作机制作用，推动人民调解工作协同发展。邯郸大名县建立起三省四县矛盾纠纷跨域联调机制，其省界矛盾纠纷化解（冀鲁豫三省四县）助力共同富裕乡村振兴工作，被评为“全国法治政府建设示范项目”。充分发挥仲裁、行政复议等非诉讼化解机制作用。成立全国第三家省级仲裁行业自律组织，聘请全国知名专家学者组建了专家顾问团，与省法院建立诉讼与仲裁衔接工作沟通交流平台。通过采取公布咨询电话、开通申请电子邮箱、设立县乡两级行政复议联系点等举措，进一步畅通行政复议渠道。

四、坚持系统施策，筑牢人民调解工作防线

连续开展“抓实调解促和谐”“三大三提升”“提质增效创品牌”等系列活动，全省年均调解纠纷34万件，调解成功率98%以上。积极提供精准化的“排查”服务。针对婚姻家庭、邻里关系等常见多发的矛盾纠纷，坚持经常性排查与集中排查相结合，多渠道、全方位收集社会矛盾纠纷信息，及时了解、发现、掌握各种矛盾纠纷和苗头隐患。衡水市组建乡村两级联合调解室，通过主动下乡开展工作的方式与群众沟通交流，掌握民生问题，将矛盾纠纷排准、排全、排到位。积极提供精准化的“预防”服务。指导各地统筹区域内人民调解资源，建立部门沟通联席会议等工作机制，联动调解辖区内的重大疑难复杂民间纠纷。积极提供精准化的“化解”服务。在化解纠纷矛盾实践工作中，涌现出了沧州市肃宁县的“三级诊疗”社会矛盾体系、河间市的“两调一议”工作法、献县的“网格化+三治融合”模式、黄骅市的微信调解法，以及秦皇岛市青龙满族自治县的“一小时调解响应”机制，都能在第一时间为群众解决矛盾纠纷。

审稿人：宁全龙　郭利锁　聂辰录
撰稿人：陈鹏帆　郝利锋　张玉路
陈　巍　靳宝天　田　雨
徐亚杰　安景旭

山　西　省

工 作 概 况

2023年度山西政法工作综述

2023年，山西政法机关深入学习贯彻习近平总书记重要指示和中央政法工作会议精神，在中央政法委有力指导下，在省委坚强领导下，忠诚履职，担当作为，抓紧抓实防风险、保安全、护稳定、促发展各项工作，奋力推进政法工作现代化，山西省政法工作取得新的成效。

一、牢牢把握政法姓党根本属性，切实把党的领导贯穿政法工作各方面、全过程

（一）筑牢政治忠诚。始终把忠诚核心、维护核心、看齐核心作为最高政治原则和最基本政治规矩，严格落实“第一议题”制度，制定贯彻落实习近平总书记对山西政法工作重要指示批示工作机制，健全任务分工、督促检查、情况通报、监督问责等全流程体系，严格执行重大事项请示报告制度和坚决维护党中央集中统一领导的规定，教育引导政法干警深刻领悟“两个确立”的决定性意义，切实增强“四个意识”、坚定“四个自信”、做到“两个维护”。

（二）强化党的领导。推动将《中国共产党政法工作条例》贯彻落实情况纳入省委督查范围，组织对4个省直政法单位、11个市和124个基层政法单位开展实地督查，精准发现问题、精细推动整改，推动健全党领导政法工作的制度机制。探索建立省委政法委、省直政法单位党组（党委）、各市委政法委联动督察巡查工作机制，对11个市级政法单位开展政治督察。制定加强全省政法系统党的建设指导意见，以高质量党建引领政法业务和队伍建设。

（三）加强党委政法委自身建设。从党委政法委系统、同级政法机关、下级党委政府和同级党政机关事业单位、社会面四个方面系统布局，健全纵横贯通发力的制度机制，不断提升党委政法委工作效能。鲜明提出政治、业务、执行能力、党风廉政、队伍和领导班子等“六项建设”要求，确保党委政法委自身建设走在前、作表率。

二、深入扎实开展主题教育，用习近平新时代中国特色社会主义思想凝心铸魂取得新成效

（一）加强理论武装。把理论学习作为首要任务并贯穿始终，深入学习习近平新时代中国特色社会主义思想，深刻学习领会其核心要义、丰富内涵和实践要求，重点学深悟透习近平法治思想、总体国家安全观和习近平总书记关于政法工作的重要论述，举办全省政法领导干部专题研讨班，示范带动政法各系统开展多层级多轮次政治轮训，推动构建党组（党委）示范学、党支部集体学、党员干警自觉学一体化学习矩阵，不断增进政法干警对党的创新理论的政治认同、思想认同、理论认同、情感认同。成立“习近平法治思想研究”课题组工作平台，推出系列理论文章，推动习近平法治思想内化于心、外化于行。

（二）大兴调查研究。坚持调研开路，念好“深、实、细、准、效”五字诀，各级政法领导干部带头深入基层一线，围绕防范化解重大风险、服务保障高质量发展等课题开展调研，形成一批高质量调研成果，带动政法系统调查研究蔚然成风。坚持“调”“研”“用”并重，围绕正反典型案例开展解剖式调研，举一反三推动调研成果最大化。

（三）深化检视整改。坚持边学习、边对照、边检视、边整改，精心找问题、精准挖根源、精细定措施，推动警务辅助人员条例修订、高速公路警务机制改革等难点问题取得重大进展，集中出台户籍、交管、诉讼、法律服务等领域便民利民新举措。严肃认真召开专题民主生活会，开展批评与自我批评，达到了接受政治体检、净化政治灵魂的目的。对表现在基层、根子在上面的问题进行了联动整改。对主题教育中的好做法好经验，及时以制度形式固定下来，确保常治长效。

三、加强社会治安综合治理，着力提升群众安全感、满意度

（一）严厉打击突出违法犯罪。持续深化以“扫黑恶、治电诈、打盗窃、禁毒品、护民生”为重点的专项行动。常态化推进扫黑除恶，侦办涉黑涉恶案件43起。深化打击治理电信网络诈骗犯罪，实施县域毒品问题综合治理，推动出台全国首部关于非列管可制毒化学品管理的政府规章。

（二）加强社会治安整体防控。以示范城市创建牵引社会治安防控体系建设，加快完善圈层查控、单元防控、要素管控网，形成平战衔接、巡处一体、常态见警的防控格局。加强未成年人保护，推动《山西省预防未成年人违法犯罪条例》列入立法规划，依法打击未成年人团伙犯罪等突出问题。省法院设立“少年审判工作办公室”，省检察院积极打造“携手共晋”未检品牌，织牢未成年人司法保护网。出台全省《社区矫正宣告工作规范》地方标准。

（三）维护公共安全。深化道路交通事故预防“减量控大”，有效应对大范围降雪冰冻恶劣天气考验。协调做好矿山企业井下民爆物品安全监管，依法从严惩治危害生产安全犯罪和关联犯罪。

（四）加强基层平安创建。开展平安县城（城区）建设、基层平安建设提质示范行动，确定117个乡镇（街道）和1170个村（社区）示范引领，以点带面提升全省基层平安建设工作水平。采取“分项考核、逐项赋分、综合评价、全省排名”办法开展平安建设考核，表彰平安建设单位125个，追责单位184个。

四、坚持和发展新时代“枫桥经验”，提升矛盾纠纷预防化解法治化水平

（一）加强矛盾纠纷多元化解。落实重大决策社会稳定风险评估机制，完善配套制度，完成1578件稳评项目备案工作。开展“化解矛盾纠纷　助力转型发展”“万警进万家”等专项行动，排查涉疫、教育、物业等八个重点领域矛盾纠纷20.8万件，化解率96.34%。全省法院诉前调解案件27.14万件，调解成功17.39万件，诉前调解数量、质量实现双提升。建立省市县乡四级基层矛盾纠纷排查化解工作联席会议机制。依托山西多元解纷平台，集成9部门线上调解资源和数据信息，与12家单位建立劳动、知识产权、金融纠纷等“总对总”在线诉调对接工作机制，构建“一体通调”的互联网调解综合平台。扎实推进基层“枫桥式”人民法庭、检察室、公安派出所、司法所创建，同步推进巩固提升综治中心规范化建设，通过整合各种社会治理力量，实现“一站式”解决群众诉求。集中表彰32个全省新时代“枫桥经验”先进典型、904名村（居）优秀调解能手、50名省调解专家。

（二）优化网格化服务管理。以省委抓党建促基层治理能力提升专项行动为契机，持续推进党建引领基层网格治理。成立山西省社会治理标准化技术委员会，完善网格化服务管理和综治中心建设省级标准体系。配齐配强网格党组织和专兼职网格员，全省网格员共排查上报有效事件737.6万件，处置727.6万件，处置率98.65%。

（三）推进信访工作法治化。研究制定山西省信访工作法治化实施意见，深入开展信访接待场所标准化、信访流程规范化、信访事项信息化“三项建设”，完善信访工作联席会议“一办五组”运行机制，夯实信访工作法治基础。大力弘扬“四下基层”优良作风，推动各级领导干部下沉一线接访下访1.87万次，化解信访问题近3万件。深入开展信访问题源头治理三年攻坚行动，加强初次信访事项办理，提高信访部门及时受理率、责任单位按期办结率、一次性化解率。

五、围绕中心工作，积极服务保障全省高质量发展

（一）严惩涉企违法犯罪。严厉打击重点产业和市场领域犯罪活动，挽回经济损失38.86亿元。强化企业周边治安秩序整治，排查企业1.96万家次，查处打击侵企扰企违法犯罪案件205起。强化知识产权司法保护，审理各类知识产权案件4882件，成立“汾酒”“平遥牛肉”等21个山西品牌知识产权检察保护中心。

（二）推动金融业健康发展。制定出台《山西省政法机关服务保障金融业平安健康发展工作意见》，持续开展防范化解金融风险专项行动，从严惩治各类非法集资犯罪、金融信贷领域犯罪，发布金融商事审判白皮书。推动11市仲裁委普遍设立金融仲裁专业机构，促进金融业健康发展。

（三）助力美丽山西建设。聚焦黄河流域生态保护和高质量发展，制定出台工作意见，部署开展“深入推进服务保障黄河流域生态保护和高质量发展”“紧盯汾河水污染治理　助推一泓清水入黄河”等专项行动，召开“强化依法治水携手共护母亲河”主题新闻发布会，与水利部黄河水利委员会等10个部门会签《黄河流域水行政执法与检察公益诉讼协作机制实施细则》，推动形成司法保护合力。严厉打击破坏环境资源犯罪，保持严惩破坏生态环境犯罪高压态势。

六、深入学习贯彻习近平法治思想，提升法治山西建设水平

（一）推进全面依法治省。出台关于贯彻落实党的二十大精神深入推进新时代全面依法治省的实施意见，聚焦法治建设重点领域，深入开展法治山西、法治政府、法治社会“三位一体”试点建设，对法治建设“一规划两纲要”进行中期评估，召开全省法治政府建设推进会，开展第二批法治政府建设示范创建活动，评选综合示范地区6个、示范项目9个。研究制定《关于加强全面依法治县规范化建设的若干措施》《市县法治政府建设指南》地方标准，健全完善法治建设考核评价指标体系，着力提升法治建设系统化、规范化、标准化水平。认真贯彻落实中央依法治国办督察山西市县法治建设反馈意见，研究制定223项整改措施，形成“1+4+2”整改工作制度体系，整改完成率90.1%。

（二）推进严格执法。组织开展全省执法司法问题专项检查。深化开展行政复议质量提升年活动，统一规范行政复议各环节规则、流程、文书，省级行政复议机构办理行政复议案件354件。检察机关与有关行政机关建立行政执法和法律监督衔接机制，监督行政违法案件936件，同比增长1.06倍。对道路交通安全和运输执法领域突出问题进行专项整治，整改“逐利执法”、执法不规范等突出问题1083个。全域推进执法办案管理中心建用管评规范化，形成执法全要素、全过程、闭环式监督管理格局。编制《乡镇（街道）行政处罚裁量权基准清单》《规范乡镇（街道）行政执法典型经验》，提升乡镇行政执法规范化水平。

（三）推进公正司法。发布年度行政案件司法审查报告和行政审判十大典型案例，提出促推行政机关提升依法行政和实质性化解行政争议水平的司法建议。加强检察机关法律监督，对省级执法司法机关和11个市组织开展落实检察机关法律监督工作督查检查。

（四）推进全民守法。强化“八五”普法顶层设计，全面落实“谁执法谁普法”制度。持续推进公共法律服务实体、热线、网络三大平台优化升级，制定出台《公共法律服务实体平台服务规范》，增强公共法律服务质效。大力推动“法援惠民生”活动，部署开展“免费法律咨询和特殊群体法律援助惠民工程”提质增效年活动，免费解答群众法律咨询47.25万人次，办理特殊群体法律援助案件1.16万件。召开全省法治乡村建设推进会，累计培养农村“法律明白人”14.3万人、农村学法用法示范户1.2万余户，持续提升全省乡村治理法治化水平。广泛开展群众性法治文化活动，举办第二届“三晋法治论坛”，全面推行首席法律咨询专家制度，深入开展“百名法学家百场报告会”法治宣讲活动，不断提升全民法治意识和法治素养。

七、持续深化政法改革，塑造政法工作现代化新动能

（一）全面优化政法机构职能体系。加强专门法庭建设，成立全省首家金融法庭，新设环境资源、文化保护等一批专门法庭。深化“派驻+巡回”刑事执行检察机制，实现全省监狱、看守所、社区矫正机构交叉巡回检察全覆盖。推进公安警务体制改革，全面调整省公安厅直属局职责及编制，实现配合监察勤务、打击电信网络诈骗、企业安全保卫、寄递物流监管专职化。深化高速交警警务机制改革，形成全线路、不间断高速公路交通安全管理新模式。

（二）全面准确落实司法责任制。完成省法官检察官遴选委员会换届，做好法官检察官遴选工作。

（三）协调解决政法跨部门事项。发挥党委政法委“填补真空、加强链接”作用，着力协调解决一个政法单位办不了、办不好的难点问题。省委政法委收集省直政法单位需跨部门解决问题31件，协调解决10件，为省直政法单位更好履职提供了有力保障。

（四）推进科技信息化建设。以“四推进两提升”为抓手，推进政法涉密视频会商系统建设应用、政法跨部门大数据办案平台业务协同和数据共享、政法跨部门大数据办案一体化融合平台建设等工作。法院深化智能辅助系统建设。检察院建成检察大数据基础平台，自主研发150余个法律监督模型，监督纠正案件1740件。公安统筹推进信息化项目整治整改和智能化建设应用，大数据智能化工作总体通过率81.17%。

八、坚持全面从严管党治警，锻造忠诚干净担当的政法铁军

（一）坚定不移推进正风肃纪反腐。坚持严的基调不动摇，组织召开深化省级政法机关党风廉政建设和反腐败斗争工作座谈会，制定严格落实防止干预司法“三个规定”的实施办法，深化党委政法委职能监督、政法单位督察巡查与纪检监察监督贯通衔接机制改革，形成监督合力。深化案件线索查办和顽瘴痼疾整治，开展专项纪律作风督查巡查，严肃追责处理违纪违法政法干警。强化党纪国法、警规警纪教育，建立完善典型案例常态化通报机制，筑牢拒腐防变思想防线。

（二）全面提升队伍素质能力。主动适应推进政法工作现代化新要求，专题调研全省政法队伍和政法系统人才建设情况，健全政法队伍培训机制，制定《全省政法队伍 2023—2027 年教育培训规划》，深入开展岗位练兵，政法各系统全覆盖开展专业化、实战化教育培训。加强干部选育管理和编外人员管理，健全符合政法职业特点的招录、培育、考核、奖励等工作机制，吸引更多高素质人才进入政法队伍。

（三）加强队伍保障体系建设。推动健全政法干警身心健康保护机制，出台加强政法干警身心健康管理工作“二十条措施”，坚定支持政法干警依法履职，进一步激发担当作为、干事创业的积极性。认真落实新时代政法楷模表彰大会精神，建立全省政法系统先进典型资料库，设立“山西省新时代政法先进集体、先进个人”荣誉奖项，广泛选树宣传政法英模，营造学习先进、争当先进的向上氛围。

会议活动

全省践行新时代“枫桥经验”深化调解工作提升矛盾纠纷预防化解法治化水平大会

12 月 7 日，全省践行新时代“枫桥经验”深化调解工作提升矛盾纠纷预防化解法治化水平大会在太原召开。

会议强调，要全面贯彻习近平法治思想，深入学习贯彻纪念毛泽东同志批示学习推广“枫桥经验”60 周年暨习近平总书记指示坚持发展“枫桥经验”20 周年大会和全国调解工作会议精神，进一步坚持和发展新时代“枫桥经验”，充分发挥调解的基础性作用，持续推动全省“化解矛盾纠纷　助力转型发展”专项行动走深走实，不断提升全省矛盾纠纷预防化解法治化水平。

省委、省政府向代表们表示诚挚问候和热烈祝贺，勉励大家深入学习贯彻习近平总书记关于坚持和发展新时代“枫桥经验”的重要指示精神，珍惜荣誉、再接再厉，充分发挥表率作用，带动全省广大基层工作者，坚持和发展好新时代“枫桥经验”，为推进更高水平的平安山西建设作出新的更大贡献。

会议指出，“枫桥经验”是我们党治国理政的重要经验。党的十八大以来，全省各级各相关部门在省委坚强领导下，认真落实中央部署要求，深入践行新时代“枫桥经验”，持续完善矛盾纠纷多元化解，有力维护了全省社会大局稳定。

会议强调，要深入学习领悟习近平总书记重要指示精神，深刻把握坚持和发展新时代“枫桥经验”的科学内涵和实践要求，全面贯彻落实好党中央重大决策部署，推动新时代“枫桥经验”在山西落地生根、开花结果。要始终把源头预防置于先导性位置，最大限度把各类矛盾纠纷消解于未然、化解于无形。要做好人民调解、做实行政调解、做优行业性专业性调解、做强司法调解，着力提升矛盾纠纷预防化解法治化水平。要以抓党建促基层治理能力提升行动为抓手，建强基层力量，打造解纷平台，积极发挥基层组织和广大人民群众主体作用，努力走出坚持和发展新时代“枫桥经验”的山西路径，为维护全省社会大局稳定、服务保障高质量发展和现代化建设作出新的更大贡献。

会议通报表扬了全省 32 个新时代“枫桥经验”先进典型单位并为获奖代表颁奖，公布了“山西省调解专家”及“千名村级调解能手”评选结果。5 家基层单位作了交流发言。

文件选辑

山西省平安建设条例

（2023 年 7 月 29 日山西省第十四届人民代表大会常务委员会第四次会议通过）

第一章　总　则

第一条　为了推进平安山西建设，完善社会治理体系，维护社会长治久安，推动高质量发展，根据有关法律、行政法规，结合本省实际，制定本条例。

第二条　本省行政区域内开展平安建设，适用本条例。

本条例所称平安建设，是指组织和动员全社会力量，加强和创新社会治理，提升社会风险管控能力，防范和化解社会矛盾，预防和减少违法犯罪，维护政治安全、社会安定、人民安宁、网络清朗。

第三条　平安建设坚持中国共产党的领导、以人民为中心、共建共治共享的原则，落实总体国家安全观，坚持系统治理、依法治理、综合治理、源头治理和专项治理相结合。

第四条　县级以上人民政府应当将平安建设工作纳入国民经济和社会发展规划，所需经费列入本级财政预算。

第五条　各级人民政府应当按照属地管理和谁主管、谁负责的原则，建立领导责任制和目标管理责任制，加强本行政区域的平安建设工作。

第六条　每年的十二月第二周为本省平安建设宣传周。

广播、电视、报刊、互联网等媒体应当开展平安建设公益宣传，对平安建设工作进行舆论引导。

第二章　机构与职责

第七条　各级平安建设管理机构负责本行政区域内的平安建设工作，履行下列职责：

（一）组织实施平安建设相关法律、法规；

（二）组织开展平安建设宣传教育；

（三）组织协调开展平安建设工作；

（四）贯彻落实本级人民政府和上级平安建设管理机构的工作部署；

（五）定期分析平安建设形势，提出平安建设工作的意见；

（六）开展平安建设督导考核、表彰奖励、责任追究工作；

（七）开展平安建设其他工作。

第八条　各级国家机关应当建立健全平安建设工作机制，履行平安建设职责，推动平安建设工作，向同级平安建设管理机构报告平安建设履职情况。

工会、共产主义青年团、妇女联合会、残疾人联合会，应当依法履行平安建设职责，向同级平安建设管理机构报告平安建设履职情况。

第九条　各级国家机关，工会、共产主义青年团、妇女联合会、残疾人联合会以及其他法人和非法人组织应当完善内部平安建设工作制度，明确专职或者兼职人员负责平安建设工作，并履行下列职责：

（一）维护政治安全，参与国家安全人民防线建设，防范非法宗教和各类邪教组织活动，协助做好相关人员教育转化；

（二）开展法治宣传教育，提高本单位人员法治意识；

（三）健全内部治安防范制度，落实人防、物防、技防措施；

（四）开展内部人民调解，排查调处矛盾纠纷；

（五）协助有关部门做好本单位吸毒人员、刑满释放人员、社区矫正对象、不良行为青少年和严重精神障碍患者等重点人群的监督管理、教育帮扶工作；

（六）建立健全安全责任制，加强安全教育，定期开展安全隐患排查整治和应急演练；

（七）参加所在地平安建设，接受所在地平安建设管理机构的指导；

（八）开展平安建设其他工作。

第十条　各级社会治安综合治理中心应当组织开展网格化服务管理工作，了解社情民意，排查各类治安隐患、矛盾纠纷和安全隐患，推动平安建设基础工作信息化、规范化、精细化，为平安建设工作提供支撑。

第三章　维护政治安全

第十一条　各级人民政府应当坚持社会主义先进文化前进方向，培育和践行社会主义核心价值观，防范和抵制不良文化的影响，维护意识形态安全。

第十二条　各级人民政府应当加强国家安全人民防线建设，开展反间谍安全防范宣传教育，动员、组织群众依法防范、制止间谍行为和其他危害政治安全的行为。

第十三条　有关国家机关应当依法防范和惩治各种渗透颠覆破坏活动、暴力恐怖活动、民族分裂活动、宗教极端活动、邪教活动以及其他危害政治安全活动的违法犯罪行为。

第四章　维护公共安全

第十四条　公安机关应当会同有关部门加强社会面治安防控网、重点行业治安防控网、乡镇（街道）和村（社区）治安防控网、机关和企业事业单位内部安全防控网、信息网络防控网建设，构建社会治安防控体系。

第十五条　有关国家机关应当对影响社会治安和稳定的突出问题开展专项整治，在专项整治中发现影响社会稳定的隐患和问题的，应当向相关主管部门提出书面意见和建议，相关主管部门应当及时处理并反馈。

第十六条　有关国家机关应当坚持专门工作与群众路线相结合，坚持专项治理与系统治理相结合、与反腐败相结合、与加强基层组织建设相结合，惩防并举，标本兼治，推进常态化扫黑除恶斗争。

第十七条　人民法院、人民检察院，公安、教育、民政、司法行政、卫生健康等部门，工会、共产主义青年团、妇女联合会、残疾人联合会等组织，应当坚持和完善服务管理制度，加强对吸毒人员、刑满释放人员、社区矫正对象、流浪乞讨人员、不良行为青少年和严重精神障碍患者等重点人群的管理与服务。

第十八条　公安、交通运输、应急管理、市场监管、海关等部门应当依法加强对管制器具、特种设备、易燃易爆品、危险化学品、生物危险品、民用爆炸物品等生产、运输、储存、销售、使用、处置、出入境的监督管理。

相关企业应当健全安全管理制度，做好内部安全管理工作。

第十九条　机关、学校、幼儿园、医院、公园、商业中心、大型活动举办场所以及公共交通、水电油气暖设施、通信设施等管理运营单位应当按照有关法律、法规和技术标准配备安防人员和设施设备，制定突发事件应急预案，定期组织应急演练，提高防控能力。

第二十条　应急管理部门应当会同有关部门建立健全安全生产责任制，坚持安全第一、预防为主，常态化治理安全生产隐患，健全预防与应急准备、灾害事故风险隐患调查及监测预警、应急处置与救援救灾等工作机制，推动应急管理体系和安全能力建设。

第二十一条　市场监管部门应当会同有关部门建立健全食品药品监督管理工作机制和信息共享机制，依法开展食品药品安全监督管理工作以及突发事件应对工作。

食品药品相关企业应当依法履行食品药品安全主体责任。

第二十二条　交通运输、邮政管理部门应当分别会同有关部门依法加强对物流、寄递企业履行安全检查责任的监督管理，督促、指导物流、寄递企业落实安全检查制度。

物流、寄递企业应当健全安全管理制度，执行收件验视、实名收寄、过机安检等规定。

第二十三条　教育部门应当会同有关部门建立健全校园平安建设工作机制，防范校园欺凌，开展校园及周边综合整治。

学校应当建立并落实内部安全管理制度，加强师生心理健康教育，按照规定聘任法治副校长，开展法治教育。

第二十四条　各级人民政府应当组织做好预防未成年人犯罪工作。国家机关、社会团体、企业事业单位、村（居）民委员会、学校、家庭等各负其责、相互配合，及时消除滋生未成年人违法犯罪行为的各种消极因素，提高未成年人自我防范的意识和能力，为未成年人身心健康发展创造良好的社会环境。

第二十五条　铁路沿线各级人民政府应当组织开展铁路护路联防工作，加强铁路护路联防队伍建设，开展铁路沿线安全隐患排查和治安整治，防范和制止危害铁路安全的行为。

第五章 维护网络安全

第二十六条 有关国家机关应当建立完善网络综合治理体系，加强网络空间治理，依法惩治危害网络安全、扰乱网络秩序和利用网络实施违法犯罪等行为。

第二十七条 有关国家机关应当相互配合，加强对电信企业、金融机构、互联网企业的监督管理，开展防范电信网络诈骗宣传教育，依法惩治电信网络诈骗及其关联违法犯罪行为。

电信、金融、互联网等企业应当依法履行风险防控责任，建立健全反电信网络诈骗内部控制机制和安全责任制度。

第二十八条 网信、公安、工业和信息化、通信管理等部门应当依法履行网络安全监督管理责任，落实安全等级保护制度，制定应急预案，保障网络数据安全和用户信息安全。

第二十九条 任何组织和个人使用网络应当遵守法律、法规，遵守公共秩序，尊重社会公德，不得利用网络从事编造、传播虚假信息扰乱经济秩序和社会秩序的活动，不得在网络上发布侮辱、诽谤、侵犯他人隐私等信息。

有关国家机关应当依法惩治利用网络侵害他人合法权益的违法犯罪行为，维护正常网络秩序。

第六章 社会矛盾化解

第三十条 各级人民政府以及有关部门应当建立健全社会稳定风险防范工作协调机制，定期分析社会稳定形势，加强风险隐患治理和处置。

第三十一条 各级人民政府以及有关部门应当建立健全重大决策社会稳定风险评估机制，对事关经济社会发展、涉及重大公共利益或者社会公众切身利益、容易引发社会稳定问题的重大决策、重大项目和重大活动，决策前应当开展社会稳定风险分析与评估，提出风险防范化解预案。

第三十二条 各级人民政府以及有关部门应当完善社会矛盾纠纷多元预防调处化解机制，促进社会矛盾纠纷化解。

第三十三条 各级妇女联合会应当会同有关国家机关建立健全婚姻家庭纠纷预防化解机制，依托家庭、村（社区）、单位、社会力量，预防化解婚姻家庭纠纷。

第七章 基层社会治理

第三十四条 本省建立党委领导、政府负责、民主协商、社会协同、公众参与、法治保障、科技支撑的城乡基层社会治理体系，提高平安建设的基层组织、基础工作、基本能力建设水平。

第三十五条 各级人民政府应当建立健全网格化服务管理机制，规范网格工作事项，加强网格员队伍建设，发挥网格化服务管理在平安建设工作中的基础性作用。

第三十六条 县级以上人民政府以及有关部门应当支持群防群治队伍建设，加强对群防群治队伍的业务指导和培训。

群防群治队伍应当协助有关专门机关开展治安防范和治理，防范和制止危害社会治安的违法犯罪行为，维护社会治安秩序。

第三十七条 平安建设管理机构应当建立健全基层平安创建工作机制，按照国家有关规定因地制宜开展地区平安创建、行业平安创建和单位平安创建活动。

第三十八条 卫生健康部门应当会同有关部门建立健全社会心理服务体系，完善社会心理服务人才培养机制，加强心理健康知识宣传、指导、咨询服务等工作。

第三十九条 县级以上人民政府应当整合律师、公证、司法鉴定、调解、仲裁、法律援助等公共法律服务资源，推进公共法律服务体系建设，提升公共法律服务能力和水平。

各级法学会应当完善首席法律咨询专家制度，为平安建设重点工作提出专业咨询意见。

第四十条 村（居）民委员会应当建立健全村（社区）平安建设工作制度，将平安建设的内容纳入村规民约、居民公约，组织和引导村（居）民参与平安建设。

第四十一条 公民应当遵守法律法规，尊重社会公德，自觉维护社会治安秩序，加强自身和家庭的安全防范，参与平安建设。

各级人民政府以及有关部门应当支持见义勇为行为，对见义勇为人员按照有关规定予以奖励和保护。

第八章 考核与奖惩

第四十二条 省平安建设管理机构应当建立健全平安建设考核评价机制，制定考核评价标准和量化指标体系，推动落实平安建设领导责任制和目标管理责任制。

第四十三条 各级平安建设管理机构对在平安

建设工作中成绩显著的组织和个人应当按照有关规定给予表彰奖励。

第四十四条　本条例规定的平安建设主体，未依法履行平安建设职责，有下列情形之一的，平安建设管理机构可以予以约谈、通报、挂牌督办，并责令限期整改；情节严重的，按照国家和省有关规定予以处理：

（一）未落实平安建设工作措施，基层基础工作薄弱，致使社会治安秩序混乱的；

（二）连续发生重大刑事案件、群体性事件、公共安全事件的；

（三）发生特别重大刑事案件、群体性事件、公共安全事件的；

（四）发生严重危害政治安全事件的；

（五）平安建设工作考核评价不合格、不达标的；

（六）对社会治安重点地区和群众反映强烈的突出公共安全、治安问题等，整治成效不明显或者出现反弹的；

（七）不认真履行平安建设工作职责，引发重大网络舆情的；

（八）国家规定的其他情形。

受到挂牌督办的平安建设主体，在整改期限内取消其评选综合性荣誉称号的资格，其主要负责人、分管负责人和直接责任人员在整改期限内不得评优评先、晋职晋级。

第四十五条　国家机关工作人员在平安建设工作中滥用职权、玩忽职守、徇私舞弊的，依法给予处分；构成犯罪的，依法追究刑事责任。

第九章　附　则

第四十六条　本条例自2023年9月1日起施行。1992年10月15日山西省第七届人民代表大会常务委员会第三十一次会议通过，2009年9月24日山西省第十一届人民代表大会常务委员会第十二次会议修订的《山西省社会治安综合治理条例》同时废止。

特色专栏

四化联动构建基层矛盾多元化解联动机制

大同市综治中心

大同市各级综治中心及广大网格员积极践行新时代“枫桥经验”，充分发动基层网格员等群防群治力量，有效整合基层政法站所资源，构建起一站式矛盾多元化解联动机制。努力把矛盾风险化解在基层、消除在萌芽状态，筑牢维护稳定第一道防线。

一、“立体化”摸排

一线走访。发动县乡两级综治干部采取每周一次“进门约访、登门走访、上门回访”一线工作措施，变“坐等群众来”为主动坐上百姓炕头，2023年以来共计动态掌握36件重点矛盾纠纷具体情况，并分类造册、建立台账、及时跟进，直至化解到位。

一网联动。在部分试点村（社区）试行在居民楼每一个单元门口、农村每一个街巷口公示网格服务二维码，推行“群众扫码点单、网格吹哨派单、部门迅速接单”快反机制，实现矛盾在网格内发现、资源在网格内整合、矛盾在家门口化解。

二、“人性化”纾导

一是用好“法”。以市委政法委文件下发《关于开展“三官一律”进网格的工作方案》，延伸开展警官、法官、检察官、法律顾问、调解员进网格“五员进网”行动，加强法治宣传教育，引导群众遇事找法、办事依法、解决问题用法、化解矛盾靠法。

二是讲透“理”。充分发挥道德模范等力量的作用，建立与重点矛盾纠纷当事人结对帮扶机制，按照就近原则经常性去信访人家中串门、拉家常，多讲一讲法理、常理、道理，多角度做思想工作，推动矛盾当事双方换位思考、握手言和。

三是投入“情”。县乡两级综治中心群众接待大厅坚持“温暖接待、温情服务、温馨纾解”“三温”泄火，进门一杯茶、微笑唠家常，营造温馨和谐的气氛，让当事人心中带着怨气来、脸上挂着笑容归，促使调解事半功倍。2023 年以来，全市各级综治中心及时受理率 100%，按期答复率 100%，群众满意率 100%。

三、“智能化”研判

一是指端服务。在全市智慧网格通平台中将重点矛盾当事人住所设置打卡点位，网格员日常打卡发现异常及时在手机端一键回传，综治中心平台迅速指派相关部门主动上门服务化解。

二是云端守护。在综治中心开设线上调解室，2023 年以来共有 23 名地处偏远的矛盾当事人在家门口实现面对面与法官、律师及调解人员进行交流，极大地方便了群众。

三是终端研判。通过综治信息系统平台对重点矛盾纠纷数据进行分析研判，定期邀请法、检、公、司等部门召开研判会议，2023 年共计研判重大矛盾风险 4 起，有针对性地对矛盾多发领域制定预案，做到超前防范、有备无患。

四、“多元化”办结

一是阵地融合。以市委政法委文件下发《关于进一步学习借鉴浙江基层治理经验提升我市基层社会治理效能的通知》，每个县（区）选取2—3 个乡镇为试点，深化乡级综治中心试点改革，推动党群服务中心、综治中心集成，构建多元化解体系。

二是职能整合。整合矛盾调解、法律服务等职能部门，常驻县级综治中心办公，集涉法涉诉接待、法律援助、心理服务、劳动仲裁等于一体，建设高效的一站式矛盾化解“综合体”。

三是机制联合。在全市乡镇（街道）建立“两所一庭一站一中心”矛盾纠纷“五部联调”工作机制，打造“政法委员牵头，综治中心统筹，派出所、司法所、人民法庭、公共法律服务工作站联调联动”的矛盾纠纷化解模式，简单纠纷就地化解、一般纠纷多元化解、疑难纠纷联动化解，形成矛盾纠纷联调、突出信访联治、平安建设联创工作格局。

五维度“融”党建　确保法院高质量发展行稳致远

太原市中级人民法院

近年来，太原中院坚持以高质量机关党建引领高质量发展，从理念、组织、素能、过程、考评五个维度推动党建与业务相融合，确保法院高质量发展行稳致远。

一、理念融合铸魂，把牢高质量发展“方向盘”

一是“一报告双述职”，坚决做到对党忠诚、听党指挥。坚持把学习习近平新时代中国特色社会主义思想特别是习近平法治思想及系列重要讲话作为党组会议“第一议题”，制定《关于“五维度”促进党建和业务深度融合推动高质量发展的实施细则》等制度，党对法院工作的绝对领导的理念更加深入。2023 年向市委请示报告重大事项、重要工作、重大案件 24 次，每季度向市委政法委、宣传部和市直工委报告意识形态工作。每年组织 2 次党建和业务“双述职”，院党组和党组书记每年向市委述职述廉，确保党对法院工作的绝对领导。

二是“122 项清单”，努力让案件办得干净、彰显公正。印发《党组全面从严治党主体责任清单》，122 项清单内容全覆盖，确保全面从严治党、从严治院落到实处。制定《清廉机关建设工作方案》明确 7 大方面 37 项具体举措，全面加强清廉机关建设。

三是“五四工作法”，确保大案要案处置得当、效果显著。严格落实“一审尽责、二审担当”司法理念，坚持“五四工作法”，对判前五类案件进行监督，判后四类重点案件开展“两级三评互动”评查。

二、组织融合强基，点燃高质量发展“新引擎”

一是建立党组支部联系点制度。党组书记和班子成员确定 1 个党支部作为联系点，每半年至少 1 次深入联系点进行调研。把抓党建和抓业务结合起来，实现党建与业务深度融合，进一步夯实党组织向心力、提升支部组织力、激发干警奋进力。

二是强化党务专职制度。推行机关党建和干部人事由同一名领导班子成员分管，促进机关党建和组织人事同向发力。把23名部门负责人选为支部书记，27名中层副职领导担任支委，实现党建业务同频共振。注重党务干部同行政、业务干部双向交流，提拔使用工作业绩突出的党务干部。

三是支部建在庭上。坚持以庭、处、室为单位设立党支部，延伸建立“党小组建在审判团队上”制度，设立“党员示范岗”13个。党员法官承办重大疑难案件。

四是品牌创出特色。深化“四强”党支部建设和星级支部创建，积极开展“一单位一特色、一支部一品牌”创建活动。全院23个党支部以品牌建设为基础，自主设计党建品牌LOGO，通过“支部工作法”及品牌创建活动，打造“一站式”多元化解机制、“6个环节搭建信访处控平台”“29221查人找物”等特色支部工作法。

三、素能融合聚力，凝聚高质量发展“新能量”

一是学习讲堂培塑政治素能。着力构建“读本+基地+宣讲+活动”四位一体的“学习大讲堂”体系，组织政治轮训6次。各支部利用周例会时间，开展政治学习2800余次、红色教育80次。党员在“学习强国”“三晋先锋”“干部在线”等平台参加线上学习成为常态，广大干警政治素能显著增强。

二是比学赶超提升业务素能。开展“九个一大比武”活动。组织订单式、研讨式专题培训班，开办党的建设、新闻宣传、刑事民事审判、执行攻坚专题培训班等共67场2371人次。将政治能力、司法能力“双提升”任务要求具化为125条落实举措，实行“挂图作战”。

三是为民办事增强实干素能。将高质量司法办案与“为群众办实事示范法院”创建有机融合，评选出“十大微创新案例”；推出为民办实事23项举措，为群众办实事1477件；开展“春耕护农”“春雷执行”行动，执行到位标的4.47亿元，以实际举措落实为群众办实事的职责担当。省统计局社情民意调查显示，太原中院群众综合满意度达83.91%。

四、过程融合增效，注入高质量发展“新源泉”

一是案前研判，树立全程跟踪化解矛盾意识。充分发挥党组“把方向、管大局、保落实”的重要作用，对群体性、全局性、敏感性案件立案前进行综合研判，制定工作方案，选配精兵强将为案件办理打好基础。

二是案中规范，杜绝因执法不当引发的次生矛盾。要求法官要善于从政治上思考分析每一个司法案件，见微知著、讲求策略、注重方法、防范次生矛盾。强化法官“两基两性三符合三统一”理念。坚持院领导承办信访案件，在解决审判执行存在问题中规范办案。构建“1+7涉诉信访闭环管理机制”，健全院领导接访工作制度。

三是案后总结，向党委、政府提供司法智慧。以司法建议书、白皮书、案例汇编等方式与党委、政府共享办案经验。对重大或影响较大的信访案件，邀请“两代表一委员”及相关领域专家学者参加听证。加强判后法律释明和判后答疑工作，引导当事人理性调解，促成案结事了，提升社会治理水平。

四是全程督察，提升执法办案廉和效。常态开展政治督察和司法巡查。抓实“三登记五必查十个常态化”工作，在案件审执过程中加大审务督察力度，将督察检查落实到每一个办案环节。2023年，对本级和所属10个辖区法院进行督察，纠正审务问题202个，法院公信力进一步增强。

五、考评融合明向，再塑高质量发展“新形象”

一是全面考核，把党建、业务工作同时作为考核重点。年度目标绩效考评时，同步考评党建工作和业务工作，坚持每季度对部门党员群众进行“双述职”考评。2022年，有82名业务骨干被评为“优秀党务工作者”和“优秀共产党员”，10个支部被评为“先进党支部”。

二是全员考核，把支部、庭室意见同时作为选优依据。对拟提拔调整、晋职晋级的干部，征求所在支部和部门双方面的意见。党务、业务存在问题的，在评先评优、选拔任用等方面予以否决。2023年，30名优秀干部提拔使用，25名干部晋职晋级，16名员额法官调整等级，均征求了所在支部和部门双方面意见。

三是日常考核，把季度、年度表现同时作为绩效指标。实行人员分类管理积分考核制度，将参加党建工作、群团活动纳入考核事项，以工作实绩促考核，考核结果推实绩。每季度对聘用制人员进行考核，前三季度共有12人被评为“基本合格”，对其进行再次培训，合格后重新分配岗位。

大力推进法律监督工作现代化 努力实现新时代检察工作提质增效

山西省人民检察院

2023年，山西省检察机关在最高人民检察院和省委的有力领导下，认真贯彻落实《中共中央关于加强新时代检察机关法律监督工作的意见》，守正创新，综合履职，大力推动法律监督工作理念、体系、机制、能力现代化，努力实现新时代新征程山西检察工作提质增效。

一、大力推进法律监督工作理念现代化

山西省检察机关坚持讲政治与讲法治有机统一的理念，从政治上着眼，从法治上着力，深入开展学习贯彻习近平新时代中国特色社会主义思想主题教育，让坚定拥护“两个确立”、坚决做到“两个维护”成为新时代新征程山西检察机关的鲜明政治底色。最高人民检察院在山西召开了全国检察机关主题教育理论学习交流会。持续开展深入贯彻习近平新时代中国特色社会主义思想“大学习、大调研、大落实、大提升”活动。坚持为大局服务、为人民司法、为法治担当的理念，积极争取省委支持，将贯彻落实检察机关法律监督工作情况列入省级督查检查考核工作计划，由省委政法委和省检察院牵头，组织开展了对省委全面依法治省办、省高级法院、省公安厅、省司法厅、省自然资源厅、省生态环境厅、省应急管理厅等部门和全省11个设区市的督查工作，凝聚起维护和践行法治的监督合力，巩固深化了支持配合检察机关开展法律监督的共识。争取省委政法委支持，由省委政法委和省检察院联动开展政治督察，对朔州、忻州、长治市院进行了政治督察，并推动督察整改落实。坚持高质效办好每一个案件的理念，持续落实“看业务质效、看典型案例、看工作经验、看先进荣誉”的法律监督工作导向。

二、大力推进法律监督工作体系现代化

坚持“四大检察”法律监督基本格局，依法履行法定职责，推动“四大检察”全面协调充分发展。行稳致远推进刑事检察工作，依法监督立案、撤案4913件，纠正漏捕漏诉1675人，提出抗诉250件，抗诉采纳率达到73%。加大力度推进民事检察工作，办结民事生效裁判监督案件1886件，同比上升8%；提出再审检察建议150件，同比上升20%，法院采纳率96%。强化履职推进行政检察工作，监督行政违法案件936件，同比增长1.06倍。精准规范推进公益诉讼检察工作。依法规范推进检察侦查工作，全年立查60人，加大自行补充侦查力度，全年补充侦查2867件。

三、大力推进法律监督工作机制现代化

实现法律监督工作机制现代化是检察机关现实而紧迫的课题。全力推进全省检察机关侦查监督与协作配合办公室建设，建立起167个侦查监督与协作配合办公室，核定机构编制82个。着力推进“派驻+巡回”刑事执行检察改革，加大对“减假暂”监督力度，推动全省假释率达到1.41%，暂予监外执行率达到0.16%。积极推进建立起民事行政检察监督案件正副卷一并调阅机制，拓展监督深度。完善公益诉讼案件考评机制，每月对精品案进行点评，切实把“高质效”作为办案追求。全年累计起诉行政公益诉讼案件14件。科学修订案件质量主要评价指标体系，全年全省检察业务数据准确率97.1%，重点案件评查覆盖率达到100%。

四、大力推进法律监督工作能力现代化

始终坚持把法律监督工作能力现代化作为基础性、战略性工作来抓，努力让“求真务实、担当实干”成为全省检察干警的鲜明履职特征。与时俱进提升检察队伍政治能力，推动政治与业务深度融合。持续组织开展新时代检察监督办案政治效果、法律效果、社会效果“三个效果”有机统一交流活动。全面赋能推进数字检察，研发150多个法律监督应用模型，监督纠正案件1740件。下大力气培养提升检察人员法律监督工作理论水平，检察理论研究工作在全国检察理论年会上受到表彰。

创新完善立体化社会治安防控体系为推动平安晋城建设提供有力支撑

晋城市公安局

晋城市公安局以“示范城市”创建为载体，深入推进“五大工程”战略，推动社会治安防控体系建设向立体化、智能化转型升级，有力维护了全市社会治安大局持续稳定。

一、把社会治安防控体系建设作为推进平安建设、提高治理能力的“一号工程”，形成齐抓共管的工作格局

一是党委、政府高度重视。社会治安防控体系建设四年被写入《晋城市政府工作报告》，市委、市政府“两办”先后印发实施方案、任务清单，平安建设领导组社会治安防控体系专项组和示范城市创建工作领导小组统筹指挥调度，一并纳入市委平安建设考评和市政府13710督办推进。

二是公安牵头统筹推进。构建“一把手牵头抓总、局领导包联指导、专项办统筹调度、各警种条线作战”的工作机制，印发创建方案、任务分工、专班运行机制等，列出47项任务清单，每月通报调度，定期组织观摩，确保有序推进；各级各部门对照任务抓落实，挂图作战抢进度，测评指标完成率大幅度提升。

三是职能部门协同发力。52个成员单位各司其职、协作配合，健全完善矛盾联调、问题联治、治安联防、工作联动、平安联创、实绩联考等联动协作机制。与焦作、济源、临汾、长治等周边地市建立区域协作机制，遇到重大警情第一时间信息共享、应急响应、协同支援。

二、把社会治安防控体系建设作为夯实基层基础、推动整体工作的“全局工程”，构建派出所主防的防范体系

一是“枫桥式”派出所创建亮点纷呈。坚持“示范引领，梯次推进”，打造具有晋城特色的新时代“枫桥经验”品牌，全市92个派出所中有2个国家级、10个省级、11个市级“枫桥式公安派出所”。

二是“两队一室”建设达标达效。始终坚定“派出所主防”的工作思路，全面加强全市87个派出所综合指挥室建设，打造形成了四类可复制可推广的“两队一室”模式。全市84名公安派出所所长进入了乡镇（街道）党（工）委班子，全面落实了派出所和社区民警警力配置“两个40%”，城区“一区一警两辅”和农村“一村一辅警”覆盖率达100%。

三是矛盾排查化解成效明显。率先建立了“三长+N”联动会商机制，推动行政调解、人民调解、司法调解“三调联动”，沁水县公安局嘉峰派出所“赵树理调解法”入选全国“枫桥式工作法”。

四是群防群治力量不断充实。按照《“5+1”群防群治队伍试点培育推进图》，积极培育以社区民警为牵动，多种社会力量为补充的社区警务团队，形成了“凤城蓝卫”“长河红警”“丹河义警”“芦河守望者”“夕阳红调解联盟”“蓝焰义警”“平安365”等一批新的群防群治典型，注册登记平安类社会组织22个。

三、把社会治安防控体系建设作为优化防控模式、提升防控水平的“核心工程”，织密整体联动的防控网络

一是构建区域圈层查控网络。科学划分巡区，以公安检查站、治安卡口、电子卡口、警务站、街面快反单元、无人机警务飞行队为依托，以“点”牵“线”带“面”，构建地面步巡、网上视巡、无人机空巡有机结合的全时全域巡防体系。建设交警数字警务室和执法站，市级交警指挥中心视频联网率达到100%，执法站联网率100%、在线率100%。搭建了路地警务合作平台，实现与铁路、高速公路公安机关的联勤联动。

二是牢固市域单元防控网络。公安、住建、规划等部门联合出台《晋城市“智慧安防小区”建设技术规范指引》，已建成智慧安防小区1059个，覆盖率75%。全市748所中小学、幼儿园全部配备专职保安员、安装一键报警和硬隔离设施，一键报警设备已与属地公安机关联网。全市8家公交公司898辆公交车全部安装一键报警、GPS车辆定位、驾驶区隔离设施，人脸识别、车辆识别、比对预警等功能得到初步运用。

四、把社会治安防控体系建设作为防范化解风险、驾驭治安局势的“堡垒工程”，夯实牢固可靠的阵地控制

一是全流程强化枪爆物品管理。网上办理枪爆物品行政许可事项完成率、枪支弹药、配备配置单位、持枪人员和持枪证件信息采集率、民爆物品流向信息采集率均达100%。依托民爆物品“云平台”，实现公安机关对民用爆炸物品生产、销售、运输、储存、使用等全环节流向监管。

二是全要素加强行业场所管理。依托掌上派出所、娱乐场所和特种行业管理信息系统，实现重点行业基础信息、实时数据采集汇聚和分析研判。严格落实“双随机、一公开”监督检查机制，编制了《治安系统日常检查实用指南》，建立风险隐患预警机制，提升行业场所管理水平。

三是全链条推动新兴业态监管。出台《物流寄递渠道治安管理工作规范》，寄递物流分拨中心视频监控实现与公安机关联网汇聚，对寄递企业落实“三项规定”实时监管。依托掌上派出所社会端实时上传民宿、网约房入住数据，与交通部门实现网约车乘客信息共享，新兴业态管理模式初步形成。

五、把社会治安防控体系建设作为信息化建设、智能化应用的“引擎工程”，打造数据赋能的智慧警务

一是防控触角更加广泛。在全省率先开发晋城公安社区防控平台，推广“一标三实”二维码信息采集，信息采集工作始终排名全省前列。

二是预警感知更加灵敏。晋城公安大数据中心全面汇聚数据资源，增强信息资源对公安业务的支撑服务能力。升级改造“情指行”一体化指挥调度平台，实现了基础数据、动态信息、情报资源“一站汇集、一图展现、一网支撑、一键调用”。

三是数据赋能更加精准。情指中心将预警性、行动性情报线索，通过要情系统及时推送属地，分级分类进行核查稳控、跟踪盯办落实，有效化解涉稳风险隐患。完善“1+6+N”研判机制，将每日研判产品转化为警务指令，即时推送一线单位，做到精准预防，提升打击效能。

建立五项工作机制　推动全省涉外法治工作不断走深走实

山西省司法厅

山西省司法厅深入贯彻落实习近平总书记关于涉外法治工作系列重要论述和重要指示批示精神，把坚持党的绝对领导作为开展涉外法治工作的核心和根本，将涉外法治工作放在“两个大局”的历史进程中考量，推动建立五项工作机制，确保全省涉外法治工作不断走深走实。

一、建立专班工作机制

省司法厅针对涉外法治涉及立法、执法、司法、守法、法律服务和人才培养等多个方面，覆盖面广，专业性强的问题，成立由分管领导任组长，律师工作、公共法律服务管理、司法鉴定管理（仲裁管理）、立法、行政执法协调监督、普法与依法治理、人民参与和促进法治等多个处室主要负责同志为成员的工作专班，统筹推进各项工作落实。同时，依托省委依法治省办成立了专项协调工作组，与省委政法委、商务、发改、法学会等单位建立了会商协调工作机制，及时加强沟通交流，协调解决具体问题。

二、建立服务创优营商环境工作机制

省司法厅认真贯彻落实省委十二届六中全会关于法治建设工作要求，以更加精准有效的法律服务和法治保障创优营商环境为抓手，主动服务创优营商环境。

一是强化业务培训。组织全省政府法律顾问和公职律师开展了为期一周的涉外法治业务培训，聘请涉外法治专家对当前我国涉外法治现状、形势、问题、应对举措，以及如何通过涉外法治服务保障企业营商环境进行了详细阐释，通过大量实际案例进行了精准指导解读，确保为企业在涉外重大决策、重大活动、重大项目中能够提供高质量的法律意见和法治审核。

二是组建有力团队。由省司法厅牵头成立了高水平涉外经贸法律服务团队，通过线上线下相结合的方式，及时与属地主要企业对接，为企业在开展重大涉外经贸活动中提供“一站式”法律服务，目前已解决相关问题157个。

三是提供精准指引。专项协调工作组会同商务、发改、国资委等部门，共同制定了《域外法律查明指引》《主要投资国法律服务指南》《涉外法律服务优秀案例》等文件，引导企业规范海外经营行为，提高对外投资决策精准。

三、建立涉外法律服务机制

坚持“走出去”“引进来”相结合的方式，推动建立了涉外法治仲裁机构、律师事务所、公证机构、调解机构等专门机构，加强对省内法律服务机构的政策支持，注重对涉外执法的合规指导，搭建与国内行业领先机构的合作交流平台，积极推进涉外法律服务行业创新发展。通过政府购买服务方式，依托公共法律服务体系平台，为全省企业、公民提供全天候、全方位、全周期的涉外法律公益服务，更好地服务全省经济社会发展。

四、建立涉外法治队伍建设机制

省司法厅把涉外法治人才培养作为加强涉外法治工作的重要基础，从“引、育、留”三个层面推动高素质涉外法治人才队伍建设。

一是完善政策，做好“引”的工作。工作专班制定印发了《涉外法治人才中长期培养规划》，依托法治仲裁、律师事务所、公证、调解等机构，搭建了涉外法治专门的培养平台，建立全省涉外法律服务领军人才库，积极吸引人才流入，在库律师现有45人。

二是建立基地，做好“育”的工作。吸收借鉴北京、苏州等地经验，积极沟通协调，在对外经济贸易大学设立专门培训基地，周期性举办涉外法治人才培训班，重点加强涉外法治方面的业务培训和实践锻炼。

三是精致指导，做好“留”的工作。为每位人才“量身定制”，满足其多样化、多层次发展需求，建立完善相关服务和保障体系，及时协调相关部门解决生活、工作中遇到的困难，支持其到国际组织、驻外使领馆、中央部委跟班学习、参与专项工作，有针对性做好后续人才使用工作。

五、建立涉外法治调查研究机制

工作专班定期与省法学会、山西大学涉外法治研究中心召开研讨会，就山西省涉外法治新形势新要求及有关涉外法治建设的重大理论和实践问题开展专业研讨，加强山西企业赴共建“一带一路”国家投资法律服务、涉外法治人才培养、国际商事仲裁、国际商事调解等课题专题研究，强化研究成果转化和实践应用的能力，为涉外法治建设提供“山西智慧”“山西方案”。

审稿人：张立刚
撰稿人：刘　宁　李　睿

内蒙古自治区

工作概况

2023年度内蒙古政法工作综述

2023年，内蒙古自治区各级政法机关按照党中央部署要求和自治区党委工作安排，坚持以习近平新时代中国特色社会主义思想为指导，深入贯彻落实党的二十大精神，立足祖国北疆安全稳定屏障重大战略定位，围绕铸牢中华民族共同体意识工作主线，精心组织开展专项攻坚行动，全面排查化解各类风险隐患，坚决抓紧抓实防风险、保安全、护稳定、促发展各项工作，着力营造安全稳定的政治社会环境。

一、坚决压实筑牢祖国北疆安全稳定屏障重大政治责任

自治区党委高度重视平安建设工作，坚持统筹发展和安全两件大事，不断健全责任体系，强化履职尽责，形成推进合力。

（一）高位部署推动。平安内蒙古建设工作领导小组会议多次对筑牢祖国北疆安全稳定屏障、建设更高水平的平安内蒙古作出部署、提出要求。各级党委、政府和相关单位各司其职、分工协作，按照自治区党委部署要求，圆满完成两会维稳安保、推行信访代办制等重点任务。

（二）强化统筹协调。自治区先后召开政法工作会议、筑牢祖国北疆安全稳定屏障百日攻坚行动动员部署会、深入践行新时代“枫桥经验”大会等会议对政法工作、平安建设进行全面部署，组织开展命案防控与积案攻坚、打击整治电信网络诈骗、政法系统基层基础提升、涉府执行、护校安园等十余个专项行动，对各类突出问题进行集中攻坚。加强法学会建设，举办第十八届西部法制论坛、联合主办第十八届渤海区域法治论坛、第十八届东北法制论坛；强化法制实践，开展优化法治营商环境培训；建立基层法律服务站413个，提供法律咨询、矛盾纠纷调处等5793场次，解答法律咨询8.5万人次。

（三）压紧压实责任。自治区党委政法委牵头起草《平安内蒙古建设工作领导小组各成员单位平安建设责任清单》，进一步明确48个成员单位227项具体职责分工；联合自治区财政厅完成2019—2022年度社会综合治理专项资金绩效评价工作；牵头组织开展“十四五”平安建设规划中期评估，3次召开中央平安建设考评整改调度会，对重点任务定期调度通报。针对命案高发、盗窃现案高发低破、涉未成年人案件多发等社会突出问题，共向盟市、旗县制发提示、警示、通报函件25份，将平安建设成效纳入干部协同监督体系。

二、织密织牢公共安全防护网，全面提高维护公共安全的能力水平

坚持打防管控相结合，从源头上防范化解各类重大公共安全风险。

（一）集中攻坚治安突出问题。自治区强化“命案可防可控”理念，持续开展命案防控和积案攻坚专项行动。推进新时代禁毒人民战争，2023年破获毒品案件、抓获犯罪嫌疑人同比分别增长152.8%、84.8%，缴获各类毒品789千克。

（二）常态化推进扫黑除恶斗争。全年立案侦办涉黑恶犯罪组织案件30起，同比增长23.33%，抓获犯罪嫌疑人563名、破获刑事案件477起，同比分别增长42.98%、18.03%，查封、扣押、冻结涉案资产5.7亿元。共有7名“漏网之鱼”目标逃犯到案，境内目标逃犯实现“清零”。共立涉黑涉恶腐败和“保护伞”案件18件，给予党纪政务处分21人。

（三）强化重点行业重点场所重点物品监管。深入开展安全隐患大排查大整治、重大事故隐患专项排查整治等38个专项行动，组织专项督导检查5次，加大“四不两直”明查暗访和异地交叉执法力度，进一步提高隐患排查整改质量。全区累计检查企业、单位40.3万家次，整改问题隐患53.9万项；行政处罚4.1亿元，停产整顿企业1371家，约谈通报有关地区及部门355次。加强道路客运行业领域治理，累计查处非法出租汽车1670台次，查处超载超限车辆11436台次（其中“百吨王”车辆2671台次），打击闯卡等偷逃通行费车辆16697台次。

（四）持续提升防灾救灾应急能力。推动出台10个重点行业领域防范遏制重特大事故135项措施。持续夯实基层基础，争取应急管理部出台《关于支持内蒙古应急管理工作重点任务分工》等若干措施，争取国家防灾减灾救灾和安全生产资金10.69亿元，超过前3年总和。与周边5个省区签订森林草原防灭火、地震和应急物资区域合作协议，进一步提升应急管理协作治理效能。2023年，全区安全生产事故起数、死亡人数同比分别下降22.8%、12.9%。

三、深入排查化解社会矛盾风险，全面提升社会治理效能

多措并举坚决遏制各类矛盾问题交叉感染、叠加升级，以新安全格局保障新发展格局。

（一）深入践行新时代“枫桥经验”。组织召开全区深入践行新时代“枫桥经验”大会，选树表扬50个基层先进典型。推动制定《矛盾纠纷多元化解条例》，深入开展“基层基础提升年”行动，全区公安派出所“5人所”、司法所“1人所”问题得到彻底解决。

（二）加强矛盾纠纷排查。制定《关于加强综治中心建设和网格化服务管理的指导意见》，整合公安、民政、司法、人社、法院、检察院、信访等部门资源，以劳动关系、金融、生态环境、征地拆迁、房地产、土地草牧场纠纷等为重点，动态掌握矛盾纠纷。2023年，开展矛盾纠纷排查2.8万次，排查发现矛盾纠纷2.1万件，预防矛盾纠纷1.6万件。

（三）加强重点人群服务管理。自治区坚持关口前移、防范在先，对重点人群开展全方位开展摸底筛查，对重点人逐一建档立卡，落实危险性评估、进行教育稳控，做到心理疏导和救助帮扶全覆盖坚持统筹发挥社会多方力量开展社区矫正工作。广泛对接社会团体及社会组织和平台，建立教育基地215个，公益活动基地366个，就业基地93个。

（四）全力推动“事要解决”。开展“化积案、治重访、促稳定”攻坚行动，自治区党政主要领导领案包案的186件“骨头案”“钉子案”已全部化解，带动盟市、旗县（市、区）领导干部包案化解10387件。全面推行信访代办制办结率90%以上。

（五）强化源头预防。印发《关于加强党委政法委执法监督、检察机关法律监督、人大司法监督、纪委监委专责监督衔接工作的若干规定》，健全公示、听证、专家咨询论证等制度。制定印发《重大决策社会稳定风险评估工作考核办法》，建立稳评专家库，实施稳评事项3064件，同比增长21%。

四、充分发挥首都“护城河”作用，全力维护边境稳定

始终把维护社会稳定作为平安建设的重要抓手，全面加强社会面治安管控，以“内蒙古平安”保“首都平安”。

（一）全面加强圈层防控。组织启动环自治区、环盟市、环旗县公安检查站及临时治安卡口“三级查控圈”建设，规划升级和新建183个公安检查站。召开现场会部署推动。

（二）完善边境管理体系格局。研究制定《关于全面深化边境管控体系建设的意见》，推动形成“46654”边境管控体系。制定《边境派出所调整整合方案》，全面推进警力闲置和“一乡多所”边境派出所调整布防。出台《关于鼓励退役军人到自治区边境地区安置就业的若干措施》，在家属就业、随调、子女教育及辅警队伍招聘方面给予政策支持。

（三）提升边境综合治理效能。通过联合踏查、分段设防、固定查缉等方式强化重点地段巡防管控。统筹开展“獴猎”、“犁平”、缉枪治爆等各类专项行动，强化打防管控综合治理，2023年全区边境管理部门共打击涉边违法犯罪988件。

（四）扎实抓好常态执勤巡逻。严格执行武装巡逻“四项机制”和“1、3、5分钟”快速响应机制，123支公安应急武装机动队全天候动中备勤，充分发挥指挥中心“日巡查、周讲评、月通报”机制作用，有效提高突发情况应对处置能力。2023年，圆满完成“中国—中亚五国”机制峰会、“一带一路”国际合作高峰论坛等重大安保任务。

五、深入实施“五大统一行动”，全力保护群众合法权益

自治区检察机关以法治思维、法治方式，服务党和国家工作大局。

（一）努力优化法治化营商环境。开展知识产权检察护航“内蒙古品牌”专项监督，保护“老字号”蒙字标。开展“全区沿边口岸检察统一行动”，出台19条措施服务口岸高质量发展，组织23个沿边口岸检察院在打击犯罪、保护生态等方面形成法治合力，助力向北开放重要桥头堡建设。加强与京津冀、黑吉辽、西北省区检察机关协作，服务区域协调发展。

（二）着力守护我国北方重要生态安全屏障。开展“生态检察三大协作统一行动”，构建起生态保护区域协同共治新格局。开展“河湖保护协作统一行动”，着力解决“上下游不同步、左右岸不同行”流域治理难题，办理河湖保护案件572件，督促修复河道773.7公里、治理水面污染1.5万亩。开展“草原保护协作统一行动”，办理草原保护案件380件，督促恢复草原7.38万亩。开展“山林保护协作统一行动”，办理山林保护案件432件，督促保护林地1.93万亩。

（三）积极保护特殊群体合法权益。强化多元司法救助，创新建立“检察+企业+N”联合救助模式，设立司法救助专项基金，向社会募集慈善救助金636万元。向因案致生活陷入困境的2136名受害方发放救助金2270.27万元，同比分别增加108%和93.6%。与妇联加强协作配合，开展“救助困难妇女专项活动”，救助573人，发放救助金554万元。持续整治养老诈骗犯罪，起诉76人，追赃挽损308万元。

六、倾力维护群众切身利益，持续提升人民群众司法获得感

自治区各级人民法院坚持人民至上，强化司法保障，切实解决人民群众实际问题。

（一）强化民生权益保障。全面贯彻实施《民法典》，审结一审民商事案件42.6万件。加强劳动者权益保护，依法审结劳动争议案件1.3万件，开展预防整治拖欠农牧民工工资专项行动，帮助农牧民工追回“血汗钱”7644.5万元。妥善处理婚姻家庭纠纷，审结婚姻、继承、抚养、赡养等案件4.5万件。加强老弱病残等特殊群体的权益保护，设立“未成年人保护工作室”“家庭教育指导站”206个，发出人身安全保护令、家庭教育指导令350件。

（二）着力解决群众“急难愁盼”。维护群众胜诉权益，政法各单位联合出台意见推动公安机关协助法院开展执行工作，推广“执前督促机制”、草原“执行110”等经验做法，久久为功解决执行难，全年执结案件32.2万件，到位金额1180.2亿元。助力社会诚信体系建设，动真碰硬惩治老赖，司法拘留4777人次，判决拒执犯罪21人。

七、改进工作作风，不断提升服务高质量发展新局的能力和水平

各级政法机关注重发挥法治固根本、稳预期、利长远作用，坚持打击与保护并重，以良法促发展保善治。

（一）加强执法司法权力运行监督。内蒙古自治区党委政法委与人大、纪委、检察院制定出台《监督衔接若干规定》，完善入额遴选制度，实质化运行法官检察官惩戒委员会，有力提升执法司法办案质效。综合运用提示、警示、通报、约谈等方式，督促政法单位加快涉煤案件办理，对300件涉煤司法案件逐案督办，办结290件，办结率96.7%。

（二）深化政法队伍建设。党委政法委组织对自治区政法各单位开展政治督察，对发现的200个问题逐项推动整改。实施“引才育才”工程，定向选调“双一流”重点院校法律专业毕业生294名。加强干部交流轮岗，指导推动各级政法机关领导班子、执法司法关键岗位、人财重点岗位轮岗1548人。

（三）开展执法司法规范化建设专项行动。党委政法委督促政法机关整改执法司法不规范问题5946个，纠正错案21件，补正瑕疵案3313件。依法纠正2起被告人被羁押8年以上的案件。针对审前未羁押罪犯“交付难”、病残孕等罪犯“收押难”“送监难”问题开展集中清理活动，纠正未交付执行罪犯945人。

（四）深化政法大数据智能化应用平台建设。党委政法委制定刑事案件线上单轨制协同办理、电子换押等工作办法，新增56项协同流程，累计流转刑事案件4.7万件，全区刑事案件上线率达到100%。实现民事、行政、执行案件接入政法大数据平台，基层政法单位执法办案事务性工作效率平均提升67%。

会议活动

内蒙古自治区深入践行新时代“枫桥经验”大会

12月22日，内蒙古自治区深入践行新时代“枫桥经验”大会在呼和浩特市召开。会上传达了中央会议精神，公布了自治区党委《关于表扬全区新时代“枫桥经验”先进典型的决定》，自治区司法厅和呼和浩特、通辽、鄂尔多斯市新时代“枫桥经验”先进典型单位的负责同志在会上交流发言。

会议强调，各地要深入学习贯彻习近平总书记关于坚持和发展新时代“枫桥经验”的重要指示精神，深刻理解把握以人民为中心这个根本立场和依法办事这个时代特征，自觉从“两个结合”中掌握正确的立场观点方法，把着眼点放在前瞻治理、前置预防、前端处置上来，超前研究问题、主动解决问题，不上交矛盾、不推诿责任，不断夯实基层一线这个化解矛盾的主阵地。

会议要求，各地各部门要牢牢把握新时代“枫桥经验”的科学内涵和实践要求，强化源头预防，规范权力运行机制，深入了解民情民意，强化预测预警预防；要着力推进矛盾纠纷预防在前、调解优先、运用法治、就地解决，不断优化完善信访代办流程渠道、解决反馈机制；要强化闭环管理，推动事要解决，为服务保障自治区办好两件大事、闯新路进中游作出新的更大贡献。

会议为50个“枫桥式工作法”先进典型颁奖。

文件选辑

关于开展刑事案件审查起诉阶段律师辩护全覆盖试点工作的实施细则

（内蒙古自治区高级人民法院　内蒙古自治区人民检察院　内蒙古自治区公安厅
内蒙古自治区司法厅，2023年8月31日）

为全面贯彻习近平法治思想，落实以人民为中心的发展思想，根据最高人民法院、最高人民检察院、公安部及司法部《关于进一步深化刑事案件律师辩护全覆盖试点工作的意见》（司发通〔2022〕49号）文件要求，在内蒙古自治区已经开展的刑事案件审判阶段律师辩护全覆盖工作的基础上，组织开展刑事案件审查起诉阶段律师辩护全覆盖试点工作，不断提升司法文明水平，促进公正司法。

第一条　开展刑事案件审查起诉阶段律师辩护全覆盖试点工作范围为全区（含自治区本级）。其中包头市、赤峰市、鄂尔多斯市为先行试点，可结合本地区前期试点工作方案贯彻落实。

第二条　开展审查起诉阶段律师辩护全覆盖试点工作的辩护范围为除《中华人民共和国刑事诉讼法》第三十五条、第二百七十八条和《中华人民共和国法律援助法》第二十五条应当通知辩护情形外，犯罪嫌疑人没有委托辩护人，并具有下列情形之一的，人民检察院应当通知法律援助机构指派律师为其提供辩护：

（一）可能判处三年以上有期徒刑的；

（二）本人或其共同犯罪嫌疑人拒不认罪的；

（三）案情重大复杂的；

（四）可能造成重大社会影响的。

第三条 人民检察院自收到移送审查起诉案件材料之日起3日内，应当告知犯罪嫌疑人有权委托辩护人。

犯罪嫌疑人具有本实施细则第二条规定情形的，人民检察院应当告知其如果不委托辩护人，将通知法律援助机构指派律师为其提供辩护。

告知可以采取口头或书面方式，告知的内容应当易于被告知人理解。口头告知的，应当制作笔录，由被告知人签名；书面告知的，应当将送达回执入卷。

第四条 人民检察院在通知法律援助机构指派辩护律师前，对没有明确是否自行委托辩护人的，办案人员应当核查犯罪嫌疑人及其法定代理人或近亲属是否已经自行委托辩护人。对没有委托辩护人的，应当自查明犯罪嫌疑人无辩护律师之日起3日内通知法律援助机构指派辩护律师。通知辩护后，应当及时告知犯罪嫌疑人及其法定代理人或近亲属。

第五条 人民检察院通知法律援助机构指派律师担任辩护人时，不得限制或者损害犯罪嫌疑人自行委托辩护人的权利。

第六条 人民检察院通知法律援助机构指派辩护律师时，应当将通知辩护公函、起诉意见书复印件、犯罪嫌疑人近亲属联系方式等，送达法律援助机构。通知辩护公函应当载明犯罪嫌疑人姓名、涉嫌的罪名、羁押场所或者住所、通知辩护的理由、检察人员姓名和联系方式等。

第七条 人民检察院向法律援助机构送达通知辩护公函后，发现犯罪嫌疑人及其法定代理人、近亲属已委托辩护人的，应当自发现该情形之日起3日内将终止通知辩护公函送达法律援助机构。

第八条 法律援助机构应当自收到通知辩护公函之日起3日内，确定承办律师并将辩护律师姓名、所属单位及联系方式函告人民检察院。

第九条 法律援助机构要严格依法做好受理、审查、指派律师等工作，综合运用案卷检查、征询办案机关意见等措施，督促法律援助人员提升服务质量。

第十条 对于可能判处无期徒刑、死刑的犯罪嫌疑人，以及死刑复核案件的被告人，法律援助机构应当指派具有3年以上相关执业经历的律师担任辩护人；对于未成年人刑事案件，法律援助机构应当指派熟悉未成年人身心特点的律师担任辩护人。

刑事案件进入审判阶段后，仍符合法律援助条件的被告人，需要重新办理法律援助手续的，可以由法律援助机构指派审查起诉阶段的辩护律师继续担任辩护人。

第十一条 人民检察院提起公诉的案件，应当将被告人或其法定代理人、近亲属委托辩护人或法律援助机构指派辩护律师的相关手续连同起诉书、案卷材料等一并移送人民法院。

第十二条 辩护律师依照刑事诉讼法、律师法等规定，依法履行辩护职责。在审查起诉阶段，辩护律师应当向犯罪嫌疑人释明认罪认罚从宽的法律规定和法律后果，依法向犯罪嫌疑人提供法律帮助。法律援助机构指派的辩护律师应当自接到指派通知之日起联系人民检察院，及时阅卷、会见犯罪嫌疑人。

第十三条 人民检察院应当依法保障辩护律师会见、阅卷等诉讼权利，为辩护律师履行职责提供便利。

人民检察院作出退回补充侦查、延长审查起诉期限、提起公诉、不起诉等重大程序性决定的，应当依法及时告知辩护律师，及时向辩护律师公开案件的流程信息。

人民检察院公诉的案件，应当在案件移送审查起诉之日起3日内将起诉书或者不起诉决定书送达辩护律师。

第十四条 辩护律师提出阅卷要求的，人民检察院应当及时安排阅卷，因工作等原因无法及时安排的，应当向辩护律师说明，并自即日起3个工作日内安排阅卷，不得限制辩护律师合理的阅卷次数和时间。有条件的地区可以设立阅卷预约平台，推行电子化阅卷，允许下载、刻录案卷材料。

第十五条 人民检察院应当重视律师辩护意见，对于律师依法提出的辩护意见未予采纳的，应当说明不予采纳的理由。

第十六条 辩护律师在提供刑事辩护过程中，认为人民法院、人民检察院、公安机关及其工作人员明显违反法律规定，阻碍其依法提供刑事辩护，侵犯律师执业权利的，有权向同级或者上一级人民检察院申诉或控告。人民检察院对控告或者申诉应当及时进行审查，情况属实的，通知有关机关予以纠正。

人民检察院控告申诉部门负责受理律师投诉，应当在官方网站、办公场所公开受理机构名称、电话、来信来访地址，及时反馈调查处理结果。

第十七条 辩护律师接受指派后，出现犯罪嫌疑人拒绝接受辩护或者自行委托辩护人的情形，辩护律师应当制作会见笔录，由犯罪嫌疑人签字、捺印后，立即向人民检察院和法律援助机构报告。

第十八条　符合本实施细则第二条应当通知辩护情形，犯罪嫌疑人拒绝接受法律援助机构指派的律师为其辩护的，人民检察院应当查明原因。理由正当的，应当准许，但犯罪嫌疑人必须另行委托辩护人；犯罪嫌疑人未另行委托辩护人的，人民检察院应当在3日内书面通知法律援助机构另行指派律师为其提供辩护。

犯罪嫌疑人拒绝法律援助机构指派的律师为其辩护，坚持自己行使辩护权，人民检察院准许的，法律援助机构应当作出终止法律援助的决定。

第十九条　犯罪嫌疑人没有委托辩护人的，也不属于本实施细则第二条由法律援助机构指派律师提供辩护情形的，人民检察院应当及时通知法律援助机构安排值班律师提供法律帮助。

人民法院、人民检察院、公安机关应当为法律援助工作站提供必要的办公场所和设施。

第二十条　人民法院、人民检察院、看守所应当在侦查、审查起诉、审判各阶段分别告知没有辩护人的犯罪嫌疑人、被告人有权约见值班律师获得法律帮助，并为犯罪嫌疑人、被告人提供约见值班律师的便利。

前一诉讼程序犯罪嫌疑人、被告人拒绝值班律师法律帮助，后一诉讼程序的办案机关仍需告知其有权获得值班律师法律帮助，有关情况应当记录在案。

第二十一条　犯罪嫌疑人、被告人没有委托辩护人，法律援助机构也没有指派律师提供辩护的，犯罪嫌疑人、被告人申请约见值班律师的，人民法院、人民检察院、看守所可以直接送达现场派驻的值班律师或即时通知电话、网络值班律师。不能直接安排或即时通知的，应当在24小时内将法律帮助通知书送达法律援助机构。

法律援助机构应当在收到法律帮助通知书之日起2个工作日内确定值班律师，并将值班律师姓名、单位、联系方式告知办案机关。

办案机关应当为值班律师与犯罪嫌疑人、被告人会见提供便利。

第二十二条　犯罪嫌疑人、被告人没有辩护人的，人民法院、人民检察院、公安机关应当在侦查、审查逮捕、审查起诉和审判阶段分别听取值班律师意见，充分发挥值班律师在各个诉讼阶段的法律帮助作用。

第二十三条　人民法院、人民检察院、公安机关应当依法保障值班律师会见等诉讼权利。

涉嫌危害国家安全犯罪、恐怖活动犯罪案件，在侦查期间，犯罪嫌疑人会见值班律师的，应当经侦查机关许可；侦查机关同意值班律师会见的，应当及时通知值班律师。值班律师会见犯罪嫌疑人、被告人时不被监听。

第二十四条　案件移送审查起诉后，值班律师可以查阅案卷材料，了解案情，人民检察院、人民法院应当及时安排，并提供便利。已经实现卷宗电子化的地区，人民检察院、人民法院可以安排在线阅卷。

第二十五条　值班律师提供法律帮助应当充分了解案情并提出案件处理意见。

犯罪嫌疑人、被告人自愿认罪认罚的，值班律师应当结合案情向犯罪嫌疑人、被告人释明认罪认罚的性质和法律规定，对人民检察院指控的罪名、犯罪事实、量刑建议、诉讼程序适用等提出意见，在犯罪嫌疑人签署具结书时在场。

第二十六条　值班律师在提供法律帮助过程中，认为人民法院、人民检察院、公安机关及其工作人员明显违反法律规定，阻碍其依法提供法律帮助，侵犯律师执业权利的，有权向同级或者上一级人民检察院申诉或控告。人民检察院对控告或者申诉应当及时进行审查，情况属实的，通知有关机关予以纠正。

第二十七条　人民检察院的起诉书、不起诉决定书，应当载明辩护律师姓名以及所属执业机构等情况。

第二十八条　司法行政机关负责统筹调配本辖区律师资源，支持律师资源短缺的地区开展审查起诉阶段刑事案件律师辩护工作。

第二十九条　人民检察院和司法行政机关要高度重视，制订工作计划，明确工作任务，压实工作责任，狠抓工作落实，确保刑事案件审查起诉阶段律师辩护全覆盖试点工作取得成效。

第三十条　人民法院、人民检察院、公安机关和司法行政机关要加强协同配合，建立刑事案件律师辩护全覆盖工作联席会议机制，及时沟通工作进展。

第三十一条　人民检察院和司法行政机关应当将刑事案件审查起诉阶段律师辩护全覆盖试点工作开展情况作为工作考核的重要内容之一，将律师事务所及律师履行法律援助义务情况纳入律师执业年度考核范围，符合《中华人民共和国法律援助法》第六十二条、六十三条规定情形之一的，由司法行政机关依法给予处罚。

第三十二条 人民法院、人民检察院、公安机关应当配合司法行政机关加强与财政部门沟通协调，共同推动落实法律援助法有关法律援助业务经费保障相关规定，增加法律援助办案经费，动态调整法律援助补贴标准，切实保障办案工作需要。

第三十三条 本实施细则由会签单位协商解释，自公布之日起施行。

特 色 专 栏

健全涉未成年人重大案事件预警处置机制 构筑未成年人健康成长安全屏障

内蒙古自治区党委政法委

内蒙古自治区党委高度重视未成年人保护工作，自治区党委政法委始终将“未成年人权益维护、预防青少年违法犯罪工作”作为平安内蒙古建设的一项重要内容，着力压实平安建设属地责任和监管责任。2023年以来，内蒙古自治区党委政法委以主题教育为契机，坚持最有利于未成年人的原则，牵头有关部门创新举措，深入推进综合治理、依法治理、源头治理。

一、以平安建设机制为牵引，建立部门协调联动机制

一是发挥统筹协调作用。内蒙古自治区党委政法委将“未成年人权益维护、预防青少年违法犯罪工作”纳入平安建设考核评价体系，对全区涉未成年人刑事案件、极端案事件进行定期统计通报，多次组织公安、检察、团委、教育、妇联、民政等部门召开联席会议，组建联合工作组实地开展专案专题调研9次，先后制发提示函、警示函、督办函15份，以考核结果导向倒逼责任落实。

二是建立预警处置机制。内蒙古自治区党委政法委与自治区团委、妇联分别研究建立《涉未成年重大案事件预警处置联动工作机制》，对涉及未成年人自杀或伤人等个人极端行为、侵害未成年人犯罪案件、可能造成恶劣社会影响的案（事）件信息等四类苗头性信息开展联合处置，提高风险隐患预警预防能力。

三是明确规范职责分工。内蒙古自治区团委、妇联分析研判“12355青少年服务台”“12338妇女维权热线”等受理情况，将预警性信息抄送自治区党委政法委，实施帮扶救助、心理疏导等相关工作。自治区党委政法委根据工作职责将预警信息转交相关盟市或主管部门办理，跟踪后续落实情况，按照综治领导责任制相关规定推动责任落实，形成了横向联动、纵向贯通的工作机制。

二、全面加强理论政策研究，针对性提出综合治理措施

一是充分发动社会力量。为汇聚社会资源开展防治学生欺凌研究，内蒙古自治区党委政法委与教育厅、内蒙古民族大学经研究协商，共同建立内蒙古学生欺凌防治研究中心，从生成机理上深入剖析学生欺凌问题深层次的社会、家庭、心理因素，面向全区开展学生欺凌防治教育、宣传和培训工作，从源头上预防学生欺凌行为发生。

二是全面深化源头治理。结合自治区未成年人违法犯罪的规律特点，自治区党委政法委联合教育、公安在全区组织开展为期一年的“护校安园”专项行动，各级政法机关深入掌握学校治安动态，帮助学校建立完善各项安全制度，成立巡逻队、护校队等组织，排查整治校园周边社会治安重点地区，结合扫黑除恶斗争教育领域整治，依法打击利用在校学生从事违法犯罪活动，把校园建成最阳光、最安全的地方。

三是积极开展帮扶救助。近年来，全区刑事案件未成年嫌疑人已由2020年796人上升至2022年1476人，呈现出低龄化、暴力化、团伙化特征，未成年人犯罪高发已成为社会突出问题。自治区党委政法委会同公安、检察、法院、司法、教育、民政等9部门联合建立帮扶救助机制，开展信息摸底、登记建档，通过建立社会工作站、政府购买服务等方式，进一步加大社会保障力度，防止重新走上犯罪道路。

四是加强校园法治教育。自治区制定了全区中小学依法治校示范性创建指南，建立健全学法普法工作机制和考核评价办法，深入推进依法治校。积极开辟法治教育第二课堂，通过主题升旗仪式、专题讲座、班团队会、校园广播等形式开展法治教育活动，2023年累计覆盖420万人次。积极推动法治副校长依法履职，通过警示教育、以案释法、实地观摩等活动形式，不断增强青少年的法治意识与法治素养。

抓实审判管理　推动内蒙古法院审判工作现代化

内蒙古自治区高级人民法院

审判管理是人民法院管理的核心，是科学决策、优化管理、提升质效的重要抓手，是实现审判工作现代化的重要保障。内蒙古法院牢牢抓住审判管理"牛鼻子"，坚持"质量优先、兼顾效率、重视效果"，按照"指标+机制"双向促进的工作思路，连续开展"蒙马奔腾"审判质效提升专项行动，不断提升审判管理规范化、科学化、精细化水平，推动全区法院审判执行质效稳步提升。

一、构建"严审管"机制，打造品质司法

一是以细化权责为基础实现"清单式"监督。完善审判权运行制约监督机制，围绕审判工作事前、事中、事后三个环节，构建审判权力监督闭环监管模式。围绕"事前"，完善审判权责清单，明确各类审判人员权责清单和履职要求，逐项嵌入日常办案、考核管理、风险预警、质效评估体系，实现全覆盖、标准化、可视化管理。围绕"事中"，细化院庭长"四类案件"审判监督管理权的程序规则及权力边界，实行院庭长"履行监督管理职责+个人审判绩效"双重考核，着力解决院庭长"不想管、不会管、不敢管"难题。围绕"事后"，建立院务会、审委会听取审判运行态势分析制度，有针对性地研究制定审判质效提升措施，细化分解办案任务，将压力传导至个人，推动法官由被动接受管理向主动自我管理转变，促进实现既要快办案也要办好案的目标。

二是以类案裁判为依托实现"指引式"监督。2018年以来，针对全区法院存在的办案程序不规范、裁判尺度不统一等问题，在全区法院部署实施了审判能力提升"三大工程"，先后编辑出版280余万字的《人民法院办案程序指引》，编写涵盖全审判门类共19个案由的《内蒙古法院裁判规则指引参考》，自主研发建立包含3.8万篇行政裁判文书及典型案例的行政诉讼案例数据库，常态化更新拓展内容，在全区法院深度推广应用。通过聚焦聚力审判专业化建设，全区法院案件审理程序标准化、规范化水平进一步提升，二审改判率、发回重审率明显下降。

三是以案件评查为抓手实现"定点式"监督。将案件质量评查作为"一把手"工程，围绕谁来评、评什么、如何评、评查结果如何运用等关键问题，形成严密、系统、制度化的工作模式，防止质量评查工作虚化、程式化。对因重大过失、故意或严重缺乏工作责任心，导致裁判质量低下的，依规确定相应责任，切实落实"让审理者裁判、由裁判者负责"。2021年以来，内蒙古高院集中评查全区近5年来发改率较高的9类案由9000余起案件，从反馈问题切入，扩充更新《人民法院办案程序指引》《内蒙古法院裁判规则指引参考》的内容。严控案件发改关，建立发回重审案件判后答疑工作机制，组织专业法官会议讨论发回重审的必要性，并将发回重审案件纳入院庭长监管范围，避免因随意发回导致程序空转、增加当事人诉累、损害当事人权利等情形发生。

二、坚持"精细化"管理，打造高效司法

一是严格审限管理。出台《全区法院长期未结案件监督管理办法》《关于严格结案与审限变更管理的规定（试行）》等制度，进一步规范审限管理，明确案件审理期限及重新计算审限的情形和责任主体，

杜绝非法定事由延长审限、扣除审限等隐性超审限和长期未结案件现象的发生。开展全区法院长期未结案件清积专项行动，将长期未结案件清理纳入“一把手”工程，实行“一案一分析、一案一对策”。对于重大疑难复杂案件，组织专家“问诊把脉”，确保疑难复杂案件审理的质量和效果。

二是推行均衡结案。牢固树立均衡结案意识，综合研判办案规律，根据收案情况合理明确月度、季度、年度结案目标任务，通过层层分解目标任务，推进高效均衡结案，破解审判工作中存在的“前松后紧”问题。加强案件流程管理，明确立案、保全、送达、审判、执行等各个流程工作节点和时限要求，形成严密的办案流程监管链条，推动案件审理程序规范高效。

三是深化繁简分流。大力推进“分调裁审”机制改革，合理设置繁案简案划分标准，推行简案快审、繁案精审和类案示范性裁判，确保分流精准、衔接顺畅、运转高效。统筹建设“内蒙古法院区块链证据核验中心”，搭建覆盖三级法院的司法链系统，涵盖立案、调解、证据材料、庭审录像等应用场景，累计上链存证2438.6万件，电子送达司法数据上链100%，推动构建“网上立案—在线调解—互联网庭审—区块链存证—电子送达”全流程线上办案模式，跑出执法办案“加速度”。

三、强化“实质解纷”思维，提升办案质效

一是推动管理理念从“内部考核”向“当事人感受”转变。坚持以“努力让人民群众在每一个司法案件中感受到公平正义”为目标，准确理解把握2023新版指标体系中的“服判息诉率”“案－件比”“案－访比”等核心指标，引导法官强化对穿透式审判思维的运用，以“如我在诉”的意识，在法律框架内追求个案最佳效果，促进矛盾纠纷实质化解。以优化“案－件比”为目标，以提升一审、二审服判息诉率为牵引，以持续关注上诉率、申诉率、审限内结案率现实表现为重点，科学评价、有效引导执法办案工作，用最优质量、最高效率、最佳效果处理好案件，更好更快维护老百姓合法权益。

二是推动办案理念从“结案了事”到“案结事了”转变。做实做优“有信必复”。开展“弘扬志愿精神、深化有信必复、打好治重化积攻坚战”活动，全区三级法院千名志愿者踊跃报名揭榜积案化解，广大干警直奔基层、直面群众、直击矛盾，用通俗易懂的语言向信访人释法明理，帮助信访人解“事结”化“心结”。推行涉诉信访代办制，依托旗县（市、区）、苏木乡镇（街道）的信访代办机构，组建专兼职涉诉信访代办队伍，成立涉诉信访代办服务机构，推行“接诉即办”工作机制，前移信访接待窗口，使群众反映的问题在基层有人接、有人管、有人办。

三是推动办案效果从“审理一案”向“治理一片”转变。坚持“抓前端、治未病”，深入开展司法大数据分析，针对地区高发多发的同类案件及产生原因，全面梳理辖区社会治理中存在的问题，主动向有关部门提出综合治理类司法建议，推动矛盾纠纷化解。2023年1—9月，全区法院共发出司法建议1223件，收到回复1057件。其中，呼伦贝尔市中级人民法院向电信运营商发出司法建议，推动解决了近6万用户的资费变更问题；乌兰察布市中级人民法院向当地教育部门发出司法建议，推动校园安全管理提档升级。

以高质效检察履职助力向北开放重要桥头堡建设

内蒙古自治区人民检察院

2023年，内蒙古自治区人民检察院紧紧围绕习近平总书记交给内蒙古的五大任务和全方位建设“模范自治区”两件大事，坚持以铸牢中华民族共同体意识为主线，部署开展“沿边口岸检察统一行动”，统筹外通蒙古国、俄罗斯的23个沿边口岸检察院，融入泛口岸经济带发展大局，深度融入共建“一带一路”，全面参与中蒙俄经济走廊建设，形成以带连点、以点带面、连通内外、辐射周边的检察一体化格局，在加快构建以国内大循环为主体、国内国际双循环相互促进的新发展格局中发挥积极作用，为构筑我国向北开放的重要桥头堡贡献检察力量。

一、综合履职，筑牢北疆安全稳定屏障

加大涉口岸危害国家安全、走私、偷越国（边）境等刑事犯罪打击力度，2023 年，沿边口岸地区检察院共起诉妨害国边境管理犯罪、走私类犯罪 128 人，同比上升 10.3%。满洲里市检察院针对一起偷越国（边）境案暴露出的问题，组织公安、法院、边检站等单位召开联席会议，会签《关于办理妨害国（边）境管理违法犯罪协作机制的意见》，构建“偷越国（边）境违法犯罪漏罪漏犯大数据法律监督模型”，获全区首届大数据法律监督模型竞赛一等奖并推广应用。呼和浩特市赛罕区检察院在呼和浩特机场公安分局设立侦查监督与协作配合办公室，额尔古纳市检察院在边境管理大队挂牌成立额尔古纳侦查监督与协作配合办公室，加强检警双方在涉口岸司法办案中的衔接配合。

二、协同发力，优化沿边口岸地区法治化营商环境

沿边口岸地区检察院积极加强与口岸办、海关、边检、工商联等单位沟通协作，依法惩治妨碍口岸经济建设和运行的违法犯罪，促进口岸高质量发展。乌拉特中旗检察院先后在甘其毛都口岸、口岸加工园区设立“口岸检察协作办公室”“优化法治化营商环境工作室”“知识产权维权检察保护工作站”，以口岸检察协作办公室为阵地，深入开展“大走访、大调研、大服务、大解题·百名干部帮百企”等系列活动，准确掌握企业需求。阿尔山市检察院“阿检之声”法治宣讲团多次深入企业开展法治宣讲，为企业量身定制法治课堂，提供精准的法律咨询和服务。

三、同题共答，共筑北疆生态安全屏障

针对沿边口岸地区草原、森林等生态资源丰富的特点，扎实开展“生态检察三大协作统一行动”，筑牢沿边口岸地区生态安全屏障。沿边口岸地区检察院办理环境资源领域公益诉讼案件 584 件，同比上升 66.9%。锡盟检察分院与张家口市检察院、兴安盟检察分院、通辽市检察院、赤峰市检察院分别就草原生态和资源保护签订跨区域协作机制，进一步加强与相邻地区草原、河流生态跨区域司法保护协作。二连浩特市检察院针对相当数量的跨境野生动物在迁徙过程中得不到及时有效救护、保护造成非正常死亡的问题，向市自然资源局制发检察建议，推动成立全区首个边境地区“野生动物收容公益救护中心”。乌拉特中旗检察院打造“口岸草原生态保护及口岸过境企业土地占用税评估模型”，及时发现倾倒垃圾、非法占用草原、违规采矿等案件线索，以数字检察赋能口岸地区生态保护。四子王旗检察院加大对采挖野生锁阳、盗挖“钱币石”、盗掘“龙骨”等的打击力度，保护珍贵自然资源。额济纳旗检察院召开黑河流域生态环境和资源保护检察协作第二次联席会暨额济纳检察论坛，深化跨区域检察协作，合力守护黑河流域生态安全和高质量发展。

四、检心为民，保障沿边口岸地区人民群众合法权益

沿边口岸地区检察院共起诉食药安全领域犯罪 28 人，办理食药安全领域公益诉讼 159 件，同比分别上升 115% 和 189%。达茂旗检察院、苏尼特左旗检察院、苏尼特右旗检察院针对部分经营进口食品经销者未在经营场所放置索证索票记录、销售无中文标签的进口食品等问题进行立案调查，督促相关部门整改落实，营造安全放心的消费环境。充分运用检察建议参与社会治理，沿边口岸地区检察院共制发社会治理检察建议 417 件，同比上升 58%，进一步提升沿边口岸地区社会治理水平。

五、法治宣传，筑牢边疆稳定团结的群众防线

启动全区检察机关“法润边疆　法治同行”双语普法送基层活动，结合“沿边口岸检察统一行动”，围绕边境政策法规、民族团结、草原保护等方面开展普法宣传，为各族群众发放法治宣传书籍 11 万册，实现农村牧区、机关、企业、学校、家庭、手机网络全覆盖，把法律惠民产品及时准确送到城乡牧区千家万户。编译推出中文和西里尔蒙古文双语版《中华人民共和国检察官法》《中华人民共和国引渡法》《中华人民共和国司法协助法》，推进中蒙边境地区检察机关交流合作。

实施生态安全屏障守卫行动
全领域全方位打造生态警务打防协同体系

内蒙古自治区公安厅

内蒙古是我国北方面积最大、种类最全的生态功能区，生态状况如何，不仅关系全区各族群众生存和发展，也关系华北、东北、西北乃至全国生态安全。习近平总书记高度重视内蒙古生态文明建设，多次作出重要批示，提出明确要求。内蒙古自治区公安机关始终牢记总书记殷殷嘱托，深入贯彻落实公安部和自治区党委、政府部署要求，坚决扛起绿色长城忠诚卫士的政治担当，锚定“五个一流”目标，深入实施生态安全屏障守卫行动，全领域全方位推动生态警务改革，全力打造生态警务攻防协同体系，坚决守护内蒙古这片碧绿、这方蔚蓝、这份纯净。

一、突出实战导向，着力构建侦查打击体系

牢固树立和践行“绿水青山就是金山银山”的理念，坚持用最严格制度最严密法治保护生态环境，按照“全链条、全要素、全环节”的打击要求，健全打击体系，强化专项整治，依法严厉打击各类破坏生态环境犯罪活动。

一是完善合成作战“架构网”。发挥环食药侦专业警种主力军作用，建立形成总队、支队、大队、派出所四级联动的工作模式。建立区域协同、警种协作、部门协调的工作机制，沿黄河七盟市实现了生态警务常态协作，国有林区、自然保护地推行“林长+河湖长+警长+检察长”制度。

二是打好专项行动“组合拳”。自治区公安厅主要领导点题部署、挂帅督战，以“昆仑”专项行动为总牵引，启动实施具有地域特点的“生态安全屏障守卫行动”，在林草资源、矿产资源、污染环境“三大战场”发起凌厉攻势，2023年破案数同比增长39.8%。连续三年组织开展“保卫黄河”专项行动，积极推进煤炭资源、草原林地领域专项整治。

三是建设应急处置“调度所”。依托“情指行”警务运行机制，建立与林草、环保、应急等部门应急联动机制，制定生态环保、生物安全、森林草原防火处置预案。

二、聚焦改革增效，着力优化警力配置体系

按照“省级主责、市县主战、派出所主防”的总体思路，大力推进生态警务改革，着力构建强大、规范、专业的生态安全保卫新警种，全区生态安全保卫警力得到极大充实。

一是强化公安厅主责力量。重新组建公安厅生态环境食品药品犯罪侦查总队，与“自治区森林公安局”一套人马、两块牌子。在大兴安岭国有林区、大青山自然保护区等重点区域，分设直属森林公安局。

二是强化市县主战力量。在盟市、旗县新设机构，从其他警种择优选调民警充实到市县。在呼伦湖、乌梁素海、岱海等重点区域设置专门机构。

三是强化派出所主防力量。在国有林场、自然保护区、森林公园保留森林公安派出所，其他所有苏木、乡镇实行“地方所”与“森林所”两所合一，在森林草原核心区设立“骑警队”，切实加强生态安全防控基层基础工作。

三、坚持创新驱动，着力搭建支撑保障体系

坚持把科技引入生态警务，把法治贯穿生态执法，推动生态警务由传统模式向现代模式演进。

一是加快推进大数据建设应用。同步实现数据分析、实施指挥、远程勘验、智能案管等功能。健全与行政部门的数据协作机制，拓展数据维度，建设数据模型。

二是加快推进快速检测和检验鉴定能力建设。有序推进自治区、盟市、旗县三级快检实验室建设。在内蒙古警察职业学院筹备建设公安厅环食药检验鉴定中心项目，统一实现“实战、教学、科研”功能，基本满足行政执法、刑事司法、公益诉讼等检验鉴定需求。

三是加快推进执法制度建设。制定生态环保公安执法权责“五个清单”，进一步完善22项执法标准、执法细则、裁量基准。与生态环境、自然资源等15个部门联合出台行刑衔接配套制度43个，与检察院、法院深化协同办案，生态领域案件结案时间明显缩短。

四、服务发展大局，着力完善法治保障体系

锚定生态优先、绿色发展导向，严格规范公正文明执法，不断提高执法司法质效。

一是全力保障“两个基地”建设。立足自治区建设“国家重要能源和战略资源基地”“重要农畜产品生产基地”，强化精准打击、有效打击，切实维护国家粮食安全、能源安全、产业安全。紧盯盗采煤炭、稀土、砂石等突出犯罪，常态化打击煤炭资源领域违法犯罪活动。聚焦“地、水、种”和“粮、肉、奶”等重点领域，围绕重点保护地理标志和“蒙”字标品牌，依法严厉打击非法占地（破坏黑土地）、盗采水资源、制售假劣乳肉产品等违法犯罪活动。

二是全力保障黄河安澜。公安厅在全国率先举办黄河流域生态保护警务合作论坛，推动9省区建立了常态化合作机制。会同自治区发展和改革委、生态环境厅、自然资源厅等8个部门，联合开展黄河流域“天、空、地、人”立体化联合执法行动，集中查处整治违法犯罪行为，全力守护黄河安澜。

三是着力保障“三北”工程建设。认真落实防沙治沙任务要求，聚焦非占非采、盗伐滥伐、过度开发等突出问题，会同相关部门联合开展巡查防护，充分发挥刑事打击职能作用，为筑牢我国北方重要生态安全屏障贡献公安智慧和力量。

创新教育帮扶模式　务实担当
稳步推进平安建设工作提质增效

内蒙古自治区司法厅

加强重点人群管理工作是加强和创新社会治理的重要内容，是推进平安中国、平安内蒙古建设的重要任务。内蒙古司法厅主动作为，为加强重点人群管控，积极探索帮扶教育工作的新模式和新方法，以高效务实的工作态度，多措并举做好教育帮扶各项工作，进一步预防和减少重新违法犯罪，不断提高社会治理水平，增强人民群众的获得感、幸福感、安全感。

一、做细安置帮教衔接教育管理

全区安置帮教机构充分利用公共法律服务智能化一体平台，收到待核实人员信息后，及时对接村委会及辖区派出所核实信息。安置帮教对象到所报到时，及时开展谈话，签订帮教协议书，按标准建立安置帮教工作档案，做到“一人一档”。安置帮教对象报到以后，每季度定期进行走访，开展教育谈心活动，督促其树立正确的法治观念，严格约束自身言行。落实好帮教措施，为有法律服务需求的帮教对象提供法律咨询或者法律援助，对生活困难的帮教对象，根据相关政策给予帮扶。坚持在重点时段、重大节日进行走访摸排工作，及时了解安置帮教人员的生活、工作等情况，对安置帮教人员外出务工的，通过微信回访或通过家属及所在嘎查进行联系，掌握其思想动态及生活状况，切实做到排查“细、真、实”，对于排查发现的问题苗头及时进行纠正化解。

二、创新安置帮教基地建设模式

全区各级司法行政机关拓宽刑满释放人员的就业安置渠道，积极探索安置帮教工作的新模式和新方法，以维护社会安全稳定为前提，以职业技能培训和就业安置为重点，大力推进安置帮教示范基地建设工作。赤峰市司法局积极与民政、人力资源和社会保障、市场监管、就业培训学校等相关部门进行协调对接，成立赤峰市安置帮教示范基地建设领导小组，明确各成员单位、各部门职责，细化具体工作任务，确定了“2645”的基地建设目标：“2”是集成安置帮教、社区矫正对象教育帮扶“两个模块”；“6”是打造职业技能培训平台、就业对接转介平台、创业扶持孵化平台、社会救助援助平台、教育和心理建设平台、过渡性安置平台“六个平台”；“4”是法治教育基地、就业安置基地、培训实习基地、公益活动基地“四个基地”；“5”是实现“集教育、培训、就业、创业、救助”“五位一体”的安置帮教工作体系，全区建立安置帮教基地11个。

三、加强社区矫正系统化教育

建立个案矫正和以初始教育、常规教育、解矫教育为内容的分阶段教育体系，常态化开展政治教育、法律教育、道德教育、心理教育、文化教育、技能教育等六大教育，发挥教育治本作用，帮助社区矫正对象树立正确的世界观、人生观和价值观。指导各盟市积极开展分类教育活动，通辽等地创新推出“小组活动”，根据矫正对象的犯罪类型、社会适应程度、管理类别等方面，分别建立“思想政治引领小组”“志愿精神引领小组”“社会政策咨询小组”等10个不同主题的特色小组，将铸牢中华民族共同体意识、红色教育、传统文化等内容纳入教育规划之中，切实提高教育矫正质量。

四、强化社区矫正精准化帮扶

各级司法行政机关加强和团委、妇联、残联等群团组织的协作配合，建立健全帮扶机制，树立恢复性司法理念，依法依规依政策对社区矫正对象实施社会适应性帮扶，帮助社区矫正对象解决低保、临时救助、社会保障等实际困难和问题。积极开展职业技能培训、就业指导，实现对社区矫正对象的多样化帮扶，为社区矫正对象修复社会关系、顺利回归社会创造条件。年内累计帮助落实低保和社会保险164人次、帮助落实承包田568人次，组织职业技能培训和指导就业或就学712人次。

五、坚持统筹发挥社会多方力量开展社区矫正工作

全区各地采取党建+、社会组织+、基地+、信息化+等多元形式，广泛对接社会团体及社会组织和平台，依托企事业、嘎查村、社区建立教育基地215个，公益活动基地366个，就业基地93个。广泛宣传、普及社区矫正志愿服务理念，引导熟悉法学、心理学、社会学等专业人士、离退休干部和大学生参与社区矫正志愿服务，全区有1万余名社会志愿者参与社区矫正教育帮扶工作，实现了对社区矫正对象的多样化教育矫正帮扶。

审稿人：范巧兰
撰稿人：潘晓恒　齐永生　张志远
乌文静　乌勒图力古尔

辽 宁 省

工 作 概 况

2023年度辽宁政法工作综述

2023年，在中央政法委的有力指导和辽宁省委的坚强领导下，辽宁省政法系统坚持以习近平新时代中国特色社会主义思想为指导，全面贯彻党的二十大精神，深入贯彻习近平法治思想、总体国家安全观和习近平总书记关于政法工作的重要论述，深入贯彻习近平总书记在新时代推动东北全面振兴座谈会上的重要讲话精神，牢记嘱托、感恩奋进，扛牢维护国家“五大安全”政治使命，更好统筹发展和安全，有效维护了国家安全、社会安定、人民安宁，奋力谱写政法工作现代化辽宁新篇章，服务保障辽宁全面振兴新突破三年行动取得显著成效。

一、坚定拥护“两个确立”、坚决做到“两个维护”，党对政法工作的绝对领导持续加强

以党的政治建设为统领，确保政法工作始终沿着正确方向前进。全省政法系统把学习贯彻习近平新时代中国特色社会主义思想作为首要政治任务，深入开展主题教育，省委政法委强化督促指导和衔接联动，牵头组织开展维护安全稳定问题专项整治，推动政法机关两批次主题教育贯通融合、有效衔接。辽宁省委政法委严格落实“第一议题”制度，及时跟进学习习近平总书记重要讲话和重要指示批示精神。认真贯彻落实《中国共产党政法工作条例》，举办全省政法机关厅局级领导干部政治轮训班，统筹开展政治轮训，轮训干警28.8万人次。对14个市委政法委开展政治督察和纪律作风督查巡查，对省直政法单位开展“回头看”，把党的领导贯彻到政法工作各方面、全过程。坚持把政法工作摆在服务保障辽宁全面振兴新突破大局中来谋划、来推进，召开省委政法工作会议，全面构建以服务保障全面振兴新突破为中心任务，以平安辽宁建设争先进位、法治辽宁建设提质增效、政法队伍建设锻造铁军为牵引，以重点专项行动为支撑的“1+3+N”工作推进体系。

二、防范化解重大风险隐患，维护社会大局稳定开创新局面

坚持底线思维、极限思维，着力提高防范化解重大风险的能力水平，确保全省社会大局保持安全稳定。

（一）坚持高位推动。辽宁省委两次召开全省安全稳定工作会议，省委常委会多次专题研究，把维护安全稳定作为当前辽宁必须统筹抓好的三方面重要工作之一，推动高质量发展和高水平安全良性互动。

（二）注重协同推进。省委政法委加强统筹协调，健全完善专班运行、风险排查、会商研判等7项协作机制，形成风险联防、问题联治、部门联动的“大维稳”工作格局。圆满完成重大活动、重要节点维稳安保工作。稳妥处置房地产、金融等重点领域和重点群体涉稳风险，“一事一策”制定维稳方案和应急预案，及时稳控化解涉稳风险。

（三）强化抓源治本。召开全省坚持和发展新时代“枫桥经验”大会，开展矛盾纠纷“大排查、大化解”专项行动，着力提升矛盾纠纷预防化解法治化水平，辽宁省3个基层单位工作经验入选全国“枫桥式工作法”。深入推进社会治理现代化，辽宁省5个试点城市全部通过全国市域社会治理现代化省级验收，鞍山市、本溪市相关经验被列为全国优秀创新经验。

（四）加强整体防控。扎实开展“平安护航”等专项行动，全省刑事警情、治安警情同比较大幅度下降，社会治安和公共安全形势总体平稳。建立辽宁省新型犯罪研究侦查中心，工作经验获国务院联席办推广扎实推进命案防范治理工作。深入调研分析命案发案情况，对9个县（市、区）进行挂牌督办。

（五）常态化推进扫黑除恶。健全完善“一体化”专案协同办理机制，建成辽宁政法线索综合管理平台，深化行业整治，各项战果均位列全国前列。查处司法工作人员相关职务犯罪立案数、要案数均居全国首位。

（六）深入推进信访工作法治化。强化纪信联动，开展“万件化访行动”。建立省级领导同志包保县区和接访下访机制。

三、全力推进法治环境建设，服务保障振兴发展展现新担当

深入学习贯彻习近平法治思想，时时处处用“十一个坚持”对照、审视工作，在法治轨道上促进发展、保障善治、应对挑战。

（一）统筹推进法治辽宁建设。在全国率先出台党员领导干部学法制度及清单，印发贯彻落实党的二十大精神深入推进全面依法治省的实施意见和加强市县法治建设实施意见。高质高效推进中央依法治国办法治建设督察整改，推动完成3530项整改工作任务。

（二）组织开展专项监督行动。谋划部署涉企业、涉信访、涉超期案件专项监督三年行动。认真做好全国执法司法突出问题专项检查整改工作，清单化、项目化抓好落实，健全完善制度机制，不断提升执法司法质效和公信力。

（三）深入推动法治化营商环境建设。扎实开展“五个一批”创建活动，加大对关键核心技术及新兴产业知识产权保护力度。服务高水平对外开放，建立运行东北首个“国际商事多元解纷中心”。

（四）持续强化民生服务保障。法院系统妥善审理教育、就业、医疗等涉民生案件34.01万件，加强新业态从业者权益保护，维护和谐稳定劳动关系。检察系统以“一老一幼”“农村地区困难当事人”“命案受害家庭”为重点，发放司法救助金1732.2万元。公安机关1665个公安窗口全部实现“一窗通办”，人才落户在辽宁省实现“零门槛”。司法行政机关加快推进公共法律服务体系建设，在全国率先开展线上法律咨询业务、法律援助同行评估工作。

四、全面深化政法改革，为推进政法工作现代化注入新动能

坚持守正创新，坚持系统观念，推动全省政法领域改革系统集成、协同高效。

（一）强化工作统筹。辽宁省委政法委统筹推进全省全面深化政法改革工作，制发辽宁省贯彻落实中央改革实施纲要实施方案，谋划全省政法改革发展蓝图。组织开展辽宁省政法领域全面深化改革评估，总结成效，查找不足。

（二）扭住关键环节。全面准确落实司法责任制，深入推进法官检察官遴选、惩戒工作，进一步规范遴选审议程序，组织修订惩戒工作办法。持续优化政法机构职能体系，法院系统加快建设沈阳、大连金融法庭，完善环资案件跨区域集中管辖；深化三级检察院和相关行政部门一体化联合办案；公安机关积极推进市县两级大部门大警种制改革，有力提升警务实战效能；司法行政机关出台规范减刑、假释适用条件和暂予监外执行的会议纪要。

（三）注重强基导向。推动解决基层法检单位地方性绩效奖金发放标准问题，推动出台《辽宁省公安机关警务辅助人员管理条例》，健全完善警务辅助人员队伍全链条管理和保障体系。扎实推进聘用制书记员管理改革，积极推动法检两院启动聘用制书记员招录工作。加快全省政法跨部门协同办案平台建设，推动实现政法改革与科技应用双轮驱动。

五、纵深推进全面从严管党治警，政法铁军建设迈上新台阶

进一步加强专业化、规范化建设，着力锻造政治过硬、本领高强、作风优良的精兵劲旅。

（一）保持严的基调不动摇。坚定不移在政法领域推动全面从严治党向纵深发展，召开全省政法系统党风廉政建设工作会议，制定工作意见，严格执行新时代政法干警“十个严禁”、防止干预司法“三个规定”等铁规禁令。

（二）紧盯素能建设强能力。制订年度培训计划，举办全省政法系统领导干部专业素能培训班，邀请国内知名法学专家学者专题授课，全面提升政法队伍专业素质能力。

（三）弘扬英模精神重引领。开展辽宁省平安建设先进集体和先进个人表彰，组织第九届“辽宁省人民满意的政法干警（单位）”评选，召开全省公安系统英雄模范立功集体表彰大会，举办第五届“榜样力量”先进事迹报告会。朝阳市喀左县委政法委、大连市甘井子区中华路街道政法委员王晶同志获评“新时代政法楷模”集体和个人。

（四）强化舆论宣传营氛围。依托辽宁政法新媒体等宣传阵地，全面展示政法系统服务保障全面振兴新突破的探索实践，“辽宁政法”微信公众号连续进入全国榜单前十名。制作《迈向新征程的辽宁政法铁军》专题宣传片，全面呈现全省政法队伍建设新成效。

—— 会 议 活 动 ——

辽宁省安全稳定工作会议

5月23日，辽宁省安全稳定工作会议在沈阳召开。会议全面贯彻党的二十大精神和习近平总书记重要指示精神，落实更好统筹发展和安全重要要求，对全省安全稳定工作进行再强调再部署再推进，为全面振兴新突破营造安全稳定的政治社会环境。

会议指出，要深入学习贯彻习近平总书记重要指示精神，进一步增强做好安全稳定工作的责任感、使命感、紧迫感，把统筹发展和安全的要求贯穿振兴发展各方面、全过程，以高水平安全护航高质量发展。要充分认清辽宁在党和国家工作全局中的特殊战略地位，深刻认识抓好安全稳定工作是必须完成好的政治任务，知重负重、知责担责、知难克难，持之以恒推动全省安全稳定形势持续向好。要深刻认识做好安全稳定工作是实现全面振兴新突破的重要保障，把安全稳定同经济社会发展一起谋划、一起推进，全力以赴把经济发展搞上去，把发展环境营造好，把社会大局稳定住，实现高质量发展和高水平安全良性互动。要深刻认识做好安全稳定工作是对各级干部的现实考验，以主题教育为契机，着力增强系统观念、强化底线思维，抓紧补齐短板弱项，不断提高做好安全稳定工作的能力和水平，以社会大局安全稳定的实际成效来检验主题教育的成果。

会议强调，全省各地各部门要保持“时时放心不下”的责任感和主动担当作为的精气神，坚持抓早抓小抓苗头，精准发力、综合施策，坚决消除影响安全稳定的风险隐患。一要筑牢政治安全屏障，坚定不移贯彻总体国家安全观，为维护国家安全作出辽宁贡献。二要全面强化矛盾纠纷排查化解，着力解决信访突出问题。要严格落实领导干部接访、下访、约访、包案等制度，推动领导干部走出去、走下去，切实解决好群众合理合法的利益诉求。要坚持和发展新时代“枫桥经验”，努力把矛盾化解在基层、隐患消除在萌芽状态。各地各部门要加大解决问题的力度，抓好源头治理，对信访突出事项深入研究、充分论证，加大统筹力度、优化政策供给，推动各类矛盾问题妥善解决。三要切实维护社会治安秩序，聚焦社会治安领域突出问题，健全“打防管控建”各项措施同步发力的防控体系，不断提升基层社会治理能力和治理水平。四要深入排查整治事故隐患，全力抓好安全生产。要严格落实国务院安委会安全生产15条硬措施，聚焦重点行业领域，深入细致开展隐患排查整治，不断提高应急处置能力。要坚持底线思维，立足防大汛抗大旱抢大险救大灾，完善应急预案，备足备好应急物资和抢险力量，确保全省安全度汛。五要持续加强网络安全监管，强化正面宣传引导，充分展现辽宁推进全面振兴新突破的新气象，为打好打赢新时代“辽沈战役”营造良好舆论氛围。

会议强调，要压紧压实各级主体责任，确保安全稳定各项任务落实到位。全省各地各部门要守土有责、守土尽责、守土负责，增强忧患意识，做到居安思危，主动深入细致做好安全稳定工作，不折不扣将统筹发展和安全要求落到实处。要扛牢政治责任，各地各部门主要负责同志要履行好第一责任人职责，分管负责同志要认真履行直接责任人职责，自上而下压实拧紧安全稳定责任链条，形成齐抓共管的整体合力和人人尽责的工作氛围。各级领导干部要不断增强防范化解风险的本领，善于用法治思维和法治方式开展工作、解决问题。要健全工作机制，各地各部门要进一步完善维护安全稳定责任制，各行业领域要细化完善风险研判、评估、防控、化解处置等各项机制，下大气力抓重点、补短板、强弱项。要夯实基层基础，各地各部门要树立大抓基层的鲜明导向，推动政策、资源、要素向基层倾斜，为做好安全稳定工作提供强有力保障。要结合主题教育，深入开展调查研究，扎实推进检视整改，不断提高对风险源、风险点的发现和鉴别能力，有效防范化解各类风险挑战。

文件选辑

关于加强“四所一庭”联动推动矛盾纠纷多元化解的指导意见

（辽宁省高级人民法院　辽宁省公安厅　辽宁省司法厅，2023 年 5 月 29 日）

为全面贯彻习近平总书记关于“要完善社会矛盾纠纷多元预防调处化解综合机制，把党员、干部下访和群众上访结合起来，把群众矛盾纠纷调处化解工作规范起来，让老百姓遇到问题能有地方‘找个说法’，切实把矛盾解决在萌芽状态、化解在基层”的讲话精神和关于“把非诉讼纠纷解决机制挺在前面，推动更多法治力量向引导和疏导端用力，从源头上减少诉讼增量”的重要指示精神，认真贯彻落实省委、省政府全力维护社会大局稳定工作部署，完善大调解工作格局，加强人民法庭、公安派出所、司法所、律师事务所、基层法律服务所协调联动，共建联动联调预防化解矛盾纠纷机制，有效维护社会和谐稳定，促进平安辽宁、法治辽宁建设，结合辽宁省实际，制定以下指导意见。

一、总体要求

（一）指导思想

坚持以习近平新时代中国特色社会主义思想为指导，全面贯彻落实党的二十大精神，统筹发展和安全，充分发挥人民调解、行政调解、司法调解在预防化解社会矛盾纠纷中的优势和作用，强化矛盾纠纷的源头治理和多元化解，进一步调动各方力量和资源，持续完善矛盾纠纷多元化解机制，形成基层部门协调联动、信息共享、优势互补的矛盾纠纷多元化解工作合力，为服务保障辽宁全面振兴新突破营造安全稳定的社会环境。

（二）基本原则

——坚持党的领导，形成合力。坚持把党的领导贯穿“四所一庭”联动化解矛盾纠纷的全过程，充分发挥地方党委把方向、管大局、作决策、保落实的重要作用。紧紧围绕省委、省政府的中心工作，推动形成党委、政府领导，法院、公安和司法行政统筹指导，构建协调联动、有机衔接、畅通高效的基层矛盾纠纷排查化解体系，充分发挥“四所一庭”各自职能优势，形成资源共享、信息互通、齐抓共管的矛盾纠纷多元化解工作合力。

——坚持依法依规，便民利民。在注重运用法治思维和法治方式化解矛盾的同时，坚持法、理、情有机融合，实现法律效果和社会效果的统一。以为民、便民、利民为宗旨，改进工作方式，提高工作效能，努力满足人民群众对多层次多领域个性化调解服务的需求，不断增强人民群众的获得感、幸福感、安全感。

——坚持平等自愿、优先调解。积极引导和帮助当事人在平等、自愿的基础上，优先选择调解方式化解矛盾纠纷，加强人民调解、行政调解、司法调解衔接联动，综合运用纠纷调处、权益保障、法治教育、心理疏导、救济救助等形式，加强源头预防，努力实现矛盾纠纷化解在信访前、发案前、诉讼前。

（三）工作目标

践行以人民为中心的发展思想，坚持和发展新时代“枫桥经验”，在当地党委、政府统一领导下，人民法院、公安机关和司法行政机关共同参与，合力构建优势互补、有机衔接、协调联动的基层社会矛盾纠纷多元化解机制，努力形成人民法庭、公安派出所、司法所、律师事务所、基层法律服务所“四所一庭”矛盾纠纷化解体系，加强会商分析、衔接配合和联动处置，实现矛盾纠纷化解工作力量整合、程序契合、工作融合，提升对不同类型矛盾纠纷的化解效能，提高基层矛盾纠纷源头化解能力，及时把矛盾纠纷解决在基层、化解在萌芽状态。

二、加强“四所一庭”联动工作机制建设

（一）建立联席会议机制

各级人民法院、公安机关、司法行政机关要根据本地区“四所一庭”数量规模和律师事务所、基层法律服务所执业人数等情况，有效整合司法行政、司法服务资源，建立“四所一庭”矛盾纠纷排查化解联席会议机制，联席会议成员为乡镇（街道）党委副书记、司法所、公安派出所、人民法庭负责人组成，适时按实际需要吸纳律师事务所、基层法律服务所加入联席会议。司法所负责沟通、协调和联络。根据实际需要，原则上可每季度或按工作需要随时召开联席会议，通报矛盾纠纷调处工作信息，认真梳理存在的问题，分析其性质及产生的原因，研究制定解决方案。针对重大信访案件、涉诉案件、社会重大隐患风险和疑难复杂矛盾纠纷，研究制定有针对性、操作性强的工作方案，向当地党委、政府作出汇报，予以妥善处置。

（二）建立信息互通共享机制

“四所一庭”应完善信息共享机制，加强社会矛盾纠纷各类信息的收集整理，特别是影响社会稳定的倾向性问题的筛查梳理，及时、准确地互通、交换信息，做到资源共享、互通有无、及时应对、联动处置。探索建立信息资源共享平台，实现工作动态数据共享。

（三）强化社会矛盾纠纷排查化解联动

“四所一庭”要切实把矛盾纠纷排查化解工作作为一项基础性、常态化工作，加强对矛盾纠纷的源头预防和前端治理，着力推动纠纷排查调处由被动受理、静态分析、事后调处向主动预防、动态管理和事前预警逐渐转变，深化部门联动、就地化解。要充分发挥人民调解、行政调解、司法调解在预防化解社会矛盾纠纷中的基础性作用，推动矛盾纠纷“排查走在调解前，调解走在激化前”，坚持排查在先、关口前移，坚持抓早抓小、应调尽调，灵活采取法理情相结合方式，及时予以化解，防止矛盾纠纷升级、外溢、上行。

（四）完善社会稳定风险评估机制

“四所一庭”要坚持开展前瞻性工作研判，实现事前风险评估预测常态化，加强对各类矛盾纠纷数据汇聚，进行整合和关联性分析，研判社会矛盾纠纷的发生频率、风险等级、潜在隐患、发展趋势，实现矛盾纠纷化解在早、处置在小、化解在基层。对问题比较突出、可能引发个人极端案（事）件的苗头性、倾向性问题和短期内难以化解且具有重大涉稳隐患的疑难纠纷以及依法不能调解或当事方执意不愿调解、调解不成功的矛盾纠纷，及时发出预警提示，向党委、政府报告，责成有关部门落实有效管控。

（五）建立纠纷承接处置机制

人民法庭、公安派出所和信访等部门对于适宜通过调解方式解决的矛盾纠纷，在征得当事人同意的情况下，将案件移交人民调解组织或特邀诉前调解组织进行调解。司法所应当主动介入，指导调解组织对接收的纠纷案件依法依规进行调解，并将案件调解情况及时向移交方进行反馈。需要联合进行调解时，由牵头调解部门及时邀约其他部门，合力做好调解工作。司法所要协同信访部门，将信访问题纳入社会矛盾纠纷排查化解范围，收集相关信息，积极发挥人民调解职能作用，按工作流程和工作要求参与处置信访案件，按照有关法律法规规定，依法调解。

三、切实履行“四所一庭”联动工作职责

（一）人民法庭职责。做好“四所一庭”联动机制工作的实施和推进，积极参加联席会议相关工作；做好诉调对接工作，完善人民法庭对接人民调解工作机制，将适宜调解的案件采取立案前推荐、立案后委托、诉中邀请等方式，为当事人提供人民调解、诉前特邀调解，引导当事人自愿选择诉讼外调解渠道解决纠纷；依法及时处理当事人的司法确认申请，为当事人的调解协议提供法律效力保障；加强对人民调解组织和人民调解员调解矛盾纠纷的业务指导，开展以案释法教育，引导群众自觉遵守法律。

（二）公安派出所职责。做好“四所一庭”联动机制工作的实施和推进，积极参加联席会议相关工作：定期开展矛盾纠纷排查，及时调处，有效化解；做好“警调”对接工作，公安派出所接到群众报警求助的民间纠纷和适用调解的治安案件，征得双方当事人同意，移交司法所进行调解解决；做好预防性出警工作，对可能引发群体性案（事）件和个人极端案（事）件的矛盾纠纷，提前介入并开展预防性出警，防止矛盾纠纷激化升级，配合司法所共同做好矛盾纠纷的化解工作；支持人民法庭、司法所工作；配合司法所开展安置帮教、社区矫正工作。

（三）司法所职责。负责“四所一庭”联动机制工作的实施和推进，与公安派出所、人民法庭、

信访部门的对接和联席会商；指导辖区人民调解工作，完善人民调解、行政调解、司法调解等各类调解衔接联动制度实施；定期开展社会矛盾纠纷排查工作，做好矛盾纠纷分析研判和预警工作，开展有针对性的法治宣传；对排查发现的重大疑难矛盾纠纷、存在风险隐患的矛盾纠纷和危及社会稳定的突发事件，应提示矛盾纠纷事项涉及的主管或主责部门及时采取有效措施，并同步通报公安派出所掌握情况；指导辖区人民调解组织承接公安派出所、人民法庭和信访等部门转交的人民调解案件，及时调解，向相关部门反馈调解结果；规范制作人民调解协议书，并告知司法确认相关程序，做好人民调解案件统计、报送工作；做好安置帮教和社区矫正工作。

（四）律师事务所、基层法律服务所职责。加强与司法所、公安派出所、人民法庭沟通协调，积极参与“四所一庭”联动调解工作，为调解工作的开展提供有力的法律支撑，协助开展疑难复杂矛盾纠纷调解工作；做好乡镇（街道）党委、政府法律顾问和“一村（社区）一法律顾问”工作，为乡镇（街道）党政机关的重要事项、重大决策提供法律依据；积极开展法律咨询、法律援助、法治宣传、人民调解等法律服务，提供方便快捷优质高效的服务，增强群众依法解决诉求的法治理念。

四、工作要求

（一）提高政治站位，高度重视“四所一庭”联动工作

各级人民法院、公安机关、司法行政机关要提高政治站位，树立“化解一件矛盾纠纷，就是减少一个案源、减少一个访源、减少一个诉源”的理念，高度重视“四所一庭”联动工作，切实把此项工作作为基层社会治理现代化的重要内容、平安建设的重要抓手，维护社会和谐稳定的有力举措，摆上重要议事日程，促进和规范社会矛盾纠纷多元化解工作，确保各类社会矛盾纠纷化解在基层、化解在萌芽状态。

（二）加强组织领导，合力推进工作落实

市、县、乡三级人民法院、公安机关、司法行政机关要加强“四所一庭”联动工作的组织领导，强化统筹协调，调动和整合各方力量资源，合力推进工作落实。市、县两级人民法院、公安机关、司法行政机关要建立“四所一庭”联动工作领导小组，领导小组下设办公室，办公室设在司法局。积极争取党委、政府和有关单位的支持，加强人、财、物保障，加强分工合作、明确工作职责，提出工作意见，加强工作指导，定期开展督导检查，找准问题，发现不足，督促整改落实，确保该项工作有序推动。人民法庭、公安派出所、乡镇（街道）司法所和律师事务所、基层法律服务所要成立“四所一庭”联调小组，具体实施联动工作，细化工作措施，真正形成人力资源、信息资源、技术资源共享和职能优势互补的工作合力，把联动工作内容落到实处，推动社会矛盾纠纷多元化解联动机制的构建和联调化解，有效化解社会矛盾纠纷。

（三）加强宣传报道，营造良好氛围

各级人民法院、公安机关、司法行政机关要充分运用传统媒体和网络、微信、微博等新媒体，采用多种方式大力宣传开展“四所一庭”联动工作的成功做法和取得的成效，宣传调解工作优势和特点，宣传工作涌现出的先进典型和精品案例，不断提升调解工作的群众满意度，扩大社会影响力，增强基层政法干警和法律服务工作者的职业荣誉感和自豪感，为开展“四所一庭”联动工作营造良好社会氛围。要加大“四所一庭”联动工作总结交流力度，及时报送地方党委、政府、有关部门和上级机关，对在联动工作中表现突出的调解组织和调解员，在全省优秀调解组织和调解员表彰中予以优先考虑。

特色专栏

一站式解纷“三零”工作法

沈阳市委政法委

辽宁省沈阳市高度重视基层社会治理工作，时刻牢记习近平总书记2023年8月在沈阳市皇姑区三台子街道牡丹社区考察时“党始终在人民身边”的殷殷嘱托，聚焦“矛盾不上交、平安不出事、服务不缺位”新时代“枫桥经验”核心要义，在全市建立社区（村）“零事故、零案件、零纠纷”工作室。2023年，全市社区（村）安全事故起数同比下降36.6%，刑事、治安警情分别同比下降32.22%、24.96%。以共建共治共享新机制打通基层治理“最后一米”，为在社区（村）践行新时代“枫桥经验”提供“沈阳样本”。

一、一站式工作平台建到社区，变“多头受理”为“集中接办”

在全市建立2600多个“零事故、零案件、零纠纷”工作室，实现社区（村）全覆盖，群众平安建设领域问题足不出社区（村）就能“找得到门、见得着人、办得成事”。

一是突出功能整合。将过去建在社区（村）的评理说事点、人民调解室、社区（村）警务室、信访工作调解站点等统一整合为“零事故、零案件、零纠纷”工作室，实行人员、空间和机制全面融通，打破业务壁垒，统合重复职能，变“多头接办”为“一站式”服务。

二是突出统一建设。按照“因地制宜、管用有效”原则，由各地党委、政府统一规划，政法委和组织部协同落实，将工作室嵌入各社区（村）党群服务中心，成为全市统一“标配”，让群众平安建设诉求能够随时“找得到门、见得到人、办得成事”。

三是突出便捷实用。一切从实战出发，在工作室设置“一张布防图”甄别标注风险点和重点人，“一块信息板”分类记录每日风险隐患、矛盾纠纷问题并持续跟踪办理到位，规范“一张联络图”最大限度整合平安建设为民服务资源。

二、各条线专业力量下沉一线，变“问题上行”为“服务下行”

组织各方力量共同参与工作室工作，将职能履行和机制运行向前端延伸，只送服务不增负担，扛起“党派我来的”政治责任，变“社区找”为“主动干”。

一是专业力量下沉办。组织2471名公安民（辅）警、1066名安全生产执法辅助人员和3259名司法行政、信访部门干部与法官等专业力量，带着职能、资源和责任下沉社区（村），担任工作室负责人并向辖区群众公示姓名、职责及联系方式，让过去接办基层“吹哨”事项人员成为基层一分子，变“要我办”为“主动干”，变社区的事为自己的事。

二是专群力量支撑办。推广沈北新区“一个工作室+一支志愿者服务队”经验，依托工作室组建志愿者巡逻队1204支，设置社区（村）守望岗2308个，专群结合“每日巡、定期访、实地查、即时报、马上办”，第一时间解决公共区域消防安全、矛盾纠纷调解化解、重点人群管护等问题。

三是专责体系兜底办。对一般性问题由专业力量现场直办，复杂问题由工作室报告派出部门指导接办，责任不明晰问题由社区支部书记召集工作室联席会协同解决，对排查发现的可能引发社会稳定问题的重点诉求群体先引导到工作室接待、疏导并立即同步预警。2023年初以来，工作室累计化解各类矛盾纠纷17.63万件，化解成功率98.89%，将不稳定因素吸附在基层、消除在萌芽。

三、多元化资源手段融入基层，变“事后处置”为“事前预防”

发动更多资源力量保障“老百姓的事有人管，管得有条有理管到位；老百姓的苦有人问，问寒问暖问到家”，践行“党始终在人民群众身边”。

一是融入网格“抓协同”。组织房产、执法和水电气热等15家涉民生企业和单位派出专属网格员，与工作室一体接受居民群众“派单”。推动创新“幸福来敲门”“我是对门”等载体，社区（村）专职网格员协助工作室了解群众难心事烦心事，全市12345热线公共安全、治安防范和社区管理类投诉下降31.39%。创新“幸福来敲门”等载体，社区（村）专职网格员协助工作室了解群众难心事烦心事，叫响“我是雷锋”。

二是多元解纷“增合力”。推动法院调解平台100%开通到社区（村）工作室，前移“诉调对接”端口；聘任1254名律师担任社区（村）法律顾问，培育建立“老杨工作室”等一批品牌法律服务团队，常态化提供法律服务；利用“零纠纷”平台激活评理说事和人民调解机制作用，推动物业纠纷、医疗纠纷、遗嘱服务等15个市级行业调解组织下沉工作室“坐堂出诊”，累计调解案件7120件、成功6982件，涉及金额1.9亿元。在沈河区试点建设“心街坊”开展心理服务，助力源头化访、源头解纷、源头息诉。

三是心系群众“用情办”。对工作室在化解矛盾纠纷、处置案件事故过程中发现的民生问题和实际困难，坚持“案结事不了”，做好“工作室+”后半篇文章。结合全市“舒心就业、幸福教育、健康沈阳、品质养老”工程建设，开展“我是雷锋”和“党派我来的”温暖行动，重点对5.6万名低保家庭、特困供养人员、孤儿等特殊群体，以及“一老一幼”、孕产妇、基础病患者，提供医疗健康、代买代购、关心关爱、心理疏导等服务。以区为单位将日常“三零”工作融入每日“五情”（清警情、明访情、知民情、化舆情、解讼情）调度开展分析研判，努力让每一类矛盾每一个风险都不落地、有人管、不上行，让新时代“枫桥经验”通过一间间小小的工作室焕发出新的生机与活力，打造有爱、有善、有暖、有伴的幸福家园。

强力推动常态化扫黑除恶工作

辽宁省高级人民法院

2021年常态化扫黑除恶斗争开展以来，辽宁省法院系统深入贯彻落实中央、省委决策部署，在省委政法委坚强领导下，态度坚决、行动迅速、措施有力，充分发挥审判职能作用，审结了垄断资源、跨境赌博、强揽工程等一批社会影响恶劣、群众广泛关注的涉黑恶案件447件，结案率95.5%，其中一审审结277件1641人，二审审结170件1381人，执行到位财产性判项159.2亿元，有力打击了黑恶势力的嚣张气焰。

一、组织领导全面加强

辽宁省法院多次召开党组会议、领导小组会议，研究部署常态化开展扫黑除恶，始终将常态化扫黑除恶作为服务保障经济发展、全力维护安全稳定大局的重要举措抓实抓好。先后制定有组织犯罪专业法官会议、分级指导和挂牌督办制度等一系列工作机制。切实加大常态化扫黑除恶推进力度，既传导压力、压实责任，又靠前指挥、破解难题，要求各级法院从案件定性、证据审查、财产处置等各方面严格把关，切实将制度优势转化为办案势能。严格把握认定标准，严守法治底线，“既不拔高、也不凑数”，常态化期间审结的涉黑恶案件无一例被再审改判，有效实现“打准打实”，扫黑除恶法治化、规范化、专业化水平显著提升。

二、新法贯彻持续推进

为了将《反有组织犯罪法》学习好、宣传好、落实好，辽宁省法院制定出台了《辽宁省高级人民法院贯彻实施〈反有组织犯罪法〉工作方案》并下发全省法院。召开党组理论学习中心组（扩大）学习会，院领导、各部门负责人带头学新法。为全省法院干警组织专题培训，邀请专家学者讲解法律适用难点、热点、焦点。开展《反有组织犯罪法》主题宣传月活动，辽宁省法院在微信公众号发布普法文章和“普法小课堂”视频作品，各中院、基层院也在官方公众号上发布普法作品，并积极开展“法律六进”活动，通过悬挂条幅、发放宣传单、提供法律咨询等方式向群众广泛宣传反有组织犯罪法律知识。主题活动月期间，全省各级法院共利用官方公众号发布《反有组织犯罪法》普法作品146次、开展“六进”活动51次，发放宣传材料1万余册。开展扫黑除恶优秀业务成果评选活动，从全省各级法院报送的131件参评案例、118件参评文件和176件参评司法建议中经过三轮评选，选出十大优秀机制文件、案例和司法建议，充分展现法院干警在扫黑除恶斗争中的政治定力、斗争成果、司法智慧，发挥典型示范作用，“以点带面”，推进扫黑除恶各项工作再上新台阶。

三、依法办案有效落实

严格执行法律法规，保持司法定力，坚持法定证明标准，坚持实体公正与程序公正相统一，坚持证据裁判原则。严格执行“三项规定”，对大案、要案、难案，采取“一案一专班”“一案一方案”模式推进，压实责任、严格把关、精准打击，依法审结了一批群众广泛关注、社会影响较大的黑恶案件。坚持“公正与效率”相统一，开展“旧案清积”攻坚行动，努力实现收结案动态平衡，涉黑恶案件结案率达95%。何某某涉黑案，合议庭精细阅卷400余卷，开展案件讨论30余次，切实将案件定性、事实固定等问题解决在诉前，大大提高审判效率，一审仅用时57天。陶某案，在疫情期间坚持快办快结，对三件旧案依法再审纠错，对主犯坚持从严惩处，判处两人死刑、一人死缓，确保“三个效果”统一。谭某涉黑案，对120余件涉及虚假诉讼、恶意破产等问题的民事行政诉讼案件自我纠错，积极挽回经济损失。

四、黑恶财产切实清缴

加大对涉案财产权属审查力度，研究设立独立庭审调查程序，用足用好追缴、责令退赔和财产刑等法律规定，确保应判尽判、应收尽收。开展专项执行攻坚行动，重点推进涉黑案件财产执行工作。在全力清缴黑财同时，充分考虑当地的市场经营、经济发展和民生稳定，本溪中院在宋琦涉黑案执行过程中，采取经营性资产打包移交当地政府的创新性执行措施，并制定分配方案盘活了查封的千余套涉案房产，既维护了抵押权人的合法权益，又稳定了当地房价，解决了当地百姓的民生问题，实现了“一举多得、多方皆赢”的良好效果。

五、综治成效不断提升

强化纪法协同联动，严格落实“两个一律”“一案三查”“最后一问”制度，及时移送涉黑恶案件线索。坚持案件办理与“打伞破网”同步推进，依法审理了“保护伞”案件39件。以自然资源、信息网络、工程建设、教育、金融放贷、市场流通等重点行业领域整治为切入点，积极参与专项行动，加大惩治力度。深入剖析案件背后折射出的行业监管漏洞，加强个案排查与类案分析，共发送司法建议288份。其中，辽宁省法院针对涉黑恶犯罪染指金融放贷领域问题向省金融监管局、银保监局提出司法建议，并督促两部门进行整改。

早发现、早干预
以数字检察助力提升罪错未成年人分级处遇质效

大连市庄河市人民检察院

近年来，辽宁省大连庄河市人民检察院自觉践行“数字赋能监督，监督促进治理”工作理念，积极推进数字未检应用场景建设，以数字检察引领和赋能未成年人综合司法保护领域，助力开启未检工作高质量发展新路径。

一、透过现象析本质，及时研判建模型

庄河市人民检察院未检工作组在办案中发现，涉罪未成年人曾经受过行政处罚的情况较为突出，且多数人原本在日常生活中就存在一些不良行为和严重不良行为，其中未达刑事责任年龄的未成年人犯罪问题尤为突出。由于未成年人群体年龄及认知的特殊性，司法实践中行政处罚不执行、非强制处罚措施缺乏威慑力、专门矫治教育措施缺乏配套机制等不利于罪错未成年人健康发展的问题已成为常态。

未成年人违法犯罪往往是由轻及重的发展过程，

占有很大比重的未成年人犯罪是从曾具有不良行为或者严重不良行为的未成年人演变而来，由于缺乏相匹配的干预措施，进而出现“一放了之”或者“一罚了之”，甚至反复犯罪的现象。如果能通过比对未成年人罪错行为的情形、次数、严重程度，根据罪错程度实现对罪错未成年人全流程精准帮教，就可以有效预防未成年人犯罪和重新犯罪。结合大连市院提出的“解析个案、树立要素、构建模型、类案治理、融合监督”的法律监督新路径，庄河院未检工作组提出研发帮教模型的构想，并对建模必要性及可行性进行分析研判。经过集思广益，模型初见雏形，具体为检察院联合教育、公安、政法委等部门建立罪错未成年人预警监督帮教平台，在实现信息共享的基础上，通过平台自动对未成年人罪错情形进行红、橙、黄三级预警，从而实现对罪错未成年人专业化、网格化、案件化的精准帮教。

二、协调联动促共治，模型应用显成效

平台运行以来，已筛查出红色预警信息 11 条，橙色预警信息 78 条；黄色预警信息 11 条，同时附条件不起诉监督考察预警功能亦成功预警出一条在监督考察期内违反监督考察规定被行政处罚的信息，庄河院根据具体涉案情形，经过充分评估，对该被附条件不起诉人作出延长 2 个月监督考察期的决定，同时调整帮教方案，以确保监督考察的效果。

一是与公安机关签订了《关于建立未成年人罪错行为分级干预协作配合工作的意见（试行）》，确定由专人负责涉案未成年人信息的统计、更新和移送，同时推动公安机关在各辖区派出所设一名专干，专门负责办理涉未成年刑事案件和保护处分案件。

二是向庄河市教育局制发了《综合治理检察建议》，推动该局对具有不良行为的未成年学生进行档案化管理。庄河市教育局已对 42 名不同程度的问题学生进行一人一档的动态管理，有针对性地开展教育矫治措施。

三是推动社区对罪错未成年人实行网格化帮教。通过“三级预警”评估，对符合网格化帮教条件的未成年人进行分流处置，由综治中心指定辖区内网格员根据预警级别进行跟踪走访，协助办案单位进行监督考察，发现异常情况及时向相关单位反馈。已有 18 名预警人员被纳入社区网格化帮教管理当中，同时检察官采取线上线下的方式对网格员进行了相关知识的培训，进一步提高其履职能力。

三、数据共享促融合，监督效能再提升

借助数据筛查的类案线索开展追根溯源，通过抓住根本问题进而提升法律监督质效。该模型的建设秉承业务主导、数据整合、技术支撑、重在应用的理念，积极探索检察内生数据与外部数据碰撞分析相结合的工作路径，实现双赢共赢。通过检察内生数据与行政机关数据、社会数据的碰撞及关联分析，寻求各方数据应用的最大公约数，充分发挥整体数据资源的价值作用，同时探索共享规则与算法的实践做法，推动各机关建立有效利用自有数据发现和解决问题的意识，积极推动数据赋能深入开展。

三级预警监督模型坚持“一盘棋”思想，联合数据各方建立数据库，破除网络隔断，实现信息共享，打破以往无法获取罪错未成年人罪错情形和严重程度数据的数据孤岛局面，以“一张网”实现对罪错未成年人专业化、网格化、案件化的全流程精准帮教，助力社会治理体系和能力现代化。一方面推动各关联单位对自有业务数据进行挖掘，从数据中寻找社会治理的突破口，联合发力助力社会治理更加完善；另一方面通过对公安、检察历史办案数据的纵向比较以及违法犯罪情况的梳理研判，分析社会发展变化及有效治理的特点规律，为司法实践提供有力支撑。一体化架构，整合数据资源的数字检察应用模式，不仅深度挖掘检察业务数据的“富矿”“宝库”，拓展其应用效能，同时也走出了促进其他单位用好用足自有数据，共同推进数字检察健康可持续发展的新路。

以“平安护航”专项行动为载体 全力守护社会安全稳定

辽宁省公安厅

为进一步净化社会治安环境，更好保障人民群众生命财产安全，聚焦辽宁全面振兴新突破三年行动，辽宁省公安厅从2023年6月1日起至12月31日组织全省公安机关开展了“平安护航”集中打击整治专项行动。

一、聚焦源头治理，主动靠前清零风险隐患，全力“排险筑安”

按照“防在先、控在前”的总体思路，全面推进风险防控，落实情报研判、防范化解等措施，全力巩固平安稳定社会大局。

一是狠抓矛盾纠纷排查化解。深化“百万警进千万家”活动，做实动态管理。结合接处警、查办案、驻社区及网上巡查，提早发现各类矛盾纠纷，并建立矛盾纠纷排查调解专班，广泛排查情感纠纷、家庭纠纷、邻里纠纷等，全面“清仓见底”。专项行动以来，共排查化解矛盾纠纷38.49万条。

二是全面落实多元化解机制。深入推进矛盾纠纷大化解、大调处，推动“四所一庭”联动机制，积极采取“庭所对接”“民调入所”“律师进所”多元手段参与化解，对不属于公安职责范围的，按程序及时推送相关部门，确保矛盾纠纷“不落地”；对于涉及面广、一时难以化解的重大疑难矛盾纠纷，迅速报告党委和政府推动解决。

三是夯实基层基础建设。高标准高质量完成全省“一村一辅警”全覆盖工作，全省11565个行政村已配备驻村辅警11772名。建立健全派出所主防警务机制，以推进“两队一室”改革为牵引，有效降低警情、控制发案、消除隐患，提升派出所实战能力。

二、聚焦破案攻坚，重拳出击严打违法犯罪，全力“护民创安”

以万条线索为推动，建立“三打三跨三集中”打击模式，取得了破案一批、震慑一片、守护一域、带动全局的良好成效。

一是严打严重暴力犯罪。对故意杀人等严重暴力犯罪，组织优势警力快侦快破，同时，全力开展打击侵害失踪人员违法犯罪专项行动，推进扫黑除恶常态化。专项行动期间，全省命案现案侦破率100%。

二是严打多发性犯罪。全面排查、依法严打侵犯知识产权违法犯罪、政治骗子、电信网络新型违法犯罪，以及非法捕捞、走私违禁物资、盗采海砂等涉海犯罪。专项行动期间，侦破侵犯知识产权案件302起，涉案价值2.8亿元；江河类刑事案件492起；抓获电信诈骗违法犯罪嫌疑人11691名，返还群众被骗资金1.15亿元。

三是严打民生领域案件。针对在夜市、排档等重点部位易发多发的寻衅滋事、打架斗殴等违法犯罪，专门研判、专项打击，并持续加强教育、金融、网络等行业领域专项整治，严打“盗抢骗”“黄赌毒”“食药环”等违法犯罪。专项行动期间，侦破“两抢一盗”案件8669起、食品药品刑事案件723起、涉林及野生动物案件776起、毒品刑事案件843起、涉黄涉赌刑事案件1472起；查处殴打他人治安案件4.1万起、寻衅滋事治安案件1293起。

三、聚焦立体巡查，点面结合织密防控网络，全力“除患促安”

辽宁省公安机关主动担当、深排细查、综合治理，全力筑牢安全监管堤坝。

一是严密巡逻防控。综合采用定点武装执勤、人员密集场所高峰勤务、公安武警联勤武装巡逻等措施，着力提高见警率、管事率。

二是开展夜查行动。根据全国公安机关夏夜治安巡查宣防集中统一行动安排，辽宁公安在全省范围开展3次集中统一行动，突出抓好重点路段、重点部位、重点场所的治安巡查宣防工作，从严从快打击违法犯罪，3次行动共排查整改各类安全隐患3.1万个，抓获违法犯罪嫌疑人8260名。

三是严查交通隐患。开展重大交通事故隐患排查整治专项行动，严查“三超一疲劳”、酒驾、醉驾等严重交通违法行为，并加强交通安全宣传教育。专项行动期间，共查处无证驾驶3.7万件、酒驾

3.51万件（其中醉驾8541件）、超速行驶173万件、客车超员1.73万件、货车超载15.59万件；打掉飙车炸街团伙12个，捣毁非法改装窝点27处。

四是强化安全管理。加强大型活动、旅游景区、“九小场所”、危爆物品等安全管理，严格落实中小学幼儿园高峰勤务、护学岗制度。共排查整改“九小场所”安全隐患12.3万个、危爆物品隐患673个。

坚持和发展新时代“枫桥经验”完善四级矛盾纠纷调处化解体系建设

辽宁省司法厅

2023年，辽宁省司法厅深入贯彻落实党的二十大精神和党中央决策部署，认真贯彻落实省委关于做好矛盾纠纷排查化解工作的重要指示精神，坚持统筹发展和安全，持续加强矛盾纠纷源头预防和前端化解，积极推进新时代“枫桥经验”在辽沈大地落地生根，为辽宁省全面振兴新突破三年行动营造了和谐稳定的社会环境。

一、四级矛盾纠纷调处化解体系实现全覆盖

辽宁省依托市、县（市、区）人民调解中心、司法所、村（居）民评理说事点，实现四级矛盾纠纷调处化解体系全覆盖。同时，建立党委领导下矛盾纠纷调处化解体制和属事职能部门共同参与的矛盾纠纷协同议事机制，推动多部门、多主体联动，有效解决了矛盾纠纷化解合力不足、重心不突出、资源不平衡等问题。全省17916个人民调解组织、8万余名人民调解员，充分发挥扎根基层、贴近群众的一线优势，甘于奉献，履职尽责，2023年，全省各级人民调解组织共化解矛盾纠纷28.4万件，同比增长28%，取得了良好的社会效果。

二、“村（居）民评理说事点”源头治理作用充分发挥

辽宁省司法厅积极推进“村（居）民评理说事点”建设，搭建起“基层社会治理的法治平台、开展法治宣传教育的实体平台、延伸司法行政工作的服务平台、汇聚社情民意的联系平台”。实践中，评理说事工作逐渐向代办法律援助、代办信访事项等方面延伸，同时办理了大量非调解类民生实事工作，让老百姓遇到问题有地方“找个说法”。2023年，全省“村（居）民评理说事点”共化解矛盾纠纷19.6万件，为群众办理非调解类民生实事2.1万余件，开展宣传教育8.5万余次。

三、乡镇（街道）矛盾纠纷调解体制创新效能持续释放

建立由党委领导、乡镇（街道）党（工）委副书记任主任、司法所所长任副主任、人民调解员及相关人员为成员的矛盾纠纷调处化解领导体系。推动矛盾纠纷多元化解，不断加强司法所与公安派出所、人民法庭、信访部门的横向联动，推进建设的1857个个人调解室全部有效、规范运行。2023年，全省司法所摸排纠纷线索12.4万件，参与或直接化解矛盾纠纷19.1万件。

四、市、县法律服务专业性、指导性大力提升

辽宁省共建立省市县三级人民调解专家库115个，有调解专家1528名，市县两级专业法律服务团队117个，在实践中较好地发挥了示范、指导作用。通过建立的1488个点位远程视频调解系统，为乡镇（街道）调解矛盾纠纷提供即时指导和法律咨询。同时，各地积极推进行业性专业性调委会入驻市级人民调解中心，为化解行业性专业性矛盾纠纷提供专业化支撑。全省1243个行业性专业性调解组织积极化解行业性专业性矛盾纠纷，有力解决了疑难复杂矛盾纠纷。

五、“庭所联动”持续深化

加强诉调对接工作，全省共在法院设立调解组织203个，积极引导当事人采取调解的方式解决诉讼纠纷。配合全省中级和基层法院选聘驻院特邀调解员1441人，切实加强和规范诉前特邀调解员队伍建设。2023年5月，省司法厅会同省法院、省公安厅联合印发《关于加强“四所一庭”联动 推动矛盾纠纷多元化解的指导意见》，充分发挥人民调解、行政调解、司法调解在预防化解社会矛盾纠纷中的优势和作用，进一步调动各方力量和资源，持续完善矛盾纠纷多元化解机制。2023 年 7 月，与省法院联合召开加强诉调对接、推进矛盾纠纷源头治理工作部署会，推进 9 种类型纠纷先行人民调解，强化源头预防，引导更多的矛盾纠纷在前端化解；与省法院联合出台《关于协同推进矛盾化解工作的意见》，全面加强人民法院与司法行政机关联动机制，推动矛盾化解从终端裁决向源头防控转变，共同打造矛盾纠纷多元化解工作新格局。

审稿人：蒋中平　米德龙

撰稿人：王文会　李燕峰

吉 林 省

工作概况

2023年度吉林政法工作综述

2023年是新时代吉林政法工作砥砺前行的奋进之年。在吉林省委的坚强领导下，政法机关深入贯彻党的二十大、二十届二中全会精神和习近平总书记在新时代推动东北全面振兴座谈会上的重要讲话精神，全面落实中央政法工作会议安排部署，站位全局、服务中心，以建设更高水平平安吉林、法治吉林为牵引，忠实履行维护国家政治安全、确保社会大局稳定、促进社会公平正义、保障人民安居乐业的职责使命，全力以赴防风险、保安全、护稳定、促发展，高质量完成政法工作各项重点任务，为吉林全面振兴率先实现新突破创造了安全稳定的政治社会环境。

一、坚持以政治建设为统领，全面落实党对政法工作的绝对领导

牢牢把握政法机关"刀把子"属性，健全完善党领导政法工作体制机制，确保党的绝对领导贯彻到政治、思想、组织各方面。

（一）党的思想领导不断巩固。坚持不懈用习近平新时代中国特色社会主义思想凝心铸魂，聚焦主题教育"学思想、强党性、重实践、建新功"总要求，坚持学思用贯通、知信行统一，深入开展大学习、大调研、大整治，省直政法单位创新开展"党建大讲堂"、机关"微讲堂"、"六学"机制、"身边的榜样"、"金点子"工程等举措，推动两批次主题教育上下贯通、一体推进、同题共答，政法机关思想、组织、作风更加纯洁。各级党委政法委和政法单位党组（党委）落实"第一议题"制度，第一时间跟进学习习近平总书记重要讲话重要指示批示精神，坚定拥护"两个确立"、坚决做到"两个维护"的自觉性进一步增强。常态化开展政治轮训，高标准举办吉林政法大讲堂，覆盖省市县三级政法单位领导班子，轮训干警2万余人次。

（二）党的政治领导更加有力。印发《坚决维护以习近平同志为核心的党中央集中统一领导的具体规定》，规范省直政法单位决策、执行和请示报告等制度，党委政法委员会把方向、专题会议议大事、书记办公会议抓落实的机制更加完善。2023年，省委政法委向中央政法委、省委请示报告重大事项46次，省直政法单位及时向省委、省委政法委请示报告重大事项。把坚决落实党中央和省委决策部署作为第一标尺，健全完善落实习近平总书记重要指示批示工作机制，健全任务分工、督促检查、情况通报、监督问责等全流程体系，对照吉林省委"总施工图"推动政法系统7项任务落地见效。及时传达学习中央政法委员会全体会议精神，召开反恐怖、反邪教、扫黑除恶、平安边境、社会治理等专项工作会议，推动政法系统各项任务高质量完成。

（三）党的组织领导持续夯实。牢固树立"组织路线服务政治路线"理念，一体推动政法单位党的建设，落实党委政法委员会派员列席政法单位党组（党委）民主生活会、政法委员会委员述职、政法单位领导班子向政法委员会报告落实全面从严治党责任制情况等制度机制，加强干部交流轮岗，有力激发了广大干警担当作为的干事热情。压实平安建设责任，优化配强乡镇（街道）政法委员，统筹整合基层政法资源力量，进一步完善了政法工作基层组织架构。

二、坚持以平安建设为牵引，坚决维护国家政治安全和社会大局稳定

牢牢把握维护国家安全和社会稳定这一首要任务，统筹推进维护政治安全、社会安定、人民安宁各项工作。

（一）坚决捍卫国家政治安全。立足“国家重要战略方向”的安全需求，开展“四有”“五建”“七无”平安边境创建，积极探索党委领导、政府统筹、军警主抓、群众参与的治理新路，推进警地融合、资源整合、力量聚合，边境辖区全年实现重大群体性事件、个人极端暴力犯罪案件、“民转刑、刑转命”案件3个“零发案”目标。吉林省集安市、图们市凉水镇、长白县马路沟镇入选全国首届平安边境模范县市（乡镇）。持续深化打击暴恐专项行动。牢牢守住暴恐活动“零发生”底线。

（二）重拳惩治突出违法犯罪。坚持人民至上、敢于亮剑，创新实施“警地融合”、“警民融合”、社会面协同管控等基层警务运行机制，推动“公安＋法院＋司法＋信访”联动调解，刑事案件、治安案件数同比分别下降1.32%、27.4%，新发命案破案率保持100%，“两抢一盗”案件破案数、起诉数、重刑数、挽损数实现“四提升”，电诈案件发案数和损失财产数保持“双下降”。常态化开展扫黑除恶斗争，新侦办涉黑组织1个、涉恶犯罪集团21个、涉恶犯罪团伙5个，移送起诉涉黑涉恶犯罪案件16件72人，判决33件267人，执结黑财5.44亿元，执行到位率90.46%。查处涉黑涉恶腐败、充当“保护伞”及失职失责问题55起。深入整治行业领域乱象，制发“三书一函”149件，整改完成率97.99%。

（三）有效防范化解重大涉稳风险。完善平安吉林建设考核评价体系，省市县三级全面实行重大决策社会稳定风险评估，各条线协同联动，提升对房地产、经济金融领域风险隐患处置能力。坚持全国全省“一盘棋”理念，圆满完成一系列重大维稳安保任务，彰显吉林政法责任担当。监管场所保持安全稳定，戒毒场所连续9年实现“六无”目标。准确把握“时度效”，依托双线联动快速处置机制，努力实现“三个效果”有机统一。

（四）提升矛盾纠纷预防化解法治化水平。坚持抓典型示范引领，磐石市人民法院、梨树县林海镇、辉南县石道河镇作为全国“枫桥式工作法”入选单位，受到习近平总书记亲切会见。着力打造新时代“枫桥经验”吉林样板，召开全省坚持和发展新时代“枫桥经验”提升矛盾纠纷预防化解法治化水平工作会议，授牌表扬36个先进典型。扎实推进市域社会治理现代化试点工作，四平、通化、白山、延边4个市（州）通过国家评估验收。践行“抓前端、治未病”理念，法院系统诉前调解案件20余万件，调解成功率达88.08%，占新收一审民事案件的53.7%。省检察院坚持有信必复，简易听证覆盖率、重复信访积案治理听证比例位居全国第一。省公安厅建立领导包案下访制度，重点涉警访息访率达84%。省司法厅组织开展物业、涉企等专项调解行动，发挥人民调解“第一道防线”作用，调解矛盾纠纷11万件。各地综治中心规范化、实体化运行，65家基层法院实质入驻综治中心，辽源、白城、松原等地县级综治中心全部落实事业编制。调查数据显示，2023年吉林省群众总体安全感为96.49%，同比上升0.42个百分点。

三、坚持以法治建设为支撑，着力提升围绕中心服务大局的工作质效

牢牢把握服务经济高质量发展这一重大职责，紧扣在中国式现代化进程中推动全面振兴不断取得新突破中心任务，努力以高水平法治保障高质量发展、服务高品质生活。

（一）提升执法司法质效。把严格规范公正文明理念贯穿执法司法全过程，组织评选全省政法系统十大“改革创新典型案例”，持续赋能政法工作质量变革、效率变革、动力变革。全面落实宽严相济刑事政策，对2万余名犯罪情节轻微当事人不批捕、不起诉。制定专门工作方案，推动政法机关依法准确适用相关制度，提高减刑、假释、暂予监外执行工作规范化、法治化水平。调查数据显示，2023年吉林省群众对政法机关执法满意度为95.50%，同比提升0.97个百分点。

（二）保障省委重大战略实施。深入推进环境资源案件“1＋10”集中管辖改革，党委政法委执法监督和检察机关法律监督同向发力，推动政法单位、有关部门行政执法与刑事司法有机衔接，印发《生态环境保护行政执法与司法衔接指导意见》，以最严格法治保护黑土地和生态环境。持续推进知识产权审判领域改革，指导建立东北三省一区知识产权司法协同保护机制，加大对“吉林智造”关键核心技术司法保护力度。深入推进长春智慧法务区建设，成立“一主六双”高质量发展战略法律服务中心，六个专业法庭高效能运转，审结各类案件4334件，结案率84.56%，以高能级法务生态体系为振兴发展聚势赋能。

（三）守护群众美好生活。持续深化政法领域改革，964个派出所户籍窗口升级为公安综合服务窗口，推动实现“一端受理、全网运行”，居民身份证实现一日办理，“互联网＋公安”服务平台群众满意率 99.99%。持续完善以“省市一体化”新型运行管理机制为统领，公共法律服务供给渠道融合发展、公共法律服务要素资源融合增值的“一统领、两融合”吉林特色公共法律服务体系。加强特殊群体司法保护，部署开展新业态劳动者权益保护、根治欠薪冬季专项行动，依法打击侵害农民工合法权益犯罪行为。深入推进首席法律咨询专家制度，组织实施“百名法学家百场报告会”816 场次，举办全省首届“十大法治事件”“十大法治人物”评选，让公平正义更加可感可触可及。

四、坚持以队伍建设为保障，推动政法领域全面从严治党向纵深发展

牢牢把握全面从严治党这一重要要求，健全完善政法队伍教育监督管理制度机制，着力锻造过硬吉林政法铁军。

（一）筑牢政治忠诚。巩固深化政法队伍教育整顿成果，坚决彻底肃清流毒影响，全面消除政治隐患。坚决执行党中央指示要求，圆满审结中央交办的重大专案，召开立功集体和个人表彰大会，进一步筑牢对党忠诚、听党指挥的政治信念。聚焦“关键少数”，举办全省政法领导干部专题研讨班，省委政法委和各政法单位主要负责同志亲自授课，示范带动广大干警永葆忠诚干净担当的政治本色，扣好新征程的“第一粒扣子”。

（二）从严监督管理。建立并实施省委政法委书记与市（州）党委政法委书记提醒谈话制度，面对面讲透针对性问题，明确指向性要求，督促各地党委政法委书记知责、明责、履责、尽责。完善与省纪委监委、省委组织部“协查”“协管”制度机制，强化政法队伍监督管理。修订完善政法领导干部禁业规定，全面落实防止干预司法“三个规定”，强化对省管干部配偶、子女及其配偶和离退休人员管理。以“三严”“三个不发生”为导向，对政法单位全面从严治党开展评议，压实各级政法领导干部抓班子带队伍的政治责任。连续四年邀请省纪委监委领导对政法系统党员领导干部开展警示教育，引导广大干警不越政治底线、不踩规矩红线，做政治清醒、遵纪守规的明白人。

（三）注重培养关爱。常态化开展大培训大练兵大比武，围绕执法司法实务热点难点问题，举办三期培训班，进一步规范执法司法行为。大力培养选拔优秀年轻干部，建立政法系统优秀年轻干部储备库，筹建培养机制，持续抓好后继有人这个根本大计。加大从优待警力度，落实关心关爱政策，加大评优表彰力度，大力提升干警职业自豪感、荣誉感和责任感。2023 年，吉林政法系统共 116 个集体、165 名个人受到省部级以上表彰。其中，延边州委政法委荣获“新时代政法楷模集体”称号。

会议活动

全省坚持和发展新时代“枫桥经验”提升矛盾纠纷预防化解法治化水平工作会议

12 月 22 日，全省坚持和发展新时代“枫桥经验”提升矛盾纠纷预防化解法治化水平工作会议在辽源市召开。

会议强调，要坚持以习近平新时代中国特色社会主义思想为指导，全面落实全国“枫桥经验”大会部署和省委要求，坚持守正创新、示范引领，努力打造新时代“枫桥经验”吉林样板，提升矛盾纠纷预防化解法治化水平，为吉林全面振兴率先实现新突破创造更加和谐稳定的社会环境。

会议期间，与会人员现场观摩了辽源市 2 个县（区）、2 个乡镇（街道）综治中心，实地了解了“一站式”矛盾纠纷多元化解平台建设和发挥功能作用情况，达到了相互交流学习、取长补短、共同提高的效果。

会议指出，新时代“枫桥经验”具有鲜明的中国特色，彰显了“中国之治”的制度优势，是提升基层治理水平的有力抓手。要深入贯彻习近平总书记重要指示精神，深刻认识坚持和发展新时代“枫桥经验”的重大意义，准确把握科学内涵、实践要求，不断增强贯彻落实的政治自觉、思想自觉、行动自觉。要坚持立足预防、立足调解、立足法治、立足基层，把群众身边的问题解决好，切实做到“预防在前、调解优先、运用法治、就地解决”，实现“小事不出村、大事不出镇、矛盾不上交”。

会议强调，要以深化共建共治共享为方向，统筹整合资源，强化协同联动，着力提升矛盾纠纷预防化解法治化水平。要着力抓好综治中心建设，扎实开展综治中心规范化建设达标年活动，以打造有力量进驻、有专门场地、有专项经费、有编制机构的“四有”综治中心为导向，把综治中心功能作用强起来，让基层矛盾纠纷预防化解工作实起来。要着力抓好资源统筹，推进重心下移、多调联动、各方协同，共同推动矛盾纠纷预防化解法治化。要着力抓好机制保障，建立健全源头预防、联动协作、风险防控工作机制，最大限度把各类风险防范在源头、化解在基层、消灭在未发未萌。要着力抓好科技支撑，推动数据联通，完善数据链条，创新数据应用，推动矛盾纠纷预防化解由人力密集、经验判断、被动处置向人机交互、数据分析、主动预警转变。

会议强调，要从加强领导、强化协同、健全制度、压实责任入手，坚持统一领导和分工负责相结合，部门联动和齐抓共管相统筹，考核评价和保障激励相贯通，不断开创工作新局面，确保新时代“枫桥经验”在吉林大地开花结果、落地见效。

文件选辑

行政诉讼监督案件
行政争议协调化解工作办法

（吉林省高级人民法院　吉林省人民检察院　吉林省司法厅，
2023年2月23日）

第一条　为深入贯彻党的二十大精神，落实习近平法治思想，践行司法为民宗旨，助力法治政府建设，维护社会和谐稳定，共同推进行政诉讼监督案件行政争议实质性化解，制定本办法。

第二条　人民检察院办理的下列行政诉讼监督案件，可以纳入行政争议协调化解中心，依照《吉林省行政争议协调化解中心工作规程》受理，开展化解。

（一）重大、疑难、复杂案件且人民检察院需要人民法院、行政机关配合共同化解的；

（二）涉及10名以上行政相对人的群体性案件；

（三）有重大舆情风险或社会影响较大的；

（四）有缠访缠诉特别是越级访、进京访风险的；

（五）行政行为有违法情形且该违法情形具有普遍性的；

（六）符合抗诉或者提出再审检察建议条件，但提出抗诉或者再审检察建议可能造成严重诉累的；

（七）其他可以纳入行政争议协调化解中心的行政诉讼监督案件。

第三条　纳入行政争议协调化解中心的案件，人民检察院应当开展调查核实，并可以向人民法院了解案件相关情况，人民法院可以就人民检察院提出的问题，提供审理情况说明；行政机关应当针对新类型、复杂疑难等案件的专门性、政策性问题详实解答人民检察院提出的问题，并提供相关依据。

第四条　纳入行政争议协调化解中心的案件，人民检察院应当组织听证，并可以邀请人民法院、行政机关共同参与。

第五条　在化解个案的同时，对行政行为违法依法应当撤销且不损害国家利益、社会公共利益的，行政机关应当启动自我纠正程序，解决个案及同类共性问题。人民检察院、人民法院应当积极提供法律支持。必要时，人民检察院可以发出检察建议。

第六条　在化解争议的同时，对人民法院的审判或执行活动存在的违法情形，人民检察院应当依法发出检察建议。

第七条　对于诉求具有一定正当性、合理性，但通过法律途径难以解决，且生活困难的符合法定救助条件的申请人，人民检察院、人民法院与行政机关可以协同给予司法救助和社会救助。对于因案致贫、因案返贫的符合法定救助条件的申请人，人民检察院依法启动司法救助程序，人民法院、行政机关应当协调有关部门依法给予协助及社会救助。

第八条 当事人各方协商一致达成和解的，人民检察院可以邀请人民法院见证各方签订和解协议及签署服判息诉罢访承诺书。人民检察院应当作出终结审查决定。

第九条 纳入行政争议协调化解中心化解但未能化解成功的案件，由人民检察院依法监督。

第十条 本意见由吉林省人民检察院第七检察部、吉林省高级人民法院行政审判庭、吉林省司法厅行政复议应诉一处负责解释。

第十一条 本意见自印发之日起实施。

特色专栏

抓好“力量、能力、责任”三个关键 探索实践防范发生“民转刑”命案延边方案

延边州委政法委

近年来，受多重因素影响，基层矛盾纠纷高发，化解不及时、化解不到位，极易滋生“民转刑”命案。对此，延边州始终坚持和发展新时代“枫桥经验”，深刻剖析“民转刑”命案的发案规律和突出特点，将推动基层矛盾纠纷多元化解作为主攻方向，通过调动“三支队伍”、推行“三种模式”、落实“三项机制”，有效遏制了“民转刑”命案的发生。2022年，延边州发生“民转刑”命案6起，同比下降53.8%。

一、调动“三支队伍”，建强矛盾纠纷多元化解的关键力量

发展新时代“枫桥经验”，由“独角戏”变“大合唱”，全社会共唱平安建设歌、共奏和谐建设曲。一是调动党员干部。完善“平战结合”四级联动工作机制，开展“双报到”活动，全州2.6万名机关干部主动登门入户、化解矛盾纠纷。建立以党员为骨干的志愿服务队1300余支，3.9万名志愿者主动担负起信息员、宣传员、引导员、调解员角色，开展志愿服务10万余次。其中，龙井市发动190名美团骑手、环卫工人组建“平安美团”和“平安环卫”队伍，利用身份优势开展街面巡逻，及时发现调处矛盾纠纷，防止事态扩大。基层社会治理实现人人有责、人人尽责、人人享有。二是调动综治力量。以乡镇（街道）体制改革为契机，择优选配96名政法委员，调剂700个事业编制招聘基层治理专干，多元化增强基层一线化解矛盾纠纷核心力量。落实“网格预警、乡街吹哨、部门报到、即接即办”工作机制，州、县（市）、乡镇（街道）综治中心全部实体化运行，608名法院、信访、司法等部门专业干部到网格、进家门、上地头开展服务，受理群众诉求8100余个。三是调动调解人员。健全落实人民调解与行政调解、司法调解、行业调解联动工作机制，建立人民调解委员会1595个，选配人民调解员6150人，常态开展“万家万事和”等调解行动，妥善处置矛盾纠纷1.1万个，人民调解组织从“有形覆盖面”向“有效覆盖率”转变。其中，延边州“老董调解工作室”等39家调解室被吉林省司法厅命名为“为民解事”调解工作室。2022年2月，延吉市某居民楼102户主电瓶车充电时不慎发生火灾，造成26户居民经济损失数十万元，居民间因赔偿问题发生矛盾纠纷，吵得不可开交。“老董调解工作室”介入后，逐户了解情况、做通思想工作，积极向102户主讲解法律政策和相关标准，最终拿出各方都满意的赔偿方案，涉事方化干戈为玉帛，全都竖起了“大拇哥”。

二、推行“三种模式”，提升矛盾纠纷多元化解的战斗能力

找准靶点，瞄准靶心，精准发力。延边州积极

构建探索新格局、新方法、新路子，多元化解矛盾纠纷、“零距离”服务群众、全时空守护平安，有效打通服务群众“最后一公里”，努力实现“调解不反弹、矛盾不上交”，筑牢社会平安大防线。一是推行警情推送模式。从多“预见”矛盾纠纷，到少“遇见”矛盾纠纷，从源头上妥善处置矛盾纠纷，阻止一般警情激化为恶性案件。对情感纠纷、扬言报复、互殴伤害等较大矛盾纠纷警情，公安派出所处置后，第一时间向矛盾双方所在乡镇（街道）综治中心、居住地村（社区）、工作单位发送《风险提示函》，明确简要案情和矛盾焦点。接到提示函后，综治中心结合警情协调相关部门共同处置，居住地网格员随时关注，防止发生突发事件。通过此种方式，进一步打通部门壁垒、汇聚多方力量，实现矛盾纠纷化解从“碎片化”向“一体化”转变。二是推行家暴训诫模式。在实际工作中发现，受“家丑不可外扬”传统思想影响，婚姻家庭类纠纷往往“不出门”，但却是“民转刑”命案的主要发案因素之一。据统计，2020年以来全州发生的33起“民转刑”命案中，因婚姻家庭纠纷发生命案27起，占总数的78.7%。针对这一情况，将婚姻家庭“隐性”矛盾作为日常排查的重中之重，特别是对发生的家庭暴力案件，由公安机关对施暴者下发《家暴训诫书》，并由民警严肃警告其违法行为，明确再犯将从重处罚，强化“火炉效应”；由妇联对夫妻双方进行教育疏导，帮助协调解决生活中遇到的困难，最大限度化解矛盾纠纷。2022年，运用“家暴训诫”模式，妥善解决36起婚姻家庭矛盾纠纷，得到了群众的一致好评。三是推行跟踪回访模式。一些长期存在的矛盾纠纷难以通过一次简单的调解就“清零”，需要持续跟踪回访，确保调解成效。基于这样的认识，组织村（社区）全部成立辖区民警、网格员、司法所人民调解员等共同参与的调解工作组，对多次矛盾纠纷警情，定期跟踪回访，重点关注当事人心理、生活状态，并对矛盾纠纷抽丝剥茧、诊断病根，划分责任、拿出药方，对疑难问题力保药到病除。

三、落实“三项机制”，拉紧矛盾纠纷多元化解的责任链条

棋落关键处，抢得制高点。化解矛盾重心在基层，关键靠责任。延边州坚持以“时时放心不下”的责任感，始终保持高度警惕，切实加强基础工作，创新工作机制，防控风险、排查风险、化解风险，严防发生“民转刑”命案。一是落实督导推动机制。突出问题导向，每季度对县（市）矛盾纠纷多元化解任务落实情况开展明察暗访，重点看矛盾纠纷排查化解是否“闭环”运行、化解责任人是否“一口清”、辖区重点人群是否精准掌握等，对落实不到位、成效不明显的督促限期整改。二是落实观摩交流机制。聚焦“基层矛盾纠纷多元化解”主题，开设7期县（市）党委政法委书记专题访谈节目，组织3次县（市）观摩交流活动，印发67期工作简报，推动各县（市）亮“家底”、出“绝活”，使好的经验、好的做法在全州范围内学习推广、生根发芽，让大家既“埋头拉车”，又“抬头看路”。和龙市学习延吉市“1234”工作法后，探索实施“四社联动”基层社会治理模式，取得明显成效。三是落实以案促改机制。要求发生“民转刑”命案的乡镇（街道）召开研判剖析会议，反思命案成因、查摆短板漏洞、拿出对策措施，做到“一案一倒查”“一案一剖析”“一案一整改”，严防此类命案再次发生。同时，取消相关乡镇（街道）基层平安创建资格，并约谈其“一把手”，倒逼责任落实。

积力所举，则无不胜；众智所为，则无不成。矛盾联调、平安联建、问题联治、服务联动，工作前移到了群众身边，风险没了、隐患除了、发案降了，延边各族群众获得感、幸福感、安全感更加充实、更有保障、更可持续。

接续开展法治化营商环境提升行动
全方位服务保障吉林振兴发展

吉林省高级人民法院

营商环境是区域软实力的基本参数，也是综合竞争力的重要指标。党的十八大以来，习近平总书记多次就优化营商环境作出重要指示。党中央高度重视营商环境建设，把优化营商环境作为全面深化改革的重要内容，强力推出一系列重大改革举措。省委、省政府深入贯彻落实党中央、国务院战略决策部署，特别是习近平总书记视察东北和吉林的重要指示精神，先后就营商环境建设作出一系列重要部署，持续推动改善吉林省营商环境。人民法院作为国家审判机关，为大局服务，为人民司法，既是践行法治的主力军，也是推进法治的主阵地，在稳定预期、提振信心、激发活力、促进发展方面具有不可替代的独特作用。全省法院深入贯彻落实中央、省委经济工作部署，围绕助力提振市场信心、激发经营主体活力，确立年度27项重点任务，持续深入推进法治化营商环境建设提升行动，努力在推动实现经济运行整体好转上彰显使命担当、贡献司法力量。

一、认真做实纾困惠企措施

坚持"服务企业就是服务发展"理念，组织召开全省法院服务经营主体大会，与一汽集团联合设立"服务市场主体司法研究基地"，针对一汽集团汽车金融纠纷开展专题调研并提出司法建议。出台《服务经营主体提振市场信心十项措施》。加大对困难企业司法救助力度，对生产经营陷入困境的1393件涉企案件准予缓交诉讼费用3637万元，确保权益受损、有理无钱的困难企业及时获得司法救济。完善分调裁审、简案快审工作机制，努力减轻企业维权成本，涉企案件诉前化解率32.9%，适用简易程序速审速裁占比70.8%。强化破产审判功能，通过破产重整帮助20家有前景有价值的企业走出困境，盘活资产224亿元，4万余名员工稳住就业，推动30户"僵尸企业"快速出清，长春长生、森工集团等重大破产案件圆满审结。精准执行失信惩戒规定，建立企业纳失宽限期制度，对信用良好但经营困难的企业暂缓适用惩戒措施，及时修复企业信用2245件次。

二、聚焦服务民营经济发展

严格区分经济纠纷、行政违法与刑事犯罪，常态化开展涉产权冤错案件甄别纠正工作，对7件涉产权刑事案件再审改判，依法保护企业产权。推动延边东北亚国际商事争端解决中心建设，建立市乡村三级涉外矛盾排查化解机制，构建多元化涉外商事纠纷解决机制。依法惩处企业工作人员职务侵占、挪用资金、商业贿赂犯罪，审结案件261件284人。依法审理涉及要素配置和市场准入案件，严厉打击垄断和不正当竞争行为，维护统一公平诚信的市场竞争法治秩序。以包容的司法态度支持中小微企业根据自身财产特点设定融资担保措施，依法规制"砍头息""高息转本"等乱象，审结融资租赁、权利质押、民间借贷案件39898件，助力企业拓宽融资渠道、降低融资成本。组织开展党政机关、国有企业拖欠民营中小企业账款专项清理，执结案件244件，执行到位金额6.85亿元，实际执行到位率61.6%。

三、切实保障重大战略实施

坚持在省委"一主六双"高质量发展战略和构建"四六四"发展格局中找准司法之责、履职之要，确保审判执行工作与重大战略部署同频共振、精准对接。服务创新驱动发展，建立东北三省一区知识产权司法协同保护机制，加大对"吉林智造"关键核心技术司法保护力度，审结知识产权案件2636件，其中涉及吉林省特色优势产业的技术类案件232件，同比增长3.3倍。服务生态强省建设，深化环境资源案件"1+10"集中管辖改革，审结生态资源、环境保护案件11012件，1件案件入选联合国环境规划署中国环境资源司法案例。构建鸭绿江流域、松花江三湖自然保护区跨省生态环境保护协作机制，珲春林区基层法院牵头建立"碳汇+生态司法补偿基地”，依法审结全省首例支持生态系统碳汇功能损失赔偿案件。建设查干湖法庭、长白山法庭、辽河源法庭、松花湖法庭等4个旅游法庭，服务旅游强省建设。服务乡村振兴战略，审结涉农案件6422件，严惩“三假”坑农犯罪，保护农民合法权益，支持农业农村改革，促进法治乡村建设；坚决落实最严格的耕地保护制度，深入实施黑土地司法保护工程，审结非法占用、盗挖黑土等刑事犯罪案件264件，农村土地承包纠纷案件4228件，依法守护黑土粮仓，筑牢粮食安全屏障。服务“一带一路”建设，推动延边东北亚区域国际商事争端解决中心建设取得实质进展，为吉林省全面深化改革扩大高水平开放提供司法支撑。围绕“辐射东北提供专业化法律服务”，组织实施“1·30”工程，持续推进长春智慧法务区6个专业法庭建设，为构建高能级法务生态体系提供有力支撑，推进长春智慧法务区专业法庭高效能运转，打造法治环境“先行区”、专业解纷“优选地”。

构建侦查监督与协作配合新模式 推进监督质效进一步提升

吉林省人民检察院

吉林省人民检察院深入落实《中共中央关于加强新时代检察机关法律监督工作的意见》和最高人民检察院工作要求，构建侦查监督与协作配合新模式，联合公安机关设立侦查监督与协作配合办公室，加强理念引领和政策指导，强化组织、人员、机制保障，牢牢把握“组织协调、监督协作、督促落实、咨询指导”的职能定位，协力以更加高效的监督制约、更加紧密的协作配合构建以证据为核心的刑事指控体系，注重统筹协调和配套保障机制建设，推动提升公安执法和检察监督规范化水平，全力构建法律监督工作新格局。

一、坚持高位统筹谋划，切实找准方向定位

一是以上率下，强化一体履职。吉林省检察机关充分发挥检察一体化制度优势，省检察院以上率下，各级检察机关发挥主体作用，明确定位，协调推进。全省市、县两级共挂牌设立侦查监督与协作配合办公室108家，其中，省级设立1家，市级设立9家、县区级设立98家，实现对全省已建成公安机关执法办案中心的全覆盖。

二是密切配合，完善顶层设计。全省检察机关结合工作实际需求强化区域统筹和配套保障建设，丰富侦监协作办公室实战化工作场景，综合推动重大改革制度和司法政策落实落细，稳步推进侦监协作办公室实体建强、实质运行和实战高效。省检察院与省公安厅联合印发《关于加强侦查监督与协作配合提升办案质效的指导意见》《关于加强侦查监督与协作配合工作机制的补充通知》，统筹完善侦监协作配合的制度举措，就侦监协作办公室实行双向派驻、完善领导机制和数据互通共享提出了明确要求。

三是强化保障，接入检察专网。省检察院制订工作计划，分解任务，倒排工期，有序推动，召开3次推进会议，制发专门文件和技术规范，明确联网模式、IP地址规划和安全防护等技术要求，在全省范围内推动将侦协办接入检察工作网，纳入派出院的一体管理和运维，保障侦协办与派出的检察机关互联互通，服务检察官在派驻期间工作需要。

二、完善配套机制，构建新型检警关系

一是强化组织建设，夯实工作基础。侦监协作办公室由人民检察院刑事检察部门和公安机关法制部门联合设立，实行双主任制，由人民检察院、公安机关分管相关工作的院、局领导担任，双方指派政治素质、业务能力、综合协调能力过硬的检察官、公安人员负责参加，检察机关根据单位人员、案件规模等实际情况，分别采取“专职常驻”“轮值常驻”“定期当值”的模式，配备专门的检察官和检察辅助人员、司法行政人员开展工作。

二是强化机制建设，深化工作质效。省检察院与省公安厅联合制发综合性会签文件，各市县级院分别联合公安机关制定侦监协作办公室工作规定、工作细则、实施意见、会议纪要等工作文件，形成了省市县一体的多层次规范性制度体系，为实化细化侦监协作机制提供了具体抓手。通化市东昌区院

与通化市公安局东昌分局会签《关于刑事案件繁简分流工作机制（试行）》，辽源市院、辽源市龙山区院分别与公安机关会签提前介入工作实施意见，松原市宁江区院与公安机关联合制发《关于办理非羁押案件移送审查起诉工作实施细则》，四平市梨树县院联合公安机关制发《关于降低审前羁押率的实施意见》《刑事案件赔偿保证金提存制度》等。

三是强化信息共享，打通数据壁垒。省检察院与省公安厅联合制发指导意见，明确提出：健全完善办案数据信息共享保障机制，检察机关、公安机关应当相互开放必要的办案数据查询权限，并依照有关规定严格规范检察人员、公安民警获取、使用刑事办案、监督相关数据信息的权限。对于政法协同平台以外的其他执法监督数据，各地也积极探索多元化信息共享渠道，全省检察机关、公安机关在政法协同平台的基础上，已实现了诉讼流程办案数据的双向共享。延边朝鲜族自治州安图院与安图县公安局探索建立立案信息周推送工作机制，实现刑事案件立案信息共享，安图县公安局每周向安图院推送刑事案件立案信息。

三、切实转变思维理念，推动监督工作质效提升

侦监协作办公室平台设立及实质化运行以来，全省检察机关依托平台机制综合履职，始终坚持“在办案中监督、在监督中办案”，确保依法履行刑事诉讼职能，努力让人民群众在每一个司法案件中感受到公平正义。

一是以证据为核心，完善构建刑事指控体系。对养老诈骗、跨境赌博等重大专项、大要案开展提前介入，完善证据证明体系与法律适用标准，围绕认罪认罚从宽制度落实，公检法合力进一步凝聚，形成打击犯罪合力，检察机关审前主导责任进一步凸显，构建“大控方”工作格局。

二是以机制为纽带，检警沟通协商更加顺畅。各基层院依托平台机制陆续建立完善降低审前羁押率、行刑衔接配合等工作机制，反映了刑事检察工作质效的整体提升。

三是以质效为引领，案件质量明显提高。2022年以来，全省检察机关引导侦查取证率为66.45%，同比增加19.17%，反映办案质效的一次退回补充侦查率同比下降73.49%，二次退回补充侦查同比下降85.74%。省检察院指导的跨境赌博系列案件B数代理专项打击行动，依托侦监协作平台，主动开展提前介入，并根据跨境赌博犯罪案件人员众多、数据庞杂的特点，主动运用大数据思维，指导长春市院技术部门研发出专门数据分析和人员甄别软件，系统引导公安机关对涉案人员甄别定性，极大提升了侦办效率。

党建引领“警地融合”　提升基层治理效能

吉林省公安厅

为全面提升城乡社区治安治理和服务能力水平，加快构建基层社会治理新格局，2023年5月，吉林省委启动党建引领“警地融合”工作，由吉林省公安厅牵头14个省直部门组建“警地融合”专项工作组，推动警地双方开展全方位、深层次党建融合共建，深入践行“主动警务、预防警务、融合警务、协同警务”理念，全面开展“百日攻坚”专项行动，扎实推动公安派出所在组织、阵地、业务、机制、资源5个方面与其他社会基层组织深度融合。“党委领导、公安靠前、部门协同、社会参与、群众支持”的基层治理工作体系初步形成，党建引领作用彰显，公安派出所实力、活力、战斗力明显增强，基层治安治理效能整体提升，全省社会治安大局持续稳定向好，人民群众安全感满意度持续提升。

一、深入调研高位部署，强势启动“警地融合”

吉林省公安厅高度重视加强派出所工作，专程到河南等省份学习考察，并多次深入派出所调研，与派出所所长、社区民警和群众座谈，了解情况、查找问题、征求意见，结合工作实际，研究提出“主动融入城乡社会基层治理工作体系，进一步强化基层党组织对公安队伍的领导，更好地统筹公安派出所、综治网格员等基层治理力量，全面增强派出所实力、提升基层治理能力”的工作思路。会同省委组织部相关处室研究起草《关于加强党建引领

“警地融合”推动基层治理体系和治理能力现代化的实施意见》，确定5个方面20项工作任务，并逐一细化内容、目标、措施、责任部门和完成时限。5月16日，吉林省委城乡基层治理工作委员会印发《关于成立“警地融合”专项工作组的通知》，正式成立由省公安厅牵头，省委组织部、编办、人社、司法、应急等14个省直部门组成的专项工作组。5月17日，省“警地融合”专项工作组召开第一次全体会议，对该项工作进行全面部署。为迅速打开局面，吉林省“警地融合”专项工作组组织开展“百日攻坚”专项行动，重点推进派出所所长进街道（乡镇）班子、社区民警进社区（村）“两委”、专职辅警或警务助理担任兼职网络员，省市机关20%警力下派，社区警务室（站）建设，派出所和交警中队警力融合协作等基础性、关键性重大任务先落地、先见效，牵引推动“警地融合”工作取得突破性进展。

二、通力协作上下联动，各项工作扎实推进

吉林省“警地融合”专项工作组各成员单位各司其职、密切配合、通力协作，共同推进“警地融合”工作。厅党委成员带头深入各地调研指导，选取治安状况复杂、矛盾纠纷突出、基础工作薄弱、工作难题较多的城乡派出所，通过开展蹲点调研，进一步体察实情、解剖麻雀，查找短板、解决问题。为帮助基层缓解警力不足问题，6月1日，组织20%厅机关警力下沉至长春市公安局基层派出所，担任社区民警、从事社区警务工作，印发下派民警管理办法，从人员选派、管理、保障、考核、纪律等方面加以明确规定，确保民警“下得去、干得好”。各市、州公安局机关参照省公安厅模式全部下沉20%警力共1771名民警到派出所，专职从事社区警务工作，全省社区民警占比提高到49.4%。各部门警种结合工作职能，合力推动“警地融合”工作开展。其间，交通管理局会同户政总队研究建立“交所”警力融合协作机制，并在全省推开；警保部会同省财政厅出台文件，将“警地融合”专项工作经费纳入各级财政预算，支援各地配备单警装备；科信处、大数据总队会同户政总队优化社区警务移动App应用，推动社区警务室（站）信息网上标注全覆盖；政治部出台6项措施，推动培育、激励、表彰等政策向基层倾斜；督察总队部署开展网上督察专项会战，推动“警地融合”重点任务落实。长春11名局级干部和87名正处级干部分别包保1个派出所，细化省公安厅和市公安局机关下派民警工作任务；吉林市、四平市建立“警地融合”数字化平台，推动线上线下同步融合；松原、延边签订责任状，开展“一局一亮点、一所一特色”创建；白城高规格成立专项工作组，由政法委书记和公安局局长任“双组长”，将成员单位扩展到22个；通化、白山、长白山公安局实行班子成员“包保制”，压实责任、传导压力；辽源、梅河口抓住“警力下沉”关键点，做实社区警务。全省公安机关牢牢把握“警地融合”主旨内涵，大力加强组织推动，“警地融合”工作很快在全省落地铺开。

三、党建引领机制融合，基层战力显著提升

党建引领“警地融合”实践中，基层治理模式由过去的单打独斗向警种协同、部门协同、区域协同转变，融合机制逐步完善。“警地融合”工作突出党建引领，大力推进派出所人员“三进”动态“全覆盖”，“三进”即派出所所长进街道（乡镇）班子、社区民警进社区（村）“两委”、专职辅警或警务助理担任兼职网格员，既强化了派出所在辖区治理中的参与权、话语权、主导权，也提升了基层党组织对治理要素的领导力、组织力、号召力，带动基层治理效能不断提升。全省共建社区警务室10933个、社区警务站20881个，全部在相关互联网端标注位置信息，实现导航可到，方便群众办事。切实建立健全“公安+法院+司法+信访”联动调解、“一村（格）一警一连”联动巡防、“交巡所”融合协作、警种部门支援派出所等工作机制，有效牵引派出所将工作重心转移到管控治安要素、防辖区发案、防治安事故上来，基层主防的运行机制更加健全。通过开展党建引领“警地融合”工作，派出所基础防范、隐患排查、公共安全管理、服务群众等治理能力显著提升，为推动全省社会治安大局持续稳定向好作出了重要贡献。截至2023年底，全省受理治安案件数同比下降27.4%，“两抢一盗”案件发案数同比下降17%，命案发案数同比下降21.9%，新发命案破案率始终保持100%，电信网络诈骗破案数、打处数同比分别上升22.1%、49.5%，破获食药环刑事案件数、打处数同比分别上升53%、65%。

“四个靠前 就地化解”工作法

四平市梨树县司法局

林海镇在化解“黑土地”纠纷工作中，打破传统矛盾纠纷调解方式方法，探索实施教育宣传“靠前”释法、下沉力量“靠前”摸排、应急分队“靠前”处置、法律资源“靠前”服务的“四个靠前、就地化解”工作法，在确保农民利益的基础上，实现了粮食生产和平安创建“两不误、两促进”。

一、教育宣传“靠前”释法，息纷于源头

镇党委整合派出所、法庭、司法所、律师等政法力量，依托村（社区）“百姓说事点”，每周固定一天为说法日，通过典型案例、示范判决、现场答疑、法治宣讲等方式对群众关心关注的土地问题进行宣讲，多渠道向农民群众宣传土地管理法、农村土地承包法和《吉林省黑土地保护条例》等法律法规，提升群众遵法、守法和依法保护黑土地的思想意识。把田间地头、村部、庭院现场化解土地纠纷过程制作成法治漫画和短视频，用身边案例教育周围群众。林海镇“正元农民专业合作社”在与王某等多户农民签订土地流转合同中，没有对粮食补贴归属问题进行约定，导致在发放补贴时产生了严重纠纷，有群体性上访苗头。对此，镇司法所将事涉农民召集到合作社，从法律政策方面说明补贴应归实际生产者所有（即合作社所有）的政策依据，使流转土地农民打消了上访的想法，维护了合作社的利益。

二、下沉力量“靠前”摸排，解纷于初始

土地是农民的“命根子”，事关老百姓最根本的利益，村民之间经常因为土地边界不清问题产生纠纷。镇党委组织农村集体资产管理站、司法所及各村委会通过实地踏查、丈量面积、化零为整、兑换土地等方式，确定村民土地边界，从根源上避免因土地边界不清产生矛盾纠纷。针对土地边界纠纷、破坏黑土地行为、乱占耕地建房、毁坏青苗等问题开展排查和调解，通过排查梳理找准问题症结，引导当事人依法依规解决矛盾纠纷，调解不成的，一律由林海法庭兜底解决，确保矛盾纠纷不外溢。2021 年以来，通过摸排，就地就近解决土地纠纷 302 件。

三、应急分队“靠前”处置，止纷于域内

土地纠纷有时涉及面广，情况复杂，极易上升为群体事件，在化解中需要多个部门协同发力、相互配合。镇党委为了能够就地就近及时化解土地矛盾纠纷，依托镇综治中心整合各站所优势力量，成立了应急小分队，有 151 名人民调解员和“法律明白人”常年活跃在村屯，既是敏感事态感知员，又是突发事件灭火员，为防范化解土地纠纷提供了坚实保障。2021 年 4 月，下甸村村民与水库承包者因土地使用权产生纠纷，镇党委接到消息后，立即指派司法所、派出所、水管站、农业站、土地所等 30 余名工作人员第一时间赶赴现场，进行法理教育，告知利害关系，及时化解了一场矛盾纠纷。

四、法律资源“靠前”服务，防纷于未然

林海镇作为梨树县面积最大、耕地最多的乡镇，在农民专业合作社发展上也有着得天独厚的优势，全镇规模较大的合作社和家庭农场有 26 家，流转土地面积达 2586 公顷，涉及农民 719 户，并且每户都需要签订土地流转合同，如果合同不规范极易产生土地纠纷。针对这一问题，镇党委主动与县法院联系，在规模较大合作社设立“签约法官”，开展“点对点”法律服务。每年年初，都由法律服务工作者到农民合作社和家庭农场，对土地流转合同进行一次“法治体检”。2023 年，针对合同中出现的转包方缺少其他家庭成员签字、权利义务关系约定不明、未约定国家补贴待遇归属等土地流转问题指导纠正 600 余次，有效避免了一系列土地纠纷问题发生。

审稿人：张　昕　李光辉

撰稿人：李宜侯　赵从军　翟　威

黑龙江省

工作概况

2023年度黑龙江政法工作综述

2023年，黑龙江省政法战线坚持党对政法工作的绝对领导，认真贯彻落实党中央决策部署和省委工作要求，着力加强党的政治建设，着力维护国家安全和社会稳定，着力促进社会公平正义，着力提升服务高质量发展能力，锻造忠诚干净担当的新时代政法铁军，加快建设更高水平的平安黑龙江、法治黑龙江，以政法工作现代化支撑和服务中国式现代化龙江实践，为谱写龙江高质量发展、可持续振兴新篇章提供坚强安全保障。

一、突出政治建设，不断加强党对政法工作的绝对领导

黑龙江省委政法委印发《深入开展全省政法系统主题教育的通知》，举办市（地）委政法委主题教育培训班，指导两批次主题教育压茬推进、无缝衔接。举办黑龙江省政法领导干部专题研讨班，推动黑龙江省各级政法机关开展覆盖全员的政治轮训，参训干警达到54万人次。出台《关于深化落实“第一议题”制度的具体措施》，开展理论学习中心组学习13次、学习研讨285次。完善习近平总书记重要指示批示督办机制，实行台账式管理，运用“四个体系”推进落实。着力抓好中央政法委督查黑龙江省贯彻落实《中国共产党政法工作条例》情况反馈问题整改，明确整改措施，组织各系统挂图作战、销号管理，推动问题全部整改完成。结合省委巡视工作，对黑龙江省法院、公安系统同步开展政治督察，对省直政法单位年度民主生活会进行全程督导，协助省委组织部对省直政法单位提任省管干部人选开展联合考察。

二、发挥职能作用，坚决落实习近平总书记对黑龙江省重要讲话精神

省委政法委召开全体会议，印发《学习贯彻习近平总书记在听取黑龙江省委和省政府工作汇报时的讲话精神的通知》，组织推动黑龙江省政法机关谋实策、出实招，确保习近平总书记对黑龙江省重要讲话精神不折不扣落实落地。围绕以科技创新引领产业全面振兴，省法院发布知识产权司法保护白皮书，省市两级检察机关成立知识产权检察办公室，省司法厅推动13个市（地）全部建立知识产权纠纷人民调解组织。围绕巩固国家粮食安全“压舱石”地位，省法院与9部门联合制定黑土地保护利用意见，检察机关通过开展专项监督保护黑土地6.7万亩。围绕助力发展特色文化旅游，公安机关深入开展“护游行动”，司法行政机关围绕“大力发展特色文化旅游”，持续开展“大美龙江　无法不美”旅游普法活动，成立了哈尔滨冰雪旅游体育商事仲裁院和七台河冰雪体育商事仲裁院，成为国内首批面向冰雪商事纠纷的专业仲裁院，为文旅产业健康发展提供法治保障。围绕构筑向北开放新高地，公安机关出台服务高水平对外开放“六项举措”，出入境人数、交通运输工具通关数同比分别增长；省司法厅积极争取“一带一路”律师联盟哈尔滨代表处获批设立。

三、加强统筹调度，深入推进更高水平的平安黑龙江建设

省委政法委主要领导多次听取各地平安建设工作汇报，约谈排名靠后的省直单位和市（地）领导，每季度组织召开平安建设工作调度会，通报晾晒指标进度，推动各部门提高工作质效。坚持和发展新时代“枫桥经验”，出台黑龙江省贯彻落实习近平总书记重要指示、中央要求和“枫桥经验”纪念大会精神的若干措施，印发“四所一庭一中心”指导意见，举办新时代“枫桥经验”黑龙江实践宣传交流会，哈尔滨、齐齐哈尔、大兴安岭等地3个经验做法入选全国“枫桥式工作法”。统筹推进基层矛盾纠纷排查化解，黑龙江省排查矛盾纠纷调解成功率达到96%以上。黑龙江省公安机关始终保持对违法犯罪严打高压态势，现行命案全部侦破，刑事案件、治安案件受案数同比分别下降，扫黑除恶常态化向纵深推进，打击电信网络诈骗犯罪成效实现“两升两降”。黑龙江省道路交通事故“四项指数”同比分别下降。省出入境边防检查总站开展“六千里边关筑堡垒”警地党组织共创平安边境活动，黑龙江省边境地区刑事、治安案件受案同比分别下降。2023年黑龙江省公众安全感满意度达98.65%，连续3年保持增长。省委政法委组织评选表彰28名见义勇为英雄，为平安建设汇聚社会正能量。黑龙江省法学会积极参与矛盾纠纷化解工作，累计为各类组织和个人提供法律服务11992次，化解矛盾纠纷案件684起，收到良好的法律效果和社会效果。

四、严格执法司法，不断优化法治化营商环境

法治规范体系不断完善，省司法厅推动出台了《黑龙江省调解条例》，在全国率先出台重大法治事件督察办法。积极推进改革创新，制定法治领域改革若干措施及配套台账，举办黑龙江省深化政法改革专题培训班，推动政法领域改革步步深入。黑龙江省法院以“四化四解四到位”推进矛盾纠纷多元化解，全年总收案降幅全国第一。司法行政机关完成“八五”普法规划实施情况中期评估，85个村（社区）保持“全国民主法治示范村（社区）”称号，培养乡村“法律明白人”3.95万名，公共法律服务12348热线平台受询量同比增长17%。组织推动政法跨部门大数据办案平台单轨制运行，着力提高案件数据和办案信息网上流转率。省委政法委创新建立黑龙江省政法机关执法司法质效动态评估指标体系和优化营商环境效能评价指标体系，每季度通报数据分析情况，对执法司法苗头性、倾向性问题预警提示，有效提升执法司法质效和公信力。出台政法机关依法支持和服务经济高质量发展40条措施，开展集中清理企业涉法涉诉问题专项攻坚行动。

五、提升能力作风，着力锻造过硬政法铁军

省委政法委持续巩固深化政法队伍教育整顿成果，结合省委深化能力作风建设“工作落实年”活动，大力推动过硬政法队伍建设。组织开展重点案件“千案大评查”专项行动，评查重点案件1万余件。推动各级政法单位开展审务督察、检务督察、警务督察、执法检查、网上巡查，对发现问题全力推动整改。创新制定对市（地）委政法委、省直政法单位的重点工作指标考评办法，以考评“指挥棒”推动政法工作整体跃升。坚持力量下沉、资源下倾，市县乡三级综治中心人员配备率分别达到88%、90%、91%，组建网格协调指挥中心（服务站）1.32万个，派出所警力和社区民警占比达到“两个40%”以上，“一村（社区）一法官”指导调解全覆盖，检察机关选派干部到基层院交流锻炼，市县两级司法局、监狱、强戒所视频终端全部开通。狠抓正风肃纪反腐，加强干警违纪违法问题查处力度。加强先优模范选树宣传，开展黑龙江省政法系统先进集体、先进个人评选表彰活动，召开刘欣、师帅同志先进事迹报告会，以榜样力量带动黑龙江省干警争先创优、拼搏奋进。

会议活动

黑龙江省委政法工作会议

1月17日，黑龙江省委政法工作会议召开。会议全面贯彻党的二十大精神，深入贯彻习近平总书记重要指示精神，认真落实中央政法工作会议精神和省委决策部署，总结工作，分析形势，研究部署2023年全省政法工作。

会议指出，五年来，全省政法工作取得突出成效，向党和人民交上一份合格答卷。全省政法机关要坚持以习近平新时代中国特色社会主义思想为指导，坚持党对政法工作的绝对领导，始终保持政法工作正确方向。要坚持以人民为中心，坚持中国特色社会主义法治道路，全力履行职责使命，强力推进全省政法工作现代化。

会议强调，要准确把握形势、积极应对挑战、勇于担当作为，有效防范化解重大风险，坚决捍卫国家政治安全。深入推进平安黑龙江建设，坚持和发展新时代“枫桥经验”，确保社会大局持续稳定。纵深推进全面依法治省工作，积极营造法治化营商环境，更好服务保障“六个龙江”建设。巩固深化政法队伍教育整顿成果，锤炼政法铁军，为建设社会主义现代化强省作出新的政法贡献。

文件选辑

黑龙江省社区矫正教育帮扶工作暂行规定

（黑龙江省高级人民法院　黑龙江省人民检察院　黑龙江省教育厅　黑龙江省公安厅　黑龙江省民政厅　黑龙江省司法厅　黑龙江省财政厅　黑龙江省人力资源和社会保障厅　黑龙江省卫生健康委员会　黑龙江省医疗保障局　黑龙江省总工会　青年团黑龙江省委员会　黑龙江省妇女联合会　黑龙江省残疾人联合会，2023 年 6 月 26 日）

第一章　总　则

第一条　为进一步加强和规范社区矫正教育帮扶工作，提高社区矫正工作质效，根据《中华人民共和国社区矫正法》《中华人民共和国社区矫正法实施办法》等法律法规，结合本省实际，制定本规定。

第二条　教育帮扶是社区矫正工作的重要组成部分，应当遵循依法规范、公正文明、因人施教、注重实效的原则，建立党委、政府统一领导，社区矫正委员会统筹协调和指导，司法行政机关组织实施，社区矫正机构具体执行，相关部门协助配合，社会力量广泛参与的工作机制。

第三条　社区矫正教育帮扶工作的主要任务，是通过依法对社区矫正对象开展教育矫正、心理辅导、公益活动、社会适应性帮扶等工作，增强其法治观念，提高其道德素质和悔罪意识，修复社会关系，培养社会责任感，促进其顺利融入社会，成为守法公民，预防和减少犯罪。

第四条　各级财政部门按照财政事权与支出责任相适应原则，将社区矫正教育帮扶工作必要经费纳入同级财政年度预算予以保障，确保社区矫正教育帮扶工作顺利开展。

第二章　职能分工

第五条　各级司法行政机关主管本行政区域内社区矫正教育帮扶工作，拟定教育帮扶工作发展规划和制度措施，协调相关部门解决教育帮扶工作中的问题，向社区矫正委员会报告工作开展情况。

第六条　省、市两级社区矫正机构负责社区矫正教育帮扶工作的监督指导和跨区域工作的组织协调。

县级社区矫正机构承担社区矫正对象日常教育帮扶工作，对社区矫正对象参加学习教育、公益活动等情况进行监督、管理和考核。

司法所根据县级社区矫正机构的委托，承担社区矫正教育帮扶相关工作。

第七条　教育、民政、人力资源和社会保障、卫生健康等部门依照各自职责，依法做好社区矫正对象的就业就学、复学升学、社会救助、社会保险、心理服务、就业指导、职业技能培训等工作。

工会、共青团、妇女联合会、残疾人联合会等人民团体应当充分发挥各自独特的优势，依法协助社区矫正机构做好家庭困难、身患残疾以及青少年和女性等特殊社区矫正对象的相关教育帮扶工作。

社区矫正决定机关依法做好社区矫正对象入矫前教育工作。

财政部门对社区矫正教育帮扶工作经费使用管理情况进行指导和监督。

人民检察院依法对教育帮扶社区矫正对象的活动实行法律监督。

第八条 各有关部门应当通过多种形式为教育帮扶社区矫正对象提供必要的场所和条件，协助社区矫正机构建立教育基地、公益基地、就业基地，并组织动员社会力量参与教育帮扶工作。

参与社区矫正教育帮扶工作的社会力量，包括企业事业、人民团体、社会和群众性组织、村（居）民委员会、社会工作服务机构以及社会工作者、志愿者等单位和个人。

第三章 教育矫正

第九条 社区矫正决定机关应当对社区矫正对象进行入矫前教育，增强其自觉遵守法律法规和服从监督管理的意识。

第十条 执行地县级社区矫正机构、受委托司法所接收社区矫正对象后，应当及时开展入矫教育。教育内容主要包括社区矫正对象应当履行的判决、裁定、暂予监外执行决定等法律文书确定的义务，应当遵守的关于报告、会客、外出、迁居、保外就医等监督管理规定及违反规定的法律后果，依法享有的合法权利等，强化社区矫正对象身份意识，促进其自觉接受社区矫正机构的管理。

第十一条 社区矫正机构、受委托司法所应当根据社区矫正对象的性别、年龄、职业、心理特点、健康状况、家庭情况、犯罪原因、犯罪类型、犯罪情节、悔罪表现等情况，制定个别化教育矫正方案，开展有针对性的在矫期间教育矫正工作，主要内容包括法治教育、道德教育、警示教育、爱国主义教育、传统文化教育、时事政治教育等，实现社区矫正对象在思想和行为上的转变，改变其犯罪心理和行为恶习，促进其成为守法公民。

第十二条 社区矫正对象临近矫正期满前，执行地县级社区矫正机构、受委托司法所应当组织开展解矫教育，主要内容包括形势政策教育、遵纪守法教育、前途教育等，并告知其解矫后安置帮教相关政策规定，推动社区矫正对象顺利回归社会、融入社会。

第十三条 社区矫正机构、受委托司法所应当根据社区矫正对象的综合表现、矫正效果等情况相应调整教育矫正方案，可以采取集中教育、网上培训、实地参观、走访约谈、依托教育基地、引导社会力量参与、公开择优购买服务或者委托社会组织执行项目等多种方式开展教育矫正活动。

执行地县级社区矫正机构、受委托司法所开展教育矫正活动应当规范记录并保存留档。

第十四条 执行地县级社区矫正机构、受委托司法所应当督促社区矫正对象的监护人、家庭成员、所在单位或者就读学校协助做好对社区矫正对象的教育矫正工作。

第十五条 社区矫正对象有下列情形之一的，执行地县级社区矫正机构、受委托司法所应当开展个别教育：

（一）思想波动较大或者行为发生异常的；

（二）经批准离开所居住的市、县或者迁居的；

（三）受到训诫、警告、治安管理处罚以及违反监督管理规定或人民法院禁止令的；

（四）个人或者家庭出现重大变故的；

（五）接触对其矫正产生不利影响人员的；

（六）主动要求与社区矫正工作人员谈话的；

（七）其他需要进行个别教育的情形。

第十六条 社区矫正对象有下列情形之一的，经本人申请、执行地县级社区矫正机构批准后，可以不参加集体教育：

（一）患严重疾病正在治疗且行动不便的；

（二）患有传染性疾病的；

（三）身体残疾或患有精神疾病，不适宜参加的；

（四）丧失生活自理能力的；

（五）妊娠期且行动不便的妇女；

（六）年老体弱且行动不便的；

（七）其他特殊原因不宜参加集体教育的情形。

第四章 心理辅导

第十七条 社区矫正机构、受委托司法所应当根据社区矫正对象的个性特点、心理状况、行为表现等情况，对其实施心理辅导。心理辅导包括开展心理健康教育，普及心理健康知识，提供心理健康评估、心理咨询、危机干预服务等活动。

第十八条 社区矫正机构、受委托司法所应当定期对社区矫正对象进行心理状态分析和再犯罪危险评估，视情况制定个性化心理矫正方案，落实有针对性的心理矫正措施。

遇有社区矫正对象感情有矛盾、经济有纠纷、就业无门路、家庭遇变故、身体患重病等情况，应当及时开展心理疏导等工作。

第十九条 社区矫正机构可以通过自主培养、聘请社会心理专家、招募专业志愿者等方式，建立专（兼）职心理辅导队伍。每个县级社区矫正机构应当至少配备、聘请或者委托一名具有专业资质的心理咨询师开展心理辅导工作。

第二十条　具备条件的县级社区矫正中心应当设立心理辅导室、宣泄室等心理服务场所。缺乏心理咨询师资源的地区，可以通过公开择优购买社会心理服务或者委托社会组织执行项目等方式，实施远程心理咨询和心理辅导，建立健全社区矫正对象心理服务机制。

第五章　公益活动

第二十一条　执行地县级社区矫正机构、受委托司法所应当按照“符合社会公共利益，社区矫正对象力所能及”的原则，组织社区矫正对象参加公益活动，修复社会关系，促进社区矫正对象得到社会的认可和接受。

第二十二条　社区矫正机构应当积极开发公益活动项目，建立社区矫正对象公益活动项目库，并结合当地资源建立公益服务基地，丰富公益活动形式和载体。

公益活动的内容主要包括社区服务、环境保护、知识传播、公共福利、帮困扶助、维护秩序、慈善、社团活动、专业特色服务、文化艺术活动等。

第二十三条　执行地县级社区矫正机构、受委托司法所应当将公益活动纳入矫正方案，针对社区矫正对象的个人特长、劳动能力、健康状况、生活环境等，为其安排合适的公益活动内容，并根据实施效果适时予以调整。

第二十四条　执行地县级社区矫正机构、受委托司法所应当做好公益活动的前期准备工作，对活动场所进行实地考察，排除安全隐患，制定工作方案，明确公益活动的时间、地点、内容、工作人员配备及职责分工、突发事件处置等事项，并对社区矫正对象进行纪律教育和安全教育。

社区矫正机构、受委托司法所不得组织社区矫正对象参加有危险和明显超过强度的公益活动。

第二十五条　社区矫正对象有下列情形之一的，经本人申请、执行地县级社区矫正机构批准后，可以不安排其参加公益活动：

（一）身体残疾或者患有严重疾病的；

（二）生活不能自理的；

（三）妊娠期及哺乳期妇女；

（四）其他特殊原因不宜参加公益活动的情形。

第二十六条　社区矫正机构、受委托司法所应当鼓励、支持社区矫正对象自发参加公益活动，并对相关情况予以统计、核实，作为日常管理考核的依据。

对于参加公益活动表现突出的社区矫正对象，执行地县级社区矫正机构应当根据相关法律法规和有关规定对其进行奖励或报请有关部门予以表彰；对迟到或无故缺席公益活动或活动时消极怠工的社区矫正对象，执行地县级社区矫正机构应当及时沟通了解情况，必要时进行批评教育，经教育仍不改正的应当给予训诫。

第六章　社会适应性帮扶

第二十七条　司法行政机关应当结合工作需要，建立社区矫正教育帮扶会商、联席等工作制度，协调配合人力资源和社会保障、民政等部门做好社区矫正社会工作者职业水平评价考试、注册登记、继续教育、知识更新等工作，将其纳入当地社会工作者人才队伍管理体系，推动落实社会工作专业人才相关政策和待遇，推进高素质社区矫正教育帮扶工作队伍建设。

第二十八条　执行地县级社区矫正机构、受委托司法所应当定期实地走访社区矫正对象家庭、所在单位、就读学校、村（居）民委员会等，了解掌握其工作、学习、生活等方面遇到的困难和问题，制定有针对性的帮扶方案，落实相关帮扶措施。

第二十九条　执行地县级社区矫正机构、受委托司法所应当根据社会救助制度相关规定，帮助符合条件的社区矫正对象申请最低生活保障、特困人员供养、医疗救助、教育救助、就业救助、临时救助等社会救助。民政、卫生健康、教育、人力资源和社会保障、医疗保障等社会救助管理部门应当依法予以办理。

第三十条　社区矫正对象自行申请社会救助、参加社会保险、获得法律援助时遇到困难和问题的，执行地县级社区矫正机构、受委托司法所应当给予协助，告知其有关社会救助、社会保险、法律援助的法律政策规定，指导其按照国家有关规定向相关部门提出申请。必要时可与相关部门进行沟通协调，依法保障社区矫正对象的合法权益。

任何单位和个人不得以社区矫正对象“罪犯”身份为理由，拒绝受理或办理其提出的相关申请，或者提出不合理附加条件。

第三十一条　人力资源和社会保障部门应当将社区矫正对象职业技能培训纳入当地职业技能培训总体规划，协助社区矫正机构对有培训需求的社区矫正对象开展职业技能培训，按规定落实职业技能培训补贴、职业技能鉴定补贴等政策。

人力资源和社会保障部门应当依法为符合条件的社区矫正对象办理和落实相关就业扶持政策，指导督促公共就业服务机构及时为有需求的社区矫正对象提供职业指导、职业介绍等服务。

第三十二条 社区矫正机构应当协调各有关部门共同加强社区矫正教育帮扶工作相关法律法规和政策的宣传，消除就业歧视，依法维护社区矫正对象劳动就业等合法权益。鼓励和引导企业事业单位、社会组织等通过捐赠物资、提供工作岗位、开展职业技能培训和专业服务等方式，为社区矫正对象顺利融入社会创造条件、提供帮助。招用符合条件的社区矫正对象的企业，按照规定享受国家优惠政策。

第三十三条 人力资源和社会保障部门应当依法及时为符合条件的社区矫正对象落实基本养老保险、失业保险等社会保险政策。对符合领取基本养老金待遇条件的社区矫正对象，按规定办理相应基本养老金领取手续，但在接受社区矫正期间不参与基本养老金调整。

第三十四条 社区矫正机构应当建立社区矫正工作站，村（居）民委员会依法提供相应协助。社区矫正机构、社区矫正工作站应当利用社区资源，引导志愿者和群众对就业、就学、生活等方面有特殊困难的社区矫正对象进行必要的教育帮扶。

第七章 未成年人社区矫正教育帮扶特别规定

第三十五条 社区矫正机构、受委托司法所应当遵循教育、感化、挽救的方针，坚持教育为主、惩罚为辅的工作理念，根据未成年社区矫正对象的年龄、心理特点、发育需要、成长经历、犯罪原因、家庭监护教育条件等情况，因人而异、因案制宜制定矫正方案，实行个别化矫正，采取有针对性的思想、法治、道德教育和心理辅导等措施，促使未成年社区矫正对象改过自新、顺利回归社会。

对未成年社区矫正对象的教育帮扶，应当与成年人分别进行。

第三十六条 社区矫正机构、受委托司法所为未成年社区矫正对象确定矫正小组时，应当吸收熟悉未成年人身心特点的人员参加，包括长期办理未成年人案件的人民法院、人民检察院、公安机关等国家机关工作人员，共青团、关工委等人民团体的人员，从事未成年教育矫正工作的社会工作者、人民教师以及热心未成年社区矫正对象教育帮扶工作的基层群众性自治组织的人员等。

社区矫正机构、受委托司法所可以根据需要，要求未成年社区矫正对象的监护人加入矫正小组，协助落实教育矫正措施。

有条件的地区，可以探索设立专门部门或者配备专门工作人员负责未成年社区矫正对象的教育帮扶工作。

第三十七条 社区矫正机构应当监督未成年社区矫正对象的监护人认真履行监护职责，承担管教义务。对监护人怠于履行监护责任、承担管教义务的，应当依法采取必要措施予以纠正；对监护人拒不履行监护责任、承担管教义务的，应当通知有关部门依法作出处理。

第三十八条 社区矫正机构与教育部门应当加强沟通协调，建立衔接帮教机制，及时关注未成年社区矫正对象接受义务教育等情况。对未完成义务教育的未成年社区矫正对象，社区矫正机构应当通知并配合教育部门，帮助解决接受义务教育的困难，督促监护人保证其按时入学接受义务教育，并采取措施防止辍学。

对非义务教育阶段有就学意愿的未成年社区矫正对象，教育部门应当对其予以鼓励和支持。

第三十九条 社区矫正机构应当根据年满十六周岁社区矫正对象的就业意愿，协调有关部门和单位、爱心企业、相关社会组织等，帮助其解决职业技能培训、就业指导、创业支持等问题，根据其具体需要和社会发展趋势，科学提供职业技能培训项目和就业岗位，促进其增强劳动就业技能和生存技能，提高适应社会的能力。

第四十条 社区矫正机构应当整合社会各方资源，建立未成年社区矫正对象教育帮扶工作社会支持体系，健全完善有序参与和长效衔接工作机制，充分发挥共青团、未成年人保护组织和相关社会组织依法协助或参与未成年人社区矫正教育帮扶工作的积极作用，引导未成年社区矫正对象健康成长，预防和减少重新犯罪。

第四十一条 未成年社区矫正对象在复学、升学、就业等方面依法享有与其他未成年人同等的权利，任何单位和个人不得歧视。有歧视行为的，教育、人力资源和社会保障等部门应当依法作出处理。

第四十二条 社区矫正机构、受委托司法所工作人员和其他依法参与社区矫正工作的人员，对履行职责过程中获得的未成年社区矫正对象的身份信息、个人隐私等应当予以保密。在开展实地查访，组织教育学习、公益活动时，应当对未成年社区矫正对象实施特殊保护，避免对其正常就学就业产生不利影响。

未成年社区矫正对象在社区矫正期间年满十八周岁的，继续按照未成年人社区矫正教育帮扶有关规定执行。

第八章　附　则

第四十三条　本规定自印发之日起施行，《黑龙江省社区矫正教育工作规定》（黑司通〔2014〕18号）同时废止。

特色专栏

“网格化+数字化”社会治理模式书写中国式现代化市域社会治理新篇章

大庆市委政法委

按照“网格化管理、精细化服务、信息化支撑”的基层治理工作要求，从2020年开始，以原民政网格为基础，大庆政法机关与组织部门、民政部门等密切配合，着力加强“网格化+数字化”建设，并在实践中取得了一定工作成效。

一、网格化的基础越来越扎实

经过“多网合一”和持续优化调整，全市共划分4877个综合网格、87个专属网格，实现全域覆盖，构建了基层治理“一张网”。通过“1+1+N”模式，壮大优化群防群治队伍，共有网格综合力量4.1万人，其中专职网格员5318人。网格员在入户巡查走访时，借助“庆兴有你”APP采集各类基础信息，既做到网格内底数清、情况熟，又夯实了“一网统管”平台数据库。实现住宅小区、楼栋、房屋、行政和企事业单位、人口等数据全市“一张网”。得益于较好的基础工作，中央政法委实地调研后，将大庆作为全国某专项工作十个试点城市之一，并对试点经验充分肯定。

二、数字化应用效果越来越好

以“一网统管”平台、网格互联集群系统、综治（网格）工作综合管理数据库、“油我办”便民服务小程序为支撑，带动基层社会治安综合治理水平整体提升。“一网统管”平台作为“网格吹哨、部门报到”的中枢平台，关联39个市级单位、384个县区职能部门。平台启用以来，累计受理各类网格事件14.5万件、办结率达到99%以上，平台入选“全国政法智能化建设创新案例”，是东北三省唯一入选的地市级项目。网格互联集群系统已集成居民微信群1.2万个，入群市民达147万人，基本实现对全市所有家庭的全覆盖，是党委、政府传递信息最快速、联系群众最直接的手段之一。“油我办”微信（支付宝）网格化便民服务小程序，自2023年下半年推广以来，已关注用户达到8.9万人，反映各类线索470多条，在调动广大群众参与和监督社会治理工作上发挥了一定作用。

三、运行管理机制逐步成熟

市综治中心（网格协调指挥中心）实体化运行三年来，在制度建设上，坚持“先踩路后铺砖”，在比较充分的实践基础上，相继由市委、市政府“两办”出台了《大庆市网格化服务管理办法》《大庆市专职网格员管理办法》；以市委平安办等名义健全了《大庆市网格化服务管理“网格吹哨、部门报到”工作指导意见（试行）》《大庆市“网格+警格”“四融六共三保障”工作体系》等规范，逐步形成了有大庆实践特色的网格化制度体系。在调度管理上，持续健全对县区、乡镇街道和网格员的分级调度机制，去年召开县区、乡镇工作调度会16次，每天连线网格员不少于15人，确保网格队伍始终在岗在位在状态。在基础工作上，因地制宜、不花成本地建设“网格驿站”3348个；开展“群众满意网格”创建，2023年全市评定“群众满意网格”40个、“满意网格员”42名，有效提升了居民群众对网格工作认同感和满意度。在督办落实上，坚持“两考三排名”机制，每月对9个县区和56个街道、58个乡镇进行考评，破解了“干多干少一个样、干好干坏一个样”的难题，逐步形成了好的“永争一流”、差的“躺平不了”的局面。

四、网格承载力越来越强

4877个综合网格与1047个警务网格、731个调解网格实现数据共融、力量共用。加强“创安”品牌建设，开展多次专项行动，分别为：以安全稳定风险大排查为主题的“创安一号”行动，发现和协助处置隐患问题2326个；以保护60岁以上老年群体安全为主题的“创安二号”行动，加强对13.9万“三类”重点群体的关心关爱；以“迎旅发、保安全”为主题的“创安三号”行动，发现并协助处置隐患问题1458个；以防汛防台风为主题的“创安四号”行动，排查整治危房、违建等隐患问题3139个，协助安置转移365户、724人；以保障社会治安稳定为主题的“创安五号”行动，协助抓获违法犯罪嫌疑人16名；以防范安全事故发生为主题的“创安六号”，移交职能部门整治整改涉及用火用电用水用气安全隐患和因恶劣天气可能导致的次生性隐患6548个，取缔黑作坊（黑加工点）87个。其间，大同区网格员孙然及时发现一名外省逃犯，被评为全市见义勇为先进个人，李春玉被评为全国第三季度“中国好人”。以专项调研为牵动，探索形成了以网格化推进矛盾纠纷精准高效化解为主要特征的“新时代‘枫桥经验’‘四五四三’大庆模式”，3671名网格员经培训合格纳入人民调解员队伍，414名法官进入网格，实现了“初访率下降、万人成讼率下降、排查化解率提升”的“两降一升”既定目标。

五、党委政府越来越重视

市委主要领导对网格工作的重视，推动各级党委、政府形成了鲜明工作导向。两年来，市委、市政府主要领导多次到市综治中心调研和指导工作；县区主要领导仅去年就对网格工作作出部署和要求236次，为高质效做好网格工作提供了坚强组织保障。党委、政府的重视还直接体现在对网格员的激励鼓舞上。2023年，全市共为302名网格员发放“人民调解员”办案补贴11万元；通过“年度优秀网格员”“创安行动”先进个人等评选，累计表彰奖励优秀网格员934人次。创造条件拓展网格员职业发展通道，一批优秀网格员通过严格考试进入社区工作者岗位。

全面构建生态环境司法保障体系
护航龙江振兴发展

哈尔滨市中级人民法院

哈尔滨市中级人民法院深入落实环境资源审判体制机制改革要求，紧紧围绕省市党代会擘画的“六个龙江”“七大都市”发展蓝图，稳步推进环境资源刑事、民事、行政审判“三合一”归口审理，依法公正高效审理各类环境资源案件，全面构建生态环境司法保障体系，护航龙江振兴发展。

一、严格依法履职，充分发挥审判职能作用

始终坚持以最严格制度最严密法治惩治环境资源犯罪，综合运用刑事、民事、行政手段，推动生态环境保护法律法规真正成为“长出牙齿”的严规铁律。严厉打击破坏耕地行为，道外区法院成立“黑土地保护工作室”，五常市法院对盗采泥炭黑土的被告人，在以非法采矿罪判处有期徒刑和罚金的同时，要求其承担因修复受损耕地产生的费用，以司法之力守护“耕地中的大熊猫”，经验做法写入最高人民法院工作报告，并入选最高人民法院依法惩处盗采矿产资源犯罪典型案例。倾力保护城市人居环境，妥善处理涉水、空气、土壤、噪声污染等民生领域环境资源案件，依法判处全省首例非法处置危险废物三元催化剂的污染环境案，对向马家沟河倾倒污染物的被告人，责令其承担赔偿生态环境损害、环境监测和清理马家沟河污染费用，助力打造水清河畅、岸绿景美的城市滨水空间。支持检察机关、行政职能部门提起环境公益诉讼，依法处理环境公益诉讼案件，切实维护生态环境国家利益和公共利益。把“监督就是支持、支持就是监督”贯穿行政审判始终，鲜明支持环保主管部门对污染环境的处罚行为，积极促进行政机关依法行政、督促责任主体履行法定义务。对践行环保社会责任、达到环保标准的中央大街商圈饭店依法撤销行政处罚，该案入选最高人民法院服务新时代东北全面振兴典型案例。

二、注重生态修复效果，以现代司法理念惩罚和预防环境资源违法犯罪行为

贯彻宽严相济刑事政策，对积极修复受损生态环境的被告人，适用认罪认罚从宽制度，引导被告人主动保护生态环境。坚持系统观念和全局观念，不断增强司法保护措施的整体性、协同性。灵活运用从业禁止，通过禁止污染环境、破坏资源的被告人从事特定职业，有效预防犯罪行为再次发生。在审理危害珍贵、濒危野生动物犯罪中，依法对收购、销售穿山甲、高鼻羚羊角等国家重点保护珍贵、濒危野生动物制品的经营者，判处五年内禁止从事相关生产经营活动，坚决遏制滥捕滥杀行为。因地因时适用补种复绿、增殖放流、替代性修复等执行方式，促进生态环境及时有效得到恢复。对私自开垦林地种植农作物的被告人，判处于春季恢复植被，栽种树苗；对严重毁坏植被的被告人，责令其异地还林并缴纳造林保证金，推动实现从“滥伐人”到“护林人”的转变。呼兰区法院对按照生态修复方案向呼兰河流域投入鲢鱼苗的被告人依法予以从轻处罚，最大限度发挥刑罚的教育和预防功能，司法助力渔业野生动物资源保护。

三、强化协调联动，汇聚生态环境保护合力

积极参与跨域司法协作，与齐齐哈尔等七家中级人民法院签署《黑龙江省国际重要湿地生态司法保护联盟协作框架协议》，共同探索适合黑龙江生态发展的湿地司法保护机制。立足哈尔滨市生态环境保护实际，在太阳岛外滩湿地成立“环境资源司法保护基地”，在月牙湾湿地成立“湿地生态保护巡回法庭”，推动生态环境综合治理。主动延伸环境审判职能，联合检察机关、公安机关和自然资源、生态环境等行政主管部门，建立健全要案会商、协作办案、信息共享机制，纵深推进环境保护行政执法与刑事司法有效衔接，共同守护碧水蓝天净土。系统梳理非法狩猎鸟类案件，与市检察院、市公安局共同讨论研究，明确非法狩猎鸟类案件情节显著轻微的判断标准，破除追责阻碍，提高办案质量。把司法建议作为环保领域“抓前端、治未病”的重要工作，就环境资源案件审理过程中发现的突出问题，及时向有关部门发出司法建议 15 份，共同防范化解生态环境风险隐患，促进经济社会可持续发展。在 2023 年“国际生物多样性日”，市中级人民法院向市林业和草原局、市自然资源和规划局等部门发出司法建议书，支持、配合、督促整改举措落到实处，携手共筑生物多样性司法保护屏障。

四、创新普法宣传，努力营造保护生态环境的浓厚法治氛围

充分运用传统媒体、新兴媒体开展“线上 + 线下”日常法治宣传，积极推动生态环境法治宣传进社区、进企业、进学校，不断扩大宣传面，引导社会公众关注生态环境问题。集中力量打造世界环境日、全国生态日等特殊时间节点专题普法品牌，在中央大街、太阳岛外滩湿地等重要场所开展普法宣传 17 次，召开新闻发布会通报环境资源审判工作情况，发布环境资源审判典型案例，展示法院司法保护成果，提升环境资源审判公信力和社会影响力。加强以案释法普法，充分发挥典型案例的警示、教育、引导作用，通过人民陪审员参与环境资源案件审理、开展巡回审判、要求破坏生态环境的企业和个人在全省范围内发行的纸质媒体或电视台作出公开道歉承诺，威慑潜在污染行为人，提升全社会法治意识和环保意识。

强化多方协作　服务通勤学生
护航公益性“慢火车”开往“梦想站”

佳木斯市人民检察院　佳木斯铁路运输检察院

2023年，佳木斯铁路运输检察院认真贯彻最高人民法院、省检察院关于未成年人检察工作强化融合履职、深化全面综合司法保护的部署要求，依托被称为“绿皮校车”的佳木斯至乌伊岭6272次公益性“慢火车”，积极打造“‘慢’载未来·护航‘花开’”特色铁检文化品牌，为沿线边远地区学生打通回家“最后一公里”，以“检察蓝”护航百余名通勤学生安全往返、追逐梦想。

一、实地走访，调研通勤学生需求

佳木斯铁路运输检察院立足辖区内公益性“慢火车”具有车型老、停站多、速度慢、票价低等特点但仍为沿线学生重要交通方式之一的实际情况，高度重视公益性“慢火车”通勤学生安全出行问题，成立以副检察长为组长的专题调研组，多次深入6272次公益性“慢火车”及途经16个车站、沿线学校，召开专题座谈会，与师生、家长、铁路工作人员等开展广泛交流，调查了解通勤学生在购买车票、乘坐火车、食品安全等方面需求，加强与辖区站车、沿线学校、民政部门等单位的沟通协作，制定了针对性强、可实际操作的服务保障工作方案，全力守护通勤学生平安出行。

二、检校协作，承载别样“检味”温情

一是联合签署合作协议提供制度保障。佳木斯铁路运输检察院联合建三江火车站、佳木斯市建三江第一中学共同签署《关于共同推进通勤学生综合保护的合作协议》，为学生乘坐公益“慢火车”优先购票等安全出行提供制度保障。

二是联合开展寒假关爱服务活动传递检察温情。佳木斯铁路运输检察院积极开展“把爱带回家——暖童心护成长”寒假关爱服务活动，联合沿线中小学校，了解掌握困境学生实际情况并多次深入家庭开展帮扶慰问，送上书本和文具等常用物品，耐心为困境学生家长讲解家庭监护教育责任，为困境学生营造良好学习生活环境。

三是联合开展检察开放日活动解锁防范欺凌技能。佳木斯铁路运输检察院联合沿线学校、佳木斯市政协、佳木斯市民政局等单位开展“检爱同行·共护花开”关爱困境学生检察开放日活动，邀请部分师生及家长走进铁路检察院，采取讲授典型案例、举办模拟法庭等方式，让学生化身“小法官”“小检察官”，亲身体验感受办案流程，解锁防范校园欺凌技能，凝聚多方力量，构建完善家庭教育指导服务体系，形成合力守护学生健康成长。

三、深入站车，营造温馨出行环境

一是精心打造列车“移动课堂”。联合佳木斯车务段在辖区公益性“慢火车”内精心布置“移动课堂”，设置“图书角”，陈列摆放涉及文学、历史、科技、法律等多方面书籍百余册，为乘车通勤学生提供随时学习的便利条件。

二是暖心开设专属候车区。联合佳木斯工务段在建三江等沿线车站为通勤学生开通专属候车室，完善乘车“绿色通道”，打造临时“学习屋”，布置桌椅、饮用水等学习生活用品，营造安全舒适的候乘车环境。

三是开展食品安全公益保护活动。强化综合履职，未成年人检察部门联合刑事检察、公益诉讼等部门多次深入辖区公益性“慢火车”沿线站车开展食品安全领域公益诉讼法律监督工作，对沿线火车站超市售卖的散装、短期及包装食品等进行检查，对公益性“慢火车”餐车厨房内生鲜食材、灶台厨具等进行检查，对于发现的问题立即督促整改，确保食材新鲜干净、厨房卫生安全，切实守护好通勤学生“舌尖上的安全”。

四、普法宣传，守护学生合法权益

一是温馨提示出行安全。每逢开学季、寒暑假、“六一”儿童节等节假日期间，针对客流量较大的实际情况，深入公益性“慢火车”为沿线通勤学子讲授乘车常识、注意事项、安全出行等方面内容，引导学生安全乘车、免受侵害。

二是严防考后电信诈骗。高考结束后，佳木斯铁路运输检察院检察干警登上列车，开展“护航高考　防范考后电信诈骗”专题法治宣传，重点讲解针对犯罪分子利用高考学生家长求学的迫切心理，以虚假“补录”信息、发放助学补贴、提前获取录取通知等名义实施诈骗行为如何有效预防破解，持续释放辐射效应。

三是常态化开展普法宣传。依托辖区站车，重点围绕《未成年人保护法》《预防未成年人犯罪法》《家庭教育促进法》《未成年人网络保护条例》等法律法规，采取播放动漫视频、发放宣传单、提供法律咨询、问答互动、赠送书本文具等多种方式，常态化开展法治宣传，切实充分保障通勤学生合法权益。

打造“无诈县区”品牌　助推“无诈兴安”创建

大兴安岭地区公安局

大兴安岭公安机关深入学习贯彻习近平总书记关于打击治理电信网络诈骗犯罪的重要指示精神，认真贯彻落实地委、行署和上级公安机关部署要求，坚持以“四专两合力”为引领，强化打防管控各项工作措施，最大限度地高推进、抓防范、控发案、保平安，有效助推“无诈兴安”创建，开启了建设更高层次、更高水平的平安兴安、法治兴安新篇章。

一、突出谋篇布局，确保顶层设计见底见效

一是构建工作格局。积极争取党委、政府支持，紧紧围绕“责任清单”，构建明确的领导责任体系，形成一级抓一级、层层抓落实的工作格局。制定出台《全区公安机关助推“无诈兴安”创建工作方案》和考核细则，全面打响反诈人民战争。

二是高效研究部署。地局党委高度重视反诈工作，多次召开局长办公会、专题会议研究部署，地局主要领导出席全区打击治理电信网络诈骗违法犯罪工作会议。地局党委组织地局领导班子成员和各警种、各县（市）区、分局的主要负责人到外地和本地先进县区实地调研、观摩学习，全面总结来自先进地方和基层一线最鲜活的信息，及时开展理论和实战研究，确保打击治理工作走深走实。

三是强化制度输出。根据不同时期的工作重点和高发的诈骗类型，制发《预警劝阻流程图、承诺书、工作原则、登记簿、告知书、话术、劝阻要点》《大兴安岭地区反诈骗中心精准预警劝阻运行机制》《大兴安岭地区“校园守护2023”防范电信网络诈骗犯罪专项整治工作方案》等工作指导性文件，有力促进了全区打击治理电信网络诈骗犯罪整体战绩的提升。

二、突出严打整治，确保集中攻坚加量加码

一是数智化侦查。坚持“每案必研”机制，针对现发电诈类案件的诈骗类型、资金流、信息流，联合云深科技公司、360公司，做到发案快止付、立案快冻结、线索快梳理、信息快研判、APP快溯源的“五快”侦查模式。

二是精细化研判。通过“全时支撑、全时共享”的线上多维研判、串并案分析，快速分析挖掘嫌疑人，以小案大办、线索快办为原则，不断深挖扩线，共处理涉案“断卡”线索279条，通过线索抓获115名犯罪嫌疑人，处理手机漫游地、固话线索23条，抓获19名犯罪嫌疑人。

三是严厉化打击。坚决以打促防，集中攻坚大案要案，向电信网络诈骗及相关黑灰产犯罪发起凌厉攻势，全区共打掉电信网络诈骗及相关黑灰产犯罪团伙7个、打掉本地涉诈窝点2处，抓获犯罪嫌疑人131人。

三、突出联动联防，确保各项责任落实落细

一是统筹社会各界力量。在联席会议制度的引领下，推动各单位履职尽责，实行警银、警企联动，重点加强涉诈“两卡”源头治理和受骗人员资金劝阻工作。统筹联席会议资源，引领相关主管部门积极应对，不断增强反诈工作外部合力，运用单位特色，开展反诈宣传，占领“网新媒体”“传统媒体”“街头巷尾”三大阵地，努力实现“四无、三有、一愿景”的工作目标。

二是建立上下联动机制。各地公安机关主要领导担任本级联席会议总召集人，指导县级公安机关成立反诈中队或反诈专班，开展反诈业务培训，提升民辅警的实战能力和业务水平，有针对性地制定多种动态工作方案和工作措施，带动县级公安机关对电诈犯罪开展合力防控、打击，有效震慑电诈犯罪。

三是凝聚警种战斗合力。细化工作方案，将任务落实到岗位、责任明确到人头，各警种充分发挥各自职能优势，各司其职，分工合作，各个环节衔接有序，形成工作合力，针对电信网络诈骗犯罪进行重点打击治理。实现1区、4个林业局保持600天以上无电诈案件的阶段性无诈目标。

四、突出宣传覆盖，确保创建效果有声有色

一是做优精准预警。贯彻“防控走在发案之前”的理念，深挖涉案资金流、APP、网址、电话等线索，掌握潜在受害群体，推送预警信息，并建立“四级联动”劝阻体系，第一时间上门劝阻，快速止损。共精准开展预警15万人次，使群众免遭损失160余万元，避免10万余名群众上当受骗。

二是做好线上引导。通过微信公众号、视频号、抖音、快手、大兴安岭电视台、大兴安岭日报等新媒体平台，传播反诈知识，发布预警信息，采取被骗群众现身说法和民警线上普及等方式宣传防骗知识，切实增强群众识骗防骗能力，着力构建常态化反诈宣传体系，共录制反诈宣传节目8次，通过各大媒体发布宣传文章170余篇，宣传视频30余个。

三是做实线下宣传。积极开展“亮屏”“夺目”“包户”“普法”四大行动，同时结合春、秋防火期深入开展“全面反诈在行动”集中宣传月活动。针对老年人、女性等易受骗的高危群体，依托群体类型，定期组织开展主题讲座。全区共开展反诈现场宣传活动46场，出动反诈宣传车70次，走访学校、企业、事业单位133次，发放宣传单1.5万余份、宣传纪念品5000余份。

深入加强执法监督　优化法治化营商环境

黑龙江省司法厅

2023年，黑龙江省司法厅坚持深入学习贯彻党的二十大和习近平总书记视察黑龙江省重要讲话重要指示精神，全面落实省委、省政府依法治省决策部署，牢固树立以人民为中心的发展思想，立足职能定位，坚持问题导向，着力解决市场主体和群众普遍关注、反映强烈、反复出现的“办事难”中的行政执法突出问题，深入推进重点领域严格规范公正文明执法，为全省优化营商环境提供坚强的法治保障。

一、锚定重点领域，部署开展专项行动

省司法厅围绕市场和群众主体最关切、最关心的市场监管、工业和信息化、公安、民政、人力资源和社会保障、住房和城乡建设、交通运输、文化和旅游、卫生健康等重点领域，印发《关于开展重点执法领域解决市场主体和群众“办事难”中的执法突出问题专项监督行动工作方案》，在全省部署启动重点执法领域专项监督行动。省司法厅切实发挥牵头抓总作用，明确时间表、路线图，以上率下督促各级司法行政机关迅速行动，落实人员和职责要求，推进行政执法机关严格规范公正文明执法。全省各级司法行政机关成立专项行动领导小组等工作机构937个。大庆市派出11个指导组强化对区县和重点部门的监督；鸡西、双鸭山两地将专项监督与交通运输领域督察深入结合协同推进；七台河、大兴安岭将专项监督扩大到10个领域；牡丹江将专项监督扩大到13个领域，各地积极推进专项监督行动全面开展。

二、多措并举推进，专项行动纵深开展

为切实拓宽专项行动的知晓面，省司法厅积极与哈尔滨交通集团联系，在哈尔滨市出租、公交车后屏及客运场站滚动播放“办事难”专项监督行动宣传标语和线索举报电话；与省通信管理局沟通协调移动、联通、电信三大运营商，推送“办事难”专项监督行动宣传短信，让更多的市场主体和人民群众参与进来。各级司法行政机关综合运用政府门户网站、微信公众号及其他媒体平台及时向社会发布公告，针对机械执法、野蛮执法，行政执法人员隐晦索贿、吃拿卡要、收受礼品礼金，对市场主体和群众反映问题久拖不决等情况，明确受理时间，公布举报方式，广泛接受社会监督。绥化市将12345

市民服务热线、12309 检察服务热线、12328 交通运输服务监督热线和 12319 城建服务四方热线对接，整理归集热线中反映的行政执法类诉求纳入执法突出问题台账；鸡西市发布公告、实施问卷调查收集线索；伊春市统一将 112 个受理投诉举报方式进行公示，在全省范围内广泛提升专项行动的知晓率。

三、强化监督问效，确保行动取得实效

省司法厅将深化能力作风建设“工作落实年”活动与专项监督行动相结合，坚持深入基层看质效，推动执法作风转变。2023 年 7 月，省司法厅抽调党员干部 19 人成立 5 个工作组，到全省 13 个市（地）、61 个县（市、区）开展明察暗访，对 105 家行政执法机关进行检查，抽调 1238 本卷宗，涉及 9 个执法领域，约谈相关执法人员 35 人、机关负责人 18 人；走访 164 家市场主体（涉及饭店、食杂店、药店、市场摊点）；深入政务服务中心，与 65 名办事群众交流交谈，拍摄影像资料 292 条，发现多条问题线索。全省各级司法行政机关纷纷行动，组织开展重点执法领域行政执法人员培训 47848 人次、测试 20619 人次，开展执法监督检查 6199 次、行政执法监督暗访 1045 次，下发执法监督文书 1833 件，约谈行政执法人员 267 人。

四、广泛宣传引导，引发良好社会反响

专项行动开展以来，先后收到 80 岁老人表扬信 1 封，道外区红旗老区群众代表赠送的“弘扬正义精神，高举法律旗帜”锦旗，社会反响良好。各级司法行政机关积极发挥行政执法监督职能作用，深入推进行政执法机关严格规范公正文明执法，切实维护了企业的合法权益，企业先后为佳木斯市司法局行政执法协调监督科赠送了“廉明高效为企业解忧　秉公执法促经济发展”的锦旗，为大兴安岭地区司法局赠送了“贴心服务，一心为民”的锦旗等。

五、注重总结经验，形成制度创新成果

省司法厅立足自身职能职责，注重将此次开展“办事难”专项行动中的经验做法固化成长期成果，切实推动服务市场主体和群众常态化、长效化。制发了《黑龙江省行政执法监督联系点管理办法》《黑龙江省行政执法监督员管理办法》，在全省建立了行政执法监督联系点和监督员制度，不断拓宽行政执法监督渠道。全省各级司法行政机关已选定行政执法监督联系点 501 个，选定行政执法监督员 1348 人。各级司法行政机关纷纷行动，齐齐哈尔市司法局行政执法协调监督局与 12345 便民服务热线、纪委监委建立协调联动机制，确保政治监督不缺位；牡丹江市司法局在市 12345 政务服务便民热线平台增设执法类线索推送账号，与市检察院建立行政检察与行政执法监督运行机制。

审稿人：樊忠诚　赵　清
撰稿人：崔东树　柳晨龙

上 海 市

工作概况

2023年度上海政法工作综述

2023年，上海市政法系统坚持以习近平新时代中国特色社会主义思想为指导，坚决贯彻落实中央和市委决策部署，以开展主题教育为动力，以推进政法工作现代化为主线，以建设过硬队伍为支撑，讲政治、讲法治、讲学习、讲担当、讲纪律，为上海改革发展和现代化建设营造了安全的政治环境、稳定的社会环境、公正的法治环境、优质的服务环境。

一、党委政法委工作

（一）党的政治建设全面加强。扎实推进主题教育，努力学深悟透习近平新时代中国特色社会主义思想，聚焦短板弱项开展调查研究，解决了一系列祖节问题，以实际行动坚定拥护“两个确立”、坚决做到“两个维护”。深入贯彻《中国共产党政法工作条例》和市委实施意见，严格督办落实市委交办事项，严格落实重大事项请示报告制度。规范执行政法委班子成员列席政法单位民主生活会等制度，组织开展政法系统领导干部专题政治轮训，常态化开展政治督察和纪律作风督查巡查，抓好反馈意见督促整改，政法系统党的建设更加坚强有力。

（二）捍卫政治安全坚决有力。（略）

（三）维护社会稳定能力持续提升。着力防范化解重大涉稳风险隐患，围绕成都大运会、杭州亚运会、第六届进博会等重大活动，强化统筹协调和综合研判，前瞻预警、精准防控、落实责任，社会面始终平稳可控。组织调动政法、综治、信访等力量，滚动排查梳理、分类研究处置，推动金融投资、房地产、涉法涉诉信访等领域矛盾风险缓解化解。

（四）平安上海建设硕果累累。坚持和发展新时代“枫桥经验”，践行虹口“三所联动”、浦东“小迪移动调解”、杨浦“检察听证”等基层经验入选全国“枫桥式工作法”，普陀“靠谱解纷中心”、闵行国际社区矛盾纠纷源头治理等一批具有鲜明时代特征、上海特点的创新实践结出丰硕果实，解纷“一件事”平台持续优化，“小事不出居村、大事不出街镇、矛盾不上交”加固了超大城市的平安底座。

（五）法治上海建设亮点突出。强化重大战略实施法治保障，助推国际金融中心建设条例修订完善，支持浦东打造国际法律服务中心核心承载区，持续推进虹桥国际中央法务区建设，促进长三角地区适法统一、执法协同和警务一体化，推进落实重点事项“全域通办”。推动出台推进国际商事仲裁中心建设、做强律所品牌等制度文件，制订实施优化法治化营商环境建设专项行动计划6.0版，提升涉外商事审判效率，打造国际知识产权保护高地，建立全国首个以金融司法大数据为核心的“金融纠纷风险预警平台”，率先推行以专用信用报告替代有无违法记录证明，首创“合规一码通”，试点推行“检查码”，为创新发展减阻力、添活力。开展法治建设“三个规划”中期评估，设立市政府立法研究基地，部署应用统一综合执法系统，启动32个“法治赋能基层治理试点”项目，助力城市治理法治化水平跃升。积极发挥法学智库作用，成功举办世界人工智能大会法治论坛和全球数商大会数据要素合规流通论坛。

（六）政法队伍面貌焕然一新。巩固拓展教育整顿成果，持续肃清流毒影响，扎紧全面从严管党治警的制度笼子。围绕推进政法工作现代化，持续加强政法人才建设，全面推行干部政治素质考察，开展优秀年轻干部调研，聚焦跨系统、专业急需、新类型案件办理、新出台法律法规适用等重点，大力推进政法干警岗位实训、带教跟训，提升队伍革命化、正规化、专业化、职业化建设水平。加强典型选树、履职保障和人文关怀，激励广大干警奋进新征程、建功新时代。

二、法院系统工作

（一）以党的政治建设统领法院高质量发展，坚决筑牢政治忠诚。深入调查研究，党组班子成员聚焦司法服务保障重大战略、数字化转型等重点内容主持11个调研课题，推出“破难题、促发展”举措48项、民生项目清单15项，着力解决部分当事人诉讼满意度不高等堵点难点问题。

（二）紧紧围绕上海发展大局，坚决扛起司法服务保障中心工作的责任担当。一是落实总体国家安全观，推进更高水平的平安上海建设。常态化开展扫黑除恶斗争，严厉惩治严重暴力犯罪，依法打击涉众型经济犯罪、电信网络诈骗、食品药品安全等涉民生犯罪，筑牢超大城市安全防线。二是全力服务保障重大战略深入推进。围绕上海“五个中心”、浦东引领区、长三角一体化发展等战略部署，出台一系列专项服务保障举措，充分发挥上海金融法院、知识产权法院、海事法院等专门法院集中管辖的作用，不断完善司法政策举措、强化督查落实，为提升上海城市能级与核心竞争力提供司法助力。三是助力上海建设国际一流的法治化营商环境。对标新的世行评估体系，接续第6年制定实施法治化营商环境建设专项行动方案，落实“提升商事审判质效”等28项改革举措，进一步降低市场主体诉讼时间成本，助力上海营商环境在全球城市中持续进位。四是积极推进法治政府建设。坚持“双赢多赢共赢”理念，加大行政争议实质化解力度，督促行政机关主动纠正不当行为。

（三）抓实抓好司法办案，努力让人民群众切实感受到公平正义就在身边。围绕“公正与效率”这一主题，认真落实新时代综合司法理念，推动矛盾纠纷实质化解。创建“枫桥式人民法庭”，主动融入基层解纷网络，探索符合超大城市特点的矛盾纠纷多元化解模式。在全国率先制定专项治理工作方案，优化审判指标考核体系，推动用最短时间、最少程序一次性实质解决当事人诉求。

（四）积极融入城市数字化转型，全力打造新时代司法模式变革的上海样板。紧扣市委城市数字化转型部署，在全国率先提出并实质性推进数字法院建设，推动全面数字赋能、全程预警监测、保障适法统一、提升司法质效。

（五）深入推进全面从严治党、从严治院，打造新时期高素质法院队伍。从各大高校遴选学生到法院实战训练，主动承担起法治人才培养的共同责任。抓好党风廉政建设，在全市法院开展张铮受贿案警示教育活动，严格执行防止干预司法“三个规定”。

三、检察系统工作

（一）立足“统筹发展和安全”，主动服务中心大局。服务高质量发展“硬道理”。出台服务大都市建设“20条意见”，以法治力量维护经济秩序、优化营商环境。助力营造活跃创新环境，制定服务保障科创中心建设“20条意见”，全面实行知识产权综合履职，将张江派出院转型为全国首家专办检察院。

（二）践行“人民城市”理念，用心保障高品质生活。依法守护美好生活。共护食药安全，协同推进医美、农资领域专项治理。开展一江一河等专项监督，协同擦亮绿色发展底色。共护网络清朗，出台加强网络法治工作的实施方案，探索网络检察综合履职。

（三）坚持“高质效办好每一个案件”，坚决维护公平正义。刑事检察重点抓好夯基固本，全流程落实“以证据为中心”。推动办理更多标准之诉、制度之诉，不断丰富发展超大城市公益保护“上海模式”。用好自行补充侦查权，通过自行补充侦查认定新犯罪方法的相关案件获评最高人民检察院指导性案例。

（四）对标“排头兵、先行者”，坚定深化检察改革。优化检察一体化体制机制。完善纵向一体履职，改进分院领导指导辖区，更实发挥承上启下作用。完善跨区域一体履职，深化长三角检察机关协助调查取证等机制，会签行政违法监督跨区域协作意见、G60科创走廊九城检察合作协议，长三角“检察圈”共融共进。紧抓检察权运行制约监督。科学明责，制定2023版检察官权力清单。推动“一网运行”，打造数字检察门户，建设全景平台。推动“一网通办”，构建数字检察基座，推进全流程在线办案。首批部署上线9个“一件事大应用”。

（五）落实“五个过硬”，全面从严管党治检。扎实开展主题教育。制定党建与业务深度融合等制度，相关案例获评全国检察机关十佳案例。以调查研究破题，创新开展“主题式+督查式”调研，“上海检察工作高质量发展”总纲性课题获全国检察理论研究一等奖，现已转化为指导意见。大抓基层基础。开展年轻干部专项调研，努力建好“蓄水池”。锤炼基本能力，制定人才培养五年规划，加快建设领军型、复合型、高层次人才队伍。开展首届“上海最美检察官”宣传推介活动。

四、公安系统工作

（一）谋划确定总体思路框架。确立“三个一流”奋斗目标，匹配习近平总书记要求“上海代表国家向世界展示中国式现代化光明前景”的重要指示，按照市第十二次党代会的战略部署，确立打造“世界一流的平安城市、世界一流的警务模式和世界一流的警察形象”奋斗目标，以此凝聚全警的信心、决心和勇气。践行“小目标”理念，坚持公安工作没有巧功夫、只有苦功夫，以1个月左右时间为1个跨度，将全年划分为10个“小目标”，脚踏实地把平时的工作做扎实，积小胜为大胜，在安安静静中保持太太平平。明确5项重点任务，以此牵动全年和全局工作开展。注重过程管理，每月末召开局务会、班子碰头通气，月初召开月度会、针对性部署工作。对每项重点工作都成立实体化专班，抓好事前调研部署、事中督导落实、事后总结评估的闭环，做到压茬推进、到点达标。对工作中发现的公安职责以外问题，及时报告党委和政府、通报有关部门，推动源头治理、防范化解。

（二）坚决捍卫政权安全、制度安全、意识形态安全。（略）

（三）全力维护社会稳定和城市安全运行。（略）

（四）助力提高超大城市治理现代化水平。深化完善警务模式，创造性地实施“情指行”一体化运行机制，完善“数据—模型—情报—行动”业务链，更准地找人、找事、找风险。强化科技创新赋能，高标准实施“智慧公安建设三年总体方案”，完成新一代数据中心机房主体建设，新增、优化视频监控点位，加快推广“机器看视频”等智能应用模式，推动更多品牌变成王牌。推进法治公安建设，高质量建成首批“一站式”执法办案管理中心，深化执法监督管理委员会实体化运作，打造四级案管机制。

（五）在服务保障高质量发展中彰显新担当。保障重大战略实施，推进106项长三角区域警务一体化年度重点任务，实现“身后一件事”等事项“全域通办”。对标“越办越好”要求，第六届进博会警卫任务“零瑕疵”、活动现场“零滋扰”、网络安全“零事故”、社会面稳定“零疏漏”。支持人才高地建设。

（六）全力锻造过硬公安队伍。坚持不懈用习近平新时代中国特色社会主义思想凝心铸魂，深入学习贯彻党的二十大和习近平总书记考察上海重要讲话精神，深化运用主题教育成果，深入开展肃清流毒“回头看”。坚持严在平常、管在日常，每季度召开全局队伍形势评估会议、落实针对性举措。

五、司法行政系统工作

（一）全面依法治市展现新作为。深入学习宣传贯彻习近平法治思想。深入开展法治建设规划纲要实施情况中期评估。组织开展第二轮本市法治建设示范创建，开展法治上海建设品牌选树和首批法治工作先进集体、先进个人评选。健全基层法治观察工作机制并推动解决无人继承遗产处置等一批民生难题。圆满完成重大法治专项任务。成功承办第十次上海合作组织成员国司法部长会议和法律服务国际论坛。推动修订优化营商环境条例，推进落实世行营商环境成熟度评估涉仲裁、调解指标对标改革。推行涉企行政复议“容缺受理”等服务机制。不断深化长三角区域法治协作。

（二）法治政府建设迈出新步伐。组织参加第三批全国法治政府建设示范创建，评选推荐3个候选地区和6个单项。稳步提升政府立法质效。有力加强行政执法协调监督。研究部署提升行政执法质量三年行动，推动规范行政裁量权基准制定和管理，联合制发第二批下沉行政执法事项行政处罚裁量基准及重点领域执法指引。纵深推进复议应诉工作。建立健全复议案件繁简分流、类案办理、案件评查、“开门复议”等制度机制。深化案前、案中、案后全流程调解，推进行政争议实质性化解。

（三）法律服务能级实现新提升。推动出台实施法律科技应用发展、做强律师事务所品牌、打造国际法律服务中心核心承载区、推进国际商事仲裁中心建设条例等制度文件，加快虹桥国际中央法务区建设，国际法律服务中心建设取得新成效。牵头设立进博会调解中心和涉外法律服务中心，高水平举办第五届上海国际仲裁高峰论坛和2023上海仲裁周活动。深入推进国际商事仲裁中心建设试点，推动建立国际海事仲裁专家库、航运法律共同体，推动出入境、外汇便利等仲裁发展支持政策落地。

（四）维护安全稳定彰显新担当。坚持和发展新时代“枫桥经验”，深化推广“三所联动”机制，持续优化完善解纷“一件事”平台功能、运行规则。会同市高院、市检察院、市公安局推进假释制度依法适用。联合出台实施公安派出所、司法所刑释解矫人员安置帮教工作规范。开展戒毒民警整建制援助监狱和社区矫正工作试点。

（五）锻造过硬队伍取得新实效。扎实开展主题教育，深化模范机关、党支部示范点创建，开展“法治先锋行动”，全面加强机关、监狱戒毒系统和法律服务行业党建。深化细化“四责协同”机制，加强干部、人才队伍培养选育，强化关心关爱、典型选树、宣传表彰，激励广大干警和法律服务工作者担当作为、干事创业。

六、法学会工作

上海市法学会积极发挥智库作用，成功举办“2023 世界人工智能大会法治论坛”“2023 全球数商大会数据要素合规流通论坛”，高质量办好法学类核心期刊《东方法学》，打造具有中国特色和国际视野的学术话语体系。充分发挥法学会“智囊团”“思想库”“人才库”作用，繁荣涉外法治研究与实践，为平安上海、法治上海建设提供人才支撑和智力支撑。

—— 会议活动 ——

上海市坚持和发展新时代“枫桥经验”工作推进会

12 月 27 日，上海市坚持和发展新时代“枫桥经验”工作推进会召开。

会议认为，近年来，各区、各部门、各单位把坚持和发展新时代“枫桥经验”作为推进平安上海建设的重要抓手，作为防范化解重大矛盾风险的重要路径，形成了既有秩序、又有活力的治理新格局。

会议强调，要深刻认识新时代“枫桥经验”的重大意义。60 年来，“枫桥经验”从乡村实践蝶变为国家治理蓝图中的重要元素，已成为坚持和完善中国特色社会主义制度、推进国家治理体系和治理能力现代化的有机组成部分。对上海来说，坚持和发展新时代“枫桥经验”，意义尤其重大而深远。

会议提出，要准确把握新时代“枫桥经验”的方向路径。“矛盾不上交，就地解决”是“枫桥经验”始终不变的目标导向。只有把基层的事办好，把群众身边的问题解决好，人民才能安居乐业、社会才能安定有序、国家才能长治久安。坚持和发展新时代“枫桥经验”，必须树立大抓基层、大抓基础的理念，更加注重从源头、苗头上聚焦发力，及时发现、妥善处置各类矛盾纠纷，真正把问题解决在基层、解决在萌芽状态。

会议要求，要持续夯实新时代“枫桥经验”的工作根基。坚持和发展新时代“枫桥经验”，必须纵向推动重心下移、资源下倾、力量下沉，横向推动风险联防、矛盾联调、平安联创，形成齐抓共管的强大合力。

文件选辑

关于对组织发动平安志愿者参与重大活动社会面防控工作成效显著单位进行表扬的通知

（平安上海建设协调小组办公室，2023年11月13日）

各区平安建设协调小组办公室：

今年以来，全市各级平安建设协调组织积极发动平安志愿者参与重大活动社会面防控工作，发扬连续作战精神，广泛开展治安巡逻、重点人员管控、矛盾化解、隐患排查、防范宣传、驻点固守等平安志愿服务项目，有关区、街道（乡镇）平安办认真落实上级工作要求，加强边界地区陆路无名道口、水路支流河口巡逻守护，配合做好第六届中国国际进口博览会会场、活动点、住地安保和社会面防控工作，确保了杭州亚运会、中秋国庆长假和第六届中国国际进口博览会等重大活动期间我市平安稳定。

为进一步发挥先进示范作用，经研究，平安上海建设协调小组办公室决定对以下21个单位予以通报表扬：

1. 浦东新区陆家嘴街道平安办
2. 浦东新区张江镇平安办
3. 浦东新区三林镇平安办
4. 长宁区程家桥街道平安办
5. 闵行区新虹街道平安办
6. 宝山区罗泾镇平安办
7. 嘉定区安亭镇平安办
8. 嘉定区外冈镇平安办
9. 嘉定区华亭镇平安办
10. 嘉定区嘉定工业区平安办
11. 金山区枫泾镇平安办
12. 金山区金山卫镇平安办
13. 金山区吕巷镇平安办
14. 金山区廊下镇平安办
15. 青浦区练塘镇平安办
16. 青浦区金泽镇平安办
17. 青浦区徐泾镇平安办
18. 崇明区庙镇平安办
19. 崇明区新海镇平安办
20. 崇明区东平镇平安办
21. 崇明区新村乡平安办

希望受到表扬的单位珍惜荣誉，再接再厉，不断创造新经验、发扬新做法、取得新成绩。各级平安建设协调组织要向受到表扬的先进单位学习，加强组织领导，抓好经常性发动，夯实工作基础，提高群防群治工作成效，为确保地区平安稳定，推进更高水平的平安上海建设作出新的更大贡献。

特此通知。

特 色 专 栏

深入推进“城中村”社会治安复杂地区治理

浦东新区区委政法委

浦东新区认真践行人民城市重要理念，全面贯彻落实习近平总书记对浦东新区提出的“打造现代城市治理示范样板”要求，坚持改善民生，着力破解城乡一体化发展“瓶颈”，取得积极成效。

一、坚持“实”字为导向，调查研究察“实”情

随着城市发展进程的不断加快，如今的“城中村”村（居）民结构多样、地形地貌复杂、基础设施落后，是社会治理的一大难题。

一是紧盯弱项开展调研。以《浦东新区“城中村”社会治安复杂地区治理》课题为牵引，制定年度任务清单，调研城中村物业管理、智慧停车、平安志愿服务等情况，累计走访16个乡镇，召开12次专题会，发放回收问卷120份。

二是全面排摸总结类型。浦东区域范围内“城中村”主要涉及26个街镇、217个点位，约6.5万户。主要类型为开发区夹杂居民住宅类、在中心城区边缘地带城乡结合类、老城区内散居里弄类、园区开发遗留和重点攻坚工作拔点遗留产生类、为周边园区配套的类住宅类等五类“城中村”。

三是深入分析研判问题。“城中村”的人口结构复杂，管理存在难度，本地外地人口比例倒挂，外地人口流动频繁，文化素质参差不齐，风俗习惯差异较大，易发生一些碰撞、冲突行为。“城中村”的新旧机制转换，管理方式滞后，在传统村委会管理向社区管理的新旧机制转换过程中，部分地区尚未探索出有效的“城中村”城市化治理模式。如部分地区撤村变为社区后，村委会换名不换人，工作方式方法也未作调整。“城中村”的系统整合欠缺，管理效能不高，目前管理层面，统筹协调、决策实施等体制机制还不健全，对于“城中村”里的人、房、车、地、物等基本要素还存在“管不了”“管不着”“管不好”的问题。

二、坚持“民”字为引领，用心用情办“民”事

“城中村”一头连着民生保障，一头连着城市发展，浦东新区通过微更新、微改造等方式让“城中村”逐渐向“城中景”转变。

一是发挥平安建设主体作用。注重发挥基层党组织在“城中村”治理工作中总揽全局、协调各方的作用，以“规范+提升”为导向，健全党委领导、政府主导、村民主体、部门协同、社会参与的工作推进机制，坚持问需于民、问计于民，通过举行听证会、召开村民大会等广泛征求村（居）民意见，真正激发和发挥主体作用，实现村（居）民自主管理，形成“城中村”综合管理良性机制和内生动力，为平安建设提供强有力的政治保障。

二是创新基层治理模式。结合村域地理位置、人口等情况，制发《浦东新区“城中村”社会治安复杂地区治理方案》，通过开展“平安物业、平安家园、平安卫士”三大平安行动，累计推进平安物业42家、平安家园44个、平安卫士100个，以小规模、渐进式的实践路径，努力让“城中村”治理有法依法、有规依规，无规自治，切实提升群众的安全感满意度。

三是推动部门协同治理。立足“城乡一体化”发展，转变政府“大包大揽”的角色，明晰政府、社区、分管部门各自职能分工，以区、街镇两级综治中心为抓手，搭建平安建设信息“大平台”，通过资源整合、力量融合、功能聚合、手段综合，让综治中心成为一个能办事、办成事的“中央处理器”，实现“多中心合一、一中心多用”，为维护“城中村”社会安全稳定提供有力支撑。

三、坚持“安”字为底线，筑牢治理平“安”网

“城中村”的长效治理，是一项长期的民生工程，也是城市发展的重要工程，浦东新区积“小安”为“大安”，真正将平安置于民生全过程。

一是凝聚基层平安合力。坚持“打防结合、预防为主，专群结合、依靠群众”的方针，以“重要部位（区域）为点、道路为线、居村（单位）为面”，积极发动系统职工、社区群众等参与街面巡守、治安防范、看家护院等工作，确保守护网“看得见、摸得着、用得好”，为“城中村”居民的生产生活提供安全基础。

二是激发治理动力源。以“平安屋”为微治理、微服务的发力点，移动平安哨、街面巡逻力量为平安巡逻防线，派出所为“平安中枢”，构建“守点+巡线+控面”的巡防新模式。硬件建设已实现36个街镇全覆盖，其中在“城中村”治安复杂区域共建设平安屋266个。针对辖区面积大、“屋室”联建密度低的农村地区，配置小型车辆为主要载体的移动平安哨，提升安防力量的机动性与覆盖面。

三是广泛宣传促民安。在《浦东政法》简报、“浦东平安”微信公众号等载体，广泛宣传川沙新镇杜尹村智慧停车以车管人，高桥陆凌村农村“大包围、小分割”物业化管理，北蔡镇联勤村专业化管理，曹路群乐村四村联动、光明村“十户联防”等治理一线工作法、典型案例。召开平安建设重点工作推进会，提出持续加强“三个实有”管理，明确优化治理路径，守住平安基础底线，切实缓解“城中村”区域治安乱象。

打造“三所一庭”多元解纷平台

虹口区委政法委　虹口区人民法院

2023年6月，虹口法院创新社区巡回审判庭深入参与“三所联动”的“三所一庭”工作模式，将“法庭”解纷向基层延伸，探索多元解纷新路径，致力于在共建共治共享的治理格局中寻求最佳解纷方案，取得初步成效。

一、落实落细依法履职，主动融入社会治理格局

一是坚持依靠党委、政府。牢固树立依法履职理念，主动融入党委领导的基层治理大格局，积极向党委、政府报告解纷运行态势，争取人员、经费等支持，推动完善“三所一庭”多元解纷体系，真正调动源头力量加强源头治理。

二是建立健全规范体系。健全考评机制，用好对街道治理工作考核制度，每月向区委政法委报送各街道涉案纠纷态势及起诉率情况，坚持问题导向，研判影响起诉率变化因素，引导合理配备纠纷化解资源。

三是加强非诉解纷引导。积极宣传多元解纷机制，提高群众非诉解纷选择率，充分发挥村居自治功能。通过发布典型案例、普法专题片等老百姓喜闻乐见的方式，讲清讲透和解、调解等非诉解纷方式的特点和优势，引导群众更多、更主动地选择非诉讼方式解决纠纷。

二、引导各方广泛参与，持续提升多元解纷能力

一是有序统筹多方合力。依托“广吉里”法治服务基地平台，建立多部门协同解纷组织体系，突出党委领导的中坚作用、规范行政部门的引导作用、强化司法部门的关键作用、彰显社会组织的配合作用，优化律师志愿者工作流程，积极引入社会调解组织，加强行业调解组织参与，共同构建多向互动、稳定高效的多元解纷体系。

二是加强调解队伍建设。选派高阶法官助理配对街道司法所锻炼或挂职，注重委派调解个案跟踪指导，探索建立司法机关、行政机关与基层调解组织之间的轮岗实训机制，会同司法局定期开展调解员专题培训，推进调解队伍专业化规范化发展。

三是优化司法确认流程。制定司法确认工作指引，明确适用条件、审查原则及方式，优化在线办理流程，持续完善指导法官库，加大司法确认力度，提高司法确认效率，为实质性解纷提供有力司法保障。

三、完善巡回审判庭建设，抓实案件质量源头治理

一是推进建立覆盖全区的社区巡回审判庭。积极争取街道支持，加快推动社区巡回审判庭建设全区覆盖。每季度选取典型案例，院庭长带头下沉社区开展审判，实现“审理一案、治理一片”。依托案件高效率繁简分流和矛盾化解合理化分工，确保“简案高效率化解、繁案精准性审理”，提升纠纷实质化解率。

二是强化司法指引功能。通过社区巡回审判庭的司法确认、社区庭审、庭后普法等，针对类型化、群体性纠纷，推进建立以示范判决、示范调解促类案矛盾集约化解机制，充分发挥典型案例的规制示范、教育预测等作用，引导当事人自行解决，实现“集中约调、类案同解”。

三是完善干警素质养成体系。将社区巡回审判工作作为淬炼干警能力的平台，全面提升干警的政治素质、业务素质、职业道德素质，以“案结事了人和”“纠纷一次性实质解决”等理念为指导，着力在诉讼源头预防矛盾纠纷、在案件源头梳理来龙去脉、在执法源头提升办案能力水平、在信访源头察觉风险苗头，全方位提升案件办理质效。

四、注重数字法治赋能，打造数字多元解纷品牌

一是开发上线“诉助宝”小程序。在北外滩街道支持与协调下，依托随申办虹口旗舰店，6月初上线试行“诉助宝”小程序，同步上线随申办企业云平台，综合诉讼风险评估、审判结果预测、典型案例推送等多重功能，提供非诉分流引导，深化“三所联动”实效。

二是创新举措助推精准化治理。在深挖数据、案例潜力上下功夫，建立健全数据分析会商机制，分析各领域纠纷产生的深层次原因，针对普遍性、倾向性、趋势性问题，借助司法大数据分析，以司法建议等方式提出针对性治理举措，实现对社会矛盾纠纷解决的预测预防，防止类案纠纷轻易成讼。

三是打造数字多元解纷品牌。顺应数字化转型大趋势，持续增加在线诉调对接单位数量，创新在线多元解纷模式，贯通线上线下服务功能，努力打造形成具有虹口特色的“数字化治理”。

深化人大监督与检察监督联动
共同做好信访法治化“大文章”

上海市人民检察院

上海市人民检察院抓住涉法涉诉信访办理“人、信、研”三个关键，与市人大建立健全检察官选派、信访件转交、调研成果转化等创新机制，促进人大监督和检察监督“双结合、双提升”，进一步增强办信接访、矛盾化解效果，更好回应人民群众对执法司法的更高期待，助力提升本市信访工作法治化水平。

一、送“人”出去，选派检察官参与市人大涉法涉诉信访工作

与市人大建立常态化机制，从全市检察机关选派理论功底扎实、办案经验丰富的员额检察官，每周2次赴市人大信访办公室实地实战实案办公，现已选派3批15名检察官参与相关工作，主要包括，共同接待来访人员，着重加强涉法涉诉信访事项释法说理等工作，努力将矛盾吸附在当前环节，减少再次转交，提高接访办信质效；参与市人大转交市级公检法司机关信访事项办理报告年度评查工作，从法律专业角度评查办理流程规范性、审查结果合法性、矛盾化解实效性，倒逼办理依法、化解到位；借助市人大法治人才培养基地，组织旁听人大常委会审议涉法涉检事项、上会汇报参与的调研课题等，为选派的检察官提升办信、调研能力创造良好条件。

二、收“信”进来，高质效办理市人大转交涉法涉诉信访件

制定《人民检察院办理市人大常委会转交涉法涉诉信访事项工作办法》及配套规范性文件，落实归口管理、首办负责、分类承办、结案审查制度。市检察院统一收信后，按照“属地管理、分级负责”原则，根据信访事项疑难复杂程度，以督办、交办、函交等形式分流到首办院，并在7日内程序性回复信访人。承办单位全面审查信访诉求、全力化解矛盾纠纷，对普通信访事项在期限内自行答复，对重点交办信访事项报市检察院审查后统一答复。所有转交信访件均在2个月内“一案一报告”反馈市人大，切实做到“件件有回复”“回复高质效”。2023年，全市检察机关妥善办结反馈市人大转交信访事项30余件。

三、专“研”深入，推动典型信访案例研究成果多形式转化

对照市人大每年确定的涉法涉诉信访案例研究项目清单，选派检察官与人大代表、专家学者等组成项目组主动“揭榜挂帅”，深入分析研判涉及的信访案件，对疑难个案提出化解之策，对高发类案形成研究报告，并推动以“常委会专项监督、主管机关推进、人大代表议案建议和检察机关监督”4种形式转化，努力以一案化解减少类案重访。现有前2批员额检察官共完成个案研究报告22份、类案研究报告9份。其中针对“涉众型金融犯罪中事务型帮助犯审判执行规则”的专项研究报告，被市高级人民法院在非法集资犯罪案件《涉财产部分审判执行工作指引》《被告人退赔责任研讨会议纪要》中吸收采纳，促进同判同执，推动相关信访标本兼治。

深化平安边界建设　推动跨省协同治理

金山区委政法委　上海市公安局金山分局

金山区坚持沪浙省际平安边界“十联”工作机制（组织体系联合、工作机制联建、警力支援联动、社会治安联防、矛盾纠纷联调、技防设施联建、信息资源联享、特殊人群联管、道口检查联合、法治宣传联袂），深化拓展工作内涵和具体举措，打破行政壁垒，提升区域协同，凝聚工作合力，不断夯实平安边界的基层基础。2023年，金山区在全国389个参评城市中脱颖而出，获评公安部颁发的首批“全国社会治安防控体系建设示范城市”称号。

一、以党建引领创新为结合点，夯实平安边界组织根基

为更好破除毗邻地区社会治理“各自为政”的困境，充分发挥毗邻党建引领作用，探索实践跨区域联动新模式，建强平安边界堡垒。

一是创新组织联建机制，破解区划壁垒难题。积极推进区域化党建，建立跨省联合党支部，由毗邻地区村支部书记担任轮值书记。金山区枫泾镇与嘉兴平湖市新埭镇、嘉善县姚庄镇、惠民街道以深化“双委员制”为抓手，各村党组织班子成员相互交叉任职，定期交流挂职，以党建融合夯实组织保障根基。

二是创新阵地联享机制，破解民生服务难题。打造“微格治理智慧平台”“两港议事厅”“廊陈美景”平台等民意征集“前沿阵地”，由两地村委班子共同梳理征集议题，形成意见建议、依法协商议事项目10余个，共同协商解决关系两地民生的堵点痛点问题。

三是创新队伍联动机制，破解单线作战难题。金山区金山卫镇与平湖市独山港镇、新仓镇探索建立“六共四联”合作共建机制，签订《毗邻党建引领区域法治联动共建协议》，实现党支部、调委会、毗邻议事队、法治故事宣讲团四大队伍联动联建，已开展活动9次，解决问题3个。

二、以警务协作联动为关键点，提升平安边界整体效能

健全工作机制，强化协作联动，提升“金嘉平”区域警务一体化协作水平，进一步织密社会治安防控网络。

一是深化协作机制。公安金山分局与浙江平湖、浙江嘉善公安联合制发《关于进一步加强“金嘉平”区域警务一体化高质量发展的工作意见》等文件，将地处“金嘉平”毗邻地区的金山卫派出所、廊下派出所、吕巷派出所、兴塔派出所、石化治安派出所、独山港派出所、广陈派出所、新仓派出所、新埭派出所纳入警务一体化建设。

二是强化联管措施。公安金山分局会同平湖、嘉善两地公安机关制定一系列“切口小、见效快”区域性集中清查打击整治行动方案，强化对地区多发性刑事犯罪以及地域性职业犯罪群体高压严打。2013年依托“金嘉平”区域警务协作，累计抓获犯罪嫌疑人13名。

三是优化数据共享。聚焦突出警情、案件、情报、重点人员等信息数据，建立交流互享和实时比对机制，最大限度共享公安数据和社会资源，服务打击犯罪、联勤指挥、情报研判、重大案事件处置、矛盾纠纷排查化解等实战工作。

三、以矛盾多元化解为切入点，擦亮平安边界和谐底色

以“三主动”构建沪浙省际边界矛盾纠纷多元化解协作体系，推动区域特色平安建设。

一是主动发现，形成聚焦。围绕区域纠纷特点，搭建特色矛盾纠纷调解组织。吕巷镇聚焦跨省婚姻家庭矛盾成立“娘家人人民调解工作室”，以既符合法理又符合当地风俗的调解方式，把婚姻家庭纠纷化解在基层。廊下镇聚焦毗邻涉商和消费领域矛盾，建立“毗邻消费多元化解调解工作站”，化解跨省消费纠纷30余起。

二是主动沟通，形成共识。明确毗邻矛盾纠纷发现、流转、处置的“首接责任制”，推动建立廊下镇与广陈镇“五联工作机制”、金山卫镇与新仓镇联动交叉调解机制等纠纷联动化解机制，签订《推进沪浙毗邻区域矛盾纠纷联调机制的实施方案》，定期组织分析研判区域矛盾纠纷特点，有效压降毗邻地区的安全稳定隐患。

三是主动联动，形成合力。针对毗邻地区常见矛盾开展共商共议，积极总结制定自治规则，廊下镇、广陈镇两地司法所、市场监管所、山塘村共同拟定《“明月山塘　法治小镇”商户联盟自治章程》，组织78户商家围绕“诚信、亮照、守法”签订《明月山塘商户自律公约》。

四、以执法司法协作为突破点，增强平安边界辐射效应

两地三方执法司法部门在立案、审判、执行、执法等环节加强协作，创新工作机制，落实工作举措，进一步形成执法司法合力。

一是巩固深化制度带动。区检察院、区司法局与嘉善县检察院、嘉善县司法局会签《关于建立跨区划行政执法与刑事司法反向衔接协作机制的意见》，明确了不起诉案件跨区划移送的管辖和流程，建立会商研判、联合办案、智慧共享等十项机制。区检察院与平湖市检察院会签《关于建立毗邻区民事虚假诉讼监督协作机制的意见》，形成线索双向移送、调查协助、联合办案、日常联络、智慧共享、远程听证、检察建议异地协作、联动调处、刑事检察跟进督促、联合发布案例等十项跨区划协作机制。

二是持续扩大司法互动。区检察院与平湖市检察院、嘉善县检察院开展跨省际流域生态环境行政公益诉讼跨区划协作，对发现的公益诉讼线索及时移送、共同研判，并在调查取证、检测鉴定、文书送达等方面互相协助配合，形成跨省际流域保护合力。金山、平湖、嘉善三地法院依托数字赋能提质增效，建立了跨区域执行指挥中心联动应急处置机制、跨区域点对点网络协助查询机制、跨区域司法拘留、打击拒执协作机制。

三是不断加强执法联动。深入推进跨区域行政执法联动，推动建立跨区域联合执法队伍，有效解决跨省市行政执法中权责不一致、法律法规不适用、处罚标准不统一等现实问题。金山区枫泾镇和平湖市新埭镇成立沪（枫泾）浙（新埭）两镇联合执法队，实现两地工作人员联合办公，并形成《联合执法队工作清单》，深入开展跨区域共同执法检查行动。金山区廊下镇与平湖市广陈镇两地成立沪浙毗邻执法联勤工作站，举办廊下、广陈两地行政执法队伍专题培训，进一步提升两地联合行政执法能力。

高质量推进虹桥国际中央法务区建设

闵行区委政法委　闵行区司法局

2021年2月，国务院正式批复《虹桥国际开放枢纽建设总体方案》，提出“建设高标准的国际化中央商务区，积极吸引管理、会计、法律等专业咨询服务机构入驻，推动专业服务业集聚发展”。为落实国家战略，推动法律服务产业集聚，市司法局、虹桥国际中央商务区管委会和闵行区政府共同谋划，决定在虹桥国际中央商务区（以下简称“商务区”）核心区3.7平方公里内，打造虹桥国际中央法务区（一期）。同年9月，虹桥国际中央法务区（以下简称“法务区”）作为虹桥国际中央商务区功能性平台之一，正式揭牌。12月，司法部将“支持上海虹桥国际建设法律服务高地”，纳入《全国公共法律服务体系建设规划（2021—2025）》。2022年1月，法务区建设被写入《上海市公共法律服务办法》。经过两年发展，法务区建设已初见成效。

一、紧扣功能定位，精细制定中长期远景目标

法务区定位于服务保障国际化中央商务区、服务长三角一体化和建设虹桥国际开放枢纽建设的国家战略，着力打造面向长三角、辐射全国、联通国际的法律服务“新平台”，发挥高质量、全链条、广辐射的法律服务集聚效能。计划到2025年底，法务区一期首发示范功能平台初步建成高集聚度、业态齐全、特色鲜明的上海法律服务“新地标”。在一期建设基础上，适时启动二期建设目标，在151平方公里全面整合、吸引一批在长三角一体化重大战略中新业态、全类型的法律服务机构，梯次接续实现法律服务产业发展战略突破、优势合围效应。到2035年，逐步实现建设发展中远期目标，在区域内形成法律服务机构集聚度高、法律服务生态完备、民商事法律服务专业优势凸显的法律服务软实力核心生态圈，系统性打造长三角法律服务一体化示范区、法治化营商环境示范区。

二、紧扣建设目标，凝聚多方合力统筹推进建设

一是高能级部署。市委、市政府高度重视法务区建设，将法务区建设项目纳入年度重点工作，并多次对法务区建设提出具体要求。市委调研虹桥国际中央商务区时提出，要建强各功能平台，支持企业加快推进全球化战略，为企业走出去提供服务支持。2023年10月，《关于深入学习贯彻落实习近平总书记重要讲话精神　加快建成具有世界影响力的社会主义现代化国际大都市的决定》强调，要发挥虹桥国际中央法务区平台作用，提升专业服务水平。

二是全方位支持。市司法局、虹桥国际中央商务区管委会和闵行区相互配合、协同发力，为法务区建设发展提供多维度支撑。市司法局出台本市律师事务所在商务区设立同城分所政策，使法务区享有与上海自贸试验区临港新片区相同的审批政策，并帮助协调多家高能级法律服务机构签约入驻。虹桥国际中央商务区管委会将法务区建设纳入商务区专项发展资金支持范围，为符合条件的入驻机构提供租金补贴、开办资助等多类型激励政策，并为法务区法律服务机构与数万家商务区企业之间搭建健康有序的互动平台。闵行区充分运用属地资源优势，出台支持打造法务区政策意见，为法务区建设提供资金、人才、行政审批等全方位的支持保障；区委、区人大、区政府、区政协、区法院、区检察院多次赴法务区开展实地调研，有力推动了法务区的快速稳步发展。

三是强有力推进。打造法务区核心载体即虹桥国际中央法务大厦。法务大厦立足于提供高能级、全链条、多类型的法律与泛法律服务，并通过机构集聚，实现对涉外法律、知识产权、商事调解、法律科技等重点领域的全覆盖。2023年6月，法务区综合服务中心在法务大厦成立并启用，实现为商务区企业搭建“家门口”法律服务平台，为法务区法律服务机构提供“一站式”服务保障，为长三角法律同业人员提供共享办公和法治驿站等功能。

三、紧扣发展任务，持续优化地区法治化营商环境

一是各类机构持续汇集。截至2023年底，法务区（一期）3.7平方公里内已落地73家法律和泛法律服务机构，包括上海仲裁委员会虹桥中心、上海市律师协会长三角一体化行业发展研究中心/会员服务中心/联络办公室、上海东方域外法律查明服务中心虹桥联络部三大功能性平台。较法务区正式挂牌时，新增50家，增长率达217%。其中，法务大厦已入驻签约法律服务机构10家，签约面积近80%。

二是协同合作持续推进。法务区着力打造“横向”和“纵向”合作体系。一方面，与虹桥国际开放枢纽南北向拓展带市、区、县司法行政机关签署《加强区域协同　共同建设虹桥国际中央法务区的协议》，共同促进法律服务业集聚协同发展。另一方面，与上海交通大学凯原法学院合作建立“法律人才实习实践基地”；与上海海关合作建立“海关法律服务工作室”；与闵行区法院合作建立“李国泉工作室”“楼宇法官工作站”；与闵行区检察院合作建立“知识产权检察保护基地”；与闵行区税务局合作建立“闵闵工作室”等。

三是品牌影响持续增强。2023年，法务区内共举办相关法律论坛、沙龙、讲座、研讨会等专业活动36场次，主题涵盖知识产权、法治化营商环境、跨境贸易、合规管理、城市更新等，法治氛围进一步优化，品牌力不断提升。其间，同步接待全国、本市各地区、各行业组织以及法律与泛法律服务机构参观、考察、调研等活动40余次，业内外认可度显著提高。

审稿人：张　磊　丁伯婕

撰稿人：阮山峰　邢　杰　吴汉聪

江　苏　省

工作概况

2023年度江苏政法工作综述

2023年，江苏政法机关坚持以习近平新时代中国特色社会主义思想为指导，深入学习贯彻党的二十大和二十届二中全会精神，深入学习贯彻习近平总书记关于江苏工作、政法工作的重要讲话重要指示精神，全面落实中央政法委部署要求，在省委的坚强领导下，全力履行政法机关职责使命，为推进中国式现代化江苏新实践、建设“强富美高”新江苏作出了积极贡献。

一、始终坚持党的绝对领导，全面加强政治建设，坚定拥护“两个确立”、坚决做到“两个维护”

（一）深入学习贯彻习近平总书记关于江苏工作、政法工作的重要讲话重要指示精神。习近平总书记2023年三次对江苏工作发表重要讲话、作出重要指示，全省政法机关第一时间传达学习、研究贯彻落实措施，出台《关于深入学习贯彻习近平总书记参加十四届全国人大一次会议江苏代表团审议时重要讲话精神的实施方案》，以更强决心、更大力度、更实举措细化落实“四个走在前”重大任务。坚决扛起贯彻落实习近平总书记赋予江苏重大任务的政治责任，按照省委部署，省委政法委牵头30多个省级部门开展专题调研，由省“两办”印发《强化基层治理和民生保障行动方案》及其补充任务清单，省委政法委主要领导和4位副省长召开10余次会议部署推进，省委常委会多次专题听取贯彻落实情况汇报。组织召开省委政法工作会议，印发《2023年度全省政法重点工作任务责任分解方案》，推动工作责任到位、任务精准落实。

（二）深入学习贯彻习近平新时代中国特色社会主义思想。把深入学习贯彻习近平总书记重要讲话重要指示精神与开展主题教育紧密结合起来，出台《关于“坚持绝对忠诚、绝对纯洁、绝对可靠，做到学与做、查与改、研与用相统一”的专项工作方案》，推动全省政法系统主题教育深入开展。举办全省政法领导干部学习贯彻习近平新时代中国特色社会主义思想锻造政法铁军专题研讨班，省委政法委召开25次书记办公会、20次理论学习中心组学习研讨会，各级政法机关组织政治轮训1569次，参加人数24.5万，全系统开展“牢记嘱托、感恩奋进、走在前列”大讨论，推动理论武装走深走实。传承弘扬、积极践行习近平总书记“四下基层”优良作风和工作方法，省委政法委主要领导带头赴13个设区市、67个县（市、区）、10多个分管或联系的省级部门开展“穿透式”调研，组织机关干部带着案例、带着课题“挂市联县到乡村”开展调研。省政法机关主动认领中央主题教育指导组反馈的问题，班子成员牵头突出问题整改整治，高质量完成阶段性整改任务，常态化推进有关工作。

（三）深入学习贯彻《中国共产党政法工作条例》。省政法机关组织修订《关于坚决维护党中央权威和集中统一领导的规定》，省委政法委制定出台《关于“协助党委及其组织部门加强政法单位领导班子和干部队伍建设，协助党委和纪检监察机关做好监督检查、审查调查工作”的暂行办法》。召开6次省委政法委员会全体会议研究事关政法工作发展的全局性事项，组织开展年度省委政法委员会委员述职。分两轮次对26个市级政法机关进行政治督察和纪律作风督查巡查，对16家单位开展“回头看”，带动各级政法机关开展督察巡查132批378个单位。推动各级政法机关健全落实请示报告制度。全省政法机关领导班子成员和关键岗位、重点职位人员交流641人，把党的领导体现到政法工作各方面、全过程。

二、深入践行习近平法治思想，全面深化改革创新，服务保障高质量发展有力有为

（一）全面依法治国重要环节全面落实、富有成效。认真开展法治江苏建设“一规划两方案”实施中期评估，围绕防范化解重点领域、新兴领域突出重大风险，推动出台《江苏省生态环境保护条例》等地方立法项目14件，研究制定《江苏省社区矫正工作条例》等法规，出台《江苏省重大行政决策目录管理办法》。推动省政府印发《提升行政执法质量三年行动实施方案》，完善63项公安现场执法标准。扎实推进执法检查、案件评查等专项行动。开展长期未结、久押不决案件专项清理行动。组织开展首轮法治薄弱村（社区）排查整治行动，开展“八五”普法中期评估，实施公民法治素养提升行动、“讲百案、进千企、访万家”法治宣传行动，累计建成市县镇村法治文化阵地1.8万个，全省中等职业学校检察机关法治副校长全覆盖，举办“百名法学家百场报告会”活动近5000场。省法学会创新推进首席法律咨询专家工作，在全国率先出台《县级法学会首席法律咨询专家工作指引》，推动省市县三级首席法律咨询专家工作实现全覆盖，建成专家库217个、成员3123人，累计为1300多件案件提供法律咨询意见。

（二）营造法治化营商环境主动作为、成果丰硕。开展年度典型案例评选活动，以政策供给激发市场活力。加强知识产权全链条保护，沪苏浙皖检察机关签署数字经济知识产权保护框架协议，省法院与省知识产权局深化数据知识产权协同保护机制，设立苏州互联网法庭，全省一审审结知识产权案件3.2万件。依法严惩影响市场经济秩序突出违法犯罪，推进集中打击拒不执行判决、裁定等犯罪行为专项行动。深化“产业链+法律服务”专项行动，实施“律企携手同行、服务制造强省”专项行动，推进涉外法律服务高质量发展先导区建设，建立“海事法院+商事法庭+自贸试验区法庭”涉外审判机制，中国（江苏）自贸区苏州片区法律服务中心投入使用，有力保障“一带一路”交汇点建设。

（三）政法改革重点突出、取得突破。制定《关于深化政法领域执法司法权力运行机制改革的实施意见》。完善法官检察官遴选、惩戒制度，修订工作规则、实施办法和听证规则，成立第三届省法官检察官遴选、惩戒委员会，确定495名法官入额人选和193名检察官入额人选，建议惩戒法官1名、检察官3名。扎实开展审判质量管理指标体系改革试点，一审服判息诉率达90.8%、二审后达98.3%。创新建立“六长出题、检察答题”（六长指党委书记、人大常委会主任、政府首长、政协主席、政法委书记、检察长）工作机制。深化“省级主责、市县主战、派出所主防”实战改革，升级“情指行”一体化运行机制，出警到场时间同比缩短近20%。

（四）政法惠民实事形成品牌、广受好评。围绕增进民生福祉，部署实施2023年度政法惠民十件实事。开展“涉法涉诉信访突出问题攻坚化解巩固提升年”行动，出台《省委政法委办理群众来信工作规定》，信访登记总量同比下降2.75%。优化省级司法救助审核流程，发放救助资金181万元。开展“法润江苏·春风行动”等活动，办理法援案件11.3万件。持续深化严重精神障碍患者服务管理，全省肇事肇祸警情同比下降17.6%。出台《关于深化未成年人违法犯罪综合治理工作的意见》，开展“精准有效教育挽救罪错未成年人”等十大专项行动，召开全省专门学校建设推进会，全省新建2所专门学校。省法院、检察院、司法厅、人力资源和社会保障厅建立农民工讨薪支持起诉工作协调机制，办理案件2848件，讨回“血汗钱”11.4亿元。开展“百日行动”攻坚电诈整治难题，破获电诈案件3.9万件，紧急止付资金1590.6亿元。深化“一窗办、一网办”，88%公共服务事项实现全流程网上办理，市县级公共法律服务中心提供服务135万件次。

三、坚决贯彻落实总体国家安全观，深入推进平安建设，维护国家安全和社会稳定续写新篇

（一）健全完善维稳工作常态长效机制。完善防范化解风险的制度机制，健全社会稳定风险评估机制，推动落实评估主体党委（党组）集体研究评估报告制度，全省备案稳评事项4900余件，对近3万个风险点落实针对性防范措施。开展信访和社会稳定情况“一月一报告、一季一汇报”，省委常委会专题听取汇报，推动解决难点问题。

（二）健全完善社会治安整体防控体系。部署开展社会治安重点地区和治安突出问题“五项攻坚”，对2个县（区）和11个乡镇（街道）实施省级挂牌整治，推动各市挂牌整治54个乡镇（街道）和32个社区（村、场所），治安形势明显好转。深入推进常态化扫黑除恶斗争，全省新侦办黑社会性质组织案件4起，恶势力犯罪集团案件147起，打掉恶势力犯罪团伙67个，破获十类案件1.1万起，抓获犯罪嫌疑人 2.2 万。坚持打防管控同步发力，刑事案件破案数同比上升 21.6%，八类案件破案率为 99.2%，现行命案连续 6 年全破、攻克积案 43 起，3 个市被评为全国社会治安防控体系示范城市。

四、坚持和发展新时代“枫桥经验”，推动强化源头治理，社会治理体系更加完善

（一）大力推进矛盾纠纷多元化解“一站式”平台建设。组织召开全省深化源头治理推进矛盾纠纷多元化解“一站式”平台建设苏南、苏中、苏北三场片区现场会，推动各地因地制宜建设集信访、调解、法律援助、司法救助、诉讼服务等功能于一体的“一站式”平台，县级平台已建成运行 57 家、改建新建 38 家，努力实现“一站式受理、一揽子调处、全链条解决”。优化升级“苏解纷”非诉服务平台，全省法院诉前成功调解案件 120.7 万件，检察和公安机关办理的 1400 多件轻微刑事案件达成和解，共发出社会治理检察建议 1167 份、司法建议 1902 件。

（二）着力健全矛盾纠纷防范化解机制。把“坚持和发展新时代‘枫桥经验’、完善矛盾纠纷预防化解机制”作为省领导 2023 年度联系的重点改革任务，开展“健全城乡社区治理体系”专题研究，召开全省调解工作会议，《矛盾纠纷多元化解促进条例》已列为省人大常委会 2024 年正式立法项目。充分发挥基层党组织在社会治理中的引领作用，开展矛盾纠纷源头治理工作。完善“公调对接”“诉前调解”等机制，1693 个派出所建立“派驻式”人民调解室，52 家基层法院诉讼服务中心进驻“一站式”平台。召开深化新时代海上“枫桥经验”江苏实践战略协作会，省人大常委会、省政协、省委政法委、省法院等 11 家协作单位签署备忘录，全省设立涉渔涉港解纷中心 18 个。

（三）聚力实施“精网微格”提升工程。积极推进“精网微格”效能提升专项行动，出台《关于实施“精网微格”提升工程的指导意见》。巩固“网格 +”工作优势，加强警网融合，“一区一警两辅”“一村（网格）一辅警”保持 100%。拓展“三官一律进网格”成效，组织政法机关干警到村（社区）报到参与基层治理，协助排查涉稳风险、化解矛盾纠纷、开展法治教育、推动平安建设。

五、始终坚持全面从严管党治警，着力加强“四化”建设，高素质政法铁军建设取得实效

（一）着力强化责任落实。严格落实政法机关领导班子主体责任、主要负责同志“第一责任”和班子成员“一岗双责”，召开全省政法系统党的建设暨党风廉政建设会议，健全落实政法机关纪委与派驻纪检监察组协调配合机制，逐级签订责任书。组织开展《关于巩固政法队伍教育整顿成果推进全面从严管党治警的实施意见》贯彻落实情况专项督察，常态化开展顽瘴痼疾排查整治，认真办理“12337”等平台问题线索 9043 件。全力推进政治忠诚教育馆建设，组织省市县政法机关领导班子成员、副处职以上领导干部进行第三轮政治忠诚剖析，进一步肃清流毒影响。

（二）着力提升能力素质。着眼专业化建设，举办 6 期“江苏政法大讲堂”，带动各地政法干警和律师培训 1265 期，参训干警 12.19 万人次。推动各地建立政法人才库，召开全省第六期“333 工程”政法人才培养对象研讨交流会，政法机关举办各类培训近 3000 期。制定《省级政法机关互派优秀中青年干部挂职锻炼暂行办法》，省级政法机关第三批 18 名优秀中青年干部交流挂职，带动各地干警挂职锻炼 776 批 2527 人。组织省委政法委机关干部到省信访局接访，累计参与 98 人次。

（三）着力加强职业保障。落细落实《关于健全和落实政法干警依法履行法定职责保护机制的指导意见》等规定，发布 2 批保护政法干警依法履行法定职责典型案例。省市举办政法干警光荣退休仪式，建立省级政法英模库，积极开展“新时代政法英模”选树宣传、“我与政法英模面对面 · 走进中小学”等活动，21 名公安英烈子女享受教育优待政策。

会议活动

江苏省委政法工作会议

2月1日，江苏省委政法工作会议在南京召开。会议坚持以习近平新时代中国特色社会主义思想为指导，深入学习贯彻党的二十大精神，认真贯彻落实中央政法工作会议部署和省委工作要求，总结工作，分析形势，研究部署2023年和今后一个时期全省政法工作。

会议指出，2022年是党和国家历史上极为重要的一年，全省政法战线忠诚履职尽责，积极担当作为，各项工作取得新成效，党的二十大等重大安保维稳任务顺利完成，全省群众安全感达99.20%，人民群众对政法机关和政法队伍满意率达95.75%。

会议强调，要全面贯彻落实党的二十大精神，深刻理解把握新时代新征程党的中心任务，深刻理解把握新时代新征程政法机关的历史使命，奋力推进江苏政法工作现代化。要按照中央政法工作会议总体部署，全面推进思想观念、工作体系、工作能力现代化。要始终坚持在党的绝对领导下推进政法工作现代化，坚持在党的创新理论指引下推进政法工作现代化，坚持围绕中国式现代化江苏新实践推进政法工作现代化，坚持以人民为中心推进政法工作现代化，坚持运用法治思维和法治方式推进政法工作现代化，坚持勇于改革创新推进政法工作现代化。

会议强调，全省政法机关要以习近平新时代中国特色社会主义思想为指导，全面贯彻落实党的二十大精神，深刻领悟“两个确立”的决定性意义，增强“四个意识”、坚定“四个自信”、做到“两个维护”，坚持党对政法工作的绝对领导，坚持以人民为中心，坚持中国特色社会主义法治道路，坚持改革创新，坚持发扬斗争精神，全力履行维护国家政治安全、确保社会大局稳定、促进社会公平正义、保障人民安居乐业的职责使命，努力建设更高水平的平安江苏、法治江苏，锻造更高素质的政法队伍，奋力推进新时代新征程政法工作现代化，为全面推进中国式现代化江苏新实践，更好“扛起新使命、谱写新篇章”提供有力政法保障。

会议要求，要深刻领悟“两个确立”的决定性意义，着力增强践行“两个维护”的高度自觉，坚持把政治建设摆在首位，始终不渝忠诚核心、拥戴核心、维护核心、捍卫核心，坚持不懈用习近平新时代中国特色社会主义思想凝心铸魂，扎实开展主题教育，细化落实《中国共产党政法工作条例》，深入开展政治督察和政治忠诚剖析，全面彻底肃清流毒影响，坚定不移把党对政法工作绝对领导落到实处。

会议强调，要深入践行习近平法治思想，充分发挥法治保障作用，积极服务经济社会高质量发展，着力发挥执法司法优势，积极营造稳定公平透明可预期的法治化营商环境，继续办好政法惠民实事，努力使法治成为江苏现代化建设的显著优势、核心竞争力和坚强保障。要坚定不移贯彻总体国家安全观，纵深推进平安建设，坚决捍卫国家政治安全，健全完善新形势下维护社会安全稳定常态长效机制，持续推进扫黑除恶常态化，深入打击群众反映强烈的违法犯罪，扎实推进社会治安防控体系建设示范城市创建，着力提高公共安全治理水平，切实维护良好网络空间秩序，努力以新安全格局保障新发展格局、以高水平平安护航高质量发展。要完善社会治理体系，加快推进市域社会治理现代化，持续深化新时代“枫桥经验”江苏实践，健全矛盾纠纷排查化解机制，更好发挥社会治理平台阵地实战功能，深入实施“精网微格”工程，不断提升社会治理效能。要加大改革创新力度，认真落实中央政法委和中央政法各单位新一轮改革部署，进一步深化司法体制综合配套改革，优化政法机构职能体系，提升政法工作智能化水平，为推进政法工作现代化塑造新动能。要坚持全面从严管党治警，巩固深化政法队伍教育整顿成果，全面提升政法系统党组织政治功能和组织功能，大力加强政法队伍专业化建设，持续强化正风肃纪反腐，完善从优待警举措，锻造堪当重任的高素质政法铁军。

会议要求，各级党委政法委要更加注重统筹整体谋划与重点突破，统筹主责主业与服务大局，统筹前端防治与后端处置，统筹专门力量与社会资源，进一步发挥好牵头抓总、统筹协调、服务保障等作用。各级政法单位党组（党委）要坚决落实党对政法工作的绝对领导，认真研究细化贯彻落实党的二十大精神的具体举措，科学谋划推进本系统现代化建设，形成奋进新征程、建功新时代的浓厚氛围和生动局面。

文件选辑

关于实施“精网微格”提升工程的指导意见

（江苏省委政法委，2023 年 12 月 19 日）

为深入贯彻落实中央和省委、省政府关于加强基层治理体系和治理能力现代化建设的决策部署，不断深化网格化社会治理创新，全面提升精细化治理水平，着力夯实社会治理基层基础，打造江苏特色基层社会治理品牌，根据省委十四届四次全会决定和省委办公厅、省政府办公厅《强化基层治理和民生保障行动方案》精神，现就实施“精网微格”提升工程制定指导意见如下。

一、总体要求

（一）指导思想

坚持以习近平新时代中国特色社会主义思想为指导，深入学习贯彻党的二十大精神和习近平法治思想，深入学习贯彻习近平总书记对江苏工作、政法工作重要指示精神，牢记嘱托、感恩奋进，锚定“在强化基层治理和民生保障上走在前”“在推进社会治理现代化上实现新提升”重大任务，坚持和加强党的全面领导，坚持以人民为中心，坚持和发展新时代“枫桥经验”，不断健全城乡社区治理体系，有效提高精密预防、精细管理、精微服务、精准治理能力水平，让人民群众获得感幸福感安全感更加充实、更有保障、更可持续，为江苏省在推进中国式现代化中走在前、做示范，谱写“强富美高”新江苏现代化建设新篇章提供有力支撑。

（二）基本原则

1. 坚持党建引领。充分发挥党组织在网格化社会治理中的领导作用和党员先锋模范作用，将“精网微格”提升工程与加强基层组织建设、加强基层服务管理相结合，使党的领导充分体现在基层社会治理的最末梢。

2. 坚持多元共治。坚持系统化思维，准确把握网格化社会治理的内在要求和基本特点，实现政府治理和社会调节、居民自治良性互动。统筹政府、市场、社会力量，切实增强基层社会治理的整体性、系统性、协调性。

3. 坚持重心下移。推动社会治理重心向基层下移，最大限度地推动社会治理向末梢端延伸，将社会治理资源进一步下沉到网格，配齐建强网格员和微网格联络员、志愿者队伍，筑牢基层社会治理第一道屏障。

4. 坚持精细服务。始终坚持人民至上，以最广大人民根本利益作为工作的最高标准，着眼群众关切，聚焦群众期盼，优化服务流程，细化服务内容，畅通群众需求收集、解决、回应渠道，健全分办、交办、督办制度，真正做到民有所呼、我有所应、应必有果。

5. 坚持科技支撑。综合运用大数据、云计算、物联网、区块链、人工智能等现代信息技术手段，优化升级网格化智能应用平台，探索打造多端互联、多方互动、智慧共享的数字网格应用场景，提升政策咨询、诉求受理等线上服务能力，为群众提供便捷多样的“订单式”服务。

（三）工作目标

至 2024 年上半年，实现城乡微网格全省域覆盖和常态化运行，微网格联络员、志愿者配备率达 100%，推动城乡社区专职网格员纳入社会工作者管理和保障体系，重点区域网格服务站建成率达 100%，协助相关职能部门对严重精神障碍患者等重点人群服务管理全覆盖，网格风险隐患排查水平显著提升，网格员服务管理工作满意率达 95% 以上。

至2025年底，“精网微格”工作制度机制更加成熟定型，微网格治理体系更加健全完善，社会力量参与网格治理激励机制不断优化，网格员职业发展通道更加畅通，资源整合程度、智能智慧能力、协同共治水平不断提高，网格化社会治理效能得到充分发挥，维护基层社会和谐稳定能力进一步巩固提升，网格化服务管理水平迈上新台阶。

二、重点任务

（一）规范网格治理运行

1 科学划分治理单元。按照“规模适度、界限清晰、无缝覆盖”的原则，根据基层治理需要，因地制宜适时优化调整网格设置，可根据辖区的矛盾纠纷、重点人员情况合理加密或减少，确保网格设置更加规范科学、实战实用。在网格划分的基础上，结合区域位置和人、地、物、事、组织等要素，按照50至100户左右为基本单位的标准，将城乡社区综合网格细分为若干个微网格，构建“乡镇（街道）—村（社区）—网格—微网格—户”工作体系，让网格化治理到户到人，使基层社会治理的触角延伸到最末端，提高网格化治理的穿透力和精准性。在城市微网格划分方面，以楼栋或单元为单位划分，老旧小区可以道路、街巷为边界划分。在农村微网格划分方面，大体以村民小组为单位划分，农民集中居住区以楼栋或单元为单位划分。网格、微网格的划分调整情况应及时报设区市的网格化管理机构备案。

2. 健全网格工作准入机制。严格落实网格工作事项清单及准入制度，明确纳入理由、标准及退出程序。县级以上网格化机构应当会同有关部门编制网格服务管理事项清单并负责实施，向社会公布并动态调整。与网格员、微网格联络员职责不相符、工作能力不相匹配的事项和没有建立协同工作机制的事项，不得下放到网格，行政性、执法性、专业性较强的工作不得纳入网格工作人员职责范围。对确需纳入网格化服务管理的工作事项，按照“人随事走、费随事转”的原则，应当为其提供经费和必要工作条件。对经实践证明不再适宜由网格承担、业务主管部门没有将经费力量资源下沉到网格的事项，由县（市、区）网格化机构商相关部门予以清理。

3. 明确微网格联络员工作职责。微网格联络员协助网格员在微网格内开展服务管理工作，主要事项内容有：一是宣传政策法规。宣传党的路线方针政策，党委、政府重要决策，以及相关法律法规、村规民约等。根据上级部署安排，围绕群众关切事项，及时传达涉及平安稳定、社会保障、生活服务等公告信息。二是收集民情民意。发挥人熟地熟优势，密切联系微网格内居民群众，通过邻里“拉家常”等多种方式，倾听民情民意、掌握群众诉求、收集意见建议，重点关注可能影响地区平安稳定的问题线索等相关情况。三是实地走访巡查。协助网格员入户走访，做好人、房等基础信息采集工作。定期在微网格内巡查，及时发现上报各类苗头性、倾向性安全隐患和矛盾风险，对于微网格内发生的矛盾纠纷，积极配合网格员参与化解处置，协同维护微网格安全稳定。四是服务工作事项。根据各地党委、政府统一安排，协助配合网格员做好突发灾害处置、重点群体帮扶等工作。根据各地网格职责清单规定要求，协助做好其他需要微网格联络员参与的事项事务。

4. 配强微网格队伍力量。严格遵循“网格推荐—征求意见—联合考评—公示公告”的双向选择流程，配备微网格联络员，优先从微网格内党员、楼栋长、物业管理员、热心居民和老干部、老战士、老专家、老教师、老模范“五老”等人员中，选择吸收“群众威信高、办事公道正派、热心公益事业”的网格居民成为微治理力量，形成“1个微网格1名微网格联络员多名志愿者”模式。充分发挥工会、共青团、妇联、法学会等组织的桥梁纽带作用，组织联系平安志愿者、社会组织等各方面力量参与微网格治理。

（二）提升精细化服务水平

1. 深入开展“三官一律”进网格活动。各级党委政法委要统筹协调“三官一律”进网格活动，将政法专门力量更多地向平安法治工作基础相对薄弱、矛盾问题相对复杂的村（社区）倾斜，组织在职“三官一律”人员、发动其他政法机关党员干部、鼓励退休党员政法干警精准下沉网格，发挥专业优势，协助开展社情民意收集、法治宣传、法律服务、矛盾调解、治安防控等工作，不断深化“网格＋普法”“网格＋调解”“网格＋法援”等法治惠民实践。每人每年参加2次以上基层矛盾纠纷排查化解活动。

2. 提升网格快速响应能力。加快推进市县镇三级网格化服务管理中心（综治中心）提档升级，依托城市运行“一网统管”体系建设，完善以12345为主叫号码的基层社会治理联动响应机制，健全网格化社会治理等级响应、协同处置制度，细化联动部门网格治理责任，着力构建快速响应模式，强化各级网格化服务管理中心（综治中心）对平安稳定事件的指挥调度和协同处置，推动与矛盾纠纷调处、非诉讼服务、公共法律服务等中心一体化运行，对矛盾纠纷等社会治理事项实现“一站式受理、一揽子调处、全链条解决”。加强网格微信群建设，建立实时精准、平时顺畅、战时高效的常态化联络机制，规范群信息日常管理，及时收集、回应、反馈群众诉求。

3. 提升网格协同联动质效。突出实用实效，因地制宜建好用好网格服务站，重点在城市小区、工业园区、新居民集聚地、新农村集聚点等村（居）民较多、矛盾较集中的区域建立网格服务站，实现与党群服务点、群众睦邻点等一体建设运行，集聚各类服务资源，满足群众多样化服务需求。推动将“有事好商量”协商议事机制等载体与基层社会治理深度融合，充分发挥人大代表、政协委员参与网格化社会治理的重要作用。巩固“网格+”优势，健全完善联勤联动工作机制，协调督促联动部门对相关领域重点管理对象巡查走访和重难点问题牵头办理；健全完善“网格联动服务日”制度，围绕困难群众、弱势群体、关怀对象等重点人群，协助职能部门组织相关力量提供救助帮扶、志愿服务、心理疏导等上门服务。

（三）强化风险隐患排查化解

1. 健全常态化巡查走访机制。原则上网格员应坚持工作日每天入格巡查走访，围绕肇事肇祸严重精神障碍患者、刑满释放人员、社区矫正对象、吸毒解戒人员和重点青少年等重点人群，及时开展走访帮扶，并根据工作需要随时入户了解情况，依法采集、登记、核实网格内的实有人口、房屋、单位、标准地址等基础数据、动态信息，并及时录入网格化社会治理信息化平台。县（市、区）党委主管部门应定期开展“梳网清格”行动，组织广大网格员、微网格联络员全面核查基础数据、核准人口地址、核实重点群体。在特殊关键节点，加大巡查走访频次，及时发现苗头性、隐患性问题。

2. 提升矛盾纠纷排查化解能力。各地应建立健全矛盾风险隐患网格定期排查机制，以网格为基本单元，组织城乡社区民警、人民调解员、网格员、微网格联络员等力量，全面摸排矛盾风险隐患，第一时间调处或配合专职调解人员化解矛盾纠纷。协同矛盾纠纷多元化解“一站式”平台，健全网上网下排查化解机制，提高联动解纷质效。探索将符合条件的专兼职网格员、微网格联络员培养成人民调解员，提高网格员、微网格联络员发现问题隐患、就地化解矛盾、服务基层群众的能力水平。

3. 加强安全隐患排查整治。将维护国家安全工作融入网格，强化国家安全人民防线建设，协助细化落实反间谍、反邪教、反恐怖和打击非法宗教活动等网格安全防范措施。加强网格人防物防技防建设，组织网格力量配合相关主管部门开展社会治安、消防安全、生产安全、食品药品安全、交通安全、环境安全、寄递物流等隐患排查，采取风险数据上级研判、向下推送与安全隐患格中核查、联动整治相结合的方式，突出群租房、特殊人群等重点方面，及时发现公共安全风险隐患，推送有关方面落实管理和整改责任，预防和减少公共安全事故。

（四）加强数字化建设应用

1. 统筹推进数字化转型建设。网格化治理数字化建设按照“省级拿标准、市级抓统建、县级强应用”的数字化改革总体设计，依托各市共建共享的基础设施体系、数据资源体系、应用支撑体系、网络安全体系和组织保障体系，基于全市政务“一朵云”，加强行业云、算力、存储能力等建设，强化任务协同、算法协同、数据协同和资源协同，全面优化夯实网格化治理数字化建设基础。各设区市应加强市域统筹，围绕本地数字政府以及政法大数据建设总体规划，按照数据标准化、业务协同化、平台联通化、应用智能化思路，进行体系化设计、集成式改造、融合式建设。

2. 提升基础数据支撑能力。加强对《江苏省网格化社会治理基础数据规范》的贯彻执行，严把数据关，促进全省网格化社会治理基础数据持续更新、数据质量不断提高。搭建数据资源共享池，按照全量归集思路，把涉及网格化治理职能部门系统数据、网格员采集数据、智能设备感知数据汇聚形成网格化治理“数据池”，盘活社会治理数据资源。建设“社会治理一张图”，固定网格边界、编码，深化网格地图绘制和社会治理地址库建设，开展图层数据采集工作，加强社会治理要素与网格地图、地址融合，充分发挥“社会治理一张图”的基础支撑作用。深化“雪亮工程”建设应用，加大公共安全视频数据在基层社会治理领域应用力度。

3. 丰富网格智慧应用场景。加强网格工作智能辅助应用，依托各地政务 APP 深化“多通整合”，开展事件智能导办、人工智能辅助、在线赋能培训，提升网格员信息化工作能力。建立网格事件数据质量分析应用，提高网格工作效能。统筹构建严重精神障碍患者服务管理、出租房屋风险隐患、家庭婚恋纠纷风险监测预警等实战化应用场景，强化数据分析研判，通过自上而下推送服务，让基层网格员有针对性地采集、获取、核查数据，实现精准扁平赋能。持续推进大数据辅助科学决策机制，形成专题分析报告、社会治理建议等成果，辅助党委、政府掌握治理动态、掌控运行态势、科学研判决策、精准指挥调度，形成数据驱动、模型驱动、智能驱动的基层社会治理新型决策模式。

三、保障措施

（一）加强组织领导。各地要进一步加强对网格化服务管理工作的组织领导，把实施“精网微格”提升工程作为推进基层治理体系和治理能力现代化、深化网格化社会治理创新的一项重要载体，抓好统筹谋划、加强协同联动、推动落地见效。各地要结合工作实际，创新工作举措，构建体系合理、职责明确、管理精细、服务有效的网格化治理机制，形成党委领导、政府负责、党委职能部门具体牵头、相关部门协同联动、社会各界广泛参与的工作格局。网格员、微网格联络员队伍的管理工作由县（市、区）、乡镇（街道）网格管理机构指导、实施，村（社区）配合开展。

（二）加强协同推进。各地各有关部门要牢固树立“一盘棋”思想，既各司其职、各负其责，打好“阵地战”，又通力协作、密切配合，打好“整体仗”，确保“精网微格”提升工程取得实效。深化网格联动融合，拓展“网格+”实践应用，健全“网格吹哨、部门报到”等即时响应、协同处置机制，细化联动部门网格治理责任，推动将网格化联动部门工作情况纳入年度平安建设考核。各级政法单位要大力支持、下沉力量、主动融入“精网微格”工程建设，结合自身职能深入推进警网融合、重点人群管理、矛盾纠纷排查化解等工作。

（三）加强工作保障。各地要加大网格化服务管理工作经费、专职网格员劳动报酬和兼职网格员工作补贴、微网格建设工作经费的财政保障力度，夯实基层基础，建强网格力量，配齐配优专兼职网格员和微网格联络员，保证网格化服务管理工作顺利开展。定期组织开展形式多样的培训活动，不断提升网格员和微网格联络员的能力素质。充分发挥各类社会组织的协同参与作用，探索购买服务、公益反哺、以奖代补等措施，丰富拓展网格化服务管理工作。

（四）加强宣传推广。各地要充分利用各类媒体和宣传渠道，广泛宣传网格化服务管理工作，加大微网格治理经验成效宣传力度，展现网格员、微网格联络员队伍的职业风采和良好形象，提高社会各界关注度和参与度，营造全社会关心、支持和参与网格化治理的良好氛围。加强对网格、微网格治理品牌和先进典型的选树培育，推选一批优秀网格员、微网格联络员，大力宣传表现突出的先进人物和先进事迹，增强网格员、微网格联络员队伍的社会荣誉感和工作积极性。

（五）加强督查考评。各地要建立目标管理责任制，层层分解落实责任，拧紧工作责任链条。要结合本地实际，制定完善网格员、微网格联络员职责任务清单，厘清职责边界、明晰主体责任。要把责任落实作为推动“精网微格”提升工程的重要手段，紧盯组织不力、进度缓慢的地区和部门，指出问题，督查督办，推动落实整改。加强对网格员、微网格联络员的考评奖惩工作，将考评结果作为续聘、解聘、奖惩、调整岗位和晋升工资的依据，促进网格化社会治理工作可持续发展。

特色专栏

全面推进矛盾纠纷多元化解“一站式”平台规范化建设

江苏省委政法委

近年来，江苏省各地坚持和发展新时代“枫桥经验”，全面推进综治中心、信访接待中心、诉讼服务中心、公共法律服务中心（非诉讼服务中心）、行政争议调解中心、检察服务平台等融合对接，规范建设集调解、信访、法律援助、司法救助、诉讼服务等功能于一体的矛盾纠纷多元化解“一站式”平台，努力实现对矛盾纠纷事项“一站式受理、一揽子调处、全链条解决”。截至2023年底，全省县级平台已建成运行57家，改建新建38家。

一、抓谋划、强部署，健全统筹协调、上下联动的推进体系

各级党委、政府高度重视社会治理和矛盾纠纷排查化解工作，切实把综治中心（矛盾纠纷多元化解“一站式”平台）建设列入重要议事日程。省委《关于加强基层治理体系和治理能力现代化建设的实施意见》、省“两办”《关于深入推进更高水平的平安江苏建设的实施意见》，均对建设综治中心，强化源头防范化解矛盾纠纷提出明确要求。省委制定《强化基层治理和民生保障行动方案》及补充任务清单，瞄准2023至2025年时间节点，实施平安护航夯基固本等专项行动，强调坚持和发展新时代“枫桥经验”，统筹政法专门力量与社会资源，落实一批务实举措，建设一批载体平台，细化明确目标任务。省委政法工作会议对一体化建设社会治理平台阵地专门作出部署。省委政法委先后分三个片区召开“一站式”平台建设现场推进会，组织开展社会矛盾风险隐患大排查大起底大化解专项活动、基层突出矛盾纠纷问题专项整治，不断推进中心平台建设。

二、抓整合、融功能，打造实体运行、实战导向的中心平台

各地因地制宜根据辖区工作实际和办公条件，采取不同模式，在充分整合信访、人民调解和专业调解、律师调解、诉讼服务、法律援助等功能的基础上，针对矛盾多发领域和纠纷特点，采取常驻、轮驻、随叫随驻等方式，协调纪委监委、人社、住房城乡建设、农业农村、卫健、退役军人事务、妇联等部门力量进驻。同时，积极吸收行业性专业调委会、法律咨询、心理服务等社会力量入驻，努力为群众提供全覆盖、全领域、全过程优质解纷服务。省级依托政法信息网络中心和综治信息系统，打造省级中心平台，实现了涉稳信息收集、治安形势研判、矛盾化解督导、应急处置调度等实战功能，有效提升了社会治理效能。市级层面，重点抓好统筹协调、提级处置、督办落实，建好用好专家团队，有效提高解决重大、疑难、复杂问题的能力。乡镇（街道）层面强化人民调解，统筹用好基层政法力量，推动更多行业调解等专业力量向乡镇（街道）延伸；县（市、区）层面，突出抓好专业力量建设，努力实现大事难事不出县（市、区）。

三、抓机制、促联动，形成系统集成、运行高效的联动格局

围绕不同类型矛盾纠纷，完善诉调、公调、检调、访调等多调对接机制，运用人民调解、行政调解和司法调解等纠纷化解方式，为当事人提供多样、便捷、适宜的解纷服务，从源头上预防和化解风险隐患。围绕矛盾纠纷全周期管理，建立接待登记、分流交办、调处化解、督查会办、考核管理等机制，健全工作例会、定期研判等制度，确保全流程、闭环式矛盾纠纷化解工作落到实处。围绕不同进驻部门人员管理，建立健全双重管理机制，将乡镇（街道）“一站式”平台对进驻人员的年度考核结果，作为原单位评先评优的重要依据。苏州、宿迁等地建设了全市统一的社会矛盾纠纷调处化解平台，与“阳光信访”“苏解纷”“江苏微解纷”等系统对接，实现了业务数据的全量化、标准化、动态化，为业务闭环运作提供了系统支撑。扬州市将县、乡、村、网格、微网格五级排查调处数据纳入网格化平台管理，构建矛盾排查化解“一张网”架构，实现线上线下无缝对接。

四、抓队伍、优服务，建设依靠群众、服务群众的治理力量

创新社区、社会组织、社会工作者、社区志愿者、社会慈善资源“五社联动”机制，全省配备村（社区）“两委”班子成员 15 万人，培育社区社会组织 14.1 万家、志愿服务队伍 11.7 万个、群防群治组织 3.6 万个，发展城乡社区志愿者 2199 万人。实施“精网微格”提升工程，全省共划分综合网格 9.1 万个（城市 4.2 万个、农村 4.9 万个）、专属网格 1.4 万个、微网格 42.4 万个，配备专职网格员 8.8 万人、兼职网格员 42.7 万人。省里印发《关于加强人民调解员队伍建设的实施意见》，推动各地按照县乡村 5：2：1 比例，配齐配强专职人民调解员。全省配备专兼职网格员 50 余万名，培育“法律明白人”约 21 万名，常年活跃在基层一线，助力第一时间发现、处置矛盾纠纷。各地还结合实际，在婚姻家庭、邻里、房地产、征地拆迁等矛盾纠纷多发、高发领域，聘用经验丰富、有威望的退休“老书记”“老法官”“老民警”“老司法所长”等担任人民调解员，积极吸纳心理咨询、社区服务等社会组织力量进中心，为群众提供便捷、优质、全面的服务。

推动矛盾纠纷多元化解
助力提升基层社会治理现代化

江苏省高级人民法院

2023 年，江苏法院深入学习贯彻习近平法治思想，全面落实全国调解工作会议精神，围绕“公正与效率”工作主题，牢固树立“抓前端、治未病”理念，把矛盾纠纷多元化解融入刑事、民事、行政审判各领域，贯通立审执破各阶段，形成了矛盾源头预防化解、诉前多元解纷、诉中实质化解、诉后助推社会治理的工作新格局。

一、参与源头预防化解

在前端治理环节，坚持把定分止争职能从传统开庭审判向纠纷产生的前端和源头延伸，推动“审务进基层、法官进网格”全覆盖，“无讼村居（社区）”创建全覆盖，加强与基层政法单位、自治组织、调解组织对接，扎实做好法治宣讲、法治辅导等工作，参与化解基层矛盾纠纷 97 万起。推动“人民法院调解平台·江苏微解纷”进乡村、进社区、进网格，全省所有人民法庭、1870 家基层治理单位入驻解纷平台，通过线下线上融合方式，快速处理纠纷，减轻群众诉累。认真做好人民调解指导工作，持续加强对基层调解工作的指导，通过案例指导、业务培训、旁听庭审等，促进提升基层调解能力。扎实开展“枫桥式人民法庭”创建示范活动，发挥人民法庭融入基层、贴近一线的优势，通过巡回审判、公开审理、以案释法等，助力基层社会治理，努力夯实社会治理现代化的法治根基。泰州、扬州、宿迁等地法院针对纠纷多发领域，指导制定完善村规民约、社区公约，以法治激发基层自治活力。南京海事法院设立 18 个涉渔涉港一站式解纷中心，与 11 家协作单位合力打造“小事不下船、大事不出港、矛盾不上交”的新时代海上“枫桥经验”。

二、加强诉前多元化解

在诉前分流环节，推进诉调对接，努力减少诉讼增量。联合司法行政机关将诉讼服务中心与非诉讼服务中心有机对接，充分发挥调解、仲裁、公证等 7 种非诉解纷职能作用，构建优势互补、专群结合、融合发力的多元共治格局，形成商人纠纷商人解、业内人管业内事等特色工作。2023 年，全省诉至法院的民事纠纷 240.5 万起，通过诉前分流，成功调解 120.7 万起，同比上升 90.1%，诉前调解成功数首次超过民事一审新收案件数。加快推进矛盾纠纷多元化解“一站式”平台建设，已有 44 家基层法院融合对接县级“一站式”平台。推动做实人民调解，支持司法行政机关加强人民调解组织规范化建设，切实发挥人民调解在大调解格局中的基础性作用。推动做实行政调解，通过联合发布典型案例等方式，促进更多案件在诉前实质化解。健全类型化纠纷化解机制，指导开展物业、金融、婚姻家事、劳动争议、道路交通等纠纷多发领域调解，探索商事纠纷市场化调解，指导商会调解纠纷 1.7 万起，南京、无锡、泰州、淮安法院联合商会调解的 4 个案例获评全国商会调解典型案例。邀请人大代表、政协委员、律师等社会力量参与调解，聘请特邀调解员 2 万余名。畅通司法确认程序，赋予 6.3 万件调解协议司法效力和强制执行力。

三、加强诉中实质化解

在诉中审执环节，推进实质化解，实现案结事了。坚持全面审查、实质审查，既查清案件事实，又找准纠纷成因，做到“法结”“心结”同解，防止“一案结多案生”。牢固树立案结事了政通人和理念，在执法办案中兼顾国法、天理、人情，强化“如我在诉”意识，在每一个审判环节都把案结事了、服判息诉的功课做到极致，既解决案件的“法结”，又化解群众的“心结”。坚持应调尽调、当判则判，调解撤诉率达 41.8%。推广“示范诉讼 + 集中调处”机制，实现“裁判一案、化解一片”。发挥巡回审判教育引领功能，选取土地承包、邻里关系等典型纠纷，进乡村、进社区巡回审判 4353 次，实现“审理一案、教育一片”。

四、加强判后职能延伸

在诉后治理环节，推进职能延伸，让大量纠纷止于未发、化于未讼。注重发挥司法建议“防风险”“治未病”作用，建立涉安全生产案件和黑恶案件必发司法建议制度，针对个案中发现的苗头性、倾向性问题，发出司法建议 1902 份，推动堵塞漏洞、完善管理。发挥司法大数据“风向标”作用，围绕民生热点、治理难点进行数据研判，向各级党委、政府报送研究报告 126 份。公开发布知识产权、环境资源审判白皮书，及时向党委报送专题报告和信息，促进提升社会治理法治化水平。强化典型案例示范引领，发布法治与德治相结合典型案例 68 个，续拍普法剧《第十五法庭》，编写出版漫画长江大保护、漫画《民法典》青少年版系列丛书，以群众喜闻乐见的方式，讲好法治故事，引导全社会学法尊法、守法用法，促进良法善治。

做优检察建议　助推社会治理

江苏省人民检察院

2023 年，江苏检察机关持续深化“办理”向“办复”、“被动”向“主动”、“单向发力”向“汇聚合力”三个转变，围绕社会治理风险隐患等制发社会治理检察建议 1167 份，采纳率提升至 100%，30 余份检察建议推动形成长效机制、出台规范性文件。

一、强化统筹，增强工作推进主动性

省检察院将检察建议工作纳入党组重点项目，在全省检察长会议上进行专门部署，出台《社会治理检察建议实务指南》，进一步规范社会治理检察建议的文书格式、流程制作、审核把关、送达回复、案卡填录和监督管理等程序。持续增强检察建议刚性，推动将社会治理检察建议落实情况纳入省委政法委平安建设考核。全省现已有半数以上检察机关推动将社会治理检察建议落实情况纳入党委、政府高质量建设、平安建设和法治建设等考核。积极争取党委、人大对检察建议工作的支持，省检察院积极推动省人大常委会出台的《关于加强新时代检察机关法律监督工作的决定》，进一步明确了检察建议回复落实是被建议单位的应尽职责。优化考核评价，将案件质量评价指标中“社会治理检察建议采纳率”达标值设定为 95%，并同步纳入对设区市院相关考核，率先将社会治理检察建议工作比照办案工作量纳入检察官业绩考核。强化约谈通报，建立月梳理、季分析和年评估制度，常态化开展网络巡查、梳理分析和约谈提醒，对多次出现案卡填录不规范、社会治理检察建议回复采纳率低、跟踪落实不到位的单位，由省检察院进行集中约谈提醒。

二、精选主题，提高服务大局契合性

聚焦粮食安全、耕地保护、高标准农田建设等涉农业农村农民问题，及时制发检察建议助力推动乡村振兴。扬州市江都区检察院结合办理违法占用耕地案件，制发检察建议推动对 56.44 亩永久基本农田当季复耕复垦，并推动建立责任到人的奖惩机制。聚焦水污染、噪声污染、大运河保护等环境领域，向有关主管部门制发检察建议，助力美丽江苏建设。淮安市清江浦区检察院在办案中发现，一些人和企业为一己私利，向大运河偷排污水，严重污染环境，通过向生态环境部门制发检察建议，推动合力打好碧水保卫战。聚焦残疾人权益保护、公共医疗卫生和民生兜底保障等群众急难愁盼问题，积极向职能部门制发检察建议，推动兜牢兜好民生保障底线。泰州市高港区检察院针对“事实孤老”认定难、领取保障金难等问题，依法向职能单位制发检察建议，推动出台一对一精准帮扶措施，切实解决“事实孤寡老人”生活困难。

三、注重创新，提升社会公众认可性

充分运用大数据赋能检察建议，依托数字模型发现类案线索，围绕社会治理难点构建数字模型，有力促进类案监督、类案治理。提升调查研究针对性，要求承办检察官在起草检察建议前主动“走出案卷、走入案件”，通过查询相关证据材料、实地走访、召开听证会等方式，对建议所涉及的问题、被建议单位工作职责、建议的可操作性等进行核实。持续提高检察建议辐射面和影响力，省检察院率先探索联合省委依法治省办开展社会治理检察建议及回复评选，让被建议单位在参评中感受到落实检察建议不是“负面清单”，而是“正面清单”。抓实检察建议跟踪回访，对治理难度大、反复发生的问题持续跟进“回头看”，建立到期未回复、未整改报告通报制度，对在规定期限内经督促无正当理由不予整改或整改不到位的，向上级院报告，并通报被建议单位的上级机关、同级人大等，不断汇聚督促落实合力。

四、夯实根基，提升检察建议专业性

开展专业素能提升工程，重点围绕系统录入、调查核实、沟通协调和督促落实等内容开发精品课程，灵活运用讲授式、研讨式、案例式和分享式等，开展送教下基层10余场次，1000余名检察办案人员接受培训。探索开展文书撰写竞赛，让选手在“亲历性办案”竞赛中提升业务能力、提高专业水准。积极发挥办案团队优势，围绕生态环境、城市管理、卫生健康、教育养老、经济金融、公共安全等组建市域社会治理检察建议专业办案团队，实现线索发现、文书撰写、督促落实一体化办理。积极打造展示新平台，在省检察院内网增设社会治理检察建议专刊，定期编刊各地优秀社会治理检察建议，选编刊发涉安全生产、个人信息保护、医保基金管理、未成年人保护和知识产权保护等多领域111篇，初步构建完成省域社会治理检察建议案例库、检索库、参考库。

出台服务保障高质量发展若干意见
全力服务保障江苏高质量发展走在前列

江苏省公安厅

为深入贯彻落实习近平新时代中国特色社会主义思想和党的二十大精神，进一步优化营商环境，全力服务保障江苏高质量发展走在前列，江苏省公安厅在细化落实公安部26项便民措施的基础上，结合江苏实际，进一步创新公安行政管理服务工作，不断提升制度供给、管理服务、安全保障水平，研究制定了《全省公安机关服务保障高质量发展若干意见》。

一、以高维度战略护航高质量发展

一是服务对外开放大局。围绕“一带一路”、长江经济带、长三角一体化发展，以及自贸区建设等国家战略，全面实施苏浙皖沪“三省一市”口岸签证代转工作机制，对具有紧急、人道情形，来不及在我驻外签证机关办妥来华签证的外国人，邀请单位或个人通过地市级以上公安机关出入境管理机构申请办理口岸签证。

二是助推民营经济发展。贯彻国务院关于促进民营经济发展的决策部署，立足公安职责定位，建立警企联络服务工作机制，积极构建亲清政商关系，搭建警企微信矩阵，在警企沟通联络、咨询诉求办理、重大事项会商等方面提供集成服务，依法依规为企业解决发展难题，及时防范化解矛盾纠纷和风险隐患。

三是促进区域环境治理。围绕长江大保护、长江“十年禁渔”战略，严厉打击长江水域非法排污、非法采砂、非法捕捞等犯罪。开展“昆仑2023”专项行动，聚焦食药环领域突出问题，严打食品非法添加、制售假药劣药、非法占用农用地、制售假劣农资、污染耕地林地等犯罪。严查工程车闯红灯、闯禁区等违法行为，开展废弃汽车专项整治，进一步改善城镇面貌。

二、以高便捷服务助推高质量发展

一是进一步缩减审批时限。加快考生居民身份证制作，中考、小高考、高考和国家资格考试等时间节点，开通“护考”专用通道，保障考生用证需要。保安服务公司设立许可审批办理时限由20个工作日缩短至15个工作日。大型群众性活动安全许可审核时限由7个工作日缩短至5个工作日。此外，办理购买、运输易制毒化学品许可的时限也大幅缩减。

二是进一步便利交通出行。在南京、常州、盐城、镇江4市试点私家车新车上牌免查验，对免检机动车符合申领检验标志电子凭证的，主动向机动车所有人推送提示消息，对确认申领的，审核后发放检验标志电子凭证。推行轻微交通事故线上视频快处，远程连线采集事故信息、证据固定，并推送责任认定，实现轻微交通事故快处快撤。在公交专用道临近道路交叉口、出入口的路段，合理设置借道区，便利出入主路或借道转弯的社会车辆借道通行。试点将中型以上载客汽车登记业务下放至县级车管所，减少群众往返跑路。

三是进一步优化涉企服务。依托“涉企综合服务窗口”，对企业一次有10人以上办证需求的，全程导办，提供绿色通道服务。试点开展涉企行政审批事项容缺受理，在企业提交的主要材料具备、次要材料欠缺或者存在瑕疵情况下，申请企业书面承诺在规定时限内补齐相关材料后，可实行“容缺”受理。生产性废旧金属收购业、开锁业不再实行名录管理制度，向所在地县级公安机关备案后即可开展经营活动。

三、以高质效改革赋能高质量发展

一是推行更多事项“一站办”。推动公安政务服务“三进驻”，进驻重点企业、进驻社区、进驻村组，进一步延伸服务触角，将更多服务事项纳入派出所“综合服务窗口”，并拓展点位数量，优化提升办事体验，让企业和群众“进一门、在一窗”即可“一站式”办结所需事项，年底前建成“综合服务窗口”的派出所数量占全省户籍派出所80%。

二是推行高频事项“跨所办”。加快推进新生儿入户、户口迁移、开具户籍类证明等高频户籍事项“跨省通办”，组织实施全省范围内高频户籍事项“跨派出所通办”，方便群众省内就近办理。

三是推行重点事项“免证办”。健全完善全省公安机关电子证照、电子印章库，按照“能减则减、能免则免”的原则，加快实现群众办事办照免交居民户口簿、居民身份证、居住证、户口准迁证、户口迁移证、驾驶证、护照等证照材料。

四、以高水平安全保障高质量发展

一是从严打击涉企违法犯罪。建立涉企犯罪案件直报绿色通道，主动上门提供法律咨询和协助办案指导，对涉企案件第一时间受理、第一时间侦办、第一时间结案。充分发挥公安机关职能作用，严厉打击侵犯知识产权违法犯罪，持续推进“净网”专项行动，严打网络黑客攻击等影响企业经营的违法犯罪。

二是加强新型业态综合治理。围绕寄递、民宿、网络直播等新业态安全监管难题，会同有关部门推出一批务实举措、开展一系列专项行动，依法打击整治新业态中的违法犯罪。完善《江苏省网约房治安管理规定》，联合省有关部门加强网约房、网约车等新型业态综合整治。

三是提高企业群众反诈能力。积极联合金融、电信部门深入推进“断卡”行动，着力铲除涉诈犯罪黑灰产土壤。开展反诈宣传进公安窗口行动，针对易受骗的重点企业和群体持续开展防范宣传，组建反诈联盟，不断提高企业群众防骗识骗能力。

开展主题帮教活动
成功解决42名特殊人群子女入学复学难题

江苏省司法厅

2023年秋季开学前夕，江苏省司法厅聚焦解决监狱服刑人员、社区矫正对象、强制隔离戒毒人员、安置帮教和后续照管对象等特殊人群未成年子女失学、辍学问题，指导各地司法行政机关延伸帮扶触角，以“横向协作+纵向联动”方式针对特殊人群未成年子女开展困难救助、亲子互动、个案心理咨询等关爱服务，将托底帮扶辐射到每一名特殊人群未成年子女。其间，共走访特殊人群未成年子女家庭1060户，帮助221户家庭落实低保政策，协助解决42名特殊人群子女入学、复学难题。

一、主动排查帮助学龄儿童顺利办理学籍

盐城市盐都区社区矫正对象曾某独自一人带着孙女租住（其近亲属均系同案犯被判监禁刑），孙女已到小学义务教育学龄，却因户籍地问题，不符合在租住街道开具居住证条件，无法办理学籍，不能入学。该区司法局在开展特殊人群未成年子女入学情况排查时，了解曾某祖孙情况后，主动协调，第一时间与派出所、社事办及曾某所租住的社区联系，协调解决方案。最终，由司法局向社区出具曾某在矫及居住等情况说明，凭借该情况说明，社区同意帮曾某出具居住证明，顺利给曾某孙女办理了学籍和入学手续。

二、七年帮扶助力服刑人员子女升入知名大学

南京女子监狱罪犯李某，因犯合同诈骗罪被判处有期徒刑13年，于2014年入狱服刑。其后，该罪犯丈夫和弟弟也相继服刑，家中多名未成年子女养育重任落到李某年近70岁老母亲身上。2016年李某母亲因长期负重劳动，半瘫在床，家里所有事务均由李某11岁大女儿操持，在家庭负担与学业压力叠加下，李某女儿写信给监狱寻求帮助。监狱了解情况后，制订专项帮扶计划。7年内，监狱民警先后4次驱车赶往400多公里外李某家中，送上助学金、慰问品，并协调地方职能部门解决低保、上学、就医等难题。还注册专门微信号，关心李某子女成长。2023年李某大女儿以优异成绩考入省内知名大学，收到录取通知书后，她第一时间向一直关心帮助她的监狱民警分享这个好消息，后续该监狱将持续帮扶，直至李某刑满释放。

三、定向帮扶保障事实孤儿继续受教育权利

沭阳县服刑人员顾某，因犯盗窃罪、抢劫罪被判处有期徒刑4年，其女儿小洁（化名）现就读于沭阳某小学六年级，即将升入初中。小洁从小失去母亲，跟随父亲长住某小旅馆，得到旅馆老板曹女士长期关怀。顾某入狱后，小洁变成事实孤儿，面临无亲可投的窘迫局面。当地司法局了解情况后，采取定向帮扶手段，协调多部门确定曹女士为小洁临时监护人，为小洁提供助学帮扶金5000余元，协调民政部门为其办理低保，联系教育部门免除其小学及初中阶段全部费用，保障小洁继续受教育权利。

四、多方协调帮助解决父母监护缺失儿童落户难题

东台市监狱服刑人员未成年子女小明（化名）和小强（化名）兄弟俩生父不详，母亲在监狱服刑，兄弟俩跟随外祖父母生活。哥哥小明将于9月份进入小学就读，现因母亲婚后户籍迁出，婚姻关系尚未解除无法将户籍迁回原籍，导致小明不能落户，无法上学。该市司法局了解情况后，组建专门工作组，积极奔走公安、检察院、民政、医保、镇政府等部门，切实帮助妥善解决两名父母监护缺失儿童的户籍、医疗、抚养和赡养等问题。经过专题会办、多方协调，最终成功帮助两名儿童办理落户，并解决二人抚养及监护人问题，哥哥小明也已确定入读学校。

审稿人：梁一波
撰稿人：宋垒磊　褚　新

浙　江　省

工 作 概 况

2023年度浙江政法工作综述

2023年，是浙江政法战线勇担大事、筹办要事、助力盛事的一年，也是浙江政法工作守正创新、质效提升、亮点纷呈的一年。浙江政法机关坚持以习近平新时代中国特色社会主义思想为指导，深入贯彻落实党的二十大精神和习近平总书记考察浙江重要讲话精神，聚焦平安护航亚运、办好“枫桥经验”60周年纪念大会“两件大事”，全力以赴防风险、保安全、护稳定、促发展，扎实推进浙江政法工作现代化，加快建设更高水平平安中国、法治中国示范区，努力为强力推进创新深化改革攻坚开放提升保驾护航。

一、坚持以党的政治建设为统领，拥护“两个确立”、做到“两个维护”更加自觉坚定

坚持党对政法工作的集中统一领导，深入贯彻落实《中国共产党政法工作条例》，制定出台《中共浙江省委政法委员会工作规则》，落实集体领导和个人分工负责相结合制度，引领政法机关正确政治方向、执法导向、价值取向，把贯彻《条例》情况纳入督查范围和工作考核内容，坚决做到“总书记有号令、中央和省委有部署，浙江政法见行动”。从省委政法委员会全体会议做起，各级党委政法委、政法单位党组（党委）健全落实“首要议题”制度和“两个维护”的制度机制，确保习近平总书记重要指示批示精神件件传达学习、相关部署要求件件闭环落实。坚决破除“与己无关”思想，出台政治督察常态化指导意见等规范性文件，教育引导广大干警严守政治纪律和政治规矩，确保“刀把子”牢牢掌握在党和人民手中。

二、高质量开展主题教育，以学铸魂、以学增智、以学正风、以学促干取得实实在在成效

结合实际高标谋划、周密实施，推动形成强势强力、联动联进的主题教育良好态势。自觉用党的创新理论凝心铸魂，举办全省政法领导干部专题研讨班、政法大讲堂，开展习近平法治思想“八进”集中宣讲、“牢记嘱托、感恩奋进”主题党日活动等，带动全省政法战线理论学习全覆盖。循迹溯源习近平总书记在浙江工作期间对政法工作、“枫桥经验”等的重要指示批示和重要论述，启动“习近平法治思想在浙江的探索与实践”课题研究，教育引导干警挖掘好、守护好、传承好总书记留给浙江的宝贵财富，深刻感悟习近平新时代中国特色社会主义思想的源头活水、真理力量、实践伟力，增强感恩奋进、实干争先的思想自觉、行动自觉。深化开展“大走访大调研大服务大解题”活动，各级政法领导干部主动领衔课题，深入基层蹲点，带动全省政法系统调查研究蔚然成风。

三、创新大型活动安保“杭亚模式”，平安护航亚运战绩斐然

全面践行“智能、无感、动态、和谐”安保理念，构建“一办四部”组织指挥体系和“赛事侧”“城市侧”双侧双责任落实机制，完善“大安保”工作格局，杭州亚（残）运会安保实现“组织最严密、效果最满意、氛围最和谐”，助力亚运盛会“简约、安全、精彩”。始终把开闭幕式安保作为重中之重，严格落实“四个双”要求，政法干警、武警官兵通力协作，确保了开闭幕式等24场重大专项活动精彩圆满。健全落实“一场馆一团队”“一赛事一评估”安保措施，筑牢赛事安全屏障。梯次开展风险隐患大排查大起底大整治、百日攻坚、网格走亲等行动，完善各类预案，加强应急演练，实现重大敏感案事件“零发生”。坚持整合力量、集中攻坚，有效破解一批多跨治理难题。坚持保安全与保民生同向发力，稳妥实行车辆限行等管理政策，配套落实“急事通”、便民通道、应急救援点等保障措施，科学数控亚运专用道，最大限度减少对城市运行、市民生活的影响。坚持科技赋能、减负增效，模块化搭建亚运安保指挥平台，加强跨省警务协作、数据漫游，集成全省感知设备调用能力，一屏掌握检查站及智能卡口情况，实现省内“24小时最多检一次”，保障11.4万辆次车辆“无感快通”，开幕式“3小时有序进场、40分钟快速散场”创下全国多个之最。与此同时，聚焦其他重大活动，坚持全省“一盘棋”，圆满完成世界互联网大会乌镇峰会、全球数字贸易博览会、良渚论坛等重大活动安保任务。聚焦突出治安问题，常态化开展扫黑除恶斗争，扎实推进电信网络诈骗、“民转刑”案件、道路交通、毒品等突出问题专项整治，全省共打掉涉黑涉恶犯罪组织100余个，抓获电诈犯罪人员3.9万余名，查处治安案件同比下降7.2%，交通事故亡人数同比下降9.4%。全省群众安全感满意率达98.88%。

四、成功筹办“枫桥经验”60周年纪念大会，基层治理现代化迈出坚实步伐

围绕筹备召开纪念毛泽东同志批示学习推广“枫桥经验”60周年暨习近平总书记指示坚持发展“枫桥经验”20周年大会，组织实施“五大提升工程”，结合蹲点专题调研，总结形成《新时代‘枫桥经验’精髓要义与时代价值的调研报告》，推动编纂《“枫桥经验”志》，提炼“群众唱主角、干部来引导、德法加智治、有事当地了”实践特征，带动掀起研究、传承、发展“枫桥经验”热潮。推动省人大常委会出台《浙江省平安建设条例》《关于坚持和发展新时代“枫桥经验”的决定》。全国大会后，相继召开全省坚持和发展新时代“枫桥经验”大会、调解工作会议、县乡合法性审查质效提升改革推进会、共享法庭建设现场会、“枫桥式检察室”建设推进会等，推动新一轮实践创新。紧紧依托平安建设组织领导体系，全方位、一体化、高水平谋划推进市域社会治理现代化试点工作。健全非警务事项即时协同处置机制，在更高层次更广领域发挥调解基础性作用，加强“枫桥式”基层站所建设，做细做实“抓前端、治未病”工作。加强对未成年人违法犯罪问题的防治，研究制定加强专门学校建设工作方案。整合对接新时代“枫桥经验”与“干部下基层开展信访工作”，全面推开信访工作法治化试点，制定实施依法办理信访事项“路线图”和工作指南，构建解决群众诉求闭环机制。全省法院新收案件同比下降0.2%，“诉讼大省”状况得到明显改观。

五、持续打造一流法治化营商环境，服务保障高质量发展有力有效

出台服务保障创新深化改革攻坚开放提升的意见，推出服务省委三个“一号工程”组合拳。依法维护社会主义市场经济秩序，全省公安机关共立破坏市场经济秩序案件4200余起、挽回经济损失43余亿元，检察机关起诉妨害企业管理秩序和扰乱市场秩序等犯罪3700余人、同比上升48%。深化政法领域政务服务增值化改革，持续擦亮“11087·亲清在浙里”为企服务品牌，总结推广宁波市营商环境投诉监督中心做法，打造全国市场化解纷试点平台，创新推广“行政行为码”等便民利民举措。首创知识产权警务联络官制度，完善知识产权检察综合履职机制，迭代“法护知产”在线协同应用，加强知识产权全链条司法保护。保障高水平对外开放，加强国际商事纠纷解决机制建设，完善外国人永久居留管理服务工作，开通商务出国（境）证照“绿色通道”，健全涉侨检察服务机制。70多个国家和地区的当事人主动选择到浙江法院诉讼。

六、全面深化政法领域改革，执法司法质效和公信力显著提升

针对当前执法司法存在的突出问题，通过举办研讨班统一思想、优化考核指标彰显导向，大力倡导并践行“司法底线”“权力边界”“尊法据理”等司法理念。深入实施政法改革“折子工程”，推进30项重点改革项目落实，诉讼制度改革、司法体制综合配套改革、法治监督体系建设等取得新成效，行刑衔接、综合治理执行难、县乡合法性审查等工作取得新突破。深入实施“八五”普法规划，举办第二十届长三角法学论坛、法治浙江论坛，开展“青年普法志愿者法治文化基层行”活动，加强首席法律咨询专家工作。坚定不移深化数字法治改革，迭代顶层设计，创新“多仓统管”做法、打通数据共享堵点，加快建设集成应用，政法智能化建设成果在大战大考中经受了检验。

七、锚定目标锻造铁军，浙江政法队伍呈现新面貌

以锻造最讲政治、最崇法治、最能担当、最敢斗争、最重形象“五个最”新时代浙江政法铁军为牵引，纵深推进政治铸魂、素能强基、文化塑形、从优待警、清廉固本工程，着力锻造绝对忠诚、绝对纯洁、绝对可靠的政法铁军。聚焦“关键少数”、强化政治引领，举办全省政法领导干部学习贯彻习近平新时代中国特色社会主义思想锻造政法铁军专题研讨班，引领政法领导干部带头讲政治，确保政法工作始终在正确政治方向上前进。实施“红色根脉强基工程”，深入开展“最强党支部”创建。完善省市县三级常态化分类教育培训体系，大抓岗位练兵、实战实训、技能比武等活动，加强与法学院校合作交流，首次举办全省乡镇（街道）政法委员培训班。会同省纪委监委建立落实政法系统纪律作风建设联席会议制度，构建完善以条为主、条块结合的纪律作风督查巡查工作格局。全年查处违纪违法干警同比下降7.8%。完善政法干警职业保障和从优待警体系，落实战时激励机制，开展先进表彰活动。各级政法单位保护机构共办理干警依法履职受侵害案件1300余起，公布典型案例95个，推动完善政法职业保障，开展因公牺牲伤残干警认定、资金保障调研，推动全省政法单位健全政法干警身心健康保护机制，落实关爱扶助因公牺牲伤残干警家庭政策，进一步加大维护干警合法权益，创造良好执法环境工作力度。

会议活动

全省坚持和发展新时代“枫桥经验”大会

11月29日，全省坚持和发展新时代“枫桥经验”大会在诸暨召开。

会议强调，要坚持以习近平新时代中国特色社会主义思想为指导，深入学习贯彻习近平法治思想、习近平总书记考察浙江重要讲话精神，认真落实纪念毛泽东同志批示学习推广“枫桥经验”60周年暨习近平总书记指示坚持发展“枫桥经验”20周年大会部署要求，坚持和发展新时代“枫桥经验”，提升矛盾纠纷预防化解法治化水平，加快走出新时代基层治理的善治之路，为持续推动“八八战略”走深走实，在奋力推进中国式现代化新征程上勇当先行者、谱写新篇章创造更加安全稳定的社会环境。

会议指出，这些年来特别是“枫桥经验”55周年纪念大会以来，各地各部门把坚持和发展新时代“枫桥经验”作为深入实施“八八战略”的重要保证和平安建设的总抓手，突出“群众唱主角、干部来引导、德法加智治、有事当地了”，掌握了坚持党建统领基层治理的工作主动，筑牢了有效防范化解重大风险的第一道防线，形成了既有秩序、又有活力的治理格局，迈出了打造社会治理共同体的坚实步伐，增强了推动基层治理变革重塑的强劲动能。

会议要求，牢牢把握新时代“枫桥经验”的实践要求，立足预防、立足调解、立足法治、立足基层，聚焦服务更大场景，自觉扛起坚持和发展新时代“枫桥经验”的使命担当；聚焦回应更新诉求，着力解决人民群众急难愁盼问题；聚焦凸显更优方式，把矛盾纠纷预防化解工作全面纳入法治轨道；聚焦实现更高效能，提升基层治理现代化水平；聚焦锻造更强本领，不断筑牢维护国家安全和社会稳定的根基，着力在推进基层治理现代化上走前列、作示范。

文件选辑

浙江省平安建设条例

（2023 年 5 月 26 日浙江省第十四届人民代表大会常务委员会第三次会议通过）

第一章　总　则

第一条　为了高水平推进平安浙江、平安中国示范区建设，构建共建共治共享社会治理格局，维护国家安全、社会安定和人民安宁，根据有关法律、行政法规，结合本省实际，制定本条例。

第二条　本省行政区域内平安建设及其监督管理活动，适用本条例。

第三条　平安建设工作坚持中国共产党的领导，坚持以人民为中心，贯彻落实总体国家安全观，坚持统筹发展和安全，坚持和发展新时代“枫桥经验”，传承和践行“浦江经验”，坚持系统治理、综合治理、源头治理和专项治理相结合，坚持与法治浙江建设一体推进。

第四条　平安建设的主要任务包括：

（一）维护国家政治安全；

（二）防范和化解重点领域风险；

（三）预防和依法打击各类违法犯罪行为；

（四）健全社会治安防控体系和公共安全保障体系；

（五）加强安全生产、消防安全和应急管理工作；

（六）健全网络综合治理体系；

（七）健全基层社会治理体系；

（八）推进社会矛盾纠纷多元预防调处化解；

（九）开展平安创建活动；

（十）国家和省规定的其他平安建设任务。

第五条　平安建设是全社会的共同责任。任何单位和个人都有维护社会安全的责任，有权对危害社会安全的行为进行举报。

国家机关、人民团体、企业事业单位和基层群众性自治组织应当落实平安建设责任，健全内部风险防控责任制度，完善各项安全防控措施，共同做好平安建设工作。

行业协会、商会等社会组织应当发挥行业自律作用，支持和指导会员参与平安建设。

公民应当遵守法律和社会公德，增强自我防护意识，提高安全防范能力，教育未成年子女遵纪守法，保持和谐的家庭和邻里关系。鼓励公民参与平安建设，对平安建设工作提出意见和建议。

第六条　对平安建设工作中作出显著成绩的单位和个人，按照国家和省有关规定给予表彰、奖励。

支持见义勇为行为，对见义勇为人员应当按照有关法律法规予以奖励和保护。

第二章　工作体制

第七条　省、设区的市、县（市、区）平安建设组织协调机构（以下简称“平安建设组织协调机构”），负责组织协调、督促推进本行政区域内的平安建设工作，具体履行下列职责：

（一）组织宣传和实施平安建设相关法律、法规、政策；

（二）协调和指导有关部门、单位开展平安建设工作，督促落实平安建设责任；

（三）定期分析平安建设形势和重大问题，提出深化平安建设的政策建议；

（四）组织开展平安建设督导检查、考核评估以及奖励工作；

（五）国家和省规定的其他职责。

平安建设组织协调机构根据平安建设工作需要，确定相关单位作为平安建设成员单位。平安建设组织协调机构设立的办事机构负责日常工作。

乡镇、街道应当明确负责平安建设有关工作机构及其职责，加强平安建设力量。

第八条　平安建设组织协调机构及其办事机构应当建立工作协调机制，加强信息共享、会商研判和执法司法协作，统筹协调平安建设成员单位推进相关工作。

平安建设成员单位根据职责分工和平安建设组织协调机构的统一部署，指导、管理本行业、本系统的平安建设工作，按照规定向本级平安建设组织协调机构报告平安建设情况。

第九条 县级以上人民政府应当将平安建设纳入国民经济和社会发展规划纲要，加强平安建设基础设施、人员和装备保障，并将平安建设所需经费纳入本级财政预算。

乡镇人民政府、街道办事处负责本辖区平安建设有关工作，组织开展平安建设宣传教育，落实专项治理和检查等工作。

第十条 平安建设工作实行领导责任制和目标管理责任制。

平安建设组织协调机构应当组织制定本行政区域内的平安建设中长期工作目标和年度工作目标。平安建设成员单位应当根据工作职责，明确工作任务和责任人，落实目标管理责任。

第十一条 本省建立健全与周边省、直辖市或者其他在本省流动人口较多地区的平安建设合作机制，在信息共享、重大突发事件处置、生态环境保护、矛盾风险防范与化解、打击违法犯罪等方面加强协作，促进平安建设协同发展。

第三章 风险防控

第十二条 平安建设组织协调机构应当建立和完善社会风险防控工作体系，明确平安建设成员单位社会风险防控的责任，建立健全社会风险监测、预警、处置和反馈制度，形成社会风险协同防控和闭环管控机制，实现精准、高效防范和处置社会风险。

第十三条 平安建设成员单位应当按照规定职责建立健全社会风险隐患排查和预警制度，组织开展社会风险隐患排查工作，加强对重点区域、重点行业、重点人群的风险隐患排查，强化风险研判，并按照国家和省有关规定报告和发布社会风险预警信息。

第十四条 平安建设组织协调机构及其办事机构、各级人民政府及有关部门应当及时分析社会风险隐患发生的原因，总结处置工作的经验教训，制定并落实改进措施，从源头上防范和减少各类社会风险，降低社会风险负面影响。

第十五条 平安建设组织协调机构应当建立健全平安形势分析机制，组织有关部门、单位和专家，定期分析研判社会风险隐患，提出对策建议和改进措施，并督促有关部门、单位落实。

第十六条 各级人民政府及有关部门应当加强社会风险隐患治理，完善突发事件应急预案，依法及时妥善处置发现的社会风险隐患；社会风险引发突发事件的，应当按照规定启动应急响应和处置。

第十七条 企业事业单位、基层群众性自治组织和其他社会组织应当依法开展社会风险隐患排查，定期排查、及时消除社会风险隐患，并按照规定及时向相关管理部门报告。

第十八条 各级人民政府及有关部门、企业事业单位、社会团体作出可能对社会稳定、公共安全等造成较大影响的重大决策事项的，应当在决策前按照国家和省有关规定进行社会风险评估，制定社会风险防范措施和处置预案。

平安建设组织协调机构及其办事机构应当加强对重大决策社会风险评估工作的指导、监督和管理。

第十九条 卫生健康主管部门应当会同公安、司法行政、教育、民政等部门建立健全社会心理服务体系和危机干预机制，建设基层社会心理服务平台，加强未成年人、残疾人、老年人等重点人群人文关怀、精神慰藉和心理健康服务。

本省健全行政执法机关、司法机关、法律法规授权的具有管理公共事务职能的组织与社会心理服务机构的工作衔接机制，为刑满释放人员、涉邪教人员、吸毒人员、严重精神障碍患者等提供心理辅导、心理危机干预、教育转化和跟踪帮扶等服务。

第四章 重点防治

第二十条 本省推进政治安全体系和能力建设，维护国家政权安全、制度安全和意识形态安全，严密防范和依法打击各种渗透颠覆破坏活动、暴力恐怖活动、民族分裂活动、宗教极端活动、邪教活动以及其他危害国家安全等违法犯罪行为，开展意识形态领域斗争，防范化解政治安全风险。

第二十一条 县级以上人民政府应当健全粮食、供水、能源等涉及国计民生的生产生活必需品的安全保障体系，严格落实安全责任制，维护国家安全和社会稳定。

第二十二条 县级以上人民政府及有关部门应当按照打防结合、整体防控、专群结合、群防群治的原则，构建立体化、法治化、专业化、智能化的社会治安整体防控体系，保障公共安全。

第二十三条 县级以上人民政府应当组织有关部门定期对人员密集场所和重要场所进行风险评估

和等级划分，制定防范标准，统筹部署和规划安全保卫力量，督促落实治安、消防等安全防范措施。

第二十四条 县级以上人民政府应当加强对大型活动安全管理工作的领导，建立工作协调机制，采取必要保障措施，组织有关部门做好安全管理工作。

县级以上人民政府直接举办大型活动的，应当确定牵头部门，明确相关部门安全保卫职责，组织制定安全保卫工作方案。

企业事业单位和其他社会组织举办或者承办大型活动的，应当依法报经批准或者备案，并按照规定要求制定安全检查、防控和人群疏散方案以及应急预案，明确责任人，落实防控措施。

第二十五条 各级人民政府及有关部门应当依法保障校园安全，监督、指导学校、幼儿园等单位落实安全责任，建立突发事件的报告、处置和协调机制。

教育主管部门应当会同公安、消防救援、卫生健康等部门加强校园安全管理，指导和协助中小学校、幼儿园等单位完善人防、物防、技防措施，加强法治宣传和安全教育，并将交通出行、健康上网、毒品预防、心理健康、应急逃生、消防知识和防欺凌、防溺水、防诈骗、防拐卖、防性侵等方面知识纳入教育教学内容。

中小学校应当建立留守学生、困境学生档案，配合政府有关部门做好关爱帮扶工作。

第二十六条 各级人民政府及有关部门依法维护学校周边秩序，为学校提供安全保障。

公安、综合行政执法、市场监督管理、文化旅游等部门应当加强对学校周边巡查检查，及时疏导校园周边道路交通，依法查处违章停车、占道经营、售卖危害未成年人身心健康内容的物品等行为。

第二十七条 省人民政府应当将专门教育发展和专门学校建设纳入国民经济和社会发展规划纲要。县级以上人民政府应当根据需要合理设置专门学校，推进专门学校规范化建设。

县级以上人民政府应当健全教育矫治有严重不良行为未成年人工作体系，预防和减少未成年人违法犯罪。

第二十八条 县级以上人民政府应当加强对安全生产工作的领导，建立健全安全生产工作协调制度。负有安全生产监督管理职责的部门应当加强危险化学品、烟花爆竹、燃气、矿山、建筑施工、交通运输、特种设备、渔业生产等重点行业领域安全生产监管执法，督促生产经营单位遵守安全生产法律法规，预防和减少生产安全事故。

生产经营单位应当依法落实安全生产主体责任，建立健全全员安全生产责任制，构建安全风险分级管控和隐患排查治理双重预防机制，提高安全生产水平，保障安全生产。

第二十九条 县级以上人民政府应当建立金融风险防范和化解工作机制，制定金融风险突发事件应急预案，防范、化解和稳妥处置各类金融风险。

金融监督管理部门应当会同网信、公安等部门建立健全金融风险监测防控体系，运用数字化等手段加强对金融风险的监测和预警。

银行业金融机构、非银行支付机构应当加强对资金异常流动情况、非法资金外流通道和其他非法金融活动的监测，及时向金融监督管理部门报告涉嫌金融违法行为的线索，履行风险提示义务。

第三十条 省、设区的市、县（市、区）应当建立健全网络综合治理体系，完善网络安全、数据安全和个人信息保护制度，健全数据安全风险评估、报告、信息共享、监测预警、应急处置机制。

网信、公安、电信等部门应当加强关键信息基础设施和重要信息系统运行安全、网络信息安全、数据安全监督管理和保护工作，防范、制止和依法惩治网络攻击、网络入侵、网络窃密、散布违法有害信息等网络违法犯罪行为。

第三十一条 县级以上人民政府应当建立健全打击治理电信网络诈骗工作协调机制，确定反电信网络诈骗目标任务，开展综合治理。

公安机关牵头负责反电信网络诈骗工作，依法惩处电信网络诈骗等违法行为，加强电信网络诈骗预警宣传，推送安全提示信息，会同有关部门建立健全信息共享、会商研判、违法信息拦截、预警劝阻、协调处置等机制，实现即时查询、紧急止付、快速冻结。

电信业务经营者、银行业金融机构、非银行支付机构、互联网服务提供者应当加强电信网络诈骗风险监测，发现涉嫌违法犯罪信息的，应当及时向客户作出风险提示，按照规定采取阻断措施并向公安等有关部门报告。

第三十二条 食品安全监督管理部门应当会同有关部门加强食品安全监督管理，根据食品安全风险监测、风险评估结果和食品安全状况等，确定监督管理的重点、方式和频次，实施风险分级管理。

药品监督管理部门应当加强对药品研制、生产、经营、使用全过程的监督管理，保证药品质量，保障公众用药安全。

第三十三条　交通运输、邮政管理、公安等部门应当按照各自职责，做好物流寄递行业的监督管理工作，依法惩处利用物流寄递渠道进行的各种违法犯罪活动。

铁路、公路、水上、航空的货运和邮政、快递等物流运营单位应当按照规定落实安全查验制度；对拒绝安全查验的物品或者发现禁止运输、寄递和存在重大安全隐患的物品，不得提供运输、寄递服务；对存在重大安全隐患的物品应当及时向有关部门报告。

第三十四条　县级以上人民政府应当建立健全突发公共卫生事件监测预警处置机制，加强疾病预防控制、医疗救治和相关科技支撑、物资保障体系建设，完善风险评估、流行病学调查、检验检测、疫情报告、应急处置、联防联控、精密智控等制度，提高应对和防范化解突发公共卫生事件的能力。

第三十五条　县级以上人民政府应当建立健全生态环境保护机制和地上地下、陆海统筹的生态环境治理制度，督促有关部门依法及时查处生态环境违法案件，落实生态环境损害赔偿和修复制度，维护生态环境安全。

第三十六条　沿海县级以上人民政府应当坚持陆海统筹、预防为主、防治结合的原则，建立健全近岸海域管控协调机制和联合执法制度，维护近岸海域安全和国家海洋权益。

沿海地区有关部门应当按照规定加强对沿海船舶和相关人员、物品的监督检查，及时发现并依法处置安全隐患。

第三十七条　省、设区的市、县（市、区）应当建立健全常态化扫黑除恶工作机制，完善涉黑涉恶案件线索移送、办理机制，坚持打小打早、源头防控。

公安机关应当会同有关部门建立健全涉黑涉恶案件线索举报奖励制度，落实举报人和证人保护措施。有关部门发现涉黑涉恶违法犯罪线索的，应当及时移送公安机关。

监察机关、人民法院、人民检察院、公安机关及有关部门应当按照规定职责，互相配合、互相制约，常态化开展扫黑除恶、打伞破网工作，预防和依法打击有组织犯罪、涉黄赌毒等违法犯罪行为。

第五章　基层社会治理

第三十八条　本省建立健全党委领导、政府负责、民主协商、社会协同、公众参与、法治保障、科技支撑的城乡基层社会治理体系，明确设区的市、县（市、区）、乡镇、街道在基层社会治理中的统筹协调、落实执行的职责任务，实现政府治理与社会调节、居民自治良性互动，提高社会治理现代化水平。

各级人民政府及有关部门应当推进自治、法治、德治、智治相融合的基层社会治理体系建设，畅通和规范群众诉求表达、利益协调、权益保障通道，完善正确处理新形势下人民内部矛盾机制，及时把矛盾纠纷化解在基层、消除在萌芽状态。

第三十九条　县（市、区）设立社会治理综合机构，整合有关资源、人员、设施，为解决人民群众诉求提供一站式服务。

县（市、区）应当建立健全社会治理综合机构运行管理机制，明确社会治理综合机构、有关部门和单位的职责，协同高效解决人民群众诉求。

第四十条　本省推进乡镇、街道基层社会治理平台的建设。县（市、区）应当按照规定明确平台管理责任主体及其职责和运行、维护要求，提高基层社会治理能力。

第四十一条　省、设区的市平安建设组织协调机构应当组织平安建设成员单位建立健全网格化管理制度，明确网格事务准入清单，推进基层网格规范化、标准化建设，提升网格治理效能。

县（市、区）平安建设组织协调机构应当按照规定明确网格划分标准和管理措施。乡镇人民政府、街道办事处应当按照规定划分网格，配备网格管理人员和专职（兼职）网格员，落实管理措施，加强网格日常管理。

县（市、区）人民政府和乡镇人民政府、街道办事处应当建立健全网格员招聘、管理、培训和考核制度。

第四十二条　村（居）民委员会协助开展平安建设工作，发动村（居）民参与群防群治，开展社会治安巡防、安全隐患排查、矛盾纠纷化解、社区矫正帮扶、政策宣传等。

鼓励和支持村、社区将平安建设有关内容依法纳入村规民约、居民公约。

第四十三条　各级人民政府及有关部门应当将物业管理纳入社区治理体系，促进物业服务企业融入社区治理。

各级人民政府及有关部门可以通过提供补贴等方式，支持物业服务企业参与应对突发事件状态下的社会服务和社区治理工作。

鼓励、支持业主大会和业主委员会参与平安建设，化解邻里矛盾纠纷、维护业主合法权益，参与社区治理。

第四十四条 各级人民政府及有关部门、人民法院、人民检察院应当建立健全社会矛盾纠纷多元预防调处化解机制，完善人民调解、行政调解、司法调解联动工作体系，推动调解、仲裁、行政裁决、行政复议、诉讼等有机衔接，依法及时化解社会矛盾纠纷。

司法行政部门应当加强对人民调解委员会的指导与规范，发展行业性、专业性、联合性人民调解组织，发挥人民调解组织在化解矛盾纠纷中的作用。

第四十五条 本省推动诉讼与非诉讼解决矛盾纠纷方式有机衔接，加强诉前委托调解、委派调解，引导、支持当事人通过非诉讼方式解决矛盾纠纷。

平安建设组织协调机构应当组织协调人民法院、司法行政等单位，建立健全诉讼与非诉讼的分流机制，并在程序、效力和执行等方面加强衔接。

第四十六条 本省坚持和完善领导干部下访接访制度，落实信访工作责任制，实行属地管理、分级负责，谁主管、谁负责，依法及时解决群众合法合理诉求，维护群众合法权益。

信访部门应当加强对本地区信访工作的协调、指导，依法受理、转送、交办信访事项，协调解决重要信访问题，督促检查重要信访事项的处理和落实，指导本级其他机关、单位和下级的信访工作，分析研究信访情况，提出改进工作、完善政策和追究责任的建议。

第四十七条 各级人民政府及有关部门应当按照规定职责，做好刑满释放人员、涉邪教人员、吸毒人员的帮扶和信用修复等工作，相关人员及其配偶、子女在就业、就学和社会保障等方面的权利应当依法予以保护。

第四十八条 省平安建设组织协调机构可以组织开展平安市、平安县（市、区）示范创建活动。

有关部门在平安建设组织协调机构的指导下，可以开展本行业的平安单位创建工作。

第六章 数字平安建设

第四十九条 省平安建设组织协调机构应当组织平安建设成员单位，依托一体化智能化公共数据平台，整合平安建设相关数字化应用和资源，综合集成平安建设各领域数据，打造具有监测、预警、防控、处置等功能的全省统一的数字平安系统，提升数字平安建设水平。

各级人民政府及有关部门应当按照国家和省有关规定开展平安建设相关业务数据采集、交换、共享、加工、研判等工作，及时向数字平安系统提供相关数据，并保障数据安全。

第五十条 省平安建设组织协调机构应当推进数字平安系统风险预测中的预警防控应用建设，综合集成矛盾化解、社会治安、依法治网、行业监管等社会风险数据，加强平安建设各项核心指标分析、研判，提升社会风险识别、预警、防范、处置的准确性、及时性和科学性。

第五十一条 数据管理部门应当会同有关部门完善平安建设数据汇集共享机制，推动数据跨部门、跨区域、跨层级有序流动，实现平安建设业务协同。

第五十二条 县（市、区）人民政府和乡镇人民政府、街道办事处应当按照国家和省数字平安建设的要求，加强县级社会治理综合机构和基层社会治理平台的数字化建设，可以依托数字平安系统开发、运用相应平安建设特色应用场景，提高基层社会治理能力。

第五十三条 平安建设组织协调机构应当组织有关部门推进互联网、物联网、大数据、人工智能与平安建设的深度融合，统筹推进公共视频监控系统的建设和联网应用，发挥公共视频监控系统在防范风险、调处矛盾纠纷、信息化核查、打击违法犯罪等方面的作用。

第五十四条 平安建设组织协调机构、各级人民政府及有关部门应当运用数字平安系统加强数据分析、研判，发挥大数据在社会风险防控、基层社会治理以及平安建设决策、管理和服务方面的作用。

第五十五条 县级以上人民政府及公安、住房城乡建设、数据管理、消防救援等部门应当按照职责分工，推进智慧平安社区网络建设，提升智能化安防水平。

第七章 保障措施

第五十六条 平安建设组织协调机构应当按照规定组织开展平安建设宣传教育，为平安建设营造良好社会氛围。

国家机关应当落实普法责任制，引导群众依法维护自身合法权益，不断增强全社会的法治意识。

新闻媒体应当开展平安建设工作和先进典型事迹的宣传，加强对有关违法行为的舆论监督。

每年5月第二周为平安浙江文化周。

第五十七条　各级人民政府及有关部门、人民法院、人民检察院应当严格规范公正文明执法和司法，全面落实行政执法责任制和司法责任制，完善综合行政执法体系，建立健全执法司法制约监督机制，提升执法司法的质量、效率和公信力。

第五十八条　各级人民政府及有关部门应当整合律师、公证、司法鉴定、调解、仲裁、法律援助等公共法律服务资源，加快推进现代公共法律服务体系建设，提升公共法律服务能力和水平，为平安建设提供全方位法律服务。

各级法学会应当完善首席法律咨询专家制度，为平安建设有关重大决策、重大矛盾纠纷调处化解等提出专业咨询意见。

第五十九条　工会、共产主义青年团、妇女联合会、残疾人联合会等团体应当结合各自职责和工作特点，依法维护职工、未成年人、妇女、残疾人、老年人等的合法权益，做好平安建设相关工作。

各级人民政府及有关部门应当建立健全志愿服务组织和志愿者参与平安建设工作的机制和渠道，完善相应培训、激励和管理制度，为志愿服务提供保障。

各级人民政府及有关部门可以依法通过购买服务等方式，支持社会组织参加平安建设有关工作。

第六十条　平安建设组织协调机构应当建立健全社会风险督导检查制度和重点区域、突出问题挂牌督办制度，通过检查、暗访等方式，查找社会风险隐患和平安建设存在的突出问题，督促有关地区、部门和单位采取相应措施及时整改。

第六十一条　县级以上人民代表大会常务委员会应当依法加强对平安建设工作的监督。

人民法院、人民检察院发现有关部门和单位在平安建设工作中存在突出问题或者重大风险隐患的，应当依法提出司法建议、检察建议，有关部门和单位应当及时研究处理并反馈处理情况。

有关部门和单位开展平安建设活动应当主动接受新闻媒体的舆论监督和公众的社会监督。

第八章　考核与责任追究

第六十二条　本省建立健全平安建设考核制度。平安建设考核评价结果纳入综合考核评价。

对平安建设工作成绩突出的地区，可以由省授予平安市、平安县（市、区）称号。

实施平安建设考核，可以委托第三方机构开展平安建设参与率、满意率、知晓率等调查。

有关部门、单位应当对平安建设考核涉及的信息和资料的真实性、完整性、准确性负责，不得瞒报、漏报、拒报。

第六十三条　省平安建设组织协调机构应当建立健全平安建设考核评价体系，优化考核评价标准和指标，合理确定考核责任，提升平安建设考核工作的科学性、规范性和公正性。

第六十四条　省平安建设组织协调机构的办事机构定期向社会公布平安浙江指数。

省平安建设组织协调机构应当组织省有关部门建立健全平安浙江指数评价体系，合理设置指标和权重，明确核算方法、数据来源和统计口径等，全面、客观评价设区的市、县（市、区）平安建设状况。

第六十五条　有关地区、部门和单位违反本条例规定，未履行或者未正确履行平安建设职责，有下列情形之一的，可以由平安建设组织协调机构予以约谈、通报、挂牌督办，并责令限期整改；情节严重的，由有权机关对负有责任的领导人员和直接责任人员按照国家和省有关规定予以处理：

（一）未落实平安建设工作措施，基层基础工作薄弱，致使社会治安秩序混乱的；

（二）发生重大、特别重大或者在较短时间内连续发生较大的危害国家安全事件、群体性事件、刑事犯罪案件、生产安全事故、公共安全事件、火灾事故、道路交通事故、网络安全事件、生态环境污染事件的；

（三）平安建设考核评价不合格、不达标的；

（四）对平安建设的重点区域和突出问题未采取有效措施治理的；

（五）瞒报、漏报、拒报平安建设考核数据的；

（六）国家和省规定的其他情形。

有关地区、部门和单位受到挂牌督办的，其主要负责人、分管负责人和直接责任人员在整改期限内不得评优评先；情节严重的，取消有关地区、部门和单位在整改期限内评选综合性荣誉称号的资格。

第九章　附　则

第六十六条　本条例自2023年7月1日起施行。《浙江省社会治安综合治理条例》同时废止。

——特色专栏——

探索与实践杭州亚运会维稳安保新模式

浙江省委政法委

2023年，举世瞩目、盛况空前的杭州第19届亚运会和第4届亚残运会在浙江杭州成功举办。为杭州亚运会亚残运会营造安全稳定、和谐有序的社会环境，是浙江政法维稳战线的光荣使命，也是重大考验。浙江政法维稳战线深入学习贯彻总书记关于“安全是重大体育赛事必须坚守的底线，要突出‘简约、安全、精彩’的办赛要求，全面防范化解各种风险”重要指示精神，坚持人民至上、安全第一，始终树牢“100－1＝0”的理念，积极探索践行“智能、无感、动态、和谐”维稳安保模式，周密落实各项维稳安保措施，筑牢了万无一失的平安亚运安全防线。

一、杭亚维稳安保新模式理念

从性质上看，杭州亚运维稳安保与以往的重大活动维稳安保有很大不同。

一是举办一届“简约、安全、精彩”的亚运盛会，是我国对国际社会的庄严承诺，是对中国式现代化建设成色的全方位检验。必须在这一办赛要求和方向指引下，思考、谋划和把握维稳安保工作的定位。

二是体育赛事是群众性盛会，热情欢乐是主基调，必须做到内外有别、内紧外松、张弛有度。

三是杭州亚运会是展现大国和平、自信、包容、开放形象的重要窗口。

四是维稳安保工作的出发点和落脚点是为民，必须处处体现以人民为中心，最大限度减少办赛对群众正常生产生活的影响，必须坚持以赛兴城、办赛惠民的理念，最大程度提升人民群众的获得感、幸福感、安全感。

基于以上因素，创新提出“智能、无感、动态、和谐”的理念，并以此为引领，探索实行杭亚维稳安保模式，作为浙江实践“现代型”维稳安保模式的一次有益尝试。

二、杭亚维稳安保新模式内涵特征

一是“智能”，即数网指挥、精密智控。充分运用了5G、云计算、物联网、大数据、人工智能等前沿科技，真正做到了“以算力换人力、以智力增能力”。比如，研发全省亚运安保指挥平台，将参战警力、点位信息等全部“数据化”，实现“一屏统管、一点直达、一键指挥、一呼百应”。杭州亚运会开闭幕式创造了7.1万人“3小时进场、40分钟散场”的集散纪录，向全世界呈现“现象级”演绎。

二是“无感”，即安全有感、管理无感。探索应用了人脸识别、行为分析等无感监测、无感查控和无感安检技术，实现了对安保管控过程中的无感化管理，最大程度降低了活动参与者的不适感。比如，创新车辆核查工作新模式，通过入浙检查互信、省内“24小时最多检一次”、“白名单”快通等平台和机制，变“全量查控、逢车必查”为“精准预警、逢疑必查”，变“下车核查”为“开窗刷脸”，核查时间从原有的平均每辆车3分钟缩减到15秒以内。

三是“动态”，即韧性治理、动态平衡。改变以往“就稳定抓稳定”、简单依靠打压管控硬性维稳、“运动式执法”等做法，提出韧性治理概念，通过刚柔并济的治理、灵活适应的治理、预防在先的治理、常态长效的治理，来整体提升安全稳定的韧性和水平。

四是“和谐”，即既保安全，又保民生。坚持和发展新时代“枫桥经验”，充分考虑社会心态和群众心理变化，把人民满意作为检验维稳安保工作成效的最终标准，始终坚持保安全和保民生相统一，在确保绝对安全的前提下，把便民利民体现到维稳安保工作各方面、全过程。全面做到不停工、不停产，科学合理规划管控管制区域、时段，在每次出台相关管制措施时，都会认真组织开展社会风险评估，防止引发次生风险。

三、杭亚维稳安保工作成效

杭州亚运会的成功举办留下了宝贵财富。从维稳安保工作的角度看，除了确保平安亚运万无一失外，还取得以下四个方面的效果：

一是积累了重大活动维稳安保丰富经验。经过杭州亚运安保这场实战大考，在要人警卫、重要场次活动安保、场馆安保、赛事安保等方面都积累了大量经验。

二是构建完善了线上线下融合的维稳安保工作体系。在构建科学安保指挥体系方面，通过充分发挥浙江的“数字高地”的天然优势，在“城市侧”和“赛事侧”分别搭建运行涵盖8个应用场景、贯通6个办赛地的亚运安保指挥平台，融合通信、AR实景等技术，形成集指挥调度、数据汇集、分析研判、应急处置于一体的“1+6+10+N”整体架构，实现安保一屏掌控、一键指挥。经过迭代完善，这一宝贵财富也能应用于其他安保场景中。

三是夯实了社会稳定基层基础。通过多轮次的风险隐患大排查大起底大整治、平安护航亚运百日攻坚等行动，对各类风险隐患做到了底数清、情况明。充分发挥“一中心四平台一网格”基层社会治理体系作用，统筹调动各类基层力量，形成了矛盾纠纷化解“136”工作格局（10%化解在县级，30%化解在乡镇、街道，60%化解在村、社区和网格），切实做到了“小事不出村、大事不出镇、矛盾不上交”。

四是提升了本质安全水平。通过深入开展护航亚运集中统一攻坚行动和夏季治安打击整治行动，严密落实打防管治各项举措，波次推进重点领域集中攻坚，促使社会治安、公共安全等风险隐患得到了一次全面梳理、集中清除，本质安全水平显著提升，人民群众的获得感、幸福感、安全感持续增强。

坚持和发展新时代“枫桥经验”
加快推进新时代人民法庭现代化建设

浙江省高级人民法院

人民法庭根植基层，处在化解矛盾第一线、司法为民最前沿，是坚持和发展新时代“枫桥经验”、推动社会治理重心向基层下移、服务乡村振兴战略实施、护航平安建设的重要参与者、积极实践者。近年来，浙江法院在各级党委的坚强领导下，把人民法庭工作摆在重要位置，优化法庭布局、健全运行机制、发挥职能作用，为全面推进乡村振兴、促推基层治理体系和治理能力现代化提供了有力司法保障。

一、改革优化布局，努力打通服务群众“最后一公里”

针对浙江省人民法庭设置偏少、服务半径过大问题，争取省委出台《改革和优化人民法庭布局加强人民法庭建设的实施意见》，法庭总数从2019年的243家增至339家，形成了设置合理、系统完备、运行高效的人民法庭布局新体系。加强党建引领，全面落实“支部建在庭上”要求，339家法庭均成立单独党支部或联合党支部，以党建带队建促审判，实现了党的组织和法庭工作全面融合。贯彻落实中央、省委“枫桥式人民法庭”创建部署，制定《“枫桥式人民法庭”建设工作方案》，坚持全面建设和重点培育相结合，全面提升全省人民法庭在党建引领、司法为民、审判质效、基层治理等各方面的能力水平，形成了一批特色鲜明、业绩突出、群众认可的人民法庭工作品牌。

二、抓实提质增效，让人民群众切实感受到公平正义就在身边

聚焦“公正与效率”主题，不断完善司法便民利民措施，持续提升人民法庭服务群众的能力和水平。

一是推进诉调融合便利化。牢牢树立诉调融合理念，努力实质化解群众纠纷。全省人民法庭员额法官年均结案量为324件，平均民事案件调撤率为76%，平均结案时间为56.49天，审判质量、效率和效果持续优化。

二是推进立审执一体化。建设人民法庭一站式诉讼服务中心，形成“一站式受理、一揽子调处、全链条解决”的闭环化解模式。全省127家人民法庭建立“立审执一体化”办案模式，118家法庭直接办理执行案件共计12.24万件，高效兑现当事人胜诉权益。

三是推进诉讼服务人性化。加强对老年人、残疾人、妇女儿童等弱势群体的诉讼指导，221家法庭开通适老助残绿色窗口，提供法律援助4968次，让经济有困难的弱势群体打得起官司。山区、海岛法庭灵活调整工作时间和地点，利用伏季休渔期渔船归港、夜间渔民返航时间节点等错峰开庭、巡回审判，有效满足群众司法需求。

三、做实为大局服务，努力为基层治理现代化赋能增效

紧扣司法服务保障乡村振兴、共同富裕示范区建设的需要，找准法庭工作精准发力的切入点。

一是主动融入基层社会治理。主动将法庭工作置于党委、政府大治理格局之中，全面推广“党建引领、三治融合、法庭指导”的“龙山经验”，从过去单一“注重办案”向“执法办案与参与治理”并重转变、从“法庭内”向“法庭外”拓展，深度融入社区乡村、综治网格等基层平安细胞，加强对特邀调解员、人民调解员的诉前调解指导，切实将矛盾化解在基层，解决在萌芽状态。全省人民法庭组织普法宣传1.3万余次、巡回审判5442次、典型案例宣讲4800次，培育了一大批乡村“法治带头人”，提升了基层社会的法治意识、法治思维、法治精神，助力打造共建共治共享的基层治理格局。

二是有力服务保障乡村振兴。聚焦全面推进乡村振兴、共同富裕示范区建设、城乡公共服务均等化等工作重点，充分发挥人民法庭区位优势、专业优势，妥善化解涉“三农”领域纠纷，依法维护农民合法权益，推动乡村文明进步，为持续擦亮“千万工程”金名片等提供有力司法保障。

三是着力打造法治化营商环境。立足人民法庭辖区产业发展需求，设立26家功能区法庭集中审理特定类型案件，支持辖区涉企纠纷调解室建设，加强对商会等行业性、专业性调解组织调解工作的指导，以小法庭提供大服务，高效便利化解涉企纠纷，服务保障特色产业健康发展，切实将司法职能转化为营商效能。

四、强化数字赋能，大力推进共享法庭建设

争取省“两办”出台《关于全面加强“共享法庭”建设健全“四治融合”城乡基层治理体系的指导意见》，依托数字化手段，“不增编不建房，一根网线一块屏”，把指导调解、化解纠纷、线上诉讼、普法宣传、基层治理等司法服务送到群众家门口，送法下乡，种法进乡，努力打造学习宣传贯彻习近平法治思想的基层阵地，打造一站式诉讼服务、一站式多元解纷、一站式基层治理的最小支点。全省建成共享法庭2.7万个，覆盖100%镇街、97%以上村社，以及众多行业协会、调解组织、社会团体等，累计指导调解86万件次，化解矛盾纠纷66万件，纠纷就地化解率76.5%，开展网上立案、在线诉讼、协助执行71.7万件次，组织普法宣传23.9万场，调解培训15.3万场，得到基层和群众的广泛好评。

以“枫桥式检察室”建设牵引检力下沉强化监督

浙江省人民检察院

2023年以来，浙江检察机关深入学习贯彻习近平总书记关于坚持和发展新时代“枫桥经验”的重要论述，坚决扛起“枫桥经验”发源地和率先实践地的使命责任，以“枫桥式检察室”建设为牵引，聚力深化思想认识、把握目标定位、创新机制载体，推进检力下沉强化监督，取得了显著成效。

一、深化思想认识，系统谋划推进工作

浙江省人民检察院党组结合主题教育，深刻学习领会新时代“枫桥经验”的科学内涵和实践要求，全面调研形成了以“枫桥式检察室”建设牵引、推进检力下沉强化监督的工作思路，制定《关于坚持和发展新时代“枫桥经验”建设“枫桥式检察室”的若干意见》，组织召开全省检察机关建设“枫桥式检察室”工作会议、全省检察机关坚持和发展新时代“枫桥经验”大会暨“枫桥式检察室”建设推进会，明确了检察室建设总体目标、履职要求、机制措施和组织保障。各地通过召开联席会议、出台制度规范、培育典型案例等，持续深化“枫桥式检察室”建设牵引检力下沉强化监督工作，全省上下形成了基层基础建设不断夯实、法律监督职能履行更加充分的生动局面。

二、把握目标定位，打造“3+N”履职格局

浙江省人民检察院紧扣将新时代“枫桥经验”融入履职办案全过程总体目标，坚持“高质效办好每一个案件”基本价值追求，调研明确了案件办理、矛盾化解、服务群众，以及因地制宜拓展检察职能“3+N”履职格局，带领全省检察机关持续深化检力下沉强化监督。

一是强化监督办案。加大力度办理群众身边的“小案”，持续深化“两所一庭”的监督，2023年，全省基层检察室共办结辖区内轻微刑事案件8951件，对辖区公安派出所、法庭、司法所执法司法活动监督1638件。主动融入“大综合一体化”行政执法改革，对118项赋权至镇（街道）的行政处罚事项开展风险评估，对297件基层行政执法案件开展法律监督。

二是强化矛盾化解。聚焦将矛盾纠纷化解纳入法治轨道，深入开展重复信访积案清理专项行动，深化领导干部下访接访、公开听证等机制，全省基层检察室共回复答复群众来信来访4182件，组织公开听证283次，办理案件和解谅解率达70%以上。

三是强化服务群众。依法妥善办理劳动争议、虚假诉讼、征地拆迁，以及妇女儿童老人特殊群体保护等民生案件，强化权利救济，维护群众权益，全省基层检察室共办理民生案件3024件。持续擦亮“网格+检察”“乡村检察官”“小巷检察官”等品牌，广泛开展形式多样法治宣传，为基层群众举办各类宣讲250余场，提供法律咨询1500余人次。

四是因地制宜履行个性检察职能。各地结合区域实际，建设专业化检察室，公正高效办理涉及产业发展、生态保护、未成年人保护等案件。

三、创新机制载体，放大共建共治共享效应

发挥党建统领基层治理工作优势，创新检力下沉强化监督工作机制载体。持续融入大平安大治理、全省“一盘棋”工作体系。

一是放大联动治理的辐射效应。推动全省12309检察服务中心入驻县级社会治理中心全覆盖，共同做好涉法涉诉矛盾纠纷的调处化解，助力党委、政府及时化解、妥善处置各类风险隐患。推进检察工作进乡村、进社区、进网格，会同基层干部把矛盾纠纷化解在基层、化解在萌芽状态。

二是放大数字赋能的杠杆效应。把省检察院牵头建设的浙江政法一体化办案系统与省平安法治平台、省矛调系统深度衔接，助力矛盾纠纷多元化解。省检察院开发“检察协同共治平台”，全面运行“刑事和解一件事”“公开听证一件事”等应用场景，促使化解矛盾纠纷更加便捷高效、智慧精准。

三是放大基础建设的底座效应。在地方党委领导、政府支持下，全面改造完善检察室办公办案场所，设施设备配备等物质保障不断加强，数字化建设向纵深推进。落实轮岗交流和新入职人员锻炼机制，一大批年纪轻、素质好、能力强、善做群众工作的同志调整充实到检察室开展工作，履职质效、队建成效进一步增强。

创新开展出入境证、身份证、驾驶证照片“一窗通拍、全域应用”改革

浙江省公安厅

2023年，浙江省公安机关始终坚持以人民为中心，聚焦“共富警务”建设，以“公安大脑”建设为牵引，深化公安政务服务改革，从证件照片这一“高频事项”入手，强化顶层设计，以规范标准为先导、以试点先行为引领、以推动发展为目标，创新开展出入境证、身份证、驾驶证照片“一窗通拍、全域应用”改革，并依托长三角警务合作机制，推进证件照片在长三角区域共享调用，着力破解群众“拍照的烦恼”。

一、以系统思维为先导，攻坚重点环节

一是“一窗通拍”做优照片采集。研发“浙里拍照”电脑端、手机端和自助机端等系列产品软件，按最高标准为群众一次拍摄并自动生成护照、身份证、驾驶证3个标准的证件照片，全省有114家单位1156个窗口推出免费的“一窗通拍”服务，平均每天为群众拍摄证件照片5万余张（暑假高峰期8

万余张），每年为群众节约费用近2亿元。

二是“全量归集”做实数据存储。争取公安部和国家移民管理局支持并开通数据接口，贯通出入境、户籍和交管全域业务系统，建设全省统一证件照相片库并与长三角照片库合并，变警种分散存储为集中存储，共归集新版标准采集的证件照片860万张。

三是“全域覆盖”做强共享应用。在公安机关内部实现共享应用基础上，梳理涉照片服务事项应用清单，推动政务服务、公共服务、社会化服务领域和群众个人共享应用，实现“条线应用”到“多跨集成”，全省有19个政府条线的1120家单位在201个服务事项享受照片共享红利；发挥长三角协作机制作用，实现证件照片在三省一市共享应用，变警种内部专用为全域共享，共享调用1020万张次，惠及群众1880余万人次。

二、以规范标准为引领，推动质量提升

一是“试点先行”统一系统框架。重构原有照片采集系统和公安业务系统，形成新的总体流程和系统框架，组织温州、嘉兴、绍兴市公安局和杭州市公安局余杭区分局、临海市公安局试点先行，构建公安采集、个人采集、专业采集和部门应用、个人应用、长三角应用的“三采集三应用”格局。

二是“标准引领”统一建设内容。制定全国首个证件照地方标准，启动证件照片“一窗通拍”与应用规范的省级地方标准编制，制定项目建设指导意见、人像采集和共享应用指引、共享应用接入规范和“一窗通拍、全域应用”建设标准4项内部标准规范，统一“浙里拍照”Logo标识，推动项目建设统一标准规范。

三是“多重防护”守牢安全底线。建立健全安全责任制、预警监督机制和快速响应工作机制，实现可信身份认证和访问控制等安全防范策略，落实数据接口和系统组件合规性审查，严密数据安全审计，全链压实照片采集人和应用人员的安全责任，严防个人信息泄密。

三、以提能增效为目标，推进整体智治

一是“整合优化”再造业务流程。融合不同警种的拍照窗口和警力资源，重塑公安机关和政府部门服务事项办理的业务流，推行证件照片免费拍摄、打印和下载，推动从便捷服务向增值服务升级。依托“浙里办”组件服务，破除数据壁垒，推动“拍照一件事”到“照片应用一类事”的提升。

二是“集成共享”高效利用资源。明确设备使用、更新标准，以软件更新替代硬件购置，85%原有设备得到重新利用，有效避免重复开发、无序竞争，极大节约行政成本。

三是“普惠可及”科学设置点位。综合考虑群众需求度、交通便利度和错位相似度科学设置服务点位，实现证件照片的“就近拍”“一窗拍”“跨域拍”，打造群众家门口的“拍照便利店”，方便群众就近、快速享受拍照服务。

打造多元调解“浙江样板”
擦亮“平安浙江”鲜明底色

浙江省司法厅

2023年，浙江省深入贯彻落实习近平总书记关于“把非诉讼纠纷解决机制挺在前面”的重要指示精神，坚持和发展新时代“枫桥经验”，紧扣中央、省委工作部署，自觉把调解工作置于推进平安浙江建设的战略部署中考量谋划，围绕“畅通多元渠道促解纷、重塑体制机制聚合力、强化工作保障增效能”三方面，提升调解工作现代化水平，着力打造矛盾纠纷调解“浙江模式”，不断增强治理方式韧性，为奋力谱写中国式现代化浙江新篇章营造和谐稳定社会环境。全年共调解案件1071282件，调解成功1067646件，其中疑难复杂案件58126件，涉死亡纠纷6556件，调解“第一道防线”作用不断凸显。

一、坚持多频共振，畅通多元渠道促解纷

一是做好人民调解。部署开展人民调解质效提升专项行动，贯彻落实全国首个省级地方标准《浙江省人民调解工作规范》，大力推进人民调解规范化、专业化、社会化、法治化、品牌化、智能化等“六化”建设，推动人民调解工作重心从增量发展转向内涵式发展。聚焦品牌示范引领，新创建省级金牌调解工作室56家、“金口碑”区域调解品牌3个。

2023 年获评各类省部级先进集体 168 个，先进个人 175 名。

二是做优行业性专业性调解。以社会需求为导向，建立行业性专业性调解组织 1023 个，压实行业主管部门纠纷化解主体责任。聚焦机动车交通事故责任、劳动争议、物业、金融借贷等 4 大类高频成讼纠纷，通过“示范判例 + 行业调解”，带动“类型化”纠纷快速妥善解决。加强商事调解服务水平，在全国率先实现设区市商事调解机构全覆盖。会同省贸促会推进涉外商事调解组织建设，建成省市县涉外商事调解“1 + 11 + N”服务网络，培育各类商事调解组织 100 余家，2023 年共受理涉外商事纠纷案件 1298 件，案件标的额 10.5 亿元。推进律师调解市场化试点，建立完善诉调对接、调解组织管理、流程规范、调解收费等工作机制。

三是做实行政调解。开展行政调解规范化试点，指导海宁市发布首个县域行政调解文书体系和行政调解地方技术性规范。将行政调解规范化情况纳入法治浙江考核，2023 年全省行政调解规范化率达 50%。

二、聚焦协调联动，重塑体制机制聚合力

一是由“事后调”向“事前防”转变。充分发挥调解组织网络密集、调解员根植基层等“前沿”优势作用，围绕全国两会、杭州亚运会亚残运会等重要时间节点，全面开展矛盾纠纷大排查大起底大化解工作，筑牢矛盾纠纷“防火墙”。深入开展法治宣传教育，持续推进公民法治素养提升行动，营造办事依法、遇事找法、解决问题用法、化解矛盾靠法的良好社会氛围。综合集成律师、公证、法援、仲裁等各类法律服务资源，打造“15 分钟公共法律服务圈”，推动矛盾纠纷在法治轨道上化解。

二是由“两头跑”向“全链条”拓展。会同省法院开展诉前调解改革攻坚行动，制定出台《关于加强诉前调解改革的意见》等指导性文件，建立健全财产保全、资金监管、履行监督等机制，综合运用司法确认、赋强公证等方式，赋予调解协议强制执行效力，推动实现诉前调解享受与诉讼案件无差别的司法保障服务。2023 年全省诉前纠纷引调数达 85.8 万件，引调率为 79.03%，诉前调解成功率为 43.62%，民商事纠纷调诉比高达 1.68。

三是由“分散式”向“一站式”整合。依托社会治理中心，实现矛盾纠纷“一窗受理、统一交办”，对内充分调动调解、行政复议、仲裁、律师、公证、法律援助等司法行政资源，提供一站式法律服务；对外联动法院、公安、信访等职能部门，加强衔接联动；对事组建“1 名法官 + 1 名调解员 + X 名专业人员”团队实现兜底，及时调处各类社会矛盾纠纷。全省共 90 个县（市、区）人民调解委员会、448 个行业性专业性调解组织和 1724 名专职调解员进驻中心，25 个县（市、区）司法局或职能科室入驻中心指导调解工作。

三、突出实用实效，强化工作保障增效能

一是强化数字赋能。坚持“综合、集成、管用”工作导向，研发上线与多元调解相配套的“浙里调解”应用，实现与“省矛调协同平台”“浙江解纷码”贯通对接，嵌入公共法律网集群，实现群众诉求“一站式接收、一揽子调处、全链条解决”，提高调解工作质效。平台运行 2 个月以来，线上接收申请 3216 件，公安、法院、信访等部门委托移送 1.2 万余件，调解成功率达 97.19%。

二是强化队伍建设。联合省委政法委、省法院等 7 部门出台《关于加强人民调解员队伍建设的实施意见》，按照县、乡、村人民调解委员会和行业性专业性人民调解委员会“3213”的配备要求，配齐配强调解力量。聚焦提升调解员能力现代化，按照“分级分类”培训的原则，创新“调解大讲堂”“新老娘舅传帮带”等培训方式，强化专业培训，不断提高调解员修复社会关系能力水平。

三是强化经费保障。顺应调解发展趋势，积极指导各地将调解工作相关经费列入同级财政或部门预算，支持调解类社会服务机构参与承接政府购买调解服务。完善“以奖代补”激励政策，切实保障调解工作有效开展。

审稿人：卫中强　叶　新

撰稿人：徐　繁　莫锦晶　宋　欢　孙成林

安　徽　省

工 作 概 况

2023年度安徽政法工作综述

2023年，安徽省政法机关坚持以习近平新时代中国特色社会主义思想为指导，在中央政法委有力指导和省委坚强领导下，全面贯彻落实党的二十大精神，深入学习贯彻习近平法治思想和习近平总书记关于政法工作的重要论述，以开展学习贯彻习近平新时代中国特色社会主义思想主题教育为主线，以确保安全稳定为基础，以六个专项行动为抓手，以建设过硬队伍为支撑，全力防风险、保安全、护稳定、促发展，实现了“五个零发生”，社会治安呈现“五降一最低”良好态势。

一、强化政治建设统领，党对政法工作绝对领导得到新加强

把牢政法姓党根本属性，坚定拥护“两个确立”、坚决做到“两个维护”。

（一）深入学习贯彻党的二十大精神。制定《全省政法系统学习宣传贯彻党的二十大精神的实施意见》及任务清单，分系统分层级开展学习研讨，开设网上专栏展播，浏览量达1300万人次。全省政法系统举办相关政治轮训496场，参训12.73万人次，参训率100%。

（二）扎实开展主题教育。印发在全省政法系统深入开展学习贯彻习近平新时代中国特色社会主义思想主题教育的通知，制定“六个一”工作清单，即编印一本汇编、建立一项分片联系指导制度、推动形成一批高质量调研成果、推动整改解决一批突出问题、健全完善一套制度机制、选树一批先进典型，举办多年来班次规格最高、参训学员最多、覆盖条线最广的线下研讨班。省委政法委主题教育相关做法被中央主题教育官网3次刊载、省委主题教育办简报3次推介。

（三）健全党领导政法工作制度体系。制定完善《省委政法委员会关于坚决维护党中央集中统一领导的意见》等配套文件，清单化、闭环式落实政治要件，认真办理省委主要领导、分管领导批示要求。深入贯彻《中国共产党政法工作条例》，对中央政法委督查反馈问题全面整改，对4个省辖市党委政法委和2家省直政法单位党组（党委）开展十一届省委届内首轮政治督察和纪律作风督查巡查，确保党的领导贯穿政法工作各方面、全过程。

二、坚守安全稳定底线，维护社会大局稳定展现新担当

深入践行总体国家安全观，全领域推进风险隐患大排查大化解，确保了安徽省社会大局持续安全稳定。

（一）打好捍卫政治安全主动战。部署开展政治安全领域风险隐患排查处置专项行动，先后召开专项行动部署会、调度推进会，指导各市和省直政法单位健全工作机制、提升应急处突能力，防范打击各类突出风险隐患。

（二）打好关键环节安保维稳攻坚战。及时处置房地产、涉众金融等领域重点线索，组建维稳安保工作专班，确保全国和省两会、长三角地区主要领导座谈会、世界制造业大会等重要会议顺利召开，实现节假日及敏感节点平稳度过。

（三）打好社会稳定风险源头防控战。召开南北片区社会稳定风险评估工作推进会、省稳评协调机制成员单位会议，坚持全面客观、应评尽评、评用并重、全程管控基本要求，聚焦重点、主攻难点、深挖亮点、疏通堵点，不断提升风险评估科学化、专业化、法治化、社会化、智能化水平。

三、坚持抓基层强基础，推进平安安徽建设再上新台阶

始终聚焦“发案少、秩序好、社会稳定、群众满意”总目标，拉升工作标杆，提高履职能力，更高水平的平安安徽建设取得新成效。

（一）坚持和发展新时代“枫桥经验”。召开安徽省“枫桥经验”纪念大会，建成一站式矛盾调解市级中心 14 个、县级中心 119 个。深化矛盾纠纷大排查大化解，全力防范发生重大恶性刑事案件，组织起草并协调省“两办”出台相关指导意见，在 12 个重点领域开展为期 1 年的专项攻坚行动。

（二）聚焦风险防控推进主动创安。发挥考评“指挥棒”作用，优化考评指标体系，进一步压实各地各部门平安建设管理责任，倒逼更加注重源头防范和前端控制，实现从被动保平安向主动创平安的转变。出台社会治安重点地区排查整治工作管理办法，推动重点地区突出问题全面整改。2023 年安徽省每十万人命案起数为 0.31，连续 13 年保持全国最低水平。深入打击治理电信网络诈骗犯罪，预警避免群众损失 1.66 亿元，相关工作在全国性会议上介绍经验。

（三）贯彻实施“十四五”平安中国建设规划。印发贯彻落实《“十四五”平安中国建设规划》重点任务和责任分工，配合完成“十四五”平安中国建设规划实施情况中期评估，安徽省各项重点任务和重点建设项目主要目标指标均达中期进展要求。

（四）深化社会治安防控体系建设。推动省、市、县、乡、村五级综治中心建设全覆盖，县级以上落实事业编、专职人员，乡镇（街道）综治中心工作人员专职化率 73%。细化人防、物防、技防措施，合肥、芜湖入选首批“全国社会治安防控体系建设示范城市”。

（五）推动营造见义勇为社会氛围。开展“见义勇为季度榜”选树活动，6 人入选全国见义勇为勇士，28 人获授省见义勇为弘扬正气奖。开展“见义勇为集中宣传周”活动。

四、锚定走在全国前列，推动法治安徽建设取得新进展

稳步实施法治建设“一规划两方案”，落实省委全面依法治省委员会 110 项任务，力求“出亮点、走在前”。

（一）加快实现法治政府建设率先突破。完善“一府两院”联动机制，施行公共政策兑现和政府履约践诺专项行动 3.0 版，在马鞍山、铜陵、池州、黄山等 4 个市试点建设“无证明城市”，实现省委、省政府重大决策合法性审查率、行政机关负责人出庭应诉率、村（居）法律顾问覆盖率 3 个 100%。

（二）强化严格规范公正文明执法司法。开展道路交通安全和运输执法领域突出问题专项整治，道路交通事故起数和死亡人数均实现同比下降。深化党委政法委执法监督与法律监督衔接工作，检察机关办理党委政法委交办案件 300 余件。

（三）推动政法领域全面深化改革。贯彻落实党中央关于全面深化政法改革部署要求，扎实推进省以下法院、检察院实行以市级为单位财物统一管理改革，联合省财政厅等 10 余个部门出台相关改革实施方案。制定《政法信息化共建项目管理办法》，推动省公检法司将系统应用情况纳入本系统考核内容。召开安徽省醉驾类刑事案件线上单轨制办理扩大试点推进会暨现场培训会，试点县区全部实现醉驾类案件线上单轨制办理，办案时间普遍缩短 50%。不断深化政法跨部门协同共享平台建设，上线法律援助、社区矫正交付执行等 54 项跨部门协同应用项目。

（四）不断夯实法治社会建设根基。深入实施“法治为民办实事”省级十大项目，出台全面依法治县高质量发展实施意见，推动公共法律服务体系建设水平位居全国第一方阵，全覆盖建立首席法律咨询专家制度，相关成效和做法先后 7 次在全国性会议作交流发言。

五、站稳政法为民立场，破解群众急难愁盼彰显新作为

全系统建立运行“民声呼应”平台机制，开展突出问题专项整治，确保城乡安宁、群众安乐。

（一）攻坚化解涉法涉诉信访事项。深入贯彻落实省委“坚决啃下涉法涉诉硬骨头”部署安排，统筹开展涉法涉诉信访事项化解攻坚专项行动，研究制定实施方案，成立专项行动工作组，围绕“减存量、控增量、防变量”，清单化闭环式推进，圆满完成全年既定任务目标，涉法涉诉重点领域信访事项、政法类信访事项均呈下降趋势。

（二）全力推进涉黑涉恶问题源头治理。组织开展涉黑涉恶全量线索起底清仓攻坚行动，全面梳理扫黑除恶斗争以来的线索，对未查结、核查不深不透、查结后群众反复举报等重点线索，落实“五个必须提级（异地办理）”等工作要求，核查攻坚到位。创新建立“摸排、筛查、评估、管控”闭环管理机制，制定《关于开展常态化扫黑除恶“打早除小”工作的指导意见》，召开专门会议，对可能实施黑恶犯罪的重点人员实施动态管理，确保防范在早、处置在小。

（三）着力提升农村地区治安水平。组织开展“农村地区社会治安专项整治百日行动”和“防控整治百日攻坚行动”，农村地区刑事类治安类110警情、刑事案件发案数、治安案件查处数均呈下降趋势，农村地区社会治安形势明显转好。

（四）联动治理未成年人违法犯罪问题。深化预防未成年人违法犯罪专项行动，查处未成年人涉毒品犯罪人数、聚众斗殴人数均大幅下降，未发生未成年人涉黑恶犯罪，预防未成年人违法犯罪治理能力得到有效提升。制定《常态化开展预防未成年人违法犯罪工作任务清单》，扎实巩固专项行动成果，形成长效合力。有力推动专门学校建设提质增效，合肥、蚌埠、芜湖、宿州灵璧专门学校“3+1”建设布局基本成型。

六、持续深化正风肃纪，打造过硬政法队伍呈现新面貌

从“六破六立”入手，落实“五大”要求，做到“忠专实”“勤正廉”，省委专门印发开展向吴秋瑾同志学习活动的决定。

（一）推进全面从严管党治警。巩固全国政法队伍教育整顿成果，推进全面从严管党治警，实行清单化管理。制定《中共安徽省委政法委员会贯彻落实中央八项规定实施细则的若干规定》，落实“三个规定”和新时代政法干警“十个严禁”，筛选通报反面典型案例。一体推进不敢腐、不能腐、不想腐，加强与纪委监委协作配合，严查执法司法腐败，彻底肃清流毒影响。

（二）深化政法队伍交流轮岗。做好政法干部交流、政治轮训、违纪违法、离职从业等基本信息统计和情况梳理，指导各市委政法委会同组织部门梳理符合“应当交流、必须交流”人员情形，制定清单、有序推进，拓宽干部交流渠道，实现干部交流常态化、制度化。着力完善履职保障机制。健全政法干警受到侵害救济保障和不实举报及时澄清追责机制，机制化遴选员额法官484人、员额检察官255人，实施“圆梦”计划帮助75个公安家庭实现夫妻团聚，推动安徽省1573个乡镇（街道）政法委员全部配备到位、专职配备率100%。

会议活动

安徽省学习贯彻纪念毛泽东同志批示学习推广“枫桥经验”60周年暨习近平总书记指示坚持发展“枫桥经验”20周年大会精神会议

12月12日上午，安徽省学习贯彻纪念毛泽东同志批示学习推广“枫桥经验”60周年暨习近平总书记指示坚持发展“枫桥经验”20周年大会精神会议召开。

会议指出，在毛泽东思想指引下，“枫桥经验”孕育诞生；在习近平新时代中国特色社会主义思想指引下，新时代“枫桥经验”创新发展。要深化思想认识，把握科学内涵，增强坚持和发展新时代“枫桥经验”的政治自觉，坚定拥护“两个确立”、坚决做到“两个维护”，学思践悟党的创新理论，站稳人民立场，为促进全省经济快速发展、社会长期稳定贡献力量。

会议强调，全省上下认真贯彻落实习近平总书记重要指示精神，立足实际践行新时代“枫桥经验”，百姓和顺、城乡和美、社会和谐。要总结经验成效，突出问题导向，破解坚持和发展新时代“枫桥经验”的瓶颈短板，注重多元发力，健全解纷机制，加强阵地建设，整合资源力量，加强人才队伍建设，深化法治思维和法治方式，不断提升矛盾化解工作质效。

会议要求，要立足实践要求，强化系统衔接，全力开创安徽矛盾纠纷预防化解工作新局面，强化预防在前、强化调解优先、强化法治运用、强化就地解决、强化守正创新，努力把矛盾纠纷化解在基层、化解在萌芽状态。

会议强调，要加强组织领导，发挥政治优势，推动新时代“枫桥经验”在安徽深根厚植，坚持党政同抓，落实主体责任，完善保障激励、考核和追责问责机制，创建更多“徽风皖韵”品牌，为打造“三地一区”、建设“七个强省”、全面建设现代化美好安徽作出新的更大贡献！

文件选辑

安徽省未成年人保护条例

（1994 年 2 月 26 日安徽省第八届人民代表大会常务委员会第八次会议通过，2009 年 10 月 23 日安徽省第十一届人民代表大会常务委员会第十四次会议第一次修订，2023 年 11 月 17 日安徽省第十四届人民代表大会常务委员会第五次会议第二次修订）

第一章　总　则

第一条　为了保护未成年人身心健康，保障未成年人合法权益，促进未成年人德智体美劳全面发展，培养有理想、有道德、有文化、有纪律的社会主义建设者和接班人，培养担当民族复兴大任的时代新人，根据《中华人民共和国未成年人保护法》和有关法律、行政法规，结合本省实际，制定本条例。

第二条　本条例适用于本省行政区域内未成年人的保护。

第三条　坚持最有利于未成年人的原则，依法保障未成年人的生存权、发展权、受保护权、参与权等权利。

未成年人依法平等地享有各项权利，不因本人及其父母或者其他监护人的民族、种族、性别、户籍、职业、宗教信仰、教育程度、家庭状况、身心健康状况等受到歧视。

第四条　县级以上人民政府应当将未成年人保护工作纳入国民经济和社会发展规划以及年度计划，相关经费纳入本级政府预算，予以足额保障。

第五条　县级以上人民政府应当建立未成年人保护工作协调机制，依法履行以下职责：

（一）宣传、贯彻有关未成年人保护的法律、法规、政策；

（二）督促国家机关、社会团体、企业事业单位做好未成年人保护工作；

（三）接受对侵犯未成年人合法权益行为的举报、投诉，转交并督促有关部门调查处理；

（四）建立完善未成年人保护工作制度；

（五）研究未成年人保护工作中的重大事项，向有关国家机关提出意见和建议；

（六）处理其他有关未成年人保护工作的事项。

第六条　国家机关、人民团体、企业事业单位、社会组织、基层群众性自治组织、未成年人的监护人和其他成年人以及有关方面，应当依法履行未成年人保护职责。

第七条　任何组织或者个人发现不利于未成年人身心健康或者侵犯未成年人合法权益的情形，都有权劝阻、制止或者向公安、民政、教育等有关部门提出检举、控告。

国家机关、居民委员会、村民委员会、密切接触未成年人的单位及其工作人员，在工作中发现未成年人身心健康受到侵害、疑似受到侵害或者面临其他危险情形的，应当立即向公安、民政、教育等有关部门报告。

未成年人发现其人身权利、财产权利以及其他合法权益受到侵犯时，可以通过父母或者其他监护人、所在学校、居民委员会、村民委员会向公安、民政、教育等有关部门报告，也可以自己向上述部门报告。

涉及未成年人检举、控告或者报告等的处理，实行首接负责制。有关部门接到涉及未成年人的检举、控告或者报告后，对属于本部门职责范围内的事项应当依法处理，属于其他部门职责范围内的应当及时移交，情况紧急的应当先行妥善处置。处理结果应当以适当方式告知相关单位和人员。

第八条 对保护未成年人有显著成绩的组织和个人，按照国家和省有关规定给予表彰和奖励。

第二章 家庭保护

第九条 未成年人的父母或者其他监护人应当自觉承担对未成年人实施家庭教育的主体责任，学习家庭教育知识，接受家庭教育指导，以健康的思想、良好的品行和科学的方法教育、影响未成年人，引导未成年人树立和践行社会主义核心价值观。

第十条 未成年人的父母或者其他监护人应当依法履行监护职责，保护未成年人的人身、财产以及其他合法权益；不得实施虐待、遗弃以及其他侵犯未成年人身心健康、财产权益或者不依法履行未成年人保护义务的行为。

共同生活的其他成年家庭成员应当协助未成年人的父母或者其他监护人抚养、教育和保护未成年人。

第十一条 未成年人的父母或者其他监护人应当尊重未成年人的知情权，根据未成年人的年龄和智力发展状况，在作出与未成年人权益有关的决定前，听取未成年人的意见，充分考虑其真实意愿。

第十二条 未成年人的父母或者其他监护人应当尊重未成年人受教育的权利，保障适龄未成年人依法接受并完成义务教育。

第十三条 未成年人的父母或者其他监护人应当根据不同年龄段未成年人的身心发展特点，教育和引导未成年人养成良好的生活和学习习惯，保障未成年人与其身心健康相适应的休息、娱乐和体育锻炼的时间。

未成年人的父母或者其他监护人应当鼓励、支持未成年人参加与其年龄相适应的家务劳动、社会公益劳动以及各类积极健康的文体活动、社会活动，增强其自理和自律能力。

第十四条 未成年人的父母或者其他监护人应当关注未成年人的生理和心理健康状况，必要时及时就医；关注未成年人情感需求和思想状况，及时沟通并给予正确指导。

第十五条 未成年人的父母或者其他监护人应当加强对未成年人的安全知识教育，增强未成年人的安全意识和自我保护能力；保护未成年人居家、出行和户外活动的安全，避免发生触电、烫伤、跌落、溺水、动物伤害、交通事故等方面的伤害。

第三章 学校保护

第十六条 学校应当建立未成年学生保护工作制度，校长应当履行学校保护第一责任人的责任。

幼儿园应当根据实际建立未成年人保护工作制度。

第十七条 学校应当根据未成年学生身心发展特点，进行社会生活指导、心理健康辅导、青春期教育和生命教育。

学校应当建立学生心理健康教育管理制度，建立学生心理健康问题预防、排查、处置机制，按照规定配备专职或者兼职心理健康教育教师，设立心理健康辅导室，或者通过购买服务等多种方式提供专业化、个性化的指导和服务。

学校应当定期开展学生心理健康测评筛查，加强学生日常心理健康预警防控。发现有心理困扰或者心理问题的学生，应当给予必要的心理辅导和危机干预，并通知其父母或者其他监护人；对存在严重心理健康问题的，及时向教育、卫生健康等部门报告。

学校应当做好心理或者行为异常学生的信息保护工作，不得将学生心理健康状况作为学生综合评价和升学等的参考依据。

第十八条 学校应当建立未成年学生体质监测制度，发现未成年学生出现营养不良、近视、肥胖、龋齿等倾向或者有导致体质下降的不良行为习惯，应当进行必要的管理、干预，并通知、督促其父母或者其他监护人实施矫治。

第十九条 学校应当严格落实国家课程方案和课程标准，执行有关课时和作业量的规定，不得加重义务教育阶段未成年学生的学习负担；利用资源优势实施课后育人活动，加强安全保障，提高课后服务质量。

校外培训机构不得违反规定对未成年学生开展学科类培训。

第二十条 学校、幼儿园应当建立健全安全管理制度，对未成年人进行安全教育，按照有关技术标准和规范完善安保设施，配备安保人员，定期组织安全检查，消除安全隐患，保障未成年人在校、在园期间的人身和财产安全。

学校、幼儿园安排未成年人参加文化娱乐、社会实践等集体活动，应当保护未成年人的身心健康，防止发生人身伤害事故。

学校、幼儿园的教育教学和生活设施、卫生环境和条件，以及为未成年人提供的食品、药品、服装、教具、餐具、体育运动器材等学习、生活用品应当符合质量和安全标准。

第二十一条　学校应当建立学生欺凌防控工作制度，制订学生欺凌防治工作责任清单，对教职员工、学生等开展防治学生欺凌的教育和培训。

教职员工发现未成年学生有明显的情绪反常、身体损伤等情形，应当及时沟通了解情况并提供必要帮助；可能存在被欺凌情形的，应当采取必要的干预措施并及时向学校报告。

学校对学生欺凌行为应当立即制止，通知实施欺凌和被欺凌未成年学生的父母或者其他监护人参与欺凌行为的认定和处理；对相关未成年学生及时给予心理辅导、教育和引导；对相关未成年学生的父母或者其他监护人给予必要的家庭教育指导。

对实施欺凌的未成年学生，学校应当根据欺凌行为的性质和程度，依法加强管教。对严重的欺凌行为，学校不得隐瞒，应当及时向公安、教育部门报告，并配合相关部门依法处理。

第二十二条　学校、幼儿园应当对未成年人开展适合其年龄的性教育，提高未成年人防范性侵害、性骚扰的自我保护意识和能力。

学校、幼儿园应当建立预防性侵害、性骚扰未成年人工作制度。对遭受性侵害、性骚扰的未成年人，学校、幼儿园应当及时采取相关保护措施；对性侵害、性骚扰未成年人等违法犯罪行为，应当及时向公安、教育部门报告，并配合相关部门依法处理。

第二十三条　学校、幼儿园应当建立家校联系机制，利用家访、家长课堂、家长会等方式与未成年人的父母或者其他监护人密切联系。

发现未成年人行为异常或者无故缺课的，学校应当及时与其父母或者其他监护人取得联系，查明原因，必要时向教育、公安等部门报告。

寄宿制学校学生擅自外出、无故夜不归宿的，学校应当及时查找并告知其父母或者其他监护人，必要时向公安机关报告。

第二十四条　婴幼儿照护服务机构、早期教育服务机构、校外培训机构、校外托管机构等应当依法开展与未成年人相关的服务和培训业务，根据不同年龄阶段未成年人的成长特点和规律，做好未成年人保护工作，维护未成年人合法权益。

第四章　社会保护

第二十五条　居民委员会、村民委员会应当设置专人专岗负责未成年人保护工作，协助政府有关部门宣传未成年人保护方面的法律法规，指导、帮助和监督未成年人的父母或者其他监护人依法履行监护职责。

居民委员会、村民委员会应当协助政府有关部门开展有益于未成年人身心健康的文体活动和社会实践。

第二十六条　公共文化设施建设，应当考虑未成年人需要。公共文化设施应当按照规定对未成年人实施免费或者优惠开放。

第二十七条　公共场所发生突发事件时，应当优先救护未成年人。

第二十八条　广播、电视、报刊、网络等媒体应当加强未成年人保护公益宣传，普及未成年人保护理念和知识，为未成年人健康成长营造良好的社会环境。

第二十九条　旅馆、宾馆、酒店等住宿经营者接待未成年人入住，发现下列情形之一的，应当立即向公安机关报告，及时联系未成年人的父母或者其他监护人，并采取相应安全保护措施：

（一）成年人携带未成年人入住，但不能说明身份关系或身份关系明显不合理的；

（二）未成年人身体受伤、醉酒、意识不清，疑似存在被殴打、被麻醉、被胁迫等情形的；

（三）异性未成年人共同入住、未成年人多次入住、与不同人入住，又没有合理解释的；

（四）法律法规规定的其他情形。

第三十条　剧本娱乐经营场所使用的剧本脚本应当设置适龄提示，标明适龄范围；设置的场景不适宜未成年人的，应当在显著位置予以提示，不得允许未成年人进入。

第三十一条　任何组织或者个人不得向未成年人提供文身服务，不得胁迫、引诱、教唆未成年人文身。文身服务提供者应当在显著位置标明不向未成年人提供文身服务；对难以判明是否是未成年人的，应当要求其出示身份证件。

未经未成年人的父母或者其他监护人同意，不得向未成年人提供医疗美容服务。

第三十二条　任何组织或者个人不得非法披露未成年人的个人隐私。社会工作专业服务机构、公益慈善类社会组织、志愿服务组织及其工作人员收集未成年人个人信息应当审慎适度，不得非法使用、加工和传输。

第三十三条　鼓励和支持社会组织、社会工作者开展下列未成年人保护相关专业服务：

（一）科学普及服务；

（二）家庭教育指导服务；

（三）职业技能培训服务；

（四）心理辅导、康复救助、监护及收养评估等服务；

（五）其他有利于未成年人身心健康的专业服务。

第五章　网络保护

第三十四条　网信部门负责统筹协调未成年人网络保护工作，新闻出版、教育、电信、公安、民政、文化和旅游、卫生健康、市场监督管理、广播电视等有关部门按照各自职责做好未成年人网络保护相关工作。

第三十五条　学校和有关方面应当加强网络安全、网络文明、反电信网络诈骗和防止沉迷网络的教育，加强对未成年学生使用手机等智能终端产品的管理，引导未成年学生科学、文明、安全、合理使用网络。

第三十六条　未成年人的父母或者其他监护人应当加强对未成年人使用网络行为的引导和监督，合理安排未成年人使用网络的时间，不得放任未成年人沉迷网络。

未成年人的父母或者其他监护人应当增强网络安全意识，在未成年人使用网络游戏时督促其以真实身份验证，防止其使用成年人的网络支付账户、网络游戏注册账号进行网络消费或者接触不适合未成年人的网络游戏。

第三十七条　信息处理者通过网络处理未成年人个人信息的，应当遵循合法、正当和必要的原则，并采取必要措施保障所处理的个人信息的安全。

网络信息服务提供者应当建立未成年人保护制度，不得利用算法针对未成年人用户推送可能影响其身心健康的信息。

第三十八条　网络产品和服务提供者不得向未成年人提供诱导其沉迷的产品和服务。

网络产品和服务提供者应当严格落实用户实名制要求，禁止为未成年人提供打赏等服务，不得诱导未成年人参与应援集资、投票打榜、刷量控评等网络活动。

鼓励网络产品和服务提供者针对不同年龄段未成年人的身心特点开发相应的保护性使用模式，引导未成年人在该模式下使用网络产品和服务。

第三十九条　鼓励和支持医疗卫生机构、高等学校等，开展未成年人沉迷网络所致精神障碍和心理行为问题的基础研究和筛查评估、诊断、预防、干预等应用研究。

第六章　政府保护

第四十条　县级以上人民政府承担未成年人保护协调机制具体工作的职能部门应当明确相关内设机构或者专门人员，负责承担未成年人保护工作。

乡镇人民政府和街道办事处应当设立未成年人保护工作站或者指定专门人员，及时办理未成年人相关事务；支持、指导居民委员会、村民委员会设立专人专岗，做好未成年人保护工作。

县级人民政府、乡镇人民政府和街道办事处应当为居民委员会、村民委员会开展未成年人保护工作提供必要的保障。

第四十一条　各级人民政府应当将家庭教育指导服务纳入城乡公共服务体系，建立健全家庭学校社会协同育人机制。

第四十二条　各级人民政府应当发展托育事业，推动建立普惠托育服务体系，办好婴幼儿照护服务机构，提高婴幼儿家庭获得服务的可及性和公平性。

第四十三条　县级以上人民政府及教育行政部门应当促进义务教育优质均衡发展，提升课堂教学质量，强化学校教育的主阵地作用。

教育行政部门应当建立科学的教育评价制度，采取措施督促学校减轻义务教育阶段未成年学生的学习负担，不得将升学率作为考核学校工作的指标。

第四十四条　各级人民政府及有关部门应当采取措施，加强未成年人心理健康促进工作，提高未成年人心理健康水平。

教育行政部门应当加强未成年人的心理健康教育，建立未成年人心理问题的早期发现和及时干预机制。

卫生健康部门应当做好未成年人心理治疗、心理危机干预以及精神障碍早期识别和诊断治疗等工作。

教育、卫生健康部门接到学校有关未成年学生严重心理健康问题的报告，应当及时指导相关机构做好干预、诊断、治疗等工作。

第四十五条　县级以上人民政府及民政部门应当根据需要设立救助保护机构、儿童福利机构，负责收留、抚养由民政部门监护的未成年人。

民政部门依法承担临时监护或者长期监护职责

的，财政、教育、卫生健康、公安等部门应当根据各自职责予以配合。

临时监护期间，经民政部门评估，监护人重新具备履行监护职责条件的，民政部门可以将未成年人送回监护人抚养，并将相关情况向未成年人所在学校以及当地公安机关、居民委员会、村民委员会通报。居民委员会、村民委员会应当对监护人的监护情况、未成年人的生活和学习等情况进行随访。

第四十六条 各级人民政府应当在城市建设中融入儿童友好理念，建立和改善适合未成年人的活动场所和设施，支持公益性未成年人活动场所和设施的建设和运行，推动儿童友好城市、儿童友好社区建设。

第四十七条 县级以上人民政府应当依托12345政务服务便民热线建立未成年人保护热线，及时受理、转介侵犯未成年人合法权益的投诉、举报；发挥12355青少年服务热线、12338妇女维权公益服务热线的作用，为未成年人提供心理健康、法律维权、家庭教育指导、安全保护等方面的咨询服务。

第四十八条 县级以上人民政府应当将未成年人保护有关专业服务纳入政府购买服务目录，培育、引导和规范有关社会组织、社会工作者参与未成年人保护工作。

第七章　司法保护

第四十九条 公安机关、人民检察院、人民法院和司法行政部门应当联合网信、教育、民政等部门以及共产主义青年团、妇女联合会等人民团体，建立未成年人司法保护工作机制，研究解决未成年人司法保护中的重大疑难问题，加强工作衔接和信息资源共享。

第五十条 对需要法律援助或者司法救助的未成年人，法律援助机构或者公安机关、人民检察院、人民法院和司法行政部门应当给予帮助，依法为其提供法律援助或者司法救助。

法律援助机构应当建立专门办理未成年人案件的法律援助律师库，指派熟悉未成年人身心特点的律师为未成年人提供法律援助服务。

第五十一条 公安机关、人民检察院、人民法院和司法行政部门根据国家和省有关规定，指派符合条件的工作人员担任学校法治副校长、校外法治辅导员，协助学校开展未成年人法治教育、犯罪预防、权益维护以及校园安全防范等工作。

第五十二条 未成年人的抚养人被依法采取强制措施，未成年人暂时无人照料的，有关部门在采取强制措施的同时，应当将未成年人的情况书面通知其户籍所在地或者现居住地的乡镇人民政府、街道办事处；乡镇人民政府、街道办事处在接到书面通知后应当立即对未成年人进行适当安置；符合法律规定情形的，依法予以处理。

第八章　特别保护

第五十三条 县级以上人民政府应当建立健全留守未成年人关爱保护和困境未成年人保障工作体系，健全工作机制，及时研究解决工作中的重大问题。

民政部门应当会同教育、公安等部门建立留守未成年人、困境未成年人信息共享、动态监测、分析预警、转介处置机制。

乡镇人民政府、街道办事处应当开展留守未成年人、困境未成年人信息采集、调查评估、监护指导、关爱帮扶等工作，建立信息台账。

居民委员会、村民委员会应当定期开展排查、走访，及时了解留守未成年人、困境未成年人的家庭、监护、就学等情况，建立信息档案并给予关爱帮扶。

第五十四条 各级人民政府和有关部门应当建立和完善残疾人康复服务体系，采取措施为残疾未成年人康复创造条件，分阶段实施重点康复项目，帮助残疾未成年人恢复或者补偿功能，增强其参与社会生活的能力。

第五十五条 未成年人的父母或者其他监护人因外出务工等原因在一定期限内不能完全履行监护职责的，应当委托具有照护能力的完全民事行为能力人代为照护，并及时将委托照护情况书面告知未成年人所在学校、幼儿园和实际居住地的居民委员会、村民委员会。无正当理由的，不得委托他人代为照护。

未成年人的父母或者其他监护人应当与未成年人、被委托人至少每周联系和交流一次，了解未成年人的生活、学习、心理等情况，并给予未成年人亲情关爱。

居民委员会、村民委员会应当协助政府有关部门监督未成年人委托照护情况，发现被委托人缺乏照护能力、怠于履行照护职责等情况，应当及时向政府有关部门报告，并告知未成年人的父母或者其他监护人，帮助、督促被委托人履行照护职责。

第五十六条 学校应当根据留守未成年学生、

困境未成年学生、残疾未成年学生身心发展的特点，加强社会生活指导和心理健康教育。

共产主义青年团、妇女联合会、残疾人联合会、关心下一代工作委员会等应当发挥自身优势，为留守未成年人、困境未成年人、残疾未成年人提供关爱、帮扶、维权等服务。

鼓励有条件的救助保护机构、儿童福利机构拓展社会服务功能，为留守未成年人、困境未成年人、残疾未成年人提供临时照料、康复训练、特殊教育等服务。

鼓励企业事业单位、社会组织、个人等社会力量为留守未成年人、困境未成年人、残疾未成年人提供帮助和支持。

第五十七条 县级以上人民政府应当完善困境未成年人医疗康复保障制度，统筹实施城乡居民基本医疗保险、大病保险、医疗救助、疾病应急救助和慈善救助等，减轻困境未成年人医疗康复费用负担。

卫生健康部门应当加强未成年人重大疾病救治管理工作，完善诊疗协作机制，提高医疗服务水平。

第五十八条 县级以上人民政府应当健全孤儿和事实无人抚养未成年人基本生活保障制度，建立基本生活最低养育标准自然增长机制。有条件的地方可以将其他困境未成年人纳入基本生活保障范围。

教育、民政、财政等部门应当加强事实无人抚养未成年人等困境未成年人教育保障，帮助其完成学业。

医疗保障部门应当按照规定对孤儿和符合条件的事实无人抚养未成年人实施医疗救助，分类落实资助参保政策。

第五十九条 各级人民政府应当采取措施保障残疾未成年人接受义务教育；对接受义务教育的残疾未成年学生、困难残疾人家庭的未成年学生应当给予寄宿生活费等费用补助。

各级人民政府应当保障特殊教育学校的办学条件，鼓励和支持社会力量举办特殊教育学校。

第六十条 县级以上人民政府应当建立残疾未成年人康复救助制度，根据本地实际确定康复救助的基本服务项目、内容和保障标准。

第九章 法律责任

第六十一条 未成年人的父母或者其他监护人不依法履行监护职责或者侵犯未成年人合法权益的，由其居住地的居民委员会、村民委员会予以劝诫、制止；情节严重的，居民委员会、村民委员会应当及时向公安机关报告。

公安机关接到报告或者公安机关、人民检察院、人民法院在办理案件过程中发现未成年人的父母或者其他监护人存在上述情形的，应当予以训诫，并可以通过告诫书、督促监护令、家庭教育指导令等形式责令其接受家庭教育指导，督促其履行监护职责。

第六十二条 国家机关及其工作人员在未成年人保护工作中不依法履行职责的，由上级主管部门或者所在单位责令改正；玩忽职守、滥用职权、徇私舞弊的，依法给予处分。

第六十三条 违反本条例规定的行为，法律、行政法规有行政处罚规定的，从其规定；侵犯未成年人合法权益，造成人身、财产或者其他损害的，依法承担民事责任；构成犯罪的，依法追究刑事责任。

第十章 附 则

第六十四条 本条例自 2024 年 1 月 1 日起施行。

特色专栏

积极探索警情类矛盾纠纷联调联处新路径

合肥市委政法委

近年来，为有效破解矛盾纠纷警情综合治理机制不健全、信息互联渠道不畅通、部门联动协作不紧密、化解力量投入欠融合等问题，合肥市创新建立“六情”活动工作机制，并依托市综治信息化平台，研发应用“警情类矛盾纠纷化解”模块功能，将公安机关接处警中无法当场化解的矛盾纠纷，通过线上平台流转至属地党委、政府及相关职能部门联调联处，推动警情类矛盾纠纷多元化解。

一、聚焦顶层设计建机制，注重线索收集强排查

一是创新建立“六情”大走访活动机制。建立党建引领“知民情、降警情、防危情、减访情、控舆情、增感情”活动机制（以下简称“六情”），在市委、市政府层面成立市“六情”活动工作机制办公室，县、乡两级由党委政法委牵头，参照市级模式，成立本级“六情”办并实体化运行。同时，确定39家市直党政部门为“六情”活动领导小组成员单位，对接18家市级工作专班共同参与全市“六情”活动。市“六情”办先后出台《合肥市警情类矛盾纠纷排查处置工作规范》《跨区域复杂矛盾纠纷联动处置工作规则（试行）》，明确组织领导、起底收集、分类流转、化解处置、支撑保障等工作机制，推动多部门联调联处警情类矛盾纠纷。

二是搭建线上全链条处置应用平台。坚持边应用、边完善，依托市综治信息化平台四级指挥调度系统，开发“警情类矛盾纠纷化解”模块，完善流程推送、办理反馈、统计分析等功能，规范应用权限，明确办理责任，实现线上流转、线上处理、线上归档、线上统计的全链条闭环处置流程，畅通矛盾纠纷警情涉及属地、相关职能部门和公安机关三方之间的信息互联渠道，有效统筹警情类纠纷及复杂矛盾纠纷线上流转处置化解。

三是多渠道排查收集矛盾纠纷线索。统筹全市乡镇（街道）每周开展“六情”大走访活动，深入基层一线、听取群众意见、摸排纠纷线索、解决实际问题，累计开展活动5.08万场次，覆盖群众94.7万人次，现场解决事件5.02万件。全面汇集公安派出所接处警及社区民警日常工作中发现可能存在风险的矛盾纠纷、公安大数据平台研判分析的高风险矛盾纠纷，以及12345市长热线来电、各类网上留言投诉等渠道收集的纠纷信息，多渠道排查收集矛盾纠纷线索，确保纠纷来源真实、排查到位。

二、明确办理流程细举措，推动纠纷处置成闭环

一是把好研判关，科学分类分级。将全市矛盾纠纷类警情划分为家庭婚姻情感、邻里、生活等14类，公安派出所根据每件矛盾纠纷事项的解决难度、激化程度和当事人主观诉求等因素进行风险评估，标记高、中、低三类风险级别并录入“警情类矛盾纠纷化解”模块。

二是扣紧处置环，闭环分流合办。高、中风险事项经派出所领导审核，3个工作日内推送属地镇街综治中心，镇街综治中心1个工作日内推送镇街相关事权部门，事权部门7个工作日内组织社区、派出所等相关部门和社会力量共同参与化解。对一时难以化解的纠纷，依法引导当事人通过诉讼、仲裁、行政裁决等途径解决。低风险由派出所视情推送，乡镇（街道）掌握关注。

三是盯牢复杂案，专班协作攻坚。以“1+6+7+N”矛盾纠纷化解专班体系为抓手，对涉及精神障碍患者、安置帮教对象和需关爱帮扶的妇女儿童等特殊人群的复杂纠纷，及时推送市特殊人群关爱管控专班介入个案处置，从人员管控、帮扶救助、心理疏导等层面发挥专班专业专长优势，协作开展个案攻坚，推动纠纷化解。市特殊人群专班推出心理讲座63场次，心理援助主导处置个案232起，合力化解涉弱势群体重点案事件62起。

三、紧盯风险管控夯责任，强化督导调度抓落实

一是多维度分析研判，回流警情重点提醒。紧盯重点矛盾纠纷回流警情，以重复多报警情为基准，建立高风险矛盾纠纷、涉精神病、暴力前科、债务缠身等重点人员大数据多维度研判分析模型，推送属地提前化解防范矛盾风险隐患，共围绕家庭矛盾、社会治安、群体诉求等方面制发提示函40期。

二是多地区联合处置，疑难事项提级调度。建立跨区域复杂矛盾纠纷联动处置工作机制，明确末端处置的属地首办责任、区域行业协作、疑难事项会商等事项，实现跨地区复杂警情类纠纷矛盾联调、问题联处、风险联防。市“六情”办对复杂敏感事件提级调度、实地督导，督促属地压实工作职责，抓实重点任务。

三是多手段跟盯关注，问题导向以督促进。依据平台模块功能深度分析纠纷属地和类型占比、事项办结率、办理质量等，定期通报总体进展、分析存在问题、提出改进建议，以督促进，推动警情类矛盾纠纷化解处置工作整体提升。

以涉诉信访为抓手
撬动法官转变理念、提升能力、改进作风

安徽省高级人民法院

安徽省法院系统结合学习贯彻习近平新时代中国特色社会主义思想主题教育，扎实推进涉诉信访化解攻坚，建立健全涉诉信访工作机制，多措并举化解涉诉信访矛盾，努力实现“控增量、减存量、防变量、提质量”目标。

一、办案办访一起抓，以常抓长治夯实信访工作根基

将办理涉诉信访与办理审判执行案件深度融合，推进在责任落实、理念引领、长效长治上狠下功夫。

一是压紧压实责任。把开展涉诉信访化解攻坚专项行动作为“党组工程”“一号工程”，科学制定实施方案，成立工作专班，明确时间表、路线图、责任书。将涉诉信访工作纳入对全省各级法院领导班子考核重要内容，省高院“一把手”亲自抓，厅级以上干部对16个市实行全覆盖、全链条督导。

二是及时更新理念。强化全员信访、“办案也要办信访、办信访也是办案”意识，引导法官正确认识“诉访分离”与“诉访衔接”的关系，努力做实法院内部的“诉访衔接”；正确认识前端办理案件与后端办理信访的关系，努力做实“双线作战”；正确认识担责与问责的关系，努力做实释法说理、化解矛盾、定分止争。

三是强化制度保障。聚焦涉诉信访工作短板，省高院相继出台办理涉诉信访案件若干规定、领导包案办理首次信访等8项工作制度，并同步开展全员培训，培训干警9000余人次。

二、法结心结一起解，以“如我在访”情怀实质化纷止争

认真践行人民至上，在将心比心、换位思考中化解涉诉信访矛盾，为群众解难、为企业纾困。

一是推动法官主动、规范约见信访人。变被动为主动，三级法院法官主动走访、约谈信访人6000余人次；扎实开展“领导干部接访下访化解信访攻坚月”，院领导累计接访下访755件。

二是抓实群众来信必复。2023年4月1日，省高院在全国法院率先建立来信必复制度，对群众来信7日内程序性回复，3个月内实质性回复。截至年底，全省法院共收到群众来信17859件，已程序性回复17638件，其中导入诉讼程序11847件，实质性回复3750件。

三是全面落实领导包案。健全领导包案化解涉诉信访制度，对存量信访事项，从法院主要负责人起依次包案；对增量信访事项，一律由相关业务部门分管院领导包案。对首次涉诉信访事项，压实首办责任和院领导办案责任。2023年下半年，全省三级法院院领导包保首次信访事项1149件，已化解861件。

四是创新方式实质解纷。引入公开听证制度，通过社会各方的共同参与，把事说清、把法讲透、把理辩明。全省法院组织公开听证228件，70件在听证后签订息诉罢访协议。对经判后答疑、释法说理仍不息访的案件，组建“第三方专家团”全面评查；对错误瑕疵案件，依法及时纠错补瑕。

三、已病未病一起治，以涉诉信访倒逼前端办案质效提升

既重视治“已病”，着力解决末端涉诉信访问题；又强化治“未病”，以涉诉信访为抓手，撬动法官转变理念、做实工作，持续提升前端办案质效，减少案生案、案生访。

一是推动全面准确落实司法责任。制定法官在办案中进一步落实司法责任的意见，把依法解决当事人诉求、释法说理、定分止争、案结事了纳入司法办案责任体系，进一步明责、督责、考责、问责。

二是优化考核管理。突出公众满意度、生效案件服判息诉率、“案－访比”、“案－件比”、涉诉信访化解率等指标，构建体现司法规律、体现人民满意导向的办案质效评价体系。探索建立法官业绩档案，作为法官评先评优、职级晋升等工作的重要依据。从考核业务质效入手完善和落实员额退出机制，推动干部能上能下、法官员额能进能出。

三是做实“案－访比”“案－件比”质效分析管理。建立“案－访比”“案－件比”质效分析管理制度，省高院每季度、中级法院每两个月、基层法院每月对“案－访比”质效进行分析。2023 年，“案－访比”高的 40 家中基层法院向省高院、55 名法官向各自法院党组报告分析整改情况；全省法院“案－件比”由 2022 年的 1∶1.64 降至 1∶1.5，减少了上诉、申诉、执行等案件 11.9 万件。

四是深化司法作风整治。在主题教育中深入开展司法作风突出问题专项整治，刀刃向内整治程序空转、案结事不了等办案中的形式主义、官僚主义，不断提升司法质量效率效果。全省三级法院联动整改重点问题 9 个，省高院建章立制 32 项。

五是强化正向激励和反面警示。围绕抓实“公正与效率”，省高院制定法官办案质效积分办法，组织开展办案竞赛活动，按季度评选“办案之星”22 名。开展典型引路和典型示警活动，编发专项行动典型案例 8 批 27 件、典型经验 5 批 10 件；对引发重大信访的个案，由所在法院“一把手”带头深刻反思、剖析，以点带面倒逼、带动整体审判执行质效提升。

深化综合履职　做实未成年人司法保护

安徽省人民检察院

安徽省人民检察院坚持以习近平新时代中国特色社会主义思想为指导，深入贯彻习近平法治思想，准确把握新时代未成年人司法保护的新要求，最大限度教育挽救涉罪未成年人，从严惩治侵害未成年人犯罪，强化未成年被害人保护救助，深化未成年人检察综合履职，做实未成年人司法保护，以司法保护助推“六大保护”协同发力，未成年人司法保护工作取得显著成效。

一、常态化开展预防未成年人犯罪专项行动

落实省委部署，在为期一年的预防未成年人违法犯罪专项行动结束后，继续常态化开展预防未成年人犯罪专项行动。2023 年儿童节前，由团省委、省公安厅、省民政厅、省检察院、省法院牵头召开面向全省的预防未成年人违法犯罪新闻发布会，会上发布了十起预防未成年人犯罪典型案例。针对安徽省未成年人犯罪呈增长态势的情况，起草省院向最高人民检察院专项分析报告，并部署各地持续落实好预防未成年人违法犯罪各项工作举措，配合教育厅做好专门学校建设工作。积极推动预防未成年人违法犯罪工作纳入全省平安建设考评，由省检察院第九检察部代表省检察院对省市相关单位预防未成年人违法犯罪工作进行考核，为该项工作长期、深入推进提供有力抓手。

二、坚持精准帮教贯彻办案始终

通过教育帮扶、转化挽救涉罪未成年人的方式，改善其社会适应性，避免“不教而罚”“不教而宽”等情况。在充分了解未成年人具体情况的基础上，实施有针对性的帮教，制定个别化的最有利于未成年人的处预方案，实现帮教效果的最大化。省检察院第九检察部检察官在办理报请核准追诉刘某某抢劫案中，坚持有利于未成年人原则，全面审查核准追诉必要性，对涉罪刘某某开展社会调查，有效促进双方矛盾化解，实现办案“三个效果”的有机统一，该案被最高人民检察院在《重大犯罪检察工作情况》第 12 期专刊推介，供各地参考借鉴。

三、强化罪错未成年人分级干预矫治

综合运用非犯罪化、非刑罚化、非监禁化的方式推进罪错未成年人分级干预体系构建，预防更多未成年人进入刑事司法程序。推动完善低龄未成年人犯罪核准追诉制度，在办理一起不满14周岁未成年人犯罪案件过程中，检察官通过实地考察走访听取了各方意见，召开不起诉听证会，在充分分析研判、促进矛盾化解的基础上提出不核准追诉意见，获最高人民检察院批准同意。

四、应救尽救涉案未成年人和未成年被害人

大力开展司法救助工作，推进“一站式”询问制度，坚持一次询问原则，为涉案未成年人及时提供心理咨询、心理疏导、司法救助，会同多部门落实多元救助举措，助力未成年被害人脱离困境。坚持“应救尽救、应救即救”，尽最大努力帮助未成年被害人，省检察院第九检察部汪婷荣获“全国维护妇女儿童权益先进个人”。

五、大力推进综合履职工作

未成年人保护是一项系统工程，省检察院统筹“四大检察”职能，贯彻落实好最高人民检察院的部署要求，深化综合履职，打好未成年人权益保护的“组合拳”。高度重视推进综合履职工作，分管领导靠前指挥，成立专门工作小组，通过发布工作提示、个案指导、综合履职数据周通报、核心业务数据月通报、发布综合履职典型案例等方式，全面督促各地市加强综合履职工作，并对相对薄弱的院进行实地督导。指导各地未检部门在挖掘案件线索、提升案件质效上下功夫，全面系统审查挖掘刑事个案背后的公益损害线索，借助大数据开展法律监督，以数字检察赋能综合履职。

六、持续推进强制报告和入职查询制度

积极推动落实强制报告、从业禁止覆盖到所有密切接触未成年人行业，通过监督开展专项行动、出台规范性文件、树立正反面典型等多种方式推动制度落地落实。对侵害未成年人案件强制报告制度实施情况开展倒查，2023年共倒查案件948件，发现未履行强制报告义务人数104人，追责58人。

七、创新开展法治宣传活动

2023年11月22日，第十个“国家宪法日”来临之际，省检察院联合九成坂检察院赴九成学校开展“宪法进校园暨检校共护成长”活动，向学校捐助了助学金、学习用品、宪法书籍等，以嵌入式教学方式为同学们讲授了一堂生动的宪法课，安徽检察抖音、快手平台全程直播课程，一小时累计观看人数达7万多。指导各地制作系列法治课、专题法治宣传微动漫微视频等，采用线上线下多种方式进行宣传展播，取得了良好的宣传效果。

八、促推“六大保护”协同发力

落实“法治教育从娃娃抓起”，以法治副校长工作为锚点，促进检校合作融合发力。2023年5月30日，举行“检爱同行　共护花开”主题检察开放日暨检校协作守护未成年人成长研讨会，省院党组书记、检察长、南门小学兼职法治副校长出席研讨会并讲话。在省检察院领导的示范引领下，全省检察机关共有1480名检察干警担任2390所中小学校法治副校长，实现了三级院检察长担任法治副校长全覆盖。开展全省未成年人网络保护案例评选，选取在打击通过网络侵害未成年人犯罪、促进网络空间监管治理、落实《未成年人网络保护条例》方面有亮点、有举措的案例，为各地推动未成年人网络保护工作提供经验借鉴。2023年3月，围绕网络性侵未成年人案件，省检察院第九检察部检察官赴芜湖市鸠江区检察院，与公安、法院代表及某知名网络公司安全法律部负责人、网络安全高级专家开展座谈，就完善网络违法信息举报机制、违规违法人员注册使用账号审查、不良预警机制、建立检企互通协商机制等提出有益建议，以检察智慧助力未成年人网络保护工作。

“一杯茶”调解法　调百姓之难　解群众之忧

安徽省公安厅

“基层治理的关键是要发挥居民、村民自治的制度优势，让群众成为自己的主人，而不是旁观者。”循着这个思路，安徽省淮北市濉溪县公安局临涣派出所依托临涣茶馆调解中心，从整合调解力量、规范调解行为入手，创新推出“一杯茶”调解法，把20多个民间调解组织的调解行为纳入法治轨道，多年来，累计调解矛盾纠纷2200余起，成功率超过97%，真正做到了“小事不出村、大事不出镇、矛盾不上交”，取得了“南有六尺巷，礼让共和谐；北有一杯茶，一笑泯恩仇”的社会效应。

一、切实发挥党建功效，落实接诉即办，让“平安茶室”成为密切党群干群关系的“黏合剂”

近年来，临涣派出所坚持和发展新时代“枫桥经验”，以“矛盾纠纷排查化解”为突破口，主动将警民联调室前移，率先在茶客较多、调解基础较好的怡心茶楼设立“平安茶室”，在镇党委、政府的牵引下，各部门着力打造党群连心室、人大代表谈心室、政协委员连心室、兵哥调解室、妇女微家、劳动争议调解中心等多元调解组织，平安茶室根据收集到的社情民意，及时安排支部党员或邀请其他党组织代表到茶馆调解室与群众面对面交流，现场协调解决办法、现场反馈办理意见，确保群众诉求及时响应、及时办理。现已累计收集社情民意800余条，形成议案、提案、调研报告等150余份，积极帮助群众排忧解难，消除了村干部与村民之间的隔阂冷漠，拉近了党群干群关系，巩固了党在农村执政的群众基础。2023年10月19日，临涣派出所社区民警李珂在临涣村开展入户走访时，发现两人发生争执，经询问得知，刘某东和刘某义因土地承包价格发生争执，此前已多次到村里反映，但均未获解决。社区民警立即联系村“两委”到平安茶室进行调解处理，最终双方在民警和村“两委”努力下达成协议。

二、切实发挥平台功效，搭建信息平台，让“平安茶室”成为推动兴村助农的“助力器”

在完善人民调解大数据管理平台的基础上，推动平安茶室利用微信群以及司法行政专网进行在线视频调解。同时，搭接公共法律服务平台，建立说事远程视频系统，通过12348热线电话、网络平台等载体，做好数据采集和统计工作，为群众提供生产生活所需的帮助和服务。2023年1月，沈圩村村民张某与孙某发生邻里纠纷，因张某长期在外务工，只有逢年过节才返乡回家，为尽快化解纠纷，避免矛盾激化，临涣派出所民警李珂会同调解员陈文章，组织孙某在茶馆调解室通过远程视频系统与张某开展调解工作，通过一个多小时的协商，双方最终达成一致意见，并达成协议。

三、切实发挥社会功效，探索多元化解，让“平安茶室”成为维护基层稳定的“压舱石”

一是建立“多元调解”机制。临涣派出所充分利用当地群众“不去府衙去茶馆”的习俗，积极发挥基层党组织联系群众、发动群众、服务群众的独特优势，成立多元化调解委员会，调动司法所、基层法庭、法律服务所、综治、信访、村级调解组织等多方力量参与人民调解工作，形成多部门协同、法理情融合的矛盾纠纷多元化调解机制，做到“小事不出村、大事不出镇、矛盾不上交”。

二是做强“平安茶室”品牌。以怡心茶楼“平安茶室”为基础，在辖区内分别建立高皇“平安茶室”、在夹河村建立“老书记”调解室，组建行政村治安联络员和社区民警辅警的调解小组，利用“治安调解员”“老党员”“老书记”同为本村村民的优势，积极排查辖区邻里关系、民情民意等影响社会稳定的风险因素，把矛盾解决在萌芽状态。同时，镇人大、司法所等部门也效仿“平安茶室”成立了“人大谈心室”“司法调解室”等调解机构。2023年以来，通过高皇“平安茶室”、夹河村“老书记”调解室的补位和辅助，调解辖区矛盾纠纷200余起，调处率达98%以上，接处警数同比下降12%，有效补齐了基层乡村治理“短板”。

三是完善“多元化解”体系。依托党委、政府牵头的镇多元化调解委员会，进一步完善矛盾纠纷多元化解机制，由“平安茶室”统一梳理汇总矛盾纠纷线索，按照“属地化管理”“谁主管谁负责”的原则推送给相关调解组织，充分发挥好60多名调解专家的作用。同时，积极践行“调解确认一体，部门联动一体”的司法确认机制，矛盾纠纷调解效率显著提升。

2023年，多元化调解委员会化解各类矛盾纠纷451余起，司法确认案件97件，建立警民联调卷228卷，全部有效终结，化解率100%。

全面构建“一站式”安徽特色解纷体系 打通为民服务“最后一公里”

安徽省司法厅

安徽省司法厅坚持办好群众小事、服务平安大局的理念，突出“实用、实战、实效”原则，全力推进“一站式”安徽特色解纷体系构建，不断提升“法治为民办实事”质效，试点以来共调处矛盾纠纷15.13万件，调解成功率97%。

一、提升政治站位，变“单一调解”为“综合治理”

作为坚持和发展新时代“枫桥经验”重要举措之一，全面构建“一站式”安徽特色解纷体系，在省司法厅统一部署安排下，各市司法局立足司法行政职能职责，以解决好群众“急难愁盼”的小事、服务平安建设大局为理念，不断创新工作思路，在原有的“1+4+N”大调解工作格局基础上，着力探索构建安徽特色高水平解纷体系，有效改变以往人民调解小而散的传统形态，有力推动基层矛盾纠纷化解从碎片治理向集成治理转变、从被动治理向主动治理转变、从单向治理向多元治理转变，聚力打造基层社会治理新模式。

二、健全工作机制，变“单打独斗”为“一体推进”

不同解纷机制之间的衔接不断畅通，贯通“省市县乡村”五级矛盾纠纷调处指挥调度枢纽不断健全。省司法厅印发《全面构建“一站式”安徽特色解纷体系试点工作方案》，按照内部挖潜和外部借力相结合原则，积极推动形成各单位各部门衔接联动和社会力量广泛参与的“一站式”安徽特色解纷体系。鼓励各地市因地制宜，根据工作需求，不断探索适合本地发展的工作机制。马鞍山市印发《关于加强和改进社会矛盾纠纷调处服务中心规范化建设的指导方案》，建立人民调解与“12345”政府热线的联动协作机制，进一步密切人民调解与其他解纷体系的沟通衔接，不断提升“一站式”解纷体系的枢纽作用；宣城市印发《关于推进“一站式”解纷体系建设的实施意见》；合肥市司法局与市委政法委、市中院积极谋划，市人大常委会审议通过《合肥市人民代表大会常务委员会关于促进全市矛盾纠纷多元化解的决定》。

三、整合解纷资源，变“一站一用”为“一站多用”

坚持不搞“一刀切”，通过整合解纷资源，融入地方特色，实现本地区矛盾纠纷调处运行顺畅、衔接有效，稳步推进“一站式”安徽特色解纷体系构建工作。按照“多中心合一、一中心多用”原则，充分利用综治、信访、公共法律服务等原有实体站点，进行改造或者通过派驻等方式，拓展实体平台服务功能，全面提升基层化解矛盾能力。其中，合肥市落实固定场所作为合肥市“一站式”工作实体平台的业务用房；马鞍山市48个乡镇里已实现“一站式”合署办公14家，其他改造为派驻式。全省5个试点市已融合市（县）层级知识产权、婚姻家庭等行业专业性调解力量436家。

四、推进平台扩容，变“多点分析”为“一网研判”

汇集多点分散的矛盾纠纷数据，提升社会矛盾纠纷预测预警预防能力。将已经开展调解工作或有调解需求的单位和部门，及时纳入成员单位，指导设立调解机构或派驻调解员，将矛盾纠纷相关信息实时同步录入（导入）全省人民参与和促进法治平台（人民调解系统），实现数据接口互接、信息共享，避免平台重复建设形成“网上形式主义”。利用原有促进法治工作信息化平台（人民调解系统），实现省厅与地市、人民调解与其他解纷条线的数据共融共通。同时，对原有省促进法治工作信息化平台（人民调解系统）及时进行扩容升级，运用平台大数据集成功能，开展日研判、周分析、月报告，重要节点实时研判、重要事项专题研判、及时发布预警信息，有效防范重大风险隐患。平台已入驻解纷组织20419个、解纷人员82906人。各试点市也根据需要，不断强化“一站式”解纷体系的信息化工作。池州市运用“池州智格”APP，实现矛盾纠纷第一时间排查、第一现场地化解；淮南市借助市委政法委开发的“E治理”平台和警网、网格数据信息，实现矛盾纠纷线索收集、受理、分流、转办、跟踪督办一体化纠纷调处模式。

五、创优调解品牌，变“一地盆景”为“满园风景”

为进一步彰显安徽解纷地方特色，省司法厅积极借助“一站式”安徽特色解纷体系构建，深入挖掘区域文化渊源，突出培育地方文化元素，将新时代“枫桥经验”与江淮地域文化、法治文化等紧密结合，推动法治、自治、德治一体有机融合，在打造出皖北“一杯茶”、皖中“六尺巷”、皖南“作退一步想”等特色调解法的基础上，试点市宣城以绩溪木雕“四荷”图所蕴含的“和为贵”底蕴为基础，以宣州区狸桥镇警民联调室“握手言和”实践为引导，总结提炼“握手言和”调解品牌，将“和”元素植入“一站式”安徽特色解纷体系构建。宣城市60%以上的调解实体阵地配置了“握手言和”品牌LOGO、宣传标语、照片墙、工作流程图和制度，形成独特的调解风景，为“徽风皖韵”解纷品牌添彩助力。

审稿人：沈厚富　郭　磊

撰稿人：许　星　王　林　肖　军　汪全龙　徐金龙

福　建　省

工作概况

2023年度福建政法工作综述

2023年，福建省坚持以习近平新时代中国特色社会主义思想为指导，深入学习贯彻党的二十大和二十届二中全会精神，认真学习贯彻习近平法治思想和总体国家安全观，扎实开展学习贯彻习近平新时代中国特色社会主义思想主题教育，深入实施“深学争优、敢为争先、实干争效”行动，全力做好防风险、保安全、护稳定、促发展各项工作，奋力推进福建政法工作现代化，社会大局持续保持安定稳定，为奋力谱写中国式现代化福建篇章营造了良好社会环境。

一、坚持以主题教育为牵引，党对政法工作的绝对领导得到新加强

把开展学习贯彻习近平新时代中国特色社会主义思想主题教育作为重大政治任务，深刻领悟“两个确立”的决定性意义，增强“四个意识”、坚定“四个自信”、做到“两个维护”，不断提高政治站位和政治判断力、政治领悟力、政治执行力。

（一）深学细悟铸忠诚。充分发挥福建作为习近平新时代中国特色社会主义思想重要孕育地和实践地的独特优势，高站位高标准高质量推进全省政法机关主题教育，通过领导带头学、专家授课学、循迹溯源学等形式，扎实做好深化、内化、转化工作，引导广大政法干警以学铸魂、以学增智、以学正风、以学促干，进一步夯实绝对忠诚、绝对纯洁、绝对可靠的思想根基。

（二）强化落实促提升。深入学习贯彻《中国共产党政法工作条例》，修订完善《中共福建省委政法委员会工作规则》，发挥党委政法委填补真空、加强链接作用，每月召开省委政法委员会全体会议，依托省平安建设领导小组工作机制，每季度召开维护安全稳定形势会商会。制定加强执法监督制度机制建设意见，认真落实政治轮训、政治督察、纪律作风督查巡查、重大事项请示报告、政法委员述职等制度，对省法院党组和漳州、宁德市委政法委开展政治督察，推动党对政法工作的绝对领导落到实处。

（三）真调实研解难题。认真贯彻落实中央和省委关于大兴调查研究的工作要求，聚焦破解难题、实战实用和总结提升，确定4大类28项年度全省政法重点课题，组织开展习近平法治思想、“四下基层”和新时代“枫桥经验”等课题研究，深入挖掘习近平总书记在闽工作期间关于“四下基层”“四个万家”等群众工作制度的孕育与实践，积极推动调研成果转化为政法工作思路举措、制度机制和特色品牌。

二、坚持以高水平法治为保障，护航高质量发展取得新实效

充分发挥法治固根本、稳预期、利长远作用，推动法治政府、法治社会、法治文化、法治人才等系列规划落地落实，不断提升福建法治核心竞争力。

（一）聚焦两岸融合发展示范区建设。积极制定服务两岸融合发展配套措施，深化两岸司法交流与合作，精心举办海峡两岸检察制度、海峡两岸司法实务等系列研讨会。认真落实保障台湾同胞福祉和享受同等待遇的政策和制度，拓展海丝中央法务区、海峡两岸仲裁中心等涉台服务功能，成立全国首个涉台海事纠纷解决中心，创新开展涉台检察事务助理、台湾青年到检察机关实习实训工作，首创“检察监督+台胞认领+社会共管”涉台文物保护机制，得到最高人民检察院肯定推广。

（二）聚焦深化高水平对外开放。持续深化海丝中央法务区建设，举办第三届海丝中央法务区论坛和海上丝绸之路（泉州）司法合作国际论坛，与国际商事争端预防与解决组织、世界知识产权组织仲裁与调解中心签署合作谅解备忘录，新引入法务机构（项目）逾160个，“海丝中央法务区·云平台”联通各类法务机构2030家，累计为1.5万余家企业、超100万人次提供法律服务，各平台阅读、浏览和观看人数超过1000万人次。《人民日报》头版文章赞誉海丝中央法务区“法治护航”高水平对外开放的积极成效。

三、坚持以筑牢国家安全东南屏障为目标，维护国家安全和社会稳定取得新成效

深入践行总体国家安全观，立足福建特殊区位，以底线思维和极限思维强化重大风险防范化解，切实维护国家安全、社会安定、人民安宁，圆满完成全国两会、数字中国建设峰会、杭州亚运会、世界航海装备大会、第三届“一带一路”国际合作高峰论坛、中秋、国庆等重大活动和重要节点维稳安保任务。

（一）坚决防范化解涉稳风险。制定出台《福建省重大决策社会稳定风险评估专家库管理办法（试行）》和《福建省重大决策社会稳定风险评估第三方机构管理办法（试行）》，共开展重大决策社会稳定风险评估3793项。制定下发排查化解存量涉稳风险总体方案，全省化解存量涉稳风险1168件。建立省、市、县三级涉稳风险隐患库，深入开展矛盾纠纷大排查大化解专项行动，稳妥处置突发敏感网上舆情。

（二）坚决推进信访工作法治化。深入学习贯彻《信访工作条例》，在全国率先由省“两办”印发《关于推进信访工作法治化的意见》，率先优化实化具体化依法处理信访事项“五化”“四到位”路线图。福建省被列为全国7个信访工作法治化试点省份之一。全省信访态势平稳有序，群众对信访工作的满意率达97.1%。

（三）坚决打击突出违法犯罪。强化信息网络、涉海涉砂和教育、市场、金融等重点行业领域整治，打击地下钱庄、金融涉卡犯罪等做法在全国推广。推进常态化扫黑除恶斗争，扫黑除恶斗争取得全国“五连优”。深入组织实施全民禁毒工程，禁毒工作综合考评连续五年位居全国前列。全面推广五级书记抓打击治理电信网络诈骗犯罪机制，全省侦破电诈案件1.3万余起、追回群众被骗资金1.33亿元，打击治理成效位居全国前列。

四、坚持以责任制落实为抓手，更高水平的平安福建建设迈上新台阶

始终牢记习近平总书记关于当好“人民的保护神”的殷殷嘱托，坚持和发展新时代“枫桥经验”，深化应用“四下基层”，推动平安福建建设向更深层次、更宽领域、更高水平发展。全省社会治安形势呈现“两降一升”良好态势。

（一）拧紧平安责任链条。全省省市县乡村连续25年层层签订平安建设责任书，建立上下贯通的平安责任体系。组织开展第五轮第一批平安县和省直平安单位创建工作，对区域性治安稳定问题比较突出的38个地区（单位），实行省级通报整治。注重结合福建实际，不断完善平安建设领导责任制落实情况考核评价标准和方式，量化各参评单位计分维度，分档计分评价，更加重主责、重数据、重实绩。组织对省“十四五”规划纲要和“十四五”平安建设规划落实情况开展评估，规划确定的十个方面重点任务、88个能力提升项目进一步落地落实。建立健全复盘工作机制，针对近年发生的重大典型案事件进行全面复盘检视，查找风险隐患、短板弱项，健全制度机制，压紧压实各方责任。

（二）深化专项行动攻坚。扎实推进涉险公共区域安全防护工作，常态化开展景区和非景区景点安全管理工作，全省接报群众溺水、坠崖、踩踏等救助大幅下降，事故起数、死亡人数降至近年最低。部署开展夏季治安打击整治行动，深入推进护校安园、流动人口服务管理、道路交通事故预防“减量控大”等专项行动，持续深化平安乡村、平安校园、平安医院、平安家庭、平安边界、平安铁路等系列创建活动，有力清除一批隐患问题。

（三）夯实基层治理根基。扎实推进市域社会治理现代化，福州、厦门、漳州、龙岩获评“全国市域社会治理现代化试点合格城市”，两篇经验获评“全国市域社会治理现代化试点优秀创新经验”，宁德市霞浦县溪南镇化解海上养殖纠纷工作法等三个工作法获评全国“枫桥式工作法”。加强省级“枫桥式工作法”经验的总结培树，评出福建新时代“枫桥式工作法”先进典型31个，“打造福建特色新时代‘枫桥经验’”获评年度福建省十大法治事件。出台《关于进一步规范全省网格化服务管理工作的九条措施（试行）》《福建省各级综治中心规范化建设指导意见》，推动县、乡综治中心与信访接待大厅（中心）、诉调对接中心、检察服务平台、公共法律服务中心等有机整合，加强与基层政法单位、行业调解组织、“三官一律”调处中心、“一村一法律顾问”等有机融合，为广大群众提供优质高效、公正权威的矛盾纠纷化解服务，做实做优“最小治理单元”。组织召开省法学会第九届会员代表大会，选举产生新一届理事会及组成人员，扎实推行首席法律咨询专家制度，在全国首席法律咨询专家工作会议上作经验交流发言。

五、坚持以政法科技智能化建设为支撑，政法改革质效实现新提升

深入贯彻落实党中央关于全面深化政法改革部署要求，及时完善配套措施，推动政法改革系统集成、协同高效、纵深推进。

（一）持续提升执法司法质效和公信力。构建与现代科技深度融合的执法司法新模式，推进执法司法业绩考核指标备案工作，对执法不作为、乱作为、趋利执法、选择性执法等突出问题开展案件评查、执法检查。全面准确落实司法责任制，推进法官检察官员额和编制跨域统筹使用、动态调整，修订省法官检察官遴选、惩戒委员会章程。

（二）持续推进数字政法建设。深化政法跨部门大数据办案平台建设应用，实现刑事业务全流程、民事行政等案件全类型、工作与便民全方位，累计协同流转刑事案件15万件、协同办案流程44万次，办案平台入选全国“2023政法智能化建设智慧治理创新案例”。举办数字政法论坛，筹建“福建数字政法研究中心”，推进福建省一体化大融合行政执法平台建设，在全省40条线、1105个乡镇、3380个单位上线试运行，实现跨地域、跨层级、跨部门执法联动响应和协作。

（三）持续增强人民群众改革获得感。依托“闽政通”构建统一入口，实现公共法律服务“一网通办”。在全国率先启动全类（共21类）户口迁移事项“跨省通办”服务，“补领换领居民身份证”等36项高频公安政务服务事项实现“省内通办”和8项事项实现“跨省通办”，371项公安行政审批服务事项实现“最多跑一趟”，占比96.11%。推动执行解纷治理一体运行，89.02%的基层法院新收执行案件数实现减量，执源降幅居全国首位，9项执行指标位居全国第一方阵。

六、坚持以全面从严管党治警为基调，过硬政法铁军建设呈现新面貌

牢记“三个务必”“两个永远在路上”，坚持严的基调、严的措施、严的氛围，持续推进政法队伍自我净化、自我完善、自我革新、自我提高。

（一）注重强化正风肃纪。严格落实中央八项规定及其实施细则精神和省委实施办法，认真执行新时代政法干警“十个严禁”，落实防止干预司法“三个规定”季度记录报备和典型案例通报机制。

（二）注重强化素能培养。坚持战斗力标准，完善素能培训体系，组织全省政法系统领导干部专题研讨班，省市县各级政法领导干部1100多人参加。举办全省法治人才培训班。省直政法各单位深入推进队伍梯次培养，分级分类开展教育培训。

（三）注重强化激励保障。健全从优待警保障机制，广泛开展向政法英模学习活动，持续推出“福建政法群英谱”系列宣传报道，组织开展“法治新时代　平安新征程”媒体采风八闽行活动，举办年度十大法治人物和十大法治事件评选，涌现出“新时代政法楷模集体”三明市委政法委等一批先进典型。

会议活动

全省坚持和发展新时代“枫桥经验”推进会

11月29日，全省坚持和发展新时代“枫桥经验”推进会在福州召开。会议深入学习贯彻纪念毛泽东同志批示学习推广“枫桥经验”60周年暨习近平总书记指示坚持发展“枫桥经验”20周年大会精神，传达省委要求，通报表扬全省新时代“枫桥式工作法”先进典型，交流各地经验做法。

会议指出，全省各级各部门深入践行新时代“枫桥经验”，发动引导广大人民群众积极参与矛盾纠纷预防化解工作，共建共治共享的社会治理制度进一步健全，正确处理新形势下人民内部矛盾机制更加完善，社会治理效能进一步提升，人民群众的获得感、幸福感、安全感不断增强，为新时代新福建建设提供了强大助力。

会议强调，要结合习近平总书记在福建工作期间的重要理念和重大实践，坚持把党的领导作为根本保证，切实把党的政治优势转化为矛盾纠纷预防化解工作效能。要坚持把“矛盾不上交”作为目标导向，注重主动创安，推动矛盾纠纷化解在基层一线。要坚持把法治作为基本方式，不断提高矛盾纠纷预防化解和信访工作法治化水平。要坚持把综治中心实体化建设作为重要抓手，进一步夯实矛盾纠纷预防化解基层基础，推动新时代“枫桥经验”福建实践取得更大成效。

文件选辑

关于进一步规范全省网格化服务管理工作的九条措施（试行）

（中共福建省委组织部　省委政法委员会　省民政厅　省财政厅
省住房和城乡建设厅，2023 年 8 月）

为深入学习贯彻习近平新时代中国特色社会主义思想和党的二十大精神，贯彻落实省委、省政府《关于加强基层治理体系和治理能力现代化建设的实施方案》（闽委发〔2022〕8 号）和省委组织部等 5 部门《关于深化城市基层党建引领基层治理的实施方案》（闽委组通〔2022〕26 号）精神，进一步完善网格化管理、精细化服务、信息化支撑、实战化应用的城乡基层治理体系，促进基层治理提质增效，制定措施如下：

一、优化网格治理单元。遵循“街巷定界、规模适度、无缝覆盖、归属明确、平急结合”的原则，将社区划分为若干个综合网格，每个综合网格原则上覆盖300—500 户或 1000 人左右；对较大的商务楼宇、各类园区、商圈市场及学校医院等企事业单位，根据实际情况单独划分为专属网格。行政村一般以自然村、村民小组为单元划分网格，或在集中居住区域按一定户数划分网格，常住人口在 500 人以下、居住比较集中、情况相对简单的行政村可一村一网格。推动网格地理信息数字化，每个网格应有唯一的编码。在科学划定网格基础上，从管理有效、服务便利出发，可通过设立微网格细分到楼道、楼栋，微网格一般覆盖50—80 户，形成“村（社区）—综合（专属）网格—微网格（楼道、楼栋）”治理架构。网格划分和数字编码由省级制定标准、市级统筹推动、县级具体实施，组织、政法、民政、公安、住建、自然资源等部门协同配合。

二、建强网格党组织。坚持在党建引领下开展网格化服务管理工作，一般每个综合（专属）网格设立 1 个党支部或党小组，推动网格党组织应建尽建。对已成立居民小区党支部的，应做好与网格党组织设置、功能作用的有效衔接，不再重复组建党组织。综合网格长一般由村（社区）“两委”成员、党员骨干、网格内村（居）民党小组组长或驻地单位党组织书记担任。专属网格的网格长可由乡镇（街道）党（工）委选派党员干部担任。

三、规范网格统一管理。针对网格层级过多、概念不一、多网并存等问题，加强科学整合、统一管理，推动村（社区）内的党建和政法综治、社区警务、民政、城市管理、信访、市场监管、卫生健康、应急管理、妇女维权等职能纳入综合网格，并将相应的资源力量同步下沉网格，形成基层网格治理“一张网”。网格整合后各职能部门不再另行单独划定网格，确需依托网格开展的业务工作，应根据实际情况，纳入综合网格或专属网格管理。

四、配齐网格治理力量。每个综合网格应按照“1 + 2 + N”配备，“1”即一名综合网格长，“2”即 1 名专兼职网格员、1 名包联干部或基层政法干警担任网格指导员，“N”即网格内的其他社会治理力量。

社区每个综合网格至少配备1名专职网格员，统一纳入社区工作者队伍管理。乡村每个综合网格应配备兼职网格员，鼓励有条件的配备专职网格员，逐步提高专职网格员的配备比率，充分调动整合后的农村“六大员”开展有关工作。设立微网格的，要整合基层党员干部、楼道（栋）长、志愿者等组成治理团队，微网格长一般由楼道（栋）长或党员骨干担任。积极推行楼道（栋）长制，每个楼道（栋）应确定1名楼道（栋）长，延伸网格感知触角，形成在基层排查隐患、解决问题的联动闭环机制。

五、深化网格多元共治。市、县（区）领导班子成员要直接联系村（社区），乡镇（街道）领导班子成员要直接联系网格，推动机关党员干部编组入网、下沉网格。积极推动社区民警兼任村（社区）“两委”成员，全面推进“网格+警格”融合治理。引导“两代表一委员”、“三官一律”（法官、检察官、警官、律师）人员、退休党员、在职人员、社会志愿者、新居民代表及业委会、物业企业代表等力量参与网格治理，积极动员群众参加志愿者队伍，激发人民群众的内生动力。

六、完善网格事项准入。市级要建立和落实网格事项清单制度和准入退出机制，按照市级审批、县级统筹、乡级落实、网格实施的原则，纳入网格工作事项由市级负责审批把关，明确纳入理由、标准及退出程序，行政性、执法性、专业性较强的工作不得纳入网格职责范围，防止网格事项无限扩大、网格员职责任意延伸。乡镇（街道）及有关部门未经批准不得安排网格员从事其职责外的工作任务。落实“费随事转”原则，职能部门的事项经审批纳入网格，要将经费下沉到乡镇（街道）进行科学安排，做到专款专用。

七、健全网格运行机制。遵循“采办分离”的原则，依托数字化基层治理平台，按照“信息收集、问题发现、任务分办、协同处置、结果反馈、考核评价”的流程，坚持接诉即办与吹哨报到相结合，推动线上线下智能联动快速流转、闭环处理。对网格排查上报事项，村（社区）做好梳理汇总，乡镇（街道）根据问题性质和管理权限“吹哨派单”，相关职能部门主动承接、限时办理反馈。建立健全常态联系走访机制，网格员至少每半年对网格内所有服务管理对象走访一遍，建立重点人员、重点场所、重点事项清单，加强走访巡查和分析研判，主动发现报送问题。

八、加强网格数字支撑。按照“数字化、标准化、实战化”总体要求，提升完善省市两级网格信息平台数据汇聚和实战运用能力，加强与大数据管理部门对接合作，推动多层次、多部门、多效能的治理要素入格上图，健全肇事肇祸精神障碍患者、“五失”人员等重点群体功能模块，构建覆盖全域、统筹利用、统一接入、实时服务的数据资源共享体系，推动平台从高标准“建起来”向高质量“用得好”转变。事项纳入网格的职能部门可授权村（社区）综合采集基础社会治理数据，依托网格信息平台进行业务处理。网格数据采用全省统一标准，实现一次采集、多方共享。加强网格信息平台安全防护建设，实行“一级一权限、一格一账号、一人一密码”的分级授权认证机制。县一级原则上不再新建网格信息平台。

九、强化网格基础保障。各地要把网格信息平台建设和运维经费、网格员工资待遇、必要装备投入等经费纳入各级财政预算。市、县两级要加强网格员业务知识和技术操作培训，结合实际开展优秀网格员、最美网格员等先进典型选树活动。探索构建与网格员工作年限、专业水平、绩效考核相衔接的激励体系，对由非行政事业编制的村（社区）干部和专职社区工作者担任的专职网格员，应按落实双线职责要求，在基本薪酬报酬基础上，可按工作任务、现实表现、考核情况等给予适当补贴。对工作表现突出、符合条件的网格员，可按规定程序选拔为村（社区）“两委”班子成员，可推荐担任各级党代表、人大代表、政协委员等，拓宽网格员职业发展通道。

特色专栏

全力打造“海丝中央法务区”以高水平法治保障高质量发展

厦门市委政法委

作为福建省确定的海丝中央法务区首个落地城市，厦门市自2021年11月海丝中央法务区启动以来，锚定“现代化国际化的法治创新平台和法律服务高地”建设目标，积极营造市场化、法治化、国际化的营商环境，法务区建设取得积极成效，已成为“海丝”核心区建设的标志性工程之一。截至2023年12月，海丝中央法务区新引入法务机构（项目）171个，集聚传统法务、泛法务和法务科技企业900余家；构建了国际商事海事纠纷解决体系、创新国际法律服务矩阵等“十大建设成果”。

一、系统谋划布局，绘好统筹推进“施工图”

一是规划先行明方向。明确“国际商事海事争端解决优选地、两岸融合发展法治实践地、法务科技创新聚集地、知识产权保护应用示范地、数字经济治理先行地”发展方向，细化“一岛两区互补叠加、自贸片区先行先试、思明片区全面示范、鼓励全市积极参与”发展布局，在自贸片区先行先试打造知识产权、国际法务聚集地，思明片区全面示范打造高能级法务机构、法务科技承载地。

二是优化机制强根基。建立重点项目调度会、周工作例会等制度，加强日常统筹调度；施行重点项目清单管理，将“大任务”转化为“小项目”，做到定人、定岗、定任务、定时限、定要求；推行“一张表格抓落实”工作法，及时分解派单、定期核实销号，强化工作闭环管理。法务区在短时间内汇聚了多家司法机构，“两庭一中心”等5个首批重点项目快速落地、有序运转。

三是同频共振促发展。坚持共建共享理念，把法务区建设作为全市共享平台，市直政法单位、财政、商务、国资等成员单位和相关国企密切协作，领导小组各成员单位齐抓共建，形成市区两级协调联动、条块分明、统分有序的工作格局。从全市遴选抽调14名精干力量组建工作专班，成立海丝中央法务区秘书处，建强专业化队伍。

二、突出改革创新，跑出建设发展“加速度”

一是“护航出海”，打造争端解决优选地。积极向上争取获批成立厦门国际商事法庭、涉外海事法庭；厦门仲裁委加入最高人民法院“一站式”国际商事纠纷多元化解决机制；中国国际经济贸易仲裁委员会、比什凯克国际仲裁院等国字号国际化仲裁机构落地厦门；国际商事争端预防与解决组织在厦设立全球首个代表处。已受理商事海事案件1300余件、标的金额超100亿，涉及40余个国家和地区。

二是“数字赋能”，培育法务科技产业链。引入航天科工、国家政法智能化创新中心等央企大所，发挥美亚柏科、罗普特等本土企业优势，打造海丝中央法务区法务科技共同体、法务科技基金、法务科技展馆“三合一”平台，目前联动70余家法务科技企业，重点企业年营业收入超过200亿元。创新提出“警安科技应用示范城市、警安科技创新基地、警安科技产业发展基地”的“一城两基地”产业思路。

三是“凸显优势”，探索两岸融合法治实践地。发挥近台优势，完善涉台检察、审判、调解、社区矫正“一条龙”司法服务。发布全国首个涉台海事审判白皮书，出台守护厦台同源文化、优化海峡生态环境等7项法律监督举措，设立福建法院涉台司法交流研究（厦门）中心、全国首家大陆与台湾地区律师事务所联营办公室、全国首家台湾地区律师事务所驻大陆代表处，现有在厦台籍律师31人，数量居全国第一。

三、加快成果转化，打造服务发展“新名片”

一是涉外交流合作有力有效。举办第二届中国—新加坡国际商事争议解决论坛、第七届国际调解高峰论坛等国际化论坛；出台海丝中央法务区面向金砖国家法律服务机制，打造“一平台、五中心”

国际法律服务矩阵，全市现有留学涉外专业背景的律师192名，占全省65.1%。现已成功受理厦门企业与金砖某国金属硅购销合同等案件100件，涉案金额超25亿元。

二是法务产业动能加速迸发。按照“商法融合、以法促商”的理念，出台支持海丝中央法务区建设的专项优惠扶持政策，积极招引泛法务机构项目，扶持法务产业发展壮大，首批已兑现奖补资金超1500万元。30家国内头部律所中有17家在厦门设立分支机构，2022年全市律师行业收入22.72亿元，占全省37.4%。

三是法律服务效能不断释放。在全省开展“法律服务进千企惠万企”“涉外法务交流合作·八闽行”等活动，组织150余家法律服务机构、2000余名专业法务人才，面对面为1.5万余家企业提供“量身定制”法律服务；依托网上云平台、掌上法务区、海丝法务通等网站和小程序，提供线上法律服务超100万人次。

四是法律专业人才快速集聚。出台《海丝中央法务区厦门片区高层次法务人才激励支持若干措施》，在全国率先为高层次法务人才量身定制激励政策，安排5000万元法务人才专项资金。与北大、清华等10余家高校和科研机构合作，共聘请22位法学法律专家担任顾问；打造社会化法务人才培训基地，已组织涉外法律业务培训150余场、2万余人次。

加强生态司法保护
助力打造美丽中国先行示范省

福建省高级人民法院

2023年，福建法院坚持以习近平新时代中国特色社会主义思想为指导，深入贯彻习近平生态文明思想和习近平法治思想，认真学习贯彻落实党的二十大精神，牢固树立“两山”理念，全面落实中央、省委和最高人民法院部署要求，紧紧围绕司法服务保障美丽中国示范省建设，为加快新时代新福建建设提供有力司法服务保障。

一、坚持用最严格制度最严密法治保护生态环境

坚持执法办案不放松，全省法院共审结各类环境资源案件3885件，追究刑事责任1195人，补种复绿8735.62亩。加大案例培育，先后发布福建法院林业碳汇损失赔偿典型案例以及福建法院生态环境审判十大案例。1件案例被最高人民法院选入《中国具有影响力环境资源案件》合辑，并发布于联合国环境规划署法律数据库。6件案例成功入选最高人民法院环境资源审判各类典型案例，1个案例入围新时代推动法治进程2023年度十大案件评选。拓宽宣传渠道，精心组织全省法院在世界环境日、全国生态日开展宣传活动，通过召开新闻发布会、发布福建法院生态环境司法保护状况白皮书，不断扩大福建生态环境审判社会影响力。

二、推广生态环境审判技术调查官制度

制定下发《关于推广生态环境审判技术调查官制度助力打造美丽中国示范省的意见》，在总结吸收漳州法院全国首创的生态技术调查官机制相关实践经验的基础上，进一步从选任、管理、履职等方面对生态环境审判技术调查官制度予以优化，建立闽东北、闽西南两个协同发展区技术调查官库，遴选104名生态环境审判技术调查官，并在全省推广适用。

三、推进绿碳蓝碳司法工作

深化推广林业碳汇损失计量标准及自愿赔偿机制，适用该机制审结林业案件88件，赔偿林业碳汇损失19741.63吨。龙岩中院与黑龙江林区中院联合签订《碳汇司法跨域协作框架协议》，共建跨省林业碳汇司法协同平台。蓝碳司法呈现“百花齐放”局面，漳州法院持续深化蓝碳司法，“完善蓝碳司法保护与生态治理机制试点”被省委深改委确定为全省第一批“一市一试点”漳州的专项改革任务。秀屿法院牵头与有关部门共同出台《关于在生态环境刑事案件中开展生态修复适用海洋碳汇赔偿机制的工作指引（试行）》。福鼎法院牵头有关部门共同出台《办理破坏海洋生态资源刑事案件证据收集指引》。

全省法院审结涉蓝碳案件 12 件，赔偿蓝碳损失 17460.96 吨。

四、建立国家公园司法保护协作联盟

召开闽赣“2+2+5”法院武夷山国家公园生态司法保护协作工作座谈会，实现武夷山国家公园司法保护跨省协作。福建高院主办国家公园司法保护协作联盟成立大会暨国家公园首届司法保护协作研讨会，与南平中院共同发起成立国家公园司法保护协作联盟，入选 2023 年福建省十大法治事件。首批 5 家国家公园所在地的 10 家高级人民法院、南平中院、福州大学法学院共同签署了《国家公园司法保护协作框架协议》，一致通过《国家公园司法保护协作联盟章程》《国家公园司法保护协作（武夷山）宣言》，正式成立国家公园司法保护协作联盟。

五、探索涉台生态环境司法保护

首创“生态环境司法+涉台司法+河长制”机制，以生态环境司法服务保障两岸融合发展。泉州中院将生态司法服务保障金门供水工程顺利建设运行作为重点工作部署推动，制定出台《关于规范涉金门供水案件办理等工作的指引》，在金门供水取水点龙湖水库设立水源保障法官工作室，与当地河长办共同推进金门供水“司法护源”行动和“清源法屏”保障机制建设，在提升金门供水生态环境保护水平的同时，也增进了两岸的交流互动。

六、巩固流域协同保护成果

认真落实最高人民法院等五部委制定的《河湖安全保护专项执法行动工作方案》，先后组织召开第三届闽东北、闽西南协同发展区司法保护闽江、敖江和九龙江流域联席会议，持续推进以流域为核心的闽东北、闽西南生态司法协作机制，并发布闽东北、闽西南流域司法协作工作报告及典型案例 20 件。龙岩中院与广东梅州、潮州、汕头中院联合签订《韩江流域环境资源司法保护协作框架协议》，构建韩江全域司法保护体系。尤溪法院、大田法院、德化法院签订《闽湖流域生态环境跨区域司法保护协作框架协议》，协同推进闽湖流域生态环境高水平保护。

七、强化“一院一品”建设工作

厦门中院、厦门海事法院联合 12 家部门共同签署“厦门市生态司法协同保护平台”协议，构建生态协同保护、纠纷协同调处、理论协同研究三协同机制。莆田中院联合有关部门在木兰溪入海口设立“蓝色港湾·木兰溪流域暨入海口生态司法保护实践基地”，为起始筑牢木兰溪入海口重要生态屏障提供保障。龙岩中院联合有关单位成立全省首家“生态修复司法协同中心”，进一步强化生态环境技术与生态司法协同创新。三明中院联合赣州、抚州中院召开闽赣两省三地十一县法院服务保障种业振兴司法协作工作座谈会，并签署《闽赣“3+11”法院服务保障水稻种业振兴发展司法协作框架意见》，联动协力共同维护国家粮食安全。积极推动司法助力矿山修复工作，宁德法院探索以投保生态保险的方式开展替代性生态修复。

首创虚假诉讼监督“三合”工作法
助力诚信福建建设

福建省人民检察院

近年来，虚假诉讼已从多发高发的民间借贷、离婚析产、劳动争议纠纷领域蔓延到交通事故理赔、违规套取公积金、企业破产清算等新领域，严重损害司法公信，社会影响十分恶劣。面对虚假诉讼线索发现难、调查取证难、综合治理难等问题，福建省人民检察院坚持问题导向，经过持续探索运行，在全国首创虚假诉讼监督“三合”工作法，化解群众急难愁盼，优化法治营商环境，为全方位推进高质量发展提供司法保障。

一、数据赋能与调查核实聚合发力，破解线索发现瓶颈开辟新路径

虚假诉讼隐蔽性强，难以识别和发现。省检察院组织研发虚假诉讼智慧监督模型，分类提炼监督点，并依托裁判文书公开网和办案系统，从民商事裁判海量数据中筛选出异常案件信息，线下调查取证同步跟进。大数据思维下全新的办案模式，激活沉睡数据，突破个案局限，深挖监督线索，促进虚假诉讼监督成案率大幅上升。省检察院从办理泉州大学生苏某申请监督案线索入手，通过智慧监督模型和办案系统倒查出204条线索，并查实28件虚假诉讼，一举打掉陈某能等5人恶势力团伙，帮助苏某等众多被害人摆脱虚假诉讼困境，挽回损失2000余万元。

二、综合履职与一案双查融合贯通，构建一体监督新格局

民事诉讼实行不告不理，需要当事人申请才能启动监督程序；而虚假诉讼多数存在恶意串通情形，固守传统办案模式，难以办好虚假诉讼监督案件。省检察院坚持综合履职，在全国率先将虚假诉讼纳入依职权监督范围，并创新建立民事检察与刑事检察一案双查机制，在监督民事诉讼的基础上，同步审查涉案者是否构成刑事犯罪，形成一体监督新格局。省检察院在办理武平某公司执行案中，发现多名劳动者在工厂停产后仍主张拖欠工资的线索有虚假诉讼嫌疑，指导龙岩市、武平县两级院依职权启动监督程序，纠正错误民事裁判，并及时将犯罪线索移送有关部门，最终依法追究2名当事人和1名仲裁员刑事责任，该案获评最高人民检察院指导性案例。

三、内外协同与矛盾纠纷多元化解配合联动，形成惩防并举新常态

虚假诉讼从个案办理、类案监督到推动源头治理，既重视“治已病”，又重视“防未病”，需要加强多部门协同治理。为形成惩防合力，一方面，省检察院对内成立核心办案团队，运用“分片挂钩+分类指导+督办参办”方式，攻坚克难办理大要案；另一方面，对外牵头推动公检法联合会签《关于防范和查办虚假诉讼的若干意见》，建立虚假诉讼案件信息共享、线索移送、办理反馈等协作配合长效机制，并在全国实现“三个率先”：率先将虚假仲裁执行活动纳入监督内容；率先将虚假调解书纳入依职权监督范畴；率先明确刑民交叉衔接程序。同时，创新党委政法委执法监督与检察机关法律监督贯通衔接机制，省检察院连续三年开展对虚假诉讼、执行案件等专项评查活动，发现12类突出问题及479个问题案件，推动涉案单位加强综合治理，促进严格执法、规范司法。

创新涉险公共区域安全防护福建模式

福建省公安厅

2021年8月以来，福建省委、省政府深入推进涉险公共区域安全隐患排查整治工作，建立并落实常态检查、排查整改、应急处置、督导问效等制度机制，取得明显成效，推动建立河、湖、岸、林、景、警“六长联动”和综合治理“五项制度”“五项机制”等，全省接报溺水、坠崖、踩踏等警情大幅下降，事故起数、死亡人数降至近年最低。

一、创新查改模式，实现闭环整治

一是全覆盖排查。综合运用基础排查、警情倒查、大数据筛查等手段，聚焦海边、山边、水边、城市公园、网红打卡地“三边一园一地”，梳理易发生事故的风险隐患，创新建立“一图三表”（安全隐患地图和风险清单、措施清单、责任清单）。组织公安民（辅）警，发动村居干部、网格员、保安员等力量，分片包干对风险隐患开展地毯式滚动排查，定期组织“回头看”。

二是全要素评估。根据不同区位特点和安全风险现状，创新建立“红黄绿”三色预警识别机制，主动会同文旅、应急管理等部门开展风险评估，形成风险等级地图，确定高、中、低风险等级，分类设立危险区域警示栏（牌）、加固安全护栏，最大限度减少事故发生。

三是全链条整改。对巡查发现的安全隐患，创新推出“四个一律”措施：对属于公安机关职责的，一律立整立改、即知即改；对不属于公安机关管辖的，一律发送公安提示函，推动主管部门采取“通报、关注、挂牌”三个层级整治措施加以解决；对管理主体不明确的，一律报告属地党委、政府，提请综合治理；对一时无法整改的，一律通报主管部门依法依规关闭取缔、停业整顿。同时，对发现的风险隐患实行“一处一策”。

二、创新数据管控，实现智能防治

一是全域感知布防。结合社会治安防控体系示范城市创建，按照“政府主导、公安牵头、公众参与、社会共建”原则，深入推进“平安家园·智能天网”行动，将采集数据接入综治中心和全省公共安全视频图像综合应用共享（联网）平台，打造“省—市—县—乡—村—村（居）民”六级感知体系，织密平安乡村守护网、景点预警监测网、校园智能防控网、公共视频共享网。

二是智慧预警导防。开发省级“平安家园·智能天网”系统平台，联网对接省文旅厅景区平台，实时汇聚接入景区视频图像等数据。开发智慧管控平台，利用大数据等技术，建立异常行为等模型，及时发现预警突发情况。

三是精准动态设防。在重点区域分批打造智能防控单元示范点，动态分析恶劣天气、人流高度聚集、自然灾害等风险，综合运用无人机空中引导、远程广播通告、网络信息发布等方式，每日发布各类预警提示信息。

三、创新联动处置，实现融合共治

一是警网同格运作。将公共区域涉险隐患排查促改摆在突出位置，结合基层网格化治理，推行“警务网格＋社区网格”融合运作模式，广泛发动群防群治力量，组建巡防团队，加强日常巡查、提醒和劝导。

二是警民同向协作。聚焦快速救援处置建设，设立景区和非景区景点警务室（执勤点），在3A级以上景区全部设立警务室，在3A级以下景区和高风险区域设立街面警务站。同时，加强与社会救援力量的联动协作，修订完善应急预案。

三是全社会广泛参与。教育部门指导学校推行安全教育，贯穿于教学全过程，以家长会、致家长公开信、定期发布安全提示等形式，督促履行监护责任。主流媒体、网络平台定期开展预防事故宣传教育，通过典型事故剖析、救援方法演示，提升群众应急避险、自救互救能力。

四、创新制度建设，实现常治长效

推动市、县、乡三级建立由政府牵头，文旅、应急、公安、自然资源、水利、海洋渔业等部门参加的涉水危险区域联席会议机制；推动河（湖、岸、林）长、景长、警长“六长联动”，明确沿河沿海、临水临崖等重点部位管控责任，做到责任到人到岗，切实解决涉险公共区域安全防护“最后一公里”问题。从安全管理责任落实、安全隐患排查整治、重点区域安全防范、突发事件应急处置等关键环节入手，建立完善联席会议、常态检查、风险导巡、应急处置、宣传警示等五项制度，以及联合执法、排查整改、智能预警、救援保障、督导问效等五项机制，全力推进工作闭环。

打造一体化大融合行政执法平台

福建省司法厅

福建充分发挥数字中国建设思想源头和实践起点的独特优势，统筹谋划一体化大融合行政执法平台建设，省政府办公厅、司法厅会同相关部门强力推进，全力建设全国一流行政执法平台。平台建设始终坚持一体化大融合理念，突出数字赋能、便民利企、好用管用喜用，以信息化、数字化、智能化“三化支撑”为建设思路，以促进严格规范公正文明执法，消除多头重复交叉执法，持续优化法治营商环境为建设目标，牵头部门、协调部门、实施部门坚持边研发、边试点、边完善、边推广，着力打造新时代行政执法平台“福建样板”。

一、完成系统开发，促进规范高效执法

一是系统功能完善。建成3大核心系统，构建9个业务场景，研发8个创新应用，创建1个要素中心，开发1个动态总览，配套建设移动执法端、移动服务端，形成功能完善的平台体系，实现数据高度汇聚、业务高度融合、应用高度智能。

二是执法更加规范。将全省46条线、4000多个执法单位、8万多名执法人员全部纳入平台，统一工作门户，集中平台办案，规范执法事项、固化办案流程、严格人员管理，建立横向打通各部门、纵向贯通各镇街的全覆盖执法体系，促进严格规范公正文明执法。

三是办案更加便捷。平台支持电脑端、移动端全过程同步，实现全时空办案；支持智能填写案件信息，智能关联 8 大执法要素，智能调用 15 个公共支撑能力，做到执法办案智能辅助；支持一录多推，消除多头录入，让数据多跑腿、执法更高效。

二、集成动态总览，辅助科学精准决策

一是全面汇集数据。全面汇聚行政检查、处罚、强制等执法数据，全面汇聚“互联网 + 监管”“网上办事大厅”等监管数据，全面汇聚信用福建、信用中国等信用数据，累计汇集相关数据 10 亿多条，实现多时段、多层级、多领域、多维度数据集成，为分析决策提供数据支撑。

二是精准分析研判。研发大数据智能分析模型，全面开展数据采集、数据清洗、数据治理，生成执法效能指数、均衡指数、服务指数等，准确掌握全省行政执法动态，数字化感知行政执法质效。

三是辅助预警决策。开发监测预警功能模块，依托平台海量数据开展动态监测、实时预警，做到精准高效监管；开发决策分析功能模块，自动生成基本情况、趋势研判、对策建议，为领导决策提供参考；开发整改提升功能模块，及时发现问题，跟踪整改落实，完善制度机制，促进规范管理。

三、深化机制创新，提升服务监管质效

一是创新协同机制。编办、司法厅、审改办联合发力，强力落实综合行政执法体制改革的决策部署，梳理高频执法事项，厘清管理部门与执法机构职责，推动片区联合执法、“综合查一次”、“综合监管一件事”等综合执法体制机制创新，实现“进一次门、查多项事”“信息共享、证据共用”“一次处理、全省互认”，解决执法力量不足、协同程度不高等问题，消除多头重复交叉执法。

二是创新执法方式。推进红黑名单等信用执法方式，创新码上执法、非现场执法等智慧执法方式，实施首违不罚、轻微速罚等包容审慎监管方式，开展教育、劝导、警示、约谈等柔性执法方式，让行政执法既有力度、又有温度。

三是创新服务模式。提供智能客服、在线普法等便民利企服务，研发统一支付和票据配置系统等便民利企功能，创新一键找法、一键复议等便民利企模块，畅通公众评议、案件查询等便民利企渠道，不断提升执法满意度、群众获得感，持续优化法治化营商环境。

四、夯实基础保障，助力数字福建建设

一是强化制度保障。建立 1 套技术标准管平台建设，出台 1 部规章管平台运行，形成 1 批制度机制管平台保障，成立研发运行保障中心，确保平台建设更加规范、运行更加顺畅、保障更加有力，构建与数字政府相适应的行政执法制度体系。

二是强化公共支撑。平台调用数字福建 15 个公共支撑能力，实现电子支付、电子送达、电子签章；推进人脸识别、智能语音、天地图扩容升级，人脸识别能力从每秒 18 人扩容到每秒 300 人；促进闽政通、福建码广泛应用，闽政通政务版注册用户从 1.3 万个增加到 10.8 万个，日活用数从 3000 多人上升到最高 14627 人。

三是强化数字赋能。平台建成后，推动融入数字政府一张网、一朵云、一个门户，实现数据一体汇聚、案件一体办理、事件一体监管、执法一体协同、监督一体覆盖，助推行政执法质量变革、动力变革、效率变革，助力法治政府、数字政府建设。

五、突破堵点难点，打造全国一流水平

一是突破条线分割。整合全省 40 个自建系统，解决系统重复建设、执法协同程度不高等问题，全面实现五个融合，融合程度全国最高。

二是突破信息孤岛。建设数据专区，汇集全省行政执法数据，对接国家、省级 10 个平台，解决“烟囱”林立、数据壁垒等问题，全面实现集成共享，数据汇聚全国最全。

三是突破执法瓶颈。构建数字执法要素体系，规范全省 1 万多个行政执法事项和 9000 多项裁量基准，解决执法标准不统一、监督不到位等问题，全面实现办案标准化、监督规范化，规范水平全国领先。

四是突破服务质效。研发执法服务智能分析系统，综合评价、科学量化执法服务成效，解决烦企扰民、执法满意度不高等问题，全面实现执法服务提质增效，便民利企全国领跑。

审稿人：马必钢　郑　辉
撰稿人：钟河林　康志纯　刘　福
方　琮　陈从彩

江　西　省

工作概况

2023年度江西政法工作综述

2023年，江西省政法机关坚持以习近平新时代中国特色社会主义思想为指导，深入贯彻落实党的二十大精神和习近平总书记考察江西重要讲话精神，按照党中央决策部署和省委工作要求，聚焦江西省政法工作在“八个方面勇争一流”的总体安排，扎实工作、攻坚克难，推动江西省社会大局持续保持稳定。

一、扎实开展主题教育，努力在加强政法机关党的政治建设上勇争一流

（一）扎实开展理论学习。持续深入学习贯彻党的二十大精神“大学习大调研大宣传大落实”活动，精心组织江西省政法领导干部专题研讨班和政法干警全员政治轮训。习近平总书记考察江西后，江西省政法系统迅速兴起学习宣传贯彻习近平总书记考察江西重要讲话精神热潮，以实际行动坚定拥护“两个确立”、坚决做到“两个维护”。用好江西丰富的红色资源，高标准高质量推动中华苏维埃共和国法制建设纪念馆如期建成开馆，并努力将纪念馆打造成全国红色法治基因教育标杆基地，组织开展各层面的教学，提升与主题教育贯通的红色基因传承感染力、穿透力。

（二）深入推进调查研究。制定印发《省委政法委机关大兴调查研究实施方案》《在江西省政法系统大兴调查研究的实施方案》等文件，有针对性研究确定调研内容，一体整合江西省政法系统的力量开展调研，建好用好调研成果转化运用清单，有效推动破解难题、攻坚补短。明确“创新鄱阳湖区治理经验”“余干县12·30命案”等正反典型案例，扎实开展解剖式调研，推动进一步扬长补短、固本强基、提质增效。

（三）紧扣大局推动发展。创造性抓好党中央决策部署的落实，省委办公厅出台《江西省政法工作现代化发展规划（2023—2027年）》，明确五大部分，细化重点项目清单和重点项目，大力推进江西省政法工作理念、工作体系、工作能力现代化。对照确定的重点民生项目清单，高质量推进健全矛盾纠纷多元化解“一站式”平台、建设智能安防小区、防溺水“4+1”工程、加强社会心理服务及司法救助等实事，融合解决民生民安问题，得到了各方充分肯定。

（四）聚焦问题检视整改。制定进一步推进贯彻落实《中国共产党政法工作条例》的若干措施，涉及的内容已全部整改到位。有效解决了群众反映强烈的一批难题，初步建立了法治化常态化治理工作机制。江西省道路交通事故起数、死亡人数同比实现“双下降”。

（五）着眼长远建章立制。主题教育长效机制建设取得重要成效，其中省委政法委推动建立了“1+N”长效机制，如认真开展专项整治切实防范发生“民转刑”命案措施、加强网格化管理指导意见等。探索上级党委政法委、政法单位针对性派员列席下级党委政法委、政法单位党组（党委）民主生活会等做法，推动公安机关、监狱、强制隔离戒毒所等单位政委、教导员、指导员聚焦主责精心履职，完善政法干警政治素质项目化考核评价等制度，全面提升政治建设水平。

二、深入贯彻习近平法治思想，努力在深化法治江西建设上勇争一流

（一）全面推进立法、执法、司法、守法和法学研究。在省、市人大立法过程中，加强支持配合，立足政法职能，精心做好相关工作，政法领域的《江西省反间谍工作条例》等列入省人大常委会立法计划。持续改进执法司法工作，推动执法办案管理中心提质增效，深化“案－访比”质效管理等特色做法，创新建立行政争议化解中心有效化解行政复议方面的矛盾，江西省政法机关办案主要质效指标持续保持全国前列。“习近平法治思想大学堂”成效明显，“法律明白人”培养工程巩固提升，首席法律咨询专家制度完善落实，以案释法等工作持续深化。围绕服务江西大局，深化法学研究，发挥法学会“智囊团”“思想库”“人才库”作用，为实现江西高质量发展提供优质高效的法治服务和保障。

（二）全力保障重大发展战略实施。围绕长江经济带发展等国家重大战略及江西省打造“三大高地”、实施“五大战略”，健全服务保障政策措施，更好对接发展所需。法院系统举办“陶瓷知识产权保护”等主题论坛，相关案件入选中国法院知识产权保护典型案例。检察机关积极配合省人大常委会“公益诉讼江西行”活动，“助力耕地保护、护航粮食安全”专项监督取得积极成效。公安机关推动建立民宿业“党政扶持、部门指导、业主自治、良性发展”管理服务新模式，助力乡村振兴战略。司法行政系统创新公证服务新模式，拓展知识产权、金融领域和涉外领域公证服务。

（三）持续打造一流法治化营商环境。聚焦省委深入实施营商环境优化升级“一号改革工程”，省委政法委部署开展江西省政法机关打造一流法治化营商环境优化提升年活动，修订、完善、落实“1＋4＋4”政策体系，有效维护社会主义市场经济秩序。法院系统的“办理破产”“执行合同”等指标处于全国优秀水平。检察机关对破坏市场经济秩序等犯罪人员进行了起诉。公安机关启用省级二手车信息查询平台，有效解决交易信息不对称问题。

三、全面贯彻总体国家安全观，努力在确保国家政治安全上勇争一流

（略）

四、强化源头维稳主动创稳，努力在维护社会大局稳定上勇争一流

（一）夯实涉稳风险源头预防关口。严格落实《江西省重大决策社会稳定风险评估实施办法》，配套制定第三方评估机构和社会稳定风险评估专家库管理办法，组织开展系列第三方评估机构从业人员培训，推动稳评工作提质增效。对重大决策事项开展稳评，没有发生因稳评不到位引发的涉稳风险。

（二）提升涉稳风险防范化解质效。深化落实分级负责与归口处理相互衔接的维护社会稳定责任制，推动责任落实横向到边、纵向到底。常态化开展影响社会稳定突出矛盾问题排查化解，化解率95.6%，其余基本稳控。梳理出房产物业、涉众金融等六大类涉稳突出问题，纳入省级层面交办督办清单，组织涉事地和相关部门开展集中攻坚行动，夯实社会稳定的基本盘、基本面。积极配合做好保交楼等重大风险主体处置工作，有效防范经济金融风险向政治社会领域传导升级。

（三）做好重大敏感节点维稳安保。围绕全国两会、杭州亚运会、第三届“一带一路”国际合作高峰论坛等重大活动，以及八一、中秋、国庆等重要节点，严格执行涉政风险“零报告”和涉稳情况“日报告、周分析、月研判”工作机制，有针对性启动最高等级勤务，实现重大敏感节点期间社会治安大局稳定的目标。

五、坚持打防管控建相结合，努力在建设更高水平的平安江西上勇争一流

（一）推进矛盾纠纷预防化解法治化。《江西省矛盾纠纷多元化解条例》深入落实，江西省综治系统牵头认真排查化解矛盾纠纷，化解率达98.62%，其中95%以上化解在乡、村两级。坚持和发展新时代“枫桥经验”，积极完善推广江西省寻乌等地有益探索，构建综合施策的“预防在前、全面排查、调解优先、法治保障、闭环管理”多元化解矛盾纠纷机制，及时把矛盾纠纷化解在基层、化解在萌芽状态。

（二）加强社会治安整体防控。更有效地推进扫黑除恶常态化，统筹推进“昆仑”“断卡”等集中统一行动，大力推广“小案快破”机制，全力打击涉黑恶组织，严厉查处涉黑涉恶腐败和“保护伞”问题；追捕“漏网之鱼”目标逃犯人数位列全国前列；“猎狐2023”行动、禁毒“清源断流”行动等工作排名进入全国前列。深入推进重点行业领域整治，围标串标、非法采矿等整治成效巩固拓展。鄱阳湖区水上刑事发案创历史新低，“大江大湖治理”江西品牌持续擦亮。

（三）夯实平安建设基层基础。《江西省平安建设条例》有效落实，社会治安综合治理法治化水平不断提高。加强特殊人群服务管理，抓好在赣新疆籍流动人员服务管理工作站建设，肇事肇祸精神障碍患者“四帮一”配备率达100%，在矫社区矫正对象重新犯罪率0.063%。成立未成年人司法保护工作协调小组，推动家庭、学校、社会共同努力做好未成年人犯罪预防工作。依托县级综治中心大力推进矛盾纠纷多元化解“一站式”平台建设，总体实现全覆盖；深化“枫桥式人民法庭”“枫桥式公安派出所”创建活动，积极推进薄弱基层检察院“脱薄攻坚”，开展江西省司法所规范化建设三年行动，政法基层组织标准化规范化建设不断加强。组织举办“平安江西建设心理健康大讲堂”，已开展讲座16000余场，受众140余万人次。组织开展系列平安志愿服务活动，平安志愿者总人数累计达250万人。积极推动见义勇为工作，江西省8名英雄荣登中华见义勇为基金会季度“见义勇为勇士榜”。

六、纵深推进政法改革，努力在提升执法司法质效和公信力上勇争一流

（一）全面准确落实司法责任制。强化入额领导干部办案责任，推动江西省法院、检察院入额院领导带头落实司法责任。常态化开展司法惩戒，一体推进问题整改和制度健全。加大员额跨区域统筹使用、动态调整力度，完成省法官检察官遴选委员会换届，省法院重新核定三级院法官职数，并拿出一批员额专门用于支持各地法院加强基层法庭建设等；省检察院从省级预留的员额中为市县院调增一批员额，明确专门用于市级院开展逐级遴选以及基层统筹使用。深化法检财物统管改革，会同省财政厅等部门研究制定有关文件，持续推动落地见效，切实支持保障司法机关依法独立公正行使职权。

（二）优化改进政法机构职能体系。全面落实江西省各级党委政法委、检察机关、司法行政机关、国家安全机关和基层法院内设机构改革，江西省政法机关的职责配置、机构设置、人员编制更加优化。江西省三级法院审级职能定位改革持续深化，优化完善提级管辖工作程序。检察机关统筹优化案件质量评价指标体系和检察人员考核机制，检察办案环节产生的信访同比下降68.2%。公安机关健全完善“情报、指挥、行动”一体化警务运行机制，推动派出所所长、社区民警进班子，优化农村“交所融合”改革，警务运行体制机制更加完善。

（三）持续加强执法司法制约监督。深化政法领域执法司法权力运行机制改革，梳理工作项目并实行清单式管理、项目化推进。完善党委政法委执法监督机制，常态化开展案件评查，甄别涉法涉诉问题线索；会同省委依法治省办研究健全行政执法与刑事司法衔接机制的工作措施，推动完善制度机制。围绕贯彻落实《中共中央关于加强新时代检察机关法律监督工作的意见》和省委实施意见组织开展调研评估，推动市县两级的侦查监督与协作配合办公室实质化、规范化运行，不断提升法律监督质效。

七、狠抓全面从严管党治警，努力在建设高素质专业化政法铁军上勇争一流

（一）管好领导班子。省委常委、省委政法委书记与设区市委政法委书记和委机关领导班子成员开展政治谈话，带动江西省政法系统分层分级开展全覆盖政治谈话，压实管党治警政治责任。在2022年省委政法委与省委组织部联合建立“协管”机制、与省纪委监委联合建立“协查”机制的基础上，推动进一步完善落实。常态化推进政法干部交流轮岗，对符合交流条件的政法干部交流轮岗或调整分工，优化了领导班子和干部队伍结构。

（二）严肃纪律作风。坚持严的基调不动摇，坚持不敢腐、不能腐、不想腐一体推进，深化纠治“四风”，持续整治有案不立、压案不查、有罪不究等政法领域顽瘴痼疾。强化防止干预司法“三个规定”、新时代政法干警“十个严禁”等铁规禁令的刚性约束，对违反“三个规定”的政法干警严肃处理。定期通报典型案例，常态化开展警示教育，深入开展政治家访，加强对党员干部“八小时外”的监督管理，积极构建更加风清气正的良好政治生态。

（三）激发队伍活力。采取举办江西省平安建设业务培训班、乡镇（街道）政法委员培训示范班、政法队伍建设工作业务培训会等方式，推动分系统分岗位分层次加强业务培训。深化暖警爱警惠警工作，畅通职业发展通道，提升职业保障水平，落实从优待警政策，让广大政法干警安心、安业。大力弘扬英模精神，江西成为全国获“新时代政法楷模集体”“新时代政法楷模个人”“2023年度法治人物”等殊荣最多的省份；江西省政法系统涌现出一大批先进典型。

八、切实加强党委政法委自身建设，努力在充分发挥职能作用上勇争一流

（一）把准职能定位。进一步把握工作着力点，提升工作牵引力，确保党中央政令畅通、令行禁止。围绕政法领域改革、资源平台整合优化、提高政法“三同步”水平等方面强化统筹推进，着力协调解决一个政法单位办不了、办不好的难点问题。

（二）强化工作合力。完善落实省委政法委员会工作规则及委员述职等制度，认真落实“三重一大”等制度规定，推动完善落实政治督查、纪律作风督查巡查等制度机制，推动完善政法单位党组（党委）

在执法办案中发挥领导作用、重大事项请示报告等具体规范或清单，形成最大合力。支持审判机关、检察机关依法独立公正行使审判权、检察权，支持政法各单位依照宪法和法律独立负责、协调一致地开展工作，履行好党和人民赋予的职责使命。

会议活动

江西省平安江西建设领导小组会议

2月20日，江西省平安江西建设领导小组会议召开。会议强调，要全面贯彻落实党的二十大精神和习近平总书记关于平安中国建设的重要论述，牢固树立总体国家安全观，全力防风险、保安全、护稳定、促发展，加快建设更高水平的平安江西。

会议审议并原则通过了《关于2022年度全省平安建设考评有关情况报告》《关于开展市域社会治理现代化试点成果巩固提升年活动方案》以及平安江西建设2022年工作总结和2023年工作要点等文件。

会议指出，过去一年，全省上下坚决贯彻党中央决策部署，聚焦迎接和学习宣传贯彻党的二十大精神这条主线，坚决捍卫国家政治安全，深入推进市域社会治理现代化试点，制定实施《江西省平安建设条例》，扎实开展平安创建，大力整治群众反映强烈的社会治安突出问题，平安江西建设取得了新成效。

会议强调，2023年是全面贯彻落实党的二十大精神的开局之年，加强平安建设意义特殊、责任重大。要增强统筹发展和安全的政治自觉，始终保持清醒头脑，深刻把握当前形势，增强系统观念，坚持底线思维，以更实举措破解突出矛盾问题，着力防范化解政治安全、公共安全、经济金融、网络安全等各类重大风险，切实筑牢平安防线，坚决维护全省社会大局安全稳定。

会议强调，要全面提升社会治理效能，夯实平安江西建设的基石。深化市域社会治理现代化试点，坚持和发展新时代“枫桥经验”，强化党建引领，创新社会治理方式，规范网格管理工作，拓宽群众参与渠道，促进社会治理资源整合、力量融合、功能聚合、手段综合。加强社会治安防控，全面落实“打防管控建”各项措施，始终保持严打高压态势，推进扫黑除恶斗争常态化，依法严厉打击各类违法犯罪。深入开展矛盾纠纷大排查大化解，全力化解信访突出问题，持续推进治理重复信访、化解信访积案专项行动，推动领导干部下基层包案接访，畅通和规范群众诉求表达、利益协调、权益保障通道，把送上门的群众工作做细做实做好。

会议强调，各地各有关部门要各司其职、密切配合，齐抓共建、形成合力，进一步压实各方责任、完善制度机制、夯实基层基础、加强宣传引导，建立健全平安建设全周期管理体系，齐心协力做好平安建设各项工作，为全面建设社会主义现代化江西营造安全稳定的良好环境。

文件选辑

关于进一步加强全省网格化管理服务的指导意见

(中共江西省委政法委员会　中共江西省委组织部　中共江西省委信访局　江西省民政厅
江西省司法厅　江西省财政厅　江西省住房和城乡建设厅　江西省卫生健康委员会
江西省应急管理厅　江西省市场监督管理局，2023 年 10 月 20 日)

为深入贯彻落实党的二十大精神，全面落实省委《关于深入学习贯彻党的二十大精神，加快全面建设社会主义现代化江西的决定》（赣发〔2022〕26 号）和省委组织部等部门《关于深化城市基层党建引领基层治理的实施方案》（赣组发〔2022〕8 号）有关文件要求，现就进一步加强全省网格化管理服务工作提出如下指导意见。

一、指导思想

坚持以习近平新时代中国特色社会主义思想为指导，全面贯彻落实党的二十大关于“完善网格化管理、精细化服务、信息化支撑的基层治理平台，健全城乡社区治理体系”的决策部署，全面准确把握省委十五届四次全会精神实质，深入实施治理强基战略，加强基层社会治理创新，进一步深化网格化管理服务，推动社会治理重心向基层下移，提升基层社会治理体系和治理能力现代化水平，为全面建设社会主义现代化江西营造和谐安全稳定的社会环境。

二、工作原则

（一）坚持党建引领。发挥党委总揽全局、协调各方的领导作用，加强基层党组织领导推动社会治理资源整合、力量融合、功能聚合、手段综合，努力将党的政治优势、组织优势和密切联系群众优势转化为推进网格化管理服务、提升社会治理水平的效能。

（二）坚持强基导向。健全重心下移、力量下沉、保障下倾的工作机制，推动社会治理和服务重心向基层下移，将更多的资源力量下沉到村（社区）、网格，加强网格标准化规范化建设，夯实网格化管理服务工作基础。

（三）坚持数字赋能。充分运用大数据、云计算、人工智能、区块链等现代科技，建立健全以人、地、事、物、组织为核心内容的全省社会治理信息系统，加强社会治理基础数据开发利用、汇聚融合和共享开放，为网格化管理服务减负赋能增效。

（四）坚持为民实效。坚持以人民为中心的发展理念，注重发挥网格员作用，察民情、听民意、解民忧、暖民心，全方位提升守护群众平安、保障群众权益的层次和水平，让人民群众获得感、幸福感、安全感更加充实、更有保障、更可持续。

三、工作目标

通过全省上下共同努力，到 2025 年，全省网格党组织体系进一步健全完善，城乡网格员队伍配齐建强、管理规范，网格化管理服务工作经费得到有效保障，网格化管理服务的工作制度、运行机制更加完备，各类矛盾风险、安全隐患发现在早、处置在小、化解在萌芽状态，为民服务成效明显增强，网格化管理、精细化服务、信息化支撑的工作优势在基层社会治理中得到充分体现。

四、重点任务

（一）科学构建网格管理体系。依据《江西省平安建设条例》等规范要求，网格分为基层治理网格、基础网格和专属网格。在城市社区，原则上按照 300—500 户或 1000 人左右设置基层治理网格，并按要求配备专职网格员。在行政村，按照“遵循实际、规模适度、便于服务、有利治理”的原则，以村民小组（或自然村）为单元，综合考虑人口规模、居住分布、地形地貌等因素设置基础网格。各类园区、商务楼宇、贸易市场等有较大完整空间的单位，可以设置专属网格，并主动加强与辖区联动联合，打造网格化管理服务新模式。网格划定后，要依据《社会治理网格划分和编码规则（江西省地方标准）》明确的网格编码规则，为每一个网格编制 15 位数字的唯一编码。

（二）整合网格管理服务资源。根据资源配置有效、功能相对齐全、服务管理方便的原则，把社区内的党建、信访、民政、城管、市场监管、卫生健康、应急管理等网格整合为基层治理网格，切实推动相关职能部门服务、管理、资源、力量向网格聚集。网格员排查发现的矛盾问题，属于网格内职能部门的，由网格员直报其办理；属于网格外职能部门的，由网格员上报综治中心分流办理。网格整合后，相关职能部门不再另行单独划定网格。

（三）加强网格党组织建设。充分发挥基层党组织在网格化管理服务中的引领作用，将党支部或党小组建在网格上。原则上一个网格设立一个党支部（党小组），党员数量不足的可统筹多个网格设立。网格党支部书记（党小组长）由村（社区）党组织成员或党员骨干担任。专属网格的党组织书记由所属单位自行选任或由乡镇（街道）党（工）委选派党员干部担任。推进机关企事业单位在职党员干部下沉到居住社区、编入网格、进到楼栋，协助网格员开展工作。

（四）加强网格员选聘管理。城市社区专职网格员选聘工作由设区市或县（市、区）委组织部会同有关部门统一组织实施，优先从符合社区工作者条件、熟悉基层情况、会做群众工作的本社区党员、“法律明白人”、人民调解员等群体中选聘，加大从社区志愿者、高校毕业生、社区符合条件的居民中招聘专职网格员力度。行政村网格员一般由村“两委”推荐、乡镇（街道）确定。原则上，村（社区）的人民调解员、护林员、防汛员等专岗人员应统一纳入网格员队伍管理，强化乡村治理力量保障。各级综治中心具体承担网格员日常管理、业务培训、监督考核等工作，建立健全网格员退出机制，切实加强网格员队伍建设。

（五）充实壮大网格辅助力量。发挥退休干部党员作用，鼓励支持他们参与网格治理。组织网格内楼栋长、物业服务人员、水电气抄表员、快递员、外卖送餐员、退伍军人、退休教师、热心居民和“两代表一委员”等担任网格辅助员。推动“三官一律”（警官、法官、检察官和律师）下沉网格，充实网格管理服务法治专业力量。积极引导各类企业、社会组织、志愿者队伍参与网格化管理服务。

（六）规范网格管理服务事项。推动将党的建设、矛盾纠纷排查化解、特殊人群服务管理、安全隐患排查整治等社会治理相关事项纳入网格。建立健全网格化管理服务事项准入制度，制定网格职责清单，明确纳入理由、标准及退出程序，防止网格职责清单过多过滥。各职能部门确需依托网格开展的业务工作，由县（市、区）综治中心按照规定程序进行初步审核论证，报县（市、区）平安建设统筹协调机构组织核定。行政性、执法性、专业性较强的工作不得纳入网格职责范围；与网格职责不相符、与网格员工作能力不相匹配的事项，不得下放到网格。对已纳入网格职责的事项，经过实践证明不再适宜由网格承担的，按程序退出。

（七）健全网格工作运行机制。推动网格员履职尽职，畅通网格事项解决渠道，真正发挥网格化管理保障民安、服务民生、提升社会治理效能的作用。健全网格员巡查走访机制，定期实现“上门入户”全覆盖，确保网格员的主要工作精力用于社情民意收集、矛盾纠纷排查化解、安全隐患排查整治、政策法律宣传、服务社会民生等工作。健全网格员情况报告机制，网格员能够协调处理的事项及时处理；处理不了的，及时上报村（社区）综治中心按程序办理，切实解除网格员“既是信息员又是办事员”“自己发现的问题自己处理”顾虑。健全网格事项分流办理、协调督办、考核评价机制，各级综治中心对汇聚收集的群众诉求、安全隐患、矛盾纠纷等事项，属于本单位或同级相关部门职责范围的，及时解决或分流到相关部门办理；对需要协调解决的加强沟通协调；协调解决不了的要及时向党委、政府报告。对分流办理、协调解决的事项，要加强跟踪督办，并将办理情况纳入相关考核评价体系。

五、实施保障

（一）加强组织保障。深入落实《江西省平安建设条例》，将网格化管理服务工作纳入本地经济社会发展总体规划，充分发挥基层党建引领基层治理领导协调机制作用，强化统筹部署、推动落实。各级党委政法委和乡镇（街道）政法委员要发挥好统筹协调的职能作用，不断健全网格化管理、精细化服务、信息化支撑工作机制，夯实网格工作基础。

（二）强化科技支撑。深化江西省社会治理现代化大数据平台建设应用，推动网格化管理服务实现全省“一盘棋”“一张网”，统一网格员信息报送规范，完善多部门信息采办方式，实现网格化管理服务事项“一个口子进出、一套系统汇聚”，网格员通过“平安江西 APP”一个端口即可接收任务、办理事项、报送情况，以信息化手段为网格化管理服务工作赋能增效。

（三）强化部门协同。纳入网格化管理服务的事项，各部门要按照同步保障原则，建立网格联系机制，将工作力量下沉至网格，依托省社会治理现代化大数据平台（由同级综治中心分配账号），及时跟进、办理网格流转的事项，不得将自身权责转嫁网格员承担。要为网格员开展工作提供政策依据、业务指导等支持，每年通过线上线下开展多种形式的培训指导，帮助网格员明确工作职责、熟悉工作流程、提高工作能力，更好完成工作任务。

（四）加强经费保障。加强网格化管理服务工作经费保障，根据有关规定合理确定网格员薪酬待遇或工作补助。城市社区的专职网格员薪酬待遇应当与社区工作者待遇水平相当，逐步提高到不低于上年度当地全口径城镇单位就业人员平均工资水平，并按规定落实相关福利待遇。现有薪酬标准高于上述标准的，按照就高不就低的原则保障。县（市、区）要加强现有工作经费的整合使用，对有关部门纳入网格承接的工作事项，按照“费随事转”原则保证工作经费，给予网格员适当补助。

（五）强化考核评价。要将网格化管理服务工作纳入平安建设等考核评价内容，压实各级党委、政府和相关部门责任。对重视不够、进展缓慢、措施不力的地方或部门，按照相关规定进行通报、约谈、挂牌督办；造成特别严重危害或者影响特别重大的，按相关规定追责问责。

（六）加强激励引导。建立网格员奖惩激励制度，对表现突出的网格员按照有关规定进行经济和荣誉等方面奖励，纳入村（社区）“两委”成员后备力量，不断拓宽网格员职业发展通道。要充分发挥传统媒体和网络新媒体优势互补的作用，深入宣传网格化管理服务的重要意义，大力宣传优秀网格员工作业绩和感人事迹，增强网格员的荣誉感、认同感和归属感，不断提高网格化管理服务的群众参与度和社会影响力。

特色专栏

智能安防小区保民安惠民生

江西省委政法委

江西省委政法委牢固树立以人民为中心的发展思想，将全面推进智能安防小区建设作为深化平安建设的基础工程、增强群众获得感幸福感安全感的民心工程来抓，加强统筹谋划、动态调度，推动全省纳入规划的12211个小区建成智能安防小区。小区品质明显提升，得到群众广泛肯定。

一、加强规划设计，注重统筹实施

一是压实责任抓推进。省委政法委会同省住建厅、省公安厅、省自然资源厅、省财政厅印发《全面推进智能安防小区建设应用的指导意见》，明确自2021年起，利用三年时间推动全省所有住宅小区建成标准、规范的智能安防小区，实现全省全覆盖。加强动态调度，实行每月一调度，每季一通报，并将智能安防小区建设情况纳入暗访督查、交叉评估和年度平安建设考核内容。

二是统一标准抓建设。会同省住建厅、省公安厅印发《智能安防小区规范化建设指导意见》，根据小区不同类型，明确建设模式、建设内容和验收标准，规范数据采集汇聚、安全管理，一盘棋推进建设管理应用。其中，新建住宅小区纳入住宅小区建设规划，并与建设同步设计、同步实施、同步验收并投入使用，未经验收或验收不合格的不得现售或交付使用。对纳入改造实施的既有小区，由党委政法委组织住建、公安等部门验收。

三是因地制宜抓推动。将智能安防小区建设作为社会治理智能化平台的有益补充和延伸拓展，紧紧抓住老旧小区、棚户区改造契机，将智能安防设施建设作为重点内容与全面推进城镇老旧小区、棚户区改造同步规划实施，最大限度整合利用资源。对未纳入政府改造计划的既有小区，由县（市、区）牵头先行对智能安防设施进行建设改造。

二、强化实战应用，发挥智治效能

一是智能采集信息。依托射频识别、人脸识别、车牌识别等现代技术，全面动态采集人脸数据、车辆数据、视频数据等，进一步完善了各类基础信息，形成了覆盖全省的动态数据库，为数据查询、资源分布、全数据应用提供数据保障，为智慧应用打牢数据基础。

二是加强智能预警。统一业务规范和技术标准，开发智能安防小区管理平台及实战应用模块，汇聚智能安防小区基础要素和治安、警情、案件等数据，精准掌握人员动态轨迹，实现小区态势感知、自动预测预警、智能分析研判，不断提高打击防范违法水平，侦查破案追逃实现“漫天撒网”向“精确制导”转变。

三是便捷服务民生。协调相关职能部门，有效整合社区各类民生信息资源，针对性推出一批智慧应用，为小区居民提供更多更优更贴心的便民服务。如同步建设了电动车集中充电点、智能垃圾桶等。对独居老人、留守儿童、残障人士的水电数据、出行轨迹等进行智能研判，对异常情况及时预警，并组织社区、物业人员上门服务，帮助解决实际困难。

三、依法规范运行，保障高效安全

一是加强信息安全顶层设计。建立信息安全管理工作机制，明确相关部门职责分工，制定信息安全方案，并加强监督管理，按照“谁管谁负责，谁用谁负责”原则，压实智能安防小区建设方、数据运营维护方的信息安全责任。构建分级分类分域的纵深防御体系，健全完善应用平台分级授权管理使用制度，实现数据安全可控、流向可知、泄露可溯。

二是加强信息安全技术应用。采取有针对性的信息安全技术手段，打造全域覆盖、全网防控的安全保障技术体系，保障智能安防小区的不同数据模块的信息安全。比如，对于基础信息、关键信息加强和优化访问控制；对于智能安防数据的存储与传输进行加密，防止数据被篡改或系统被破坏，确保敏感数据的安全；加强操作系统安全保障，通过隐私保护、身份认证、云存储安全等技术手段，确保智能安防系统的稳定性。

三是加强信息安全监测评估。常态化开展智能安防小区信息系统监测评估，通过对关键信息基础设施国产化率、物联网技术稳定性、安全管理人员数量与水平管理制度成熟程度等进行安全评估，有效分析系统风险，掌握系统安全状况，提升信息安全保障水平。

四、建立健全制度，确保管长管常

一是建立设施设备使用管理制度。督促物业服务企业结合物业管理项目实际，制定小区智能安防设施设备管理制度和监控岗位职责，落实专人负责监督实施，强化设施设备管理，落实管理责任。

二是建立设施设备日常巡查制度。督促物业服务企业将智能安防设施完好情况列入每日巡查内容，对出现损坏或损毁的立即进行维修，并做好巡查和维修记录，发现人为破坏的及时向住建部门和公安部门报告。

三是建立物业项目定期检查制度。配合公安部门定期对住宅小区物业项目的智能安防设施运维情况组织开展监督检查，对管理制度建立和执行情况、设施设备完好率、日常巡查检修记录、信息安全管理等做好核查核验。

强化有效监督管理　实现审判质效同步提升

江西省高级人民法院

坚持有序放权和有效监督相统一，是全面准确落实司法责任制的重点，也是必须解决好的难点。近年来，江西法院积极探索落实院庭长监督管理责任的路径，从更新理念、体系创新、机制完善等方面进行有益尝试。一方面，不断完善权力制约监督管理机制，着力构建“权责明晰、权责统一、监督到位、管理有序”的审判权力运行体系，压紧压实院庭长监管职责；另一方面，坚持信息技术与监督管理深度融合，创建审判 e 管理等 e 系列平台，不断增强监管的针对性。实践证明，只要监督管理能沉下去，审判质效就能提起来。

一、端正司法理念，逐级强化监管责任

江西法院始终强调司法责任制绝不能片面理解为法官个人的裁判责任，“审理者、裁判者”绝不仅仅是独任庭或合议庭，院庭长监管是加强党对司法工作的绝对领导、回应群众诉讼关切、抓实公正与效率的必要举措。

一是明晰审判权责。制定审判权力与责任清单，明确合议庭、院庭长等权责清单，其中涉及院庭长监管职责的清单占35.42%，既明确合议庭、院庭长的审判权责边界，又激发院庭长敢抓善管的责任担当，拧紧责任链条。

二是拓展监管范围。除细化“四类案件”确保重点监管到位外，还将监管范围拓展到拟发回重审、可能影响经济发展或社会稳定、涉弱势群体民生问题、大标的额等案件。各地结合实际，落实落细院庭长阅核制要求，既将疑难复杂敏感的“大案”纳入监管范围，又将事关民生、百姓关切的“小案”纳入监管对象，把好案件质量、效率、效果关。

三是落实分级监管。结合实际探索分级阅核、分级监管，压实各层级、各主体的管理责任。原则上将院庭长编入审判团队，区分不同层级阅核权限，规范阅核流程。规范合议庭、专业法官会议、审委会运行机制，探索设立专门评议场所及录音录像制度，对长期只作简单表态的情形纳入绩效考核，防止“合而不议、陪而不审”；完善专业法官会议工作规则，会议倾向性意见未得到采纳的，原则上提交审委会讨论；强化审委会总结审判经验、加强审判管理、监督指导审判工作的重要职能。比如，某县“入赘男”征收补偿权益保护纠纷问题突出，上级法院院庭长在监管该类案件时发现业务庭之间裁判标准不一，经深入调研，审委会统一了该类案件的裁判尺度，实现了类案同判。

二、坚持综合司法，纵深拓展监管效能

实现院庭长监管效能的最大化，不能满足于追求个案的公正与效率，而是要把监督管理与类案办理等结合起来，把做实综合司法融入院庭长监管全过程，把监管的触角延伸到人民群众所盼所需的各环节。

一是将监管触角前伸。坚持“抓前端、治未病”，对容易引发系列案的矛盾纠纷，将监管环节前移，避免矛盾激化。比如，在办理一起房屋买卖合同案件中，发现潜在涉诉商铺还有几十家，案件又事关当地重点招商项目，该案难点还在于，合同格式条款不当加重了买方责任，但如果简单机械认定为无效条款，既不利于营商环境，也必然引发系列案。对此，承办法官主动汇报，院庭长靠前指导，反复协调，成功调解，其他同类纠纷在诉前及时有效化解。全省法院针对审判执行过程中发现社会治理中的行业乱象和监管漏洞，依法提出司法建议，在推动各地“保交楼”、化解信用卡纠纷及防范电信网络诈骗等领域取得了很好的工作成效。

二是将监管触角下移。发挥上级法院提级管辖作用，院庭长带头办理示范性案件，扩大院庭长监管案件效果，发布首批提级管辖案例。比如，某市生态环境局发现某公司在转移危险废弃物时，未按规定填写单据等违法行为，决定罚款80万元，引发行政诉讼。该案涉及江西废铅蓄电池集中收集和跨区域转运改革试点工作，而该公司系初次违法且未造成污染后果，如就案办案简单处理，既不利于企业发展，又不能从源头解纷。上级法院获知情况后决定提级管辖，指定院领导承办，并向市生态环境局发送司法建议，得到采纳，重新作出了不予处罚决定，原告主动撤诉，类似行政执法裁量权也得以规范。

三是将监管触角外延。树牢“感受公平正义的主体是人民群众”的理念，把民意作为院庭长监管的工作导向，以民意反馈来检视法院工作不足。比如，创设了“赣法民意中心”，打通民意外部监督内化为院庭长内部监管的渠道，并结合主题教育要求，落实“接诉即办”“有诉必应”，延伸“有信必复”，不能当即答复的事项，形成工单，向承办法官推送，由庭室负责人督办，解决了涉诉群众一批急难愁盼问题。

四是将监管触角内嵌。院庭长要管到位、管得准，必须向信息技术、向大数据要效能。充分运用智慧法院建设成果，创新打造“审判e管理”平台，设审判质效可视化监管等8个板块，案件办理、案件监管全流程网上再造，各类主体的权责清单、组织化行权规范都被嵌入到办案系统或专门的案件监管平台之中。全流程监管“四类案件”，实现智能识别、在线标记、实时风险提示，承办法官案件汇报和院庭长监管意见在线交互呈现、全程留痕。针对二审、再审发改案件质量问题，建立上下互动交流评析机制，对原审法官坚持异议的案件生成评析案号，随机从专家库中组成第三方评析组，开展在线评析评查，促进二审审慎发改、一审实质解纷，减少程序空转。

三、完善内控机制，规范审判权力运行

从日常管理与专项治理中努力寻找案件质效的

增长点，及时总结固化形成质效管理内控机制，努力让院庭长监管合理地“沉”入到每一个案件、每一个流程节点，推动审判质效“提”上来。

一是建立数据会商机制。在每月常态化开展数据通报、分析研判的基础上，召开季度司法审判数据分析研判会商会议，以数据为基础、以问题为导向、以会商为抓手，坚持定量分析与定性分析相结合，归纳存在的短板问题，深挖根源，分析审判工作的突出特点、发展变化趋势，推动解决堵点难点重点问题。

二是健全统一法律适用机制。充分发挥院庭长监管在发现类案裁判标准问题、统一裁判尺度上的作用，通过类案监管，对司法实践中遇到的分歧进行研讨，以院领导领衔调研课题、通报、答疑、案例、文件等多种方式，形成规范指引，推动质效提升。定期组织民商案件统一裁判尺度研讨班，开展优秀民商事调研课题、优秀民商事改判案例、优秀民商事裁判文书评选，转化形成业务文件，规范裁量权行使。发布贯彻实施《民法典》、服务保障数字经济发展、服务保障民生、弘扬社会主义核心价值观等多批典型案例。运用“法信智推”等平台，实行强制类案检索，自动推送关联案件信息，有效避免同案不同判。注重发挥审委会审判经验总结职能，出台农村土地承包纠纷、认罪认罚案件办理等系列标准化审判指引。推动“法答网”优质高效运行，全省法院总计提问回复率为67.3%，排名位居全国前列。

三是完善组织化行权机制。严格执行最高人民法院有关组织化行权要求，坚持民主集中制原则，避免监管权力任性。充分发挥专业法官会议职能作用，制定跨部门专业法官会议工作规则，2023年以来，全省法院召开专业法官会议1000余次，讨论议题2800多个。比如，吉州区法院某合同纠纷案件因标的额大，被承办人通过审判e管理平台标记为“四类案件”，院庭长与承办法官意见不一致，但根据阅核制要求和组织化行权原则，提交了专业法官会议、审委会讨论，审委会支持了承办人的意见。积极发挥外脑作用，制定专家咨询委员会、法律适用疑难问题研究小组等工作规则，组建专家咨询委员库、青年干警人才库近百人，主要参与研判重大疑难复杂案件，为院庭长监管提供决策参考。

运用“四轮驱动”促进案结、事了、人和

抚州市人民检察院

抚州市检察机关按照习近平总书记关于充分珍惜“枫桥经验”、大力推广“枫桥经验”、不断创新“枫桥经验”的重要论述、讲话、指示精神，认真贯彻落实中央、省委、市委及上级检察院关于信访工作要求，始终坚持人民至上理念，以解决群众实际问题、实现案结、事了、人和为目标，主动担当作为，以求极致的精神，凝心聚力推动信访矛盾实质性化解。

一、“领导带动”，高站位谋划部署推进

一是夯实“一把手工程”，落实信访法治化目标。检察长深入落实“信访责任第一人”要求，定期召开信访工作领导小组会议，听取信访“件件有回复”工作汇报，研究制定工作制度、讨论重点信访案件、分析信访形势等，及时向党委政法委、信访局汇报信访化解、稳控工作情况，坚持把涉法涉诉信访纳入法治轨道解决，带头办理控告申诉案件，着力推动当地信访法治化进程。

二是开展检察长接访，积极回应群众“急难愁盼”。每月提前在微信公众号上公布《检察长接访安排表》，运行检察长接访固定值班和“约访”机制。对于检察长接待的信访事项，加大督办力度，提醒办案部门及时答复，做到“日清周结月汇总”。同时注意提升答复质效和群众满意度，争取信访人理解和信任，有效促进息诉息访。

三是领导带头包案，发挥“头雁”引领效应。根据最高人民检察院部署，对于检察机关首次办理的刑事申诉、立案监督、国家赔偿案件，组建专门的领导包案小组，确定责任部门和责任人，细化工

作方案，减少信访上行率。针对重复信访积案以及涉及面广、难度大的信访问题，院领导包案办理，亲自阅卷，带队调查核实，"面对面"释法说理，在依法用足支持起诉、司法救助等检察救济基础上，协调提供符合政策的法律援助、减免诉讼费等诉讼救济以及必要的社会救济，推动信访矛盾实质性化解。

二、"机制促动"，常态化开展矛盾纠纷多元化解

一是"诉前防范"，堵塞风险盲点。深入贯彻"抓前端，治未病"办案理念，为防范涉检信访风险，制发《抚州市检察机关常见犯罪不捕不诉办案指引（试行）》《关于在执法办案中进一步做好释法说理工作的通知》《涉检信访风险评估制度》等，规定不起诉案件要充分运用公开检察听证、两法衔接、司法救助等工作措施，明确检察官落实落细纠纷实质性化解任务，要求办案人员要根据案件情况确定风险等级和提出相应的息诉工作预案，坚决防止"案结事未了"。制定《信访接待及办理工作办法》等文件，注重提高信访接待工作人员岗位素能，大力推进信访接待规范化建设，防止因为信访接待行为不当引发"次生信访"。

二是"诉中和解"，促进案结事了。严格把握刑事和解的适用条件及范围，积极组织被害人与犯罪嫌疑人、被告人直接沟通、共同协商，促进双方达成民事赔偿和解协议，努力修复社会关系。抚州市人民检察院联合市司法局出台《刑事案件赔偿保证金提存工作办法》，将犯罪嫌疑人缴存刑事赔偿保证金作为认定犯罪嫌疑人无社会危险性和具有认罪认罚情节的一项标准，不仅提高犯罪嫌疑人认罪认罚适用度、服判息诉率，而且在一定程度上保全了被害人利益，有利于促成当事人之间达成刑事和解，有效减少社会戾气。

三是"诉后治理"，盯牢长效长治。结合"控申检察为民办实事"活动，针对涉检的控告、申诉、举报，建立调解、化解矛盾纠纷联动机制，由控告申诉检察部门认真做好日常信访接待，协调司法行政机关、心理咨询师协会每周安排律师、心理咨询师值班，通过邀请、委托、移送等程序实现与人民调解相互衔接，同时加强向上级检察机关和当地党委政法委的请示汇报，妥善做好突发事件的应急处置，最大限度将矛盾纠纷化解在当地。

三、"责任驱动"，始终以人民为中心

一是提升办案理念，坚持用心服务群众。坚持以人民为中心的发展思想，严格落实执法为民、立检为公理念，以"求极致"精神、"高质效办好每一件案件"为导向，综合运用检调对接、司法救助、公开听证、释法说理等手段化解案件矛盾纠纷，深化运用与民政、妇联、教体、乡村振兴等部门合作机制，注重加强与案件当事人或信访人所在村或社区委员会的信息互通，合力为群众纾困解难，努力解决群众操心事、烦心事、揪心事。

二是改进办案作风，积极回应民众诉求。扎实强化素能担当，坚持将一体履职、综合履职渗透融合在检察办案全过程中，每一位办案检察官都是化解涉案矛盾纠纷的司法责任第一人。将防范化解社会矛盾纠纷与创建特色工作品牌结合起来，抚州市人民检察院设立"丽琴心理疏导室"，乐安县人民检察院创建未成年人检察品牌"刘莹姐姐工作室"，宜黄县人民检察院邀请该院离退休老干部成立"夕阳红"调解中心，南丰县人民检察院邀请信访人或案件当事人所在地有名望的人担任"和事佬"。

三是抓实"案－访比"分析，强化办案风险防控责任。全面贯彻落实江西省人民检察院"案－访比"质效分析管理工作部署，制定《抚州市人民检察院关于落实"案－访比"制度提升初次信访办理质效的实施意见》，每月开展"案－访比"通报、研讨、到案到人逐一点评，深入查摆办案过程中存在的不足，找准问题关键症结和群众不满意的原因，研究提出改进工作的办法措施，避免类似问题再次发生。同时，强调落实释法说理、实质性化解等重要办案要求，对办案中可能出现的各类风险点提前预测、研判、防控、化解，从"被动应对"变为"主动掌控"，将矛盾隐患化解在早、化解在小。

四、"外部联动"，努力形成化解大合力

一是积极主动作为，全面推开检察听证。将检察听证作为以案释法、以案普法的常用手段，"能公开尽公开、能听证尽听证"，邀请人大代表、政协委员、人民监督员、律师等社会第三方力量担任听证员，通过摆事实、举证据、释法理，消除分歧、化解纠纷，以"看得见"的方式实现社会公平正义，最大程度上维护好信访群众的合法权益，让群众既解"法结"，又解"心结"。

二是加强多方协作，因案制宜综合施策。积极动员乡镇、社区（村组）、民政救助、扶贫、人社等相关单位部门，在社会救助、产业帮扶、就业指导、医疗卫生等方面给予信访人政策倾斜，合力解决信访人的实际困难，使信访人重拾生活信心。如2022年，抚州市人民检察院办理罗某某信访案，就其反复刑事申诉内容，邀请3名律师参与信访接待，以增强司法办案公信力。同时，为进一步推动息诉罢访，走访罗某某所在的社区，详细了解罗某某家庭情况、社会关系、社会保障等情况，并就如何推动罗某某息诉息访交换意见，鉴于罗某某系低保户、无劳动能力、涉法涉诉信访人，将罗某某司法救助线索移送临川区人民检察院，临川区人民检察院依法向罗某某发放司法救助金3万余元，罗某某签订息诉停访协议。

三是依法信访终结，协调推进信访清理。坚决贯彻落实《信访工作条例》、中央政法委《关于健全涉法涉诉信访依法终结制度的意见》、《人民检察院控告申诉案件终结办法》的规定，对符合终结条件的涉检案件，及时向上级院请示、送审；对符合建议终结条件的涉法涉诉案件，按规定向人民法院、公安机关移交相关手续，并共同做好信访群众教育疏导、矛盾化解和帮扶救助等工作。对于已作终结处理或者视为终结处理的案件，信访人再到检察机关信访的，原则上不交办、不通报、不复查，真正解决“终而不结”的问题，不让信访成为“法外之地”。

“天下无讼，以和为贵。”抚州市检察机关在办案过程中强化多元治理、一体治理，主动加强与公安机关、人民法院、司法行政和信访等部门沟通协调，并在全市检察机关两级院、每个院各业务部门之间建立起共同化解矛盾纠纷机制，努力书写新时代“枫桥经验”抚州检察篇章。

以“三个一律”突破道路交通安全风险隐患治理困境

江西省公安厅

2023年，江西省公安厅坚定扛起“人民至上、生命至上”的政治担当，按照“在隐患排查上下功夫、在问题整治上下功夫、在督导检查上下功夫、在宣传引导上下功夫”的总要求，以“三个一律”刚性措施实现责任破题（即对风险运输企业一律落实责任领导；对风险车辆及驾驶人一律落实责任人员；对风险隐患路段一律落实责任单位），推动道路交通安全工作由部门工作上升为党政工程，有力维护了人民群众生命财产安全。

一、扛牢政治责任，以直面问题的勇气谋划突破困境的思路

江西丘陵山地多，驾驶人、机动车、公路里程、运输量等交通要素持续增长，全省尤其是农村和山区道路交通安全隐患风险突出，道路交通事故死亡人数依然保持高位运行，“人车路企”风险隐患较为集中、摩托车电动自行车违法突出、交通参与者安全意识薄弱是导致亡人交通事故的重要原因。面对全省道路交通安全风险隐患突出问题，以及交通基础设施薄弱等客观因素的不利影响，江西省委、省政府始终坚持人民至上、生命至上，高度重视、高位推动整治道路交通安全风险隐患突出问题，省委书记多次在省委常委会和主题教育领导小组会上就风险隐患排查整治提要求、讲方法。省长主持召开省政府常务会专题研究挂牌督办重点隐患路段治理，副省长、省公安厅厅长亲自挂帅、领题攻坚，推动将道路交通安全风险隐患排查治理纳入主题教育省级层面十个问题之一开展专项整治。省公安厅始终坚持以人民为中心的发展思想，坚持从党的科学理论中悟规律、明方向、学方法、增智慧，不断提升政治能力、思维能力和实践能力，抓住深入开展主题教育的有利契机，将道路交通安全风险隐患排查治理纳入两批主题教育“问题清单”，加强调查研究，深入检视整改，上下联动、合力推进整改整治。

二、聚焦民意导向，以唯实求真的作风抓实突破困境的举措

全省公安机关坚持问题导向，按照“在隐患排查上下功夫、在问题整治上下功夫、在督导检查上下功夫、在宣传引导上下功夫”的要求，紧盯“人车路企”源头风险隐患，围绕“三个一律”，采取“五个三”措施治理道路交通安全风险隐患突出问题。

一是“三上门一检测”治理风险“企”。对风险运输企业，实行责任捆绑、倒查追究，开展“三上门一检测”（上门约见约谈、上门安全教育、上门检查督促，检测酒驾毒驾），限期整改到位。对“两客一危”车辆驾驶人开展毛发检毒筛查、对全省重点运输企业所属驾驶人开展吸毒人员信息数据比对，注销涉毒人员驾驶证。

二是“三提示一查缉”治理风险“人车”。对风险车辆及驾驶人，开展“三提示一查缉”（安全提示、违法提示、路况提示，精准查缉），宣传教育到位，及时清理违法。全省高风险车同比下降65.5%，高风险驾驶人同比减少68.9%，向高风险驾驶人精准发送安全提示短信，依托缉查布控系统精准拦截检查重点隐患嫌疑车辆。

三是“三督促一跟踪”治理风险“路”。对风险隐患路段，一律落实责任单位，开展“三督促一跟踪”（督促落实治理措施、督促明确治理时限、督促采取临时措施，跟踪治理进展），排查问题到位，督促整改到位。提请省政府挂牌督办重点隐患路段，纳入政府督办工作重点强力推进。以206国道抚州段为试点聘请专家团队进行全面风险评估，对排查出来的隐患点段明确“一类一策”治理策略和“一点一策”整改方案，打造道路风险隐患排查治理标准化、规范化样板。进一步探索建立起隐患排查治理“各自排查、结果互认”、问题交办报告、分类分级治理、跟踪盯办验收销号等机制。全省排查风险隐患路段完成治理率为90.8%。

四是“三个必须”治理动态隐患。坚持巡起来、查起来、严起来，要求各级公安交管部门必须每月分析辖区重点路段时段和重点违法、必须每天执行重点路段时段定点检查和夜间巡逻、必须每周领导带队组织重点违法整治，高等级勤务期间最大限度强化路面警力部署、最高配置启用检查点位、最强力度开展道路交通安全防控，结合开展“春雷”“安宁”“护考”“夏季行动”“冬季行动”等，严查严处酒驾醉驾、飙车炸街、“三超一疲劳”等重点违法行为。

五是“三零一戴”开展交通安全文化创建。联动省文明办、省教育厅、省交通运输厅开展“三零一戴”（零酒驾、零违法、零事故、戴头盔）交通安全文化主题宣传实践活动，全省共开展省市县“三零一戴”美丽乡村行巡回宣传活动1000余场次，并同步在“江西交警”抖音号全网直播，江西交警抖音平台“安全带就是生命带”专栏宣教视频播放量达4700万，“摩托车电动自行车违法集中整治行动”专栏宣教视频播放量达3100万。曝光一批终生禁驾人员，建设、更新宣传栏2.2万余处，“江西交警”抖音号阅读量突破14亿次。

三、坚持系统思维，以长治长效的决心坚定突破困境的信念

省公安厅党委坚持多措并举、强化系统思维，既找准解决问题的关键点和突破口，又立足长治长效抓住根本，为最终突破道路交通安全风险隐患治理困境找到了“金钥匙”、解决了大难题、开辟了新路径。

一是紧紧扭住责任落实这个“牛鼻子”是突破困境的关键。“三个一律”的核心是落实责任。大力推动明责履责尽责，制定出台道专委“三个一律”工作责任制规定，推动压实各方责任，省政府督办重点风险隐患路段，省安委会制定问题整治专项行动方案，交通、应急、教育、住建、市监、文明办等部门联动开展普通货物道路运输、校车、城市道路桥梁、道路运输市场主体等排查整治和宣传等行动，推动形成共治合力，为风险隐患治理落地提供了强力保障。

二是系统打造数据赋能这台“助推器”是突破困境的支撑。习近平总书记指出，善于获取数据、分析数据、运用数据，是领导干部做好工作的基本功。研发风险画像数据模型，每月依据违法、事故等维度精准研判全省风险“人车企”，建立闭环管理信息系统，实现“数据每月研判更新、系统分发责任单位、工作任务清单落实、进展情况实时可见”，为精准高效治理数以万计的风险隐患提供基础支撑。

三是牢牢夯实安全文化这块“压舱石”是突破困境的保障。文化自信是一个国家、一个民族发展中最基本、最深沉、最持久的力量。据统计分析，我国90%的交通事故肇事原因都是人的因素。因此，在推进专项整治的过程中，始终牢牢把握人这一核心要素，通过打造“三零一戴”交通安全文化主题宣传实践活动品牌，着力培育现代文明交通理念，努力从根本上破解道路交通安全治理难题。

坚持“四个强化”
努力打造让人民满意的律师队伍

上饶市司法局

近年来，上饶市司法局坚持以习近平新时代中国特色社会主义思想为指导，深入学习贯彻党的二十大精神和习近平法治思想，聚焦打造让党和人民满意的律师队伍，强化党建引领，突出执业规范，聚力服务大局，以优质高效的法治服务有力护航全市经济社会高质量发展。

一、强化党建引领，有力提升律师党建工作质效

始终坚持政治统领、党建引领，把加强党的领导落实到律师队伍建设全过程、律师执业活动各环节、律师管理服务各方面。

一是注重思想政治建设。推动落实“第一议题”制度，深入学习贯彻党的二十大精神、习近平法治思想及习近平总书记对律师工作的重要指示精神，汇编《党的二十大学习资料》《上饶市律师行业学习资料书籍》，组织全市律师队伍开展党的二十大精神和习近平法治思想学习教育300余次，参与学习人员4000余人次。深入抓好律师政治教育、党史学习教育、警示教育、英模教育，引导广大律师旗帜鲜明讲政治，坚定不移跟党走，自觉争做让党和人民满意的好律师。

二是注重基层基础建设。制定《关于加强律师行业党建规范化建设的通知》《上饶市律师行业基层党组织书记述职评议制度（试行)》《关于选派驻律师事务所第一书记实施办法》等文件，健全完善“三会一课”、党费收缴、主题党日等制度，为每个党支部配备党建工作指导员，指导各党支部按期换届。建立党建联系点制度，持续推进党支部规范化建设，提升律师行业党建工作水平。严格按标准程序发展党员，先后发展青年党员律师8名，党员队伍结构进一步优化。

三是注重典型示范引领。按照“交叉任职、双向进入”要求，配齐配强支部书记和支委班子，切实发挥党支部战斗堡垒作用。做好“党建+”文章，推动党建与律所重大决策、日常管理、业务开展、评先树优相结合，推动律师党建工作全覆盖。

二、强化教育管理，持续规范律师执业行为

始终把思想政治素质、职业道德水准、业务能力水平，依法诚信执业作为律师工作的基础性工程常抓不懈，努力培养一支“重品行、讲操守、守规矩”的新时代人民律师队伍。

一是着力提高律所内部管理水平。指导律所严格按照标准和要求，有侧重地抓好制度牌匾、文化标语、信息公示等硬件设施的配套上墙工作。制定了《关于进一步加强律师队伍管理的通知》《关于进一步加强律师事务所日常管理制度》等规章制度，加强收案收费、案件收档、案卷整理等方面的管理，特别是在案件的登记、指派、录入、审查、上报等环节及时录入江西律师业务综合平台，保持了案件数量的动态管理。

二是着力提高案卷装订质量。根据律师代理案件管理要求，进一步规范了律所装订案卷标准，特别是律师办案案卷的整理归档，严格按照市司法局《关于进一步规范律师业务档案管理的通知》的文件精神执行。联合市律师协会成立年度考核组，对全市律师事务所和律师进行全覆盖考核。全市所有律师事务所都建立了标准台账，各类资料和案卷规范统一、整齐有序。

三是着力做好律师维权和惩戒工作。健全完善律师维权工作机制，加强与政法委、公检法的沟通联系，加强信息互通，依法依规保障律师执业权利，努力营造良好的执业环境。同时，“举旗”和“亮剑”并重，加强对律师执业行为的监督，严格规范律师执业行为，教育引导律师依法规范诚信执业。

三、强化公益服务，彰显律师行业责任担当

积极践行人民律师为人民理念，组织“法律六进”等公益活动，彰显律师行业责任担当。

一是积极开展公益法律服务。组织全市264名优秀律师成立21支上饶律师“志敏先锋”公益法律服务队，累计开展公益法律服务4800余次，服务群众18万人次。积极响应“江西律师公益集结号”号召，挖掘上饶律师“志敏先锋”公益法律服务队潜能，围绕重点公共服务领域，拓展民生领域法律服务，新增了非公经济发展公益法律服务分队等8支公益法律服务分队。

二是开展金融纠纷调解。经上饶市律师协会发起，经上饶市设立上饶市金融纠纷人民调解委员会，入驻上饶市金融法庭，开展金融纠纷诉前调解工作。制定《金融纠纷人民调解委员会工作职责》《金融纠纷人民调解工作流程》《调解员工作纪律》等工作制度，聘请专职调解员和兼职调解员20余名，涉及金融、法学等多个专业，成功调解纠纷500余件，有力促进上饶市金融业持续健康发展。

三是注重引导律师参政议政。鼓励律师参选人大代表、政协委员，紧紧围绕党委、政府中心工作，充分发挥律师在社会治理中的专业优势，为上饶市经济社会高质量跨越式发展建言献策。全市律师共有50人当选省、市、县三级人大代表、政协委员。各级人大代表和政协委员认真履职，围绕着乡村振兴、扶持中小微企业、优化营商环境等内容提交提案50余篇，提交社情民意10余篇，大会发言50余次，参加视察调研150余次。

审稿人：朱小平

撰稿人：万东林　王苏州　明淑红

山 东 省

工作概况

2023年度山东政法工作综述

2023年，山东政法机关坚持以习近平新时代中国特色社会主义思想为指导，全面贯彻党的二十大、二十届二中全会精神，深入学习贯彻习近平法治思想和习近平总书记对政法工作、山东工作的重要指示要求，锚定“走在前、开新局”，砥砺奋进、创新进取，奋力推进政法工作现代化山东实践。

一、牢牢把握正确政治方向，坚定拥护“两个确立”、坚决做到“两个维护”

旗帜鲜明讲政治，自觉把坚定拥护“两个确立”、坚决做到“两个维护”作为最高政治原则和根本政治规矩，始终在思想上、政治上、行动上同以习近平同志为核心的党中央保持高度一致。

（一）坚持不懈用党的创新理论凝心铸魂。深入学习贯彻习近平新时代中国特色社会主义思想和党的二十大精神，持续在深化内化转化上下功夫，举办全省政法领导干部“学习贯彻习近平新时代中国特色社会主义思想锻造政法铁军”专题研讨班，努力做到学思用贯通、知信行统一。严格落实“第一议题”制度，及时跟进学习习近平总书记系列重要讲话和重要指示批示精神，省委政法委员会全体会议、省委政法委委务会集体学习36次。深入学习贯彻习近平法治思想，高质量举办泰山法治论坛、第十八届环渤海区域法治论坛、中国—上合组织国家地方法院大法官论坛。

（二）扎实开展学习贯彻习近平新时代中国特色社会主义思想主题教育。把开展主题教育作为重大政治任务，牢牢把握总要求、根本任务、具体目标，坚持党委政法委和政法各单位统筹、第一批和第二批联动，结合政法工作一体推进。一是抓实理论学习。省委政法委和省政法各单位分别举办4期读书班，深入学习贯彻习近平总书记关于主题教育系列重要讲话和重要指示批示精神，在以学铸魂、以学增智、以学正风、以学促干上下功夫、见成效。省委政法委制定讲专题党课实施方案，主要负责同志带头讲，其他班子成员到分管处室、所在党支部讲；省法院统筹组织政治轮训、全员学习；省检察院创新开展“八个一”学习活动；省公安厅着力抓好“五学联动”工作机制；省国家安全厅建立“每月一主题”学习制度；省司法厅用活用好学习、调研等“四张清单”；省法学会组织开展“日学周研”学习活动。二是大兴调查研究。把2023年确定为山东政法系统调查研究年，制定《全省政法系统大兴调查研究的实施方案》，围绕推进政法工作现代化，明确18个调研方向、25个重点课题，统筹山东政法机关领导班子领题调研86项。省法学会组织开展2023年度“习近平法治思想研究”重点课题研究，取得43项高质量研究成果。召开调研成果交流暨典型案例剖析会，建立调研成果转化运用清单，及时掌握进展，跟踪督促落实。三是解决突出问题。深入查摆山东政法领域存在的问题短板，有针对性地制定整改措施，涉法涉诉信访问题被列为9个省级专项整治任务之一，解决了一批群众急难愁盼问题。及时总结固化问题整改整治成果，制定出台推动大兴调查研究规范化制度化常态化的若干措施等规范性文件14个。

（三）始终坚持党对政法工作的绝对领导。健全完善习近平总书记重要指示和党中央重大决策部署落实机制，结合政法工作确定的年度重点任务，对贯彻情况进行专项督查，形成工作闭环，推动落地落实。深入贯彻《中国共产党政法工作条例》，省委书记与省政法机关班子成员集体谈心谈话，对坚持党的绝对领导、忠诚履职提出明确要求。严格落实重大事项请示报告制度，及时向中央政法委、省委报告重大事项和工作情况，把党对政法工作的绝对领导贯彻到政法工作各方面、全过程。省委政法委员会全体会议定期听取省委政法委员会委员、省法学会党组述职和党建工作情况汇报，派员列席省政法单位民主生活会。积极支持配合省委巡视组对省委政法委和省政法单位巡视工作，全面接受政治监督，切实抓好反馈问题整改。

二、扎实推进平安山东建设，全力维护社会大局稳定

坚持以平安建设为引领，扎实做好防风险、保安全、护稳定、促发展工作，全面提升平安建设科学化、社会化、法治化、智能化水平，人民群众获得感、幸福感、安全感不断增强。

（一）始终把政治安全摆在首位。坚定不移贯彻总体国家安全观，推进政法领域政治安全体系和能力建设，全力防范化解政治安全风险。扎实履行意识形态工作责任制、网络意识形态工作责任制，积极组织开展舆情风险排查化解。

（二）努力建设更高水平的平安山东。制定平安山东建设2023年工作要点、开展全省社会治安重点地区重点问题集中治理工作方案等，积极开发平安山东指数系统，开展平安市、县、乡、村四级联创和平安行业、平安单位创建工作。发布《山东省社会心理服务中心（站、室）建设运行规范》，推动形成自尊自信、理性平和、积极向上的社会心态。推动《平安建设条例》列入2023—2027年山东省立法规划项目，从更高层次、更广领域谋划推进平安山东建设。

（三）严厉打击突出违法犯罪。重点开展电信网络诈骗犯罪打击治理，协同推进打防管治宣各项措施，破获电信网络诈骗及关联犯罪案件4.6万起，万人发案数、涉案“两卡”数为全国最低，预警后发案数、转账数降幅均超过99%。常态化推进扫黑除恶，深入开展第三轮禁毒人民战争，禁毒稳中向好势头进一步巩固。深化道路交通安全隐患大排查大整治，治理隐患94.3万个，与2019年相比，道路交通事故起数、死亡人数分别下降29.4%、32.8%。

（四）着力提升基层社会治理效能。坚持和发展新时代“枫桥经验”，健全矛盾纠纷源头治理、常态排查、分析研判、依法调处闭环工作机制，全年累计受理矛盾纠纷142.8万件，化解139.9万件，化解率达98%。省法院联动省内2844个专业调解组织、1.4万名调解员，诉前成功化解各类纠纷67.7万件。

三、着力营创一流法治化营商环境，更好服务保障高质量发展

聚焦经济建设这一中心工作和高质量发展这一首要任务，充分发挥法治引领、规范、保障作用，以高水平法治保障高质量发展。

（一）主动服务重大战略重大项目。围绕服务保障黄河国家战略、乡村振兴战略、绿色低碳高质量发展等重大战略、重大项目，先后研究制定《关于优化法治营商环境护航绿色低碳高质量发展先行区建设的意见》《全省公安机关服务保障重大项目12条措施》《山东省司法行政机关服务保障重大项目若干措施》，省法院出台办理破产、解决商业纠纷等12项改革措施，省检察院出台检察履职服务保障绿色低碳高质量发展先行区建设21项举措，从立法、执法、司法等方面全面做好服务保障。

（二）着力优化公共法律服务。出台进一步规范行政裁量权基准制定和管理工作的若干措施、山东省实施证明事项告知承诺制行政协助核查办法，全领域推进“无证明之省”建设，对市场监管、保障民生等领域520项证明事项实行“免交证明、承诺即办”。健全优化法治环境工作协调机制，开展服务营商环境创新提升行动，指导济南、青岛、烟台、威海等市成立涉海法律服务团队，建立自贸区“仲裁＋调解＋诉讼”国际商事多元解纷机制，健全涉外法治人才培养机制，高质量开展涉外法律服务，打造山东（济南）中央法务区、中国—上合青岛中央法务区。出台山东首席法律咨询专家管理办法和工作流程，省市县三级法学会首席法律咨询专家共有1374人，覆盖率达100%。

（三）打造竞争有序的市场环境。坚持“两个毫不动摇”，依法平等保护各类市场主体产权和合法权益，推动出台《山东省黄河三角洲生态保护条例》。严厉打击涉企知识产权犯罪、科技领域侵犯商业秘密、假冒专利犯罪等违法犯罪行为。法院系统完善执法与司法衔接机制，审结非法集资、传销等涉众型经济犯罪案件4135件8267人，审结一审金融案件20.6万件，开展企业信用修复专项行动，对5.1万家企业完成信用修复；检察系统推进“打击治理洗钱违法犯罪三年行动”，起诉金融诈骗、洗钱等金融犯罪2206人，积极参与打击涉税违法犯罪工作，起诉危害税收征管犯罪1137人；司法行政系统全面落实公平竞争审查制度，制定《山东省司法厅办理设区的市政府规章备案审查工作规定》，全年审核审查省政府重大行政决策 11 件、合作协议 32 件、各类文件 672 件。

四、全面深化政法改革，不断提高执法司法质效和公信力

研究出台全面深化政法改革工作规划，推动山东政法改革系统集成、协同高效、纵深推进，进一步规范执法司法权力运行，努力让人民群众在每一个司法案件中感受到公平正义。

（一）持续深化司法责任制改革。全面准确落实司法责任制，调整组建省法官检察官遴选、惩戒等 4 个委员会，依法严格规范开展全省法官检察官遴选工作。扎实推进法官检察官惩戒调查核实、提请审议、惩戒处理“三清零”工作，完成四级法院审级职能定位改革试点工作各项任务，扎实推进公益诉讼检察制度改革。省法院树牢“如我在诉”的理念，推动案结事了；制定法官员额动态管理办法，推动新增员额充实到基层法院，缓解“案多人少”矛盾；进一步落实院庭长办案责任，院庭长办结案件 119.7 万件；健全发改案件沟通反馈机制，定期发布审判参考，积极推进人民法院案例库建设。

（二）健全完善执法司法监督体系。制定完善执法监督机制意见，构建党委政法委牵头抓总、多方参与的执法司法监督工作格局，推动执法监督工作从事后监督向全程监督、从被动监督向主动监督转变。省检察院持续推动刑事、民事、行政、公益诉讼“四大检察”全面协调发展，健全检察一体化合成办案机制，纵向加强上下级检察院跟进监督，横向推动各业务部门协作联动，移送法律监督线索 1521 件，成案率 99.6%。

（三）加快推进数字法治建设。编制《省数字法治综合应用建设方案》，深化智慧法院、数字检察、智慧公安、智慧司法建设应用，扎实推进“一站式”矛盾纠纷多元化解线上平台、网格化智能工作平台、大数据法律监督平台、行政执法监督平台、涉案财物集中管理中心建设应用。推动数字法治综合应用系统升级为“政法领域大脑”，创新提出“方法论 + 工具集”工作思路和“能力众创平台”规划建设内容，拓展山东政法机关跨部门大数据办案平台功能范围，在全国率先构建省域“政法联盟链”，并在济南实现“单轨制”运行试点重大突破，山东数字法治系统建设在全国智慧政法领域的知名度和影响力持续提升。

五、纵深推进全面从严管党治警，锻造忠诚干净担当的政法铁军

深入学习贯彻习近平总书记关于党的自我革命的重要思想，坚持以政治建设为统领，狠抓过硬政法队伍建设，为政法工作现代化山东实践提供坚强组织保障。

（一）坚决扛牢全面从严治党政治责任。印发山东政法队伍建设重点工作安排，建立政法队伍状况定期研判机制、政法队伍建设数据库、政法干警政治档案，开展政法队伍建设状况大调研，推动干部“全周期管理”。举办“落实政法条例、加强政治建设”专题研讨班、政法系统年轻干部专题培训班、政法大讲堂、政法青年讲堂，分级分层开展政治轮训，政法干警政治判断力、政治领悟力、政治执行力不断提高。省法院深入实施党支部标准化规范化提升工程，不断增强基层党组织政治功能和组织功能；省检察院制定落实全面从严治党主体责任清单，确定党风廉政建设年度重点任务；省公安厅组织对 6 个市公安局、2 个直属公安局开展 2 轮次政治督察和巡察；省司法厅部署开展模范机关“三级联动”活动；省国家安全厅扎实开展“廉洁文化建设年”活动；省法学会全面开展规范化建设提升行动。

（二）着力加强队伍专业化规范化建设。实施政法干部专业能力提升工程、青年理论学习工程，举办乡镇（街道）政法委员素能提升示范培训班，组织 290 名政法干部开展“双百”交流挂职。省法院加大优秀年轻干部选、育、管、用工作，加强专家型领军人才和实务型业务人才培养；省检察院实施领军人才培育工程，举办集中业务培训、岗位练兵等活动；省公安厅推出常态化开展全警实战练兵的指导意见、部署开展练兵活动；省司法厅举办中青年干部法治能力培训班、省市县三级行政执法能力专题培训班，在实践实干中强化担当、提升本领。

（三）坚持以严的基调强化正风肃纪。严格落实中央八项规定及其实施细则精神，重点整治形式主义、官僚主义，一体推进“三不腐”，坚决惩治政法领域违纪违法问题。组织政法队伍教育整顿成果展，制作《警鉴》警示教育专题片，全省广大政法干警受教育、获警醒，营造了风清气正的良好政治生态。

会议活动

全省坚持和发展新时代“枫桥经验”推进矛盾纠纷多元预防化解工作会议

11月29日下午，全省坚持和发展新时代“枫桥经验”推进矛盾纠纷多元预防化解工作会议召开。会议以习近平新时代中国特色社会主义思想为指导，贯彻落实习近平总书记关于坚持和发展新时代“枫桥经验”的重要指示精神，传达学习纪念毛泽东同志批示学习推广“枫桥经验”60周年暨习近平总书记指示坚持发展“枫桥经验”20周年大会、全国调解工作会议精神，学习贯彻省委有关会议精神。

会议指出，近年来，全省上下深入学习贯彻习近平总书记重要指示精神，坚持和发展新时代“枫桥经验”，工作体系更加健全、调处力量不断壮大、科技赋能提质增效、基层基础持续加强、矛盾调处成效明显，有效化解了大量社会矛盾纠纷，维护了社会和谐稳定。

会议强调，要全面贯彻落实党的二十大精神，深入学习贯彻习近平法治思想，牢牢把握新时代“枫桥经验”的科学内涵和实践要求，坚持党的领导，坚持以人民为中心的发展思想，锚定“走在前、开新局”，不断完善社会矛盾纠纷源头预防、排查预警、多元化解工作机制。坚持防范在前，最大限度减少矛盾纠纷的发生；坚持调解优先，切实做到应调尽调、能调尽调；坚持运用法治，将矛盾纠纷化解纳入法治轨道；坚持强基固本，推动矛盾纠纷在基层就地化解。

会议要求，要加强组织领导，推动各项部署要求落地见效，不断提升社会矛盾纠纷预防化解法治化水平，努力把矛盾纠纷化解在基层、化解在萌芽状态，实现“小事不出村、大事不出镇、矛盾不上交”，为新时代社会主义现代化强省建设创造安全稳定的政治社会环境。

文件选辑

关于加强黄河流域生态保护和高质量发展法治保障的若干措施

（中共山东省委全面依法治省委员会办公室，2023年5月16日）

为深入学习贯彻党的二十大精神，贯彻落实习近平法治思想和习近平总书记对山东工作的重要指示要求，充分发挥法治固根本、稳预期、利长远的保障作用，进一步提升黄河流域社会治理水平，服务推动黄河流域生态保护和高质量发展走在前，现就加强黄河流域生态保护和高质量发展法治保障提出如下措施。

一、强化制度供给，加快推进具有山东特色的黄河流域地方立法工作

1. 出台黄河保护地方性法规。贯彻落实《黄河保护法》，修改完善并适时出台《山东省黄河三角洲生态保护条例》。按照“主题协同、特色鲜明”的立法思路，统筹指导沿黄9市开展协同立法，推动“黄河水资源节约集约利用”有关地方性法规的制定出台和宣传贯彻。

2. 深入开展立法研究。加强湿地、海岸带、生物多样性保护以及污染防治、农业农村现代化、绿色低碳发展、城乡融合发展等方面立法研究，加大黄河文化保护地方立法专题研究力度，加快推进我省黄河保护和黄河口国家公园立法。

二、严格依法办事，严厉打击黄河流域违法犯罪活动

3. 持续保持打击违法犯罪高压态势。依法查处黄河流域破坏土地、林木、动植物、矿产资源、排放污染物、造成水土流失、影响河道行洪安全等违法行为，对涉嫌构成犯罪的案件线索依法快侦快办。持续打击“沙霸”“矿霸”等黑恶犯罪，深入开展“昆仑”系列行动，着力整治环境和资源领域突出问题。

4. 深化联合执法和协同办案。建立公安、自然资源、生态环境、住建、水利、农业农村、黄河河务等部门治安联防、问题联治、执法联动、案件联查、宣传联勤等工作机制。组织开展联合执法和专项行动，对黄河流域重大案件集中力量、专案专办。研究制定黄河流域环境资源保护执法与司法联动工作意见。

三、践行恢复性司法理念，不断强化环境资源司法保护

5. 优化案件管辖模式。探索对黄河流域发生的跨市域、跨县区环境资源类案件进行集中管辖、指定管辖，提高案件办理质效。

6. 完善审判工作机制。推行环境资源类案件归口审理，实行刑事、民事、行政案件“三合一”审判，实现中级和基层人民法院集中审理全覆盖。加大巡回审判力度，扩大巡回审判案件范围。落实生态环境损害赔偿磋商机制，对达成的损害赔偿协议依法予以司法确认。

7. 全面开展检察监督。对办案中发现的相关问题线索，及时向纪检监察机关移送。常态化开展侦查监督和审判监督，结合检察履职依法开展行政违法行为监督，深入开展公益诉讼检察监督。综合运用多种监督手段，着力提升检察监督质效，督促环境资源相关问题整治。

8. 加强生态环境司法修复。推动综合性生态环境司法修复基地建设，发挥预防、惩治、教育、修复功能。推进适用刑事制裁、民事赔偿、生态补偿等多元化责任承担方式，运用技改抵扣、补植复绿、增殖放流、劳动代偿等形式履行修复义务，实现法律效果、社会效果与生态效果的有机统一。

四、优化公共法律服务，持续提升基层治理法治化水平

9. 扩展法律服务深度和广度。指导沿黄设区市制定公共法律服务事项清单。完善公共法律服务中心功能，推动乡镇公共法律服务站与司法所一体规划建设。依托山东法律服务网、“12348”公共法律服务热线、手机APP等载体，搭建法律服务便民平台。鼓励法律援助、公证、司法鉴定、仲裁等力量向黄河流域延伸覆盖，推动建立完善沿黄流域环境损害司法鉴定协作发展等行业联盟。

10. 促进矛盾纠纷多元化解。健全人民调解、行政调解、司法调解衔接联动工作机制，完善沿黄县（市、区）、乡镇（街道）综治中心规范化建设，建立完善黄河流域生态环境保护调解组织，发挥网格员、人民调解员、村（居）法律顾问作用，实现各类矛盾纠纷的源头治理。

11. 强化普法宣传教育。全面实施“八五”普法规划，积极开展“沿着黄河去普法”活动。充分利用各种媒体平台，以群众喜闻乐见的形式，加强黄河保护相关法律法规普及宣传。依托巡回法庭、检察室、警务室等，开展以案释法析理教育。在沿黄县（市、区）建设法治文化公园、文化广场、文化长廊，广泛组织开展群众性文化活动，打造黄河法治文化品牌。

12. 推进法治创建工作。深入开展民主法治示范村（社区）评选，大力实施“学法用法示范户”培育、乡村“法治带头人”“法律明白人”培养工程，推动加强黄河流域依法治理。

五、加强组织领导，确保工作落实到位

13. 完善协调运行机制。建立由各级党委法治建设议事协调机构办事机构负责统筹、有关部门参与的工作协调制度，对黄河流域生态保护和高质量发展中涉及的立法、执法、司法、守法普法等领域问题进行研究分析和协调处理。全面推行河长制湖长制，不断健全责任明确、协调有序、监管严格、保护有力的河湖管理保护机制。

14. 加强基层基础建设。坚持在政策、制度、人员、经费、装备等方面向基层一线倾斜，研究提出加强黄河流域基层审判、检察、执法机构建设的措施，打造一批黄河沿岸特色鲜明的巡回法庭、检察室、公安派出所等。

15. 推动信息技术深度应用。运用现代科技提升黄河保护智慧安防水平。建设并依托山东全面依法治省信息平台，促进信息共享和工作联通。

16. 加大法治督察力度。将黄河流域生态保护和高质量发展法治保障相关工作纳入法治督察，坚持综合督察和专门督察相结合，推动各项任务措施落地落实。

特色专栏

创新跨部门涉案财物集中管理工作

泰安市委政法委

近年来，泰安市深入学习领会习近平总书记对政法工作重要指示精神，认真贯彻党中央决策部署，在省委政法委精心指导下，探索创新涉案财物跨部门集中管理模式，实现将市、县两级政法单位和纪委监委机关涉案财物全部纳入集中保管范围、建立具有政法特色的一体化智能管理平台、利用5G技术进行远程示证、编制省级标准规范体系“四个全国率先”，逐步形成了涉案财物集中统一管理的“泰安经验”。通过全流程监管、集约化管理、换押式移交、规范化处置，有效破解涉案财物管理成本高、效率低、监管弱等问题，执法司法质效和公信力不断提升。

一、凝聚思想共识，创新管理模式

加强和规范刑事诉讼涉案财物管理，是司法体制改革的重要内容，对保证刑事诉讼顺利进行、保障当事人合法权益、确保司法公正具有重要意义。作为全省涉案财物管理试点，泰安市委、市政府高度重视，常委会专题研究、精心部署，统一思想、凝聚共识，以思想破冰带动行动破冰。市委政法委牵头抓总，纪委监委、财政、公检法等八部门同题共答，通过考察学习、深入调研、多方论证，累计召开各类碰头会、专题会、研讨会160余次，对涉案财物管理中心组织架构、规范管理、移交处置进行研究论证，确定采用政府购买服务方式，委托具有国企性质、保密资质的武装押运企业对全市涉案财物进行集中统一管理。泰安市涉案财物管理中心占地面积达2.8万平方米，积极探索“政法+”模式，首创将纪委监委和市场监管部门涉案财物纳入中心管理，设置专库、专区、专户、专用信息系统，实现独立运行。

二、规范标准体系，提升管理质效

编制《山东省涉案财物管理标准规范体系》，成为涉案财物管理制度完善的基础性依据、运行效能提升的有力依托和工作质量考核的评价尺度，实现涉案财物管理由经验化向标准化发展，推进涉案财物管理更加科学化、制度化、规范化、程序化。

一是规范入库程序。中心坚持案件办理到哪里，服务跟进到哪里，提供24小时预约接收服务，专人摄录接收、专车护卫保障、专线高效运送，节约时间成本，保障移送安全。管理人员经双人双卡、面部识别、身份核实、指纹验证四重验证方可入库，涉案物品张贴RFID标签编码录入，智能门禁自动报警。

二是规范分区存放。中心共划分大型财物、贵重财物、特殊物品、一般物品和涉案车辆等五大区域，按照国家级库房“十防标准”和A类金库标准，安装配备360度无死角监控、直流电网、电子围栏、新风系统，根据涉案财物属性，实行分类管理、分区保存，确保物理有效隔离、全景立体监控、恒温恒湿管理。

三是规范专业管护。对一般物品，参照大型超市仓储标准进行管理；对涉毒涉药、危化品、名人字画、名贵家具等特殊物品，实行专物专存、专人维护；对涉案车辆，按照4S店标准定期维护，一周打火、两月清洗、三月保养。通过分类管理、专业管护，确保涉案财物“入库出库一个样，交回权利人不变样”。

三、优化三大环节，高效服务办案

一是清单式查询。首创运用区块链技术打造智能化信息平台，打通政法委和公检法专网，涉案财物清单式录入，办案单位设置客户端，根据所属权限分级，一键查询案件详细信息、财物实时状态和案件办理进度，物品监控画面同步跟进，有效融合财物链、证据链、管理链、监督链和数据链，减少查询成本，提高办案质效。

二是换押式移交。创新“实物静止、手续流转”虚拟移交机制，涉案财物进入管理中心后，在立案、侦查、起诉、审判、执行等环节，办案人员只需交接换押手续和财物清单，物品不动、数据跑路，提升办案质效，避免转运贬损。结案后，拍卖收入按规定进行处置。

三是立体化示证。首创运用5G传输技术远程示证，通过示证展示台，可完成物品称重、全方位细节展示和毫米级刻度测量。质证时，物证信息零误差、零延时传输到庭审现场，极大节省了庭审准备环节，仅运输押解费用每年就节约150万元以上。

四、统筹整合资源，实现三提三降

一是提升资源利用，降低管理成本。涉案财物集中统一管理，有效避免了管理场地、人员与经费重复投入，市、县两级节约涉案财物管理场所95处、场地5.5万平方米，减少干警力量投入207人，年节约运维费2000万元。

二是提升拍卖估值，降低财物损耗。中心累计入库涉案财物76452.5件，出库29794件。通过专业化保管维护，避免财物贬损，实现保值增值。

三是提升监督质效，降低廉政风险。创新建立涉案财物集中监管体系，实现党委监督、纪委监委监督、财政监督和单位内部监督有机结合。中心成立以来，政法单位涉案物品零丢失、零损耗，涉案财物处置违法违纪问题零发生。

打造“四位一体”立体化未成年人司法保护体系

烟台市中级人民法院

2023年，烟台法院创新打造“蓝禾·护蕾”少年审判品牌，多措并举推进未成年人审判工作，努力打造“四位一体”立体化司法保护体系。

一、向上融合职能，打造特色化制度规范体系

一是狠抓工作落实做优深化保护。紧紧围绕上级相关部署要求，出台《进一步加强少年审判工作的实施意见》等文件，优化“寓教于审”的工作方式，实施“蓝禾”计划，大力倡树“特殊、优先、双向、全面保护”的理念，不断夯实少年审判制度基础。

二是凝聚工作合力做优协同保护。主动争取党委支持，联合共青团、教育局、妇联等部门，构建“法院+N”未成年人保护联动机制，组织开展集专业审判、法治教育、走访帮扶于一体的“护蕾”行动，推动全市青少年社会保护、法治教育联动化和常态化。

二、向下夯实职能，打造专业化“三合一”审判体系

一是建强“贯通式”保护机制。融贯少年审判“三合一”机制与家事纠纷柔性司法机制建设，全面落实圆桌审判、社会调查、心理疏导、从业禁止等特色制度，构建未成年人案件“大审判大保护”工作格局。

二是建强“专业化”办案机制。成立专业化审判团队或少年审判工作室14个，协同探索建立心理咨询师队伍、专门人民陪审员队伍及帮扶救助志愿者服务团队33个。

三是建强“三合一”审理机制。设立家事纠纷缓冲室、心理疏导室等场所，强化寓教于审感化效果，联合公安机关、检察院、司法局建立未成年人案件“一站式”取证工作模式，综合采用社会调查等措施推进案件办理。比如，烟台市福山区人民法院办理的于某某故意伤害案，判决生效后，法院结合前期入户走访、考量犯罪情节等情况，及时向公安机关、检察院、司法局发出《未成年人犯罪记录封存通知书》，保障于某某如期参加中考、继续学业。

三、向前延伸职能，打造联动化事先预防体系

一是强化校园安全法治宣传工作。以“走出去+请进来”方式，开展法治讲座、观摩庭审、法庭开放日等活动102次，指派194名院（庭）长和法官担任“法治副校长”，携手开展“政法干警进校园　护航千堂法治课”青少年法治宣传教育专项活动，组织校园普法宣教活动551次，讲授“开学第一课”404堂，精选发布涉未成年人保护典型案例55个，汇聚未成年人保护更大合力。

二是强化校园安全司法先议工作。积极参与校园安全综合治理，推动设立校园安全先议办公室118个，协助解决发生在校园里学生之间、师生之间、家校之间的民事纠纷，对出现不良行为或严重不良行为的学生进行罪错分级，实施分类矫治，靠前预防校园欺凌和暴力行为发生，确保“矛盾不出门、问题不出校”。

三是强化校园安全司法建议工作。针对校园管理方面存在的薄弱环节，综合治理方面存在的突出漏洞，以及可能损害未成年人合法权益的问题，向教育、民政等部门制发司法建议7篇，帮助解决行业治理问题9个，实现“办理一案、治理一片”的良好效果。

四、向后拓展职能，打造多元化综合治理体系

一是做实“教育挽救”文章。强化构建家庭教育指导服务体系，成立家庭教育指导站20个，在指导站设有谈话室等功能区，为涉案未成年人提供法律服务，针对宣告缓刑的未成年人，建立“跟踪帮教+暖心回访”体系，做实家庭教育指导和心理疏导，帮助20余名被宣告缓刑的未成年人回归社会。

二是做实“关爱救助”文章。联合司法局、民政等部门建立联动关爱救助机制，累计救助未成年人32人次。

三是做实“回访帮扶”文章。联合组建“萤火虫”志愿者团队等特色帮扶组织，针对案件办理后当事人提出的求学、办理低保等诉求，组织14名“法官妈妈”，联合教育局、共青团等部门，对120余人次进行回访帮扶，做到“案结情未了”。

充分履职服务保障黄河三角洲生态保护和高质量发展

东营市人民检察院

2023年，东营市检察机关深入学习贯彻习近平生态文明思想、习近平法治思想，全面落实习近平总书记视察东营重要指示精神，自觉把生态环境和资源保护检察工作放到美丽东营建设大局中谋划和推进，依法履行法律监督职能，主动加强与其他职能部门的协作联动，切实为黄河三角洲生态保护和高质量发展提供优质高效的检察保障。

一、提高政治站位，扛牢生态环境和资源保护的检察担当

一是深入学习贯彻习近平总书记重要讲话精神。围绕习近平生态文明思想组织理论学习中心组专题学习，跟进学习习近平总书记关于黄河重大国家战略等重要讲话精神，结合检察职能，研究贯彻落实举措。组织干警开展循迹溯源学思想活动，邀请市领导、党校教授等开展生态文明建设专题辅导，激励和引导两级院干警增强服务大局自觉性、针对性。

二是积极争取党委领导和各界支持。认真落实市委在全省率先出台的《关于加强新时代检察机关法律监督工作的若干措施》《关于支持检察机关依法开展公益诉讼工作的意见》等规范性文件，紧紧围绕大局履行检察职能。市人大常委会专题调研和审议检察机关法律监督等工作，住鲁全国人大代表、省人大代表到东营市调研检察工作。在全省率先以市政府文件形式制定《关于建立“府检联动”工作机制的意见》，推动检察行政违法监督与政府内部监督有效衔接。

三是加强对生态检察工作的整体谋划。将生态环境和资源保护作为重中之重，积极落实服务保障新时代东营高质量发展、黄河三角洲生态保护和高质量发展的服务意见。完善刑事、民事、行政、公益诉讼案件线索同步发现、双向移交、系统办理机制，全力打造“专业化监督+恢复性司法+社会化治理”生态检察模式。

二、聚焦中心大局，依法保障全市生态环境和资源保护

一是依法保障污染防治攻坚。深度参与蓝天、碧水、净土保卫战，批捕、起诉污染环境等犯罪17件43人，办理生态环境和资源保护类公益诉讼27

件，追缴生态环境损害赔偿金6000余万元，依法守护黄河三角洲生态安全。

二是依法保障生物多样性。严厉打击非法捕捞、非法狩猎、盗伐林木等犯罪12件26人，提起公益诉讼6件，倾力维护生物多样性。办理的李某等人非法猎捕珍贵、濒危野生动物案，入选最高人民检察院首批服务保障黄河流域生态保护和高质量发展典型案例。

三是着力维护海洋生态环境。聚焦黄河口国家公园建设，深入开展海洋生态保护公益诉讼专项活动，推动陆海统筹、河海共治。办理的一起行政公益诉讼案，督促有关部门加强休渔期贝类采捕许可证管理，开展禁用渔具专项清理，被评为全省海洋保护公益诉讼典型案例。

四是全力守护黄河河道安全。持续开展“携手清四乱、保护母亲河”专项行动，督促整治乱占、乱采、乱建等问题12个，拆除违法构筑物1万余平方米，清理被占河道27公里，修复堤坝7公里。

三、突出多元治理，主动融入黄河三角洲治理保护大格局

一是推进区域内共同治理。完善“河长湖长、森林湿地长＋检察长”工作机制，协力解决河湖水质、退耕还湿、河道破坏等难题。加强与市河长制办公室、水务局协作，加强饮用水源地保护、湿地生态补水等领域司法协助。针对陆源污染、海洋资源破坏等问题，完善与市海警局建立检警协作配合机制，强化海洋行政执法、海洋资源公益诉讼协作。

二是强化跨区域协同保护。深入贯彻黄河流域（山东）区域协作机制，破解“上下游不同行、左右岸不同步”的治理难题。积极落实省内沿黄市级院《生态环境保护跨区域检察协作框架协议》，协同15个沿黄（渤）海检察机关，加强湿地生态环境保护跨区域协作，共治环境破坏顽疾，共享生态保护成果。

三是完善源头治理长效机制。结合办案中发现的社会治理问题，及时制发检察建议，全流程跟进监督整改情况，助推社会治理。践行恢复性司法理念，依托全市6处生态修复基地，引导或督促违法行为人累计增殖放流蛤苗、海蜇苗等5000余万尾，复垦土地1000余亩。

四、加强专业化建设，夯实检察机关履职根基

一是强化素能建设。开展庭审观摩、“青蓝计划”等活动，组织“星空课堂”10期，赴浙江大学举办素质能力培训班，承担最高人民检察院、省院理论课题4项，3名干警被评为全省业务专家、业务标兵。开展基层院建设“全面发展年”，召开基层院建设现场会，以点带面提升基层工作水平。

二是创新履职机制。完善公益诉讼指挥中心运行机制，依托公益诉讼大数据应用平台和警务指挥平台，实现案件办理一体化指挥、一体化取证、一体化管理，相关做法被评为全省检察机关创新成果一等奖。打造生态检察一体履职办案模式，以此为基础培育的“公益柽”检察文化品牌获评全省“十佳”。

三是深化数字赋能。在市委政法委、大数据中心和各政法单位支持下，建成全市检察监督大数据平台，共享政法、行政、市域治理等数据1000余万条，研发法律监督模型80余个，与中国科学院空天信息创新研究院合作，获取卫星遥感地图数据，成功办理各类案件600余件。

创新打造“千里山海平安游”旅游警务品牌服务经济社会高质量发展

威海市公安局

2023年以来，威海市公安局主动融入威海市委、市政府“千里山海全域旅游”发展布局，以警旅融合为抓手，以创优创安创满“三个走在前”为导向，创新打造“千里山海平安游”旅游警务品牌，全力护航旅游经济高水平复苏、高质量发展。

一、打造旅游警务“引力擎”，助力治理效能大提升

创新打造“旅游＋警务”合作新模式，从警旅融合协作、规范警务运行、提升能力素质入手，搭建旅游警务工作的“四梁八柱”。

一是建立警旅融合协作机制。超前研判威海旅游复苏态势，将“千里山海自驾旅游平安带”建设纳入市公安局2023年重点项目范畴，出台《关于全面推进“千里山海自驾旅游平安带”建设的意见》，强力推进旅游警务落地落实。与市文旅局签订《“千里山海平安游”旅游警务合作协议》，成立市、县两级警旅合作联动领导小组和办公室。会同文旅部门创新设计旅游警务专属LOGO和宣传标语，举办旅游警务协作品牌专题推介活动，全面推进旅游警务规范化、专业化、精细化建设。

二是规范景区警务运行。会同市文旅局在重点景区、游客驿站分批设置“千里山海平安游”联勤工作站21个、执勤点45处，推行景区警长机制，推动34名景区警长和208名景区辅警全时进驻，会同相关部门整治旅游市场秩序乱象74处。发挥239个巡防网格作用，暑期旅游旺季日均投入警力1800余人次，对全市重点区域落实旅游旺季高等级社会面巡防，切实让游客感受到警察就在眼前、平安就在身边。

三是练就旅游警务过硬本领。举办为期16天的全市公安机关涉水急救技能培训，分批组织景区警长、景区辅警全员参加应急救援、溺水救生培训授课，全面提升涉水警情和突发涉水险情处置和救援能力。会同文旅、消防、应急救援等部门采取“课堂+训练+实战”的方式，围绕涉旅法律法规使用、涉旅警情现场处置、涉旅安保勤务等方面组织开展“千里山海平安游”专题培训5场次，圆满完成大型旅游安保执勤任务10余次。

二、跑出旅游警务“加速度”，服务旅游经济大发展

聚焦影响游客体验的突出问题、关键环节、重点领域，在犯罪打击、快调快处、便民利游上下功夫，大力营造安全、和谐、温馨的旅游软环境，维护旅游城市良好形象。

一是违法犯罪“零容忍”。深入开展夏季治安打击整治等专项行动，会同市场监管、文旅等部门严打严查黑车野导、拦车揽客、尾随兜售、欺客宰客、强迫交易等侵害游客权益、扰乱旅游市场秩序的违法犯罪行为，做到全链条、全环节整治。2023年，先后联合查处涉旅违法犯罪案件5起，游客安全感、体验感同比大幅提升。

二是案件纠纷“马上办”。规范涉旅警情处置，开辟涉旅案事件“绿色通道”，健全完善行政案件快办机制，配套出台行政案件快办取证标准等措施，先后快速办理涉旅案件167起。联动律师、人民调解员、网格员、治安积极分子建立涉旅矛盾纠纷快处快调机制。2023年，先后快速处理涉旅纠纷587起，收到游客赠送锦旗、感谢信28面（封）。

三是便民服务“零距离”。发挥2个景区派出所、5个警务室（站）、21个联勤工作站、45个临时执勤点前置优势，配备饮水机、充电宝、医药箱、雨伞、矿泉水等便民用品328套，“面对面”“零距离”为游客提供治安救助、信息咨询等便民服务1069人次，帮助找回走失儿童69人次、各类物品329件。开发“千里山海平安游”小程序，游客可以随时查看热门景点旅游攻略、道路管制、景区警长安全提示和天气状况等信息，为游客提供更好旅游体验。

三、织密旅游警务“安全网”，擦亮精致城市大品牌

聚力科技赋能、风险防控、隐患排查，将更多力量投向预防、投向发端，筑牢全域旅游安全防线，全力护卫游客生命财产安全。

一是推进智慧景区建设。指导热点景区推进智慧景区建设，在景区售票大厅、出入口等重点部位指导加装视频监控1200余路、人车识别设备6套、一键报警装置21个、动态管控平台2个，加强对景区人、车、船、事、物等要素的无感管理、深度研判。落实潮汐式动态屯警值守，预判预警预防“大客流”等突发情况，落实远端分流、现场限流等措施，有效杜绝了涉旅安全事故发生。

二是加强涉险区域监管。为一线涉旅执法执勤单位配备智能化救援装备74套、警用无人机19架，搭建“无人机+救生机器人+视频监控+沿海船艇”四位一体近岸救援装备体系。在临崖、临水等涉险公共区域布设语音播报系统、游客数据智能分析、警戒相机等技防设备21套，加装安全护栏76个，设置安全提示牌54个，游客溺亡人数同比往年减少70%。2023年以来，先后成功救助遇险群众31人次，沿海防溺水工作在全国部分省市涉险公共区域安全防护工作调研交流会上作典型发言。

三是优化破解停车难题。针对火炬八街、那香海等热门景点车流人流密集的实际，落实季节性交通管制、增设硬隔离设施等措施，畅通“车流圈”、打通“微循环”。深入推进重点区域停车整治攻坚行动，围绕停车问题易发多发的8个重点区域，集中力量开展综合改造，增加停车位1240个。开展重点路段临时停车位增设行动，对繁华商圈、夜市市场等停车矛盾突出的区域，充分“挖掘”公共停车资源，增设500多个临时停车位，停车难问题得到有效解决。

创新打造“泉执法　慧监督”品牌
有效提升行政执法监督效能

济南市司法局

济南市加强行政执法协调监督体系建设，创新打造具有济南特色的“泉执法　慧监督”品牌，搭建行政执法和执法监督数字化平台，提升执法监督效能，促进严格规范公正文明执法。

一、完善工作机制，健全行政执法监督体系

一是加强顶层设计。出台《关于全面加强和改进行政执法监督工作的意见》，围绕健全监督机制、厘清监督职责、创新监督方式、提升执法质效、落实监督保障工作等方面制定24项具体措施，构建全市统筹、条块协同、上下联动、共建共享、权威高效的行政执法监督工作体系。

二是细化操作规程。出台《济南市行政执法监督案件办理程序规定》《济南市行政执法监督调查取证工作规则》《济南市行政执法监督裁判工作规则》《济南市行政执法监督联动工作办法》《济南市行政执法人员行为规范》5个配套文件，明确行政执法监督工作各项程序规范，提升可操作性。

三是配强监督力量。在全省率先建成市、区县（功能区）、街道（镇）三级贯通的行政执法监督体系，明确各级行政执法监督职责清单，各区县均配备2名以上专职监督工作人员，161个街道（镇）司法所全部挂牌成立行政执法监督工作室，有力推进全市各级各部门严格规范公正文明执法。

二、强化数字赋能，提升行政执法监督质效

一是建设行政执法办案平台。建成覆盖市、区县（功能区）、街道（镇）三级行政执法主体的网上执法办案平台，全程记录执法音像，实时上传执法证据，实现行政执法案件立案、取证、审核、告知、决定、送达、执行、结案等全过程网上运行、可回溯管理。平台数据库已汇聚全市行政执法人员数据8000余条，法律法规入库300余部，网上办理行政执法案件9.8万余件。

二是建设行政执法监督平台。开发执法总览、全程监督、法治联动、统计分析、智慧预警、法律服务、社会监督、评议考核8个应用模块，与执法办案平台互联互通，可实时查看、调度、指挥现场执法情况，及时处理执法异常行为。将市级行政审批、执法部门审核等纳入平台日常监督，实现对行政执法的全过程、全链条、闭环式监督。

三是畅通行政执法社会监督渠道。同步开发与行政执法监督平台关联的“码上监督”小程序，畅通企业群众反映行政执法问题的渠道，依托平台对涉企行政检查实行事前备案、事中登记和事后评价，防止随意检查、重复检查、多头检查，促进执法办案更加透明规范。

三、细化裁量标准，全面推进审慎精准执法

一是细化执法裁量标准。在全国首推行政处罚“四张清单”（不予处罚、减轻处罚、从轻处罚和从重处罚清单）制度，“清单”涵盖全市33个执法部门1077项处罚事项，其中不予处罚435项、减轻处罚148项、从轻处罚238项、从重处罚256项，充分考虑违法行为的事实、性质、情节、危害程度、后果，在法治框架内进一步细化执法裁量标准，大力推进审慎精准执法。

二是坚持分类施策。在全国率先以政府规章形式出台《济南市推进行政执法精准化规定》，对涉及新技术、新产业、新业态、新模式等领域的违法行为，实行包容审慎执法，加强自我纠错指导，体现执法的“温度”；对食品药品、公共卫生、自然资源、安全生产、生态环境等重点领域的违法行为，加强日常监管和执法巡查，从源头上预防和化解执法风险，体现执法的“力度”。

三是建立长效机制。建立动态管理机制，及时对实施情况进行分析评估，动态调整清单内容，持续优化清单适用，确保清单内容既符合行政管理需要，也符合企业群众需求。清单实施以来，全市各级执法部门适用“四张清单”办理处罚案件15万余件，其中不予处罚144250件，减轻处罚2048件，从轻处罚4641件，从重处罚445件。通过适用“不罚”“减罚”“轻罚”受益的市场主体达10万余家，有效激发市场活力和社会创造力。

审稿人：孙成良　刘树元
撰稿人：孟　斌　甘信忠　桑　娜
朱冬冬

河　南　省

工作概况

2023年度河南政法工作综述

2023年，河南政法机关坚持以习近平新时代中国特色社会主义思想为指导，全面贯彻落实党的二十大精神，深入学习贯彻习近平法治思想和习近平总书记关于政法工作的重要论述，紧紧围绕锚定“两个确保”、实施“十大战略”，全力履行维护国家政治安全、确保社会大局稳定、促进社会公平正义、保障人民安居乐业职责使命，平安河南、法治河南建设取得新成效，社会大局持续保持安全稳定。

一、筑牢政治忠诚，全面加强党对政法工作的绝对领导

始终牢记政法姓党是永远不变的根和魂，始终坚持党对政法工作的绝对领导，做到绝对忠诚、绝对纯洁、绝对可靠。

（一）着力加强党的政治建设。把党的政治建设作为根本性建设，做实“两个维护”的制度机制，切实把拥护“两个确立”转化为做到“两个维护”的政治自觉、思想自觉、行动自觉，更加坚定地忠诚核心、拥护核心、跟随核心、捍卫核心，确保在任何时候任何情况下都坚决听从习近平总书记命令、服从党中央指挥。坚定不移把习近平总书记重要指示批示作为政治要件来办，持续健全专班推进、督促检查、情况通报、监督问责等全流程工作闭环，确保件件有落实、事事有报告。

（二）扎实有效开展主题教育。坚持不懈用习近平新时代中国特色社会主义思想凝心铸魂，党委政法委员会、政法单位党组（党委）全面落实“第一议题”制度、理论学习中心组学习规则，第一时间跟进学习习近平总书记重要讲话、重要指示批示精神；举办专题读书班、政法系统专题研讨班，组织开展党的二十大精神专题政治轮训、知识竞赛等，将个人自学、集体学习、交流研讨、辅导讲座有机结合，推动理论学习入脑入心。深入学习领会新时代“枫桥经验”启示，紧扣推进新时代新征程政法工作现代化重大问题、人民群众急难愁盼现实问题、影响政治安全和社会稳定突出问题开展调研，省直政法单位领导班子成员带头领题，并分级召开调研成果经验交流会，推动调查研究求深求效，努力把主题教育成果转化为推动政法工作现代化的强大动力。深入抓好整改整治，结合政法队伍教育整顿、《中国共产党政法工作条例》督查、扫黑除恶特派督导、省委专项巡视反馈意见等，从严从实开展靶向整改，推动制度机制进一步优化完善。

（三）严格执行政法工作条例。建立年度重大事项请示报告清单制度、重大案事件报告工作制度，出台政治督察和纪律作风督查巡查实施办法，着力构建系统完备、务实管用的制度体系。深入推动政治督察、综治督导、执法监督、纪律作风督查巡查制度机制落实，坚决做到有令必行、令行禁止，确保习近平总书记重要讲话重要指示和党中央决策部署在河南政法机关条条落实、件件落地、事事见效。强化与省纪委监委的协调沟通，探索建立政法领导干部“协查”机制，落实党委政法委员会、政法单位与纪检监察机关工作衔接、协作配合制度。

二、忠实履职尽责，全力维护国家政治安全和社会大局稳定

坚定不移贯彻总体国家安全观，坚持底线思维，增强忧患意识，全力做好防风险、保安全、护稳定各项工作，持续推进更高水平的平安河南建设，努力以高水平安全保障高质量发展。

（一）坚定扛牢政治安全责任。始终把维护国家政治安全放在首位，保持“时时放心不下”的责任感和“眼睛瞪得大大的”敏锐性，系统推进维护国家政治安全工作体系和能力建设，扎实做好重大活动安保稳定工作，全力筑牢网络安全防线，坚定不移维护国家政权安全、制度安全、意识形态安全。

（二）具体深入推进“三零”创建。坚持和发展新时代“枫桥经验”，以“零上访零事故零案件”平安单位（村、社区）创建为抓手，大力加强“四治融合”城乡基层治理体系建设，紧密结合“五星”支部创建，深化问题联治、工作联动、平安联创，逐级建立属地为主、条块同责、单位主创、各方协同的责任体系，全方位推进“综治中心 + 网格化 + 信息化”治理模式，持续提升基层治理效能。河南村（社区）、企事业单位“三零”平安创建达标率分别为 89.9%、97.7%，超额完成三年阶段性创建目标任务。

（三）深化矛盾纠纷排查化解。严格落实《河南省矛盾纠纷多元预防化解条例》，完善社会矛盾纠纷多元预防调处化解综合机制，常态化开展“关爱你我他（她）·温暖千万家”行动，推动更多法治力量向引导和疏导端用力，最大限度把矛盾隐患防范在源头、化解在基层。充分发挥调解在矛盾纠纷预防化解中的基础性作用，专题部署调解工作，强化预防在前、调解优先、依法调解、实质调解的理念，推动人民调解、行政调解、司法调解、行业性专业性调解优势互补、有机衔接、协调联动，组织开展“践行‘枫桥经验’助力平安河南”人民调解专项活动，乡镇（街道）、村（社区）人民调解组织和法律顾问覆盖率达 100%，人民调解有关做法作为“加快建设法治社会”典型实践案例被中组部编入干部教育培训教材。着力推进信访工作法治化，组织开展突出信访问题集中攻坚和涉法涉诉信访专项化解，法理情相统一推动“事心双解”。

三、践行为民宗旨，依法保障人民群众合法权益

树牢人民至上理念，坚持把群众期盼作为政法工作的“风向标”，把群众路线作为政法工作的“生命线”，把群众满意作为政法工作的“试金石”，切实解决好群众急难愁盼问题，使人民群众的获得感、幸福感、安全感更加充实、更有保障、更可持续。

（一）集中打击突出违法犯罪。积极回应群众期盼，集中打击治理电信网络诈骗，组织实施“雷霆1号”“雷霆4号”反诈行动，开展大案攻坚和境外打击，全力追赃挽损，累计返还群众受骗资金同比上升 2.5 倍；强化科技反制、预警劝阻、宣传防范，电信网络诈骗案件立案数、群众损失数额“双下降”。推进扫黑除恶常态化，深入开展重复举报等重点黑恶线索“回头看”、“黑财”处置攻坚行动等，审结一审涉黑恶案件 261 件 2041 人，执行到位涉黑恶财产 21.49 亿元；对信息网络、自然资源、工程建设、交通运输四大行业领域专项整治开展“回头看”，进一步巩固整治成果，防止反弹回潮。

（二）加强社会治安综合治理。全力守护人民安宁，落实“打防管控建”各项措施，深入开展“豫筑平安”等专项行动，河南全省刑事警情同比下降 13.06%，现行命案破案率 100%，盗抢骗等民生“小案”发案数同比下降 17.3%。持续加强智慧安防小区（村居）建设，加强视频监控、报警设施建设联网和深度应用，提高智能感知、精准处置能力。严格落实公安武警联勤武装巡逻和“1、3、5 分钟”快速响应等机制，最大限度将警力投放街面，持续提升街面见警率和管事率。持续加强铁路、民航、地铁和公交等运输线路安全防范，深入开展道路交通安全和运输执法领域突出问题专项整治，积极推广基层加强道路交通安全的经验做法，公共安全形势总体稳定。

（三）持续强化民生法治保障。河南政法机关公开发布 40 项爱民实践服务承诺，瞄准民生领域司法保护、特殊群体合法权益保护、居民身份证申领“全省通办”、法律援助惠民生等人民群众对美好生活的新需求，推出系列新政策、新举措。着力优化公共法律服务体系，推动出台公共法律服务实体平台服务规范、公共法律服务中心建设提质增效三年行动方案，持续健全“一村（格）一警一法律顾问一支民调员队伍”工作机制，选配 1.43 万名法律服务人员担任村（居）法律顾问，为群众提供专业法律意见 14.65 万条，提供现场法律服务 8.1 万次。推进解决“立案难”，严格落实立案登记制，全面推广网上立案、跨域立案、“容缺”立案，切实提高群众诉讼便利度。攻坚化解“执行难”，打造“豫剑执行”品牌，开展专项执行活动 2500 余次，全年执结案件 87.37 万件，同比分别上升 8.95%。

四、强化法治保障，持续深化法治河南建设实践

坚持以习近平法治思想为指引，充分发挥法治固根本、稳预期、利长远的引领示范保障作用，努力以法治智慧、法治力量助推中国式现代化建设河

南实践。

（一）全面推进依法治省。推动法治河南、法治政府、法治社会"一规划两方案"落实情况纳入年度省级督查检查考核计划，夯实党政主要负责人法治建设第一责任人职责，打造省市县乡四级领导述法全覆盖"河南模式"。出台《关于全面加强乡镇（街道）法治建设的意见》，稳步推进乡镇（街道）综合行政执法改革，形成"一市一清单"差异化赋权模式。组织开展行政诉讼发案量和败诉率"双下降"专项行动，新发行政案件败诉率降至五年来最低。扎实推进"八五"普法，组建百名法学专家普法讲师团，开展"青年普法志愿者法治文化基层行""法治河南大讲堂"等法治宣传教育活动，启动大运河法治文化带建设，黄河法治文化带、南水北调法治文化带、鄂豫皖苏区首府革命博物馆、"四议两公开"工作法展馆被命名为全国法治宣传教育基地。

（二）积极服务发展大局。制定《政法领域促进法治化营商环境系统性改革方案》，积极防范化解重大经济金融风险，依法打击破坏市场经济秩序等违法犯罪活动，加强知识产权综合司法保护，切实以高水平法治服务高质量发展。围绕国家重大战略实施，不断健全执法司法协同、法律服务机制，省法院出台贯彻实施黄河保护法工作指引，省检察院承办首届服务保障黄河国家战略检察论坛，省公安厅与陕西、山西、山东三省签署《黄河中下游公安机关打击生态环境犯罪合作协议》，开展"豫筑平安·保护黄河"专项行动，全力确保黄河流域、南水北调中线工程等区域生态环境安全。省法学会举办黄河流域生态保护和高质量发展法治保障论坛、苏区法治建设论坛，出版南水北调法律制度研究专著，成立"黄河流域法治研究会"，深化首席法律咨询专家工作，找准切入点服务经济社会发展大局。

（三）纵深推进政法改革。坚持目标导向、问题导向、强基导向，认真落实全面深化政法改革实施纲要，细化具体措施，扎实有序推进。持续完善司法责任制，规范执法司法权力运行机制，加强法律监督工作，健全法官检察官惩戒制度机制。分类实施社区警务队、案件办理队和综合指挥室"两队一室"改革，深化完善"情指行"一体化运行机制，积极落实市县公安机关大部门大警种制改革要求，持续推进执法规范化建设。顺利完成市属监狱收归省级直管改革任务，加快推进刑罚执行一体化建设，安置帮教工作继续保持全国第一。推进政法跨部门大数据办案平台综合应用，统筹推进智慧法院、数字检察、智慧公安、智慧司法建设。

五、锤炼能力作风，着力锻造新时代政法铁军

始终把建设过硬队伍作为有力保障，坚持严管厚爱结合、激励约束并重，锻造忠诚干净担当的新时代政法铁军。

（一）持续提升能力素质。推动建立政治理论、党性修养、专业知识"三训合一"体系，完善教、学、练、战一体化教育培训制度，举办政法领导干部锻造忠诚干净担当政法铁军专题研讨班、新任政法委书记培训班及各类培训、轮训 1892 期，轮训干警 26.32 万人次，广泛开展岗位练兵、技能比武、实战演练，积极推动党员干部能力大提升、作风大转变，不断提升政法队伍凝聚力战斗力。

（二）从严正风肃纪反腐。严格履行管党治党主体责任和监督责任，落实严于律己、严负其责、严管所辖要求，严格执行中央八项规定及其实施细则精神，坚决肃清流毒影响，坚决纠治"四风"顽疾，一体推进"三不腐"，狠抓防止干预司法"三个规定"和新时代政法干警"十个严禁"落实，深化以案为鉴、以案促改，进一步净化政法系统政治生态。持续巩固深化政法队伍教育整顿成果，认真做好省委巩固政法队伍教育整顿成果专项巡视工作，用好政法干警违纪违法举报平台，专班做好线索核查、分流转办、跟踪督办、汇总上报，推进党委政法委执法监督和执法司法顽瘴痼疾常态化整治。

（三）强化暖警爱警措施。开展人民满意的政法单位、政法干警等评选表彰活动，选树一批先进典型，135 个集体、289 名个人受到省级表彰。落实落细政法职业保障制度各项举措，深入推进因公牺牲伤残特困干警救助等工作，建立维护政法干警执法司法权威联席会议制度，健全政法干警受到侵害救济保障、不实举报及时澄清、依法履职免责等机制，进一步增强政法干警的职业荣誉感，鼓励依法履职、担当作为。

会议活动

全省坚持和发展新时代“枫桥经验”深化“三零”创建工作会议

12 月 21 日，全省坚持和发展新时代“枫桥经验”深化“三零”创建工作会议召开。

会议指出，近年来，全省创造性践行新时代“枫桥经验”，部署开展以“零上访零事故零案件”为抓手的平安单位（村、社区）创建活动，取得了显著成效，人民群众获得感、幸福感、安全感持续提升。希望全省广大基层党员干部以先进典型为榜样，深入开展“三零”平安单位（村、社区）创建，不断提升矛盾纠纷预防化解能力和水平，推进基层社会治理创新，打造更高水平的平安河南、法治河南。要牢牢坚持正确方向，深入学习习近平法治思想、习近平总书记关于坚持和发展新时代“枫桥经验”的重要指示精神，更加自觉贯彻落实到做好矛盾纠纷预防化解工作各方面、全过程；牢牢坚持人民至上，把保障和改善民生作为维护社会稳定的基础性工作，做更多解民忧、纾民困、暖民心的好事实事；牢牢坚持源头治理，预防为先、依法办事，完善矛盾源头预防、排查预警、多元化解机制，把各类风险隐患防范在源头、化解在基层、消灭在萌芽；牢牢坚持党建引领，以“五星”支部创建为牵引，推动自治、法治、德治、数治“四治融合”，提升基层治理效能，为现代化河南建设营造更加安全稳定的社会环境。

会议强调，要深刻领会新时代“枫桥经验”的科学内涵，牢牢把握实践要求，立足预防、立足调解、立足法治、立足基层，切实做到预防在前、调解优先、运用法治、就地解决。要坚持和发展新时代“枫桥经验”，以“三零”创建为抓手，持续深化平安河南建设，以“四治融合”为路径，构建基层社会善治新体系，以完善机制为支撑，推动矛盾纠纷预防化解常态长效。要持续强化组织保障，加强工作统筹，依法履职尽责，尊重基层首创，推动新时代“枫桥经验”在河南形成更多生动实践。

会议宣读了《中共河南省委政法委员会关于表扬全省坚持和发展新时代“枫桥经验”深化“三零”创建工作先进典型的决定》，并为受表扬单位颁奖。

文件选辑

关于建立河南省法律职业人员统一职前培训制度的实施意见

（中共河南省委组织部　河南省高级人民法院　河南省人民检察院　河南省司法厅，2023 年 8 月 28 日）

为贯彻落实中共中央办公厅、国务院办公厅《关于完善国家统一法律职业资格制度的意见》（厅字〔2015〕25 号）和中共中央组织部、最高人民法院、最高人民检察院、司法部《关于建立法律职业人员统一职前培训制度的指导意见》（司发〔2022〕1 号）有关要求，推动河南省建设一支德才兼备的高素质社会主义法治工作队伍，结合河南省实际，制定本实施意见。

一、总体要求

1. 坚持以习近平新时代中国特色社会主义思想为指导，深入学习贯彻习近平法治思想，全面贯彻落实党的二十大精神，深入贯彻中央和省委关于社会主义法治建设的决策部署，聚焦河南省高质量发展，深化法治人才供给侧结构性改革，坚持党的领导、突出政治标准、强化能力训练、加强分类指导的工作原则，健全完善河南省法律职业人员统一职前培训制度，努力培养一批政治强、业务精、作风正，忠诚、干净、担当的社会主义法治人才，建设一支忠于党、忠于国家、忠于人民、忠于法律的社会主义法治工作队伍，为全面推进依法治省，建设法治河南提供强有力的法治人才保障。

二、培训对象

2.取得法律职业资格的人员，在河南省从事下列相关法律职业的，应当参加职前培训，培训合格方可准予从事法律职业：

（1）初任法官、检察官、仲裁员（法律类）。

（2）申请律师、公证员执业。

3.因地制宜、有序推进在行政机关中初次从事行政处罚决定法制审核、行政复议、行政裁决和法律顾问的公务员（含参照公务员法管理人员，下同）职前培训工作。

4.对于已经从事相关法律职业或者已经参加职前培训合格的人员，转换法律职业或者变更法律职业岗位的，以及根据法官法第十五条、检察官法第十五条公开选拔的法官、检察官，根据律师法第八条考核准予执业的律师和公证法第十九条考核任命的公证员，按照中央和国家机关法律职业用人部门以及有关行业主管部门规定参加职前培训。

三、健全组织管理体系

5.指导协调。成立河南省法律职业人员统一职前培训指导委员会，由中共河南省委组织部、河南省高级人民法院、河南省人民检察院、河南省人民政府办公厅和河南省司法厅等有关部门组成，统筹协调全省职前培训管理工作，指导督促各系统、各部门做好职前培训组织实施工作。河南省司法厅法律职业资格管理部门承担职前培训指导委员会的具体工作。

6.组织管理。河南省各级法律职业用人部门以及有关行业主管部门在本系统上级部门和本地区组织部门的指导或领导下，负责本系统本地区法律职业人员职前培训的组织管理和统筹协调等工作。

（1）河南省高级人民法院负责初任法官职前培训的组织管理和统筹协调等工作。

（2）河南省人民检察院负责初任检察官职前培训的组织管理和统筹协调等工作。

（3）河南省人民政府办公厅负责在行政机关中初次从事行政复议的公务员职前培训的组织管理和统筹协调等工作。

（4）河南省司法厅负责申请律师、公证员执业，在行政机关中初次从事法律顾问的公务员职前培训的组织管理和统筹协调等工作，商仲裁委员会组建部门加强对初任仲裁员（法律类）的培训指导工作；仲裁委员会负责初任仲裁员（法律类）职前培训；省司法厅可根据法律职业用人部门委托，对行政机关中初次从事行政处罚决定法制审核和行政裁决的公务员开展职前培训工作。

7.实施机构。具备条件的培训机构或者有关行业自律组织，具体实施法律职业人员职前培训工作。各部门可以优先从最高人民法院、最高人民检察院、司法部等中央国家机关确定的法律职业人员职前培训机构名单中选择培训机构。省级有关行业自律组织可根据需要，委托市行业自律组织承担职前培训实施工作。

四、建立完善运行模式

8.培训方式。职前培训分为两个阶段，分别为：集中教学阶段，岗位实习和综合训练阶段。集中教学培训采取集中脱产培训、现场模拟诉讼、远程视频教学、网上学习平台自学等线下和线上相结合的方式进行。岗位实习和综合训练采用实务导师指导方式，采取教、学、练、战一体化培训模式，主要通过实战实训、业务实践等方式进行。

9.培训时间。初任法官、检察官、仲裁员（法律类），申请律师、公证员执业的职前培训时间为一年。其中，集中教学的时间不少于一个月。行政机关中初次从事行政处罚决定法制审核、行政复议、行政裁决和法律顾问的公务员的职前培训时间由法律职业用人部门及行业主管部门根据实践需要确定。

10.培训内容。集中教学阶段、岗位实习和综合训练阶段的具体科目、课程设置和具体要求，按照司法部等部门制定的职前培训大纲执行。

（1）集中教学阶段。主要讲授政治理论、职业道德和法律实务等知识。

政治理论。坚持以习近平新时代中国特色社会主义思想为指导，深入学习贯彻习近平法治思想，教育引导广大参训人员拥护中国共产党领导，拥护社会主义法治，始终把握正确政治方向，增强“四个意识”、坚定“四个自信”、做到“两个维护”，提高政治判断力、政治领悟力和政治执行力，矢志不渝做中国特色社会主义法治道路的坚定信仰者、忠实实践者。

职业道德。坚持立德树人、德法兼修，加强理想信念教育，深入开展社会主义核心价值观教育和社会主义法治理念、职业道德和廉洁教育，培养知荣辱、讲正气、作奉献的法律职业人员。坚持严明党纪国法与职业纪律相结合，以忠诚、为民、担当、公正、廉洁为主要内容，强化法律职业伦理训练，完善职业道德评价机制，培养法律职业人员树立崇尚法治、恪守良知、理性公允的职业品格，精益求精钻研业务的专业精神。

法律实务。聚焦能力短板，强化案例和实践教学，通过专业思维的培养、专业方法的掌握、专业技术的运用，提高法律职业人员的法律政策运用能力、重大风险防控能力、复杂事件处置能力、群众工作能力、科技应用能力、舆论引导能力，确保参训人员尽快实现从熟悉法学理论知识到熟练掌握法律实务技能的转变，提高专业化水平。有条件的部门，可有针对性地开展少数民族语言法律知识、国际法律实务等方面的教学，培养造就适应新时代要求的专门性人才和复合型人才。

（2）岗位实习和综合训练阶段。实行教、学、练、战一体化培训模式，在实务导师指导下，主要通过参与审判、检察、律师、公证、仲裁、行政复议、行政裁决、行政处罚决定法制审核案件办理等业务实践，通过从事审查案件材料、草拟法律文书等辅助事务，提高参训人员的实战能力。

11. 教材和师资。培训大纲分为共同科目和专业科目。共同科目采用司法部会同最高人民法院、最高人民检察院和有关部门制定的培训大纲和教材。专业科目可根据本系统、本部门法律职业人员特点增加相应的内容。授课教师应当优先在全国职前培训师资库中选择，也可根据培训内容需要，选聘有关专家、学者以及实务部门的业务骨干担任。实务导师由具有丰富实践经验的人员担任，一般 1 名受训人员配备 1 位实务导师。实施机构应当根据培训大纲和教材，对师资进行相应的培训，同时加强对师资、授课内容等方面的审核把关，严格落实意识形态工作责任制。

12. 培训考核。培训考核工作由培训实施机构负责，实行平时学分制考核和集中测试考核相结合的方式，强化培训全过程管理。集中教学、岗位实习和综合训练两个阶段，分别进行考核、合并计算成绩。实习实训期满后，实务导师应当及时向考核部门提交书面鉴定报告，作为对参训人员考核的重要依据。考核合格的，颁发培训合格证书；考核不合格的，参训人员重新参加职前培训。

13. 培训档案。承担职前培训的培训机构、有关行业自律组织，应当将职前培训档案等信息资料，及时报送法律职业用人部门或者有关行业主管部门。法律职业用人部门及行业主管部门应当将职前培训档案等信息资料留存归卷，以备河南省法律职业人员统一职前培训指导委员会适时调阅抽查。每年 12 月底前，法律职业用人部门及行业主管部门将职前培训档案等信息资料报送河南省司法厅法律职业资格管理部门。

五、建立健全工作机制

14. 推进同堂职前培训机制。积极探索、有序推进建立河南省初任法官、检察官、仲裁员（法律类），申请律师、公证员执业等法律职业人员的同堂职前培训机制，创新法律职业共同体一体化、共享式、开放式职前培训模式，促进法律职业人员形成共同的政治素养、业务能力和职业伦理，推动法律职业人员职前培训工作向纵深发展。

15. 完善考核评价机制。充分发挥考核评价对法律职业人员职前培训的导向激励作用，科学制定评价标准，健全评价机制。坚持德才兼备，以德为先的原则，全方位加强法律职业人员思想政治能力、职业道德能力、专业工作能力等方面的考核评价，促进考核评估与人才培养使用有效衔接，注重培养选拔政治强、业务精、作风正的高素质法治人才。

16. 强化指导督导机制。通过经验交流、座谈研讨、案例评选、现场观摩等多种形式，加强工作指导督促，督任务、督进度、督成效，推动工作落实、责任压实、效果抓实。每年 12 月底前，职前培训主管部门要将本系统、本行业职前培训工作情况报河南省司法厅法律职业资格管理部门。河南省法律职业人员统一职前培训指导委员会适时开展职前培训质量检查评估。

六、加强组织领导

17. 提高思想认识。坚持建设德才兼备的高素质法治工作队伍是习近平法治思想的重要内容，是推进全面依法治省，建设法治河南的基础性工作。法律职业用人部门及行业主管部门要充分认识职前培训工作的重要意义，强化思想认识，加强组织领导，拧紧责任链条，狠抓工作落实，确保职前培训工作取得实效。

18. 制定落实举措。河南省高级人民法院、河南省人民检察院、河南省人民政府办公厅和河南省司法厅等法律职业用人部门以及有关行业主管部门要根据相关法律规定及本实施意见，按照上级主管部门的部署要求，制定完善本部门、本系统的职前培训工作规范和工作方案，报河南省司法厅法律职业资格管理部门备案。要细化培训措施，完善管理流程，加强案例库建设，做好档案等信息资料管理，不断健全完善河南省法律职业人员职前培训规范体系。河南省党政机关严格按照相关规定，规范培训经费管理使用。

19.强化保障措施。法律职业用人部门及行业主管部门要加强沟通协调，统筹好法律职业人员初任培训、职前培训与在职培训的关系。积极做好职前培训教学和实习基地建设，大力推进教学、实习、考核全过程电子化管理等信息化工作。要选优配强职前培训工作力量，加强队伍建设，夯实工作基础。

20.法律职业用人部门以及有关行业主管部门在实施本意见时遇到的问题，及时报上级主管部门和同级组织部门，并抄报省司法厅。

特色专栏

强化“四个坚持” 锻造新时代过硬政法铁军

鹤壁市委政法委

近年来，鹤壁市深入贯彻落实党中央、省委关于加强新时代政法队伍建设工作的重要部署要求，坚持党对政法工作的绝对领导，大胆创新政法队伍管理路径，以队伍建设成果保障政法工作高质量发展，为鹤壁市成功“创市夺杯”（创成“平安中国建设示范市”、两夺“长安杯”）、连续四年入列全省“平安建设优秀省辖市”提供了坚强有力的队伍保障和支撑。

一、坚持以政治建设为统领，筑牢政法队伍忠诚之基

一是抓稳“政法姓党”思想根基。高标准开展主题教育，加强政治建设轮学轮训，组织“书记大讲堂”“青年大课堂”等活动，自觉把习近平新时代中国特色社会主义思想融入血液、刻入骨髓、浸入灵魂。

二是抓牢《中国共产党政法工作条例》贯彻落实。充实完善贯彻落实《中国共产党政法工作条例》“1+4+9”制度体系，充分发挥协管、协查等制度优势，不断探索加强党对政法工作绝对领导的具体实践，经验做法被中央政法委督察组评价为系统贯彻落实《中国共产党政法工作条例》的“市域模板”。

三是抓紧政法干警思想动态。聚焦政法干警所思所忧所盼，组织召开思想动态分析会 23 次，收集基层意见建议 150 余条，开展心理疏导 1200 余人次，确保政法队伍精神状态斗志昂扬。

二、坚持以教育历练为抓手，提升政法队伍业务能力

一是教育培训增素养。强化“岗位大练兵”，举办专题研讨班、能力素质培训班等系列培训 28 期次，坚持全面覆盖与精准授课相结合，内挖潜力与外引资源相结合，正向激励与反面警示相结合，全方位提升政法干警专业素养和业务水平。

二是实战历练提能力。推行“名师带高徒”活动，精选 176 名业务标兵和专家能手带学徒，采取上挂锻炼、下派任职、交流轮岗等形式，实现干警梯次成长和能力提升。

三是护民平安添情怀。针对人民群众的揪心事、烦心事、操心事，布列系列专项行动和“三个五”工作任务体系，动员全市政法干警深度融入预防未成年人犯罪、命案防范、打击电信网络诈骗等具体工作，加快推动培红专门学校建设，常态化开展“四大一送”活动，组织整治违规养犬集中行动，以小切口维护大民生，群众可感可触可及的具体安全感持续提升，成功获评全国首批市域社会治理现代化试点合格市。

三、坚持以严管厚爱为保障，树牢政法队伍风清气正

一是正风肃纪守底线。严格落实“十个严禁”

和“三个规定”，两年来共排查执法司法顽瘴痼疾问题120条，视情节处理处分干警46人，查处违反“三个规定”案件2起，不断推动全面从严治党向纵深发展。

二是监督执纪知敬畏。结合巩固政法队伍教育整顿成果专项巡视巡察，融入政法系统政治督察和纪律作风督查巡查，持续加大监督执纪问责力度，让铁规发力、禁令生威、制度长牙。

三是从优待警提战力。深化因公牺牲伤残特困干警救助帮扶，创新开展入职教育仪式、表彰授奖仪式、晋职晋升仪式、光荣转退仪式“四个仪式”，大张旗鼓表彰奖励“最美网格员”“最美巡防队员”，干部职工职业尊崇感、工作获得感和生活幸福感持续提升。

四、坚持以“宣战三不”为支撑，锤炼政法队伍优良作风

一是向“不落实”宣战。紧盯不落实的事项，实施工作项目化推进、清单化管理，加强跟踪问效，对达不到序列进度或落实质量不高的单位和个人，送达督导清单和“提醒函”，未见好转的派出督导组专项督导，确保各项工作一抓到底、抓出成效。

二是向“不踏实”宣战。紧盯不踏实的环节，坚持底线思维，经常性梳理心里不踏实、不放心的工作短板，在实践磨砺中强弱项、补短板，切实做到未雨绸缪防风险、见微知著除隐患、叶落知秋化危机。

三是向“不先进”宣战。紧盯不先进的指标，把寻常工作做成优势，把优势工作做成亮点，把亮点工作做成精品，让“长安杯”城市底色更亮、成色更足。

“三中心联动”化解民商事矛盾纠纷

洛阳市老城区人民法院

洛阳市老城区法院依托一体化调解、诉讼服务、司法保护“三中心”协同联动，通过矛盾纠纷统一调度、分层过滤实现前端治理，借助智能化诉讼服务、“第三方调解+自行变卖”、“示范诉讼”完善繁简分流，实行裁判文书“阅核制”改革、“二次提级答疑”、“五位一体”机制提高办案质效，探索形成“三中心联动”化解民商事矛盾纠纷工作法，取得显著成效。

一、一体化调解中心加强综合治理

一是打造“一站式多元解纷服务超市”。推动成立“和事老城”矛盾纠纷一体化调解中心，纵向贯通“区—街道—社区—网格”四级社会治理层级，横向汇集公安、检察、法院、司法、信访、人力社保、市场监督等部门联动解纷力量，着力打造以一体化调解中心为主线，辐射全区9个街道、7个行业调解组织、N个区级职能部门协调联动的“1+9+7+N”立体化综合性多元解纷服务平台，集合纠纷首问接待、信访接待、公共法律服务、多元调解、行政争议化解、公证仲裁、诉讼服务、速裁速执等职能。

二是构建五步化解机制。按照纠纷繁简分类，逐级由社区、街道、政府职能部门、专业调解组织进行调处，按照“属事原则”统一派单，繁案实行联席会议制度，组建专案团队进行化解，仍未化解的予以诉讼立案，助力构建“小事不出网格、大事不出社区、难事不出街道、矛盾不上交”的社会治理新格局。

三是提供“菜单式”解纷服务。强化调解队伍管理，完善调解队伍信息公开、培训指导、考评激励等制度，审判团队与街道结对提供调解指导，调解员实行阶梯型奖励补贴。实行首问负责、限时办结、督导督办，将纠纷化解率、万人起讼率等作为平安建设考评体系重要指标。

二、诉讼服务中心实现精准分流

一是优化“智能”服务。诉讼服务中心引进“无人律所”法律服务自助终端、诉讼风险评估终端、智能诉讼服务终端等智能设备，由专人指导使用，通过科学评估诉讼风险，引导群众选择非诉讼纠纷解决渠道化解纠纷，通过“在线调解+司法确认”为简案化解提质增效，连续三年在线调解案件占比超30%、诉前调解成功率超60%。

二是加强“执源”治理。成立全省首家执前矛盾纠纷化解中心，联合阿里资产、拍辅机构等社会力量，以“第三方调解+自行变卖”方式，在执行程序启动前促成和解，形成“诉前调解+执前和解”老城特色。2023年共回访督促生效民商事案件2077件，分期履行396件，履行完毕79件，自主挂拍房产5套、成交3套，先进做法被《法治日报》《人民法院报》多次刊载。

三是实行“示范”诉讼。探索实行“示范性案例+调解+司法确认”模式，在系列性、群体性等复杂案件中选取少数案件先行立案，进行示范调解或裁判，参照调解、裁判结果处理其他同类案件，通过个案示范处理带动批量案件高效解决，妥善处理孟津区网络店铺“一件代发”、伊滨区办公家具网店商标侵权等涉众批量案件。

三、司法保护中心落实全面服务

一是落实院庭长监督管理职责。实行文书“阅核制’改革，出台《裁判文书“阅核”办法》，明确阅核主体、范围、流程、期限，通过明晰职能责任，严把案件裁判质量，以“个案监管”强化“类案管控”，带动以“质量、效率、效果”为导向的审判执行质效有效提升。建立“判后答疑微信群”，实行“二次答疑”机制，由院庭长对上诉案件进行二次答疑，严把案件质量关口。

二是创新“五位一体”机制。建立司法保护中心，打造集咨询、调解、立案、审判、执行“五位一体”运行机制，构建起有效衔接、协调联动、高效便捷纠纷解决新机制，成功调解“抖音”公司与“腾讯”公司侵害作品信息网络传播权纠纷案。

三是扩展“事后”服务。召开新闻发布会，发布司法保护白皮书和典型案例。针对办案中发现的网店“一件代发”销售批量侵权、KTV行业侵权频发等问题，向市场监管部门发出司法建议，与文旅部门共同推进成立文化娱乐行业协会。50名法官深入一线走访商铺，发放《个体工商户经营风险提示书》3000余份，普法宣传活动在2000部电梯卫士循环播放，16家媒体开展宣传报道，全网累计曝光量达70余万次。

以“检察+”模式打造公益诉讼检察新引擎

河南省人民检察院

2023年，河南检察机关认真贯彻落实最高人民检察院各项部署要求，将检察公益诉讼放在工作大局中思考谋划，强化外引内联、多元协作，打造检察公益诉讼新引擎，助推监督质效全面提升。

一、持续优化“行政+检察”法治护航模式，以融合式监督丰富公益诉讼实践

一是深化“河长+检察长”制。联合黄委会河南黄河河务局共同设立协作机构并会签意见，沿黄10个省辖市检察机关与河务部门成立协作机构，探索形成“河长+检察长”生态环境公益保护新机制。五年来共办理涉水领域公益诉讼案件近6000件，30起案件获评最高人民检察院典型案例。“河长+检察长”制先后写入最高人民检察院和河南省“十四五”规划，相关做法被中央深改委刊发，被最高人民检察院评为全国检察机关首批检察改革典型案例，还被作为河南省委重大改革事项，并纳入全省省市两级政府考核内容。

二是强化“林长+检察长”制。联合省林长制办公室建立“林长+检察长”制，全省有177个检察院与当地林长办共建“林长+检察长”工作机制。在全省部署开展涉林自然保护地专项监督活动，将涉林案件领域细分为生态治理、湿地保护、古树名木保护、公益林保护、生物多样性保护五大领域，2起湿地保护案件获评最高人民检察院首批湿地保护公益诉讼典型案例。

三是探索“田长+检察长”制。联合河南省自然资源厅会签《关于建立自然资源行政执法与检察公益诉讼协作机制的意见》，探索实施“田（山）长+检察长”制，积极在耕地保护等领域开展专项行动。河南省检察院“行政+检察”工作模式越来越受到党委、政府和社会各界肯定。

二、不断实化“检察+检察”跨区划制度，以常态化协作破解流域治理难题

一是实施公益诉讼案件跨区划集中管辖。与省法院、公安厅会签文件，将省内沿黄10个省辖市51个县区的环境资源类公益诉讼起诉案件，集中由铁路运输检察院管辖，办理的4起案件获评最高人民检察院跨区划典型案例。

二是推动黄河沿线全流域跨区划协作。主动谋划推动黄河沿线九省区河长办和检察机关共同开展“携手清四乱·保护母亲河”专项行动。注重跨省际重大疑难复杂个案协作办理，在办理某企业跨省界浮舟多年侵占黄河主河道岸线一案中，主动与沿黄省区开展跨省际协作，依法督促当地政府全面履职，彻底消除长期存在的跨省界黄河河道行洪安全隐患。

三是推动南水北调中线工程全线跨区划协作。推动南水北调中线工程沿线6省（直辖市）召开协作会议，签署协作意见，建立协作机制，实现南水北调中线工程六省（直辖市）全线协同保护，《人民日报》等主流媒体专题报道，经验做法和典型案例被最高人民检察院和河南省人大转发。

四是参与淮河流域检察公益诉讼跨区划协作。河南、湖北、安徽、江苏、山东五省检察院与淮河水利委员会联合印发《淮河流域行政执法与检察公益诉讼协作的实施意见》，初步建立淮河流域检察公益诉讼跨区划协作机制。

三、探索深化“检察＋高校”检学研一体机制，以互动式合作促进公益诉讼创新发展

一是协作开展公益诉讼专门立法研究。组成“公益诉讼专门立法研究”课题组，获批为最高人民检察院重点课题。形成专项研究报告及《检察公益诉讼法（专家建议稿）》，在《检察日报》等报刊发表理论文章。与郑州大学共同承办“公益诉讼专门立法与中国特色公益诉讼学术体系建设研讨会”，引起全国学术界和实务界的广泛关注。

二是共同推动公益诉讼法学学科建设。与郑州大学共建检察公益诉讼研究院，合力推动郑州大学开设公益诉讼法学本科课程，设立公益诉讼全日制硕士研究生招生方向，2022年获批全国普通高校首个独立设置的公益诉讼法学博士点，2023年已经开始招生。

三是有效发挥公益诉讼专家智库作用。聘请郑州大学、河南大学、河南财经政法大学、华北水利水电大学等多家高校10余名专家为公益诉讼实务指导专家，参与公益诉讼办案实践，通过专家咨询查明30余起案件技术事实，为案件办理提供有力智力支撑。

立足当“夏”护平安　巡出群众“安全感”

河南省公安厅

为全力推进“夏季行动”纵深开展，2023年8月11日晚，按照公安部统一部署，河南公安机关开展夏夜治安巡查宣防第二次集中统一行动，聚焦夏季治安特点，采取最强措施，全面巡、精准查、深入宣、立体防，有力震慑违法犯罪，有效清除安全隐患，确保了社会面治安干干净净，提升了人民群众的安全感。8月11日晚20时至次日凌晨2时，全省公安机关共出动民警辅警6.4万余人次，发动组织群防群治力量8.8万余人次，排查整改各类安全隐患6143处，抓获违法犯罪嫌疑人1278人，其中抓获现行违法犯罪嫌疑人1188人，抓获在逃人员90人。查处酒驾469起，查处醉驾124起。充分发挥社区警务团队作用，在人员密集场所、“夜间经济”活跃地区、网红打卡地等地区设置宣防点2634个，发放宣传资料39.49万份。

一、精心组织，确保开展更有序

夏夜治安巡查宣防第二次集中统一行动前，省公安厅召开全省公安机关视频会议，对全省统一行动作出专题部署，提出具体要求，确保全省上下思想统一，行动一致。各地公安机关迅速组织召开集中行动动员部署会议或启动仪式，集合警力开展大范围、多层次、地毯式清查行动，同时争取党委、政府支持，统筹调度各部门各警种资源，联动武警、群防群治等力量，真正做到覆盖全面、发动有力、巡防有效、宣传有声。省公安厅18个驻点督导组深入分包的18个地市，进行捆绑作业、共同作战，边督导检查、边指导工作、边积极参战，协同开展这次集中统一行动，全方位、不间断开展督导检查，及时发现、纠正问题，明察暗访督责任、督进度、督实效。

二、聚焦重点，确保巡查更精准

全省公安机关组织好治安、巡特警、交警、派出所等警种力量，利用好社区警务团队，强化重点部位、场所、路段、水域、通道巡逻，科学设置必巡线、必到点，切实提升见警率、管事率、震慑力。突出重拳严打犯罪。以提升打击力为重点，聚焦突出犯罪重拳出击，确保打深打透打彻底。南阳高新分局成功破获一起盗窃车内物品案，抓获犯罪嫌疑人2名。周口抓获3名文物诈骗犯罪嫌疑人。商丘抓获一名潜逃27年的命案逃犯，成功破获一起命案积案。突出重点部位巡查。加大夜间人员密集场所巡查和设卡盘查力度，做到“见警察、见警灯、见警车”。郑州在原227条必巡线路基础上，再增设56处必巡线，采用车巡+徒步巡逻+视频巡逻等“多巡合一”模式。焦作在城区人员密集、复杂区域和夜市摊点集中部位，按照1+2工作模式编组警力，网格化布设警。安阳协调市委政法委，在全市范围启动“政法大巡防”行动，组织检、法、司、综治等单位，动员号召群防群治力量联合开展巡守巡防行动。许昌部署市区中心城区必巡点82个，划定“5分钟”处置核心圈10个，全方位巡查巡防守牢“值守点”、盯紧“必到点”、密织“必巡线”、建立“安全区”。突出重点场所清查。围绕辖区酒吧、KTV、烧烤夜摊等重点场所，联动文旅、住建、市场监管等部门开展“突击式”“地毯式”“拉网式”夜检夜查，进一步堵塞风险，消除隐患。突出重点水域夜查，各地紧盯重点水域，严打非法捕捞、非法采砂等破坏生态环境案件。防汛救灾方面，全省公安机关投入警力7587人次，投入车辆1630辆次，发布警示提示6518条，受理报警求助3起，协助搜救群众14人。

三、强化宣传，确保氛围更浓厚

各级公安机关充分发挥“科技+人力”作用，结合“五防”等防范重点，以群众喜闻乐见的方式，深入夜间群众聚集休闲、人流量大的场所和部位，通过户外大屏、张贴宣传提示、发放宣传单等，广泛开展防盗、防骗、防毒、防矛盾纠纷、防治安灾害事故和防自杀、防溺水宣传进社区，切实增强群众防范意识和能力。

四、做实保障，确保行动更有力

全省公安机关紧盯后勤服务，强化要素保障，落实安全防范，配齐武器警械、防护装备、照明设备和防暑降温用品，确保民警全心投入行动。认真落实执法执勤工作要求，坚持刚性与柔性相结合，执法与服务相结合，严格公正文明执法，实现三个效果相统一。

为青少年提供有温度的法律援助服务

河南省司法厅

河南省法律援助中心始终坚持以人民为中心的发展思想，将青少年合法权益维护作为全省法律援助工作重点，以高度责任感使命感，示范和引领全省各级法律援助机构，不断健全制度政策，强化工作措施，完善工作机制，有效助力青少年健康成长。

一、降槛扩面，完善护“未”机制

一是完善制度规定。河南省司法厅联合省妇联、省公检法等部门先后出台文件，对维护青少年合法权益方面作出明确规定，如在中小学设立法律援助工作联络员，把中小学及高校困难学生纳入法律援助范围；法院适用普通程序审理刑事案件，被告人有未成年人且没有委托辩护人的，一律提供法律援助；刑事案件未成年人讯问监护人未到场的，一律指派法律援助律师到场等。

二是扩大服务范围。将农村留守儿童、妇女等作为法律援助重点对象，对涉及请求保护未成年人合法权益的民事案件、对家庭暴力受害人特别是未成年申请法律援助的，均不设经济困难条件限制。

二、关爱帮扶，增强护“未”实效

一是畅通受理渠道。全省各级法律援助机构为青少年提供了“即办式”“一站式”法律援助服务。推行优先受理、优先审查、优先指派的“三优先”服务机制和刑事案件律师辩护的“全覆盖”服务体系，推行在1个工作日内审查、作出决定并送达受援人，实现未成年人申请法律援助的“零等待”“零距离”“零担忧”。推行案件“容缺受理”，对情况紧急的案件，申请材料不全的法律援助申请，先予容缺受理。推行法律援助证明事项告知承诺制，使未成年人获得法律援助更加便捷。

二是组建专家律师库。先后出台法律援助指派工作办法、律师库管理办法，针对未成年人案件，结合青少年身心发展的规律和特点，挑选熟悉青少年身心特点、熟悉相关业务、具有心理疏导能力的律师，及时为青少年解答法律咨询、提供心理支持、辩护和诉讼代理，在同一案件不同诉讼阶段尽量指派同一名律师承办，实施“一援到底”。

三、延伸触角，织密护“未”网络

一是建强服务网络。全省建立纵向以各级法律援助机构“两室一点一站”为主阵地、村（居）法律援助联络员为补充，横向与工、青、妇、老、残等社会团体和教育行政等部门协作，覆盖城乡的五级法律援助服务网络，无缝衔接“12348”公共法律服务热线，青少年随时可以就法律问题进行咨询。在全省各级妇联、共青团设立妇女儿童法律援助工作站177个，在全省律师事务所设立法律援助受理点613个，方便青少年等广大群众就近申请。

二是加强法治宣传。河南省司法厅、河南省法律援助中心连续19年开展年度法律援助精品案件评选，多渠道宣传青少年权益维护精品典型案例和优秀承办人员事迹，指导类案的办理。各级司法行政机关、法律援助机构利用六一儿童节等重要时间节点，深入农村、学校等地点，开展“开学第一课”、未成年人权益保护、校园安全等专题宣传和讲座，帮助青少年提升法律意识，做到知法、守法、用法。全省每年发放妇儿特殊群体法律援助宣传资料达50万份，受众近200万人。

四、强化监管，提升护“未”质效

针对青少年案件，采用“互联网+”模式，强化案件质量全链条管控模式。2023年在全省推广使用法律援助综合管理系统，从案件咨询、申请、受理、指派到结案，形成数据全程追踪运行模式，实现法律援助全要素、全业务、全岗位、全流程信息化，综合运用庭审旁听、案件质量同行评估、第三方电话回访等措施，全时空全方位对律师办案过程进行监管，督促法援承办人员严格按照服务规范履行职责。2021—2023年，全省法律援助机构共办理未成年人法律援助案件31356件，受援34127人，接待涉及青少年权益维护来访来电42855人次，既满足了青少年基本法律服务需求，也让每一名青少年通过法律援助服务感受到公平正义。

审稿人：王　剑
撰稿人：吕世克　郑　坤　张泊帆

湖　北　省

工 作 概 况

2023年度湖北政法工作综述

2023年以来，湖北省政法机关坚持以习近平新时代中国特色社会主义思想为指导，深入学习贯彻习近平法治思想和总体国家安全观，全面落实党的二十大精神，落实省委十二届四次、五次全会部署，以推进新时代新征程政法工作现代化为总抓手，忠诚履行“四大职责”，扎实做好防风险、保安全、护稳定、促发展各项工作，有力维护了全省社会大局持续稳定，有效服务了全省高质量发展，为加快建设全国构建新发展格局先行区贡献了政法力量。

一、坚持政治引领，有效落实党对政法工作绝对领导

以政治引领、理论武装为先导，教育引导全体政法干警坚定拥护“两个确立”、坚决做到“两个维护”。

（一）持续加强党的政治建设。深化“思想引领、学习在先”机制，全面落实“第一议题”制度，第一时间传达学习习近平总书记重要讲话和重要指示批示精神，始终在思想上政治上行动上同以习近平同志为核心的党中央保持高度一致。举办“锻造政法铁军”专题研讨班、“湖北政法大讲堂”，推动全省县级以上党委书记、政法委书记共为政法干警讲党课130余场次，全省政法系统共开设实务学堂102场次，业务课堂245场次，开展政治轮训1286场次，培训政法干警近16万人次，政法干警坚定拥护“两个确立”、坚决做到“两个维护”的思想自觉、政治自觉、行动自觉不断增强。

（二）深入开展学习贯彻习近平新时代中国特色社会主义思想主题教育。紧紧围绕“学思想、强党性、重实践、建新功”的总要求，坚持“抓机关、带系统”，一体推进理论学习、调查研究、推动发展、检视整改、建章立制等重点工作，扎实推动两批次主题教育走深走实，着力解决了一批人民群众反映强烈的突出问题，切实做到以学铸魂、以学增智、以学正风、以学促干。

（三）毫不动摇坚持党对政法工作的绝对领导。出台全省政法系统《坚决维护党中央权威和集中统一领导具体办法》，对5个市政法系统开展政治督察和纪律作风督查巡查，省委、省政府主要领导同志审阅了督察报告。认真落实《中国共产党政法工作条例》和湖北省实施细则，严格执行全会、委员述职、请示报告等党管政法制度机制，切实把党的领导贯彻到政法工作各方面、全过程。

二、坚持首责必担，全力维护国家政治安全和社会稳定

（一）守牢国家政治安全底线。认真贯彻总体国家安全观，全方位构筑维护国家政治安全的坚固防线。持续深化对敌斗争，抓实开展专项整治，严厉打击暴力恐怖活动，提请省委、省政府出台《关于新形势下加强全省反恐怖工作的实施意见》。

（二）严格落实维护稳定工作责任。坚持情报主导，严格落实“日研判、周会商、月通报、季分析”制度，完善涉稳风险清单动态管理机制，督促各地各部门销号各类涉稳风险，落实稳控措施，稳妥化解处置利益诉求群体聚集事件。开展维稳安保信访工作检查督导，重点对排查化解应对处置情况、情报主导维稳工作机制落实情况进行检查，推动各地扎实做好防风险、保安全、护稳定各项工作，确保了社会面平安稳定。

（三）强力推进稳评工作取得突破。将稳评工作“扩面提质增效”作为主题教育整改重要内容，制定

《湖北省重大决策社会稳定风险评估工作指引（第一版）》《湖北省重大决策社会稳定风险评估第三方机构管理办法（试行）》《湖北省重大决策社会稳定风险评审专家库管理办法（试行）》，搭建起规范化开展稳评工作的“四梁八柱”。举办2023年度全省稳评培训班，取得较好效果。推动各地各部门开展稳评工作，从源头有效减少了风险增量，确保了一批国家重大项目平稳实施。

三、坚持打防并举，努力建设更高水平平安湖北

坚持以人民为中心，坚持和发展新时代“枫桥经验”，严密治安防控、严打突出犯罪，推进矛盾纠纷预防化解法治化，确保了成都大运会、杭州亚运会等一系列重大活动和节日节点平稳度过，人民群众安全感达98.72%。

（一）压紧压实平安建设主体责任。年初省委书记、省长代表省委、省政府与各地各部门签订平安建设目标管理责任书，压实各地各部门主要负责人第一责任，形成横向到底、纵向到边的平安建设责任体系。组织召开省委平安湖北建设领导小组会议，统筹推动各专项工作组、各成员单位开展工作，协调解决了一批影响平安稳定的突出问题。推动省直部门结合职能制定平安建设项目清单，逐项抓好督导落实。实行帮扶式共建，89家省直单位与县（市、区）建立平安建设联系点，各单位主要负责人深入联系点开展指导，给予帮扶项目及资金支持。做好“十四五”平安中国建设规划中期评估，出台平安建设政策性文件60余件，54个平安中国建设项目均已启动并稳步实施。

（二）奋力推进新时代“枫桥经验”湖北实践。湖北省三项工作做法被评为全国新时代“枫桥式工作法”先进典型，受到习近平总书记亲切会见。召开全省坚持和发展新时代“枫桥经验”暨调解工作会议，评选表扬101个全省新时代“枫桥式工作法”先进典型。围绕“四个立足”要求，推动开展《平安建设条例》立法，制定《关于建设更高水平平安湖北的意见》《深化共同缔造完善基层一站式化解矛盾纠纷机制的意见》等系列文件，将矛盾纠纷多元预防化解纳入平安建设制度体系。深化共同缔造推进矛盾纠纷预防化解创新试点，确定全省112个村（社区）作为试点。全覆盖建设、规范化运行省、市、县、乡、村五级综治中心（站），“一站式”矛盾纠纷多元化解机制获评第四届“湖北改革奖”。连续四年开展矛盾纠纷“大走访、大排查、大化解”专项行动，矛盾纠纷化解群众满意率达91.45%，比2022年提高14.48%。

（三）严打群众反映强烈的突出违法犯罪。以“全国社会治安防控体系建设示范城市”创建活动为载体，全力推进立体化、信息化社会治安防控体系建设，武汉、宜昌荣获首批示范城市。深入开展“雷火”、打击治理电信网络诈骗等平安建设专项行动。坚决打好禁毒人民战争，实现省禁毒办常态化实体运作。通过全方位打击治理，社会治安环境持续向好，刑事立案数同比下降6.6%。常态化推进扫黑除恶，打掉涉黑犯罪组织9个、恶势力犯罪集团和团伙123个，集中优势力量侦办一批大要案，扫黑除恶群众评价满意率达93.2%。整治省域铁路安全隐患问题，沿线危害行车安全案事件同比下降20%。大力弘扬见义勇为精神，评选表彰省见义勇为英雄4人、先进个人31人、先进集体4个，持续凝聚平安建设正能量。

（四）推进系列平安创建活动。深入开展平安市、县示范创建活动，出台《关于深入开展平安乡镇（街道）、村（社区）创建活动的通知》，确定创建标准，拓展平安建设载体，将平安创建触角延伸到基层细胞。开展交通、景区、家庭、企业、学校、医院、宗教场所等行业领域平安创建，共命名46个单位、60个场所、120户家庭、100所学校为平安建设示范单位。全省二级及以上医院医疗机构警务室建设全覆盖，医院安防建设全达标。

四、坚持源头治理，切实维护重点领域安全稳定

（一）加强公共安全重点要素管控。以防范化解公共安全领域重大风险为目标，紧盯“火、爆、塌、撞、淹、挤”等易造成群死群伤问题，聚焦交通运输、邮政寄递、消防、建筑施工等10个重点领域，推进重大事故隐患专项排查整治行动，全省各类生产安全事故、死亡人数分别下降30.3%、21.9%，未发生重特大安全生产事故。全省连续10年未发生重大及以上火灾事故。

（二）加强重点人群服务管理。开展春季预防严重精神障碍患者肇事肇祸专项行动，全省在册在管患者规范管理率96.20%、面访率93.25%、体检率47.20%、规律服药率86.85%，各项指标均超过国家相关要求。推广新型长效针剂应用，落实以奖代补监护措施，全省未发生严重精神障碍患者肇事肇祸引起的恶性案件。加强刑满释放人员安置帮教，印发《湖北省安置帮教工作指引》，规范信息核查、释放衔接、跟踪帮教、安置救助等28项措施，全省安置帮教对象总体稳定。持续开展“失联”刑满释放人员查找工作，全省失联人员下降至13人。印发《湖北省社区矫正工作细则》，组织开展巡察督导，全省社区矫正对象重新犯罪率低于全国平均水平。

（三）维护未成年人合法权益。联合团省委制定《预防未成年人违法犯罪工作措施清单》，精准摸底全省失学失管、存在严重不良行为或犯罪行为等特殊困难青少年，实施分层预防、事前预防。联合教育等11部门制定《关于加强专门学校建设和专门教育工作的意见》，加强对有严重不良行为的未成年人教育矫治，推动黄石、黄冈、十堰市建成专门学校。联合省妇联印发《侵害未成年人案件强制报告制度专项监督工作实施方案》，加强对侵害未成年人案件专项监督，有效维护未成年人合法权益。全省19家政法单位和19名个人获评全国维护妇女儿童权益先进，78家政法委单位被评为全国青少年维权岗。

五、坚持服务大局，以高水平法治护航高质量发展

围绕湖北疫后重振大局，发挥法治固根本、稳预期、利长远作用，履行政法工作职能，持续深化政法改革，推进公正司法严格执法，公正执法满意度达95.95%。

（一）全力服务保障高质量发展。制定《湖北政法机关服务保障流域综合治理具体举措》，出台优化法治化营商环境40项重点工作清单，细化分解政法机关服务保障民营经济发展“20项重点举措”。常态化组织开展涉企案件评查，解决了一批群众反映强烈、投诉举报集中的执法司法突出问题。坚决扛起长江大保护执法司法责任，全力服务流域综合治理，依法查办环境资源案件，立办公益诉讼案件，“长江大保护”工作被公安部荣记集体一等功。组织编撰《长江保护法理解与适用》，高质量举办第二届长江大保护司法论坛。在全国率先出台司法服务保障“双碳”目标实现的实施意见，联合碳排放交易中心主办国内首次双碳法治（武汉）高峰论坛。

（二）全面深化政法领域改革。加强工作统筹，推动出台雇员制司法辅助人员等级和薪酬管理等规定，完善薪资增长和管理考核机制。全面准确落实司法责任制，制定《湖北省贯彻落实〈关于深化政法领域执法司法权力运行机制改革的指导意见〉责任分工清单》，细化分解具体工作措施。持续深化司法责任制综合配套改革，修订《湖北省法官检察官遴选委员会工作规则》，完成遴选委员会换届工作，遴选拟计入员额法官检察官人选，有效缓解人案矛盾。

（三）深入推进法学研究。推行首席法律咨询专家制度，组建省、市、县三级首席法律咨询专家库。出台《关于进一步加强法治高端智库建设的意见》，建成6个高端法治智库。发布首批133名湖北省法学名家、法学法律专家、青年法学法律人才“三个人才库”名单，法学人才培养提质增效。成功举办第十三届“法治湖北论坛”、中国犯罪学年会及中国法学会民法学、保险法学研究会年会等全国重要学术活动，湖北法学研究大省地位进一步彰显。

六、坚持严管厚爱，打造忠诚干净担当的政法铁军

始终把政治建警摆在首位，落实新时代党的建设总要求，按照“五个过硬”要求和“四化”标准，持续锻造忠诚干净担当的政法铁军。

（一）拧紧责任链条。充分发挥省政法队伍建设领导小组作用，专题部署、动态调度全面从严管党治警工作，印发省委政法委委员《落实全面从严管党治警责任清单》，压实政法单位党组（党委）主体责任和主要负责同志第一责任人责任，推动严于律己、严负其责、严管所辖，管党治警的政治责任进一步落实。

（二）坚持典型引路。深入挖掘选树宣传新时代政法英模，全省政法系统共有6名干警被授予二级英模，224个集体和个人获得省部级以上表彰，涌现出了“新时代政法楷模集体”黄石市西塞山区政法委和鄂红兵、程凯、徐艺等一批先进典型。深入开展新时代湖北政法工作优秀创新品牌评选，深入开展“荆楚政法基层行”宣传调研活动，中央和省级主流媒体报道300余篇。

（三）强化科技赋能。坚持“省级统建、分级应用”，一张蓝图绘到底，持续推进政法智能化“1234”工程建设应用，118个项目完成试点投入使用，为平安湖北、法治湖北建设提供有力科技支撑。政法业务协同办案、维稳应急指挥平台已在省市县三级上线应用，情报维稳信息、政法舆情监测平台已在省市县乡四级上线应用。推动综治网格中心与公安“情指行”、警综平台等业务系统联通对接，推动非警务警情实质化分流落地。举办全省政法智能化建设项目成果“大比武、大展演”活动，形成以展演促应用、提能力的实战效应。

（四）全面从严治警。坚持重遏制、强高压、长震慑，持续深化政治监督，强化纪法协同，严格执行新时代政法干警“十个严禁”、防止干预司法“三个规定”等铁规禁令，建立政法干警违纪违法案件集中通报、公开曝光制度，常态化开展警示教育。持续深化纠治“四风”，深入开展违规吃喝问题专项整治，推动作风建设常态化长效化。2023 年，全省政法干警违法违纪同比下降 14.9%。全省政法系统政治生态持续优化、纪律作风持续好转。

会议活动

湖北省坚持和发展新时代“枫桥经验”暨调解工作会议

11 月 30 日，湖北省坚持和发展新时代“枫桥经验”暨调解工作会议在武汉召开。会议全面贯彻习近平法治思想，深入学习贯彻纪念毛泽东同志批示学习推广“枫桥经验”60 周年暨习近平总书记指示坚持发展“枫桥经验”20 周年大会和全国调解工作会议精神，坚持和发展新时代“枫桥经验”，提升矛盾纠纷防范化解法治化水平，努力建设更高水平的平安湖北、法治湖北，为加快建设先行区营造安全稳定的社会环境。

会议指出，近年来，全省各地各有关部门在党中央和省委的坚强领导下，坚持和发展新时代“枫桥经验”，坚持党的群众路线，就地化解矛盾纠纷，有力维护了全省政治社会大局平安稳定。

会议强调，要进一步提高政治站位，深刻把握新时代“枫桥经验”的科学内涵、实践要求和现实意义，切实把思想和行动统一到全国会议部署和省委工作要求上来，振奋精神、真抓实干、久久为功，奋力推动新时代“枫桥经验”湖北实践取得更大成效。要立足预防、立足调解、立足法治、立足基层，切实做到预防在前、调解优先、运用法治、就地解决，不断提升矛盾纠纷预防化解能力，在更高水平上实现“小事不出村、大事不出镇、矛盾不上交”。要加强领导统筹、压紧压实责任，确保各项工作任务落实落地，切实把矛盾纠纷化解在基层和萌芽状态。

会议以视频形式开到县一级。会上宣读了全省新时代“枫桥式工作法”先进典型的表彰决定，并为获奖代表颁奖。7 家基层单位作了交流发言。

文件选辑

湖北省预防未成年人违法犯罪工作措施清单

（共青团湖北省委　中共湖北省委平安湖北建设领导小组办公室，2023 年 5 月 31 日）

一、完善工作机制

1. 定期就未成年人犯罪新形势新问题进行工作会商，加强信息互通和协调联动，凝聚工作合力。（省委政法委统筹，省司法厅指导，团省委负责）

2. 开展实地调研，对形势严峻的重点地区和领域开展工作督导。（省委政法委统筹，省司法厅指导，团省委负责）

3. 充分发挥考核指挥棒作用，加强对预防未成年人违法犯罪工作考核力度。（省委政法委牵头，团省委负责）

4. 推动修订《湖北省预防未成年人犯罪条例》，完善预防未成年人犯罪法规，加强制度供给。（团省委、省人大社会委负责）

二、加强法治宣传教育

5. 将社会主义核心价值观教育和法治文化教育纳入学校课程体系，引领未成年人思想，树立法治意识。（省教育厅负责）

6. 开展“青少年法治文化节”系列活动，依托主题团（队）日开展法治专题课堂，推动法治宣传教育进学校进社区进农村，加大对偏远地区中小学、县级中职院校、低龄学生等重点单位、群体的普法力度。（团省委、省教育厅负责）

7. 持续开展荆楚普法活动，积极推动“八五”普法讲师团、“民法典”讲师团进学校开展普法活动，营造浓厚法治宣传氛围。（省司法厅负责）

8. 健全完善“法治副校长”制度，常态化开展“法治进校园”活动，帮助未成年人树立法律意识。（省法院、省检察院、省公安厅、省司法厅负责）

9. 用好省未管所等青少年法治教育基地，经常性组织学生进行参观学习，通过现身说法、以案为鉴等方式开展警示教育。（省教育厅、省司法厅负责）

三、关注未成年人心理健康

10. 推进湖北省未成年人心理健康辅导中心建设，在 5 月份举办全省首届“未成年人心理健康宣传月活动”。（省委宣传部、省教育厅、省卫建委、团省委、省妇联负责）

11. 推动各地落实《省教育厅关于进一步加强中小学生心理健康教育管理工作的指导意见》，积极开展心理健康宣传教育活动。将心理健康教育纳入学校课程体系，推动学校开齐开好心理健康知识课程。充分发挥学校心理辅导室的作用，配齐专职心理健康教师，定期开展心理健康测评。（省教育厅负责）

12. 加强心理疏导，积极发挥 12355 青少年服务台作用，推动 12355 心理咨询师和法律专家进校园、进农村、进社区开展心理知识普及宣讲。（团省委负责）

四、发挥家庭监护教育作用

13. 通过家庭教育指导中心、家长学校（家爱驿站）、家爱心坊、妇女之家、妇女儿童活动中心、家风家教实践基地等站点开展家庭教育实践活动，指导家长努力建立良好的家庭关系，营造和谐的家庭氛围。（省妇联负责）

14. 保持学校与家庭的常态化密切联系，学校向家长及时反馈学生思想情绪、学业状况、行为表现和身心发展等情况，同时向家长了解学生在家中的有关情况。对特殊家庭、单亲家庭、家长疏于管理、外来务工人员子女等学生群体进行分类摸底，掌握基本情况，有针对性开展管理教育工作。（省教育厅、省妇联负责）

15. 开展“平安护万家”婚姻家庭矛盾纠纷排查化解专项行动，调解和疏导婚姻家庭纠纷。（省妇联负责）

16. 对监护不力、监护失职的犯罪未成年人监护人发出“督促监护令”，促使切实履行监护责任。（省检察院负责）

五、建设平安校园

17. 开展校园防欺凌专项治理，落实预防性侵和

校园霸凌、强制报告、关爱帮扶等各项保护制度，密切关注有暴力倾向或霸凌行为的学生群体。（省教育厅负责）

18. 加强未成年人控辍保学管理，分县建立控辍保学工作台账，加大督促劝返力度，实行动态管理。（省教育厅负责）

19. 加强学校及周边的社会治安管理，关注校园周边网吧、游戏厅、烟酒店等容易发生违法犯罪的场所，对违规接待未成年人的要加大处罚力度。（省公安厅、省文旅厅、省市场监管局、省烟草专卖局负责）

六、强化司法保护和震慑

20. 持续加大涉未成年人犯罪的打处力度，深挖组织未成年人违法犯罪幕后团伙，对组织者、经营者、获利者严厉打击追处，全力侦破未成年人犯罪案件，通过快速破案对未成年人犯罪形成有力震慑。（省公安厅负责）

21. 积极做好对依法不捕、不诉的未成年人及违法犯罪青少年的帮教转化工作，一人一档做好跟踪关注，持续推进涉罪未成年人观护基地建设，加强法治教育和案例警示，防止其产生犯罪免罚的错误想法。（省检察院负责）

22. 持续推动“少年法庭”建设，宽严相济依法进行涉未成年人犯罪案件审判，对涉嫌轻微犯罪的未成年人依法宽缓到位，会同有关部门落实好教育矫治，保持必要司法威慑；对实施严重刑事犯罪的未成年人，组织、引诱、胁迫未成年人犯罪的人员和团伙，依法从严从重惩处，绝不纵容。（省法院负责）

七、及时挽救触法未成年人

23. 推动湖北省专门学校和专门教育相关意见出台，建成一批公立专门学校，加强专门学校建设和专门教育工作。对有严重不良行为的未成年人，未成年人的父母或者其他监护人、所在学校无力管教或者管教无效的，可以向教育行政部门提出申请，经专门教育指导委员会评估同意后，由教育行政部门决定送入专门学校接受专门教育。（省教育厅负责）

24. 依法对有严重不良行为的未成年人采取适当的矫治教育措施，防止由触法走向犯罪，并责令其父母或者其他监护人采取措施严加管教。（省公安厅负责）

25. 对实施严重危害社会的行为、情节恶劣或者造成严重后果，多次实施严重危害社会的行为的未成年人，经专门教育指导委员会评估同意，教育行政部门会同公安机关可以决定将其送入专门学校接受专门教育。（省教育厅、省公安厅负责）

26. 依法对实施刑法规定的行为、因不满法定刑事责任年龄不予刑事处罚的未成年人采取专门矫治教育措施，设置专门场所闭环管理。（省公安厅、省司法厅、省教育厅负责）

27. 落实未成年社区矫正制度，扎实做好未成年社区矫正对象的跟踪管理工作，严格落实按时报告、接受法治教育学习、参与公益活动等社区矫正相关要求，帮助未成年社区矫正对象回归社会正常轨道。（省司法厅负责）

28. 指导做好涉及青少年矛盾纠纷的人民调解、未成年犯罪嫌疑人和被告人的社会调查、刑释解矫青少年的安置帮教等工作，预防和减少重新犯罪。（省司法厅、省公安厅、省检察院、省法院负责）

八、净化未成年人成长环境

29. 大力宣扬社会主义核心价值观，传播正能量，通过电子显示屏滚动播放，制作宣传折页，乡镇街道挂横幅、拉标语等方式，全方位宣传预防未成年人犯罪工作相关内容。（团省委、省委宣传部负责）

30. 加强未成年人网络素养宣传教育，及时清理网上淫秽、色情、暴力、恐怖等违法违规信息。加强对涉未成年人案件舆情监测处置，及时阻断校园欺凌等不良视频传播，防止对涉事未成年人造成二次伤害。（省委网信办负责）

31. 加大对电信网络诈骗等新型网络犯罪的打击力度，对组织、拉拢、欺骗、利诱未成年人参与网络犯罪的从严从重打击。（省公安厅负责）

九、帮扶困境未成年人

32. 实施童伴妈妈项目，落实孤儿和事实无人抚养儿童保障政策，开展重点家庭排查帮扶行动，摸清农村留守儿童、社会散居孤儿、事实无人抚养儿童等困境儿童情况，加强对农村留守儿童、困境儿童的关心关爱，为留守儿童、困境儿童提供专业化、多样化关爱服务。（省民政厅负责）

33. 推动新时代希望工程提档升级，帮助困难家庭孩子“有学上”“上好学”。持续开展湖北省关爱困境未成年人“希望伴飞”项目，为困境未成年人提供心理疏导、法治教育、生活物资等帮扶。（团省委负责）

34. 持续开展“彩虹行动”，为留守流动儿童提供安全自护教育、学业辅导、团体活动等关爱帮扶

活动。(省妇联负责)

35. 帮助符合条件的失业未成年人享受基本公共就业服务，确保基本收入来源，防止因经济窘迫而犯罪。(省人社厅负责)

—— 特 色 专 栏 ——

坚持“共同缔造”理念 扎实推动综治中心实体化实战化运行

湖北省委政法委

近年来，湖北省委政法委充分运用“共同缔造”(即发动群众决策共谋、发展共建、建设共管、效果共评、成果共享) 的理念和方式，全面提升综治中心建设运行实效，不断激发综治中心在排查化解矛盾纠纷、防范各类风险隐患、优化公共法律服务、加强应急处突指挥等方面的作用，切实保障社会安定、人民安宁。

一、全覆盖推进平台共建

坚持把综治中心作为深化平安湖北建设的重要平台，差别化推动省市县乡村 5 级综治中心 (站) 建设、运行。省综治中心负责牵头抓总，定期分析研判社会稳定形势。市 (州) 综治中心突出“预测预警平台”作用，着力防范处置市域范围内的重大风险。县 (市、区) 综治中心突出“实战指挥平台”作用，集中解决县域疑难复杂纠纷或需要县级多部门协调配合的问题。乡镇 (街道) 综治中心突出“一线处置平台作用”，推动解决基层社会治安、矛盾纠纷等问题。村 (社区) 综治中心 (站) 突出“触角”作用，推进社会治理资源向小区、楼栋、农村、湾组、家庭延伸。除神农架林区外，全省 16 个市 (州) 及直管市综治中心已批复成立，99 个县 (市、区) 及 1260 个乡镇 (街道) 已全部成立综治中心，全省村 (社区) 基本在村 (居) 委会内设置了村 (社区) 综治中心 (站)，基本实现全覆盖。

二、全要素推进部门共驻

按照“多中心合一、一中心多用”的原则，充分整合综治中心、网格管理中心、信访中心职责功能，采取常驻、轮驻、随叫随驻相结合的方式，整合政法、信访及政府相关职能部门、群团组织力量进驻综治中心，协同做好相关工作，让群众反映诉求、解决矛盾“只跑一地、只进一门”。把社区 (村) 内的政法综治、民政、城管、信访、卫健、市场监管、应急管理等各类网格统一整合成“一张网”，按照“一格一员”的原则统一配备网格员，由网格员集中开展信息收集上报、矛盾纠纷和安全隐患排查上报等工作，实现资源集约、服务集成。实行首接首办、兜底受理制度，对登记受理的矛盾纠纷，后台分流转办，不再指派到进驻中心以外单位；对需要多部门联合处置的，由综治中心统筹调度，指定牵头单位，共同推动问题解决，做到一站式服务到底。

三、全体系推进信息共享

推动综治中心智能化信息平台与智慧城市、智慧社区、数字政府、智慧信访等平台统筹建设，完善“人、地、物、事、组织”基本要素和标准地址、实有人口、证件证照、案 (事) 件四大基础业务数据库建设，建立信息及时录入、动态更新的工作制度。健全完善部门信息互通共享和事件处置闭环流转机制，通过综治中心智能化信息平台，实现社会矛盾情报信息融通共享，网上一键分办化解。

四、全领域推进多元共调

坚持“把非诉纠纷解决机制挺在前面”，遵循“调解优先、应调尽调、诉调对接、裁决裁判”原则，依托综治中心平台建设，不断拓展各方面力量参与矛盾化解的制度化渠道。各级综治中心根据实际情况，提供人民调解、行政调解、司法调解等功能，对接行政复议、法院审判和各种仲裁，为群众提供全方位的矛盾纠纷调解服务。在综治中心建立专兼职结合的多元调解队伍，推动行业性专业调解委员会进驻中心，鼓励各类社会组织、志愿服务组织将服务延伸到中心，建立包括专职调解员、政法干警、律师、医生、“五老人员”等组成的调解队伍，努力在更高水平实现“小事不出村、大事不出镇、矛盾不上交”。

五、全方位推进机制共谋

完善“中心吹哨、部门报到”运行制度，规范各部门即接即办、会商研判、分流转办、跟踪督办、反馈回访工作流程，形成“研—交—办—督—结—评”工作闭环。完善情况通报报告制度，综治中心定期向入驻部门、相关单位和地方通报矛盾纠纷排查调处情况，及时预警风险；各级综治中心定期向上级中心及本级党委、政府报告工作情况；各相关单位及时向本级综治中心通报工作中掌握的矛盾风险隐患、涉稳事项等情况。完善考核评价制度，定期考核通报派驻单位人员工作成效；定期对入驻单位、有关涉事单位工作协作配合情况提出考评建议，确保工作有人抓、责任能落实。

推动行政“一把手”出庭应诉
实质化解行政争议　助力法治政府建设

湖北省高级人民法院

行政应诉工作是地方法治建设水平的重要体现，也是人民法院与行政机关加强沟通联系的重要桥梁。自《最高人民法院关于行政机关负责人出庭应诉若干问题的规定》施行以来，湖北法院将规范引导行政机关负责人出庭应诉作为服务法治政府建设的重要内容，充分发挥行政机关负责人出庭应诉实质化解行政争议的重要作用，不断健全体制机制，有效推动行政机关负责人尤其是行政“一把手”出庭应诉比例逐年增长、实质化解行政争议的效果不断加强，为服务优化湖北法治化营商环境提供了有力司法保障。

一、健全制度保障，优化“一把手”出庭应诉条件

自2013以来，湖北三级法院积极协调将行政机关负责人出庭应诉率纳入年度法治建设绩效考核体系，全省行政机关负责人出庭率由之前的不足2%大幅提升，至2022年起保持在90%以上。其中，黄石、荆州、恩施、荆门、鄂州、汉江等地两级法院行政机关负责人出庭应诉率均达到100%，鄂州、宜昌、孝感等地法院行政“一把手”出庭应诉率达到40%以上，“告官不见官”现象已基本成为过去式。为推动行政机关负责人出庭应诉从形式走向实质，2023年省高院、省司法厅联合出台《关于进一步提升行政机关负责人出庭应诉效果推动行政争议实质性化解的意见》，提出12条措施，进一步规范行政机关负责人出庭应诉程序，推动建立行政“一把手”出庭应诉长效机制，确保行政机关负责人“出庭出声出效”，全面推动行政争议实质化解。

二、强化工作联动，推动“一把手”出庭应诉常态化

湖北省三级法院加强与地方党委、政府及司法行政机关的沟通联系，推动建立行政“一把手”出庭应诉长效机制。要求对于涉及本级政府全局性工作或中心工作的案件、涉及履行招商引资行政协议、兑现行政允诺等影响政府诚信和地方营商环境的案件、社会高度关注或者可能引发群体性事件的案件，原则上应由行政“一把手”出庭应诉，推动行政“一把手”出庭应诉成为各市州法治化营商环境建设的重要内容。

三、延伸审判职能，提升“一把手”出庭应诉效果

为全面提升行政审判服务法治政府建设的职能作用，湖北三级法院积极延伸审判职能，充分发挥行政机关“关键少数”的“关键作用”，不断提升负责人出庭应诉效果。

一是明确出庭要求，提升出庭效果。从明确庭前告知义务、落实“出庭出声”要求、建立庭后通报制度等三个方面就落实行政机关负责人出庭责任、推动行政争议实质化解提出具体要求。按照要求，行政机关负责人出庭前应提前熟悉案情，充分了解相对人的诉求和主要理由，研究确定应诉及争议解决方案，庭审中要积极回应法庭调查及当事人的质疑，并就作出被诉行政行为的法律依据、行政争议产生的原因以及解决方案发表意见，不得出现照本宣科、答非所问等现象。

二是强化“一把手”出庭的示范效应，助力法治政府建设。对于行政“一把手”出庭应诉的案件，积极推行庭审旁听制度，通过公开示范庭审、网络直播庭审等模式，增强负责人出庭应诉的法律效果和示范效应。在当阳市法院公开审理的一起安全生产行政案件中，被告当阳市市场监督管理局党组书记、局长出庭应诉，当阳市委依法治市办组织全市10个镇街道和27个市直单位共102名领导干部到场旁听，切实将行政“一把手”出庭应诉的庭审现场转变为一堂生动的法治公开课。

三是发挥“一把手”出庭的制度优势，实质化解行政争议。行政“一把手”出庭应诉，不仅能在短时间内认识行政行为的合法与否、行政争议的焦点所在，还能有效避免行政争议解决中的逐级请示、汇报等复杂环节，推动行政“一把手”“现场办公”“当场拍板”，及时有效化解行政争议。

“五心五桥”涉法涉诉信访矛盾化解工作法

安陆市人民检察院

近年来，安陆市人民检察院立足控告申诉检察职能，积极践行新时代“枫桥经验”，通过探索建立“五心五桥”工作法，在源头预防、排查预警、多元化解上持续发力，推进诉源、案源、访源“三源共治”，切实做到“如我在诉”，高质效办好每一起案件，提高信访工作法治化水平，以控申工作现代化更好服务检察工作现代化。该工作法被湖北省委政法委评为全省新时代“枫桥式工作法”先进典型。

一、用心倾听来访诉求，搭起控申事项“数据桥”

厘清诉求是基础，坚持以用心提升群众信心。

一是梳理办案“流程图”。借助“全国检察机关网上信访信息系统”，建立控申案件“建台账、听诉求、查卷宗、展全貌”四步办理流程，做到台账可查、诉求清晰、症结厘清、情况查明，为后期妥善化解矛盾奠定基础。

二是建立控申“小账本”。完善信访、司法救助、院领导包案三本工作台账，做到“一案一册”，确保底数清、台账明。2023年以来共接待群众108人次，其中来信5件次、来访66件次、来电37件次。7日内程序性回复率、3个月内办理过程或结果答复率均达100%。

三是打通服务“新通道”。引导来访群众扫描“码上行”二维码，依托“湖北省智慧信访信息系统”，实现群众来信接收登记、受理流转、提醒催办、答复反馈等工作的智能化办理，交办的信访案件均实现当天受理当天答复。

二、细心做好案件分流，搭起部门协作“沟通桥”

压实责任是前提，坚持以细心推动齐抓共管。

一是优化制度聚合力。制定《控告申诉事项一体化办理工作办法》，通过成立跨部门一体化协调领导小组和工作专班，对案件开展全景式审查，联合其他业务部门评估矛盾化解可能性，将控申工作“独角戏”变成多方参与的“大合唱”。

二是协同发力防风险。依托全国检察业务应用系统2.0，将业务部门案件中的风险点与控申部门接访时发现的舆情进行合并，形成“四大检察”重大敏感案件汇总池，常态化开展风险研判并提出处置预案，提升信访处置主动性。

三是多维施治促质效。派员入驻综治中心，设立检察工作联络站，延伸监督触角，通过带案下访、公开听证、联席会议等方式，一体化解决来访诉求。

三、尽心推动矛盾化解，搭起检调对接“和解桥”

释法说理是手段，坚持以尽心推动息诉罢访。

一是关口前移找症结。严格落实检察长首办、包案制度，扎实开展检察长接访日活动，由检察长主动到综治中心，接待来访群众，通过审阅案卷、约访群众、主持听证等方式直接审查案件，促进案件首办化解。

二是多方调解释法结。联合会签《关于共同推进行政争议实质性化解的实施办法（试行）》，把诉前引导和解作为重中之重，邀请多方力量参与释法说理和心理疏导，力争把矛盾化解在诉前、解决在当地，办理的郭某遗产继承纠纷案入选湖北检察机关办案影响、风险研判典型案例。

三是公开听证解心结。借助智慧听证系统，邀请人民监督员、社区代表、律师等“第三视角”对案件进行听证，让信访群众兼听则明。2023 年以来共召开听证案件 225 件次，邀请人民监督员参与检察办案活动监督 285 人次，切实把全过程人民民主贯彻到检察监督办案中。

四、贴心开展综合救助，搭起扶困救弱“帮扶桥”

延伸救助是关键，坚持以贴心解决现实需求。

一是司法救助有力度。将司法救助作为化解信访案件的重要抓手，完善司法救助线索移送机制，不断拓宽司法救助线索来源。2023 年以来共办理救助案件 23 件，救助对象涵盖困难妇女、未成年人、残疾人、孤寡老人等，真正做到了矛盾纠纷源头预防、前端化解。

二是社会救助有广度。打通司法救助和社会救助通道，联合妇联、教育、民政、乡村振兴等部门建立司法救助和社会救助衔接机制，实现被救助对象的信息共享、计划共商、措施共举。

三是心理救助有深度。选派有专业知识的检察官兼任心理咨询师，向遭受心理创伤的来访群众提供心理疏导、法律咨询、普法宣传教育等服务，助力来访群众走出精神伤害和生活困境。

五、悉心进行跟踪回访，搭起长期关怀“亲情桥”

矛盾纠纷化解是目标，坚持以悉心做好联系帮扶。

一是为困境儿童点灯。在小果综合救助案中，通过异地协作、制发检察建议、支持起诉等方式，经过三年的持续帮扶，终于让其有了一个安稳、温暖的家。该案被《法治日报》《检察日报》等媒体报道，以此案为切入点发起的“星·心”点灯项目入选全省“未成年人心理健康辅导特色活动”。

二是为迷途少年引路。通过对一时冲动涉嫌犯罪的高三学生小明持续关怀和帮助，助力其在帮教考察期间圆了大学梦。以该案为原型的微电影《圆梦》获得全省法治动漫微电影大赛三等奖。

三是为困难妇女撑伞。通过对残疾人冯某开辟“绿色通道”，联动异地检察机关及时开展跨区域救助并定期回访，有力维护了困难妇女的合法权益，打通了司法为民“最后一公里”。

“打防管治”一体推进　守护荆楚大地平安

湖北省公安厅

2023 年，湖北省公安机关坚持以习近平新时代中国特色社会主义思想为指导，全面贯彻落实党的二十大精神，在省委、省政府和公安部的坚强领导下，坚持总体国家安全观，坚持统筹高质量发展和高水平安全，忠诚履职、担当作为，全力以赴防风险、保安全、促发展，坚定不移推改革、固根基、补短板，持之以恒抓队伍、严管理、正风纪，有力维护了全省社会大局持续安全平稳。

一、坚持政治建警，切实加强党对公安工作的绝对领导

旗帜鲜明讲政治，毫不动摇坚持党对公安工作的绝对领导，做到坚定纯洁、让党放心。

一是持续强化理论武装。扎实开展主题教育，落实政治轮训全覆盖，严格落实“第一议题”制度。举办“弘扬英烈精神　凝聚奋进力量”公安英烈先进事迹巡回报告会湖北专场，开展全警学习讨论，教育引导全警叩问初心、守护初心。

二是严明政治纪律和政治规矩。认真贯彻《中国共产党政法工作条例》，严格落实请示报告等制度。开展为期半年的全省公安队伍教育整顿，常态化组织交互暗访督察。

三是着力锻造过硬公安队伍。坚持从严管党治警，深化纪律作风建设，狠抓公安部“六项规定”等警纪警规执行，持续开展违规吃喝专项整治，教育引导全警知敬畏、存戒惧、守底线。激发队伍活力，依托集中攻坚行动、大要案件侦办等平台，持续打造“敢打必胜的战场、战训合一的练兵场、比学赶超的赛马场”，为基层培养 6000 多名专家型人才。出台爱警暖警实施意见，用心用情用力解决民警急难愁盼问题，让“有困难找组织”成为民警第一选择。

二、坚持“打防一体”，推动平安湖北建设提档升级

深入开展“雷火2023”、清剿毒品等专项行动，持续对突出违法犯罪发起凌厉攻势，一体推进“打防管控建”，切实增强人民群众的获得感、幸福感、安全感。

一是严打突出违法犯罪。认真贯彻落实习近平总书记关于扫黑除恶、打击治理电信网络诈骗、跨境赌博、禁毒、长江大保护等工作的重要指示批示精神，坚定不移将相关工作一抓到底、抓出成效。省公安厅“长江大保护”工作专班被公安部记集体一等功。常态化推进扫黑除恶，打掉涉黑犯罪组织9个、恶势力犯罪集团和团伙123个。依法侦办黄大发涉黑案件，敢斗善斗、全力攻坚，取得重大进展。

二是铁腕整治毒品问题。推动出台《关于进一步加强新时代禁毒工作的决定》，召开全省禁毒工作会议暨省禁毒委全会，抽调各成员单位派人进驻联合办公，实现省禁毒办常态化实体运作坚决打好禁毒人民战争。通过全方位打击治理毒品问题，带动社会治安环境持续向好，刑事立案数同比下降6.5%，其中盗窃案件立案数同比下降28.5%。

三是强化社会面整体防控。圆满完成重大警卫安保任务，确保全国及省两会、成都大运会、杭州亚运会等53场节会期间社会秩序安全稳定。深入开展交通事故预防“减量控大”全省较大以上交通事故数、死亡人数同比分别下降33.33%、29.51%。

三、坚持改革创新，奋力推进公安工作现代化

深化“省级主责、市县主战、派出所主防”改革，完善“专业+机制+大数据”新型警务运行模式，一体解决“安全、公正、效率”问题。

一是积极推进大部门大警种制改革。在省级层面，坚持党建引领，依托党组织实现大部门大警种制实体化运转。在市县层面，选择3个市、18个县区开展试点，宜昌市局内设机构由26个减至17个，市局主战警力达到86%，城区派出所警力占分局60%。孝感市局内设机构由25个减至15个，提升部分派出所机构规格，城区派出所、社区警力占比分别达到50.4%、53.7%。

二是一体推进“省级主责、市县主战、派出所主防”。狠抓全省107个执法办案管理中心提质增效，做到“以专业对职业、以团队打团伙、以高压控高发”，市县警种办案比例升至83.47%。推动符合条件的390个派出所全面完成“两队一室”改革，实现全省110报警服务台与12345平台高效对接联动，分流联动59.5万起。

三是大力推动智慧公安建设应用。出台《湖北省科技兴警三年行动方案（2023—2025年）》，大力推进“一标三实”建设，整合各部门平台数据。用信息化手段推动110报警、座机报警等全量进入警综平台，全省110处警信息及时反馈率、行政案件及时受案率、刑事案件及时受案率、刑事案件立案率、电诈等新型犯罪现勘率均在96%以上。

四、坚持围绕中心，全力服务保障先行区建设

紧紧围绕高质量发展这个首要任务，充分发挥公安职能作用，全力服务保障湖北加快建设全国构建新发展格局先行区。

一是深入推进长江大保护。持续深化江地警务协作，依法严打非法采砂、非法捕捞、污染环境等违法犯罪，涉渔刑案、非法采砂现案分别下降55%、91%，全力守牢水安全、水环境安全、水生态安全底线。

二是着力优化法治化营商环境。出台若干优化营商环境措施，依法平等保护各类市场主体合法权益。挽回经济损失4.6亿元。深化公安行政管理服务改革，324项政务服务事项均可在“湖北公安政务服务平台”办理，群众满意率98.49%。

三是大力推进城市数字公共基础设施建设。制定工作方案，推动武汉、襄阳、宜昌3市试点建设和扩面推广工作。搭建省级统一标准地址管理系统，建立常态化采集录入机制，科学制定新的标准地址编码，组织协调省直单位和试点城市实施落地。

以强化行政执法监督促进依法行政提质增效

湖北省司法厅

近年来，湖北省将行政执法监督作为各级司法行政机关一把手工程，以开展省、市、县、乡四级行政执法协调监督工作体系建设试点创建工作为契机，积极探索行政执法监督的“湖北模式”，为加快建设全国构建新发展格局先行区，奋力推进中国式现代化湖北实践提供法治保障。

一、推动行政执法监督实体化建设，筑牢行政执法监督根基

一是建强机构，提升行政执法监督权威性。全面推动各级司法行政机关成立专门的行政执法监督机构。截至2023年底，全省各级司法行政机关设立行政执法监督专门机构112个，挂牌设立行政执法监督局92个。以行政执法监督局名义代表本级人民政府对外行使行政执法监督职能，全面指导、规范、督办辖区各行政执法单位的执法活动，提高行政执法监督的权威性和实效性。

二是配强队伍，提升行政执法监督专业性。针对长期以来行政执法监督专业人才不足的问题，湖北省各地各部门特别是司法行政部门，努力加大对行政执法监督队伍的保障力度。全省司法行政系统执法监督专职队伍从2022年初的172人增加至2023年底498人，其中具有法律职业资格的201人。行政执法监督专业队伍建设不足的问题得到有效缓解。

三是落实保障，打牢执法监督物质基础。通过探索建立司法行政信息化体系建设，运用数字赋能打造“智慧司法”。通过统一街道综合行政执法和执法监督制式服装和标志，规范全省行政执法监督公务车辆外观，完善行政执法监督必要设施设备配备等，补强执法监督物资保障短板，提高行政执法监督效能，树立和维护了行政执法监督良好形象。

二、推动行政执法监督规范化运行，完善行政执法监督机制

一是聚焦制度建设，规范案件办理。湖北省纪委监委会同省司法厅印发《关于司法行政机关向纪检监察机关移送在行政执法监督工作中发现的问题线索实施办法（试行）》，实现行政执法监督重大案件线索“一案双查”，执法执配融合贯通。深化行政执法监督结果运用，联合政务服务、信访、政务督查、网信、法院、检察院等部门建立联动机制，在案件查处中，实现“一案联办”，形成监督合力。

二是规范人员管理，加强业务培训。全面落实行政执法人员资格管理、持证上岗和执法人员信息公示制度，开展行政执法主体资格清理。坚持每年组织两次以上专题培训，全面提升全省行政执法人员及执法监督人员综合素质。“持证上岗”“亮证执法”已经成为各行政执法部门执法工作的必要程序。近年来，5家执法单位、15名执法人员被评为全国行政执法先进集体、先进个人，人民群众对所在区域的行政执法工作满意度达94.67%。武汉市等3个地区、“创新流域水生态保护综合执法改革”等3个项目被中央依法治国办命名为第二批全国法治政府建设示范地区和项目。

三是明确监督重点，优化法治化营商环境。立足地方党委、政府中心工作，围绕政府关注、社会关切、群众关心的行政执法热点、难点、堵点问题开展重点监督，提升行政执法监督的针对性和实效性。持续深化包容审慎监管，探索实施涉企行政执法案件经济影响评估制度、推行证明事项告知承诺制，建立健全行政裁量权基准制度，充分发挥行政执法监督职能，营造稳定公平透明、可预期的法治化营商环境。

四是严格考核问责，促进执法监督落地落实。开展行政执法监督改革以来，湖北省各地纷纷加大行政执法监督在法治绩效考核、法治政府建设示范创建和法治化营商环境建设中的考评权重；实施与转移支付挂钩的激励办法和工作通报制度，以效能考核促执法监督。

三、推动行政执法监督常态化开展，强化行政执法监督职能

一是常态化开展行政执法“三项制度”检查。印发《关于开展行政执法“三项制度”抽查的通知》，对部分市（州）行政执法部门开展检查。积极部署开展涉企业行政执法三项内容监督检查，重点围绕贯彻落实优化营商环境不担当、不作为突出问题专项整治、行政执法“三项制度”执行、行政规范性文件合法性审核机制落实及备案登记等情况，促进严格规范公正文明执法，保障和服务民营经济发展。

二是常态化开展行政执法案卷评查。把开展行政执法案卷评查作为加强行政执法监督、规范行政执法行为的重要手段，持续常态化开展。委托第三方机构对全省公安、市场监管、住建、人社等13个重点执法领域行政执法案卷进行了专项评查。对发现的涉嫌违法不当行政行为案件线索进行立案查办、督促整改。

三是常态化开展行政执法突出问题整治。以个案监督为突破口，具体行政行为与抽象行政行为监督双向并重，先后开展了全省涉企行政执法突出问题整治，积极推动解决行政执法不规范、不严格、不透明、不文明及不作为、乱作为等突出问题。通过执法监督的主动作为，有力解决民生热点问题。

审稿人：王国荣

撰稿人：闫梦筠　魏敬亮　梁　菱

湖　南　省

—— 工 作 概 况 ——

2023年度湖南政法工作综述

2023年，湖南省政法机关坚持以习近平新时代中国特色社会主义思想为指导，深入学习贯彻习近平法治思想和总体国家安全观，坚决贯彻党中央决策部署和湖南省委工作要求，全力防风险、保安全、护稳定、促发展，创新推进法治化营商环境建设、综治中心示范带动建设、“绝对忠诚、勤学善谋、执法为民、敢于担当、清正廉洁”作风建设，谋划推进政法工作现代化，平安湖南、法治湖南建设迈上新台阶，为实现“三高四新”美好蓝图贡献了力量。

一、坚持统筹谋划，推动主题教育取得实效

贯彻“学思想、强党性、重实践、建新功”总要求，扎实推进两批主题教育。

（一）深入开展大学习。严格落实“第一议题”制度，举办主题教育专题读书班、全省政法领导干部专题培训班、学习贯彻党的二十大精神和习近平法治思想专题研讨班等，采取理论学习中心组集体学习和“滚动式”“打卡式”“组合式”集中自学等方式，围绕“以学铸魂”“以学增智”“以学正风”“以学促干”专题深入研讨。全省政法机关分层分批举办培训班348个，培训11.9万人。省公安厅举办新任公安局局长、派出所所长培训班，带动4689场学习研讨。

（二）深入开展大调研。深入开展“走找想促”，制定全省政法系统大调研方案，确定14个重点课题，共组织调研1658次，解决问题519个。省委常委、省委政法委书记领题开展省委防范化解风险隐患大调研，形成“1+28”项成果并逐步转化运用。省政府副省长、省公安厅厅长深入28个派出所开展蹲点调研。各级政法领导深入一线破解难题，推出了一批务实管用的对策举措。省检察院围绕30个重点课题深入市县检察院调研530次，推动解决问题105个。

（三）深入开展大整改。坚持边学习、边对照、边检视、边整改，结合省委巡视、教育整顿发现的问题，形成问题清单，明确责任领导、责任部门、整改时限，全省政法系统共检视问题560个，整改到位555个。省委政法委牵头制定和完善公职人员违法犯罪行为等8个专项整治方案，深入检视整改27个“表现在基层、根子在上面”的问题。郴州市政法机关通过“走找想促”收集群众意见建议126件，办结率100%。

二、坚持政治引领，完善和落实相关制度机制

把贯彻《中国共产党政法工作条例》作为抓手，推进完善和落实相关制度机制，将党的绝对领导贯穿政法工作各方面、全过程。

（一）严格落实请示报告等制度。省委政法委向中央政法委、省委请示报告54次；省直政法单位向省委、省委政法委请示报告348次，市州党委政法委向省委政法委请示报告85次。省公安厅建立习近平总书记重要指示批示督办落实机制。省国家安全厅出台关于坚决维护党中央集中统一领导的规定。湘西州直政法单位和县市委政法委报告重大事项同比增长30.7%。

（二）严格落实决策和执行制度。召开省委政法工作会议，明确8个方面重点工作，细分80项具体任务。严格落实省委政法委员会全体会议制度和全面述职制度，12次召开全体会议研究重大问题，推进重点工作。围绕政法工作思想观念、工作体系、工作能力现代化，3次召开座谈会，谋划推进政法工作现代化。

（三）严格落实监督和责任制度。严格落实政治督察、执法监督、纪律作风督查巡查等制度机制，健全任务分工、督促检查、情况通报、监督问责等全流程体系，完善领导批示和重点工作月调度制度，确保党中央决策部署和省委工作要求落地见效。湘潭、邵阳、郴州、湘西等地开展政治督察，岳阳、常德、张家界、娄底等地开展纪律作风督查巡查。永州市实行政法重点工作市委书记“双月”调度机制。怀化市县党委政法委书记、副书记列席同级政法单位党组（党委）会议132次、带队政治督导19次。

三、坚持服务大局，着力保障高质量发展

统筹发展和安全，充分发挥法治固根本、稳预期、利长远作用，服务打好发展六仗，以高水平法治保障高质量发展。

（一）主动服务“三个高地”建设。出台《关于以公正司法护航高质量发展　为实现“三高四新”美好蓝图提供服务和保障的意见》《深入推进知识产权刑事协同保护机制建设的意见》和公安机关服务保障高质量发展35条措施等文件，推动完善执法、司法、法律服务衔接配套的综合服务保障体系，加强知识产权司法保护，深化产权平等司法保护。公安机关共侦破经济犯罪案件5688起、侵犯知识产权犯罪案件330件，检察机关起诉破坏市场经济秩序犯罪5252人。加强涉外法治服务，强化自贸试验区执法司法保障，做好中非经贸博览会有关法律服务工作。长沙市加快建设国际商事法律服务聚集区，实施百名高端涉外法治人才培养工程。

（二）着力优化法治化营商环境。深入开展涉企执法司法提质增效、依法打击治理侵害企业合法权益行为、优化经济领域政法服务专项行动，各类市场主体满意率达98.65%，被评为2023年度“法治为民办实事”省级优秀项目。共纠正涉企违规立案7400余件，执结民商事案件29.99万件、到位金额873.69亿元。

（三）着力保障绿色发展。牢记“守护好一江碧水”殷殷嘱托，服务美丽湖南建设。省法院联合湖北、江西高院签署长江中游生态环境司法保护协作框架协议，开展“环境资源审判飓风行动”，推进“三合一”审判改革，审结各类环资案件5475件。省检察院开展长江经济带突出环境问题整治、矿山环境综合治理、长江船舶污染治理等专项监督活动，办理环境资源保护公益诉讼案件3748件，支持索赔生态环境损害赔偿金及治理恢复费用5.3亿元。

四、坚持管控风险，全力维护社会安全稳定

落实维护稳定责任制，推进矛盾纠纷化解和信访工作法治化，加强基层综治中心示范带动建设，完善和落实重大风险“预见、应对、处置、总结、提升”管控闭环机制，维护社会安全稳定。

（一）全力防范化解涉稳风险。推进重大决策社会稳定风险评估2258件，其中不予实施5件、暂缓实施7件。完善协同联动机制，推进对涉众金融、房地产等领域风险实质化解，稳妥处置“盛大金禧”“云台山茶旅”等突出风险。抓实重大活动安保维稳，确保了全国两会、杭州亚运会、成都大运会、中非经贸论坛、毛泽东同志诞辰130周年等重大活动和五一、十一、元旦等节日平稳度过。

（二）全力预防化解矛盾纠纷。召开全省坚持和发展新时代“枫桥经验”暨调解工作会议，2次召开基层综治中心示范带动建设推进会，开发应用平安地图系统，构建“网格化+综治中心+大数据”的基层社会治理体系。4个基层单位经验获评全国“枫桥式工作法”，10个市州被评为“全国市域社会治理现代化试点合格城市”。长沙、湘潭被评为全国治安防控体系建设示范城市。各级调处矛盾纠纷44万件，成功率达98.2%。

（三）全力维护公共安全。常态化推进扫黑除恶，共打掉涉黑组织和恶势力犯罪集团团伙225个。深入开展“利剑护蕾”行动，新发案件数1666件、受害人数2008人，分别同比下降28.5%、28.7%。省公安厅推进打击电诈“鄂湘鲁豫”区域会战，共破案13206起，起诉涉诈嫌疑人2.08万名，从云南边境押解回湘3259名；破获毒品犯罪案件3689起，抓获犯罪嫌疑人5772名，均列全国第2；全省刑事案件、治安案件同比分别下降5.6%、13.7%。深化危化品、道路交通、烟花爆竹等安全隐患排查整治，全省亡人道路交通事故数、死亡人数同比分别下降12.2%、12%。益阳市试点建设社会治安风险预测预警防控智能化平台。

五、坚持改革创新，提升法治湖南建设水平

深入学习贯彻习近平法治思想，统筹推进科学立法、严格执法、公正司法、全民守法，全面深化政法改革，法治湖南建设水平不断提升。

（一）深化全面依法治省实践。落实中央法治建设“一规划两纲要”及湖南省任务清单落实，实地督察2市4县6个省直单位，发现问题360个，主要指标完成进度高于预期。坚持“立改废释”并举，省本级完成20件立法审查修改，推动梳理现行有效省级地方性法规219部。主动接受中央政法委执法司法突出问题专项检查，移交的75件问题案件已完成整改45件。严格“谁执法谁普法”履职评议，首创“‘湘’遇非遗·法治同行”主题普法，特邀中国法学会副会长徐显明走进“湘江大讲堂”宣讲习近平法治思想，省习近平法治思想研究实践基地成立授牌。

（二）深化政法领域改革创新。贯彻落实党中央关于全面深化政法改革部署要求，推动执法司法权力运行机制改革纳入省委深改委年度工作要点，制定实施湖南省全面深化政法改革分工方案，全面准确落实司法责任制，完善司法人员分类管理、法院检察院财政保障等制度机制，优化办案质效考评指标体系，严格规范审判、检察、公安执法、刑罚执行、行政执法等权力运行。加强大数据办案平台建设，推进全类型刑事案件全流程网上协同办理和单轨制试点。

（三）深化政法公共服务体系建设。深化政法机关“一件事一次办”改革，推进政务服务中心法律服务专区建设，打造法律咨询、法律援助、公证等法律服务一站式、全流程办理的“特色专区”。推进公证、司法鉴定、仲裁工作，13家公证机构被司法部确定参与海外远程视频公证，对全省172家司法鉴定机构根据评估量化指标确定等次，所有司法鉴定意见书实现赋码管理。

六、坚持严管厚爱，全面加强政法队伍建设

落实全面从严管党责任，部署开展“绝对忠诚、勤学善谋、执法为民、敢于担当、清正廉洁”作风建设，政法队伍展现新形象新精神。

（一）提升履职素质能力。构建教、学、练、战一体化教育培训机制，实行精准化培训和专业化、实战化训练，通过系列技能竞赛活动激励比学赶超。举办乡镇（街道）政法委员培训班、年轻干部党的创新理论暨党性教育专题研修班等。

（二）持续正风肃纪反腐。严格落实新时代政法干警“十个严禁”，严格执行防止干预司法“三个规定”，全省政法干警主动记录填报“三个规定”信息87012件次，其中领导干部10980件次。一体推进“三不腐”，严肃查办干警违纪违法案件，2023年全省政法系统查处1060人，其中移送司法机关111人，党纪政务处分873人。

（三）完善职业保障机制。坚持严管厚爱相结合，组织召开“四类干部”座谈会，推动政法干部交流550人。健全依法履职免责制度，完善干警受到侵害救济保障和不实举报及时澄清机制，依法严惩打击报复伤害干警及其近亲属的违法犯罪，办理侵害民警执法权益案件1468起。健全政法干警身心健康保护机制，帮助民警及其家属解决就医就学就业、“两地分居”等难题。

七、坚持守正创新，推进法学会工作稳步发展

省委常委会会议专题研究省法学会人事工作，12月5日，湖南省法学会第七次会员代表大会在长沙召开，选举产生新一届省法学会领导班子，有力推动了法学工作的稳步发展。

（一）法学研究成效突出。法学课题研究是湖南省法学会重点抓好的核心工作，省、市、县三级法学会紧紧围绕中心、服务大局，坚持目标引领、问题导向、地方特色，突出实用性、对策性研究。针对课题研究，湖南省法学会积极倡导高校与实务界共同组建课题组进行联合攻关，注重抓好课题选题征集、选题论证、招标立项、中期检查、日常监督、结项评审等重点环节工作，有效提升了课题质量和效果。2023年，省法学会立项课题30项，其中重大课题4项，重点课题8项，5项成果获中央领导同志肯定性批示，2项成果受到中国法学会研究部表扬。

（二）积极服务法治实践。10月，中国法学会以《深入学习贯彻习近平法治思想》等主题为湖南省委理论学习中心组、怀化市委理论学习中心组和湘潭市政法系统领导干部讲课。全面推进首席法律咨询专家工作，在全国首批出台《县（市、区）法学会首席法律咨询专家工作指引》，湖南省1657名首席法律咨询专家提供地方立法咨询建议1380余条，参与调处化解各类重大矛盾纠纷19500余起。省法学会组织广大法学法律工作者参与法律法规的立改废释工作200多人次，举办“双百”报告会3250余场，“青年普法志愿者法治文化基层行”活动19500余场。省法学会依托各级综治中心建立基层法律服务站2069个，线上线下法律服务平台开展普法培训6856场次、解答法律咨询12.6万人次，化解矛盾纠纷3.45万件。

（三）大力开展法治宣传。认真贯彻落实“八五”普法规划，积极开展法治宣传教育，贯彻落实中办、国办《“十四五”平安中国建设规划》，加快推进法学会融媒体中心建设。依托湖南长安网、红网及湖南政法“两微”，指导市、县法学会利用“学习强国”APP和各级政法部门微信公众号等新媒体和新技术，大力宣传阐释习近平法治思想，宣传展示社会主义法治建设新进展新成果，提升法治宣传传播力和引导力。

会议活动

全省坚持和发展新时代“枫桥经验”暨调解工作会议

12 月 5 日，全省坚持和发展新时代“枫桥经验”暨调解工作会议在长沙召开。

会议指出，要坚持以习近平新时代中国特色社会主义思想为指导，全面贯彻习近平法治思想，深入学习贯彻习近平总书记关于坚持和发展新时代“枫桥经验”、调解工作的重要指示精神，落实中央、省委相关会议要求，坚持好、发展好新时代“枫桥经验”，做好新时代新征程调解工作，提升矛盾纠纷预防化解法治化水平，努力建设更高水平的平安湖南、法治湖南，为实现“三高四新”美好蓝图营造安全稳定的社会环境。

会议强调，要深化思想认识，准确理解把握新时代“枫桥经验”的发展过程、科学内涵和重要意义，筑牢思想基础，增强行动自觉。要贯彻实践要求，坚持预防在前、调解优先、运用法治、就地解决，推进信访工作法治化，依靠基层组织和广大群众，加强矛盾纠纷多元预防化解，切实把问题解决在基层和萌芽状态，实现“小事不出村、大事不出镇、矛盾不上交”。要加强组织保障，充分发挥党的领导政治优势，健全制度机制，压实部门责任，强化信息支撑，有效化解矛盾纠纷，促进社会和谐稳定。

文件选辑

基层综治中心示范带动建设实施方案

（中共湖南省委政法委员会，2023 年 4 月 25 日）

为提升综治中心实战能力，进一步发挥在推进社会治理现代化、建设更高水平平安湖南中的重要作用，根据《中国共产党政法工作条例》《“十四五”平安中国建设规划》等有关要求及省委政法工作会议安排部署，现就开展基层综治中心示范带动建设，提出如下实施方案。

一、总体要求

坚持以习近平新时代中国特色社会主义思想为指导，全面贯彻落实党的二十大精神，深入贯彻党中央、国务院关于加快推进社会治理现代化、建设更高水平平安中国的重大决策，全面落实省委、省政府关于加强党建引领基层社会治理、推进市域社会治理现代化的部署要求，坚持党委领导、整合资源，把党的领导优势转化为推动社会治理资源整合、力量聚合、功能融合、手段综合等优势，实现力量在基层整合，问题在基层解决。坚持因地制宜、分类推进，综合考虑各地基层基础、区位条件、资源禀赋等因素，分级分类推进综治中心示范带动建设。坚持实体运行、实战导向、实用为主、实效为先，突出县乡重点，推动建设规模合理、功能清晰、运转规范、实用性强的各级综治中心，为新时代平安湖南建设再上新台阶奠定坚实基础。

二、工作目标

按照有人员、有场所、有机制、有保障，职能定位清晰化、基础设施标准化、工作流程制度化、服务管理规范化、工作手段信息化的目标，力争在2023年底前，打造一批集网格化管理、精细化服务、信息化支撑于一体，基础设施完备、资源力量整合、职责定位明确、实用功能突出、运行机制高效的综治中心建设示范。通过示范引领带动，努力形成全省一盘棋又各具特色的工作格局，进一步发挥综治中心社会治理前沿阵地和中心枢纽作用。

三、主要任务

立足实际，因地制宜，重点围绕以下方面探索创新，形成可复制推广的经验做法。

（一）明确职能定位。综治中心是整合社会治理资源、创新社会治理方式的重要工作平台，要理清综治中心职能边界，从根本上解决“干什么”的问题。省综治中心为统筹推动，突出主动履职、综合协调、督导检查作用；市级综治中心为协调指导，突出工作指导、信息研判、协调联动、应急指挥作用；县级综治中心为实体化运行，突出联动受理、分析研判、分流指派、协调督办作用；乡级综治中心为实战化运行，突出受理处置、上报分流、群防群治、源头治理作用。

（二）规范基础设施。按照务实管用、便民利民原则，完善综治中心标识标牌、办公场地、硬件设备等基础设施，县级以下综治中心结合本地实际设置完善群众接待室、矛盾纠纷调解室、公共法律服务室、视频监控调度室、心理疏导室等功能室，对于已经成立调委会、信访接待中心（室）、公共法律服务中心（室）等开展社会治理的各类中心（室）的，可与综治中心统筹设置功能室。科学合理设置服务窗口，公开服务内容、服务流程、工作职责等，确保群众找得到、看得懂、搞得清。

（三）整合资源力量。立足职能定位，分级分类整合各方社会治理资源。省、市级综治中心要借助信息化手段和制度机制创新，强化区域性指挥中心作用。县级综治中心基于本地实际，可采取“多中心合一、一中心多用”方式，逐步整合网格化服务管理中心、矛盾纠纷调处中心、诉讼服务中心、信访接待中心、公共法律服务中心等线下线上工作平台，分步推进数据共享、业务协同。乡级综治中心按照“政法委员统筹”工作要求，统筹平安办、派出所、司法所、人民法庭、检察室等各方力量，变“各自为战”为“协同作战”。村级综治中心要充分发挥党组织基础堡垒作用，完善城乡社区网格化服务管理，夯实基层治理基础。

（四）健全运行机制。强化部门协同，建立“中心吹哨、部门报到”的运行机制，相关部门和单位按照“谁主管、谁负责”原则，归口调处职权范围内事项。对需要多部门联合处置的，由综治中心统筹调度，指定牵头单位，共同推动问题解决。建立议事制度，定期总结通报工作、分析研判形势、安排部署任务，协调解决重大矛盾纠纷和突出风险隐患。推动综治中心与公安指挥中心之间警务与非警务事件实时分流和分级分类处置，推进综治信息系统与12345热线平台联动，实现综治中心与诉讼服务中心诉调对接，进一步强化网格事件的分流转办。完善内部管理，建立信息报送流转、信息系统安全运维管理等机制，严格请示报告制度。建立健全即接即办、会商研判、分流转办、跟踪督办、反馈回访等机制，形成工作闭环，严格落实首问负责制，确保工作有人抓、责任有人负。强化考核问责，定期对派驻人员、有关涉事单位工作协作配合、履职履责情况提出考评意见建议，分别报送其主管部门、同级平安建设领导小组。

（五）夯实网格基础。推动网格化服务管理中心与同级综治中心一体化运行，通过网格化服务管理延伸社会治理触角，提升排查、发现、处置问题能力。科学划分网格，全面整合网格内分口采集事项，努力实现对“人、地、物、事、组织、网络”等基本要素统一采集、多方共享应用。建立健全网格事项准入制度，制定完善网格工作任务清单，推动网格员及时排查调解矛盾纠纷、动态反映网格治理态势，协助做好重点人群、重点行业、重点领域服务管理等，切实发挥网格员在平安建设和社会治理方面的作用。

（六）强化科技支撑。不断优化完善综治信息系统、综治视联网、“雪亮工程”共享交换平台等系统平台，充分利用信息化手段提升综治中心工作效能。加快推进综治信息系统与职能部门信息系统的互联互通，推动社会治理基础数据整合共享、业务协同办理。加快互联网、大数据、人工智能等新技术应用，开发适应当地需求的社会治理智能化平台，不断拓展基于大数据分析的科学决策、指挥调度、风险研判、矛盾化解、重点人员服务管理、考核评估等应用场景建设，努力实现风险研判精准、协同指挥高效、问题处置快捷、考核评估科学、全程留痕可溯。按照“谁建设、谁管理、谁负责”原则，加强信息平台常态化防护预警和安全监测，构建网络、主机、数据、应用安全一体化的防控体系。

四、实施步骤

全省基层综治中心示范带动建设分三个阶段进行。

第一阶段：申报推荐（2023 年 4 月中旬前）

各市州结合本地实际，申报推荐市、县、乡三级综治中心示范带动建设地区，省平安办综合考虑各申报地区基层基础、区位条件、资源禀赋等因素，确定示范带动建设地区名单（市级 1 个、县级 10 个左右、乡级 20 个左右）。

第二阶段：组织实施（2023 年 4 月下旬至 12 月底）

各市州围绕“实体、实战、实用、实效”，坚持可持续发展理念，认真研究制定本地区示范带动建设工作的时间表、路线图、任务书，明确责任分工，实行目标化管理、项目化推进，确保示范带动建设活动扎实展开、取得实效。

1. 动员部署。5 月底前，组织召开第一次现场推进会，全面部署各级综治中心示范带动建设。

2. 调查研究。6 月底前，深入实地调查研究，真正把情况摸清、把问题找准，对发现的问题，系统梳理形成问题清单、责任清单、任务清单，逐一列出解决措施、责任单位、责任人和完成时限，确保每个问题都有破解之策。

3. 深化创建。8 月底前，召开第二次现场推进会，交流建设经验做法；12 月底前，对照职能定位清晰化、基础设施标准化、工作流程制度化、服务管理规范化、工作手段信息化要求，着力推进各项建设任务落地见效。

第三阶段：总结推广（2024 年 1 月至 6 月底）

省平安办加强调研指导，积极培育、选树、宣传不同层级、不同类型，可落地可推广可持续的先进典型，强化示范带动，全面推进各级综治中心实战化建设工作整体提质增效。

五、保障措施

（一）加强组织领导。各级平安建设领导小组要高度重视基层综治中心示范带动建设，将其作为完善基层治理体系、提高基层治理能力的一项重要举措，列入“十四五”期间平安建设重点建设项目，切实摆上重要议事日程，及时研究解决工作中存在的困难和问题。各级党委政法委作为直接责任单位，要加强对示范带动建设工作的组织协调、跟踪指导和督促推动，相关职能部门要主动协作配合，共同推进综治中心实体化实战化运行。

（二）健全保障机制。各地要加大对示范带动建设工作的保障力度，研究制定相关配套政策措施，巩固充实工作力量，确保各项工作有人抓、有人管。建立健全经费保障机制，将基层综治中心示范带动建设运行经费列入同级财政预算，统筹信访、矛盾纠纷调解奖补等各项资金，充分调动社会各方力量资源踊跃参与，发挥好各级综治中心聚点成面、统筹合力的作用，打造成社会治理的前沿阵地和中心枢纽。

（三）加强考核督促。各地要积极探索创新，注重树立典型示范，大力总结、宣传推广基层综治中心示范带动建设中的成功举措和制度机制，促进全省综治中心建设与应用更加规范高效。省平安办将定期调度基层综治中心示范带动建设工作进展，纳入年度平安建设考评范畴，并充分运用综治督导等手段予以推动。

特色专栏

创设政法“五老”+“好邻居”调解机制推动矛盾在基层依法化解

永州市委政法委

近年来，永州市探索推行政法“五老”+“好邻居”调解机制，聘请退休老法官、老检察官、老警官、老司法行政人员和老律师为政法“五老”调解员，离任乡村干部、老党员组长、退休教师、热心老人、志愿者为村（社区）“好邻居”调解员，发挥政法“五老”法律熟和“好邻居”情况熟的优势，运用法治思维和法治方式，将大量矛盾纠纷依法化解在基层和萌芽状态，因矛盾纠纷引发的刑事案件逐年下降。

一、强队伍，建机制

事业成败，关键在人。推行政法“五老”+“好邻居”调解，选好用准人，建立充满活力的工作机制非常重要。

一是择优选聘人员。党委政法委牵头，司法行政、信访部门具体负责，从政法各单位的退休老法官、老检察官、老警官、老司法行政人员和老律师中择优选聘，建立政法“五老”人才库1100余人，组建市、县两级政法“五老”调解队伍16支847人。聘请离任乡镇（街道）和村（社区）干部、老党员组长、退休教师、热心老人、志愿者等，组建村（社区）“好邻居”调解队伍16260人。

二是织密组织体系。在市、县两级信访接待中心和法院设立政法“五老”调解工作室，根据需要在县级交警、人社等相关部门设立流动调解室，在182个乡镇（街道）设立政法“五老”预约流动调解室，在2952个行政村（社区）设立“好邻居（志愿者）”+政法“五老”调解室，实现政法“五老”+“好邻居”调解室城乡全覆盖。

三是创新工作模式。城区实行政法“五老”坐班调解机制，乡镇（街道）和村（社区）实行政法“五老”预约流动调解机制。即市、县政法“五老”调解室安排人员轮流值班，接处访和调处矛盾，当乡镇和村“好邻居”调解遇到困难需要支援指导时，预约政法“五老”下乡指导和调处纠纷。2023年，共受理矛盾纠纷16250起，成功化解15419起，调解成功率95%。其中，政法“五老”受理矛盾纠纷7120起，成功化解6575起，调解率92.4%。

二、扬优势，攻难题

政法“五老”懂法律、有经验、有时间、有情怀，在调解一些疑难复杂且需释法析理的矛盾纠纷时，往往能取得奇效。

一是各扬所长，分工合作。政法“五老”有的精通法律，有的擅长办案，有的善于做群众工作，在调解过程中，他们合理分工，产生叠加效应。祁阳市龙山街道百花社区居民刘某元在一建筑工地坠亡，引发矛盾纠纷。龙山街道政法“五老”调解室受理后分工合作：老警官曾国平负责调查纠纷事实，老法官奉新德负责梳理法律关系，老司法所长杨登德负责纠纷情理分析。经过7天15次调解，妥善化解了这起涉及死者家属和多家单位的意外坠亡纠纷。

二是“三调联动”，合力攻坚。政法“五老”长期从事办案和群众工作，善于协调和整合各方力量，汇聚人民调解、行政调解、司法调解等矛盾纠纷多元化解合力。双牌县一住房装修时发生坠亡事件，死者家属聚集上百人到信访中心。政法“五老”针对双方赔偿额分歧大，死者家属情绪激动、人员众多的情况，组织开展“三调联动”，指出双方法律风险点和责任义务，当天达成房主支付5万元安葬费、其他赔偿通过诉讼解决的协议。

三是立足基层，就地化解。“好邻居”发挥情况熟、人缘好、威信高的独特优势，化解了大量的邻里纠纷、家庭矛盾、山林权属问题。曾被《法治日报》报道《善治“三病”的“好邻居”调解员》的骆宝华，上门接诊患者伍某时，看到伍某神色迷离、卧病在床，起因是伍某因祖辈宅基地分配问题，跟其弟发生争斗。骆宝华及时联系村干部和镇政法

"五老"流动调解员，一起到伍某家现场勘查、释理说法。当这起纠纷得到妥善解决后，伍某的身病、心病得到了根治。

三、抓保障，促常态

政法"五老"+"好邻居"调解能否行稳致远、持续发展，取决于保障是否有力。党委、政府从解决他们的后顾之忧出发，在领导机制、经费保障、关心关爱等方面着力。

一是强化组织推动。出台《永州市政法"五老"调解常态化运行工作机制》，明确人员选聘、运行制度、保障措施等。市县成立由党委政法委书记任组长的政法"五老"调解工作领导小组，制定政法"五老"调解工作考评办法，对县市区进行考评，并纳入年度平安建设考评和绩效评估内容。各级政府将政法"五老"调解工作经费纳入财政预算，保障工作需要。

二是加强业务培训。举办政法"五老"培训班80余场次8000余人次；利用微信公众号开展案例分析、普及法律常识，组织常态化学习，提升业务素质。2023年4月10日，冷水滩区政法"五老"何放接到区法院转来的一起案件，当事人邢某与屈某为租赁关系，屈某拖欠房屋租金未付，邢某多次催收未果，遂向法院提起诉讼。何放接案后，通过电话向被告屈某释法明理、分析利害，耐心细致地做工作，屈某当天将租金和水费共计2179元支付给了邢某。

三是给予关心关爱。开展表彰活动，评选年度优秀调解组织和调解员。对政法"五老"除按政策发放下乡补助、"以奖代补"补贴外，每年为他们免费进行一次健康检查、免费购买人身意外伤害险。向优秀的政法"五老"发放"金牌调解员"证书，定期走访慰问，让他们感受到党和政府的关怀和政法大家庭的温暖。

探索适用"五步法" 促进审判提质增效

郴州市中级人民法院

郴州市坚持以习近平法治思想为指导，在全市法院系统创新推行案件审理、监管、评查"五步法"，通过构建"法律依据检索+类案检索+关联案件检索+证据规则适用+法律规则适用"五个系统化步骤，推动案件办理实现系统集成、协同高效，促进审判质量、效率和公信力稳步提升，以优异的审判质效指数提升人民群众的司法幸福指数。

一、聚焦规范办案，探索案件质量提升新路径

为解决因办案流程不规范导致的类案不同判问题，系统集成构建了一套标准化、规范化、体系化的办案方法，有效提升案件办理规范化水平。

一是规范三项检索，促进裁判尺度统一。依托"五步法"，制定出台《关于进一步规范法律依据检索、类案检索、关联案件检索的工作指引》，细化法律依据、类案及关联案件三项检索工作规程，规范检索流程、检索方法和检索结果的运用方式。进一步完善案件审理报告格式，把三项检索过程和结果嵌入案件审理报告并装卷随案备查，推动实现三项检索全覆盖、规范化，促进裁判尺度统一。

二是规范证据规则运用，准确认定案件事实。坚持证据裁判原则，制定《关于进一步规范证据规则运用的工作指引》，明确要求办理案件应当通过合理分配举证责任、规范举证流程，引导当事人双方积极举证、有序质证、充分对抗，正确运用非法证据排除、证据综合认证等证据裁量规则，加强证据审查，助推案件庭审精准还原事实、准确认定事实。强化裁判文书证据说理，对于当事人双方意见分歧较大的证据，明确要求法官必须充分阐述是否采信的理由，通过裁判文书说理展示证据审查判断的全过程，提升裁判结果的可接受性。

三是规范法律规则适用，确保裁判结果公正。制定出台《关于进一步规范法律规则适用的工作指引》，进一步细化确定性法律规则的适用原则，明确开放性法律规则解释方法，完善法无明确规定时案件处理规则，助推实现法律规则规范适用，确保案件法律适用正确、裁判结果公正，切实提升审判质量。充分发挥审判委员会职能作用，总结提炼审判经验，形成了外嫁女权益、道路交通纠纷、民间借贷等10余类常见纠纷的类案裁判指引，促进法律适用统一。

二、聚焦制约监督，构建审判权力监督新模式

为解决审判监督管理不到位、司法责任制落实难等问题，制定《关于深化案件审理、监管、评查“五步法”实务运用配套工作指引》等制度规范，以统一规范的评判标准对案件审理、监管和评查三个环节用一把尺子量到底，加强审判权力监督。

一是推进监督履责标准化。依托“五步法”，全面落实最高人民法院提出的“阅核制”工作要求，推动院庭长的审判监督职责落到实处，积极构建标准化审判权运行制约监督责任体系，实现案件审理过程和裁判结果的可追溯、可评查、可监管。2023年，通过“五步法”监督机制及时纠偏178件重大疑难复杂案件，引导当事人达成调解化解纠纷356件。

二是推行监督履责体系化。加快完善审判权力内部制约监督体系，制定《关于落实司法责任制加强案件审理、监管、评查的实施办法》等10余份规范性文件，全面梳理院庭长59项监督管理权责，打造覆盖立案、审判、执行全流程和事前事中事后全过程监督管理闭环。

三是实现监督问责常态化。以案件质量评查为抓手，修订完善《关于案件质量评查的实施细则》，将法律依据检索、类案检索、关联案件检索、证据规则运用、法律规则适用等情况新增纳入案件质量评查范围。开展司法质量监督大检查，将专项评查和常态化评查有机结合，评查二审改判、发回重审、超审限、信访申诉等重点案件8000余件，以案件评查倒逼法官依法公正办案。2023年，对案件评查质量结果不合格的2名承办法官进行了问责，问责结果录入法官业绩档案。

三、聚焦公信提升，健全当事人诉求回应新机制

深化拓展“五步法”成果运用，建立健全当事人诉求回应机制，推动更多案件实现服判息诉，不断提升群众的司法获得感、满意度。

一是健全全过程回应机制。建立健全“庭前指引、庭审释明、文书说理、判后答疑”的全过程诉求回应机制，积极为当事人提供类案和关联案件检索便利，引导当事人合理预判诉讼结果，更加理性精准选择纠纷解决方式。2023年，全市一审民商事案件上诉率8.61%，生效案件再审申诉率0.18%，较好地实现了案件的服判息诉，提升了司法公信力。

二是健全联动执行惩戒机制。推行自诉与公诉相结合的拒执犯罪打击模式，健全法院与住建、金融、税务、发改等部门的联动执行惩戒机制，多渠道多举措开展执行惩戒，努力将“纸上权利”兑现为“真金白银”，用实际行动捍卫法律权威。2023年，全市执结案件28658件，执行到位资金达56.95亿元，同比上升38.2%，发布失信被执行人名单12期4476人次，司法拘留439人次、罚款241人次，判处拒绝执行犯罪19件19人。

三是健全涉法涉诉信访化解机制。坚持把涉法涉诉信访问题纳入法治轨道解决，建立市、县两级法院领导坐班接访工作机制，畅通群众司法诉求渠道，切实解决群众涉法涉诉信访急难愁盼问题，推进矛盾纠纷实质性化解。2023年，市、县两级法院共接待涉法涉诉信访328件次，为有合理诉求的困难当事人申请司法救助223.65万元，涉诉信访案件化解量排名全省前列。

以高质效行政检察履职　助推依法行政公正司法

常德市人民检察院

行政检察是人民检察院“四大检察”法律监督总体布局的重要组成部分，肩负着促进审判机关依法审判和推进行政机关依法履职的双重责任，承载着解决行政争议、保护行政相对人合法权益的使命。2021年以来，常德市检察机关在市委和省检察院的坚强领导下，坚持以习近平新时代中国特色社会主义思想为指导，全面深化行政检察监督，办理各类案件3198件。

一、突出“三个做实”强化行政诉讼监督，维护司法公正

常德市检察机关以“高质效办好每一个案件”为基本价值追求，以行政诉讼监督为重心，加强精细化审查，将“三个善于”融入办案全过程，全面提升监督质效。

一是精准做实行政生效裁判监督。打破“被动审查”思维定式，强化精细化审查，办理行政生效裁判监督案件133件，提出再审检察建议3件，提请省检察院抗诉并得到支持1件，再审调解2件。依托“检护民生”等专项活动，紧盯重点领域突出问题，以行政生效裁判监督提升服务大局质效，办理的珠海某医疗科技有限公司诉临澧县市场监督管理局、临澧县人民政府“小过重罚”检察监督案入选全省典型案例。

二是规范做实行政审判活动监督。依法履行行政审判违法行为监督职责，维护审判程序正义、促进法院依法规范行使行政审判权。针对超期立案、超期审理、违法送达法律文书等问题，向法院提出检察建议160件，采纳155件，采纳率96.9%。

三是协同做实行政执行活动监督。针对法院超期执行、违法裁定终结本次执行等问题，加大监督力度，及时与法院沟通并解决执行监督工作中的实际难题，提出检察建议691件，采纳659件，采纳率95.4%，有效提升法院执行和行政检察监督的规范化水平，共同破解执行难题，凝聚法治智慧合力。

二、坚持“四个聚焦”促进依法行政，助力法治政府建设

开展行政违法行为监督工作是党中央赋予检察机关的重大政治责任，也是高质效推进新时代行政检察工作的重要途径。

一是聚焦行政违法行为监督。针对权利救济告知错误、法律适用不当等行政违法行为，审慎稳妥开展监督，提出检察建议1022件，采纳1008件，采纳率98.6%。鼎城区人大常委会在全省率先出台《关于进一步加强行政违法行为检察监督工作的决议》，助力行政检察监督，被最高人民检察院推介。

二是聚焦行刑反向衔接。围绕做好不起诉“后半篇文章”，出台全市检察机关推进行刑衔接实施意见，针对“不刑不罚”问题，对内协同履职，对外支持配合，向行政机关提出检察意见，消除追责盲区，推动行刑反向衔接工作走深走实，促进严格执法、公正司法、共同推进法治政府建设。该工作做法被最高人民检察院推介。

三是聚焦强制隔离戒毒检察监督试点。加强与公安、司法行政部门协调配合，对强制隔离戒毒行政执法不规范问题提出检察建议445件，采纳442件，采纳率99.3%。省编办已批复同意在市强制隔离戒毒所设立检察室。

四是聚焦构建协同机制。市级层面出台党委政法委执法监督、人大执法司法监督与法律监督贯通衔接机制，安乡、澧县等地建立代表建议与检察建议双向转化机制，会同依法治市（县）办出台行政执法与检察监督协作配合机制。

三、围绕“三个紧盯”高质效办理案件，解决人民群众急难愁盼

行政检察履职要践行人民至上，以推动案结事了政和为导向，更加高效地解决群众急难愁盼。常德市检察机关立足办好群众身边案件，聚焦特殊群体合法权益保障，将行政争议化解贯穿办案全过程，用真心真情传递司法温度。

一是紧盯行政争议实质性化解。综合运用监督纠正、促成和解、司法救助、释法说理等方式，实质性化解行政争议227件，其中争议10年以上19件、5年以上23件。办理的杨某某等人与鼎城区征补办房屋征收补偿检察监督系列案获评最高人民检察院优秀案件。

二是紧盯民生民利守护。落实最高人民检察院“检护民生”专项行动工作要求，围绕婚姻登记、社保等民生领域，办理行政检察案件840件。办理的李某某诉汉寿县民政局撤销虚假婚姻登记检察监督案获评最高人民检察院优秀案件。

三是紧盯特殊群体合法权益保障。加大对妇女、老年人、残疾人、农民工等特殊群体的权益保护，积极参与根治欠薪专项行动，以检察“力度”提升民生“温度”。武陵区检察院协调联动哈尔滨市、西安市两地检察院督促市场监督管理部门撤销冒用残疾夫妇身份工商登记检察监督案，有力维护当事人合法权益，被检察日报推介。

四、深化“三个助力”融入中心大局，服务经济社会高质量发展

常德市检察机关坚持依法履职，找准行政检察助力营造法治化营商环境的路径，创新和优化服务保障举措，更加有力地服务经济社会发展大局。

一是助力优化法治化营商环境。聚焦产权保护、市场监管、税收管理等领域履职尽责，办理涉市场主体行政检察案件211件，开展类案监督14件，实质性化解相关行政争议36件。

二是助力守护土地资源。落实最严格耕地保护制度，常态化开展土地执法查处领域行政非诉执行监督，办理案件206件。鼎城区检察院针对丁某某非法占用集体土地案近3年“裁而不执”的问题，向鼎城区政府发出检察建议，督促拆除了集体土地上的非法构筑物。

三是助力提升社会治理效能。聚焦社会治理“难点”“堵点”，制发社会治理类检察建议4份，促推职能部门靶向施策。桃源县检察院向桃源县公安局制发的社会治理检察建议，获评全省优秀检察建议。

聚力智能化风险预警　打造精准防控新格局

益阳市公安局

近年来，益阳市公安局以省委政法委在益阳试点建设社会治安风险预测预警防控智能化平台为契机，结合全国社会治安防控体系建设示范城市创建要求，在市委政法委和市局党委的高度重视支持下，按“1＋N”模式，充分整合社会资源，举全局之力，高标准、高起点筹建治安防控中心，有力提升社会治安防控体系整体效能和市域治理能力水平，社会治安大局持续稳定向好。

一、精心组织推进，跑出争先创优“加速度”

按照从细从实要求，紧密结合实际，强化统筹协调、资源整合，全力构建立体化、信息化社会治安防控体系。

一是党委重视，高位推进。坚持“体制不动”、机制先行，市局第一时间成立中心建设运行工作领导小组，由副市长、市公安局局长总负责，分管治安副局长具体负责并兼任中心主任。由治安支队牵头组织相关警种专门力量具体负责中心建设运行及管理工作。市局党委按照“边建边用、分步实施”原则多次专题研究部署，加速推进中心信息化建设。

二是强化保障，严格培训。在市局新技术大楼二楼选址建成占地面积372平方米的治安防控中心，划分指挥调度区、警情处置区、基础管控区等八大功能区，为实战应用提供了强有力的硬件保障。同时，精心组织县市区局开展智能化平台操作培训，梳理、更新各地派出所账号，确保各级平台高效运转、工单指令顺畅流转。

三是压实责任，加强联动。按照“市局主建、区县主用、四级联通”思路，高起点、高标准优化顶层设计，依托治安防控平台，构建市县派出所三级公安机关上下联通、整体联动的指挥体系。市级中心进驻局属相关警种部门，立足可视化扁平化指挥调度，聚焦重点人员、重点场所等社会治安风险，实行合成化作战，构建横向联通互动、责任主体明确的大治安格局。

二、完善机制体系，弹好提质增效“协奏曲”

以实现“统筹、明责、减负、增效”为核心目标，始终坚持问题导向，不断完善、优化平台模块和运行机制。

一是整合资源，凝聚合力。在原有公安大数据的基础上，推动卫健、民政、人社等14个市直单位146类数据资源整合到公安内网平台，开发多个预测预警防控模型。结合公安实际，扎实推进GIS服务、“三台合一”接处警系统升级改造、重点人员动态管控、可视化联合指挥调度、治安要素管控、移动警务APP六大业务支撑系统建设。

二是统筹融合，强化管控。凭借省委政法委试点工作之力，在中心设置协同管控区，入驻政法、信访、退役军人事务、卫健等市直部门，依托“网小格”，构筑条块结合、市县乡村四级联动响应机制。在市委政法委的统筹指挥下，集各部门之力，协同开展重点人群管理服务、矛盾纠纷排查化解等工作。中心自2023年10月试运行以来，共汇聚46个部门146类49万条风险数据，预测高风险人员918名、单位32个，产生预警工单3993件，并全部派发完成处置和管控工作。

三是科技赋能，共享共治。坚持数据赋能、智能应用、条块融通、安全可控原则，深入推动各类感知设备、智慧街面巡防、娱乐特业管控等功能模块的布建。成立全市社会治安综合治理信息指挥中心，采取“常驻＋派驻＋云驻”方式，健全“中心吹哨、部门报到”工作机制，打造条块联动的智能化枢纽，推动风险防控资源力量下沉，形成上下贯通、左右联通的“立体化”治理格局。

三、聚焦重点区域，打好治安防控“组合拳”

紧紧围绕影响社会治安稳定的突出问题和薄弱环节，不断加大社会面治安防控力度，持续营造和谐稳定的社会治安环境。

一是重拳整治，净化环境。紧密围绕“发案少、秩序好、社会稳定、群众满意”的工作目标，坚持打防结合，牵头指导办理新不了情KTV等未成年人有偿陪侍案件4起，刑事拘留5人，解救未成年少女23人。指导整治朝阳市场涉黄问题，刑事拘留5人，治安拘留20人。

二是精准预警，妥善处置。依托快速预警、情报导侦导控，成功预警处置各类涉稳涉访案事件。妥善处置云台茶旅投资受损人员“7·6”集访事件。

三是创新思路，夯实基础。以中心为牵引，创新开展“逢二敲门”“逢五说事”等实践活动，积极探索治安防控、社区警务高度融合的新时代“枫桥经验”益阳模式。每周二，公安民警联合街道、社区干部，有针对性地到易被骗群体家中开展上门宣传，联合街道、社区成立纠纷调解室10余个，全力强化矛盾纠纷排查化解，最大限度预防“民转刑”“刑转命”案事件。“敲门行动”开展以来，全市电信诈骗案件数量同比下降55%，摸排整治各类重点风险隐患90起，排查化解矛盾纠纷45起。

锚定“双零”“双百”目标
探索创新社区矫正安置帮教新路径

怀化市麻阳苗族自治县司法局

近年来，怀化市麻阳苗族自治县认真贯彻落实习近平总书记关于政法工作的重要论述，聚焦基层平安建设难点、堵点、痛点问题，积极探索新形势下社区矫正和安置帮教工作的新路径，切实加强社区矫正和刑满释放人员管控、教育、转化，取得教育好、管理好、安置好、帮扶好的“四好”效果。

一、创新工作理念，提升管理帮教效能

将社区矫正和安置帮教工作摆在更加突出位置，坚持“党委领导、政府负责、部门配合、科技赋能、关口前移、精准服务、注重效果”的理念，建立全要素保障机制，推进工作走深走实。

一是抓实“智慧矫正”建设。对县社区矫正中心原有900多平方米办公场地进行提质改造，优化功能室设置。选优配强7名经验丰富、业务过硬的工作人员，进一步充实人员力量。按照司法部“智慧矫正”建设要求，添置各项高科技设施装备，使社区矫正管理插上科技“翅膀”，有力提升管理效率。

二是坚持帮教关口前移。在县社区矫正中心建立开通监狱远程会见系统，为亲属视频探监提供方便。注重加强监地联系，主动与监狱对接，利用视频会见系统不定期巡回会见本县籍服刑人员，因人施策提前介入安置帮教，制定感化教育“一人一方案”，对其进行帮教，劝其安心改造、争取减刑、提前出狱。

三是开展关爱帮扶行动。将服刑人员家庭纳入网格化服务管理重点对象，结合“情暖高墙·关爱孩子”活动，常态化开展上门走访、慰问帮扶，积极帮助协调解决家属生产生活和子女就学就业等现实困难问题，有力增强了服刑人员主动改造、早日回归社会的信心。

二、开展心理服务，夯实管理帮教基础

对社区矫正、安置帮教对象实施全员心理疏导服务，帮助消除“已被社会抛弃”的思想误区，引导其培育积极健康心态。

一是开展全员心理健康测评。通过“政府购买服务”方式，组建21名专业心理咨询师为主体的工作团队，建设高标准心理服务阵地，推动心理矫治工作专业化、规范化、系统化。建立“入矫必测”制度，对所有社区矫正对象和走访发现有心理健康问题的刑满释放安置帮扶对象，实行“三三制”心理测评，后续“一人一档”建立心理健康档案，重点加强监测管理。

二是分类处置心理健康问题。根据心理健康水平，按照“点、片、面”三个层次进行心理矫治工作。对一般因认知受限产生的心理困扰，进行心理知识扩容改善心境。对同质性心理困扰的群体，以团体方式进行疗愈。对中、高风险心理问题的对象，针对性制定心理疏导方案，实施“面对面”心理干预。

三是跟踪监测心理疏导效果。对实施心理干预

后的对象，动态跟踪问效。确定问题消失的，移出服务行列；对需继续心理干预的，运用“现身说法同理感受”方法，邀请战胜心理疾病并成功创业就业对象，面对面交流消除心理障碍经验，累计帮助14名干预对象摆脱心理困扰，回归正常心理状态。

三、实施创业帮扶，实现管理帮教长效

“生计稳，则心里安；心里安，则事业兴。”将帮助解决好创业就业问题、消除生计困难，作为安置帮教的落脚点和工作重心。

一是多方培训技术技能。将安置帮教对象的就业技术技能培训，纳入全县就业培训服务计划，统筹安排培训班次和内容。结合当下企业对直播带货人才需求旺盛的劳动力市场情况，因势利导把直播带货技能引入就业培训，设立直播功能室，添置专业直播器材，聘请专业团队，对有直播带货就业意愿的人员进行短期直播带货业务培训，累计培训105名。

二是信誉担保推动就业。对在县就业服务中心、县社区矫正中心培训合格的安置帮教对象，均发放相关技术技能培训合格证书。司法行政部门主动及时向相关企业推荐就业，并向企业出具《信誉保荐函》，证明这些都是经过专业培训掌握一定专业技能的人员，让企业根据需要放心招纳使用。

三是帮助解决创业资金。由司法行政部门出具《信用保荐函》，为安置帮教对象提供“信用背书”，主动联系银行提供小额信用贷款，协调从村（社区）借用“幸福资金”，帮助有自主创业技能和意愿的人员获得创业起始资金。

四、提供精细服务，传递管理帮教温度

用可见可感的关爱温暖帮助他们克服“破罐破摔”“得过且过”“一味等靠”等消极思想，引导其重拾人生自信，用乐观心态直面当下，用积极的行动创业就业，用稳定的职业保障生活的自立。

一是提供法律援助。在县社区矫正中心专门设立法律咨询室，日常由1名公职律师和该县两家律师事务所22名社会律师轮班入驻办公，常态化为前来咨询法律问题的社区矫正、安置帮教对象免费提供法律咨询服务，引导和帮助其运用法治思维和法治方式理性解决相关问题。

二是解决救助资金。对生活困难、刑期3年及以上无家可归、无业可就、无亲可投的“三无”刑满释放安置帮教对象，帮助其到县民政部门1次性领取1000元的临时救助资金，发挥救急、救难的作用，助力实现回归家庭、回归社会、修复社会关系。现已累计救助37人。

三是经常联系走访。建立“一对一”联系走访制度，由县司法行政部门联合县民政局、县“爱在苗乡”志愿者协会等，对生活困难和特别困难对象逐一上门走访慰问，送去生活物资和资金，并帮助解决实际问题。通过面对面谈心交流、举办“回归社会励志讲座”、创业就业成功对象“传经送宝”等做法，促其重新燃起对生活的热情和希望。

审稿人：王学武
撰稿人：李　刚　高启建

广　东　省

工作概况

2023年度广东政法工作综述

2023年，广东省坚持以习近平新时代中国特色社会主义思想为指导，全面贯彻党的二十大精神，深入学习贯彻习近平法治思想、习近平总书记对政法工作重要论述和视察广东重要讲话、重要指示精神，认真落实省委“1310”具体部署，紧紧围绕“扎实推进法治广东平安广东建设，在构建新安全格局上取得新突破”，谋划推出一系列开创性举措：以党的政治建设为统领，党对政治工作的绝对领导得到新加强；以平安广东建设工作会议为契机，开创平安广东建设新局面；以打造涉外法治“三个一流、一个平台”为牵引，法治广东建设迈出新步伐；以建立健全“1+6+N”基层治理工作体系为抓手，深入推进新时代“枫桥经验”广东新实践；以扎实推进主题教育为主线，政法队伍建设呈现新面貌。

一、打造政治建设新品牌，党对政法工作的绝对领导更加有力

牢牢把握“政法姓党”的根本政治属性，以深入贯彻《中国共产党政法工作条例》为牵引，狠抓制度执行和机制完善，党领导政法工作的总体格局和运行体系更加健全。

（一）强化政治引领，首次开展政治督察和纪律作风督查巡查。严格执行《中央政法委员会关于坚决维护党中央集中统一领导的规定》，坚持“第一议题”学习制度，举办全省政法领导干部专题研讨班，全覆盖分层级开展政治轮训，健全请示报告、督办落实制度机制，首次在全省政法系统开展政治督察和纪律作风督查巡查，组建5个工作组，分别对省法院及广州、梅州、潮州、云浮市委政法委开展为期一个月的督察巡查，确保习近平总书记、党中央决策部署不折不扣贯彻落实。

（二）强化凝心铸魂，扎实开展学习贯彻习近平新时代中国特色社会主义思想主题教育。用好“五学联动”机制，办好平安广东大学堂、读书班，成立广东省习近平新时代中国特色社会主义思想研究中心广东省法学会研究基地，推动学习贯彻总书记思想层层递进、步步深化。组织全省政法系统围绕政法工作现代化开展52项课题调研，推动出台政策措施16项。开展“破难题、促发展”攻坚行动，推进省委“法治保障不充分”专项整治和涉法涉诉信访积案化解等“我为群众办实事”项目取得扎实成效。

（三）强化纵向带动，严格规范党内政治生活。首次派员列席深圳、汕头、佛山等7个地市党委政法委民主生活会，年内两次召开全省党委政法委党风廉政建设会议，通报违纪违法政法领导干部情况并研究整改措施。认真落实中央政法委对广东省贯彻落实《中国共产党政法工作条例》情况督查反馈意见，健全政法委员述职、执法监督等配套制度机制34项。

二、健全维护安全稳定工作新格局，重大风险防范有力有效

坚持稳字当头，全力做好防风险、保安全、护稳定、促发展各项工作，深入开展维护政治安全专项行动和社会矛盾问题专项治理，全省社会稳定大局更加牢固。

（一）确保重大活动安全。紧盯全国两会、国庆、成都大运会、杭州亚运会等重大活动和节点，坚持人防、物防、技防并举，落实维稳安保各项措施，确保活动顺利举行，节点平稳度过，以广东一地的平安护航全国大局的稳定。

（二）守好安全稳定防线。定期研判社会领域风险、部署工作，深入排查化解矛盾纠纷，开展重大决策社会稳定风险评估，持续健全完善以各级平安办牵头、属地为主体、行业主管部门协同配合的重点个案交办督办工作机制，强化全链条全周期监管，有效防范化解社会领域重大风险。全面统筹反恐防恐工作，严守暴恐“零发生”底线。

（三）筑牢网络安全屏障。不断健全网络风险综合防控体系，持续加强技术护网能力。扎实推进网络“清朗”系列专项行动，加大溯源追责和执法力度，推动行业主管部门正面回应涉经济形势、社会民生、安全生产、自然灾害等网络谣言。严厉打击网络违法犯罪，深入排查跨境网络赌博“资金链”和赌博网站，加强网上违法售卖枪爆物品有害信息管控，开展网上涉黄涉毒有害信息清理，集中解决自媒体信息内容失真、运营行为失度等深层次问题。

三、健全平安联创工作新格局，平安广东建设体系更加完善

以首次召开平安广东建设工作会议为重要契机，全面提升平安建设工作科学化、法治化、规范化水平，推动平安广东建设不断取得新突破、开创新局面。

（一）高站位部署推动。9月份首次以省委、省政府名义召开平安广东建设工作会议，为平安考评成绩优异的市县颁授“平安鼎”，为排名前十位的省直成员单位颁发奖牌。省委常委会会议4次套开省委平安广东建设领导小组会议，系统研究部署平安建设工作。优化完善平安建设考评指标体系，约谈年度考评排名后3位的地市党政主要领导、分管负责同志，督促查漏洞、补短板、强弱项。积极构建“粤平安指数”，制定和修订15项平安建设工作制度规定，全面提升平安广东建设的科学化、法治化、规范化水平。

（二）维护良好社会治安环境。常态化开展扫黑除恶，加强省市两级扫黑办职能规范化建设，建立健全打早打小的依法惩处、重点涉黑涉恶案件评查机制，首次组织省市县三级联动督导，深入开展重点地区行业整治，解决一批影响平安稳定的县域突出问题短板，有效治理一批群众反映强烈的行业领域乱象。保持严打高压态势，依法严厉打击涉黑涉恶犯罪，依法严惩涉黑涉恶腐败和“保护伞”，打击惩治成效位居全国前列。聚焦人民群众反映强烈的突出违法犯罪，组织开展夏季治安、“鹰击”和“1+N”专项打击整治行动，全省刑事案件同比下降。严打电诈违法犯罪活动，开展反偷渡反走私联合行动，电诈案件数、财产损失数同比分别下降10.6%、13%。

（三）大力加强新时代群防群治工作。首次在省层面召开省见义勇为英雄模范表彰大会，发布“广东省见义勇为勇士榜”。推动修订《广东省见义勇为人员奖励和保障条例》，常态化开展见义勇为抚恤、慰问和宣传活动，营造扶危救困、匡扶正义浓厚氛围。推动出台《广东省群防群治组织监督管理规定》，持续加强最小应急单元建设，不断激发人民群众参与基层社会治理的积极性、创造性。

（四）持续强化重点人群服务管理。加强未成年人违法犯罪预防和治理，推动修订出台《广东省预防未成年人犯罪条例》，实现全省21个地市专门学校和专门教育指导委员会全覆盖，搭建起未成年人罪错行为预防矫治体系。建立全省流动人口严重精神障碍患者管理服务工作机制，规范刑释人员衔接，推动流浪乞讨人员救助管理机构规范化、制度化、标准化建设。

四、构建“1+6+N”基层社会治理工作新体系，新时代“枫桥经验”广东实践成果丰硕

以构建“1+6+N”基层社会治理工作体系（“1”指综治中心，“6”指综合网格、法院、检察院、公安、司法及“粤平安”云平台，“N”指其他综治力量）为抓手，全面推进新时代“枫桥经验”广东实践，夯实筑牢平安广东建设根基。

（一）全面构建矛盾纠纷预防化解体系。4月份在汕尾市召开全省现场会，坚持立足预防、立足调解、立足法治、立足基层，聚焦镇村（街道、社区）风险排查、就地矛盾化解、促进讲信修睦，大力推动构建“1+6+N”基层社会治理工作体系。服务“百千万”工程，制定《广东省平安乡村建设指导意见》，建立任务分工清单和评价指标体系，深化平安乡村法治乡村建设。围绕“五化”“四到位”，全面推进信访工作法治化，矛盾纠纷预防化解法治化水平稳步提升，全省法院新收民事案件数实现同比下降。深圳、珠海、梅州、东莞市4个基层单位入选全国“枫桥式工作法”单位。涌现出潮州“茶文化六步调解法”、梅州客家“和文化”、“好心茂名”、湛江“平安夜访”等一批岭南特色矛盾纠纷化解品牌。

（二）深入推进市域社会治理现代化试点。强化统筹安排、总体设计、部署推进，顺利完成第一期全国市域试点地市的评估验收工作。总结提炼广东省近三年市域社会治理成果，打造形成广州“最小应急单元”、深圳矛盾防范化解“光明模式”、汕尾“民情地图”等一批市域社会治理品牌。

（三）建强基层治理综合保障力量。建立完善街道大工委、社区大党委制，持续加强社区工作者队伍建设，建立岗位等级序列，保障村（社区）党组织服务群众专项经费，织密建强城市基层党建工作体系。推进“粤平安”云平台开发应用，打通公共服务、社会治理、行政执法“三个平台”，深度融入“一网统管”，筑牢基层治理智能化数字底座。开发综合网格管理、群众诉求解决、综合态势展示三大应用，汇聚综合网格内人、事、物、组织等基础信息和建设物、房屋等实体单元，打造“立体化”数据治理“账本”。

五、打造涉外法治建设新平台，高质量法治保障高质量发展成效明显

坚持以习近平法治思想为指引，健全法治广东建设总体布局，突出加强涉外法治“打造三个一流、建设一个平台”，为高质量发展铺好法治之轨、畅通法治之道。

（一）全力助推粤港澳大湾区等重大战略实施。聚焦推进粤港澳大湾区建设，从平台搭建、规则对接、人才培养等方面深入开展粤港澳交流合作。推动出台横琴粤澳深度合作区发展促进条例、南沙深化面向世界的粤港澳全面合作条例、深汕特别合作区条例、前海合作区投资者保护条例等，助力粤港澳大湾区发展。上线粤港澳大湾区法律查明平台，引入港澳特邀调解组织，推动延长港澳律师在大湾区内地9市执业试点，实施“港车北上”“澳车北上”政策。深圳法治先行示范城市建设形成首批典型经验，横琴琴澳国际法务集聚区揭牌运作。

（二）用心打造涉外法治“三个一流、一个平台”。率先在省级层面召开涉外法治建设工作会议，有力推动建设一流的涉外法治人才队伍、国际一流的仲裁机构、一流的涉外法律服务机构，打造涉外法治建设综合平台。组建省涉外法治人才库、青年人才库，建设粤港澳大湾区仲裁联盟、珠澳跨境仲裁合作平台，组建省涉外法律服务工作联席会议，互联网仲裁“广州标准”获得150余家境内仲裁机构及50余家境外仲裁机构认可推广。组团访问国际审判机构、知名法律服务机构、高等院校、驻外企业等，广泛开展涉外法治交流合作。

（三）不断深化政法领域改革。省政法跨部门大数据办案平台上线试点运行，建成省委政法委“五统一”指挥中心。深入推进执法司法权力运行机制改革，推动16项政法改革年度任务实现预期目标，完成对省法官检察官遴选、惩戒委员会分设，重新核定全省法院劳动合同制审判辅助人员数量，进一步缓解人案矛盾。推进政务服务“一窗办”“跨域办”“一网办”，350项公安高频服务事项上线“粤省事”“粤商通”等平台。省法院12368诉讼服务热线获评“2023年度中国最佳政务服务热线”，广东法律服务网全年为群众提供服务超1300万次。

（四）充分发挥法学会平台作用。成功主办首届“中国（喀什）—中亚南亚法治论坛”“粤港澳大湾区法治论坛”，以法治助推“一带一路”“软联通”开创学法交流新局面。全省市县两级首席法律咨询专家建设工作实现全覆盖，精心组织“双百”活动暨南粤法治报告会445场，开展2023年“民法典宣讲乡村行”活动279场，分别被评为年度“谁执法谁普法”十大创新创先项目和优秀普法工作项目。

六、落实全面从严治警新要求，新时代南粤政法铁军呈现新貌

紧紧围绕“五个过硬”要求，坚持严管厚爱结合、激励约束并重，政法队伍革命化、正规化、专业化、职业化建设取得新进展。

（一）从严正风肃纪。认真落实新时代政法干警“十个严禁”、防止干预司法“三个规定”、规范政法干警离职从业管理等铁规禁令，严格执行案件评查、错案责任追究。开展“321”廉洁文化建设活动，定期组织廉政专题辅导报告和违纪违法干警警示教育，做到以案明纪、以案说法、以案促改。

（二）提升素质能力。加快建设与新形势下政法工作相适应的专门人才队伍，认真落实《2020—2023年广东省政法队伍教育培训规划》，构建分级分类教育培训体系，针对性开展轮值轮训、岗位练兵、技能比武，有计划安排青年政法干警到重大斗争一线磨砺，全面提升政法干警的专业能力。

（三）营造良好风尚。首次举办全省政法英模先进事迹巡回宣讲，开展“双百政法英模”“南粤政法英模风采”等系列宣传活动，形成学习英模、崇尚英模、争当英模的良好氛围。全省政法系统全年获评省部级表彰先进集体172个、先进个人367名。完善履职保障，推动各级政法机关制定出台爱警暖警措施，开展“竞标争先”行动，持续优化干部结构，激发干事创业精气神。

会议活动

全省多元共治推进基层社会治理、发展新时代广东"枫桥经验"现场会

4月19日至20日，全省多元共治推进基层社会治理、发展新时代广东"枫桥经验"现场会在汕尾召开。会议总结广东省加强和创新基层社会治理工作，分析当前形势，对多元共治推进基层社会治理、发展新时代广东"枫桥经验"工作进行部署。

会议强调，全省政法机关要准确把握广东省基层社会治理的新形势新任务新要求，深刻认识多元共治推进基层社会治理、发展新时代广东"枫桥经验"的重要意义，创新基层社会治理方式，提升基层社会治理效能，全力建设和发展新时代广东"枫桥经验"。要强化基层党组织政治功能，充分发挥基层党组织战斗堡垒作用和广大党员先锋模范作用，以党建引领提升基层社会治理向心力。要突出多元共治，聚焦"小事不出村、大事不出镇"，以"1+6+N"基层社会治理工作体系强化矛盾纠纷调处化解。要坚持自治为基础、法治为保障、德治为先导，强化三治融合，以守正创新优化基层社会治理方式。要充分发动和依靠群众，扎实做好风险隐患防范处置、矛盾纠纷排查化解、群众信访诉求解决、社会治安环境净化等重点工作，努力建设更高水平的平安乡村（社区）、法治乡村（社区）。

文件选辑

广东省开展"1+6+N"基层社会治理工作体系建设的指导意见

（中共广东省委政法委员会，2023年5月18日）

为贯彻落实《中共广东省委办公厅　广东省人民政府办公厅关于全面推进"百县千镇万村高质量发展工程"促进城乡区域协调发展的实施意见》有关要求，加快推进乡镇（街道）"一站式"矛盾纠纷调处工作体系建设，全面提升基层社会治理能力水平，做到"小事不出村、大事不出镇、矛盾不上交"，省委政法委决定在全省开展"1+6+N"基层社会治理工作体系建设，现提出以下意见。

一、总体要求

1.指导思想。坚持以习近平新时代中国特色社会主义思想为指导，深入贯彻落实习近平法治思想和党的二十大精神，认真贯彻落实习近平总书记在广东考察时的重要讲话、重要指示精神，按照中央政法委和省委有关部署要求，主动适应矛盾纠纷调处化解的新形势新要求，坚持和发展新时代"枫桥经验"，整合力量资源，完善工作机制，创新方式方法，加强科技支撑，全面提升"一站式"矛盾纠纷多元化解工作能力和水平，建设更高水平的平安广东、法治广东。

2.目标任务。在属地党委领导下，发挥体制机制优势，以乡镇（街道）为重点，以"一站式"吸纳化解矛盾纠纷为目标，聚焦"镇村（街道、社区）风险排查、就地矛盾化解、促进讲信修睦"的目标定位，以综治中心为枢纽，以综合网格为单元，以

法院、检察院、公安、司法等基层政法力量为主体，以其他综治力量为补充，以“粤平安”社会治理云平台等信息化系统为支撑，大力推进“1+6+N”基层“一站式”矛盾纠纷调处工作体系建设（“1”指综治中心，“6”指综合网格及法院、检察院、公安、司法等基层政法力量和“粤平安”社会治理云平台等信息化支撑平台，“N”指其他综治力量），做到“一站式受理、一揽子调处、全链条服务”，实现矛盾纠纷化解“只进一扇门，最多跑一地”，最大限度地把基层社会各类风险防范在源头、化解在基层、消除在萌芽状态。

3. 工作原则。坚持把党的领导贯穿“一站式”矛盾纠纷多元化解工作的各方面、全过程。坚持以人民为中心，树牢群众观点，贯彻群众路线，更好地满足群众对高效便捷化解矛盾纠纷的新期待、新要求。坚持依法化解，推动形成办事依法、遇事找法、解决问题用法、化解矛盾靠法的法治良序。坚持统筹协调、整体联动，构建大调解格局，推动各种矛盾纠纷多元化解力量资源联动配合和解决途径有机衔接。坚持因地制宜、实事求是，依托现有场所及资源进行整合，突出实战实用实效。坚持科技支撑，搭建基层社会治理数字平台，健全信息收集、研判、预警、处置机制，力争让数据多跑路、群众少跑腿。

二、主要任务

4. 镇村（街道、社区）风险排查。充分发挥镇街综治中心和村居综合网格及网格员前沿阵地、基层触角作用，坚持主动出击，加强走访问询，全面细致排查辖区内各类矛盾纠纷，积极听取群众诉求，了解民情民意民愿，对各类矛盾纠纷第一时间上报，有序引导群众前往综治中心解决问题、化解纠纷，做到矛盾纠纷及时发现、及时上报、及时处理，有效维护辖区社会治安稳定。紧盯重点时段、重点部门、重点领域，做细做实矛盾纠纷摸排工作，守牢安全稳定“第一道防线”。

5. 就地矛盾化解。强化综治中心枢纽作用，推动多部门、多主体“联合接访、联合调处、联合帮扶”，力争在网格内及时解决群众合理诉求，及时吸纳化解矛盾纠纷，实现“一站式”办理。持续开展社会矛盾专项治理和矛盾纠纷调处化解专项行动，构建预防化解“大矛盾+小纠纷”工作体系，力争对重点领域重大风险和小问题小纠纷及时处置化解，做到矛盾隐患预防化解全覆盖、无死角。强化重点领域矛盾问题集中攻坚，落实重大矛盾问题领导干部包案和突出信访问题接访下访制度，建立风险“日清日结”、全流程闭环管理、全员包案督办等机制，严把矛盾调处“第一关口”，提升矛盾纠纷化解质量。

6. 强化矛盾纠纷多元化解。坚持把非诉讼纠纷解决机制挺在前面，探索多元解纷新机制、新路径，推动诉讼调解与人民调解、行政调解、律师调解、行业调解、专业调解、司法调解有机衔接、协调联动，形成合作互助、多元便捷的大调解工作格局。强化行业性专业性调解组织建设，推动重点行业领域部门及时主导建立相应的专业性调解组织。推动矛盾纠纷多发的婚姻家庭、金融保险、住建、劳动人事、医疗卫生、教育等领域行业性专业性调解组织，以常驻、轮驻、随叫随驻等形式，全面参与“一站式”矛盾纠纷多元化解工作，力争辖区内刑事、民事案件数稳步下降。

7. 促进讲信修睦。以实施平安乡村（社区）、法治乡村（社区）建设工程为抓手，深入挖掘岭南传统文化精髓，推动构建讲信修睦、亲仁善邻的邻里关系，推进移风易俗，发挥传统文化在教化引导人民、促进社会整合、引领社会善治等方面的特殊作用。加强个人诚信体系建设，褒扬诚信、惩戒失信，提升村居信用水平，营造良好信用环境。深入开展法治宣传教育，大力推动优秀传统文化与村规民约融合，使其成为干群的“日常守则”，达到自我教育、自我管理、自我约束的效果，实现润物细无声的柔性治理。

8. 推动多方参与。强化专群结合，以政法干警、责任单位职工、群防群治队伍等为主体，积极发动党员干部、志愿者及群团组织、商会协会等社会力量参与矛盾纠纷调处，形成专业力量引领下的新时代群防共治模式，实现社会安全风险治理资源集聚效应最大化。强化社会联动，发挥见义勇为基金会、各镇（街）平安促进会等社会组织作用，发动企事业单位支持综治中心、综合网格建设，形成社会安全同防共治社会新风尚。

9. 强化科技赋能。强化“粤平安”社会治理云平台支撑作用，力争整合接入各类信息系统，解决重复录入、多头分拨等问题，构建纵向联通、横向协同、智能管理、多级闭环的基层社会治理工作体系，实现全域感知、全时预警、全网指挥。加强综治中心入驻人员、专兼职网格员等相关人员教育培训，确保信息事件录入上报等准确无误。前期各地自行建设的社会治理信息化系统需及时整合接入“粤平安”社会治理云平台。

10. 深化综治中心建设。结合本地实际，在镇街综治中心规范化建设基础上，全面提升综治中心聚合能力，大力推动与各类调解中心、诉讼服务中心、公共法律服务中心、信访超市等深度融合，强化与政法机关、网格数字治理等部门联动，做实集信访调处、调解、仲裁、诉讼、法律援助、困难帮扶、司法救助、心理安抚于一体的综治中心，实现“多中心合一，一中心多用”，使综治中心成为群众诉求的“服务站”、风险隐患的“排查站”、矛盾纠纷的“终点站”和法治德治的“宣传站”。

11. 建强村居综合网格。纵深推进党建引领基层社会治理，推动把支部建在网格上，深化网格化服务管理工作，做到网中有格、格中有人、人在格上、事在格中、格事尽知，夯实基层平安建设基础。深化“选、育、管、爱”全链条网格力量管理工作机制，建强一支组织严密、素质过硬、群众满意的专兼职网格员队伍，确保每个社区网格至少配备 1 名专职网格员，其他网格根据实际配备网格员，力争及时调处矛盾纠纷，让“身边事不出网格、小事不出村居、矛盾纠纷不上交”。

12. 加强基层社会治理队伍建设。支持和鼓励工青妇、法学会、律协等群团组织承担更多基层社会治理功能。坚持政治过硬、择优选聘、专兼结合、按需设立，积极吸收行业部门业务骨干、专家学者、首席法律咨询专家、调解能手等建立调解员专家库，建立调解员队伍。通过政府购买服务等多种形式，选聘具有法律专业或法律实务职业经历的专职调解员入驻中心开展日常调解服务。积极引导其他社会调解员、网格员、政法干警、“五老人员”、“两代表一委员”或基层法律服务工作者等参与中心工作。

三、工作机制

13. 分流交办机制。探索设立无差别受理窗口，“一个窗口”受理群众提出的各类事项，分类导入办理程序。对受理的矛盾纠纷事项，在当事人平等自愿的基础上，依法就地进行调解；对暂不具备就地调解条件，要明确时间、地点、参与部门及人员，通知相关人员，预约并开展调解工作。

14. 吹哨报到机制。建立健全吹哨报到工作机制，对事权不在本级或本级难以化解的矛盾纠纷，综治中心要及时通过吹哨机制向上级职能部门（单位）报告，相关部门（单位）要确保吹哨事项有效承接、按时办结，形成线下闭环处置流程，实现“中心吹哨、部门报到”。

15. 会商研判机制。建立会商制度，定期组织矛盾纠纷化解相关部门（单位），协商解决重大矛盾纠纷，分析研判辖区内社会矛盾纠纷工作形势，加强信息联通、力量联合、工作联动，动态更新矛盾风险台账。建立“每周一梳理、每月一分析、每季度一研判、每半年一总结”的“四个一”工作机制，做到风险早发现、问题早解决，确保矛盾风险化解在基层、解决在萌芽。

16. 监测预警机制。充分运用线上线下平台，加强动态监测，全面排查掌握本地矛盾纠纷态势，短期内急剧攀升的矛盾纠纷类型要及时向社区或主管部门（单位）提醒，敏感、重大矛盾纠纷事件及时报告党委、政府。建立重大矛盾纠纷动态预警管理制度，划分相应等级，制定相应化解预案。

17. 评价督导机制。将“一站式”化解矛盾纠纷成效纳入平安建设评价指标体系，强化定期通报，及时开展回访，抓好结果运用。将矛盾纠纷多元化解工作成绩突出的村居、部门和个人纳入平安建设表彰范围。对因矛盾纠纷化解不力造成严重不良影响的，将依规依纪依法严肃追责。

四、组织保障

18. 加强组织领导。各级要高度重视“1+6+N”基层社会治理工作体系建设，及时成立工作小组，研究解决存在的困难和问题。要强化镇街综治中心的组织领导，中心主任一般应当由党（工）委书记担任，常务副主任由政法委员担任，成员由镇街人民法庭、派驻检察机构、公安派出所、司法所等单位主要负责同志担任。各成员单位需安排人员入驻综治中心集中办公，在中心挂牌标识明显，细化组织机构。

19. 明确工作责任。省委政法委负责统筹推进“1+6+N”基层社会治理工作体系建设，地市党委政法委负责本地区体系建设的具体组织，县级党委政法委负责具体落实，镇街要突出整合资源、配强力量，着眼实战实效、提升化解效能。镇街政法委员要履行工作职责，加强统筹协调、督促落实，推动综治中心充分发挥主体作用，及时协调解决工作中遇到的困难和问题。各入驻部门和村居要按照职责分工，抓好本地区本行业的矛盾纠纷化解，认真做好人员入驻、业务指导、日常评价、制度建设等工作。

20. 加大保障力度。省、市党委政法委要积极推动资源下沉、力量下沉，镇街要结合本地实际研究落实综治中心工作职能、人员管理等工作，各相关职能部门要采取有力措施，加强综治中心职能定位、人员配备、公共设施、办公场所和信息化系统运行等工作保障，确保工作顺利开展。

21. 营造良好氛围。各地各有关部门要充分运用现代传媒手段，加强对综治中心的宣传普及工作，增强群众的知晓度和认可度，引导群众通过“一站式”矛盾纠纷多元化解平台理性合法表达诉求解决纠纷，提升线上平台使用率。要加强典型培育，及时发现和总结先进经验，大力宣传“一站式”矛盾纠纷多元化解工作成效，在全社会营造良好氛围。

特色专栏

以“三个一流、一个平台”为抓手 推动涉外法治建设工作高质量发展

广东省委政法委

2023年7月，广东率先在省级层面召开涉外法治建设工作会议，400多名港澳嘉宾、全国法学法律界人士共聚一堂，共商涉外法治。这次会议明确提出“建设三个一流、打造一个平台”（建设一流的涉外法治人才队伍、国际一流的仲裁机构、一流的涉外法律服务机构和打造涉外法治建设综合平台）的目标要求，充分彰显广东以高水平法治服务高水平开放，打造市场化法治化国际化营商环境示范地的坚定决心。

一、创新培养路径，推动建设一流的涉外法治人才队伍

涉外法治人才是推进涉外法治建设的关键和根本。此次会议以加强涉外法治人才培养为重点，推动省教育厅、省司法厅、省法院分别与中山大学、广东外语外贸大学签订涉外法治人才培养协议，发布广东涉外律师人才培养“粤律工程”，启动广东省首批涉外法治人才库（97名）、涉外法治青年人才库（26名），进一步优化广东省涉外法治人才培养使用布局，创新法律实务部门与高校联合培养机制，旨在建设一支通晓国际法律规则、善于处理涉外法律事务的高水平涉外法治人才队伍，努力探索破解广东省涉外法治人才短缺、能力不足、学用脱节等重大瓶颈的新路径。

二、对标国际最优，推动建设国际一流的仲裁机构

仲裁作为国际通行的争端解决方式，是各国优化营商环境、提升法治软实力的重要手段。此次会议以建设国际一流的仲裁机构为突破，集中展示16项广东仲裁国际化发展重大成果，推动广州仲裁委、深圳国际仲裁院与香港、澳门及瑞士、巴西、意大利、俄罗斯等地区和国家的头牌仲裁调解机构签署战略合作协议，旨在进一步增强互信、凝聚合作共识，深化广东仲裁国际化专业化建设，努力为公正高效地解决国际经贸纠纷提供“中国平台”，争取将广东打造成为解决国际商事纠纷的仲裁首选地或重要目的地。

三、提升服务效能，推动建设一流涉外法律服务机构

涉外法律服务是涉外法治工作中覆盖面最广、影响力最大、与国际接轨最密切最频繁的板块。此次会议以打造一流的涉外法治品牌为牵引，展示广东省首批参与全国示范创建的涉外法律服务机构，通报表扬广东省15个涉外法治建设工作表现突出集体和5名个人，进一步增强各行各业投身涉外法治建设的荣誉感使命感，旨在引领提升广东省涉外法律服务能级和水平，有效解决广东省涉外法治服务机构竞争力不强、品牌知晓度不高、影响力不足的现实难题，通过培育更多国际一流的涉外法律服务机构，为“走出去”和“引进来”提供优质高效的法律服务，高水平高质量地服务广东对外开放。

四、强化统筹协调，推动打造涉外法治工作平台

通过推动广州市委政法委和省法院、省司法厅、省商务厅、省教育厅主办或承办粤港澳大湾区法治

建设等论坛，共同搭建涉外法治建设综合平台，加强粤港澳三地法律规则衔接机制对接，汇聚起大湾区法治建设强大合力。会议揭牌成立“广东省涉外法治促进中心”，组建省涉外法治工作专班，强化统筹协调、综合研究和社会服务职能，构建起系统集成、协同高效的省级涉外法治工作平台，进一步凝聚法治、外事、商务、教育、税务等各部门工作力量，推动中央有关部署落地落实，有效解决长期困扰广东省涉外法治建设的“九龙治水”、缺乏统筹和抓手等突出难题，推动涉外法治建设工作格局焕然一新。

家事少年案件“法官调理家务”工作法

深圳市南山区人民法院

南山区作为经济大区、科技强区，辖区内高新企业林立、人口结构多元、家事纠纷涉及财产金额大、利益关系复杂。2018年，南山区将西丽法庭整体打造为家事审判诉讼服务中心，集中管辖家事案件，统一法律适用标准，深入推进家事审判方式和工作机制改革，着力提升司法服务保障家事纠纷解决的能力和水平。2022年以来，西丽法庭推行家事案件和未成年人案件刑事、民事“二合一”审理机制，妥善化解家事矛盾纠纷，推动家事案件“控增量、减旧存”取得突出成效。

一、打造“三种型态”，深耕家事少年专业诉讼

一是打造“疗愈型”诉讼环境。建有全市规模最大的家事诉讼服务中心，一站式调处家事纠纷的新格局。法庭以“家”“和”“亲”“畅”“察”为主题，分设家事文化展览、家事纠纷调解、亲子陪护（探望）、心理疏导、单面镜观察等区域，设置圆桌审判法庭，营造温情解纷氛围。

二是打造“组合型”专业团队。成立4个专业家事审判团队，每个团队配置法官助理1名，组建“家事调查员＋心理咨询师＋家事调解员”分工协作的专业化解纷辅助队伍，形成“1＋1＋N”解纷单元。引入财产调查制度，缓解家事纠纷中财产控制弱势一方难以获取共同财产信息的困境；引入心理咨询师，实施情绪疏导、“婚姻治疗”等心理辅导机制，向判决不准离婚的案件当事双方送达《婚姻关系修复建议书》，调判结合柔性修复家庭情感。2021年以来共审结家事案件2324宗，调撤率达60.2％。

三是打造“交融型”审判方式。在审理涉未成年被告人的刑事案件中，注重情理法相交融，法官联合心理咨询师“量身定制”《法官寄语》，随判决书发放，寓教于审，引导罪错少年重塑自信、重回正轨。对罪错未成年人建立“一案一台账”，联合政府部门、社会组织、心理专家、志愿服务者等多方力量进行“立体式帮教”。

二、做好“三项共建”，推动家事纠纷多元化解

一是做好法庭、街道共建。设立法官服务工作站，推出“指导社区调解＋引导司法确认＋诉讼服务辅导”系列举措，助力创建“无讼社区”，2018年以来共参与或指导街道化解纠纷2035件。基于司法大数据分析，在家事纠纷涉及利益多元复杂的地方设置非诉解纷工作室，配备“家事联系法官”“家事联络员”，设立“联合接待日”，深入社区提供解纷、咨询、普法等服务。

二是做好法庭、“两所”共建。联合辖区派出所、司法所，组建“庭所联动解纷工作站”，“一庭两所”全方位对接。三方密切日常联络，互相通报案源信息，共同研判典型纠纷，打造基层政法单位综合治理矛盾纠纷“共同体”。

三是做好法庭、妇联共建。在区妇联婚姻调解中心设立“家事法官联络站”，通过法官远程指导和定期驻点相结合的方式，为群众提供法律咨询、纠纷调解、普法宣传、诉讼指引等司法服务，助推家事纠纷源头疏导化解。

三、强化“三大举措”，促进家庭关系良性发展

一是“防护墙”联动拒止家暴。与公安、妇联会签《关于家事纠纷人身安全保护协作机制的若干意见》，共建反家暴工作体系，协同各部门共同督促被申请人遵守人身安全保护令。2018年以来，共发出人身安全保护令38份。

二是“教育令”敦促依法带娃。联合检察、教育、公安、民政、妇联等单位建立深圳法院首个家庭教育指导工作站，发出深圳首批家庭教育指导信和首份家庭教育令，“一信一令”敦促父母“依法带娃”，形成家庭教育指导、涉案未成年人行为矫正、心理健康辅导、普法于一体，“少年审判+立体帮教+一站式保护”的“环抱式”未成年人保护工作模式。

三是“柔性化”打通执行梗阻。聚焦家事纠纷调判后的履行问题，尤其是涉及抚养权、探望权等执行难题，西丽法庭联合南山法院执行局设立“家事执行工作室”，引入情感疏导、心理辅导等机制，对家事执行难案实行“一案一策”，打通家庭成员法定权益兑现“最后一公里”。

找准切入点着力点突破点
以行政检察服务保障粤港澳大湾区建设

广东省人民检察院

近年来，广东检察机关牢牢把握最高人民检察院和省委部署要求，以推进行政违法行为监督为切入点，以加强保护民营经济和知识产权行政检察工作为着力点，以推进行政争议实质性化解为突破点，深化服务保障粤港澳大湾区建设的举措，助力营造优质高效的政务环境、国际化法治化的营商环境、和谐稳定的社会环境。

一、以探索推进行政违法行为监督为切入点，助力营造大湾区优质高效的政务环境

一是紧紧依靠党的领导探索行政违法行为监督。深圳市检察机关积极推动将行政违法监督融入深圳法治建设体系。深圳市先后制定《关于加强新时代检察机关法律监督工作推动法治城市示范建设的决定》《深圳市建设中国特色社会主义法治先行示范城市的实施方案（2021—2025年）》，支持检察机关探索建立对行政处罚、行政许可、行政强制、行政拘留以及查封、扣押、冻结等行政行为的检察监督机制。深圳市检察机关据此探索“行政违法监督+政府合规建设”模式。惠州市龙门县检察院推动地方党委、人大、政府出台支持检察机关开展行政违法行为监督的意见和决定。

二是以住房领域为小切口探索建立专项监督机制。省检察院聚焦住房和城乡建设领域行政违法行为，与省住建厅建立工作衔接机制，总结了五类行政行为中一共47项住房和城乡建设领域行政行为作为监督重点，在全省范围内全面推进行政行为违法监督专项活动。

三是注重推动解决行政执法深层次问题。依托司法办案，针对办案中发现的行业监管缺失问题，灵活运用检察建议等形式，推动解决个案或类案背后反映出的行政执法活动中存在的制度机制、管理监督等深层次问题。中山市检察院在办理杨某某与税务局涉税行政纠纷申请监督案中，针对该案中尚未追缴到位的100万元房产交易款的税费查处、案涉中介公司违法操作“阴阳合同”代理办税业务及房产交易中的涉税问题，分别向税务部门、住建部门发出检察建议，推动完善涉税执法监管机制。

二、以加强保护民营经济和知识产权行政检察工作为着力点，助力营造大湾区法治化营商环境

聚焦企业法治需求，依法开展行政检察工作。省检察院以全国部署开展的“依法护航民生民利”专项活动为契机，以“劳动者权益保护”“助力企业复工复产”为重点在全省范围开展专项活动，切实维护各类市场主体的合法权益。坚持把知识产权保护放到突出位置，积极营造支持保护创新的制度环境。佛山市检察院积极探索开展对知识产权领域的行政检察监督，对一批涉知识产权案件开展类案监督，建议由市场监督管理局对侵犯知识产权案件涉案人员进行禁业限制，构建完善对侵犯知识产权行为的联合惩戒机制。

三、以推进行政争议实质性化解为突破点，助力营造大湾区和谐稳定的社会环境

大湾区九市检察机关针对由于历史原因造成的“案结事不了”导致当事人不断上访的行政诉讼案

件，充分发挥了检察一体化优势，强化调查核实，开展公开听证，推动解决当事人合理诉求，减少社会不稳定因素，实质性化解行政争议案件 1186 件。肇庆市检察院专门制定《行政争议实质性化解一体化工作办法》，构建了以市检察院为主导、鼎湖区检察院为支点、其他基层检察院共同参与的“1+1+7”行政争议区域联合化解新模式。中山市检察院在办理黄某娇等四姐妹宅基地登记纠纷行政检察监督案中，针对黄某娇等四姐妹持续申诉、上访多年情况，认真梳理出案件关键在于化解四姐妹的母亲与第三人陈某光之间的买卖涉案宅基地的民事争议，着力促使四姐妹与陈某光就宅基地的使用达成民事和解，圆满化解历时近 30 年的农村宅基地纠纷。江门台山市检察院办理的涉养老退休金待遇检察监督案，针对因社保制度改革及社保业务系统调整等原因，导致当事人无法申请退休待遇的情况，依法向市社保局发出检察建议，督促依法履职，帮助当事人解决了退休待遇问题，化解矛盾纠纷的同时，从源头上有效减少了类案发生。

践行“一二五”工作机制
全力打造法治公安示范品牌

广州市公安局从化区分局

近年来，广州市公安局从化区分局锚定法治公安建设目标，以公安执法规范提档进位为着力点，积极践行“一二五”（即一个责任、两个主体、五项聚焦）执法工作机制，深入推进执法规范化建设，推动执法能力和执法质效大幅提升。从化区公安分局被评为“全省执法质量考评优秀县级公安机关”。

一、扛牢“一个责任”，高位推动全警铸魂提能

坚持用习近平法治思想指导执法实践，牢固树立执法规范是公安工作“生命线”理念，深入构建“党委主导、法制牵总、所队联动”的执法规范化建设格局，将执法规范化建设作为“一把手”工程和系统性工程常抓不懈，落实全警主体责任，不断提升从化公安工作法治化水平和执法公信力，努力让人民群众在每一起案件办理、每一件事情处理中都能感受到公平正义。

二、紧盯“两个主体”，增强权力监督制约效能

一是紧盯执法办案主体。牢牢抓住领导干部这一“关键少数”和办案民警这一“绝大多数”，一方面定期组织基层所队长参加专项执法培训，一方面灵活采取案例点评、视频执法会、考评分析、法制沙龙等多种方式，对一线办案民警开展专题培训。2022 年，开展 113 场次各类执法培训，不断提高民警执法办案能力水平。

二是紧盯执法监督主体。积极构建法制牵头，指挥、监督、警保、预审等业务部门参与的大监督格局；注重依托信息化监督手段无感监督，形成“问题管控、跟踪整改、及时纠偏、追责问责”的执法监督闭环机制。同时，在基层所队设立执法监督小组和纪律监督小组，通过“两个小组”动态掌握本部门执法情况，强化条线源头管控，压实层级执法责任。

三、突出“五个聚焦”，全力守护公安工作“生命线”

一是聚焦执法办案管理中心辐射作用。创新“1+1+1+8”工作机制，重点打造一流执法办案管理中心，通过日常检查、预警提醒、视频巡查、系统抽查，对执法办案活动进行立体式监督。运行一年以来，累计收管嫌疑人 1605 人，节约警力 13800 人次，发出案件预警提醒 112 个，有效堵塞了执法漏洞，实现执法办案五个“零发生”。

二是聚焦案管中心“牛鼻子”枢纽作用。抓实“人员、警情、案件、财物、场所、卷宗”等基本要素和“警情分流、受立案、案卷流转、考评整改、执法音视频”等关键环节，敏锐感知执法问题和办案时限预警预防，实现对执法办案全流程、全要素、全环节闭环监督。

三是聚焦派驻法制员监督服务作用。制定出台《关于加强派驻法制员履职的有关意见》《派驻工作

"二十个一律"》，细化派驻法制员职责任务，将法制监督、指导、服务关口前移，实现18个派出所全覆盖。推行"日清周梳月结"工作机制，定期梳理执法办案问题靶点，最大限度减少各种执法问题发生。

四是聚焦执法考评指挥棒作用。科学设置6大类45个项目233个执法质量考评指标，规范"考评、分析、通报、整改、奖惩"等执法考评流程，推动执法质量稳步提升。2022年以来，区委政法委、区公安分局开展执法考评（案件评查）19次，抽取行政刑事案件4163卷，考评各类案件5304宗，下发考评通报17份，工作提醒函17份，正负面清单评价公示5份。

五是聚焦敏感案（事）件提级处置预防作用。对敏感案（事）件线索，坚持提级处置、捆绑作战，突出分析研判和风险评估，注重运用法治思维和法治方式，推动风险防范化解从"末端兜底"向"源头治理""依法治理"转变，确保依法妥善处置。2022年共提级处置敏感案（事）件31宗，实现敏感警情零投诉。

打造涉侨法律服务品牌　多维度维护侨胞权益

江门市司法局

江门市不断优化涉侨法律服务，有效暖侨心、汇侨智、聚侨力，走出了一条多维度维护侨胞权益、彰显中国之治优越性的市域社会治理路径。全年新增侨企74家，侨捐总额达2.6亿元。

一、着眼核心需求，实施涉侨公共法律服务供给侧改革

一是建成面向海内外的法律服务综合体——市华侨华人离岸公共法律服务中心，集合公证调解、咨询援助等8大功能于一体，实现涉侨公共法律服务"一站式"办理。

二是推动涉侨公证服务优化升级，促成五邑公证处入选司法部外交部海外远程视频公证试点机构（全省仅5家入选），与65个驻外使领馆共同开展远程公证业务，免除侨胞奔波之苦。

三是创设全国首个区域仲裁合作平台（深圳国际仲裁院江门中心），为全球华侨华人提供国际贸易、知识产权等多个领域的纠纷争议解决服务。

四是组建市律师协会涉华侨华人服务专业委员会和市县两级侨联法律顾问委员会，针对侨胞需求研发法律服务产品，创立"法润侨都　律动江门"等三大法治服务品牌。

二、着眼科技赋能，搭建涉侨法律服务智慧网络

一是开发"江门智慧司法"小程序，设置华侨华人法律服务、出国公证办理直通车服务专区，提供公证、调解、网络仲裁等6种法律服务在线申办。

二是利用区块链技术，推动14项公证事项"一证即办"，办证时间缩短至3个工作日内。

三是开发"江门法治地图""江门涉外法律服务地图"小程序，提供4316个本地法律服务机构和85个海外法律服务点的导航指引。

三、着眼诉非对接，探索现代国际版"枫桥经验"

一是在市公共法律服务中心设立诉调对接工作室，及时发现并解决适宜柔性处理的涉侨纠纷，实现矛盾化解与维系乡情"双赢"。

二是多点搭建涉侨纠纷多元化解"哨所"。依托基层司法所建成涉侨调解工作室63个。市中级人民法院在信访超市设立涉侨纠纷化解窗口、在归侨侨眷聚居点设立法官工作室，并在美洲6个国家设立14个海外解纷站点，与侨务部门联调涉侨纠纷530件，调撤率达36.6%。与深圳市蓝海法律查明和商事调解中心共建工作站，丰富为侨法律服务工具箱。

三是充分调动华侨华人参与纠纷多元化解，吸纳1名侨胞担任仲裁员、15名侨胞担任人民调解员、57名侨领和涉侨企业法律顾问担任市中级人民法院特邀涉侨调解员，其中境外调解员20人。

四、着眼良法善治，打造涉侨法律服务制度矩阵

一是积极协助以地方立法加强市域社会治理的制度供给，将探索的新经验系统集成、固化定型。将出台《江门市华侨华人文化交流合作促进条例》，为全国涉侨法规建设提供"江门版本"。

二是出台多份配套制度文件，与统战部门、法院检察院联合出台推进涉侨法律服务工作方案、制定“粤味”涉侨纠纷多元化解实施方案、发布服务“侨都赋能”工程意见。

三是推动华侨华人广泛参与立法工作。依托广东省唯一的“国字号”基层立法联系点（江海区人大常委会）设立了18个政府基层立法联系点，推动华侨华人立法建议直通全国人大。

审稿人：叶向荣　张庆宏　滕　勇
撰稿人：林润祥　般鸿儒　谢宏斌
周　政　刘白帆　王晓亮
汤　明　刘　剑　施家毅
朱　峰　肖海云　聂文德
朱　文　王歧立　蒋丽萍
江　磊　邹佳俊

广西壮族自治区

工作概况

2023年度广西政法工作综述

2023年，在中央政法委的有力指导和自治区党委的坚强领导下，广西各级政法机关坚持以习近平新时代中国特色社会主义思想为指导，深入贯彻落实习近平总书记对广西重大方略要求，强化以政法工作现代化助推中国式现代化广西篇章的责任感使命感，注重创新引领、专项开路、法治保障、强基导向、科技赋能、人才支撑，全力履行维护国家政治安全、确保社会大局稳定、促进社会公平正义、保障人民安居乐业的职责使命，有力维护了自治区国家安全、社会安定、边疆安靖、人民安宁的大好局面。

一、坚持全局谋划，全力守好祖国“南大门”

自治区党委、政府高度重视广西政法工作，不断加大统筹力度，完善体制机制，强化政策保障，严格责任追究，有效整合各方力量，推动平安广西建设各项工作深入开展。

（一）强化政治引领，扎实开展主题教育，严格落实“第一议题”制度，通过举办专题研讨班、“新时代广西政法大讲堂”、学习活动等形式，及时跟进学习领会习近平总书记重要讲话精神，教育引导广大干警打牢对党忠诚的思想根基。深入贯彻落实《中国共产党政法工作条例》及自治区实施办法，组织开展政法领域意识形态工作专项督查，切实把党管政法原则落到实处。

（二）全面压实责任，充分发挥考评“指挥棒”作用，推动自治区、市、县、乡四级党委、政府及各级领导小组成员单位层层签订《平安建设工作目标管理责任书》，形成一级抓一级、层层抓落实的责任链条。组织开展2021—2022年度建设平安广西先进单位和先进个人评选表彰活动，推动形成你追我赶、争创一流的平安广西建设新局面。

（三）确保政治安全，认真践行总体国家安全观，以铸牢中华民族共同体意识为主线，扎实开展政治安全领域重大风险防范化解集中攻坚活动，排查处置风险点并严格落实分类管控措施。加强国家安全人民防线建设，自治区两名群众荣获国家安全部颁发的“特别重大贡献奖”。

二、有效防范风险，全面筑牢社会安全稳定防线

（一）建立健全涉稳情报信息工作协调机制，召开涉稳情报信息工作规范化建设推进会，及时发送《涉稳信息预警通报》。建立社会安全稳定工作季调度、重要敏感节点日调度工作机制，扎实推进重大涉稳问题化解专项行动，实体性化解重大涉稳问题。确保了习近平总书记视察广西、第20届“东博会和峰会”、全国首届学生（青年）运动会等敏感节点和重大活动期间社会大局持续安全稳定。

（二）全面深入排查各类涉稳风险隐患，发挥综治中心和网格员作用，摸底排查各类矛盾纠纷7.4万件、化解7.3万件，化解率98.2%。开展重大决策社会稳定风险评估3891件；加强涉稳信息研处，50人以上群体性事件连续2年“零发生”。积极推进矛盾纠纷化解地方立法，协同完成《广西壮族自治区多元化解纠纷条例（草案）》，提请自治区人大进入立法程序。

（三）大力推进信访积案久拖不结专项整治，中央交办自治区第三批信访积案审核化解率达98.93%。防城港市连续5年实现全国两会期间驻京信访安全保障工作“双零”目标。

三、主动服务大局，以高水平法治护航高质量发展

强化围绕中心服务大局意识，把优化法治化营商环境摆在突出位置，召开政法机关优化法治化营商环境工作会议，制定出台《关于全区政法机关优化法治化营商环境服务保障高质量发展的意见》等“1+4”配套文件，主动靠前服务实体经济、园区经济和特色产业，服务重大项目建设，加快形成政法机关全方位服务保障高质量发展的平陆运河政法护航模式、漓江司法保护模式、服务园区发展法治保障模式。柳州市政法机关以“四抓四促”联合打造螺蛳粉产业产权保护新模式，获评全国工商联百佳实践案例。自治区各级法院受理各类案件113.9万件，其中民商类案件65.7万件，有力维护企业合法权益；审结涉地方金融机构不良资产清收案件3.38万件，结案标的额255.79亿元，执行到位95.7亿元；发挥首席法律咨询专家专业优势，依法为企业化解难案126件。加强生态领域司法保护，依法办理环境资源案件6080件，当好保护广西山山水水的“二郎神”。自治区检察院主办的中铝广西有色稀土开发有限公司污染环境公益诉讼系列案，入选最高人民检察院公益诉讼“十案示范”案例。

四、注重打防并举，基层社会治理成效迈上新台阶

（一）常态化开展扫黑除恶斗争，持续推进电信网络诈骗犯罪、毒品严打整治、命案预防治理和涉未成年人违法犯罪突出问题整治等专项工作，全年共打掉涉黑组织8个，涉恶犯罪集团和团伙109个；立电诈案件数、破案数同比分别上升32.2%和114.6%；发生命案数、致人死亡数同比分别下降2.05%和0.95%，实现连续4年“双下降”；未成年人犯罪和侵害未成年人案件实现“双下降”。部署开展道路交通安全和运输执法领域突出问题专项整治，道路交通亡人事故数、死亡人数同比分别下降16.1%、14.8%。

（二）坚持和发展新时代“枫桥经验”，5个设区市通过全国市域社会治理现代化第一批试点验收，北海市涠洲岛、贺州市富川县、崇左市龙州县3地经验入选全国“枫桥式工作法”。全面推进网格治理“四化”建设，建成事业单位综治中心1197个，落实事业编制4024人；划分网格11.32万个，配备专兼职网格员18.97万名，形成以综治中心牵头统筹、以网格为基础、以群众为主体、以信息化为支撑的基层社会治理体系。

（三）以智治为政法工作赋能，大力推进智慧边海防建设，加快推进广西政法机关跨部门大数据办案平台建设，部署开展为期三年的“建功新时代　创新在基层——奋力推动广西政法工作高质量发展活动”，并与平安建设示范创建活动紧密结合，进一步夯实平安建设根基。

五、深化改革集成，不断提升执法司法公信力

深入学习贯彻习近平法治思想，成功举办中国法学会在南宁召开的全国首席法律咨询专家工作会议，在全国法学会系统率先创新推行首席法律咨询专家制度，全区三级法学会共选聘500名首席法律咨询专家及2260名专家成员，服务各级党委、政府“四个重大”（重大决策论证、重大法律风险防控、重大矛盾纠纷调处、重大信访积案化解），打造“梧州样板”，形成“广西经验”，成为全国法学会工作品牌。贯彻落实党中央关于全面深化政法改革部署要求，持续推进执法司法制约监督、责任体系、权力运行三大重点改革系统集成，推动建立健全制约监督和责任机制。深化执法司法权力运行机制改革，细化分解具体任务，持续深化自治区以下地方法院检察院财物统一管理改革。完成法官检察官遴选和4个惩戒委员会换届工作，探索建立两院拟任副职入额便捷机制，入选最高人民检察院新时代检察队伍建设创新典型案例。深入实施“八五”普法规划，严格落实“谁执法谁普法”普法责任制，持续打造“法治三月三”等特色普法品牌，营造尊法学法守法用法的浓厚氛围。

六、全面从严治警，锻造忠诚干净担当的政法铁军

全面落实新时代党的建设总要求，认真履行全面从严管党治警主体责任，召开清廉政法建设推进会，着力打造清廉政法机关。持续巩固政法队伍教育整顿成果，印发巩固政法队伍教育整顿成果年度督查工作重点，深入开展彻底肃清流毒影响专项整治，定期开展政法系统政治生态分析研判，探索建立政法干警政治档案，开展经常性政治体检。进一步从严监督执纪问责，组织开展监狱系统政治督察和纪律作风督查巡查，扎实开展深化队伍教育整顿专项整治形式主义等突出问题工作、律师与法官检察官不正当接触交往问题专项整治和防止干预司法“三个规定”专项督查检查，认真落实系列暖警爱警惠警措施。2023年共有105个先进集体、247名先进个人获得全国性表彰奖励。

七、坚持守正创新，打造政法工作品牌新亮点

建立自治区级政法机关联系点制度，部署开展“建功新时代 创新在基层——奋力推动广西政法工作高质量发展活动”，培育发展了一批政法创新项目。自治区公安厅推进“创人民满意公安”活动，研究出台更多便民措施。自治区国家安全厅创建人民防线网格化试点的经验做法获国家安全部推广。钦州市“完善西部陆海新通道治安防控体系”做法入选全国市域社会治理现代化试点典型经验。桂林市青少年法治教育实践基地入选第四批全国法治宣传教育基地。贵港市“红格善治”做法获中央政法委专函表扬和国家乡村振兴局推广。玉林市公共法律服务“云超市”项目建设入选全国政法智能化建设智慧司法创新案例。百色市推动与越南边防屯建立中越共同打击涉边违法犯罪工作机制，有效提升双边维护边境稳定能力。河池市南丹县在易地扶贫安置点创建“石榴籽家园”，打造民族团结进步示范样板。

会议活动

全区坚持和发展新时代“枫桥经验”创新交流暨建设平安广西活动表彰大会

12月21日，全区坚持和发展新时代“枫桥经验”创新交流暨建设平安广西活动表彰大会在南宁召开。会议深入贯彻落实习近平总书记对广西重大方略要求，学习贯彻纪念毛泽东同志批示学习推广“枫桥经验”60周年暨习近平总书记指示坚持发展“枫桥经验”20周年大会精神，交流经验做法，研究部署当前和今后一个时期的重点工作，提升矛盾纠纷预防化解法治化水平，推动建设更高水平的平安广西、法治广西。

近年来，全区各地各部门牢记习近平总书记“坚决守好祖国‘南大门’”的殷切嘱托，统筹抓好防风险、保安全、护稳定、促发展各项工作，有力巩固了民族团结、社会稳定、边疆安宁的良好局面。要深刻领悟“两个确立”的决定性意义，坚决做到“两个维护”，以党的二十大精神为指引，持续巩固拓展主题教育成果，深入学习贯彻习近平法治思想，深入贯彻落实习近平总书记对广西重大方略要求，把铸牢中华民族共同体意识作为全区各项工作的主线，更好统筹发展和安全，深入践行以人民为中心的发展思想，坚持和发展新时代“枫桥经验”，大力推行“党建+网格+大数据”基层治理模式，加强矛盾纠纷预防化解，统筹抓好政治、经济、公共、网络等各领域安全，建设更高水平的平安广西、法治广西。全区各级党委要加强对平安建设的组织领导和统筹协调，全面夯实平安广西建设根基，为奋力谱写中国式现代化广西篇章提供坚实保障。

会议强调，要牢牢把握新时代“枫桥经验”“党的领导这一根本保证、科学理论这一根本指引、以人民为中心这一根本立场、就地解决矛盾这一目标导向、依法办事这一时代特征、基层基础这一坚实支撑”基因密码，凝心聚力为新时代壮美广西建设贡献政法智慧和力量。要科学研判面临的形势任务，充分运用“政治引领、依靠群众、多元化解、科技赋能、事了人和”经验成果，破解社会矛盾纠纷防范化解的问题短板。要构建矛盾纠纷“预防—排查—化解—巩固”工作闭环体制机制，扎实推动新时代“枫桥经验”在广西落地生根、开花结果。要发挥党的领导政治优势，拧紧社会矛盾纠纷化解的责任链条，努力交出一份推进治理体系和治理能力现代化的广西答卷。

会议表彰、表扬了31个全区新时代“枫桥经验”创新工作法先进典型和2021—2022年度建设平安广西活动先进单位、先进个人和先进市。百色市委政法委、崇左市天等县、河池市罗城仫佬族自治县龙岸镇、北海市涠洲岛旅游区、南宁市邕宁区、桂林市永福县等6个单位作经验交流发言。

文件选辑

关于进一步加强县（市、区）首席法律咨询专家工作的实施意见

（中共广西壮族自治区委员会政法委员会　广西壮族自治区法学会，2023 年 9 月 4 日）

首席法律咨询专家工作，是党委政法委领导下、法学会为广大法学法律工作者搭建的参与党委和政府重大公共决策论证、重大法律风险防控、重大矛盾纠纷调处、重大信访积案化解等工作的法治实践平台，在维护社会和谐稳定、服务经济社会高质量发展中具有重要的意义。为深入贯彻 2023 年中央政法工作会议精神和中国法学会《关于推进首席法律咨询专家制度的指导意见》精神，进一步深化首席法律咨询专家工作，推进县（市、区）首席法律咨询专家工作提质增效，结合广西实际，提出如下实施意见。

一、总体要求

坚持以习近平新时代中国特色社会主义思想为指导，深入学习宣传贯彻党的二十大精神，深入贯彻落实习近平法治思想和总体国家安全观，深入贯彻落实习近平总书记对广西“五个更大”重要要求、视察广西“4·27”重要讲话和对广西工作系列重要指示精神，深刻领悟“两个确立”的决定性意义，增强“四个意识”、坚定“四个自信”、做到“两个维护”。深入贯彻落实《中国共产党政法工作条例》和自治区实施办法、中共中央办公厅《关于进一步加强法学会建设的意见》及自治区实施意见，加强党对政法工作的绝对领导，围绕中心、服务大局、守正创新、担当实干，充分发挥全面依法治国、依法治区“智囊团”“思想库”“人才库”和“第三方”作用，扎实推进县（市、区）首席法律咨询专家工作，为服务广西经济社会高质量发展提供有力法治保障。

二、工作目标

坚持和发展新时代“枫桥经验”，践行“浦江经验”，构建以“党委领导、政府主导、部门联动、专家会诊、首席把脉、公众参与”的工作模式，以服务“重大公共决策论证、重大法律风险防控、重大矛盾纠纷调处、重大信访积案化解”为抓手，主动参与多元化解矛盾纠纷，开展符合法学会特点和规律的法律咨询和法律服务，努力把首席法律咨询专家工作打造成为我区法学会服务法治实践的特色品牌，进一步推动县（市、区）法学会组织体制、工作机制、运行方式创新，带动法学会工作整体提升，更好服务基层治理体系和治理能力现代化，推进信访工作法治化、政法工作现代化，推动建设更高水平的平安广西、法治广西。

三、工作原则

首席法律咨询专家工作要遵循“三坚持”“三首”“三跨”的工作原则：“三坚持”，即坚持以习近平新时代中国特色社会主义思想为指导，坚持围绕中心、服务大局，坚持人民至上。“三首”，即首要负责人带队，首席法律咨询专家领衔，首先解决当地党委、政府最关心、人民群众最关切的法律问题，提供法律咨询建议，推动问题解决。“三跨”，即在党委和党委政法委领导下，跨地区、跨部门、跨层级整合各学科各领域法学专家和法律实务工作者，组建首席法律咨询专家团队，加强与法院、检察院、公安、信访等有关部门的联系协作，形成工作合力。

四、主要工作职责

（一）深入学习宣传贯彻习近平法治思想。依托习近平法治思想研究中心（经中央批准，设在中国法学会）和习近平法治思想广西课题研究组工作平台（设在广西壮族自治区法学会），做好做实《民主与法制》等报刊网的学用工作，充分发挥《广西法治日报》、广西政法融媒体中心等舆论宣传主阵地作用，深入宣传阐释研究习近平法治思想在县（市、区）的生动实践。推动习近平法治思想进县（市、区）委理论学习中心组、进机关、进乡村、进社区、进企业、进校园、进教材（课堂），组织首席法律咨

询专家及专家成员参与“百名法学家百场报告会”法治宣讲、“青年普法志愿者法治文化基层行”活动，提升普法的针对性和实效性，推动学习贯彻习近平法治思想在县（市、区）走深走实、见行见效。

（二）围绕“四个重大”开展法律咨询服务。

1. 为重大公共决策论证提供法律咨询意见。参与立法调研、法规草案论证评估等工作，形成法律咨询意见书；对涉及地方经济社会发展、重大公共利益、重大民生问题、重大项目建设等决策事项中的法律问题进行研究论证或合法性审查，形成法律咨询意见书；对法律咨询意见书所涉法治理论和法治实践问题开展研究，形成课题研究成果报告。

2. 为重大法律风险防控提供法律咨询意见。对本辖区群体性、敏感舆论炒作、边境偷渡、电信网络诈骗、养老诈骗、非法宗教传播等重大案（事）件风险防控进行咨询论证，对本地重点行业、支柱产业、重点企业等重大项目建设推进过程中可能产生的社会稳定风险进行评估，形成法律咨询意见书。

3. 为重大矛盾纠纷调处提供法律咨询意见。对房地产、医疗卫生、教育、社会保障、劳动就业、征地拆迁等领域人民群众反映强烈且带有普遍性的突出难点问题开展调查研究，进行咨询论证，形成法律咨询意见书；对本辖区经济社会发展中出现的重大矛盾纠纷进行调处，形成法律咨询意见书，助力维稳工作法治化。

4. 为重大信访积案化解提供法律咨询意见。对重大疑难信访积案进行研究论证，会商会诊，形成法律咨询意见书。会同有关部门，针对信访疑难案件依法依规进行多元化解，达到案结事了、信访人签订息诉息访承诺书或双方当事人签订《调解协议书》，助力信访工作法治化。

（三）完成党委、政府和有关部门交办或委托的重大事项。首席法律咨询专家每人每年至少参与办理一个重大疑难事项或完成一项以上重大研究课题。

五、完善首席法律咨询专家及专家成员的选聘与管理机制

在设区市党委政法委领导和市法学会指导下，由各县（市、区）法学会组建本辖区法律专家库，开展首席法律咨询专家及专家成员选聘、管理、考评等日常工作。

（一）首席法律咨询专家及专家成员应具备以下条件：

1. 坚决拥护中国共产党的领导，拥护党的基本路线和方针政策，坚持正确的政治方向，遵守宪法和法律；

2. 中国法学会会员，遵守《中国法学会章程》；

3. 具有良好的职业操守，道德修养、社会责任感，热心公益性法律服务；

4. 具有扎实的法律专业知识和丰富的法治实践经验，在专业领域具有较高的权威性和影响力；

5. 敢于担当，善于作为，甘于奉献；

6. 廉洁自律，无违法违纪记录，无行业执业违规记录；

7. 没有其他不适合担任的情形。

（二）首席法律咨询专家及专家成员的选聘程序。

各县（市、区）法学会负责本辖区首席法律咨询专家及专家成员的选聘工作，其程序如下：

1. 法学会根据工作需要向政法机关、法学院校、律师协会等有关单位和行业协会发函，有关单位负责通知所在单位的中国法学会会员自愿报名，并按照规定条件进行人选推荐，由会员所在单位（或者行业主管部门）人事、纪检部门对人选进行审核把关。

2. 法学会对会员所在单位（或者行业主管部门）推荐的人选进行审核，按行业或专业建立若干专家库。

3. 法学会从各专家库中推选出1—3 名政治素质好、专业能力强、热心于公益事业，且最有行业影响力的专家进入首席法律咨询专家库。县（市、区）法学会一般可聘任10—15 名首席法律咨询专家、20—30 名专家成员。

4. 报经县（市、区）党委政法委研究确定，由法学会颁发首席法律咨询专家及专家成员聘书，聘期 3 年。聘期满考核合格，可以续聘。

当地确无合适首席法律咨询专家人选的，可报设区市法学会统筹安排。

（三）建立首席法律咨询专家及专家成员退出机制。

对首席法律咨询专家及专家成员实行动态管理，有以下情形之一的，由法学会及时启动退出程序，并书面向所在单位或者行业党组织通报情况：

1. 聘期满，考核不合格的；

2. 不能正常履职，或无正当理由不接受指派任务的；

3. 违反工作纪律，执行任务中弄虚作假、谋取私利，做出不公正或违规的意见结论的；

4. 利用首席法律咨询专家及专家成员身份谋求不正当利益的；

5. 擅自开展未经授权或委托的活动，造成负面影响的；

6. 工作中违反职业道德、职业纪律，造成负面影响的；

7. 其他不适合继续担任的情形。

六、完善首席法律咨询专家工作流程

（一）受理委托咨询事项。县（市、区）法学会根据党委、政府或有关部门的委托事项，组织开展法律咨询服务。委托事项涉及领域多、情况特别复杂的，可申请上一级法学会调配首席法律咨询专家提供支持。

（二）组建首席法律咨询专家小组。按照“一事一首席”“一事一专班”“一事一方案”的方式，从首席法律咨询专家库中选定首席法律咨询专家，组建专家小组，由1名首席法律咨询专家和若干名专家成员组成。

（三）开展法律咨询服务。首席法律咨询专家组织小组成员对委托事项开展调查研究、分析研判，主持召开首席法律咨询专家小组会议，听取专家成员对委托事项的专业法律意见。

（四）出具法律咨询意见书。首席法律咨询专家综合各专家成员意见形成法律意见书。法律意见书应包括委托事项、案情简介、处理意见（含事实、法律依据和释法说理），并附案件事实材料和法律条文等内容。

（五）法律意见书的审核与落实。首席法律咨询专家对出具的法律意见书进行把关签字，经县（市、区）法学会审核后提交委托单位。根据委托单位需要，首席法律咨询专家小组可指导或参与法律意见书的落实。

首席法律咨询专家小组成员本人与委托交办事项有利害关系或存在其他可能影响独立性、客观性和公正性情形的，应当回避。

七、首席法律咨询专家及专家成员的权利和义务

（一）首席法律咨询专家及专家成员开展工作中享有以下权利：

1. 获得与委托事项有关的资料；

2. 参加与委托事项有关的会议；

3. 依法依规开展调研，了解与委托事项有关的情况；

4. 依法依规发表法律意见；

5. 获得与开展委托事项相应的工作经费与报酬（公职人员兼职的报酬按国家相关政策规定办理）。

（二）首席法律咨询专家及专家成员开展工作中应承担以下义务：

1. 根据党委政法委、法学会的工作要求，全面、及时、准确开展法律咨询服务，提供相应法律咨询意见；

2. 遵守国家保密法律法规，不得泄露国家秘密、商业秘密和工作秘密；

3. 不得利用在工作期间获得的非公开信息或便利条件，为个人谋取利益；

4. 按要求建立和完善相关工作台账，做到一案（事）一卷；

5. 专项工作中明确要求的其他义务。

八、强化考核及结果运用

（一）工作考核。县（市、区）法学会每年底对首席法律咨询专家及专家成员的工作进行考核。主要考核所出具法律意见书和参与化解矛盾纠纷的政治效果、法治效果、社会效果以及专家个人履职情况。

（二）结果运用。对出色完成任务的公职人员以书面形式反馈所在单位党组织，对非公职人员采取以案定补等形式给予适当奖励。

（三）推荐评优。优先推荐参加“全国法学会系统先进集体、先进个人”和“青年法学家”“法治人物”及“建设平安广西活动先进个人”“广西法治建设先进集体和先进个人”等评先评优；优先参与法学会组织的重大课题研究、重大咨询论证事项等。

九、组织保障

（一）加强组织领导。在县（市、区）推进首席法律咨询专家工作，是政法机关和法学会学习贯彻习近平法治思想的生动实践，是推动政法工作现代化的重要举措，是推进县域社会治理法治化的制度创新，各设区市党委政法委要进一步提高政治站位，加强对首席法律咨询专家工作的领导，指导各县（市、区）建立健全党委政法委领导、法学会主抓、相关部门协同的工作机制，推进首席法律咨询专家工作机制、运行方式创新，为首席法律咨询专家及专家成员开展工作创造良好条件，帮助解决工作中遇到的实际困难和问题。

（二）健全组织体系。深入贯彻落实《中国共产党政法工作条例》及自治区实施办法、中共中央办公厅印发《关于进一步加强法学会建设的意见》及自治区实施意见，落实县（市、区）党委常委、政法委书记兼任同级法学会会长，专职副会长兼任同级党委政法委委员；配好配强县（市、区）法学会兼职副会长，落实县（市、区）法学会专职人员，为深化首席法律咨询专家工作提供坚强的组织保障。

（三）完善培训机制。把首席法律咨询专家工作岗位作为提高广大法学法律工作者学习贯彻习近平法治思想的重要实践平台。举办专题学习培训班，积极搭建调研考察、交流研讨平台，不断提高首席法律咨询专家及专家成员履职能力和服务水平。

（四）完善经费保障。各设区市党委政法委、市法学会要协调推动落实首席法律咨询专家工作经费，推动建立常态化工作经费保障制度。依法依规采取多种形式筹措工作专项资金，享受扶持政策。

（五）强化宣传推介。充分发挥广西政法融媒体中心和“双百”法治宣讲、“法治文化基层行”等基层普法阵地作用，及时总结推广好经验好做法，树立先进典型，吸引优秀社会人才参与首席法律咨询专家工作，大力宣传首席法律咨询专家工作在县（市、区）的生动实践。自治区法学会不定期印发首席法律咨询专家团队化解疑难案例选编，不断扩大我区首席法律咨询专家工作的知晓度和影响力。

（六）强化纪律作风。全面贯彻落实中央八项规定精神，严格遵守法律法规，严格遵守防止干预司法“三个规定”，建设一支政治上靠得住、作风上过得硬、群众中信得过的首席法律咨询专家队伍，推动县（市、区）首席法律咨询专家工作走深走实。

特色专栏

化解旅游区“候鸟人”矛盾纠纷“三联”整合工作法

河池市巴马瑶族自治县委政法委

巴马瑶族自治县是世界著名的长寿之乡，每年旅居巴马的“候鸟人”达20多万人次，长居2.5万余人，是当地户籍人口的近10倍。针对“候鸟人”逐年增多、流动性大、利益诉求多样、风俗习惯差异等因素导致各类矛盾纠纷多发的问题，巴马县创新打造化解矛盾纠纷“三联”整合工作法，有效提升“候鸟人”聚集区矛盾纠纷化解质效。

一、阵地联建，整合部门资源“一站式”接访解纷

建成全区首个康养景区法治服务驿站，构建“人民调解先行，行政调解跟进，司法调解兜底”的化解矛盾机制。

一是人民调解先行。村级综治中心入驻法治服务驿站，设置“康寿调解室”，村级调解委员会成员轮班值守。同时，选聘20名懂法律、善交流的“候鸟人”组建“乐善好施”调解团，运用“心平气和助长寿”的康养理念，用心用情调解身边发现的简易矛盾纠纷。

二是行政调解跟进。针对村级调解力量难以解决的物业、房屋租赁及噪声扰民等矛盾纠纷，由县级统筹成立旅游、消费、物业等专业性调解委员会，实行“村级派单、调委接单、限时结单”的工作机制，由村级层面对“候鸟人”纠纷类型研判分流，由对口调解的专调委派员进站调解，限时办结答复。

三是司法调解兜底。在驿站实体化建设“一庭一室两站”（旅游养生法庭、景区旅游纠纷调解室、警务站、生态环境和旅游检查站），组建由公安、司法、检察、法院等政法部门专业人员构成的法治服务专班，强化“警调、访调、检调、诉调”有序衔接，高效处置专调委久调未决或涉及利益面广的复杂纠纷。

二、力量联结，整合干群资源“下沉式”排查解纷

整合各方人力资源下沉一线，做到“候鸟人”纠纷线索“有人找”，利益诉求“有人听”。

一是进门结对“联系访”。在“候鸟人”集中的康养旅游核心区坡月片区开展干部结对联户建平安活动，组织县、镇、村三级56名干部联系片区128户家庭，每名干部结对联系至少2户，重点排查群众与“候鸟人”之间、“候鸟人”之间存在的矛盾纠纷，将发现的纠纷线索上报村“两委”，由村“两委”介入调处或者流转上报。

二是警民共建“联动巡”。辖区派出所会同村“两委”发动“候鸟人”协会、“蓝色纽带”互助联合会、旅游公司、行业场所业主等组织，组建100余人的“寿乡义警”巡防队，开展旅游高峰“点位巡”、旅游平峰“线性巡”流动式巡逻，即时发现并处置旅游矛盾纠纷。

三是专兼结合“联手调”。创建“125”诉前调解工作团队，即一庭（法庭）、两所（派出所、司法所）、五会（旅游协会、消费者保护协会、村委会、“候鸟人”协会、“蓝色纽带”互助联合会），并从中选聘20名懂法律、懂政策、有基层经验的人员担任“候鸟人”调解员，提升对旅游纠纷、房屋租赁纠纷、邻里纠纷等矛盾的调处实效。

三、平台联通，整合智能资源“暖心式”线上解纷

依托各级数字平台一网通办，对“候鸟人”矛盾纠纷“云端调”“快速办”，降低调处矛盾纠纷成本。

一是天网监控联通关键点位。采取“自建+共建”形式，以派出所综合指挥调度平台为中心，在各关键点位安装高清监控探头、一键式报警系统、“车卫士”等安防设备143个，发动景区宾馆、餐馆、康养旅游公司等安装监控探头860多个，打造线上排查化解平台“全天候”服务。2022年以来，通过天网监控系统辅助化解矛盾纠纷165件。

二是“云端平台”联通异地调处。充分利用在线诉讼平台，整合开发提供全流程诉讼服务的微信公众号，向“候鸟人”提供跨区域诉讼服务。2023年以来，通过“云端法庭”远程调解涉旅游纠纷案件26件。

三是手机终端联通基层要素。建立“候鸟人之家”群23个，包片民警入群候警，及时收集信息并随时解答各类诉求和调解纠纷。2023年以来通过微信群发现涉及“候鸟人”矛盾纠纷89件，群内“随手调”解纷79件。

“贝侬”调解民事纠纷工作法

南宁市马山县人民法院古零人民法庭

马山县古零人民法庭辖区山多地少，壮村瑶寨风俗迥异，家庭邻里、债务纠纷多发且容易由单点矛盾转化为家族（村屯）矛盾。在民事案件的解决过程中，法庭充分运用“贝侬”（壮语中指兄弟姐妹、亲戚朋友或者关系特别好的人）亲和力强、威信力高的人文资源，创新推行“贝侬”民事纠纷调解工作法，近年来成功调处矛盾纠纷共700多件，1500多名群众握手言和，大量矛盾纠纷隐患排查化解在村屯族中。

一、“贝侬”搭“贝侬”，汇集村屯调解新力量

壮瑶群众在产生矛盾时，习惯请宗族里双方熟识或地位较高的“贝侬”来评对错、论公道。法庭在村委会主任、屯长或村里长辈家中设立46个“贝侬”调解室，邀请有声望“贝侬”、政法干警“贝侬”、社会力量“贝侬”齐心调解。

一是聚集有声望“贝侬”。注重发挥宗族中热心肠、敢做事、敢说话的同辈“老表”、长辈“阿隆阿吧”等熟知村里村外、各门各户情况的“贝侬”作用，吸纳84名“贝侬”调解员进入调解人才库，负责摸排纠纷苗头、收集群众诉求、说和家庭邻里，引导本村屯纠纷本村屯“贝侬”调，家族纠纷家族“贝侬”解，就地精准解纷。

二是聚集政法干警“贝侬”。注重发挥政法干警长期在本地一线工作、与群众同吃同住同劳动、熟知解纷技巧的优势，政法委牵头组建一村一政法干警“贝侬”调解队伍，对接有声望“贝侬”解决排查出的问题，提供法律服务，协调解决民生保障、乡村振兴困难问题，提升排忧解纷实效性。

三是聚集社会力量“贝侬”。注重发挥人大代表、政协委员及妇联、专家热心社会调解团体等社会专业力量，实行复杂纠纷专业“贝侬”调，着力化解外地人到本地“讨薪”、乡村振兴投资、山林土地及“外嫁女”回乡等专业性较强或涉特殊群体的纠纷问题。

二、“贝侬”劝“贝侬”，创建多元解纷新方式

“贝侬”是群众，群众也是“贝侬”。通过“贝依”劝和“贝侬”，做到纠纷有人排查、有机制调处、有队伍说和，凸显群众自治解纷能力。

一是创新“贝侬”摸排速调机制。针对村屯宗族内有苗头的矛盾纠纷，建立有声望“贝侬”摸排风险、政法干警“贝侬”组织速调模式，由“贝侬”调解团队组织矛盾各方在调解室“围圆”而坐，有声望“贝侬”视情况组织其他“贝侬”到场拉家常、话长短、辩是非，鼓励有矛盾的群众将问题摆在壮家圆桌台面上解决，并提出调解建议，由法官出具调解（裁定）书。

二是创新“贝侬”平行解决机制。推进“贝侬”全程参与矛盾纠纷调解前查人找物、调解后履行协议等环节，利用“贝侬”人脉，查找不愿意出现的矛盾当事人，耐心做好不愿意履行协议的当事人说服教育工作，劝导群众敦亲睦邻、戒斗息讼，动之以情、释之以法，力促矛盾当事人履行义务、冰释前嫌。

三是创新“贝侬”上下联动解决机制。有声望“贝侬”排查发现或在案件办理过程中确知潜在重大矛盾隐患，及时上报县乡村三级社会矛盾纠纷调处中心（站），由镇级综治中心牵头，建立法庭、派出所、司法所、农业农村等部门参与联席解纷机制，运用“贝侬”调解法初步解决问题，做到共享信息、共商对策、共解矛盾、共治共管。

三、“贝侬”说“贝侬”，打造共议化解新阵地

充分运用壮村瑶寨“贝侬”文化“和谐”内核，与时俱进赋予少数民族文化法治新内涵，将“贝侬”调解室打造成群众共商家乡发展、共议村中大事、共解重大矛盾场所，做到“小事不出村，有事贝侬解”。

一是“圆桌”搭平台，有事“贝侬”合议化解。制定“贝侬”调解室工作制度，共定调解工作标准，引入壮乡吃饭“圆桌”柔和没有棱角的“和”概念，定期由“贝侬”组织群众到调解室，围绕乡村环境、产业振兴、家族关系等容易产生矛盾纠纷领域，谈看法、提思路，有分歧当场提出、就地化解，避免矛盾扩大化。

二是“圆凳”评事理，有事“贝侬”劝说化解。壮村瑶寨群众喜欢在农忙饭后、村口树下带着一张圆凳围坐聊天，“贝侬”调解队经常到“围圆”聊天处开展以案普法、以案释法、巡回办案活动，邀请矛盾各方一起坐“圆凳”说心结，引导大家心平气和解决问题，一起聊天的群众也就地转化为“灵活贝侬”，你一言我一语，把矛盾纠纷消失在无形之间。

三是“习俗”说法律，有事“贝侬”预防化解。利用壮瑶地区“安龙”等群众赶集或聊天夜谈等有利时机，组织“贝侬”运用少数民族群众喜闻乐见的方式开展法治宣传、发放法律宣传资料、解答各类法律问题，让广大群众更好地知法守法、用法解纷。

预防化解涉校纠纷“三字”工作法

桂平市人民检察院

桂平市户籍人口203万，是广西区内人口数量最多的县级市，建有中小学、幼儿园700多间，在校生多达35万。桂平市人民检察院积极搭建“浔江灯塔”涉未解纷工作室，推行预防化解涉校纠纷“三字’工作法，有效维护校园安全，保障未成年人合法权益。

一、畅通渠道，矛盾隐患发现在“早”

针对涉校矛盾纠纷，特别是校园欺凌相关苗头发现难问题，探索矛盾纠纷排查新模式。

一是推行一校一排查工作模式。落实检察官担任中小学法治副校长制度，设立投诉信箱，及时收集学校治理存在的问题。在每个学校选取一名老师兼任观察员，从事学校矛盾纠纷的排查工作，确保涉校矛盾纠纷早发现。

二是建立“浔江灯塔”强制报告机制。建立“浔江灯塔”工作平台，聚集公、检、法、司、妇联、教育局等十二部门合力，针对强奸、猥亵、伤害未成年人等9种情形，共同落实强制报告制度，构建“检察+N”的未成年人综合保护网络，实现信息共享，及时处置侵害未成年人违法犯罪线索，防止事态升级。

三是探索家、校、检协同新路径。联合教育局、妇联等部门共同建立家庭教育指导工作站，通过开展家庭教育主题讲座、“检察＋学校＋家长”法治主题开放日等活动，让家长掌握家庭教育知识，提高家长观察力，及时发现学生欺凌等涉校纠纷苗头。

二、多元融合，矛盾纠纷化解在“实”

针对未成年人心智不成熟、情绪不稳定，涉校矛盾纠纷化解难的问题，建立涉校矛盾纠纷多元化解机制。

一是建立联席会议制度，凝聚化解合力。“浔江灯塔”工作室每年定期召开成员单位联席会议，十二部门共同研究涉校矛盾纠纷化解难题。部门之间，通过线索移送、法治宣传、教育矫治、帮扶救助等方式，合力推动涉校矛盾纠纷解决，打造多元解纷大格局。

二是加强“检警协作”，前移化解端口。依托侦查监督与协作配合办公室，针对犯罪情节轻微，依照刑法规定不需要判处刑罚或者免除刑罚的案件，如涉校矛盾纠纷中未成年犯罪嫌疑人未达刑事年龄，检察机关在提前介入侦查引导取证时，通过“检察＋公安”采取背对背模式，强化释法说理，促成双方面对面和解。

三是“检察＋妇联＋关工委”联动，力促事心双解。处理涉校纠纷引发的刑事案件时，坚持精准把握纠纷症结，细致查明双方的家庭情况、涉案未成年人的日常行为表现等，从中发现双方矛盾焦点。同时，通过检察、妇联、关工委等部门联合开展释法说理、心理疏导、帮扶救助等，教育、感化、挽救涉罪未成年人，促进矛盾双方事心双化解，尽最大努力减少社会对立。

三、综合履职，矛盾纠纷防范在“源”

深挖涉校纠纷案件背后未成年人权益保障缺位问题，推动完善矛盾纠纷防范机制。

一是强化法治宣传，提高防范意识。通过开展“法治夏令营”“法治画廊”“我与浔江灯塔有个约定”等特色主题活动，常态化开展法治进校园、学生进基地工作，利用面对面授课、法治直播课等方式，解析涉校矛盾纠纷发生的原因，引导师生通过正确途径解决问题。同时，通过提供“点单式”服务，对矛盾纠纷高发学校进行集中普法，提升学生法治意识和维权能力。

二是坚持定期回访，防止矛盾反弹。对已经化解的涉校矛盾纠纷当事人进行定期回访，了解矛盾化解后双方的生活、学习情况，根据回访情况及时给予矫正、救助、辅导等帮助，防止涉校矛盾复发。

三是制发检察建议，推动矛盾纠纷多元化解。对涉校矛盾纠纷进行深入分析研判，对可能引发涉校矛盾的倾向性、苗头性问题，探究社会治理漏洞，通过向相关职能部门制发检察建议的方式，建立涉校矛盾纠纷预防机制，破解涉校纠纷中“学校不敢管，家长不会管”的难题。

化解邻里纠纷“明理释法”工作法

贺州市昭平县公安局黄姚派出所

昭平县黄姚镇常住人口多，邻里纠纷常发多发。黄姚派出所创新“明理释法”工作法，提升基层民警一线解纷能力，及时就地解决邻里纠纷，有效防止“民转刑”“刑转命”，连续四年实现命案“零发生”。

一、整合“三种资源”讲通情理，定分止争

一是突出公安调解，息纷争。创建以所领导、调解能手为主力的“军哥调解工作室”，发挥公安机关的权威性和公信力，因情因事制宜，针对不同类型矛盾纠纷开展多元解纷，沉警一线化解矛盾。

二是依托社会调解，化民怨。广泛发动辖区内餐饮协会、商家联盟等10余个民间组织，组织退役军人、民兵、村干等社会治安积极分子，组建5支共500余人的“黄姚义警”队伍，充分发挥他们人熟地熟感情熟的优势，让他们当“和事佬”“中间人”“裁判长”，高效优质调和纠纷。

三是发挥专业调解，了事端。针对涉及外地游客的旅游纠纷和时间跨度长的复杂纠纷，派出所积极协同人民调解、行政调解、司法调解等力量，形成“专职调解员＋专业方法手段＋专门服务跟进”

工作模式，实现调解专业化、规范化，有效解决较大权益纠纷。

二、融合“三种文化”讲明道理，修德正身

一是厚植红色文化铸魂。以“忠诚于党、团结奋进、艰苦奉献、人民至上”的黄姚“红警”精神滋养警魂，将红色精神文化融入矛盾化解工作，通过在广西省工委旧址等红色场所开设红色专栏、进村屯宣传红色故事等，大力弘扬红色文化，提高群众对黄姚红色文化的认同感、自豪感及丰富内涵，激发全民共治的“红色功能”，推动矛盾纠纷就近就地化解。

二是弘扬价值观文化固本。以开展平安建设“十无”村（社区）创建活动为契机，通过发放宣传册、悬挂标语、举办活动等方式，大力弘扬社会主义核心价值观。推动建成一批平安长廊、法治公园等宣传场所，引导村委将价值观文化融入村规民约，提升群众自我约束意识，预防矛盾纠纷发生。

三是传承传统文化凝心。在“鱼龙节”“柚子灯节”等当地传统民俗节日期间，用“土白话”“阳山话”等方言，以通俗易懂、喜闻乐见的形式将优秀传统文化传递给群众，提升人民群众文化素质和道德素养，推动和谐包容等内涵深厚的传统文化在矛盾纠纷调解工作中发挥更大效能。

三、聚合“三种力量”讲好法理，尊法明礼

一是聚合政法机关常态普法。将普法融入日常工作之中，采取“1+3+3”普法新模式，即以黄姚派出所牵头，协同法庭、司法所、综治中心等三家政法单位，采取上门普法、走访普法、巡逻普法等三种方式，实行常态化普法，进网格、下村屯、听民意，开展面对面、点对点、多对一的普法服务。

二是聚合政府部门精准普法。坚持精准普法理念，建立“一行业一清单、一群体一对策、一问题一回访”机制，定期对辖区矛盾纠纷进行分析研判，针对土地权属、山林水利、婚恋家庭等突出矛盾纠纷，主动协调自然资源、住建、水利、妇联、团委等主责单位开展专业普法，实现矛盾调处成功率大幅提升、纠纷发生率大幅下降。

三是聚合社会力量义务普法。牵头组建一支由行业领域专家、律师服务团队、人大代表、政协委员、媒体单位、群众代表等组成的素质优良、专业精通、善做群众工作、善于化解各类矛盾的“普法联盟”，了解民情民意，摸排纠纷隐患，宣传法律法规，做到各类治安要素底数清、情况明、动态准。

重大项目建设纠纷“三专”调处工作法

钦州市灵山县司法局

平陆运河是新时代“国字号”工程，项目建设责任重大、任务艰巨，但项目建设涉及的矛盾纠纷也易发多发，特别是灵山段征搬建设涉及的利益群体和矛盾纠纷较为集中。灵山县司法局探索推行矛盾纠纷专项机构、专业力量、专精联调“三专”调处工作法，精准、高效调处化解各类矛盾纠纷，有力保障和谐征搬、妥善安置、顺利建设，助力完成项目征搬工作。

一、组建专项机构，织密“全覆盖”网络

按照层级联动、网格管理、阵地前移的思路和模式，在运河沿线分片设立镇级调解工作站，构建县、镇、村自上而下的矛盾纠纷调处运行机制，形成“中心+工作站+专班+工作室+N”的调解体系，实现“一体化运行、一站式接待、一揽子解决”。

一是构建县指挥枢纽。县大调解中心坐镇后方，整合调度、统筹指挥，确保全县矛盾纠纷调解、服务工作高效运转，为一线工作站及工作人员提供服务保障支撑。

二是构建镇链接桥梁。在平陆运河沿线乡镇建立矛盾纠纷调解工作站，向上对接县大调解中心，横向联动人民调解员、律师、法官、行政执法人员，向下贯通各村（社区），有效打通纵横互联矛调服务网络。

三是构建村前沿阵地。以工作站为中心，组建山林土地水利纠纷调处专班，培育4个“个人品牌调解工作室”，在平陆运河第一梯级枢纽——马道枢纽设立矛盾纠纷调解工作室，选派“行家里手”专职驻点、突前调解，引导“五老”等民间调解员共同参与，打通服务项目建设“最后一公里”。

二、汇聚专业力量，提供“全方位”服务

坚持广泛动员、多方发力，充分调动整合司法人才资源，提供政策宣讲、普法释法、矛盾调处、法律咨询等专业法律服务。

一是充实基层专业队伍。依托“三官一律”工作机制，选优配强项目沿线工作站（室）专业调解骨干30人，23个村（社区）法律顾问和法律明白人等380多人，当好政策宣讲员、矛盾纠纷调解员、法律服务联系员。

二是动员组织专业资源。组织灵山本地8个律师事务所34名律师深入一线，优化“服务+”法治护航运河建设，积极开展“服务运河？普法先行”等活动，群众“按需点单”，律师“按单配菜”，及时送上法律服务“个性化套餐”。

三是聘请引进专业团队。聘请律师事务所服务团队，按照“一域一策”“一事一策”“一类一策”，提供24小时“不打烊”的专业法律指导服务。通过进村入户解读政策，释法明理，消除群众内心疑虑和不合理预期，搭建好“连心桥”。

三、强化专精联调，构建“全闭环”链条

在强化层级联动、多方联调的基础上，突出工作站一线服务、源头预防、就地化解专责效能，针对各类矛盾纠纷及时排查、梳理、研判、协调、化解、回访，实现全链条、闭环式管理。

一是在前端注重全面摸排、就地化解。紧盯源头，开展拉网式矛盾纠纷排查，梳理建立“三大纠纷”等重大隐患问题清单，坚持“能调尽调”原则，将苗头隐患、简易问题就地疏导在早、化解在小。

二是在中端推进三调联动、跟踪销号。对疑难复杂矛盾纠纷，工作站协调引进律师团队顾问，推进人民调解、行政调解、司法调解“三调联动”，坚持“多调少裁”原则，组织专项研究、专组落实化解措施，专人跟踪回访，直至销号完结。

三是在终端支撑多元化解、快裁快决。对重大未调结的矛盾纠纷，工作站分类整理、分类研判、分类移送县大调解中心，中心指派调处专班，快速到场勘验核查、到户询问调查、到村组织调解，加速讨论认定，做到“快裁快决”，保证项目有序推进。

审稿人：李文博

撰稿人：纪　聿　李海清

海　南　省

工 作 概 况

2023 年度海南政法工作综述

2023 年，海南省政法机关以习近平新时代中国特色社会主义思想为指导，深入贯彻习近平法治思想、总体国家安全观，扎实开展学习贯彻习近平新时代中国特色社会主义思想主题教育，以自贸港风险防控和安全保障为主线，坚持一手抓防风险、保安全，一手抓强基层、打基础，政治社会大局持续保持安全稳定。

一、筑牢政治忠诚，扎实开展主题教育

深入开展主题教育，突出政法特色，狠抓工作落实，确保党中央部署全面准确落实到位。

（一）强化统筹指导。省委政法工作会议对政法系统开展主题教育作出部署，省委政法委员会全体会议多次专题研究，听取省直政法单位推进情况汇报，加强督促指导，推动全省政法系统主题教育走深走实。及时下发在政法系统深入开展第二批主题教育的通知，抓好第一批和第二批主题教育衔接联动。省委政法委主题教育经验做法和工作信息 18 次被中央政法委《政法动态》主题教育专刊、《法治日报》《海南日报》等刊发。

（二）做实规定动作。理论学习方面，采取专题研讨、举办读书班、政法大讲堂等形式读原著学原文悟原理，邀请中央党校教授、南海研究院院长授课。调查研究方面，发布 2023 年政法系统十大调研课题，形成 67 项课题成果；配合中央政法委深入开展海南自贸港建设安全保障重点课题调研，举办相关研讨会和征文比赛（198 篇）。检视整改方面，四张清单全部整改落实到位。推动发展方面，在主题教育中突出问题导向，做好防风险、保安全、护稳定、促发展相关工作。

（三）选准自选动作。部署开展“学政法楷模做时代先锋”活动，号召全体政法干警学习英模精神，形成崇尚先进、争做先锋的良好氛围。结合海南政法领域腐败案件，部署开展作风纪律警示和“以案促教、以案促改、以案促治”活动，巩固深化政法队伍教育整顿成果。

二、坚持底线思维，防范化解重大风险

将海南自贸港风险防控和安全保障工作放在突出位置，推动海南自贸港建设平稳安全有序。

（一）紧盯根本性问题防风险。加强维护国家政治安全工作，严密防范打击敌对势力渗透破坏颠覆分裂活动，保持对邪教、非法宗教活动的高压严打态势，严格落实意识形态工作责任制，加强意识形态阵地管理。

（二）紧盯系统性、行业性问题防风险。积极推进打击治理“套代购”走私“靖海”专项行动，针对“即购即提”“担保即提”离岛免税提货方式预判 5 种具体风险场景、提出 20 条防控措施。圆满完成海航集团风险处置中的维稳、破产重整、案件侦办工作。依法妥善处置房地产项目涉稳风险，定期对“空壳公司”等开展分析研判，防止不良企业利用自贸港政策骗取优惠。

（三）紧盯重点环节防风险。顺利完成海南社会管理信息化平台建设体制机制调整，建立“建管用”一体化的运维机制。完成反走私综合执法站、海警工作站建设，构建非设关地反走私偷渡全岛闭环管控体系。出台《海南自由贸易港“三无”船舶综合治理规定》，优化“三无”船舶清理整治顶层设计。完善移民出入境政策体系，持续加大反偷渡力度。

三、以人民为中心，努力创建最安全地区

坚持打防结合、以防为主，积极创建全国最安全地区。

（一）打击突出违法犯罪活动坚决有力。深入打击电信网络诈骗、跨境赌博等违法犯罪活动，开展旅游消费联合护航行动、严厉打击有关违法行为。开展自贸港封关前禁毒三年“固本防风险”行动，持续巩固全省禁毒三年大会战成果。

（二）社会治安状况保持良好态势。常态化开展扫黑除恶斗争，共打掉涉黑恶犯罪团伙12个，破获刑事案件106起，抓获犯罪嫌疑人199人。开展全省社会治安重点地区百日整治专项行动，部署新一轮农村地区社会治安问题排查整治，社会治安形势持续保持稳定。

（三）维稳安保工作取得突出成效。部署全省今冬明春安全稳定风险排查化解专项行动并组织“回头看”，妥善化解483个风险隐患。组织全省开展重大决策社会稳定风险评估项目477个。圆满完成重要节点维稳安保工作，博鳌亚洲论坛年会维稳安保任务、全国两会期间维稳工作。

四、打牢基层基础，建设更高水平的平安海南

坚持把抓基层、打基础作为长远之计和固本之策。

（一）基层基础攻坚纵深推进。以破解平安海南基层基础薄弱难题为导向，围绕6类量化指标、32项具体攻坚任务，扎实开展平安建设基层基础三年攻坚行动。部署“无命案”市县（区）创建活动，命案发案数创历史新低，全省6个市县实现命案“零发案”。完成全国市域社会治理现代化试点验收工作，加强住宅小区治理和智慧安防小区建设。开展“平安进万家”活动，推进社区警务战略，388个派出所落实“一村一警务助理”“1＋2＋N”警务模式。

（二）矛盾纠纷多元化解多点开花。开展新时代“枫桥经验”大调研，赴杭州、诸暨实地观摩学习，总结提炼海南“枫桥式工作法”，其中海口市秀英区石山镇、文昌市法院、昌江县公安局的相关经验做法入选104个全国“枫桥式工作法”。召开海南省坚持和发展新时代“枫桥经验”推进会暨全省调解工作会议，对全省28个新时代“枫桥经验”先进典型予以表彰。持续加强矛盾纠纷多元化解，全省矛盾纠纷调处率达94.62%。

（三）政法智能化建设提质升级。将智慧政法作为海南政法工作高质量发展的重要抓手，积极推进政法业务协同平台、刑事诉讼涉案财物跨部门集中管理信息系统等项目建设。全力推进群防群治系统基本功能的开发建设和投入使用，在综治信息采集、网格化管理、矛盾纠纷多元化解等领域发挥了积极作用。

五、聚焦突出问题，推进全省护苗专项行动

针对未成年人违法犯罪高发问题，启动专项行动，进一步加强未成年人保护和预防犯罪工作。

（一）坚持系统谋划。成立21个省直单位组成的省护苗专项行动领导小组，各市县成立同等规格领导小组；领导小组下设家庭、社会、教育、司法“四防”工作组，建立以“六类未成年人包保帮扶工作机制”为基础、以“督办督导四项制度”为抓手、以“护苗驿站三级综合服务管理平台”为载体、以“一套护苗工作信息系统”为支撑的“6431”工作体系，形成上下联动、齐抓共管的护苗格局。

（二）坚持打防并举。对性侵未成年人和校园欺凌案件逐案剖析，把握共性特征。部署为期一年的打击防范性侵未成年人犯罪工作，针对男生、女生、家长3类群体，组织拍摄“防性侵”宣传教育专题片，做到重点群体全覆盖。在全省范围内开展打击侵害未成年人犯罪“利刃”、禁毒“护苗”、法治宣传等活动。开展暑期防溺水安全倒计时攻坚等专项行动。对重点案件进行剖析督办，对全省市县开展“四防”督导全覆盖。

（三）坚持综合治理。组织公安、教育部门建立学生欺凌防治协调机制。组织全省开展为期半年的校园及周边环境集中整治，排查整治学校及周边违规经营场所276家；严格落实强制报告和从业禁止“两项制度”，对核查结果依法依规处理。建成4所专门学校并投入使用，共有学位700个。通过各方努力，初步遏制未成年人违法犯罪高发态势。

六、加强法治建设，营造一流法治化营商环境

全面贯彻习近平法治思想，持续深化政法改革，以高质量法治服务保障高质量发展。

（一）全面推进立法、执法、司法和守法。出台关于贯彻落实《全面深化法治领域改革纲要（2023—2027年）》的若干措施，配合省人大常委会制订海南省人大常委会立法规划（2023—2027）草案，起草《海南自由贸易港反走私条例》等法规，积极推进第四批调法调规工作。宣传贯彻新修订的行政复议法，推动出台《海南省行政调解规定》《海南省进一步加强和改进行政复议行政应诉工作　促进依法行政行动方案（2023—2025年）》，深入开展行政复议质量提升年活动。加强全省公共法律服务三大平台建设，在司法部组织的公共服务法律体系建设第三方评估中，海南位于全国前列。法学会成功举办2023年WTO法学术年会，推进首席法律咨询专家工作，成功化解一批重大疑难信访积案，开展“双百”基层活动，普法效应更加放大。

（二）全面深化政法改革。贯彻落实党中央关于全面深化政法改革部署要求，扎实推进执法司法权力运行机制改革，对海南基层政法部门在办理案件中执行国家法律法规情况开展执法司法专项检查。持续推动公安政务服务由“一门通办”向“一窗通办”转型升级，加快推进海南自贸港国际商事仲裁中心建设和仲裁业务开放，首次完成全省司法鉴定机构诚信等级评估工作。

（三）全力维护社会主义市场经济秩序。重拳打击工程领域串通投标犯罪，依法侦办了一批有影响的案件。将推进规范企业良性发展作为助力优化法治化营商环境、服务保障自贸港建设的重要抓手。成立营商环境专班办公室，推动成立破产管理人协会，发布破产审判典型案件，完善相关工作机制，促进破产便利化。

七、坚持严管厚爱，锻造新时代政法铁军

按照“五个过硬”要求，全力锻造忠诚干净担当的新时代政法铁军。

（一）坚决贯彻《中国共产党政法工作条例》。严格执行请示报告制度，健全完善“第一议题”学习制度和包片督导、挂牌督办等工作机制，建立党委政法委月调度例会制度，形成传达学习、任务落实、督促检查、结果报告工作闭环。部署开展集中肃清流毒专项工作，进一步净化政治生态。

（二）加强素能建设。高质量承办中央政法委、中央宣传部相关培训班及中央政法委《长安》杂志通联培训班，提升政法宣传和舆论引导能力，得到中央政法委充分肯定。举办全省政法干警学习贯彻习近平新时代中国特色社会主义思想、党的二十大精神培训班、海南政法大讲堂，引导全省政法干警坚定捍卫“两个确立”、坚决做到“两个维护”。

（三）强化激励约束。开展全省政法系统党员干部及其亲属违规从事法律服务专项治理，组织研发辅助甄别信息系统。认真贯彻执行“三个规定”和“十个严禁”，定期通报典型案件。开展全省平安建设、新时代“枫桥经验”、维稳安保等表彰工作，激励干警担当作为。与省总工会沟通协调，加强对政法系统烈士、因公牺牲政法干警家庭的帮扶救助。

会议活动

2021—2022 年度海南省平安建设先进集体和先进个人表彰大会

10 月 17 日，2021—2022 年度海南省平安建设先进集体和先进个人表彰大会在海口召开。

会议宣读有关表彰通报，获表彰代表作交流发言。会议肯定近年来海南省平安建设工作成效，指出当前海南正处于自贸港建设关键期、高质量发展窗口期、风险集中释放期，有效防范化解风险是建设更高水平平安海南的重中之重。各级各部门要坚决贯彻落实习近平总书记关于平安建设的重要指示精神，持之以恒抓紧抓好平安海南建设，以新安全格局保障新发展格局。

会议要求，要树牢科学理念，推动更高水平的平安海南建设，树牢“大平安”、“主动创安”和“科学治理”理念，用好自治、法治、德治和科技手段，一体推进“打防管控建”。要统筹发展和安全，加快构建与高水平自贸港相适应的风险防控和安全保障体系，切实维护国家政治安全和社会稳定，深入推进“三无”船舶清理治理，依法严厉打击离岛免税“套代购”走私，加大对洗钱、偷逃税、涉旅游等违法犯罪惩治力度，坚决遏制重特大安全事故，常态化开展扫黑除恶斗争，纵深推进打击治理赌诈、未成年人护苗、禁毒三年“固本防风险”等专项行动。要夯实基层基础，以更实举措加强和创新社会治理，充分发挥基层党组织核心作用，加强网格服务管理，坚持和发展新时代“枫桥经验”，落实“四下基层”工作制度，加快推进社会治理数字化转型。要加强党的领导，严格落实责任，强化考评激励，推动平安海南建设再上新台阶。

文件选辑

关于进一步加强司法确认工作的指导意见

（海南省高级人民法院　海南省司法厅，2023年8月21日）

为深入贯彻落实习近平法治思想，坚持和发展新时代“枫桥经验”，完善海南矛盾纠纷多元化解体系，促进海南自贸港法治化营商环境建设，根据《中华人民共和国民事诉讼法》《最高人民法院关于适用〈中华人民共和国民事诉讼法〉的解释》《中华人民共和国人民调解法》《最高人民法院印发〈关于建立健全诉讼与非诉讼相衔接的矛盾解决机制的若干意见〉的通知》《海南省多元化解纠纷条例》等有关规定，结合海南省实际，提出以下意见。

一、司法确认的范围

经依法设立的调解组织主持调解达成的具有给付内容及其他可执行内容的调解协议，无法即时履行的，当事人可以共同向人民法院申请司法确认。

二、司法确认的原则

开展司法确认工作应当遵循合法、自愿、便民、高效的原则。

三、司法确认的管辖

申请司法确认调解协议案件按照以下顺序确定管辖：

（一）人民法院委派调解组织开展先行调解的，由作出委派的人民法院管辖。

（二）调解组织自行开展调解的，可以向当事人住所地、标的物所在地、调解组织所在地的基层人民法院提出司法确认申请；调解协议所涉纠纷应当由中级人民法院（专门人民法院）管辖的，向相应的中级人民法院（专门人民法院）提出司法确认申请。

（三）两个以上调解组织参与调解的，符合民事诉讼法第二百零一条规定的各调解组织所在地人民法院均有管辖权。双方当事人可以共同向符合民事诉讼法第二百零一条规定的其中一个有管辖权的人民法院提出申请。

（四）双方当事人共同向两个以上有管辖权的人民法院提出申请的，由最先立案的人民法院管辖。

四、司法确认的申请

（一）当事人应当自调解协议生效之日起三十日内共同向有管辖权的人民法院申请司法确认调解协议。当事人可以选择“线下线上”两种方式申请司法确认。

当事人选择“线下”申请司法确认的，可以自行向人民法院提出司法确认，也可以委托调解组织向人民法院提出。当事人选择“线上”申请的，可以通过“海南法网智慧调解平台”“人民法院调解平台”在线提出司法确认申请。

（二）在达成调解协议后，调解组织或调解员应当主动督促当事人即时履行调解协议；无法即时履行的，向当事人告知司法确认的效力，积极引导双方当事人申请司法确认。当事人一方提出司法确认申请的，人民法院与调解组织应当共同积极与另一方当事人联系沟通，说服引导其同意申请司法确认。

（三）当事人提出司法确认申请的，应向人民法院提交下列材料：司法确认申请书、调解协议、调解组织主持调解的证明、身份证明或营业执照、与调解协议相关的财产权利证明等证明材料、双方当事人的送达地址确认书、双方当事人签署的承诺书等调解员应当全程指导或参与司法确认工作。

五、司法确认的受理和审查

（一）经人民法院委派调解达成调解协议，当事人共同到人民法院申请司法确认的，人民法院应当即时受理。经调解组织先行调解达成调解协议，当事人共同到人民法院申请司法确认的，人民法院应当自收到司法确认申请三个工作日内决定是否受理，但当事人提供材料不符合要求的除外。人民法院受理申请后，一般应当在三十日内作出是否确认的裁定。

（二）在调解过程中，对极有可能达成调解协议并申请司法确认的，调解组织、调解员可向有管辖权的人民法院申请派员到场，参与调解工作并对调解工作进行业务指导。当事人达成调解协议并同意申请司法确认的，有管辖权的人民法院可以即时受理并在十日内作出是否确认的裁定。

（三）调解组织、调解员应当对人民法院不予受理司法确认的法定情形向当事人充分释明。人民法院受理申请后，发现有法律规定不予受理情形的，应当裁定驳回当事人的申请。

（四）人民法院受理司法确认申请后，对简单纠纷应当实行“形式审查为主，实质审查为辅”，由法官一人进行书面审查。

（五）人民法院要充分利用信息化手段，采用“在线审查＋电子送达”的方式，通过“人民法院调解平台”办理在线申请司法确认案件。探索在调解组织或人民法庭设立在线司法确认工作室，实现司法确认数据全流程线上交互对接。

六、司法确认的机制保障

（一）建立调解组织及调解员名册。各市县（区）司法行政机关应当将本行政区域内依法设立的且在司法行政机关备案的人民调解组织、行业性专业性调解组织、行政调解组织、商事调解组织和其他调解组织或调解工作室、调解员等情况通报所在地基层人民法院备案。在此基础上，各法院建立调解组织名册和调解员名册。

（二）设立司法确认联络员。各市县（区）司法行政机关及中基层人民法院、人民法庭应当指定专人任司法确认工作联络员。各法院应当将联络员名单通告所在地司法行政机关和本行政区域内相关调解组织，并通过适当的方式向社会公示。各法院司法确认联络员应定期汇总司法确认裁定书发送给相关主持调解的调解组织存档，促进调解组织规范司法确认申请档案管理。

（三）坚持矛盾纠纷源头治理。各市县（区）司法行政机关要坚持把非诉讼纠纷解决机制挺在前面，切实加强调解组织规范化建设，不断提升调解组织的调解能力和社会公信力。人民法院应会同司法行政机关做好对人民调解的业务指导，切实把矛盾纠纷化解在基层、萌芽状态。各级各类调解组织要积极引导当事人协商解决纠纷，并督促当事人自动履行调解协议，努力将矛盾纠纷化解在源头。

（四）构建虚假调解识别机制。各法院、市县（区）司法行政机关、调解组织以及调解员应当通过诉前引导、调解告知、诚信承诺等方式，宣传警示虚假调解行为的法律后果。

调解组织和调解员在主持调解过程中以及人民法院在司法确认审查过程中应注意识别防范虚假调解，对离婚、继承协议，财产处分协议，民间借贷协议，交通肇事赔偿协议以及劳动争议等容易出现虚假调解的情形要从严把关，重点审查达成的协议是否违反交易习惯，是否符合常识常理，是否违背公序良俗，是否损害国家利益、社会公共利益或者他人合法权益。对于可能存在虚假调解行为的案件，调解组织和调解员应中止调解，并及时向司法确认联络员通告相关情况。

（五）建立定期通报和会商制度。全省各级法院、各市县（区）司法行政机关要加强相互之间的沟通合作，根据工作需要定期会商，分析研究本地区矛盾纠纷情况，研究防范化解措施，及时通报司法确认工作的情况、存在的问题和意见建议。

特色专栏

海南全链条开展护苗专项行动

海南省委政法委（省护苗办）

2023年，省护苗专项行动领导小组及其办公室做严打击整治、做细精准预防、做实宣传教育、做勤督办督导，未成年人护苗专项行动取得阶段性成效，工作局面不断向好。

一、坚持高位推动，四套班子共谋划、全省上下形成护苗合力

护苗工作要“远近结合、标本兼治”，“近”和“标”就是要通过依法打击和严惩违法行为形成威慑，“远”和“本”就是要抓好基础教育质量提升、夯实法治社会基础。2023年3月17日，省委政法工作会议对全省未成年人护苗专项行动进行动员部署，全省护苗工作如火如荼全面展开。

省人大常委会通过并施行《海南经济特区禁止向未成年人提供文身服务若干规定》，形成《关于我省未成年人保护和预防犯罪工作情况的调研报告》，并将护苗工作列为省人大重点执法检查项目。省政协形成《关于加强“护苗”专项行动中未成年人法律援助的建议》调研报告，积极就护苗工作协商议事。

成立省护苗专项行动领导小组，组长由省委副书记、政法委书记担任，副组长由相关分管省领导和公检法“三长”共6位省领导担任，成员由21个省直单位组成，办公室设在省委政法委。领导小组下设家庭防护、教育防护、社会防护、司法防护4个行动小组。各市县成立相应规格的领导小组及办公室、行动小组。

二、做严打击整治，以打开路对涉未成年人违法犯罪形成强大震慑

一是严厉打击侵害未成年人权益违法犯罪。部署开展打击侵害未成年人犯罪“利刃”专项行动，破获一批侵害未成年人的典型案件，打击成效不断显现；部署开展为期半年的打击防范性侵未成年人犯罪攻坚行动，性侵未成年人犯罪虽然仍呈上升态势但趋势明显放缓，未成年人被性侵多发势头得到有效遏制。

二是严厉打击涉未成年人违法犯罪。公安机关首次应用“组织未成年人进行违反治安管理活动罪”开展打击工作，对侵害未成年人违法犯罪行为形成强大震慑效应。2023年，全省公安机关共立未成年人刑事案件数、查获犯罪嫌疑人人数，同比分别下降6.97%、4.22%。

三是持续开展校园及周边社会环境综合整治。组织全省开展校园及周边环境集中整治行动，重点加强校园周边文身店、网吧、宾馆旅店、烟酒店、零售商店等重点场所整治。处置旅馆违规接纳未成年人入住场所500余家，性侵发生在旅馆的案件数下降5.95%。

三、做细精准预防，突出帮扶未成年重点人群和重点市县

一是建立护苗六类未成年人包保帮扶工作机制。将重点未成年人划分为单亲、离异家庭未成年人，孤儿、事实无人抚养儿童、困境儿童、农村留守儿童等未成年人，完成义务教育阶段后待业未成年人，不良行为未成年人，严重不良行为未成年人，社区矫正和刑满释放未成年人等六大类，分别由省妇联、省民政厅、各市县、省教育厅、省公安厅、省司法厅牵头进行精准包保帮扶。

二是推动护苗工作信息系统服务保障实战应用。精准高效开展护苗包保帮扶工作，省护苗办开发护苗信息系统，推动系统上线试运行。自2023年9月底系统试运行以来，系统不断优化，服务实战的功能不断提升。

三是建立三级护苗综合服务管理平台。在儋州、陵水两地开展护苗驿站建设试点工作，鼓励其他市县结合自身实际同步开展。探索在市县一级建立标准化护苗驿站，在乡镇（街道）一级建设护苗联络站，在村（社区）一级设立护苗联络员，打造一站式未成年人全方位综合服务管理平台。

四是着力开展严重不良行为未成年人“四访五帮”工作。制定印发《海南省严重不良行为未成年人“四访五帮”实施方案》《严重不良行为未成年人列入“四访五帮”范围评估标准（试行）》，政法各单位、教育、民政等部门按照职责分工认领任务，严格落实教育引导和帮扶转化。

五是开展省级部门对重点市县包保指导工作。构建“省级部门—市县政府—乡镇—村居—学校”的五级包保工作责任体系，有效遏制未成年人重大恶性安全事件发生。

六是强化“四防”措施落实。开展“防命案、防溺亡、防未成年人受侵害、防道路交通亡人”督查督导工作，帮助被督查市县查找问题、及时整改到位。

四、做实宣传教育，宣教并重营造全省护苗浓厚氛围

一是丰富载体营造全社会共同护苗氛围。开展护苗宣传标语口号有奖征集活动，共向社会征集护苗宣传标语口号4273条，最终评选出获奖标语口号56条；拍摄制作《护苗“童”行，共赴未来》35秒专项行动宣传短片，组织在全省电影院线进行映前公益播放；发布《2020—2022年海南法院未成年人刑事审判和司法保护白皮书》；省直各相关单位和各市县也采取未成年人乐于接受、丰富多彩的形式广泛开展宣传教育。

二是创新改进法治教育。策划制作《全省未成年人“护苗说法”栏目》10集系列短片；针对未成年女生、男生和学生家长等三个受众群体组织拍摄3

部打击惩处性侵未成年人犯罪典型案例警示教育片，作为全省2024年各中小学校“寒假第一课”开展校内宣传；征集涉未成年人案事件典型案例26个，全面开展“以案示警”“以案说法”“以案促改”活动。省司法厅组织开展未成年人法治宣讲“三进”活动。省高院在全省31家法院、54个人民法庭同步揭牌成立青少年法治教育实践基地。

三是全面落实法治副校长制度。全省普通中小学校配置法治副校长2100人，实现全覆盖。

四是加强心理健康教育。出台《海南省关于加强新时代中小学心理健康教育工作的实施意见》，加强心理健康教育教师队伍建设，全省中小学（不含教学点）配备专兼职心理健康教师的学校比例达98.64%，超过国家规定比例要求。

五是深入推动专门教育。新增建成东方感恩、儋州正德、三亚育苗等3所专门学校，同步抓紧建设海口荣山学校新校区、澄迈仁兴学校专门学校，待建成后将新增学位1000个。出台《海南省专门学校管理办法》。

五、做勤督办督导，以督促指导助推护苗工作责任落实

出台《护苗专项行动督办督导“四项制度”》，通过正向激励、反向倒逼压实各级各部门责任。

一是加强日常督导，深入各市县先暗访后明察，推动护苗行动嵌入基层、落实落细措施。

二是省级督导推动，对督导发现存在问题突出的市县和行业领域，进行省级挂牌督办整改。

三是政法机关制发“三书一函”及人身安全保护令、家庭教育指导令、家庭教育告诫书、督促监护令等文书，并进行亲职教育1677次，有力维护未成年人的合法权益。

四是强化年度考评，通过激励和倒逼方式，推动各级各部门落实责任。

强化司法责任担当　维护平安海南建设

海南省第一中级人民法院

近年来，在省委政法委、省高院及院党组的坚强领导和正确指导下，海南一中院刑事审判第一庭（以下简称“一中院刑一庭”）以习近平法治思想为根本遵循，筑牢政治忠诚，充分发挥带头引领作用，不断发扬攻坚克难、迎难而上的担当精神，讲政治顾大局，以平安建设为着力点，以党建带队建促审判，以创新引领审判创优，打造出一支“敢打硬仗、能打赢硬仗”堪当重任的刑事审判铁军，为支撑和服务中国式现代化贡献刑事审判力量。

一中院刑一庭近年来获得的荣誉有：2018年被中共海南省直机关工委授予“机关党建示范点”的称号，2019年8月被最高人民法院授予“全国刑事审判工作先进集体”，2019年被省直机关工委评为“2017—2019年度省直机关先进基层党组织”，2020年被海南省委办公厅、省政府办公厅评为“全省禁毒三年大会战先进集体”，2023年被海南省委办公厅、省政府办公厅评为“2021—2022海南省平安建设先进集体”，2023年还被省委政法委评为“2019—2022年度海南省维稳安保工作先进集体”。

一、坚决依靠党委领导，以问题为导向，高质量完成扫黑除恶艰巨任务

一是勇于当先，打响海南省扫黑除恶第一枪。2018年初，成功审理五指山市黄图望、梁正武为首的“月亮帮”37人涉黑案，对37名被告人实施的63宗犯罪、违法行为，分别以组织、领导黑社会性质组织罪等14项罪名量刑定罪。在省委政法委领导、省高院有力指导下，实现了对涉黑恶犯罪事实认定和定罪量刑规律的首次实践探索。

二是“摸着石头过河”，成功审理了热播剧《罚罪》原型案例。2020年1月10日，成功审理中央政法委挂牌督办的昌江“10·26”黄鸿发等196人特大涉黑案及相关系列保护伞案。指控罪名17个，犯罪事实53宗，卷宗986册，涉案财产近26亿元。面对被告人人数、涉及罪名、涉案财产、危害程度、审理难度等众多前所未有的困难，海南一中院披荆斩棘，迎难而上，分成四案开庭，经过83天审理圆满审结该案，对首犯黄鸿发判处死刑。一举覆灭在当地称霸三十年的特大涉黑团伙。赢得了民心、彰显了扫黑务尽的决心。中央广播电视总台《今日说法》播出扫黑除恶专题片《昌江扫黑风云》。此案还被最高人民法院确定为“十大典型案例”。

三是坚持“法、理、情”相统一，审结海口最大涉黑案。2020 年 11 月 5 日，开庭审理了全国扫黑办挂牌督办的海口吴宗隆等 144 人特大涉黑案。经过长达 20 天的庭审以及半年的审理，办案团队三次集中封闭办案，并向省高院、省委政法委、最高人民法院多次汇报、沟通协调相关问题，最终顺利结案。对首犯判处死刑，剥夺政治权利终身。对一名被告人作出免予刑事处罚判决。处置涉黑财产 20 多亿元。该案审理坚持了“国法、天理、人情”相统一的司法理念，是政治效果、法律效果和社会效果相统一的典型案件。

二、立足本职积极延伸，以“青法村”为范，积极参与基层社会综合治理

为充分发挥人民法院在参与基层社会综合治理方面的职能作用，认真落实省高院关于“推广三亚青法村社会综合治理经验”的要求，刑一庭案件承办法官就琼海王绍鼎等人涉黑案暴露出的党建、社会治理等问题向有关部门发送司法建议书。并以此为契机，刑一庭党支部联合琼海法院刑庭党支部与该案件案涉地所在村委——琼海市嘉积镇里邦村委——开展法治共建活动，在琼海市委组织部、市扫黑办、市民政局、嘉积镇党委等党政部门的共同见证下签订法治共建合作备忘录。就涉黑涉恶犯罪预防、基层党组织建设、涉毒违法犯罪预防、未成年人犯罪预防和保护等方面深化法治共建达成共识。

三、“打虎拍蝇”零容忍，扫除“害群之马”保证“关键少数”队伍清明廉洁

一中院刑一庭始终坚持对职务犯罪“零容忍”态度，坚决将“打伞破网”落到实处，严惩一批重大职务犯罪、黑恶势力保护伞“关键少数”。一是以受贿罪、包庇黑社会性质组织犯罪分别判处了原昌江县公安局局长王雄进，原昌江县公安局局长、省公安厅刑事警察总队有组织犯罪支队负责人陈小明，原文昌市公安局政委韩亚东等人。二是顺利审结了广西壮族自治区原副主席刘宏武受贿案，该案系建省以来海南省审理的中管干部职务犯罪“第一案”，得到最高人民法院、省高院充分肯定。审理了省高院原副院长张家慧犯受贿、诈骗等罪一案，还审理了省地质局原党组副书记、局长邓小刚受贿案；省市场监督管理局原党组副书记、局长孙颖受贿案；省农垦总局原副局长、巡视员彭隆荣受贿案；原海南省国土资源厅党组副书记、厅长陈健春受贿案；儋州市委原常委、省公安厅党委原委员、儋州市公安局原局长易向阳受贿案；省公安厅原巡视员宋顺勇受贿案等一批在全省乃至全国有重大影响力的职务犯罪案件。为抓好“关键少数”队伍清明廉洁，树立风清气正的执法氛围和优良的营商环境保驾护航。

数字检察助力环境公益诉讼革新

琼中县人民检察院

我国环境公益诉讼制度的不断探索发展，回应了新时期生态文明建设和绿色发展的现实需求，已经成为我国环境法治体系的重要组成部分。琼中县人民检察院紧紧围绕国家生态文明试验区（海南）建设，聚焦服务保障海南热带雨林国家公园建设，深入实践数字检察工作，按照“业务主导、数据整合、技术支撑、重在应用”的工作模式，遵循“小切口”的构建模型规律，针对特定类型案事件，通过大数据赋能，有针对性地开展法律监督，推动环境公益诉讼工作高质量发展。

一、加强统筹协调，高位推动数字检察工作

琼中县人民检察院党组高度重视数字检察工作，成立数字检察工作领导小组，集合业务部门骨干人员成立工作专班，锚定目标、倒排工期，聚焦法律监督主责主业，不断丰富大数据法律监督应用场景，推动数字检察工作不断取得新成效。在 2023 年最高人民检察院组织开展全国检察机关大数据法律监督模型竞赛中，琼中县人民检察院创建的“海南热带雨林国家公园数字检察综合监督模型”荣获三等奖。该模型是海南省检察机关首次以大数据法律监督模型服务保障海南热带雨林国家公园建设的实践案例，也是在全国首批国家公园内运用大数据赋能检察监督，以数字检察监督模型服务保障热带雨林国家公园建设的首个获奖模型。

二、围绕生态保护，服务保障国家公园建设

围绕“国之大者”和地域特点，聚焦海南热带雨林国家公园建设生态环境及资源司法保护，在探索创建“海南热带雨林国家公园数字检察综合监督模型”中，通过分析涉林《行政处罚决定书》，抓取行政处罚的种类和依据、行政处罚的履行方式和期限、申请行政复议、提起行政诉讼的途径和期限等关键节点数据，构建数据模型。经模型筛查，琼中县人民检察院累计发现行政检察监督线索 114 条，公益诉讼检察监督线索 13 条，制发公益诉讼类案检察建议 4 份，行政执法机关违法行为监督类案检察建议 2 份。

三、坚持业务主导，不断提升检察监督质效

持续擦亮海南检察机关“检察蓝”守护“雨林绿”检察特色品牌。坚持以检察业务为主导，针对刑事立案、行政执法、生态环境修复和生物多样性保护等检察监督线索发现难、综合治理问题突出等诸多难点堵点，监督模型以审查、调查、侦查“三查融合”贯通刑事检察、行政检察和公益诉讼检察，采取“梳理法律文书、提取数据要素，找准监督特征、提炼研判规则，反向核查线索、提升监督质效，强化检察监督、推进源头治理”四步骤，实现检察监督办案路径。2023 年，该数字模型在海南热带雨林国家公园范围的全部 9 个市县院和外省市检察机关实现异地推广验证，累计发现检察监督线索 1900 多条，共办理检察监督案件 45 件，制发检察建议书 33 份，诉前磋商函 2 份，实现以数字检察的创新动力推动法律监督提质增效，服务保障海南热带雨林国家公园建设。2023 年 10 月 20 日，《海南日报》以《全国检察大数据法律监督模型竞赛海南一作品获奖》，报道琼中县人民检察院以数字检察有力服务保障海南热带雨林国家公园建设。

四、注重矛盾纠纷多元化解，有效推动问题长治长效

海南热带雨林国家公园数字检察综合监督模型的成功创建和运用，为海南检察机关与林业部门，在环保公益诉讼领域的协同工作机制，提供实践范例，推动琼中县林长办将信息共享机制写入《关于建立“林长 + 公安局长 + 检察长”工作机制的意见》，助推与海南热带雨林国家公园管理机构《关于大数据推进海南热带雨林国家公园建设联席会议制度的意见》的合作制定，促进海南热带雨林国家公园生态环境损害修复赔偿工作制度的制定，优化生态环境巡查制度，在服务保障海南热带雨林国家公园过程中取得良好成效，是基层检察机关改革创新的生动实践范例，体现了检察机关服务大局、守护生态、促进经济社会高质量发展的关键作用。

“三联融合”社区警务工作法

临高县公安局临城西门派出所

近年来，临高县临城镇西门派出所聚焦新时代“枫桥经验”本土化，以“三联融合”为抓手，推进矛盾不上交、平安不出事、服务不缺位，2023 年以来刑事立案数同比下降 11.4%，各类投诉量同比下降 44%，未发生赴省进京访事件，荣获“海南省维稳安保工作（2019—2022 年）先进集体”等荣誉称号。

一、“红蓝融合”联动共治，党建引领激发新活力

一是搭建“互联网 + 调解”平台。该所在大波村委会党群服务中心建设“大波警务室”并安排 2 名党员民警和 4 名辅警进驻，设立党员先锋岗，建立“公安吹哨、综治跟进、政府帮忙、社区报到”的综治联调工作机制，搭建“互联网接待调解”平台与派出所综合指挥室连接，实现调解员与当事人网上“面对面”沟通，切实提升矛调质效。2023 年以来共化解矛盾纠纷 96 起，未发生因矛盾纠纷引起的“民转刑”“刑转命”案件；设立“投诉回访专席”，对 12345 和信访信件进行研判，主动应对、耐心解释、及时化解，实现投诉率下降 23%。

二是探索退休党员民警参与社区治理新路径。号召有意回归组织发挥余热且综合素质高的退休老党员老民警 2 人建立“退休党员民警社区工作室”，协助社区警务室承担矛盾纠纷排查、法律宣传等工作。2023 年以来成功调解民事纠纷 8 起，调处成功率达 100%。

二、“警地融合”联防群治，干群结合激发战斗力

一是扩大“朋友圈”。将村居（社区）、企业、党政机关等治保力量 216 人纳入“警网联控”参与群防群治工作，制定“警网联控”中队工作机制，参与社会治安及交通安全等公共安全治理，将治保力量延伸到自然村及企业等社会神经末梢，有效防范处理各类矛盾问题。

二是增强责任感。紧盯治安乱点整治，成立 1 支由重点行业场所 12 名保安人员组成的“警保联控”队伍，由派出所进行全面指挥管理。该队伍于每天 21 时至次日凌晨 5 时在民警的带领下对辖区重点部位和易滋生违法犯罪场所进行巡逻检查，特别是在“带刀”专项行动中，参与处置非法携带管制刀具案件 34 起，处罚 37 人，推动社会治安持续向好。将护校安园纳入重点工作，在所内搭建涉未成年人案事件“1+2+3”联调联处工作平台，推动专业化办案和社会化保护有效衔接；打造“公安+校园+社会力量”护校安园最小应急处置单元；依托综合指挥室对学校保安执行每日上学放学时段“点名调度”机制，升级护校安园防护圈。

三、“立体融合”联创平安，机制重塑成果最大化

一是攥紧“打”的拳头。在案件办理队配置 6 名民警和 6 名辅警，专门负责辖区所有行政、一般刑事案件办理，推动侵财、伤害、寻衅滋事等群众深恶痛绝的民生案件多办快结，实现案件侦办工作集约化、专业化运转。该机制运行以来，治安、刑事查破数同比分别上升 31% 和 24%、立案数同比下降 11.4%，辖区群众遇到困难时，不再是第一时间打 110，而是找社区民辅警帮助解决。

二是强化“治”的合力。打造“1+4+N”（“1”指打防控一体化建设机制，各警种、各部门协调联动，人防、物防、技防充分结合；“4”指派出所、治安大队、禁毒大队和巡警大队等警种协调联动；“N”指消防救援、市场监督管理、综合执法、文化和旅游等相关部门有力支持）联防机制，提升防控合力。针对场所治安复杂问题，该所与巡警大队组建“带刀”整治专班，采取每月量化收缴 30 把以上、涉刀案件一律顶格处理、涉刀场所一律停业整顿等举措，累计停业场所 4 家次；“护苗”专项行动中，与综合执法、市监等部门累计处罚宾旅馆 45 家次，罚款 40 余万元，其中对违规接待未成年人问题处罚 3 家 30 万元，推动护苗行动走深走实。

法援惠民生　关爱未成年人

海南省司法厅

海南省司法厅针对未成年人缺乏专业化、多元化法律服务的突出问题，结合主题教育，将未成年人作为法律援助的重点对象，把未成年人法律服务、法治教育、心理咨询服务、帮扶救助、家庭教育等贯穿到主题教育全过程，有效降低未成年人获得法律援助的门槛，对未成年人实行“应援尽援”“应援优援”，真正为未成年人健康成长保驾护航，让法治阳光普照每一名未成年人。

一、聚焦为群众办实事，提高法律援助满意度

积极主动回应诉求，推动省委、省政府将“未成年人法律援助”纳入 2023 年为民办实事事项，明确将为未成年人提供多元化的法律援助服务。2023 年，全省共办理未成年人法律援助案件 3500 件，为未成年人提供法律咨询 7064 人次，开展未成年人法律援助宣传活动 543 场次，最大限度预防和减少未成年人违法犯罪，让法律援助民生工程惠及更多未成年人。

二、聚焦高效便捷服务，提升法律援助加速度

充分发挥覆盖城乡、便捷高效、均等普惠的全岛同城化现代公共法律服务体系，在全省 27 个公共法律服务中心设置未成年人服务窗口，为未成年人申请法律援助开辟“绿色通道”，提供“优先受理、优先审查、优先指派”服务，基本做到“当天受理、当天指派”。在法院、检察院、看守所、团委、妇联等单位设立法律援助工作站 104 个，在各中小学确定法律援助联络员 1639 名。同时，在省“12348”公共法律服务热线开通未成年人法律咨询专席，以及在海南法律服务网开设未成年人法律援助板块，高质量为未成年人提供“7×24”小时全天候免费法律咨询、法律援助申请、法律法规学习等线上办、掌上办服务。

三、聚焦组建专业团队，增强法律援助专业度

面向全省公开招募 76 名律师，组成海南省未成年人法律援助律师团队，专注承办未成年人法律援助案件，实行未成年人法律援助案件承办律师“一援到底”。加大对律师团律师的心理疏导知识培训，更好提供“法律援助＋心理疏导”服务。对心理创伤严重未成年受援人，第一时间安排专业心理咨询专家介入，为未成年人提供及时、优质的心理咨询服务。

四、聚焦打造品牌阵地，扩大法律援助知晓度

立足基层、立足实际，广泛、多元调动和整合社会资源力量参与未成年人法律援助工作，扎实开展未成年人保护与关爱工作，打造“法援惠民生·关爱未成年人”活动品牌，积极开展“法援惠民生·关爱未成年人”活动 488 场次，开展法律援助进学校、进社区、进乡村活动 28 场次，在各中小学设置法律援助指示牌 2094 块，向未成年人发放法治宣传资料 20 万册份，制作未成年人短视频 8 部，点播量达 12 万人次。

审稿人：杨剑华　李红利　陈绍清
撰稿人：张维卫

重 庆 市

工 作 概 况

2023年度重庆政法工作综述

2023年，重庆市政法系统坚持以习近平新时代中国特色社会主义思想为指导，全面贯彻落实党的二十大精神，深入学习贯彻习近平法治思想、总体国家安全观和习近平总书记关于政法工作的重要论述，坚定不移拥护“两个确立”、做到“两个维护”，深入贯彻落实《中国共产党政法工作条例》和市委实施办法，认真落实中央政法工作会议及市委六届二次、三次、四次全会和平安重庆建设大会部署要求，深入开展主题教育，坚持统筹发展和安全，平安重庆建设主要目标圆满完成，刑事案件、治安警情、电信网络诈骗、入室盗窃、信访总量均同比下降，系列重大安保维稳任务高质量完成，全市政治社会大局持续稳定，维稳保平安向法治创平安、面上静态平安向本质动态平安、一时一域平安向全域全程平安的根本性转变进展明显。法治重庆建设成效显著，深入推进全面依法治市，坚持改革求变、坚持数字引领，打表推进落实司法体制综合配套改革等43条具体措施，8个项目纳入全市“三个一批”重大改革项目梯次推进，构建“1+4+N”为主要内容的数字法治系统，10个重大应用进入数字重庆建设“一本账”，为现代化新重庆建设提供了有力法治保障。工作呈现六个方面的主要特点：一是形成了“一把手抓、抓一把手”新格局。市委把平安建设作为“一把手”工程，构建“1187”框架体系，推动形成党建统领、“整体智治”的工作格局和“大抓平安、抓大平安”的强劲态势。二是实现了党委政法委作用发挥新增强。坚持牵头抓总、统筹协调、督办落实，探索政法委、平安办“委办合一”运行模式，建好用好“一表一单”，细化量化考评细则。三是建立了重大风险隐患闭环管控新机制。围绕“感知识别、研判预警、管控干预、评估反馈”四个环节，有效化解处置社会稳定等6个领域风险，“四最”和四个重点问题专项整治稳步推进。四是深化了新时代“枫桥经验”新重庆新实践。召开全市现场会，制定《提升矛盾纠纷预防化解能力重点举措》，明确19类矛盾纠纷分级标准和研判标准，把矛盾纠纷化解在基层、在萌芽。五是开创了法治保障、改革破题、数字赋能新局面。川渝执法司法一体化纵深推进，“警快办”“渝诉快执”等数字化应用实战效能初显。六是探索了锻造政法铁军新抓手。不同角度选取62个基层政法单位开展清廉政法建设试点示范，形成了党建统领“五位一体”试点经验，忠诚干净担当逐渐成为行动自觉。

一、突出政治建设，党建统领全面加强

（一）主题教育入脑入心。坚持不懈用习近平新时代中国特色社会主义思想凝心铸魂，严格落实“第一议题”制度，创新“青锋理论学习小组”等方式，分层分级举办政治轮训1000余批次、累计轮训政法干警10万余人次。

（二）市委领导坚强有力。把平安建设和政法工作作为“一把手”工程，市委书记出席平安重庆建设大会，亲自作部署、提要求，部署开展6大攻坚战和11个专项整治。市政府市长定期听取汇报，研究解决重大事项；其他市领导分工负责，狠抓贯彻落实。

（三）职能作用充分发挥。各级党委政法委坚持议大事、抓大事、谋全局，市委政法委牵头协调处置突发敏感案事件，扎实开展专项督查，对区县开展进驻式督导、挂牌整治，做到点对点通报交办，及时发现整改问题。

二、强化除险清患，平安建设提档升级

（一）体系机制迭代完善。优化“领导小组＋专项组＋工作专班”组织架构，制定出台《2023年全市平安建设目标体系》，主要阶段性目标均实现。配套制定平安建设“一把手”履职尽责清单等36项政策制度，健全完善平安建设评价体系，推动决策更科学、治理更精准、服务更高效。

（二）重大风险闭环管控。“除险清患”日研判、周分析、月综述，预警调度涉稳风险事项，圆满完成系列重要会议、重要活动、重要节点维稳安保工作。

（三）专项治理扎实开展。深化系列专项行动，打击邪教成效显著。推进社会矛盾纠纷化解处置攻坚战、信访突出问题三年攻坚战和专项整治，中央交办的第三批信访积案全部办结。开展社会治安突出问题专项整治，九类街面110警情、未成年人犯罪、侵害未成年人犯罪均同比下降。道路交通事故预防“减量控大”工作排名全国第一。

（四）信访工作法治化试点扎实开展。按照中央关于信访工作法治化试点安排，对标制定《深入推进信访工作法治化试点实施方案》，制发规范性制度文件16项、举措办法50余项、重点任务清单40项。

三、服务中心大局，促进发展多措并举

（一）服务保障成渝地区双城经济圈建设力度加大。西部金融中央法务区正式挂牌、实体化运行，川渝两地执法司法协作“1＋N”政策体系不断完善，发布311项“川渝通办”事项，34类电子证照实现互认。与四川省委政法委联合印发《关于提升区域一体化执法司法水平服务保障成渝地区双城经济圈建设的指导意见》，明确工作目标任务，统筹全市政法机关抓好重点任务落地落实。

（二）涉外法治建设稳步推进。制定《推动重庆涉外法律服务业高质量发展的若干政策》，出台涉外法律服务业发展政策清单。加快涉外法治人才培养，会同西南政法大学加快推进中国—东盟法律研究中心建设，承办第五届中国—东盟法治论坛，建立涉外法律服务需求目录、涉外法律服务机构名录共享机制。创新绿色金融产品涉外法律服务模式，入选国家服务业扩大开放综合试点示范年度最佳实践案例。

四、发挥职能作用，公平正义有效维护

（一）推进科学立法。推动重点领域、新兴领域、民生领域等具有重庆辨识度的创制性立法，《促进矛盾纠纷多元化解条例》等立法加快推进，自动驾驶领域立法在全国率先启动。

（二）推进严格执法。深化基层综合执法体制改革，实现“一支队伍管执法”；上线运行“掌上执法”移动应用，简易程序案件办理由平均30分钟缩短至10分钟，程序性办理由平均2天缩短至4小时。

（三）推进公正司法。牵头组建三个督察组对市高级人民法院和区县政法委开展政治督察，对超过六个月未执结的案件进行全覆盖评查。

（四）推进全民守法。全面落实“谁执法谁普法”普法责任制，开展未成年人保护、依法解纷等4个精准普法专项行动，组织发动4万余名普法志愿者送法到基层，举办法治讲座等活动7万余场次。

五、深化“枫桥经验”，基层基础不断夯实

（一）组织体系持续完善。市级建立党建统领基层治理工作联席会议制度，38个区县和3个开发区建立由党（工）委书记挂帅的基层治理工作联席会议，建强“街镇—村社—网格”主轴，通过楼层“党员小家”、党员中心户等把党组织作用延伸到基层最末端。

（二）“一中心四板块”全面建成。构建“党的建设、经济发展、民生服务、平安法治”四板块，健全政务警务一体化运行机制，基层治理指挥中心建成率和一体化治理智治平台在镇街应用率均达100%。

（三）网格治理走深走实。切实发挥网格“末梢、探头、哨点”作用，健全“社区（网格）吹哨、部门报到”机制，做深做实“进圈入群”，推动力量下沉。开展党建统领网格治理专项行动，按标准设置网格6.5万个，微网格19.69万个，建立网格党组织6万余个，配备专兼职网格员10.6万名。

六、坚持双轮驱动，改革数字效应彰显

（一）政法改革落地落细。认真贯彻全面深化政法改革、法治领域改革部署要求，制发任务方案、工作要点和行动方案，调研生成11个重大改革项目。

（二）数字法治赋能增效。加快推进跨部门大数据办案平台建设，实质性推动政法各单位业务专网整合。“社会治安综合治理信息系统”实现市、区县、镇街、村社、网格五级贯通，荣获工信部举办的5G应用征集大赛全国赛二等奖。“情指行”投入实战，“警快办”注册人数突破1890万，入选国家政务服务平台“数字化创新应用案例库”。

（三）“一件事”应用场景提速建设。聚焦基层、群众、企业反映强烈事项，谋划开发“渝诉快执”等“一件事”应用57个，“刑事案件一案一码查询一件事”等14件已纳入市级应用“一本账”。

七、从严管党治警，清廉政法成效初显

（一）党建统领不断强化。制定《政法干警坚定拥护“两个确立”、坚决做到“两个维护”二十条举措》，出台《纪律作风督查巡查工作办法》，健全全方位全链条管党治警责任落实机制。

（二）正风肃纪持续用力。深入排查廉政风险点，严肃查处“司法掮客”等行为，依法依规处理处分违反“三个规定”“十个严禁”行为。

（三）权力运行有效规范。印发《重庆政法系统政治生态评价指标体系》，明确23项评价指标和34项评价内容，健全完善程序性监督和廉政风险管控相关制度168项，切实严密监督制约体系。

会 议 活 动

全市加强基层治理推动平安重庆建设大会暨市委政法工作会议

2月23日上午，全市加强基层治理推动平安重庆建设大会暨市委政法工作会议召开。

会议强调，要全面贯彻落实党的二十大精神和习近平总书记关于平安建设的重要论述，坚持统筹发展和安全，把平安重庆建设作为“一把手”工程，深化除险清患，夯实基层基础，实现维稳保平安向法治创平安、面上静态平安向本质动态平安、一时一域平安向全域全程平安的根本性转变，着力打造更高水平的平安中国建设西部先行区，努力夺取平安重庆建设的高分报表。

会议通报了2022年度区县平安建设暨基层平安创建考核（评价）结果，宣读了市委、市政府《关于表彰重庆市平安建设先进集体和先进个人的决定》和市政府《关于授予王加龙等人“见义勇为先进个人（群体）”称号的决定》，为重庆市平安建设先进集体和先进个人代表等颁奖。

会议指出，以习近平同志为核心的党中央高度重视平安中国建设，习近平总书记多次作出重要指示。要深学笃行习近平总书记关于平安建设的重要论述，深刻领会把握“统筹发展和安全”的重大原则、“加强和创新基层治理”的鲜明导向、“统筹推进各领域安全”的目标任务、“增强忧患意识，坚持底线思维”的方法理念、“加强过硬队伍建设”的重要要求，切实增强抓好平安重庆建设的政治自觉、思想自觉和行动自觉。

会议强调，要深入推进更高水平的平安重庆建设，坚持稳进增效、除险清患、改革求变、惠民有感工作导向，以加强党的政治建设为统领，以全面深化改革为动力，以建体系、强机制、夯基础、提质效、重落实为抓手，健全完善系统治理、综合治理、依法治理、源头治理、专项治理风险闭环管控机制，奋力推进思想理念现代化、工作体系现代化、工作能力现代化，以高效能治理护航现代化新重庆建设，为经济社会持续健康发展营造安全稳定的社会环境。

会议强调，要全面把握平安重庆建设目标要求，抓细抓实除险清患重点任务。要坚决维护政治安全，筑牢反渗透反颠覆防线，做好反分裂反恐怖工作。要着力防范化解社会矛盾纠纷，集中开展矛盾纠纷“大排查大起底大化解”专项行动，坚持和发展新时代“枫桥经验”，解决信访突出问题，把风险矛盾纠纷发现在早、防范在先、处置在小。要切实强化社会治安防控，推进社会治安防控体系建设，强化重点领域管控，强化校园安全，严打突出违法犯罪。要严格落实安全生产责任制，强化道路交通、消防、建筑施工、危化品、生态等领域安全，有效防范和坚决遏制重特大安全事故发生。要进一步健全网络治理体系，完善依法办理、舆论引导、社会面管控“三同步”工作机制，筑牢网络安全屏障。要全力保障经济金融安全，防范化解经济金融领域风险，依法打击涉企违法犯罪，加强民营经济司法保护，守住不发生区域性系统性风险底线。要全面深化政法改革，全面准确落实司法责任制，优化政法机构职能体系，深化诉讼制度改革，打造更多具有重庆辨识度的改革新亮点。

会议指出，推动平安重庆建设，关键在夯实基层基础。要完善现代基层治理体系，构建权责清晰、运行顺畅、充满活力的基层治理工作体系，推进重庆高效能治理迈上新台阶。要构建党建统领的基层智治系统，坚持党的统一领导，建强基层党组织，提高基层整体智治水平。要探索建立基层治理指挥中心，整合治理资源，加强运行管理，提高实战能力。要健全基层治理工作体系，坚持条抓块统，突出权责清晰、扁平一体，建立党建统领、经济生态、平安法治、公共服务四大基层治理工作体系，承接落实好基层治理各领域各环节业务工作。要发挥村社网格作用，统一网格划分标准，强化网格管理服务，优化配置网格力量。

会议强调，全市各级各部门要切实加强组织保障，确保平安重庆建设部署要求落地见效。要完善平安重庆建设组织领导体系，优化完善组织架构，强化层层落实责任工作格局，凝聚各方合力。要健全风险闭环管控大平安机制，建立健全大平安报表及季晾晒机制、“多源汇聚”的信息收集报送机制、“三排一单”风险研判预警机制、重大问题挂牌督办机制、突发问题联动快响处置机制，不断强化系统观念，持续形成全范围、全领域、全过程抓平安的强力态势。要建设堪当重任的高素质政法队伍，修复净化政治生态，打造变革型组织，永葆斗争精神，创造良好条件，锻造政治过硬、本领高强、作风优良的政法铁军。

会议指出，全市各级各部门要保持“时时放心不下”的责任感，突出除险清患导向，完善现代化社会治理体系，强化问题清单应用，加快构建党建统领、整体智治的“大平安”工作格局。要全力防范化解经济金融风险，牢牢守住不发生系统性风险的底线。要全力加强公共安全治理，深入推进安全生产专项整治、防灾减灾基础工程、食品药品安全监管、安全基层基础建设。要全力做好信访维稳工作，强化矛盾纠纷源头治理、社会治安整体防控。要全力夯实基层社会治理，创新网格化管理，提升精细化服务，强化信息化支撑。要全力推动法治政府建设，健全依法行政制度体系，推进执法规范化建设，营造法治化营商环境。要严格执行值班值守制度，扎实做好各项安全工作，确保全市社会大局和谐稳定。

文件选辑

关于授予王加龙等人“见义勇为先进个人（群体）”称号的决定

（重庆市人民政府，2023 年 2 月 20 日）

各区县（自治县）人民政府，市政府各部门，有关单位：

2021 年 10 月以来，全市涌现出一批见义勇为先进个人和先进群体，他们以高度的社会责任感和赤诚的公平正义之心，在国家集体利益、人民群众生命财产安全受到严重威胁和不法侵害的危急时刻，临危不惧、挺身而出，与违法犯罪行为作坚决斗争，积极投身突发灾害事故应急处置工作，为平安重庆建设作出了积极贡献。

为深入贯彻落实党的二十大关于“完善社会治理体系，营造见义勇为社会氛围”精神，大力鼓励见义勇为行为，表彰先进，弘扬正气，根据《重庆市见义勇为人员奖励和保护条例》有关规定，市政府决定，授予王加龙等 8 人“见义勇为先进个人”称号（其中，段寿财、高荣琴、黄能武为追授），授予杨波、张俊群体等 2 个群体“见义勇为先进群体”称号（其中，杨波为追授）。希望被授予称号的同志珍惜荣誉、再接再厉，继续发挥模范示范作用，为平安重庆建设作出新的贡献。同时，对被追授称号的同志表示崇高的敬意和深切的缅怀。

希望全市广大干部群众坚持以习近平新时代中国特色社会主义思想为指导，以“见义勇为先进个人（群体）”为榜样，大力弘扬见义勇为精神，积极培育和践行社会主义核心价值观，自觉把见义勇为精神践行到深化平安重庆建设、推进市域社会治理现代化、防范化解重大风险等工作中去，在全社会形成崇尚英雄、学习英雄、关爱英雄的浓厚氛围，努力为重庆经济社会发展营造安全稳定的良好环境。

附件：2022 年重庆市“见义勇为先进个人（群体）”名单

附件：

2022 年重庆市“见义勇为先进个人（群体）”名单

（共 8 名个人、2 个群体，按姓氏笔画排序）

一、授予“见义勇为先进个人”称号（8 名）

王加龙　大足区龙水镇江明村党支部书记

李　容　重庆市妇幼保健院儿童保健科住院医师

宋伦雪　万州区大周镇宋家村 7 组村民

陈剑锋　璧山区丁家街道长五村 4 组村民

段寿财　生前系城口县蓼子乡明安村 2 组村民

高荣琴　生前系綦江区隆盛镇新屋村萌子树组村民

黄能武　生前系云阳县农坝镇云山村 7 组村民

廖忠成　重庆公路运输集团出租车分公司司机

二、授予“见义勇为先进群体”称号（2 个）

（一）杨　波、张俊群体：

杨　波　生前系四川省开江县任市镇新庙村 9 组村民

张　俊　四川省开江县任市镇三清庙村 1 组村民

（二）唐春梅、赵国斌、姜成高群体：

唐春梅　合川区涞滩镇白云村 2 组村民

赵国斌　北碚区天生街道鱼塘湾社区居民

姜成高　合川区涞滩镇白云村 2 组村民

特色专栏

加强基层社会治理　实现矛盾纠纷就地化解

万州区委政法委

万州区加快推进基层社会治理体系和治理能力现代化，以高效能治理助力推动高质量发展、创造高品质生活。

一、迭代升级“五长制”，问题发现不遗漏

一是织密织牢网格。将 610 个村（社区）划分为 561 个片区、2792 个网格、13097 个楼栋（院落），每个网格覆盖居民 400 户左右，每个楼栋长负责 30 户以内，服务水平更加精准精细。

二是配齐配强力量。采取“三个一批”方式充实网格力量，将在职党员、“三官一律”等编入网格管理，“五长”队伍扩充到 1.7 万人。

三是突出实战实效。建立“五长”履职清单和考核评价体系，“五长”探头、哨点作用有效发挥，发现问题 1.7 万余个，上下联动解决问题 1.6 万余个。

四是强化数字赋能。发挥好一体化治理智治平台效能，归集人、地、事、物等基础信息120万条，实现线上线下融合、快速反应响应。

二、压紧压实责任，问题解决全闭环

一是抓好三级联动。村（社区）每天研判，解决问题不过夜，解决不了的及时上交。乡镇街每周研判，解决不了的上报区政府，由分管副区长限期解决。区级负责同志包保52个乡镇街，严格领导、指导、督导“三导”，每月研判，协调调度相关部门解决区级层面矛盾纠纷；区委常委会固定通报情况，每月综合研判“五色图”“全景图”变化，全面分析相关指标“赛马比拼”。

二是做好下访接访。中央联席办“治重化积”第三批交办案件全部上报结案。建好长效机制。探索建立并常态化运行矛盾纠纷排查、研判、处置、销号、复盘的全流程“十项长效机制”。

三、凝聚各方力量，矛盾调解多元化

一是创新调解平台。打造“秋秋工作室”，融入社区警务室、基层司法所，聚合属地各行业带头人、志愿者、企业家等力量，参与矛盾纠纷化解，调解成功率达98.5%以上。

二是推行联合接访。设立联合接访中心，建立重点部门集中常驻、一般部门动态入驻、涉事部门随叫随到工作机制，整合心理医生、社会团体、“两代表一委员”等参与接访，群众来访事项一次性化解率达98%、满意率达99%。

三是深化矛盾纠纷多元化解。打造潜在案预防场景、已生案调解场景、诉中案终结场景“三案三景”工作品牌。

四、坚持党建统领，基层基础更过硬

一是推进体系重塑。建成运行区级数字化城市运行和治理中心，做实“141”基层智治体系，聚焦“四板块”编制乡镇街“26+N”岗位目录，条抓块统、体系作战格局全面形成。

二是建强基层组织。整顿提升软弱涣散村级党组织、优化调整支部书记、补充村级综治专干，用好大喇叭反复提醒、滚动播报矛盾纠纷的重点领域、重点倾向和典型案例。

三是激励担当作为。加强经费保障，开展优秀“五长”评选，选派优秀年轻干部到平安战线摔打锤炼，做到好人好马上一线。

联动联调“在线司法确认”工作法

巴南区人民法院

巴南区坚持和发展新时代“枫桥经验”，建立矛盾纠纷快速调解、调解协议同步审核、司法确认文书当场领取的联动联调在线司法确认机制，切实回应人民群众经济、便捷、高效化解矛盾纠纷的需求，并推动该机制由一域向全域纵深发展。

一、做实调解联动+司法确认

在党委政法委统筹下，依托人民法院在线调解平台，整合法院、公安、司法部门等力量，建立调解联动+司法确认一体化机制。

一是做实对接联动。围绕“小事不出村、大事不出镇、矛盾不上交”，在派出所、司法所、法庭全面建立“一庭两所”人民调解派驻模式，推进警调、诉调对接。

二是“三个一”同步在线司法确认。达成调解协议后，调解员协助当事人当场在线申请司法确认，当事人仅需对调解协议和司法确认申请签字，实现“一表不需填”；法官通过远程办案系统即时审核调解协议并制作司法确认文书，文书经电子签章后在线回传至调解员系统，将司法确认流程由法定30天缩短至30分钟以内，实现“一天不用等”；调解员通过系统平台在线打印文书并当场送达，实现“一次不多跑”。

三是强化回访监督。建立案件履行回访制度，由调解员督促当事人主动履行调解协议。对期满未主动履行调解协议的，由调解员指导当事人通过“人民法院在线服务”微信小程序申请法院强制执行。

二、推动试点先行到全域复制

积极将联动联调在线司法确认机制从“一庭两所”试点向各领域复制推广，打造30分钟调解圈。

一是庭所联动先行试。在全区选择1个派出所、

1 个法庭首先试点推行，由法院搭建专业化、职业化在线诉调对接团队，为调解室接入在线调解系统，司法所组织聘任符合条件民警担任人民调解员，并对专兼职调解员进行考核。总结经验后在全区“一庭两所”全面运行。

二是横向拓展各领域。在试点基础上，将家事纠纷、物业纠纷等 6 个驻院调解室整合为“人民法院老马工作室”，承接法院委托、委派调解并开展司法确认。法院与劳动争议调委会、医疗纠纷调委会等 12 个调委会建立诉调对接关系，开辟行业性、专业性调委会在线申请司法确认“绿色通道”。

三是纵向贯通各层级。制定《关于深化矛盾纠纷大调解体系建设的实施方案》，依托三级治理中心建立区级、镇街、村居三级矛盾纠纷综合调处平台，全面推行在线司法确认。

三、强化工作保障和科技支撑

建立完善常态化指导培训机制，迭代升级科技手段，推动联动联调在线司法确认长效运行。

一是全时段在线指导。选定 3 名法官与调解员建立“巴南区在线司法确认”微信群，全天在线解答法律问题、指导调解过程，制作上传追索劳动报酬纠纷、租赁合同纠纷等 7 种调解书模板。

二是全覆盖培训轮训。开发《一体化司法确认》调解员必修课，对新任调解员进行“调解 + 司法确认”标准化岗前培训。建立调解员轮训机制，每月抽调调解员轮流到法院诉调中心跟班锻炼，提高调解员调解能力和操作水平。

三是全面强化科技支撑。引入智慧法律咨询平台，通过人工智能自动问答采集案件信息，生成法律意见书供调解员和当事人参考。嵌入智能笔录系统，通过语音识别生成调解记录。接入在线调解平台，通过在线语音、视频、交换证据厘清案件事实，通过区块链技术对调解协议进行电子签名，极大提升调解便捷度。

坚持“三化”一体
打造可感知、都参与、能推广的清廉检察院

重庆市人民检察院

市检察院机关作为由市纪委监委推荐的唯一市级政法部门清廉建设试点示范单位，认真落实市委、市委政法委清廉建设工作部署，紧密结合检察工作实际，充分发挥市检察院机关在全市检察系统中的示范引领作用，扎实推进清廉检察院建设试点示范工作。

一、坚持政治统领，统筹构建“一体化”工作格局

一是严格落实“一把手”负责制。成立以党组书记、检察长为组长，其他班子成员为副组长的工作专班。

二是统筹兼顾分类实施。横向上，统筹 22 个支部共建，以 3 个重点支部建设带动市检察院机关整体推进；纵向上，统筹全市检察机关试点示范工作，一体抓强“1 + 1 + 13”三级检察院赛马比拼。

三是注重把握“三个结合”。把清廉检察院建设与主题教育相结合，与落实全面从严管党治检相结合，与推进全市检察工作现代化相结合，推动清廉建设走深走实。

二、坚持目标引领，落地落细“清单化”责任体系

一是迅速动员部署。在全市政法系统率先召开全市清廉检察院建设工作推进会并接受市委政法委现场督导，及时召开市院机关工作推进会，严格对照清廉重庆、清廉政法建设核心指标分解任务。

二是持续有力推进。建立信息报送、重点任务督办、宣传引导等工作机制，制定 28 条任务清单，督促相关院、各支部细化工作措施、明确责任人员。

三是对照落实销号。结合任务清单建立《推进情况台账》，要求相关院、各支部每周报送制度机制建设、解决突出问题最新动态进展，及时向清廉政法建设专班汇报请示重要事项，通过倒排工期、打表推进、逐项销号、适时晾晒，形成创建工作闭环。

三、坚持重点突破，抓准抓牢“系统化”监督体系

一是全面排查风险。围绕政治建设、检察业务、

人财物管理等方面梳理廉政风险点22条，明确防控措施33条，并结合主题教育持续检视整改。

二是精准专项治理。落实“政治+业务”融合监督，开展顽瘴痼疾排查整治、肃清流毒专项监督、部分基层院内部审计、专项政治督察等工作。

三是主动接受监督。坚持和完善市院党组与驻市院纪检监察组沟通协调机制，主动听取驻市院纪检监察组对清廉检察院建设的意见建议，并邀请常态化监督和指导清廉建设各项工作。

四、坚持问题导向，创新打造“可感知”实践案例

一是健全防控机制。出台《刑事检察部门负责人业务监督管理办法》《刑事检察部门检察官联席会议工作规定》等制度，建立常态化抽查评查、通报提示机制，推动层层把关负责。

二是做实检察听证。落实《关于深化开展检察听证高质效履行刑事检察职能的工作方案》，全市三季度开展拟作不起诉决定听证相比前两季度显著上升。

三是加强个案监督。通过多部门联合核查、梳理类案依法评查、同步开展“三个规定”倒查，及时准确回应群众关切。

五、坚持倡树新风，常态打造“都参与”清廉机关

结合打造“红岩先锋”变革型组织，引导市院机关党员干部共同参与建设清廉检察文化。

一是营造清廉氛围。开设内网专栏专刊，制作清廉检察微视频，举办清廉家风分享会，在公众号宣传《清廉故事》。

二是建强清廉支部。以与检察权运行紧密相关的“人、财、案”重点管理为牵引，开展清廉支部示范点微单元创建，纳入年度党建考核评价范围。

三是强化警示教育。定期开展检察人员违纪违法形势统计分析，针对检察系统易发多发问题开展以案说法，发出廉洁提示。

六、坚持示范带动，积极打造“能推广”检察标杆

做好工作调度，为全市清廉检察院建设积累有益经验。

一是加强指导督导。加强对接联络，召开片区座谈交流暨中期督导推进会，到部分试点示范单位实地调研指导，推动市院、分院、基层院清廉建设互促共进。

二是培育亮点做法。结合不同层级、不同地域检察工作实际，聚焦司法办案中易发多发廉洁风险环节，引导找准“小切口”创新实践。市院机关、一分院、江北区院、长寿区院、永川区院等试点示范单位相继在清廉政法建设专题会议上作经验交流。

“警快办”实现“不见面就能办”
不断提升服务规范化网络化水平

重庆市公安局

市公安局坚持“改革突破、惠民强企”导向，为方便企业和群众办事，进一步“减证照、减材料、减流程、减时限”，按照数字重庆建设“四个一批”部署要求，加快推动“互联网+公安政务服务”深度融合，建设重庆公安一体化网上政务服务平台“警快办”，不断提升政务服务标准化、网络化水平。

一、坚持多跨融合，强化纵向贯通

一是搭建统一工作平台。对内，将治安、出入境、交巡警等警种的互联网政务服务系统全部整合到“警快办”，统一标准要求、统一办事服务、统一运维保障，让多平台并存、多系统切换成为历史。对外，采取互认注册用户、办件数据共享等多种方式，与公安部及四川等地公安互联网政务服务平台互融互通。同时，全力支持新“渝快办”建设，通过对接三级城市运行和治理中心，实现69个公安事项在新“渝快办”上线运行。

二是贯通条线系统数据。与全国交通管理综合应用平台、全国人口库、全国犯罪数据库、全国身份证信息库、“12123”平台等12个系统联通对接，实现高频业务多层级协同，赋能全市政务服务，有力提升“全渝通办”含金量。

三是拓展办事访问渠道。根据群众上网习惯，开发微信公众号、微信小程序、支付宝小程序、手机APP、互联网电脑端和百度小程序等6种访问渠道，努力满足多元化的用户需求，用心提供“一网可达、触手可及”的办事服务.

二、聚焦功能定位，持续增加上线事项

一是围绕政务服务，推动法定事项应上尽上。以梳理确定的315项法定政务服务事项为基础，按照“成熟一个上线一个”的原则，推动相关事项一律上网、全程网办，一次不跑、动动手指就能办成事已成为公安政务服务新常态。

二是围绕便民服务，推动特色应用能上则上。从帮助解决群众日常生活、交通出行等方面的突出问题入手，先后研发上线电子证照、重名查询、堵路移车、临时乘机证明等200多项特色服务事项，为密切新形势下的警民关系发挥了重要作用。

三是围绕警务服务，推动治理措施可上即上。着眼基层治安治理的迫切需要，先后研发上线“一标三实”基础信息采集、刑事案件网上查询、非法集资预警、反诈宣传预警、走失人员查找、养犬管理、违法举报等大量实战应用，有效解决公安机关与社会力量之间的工作数据无法实时共享的老大难问题，充分赋能基层基础工作，减轻工作负担。

三、坚持改革破题，再造业务流程

一是高频事项“提级办”。对户口迁移、购房落户等90余项户政领域高频业务，一律实行“审办分离”，群众通过“警快办”提交办事申请后，由对应区县公安局直接审核审批，再由派出所登记制证，相关证照通过邮政寄递给办事群众，实现“不见面”闭环办理，改变原来由派出所审核审批和登记制证的模式。对涉及机动车和驾驶证的30余项交管领域高频业务，一律实行“一站式”办理，群众通过“警快办”提交办事申请后，由市公安局交巡警总队网办中心负责受理审核和审批制证，改变原来流转至区县交巡警支大队办理的模式。上述改革推出后，累计受理群众户政、车驾管业务350余万笔，共减少群众跑动431万次，减少基层审批环节700余万次，减免材料230余万份，进一步压缩办事层级，提高审批效率，减轻基层负担。

二是关联事项“一次办”。将分散在不同部门、业务关联、需求高频的多个“单项事”整合为“一件事”，并陆续上线运行。目前，依托“警快办”现有服务事项和基础支撑能力，牵头上线旅店住宿业准营、轨道纠纷排查、变更姓名、居住证办理（申领）等6项“一件事”，并配合其他市级部门上线新生儿出生、一案一码、公民身后、公民婚育、军人退役等15项“一件事”，对比以前，共减少办理时限264天，减少跑动次数55次，压缩办事环节98个，减免材料146份，实现群众办事一次申请、一次不跑、一次办好。

三是证照共享“减证办”。在国家没有相关标准规范的情况下，探索制定公安高频证照电子化的标准和样式，将身份证、居住证、户口簿、行驶证、保安员证等实体证照电子化，特别是电子身份证，通过数字重庆一体化数字资源系统（IRS）向全市共享，共涉及2500余项政务服务事项，跨部门共享应用出生医学证明、婚姻、工商和不动产等电子证照，群众办理购房落户等相关政务服务事项更加方便，累计减免超过9万份纸质材料，有效助力全市政务服务“减证办”“免证办”。同时，推动电子身份证向便民领域拓展，已应用到全市酒店住宿、网吧上网、旅游景区等4万多个具体场景。

四、坚持机制保障，提升运行效能

一是建立管理运行机制。对相关警种的职责分工、各项业务的流程环节、平台运行的安全保障等方面的事项进行细化明确，确保各负其责、有序推进。

二是建立警民联系绿色通道。上线“我来帮你”专栏，实时受理群众举报投诉、解答政策咨询、收集意见建议，协调解决具体困难问题，配套建立受理登记、分办督办、办理反馈等闭环流转体系，确保群众遇到问题“找得到人、办得了事、应得了急”。截至2023年12月底，累计受理群众咨询140万条、投诉600条、建议1000条、求助500条。

三是建立监督评价机制。对业务事项办理实行全过程闭环式监督检查，对临期办件及时提醒、对违规办件定期通报、对突出问题跟进整改，并将相关情况纳入全市公安机关的绩效评价，逗硬考核奖惩，以严格的责任落实，确保工作落地、服务到位。2023年，通报违规办件106件，5个单位在年度绩效考评中被扣分。

“老马带小马” 发展解纷队伍

江北区司法局

近年来，江北区深入践行习近平法治思想，立足培养千万个像“老马”同志扎根基层化解矛盾的“小马”，大力推进“老马带小马”专项行动，变“单枪匹马”为矛盾纠纷化解的“千军万马”，变“老马工作法”为基层工作队伍的“基本规范”，推动矛盾纠纷及时就地有效化解。

一、建“小马”，变“单枪匹马”为“千军万马”

一是组建“专职小马”。在重点行业部门、镇街等47个单位成立“老马工作室”，各配备2名专职人员。全区126个社区（村）整合同类资源成立“小马工作站”，组建社区支部书记+“专职小马”+社区民警、法律顾问的“小马”调解团队。配齐726名专职网格员，作为“网格小马”发挥矛盾纠纷“探头”和“前哨”作用。

二是培育“社会小马”。联动区妇联、区法学会等建立调解专家库5个，培育暖洋洋、爱心社工等社会组织及50余名专业社工，作为“社会小马”为重大或专业性矛盾化解提供咨询调处服务。

三是发展“志愿小马”。成立“老马宣讲队”，掀起学“老马”、做“小马”热潮，动员热心党员和群众等“志愿小马”4000余名，发挥人熟地熟事熟优势就地化解矛盾。

二、育“小马”，用“一马当先”带动“万马奔腾”

一是读本普学点到点。梳理“老马”在工作中提炼的各种工作法，出版《小马读本》等书籍，普发“小马”自学。

二是讲台教学面对面。采取“地方+党校+高校”，打造“老马实训基地”，开设“老马工作法”特色调解培训班，线下授课集中培训3000余人次。依托全国人民调解大讲堂等平台，线上授课300余场，受众超20万人。

三是现场传授手把手。建立“小马接单化解，老马支招解惑”传帮带机制，每周选派2名精干“小马”到“老马”身边跟班轮训，通过“老马”在调处现场教方法传技巧，培育出李武经、“邹二哥”等调解能手。

三、用“小马”，融“法理情利”促“就地化解”

一是细查身边事。组织“网格”“志愿”小马线下采取“走、看、听、问、记、办”“六步排查法”进家入户，线上“进圈入群”，及时发现身边纠纷苗头。

二是善解心中结。各工作室、工作站推广“起身迎接、请坐倒水、倾听记录、交流引导、解决问题、出门相送”“六步接待法”，综合运用“以法律人、以情动人、以理服人、以德润人、以利安人”的方法手段，让群众反映诉求门好进、脸好看、问题就地解决。

三是联控风险点。对涉及群体大、处理难度大、时间跨度长、基层“小马”确难化解的重大矛盾，发挥大调解体系作用，整合人民调解、行政调解等调解资源，实行“区领导+老马等金牌导师+部门小马”专班包案、攻坚化解，确保风险不外溢、不上行。

四、晒“小马”，以“赛马比拼”激发“内生动力”

一是月度晒绩效。每月对镇街“老马工作室”依法解纷调解力指数进行晾晒比评，同时分析工作形势，发掘经验做法，复盘典型矛盾，避免“同一类事”重复发生。

二是季度晒风采。各工作室、工作站每季度举办“小马”微宣讲、微视频、微征文展示活动，设立“小马服务日”提供就业培训、心理咨询等便民服务，主办《小马奔腾》宣传杂志，提升群众知晓度、认同度和参与度。

三是年度晒优劣。每年根据矛盾纠纷化解数量、难易程度，主动“揭榜挂帅”，评选“优秀小马”，在全区平安建设大会上通报表扬。

审稿人：张 强 何国锋

撰稿人：王辰光 姜 迪 骆劲圯

四　川　省

工作概况

2023年度四川政法工作综述

2023年以来，四川省委政法委团结带领全省政法系统坚定以习近平新时代中国特色社会主义思想为指导，深入学习贯彻党的二十大精神和习近平总书记对四川工作系列重要指示精神，认真落实省委十二届二次、三次、四次全会部署要求，坚持更好统筹发展和安全，着眼四川现代化建设全局推进政法工作现代化，以开展主题教育、大运会维稳安保、推进矛盾纠纷预防化解法治化、优化法治化营商环境等大事要事为牵引，全力以赴防风险、保安全、护稳定、促发展，建设更高水平的平安四川、法治四川建设取得新成效。

一、坚持学思践悟笃信笃行，深入扎实开展主题教育

把“实”的要求贯穿主题教育始终，坚持以学铸魂、以学增智、以学正风、以学促干，以实际行动坚定拥护“两个确立”、坚决做到“两个维护”。

（一）理论学习重下实功。把“学思想”作为第一位任务和贯彻始终的主线，落实“第一议题”制度，牵头举办全省政法领导干部专题研讨班和7期“四川政法大讲堂”，带动全系统开展政治轮训3900余场次，坚持政法委机关每周半天领导领学制度，分专题学习习近平新时代中国特色社会主义思想，跟进学习习近平总书记最新重要讲话和指示批示，特别是聚焦习近平法治思想、总体国家安全观、习近平总书记关于政法工作的重要论述学思践悟，广大干警进一步增强对党的创新理论的政治认同、思想认同、理论认同、情感认同，自觉用以分析问题、推动工作的能力不断提高。

（二）调查研究重谋实策。省直政法单位领导班子带头开展重点课题研究，处级干部积极开展专题研究，带动第二批单位扎实抓好专题调研和典型案例解剖式调研，形成提升基层矛盾纠纷多元化解法治化水平、打击整治侵害未成年人违法犯罪等一批研究成果，进一步深化了对新时代政法工作的规律性认识。

（三）推动发展重办实事。树牢造福人民的政绩观，制发学习践行“四下基层”优良传统重点工作安排，把助推发展的落脚点放在解决群众急难愁盼问题上，深入排查行政执法突出问题，清理涉法涉诉信访案件，优化诉讼服务“24小时不打烊”、公安政务“跨省通办”等公共服务，人民群众切实感受到政法工作新气象。

（四）检视整改重出实招。对标6个方面问题、“10个是否”检验标准，在分条线整治行业领域问题基础上，统一推进政法系统服务保障高质量发展中存在问题专项整治，纠治超标的“查扣冻”等9类问题案件，取得23项标志性成果，整治成效获中央第十二指导组充分肯定，社会满意度测评达99.18%。聚焦解决“四最”和四个重点问题，推动住建、教育、网信等20余个行业部门查风险、补短板，解决了一批影响安全稳定的深层次问题。

（五）建章立制重求实效。坚持破难题、补短板、谋长治，健全并常态落实理论学习、情况汇报研判、重大风险提示、敏感节点联合应急值守、平安建设月度考评通报机制，推动修订各类执法制度规范320余件，以制度形式深化拓展主题教育成果。

二、坚持打防管控系统施策，持续巩固社会大局稳定

把捍卫政治安全置于首位，深入推进反分裂反渗透反颠覆反间谍反恐怖反邪教斗争，认真贯彻全国“枫桥经验”纪念大会精神，以“时时放心不下”的责任感化解各类矛盾风险，着力减“存量”、控“增量”、防“变量”，全省政治社会大局持续稳定。

（一）全力以赴打赢大运安保维稳硬仗。坚决贯彻习近平总书记“安全是重大体育赛事必须坚守的底线”重要指示精神，以求极致的标准做好要人警卫、开闭幕式、赛事侧和城市侧安全稳定工作。

（二）聚力攻坚化解突出涉稳风险。开展矛盾纠纷“大起底大排查大化解”专项活动，成功化解一批矛盾纠纷，整改一批问题隐患。聚焦问题楼盘、非法集资、水电移民等重大涉稳风险隐患，分专题逐一研究、攻坚化解，全年没有发生一起重大涉稳事件。扎实推进信访工作法治化，助推信访维稳态势持续向好。

（三）打防并举净化社会治安环境。对常态化开展扫黑除恶进行省级督导，开展“夏季行动”和“新篇”系列专项行动，深化侵害未成年人违法犯罪、电信网络诈骗、毒品等重点领域打击整治，全省刑事案件、治安案件分别同比下降 29.93%、29.92%，现行命案破案率 99.7%，涉毒违法犯罪活动降至 10 年来最低点。开展道路交通事故“减量控大”“火案攻坚”等专项行动，全省交通事故起数同比下降 7%，未发生群死群伤治安灾害事故。

（四）守正创新提升基层治理水平。用好新时代“枫桥经验”这一重要法宝，召开全省坚持和发展新时代“枫桥经验”推进会暨调解工作会议，制定提升社会矛盾纠纷预防化解能力的实施方案，鼓励各地结合实际探索创新，全省 4 个基层单位经验入选全国“枫桥式工作法”，4 个派出所被命名“全国枫桥式派出所”，15 个人民调解委员会、61 名人民调解员获得“全国模范人民调解委员会”和“全国模范人民调解员”称号。

三、坚持围绕中心服务大局，纵深推进法治四川建设

坚持以习近平法治思想为指导，围绕“四个发力”履职尽责，贯通“立执司守”各环节一体推进，以高水平法治服务高质量发展。

（一）以严格执法公正司法维护发展秩序。树牢“一个案件就是一个营商环境”的理念，严厉打击破坏市场经济秩序、侵害市场主体合法权益犯罪，立案侦办经济犯罪和食药环资案件，审理恶意违约、拖欠企业账款、不正当竞争、知识产权等案件，执行到位率排全国第 3。建立生态环境跨域司法协作机制，加大耕地等领域违法犯罪打击整治，设立“天府粮仓”司法保护示范基地，筑牢绿色发展法治防线。

（二）以优化法治环境激发发展活力。出台服务保障高质量发展优化法治化营商环境 18 条措施，加大川藏铁路等重大项目建设执法司法保护，实施涉企案件专项督办行动，推动积压涉案财物集中清理处置，加强破产案件审判攻坚，为拼经济搞建设创造“暖环境”。加快推进天府中央法务区“提功能、升业态”，积极为市场主体提供优质法律服务。深化川渝执法司法协同合作，联合开展川渝企业合法权益保障攻坚行动，跨区域协作能级不断提升。

（三）以促进公平正义实现发展目的。配合做好中央政法委开展执法司法突出问题专项检查，常态化整治执法司法顽瘴痼疾，持续推进“一站式”执法办案管理中心和监狱建立“减假暂”办案中心建设，有效堵住执法司法中的偏门暗门。稳步推进一批原创性原动力改革，开展“五年百佳”案例评选，在全国首创“案件—纠纷”双向考评机制改革，探索刑事案件“简案优质办”机制，深化政法跨部门办案平台建设应用，助推执法司法质效不断提升。省法学会广泛开展法治实践和法学研究，持续推进首席法律咨询专家工作，创新开展青年普法志愿者法治文化基层行活动，组织调动全省优质法学研究资源和深厚研究力量，围绕地方发展面临的重点难点堵点问题，充分研究、主动建言，推动多个重大疑难问题破题破局。

四、坚持严管厚爱锻造铁军，全面建设过硬政法队伍

坚持严的主基调不动摇，谋划实施政法队伍教育整顿常态化年度重点任务，着力锻造忠诚干净担当的四川政法铁军。

（一）坚持政治建警。深入贯彻《中国共产党政法工作条例》及四川省实施细则，完善习近平总书记重要指示批示办理情况督办落实机制，加强重点领域政治巡察和干警政治体检，肃清流毒影响更加深入彻底。

（二）突出从严治警。严格执行防止干预司法“三个规定”等铁规禁令，制定“12337”政法干警违纪违法举报平台问题线索办理工作规程，结合典型案例警示教育开展以案说法、以案促改、以案促治，让广大干警重视、警醒、知止。

（三）注重能力强警。聚焦提升政法干警群众工作能力、法律运用能力、舆情引导能力、科技支撑能力、狠抓落实能力，组织开展轮值轮训等业务培训。着眼政法领导班子结构优化和素能提升，推动政法干部轮岗交流，选派一批优秀年轻干部到基层党政部门挂职锻炼。

（四）强化从优待警。完善干警职业荣誉、待遇保障、依法履职保护等机制，加强因公牺牲伤残干警家庭关爱扶助，激发干警干事创业动力，全省政法系统80个集体、312名个人受到省部级以上表彰。

会议活动

全省坚持和发展新时代“枫桥经验”推进会暨调解工作会议

12月21日，全省坚持和发展新时代“枫桥经验”推进会暨调解工作会议在成都召开。会前，省委书记会见四川省入选全国“枫桥式工作法”、全国“枫桥式公安派出所”、全国模范人民调解委员会、全国模范人民调解员的先进典型代表，并代表省委、省政府向先进典型代表表示祝贺，向长期奋战在矛盾纠纷预防化解工作一线的同志们致以问候。

会议指出，“枫桥经验”是土生土长的中国智慧，是我国基层社会治理典范。11月6日，习近平总书记亲切会见全国“枫桥式工作法”入选单位代表，充分体现了习近平总书记、党中央对坚持和发展新时代“枫桥经验”的高度重视，对奋战在基层一线同志们的亲切关怀和殷切期望。与会代表是践行新时代“枫桥经验”的先进典型，长期扎根在发现矛盾、解决问题、服务群众的最前沿，无怨无悔、倾情奉献，展现出了对党忠诚、信仰坚定的政治品格，恪尽职守、担当有为的敬业精神，服务群众、先人后己的高尚情怀，是全省党员干部学习的榜样。要深入学习贯彻习近平总书记关于坚持和发展新时代“枫桥经验”的重要指示精神，珍惜荣誉、再接再厉，继续当好为党分忧的“排头兵”、人民群众的“贴心人”、爱岗敬业的“引领者”，为推进更高水平的平安四川建设作出新的更大贡献。

会议强调，全省政法战线要牢牢把握新时代“枫桥经验”的科学内涵和实践要求，坚持和发展好新时代“枫桥经验”，不断提升矛盾纠纷预防化解法治化水平；要广泛开展向先进典型学习活动，推动政法力量向基层一线倾斜，培育选树更多“枫桥式”先进典型。各级党委、政府要关心爱护长期奋战在矛盾纠纷预防化解工作一线的同志，帮助他们解决实际困难和问题；要加强组织领导、强化统筹协调，从健全制度、落实责任、搭建平台、科技支撑入手，不断推动新时代“枫桥经验”在四川走深走实。

会议指出，要吃透新时代“枫桥经验”的精髓要义，全面贯彻落实中央、省委部署要求，扭住关键重点、狠抓工作落实，不断提升矛盾纠纷预防化解法治化水平。要着力抓预防控源头，坚持关口前移，聚焦突出问题，努力消未起之患、治未病之疾。要着力抓排查早预警，全面构建系统完备、无盲区、零死角的排查预警工作体系，确保矛盾纠纷早发现、早处置。要着力抓调解促联动，推动形成以人民调解为基础，各类调解优势互补、有机衔接的工作格局，切实把问题解决在基层、化解在萌芽。要着力抓法治优信访，坚持依法履职、规范事项流转、强化信息支撑、深化精准问责、守牢秩序底线，确保群众诉求依法按程序反映、按政策解决。要着力抓基础强支撑，坚持科技赋能，扎实推进集约化平台建设，有效调动基层组织和广大人民群众积极性，加快形成共建共治共享的现代基层社会治理新格局。要着力抓落实聚合力，坚持党的全面领导，充分发挥各部门职能作用，凝聚起齐抓共管的工作合力，推动新时代“枫桥经验”四川实践取得更大成效。

—— 文件选辑 ——

关于开展2023年度平安建设中婚姻家庭矛盾纠纷预防化解考评工作的通知

（四川省妇女联合会　四川省高级人民法院　四川省委政法委　四川省公安厅
四川省民政厅　四川省司法厅，2023年11月22日）

各市（州）妇联、法院、政法委、公安局、民政局、司法局：

按照平安四川办对婚姻家庭矛盾纠纷预防化解工作的安排部署，省妇联继续牵头负责婚姻家庭矛盾纠纷预防化解考核评价工作。为做好2023年婚姻家庭矛盾纠纷预防化解考评工作。现将有关事项通知如下：

一、考评内容

（一）由省妇联考评：

（1）落实"五项机制"，把发现报告的工作落实到基层，建立重点人群和家庭分类台账，开展走访关爱。

（2）落实妇联组织常态化开展婚姻家庭纠纷预防化解定期报告制度。

（3）市（州）党政领导牵头召开妇女儿童维权工作会议情况。市（州）研究制定多部门联动做好妇女儿童权益保障工作的文件。

（4）对全国、省级交办的重点侵权事件和舆情的处置情况。

（二）由省法院考评：

人民法院签发人身安全保护令的数量占受理人身安全保护令申请总数的比例不低于85%。

（三）由省委政法委考评：

（1）网格员及时排查发现涉妇女儿童权益受侵害线索隐患和婚姻家庭矛盾纠纷。

（2）市（州）党委政法委对涉婚姻家庭重大风险隐患排查化解及时督促指导。

（四）由省公安厅考评：

（1）公安机关对家暴警情流转为矛盾纠纷调处或受理为案件查处的比例应达到98%。

（2）公安机关发放家暴告诫书的数量占家暴警情总数的比例不低于30%。

（3）对不如实录入家暴警情，或因婚恋家庭纠纷处置不及时、措施不到位导致发生一次死亡3人以上"民转刑"案件的予以扣分。

（五）由省民政厅考评：

（1）在县以上婚姻登记机关设置婚姻家庭辅导室（婚姻家庭纠纷调解室）。

（2）是否引入社会工作师、心理咨询师、律师等专业力量，为有需求的当事人提供情感沟通、心理疏导、关系修复、纠纷调解等服务。

（六）由省司法厅考评：

（1）县级建立并在司法行政机关备案确认的婚姻家庭纠纷人民调解委员会的覆盖率不低于85%。

（2）采取有力举措落实婚姻家庭纠纷人民调解员"以案定补""以奖代补"待遇。

二、工作要求

（一）各市（州）相关部门要高度重视，积极配合开展考评工作。2023年度婚姻家庭矛盾纠纷预防化解考核评价由各省级部门对本系统工作情况进行排名，考评结果要拉开排名位次，报省妇联完成综合考评后报送省委政法委。

（二）法院、政法委、公安系统由省级考核单位根据掌握情况考核评价，市州相关部门无需再提供证明材料。民政、司法行政、妇联系统请按照2023年婚姻家庭矛盾纠纷预防化解考核评价标准（见附件）准备好相关证明材料，于12月10日前报送至各系统邮箱。

附件：1. 婚姻家庭矛盾纠纷预防化解考评工作联系人名单（略）

2. 四川省2023年婚姻家庭矛盾纠纷预防化解考核评价标准（略）

特色专栏

坚持和发展新时代“枫桥经验”着力提升预防化解矛盾纠纷法治化水平

四川省委政法委

四川是人口大省、经济大省、民族宗教工作大省，各类矛盾纠纷量大面宽、新老交织。在主题教育中，全省认真学习贯彻习近平总书记关于坚持和发展新时代“枫桥经验”的重要指示精神，坚持走好新时代党的群众路线，在继承中发展、在守正中创新，不断提升矛盾纠纷化解法治化水平。

一、注重资源统筹，夯实多元解纷基础

依靠党的领导力、引领力、组织力、号召力强化资源整合、推动力量下沉、健全工作体系，把党的领导优势转化为工作效能。

一是做实阵地建设。整合基层政法单位和有关部门解纷资源，在市、县、乡三级全覆盖建设综治中心，让群众“只进一扇门、快速解纷争”。

二是做强力量配备。在“大调解”体系基础上，结合矛盾纠纷变化新特征，从化解群众身边的矛盾纠纷入手，建立4.06万个人民调解组织，近5年知识产权、劳动争议、物业纠纷调解员数量年均增长28%、27%、13%，推动矛盾纠纷及时解、就地解、有效解。

三是加强机制协同。积极推动“诉非衔接”“公调对接”“检调对接”“访调对接”，加强与行政裁决、行政复议、仲裁、诉讼等有机衔接，多元解纷机制更加完善。

二、突出法治保障，增强依法解纷实效

把法治精神贯穿矛盾纠纷化解全过程，明晰依法履职路线图，做到制度优、程序明、责任实、效果好。

一是优化制度供给。出台《四川省纠纷多元化解条例》，25个职能部门健全行业指导意见，各市州运用地方立法权出台一批小切口、真管用的地方性法规，为基层推进矛盾纠纷多元化解提供有力法治支撑。

二是规范解纷流程。推动构建调解优先、分层递进、司法兜底的多元化解体系，规范各类解纷手段的衔接。推广眉山“三三调”经验，明确县乡村三级解纷责任和流转程序，推动有序分流、逐级化解。

三是厚植法治根基。坚持法治工作、群众工作同向发力，法理情有机统一，采取“法官包片”“干警说法”等方式，推动专业力量下沉一线，在矛盾纠纷化解中推动全民守法，在推动全民守法中化解矛盾纠纷。积极开展信访工作法治化试点，有序预防调解各类矛盾纠纷31.2万件。注重运用法治手段攻坚化解白鹤滩水电站移民行政案件及涉稳风险，白鹤滩水电站移民未结积案全部清零。

三、坚持因地制宜，创新就地解纷方法

立足四川地广人多、区域差异大等省情实际，以群众需求为工作靶向，探索形成一批具有四川特点、顺应社情民意的解纷方式。

一是聚焦城市物业服务管理纠纷，指导成都市武侯区将传统的包干制物业管理模式转化为“信托制”模式，形成了化解小区物业矛盾的“信托制”工作法。运用“信托制”工作法管理的小区矛盾纠纷数量与2019年相比下降95%。

二是聚焦农业产业发展矛盾纠纷，眉山市丹棱县法院会同有关部门探索形成“五调融合”工作法，全链条就地就近化解涉农产业矛盾纠纷，近三年，全县90%以上的橘橙产业纠纷通过前端非诉方式化解。

三是聚焦农村闲置农房流转纠纷，德阳探索运用标准合同书、法律审查意见书、公证书、交易鉴证书“四书”规范交易，矛盾纠纷下降80%以上。

四是聚焦跨省交界矛盾纠纷，总结推广化解民族地区矛盾纠纷的“正义雪莲”等品牌，健全川渝、川滇、川贵、川甘青毗邻地区矛盾联调机制，川渝深入推进执法司法一体化，川滇、川贵针对防范跨区域“民转刑”命案创新运用“石榴籽”工作法，川甘青加强涉藏地区寺庙协同管理，合力化解跨地区复杂疑难纠纷。

四、聚焦智治赋能，强化高效解纷支撑

适应信息化要求，建强智能化平台，推动业务和技术深度融合，推广泸州市泸县“一站式”解纷工作法，推动矛盾纠纷全生命周期闭环流转，提升基层风险识别、研判、预警、处置水平。

一是推行“一码管理”。针对多头采集、底数不清等问题，研发推广“川和码”，落实“一案一编码”要求，推动调解移动终端“多通融合”，变重复录入、多头上报为统一采集、共享共用，切实为基层减负增效。

二是突出“全程闭环”。升级完善全省矛盾纠纷多元化解信息系统，从纠纷采集开展电子建档、全程跟踪，推动网上网下工作协同，努力做到全程可查询、可跟踪、可督办、可评价，以管理精细化助推纠纷解决实质化。

三是注重“一网预警”。以四川政法大数据平台为底座，汇聚政法、信访及矛盾纠纷多发领域和部门的有关数据，探索数字治理、智辅决策，及时发布平安指数，对潜在风险提前感知，助力属地防范管控，做到介入最前端、化解最及时。

“三化”助推天府中央法务区建设提能增效

四川省高级人民法院

全省法院聚焦“推进天府中央法务区高质量发展，以法治软实力提升区域竞争力”目标，为建成中西部功能最全、能级最高、服务最优的争议预防与解决高地提供有力司法保障。2023 年，成都互联网、国际商事等六个专业法庭新收案件 4.0 万件，审结 3.8 万件，涉案标的额 357.7 亿元。

一、深度集成融合，赋能诉讼服务多元化

深入推进“厅网线巡”一体化诉讼服务体系建设，完善天府中央法务区“三中心 e 法亭”建设，做优民商事调解机制，提升实质解纷能力。

一是构筑专业化、市场化、多元化的商事争议调解中心。出台《涉外商事纠纷诉讼、调解、仲裁多元化解决一站式工作机制》，与“一带一路”国际商事调解中心、成都市律政公证处等 30 家调解组织签订合作协议，选聘商事领域专业调解员 209 名，公证员参与调解 5285 件，律师参与调解 3604 件。

二是建设集约化、精准化、链条化的一站式保全事务中心。推动建立集约化归口机制，智慧联动精准化便民，创建链条化实质解纷，一站式办理诉前、诉中、执行等环节财产保全的立案、审查裁定、执行工作。

三是培育重创新、重实效、重规范的司法确认中心。延伸司法确认中心触角，开通司法确认绿色通道，确保调解规范化。成立以来，累计调解商事纠纷 5.73 万件，其中涉外商事案件 206 件、以保促调化解案件 4564 件、受理司法确认案件 3716 件。

四是打造全时空、多功能、新技术的天府智法院 · e 法亭。利用新技术推动“物联网 +”智慧法院建设，“e 法亭”累计庭审 214 次，提供各项诉讼服务 1285 次。“三中心 e 法亭”入选四川省优化营商环境经验做法（第十批）。

二、优化资源配置，促进司法审判专业化

一是加强金融、国际商事审判工作。对医美行业“名保实贷”案件进行穿透性审查，规制和警示金融领域乱象。设立全省首个“全生命周期楼宇企业法律服务中心”，精准服务辖区中小微企业和灵活就业群体。挂牌成立“涉外商事一站式多元解纷中心”，与四川天府“一带一路”商事调解中心、深圳市蓝海法律查明和商事调解中心会签合作协议，不断汇聚解纷资源力量。“创新‘一带一路’国际商事争端解决机制”入选国务院全面深化服务贸易创新发展试点第三批“最佳实践案例”。

二是加强破产审判工作。推动成都破产服务中心建设，为破产管理人提供履职便利，一体开发上线“破产智审”平台系统，提升信息化、智能化支撑“办理破产”水平。召开成渝两地破产法庭第一次破产协作会议，落实成渝两地破产《合作备忘录》，推进管理人名册互认、重大疑难案件会商等13

个措施。服务“保交楼、保民生、保稳定”，适用破产程序化解房地产停工项目纠纷，推动“一揽子”解决项目停工核心问题，实现复工续建面积超96万平方米，预期保障16000余户交房，解决3500余户业主办证需求。

三是加强知识产权审判工作。构建以成都知识产权法庭为中心，5家集中管辖基层法院为支撑，9个巡回审判点为补充的“1+5+9”立体式知识产权司法保护格局，形成“院、庭、点”三位一体融合共治司法服务保障机制。创新建设技术调查官流动站，国家专利审查员驻点办公，实现技术问题随时咨询、及时反馈、随案运转，针对复杂案件，从技术调查官人才库抽选委派，实现调查官靶向筛选、精准匹配。

四是加强互联网审判工作。提档升级以“七朵云”为核心的“云系列”新一代智慧审理和司法服务平台，探索互联网金融简案“AI虚拟法官”应用，实现矛盾纠纷化解智能化、高效化。打造独具互联网特色的“键对键”协同“面对面”的矛盾纠纷多元化解模式，通过“法院+社会”“专业+群众”“线上+线下”相结合，推进基层社会治理新发展。高质量审理全国首例声音权纠纷案等新类型案件，以典型案例填补网络空间规则空白。

五是加强环境资源审判工作。探索涵盖恢复性司法执行的“四合一”归口审判模式，整合刑事审判惩治和教育功能、民事审判救济和修复功能、行政审判监督和预防功能，将生态环境保护理念贯穿到审判执行全领域、全过程。妥善审理国家公园涉小水电、矿权等退出案件，巩固国家公园建设成效。建设“天府中央法务区生态文明法治教育实践基地”，推动共建区域内社会、经济和法治协同发展。

三、坚持求真务实，推动品牌影响扩大化

一是深化司法调研。设立天府中央法务区“提能升级”系列专项课题，紧盯类案多发高发领域深入调研，围绕业态升级、法治供给、司法融入，形成“天府中央法务区法治化营商环境建设集聚效应实证研究”“天府中央法务区司法智能化应用与发展联动研究”等7项成果，以高质量调查研究助推审判工作取得新成效。

二是广泛汇智集力。举办天府中央法务区法治协同发展、天府前瞻·互联网司法治理、天府法务区涉外法治、川陕甘大熊猫国家公园司法协同保护等各类座谈会，全面展现天府中央法务区的创新举措与建设成果，促进司法实务与理论深度融合，为深化天府中央法务区高水平建设和高质量发展提供更有力的理论支撑和智力支持，加速凝聚天府中央法务区多元主体协同发展共识，持续拓宽司法职能与法律服务跨领域融合发展路径，进一步提升天府中央法务区法治供给能力和辐射能级。

三是加力宣传推广。构筑全媒体宣传矩阵，开展天府中央法务区建设运行系列宣传活动，持续提升天府中央法务区品牌效应。在官微、官网、微博等平台发布宣传稿件，生动展现四川法院推动天府中央法务区法治协同发展的有效做法。

深化检察融合履职　不断推进未成年人综合司法保护

四川省人民检察院

2023年，四川省检察机关坚持以习近平新时代中国特色社会主义思想为指导，紧紧围绕落实党的二十大精神，全面贯彻习近平法治思想及全国、全省检察工作会议精神，认真落实全国人大常委会审议意见，深入践行“最有利于未成年人”原则，坚持以“高质效办好每一个案件”为引领，以“四大检察”综合履职为路径，以主动融入其他“五大保护”为支撑，持续推进未成年人全面综合司法保护。

一、用心守护未成年人健康成长

开展“打击整治侵害未成年人违法犯罪专项行动”，将打击性侵未成年人犯罪纳入专项行动重点工作，从严批捕、起诉，从重提出量刑建议，保持打击侵害未成年人犯罪高压态势。2023年，起诉侵害未成年人犯罪3167人，其中起诉性侵未成年人犯罪1995人，占起诉总人数的62.99%。指导荣县院办理的王某某强奸幼女案，认定王某某明知自己系艾滋病患者，不采取安全防护措施奸淫幼女的行为属于“情节恶劣”，应当从严惩处，并推动自贡市出台《关于建立性侵害案件艾滋病信息核查制度的意见》，建立覆盖全市性侵害案件的艾滋病信息核查及被害人保护工作机制。

二、推动融合履职，深化全面综合司法保护

2023年，省检察院主动承接并圆满完成了未检系统2.0测试、融合履职专章手册编写专项任务，第一时间掌握了融合履职工作要求、评价指标、办案程序、案卡填录等问题，并率先在全国开展全省融合履职工作专题培训。在办理刑事案件过程中，同步审查未成年人其他权益是否遭受损害，统筹推进未成年人刑事案件与民事、行政、公益诉讼案件办理，一体推动线索发现、调查取证、综合治理等工作，促进未成年人全方位综合保护取得实效。

三、推动社会支持体系建设，促推未检工作专业化与社会化深度融合

2023年初，省检察院开展了社会支持体系建设专题调研，深入司法社工组织考察调研、赴基层检察院了解情况，并组织召开了社会支持体系建设工作座谈会，全面掌握四川省社会支持体系建设工作情况，并将各地社会支持体系建设纳入年度绩效考核，推动全省21市州检察院链接社工机构，实现未成年人案件专业化办案与社会化保护有机融合。

四、深化普法宣传，构建全省青少年法治教育基地矩阵

指导全省建成以爱国主义、禁毒防艾、关心关爱留守儿童、生态环境保护等为主题的111个青少年法治教育基地，50余万师生赴基地参观学习，形成全国最大规模的青少年法治宣传教育矩阵。同时，省检察院大力构建基地互联互通系统，实现全省基地数据信息实时查看、分析研判、远程联络，促进基地最大限度发挥集群作用。省检察院与司法厅、教育厅联合会签《全省中小学生参加青少年法治宣传教育基地教育实践活动的实施意见》，进一步提升法治宣传教育合力，力争实现全省中小学生到辖区基地参观学习全覆盖。

2023年，省检察院未成年人检察部门获评“全国三八红旗集体”“四川省实施妇女儿童发展纲要优秀集体”，四川省青少年法治宣传教育基地获评“四川省家风家教创新实践基地”称号。指导办理的荣县院办理的王某某强奸幼女案入选最高人民检察院指导性案例，指导办理的巫某甲、巫某乙附条件不起诉案入选最高人民检察院典型案例，还有2件案例被评为“第七届四川省维护妇女儿童合法权益十大典型案例”。

推进社会治理向“深耕善治”转型

四川省公安厅

2023年，四川公安深入学习贯彻党的二十大精神，聚焦社会治理体系和治理能力现代化这一重大时代命题，制订实施“深耕善治”三年行动计划，推动纳入全省各级党委、政府重点工作，明确10项重点任务，坚持党政领导和公安主推相统一、对标落实和与时俱进相结合、阶段任务和总体目标相衔接、问题导向和效果导向相一致、省厅统筹和基层创新相促进，着力推动社会治理向“深耕善治”有效转型，切实为谱写中国式现代化四川新篇章保驾护航。

一、就地解决矛盾纠纷

坚持和发展新时代“枫桥经验”，按照“人要走近、活要靠近、心要贴近”要求，深入开展矛盾纠纷“大起底大排查大化解”，结合“一标三实”基础信息采集和“六进六边”工作，全量摸排、全面掌握、动态清零各类矛盾纠纷，推动95%以上的矛盾纠纷在基层就地解决，切实从源头上减少个人极端和“民转刑”案事件发生。走好新时代党的群众路线，大力弘扬“四下基层”优良传统，发展群防群治力量29万人，协助开展基础信息采集、风险隐患排查化解，全省严重精神障碍患者肇事肇祸案事件同比下降49%。依托省级“跨网交互”平台和“四川e治采”系统，创新构建矛盾风险隐患“双循环”数字化治理新体系，推动矛盾风险从“事后处置”向“事前干预”转变。持续推进“庭所对接”“民调入所”“律师进所”，全面提升调解质效，努力做到“矛盾不上交”。

二、全面加强整体防控

扎实开展“夏季行动”和“新篇”系列专项行动，全力防范化解各类安全稳定风险，“夏季行动”战果排名全国第一方阵，全年刑事、治安案件立案数分别同比下降29.93%、29.92%。以常态化扫黑除恶斗争为龙头，重拳打击整治涉枪涉爆、涉黄涉赌、“食药环”、“盗抢骗”等各类违法犯罪，电信网络诈骗犯罪高发态势得到有力遏制，涉毒违法犯罪活动降至10年来的最低点，打掉非法捕捞团伙108个，解救被拐妇女儿童62人、找回历年失踪被拐妇女儿童189人，帮助195个离散家庭实现团圆梦，人民群众安全感持续提升。扎实推进立体化信息化治安防控体系建设，推动出台《创新完善立体化信息化社会治安防控体系三年行动计划（2023—2025年）》，深入开展社会治安防控示范城市创建，创新推进“巡防处”一体化机制建设，织密圈层查控、单元防控、要素管控“三张网”，成都、达州、泸州3地入选全国首批社会治安防控体系建设示范城市，四川成为上榜城市数量最多的省份之一。深入开展公共安全隐患治理，强化枪弹、危爆和监所安全管理，森林火灾刑事案件继续保持全破，道路交通事故起数明显下降，未发生重特大公共安全事故。

三、全力护航经济发展

全力服务保障成渝地区双城经济圈建设等重大战略和省委“四化同步、城乡融合、五区共兴”发展战略，深化跨省域警务合作，制定《深化拓展公安政务服务川渝通办事项清单》，全力保障川藏铁路、成达万高速铁路等重点项目顺利建设。深入推进经济金融风险预警预判“防风林”工程建设，依法严打突出经济犯罪，立案侦办经济犯罪案件4439起，挽回直接经济损失2.7亿余元。以“昆仑2023”行动为载体，立案侦办食药环领域案件2442起，移送起诉犯罪嫌疑人5343名，涉案金额38.2亿元。组织开展“护品牌促发展”专项打击，立案侦办侵犯四川品牌案件158起，移送起诉犯罪嫌疑人433名，涉案金额5.8亿元，为企业挽回直接经济损失3000余万元。制定《四川省网约房信息登记暂行办法》，促进新兴行业规范发展。深化公安行政管理服务改革，大力深化“一网通办”“一窗通办”“一机通办”“川渝通办”，公安厅“一网通办”成绩排名省直部门前列。

四、持续深化基层治理

坚持大抓基层、大抓基础，全面推动基层提振、基础提质、基本能力提升，持续优化升级“三为三要三强”风险防控体系。大力深化派出所“两队一室”改革，15人以上派出所全部按照“两队一室”模式运转，率先建立实施派出所评议警种部门制度，着力建强基层战斗实体。深入开展“枫桥式公安派出所”创建，4个派出所创建为全国“枫桥式公安派出所”。启动第三批次“万名机关民警下基层上一线”活动，全省1/8警力下沉一线所队，扎实抓好“六进六边”工作。深耕“社区警务”，全省派出所民警、社区民警均实现“两个40%”目标。推动出台《加强新时代“警校共育”工作意见》，创新“护校安园”机制，学生欺凌案件同比下降12.1%，未发生冲撞校园等极端案事件。

五、着力抓好创新发展

落实“省级主责、市县主战、派出所主防”要求，创新实践“专业+机制+大数据”新型警务运行模式，警务效能显著提升，“情指行”一体化运行机制改革等走在全国前列。深入开展法治公安建设，制定修订执法制度规范320余件，出台《四川公安机关最新执法指引汇编》，开展人民群众最不满意行政执法突出问题专项整治，建成“一站式”执法办案管理中心170余个，公安工作法治化水平和执法公信力持续提升。认真落实公安部“科技兴警”三年行动计划，会同科技厅建立“科技兴警”协同工作机制，大力推进大数据平台、视觉计算建设，数据规模和质量居全国前列，支撑实战、服务发展效能凸显。

持续优化　引领一流　以更高水平法治守护社会和谐安宁

四川省司法厅

四川省司法行政系统自觉扛起维护国家政治安全和社会大局稳定的重大政治责任，把“前端治理、守土尽责”作为维护国家安全和社会稳定的重要职责，抓实抓细矛盾纠纷排查化解、普法宣传教育、刑释人员安置帮教工作，全力以赴维护社会安定，保障人民安宁。

一、矛盾纠纷化解巩固拓展

坚持和发展新时代“枫桥经验”，及时把矛盾纠纷化解在基层、化解在萌芽状态，维护社会和谐稳定的“第一道防线”进一步筑牢。

一是聚焦矛盾纠纷排查化解。部署开展矛盾纠纷“大起底大排查大化解”专项活动，2023 年全省各级人民调解组织共开展矛盾纠纷排查活动 59.72 万次，调处各类矛盾纠纷 42.35 万件，调解成功 41.95 万件，调解成功率保持 98% 以上。2023 年人民调解协议涉及金额 49.4 亿元，比 2022 年增长 36%，人民调解协议得到履行 40.76 万件，协议履行率 97.79%。调解成功率、调解协议履行率、司法确认率均创历史新高。

二是狠抓组织队伍提能增效。截至 2023 年底，全省共有人民调解委员会 4.03 万个，人民调解员 20.02 万名，其中专职人民调解员 2.06 万名，占调解员总数的 10.3%，比 2022 年提高 2.42 个百分点，连续 3 年稳步增长。组织开展人民调解“评星定级”，共命名 40 个五星级人民调解委员会、45 名一级人民调解员、90 名四川省人民调解能手。全省 15 个人民调解委员会被表彰为全国模范人民调解委员会，61 名人民调解员被表彰为全国模范人民调解员，四川人民调解“第一方阵”进一步夯实。

三是深化调解工作协同增效。深入贯彻落实全国“枫桥经验”纪念大会和全国调解工作会议精神，会同省法院、省检察院、公安厅、省信访局、财政厅出台《关于进一步深化诉调、警调、访调、检调对接的意见》，强化与政法各单位和相关部门的协调配合。聚焦服务成渝地区双城经济圈建设，会同重庆市司法局在达州成功举办成渝地区双城经济圈商事调解签约暨分中心揭牌仪式，签订川渝两地共同设立成渝地区双城经济圈商事调解中心合作协议，选聘商事调解专家 12 名。

二、普法宣传教育提档升级

深入推进多层次多领域依法治理，持续加强社会主义法治文化建设，公民法律意识和法治素养持续提升，为在法治轨道上全面建设社会主义现代化四川提供了有力保障。

一是组织开展“八五”普法中期评估。联合省委依法治省办、省委宣传部印发《四川省“八五”普法中期评估方案》，制定《四川省“八五”普法实施情况中期评估指标体系》，评估各地各部门落实“八五”普法工作中期开展情况。

二是部署推进“法治四川行”一月一主题活动。联合省委依法治省办、省委宣传部印发《2023 年“法治四川行”一月一主题活动工作方案》，全年联动 46 家省级“谁执法谁普法”责任部门，开展 12 个主题、41 项活动。重点组织开展四川省第三届民法典“三个一百”主题宣讲活动和 2023 年宪法宣传周主题活动。

三是推进公民法治素养提升试点工作。指导成都市以全国公民法治素养提升行动试点为契机，统筹开展“公民法治素养提升”四大行动。印发全省公民法治素养试点工作方案，在 20 个地区开展为期一年的法治素养提升省级试点，组织全省公民法治素养测评指标体系研究和数据收集工作，探索统筹建立公民法治素养提升测评指标体系、打造本地公民法治素养提升精品案例、形成公民法治素养提升精准评估闭环。

四是推进基层依法治理工作。建成“法律明白人”实训基地 171 个、实践工作站 1232 个，全省统一标准认定“法律明白人”17.9 万名，创建第二批省级民主法治示范村（社区）203 个。常态化开展“法律进寺庙”活动和法律援助结对帮扶，有效助力了涉藏州县依法常态化治理。启动第二批民族地区法律援助对口帮扶三年行动，深入实施寺庙“法律明白人”培训三年行动计划，开展涉藏地区全覆盖法治宣讲，推动涉藏州县依法常态化治理水平不断提升。

三、公共法律服务高质高效

坚持把深化公共法律服务体系建设作为满足人民群众日益增长法治需求和维护社会公平正义的有力抓手，着力为人民群众提供优质高效的公共法律服务，不断夯实平安四川根基。

一是聚焦民生改善，深化法律援助服务。全面完成法律援助民生实事项目，组织开展“春暖农民工”“春风行动”“夏季行动”“飓风行动”等根治欠薪专项行动；联合人社、住建、工会等部门，开展“维护农民工合法权益　全力根治农民工欠薪”“法援惠民生　服务农民工”“尊法守法·携手筑梦”等专项行动；组建省内农民工法律服务律师团队189个，办理法律援助案件7.27万件，为农民工讨回欠薪、工伤赔偿等2.1亿元。司法厅连续十二年获评省政务服务大厅先进窗口单位。

二是聚焦稳藏安康，推进涉藏地区公共法律服务建设。打造藏汉双语实体、热线、网络公共法律服务“三大平台”，在涉藏州县建成公共法律服务中心34个、乡镇公共法律服务工作站489个、村（社区）公共法律服务工作室3454个。建成亚青寺公共法律服务中心，配齐软硬件设施，配强专业人员，构建形成了完善的公共法律服务网络，进一步满足涉藏地区群众法律服务需求。

审稿人：杨宏寿　汪　兵

撰稿人：李　路　龙　波　朱　琳

贵 州 省

工 作 概 况

2023 年度贵州政法工作综述

2023 年，贵州政法系统坚持以习近平新时代中国特色社会主义思想为指导，在中央政法委有力指导和省委坚强领导下，深入学习贯彻习近平法治思想、总体国家安全观和习近平总书记关于政法工作的重要指示精神，全面贯彻落实党的二十大、二十届二中全会、中央经济工作会议和中央政法工作会议精神，围绕中心，服务大局，以加强政法机关党的政治建设为统领，以深入开展主题教育为主线，以推进政法工作现代化为目标，全面加强政法队伍建设、全面推动政法工作高质量发展，有力维护了贵州省社会大局持续安全稳定。

一、坚持以深入开展主题教育贯穿全年工作，更加坚定自觉衷心拥护“两个确立”、忠诚践行“两个维护”

深化理论学习，创新全面学、专题学、重点学 + 结合工作反复研学的“3 + 1”学习模式。举办贵州省政法领导干部“学习贯彻习近平新时代中国特色社会主义思想　锻造政法铁军”专题研讨班。开展政治建设主题大调研、领导班子成员领题专题调研、典型案例解剖式调研、深入基层群众走访调研，促进成果转化运用。抓实为群众办实事、为基层解难题各项举措，推动常态化大走访、涉法涉诉突出问题攻坚行动、社会治安重点工作专项行动，推动贵州省政法机关“讲政治强业务铸忠诚”“从政治上看、从法治上办”“透过业务看政治讲忠诚”等活动走深走实，促进政治建设和业务建设深度融合。

二、全面学习贯彻习近平法治思想，推动法治贵州建设提质增效

把法治建设作为一项系统工程来抓，一体推进法治贵州、法治政府、法治社会建设。

（一）纵深推进全面依法治省。提纲挈领抓住法治贵州建设 10 大关键性结果性指标，牵引法治贵州建设整体水平提升。贵州省法学会扎实推进繁荣法学研究、服务法治实践、培养法治人才，团结引领贵州省法学法律工作者，进一步发挥全面依法治省“智囊团”“思想库”“人才库”作用。

（二）纵深推进法治政府建设。持续巩固贵州省全国第二批法治政府建设示范创建成果、积极组织开展第三批示范创建，牵引法治政府建设不断取得新成效。推动贵州省各地各部门党政主要负责人书面述法全覆盖和 9 个市（州）、88 个县（市、区）现场述法全覆盖。

（三）纵深推进法治社会建设。印发《关于开展三创六率六防止工作加快推进法治社会建设的意见》，以“三创六率六防止”为总抓手，牵引法治社会建设。成功创建命名国家级示范村（社区）100 余个、省级示范村（社区）1000 余个，培育农村学法用法示范户 1 万余户、覆盖贵州省大部分行政村。

三、始终树牢总体国家安全观，坚决维护国家政治安全

（略）

四、坚持和发展新时代“枫桥经验”，推动矛盾纠纷化解在基层、化解在萌芽状态

深入贯彻全国“枫桥经验”纪念大会和全国调解工作会议精神，落实预防、调解、法治、基层“四个立足”实践要求，推动出台《贵州省矛盾纠纷多元化解条例》，进一步规范做实“一中心一张网十联户”“党小组 + 网格员 + 联户长”基层治理机制，加快推进“多网合一”，实现网格整合、人员整合、事务整合、服务整合、数据整合。2023年，各级人民调解组织深入调解矛盾纠纷，3项基层“枫桥式工作法”经验入选全国先进典型，在贵州省开展新时代“枫桥经验”大比武，选取60个“枫桥经验”先进典型、80个“枫桥式综治中心”在贵州省坚持和发展新时代“枫桥经验”现场观摩会进行授牌表扬。大力推进信访工作法治化，举办培训班，印发试点方案，明确工作措施，在18个县（市、区）试点，以点带面地推动“五化”“四到位”要求落到实处。

五、扎实开展重大风险隐患防范化解，坚决维护社会大局安全稳定

（一）系统推进重大风险防范化解。贵州省各地均成立党委、政府主要领导任双组长的防范化解重大风险工作领导小组，落实领导责任、工作责任。组织对影响社会和谐稳定的突出风险问题开展深入调研和系统梳理，分两轮次排查交办重大风险点，按照分类分级分专项分步骤的工作思路攻坚化解。

（二）深入推进重大决策风险评估。坚持统筹发展和安全，不断加强新形势下重大决策社会稳定和安全风险评估机制，将重大政策制定、重大改革举措、重大项目建设、重大活动安排及其他事项等内容纳入风险评估必评范围，从源头上预防和减少社会矛盾风险。针对群体性聚集风险增多实际，制定群体性聚集风险快速处置若干措施，稳妥处置群体性聚集引发涉稳问题。

（三）部署开展今冬明春贵州省维护安全稳定工作。针对岁末年初各类矛盾、案件、事故易发多发的实际，深入开展政治安全风险防范处置和专项攻坚、重大风险防范化解集中攻坚、突出治安问题防范打击整治、校园安全稳定守护、公共安全重点领域专项整治、网络安全专项治理“六大专项行动”，坚决守住不发生严重危害国家安全案事件、暴力恐怖案事件、重大群体性事件、重大刑事案件、重大负面舆情、重大公共安全事件“六条底线”，努力实现基层治理现代化水平和平安贵州、法治贵州建设水平“两个全面提升”，把专项整治和长远治理结合起来，打好今冬明春维护安全稳定工作“组合拳”，确保贵州省社会大局持续安全稳定。

（四）圆满完成重大活动维稳安保。持续推进信访维稳联动机制强力运转，整合政法、信访、公安及各行业部门资源力量，形成统一指挥、统一信息、统一调度、统一行动的工作体系，实现对各类风险隐患的预测预警、日常监管、闭环处置。针对重大活动，均成立高规格维稳安保工作领导小组，实行“大小专班”模式（在省委政法委设指挥部—大专班，同步成立政治安全、信访维稳、社会面管控、安全生产、网络舆情管控、自然灾害防控、督导检查7个工作专班—小专班），坚持24小时值守运转，每日“两研判、两调度”，切实做好社会面控制和应急处置准备等相关工作，既做到了分兵把守、又实现了整体发力，确保全国两会期间、成都大运会等重大活动和重要敏感节点维稳安保任务圆满完成。

六、深入推进社会治安突出问题整治，系统提升社会治安整体防控水平

（一）高位统筹开展社会治安“1+5+1”重点工作。针对疫情防控转段后贵州省社会治安形势变化特点，以常态化推进扫黑除恶斗争为牵引，开展防范处理邪教问题、打击治理电信网络新型违法犯罪、深化命案防控治理、巩固提升禁毒“大扫除”成果、防范打击盗窃犯罪以及重点人群服务管理专项工作，省市县三级均组建工作专班实体化运转，建立日调度、周研判、旬提示、月通报等机制，建立任务清单和问题清单“双台账”，完善“动态+全面+全程”的推进模式，集中资源力量、重拳高压打击、形成攻坚合力，强力推动一批社会治安突出问题得到有效整治。2023年，贵州省刑事警情、治安警情持续下降，集中打掉一批涉黑、涉恶组织；电信诈骗涉案“两卡”数量大幅下降，预后被骗率大幅降低；现行命案破案率保持较高水准；盗窃案件立案数同比下降；禁毒“大扫除”成果持续巩固，现有吸毒人员大幅减少；重点人群服务管理不断加强，出台未成年学生苗头性问题介入干预、一案一倒查两项制度以及法治副校长管理办法；深入推进专门学校建设和专门教育工作，促进未成年人防自杀、防溺水、防性侵、防犯罪“四防”工作，相关案事件高发态势得到有效遏制。

（二）深入推进社会治安重点地区和突出问题排查整治。严格落实社会治安综合治理领导责任制，聚焦刑事犯罪、突出矛盾纠纷等重点问题，深入分析研判形势，全面梳理普遍性、倾向性风险隐患，对社会治安问题相对突出的地区，分别采取予以关注、通报、约谈和挂牌督办等方式进行集中整治。对有关地区开展动态专项督导督查，与相关地区和部门共同剖析问题、分析原因、研究对策，精准推动社会治安重点地区、重点问题得到有效整治整改，初步构建了督促检查抓落实、上下联动抓整改、以点带面抓提升的工作格局。

（三）系统提升社会治安防控现代化水平。以社会治安防控体系建设示范城市创建为抓手，深入推进立体化信息化社会治安防控体系建设，全面落实“打防管控建”各项措施，持续深化巩固社会面巡逻防控“四项机制”和“1、3、5 分钟”快反机制；深入推行“两队一室”“一村（格）一警”和农村“中心派出所”警务运行机制改革，融合大数据、物联网、人工智能等新技术，加快智能安防单元建设，探索构建党政引导、企业投资、群众受益的“平安黔哨”社会视频监控共享应用模式，社会面管控能力得到系统提升。

七、紧盯重点领域，全面深化政法领域改革

对标中央全面深化政法改革任务，摸清贵州省家底，制定实施方案，推动改革任务逐项落地。组织贵州省三级政法机关分析评估十年来政法改革实际情况和效果，开展完善法官助理和检察官助理管理体制机制重大调研课题研究，完善法官检察官逐级遴选机制，顺利完成省遴选委委员换届及 2023 年贵州省员额法官、员额检察官遴选递补。不断完善贵州省办案机关内部监督、部门之间相互制约监督、检察机关法律监督、党委政法委执法监督和智能化运用“4 + 1”制度加科技执法司法制约监督工作格局，在全国率先出台《贵州省人大常委会关于加强检察建议工作的决议》，制定出台《贵州省政法单位领导干部带头办案工作暂行办法》《关于加强党委政法委执法监督与检察机关法律监督衔接工作的意见》，通过盯住“关键少数”、整合监督力量，不断提升监督制约效能。

八、着眼政法工作现代化，深入推进政法智能化建设

坚持轻重缓急、实事求是、量力而行原则，分步推进“五大系统”建设，贵州政法智能化系统项目连续四年入选全国政法智能化创新案例评选前十。

（一）刑事案件全业务、全流程网上协同办理。采用电子卷宗网上单轨制办案 6 万余件（起诉），比例达 84.01%，与同期适用简易程序、速裁判决程序办案的平均用时减少约 7 天，电子换押单轨制协同业务比例达到 95% 以上，每年节约资金超 2000 万元。

（二）智能辅助推动案件办理高质效。录入案件 59 万件，上传证据材料 6188 万页，自动审查发现证据瑕疵 10.5 万个，批注 427 万次，智能辅助应用水平全面提升，平均办案时间大幅缩短。

（三）搭建政法智能化监督体系。汇聚贵州省法、检、公、司相关数据 2 亿余条，碰撞比对 190 万件案件，对疑似问题案件进行人工核查认定，模型精准度接近 50%，推动传统的“人盯人、人管案”转变为“数据管人、数据管案”。建成省市两级一体化涉案财物集中管理系统。

（四）全面提升基层网格智治能力。升级优化省综治信息平台纵向贯通省市县乡村五级综治中心和网格，横向联通省 12345 市民服务热线平台、省 110 接处警平台等系统，录入贵州省人口数据、房屋信息，为人民群众提供矛盾纠纷累计上报渠道，为网格化管理、精细化服务提供有力信息化支撑。

（五）积极探索推进风险感知和应急管控系统建设。“数据融合驱动的社会治理风险动态感知预警技术与应用”项目入选社会治理领域国家重点研发计划。

九、坚持以党的政治建设为统领，着力淬炼过硬政法队伍

部署开展“全面加强政法机关党的政治建设为推进政法工作现代化提供根本保障”主题大调研，常态化开展政治督察、纪律作风督查巡查。出台《关于加强省委政法委政治部工作的意见》《贵州省纪检监察机关和相关派驻（派出）机构主要负责人为政法干警作廉政辅导报告制度》，提升队伍管理合力。深化落实政法领导干部交流轮岗规定，交流 186 人。坚持刀刃向内，2023 年坚持查处干警违纪违法案件。认真落实从优待警各项措施，72 个先进集体、193 名先进个人受到省部级以上表彰奖励，赤水市委政法委荣获全国党委政法委系统“新时代政法楷模集体”称号。

会议活动

全省坚持和发展新时代“枫桥经验”现场观摩会

12月7日，全省坚持和发展新时代“枫桥经验”现场观摩会在六盘水市召开。会上，宣读了全省第一批新时代“枫桥经验”先进典型单位的表扬决定并为获奖代表颁奖。贵阳市医疗纠纷人民调解委员会（医疗纠纷调解“三位一体”工作法）等60个单位获表扬。

近年来，贵州全省各地各有关部门在以习近平同志为核心的党中央坚强领导下，坚持以习近平新时代中国特色社会主义思想为指导，深入学习贯彻习近平法治思想，认真贯彻落实中央和省委、省政府决策部署，坚持和发展新时代“枫桥经验”，立足预防、立足调解、立足法治、立足基层，坚持党的群众路线，就地化解矛盾纠纷，实现“小事不出村、大事不出镇、矛盾不上交”，涌现出一大批基层先进典型。

为以典型示范引领新时代“枫桥经验”实践创新，持续提升基层矛盾纠纷预防化解法治化水平，省委政法委决定，对60个创新工作法的先进典型进行表扬并授牌。希望各地各有关部门认真学习借鉴这些先进典型的创新做法，继续坚持好、发展好新时代“枫桥经验”，进一步提升矛盾纠纷预防化解法治化水平，推动基层治理体系和治理能力现代化，努力为建设更高水平的平安贵州、法治贵州作出新的更大贡献。

文件选辑

关于开展三创六率六防止工作加快推进法治社会建设的意见

（中共贵州省委全面依法治省委员会，2023年4月3日）

为深入贯彻党的二十大关于法治社会建设的决策部署，深入学习贯彻习近平法治思想，坚持依法治国、依法执政、依法行政共同推进，法治国家、法治政府、法治社会一体建设，经研究，在全省开展“三创”“六率”“六防止”工作，通过创建守法普法示范县（市、区）、法治文化建设示范单位（企业、学校）、民主法治示范村（社区），提高普法工作覆盖率、群众对普法工作满意率、群众对法律常识知晓率、群众遇事找法首选率、法律服务可及率、群众对法治环境满意率，防止因决策不当、执法不当、风险治理不力、矛盾纠纷化解不力、司法不公、网络舆情引发重大不稳定问题，加快推进法治社会建设。现提出如下意见。

一、三创

（一）创建守法普法示范县（市、区）。根据司法部、全国普法办《关于开展“全国守法普法示范市（县、区）”创建活动的通知》，围绕尊法、学法、守法、用法设置考评指标体系，细化制定省级守法普法示范县（市、区）创建标准，组织开展省级示范创建活动，择优推荐申报国家级守法普法示范市（县、区）。

（二）创建法治文化建设示范单位（企业、学校）。落实中共中央办公厅、国务院办公厅《关于加强社会主义法治文化建设的意见》、“八五”普法规划，扎实推进法治文化进企业、进学校等工作。按照《贵州省“法治文化建设示范企业”创建命名评分标准》，持续开展省级法治文化建设示范企业创建工作。落实教育部《全国依法治校示范校创建指南（中小学）》，组织开展“全国依法治校示范校”创建，制定实施省级法治文化建设示范学校创建指标体系及考评标准。

（三）创建民主法治示范村（社区）。严格落实国家级、省级“民主法治示范村（社区）”创建工作机制和指标体系，提高“民主法治示范村（社区）”创建覆盖率，提高村“两委”依法治理、依法办事、民主决策能力，增强群众法治意识和法治观念，不断提升群众获得感、幸福感、安全感。

二、六率

由省委依法治省办牵头，委托第三方机构对各市（州）、县（市、区）“六率”情况开展调查监测、评估通报，评估衡量各地法治社会建设成效。

（一）普法工作覆盖率。主要测评普法责任主体对执法对象、服务对象、管理对象从普法内容、形式、载体等方面开展普法宣传的针对性、实效性和覆盖情况。

（二）群众对普法工作满意率。主要测评人民群众对各地区各部门落实“谁执法谁普法”“谁管理谁普法”“谁服务谁普法”普法责任制，开展法治宣传教育、法律服务等工作满意度的评价。

（三）群众对法律常识知晓率。主要测评人民群众对习近平法治思想、社会主义核心价值观、社会主义法治理念、宪法、民法典等常用法律知识的学习掌握程度。

（四）群众遇事找法首选率。主要测评人民群众办事依法、遇事找法、解决问题用法、化解矛盾靠法的意识，人民群众在遇到涉法问题和矛盾纠纷首选法律渠道解决的比率。

（五）法律服务可及率。主要测评人民群众在获取律师、公证、法律咨询、普法宣传、法律援助、行政复议、仲裁、调解等公共法律服务方面和企业在获取法律顾问、合规管理、知识产权保护、商事纠纷化解等法律服务方面高效、便捷、优质、专业的程度。

（六）群众对法治环境满意率。主要测评人民群众对本地区尊法学法守法用法状况和对本地区社会治理法治化水平的程度、效果的评价。

三、六防止

各地区各部门和各级领导干部要坚持统筹发展和安全两件大事，更加重视法治、厉行法治，更好发挥法治固根本、稳预期、利长远的保障作用，不断提高运用法治思维和法治方式深化改革、推动发展、化解矛盾、维护稳定、应对风险的能力，推动各方面工作法治化，切实守住“六防止”底板性要求，全力维护国家政治安全、确保社会大局稳定、促进社会公平正义、保障人民安居乐业。

（一）防止因决策不当引发重大不稳定问题。规范并严格落实重大决策程序，确保科学民主依法决策，防止因决策不当引发严重损失、恶劣影响和规模性聚集事件、上访事件等。

（二）防止因执法不当引发重大不稳定问题。坚持严格规范公正文明执法，全面推行行政执法“三项制度”，规范行政执法自由裁量权，防止因执法不作为、慢作为、乱作为和趋利执法、选择性执法等执法不当引发重大安全生产责任事故、重大人员伤亡、重大群体性案事件等。

（三）防止因风险治理不力引发重大不稳定问题。强化突发事件预测、预防、预警和依法应对、依法处置能力，防止因风险治理不力引发重大安全生产责任事故、重大突发事件、重大公共卫生事件、暴恐案事件等。

（四）防止因矛盾纠纷化解不力引发重大不稳定问题。坚持和发展新时代“枫桥经验”，完善矛盾纠纷多元预防调处化解综合机制，防止因矛盾纠纷排查化解不力引发重大群体性事件、重大群体性上访、越级赴省进京访、极端恶性案件等。

（五）防止因司法不公引发重大不稳定问题。规范司法权力运行，强化对司法活动的制约监督，防止因贪赃枉法、徇私枉法、办理人情案、金钱案等司法不公引发重大群体性事件、重大群体性上访、越级赴省进京访、重大舆情炒作等。

（六）防止因网络舆情引发重大不稳定问题。建立健全网络综合治理体系，加强依法管网、依法办网、依法上网，防止因网络舆情引发重大恶性炒作、意识形态风险等。

四、工作要求

（一）提高政治站位。各地区各部门要切实提高政治站位，全面贯彻落实党的二十大精神，深入学习贯彻习近平法治思想，充分认识加快建设法治社会在全面依法治省工作中的重要地位和作用，切实将“三创”“六率”“六防止”工作作为当前大力推进法治社会建设的重要抓手，进一步增强责任感、紧迫感和主动性。

（二）加强组织领导。各地区各部门要加强党对法治社会建设的领导，市县两级党委要落实推进本地区法治社会建设的领导责任，党政主要负责人要切实履行推进法治社会建设第一责任人职责，把“三创”“六率”“六防止”工作纳入重要议事日程，强化组织实施，及时研究解决工作推进中遇到的新情况新问题，推动法治社会建设工作走深走实。

（三）强化推进实施。将“三创”“六率”“六防止”工作纳入平安贵州、法治贵州考评内容，加强考评监测和结果运用。各地区各部门要结合实际，明确分工、压实责任、狠抓落实、务求实效。省委依法治省办要加强统筹协调、督促落实，定期汇总各地区各部门工作推进情况，及时向省委依法治省委报告，适时进行通报，确保各项工作落到实处。

特色专栏

坚持和发展新时代“枫桥经验”积极探索推进矛盾纠纷预防化解法治化

贵州省委政法委

近年来，贵州省委政法委深刻学习把握新时代“枫桥经验”的重要内涵和实践要求，坚持在平安贵州、法治贵州建设中传承发展、创新实践，积极探索依托贵州“一中心一张网十联户”基层社会治理机制，在法治轨道上推进矛盾纠纷预防化解的有效做法，不断夯实基层基础、编牢基层网底，切实做到依法维护人民群众合法权益，努力实现矛盾纠纷源头防控、依法处置、就地解决，着力打造新时代“枫桥经验”的贵州样板。

一、注重完善多元解纷机制建设

强化多元解纷立法保障，先后推动出台《贵州省人民调解条例》《贵州省矛盾纠纷多元化解条例》等地方性法规，促进各类矛盾纠纷通过和解、调解、信访、仲裁、诉讼等处置方式有机衔接、依法办理，构建多元化解工作体系。坚持把非诉讼纠纷解决机制挺在前面，推进诉讼和非诉讼相衔接、多种化解方式相贯通，将调解贯穿矛盾纠纷化解工作全过程。持续推进综治中心规范化建设、信访工作法治化、矛盾纠纷预防化解法治化“三化融合”，推动省、市两级强化统筹协调功能，县、乡镇（街道）两级综治中心做实矛盾纠纷排查化解“一站式”平台，村（社区）强化矛盾纠纷排查化解阵地管理作用。

二、注重强化矛盾风险源头防控

建立完善重大决策社会稳定风险评估机制，充分尊重相关利益群众的意愿意见，确保各项决策遵循规律、切合实际，做到科学决策、民主决策、依法决策。充分发挥公证、法律援助、司法鉴定、仲裁、人民调解等预防性法律制度作用，推动更多法治力量向引导端和疏导端用力，有效预防纠纷发生、权利侵害、矛盾升级，最大限度把矛盾消解于未然、将风险化解于无形。深入实施“八五”普法规划，分级分类制定领导干部应知应会党内法规和法律法规清单，深化民主法治示范村（社区）创建，实施公民法治素养提升行动，不断提高法治宣传教育的针对性、实效性，努力在矛盾纠纷化解中推动全民守法，在推动全民守法中化解矛盾纠纷。加强法律顾问、村（居）专职人民调解员配备和“法律明白人”、农村学法用法示范户培育，统筹各类资源、广泛吸收各方面力量参与矛盾纠纷化解。积极推进信访工作法治化，对标中央部署要求，突出法治的规范、保障和引领作用，制定《贵州省深入推进信访工作法治化试点工作方案》，以点带面推动“五化”“四到位”要求落到实处。

三、注重做实矛盾纠纷网格管理

健全完善党建引领、多方参与、共商共治的基层社会治理模式，深化“一中心一张网十联户”“党小组＋网格员＋联户长”基层社会治理机制，推进综治中心规范化建设，统筹用好派出所、司法所、人民法庭、检察服务中心等基层政法力量，加强诉调对接、访调对接、警调对接等多种解纷方式协调联动，把县乡两级综治中心强化为基层工作枢纽，将80万个“十联户”打造成采集信息、感知民意、发现风险的第一神经触角，有效打通基层社会治理末梢梗阻。2023年全省各级综治中心调解矛盾纠纷29.97万件，通过网格排查矛盾纠纷和安全隐患76万起，实现90%以上在网格内及时发现处置。通过建实建强法学会工作站等基层服务站点赋能基层治理，引导法学会会员、法学专家、首席法律咨询专家、律师等力量参与矛盾纠纷预防化解。2023年，累计建成法学会工作站6050个，实现乡镇全覆盖和大型企业、厂区、社区推广建设，组织进驻法学会工作站的会员、专家，以现场“坐诊”、电话“问诊”、定点“义诊”等方式服务群众，共开展普法宣传教育5.3万余次、法律咨询解答1.4万余次，化解矛盾纠纷1.1万余件。

四、注重融合政法力量参与治理

推进员额法官检察官和编制跨地域统筹使用、动态调整，向人均办案量大的基层和办案一线倾斜，加强法庭调解力量，推进司法资源向乡镇（街道）、村（社区）下沉。将推进“省级主责、市县主战、派出所主防”实战化职能体系建设作为深化公安改革的突破口，优化基层公安机关和派出所警力布局，推动警务工作与城乡社会治理融合发展。加强乡镇（街道）政法委员培训，建立落实乡镇（街道）政法委员统筹协调机制，制定“职责清单”“权力清单”，更好统筹基层政法单位和社会力量开展矛盾纠纷预防化解工作。弘扬“四下基层”优良作风，2020年以来，每年开展全省政法系统“入村寨进社区走企业访群众”集中大走访，主动贴近服务群众，及时有效化解一批矛盾纠纷，实现为民服务“零距离”。开展新时代“枫桥经验”政法基层单位建设和“枫桥式工作法”大比武，充分挖掘基层鲜活经验和展现基层做法成效，更多汇聚基层矛盾纠纷化解合力。

“三个一体化”积极破解执行难

贵州省高级人民法院

近年来，贵州法院深入贯彻习近平法治思想，全面落实中央关于加强综合治理从源头切实解决执行难问题决策部署，坚持执源治理一体化、法院“立审执监访”一体化、多方协作联动一体化，推动全贵州省高级人民法院执行难问题得到有效解决。2022年全贵州省高级人民法院执行新收案件下降12.86%，2023年实现连续11个月下降；2023年以来全贵州省高级人民法院累计执行到位957.68亿元，实际执行到位率连续6年居全国前列。

一、坚持执源治理一体化

一是强化组织领导。全省法院把一体化推进执源治理作为“一把手”工程推进，均成立由院长牵头，各审判执行业务部门的分管院领导担任副组长的工作领导小组，举全院之力推进执源治理工作。

二是强化政策统筹。贵州省高级人民法院先后印发执源治理工作的实施意见，2023年推动出台《贵州省一体化推进诉源执源治理的实施意见》，从全省的角度建立完善实质化解矛盾纠纷、兑现合法权益的各项工作机制。

三是强化分析研判。2022年、2023年分别委托各级政法机关在“大走访”中发放执源治理问卷6万余份，委托省律协组织2517位律师开展执源治理问卷调查。对反馈问题，及时分类，逐项研判，提出措施，并将问卷发现的问题治理作为院领导在主题教育期间牵头调研的项目，形成调研成果，每月跟踪成果转化情况。

二、坚持法院“立审执监”一体化

一是健全立案环节诚信诉讼承诺机制。立案时同步发放《申请保全提示书》，引导当事人强化诉讼风险防范，及时保全对方财产，确保胜诉权益得以兑现。要求签订《诚信诉讼承诺书》，引导当事人在诉讼活动全过程遵守诚信原则、做到诚实守信，承诺主动履行生效法律文书确定的义务。

二是健全审判环节自动履行促进机制。完善审判环节裁判文书制作机制，强化判后答疑和释法析理，促进当事人自动履行生效裁判文书。制发《自动履行告知书》，建立自动履行义务激励机制。完善基层法院派出法庭“审调执一体化”机制，针对派出法庭裁判和调解的案件，依法综合运用多种方式督促当事人自动履行到位。2023 年全贵州省高级人民法院民事裁判文书自动履行率同比上升 12.16 个百分点。

三是健全执行环节“繁简分流”机制。明确简易案件由快速执行团队办理，普通案件由以法官为主导的普通执行团队办理，将辅助工作中事务性较强的部分，交由专门团队办理或适度外包，促进执行质效提升，规范执行流程，有力避免因执行措施不规范、过度执行等衍生执行异议、复议、信访等案件。

四是健全监督环节“审执管”衔接机制。对于生效法律文书内容不明确的，审判部门根据执行部门函询，及时予以答复。审判部门未及时答复或者不予答复的，由审判管理部门组织对该生效法律文书进行评查。审判管理部门制定审判执行工作业务绩效指标体系，明确息诉服判率、自动履行率等指标标准，倒逼审判执行部门提升案件质效，减少衍生案件。

三、坚持多方协同联动一体化

一是完善联席会议机制。建立由省领导担任召集人，30 余家职能部门作为成员单位的联席会议制度，近年来已通过联席会议研究推进执行信息化网络化、“执转破”等多项工作。各市（州）、各县（市、区）比照建立本级联席会议制度。2023 年，贵州省高级人民法院将执源治理工作机制建立和运行情况纳入年度平安贵州建设市（州）工作考评细则，进一步压紧压实执行工作联席会议各职能部门责任。

二是完善查人找物联动机制。贵州省高级人民法院联合省检察院、省发展和改革委、省公安厅、不动产登记中心等 21 家单位，建立健全 27 项查找被执行人、被执行财产联动机制，通过建立完善网络化查控系统，发挥各部门在协助人民法院查人、扣车、不动产线上查控、银行存款查控、股权查封、限制出境等职能作用，极大提高人民法院在执行过程中查人找物的能力水平。

三是完善督促义务人主动履行机制。贵州省高级人民法院联合省工信厅、工商联建立涉企案件督促履行机制，强化法院与主管部门联动，形成督促履行的合力，提升自动履行率。各级法院与当地仲裁、公证机构、调解组织建立督促履行机制，在作出法律文书时同步告知自动履行期限、履行方式及不履行的后果，促进义务人不断增强自动履行仲裁裁决、公证文书、调解协议的意识。

四是完善失信联合惩戒机制。贵州省高级人民法院主要参与建设贵州信用联合奖惩平台，并指导建设贵阳市失信被执行人联合惩戒云平台，通过联合惩戒平台将失信被执行人名单信息的比对、拦截、惩戒等功能嵌入各职能部门“互联网 + 监管”系统及管理、审批工作系统中。由贵州省高级人民法院实时向平台推送失信被执行人名单信息，各职能部门通过平台对失信被执行人的自动拦截与惩戒，能实现限制失信被执行人购房、买车、贷款、出境、设立公司、享受优惠政策等多项措施。多个失信被执行人受到拦截后主动履行了义务。截至 2023 年 12 月，贵州信用联合奖惩平台累计实施信用核查 3529.1 万次，触发拦截 7.83 万次；贵阳市失信被执行人联合惩戒云平台实施信用核查 654.07 万次，拦截 4.23 万次。

坚持综合履职、司法为民
持续筑牢平安贵州、法治贵州“底色”

贵州省人民检察院

2023 年，全省检察机关坚持以习近平新时代中国特色社会主义思想为指导，深入贯彻习近平法治思想，在省委和最高人民检察院坚强领导下，扎实开展平安建设各项工作，取得了较好成效。

一、依法打击各类犯罪，切实维护社会大局和谐稳定

一是宽严相济打击犯罪。坚持总体国家安全观，深入推进社会治安重点工作专项行动，2023 年共受理审查逮捕各类刑事犯罪3.3万件4.9万人、审查起诉5.4万件7.7万人。始终坚持“严”的一手，对故意杀人、抢劫、强奸等八类严重暴力犯罪，起诉3692人，并依法提出从严的量刑建议。常态化开展扫黑除恶，坚持露头就打，起诉555人，让犯罪分子感受到严的震慑力度。规范“宽”的一面，检察环节认罪认罚从宽适用率89.3%，量刑建议采纳率97.8%，一审服判率91.9%，有效减少社会对抗、增进社会和谐。用好“治”的一招，结合办案制发社会治理类检察建议1667件，推动从个案办理“治标”向类案监督“治本”跃升。省检察院以检察建议推动毒品原植物禁种铲除工作，入选最高人民检察院“禁毒综合治理”十大典型案事例。加大对跨境赌博犯罪集团的打击力度。依法严惩暴力伤医、扰乱医疗秩序等犯罪，积极推进“平安医院”建设。

二是扫黑除恶稳步推进。强化组织领导，始终坚持“是黑恶犯罪一个不放过，不是黑恶犯罪一个不凑数”，统筹推进“打伞破网”和“打财断血”。牵头开展“严把涉案财物监督关口”“对判决执行的监督”两项专题调研，与省公安厅、省法院等部门研究制定《关于办理涉黑恶犯罪案件涉案财物处置工作指引》，推动解决涉黑恶案件财物处置中的难点、堵点问题。依托检察建议推进源头治理、综合治理，结合办理的涉黑恶案件，深挖社会治理、行业监管中的问题和缺漏。采取“线上+线下”、传统手段与新媒体相结合方式，大力开展《反有组织犯罪法》普法宣传，提高群众参与意识和法治观念。

三是重点开展专项行动。全省检察机关坚决扛牢政治责任，全力推进社会治安“1+5+1”重点工作专项行动。各级院均成立社会治安重点工作专班，对重点工作加强统筹调度。对重点工作所涉及的严重影响人民群众安全感、满意度的电信网络诈骗、命案、邪教等案件保持“严”的震慑不动摇，坚持当捕则捕、该诉则诉，加大打击力度。各地选派精兵强将常驻侦监协作办公室，聚焦提前介入、引导取证、会商研判等职责，办案质效大幅提升。省检察院将重点工作推进情况纳入对下业务考核，组织开展实地督导检查和案件评查、对类案进行分析。协调公安、法院共同下发证据指引等，进一步统一执法司法标准。坚持防治兼顾，在治罪的同时找准路径促进源头治理，通过检察建议、全面履行法律监督职责。

二、依法综合履职，全力护航多彩贵州发展

一是主动护航经济发展。紧扣全省围绕“四新”主攻“四化”主战略和“四区一高地”主定位，部署开展服务保障“四区一高地”建设专项工作，办理案件2.6万件。牵头与12个西部省级检察院、5个军事检察院联合制定加强新时代西部大开发区域检察协作的意见，出台检察机关支持贵安新区、黔东南、铜仁万山等地高质量发展的意见。坚持以法治化营商环境之“优”护经济大盘之“稳”，依法平等保护各类市场主体，起诉合同诈骗、非法经营等破坏市场经济秩序犯罪1972人、同比上升22.3%。坚持依法保障企业权益与促进守法合规经营并重，召开“检察长·董事长”座谈会。

二是积极助力乡村振兴。开展“助推乡村振兴、服务保障三农”专项行动，办理危害乡村秩序、侵害农民权益等案件6221件，联合省农业农村厅开展高标准农田建设专项监督，督促提升改造高标准农田6369亩，防止耕地“非农化”、基本农田“非粮化”。深入推进政法信访系统“大走访”，设立法治乡村建设联系点，进村入户开展防电信网络诈骗、反邪教等法治宣传1.7万人次，在“乡村振兴要素”中增添“法治元素”。

三是着力守护生态环境。依法起诉破坏环境资源保护犯罪1057人，守护贵州青山常在、绿水长流。综合考虑赤水河对推动贵州发展的重要意义，部署开展赤水河流域保护专项行动，办理环境污染案件232件，助力“生态河”“美酒河”长治久清。深入贯彻恢复性司法理念，积极探索“异地补植复绿”“碳汇+检察”等生态环境修复模式，督促认购碳汇量2.1万吨、补植复绿1.1万亩。新华社、中央广播电视总台等11家媒体，集中来黔采访报道贵州省以“检察蓝”为“公园省”添彩的做法。

三、做实检察为民，积极回应群众关心关切

一是用心办好民生案件。全力守护老百姓的“钱袋子”，起诉电信诈骗、非法吸收公众存款等犯罪1.1万人，同比上升70.8%。观山湖区检察院办理的一起非法吸收公众存款案，为175名老年人追回全部投资款900余万元。紧盯食品药品安全，与市场监管、卫生健康等部门，联合开展专项监督，办理案件316件。

二是依法保护特殊群体。与贵州省劳务输出较为集中的11个省级检察院签订民事支持起诉协作文件，办理农民工讨薪、追索赡养费等案件5170件，同比增长近一倍。加强残疾人权益保护，督促追缴残疾人就业保障金7000余万元，推动相关部门修建修缮无障碍通道1226个，做到“黔行有爱”。推动司法救助与社会救助有机衔接，发放司法救助金3239万元，让困难当事人感受到实实在在的司法温暖。强化涉军权益保护，成立军地检察协作办公室，依法维护国防利益和军人军属合法权益。倾心呵护未成年人，严惩侵害未成年人犯罪，起诉2884人。逐案对未成年被害人进行评估，会同有关部门从心理疏导、生活安置、复学就业、经济救助等方面开展综合救助。持续提升和打造贵州专门教育矫治品牌，完善检校衔接机制，帮助罪错未成年人顺利回归社会。

三是妥善处理群众诉求。坚持和发展新时代“枫桥经验”，扎实推进检察机关信访工作法治化，新收群众信访2.5万件，均在7日内告知“已收到、谁在办”，切实做到3个月内办理过程或结果答复。成立“蔷薇花”等25个群众诉求化解检察工作室，着力打造检察环节矛盾化解“终点站”。省检察院与遵义市、安顺市检察院在办理百名业主申请监督商品房预售合同纠纷案时，积极组织多方调解，业主拿到了违约金、产权证，企业也恢复了正常经营，实现了“事心双解”。黔西南州检察机关以检察建议“问诊开方促预防”的做法，入选全国“枫桥式工作法”。

筑牢“防火墙”　织密“安全网”
全力护航“村超”“村BA”各项赛事顺利举办

贵州省公安厅

“村超”“村BA”是群众对黔东南州榕江（三宝侗寨）和美乡村足球超级联赛、黔东南州台江县台盘乡台盘村村民篮球赛的简称，两处赛事以悠久的历史渊源、深厚的民意基础、浓郁的民族风情，以及火热的现场氛围、“接地气”的办赛风格迅速火爆全网，新华社、《人民日报》、《光明日报》、《中国体育报》等主流媒体频繁进行报道。2023年以来，“村超”各类赛事共举办122场次，网络浏览量超450亿人次，吸引400万人次到现场观看，“村BA”各类赛事共举办325场次，网络浏览量超112亿人次，累计接待游客129.72万人次。

2023年10月25日至28日，全国和美乡村篮球大赛（简称“村BA”）总决赛在黔东南州台江县台盘乡举行，全国“村超”美食足球友谊赛第一季收官赛在榕江县举行，两场赛事均安全圆满结束。

一、高位统筹部署，齐心协力保安全

公安部和省委、省政府高度重视“村超”“村BA”赛事安保工作，省公安厅认真贯彻落实中央和部、省领导重要指示精神，全力推动各项安保措施落地落细落实。组建省直18个部门为成员单位的省安保领导小组，成立“一总三分”安保指挥部。省公安厅制定系列安保方案，推动解决现场不实名、无安检、无监测容量及安防设施薄弱、安保力量不足等问题，压紧压实各方责任，形成上下联动、左右协同的安保格局。以“五个决不放松”（即防范化解政治安全风险决不放松、反恐防恐措施决不放松、信访维稳工作决不放松、打防管控措施决不放松、公共安全管理工作决不放松）为总要求，全力抓好“村超”“村BA”安保维稳各项措施落实，坚决确保实现“五个零发生”（即重大政治敏感案事件、暴恐案事件、重大恶性刑事治安案件、重大公共安全事故、重大涉警涉赛事负面舆情“零发生”）的工作目标。

二、严密现场管控，圈层防控守核心

“村超”“村BA”赛场分别设置3层防控圈、2层安检圈，赛场外围核心区域设置隔离网，配备13台X光机、88台安检门、125台手持安检仪。采用安装固定式侦测反制设备、发布禁飞通告、及时驱离迫降等方式对无人机实行有效管控，现场安检加大对无人机等低慢小飞行器的查控力度。通过安检和闸机系统，动态监测场内人员数量，预留足够容量空间，防止活动现场人员过度饱和引发拥挤、踩踏事件，通过报纸、广播、电视、互联网等多种渠道提前发布活动的相关信息和所采取的管控措施，适时启动限流熔断机制和分流应急预案。对活动现场采取网格划分、区域管控等方式，明确工作职责，划清安保责任区域，备足应急处突力量，确保一旦发生异常情况，能够第一时间发现，第一时间有效处置。落实消防检查、搜排爆工作措施，赛事期间协同好消防、应急等部门，对活动现场开展全面消防检查及搜排爆工作，以最高标准、最严要求、最实措施确保活动现场重大公共安全事故零发生。

三、抓实整体防控，以面保点净环境

启动高等级情报会商研判机制，督促各地加强对相关活动参与人员背景审查。充分运用人脸识别摄像头、电子围栏等技术手段，实时监测各类重点人员动向，围绕台江县、榕江县人员密集场所、重点部位设置17个快反点、51个执勤点，投入公安武警730余人定点值守、联勤巡逻，有效提高街面见警率、管事率。联动住建、市监、通管、消防、电力等成员单位全覆盖检查赛场周边自建房、夜市摊点、出租屋、旅馆、集市、转播大屏等重点场所设施1258家次，排查消除安全隐患97处。强化对在黔东南登记住宿的11273名境外人员服务管理。

四、优化交通管理，远分近疏保畅通

赛事期间，进入台江县、榕江县车辆较日常增加31.1%以上，依托"全省交通态势感知平台"对榕江县、台江县高速站车辆进行实时全量监控，提前调度警力开展远端疏导。坚持严格规范公正文明执法，对交通轻微违法行为以批评教育为主，组织1728名志愿者对参赛球队开展结对服务，保证球队往返参赛出行安全。充分发挥各类传统媒体、新媒体渠道作用，积极发布"两公布一提示"，在新媒体平台及主流媒体发布"村BA"赛程表，以及天气、实时路况和停车场地等信息，并根据赛场交通实时态势，及时发布限流通告及分流提示，确保车辆、游客进得来、出得去、走得通。

五、强化舆情导控，上下联动防炒作

省州县三级公安、宣传、网信部门密切联动，严格落实7×24小时网上巡查，加强网上重点人员管控，对相关敏感、易关联炒作舆情开展正面引导，防范误读、造谣等信息向意识形态领域传导泛化。会同外事部门对现场采访的外媒记者开展跟踪服务管理工作。

加强村（居）专职人民调解员队伍建设
推动基层人民调解工作高质量发展

贵州省司法厅

近年来，贵州省司法行政机关坚持把做好人民调解工作作为衷心拥护"两个确立"、忠诚践行"两个维护"的重要抓手，着力推进村（居）专职人民调解员队伍建设，有效夯实人民调解工作基础，促进实现"小事不出村、大事不出镇、矛盾不上交"目标。

一、强化顶层设计，创新机制推进专职人民调解员配备

以贵州省委办公厅、省政府办公厅名义出台《关于进一步加强新时代人民调解工作的意见》《贵州省村（居）专职人民调解员管理暂行规范》《贵州省村（居）专职人民调解员配备推进方案》等文件，创新建立"五项制度"，积极推进专职调解员配备工作。

一是建立聘用管理制度。针对村（居）人民调解委员会组成人员普遍为兼职、调委会自身无法解决专职人民调解员薪酬待遇等问题，创新建立司法局招聘、司法所管理、人民调解委员会聘任使用的管理制度，使村（居）专职人民调解员成为化解矛盾纠纷保一方平安的重要力量。

二是建立等级评定制度。规范建立村（居）专职人民调解员等级评定机制，将等级评定与待遇挂钩，村（居）专职人民调解员每晋升一个等级每月增加200元的级差补贴，增强专职人民调解员职业荣誉感、归属感，鼓励专职人民调解员提升专业能力水平。

三是建立薪酬待遇制度。制定三类薪酬待遇参考标准，由基层结合财力情况具体选择落实，确保专职人民调解员队伍稳定。制定"基本补贴+等级补贴+绩效奖+五险+案件补贴+排查纠纷补贴"

的薪酬待遇制度。首创设立排查纠纷补贴机制，充分利用信息化手段，简化补贴申领程序，引导专职人民调解员积极排查矛盾纠纷，切实将矛盾纠纷化解在萌芽状态。

四是建立财政保障机制。明确“省级财政在分配中央和省级相关资金时，对人口基数大、人民调解工作开展较好、财力较为困难的县予以倾斜支持。市州财政可结合实际采取多种形式对县级人民调解工作补助支持”的资金支持机制，减轻县级财政压力。2023 年落实中央转移支付资金 983 万元，用于对 2022 年度配备工作落实得好的 41 个县（区、市）实行以奖代补。建立“因素奖补”机制，通过对 12 个落实因素赋分，使补贴的引导作用更加精准有效。

五是建立分步推进机制。坚持实事求是、因地制宜，对全省 88 个县的财力情况进行评估，在此基础上明确 2022 年至 2025 年每年分别按 30%、20%、20%、30% 的比例，用 4 年时间实现全省每个村（居）至少配备一名专职人民调解员。坚持“抓两头带中间”，优先推进财力较好和矛盾纠纷多发地区村（居）专职人民调解员配备工作，逐步扩展到所有村（居）。

二、破解堵点难点，确保专职人民调解员管得好用得上起作用

紧盯村寨社区矛盾纠纷产生源头，聚焦影响作用发挥的堵点难点问题，健全矛盾纠纷排查化解机制，强化人民调解工作责任落实，全面提升矛盾纠纷化解能力本领，确保专职人民调解员管得好、用得上、起作用。

一是健全矛盾纠纷排查化解机制。将矛盾纠纷化解工作重心前移，明确村（居）专职人民调解员日常巡村走访每周不少于 10 小时或走访 5 个以上重点对象的工作量，促进及时发现和处置苗头隐患，对处置的苗头隐患兑现排查纠纷补贴，激励专职人民调解员积极主动开展工作，有效发挥人民调解“抓前端、治未病”作用。

二是强化人民调解工作责任落实。把严格考核和落实解聘规定作为优化村（居）专职人民调解员队伍的有力抓手，建立健全工作考核制度、督查机制，把专职人民调解员配备工作纳入市县党组（党委）抓党建工作成效考核指标体系和法治贵州建设考核指标体系，加强日常考核管理，确保人民调解责任落地落实。

三是全面提升矛盾化解能力本领。对村（居）专职人民调解员建立常态培训、业务指导、定期评估等制度机制，帮助村（居）专职人民调解员提高做好矛盾纠纷排查化解工作的能力本领，推动村（居）专职人民调解员及时融入村（居）、熟悉情况、开展工作，使基层人民调解组织成为人民群众看得见、摸得着、用得上、信得过的诉求表达渠道和矛盾纠纷化解枢纽。

三、注重作用发挥，全力推动新时代新征程人民调解工作取得新成效

推动更多法治力量向引导和疏导端用力，充分发挥专职人民调解员在基层社会治理中的作用，切实在化解矛盾、夯实根基、维护稳定、促进和谐等方面释放出积极的治理效能，为实现经济社会高质量发展营造和谐稳定的社会环境。

一是夯实了基层司法行政工作基础。村（居）专职人民调解员队伍的建立，使司法局（所）推进基层法治建设和司法行政工作有了新的助力，村（居）专职人民调解员通过排查矛盾、调解纠纷、以案普法等方式，将司法行政工作延伸至村（居），成为基层司法局（所）力量的有益补充，有效缓解了贫困地区司法所人员缺乏、结构失衡等问题。同时，在全省乡村社区建立起一支稳定的人民调解员队伍，与兼职人民调解员优势互补，形成了专兼职结合、科学合理的人民调解员队伍格局。

二是促进了社会矛盾纠纷化解。第一批村（居）专职人民调解员配备到位后，2023 年已排查纠纷 11.46 万次，调解纠纷 7.24 万件，村（居）专职人民调解员仅为全省人民调解员数量的十分之一，同期排查纠纷量占全省四分之一以上，调解案件量占全省五分之一以上，村（居）专职人民调解员成为基层党委、政府化解社会矛盾的有力助手。

审稿人：张　涛
撰稿人：方　渝　孙　超　李东升
文　雷　岑泽玉

云　南　省

工 作 概 况

2023 年度云南政法工作综述

2023 年，云南省政法机关坚持以习近平新时代中国特色社会主义思想为指导，全面贯彻落实党的二十大精神和习近平法治思想、总体国家安全观，深入学习贯彻习近平总书记考察云南重要讲话和对政法工作的重要指示批示精神，紧扣省委“3815”战略发展目标，坚决落实党中央决策部署和省委工作要求，锚定奋力推进政法工作现代化这个总目标，以主题教育为牵引，以强基础补短板为着力点，以破解政法工作热点难点问题为重点，以全面深化改革为动力，务实推进“夯实基层基础年”各项工作，不断增强坚定拥护“两个确立”、坚决做到“两个维护”的政治自觉、思想自觉和行动自觉，有效维护了国家安全、社会安定、人民安宁。

一、以学习贯彻习近平新时代中国特色社会主义思想主题教育为抓手，推动政治建设实现新提升

云南省政法机关把深入开展主题教育作为贯穿全年工作的主线，紧扣“五学五课”深化理论学习，以“三检视三克服”作为检验标尺，系统学习习近平新时代中国特色社会主义思想，突出学习习近平法治思想，跟进学习习近平总书记关于牢固树立和践行正确政绩观、为基层减负、“四个以学”等最新重要指示精神和关于党的建设的重要思想，举办各层次专题研讨学习 2500 余场次，一体推进调查研究、推动发展、建章立制等工作，持续答好“五道思考题”，广大政法干警普遍接受了一次全面深刻的理论熏陶、思想淬炼和党性锤炼，让最讲党性、最讲政治、最讲忠诚、最讲担当成为云南政法干警的鲜明标识。云南省委政法委牵头举办读书班 2 期，在扎西干部学院等教育基地举办 4 期政治轮训班，首次搭建并举办 8 期“云岭政法讲堂”，云南省直政法单位“一把手”带头集中授课，覆盖全省 10 万余名政法干警。系统梳理了滇川两省虫草山资源纠纷、跨境违法犯罪、涉未成年人违法犯罪、昆明中央法务区建设等 10 个全省政法工作中迫切需要解决的问题，深入推动调查研究从“纸上”落到“地上”。省级政法机关把主题教育与政法工作紧密结合，深入践行“四下基层”优良传统，坚持“五级书记”为民办事解难题，分期分批开展专题学习和“万名党员进党校”集中培训，开展课题调研 256 个，制定检视问题整改措施 210 余项，为人民群众解决了一大批急难愁盼问题。

二、以防范化解风险为抓手，维护国家安全和社会大局稳定取得新进展

始终把维护政治安全放在首位，统筹推进反渗透反间谍反分裂反恐怖反邪教斗争，深化意识形态领域安全工作，牢牢掌握政治安全工作主动权。修订维护社会稳定工作规定、防范化解和妥善处置群体性事件的实施意见，构建重大风险预警防范处置工作闭环，全年共排查影响社会稳定问题 1927 件、化解 1233 件，指导全省开展稳评工作 2515 件。紧扣人民群众最关心的公共安全、权益保障、公平正义问题，深入开展信访积案攻坚、矛盾纠纷排查化解，全年共排查各类矛盾纠纷 92. 34 万件，化解 70. 64 万件，群众安全感满意度达 96. 49%，较去年增长 0. 46%，再创历史新高。全年省级领导接访群众 52 批 84 人次，推动解决问题 66 个，带动各级领导干部下访接访 2 万余次，推动化解信访积案 1. 9 万件，全省信访批次和人数同比下降 18. 70%、19. 95%。针对长期存在的滇川两省交界地区虫草山资源利用纠纷问题，以开展主题教育、大兴调查研究为契机，把自上而下加强领导、统一思想与自下而上摸清实情、走实群众路线相结合，历经7个多月的艰辛努力，滇川交界地区资源利用纠纷的百年之结、百年之痛得到历史性化解。充分运用法治思维和法治方式保障权益、化解矛盾、维护稳定，聚焦房地产、劳动社保等重点领域和涉众等重点群体，及时防范化解风险隐患，圆满完成全国两会、成都大运会、杭州亚运会、南博会等重大会议活动安保维稳工作，有效防止各类风险向政治安全领域传导。

三、以打造新时代强边固防升级版为抓手，维护边境安全稳定实现新突破

始终牢记筑牢祖国西南安全屏障这个“国之大者”，准确把握疫情防控政策调整后边境管控面临的形势挑战，在腾冲召开全省现场会议，出台打造云南强边固防升级版意见，顺利完成“云南省智慧边防一期”建设应用，探索形成具有云南特点的边境管控模式。高质量、高标准承办国家边海防委强边固防工作现场推进会，充分推广展示云南在边境管控中的有效模式和经验做法。以打击电诈为重点突破方向，深入开展打击整治跨境违法犯罪专项行动，全省共破获电信网络诈骗案件2.22万起，抓获嫌疑人3.24万人，返还受害人被骗资金1.18亿元，同比分别上升39.6%、45.3%、146.7%，取得打击缅北电诈阶段性胜利。在严密边境管控的同时，正确处理管住与管活、管好的关系，协调推动解决了缅北农产品输华、缅籍人员持临时边境通行证入境务工、保留边民通道等问题，启动瑞丽—木姐口岸持护照通行试点，有力促进辐射中心建设和口岸经济发展。

四、以健全完善社会治理体系为抓手，平安云南建设迈出新步伐

坚持将新时代“枫桥经验”与云南实践相结合，牢固树立大抓基层鲜明导向，坚持重心下移、力量下沉、保障下倾，着力推进乡镇（街道）矛盾纠纷多元化解“一站式”平台建设，增强基层实力、激发基层活力、提高基层效率。始终把推动政法中心工作与作风革命、效能革命结合起来，以优化平安建设考评指标为突破口，将考核指标从73项压减至39项，较2022年减少了46.58%，总体篇幅减少了78.13%，持续为基层松绑减负。联合省委组织部出台《完善提升城乡网格化服务管理工作的实施意见》，推动网格化实体运行，全省共划分网格数39.76万个，配备专（兼）责网格员54.45万人，州、县、乡三级综治中心建成率达100%，做到精准掌握情况、主动服务帮扶、动态管理到位。深入开展“百万警进千万家”等活动，深化“枫桥式人民法庭”“枫桥式派出所”“枫桥式司法所”等创建活动，昆明等3个州（市）典型经验入选全国“枫桥式工作法”。圆满完成全国市域社会治理现代化试点工作，曲靖、玉溪等6个州（市）顺利通过验收。始终坚定站稳以人民为中心的根本立场，针对恶性命案高发等突出问题，紧扣“三下降一扭转”任务目标，把专项普法同体察民情、为民解难、化解矛盾结合起来，组建省、州、县三级7万余人的专项普法工作队，深入基层群众开展6轮90天的“扫盲式”普法强基补短板专项行动，持续推进特殊群体服务管理工作，守牢社会安全稳定的底线。全省命案发案数从2022年的全国排名第12位退至第15位，一案致3人以上死亡恶性命案从第1位退至第20位。争取1800万元的省级财政资金补助无命案县（市、区）和连续三年无命案乡镇（街道）。组织开展矛盾纠纷多元化解“十百千万”工程，选树十佳人民调解员、评选百件调解典型案例、命名千名调解能手、培训万名人民调解员，全面提升基层矛盾纠纷源头预防和调处化解效能。常态化推进扫黑除恶斗争，全年共打掉涉黑涉恶组织和团伙28个，查封、扣押、冻结涉案资产6.53亿元。强化社会治安综合治理，深入推进跨境犯罪大会战、交安隐患大整治、治安乱点大清查三大战役和严打拐卖妇女儿童、强力打防性侵、长效收缴危爆物品三个专项行动，重拳整治涉黄涉赌、涉枪涉爆、旅游市场秩序、校园安全等12个社会治安重点，全年刑事、治安警情同比分别下降7.64%、6.33%，刑事立案数已连续第5年下降。深化禁毒人民战争，开展全省打击突出涉毒违法犯罪攻坚行动，缴获毒品13.46吨，占全国缴获总数的50%左右。开展道路交通安全隐患整治两轮“百日攻坚”，全省亡人道路交通事故起数和死亡人数同比分别下降11.66%、10.48%。

五、以推进政法领域改革和加强执法司法保障为抓手，服务高质量发展展现新作为

深入践行习近平法治思想，系统推进科学立法、严格执法、公正司法、全民守法，出台云南新时代全面依法治省的实施意见，有序推进12个项目的立法审查工作，开展6个领域综合行政执法改革试点，部署“一规划两纲要”中期督察，人民群众对法治建设满意率达97.77%。完善党委政法委常态化执法监督工作机制，依法督办多起重大敏感案件，实现

“三个效果”相统一。统筹推进司法体制综合配套改革、诉讼体制改革，推动优化政法机构职能体系，全面准确落实司法责任制，研究部署政法改革五年规划，出台规范执法司法权力运行45项重点任务清单，补齐重点改革短板弱项。以加快推进昆明中央法务区落地建设为牵引，云南省直政法单位出台服务和保障加快建设我国面向南亚东南亚辐射中心的20条措施、服务保障经济稳进提质九条措施等创新举措，高标准建设磨憨法庭，强化自贸试验区诉服中心和国门诉讼服务站、口岸法庭职能，全年审结民商事案件43.16万件，最大限度保护市场主体合法权益。积极服务绿美云南建设，云南省公安机关率先在全国出台《关于进一步加强生态环境保护工作的实施意见》，破获环境资源刑事案件4723起；检察机关办理生态环境公益诉讼3485件，大理州检察院“玉洱银苍·生态检察”文化品牌荣获“第三届全国检察机关优秀文化品牌”；审判机关形成以省高院环资庭、昆明环资法庭、38家基层法院为主的专门化环资审判体系，全年审结环资案件6128件。强化科技赋能，深化政法跨部门、跨层级业务协同和数据共享，云南政法跨部门大数据办案平台网上协同办理刑事案件已达39.7万件。云南省法学会制定出台《关于深入推进首席法律咨询专家工作的通知》《云南省县（市、区）法学会首席法律咨询专家工作指引》等文件，组织开展优秀中青年法学家评选活动，联合中国行为法学会、中国贸促会法律部等部门举办第二届“澜沧江—湄公河次区域国际法治论坛”、“2023年中国—南亚东南亚商事法律合作暨第四届滇峰法治论坛”、“绿色澜湄合作法治论坛”，为推进法学研究、法学人才培育、法律服务等工作走深走实提供了智力支撑。

六、以坚持全面从严管党治警为抓手，政法队伍建设呈现新面貌

坚持严的基调不动摇，持续巩固政法队伍教育整顿成果，深化拓展作风革命、效能革命，大力整治“十种典型问题”。坚持党对政法工作的绝对领导。严格执行党委政法委员会全体会议制度、“第一议题”制度和重大事项请示报告制度，健全落实政治督察、执法监督、纪律作风督查巡查、“协管”“协查”等制度机制，全年云南省委政法委向中央政法委和云南省委请示报告78件，办理各级政法机关请示报告776件。充分发挥政治督察“利剑”作用，对玉溪等3个州（市）政法委和云南省公安厅开展实地督察，对曲靖等3个州（市）和云南省司法厅开展“回头看”，指导推动各级党委政法委对158个政法机关进行“政治体检”，发现和推动整改问题2846个。强化云岭政法铁军专业化正规化建设。常态化开展警示教育6529场次，坚决肃清流毒影响。全面加强专业培训和实战锻炼，云南省各级政法机关举办专业化培训7435场次，开展警衔晋升训练1.28万人。出台《关于进一步加强全省政法系统干部队伍建设的具体措施》，构建起政法干部队伍管理“1+5”制度体系，推动干部交流5409人次，遴选员额法官检察官456名。深入开展关爱干警暖心工程，分级分类慰问各类集体900余个，发放特别抚恤金、补助金1600余万元。大力倡树“十种鲜明导向”，注重在强边固防、维护稳定、执法办案一线培养锻炼干部，全省涌现出“新时代政法楷模”王昌鸿、“新时代政法楷模集体”勐腊县委政法委等一大批先进典型，“时代楷模”鲍卫忠同志先进事迹在全社会引发热烈反响。开展“最美政法干警”学习宣传活动，259个集体、611名个人获得中央和省部级以上表彰奖励。

会议活动

云南省委政法工作会议

2月7日，云南省委政法工作会议在昆明召开。会议以视频形式开到各州（市）、县（市、区）。会议对2018—2021年度平安云南建设先进集体及2022年度云南省见义勇为群体和个人进行表彰奖励。

会议强调，要坚决贯彻落实习近平总书记对政法工作的重要指示精神，认真落实中央政法工作会议部署和省委工作要求，以开局就是决战、起步就是冲刺的状态，提振精气神、展现新作为，努力建设更高水平的平安云南、法治云南，奋力开启云南政法工作现代化新征程。

会议要求，要把牢政治方向，用科学的理念推动云南政法工作现代化，以实际行动捍卫“两个确立”、做到“两个维护”。要站位全局、立足实际，找准新时代新征程云南政法工作的历史方位，强基础、促改革、抓重点，着力破解工作热点难点问题，持续推进命案防控攻坚、矛盾纠纷排查化解、维护边境安全稳定、市域社会治理现代化等工作，打牢全民普法、网格化服务管理、常态化强边固防、队伍素质能力等基础，努力在强化党对执法司法活动的领导监督、优化政法机关职能配置和内设机构改革、全面落实司法责任制、提高办案质效上取得新突破，建设高素质云岭政法铁军，以政法工作现代化服务保障云南社会主义现代化建设。

文件选辑

关于开展2023年度“最美政法干警”学习宣传活动的通知

（中共云南省委宣传部　中共云南省委政法委员会，2023年2月20日）

各州（市）党委宣传部、政法委，省高级人民法院、省人民检察院、省公安厅、省司法厅：

为深入学习贯彻党的二十大精神、习近平法治思想和习近平总书记关于加强政法队伍建设的重要指示、重要训词精神，持续巩固深化政法队伍教育整顿成果，认真贯彻落实中央政法工作会议、全国宣传部长会议和省委十一届三次全会、省委政法工作会议、全省宣传部长会议精神，加大先进典型选树宣传力度，弘扬政法队伍新风正气，激励引导全省广大政法干警礼赞楷模、学习榜样、凝聚力量，以更加坚定的信念、昂扬的姿态、忘我的精神，为谱写中国式现代化的云南篇章贡献更大政法力量。省委宣传部、省委政法委决定组织开展2023年度“最美政法干警”学习宣传活动，现通知如下：

一、活动主题

坚持以习近平新时代中国特色社会主义思想为指导，深入学习贯彻习近平法治思想，全面贯彻落实党的二十大精神，持续巩固深化政法队伍教育整顿成果，锚定省委“3815”战略发展目标，聚焦抓根本、强基础、抓改革、促创新、抓重点、求突破开启云南政法工作现代化新征程，围绕打造一支信念坚定、执法为民、敢于担当、清正廉洁的过硬政法队伍，广泛开展“最美政法干警”学习宣传活动，讲好新时代云岭政法铁军故事，展现云南政法干警可亲、可敬、可爱形象，激励引导全省广大干部群众以先进典型为榜样，大力弘扬伟大建党精神和政法英模精神，营造学习英模、崇尚英模、争当英模的浓厚氛围，唱响奋进新征程、建功新时代的昂扬旋律。

二、活动安排

通过深入挖掘典型、层层遴选展示、举行发布仪式、广泛宣传报道、开展主题活动、深化学习实践等环节，真正把事迹突出、群众公认、示范带动作用显著的先进典型挖掘出来、宣传出去，逐步深化、力求实效。

（一）组织发动。各州（市）党委宣传部、政法委和省级政法各单位要加强思想政治引领，精心筹划、层层动员、组织宣传推荐，发动广大干部群众积极推荐身边的优秀政法干警，挖掘先进典型的感人事迹，开展形式多样学习实践活动，讲好云南政法英模、优秀干警故事，唱响主旋律、弘扬正能量。

（二）推荐申报。严格程序标准，坚持好中选优，按照政治合格、工作过硬、品德良好、事迹突出、群众认可、无违纪违法行为的条件，采取组织推荐、群众举荐等多种方式进行甄选推荐。5月底前，各州（市）和省级政法各单位在本地区、本部门、本系统组织开展最美政法干警评选宣传活动，并择优推荐上报2至3名最美政法干警人选。报送人选需填写“最美政法干警”推荐表（见附件）、主要事迹材料（3000字左右）、推荐词（100字以内）、蓝底正面一寸证件照和体现先进事迹的相关照片5至10张（大小1M以上）或短视频（5分钟内）、政审材料。推荐对象相关材料（Word版及PDF签章版）于5月25日前报送至活动邮箱zfdwxc@163.com。

（三）遴选展示。6月，省委宣传部、省委政法委组织相关媒体专栏开设的“最美政法干警”专题网页展播各地各部门报送的最美政法干警事迹和新媒体作品，全省政法新媒体同步转载推送，广泛发动群众和政法干警点赞宣传。6月至8月，组织新闻媒体记者深入开展一次“寻找最美政法干警”集中采访活动。期间，各州（市）和省级政法各单位要围绕本地区、本部门、本系统的重点推荐对象，组织开展一次“点赞最美政法干警”新媒体创作展播活动，向省委政法委报送一批围绕推荐对象创作的短视频、组图等新媒体作品。

（四）集中发布。9月初至10月，省委宣传部、省委政法委组织相关单位人员成立评审委员会，综合事迹材料、点赞情况、新媒体关注量等情况，评选出10名“最美政法干警”和10名“最美政法干警”提名奖获得者并举行发布仪式，并组织新闻媒体集中、持续报道他们的先进事迹，联动各类新媒体平台集中推送宣传。各州（市）和省级政法各单位可结合实际发布本地区、本部门、本系统先进典型，营造学习先进、争当先进的浓厚社会氛围。

（五）深入宣传。集中发布后，学习宣传活动在相关新闻媒体和政法新媒体等多种载体渠道持续开展，并重点围绕评选发布的“最美政法干警”，合力开展策划攻坚宣传，通过邀请中央媒体、省级媒体深入发布对象所在地区和单位进行集中深度采访报道，形成联动宣传声势，同步策划制作一批新媒体产品，形成同频共振宣传，力争推树1至2名全国、全省重大典型。

三、遴选标准

（一）政治过硬。坚持用习近平新时代中国特色社会主义思想武装头脑，忠实践行习近平法治思想，全面贯彻落实党的二十大精神，深刻领悟“两个确立”的决定性意义，牢固树立“四个意识”、坚定“四个自信”、做到“两个维护”，自觉在思想上政治上行动上同以习近平同志为核心的党中央保持高度一致，做到绝对忠诚、绝对纯洁、绝对可靠。

（二）实绩突出。坚持“典型引路法”，重点挖掘宣传具有铁一般的理想信念、铁一般的责任担当、铁一般的过硬本领、铁一般的纪律作风，在对敌斗争、强边固防、普法强基、乡村振兴、基层治理、执法司法和承担急难险重任务等工作中涌现出来的忠诚担当、清正廉洁、无私奉献、成绩优异的先进典型人物和事迹。

（三）倾斜一线。推荐对象为全省各级政法机关在职在编的县处（含）级以下政法干警，重点聚焦基层一线，尤其是在普法强基补短板专项行动涌现出的先进典型。曾获评的“最美政法干警”及已在全国性重大典型宣传平台宣传过的，不再参与推荐报送。

四、工作要求

（一）加强组织领导。各地各部门要充分认识开展“最美政法干警”学习宣传活动的重要意义，把活动作为培育和践行社会主义核心价值观的重要载体，作为加强政法干警思想政治工作的具体举措，作为建设高素质云岭政法铁军的重要抓手，强化组织实施，分阶段、分步骤持续推进。要精心筹划部署，加强协调联动，形成工作合力，在做好推荐申报、综合遴选等环节任务的同时，积极发动各方力量开展好本地区、本部门、本系统“最美政法干警”学习宣传，共同把活动做亮做响做大。

（二）增强宣传实效。省委宣传部、省委政法委将联合相关新闻媒体开设专题专栏，集中展播各地各部门最美政法干警的先进事迹和新媒体作品。各地各部门要加强上下协调联动，充分运用各级各类宣传平台组织开展“寻找最美政法干警”集中采访及创作采风活动、举办“最美政法干警好故事”分享活动、开展“点赞最美政法干警”新媒体创作展播活动，广泛调动政法干警的热情特别是社会各界干部群众参与的积极性，确保学习宣传活动推进过程成为向社会集中展示新时代政法队伍良好形象的过程。

（三）深化学习实践。各地各部门要把学习宣传活动与贯彻落实党的二十大精神深度融合，与奋力推进云南政法工作现代化有机结合，注重从身边人身边事中挖掘选树典型，推出和宣传一批可学可鉴的先进事迹。通过树立“最美政法干警”标杆，大力弘扬奉献精神、奋斗精神，践行主流价值，弘扬时代新风，特别是将学习宣传活动渗透到实际工作中、具体岗位上，融入奋进新征程、建功新时代的全过程，不断推动学习宣传活动走深走实。

（四）做好材料报送。本次活动组织开展情况纳入2023年度平安建设目标责任制管理考核，各地各部门要始终坚持正确政治方向、舆论导向和价值取向，对推荐对象的资格条件进行认真审核把关，实事求是填报推荐材料，坚决杜绝“带病推荐”，确保评选出的先进典型经得起历史和实践检验。对推荐对象的重大新闻线索及时报送，同步组织开展挖掘宣传。

附件：“最美政法干警”推荐表及填报说明（略）

特色专栏

推动滇川两省虫草山资源利用纠纷化解 促进涉藏地区安全稳定

云南省委政法委

滇川两省交界涉藏地区资源利用纠纷由来已久，涉及3个县（市）7个乡镇、28个行政村、6830人（均为世居藏族），争议线长187公里，10个争议点，面积5万余亩。新中国成立以来，先后发生多起冲突，成为影响滇川交界地区社会安全稳定最为突出的风险隐患。近年来，虫草季两省划定“隔离带”，派出干部干警驻守海拔4000米以上的虫草山，开展管控，基本维护了虫草季的平安稳定，但资源利用纠纷核心矛盾一直未得到解决。2023年，在滇川两省省委的领导下，两省省委政法委全面践行总体国家安全观，全力维护涉藏地区社会安全稳定，携手推动迪庆州香格里拉市与甘孜州乡城县、得荣县交界地区虫草、松茸等资源利用纠纷得到实质性化解，实现“户户保证、人人承诺”。

一、强化党的领导，推动自上而下统一思想

云南省委书记高度重视，与四川省委书记沟通协调，三次作出批示、提出要求。两省省委政法委主要领导牵头成立联合工作组，召开专题会部署推进。两州三县（市）成立由党政“一把手”牵头的联合领导小组，选派处级干部对争议点挂点包保，抽调精干力量组建联合工作专班集中办公，形成同心同向、同频共振、合力攻坚的良好局面。

二、走实群众路线，自下而上做实群众工作

2023年虫草采挖季，干部、干警上山坚守岗位，建立“便民服务点”，开展“伴随式”服务，赢得群众真心拥护。两州、三县（市）联动组建工作队，逐村、逐户2轮次全覆盖开展政策宣传，收集群众诉求，签订群众调处意愿书，推选村民代表参与协商化解，筑牢群众基础。

三、坚持法治方式，依法推进纠纷化解

针对群众对两省勘界线不清楚的实际，两地民政部门联合实地踏勘，让地图上的勘界线变为实地清晰可见的“法定红线”，首次公开宣传，消除了群众对勘界线走向不明、点位不清的杂音。

四、坚持综合施策，集聚纠纷化解合力

结合普法强基补短板专项行动，联动开展“听党话、跟党走、遵法纪”教育，编制宣传手册和挂历印发干部群众，开展各类法治宣讲117场次，营造化解氛围。两地公安机关联动开展缉枪治爆、重点人员管控等，营造良好治安环境。两地积极谋划产业发展，助力群众增收致富。

五、坚持精准把控，稳慎推进协商化解

坚持“先易后难、稳中求进”，先行先试推动3个资源利用纠纷点签署协议，积累宝贵经验。有效推动问题最复杂、积怨最深厚、冲突最集中的7个虫草资源利用纠纷点实现纠纷化解。

经过7个多月的艰辛努力，两州、三县（市）七乡镇全面签署协议，交界地区群众全覆盖签订户主保证书、个人承诺书，这一延续上百年、曾多次发生流血冲突、长期影响当地和谐稳定的突出风险隐患得到有效化解。两省交界地区资源利用纠纷的成功化解，充分体现了以开展主题教育、大兴调查研究为推动，用实际行动践行“两个维护”的生动实践；充分体现了立足新时代，坚持发挥党的领导优势，以基层组织力推动基层治理的生动实践；充分体现了贯彻以人民为中心的发展思想，走实新时代群众路线的生动实践；充分体现了坚持和发展新时代“枫桥经验”，做到“四个立足”化解矛盾纠纷的生动实践；充分体现了精诚团结、通力协作、共治共建、共谋发展的生动实践。

着力服务和保障我国面向南亚东南亚辐射中心建设

云南省高级人民法院

为深入贯彻习近平总书记关于云南要建设我国面向南亚东南亚辐射中心的重要指示精神，认真落实《国务院关于支持云南加快建设面向南亚东南亚辐射中心的意见》《中共云南省委　云南省人民政府关于加快建设我国面向南亚东南亚辐射中心的实施意见》，云南法院锚定全省“3815”战略发展目标，积极践行“三法三化”，制定出台覆盖刑事、民事、行政、知识产权、环境资源、涉外法律研究、法治宣传等多个领域，贯穿“立审执”全流程的《服务和保障加快建设我国面向南亚东南亚辐射中心的二十条措施》，服务云南高水平对外开放和高质量跨越式发展。

一、着力服务互联互通国际大通道建设

一是积极畅通立案诉服绿色通道。严格落实立案登记制，进一步畅通涉交通物流大通道、能源大通道、数字信息大通道建设案件立案渠道，确保有案必立、有诉必理，全省法院当场立案率保持在98%以上。构建以诉讼服务中心为主体，诉讼服务网、12368热线、巡回办案、诉讼服务站点为延伸的一体化诉讼服务新格局。以“走进一个厅、事务全办清”为要求，集合保全鉴定、现场阅卷、集中送达等50多项服务功能，努力实现一站通办，有效减轻群众诉累。

二是严厉打击破坏大通道建设犯罪。贯彻总体国家安全观，统筹发展和安全，依法严厉打击颠覆分裂、间谍窃密、宗教极端等犯罪，审结涉国家安全犯罪案件95件213人。切实扛牢强边固防重大政治责任，审结走私、诈骗、偷越国（边）境等跨境犯罪案件5529件11727人。常态化开展扫黑除恶斗争，审结涉黑恶案件48件673人，全国扫黑办挂牌督办的“5·01”等一批重大案件审理取得良好效果。全力投入禁毒人民战争，依法严惩毒品源头性犯罪和毒枭、职业毒贩，审结毒品犯罪案件1967件2815人，重刑率53.25%，张胜川走私、运输毒品案入选全国法院十大毒品典型案例。成功承办全国法院毒品案件审判工作会议，为规范指引毒品案件审判的《昆明会议纪要》形成贡献云南法院智慧。与四川、重庆、贵州高院签署加强西南三省一市禁毒司法协作协议，在全国首创毒品综合治理多省市司法协作机制。

三是妥善化解涉大通道建设经济纠纷。平等保护投资者合法权益，促进社会投资主体多元化，依法服务大通道建设项目招商引资。依法打击破坏社会主义市场经济秩序犯罪，审结案件1663件3443人。突出打击涉众型经济犯罪，审结集资诈骗、非法吸收公众存款等案件113件300人，审结云南省首例利用虚拟货币侵犯公民财产权的“自由鹰”网络传销案，保障市场经济健康有序发展。

四是全面提升涉大通道建设案件执行效果。坚持公正善意文明执行理念，切实加大涉大通道建设案件的执行力度，做到优先立案、优先执行，最大限度兑现当事人胜诉权益。开展“雷霆2023”“百日执行攻坚”和抚恤金、工伤赔偿等涉民生案件集中执行专项行动，执结案件311251件，执行到位金额565.95亿元。加大对失信行为惩戒震慑力度，98985人被纳入失信被执行人名单，2794人被司法拘留，90人因拒执被追究刑事责任。

二、着力营造市场化法治化国际化一流营商环境

一是依法保障跨境贸易。发挥3个自贸试验区诉讼服务中心、国际商事调解中心和28个口岸法庭、国门诉讼服务站职能，加强对中国—东盟自由贸易试验区 3.0 版建设、中国（云南）自由贸易试验区、中老、中缅经济走廊等对外开放新高地建设相关案件的审判工作，依法为中外当事人提供优质司法服务，审结涉外案件 955 件，引导市场主体在涉外交易中加强与国际规则的对接。

二是大力加强磨憨法庭建设。全力支持昆明市托管西双版纳州磨憨镇共同建设国际口岸城市，昆明市官渡区法院高起点、高标准、高水平建设磨憨人民法庭，打造“国门法庭”特色品牌，助力中国老挝磨憨——磨丁经济合作区建设。

三是深化涉外司法交流合作。加强对东盟作为区域组织成员国相互开展司法协助的机制和案例研究，在最高人民法院的统筹指导下，加强与南亚东南亚国家法官的交流，组织开展对外国法官的培训。支持昆明、临沧中央法务区建设，加强昆明中院“南亚东南亚法律研究中心”、临沧中院“涉外涉边法律法规研究工作室”“中国—东盟国家国际司法协助研究基地临沧工作站”、德宏“中缅瑞丽—木姐国际司法合作示范区”、瑞丽市法院涉外审判庭等建设，建立面向南亚东南亚辐射中心法律服务、法治研究等机制，探索涉外司法交流合作新路径。

三、着力保护特色优势产业竞争力

一是服务创新型云南建设。强化高原特色农业、健康产业、生物医药、非遗文化等领域知识产权司法保护，联合省知识产权局出台知识产权纠纷行政调解协议司法确认工作指引，创新组建技术调查官库，完善多元化技术事实查明机制，审结涉“东方甄选”著作权侵权及不正当竞争纠纷等知识产权案件 4917 件。严厉惩戒恶意侵权行为，判处侵犯“云南白药牙膏”“云南沱茶”知名商品包装装潢权益的侵权人承担顶格法定赔偿金 500 万元。

二是促进文化和旅游产业品质提升。服务“文化润滇”行动，强化云南传统文化、民族民间文艺等非物质文化遗产司法保护。充分发挥全省 155 个旅游巡回法庭和审判点的功能，快立、快审、快结旅游合同案件，积极正面引导旅游经营者和旅游者协商和解、互谅互让，争取大部分旅游合同纠纷以非诉讼方式化解。

四、着力筑牢西南地区生态安全屏障

一是服务绿美云南建设。坚持“用最严格制度最严密法治保护生态环境”，完善“1 + 1 + 38”环境资源集中审判机制，加强长江、珠江、赤水河等流域省际司法协作，设立世界遗产景迈山古茶林生态保护点等 30 余个法律服务站点，审结环境资源案件 6128 件，追究刑事责任 2599 人。在环境民事公益诉讼领域首次适用法人人格否认制度，追究实控人环境侵权连带赔偿责任，审结的螳螂川污染公益诉讼案入选最高人民法院指导性案例。探索特色生态修复模式，建立公益诉讼生态修复基地，创新应用认购“碳汇”方式替代生态环境损害修复，用法治力量引导形成绿色低碳生产生活方式。

二是加强昆明环境资源法庭建设。以建设“走在全国前列、发挥示范作用”的一流环资法庭为目标，强化组织机构建设、司法机制创新、审执方式改革、人才队伍建设、司法理论研究，带动全省法院不断完善环境资源刑事、民事、行政审判职能“三合一”归口机制实质化运行，促进司法资源整合、司法职权优化配置、统一裁判标准，推动构建以特色法庭为支撑的全省法院专门化环境资源审判体系。

五、着力保障各族群众共创共享发展成果

一是依法服务乡村振兴。紧扣全面推进乡村振兴的新任务新要求，加强对农村土地政策和法律实施的调查研究，依法维护农民集体、承包农户、经营主体的权益。按照省委开展“普法强基补短板”专项行动统一部署，选派 6000 余名干警定期下沉市县村组，进村（社区）、学校、工厂开展普法宣传 1200 余次，深入开展送法入户活动，全方位提升普法实效。多渠道宣传法治，召开新闻发布会 55 场，发布典型案例 617 个。

二是依法促进民族团结。加强双语法官队伍建设，整合各方力量，依法妥善处理民族地区各类矛盾纠纷。加强以案释法，引导各族群众树立正确的国家观、历史观、民族观、文化观、宗教观，铸牢中华民族共同体意识。

三是积极投入基层社会治理。贯彻落实“三个便于”的新时代人民法庭工作原则，在农村地区加强综合性人民法庭建设，在城区或城乡结合地区，探索道路交通、劳动争议、物业、旅游、少年家事、金融商事等专业化人民法庭建设，现有 97 个专业化、特色化法庭，159 个旅游巡回法庭及站点回应群众多元司法需求，巡回审判达标率 99.47%。积极开展“枫桥式人民法庭”创建，怒江中院工作经验入选全国法院“打造枫桥式人民法庭”典型案例。

以检察公益诉讼"精准性""规范性"监督为大局服务、为人民司法、为法治担当

云南省人民检察院

公益诉讼检察制度是习近平法治思想在公益保护领域的生动实践和原创性成果。自全面推开以来，这项工作迅速成为云南检察工作的突出亮点，办案数量持续增长，履职范围不断拓展，制度效能不断释放，各项核心业务指标一直位居全国前列。

一、坚持以办案为中心，聚焦主责主业抓办案

2023年以来，云南省检察机关共立办各类公益诉讼案件8111件，磋商结案1485件，发布公告和提出检察建议6340件，提起公益诉讼888件，同比上升48.74%。

一是以生态环境为重要抓手，深耕传统领域。全省检察机关公益诉讼部门紧紧围绕蓝天、碧水、净土保卫战、"湖泊革命"等部署要求，立办生态环境和资源保护领域3485件，占总办案数的43.97%。持续助力中央环保督察及长江警示片所涉问题整改，省检察院通过交办、督办、参办等方式指导相关州市检察机关共立办国家和省级长江经济带警示片相关线索案件51件，推动区域治理取得新实效；与省水利厅等4家单位联合部署开展河湖安全保护专项执法行动，省河长办向省检察院通报了3批共700余条问题线索，省检察院认真研究后向各相关州市检察院交转办并及时进行核查办理。

二是践行典型引路法，促进"三个效果"有机统一。发挥典型案例示范指导作用，加大以案释法力度，注重案件办理的政治效果、社会效果、法律效果，2023年共有16件案件入选全国典型案例、优秀案例，典型案例培育打造成效明显。召开"公益诉讼助力乡村振兴"专项行动新闻发布会，同步发布9件全省公益诉讼典型案例，在接受社会监督的同时让人民群众可感受、能感受、感受到检察公益诉讼制度价值和效能。

三是以特色专项强化检察担当。一方面，狠抓全省铁路沿线安全环境系统性问题治理。以云南省铁路沿线安全环境治理部门联席会议办公室印发《关于做好2023年全省铁路沿线安全环境治理工作的通知》为契机，在全省范围内开展"益心护航中老铁路"专项活动，昆明铁检两级三院及铁路沿线属地检察机关聚焦4大领域，以中老铁路为重点，辐射带动省内其余铁路段开展工作，共立办案件38件。另一方面，推广"千万工程"经验，促进乡村治理体系建设。根据最高人民检察院工作部署和省委学习推广浙江"千万工程"经验相关要求，结合云南实际，在全省开展"检察公益诉讼守护和美乡村"专项行动，以高质效检察履职促进农村人居环境高质量整治提升、保障和服务涉农营商环境，为建设和美乡村、全面推进乡村振兴、推动农业农村现代化提供法治保障。聚焦重点区域、重点问题，集中办理一批有影响、有实效的案件，依法保护绿色农业发展、农村人居环境、农产品安全和农民、农村集体经济组织合法权益，推动农业绿色低碳发展，助推农业农村现代化。

二、推动主题教育成果转化，提升办案质效

一是组织召开全省公益诉讼检察工作会。把"高质效办好每一个案件"作为新时代新征程公益诉讼检察履职办案的基本价值追求，认真总结公益诉讼检察工作开展以来的经验做法，研究分析新阶段面临的新形势新任务，着力破解公益诉讼检察发展和办案中存在的突出问题，牢固树立"精准化、规范化"质效优先的导向，直面问题，固强补弱，进一步强化精准监督、规范监督。

二是加强规范办案指导。省检察院研究制定《公益诉讼线索管理及重大案件办理的规定》和《关于适用简易程序办理行政公益诉讼案件的规定》两个规范性文件，着力破解云南省公益诉讼检察工作大而不强、办理硬骨头精品案件少、基层办案力量不足等问题，进一步明确全省三级院的办案责任，从制度机制层面保障"大案精办""小案快办""规范办案"。

三是开展业务数据专项整治。对全省业务条线相关办案情况及业务数据进行梳理，针对重复立案、类案群发检察建议等问题制定整改措施，以"质量优先"为导向完善质效评价机制，强化规范办案，

确保办案质效。加大督促指导力度，省院组成4个办案组下沉各地，对交转办和各地上报重点线索指导核查、督导办理，并延伸开展线索排查，共排查、核查线索50余件，指导办案31件，发现有代表性案件苗子12件。

三、强化跨部门协调联动，将检察公益诉讼放到社会治理大格局中去推动和完善

全省检察机关不断深化跨部门检察合作，积极推动相关机制建设，在更深层次、更广领域、更大范围协同发力、共享成果。

一是加强协作联动，夯实公益保护基础。与省审计厅建立《检察公益诉讼与审计监督协作配合工作机制》，畅通国有财产、国有土地使用权出让、生态环境资源保护领域案件线索渠道，形成相关领域公益保护合力。依托该机制主动对接协调，省审计厅向省院通报了涉及欠缴土地出让金、土地闲置、环境污染等相关问题线索22个，经分析研判后对其中的19个问题线索及时交办相关州市院，通过核查问题线索共立办案件38件。

二是全面推动“河（湖）长+检察长”等机制实质化运行。全省146余个检察院检察长与当地河湖长或河长办开展联合巡河巡湖300余次；省市县三级检察长与河长办对昆明、楚雄两州市相关河道突出问题开展联合巡察督导，推动问题解决；主动对接妇联和农业农村部门，就外嫁农村妇女合法权益保障“两头空”问题进行专题调研，指导各地对违反法律规定、侵害妇女合法权益的问题依法监督改正，切实保障妇女权益；认真落实《无障碍环境建设法》，与省残联加强沟通并形成共识，共同推动无障碍环境建设公益保护工作。

四、加快推进“数字检察”建设，驱动新时代公益诉讼检察工作提质增效

深化“数字检察”战略实施，组建全省公益诉讼大数据监督模型专班，大力推动法律监督模型构建和应用，2个公益诉讼监督模型入围全国竞赛、2个在全省培训推广，持续以科技赋能公益诉讼，驱动公益诉讼检察转型升级。

五、主动接受监督，将监督意见的落实转化为推动工作的强大动力

坚持把自觉接受人大、政协及社会各界监督作为加强和改进公益诉讼检察工作的重要途径，认真办理代表意见建议并及时反馈，办结率、面商率、答复率、满意率均达到100%，省院向省人大常委会报送检察公益诉讼专门立法提案，配合最高人民检察院做好检察公益诉讼专门立法工作的研究推进工作。配合最高人民检察院邀请了六省（市）30位全国人大代表深入楚雄、大理、丽江三个州市，围绕“完善公益诉讼制度，推动检察工作高质量发展”主题，以实地查看、座谈交流等方式为云南省公益诉讼发展问诊把脉。

主动靠前　全力筑牢校园安全屏障

云南省公安厅

2023年，在省委、省政府的领导下，云南省公安机关牢固树立校园“安全第一”理念，坚持问题导向、强化底线思维，切实将维护校园安全稳定作为贯彻落实党的二十大精神、推进主题教育的具体举措，主动“靠前一步”，积极履职作为，通过盯关键、压责任、建机制、抓长久，大力推进基础提升、防范提档、打击提效。

一、高站位、强谋划，“一盘棋”抓实防范能力提升

一是高位统筹谋划。省领导和省公安厅党委始终把维护校园安全工作摆在重要突出位置，将校园安全纳入年度重点工作一体谋划推进，明确阶段目标，持续跟踪问效，并通过厅党委会、专题会、调度会等形式持续部署推进。省公安厅先后制定出台《云南省公安机关“护校安园”八项措施》《云南省公安机关中小学幼儿园“护学岗”勤务工作指引（试行）》，纵深推进“省厅主责、市县主战、派出所主防”实战化职能体系建设。

二是高标组织推进。省公安厅多次深入高校及中小学、幼儿园实地调研指导和暗访检查，多次组织召开调度会进行安排部署，常态化组织研究校园安全工作，深入基层一线对护校安园工作进行督促，全省16

个州（市）、129个县（市、区）公安局将校园安全作为“一把手”工程，列入地方平安建设考评及“治安乱点大排查大整治”“夏季治安打击整治”等专项行动重要内容，带动全警广泛深入加压推进。

三是高效联动协作。省公安厅连续11年会同省委政法委、省教育厅组织开展“护校安园”专项工作，不断健全完善联动执法、联合督导、情况通报、预警推送等机制，切实凝聚工作合力。针对校园周边治安突出问题，与省教育厅联合部署开展专项治理“百日攻坚”和“平安童行”两个专项行动，工作成效突出，在5月30日召开的全国中小学幼儿园安全工作会议上，云南省公安厅作典型经验交流。

二、固根本、打基础，“一股劲”夯实安全稳定根基

一是巩固校园安防基础。积极主动配合教育部门，争取党委、政府重视支持，努力克服地方财政困难，学校经费不足等问题，实行“一校一台账、一校一方案”，顺利推进校园安全防范建设“三年行动计划”4个100%目标任务顺利完成。全省27003所中小学幼儿园已如期完成安全防范建设三年行动计划“4个100%”建设目标，共配备专职保安员76817人、防护装备113434件，安装技防设备161245套、一键式报警装置36407套，设立“护学岗”29413个（较2020年增长82.47%）。

二是做实基层防控。建立健全校园安全网格化管理责任体系，以2023年“加强新时代公安派出所工作三年行动计划”为抓手，将校园安全纳入社区民警每日“十必做”工作范畴，扎实履行好派出所“主防”责任，为校园安全提供有力支撑。

三是强化重点管控基础。持续深化“警校地”共建共治共享理念，常态化开展校园内部矛盾纠纷排查化解，积极协同卫健等部门和基层组织，深入开展校园周边肇事肇祸精神病人、吸毒人员和扬言报复社会等重点人“大起底”。2023年，共排查涉校涉生矛盾纠纷1078起、化解1043起，妥善处置因涉校矛盾纠纷引发的不稳定事端190起。

三、强排查、滤风险，“一张网”织密护校安园屏障

一是坚持常态化整治。落实“一校一警”挂钩联系制度，严格按照“一校一策”，开展大走访、大排查，接续开展新一轮校园安全隐患滚动排查整治。2023年，共出动警力175643人次，检查安防设施23360处，排查校园内部安全隐患9757起、整改8913起，排查率和整改率同比分别增加21.68%、24.76%。

二是坚持立体化巡防。长期坚持、不断加强以公安民警为主导，协辅警、学校保卫干部、保安员、教职员工和群防群治力量共同参与的“护学岗”建设，形成昆明“警校家护学岗”“三亮、三管、三起来”工作法及红河“孩子上学我上岗”等一批先进经验全省推广学习。2023年累计投入警力3.4万人次、发动群防群治力量22.5万人次，共同做好校园上放学“高峰勤务”，获广大群众赞誉。

三是坚持精准化打击。以实现学生实施违法犯罪案件和侵害学生违法犯罪案件“双下降”为目标，建立涉校涉生案件分析研判机制，构建涉校涉生多发易发案件预警模型，对涉校涉生案件优先受理、优先出警、优先立案、优先侦办，始终保持高压严打态势。2023年共破获涉校涉生刑事案件215起，查处治安案件482起，抓获犯罪嫌疑人840人，破案率和查处率同比分别上升53.57%和85.38%，案件打处成效显著提升。

四、强联动、重实效，“一体化”构建协同共治格局

一是共建平安校园。依托“2023年强基补短板专项行动”将“进校园”列为重点工作，针对涉校案事件高发地区，专门派驻工作组，积极协助学校完善预案，督促学校将应急演练纳入安全教育必训内容。2023年共进校开展法治教育29776场次、指导联合演练9931场次。同时，省公安厅组织筹办全省公安机关校园安全骨干民警、青年交通安全宣传员、公安法治副校长等3期示范培训班，466名有关负责领导和专职民警参加培训，进一步激发各级校园安全防范工作创新力，取得显著工作实效。

二是健全责任体系。建立基层党政领导责任、行业主管部门监管责任和校园安全主体责任“三个责任”体系，落实“三同步”机制，完善舆情处置规范。

三是抓实督导考评。将校园安全工作作为安全生产责任制和平安云南建设考核的重要指标内容，同时纳入教育督导评估体系进行重点督导。2023年，联合省教育厅，在春、秋季开学期，抽调各地业务骨干参加省政府教育综合督导，实现省、州（市）、县（市、区）各级各类学校“三个100%”全覆盖。

持续推动法律援助工作质效提升

云南省司法厅

近年来，云南省司法厅坚持司法为民初心，夯实五抓五促举措，依托“法援惠民生”“我为群众办实事”等系列活动，持续推动法律援助降槛扩面，不断创新优化服务模式，完善便民惠民服务举措，进一步实现法律援助提质增效。

一、抓制度建设，促工作规范有序

为贯彻落实《中华人民共和国法律援助法》，进一步健全完善法律援助制度建设，省司法厅会同有关部门，先后出台《军人军属法律援助工作实施办法》《关于劳动人事争议调解仲裁法律援助工作的实施意见》《云南省法律援助补贴管理暂行办法》《云南省法律援助申请人经济困难状况核查办法》，同时启动规范性文件立、改、废以及《云南省法律援助条例》修订工作，为依法依规办理法律援助案件提供有力的制度保障。

二、抓效能革命，促服务创新高效

省司法厅始终坚持把作风革命、效能革命贯穿于法律援助工作全过程。各级法律援助机构和人员牢固树立“今天再晚也是早、明天再早也是晚”的效率意识，全面实行服务承诺、首问负责、限时办结、一次性告知、律师值班、援务公开等制度，进一步优化法律援助服务模式、规范法律援助服务程序。2019 年，推行“互联网 + 法律援助”线上线下一体化服务模式；2021 年，推行法律援助证明材料清单制；2022 年，推行法律援助申请受理“全省通办”和法律援助证明材料个人承诺制；“云南掌上12348”“云南法律服务网”“云南政务服务”实现全省依申请法律援助事项网上预约、网上审批、网上办理；依托“公法云平台”，强化法律援助案件受理、数据中心、电子卷宗、质量管理四个功能建设，通过规范法律咨询、代拟法律文书、刑事辩护与代理、民事行政案件诉讼代理及非诉讼代理、值班律师代理、劳动争议调解与仲裁代理 7 种服务形式，进一步优化服务、提升质效，积极构建信息化、高效化、规范化、便捷化服务体系。

三、抓应援尽援，促服务提档升级

一是民事行政法律援助覆盖面进一步扩大。为全力满足人民群众特别是困难群众日益增长的法律援助需求，将涉及婚姻家庭、食品药品、就业、就学、就医、土地承包、林权纠纷、社会保障等与民生紧密相关的事项纳入法律援助补充事项范围，法律援助服务事项由 9 项增加至 32 项，尽可能地实现应援尽援，帮助困难群众运用法律手段解决基本生产生活问题。

二是法律援助门槛进一步降低。为更好地发挥法律援助在维护困难群众合法权益、维护社会公平正义的积极作用，云南省将城镇法律援助经济困难审查标准放宽至最低生活保障标准 2 倍执行，农村按上年度常住居民人均可支配收入的一半执行，22 类当事人申请法律援助免于经济困难核查。申请人经济困难状况核查方式由过去的证明材料方式转变为个人诚信承诺、信息共享查询等方式。2023 年，各级法律援助机构共受理“全省通办”法律援助案件 2412 件，采用信息共享、个人诚信承诺制、实地核查等方式对 12059 名申请人经济情况进行核查。

三是刑事法律援助工作进一步加强。为发挥刑事法律援助在加强人权司法保障、促进司法公正中的重要作用，省司法厅积极推动刑事诉讼制度改革，不断健全完善法律援助值班律师制度，持续畅通刑事法律援助申请渠道，充分利用“政法协同办案平台”加强司法行政机关与公检法等办案机关工作衔接，2022 年底全省实现审判阶段刑事案件律师辩护全覆盖。2023 年初，在昆明、红河、怒江三地开展审查起诉阶段律师辩护全覆盖试点工作，为确保试点工作试出效果、试出成绩，省司法厅协调资金 250 万元支持试点地区工作。2023 年，全省法律援助机构办理审判阶段法律援助案件 23507 件，办理审查起诉阶段法律援助案件 6401 件。

四是缔约国之间法律援助维权协作进一步深化。根据中华人民共和国缔约国之间法律援助协助清单要求，省司法厅将外国籍和无国籍人员纳入法律援助对象范围，列为法律援助对象中的特殊类型，以平等互惠为原则，做好外国籍、无国籍人员法律援助工作。2023 年，为越南、老挝、缅甸、泰国等 8

个国家 658 名外国籍人员及 215 名无国籍人员提供法律援助服务。

四、抓精准援助，促服务惠民暖心

依托“法援惠民生”“我为群众办实事”等系列活动，省司法厅不断创新便民惠民服务措施，在线上线下服务窗口开通绿色通道，为农民工、新就业形态劳动者提供法律援助“一免一减三快”服务；为因工伤致残的涉企困难职工、老年人、残疾人申请法律援助提供“三优一上门”服务；为退役军人、军人军属申请法律援助提供“四个优先”服务；为妇女、未成年人申请法律援助提供“三个优先”服务，针对家庭暴力、校园暴力、性侵害等案件提供“专业及时”服务，进一步实现精准法律援助，充分保障特殊群体合法权益。2023 年，在全省退役军人服务中心、共青团、老龄委共计建立 1471 个法律援助工作站，为 10954 名未成年人、31119 名进城务工人员、10889 名老年人、3066 名残疾人提供法律援助。

五、抓普法宣传，促服务入脑入心

为着力提升普法宣传的针对性和实效性，增强全民法治意识，以宣传贯彻落实《中华人民共和国法律援助法》为契机，针对群众法治需求和普法对象特点，开展务实管用、生动直观、群众喜闻乐见的普法活动，积极发挥企事业单位、群团组织、院校的职能作用，会同各党政机关形成各司其职、齐抓共管的法律援助宣传新格局。组织开展“法律援助进校园”“法律援助进工地”“法律援助进军营”“法律援助法进乡村”等 N 进活动。2023 年，组织开展《中华人民共和国宪法》《中华人民共和国法律援助法》《中华人民共和国民法典》《保障农民工工资支付条例》《中华人民共和国家庭教育促进法》等进工地、进校园、进社区活动 90 场，在电台、报刊、互联网宣传法律援助工作 1241 篇，直接受众达到 34 万人次。同时，充分运用新媒体新技术，制作、播放法律援助宣传公益广告、微电影、微视频，有效扩大宣传的传播力和影响力。

审稿人：吴朝武

撰稿人：杨天东　张兴聪　张红军　俞治帆　李茜娅

西藏自治区

工作概况

2023年度西藏政法工作综述

2023年，西藏自治区坚持以习近平新时代中国特色社会主义思想为指导，全面贯彻落实党的二十大精神和习近平法治思想、总体国家安全观、新时代党的治藏方略，深刻领悟“两个确立”的决定性意义，增强“四个意识”、坚定“四个自信”、做到“两个维护”，聚焦“四件大事”聚力“四个创建”，全力以赴防风险、保安全、护稳定、促发展，确保了西藏自治区社会大局持续和谐稳定。

一、持续加强政法机关党的政治建设，坚定不移捍卫“两个确立”、做到“两个维护”

（一）扎实开展学习贯彻习近平新时代中国特色社会主义思想主题教育。积极搭建“学习二十大·铁军铸忠魂”“党的二十大精神我来讲”“丹心向核心·护航新征程”等载体，组织全区政法系统深入学习习近平新时代中国特色社会主义思想和党的二十大精神，跟进学习习近平总书记最新重要讲话和重要指示批示，自治区党委政法委主要负责同志先后为全区政法干警作辅导、讲党课4次，全区各级政法领导干部讲党课1317次，各级政法机关累计举办读书班、组织集中学习、专题辅导等6500余次。大兴调查研究，聚焦服务保障“四个创建”“四个走在前列”，着力破解制约反分维稳的难点堵点，自治区政法各单位形成调研成果63项，各地市政法领导干部开展调研710次，解决突出问题406个，调研总结的“点单式”普法、“三官”矛盾纠纷化解和“一村两警”机制等一大批调研成果转化成具体思路举措。深入贯彻落实自治区党委进一步改进作风狠抓落实工作推进会精神，在政法系统部署开展“五看五纠”作风整顿，健全完善各类规章制度597项，营造了忠诚铸魂、实干立身，转变作风、狠抓落实的浓厚氛围。

（二）毫不动摇坚持党对政法工作的绝对领导。自治区党委主要领导高度重视政法工作，多次主持召开区党委常委会会议、平安西藏建设领导小组等一系列会议，学习贯彻习近平总书记关于政法工作的重要指示，研究贯彻落实措施；数十次深入政法维稳战线调研，多次看望慰问政法战线英模，与公安英烈子女、新时代政法楷模、全国“枫桥式工作法”入选单位代表交流座谈，极大鼓舞了广大政法干警护航新征程的决心斗志。自治区党委政法委坚决贯彻落实党中央关于政法维稳工作的决策部署，深入贯彻《中国共产党政法工作条例》，健全完善配套机制体制，组织召开6次政法委员会全体会议抓学习、谋全局、议大事、督落实，制定出台西藏政法队伍“十个一律”、政治督察等制度12项。严格落实请示报告制度，全区各级政法机关向同级党委、上级部门请示报告有关事项3086件次，区地县三级481名政法单位党组（党委）主要负责同志向本级党委述职，661名政法委委员向本级政法委述职，切实把党的绝对领导落到了实处。坚持和完善政治督察制度，围绕贯彻落实习近平总书记对政法工作的重要指示批示精神、执行党中央和区党委决策部署、学习宣传贯彻党的二十大精神、落实全面从严管党治警主体责任、贯彻落实意识形态工作责任、改进作风狠抓落实等，开展全区政法系统首轮政治督察，发现和督促整改问题200多个，全区政法机关和广大政法干警的政治判断力、政治领悟力、政治执行力不断提高。

二、全力维护国家政治安全和社会稳定，坚决以新安全格局保障新发展格局

（一）坚决维护国家政治安全。全面贯彻总体国家安全观，坚持警钟长鸣、警惕常在，树牢底线思维、极限思维，增强忧患意识，坚决消除影响国家政治安全的各类风险隐患，坚定维护国家政权安全、制度安全、意识形态安全。深入开展反分裂斗争，依法严厉打击分裂破坏活动，深挖彻查地下非法组织，全区未发生重大政治性、群体性和暴力恐怖案件。主动强化网上斗争，制定重大网络舆情处置办法，全面加强网络舆情管控，确保意识形态安全；主动加强边境治理，科学调整防控点位，加强群众性巡边护边力量建设，深化落实边境地区党政军警民联勤联动联防联控机制，坚决打击走私、偷渡等各类涉边案事件，确保边境安全。

（二）坚决维护社会大局稳定。坚持主动创稳、源头维稳、制度建稳，把维护社会稳定工作做在日常、做到基层。积极推动维稳指挥调度体系“扩边探底”，实现全区“一张网、一平台”全覆盖。深入推进“7+1”维稳防控模式，深入开展大排查、大收缴等行动，持续加强风险隐患排查化解工作，严格落实重要节点重要时段高等级防控勤务要求，全面加强重点部位、重点人员、重点场所、重要时段社会面管控，确保全区社会大局持续和谐稳定。常态化推进扫黑除恶斗争，持续深化教育、金融放贷、市场流通行业领域整治，扎实推进打击惩治涉网黑恶犯罪、“黑车”等非法营运专项行动，依法严厉打击涉黑涉恶、洗钱、“盗抢骗”、“黄赌毒”和电信诈骗等违法犯罪活动，切实保障人民群众生命财产安全。持续强化公共安全监管，深入推进道路交通安全和运输执法领域突出问题专项整治，扎实开展“护校安园”专项行动、夏季治安打击整治行动等，围绕“防恐怖、防爆炸、防破坏、防事故、保畅通”强化铁路外部环境整治，有效维护了校园安全、公共安全、旅游市场安全和铁路安全。制度化规范化落实社会稳定风险评估机制，完善专业机构、社会组织等第三方评估机制，对事关群众切身利益、可能引发影响社会稳定问题的重大政策制定或调整、重大举措出台、重大活动安排、重大项目建设、重大敏感案件办理等做到应评尽评，着力从源头上预防和控制重大事项实施引发的社会稳定问题。

三、积极构建基层治理新格局，不断夯实维护社会稳定根基

（一）坚持党建引领。强化党建引领、依法治理，属地管理、分级负责，因地制宜、分类施策，出台《关于进一步提升基层治理体系和治理能力现代化水平的实施意见》，不断完善基层治理体系，夯实维护社会稳定的底板。建立党组织统筹，组织联建、工作联动、队伍联合、服务联办、保障联享、责任联查的“一统六联”机制，实现党建引领基层治理由虚向实转变。坚持把支部建在网格上，按照1个网格设立1个党支部、具备条件的联户单位（楼栋）可设党小组的原则，建立网格党组织，强化了基层党组织对各类资源和力量的统筹，实现党建工作对基层治理最小单元全覆盖。大力整顿软弱涣散基层党组织，坚决把整顿“受宗族宗教势力和黑恶势力干扰侵蚀、遇事犯糊涂、关键时刻不起作用”的党组织作为工作重中之重，严惩害群之马，坚决铲除分裂势力和黑恶势力滋生的土壤，实现凝聚力、战斗力“双增强”。

（二）积极优化网格化服务管理。坚持大抓基层、大抓基础的理念，推进重心下移、力量下沉、资源下投，紧盯社会面、各行业领域涉稳突出情况、异常动向，做到预知预警预防。先后召开2次基层社会治理现场推进会，大力推广基层治理的新理念、新模式。根据主要城镇、农牧区、边境地区不同情况，优化网格1.24万个，调整联户长6633名。部署开展网格编码编制，制作联户长“五张明白卡”，规范网格员、联户长的信息员、调解员、联防员等“七大员”职责。拉萨市、日喀则市被命名为全国市域社会治理现代化试点合格城市，拉萨市被评为首批全国社会治安防控体系建设示范城市，曲水县南木乡江村“1334”党建引领基层社会治理案例被评选为“全国社会治理创新案例”。

（三）强化矛盾纠纷排查化解。坚持和发展新时代“枫桥经验”，出台《西藏自治区人民调解条例》，积极完善人民调解、行政调解、司法调解联动工作体系，大力推行“三官”矛盾纠纷化解机制，坚决把矛盾纠纷解决在基层、化解在萌芽。

（四）加强综合应急救援队伍建设。按照“政府主导、部门联动、因地制宜、统筹推进”的原则，有效整合公安、应急、医疗卫生等资源力量，组建“一专多能、一队多用”的综合性应急救援队伍5940支，加强实战演练，切实提升综合应对处置能力。

（五）加大见义勇为工作力度。坚持法治保障、系统谋划，推动建立地市基金会机构，不断健全见义勇为组织架构、完善评选表彰和权益保障机制、优化评定程序和流程，及时增补理事长及成员。深入挖掘广泛宣传典型，达瓦顿珠、巴珠入选全国见义勇为勇士榜，巴珠、罗布入选第九届全国道德模范候选人。

四、深化司法体制综合配套改革，推进严格公正文明司法

（一）深化执法司法权力运行机制改革。召开自治区司法体制改革领导小组会议，出台《关于深化政法领域执法司法权力运行机制改革的实施意见》，提出24项改革任务。建立完善执法司法办案权责清单和院庭长办案常态化机制，健全员额动态管理、遴选、退出和司法辅助人员管理等制度，自治区以下法院检察院财物统管改革基本完成，加快市县两级公安机关推行大部门大警种制改革。

（二）着力健全执法司法制约监督体系。全面准确落实司法责任制，积极深化以审判为中心的刑事诉讼制度改革，完善认罪认罚从宽配套制度，全区审判机关受理案件84944件，一审服判息诉率达90.18%，认罪认罚从宽适用率达93.3%，刑事案件律师辩护实现全覆盖；检察机关办理各类案件14708件，“四大检察”结构持续优化为56∶18∶7∶19，业务质效稳步提升。扎实开展执法司法案件“回头看”，聚焦人民群众反映强烈的执法司法突出问题开展专项检查，对发现问题逐一明确整改任务，有效规范了执法司法行为。

（三）着力深化政法公共管理服务改革。全区三级法院实现网上立案、跨域立案全覆盖，12368诉讼服务热线提供服务6.9万余人次；全区司法行政机关受理各类法律援助案件7513件、公证案件17760件、司法鉴定业务3910件、仲裁案件291件；全区公安机关运行“互联网+公安政务服务”平台，受理户口迁移“跨省通办”3544人次迁入业务、2319人次迁出业务，“一站式”办理跨地市户籍迁移业务2701人次；自治区检察院创建12309民族团结进步“央宗热线”，办理涉法涉诉信访案件1668件次，“线上+线下”公开听证办案672件，被最高人民检察院作为全国检察服务热线试点样板予以推广。

五、扎实推进法治西藏建设，全力服务保障“四个创建”

（一）持续优化法治化营商环境。自治区党委政法委主要负责同志先后2次主持召开优化法治化营商环境座谈会，征求企业家代表对法治化营商环境的意见，对企业家反馈的问题制定任务清单，督促政法单位整改，全区法治化营商环境满意度达99%以上。出台《全区政法机关贯彻落实党的二十大精神服务“四个创建”优化法治化营商环境的若干措施》，提出22条具体措施，建立与企业家常态化沟通机制。积极推动自治区高法与四川省高法建立服务保障川藏铁路建设协作机制、自治区检察院与川滇青甘新及兵团检察机关建立青藏高原生态检察协作机制。

（二）不断完善公共法律服务体系。出台《关于加强和规范全区国家司法救助工作的指导意见（试行）》，进一步加强和规范全区国家司法救助工作。运行乡镇公共法律服务站254个，在383个边境村搭建12309检察服务中心，600余名律师担任村（社区）法律顾问，提供各类免费法律咨询服务3万余人次。

（三）加强普法宣传教育。组织开展全区“八五”普法中期督导评估和党政主要负责人年终述法及全面依法治藏考核工作，成功举办2022年度“法治人物”“法治新闻”颁奖典礼，扎实推进“百名法学家百场报告会”法治宣讲活动和“2023年青年普法志愿者法治文化基层行”活动，开展普法宣传3.4万余场次，发放各类宣传资料170万份，330万人次受教育，群众办事依法、遇事找法、解决问题靠法的氛围日益浓厚。

（四）深化法学研究交流。充分运用西藏自治区法学会“习近平法治思想研究”课题组平台，组织全区各级法学会积极参与“第十八届西部法治论坛”等全国性、区域性学术活动的论文征集、评审和推荐申报等工作，9篇论文获奖。

六、坚持全面从严管党治警，锻造高素质高原政法铁军

（一）加强政法队伍建设。坚持新时代好干部标准、民族地区干部“四个特别”要求，严格执行干部选拔任用程序、遴选、交流程序，提拔干警2200余人，交流干警638人，2392名干警参加学历提升工程。分层分级开展业务培训，共举办业务技能培训等各类专题培训2941班次、培训干警15.4万人次。坚持“请进来”和“走出去”相结合、“精准模式”和“组团模式”相结合，先后“请进来”464人次，“走出去”755人次，选派2097人次干警赴区外学习培训，解决了一大批制约自治区政法工作的瓶颈问题。建立乡镇（街道）政法委员统筹协调工作机制，举办全区乡镇（街道）政法委员履职能力提升培训班、政法委员线上培训暨经验交流会，全区474个乡镇（街道）政法委员专职化，135个集体和187名个人受到省部级表彰。

（二）加强党风廉政建设。始终牢记“三个务必”，全面贯彻中央八项规定及其实施细则精神和区党委实施办法，严格执行防止干预司法“三个规定”，引导干警认真执行新时代政法干警“十个严禁”和西藏政法干警行为规范“十个一律”等铁规禁令，持续整治顽瘴痼疾，肃清流毒影响，处理违纪违法干警156人，核报违反新时代政法干警“十个严禁”典型案例6起，政法队伍教育整顿中的顽瘴痼疾问题全部完成整改，持续释放了从严管党治警的强烈信号。

会议活动

全区坚持和发展新时代“枫桥经验”暨调解工作会议

11月27日，全区坚持和发展新时代“枫桥经验”暨调解工作会议在拉萨召开。会议认真学习贯彻习近平总书记关于坚持和发展新时代“枫桥经验”的重要指示，学习贯彻纪念毛泽东同志批示学习推广“枫桥经验”60周年暨习近平总书记指示坚持发展“枫桥经验”20周年大会、全国调解工作会议精神，对坚持和发展新时代“枫桥经验”、加强和改进新时代调解工作作出了安排，并命名表彰了7个自治区新时代“枫桥式”司法所。

会议指出，调解工作是公共法律服务体系的重要内容。要坚持把法治挺在前面，坚持依法行政、依法办事，着力提高调解工作法治化水平；要坚持预防在前，切实在抓前端、治未病上下功夫，着力深化矛盾纠纷排查化解；要坚持调解优先，积极完善人民调解、行政调解、司法调解三调对接机制，着力推动矛盾纠纷实质化解。

会议强调，新时代“枫桥经验”是我们党治国理政的重要经验。要坚持以习近平法治思想为指导，毫不动摇坚持党的领导、坚持以人民为中心、坚持党的群众路线、坚持依法治理、坚持就地解决矛盾，锚定“四件大事”“四个确保”，聚焦“四个创建”“四个走在前列”，努力提高矛盾纠纷预防化解工作水平，让新时代“枫桥经验”深深扎根基层，不断增强各族群众的获得感幸福感安全感。

会议要求，要大力弘扬新时代“枫桥经验”，积极总结推广基层的好经验好做法，为全面建设社会主义现代化新西藏创造和谐稳定的社会环境。

文件选辑

西藏自治区人民调解条例

（2023年9月22日西藏自治区第十二届人民代表大会常务委员会第五次会议通过）

第一章　总　则

第一条　为了加强和规范人民调解工作，有效预防和化解民间纠纷，促进社会和谐稳定，维护社会公平正义，推进社会治理体系和治理能力现代化，根据《中华人民共和国人民调解法》等法律法规，结合自治区实际，制定本条例。

第二条　自治区行政区域内的人民调解工作适用本条例。

第三条　本条例所称人民调解，是指人民调解委员会通过说服、疏导等方法，促使当事人在平等协商基础上自愿达成调解协议，解决民间纠纷的活动。

第四条　人民调解工作应当坚持党委领导、政府负责、民主协商、社会协同、公众参与、法治保障、科技支撑，坚持和发展新时代“枫桥经验”，践行社会主义核心价值观，不断铸牢中华民族共同体意识，深化自治、法治、德治相融合，推动基层治理体系和治理能力现代化建设，促进社会和谐稳定。

各级人民政府应当支持人民调解工作，将人民调解工作纳入社会治理体系和法治建设规划，健全覆盖市（地）、县（市、区）、乡镇（街道）、村(居)、网格以及行业、专业领域的人民调解组织网络体系，完善各层级职能有机衔接、部门协调联动、服务高效便捷的工作机制，加强人民调解信息化建设，推进“一站式”矛盾纠纷调解工作。

第五条　人民调解活动应当遵守下列原则：

（一）尊重当事人意愿，在自愿平等的基础上进行调解；

（二）不违背法律法规、国家政策和公序良俗；

（三）预防和化解相结合，注重实质性解决争议；

（四）尊重当事人的权利，不得因调解而阻止当事人依法通过仲裁、行政、司法等途径维护自身权利。

第六条　县级以上人民政府司法行政部门负责指导本行政区域内的人民调解工作，具体履行下列职责：

（一）贯彻实施人民调解工作相关法律、法规和政策；

（二）研究制定人民调解工作发展规划和工作规范；

（三）组织开展人民调解员岗前培训和年度培训；

（四）定期开展人民调解组织和人民调解员考核、表彰奖励；

（五）总结、交流、推广人民调解工作经验；

（六）开展人民调解宣传工作；

（七）法律法规规定的其他职责。

司法所负责本辖区人民调解工作的日常指导。

第七条　基层人民法院采取下列方式对人民调解组织的调解活动进行业务指导：

（一）协助司法行政部门做好人民调解员培训工作；

（二）邀请人民调解员旁听依法公开审理的案件。

第八条　县级以上人民政府有关部门在各自职责范围内，做好人民调解相关工作。

鼓励人民团体、社会组织、企（事）业单位等支持、参与、协助人民调解工作。

第九条　倡导自然人、法人和非法人组织优先选择人民调解方式解决民间纠纷。

第十条　任何组织或者个人不得利用宗教阻扰、妨碍人民调解工作，危害社会公共利益或者侵犯当事人合法权益。

严禁携带危险物品进入调解现场。

第二章　人民调解组织

第十一条　人民调解组织是依法设立的调解民间纠纷的群众性组织。

人民调解组织调解民间纠纷，不收取任何费用。

第十二条　人民调解组织应当使用规范的名称、标牌标识、印章及文书，公开人民调解员名单、调解规则、工作纪律等信息。

人民调解组织应当建立健全岗位责任制、学习、考核、业务登记、统计、档案、印章管理等规章制度，不断加强队伍和能力建设。

第十三条　村（居）民委员会设立人民调解委员会。

乡镇（街道）、企（事）业单位、社会团体或者其他组织根据需要设立人民调解委员会。

社会团体或者其他组织根据需要可以在医患、劳动人事争议、交通事故损害赔偿、消费、物业服务、旅游、环境污染、婚姻家庭、商事等民间纠纷易发、多发领域，设立行业性、专业性人民调解委员会。

人民调解委员会之间无隶属关系。

第十四条　人民调解委员会由委员三至九人组成，设主任一人，必要时，可以设副主任若干人。

人民调解委员会应当有妇女成员，多民族居住的地区应当有人口较少民族的成员。

第十五条　人民调解委员会委员依法推选产生。人民调解委员会委员任期届满，应当及时改选，可连选连任。

村（居）民委员会的人民调解委员会委员由村（居）民会议或者村（居）民代表会议推选产生，可由村（居）民委员会成员兼任。

乡镇（街道）人民调解委员会委员，由行政区域内村（居）民委员会、有关单位、社会团体、其他组织推选产生，可由乡镇（街道）司法所工作人员兼任。

企（事）业单位人民调解委员会委员应当由职工大会、职工代表大会或者工会组织推选产生，可由企（事）业劳动争议调解委员会组成人员兼任。

社会团体或者其他组织设立的人民调解委员会委员和行业性、专业性人民调解委员会委员，可由有关单位、社会团体或者其他组织推选产生。

人民调解委员会委员不能履行职责时，由原推选单位免去其委员资格，并另行推选新的委员。

第十六条 村（居）人民调解委员会的设立、变更及成员组成情况，自设立、变更之日起三十日内向所在地乡镇（街道）司法所备案，并提交相关材料。

乡镇（街道）人民调解委员会，企（事）业单位、社会团体或者其他组织的行业性、专业性人民调解委员会的设立、变更及成员组成情况，自设立、变更之日起三十日内向所在地县级人民政府司法行政部门备案，并提交相关材料。

第十七条 村（居）人民调解委员会和企（事）业单位人民调解委员会根据需要可在自然村、小区、楼院和企（事）业单位内部等建立人民调解小组。

第十八条 人民调解委员会根据民间纠纷化解需要，可以在人民法院、人民检察院、公安、信访和人民政府有关部门及开发区（园区）、集贸市场、旅游景区等特定场所设立派驻人民调解工作室。

人民调解委员会经具有专业特长、社会公信力高的人民调解员申请，并由县级以上人民政府司法行政部门命名，可以人民调解员个人名字或者特有名称设立个人调解工作室。

人民调解工作室的设立、变更以及撤销，应当按照本条例第十六条规定备案。

人民调解工作室以人民调解委员会名义开展工作。

第十九条 县级以上人民政府司法行政部门可以设立人民调解中心，统筹本行政区域内的人民调解资源。

第二十条 县级人民政府司法行政部门应当建立健全人民调解组织和调解员名册管理制度，将人民调解组织和调解员情况及时通报所在地基层人民法院，并向社会公开，接受社会监督。

第三章 人民调解员

第二十一条 人民调解员由人民调解委员会委员和人民调解委员会聘任的人员担任。

人民调解员分为专职人民调解员和兼职人民调解员。

第二十二条 人民调解员应当具备下列条件：

（一）拥护中国共产党和中国特色社会主义制度，维护祖国统一和民族团结；

（二）遵守宪法法律，遵守社会公德；

（三）具有一定群众基础和调解能力，熟悉社情民意，善于做群众工作；

（四）年满十八周岁且具有完全民事行为能力；

（五）公道正派、廉洁自律，热心人民调解工作；

（六）具有一定文化水平、熟悉相关法律和政策。

行业性、专业性人民调解委员会的调解员应当具有相关行业、专业知识或者工作经验。

人民调解员履行职责，应当坚持原则，爱岗敬业，热情服务，诚实守信，举止文明，廉洁自律，注重学习，不断提高法律道德素养和调解技能水平。

第二十三条 专职人民调解员是经人民调解委员会聘任，专门从事人民调解工作的人员。

各级人民政府应当支持人民调解委员会配备一定数量的专职人民调解员，满足人民调解工作需要。

第二十四条 人民调解组织应当优化人民调解员队伍结构，注重吸纳人大代表、政协委员和法律工作者、医生、教师等社会专业人士以及双联户代表、德高望重人士等人员担任人民调解员。

第二十五条 县级以上人民政府司法行政部门可以根据调解纠纷需要，会同相关行业主管部门建立人民调解咨询专家库，为人民调解组织调解疑难复杂纠纷提供专业支持。

第四章 调解程序

第二十六条 人民调解组织调解平等主体的自然人、法人和非法人组织之间涉及人身权利、财产权利以及其他合法权益的民间纠纷。

第二十七条 人民调解组织不得调解下列纠纷：

（一）法律法规规定只能由专门机关管辖处理或者禁止采用人民调解方式解决的；

（二）人民法院、人民检察院、公安机关或者其他行政机关已经依法解决或者受理且未委托人民调解委员会进行调解的；

（三）一方当事人明确拒绝调解的。

第二十八条　民间纠纷一般由纠纷发生地或者纠纷当事人所在地（单位）的人民调解组织受理。两个以上人民调解组织均可受理的民间纠纷，由最先受理的调解组织调解。

特定行业、专业领域的纠纷一般由相应的行业性、专业性人民调解组织受理。

村（居）民委员会人民调解委员会难以调解的疑难复杂民间纠纷，由乡镇（街道）人民调解委员会调解，也可以由相关人民调解委员会联合调解。

人民调解中心组织调解本行政区域内的重大疑难复杂民间纠纷和跨区域、跨行业专业领域的民间纠纷以及企（事）业单位的人民调解委员会难以调解的疑难复杂民间纠纷；统一受理并组织调解人民法院等有关部门委派或者委托调解的民间纠纷。

第二十九条　当事人可以向人民调解组织申请调解，人民调解组织也可以主动调解。

第三十条　人民法院、人民检察院、公安机关或者其他行政机关认为适合通过人民调解方式解决的纠纷，可以在受理前告知当事人向人民调解组织申请调解；也可以在受理后书面委托人民调解组织调解，但应征得当事人的同意。

接受委派或者委托调解民间纠纷的，人民调解组织应当及时向委派或者委托的机关告知调解情况。

第三十一条　当事人申请调解民间纠纷，可以书面申请，也可以口头申请。

当事人书面申请的，应当填写人民调解申请书；当事人口头申请或者人民调解组织主动受理的，人民调解组织应当填写人民调解受理登记表。

第三十二条　人民调解组织对于符合受理条件的民间纠纷，应当及时受理并进行登记；疑难复杂以及接受有关部门委派或者委托调解的纠纷，应当在三个工作日内决定是否受理，并告知当事人和委派或者委托调解的部门。

不符合受理条件的纠纷，人民调解组织应当向当事人说明理由，并告知其依法通过其他途径解决；发现纠纷有可能激化的，应当采取有针对性的预防措施，并及时提交有关机关处理。

第三十三条　人民调解组织在调解前，应当核实当事人身份，告知当事人人民调解的性质、原则和效力，以及当事人在调解活动中的权利和义务。

当事人委托代理人的，人民调解组织在调解前应当核实并确认代理权限。

第三十四条　人民调解组织根据调解纠纷的需要，可以指定一名或者数名人民调解员进行调解，也可以由当事人选择一名或者数名人民调解员进行调解。

由数名人民调解员进行调解的，应当确定一名人民调解员为调解主持人。

第三十五条　人民调解组织调解民间纠纷，当事人应当到场。当事人有正当理由确实无法到场的，可以通过视频、网络、电话等方式进行调解。

纠纷一方当事人人数较多的，应当推选五名以下当事人作为代表人参加调解，并确定一名主要代表人。

第三十六条　根据调解需要，经当事人同意，人民调解组织可以邀请当事人的亲属、邻里、同事等参与调解，也可以邀请具有专门知识、特定经验的人员或者有关社会组织的人员参与调解。

根据调解需要，人民调解组织可以咨询专家。

需要进行鉴定以明确责任的，当事人可以申请鉴定。

第三十七条　人民调解组织和人民调解员，应当对当事人的个人隐私或者商业秘密等事项予以保密。

未经当事人同意，调解不得公开进行，不得公开调解协议的内容。

第三十八条　调解纠纷一般按照下列程序进行：

（一）告知当事人调解规则；

（二）充分听取当事人陈述；

（三）向当事人讲解相关法律法规和国家政策；

（四）根据需要向有关方面询问或者核实情况；

（五）在当事人平等协商、互谅互让的基础上提出纠纷解决方案，帮助当事人自愿达成调解协议。

第三十九条　当事人在人民调解活动中享有下列权利：

（一）选择或者接受人民调解员；

（二）接受调解、拒绝调解或者要求终止调解；

（三）要求调解公开或者不公开进行；

（四）自主表达意愿、自愿达成调解协议；

（五）委托代理人参与调解；

（六）要求有关调解人员回避。

第四十条　当事人在人民调解活动中履行下列义务：

（一）如实陈述纠纷事实；

（二）遵守调解现场秩序，尊重人民调解员；

（三）尊重对方当事人行使权利。

第四十一条 人民调解组织调解民间纠纷，一般应当在受理之日起三十日内调解完结。因特殊情况需要延长的，人民调解员和当事人可以约定延长调解期限。

第四十二条 有下列情形之一的，人民调解组织应当终止调解，并告知当事人：

（一）经调解不能达成调解协议的；

（二）当事人拒绝继续接受调解的；

（三）纠纷情况发生变化，不宜继续采用调解方式解决的；

（四）当事人或者委托代理人不遵守调解现场秩序的；

（五）其他应当终止调解的情形。

第四十三条 人民调解组织调解纠纷，应当记录调解情况，并由人民调解员签名和当事人签名、盖章或者按指印。

达成口头调解协议的简单纠纷，可以不作全程记录，但应当记录调解事项及结果，并由人民调解员签名。

第五章　调解协议

第四十四条 经人民调解组织调解达成调解协议的，可以制作调解协议书。调解协议有给付内容且非即时履行的，应当制作调解协议书。

当事人认为无需制作调解协议书的，可以采取口头协议形式，人民调解员应当记录协议内容。

第四十五条 调解协议书应当载明下列事项：

（一）当事人的基本情况，有委托代理人的，还应当写明委托代理人的基本情况以及委托代理权限；

（二）纠纷的主要事实、争议事项以及各方当事人的责任；

（三）当事人达成调解协议的内容，履行的方式、期限。

调解协议不得损害国家利益、社会公共利益或者他人合法权益，不得违反法律法规的强制性规定、社会道德和公序良俗。

第四十六条 调解协议书自双方当事人签名、盖章或者按指印，人民调解员签名并加盖人民调解委员会印章之日起生效。调解协议书由当事人各执一份，人民调解组织留存一份。

口头调解协议自双方当事人达成协议之日起生效。

第四十七条 依法达成的人民调解协议，具有法律约束力，当事人应当按照协议约定履行。

当事人无正当理由不履行调解协议或者履行不适当的，人民调解组织应当督促其履行。当事人提出协议内容不当或者人民调解组织发现协议内容不当的，征得双方当事人同意后，可以再次调解变更原协议内容，或者撤销原协议，达成新的调解协议。

经督促仍不履行调解协议的，人民调解组织应当告知当事人可以就调解协议的履行、变更或者撤销向人民法院起诉。

第四十八条 依法达成调解协议后，双方当事人可以自调解协议生效之日起三十日内，共同向主持调解的人民调解组织所在地基层人民法院或者派出法庭申请司法确认。人民法院委托人民调解组织调解的，向委托的人民法院申请司法确认。

经司法确认有效的调解协议，一方当事人拒绝履行或者未全部履行的，对方当事人可以向人民法院申请强制执行。

人民法院确认调解协议无效的，当事人可以通过人民调解方式变更原调解协议或者达成新的调解协议，也可以向人民法院提起诉讼。

人民法院应当及时将调解协议的司法确认情况告知同级司法行政部门或者相关人民调解组织。

第六章　保障与奖惩

第四十九条 县级以上人民政府应当建立人民调解经费保障机制，将人民调解经费列入同级财政预算，落实人民调解指导工作经费、人民调解委员会工作补助经费、人民调解员补贴经费、专职人民调解员聘用经费等，并根据经济社会发展水平和财力状况，建立专职人民调解员聘用经费动态增长机制。

任何单位和个人不得截留、挤占、挪用人民调解经费。

第五十条 人民调解案件补助经费，视调解纠纷的数量、质量、难易程度和社会影响程度等情况，采用“以案定补、以奖代补”方式予以发放。

在职国家机关工作人员，不得领取人民调解员补贴。

第五十一条 人民调解委员会设立单位和行业主管部门以及法院、公安、信访等驻在单位，应当为人民调解员开展工作提供办公场所、设施和必要的工作条件。

鼓励人民调解委员会设立单位和人民调解员协会为人民调解员购买人身意外伤害保险等。

第五十二条 人民调解员依法调解民间纠纷，

受到非法干预、打击报复或者人身安全受到威胁的，公安、司法行政等部门应当采取措施予以保护。

人民调解员因从事调解工作致伤致残，生活发生困难的，当地人民政府应当按照有关规定提供必要的医疗、生活救助。在人民调解工作岗位上牺牲的人民调解员，其配偶、子女按照国家规定享受抚恤和优待。

第五十三条 县级以上人民政府司法行政部门应当建立人民调解组织和人民调解员考核评价机制。

对有突出贡献的人民调解组织和人民调解员，由县级以上人民政府及其有关部门按照国家规定给予表彰、奖励。

第五十四条 违反本条例规定，有下列情形之一的，由县级以上人民政府司法行政部门责令改正：

（一）人民调解组织的设立、变更不符合规定的；

（二）人民调解组织的名称、标牌标识或者印章不符合规定的；

（三）人民调解员的选聘、解聘和罢免不符合规定的。

第五十五条 违反本条例规定，人民调解员在调解工作中有下列行为之一的，由其所在的人民调解组织给予批评教育、责令改正；情节严重的，由推选或者聘任单位予以罢免或者解聘：

（一）偏袒一方当事人的；

（二）侮辱、压制、欺骗、威胁、打击报复当事人的；

（三）索取、收受财物或者牟取其他不正当利益的；

（四）泄露当事人的个人隐私、商业秘密的；

（五）阻止当事人依法通过仲裁、行政、司法等途径维护权利的；

（六）隐匿、毁灭当事人的证据材料的；

（七）收费或者变相收费的；

（八）怠于履行职责的。

第五十六条 违反本条例规定，县级以上人民政府及其有关部门的工作人员在人民调解工作中滥用职权、玩忽职守、徇私舞弊的，依法给予处分。

第七章 附 则

第五十七条 本条例自2023年12月1日起施行。

特色专栏

以“四易”方式全面提升普法质效

那曲市委政法委

那曲市政法机关坚持以习近平新时代中国特色社会主义思想为指导，以习近平法治思想为引领，紧扣“四个创建”“四个走在前列”，围绕奋力建设西藏最高海拔长治久安和高质量发展示范市奋斗目标，竭力担当好筑法治之基、行法治之力、积法治之势的职责使命，不断在法治轨道上促进发展、保障善治、应对挑战。市委、市政府，市委政法委和法治宣传教育领导小组在努力提升全民法治素养上想新招、亮实招、出硬招，实践中，开拓性提出“易推进、易接受、易记住、易应用”普法方法，工作质效大幅提升。

一、突出“一个保证”，确保工作“易推进”

那曲市委、市政府把推进全民普法守法工作摆上重要工作日程，调整充实市委全面依法治市委员会守法普法协调小组，将法治宣传教育纳入全市综合绩效目标考核体系，制定《那曲市国家机关“谁执法谁普法”普法责任清单》《那曲市政法机关普法工作制度》，落实专项经费，定期召开会议，研究解决遇到的问题和难点，切实做到工作年初细安排、年中强推进、年末精考核，倒逼各部门强化措施、主动作为。

二、抓实“两种结合”，创新方式“易接受”

一是“普法+双共”，提高群众参与度。以“乡村振兴 那曲奋进”活动为平台，探索组建由12699人组成的1329支“规范化管理、专业化培训、组织化劳务、民兵化应急、社会化保障、网格化服务”

的“共建共治共享 共同增收致富”奋进队，将法治要素融入其中，广泛开展“送法进村户、普法暖民心”等活动，进一步激发群众参与积极性，自发投稿1156部法治视频作品。

二是“普法+调解”，提高工作满意度。将普法宣传与矛盾纠纷排查化解一体推进，运用本地方言，深入浅出解析基层治理中的难题，引导当地群众移风易俗、依法办事，使基层社会治理与法律知识宣传深度结合，广受好评。2023年，比如县白嘎乡以“五个一线”解纷工作法荣获全国新时代“枫桥经验”先进典型单位，获奖代表接受习近平总书记亲切会见。

三、用好“三个载体”，丰富形式“易记住”

一是利用实体平台“集中普”。围绕招商引资、生态环保、养老诈骗、婚姻家庭、交通运输等重点领域，开展法治大讲堂、法治恳谈会、法律知识测评。依托和美乡村建设，建设主题法治公园、广场、长廊、基地860余个，打造“法治甜茶馆”11家，开通“普法宣传小超市”，提供免费借阅的书籍和资料，摆放法治礼品，积极为到访群众答疑解惑，普法工作更接地气。

二是用好空中阵地“反复普”。制作宪法、民法典汉藏双语音频，通过“同心圆”宣传微信矩阵向群众发送宪法、民法典音频，阅读量达10万余人次。以那曲市创建全区应急广播体系宣传农牧民群众试点为契机，不定期开展习近平法治思想、常用法律法规、政策音频广播，全时空宣传推送法律知识，积极营造法治元素融生活、法治文化在身边的浓厚氛围。

三是发展法治文化“生动普”。将法治元素嵌入到政法文化事业各方面，组建羌塘政法文艺轻骑队，推出《羌塘政法》栏目，全方位多角度宣传报道政法机关、广大干警公正执法司法、一心为民服务的英勇形象和感人事迹，让法治更可见、更可感，群众学法兴趣愈浓、收效愈实。《防微杜渐，未雨绸缪》荣获第六届平安中国“三微”比赛“优秀剧本奖”；《羌塘善道》社区矫正警示教育片，仅线上点击播放量就突破600万次。

四、细化“四类措施”，实现法律“易应用”

一是突出需求性，推出“四单模式”。即线上线下调查问卷普法需求“点单”，汇总整理及时公布供给“晒单”，结合普法责任制“派单”，按季度总结报告落实“督单”。2023年，按照“四单”法，全市共计开展6期精准普法活动和系列送法上门服务，推动工作更加精准满足群众需求。

二是突出生动性，强化“以案释法”。出台《那曲市“以案释法”案例研判暨精准普法会商机制》，组建法官、检察官、行政复议人员、行政执法人员、律师等力量为主的那曲市“以案释法”普法队伍，向政法部门和行政执法单位征集典型案例，编辑《那曲市“以案释法”案例读本》（汉藏双语），邀请机关企事业单位干部职工旁听以职务犯罪为主要类型案件的庭审，使执法司法实践转化为普法生动效果。

三是突出便利性，建强“网络媒体”。加强“索秀卓姆·说法”“羌塘小法”等新媒体建设，依托“那曲政法”“羌塘铁警”等微信公众号和抖音官方号，开辟全民反诈、那曲身边事、扫黑除恶、扫黄打非专栏，把严肃的法条和群众常遇的事例相结合，通过生动形象、极具吸引力的视频、动漫等形式表达出来，有效提升网络传播力、引导力、亲和力，公众遇事守法用法意识进一步增强。

四是突出服务性，打造“政务平台”。加快推进公共法律服务体系建设，开发那曲市公共法律服务大厅掌上APP平台，实行实地预约和网上办理制度，对农民工、未成年人、老年人、残障人士等特殊群体开辟“绿色通道”，极大缓解基层法律服务资源匮乏问题。2023年，那曲市公共法律服务中心接待3000余人次，解答法律咨询400余人次，免费代写法律文书341份，受理法律援助案件840件，切实为群众提供更加便捷高效的法律服务。

为川藏铁路建设提供优质司法服务保障

西藏自治区高级人民法院

川藏铁路是习近平总书记亲自谋划、亲自部署、亲自推动的世纪性战略工程，要求“一定把这件大事办成办好”。西藏法院坚持以习近平新时代中国特色社会主义思想为指导，认真学习贯彻习近平法治思想和习近平生态文明思想，在西藏自治区党委有力领导和最高人民法院正确指导下，立足于促进民族团结、维护国家统一、巩固边疆稳定秩序，充分发挥审判职能作用，为川藏铁路建设营造良好法治环境，取得阶段性成效。

一、紧紧围绕平安西藏建设，发挥刑事预防功能，取得全线“零命案”、多地“零受理”实效

西藏高院秉承“坚持治罪与治理并重”理念，与四川高院及时签订《关于服务保障川藏铁路建设的司法协作协议》，构建11个方面协作制度，以联席会议、联合督查、线索移送等方式深化与铁路沿线地方党委、政府及侦查机关、检察机关的协作，推动形成协同保障“一盘棋”格局。2020年以来，两省（区）法院依法审结妨害铁路建设各类犯罪案件16件，均为盗窃、故意伤害等轻刑案件，无涉铁“命案”受理，四川省成都、成铁和西藏自治区山南、林芝、昌都三个中级人民法院辖区实现涉川藏铁路刑事案件“零受理”目标。

二、依法延伸环境资源审判职能，协力推动生态环境的最严格保护，实现行政“零起诉”和环资涉铁纠纷诉前化解效应

西藏法院增强司法服务“国之大者”的主动性，认真践行综合司法理念，贯彻青藏高原生态保护法，以《关于建立碳汇修复司法协作机制的协议》等制度成果为指引，深化“司法+碳汇”模式，在法律规范的裁量空间寻找最佳处理方案，全力做实最佳生态效果，促进厚植党的执政根基。2020年以来，西藏自治区涉环境资源民事、行政纠纷基本通过“抓前端、治未病”方式有效化解，并保持环境资源行政案件“零起诉”态势。

三、立足国情强化司法审判，协力促进藏区经济社会发展，保障建设“团结路”“致富路”

针对川藏铁路为连接汉、藏、彝等多个民族货物贸易和人员通道的特点，依托地理资源优势，发挥司法审判职能，设立涉国家重点建设项目立案“绿色通道”，提升“一站式”诉讼服务水平；优化专业审判团队建设，提升审判能力，确保审判质效，保障清洁能源产业、特色农牧业、文化旅游产业发展，并以办理涉铁案件为发力点，制定《打造一流法治化营商环境的实施意见》《优化法治化营商环境司法行为清单》等制度，全力营造法治化营商环境。2020年以来共妥善处置劳动争议、建设工程合同、财产损害赔偿等涉铁民事纠纷615件，占两省（区）民事案件0.03%，呈现政通人和良好局面，为推动西部地区特别是川藏两省（区）经济社会发展发挥了积极促进作用。

四、坚持融入社会治理，协力满足建设单位司法需求，着力提升服务保障能力水平

西藏法院认真落实“抓前端、治未病”理念，将法治资源延伸至纷争源头，在项目施工部、劳务合作社设立法官工作站，深入国铁集团、川藏铁路公司、各项目段工区排查企业用工、施工安全管理矛盾隐患数十项，并结合案件分析，及时以司法建议的形式向川藏铁路建设有限公司提出4项12条整改措施和建议，打通司法服务“最后一公里”。为共同提高两地藏区法官司法能力、统一裁判尺度，于2023年10月在西藏自治区林芝市成功举办首届川藏铁路司法保障与审判工作现代化专题研讨班，讨论研究形成《关于切实加强川藏铁路司法服务和保障的实施意见（审议稿）》《首批服务保障川藏铁路建设司法改革实践案例》《首批服务保障川藏铁路建设司法典型案例》等多项成果，发送铁路建设单位工班组和基层司法单位，使法治铁建深得人心、形成习惯、成势见效。

五、加强法治宣传，提高建设方依法经营管理意识，推动新时代“枫桥经验”在川藏铁路沿线落地生根

西藏法院组织各条线法官深入参建企业，围绕推进扫黑除恶斗争常态化，依法严厉打击损害企业合法权益和妨害项目建设秩序的电信诈骗、寻衅滋事、敲诈勒索、故意毁坏财物、破坏生产经营等各类犯罪，以及防范涉劳动争议、劳务合同、追索劳动报酬等矛盾风险确保建设用工安全等内容，结合典型案例开展精准的普法宣传，将普法延伸至“最后一公里”，为项目建设企业提供便捷、务实、优质、高效的法律宣传服务。扎实开展“生态优先、绿色施工”法治宣讲，推动施工单位把各项生态环境保护措施和要求落到实处，让绿色成为川藏铁路的亮丽底色。精准对接川藏铁路公司法治教育需求，利用调研摸清工程建设领域存在的廉政风险隐患、施工质量安全管理风险、矛盾纠纷隐患风险等，深化以案释法，推动法治宣讲“进项目、进班组、进岗位”，充分发挥司法的教育、评价、指引、规范功能，最大限度预防矛盾纠纷的发生，努力推动新时代“枫桥经验”在川藏铁路沿线落地生根。

积极拓展模式　深入践行新时代“枫桥经验”

西藏自治区人民检察院

2023 年是毛泽东同志批示学习推广“枫桥经验”60 周年，是习近平总书记指示坚持发展“枫桥经验”20 周年。近年来，西藏检察机关紧扣西藏特殊区情，坚持和发展新时代“枫桥经验”，紧紧围绕信访工作“五个法治化”要求，采取多元化机制推动，把矛盾纠纷化解在当地、消灭在萌芽状态，不断增强西藏各族群众“五个认同”，实现了办理信访案件“三个效果”的有机统一。

一、打造“央宗热线”品牌，努力实现“让数据多跑路，群众少跑腿”

扭住西藏山高沟深路远路险、高寒低压缺氧等自然环境特点，把数字信访纳入“十四五”西藏数字检察工作整体布局，创建西藏检察机关 12309 民族团结进步“央宗热线”和分析系统，通过信息化、智能化撬动西藏检察信访工作新动能。开通 12309“一号通办”检察对外服务功能，自 2023 年 4 月起全区 12309 热线统一切割至自治区检察院管理，打造了统一接听、统一派单、统一回复的全新服务模式，24 小时值班值守，全时全天候受理群众诉求、解答群众反映的问题。

2023 年，“央宗热线”共计提供法律咨询类、控告和举报类、案件信息查询等服务 802 次，均已全部办结。着力提升热线服务质量，推出来电人、检察官、律师或专家三方通话服务功能，打破渠道限制，让当事人全面及时精准了解信访情况，2023 年以来通过三方通话化解信访 122 件。

统一招录法律专业话务员，制定工作指引手册，多层次开展实操培训，熟悉接访流程、办件流程、系统操作，提升规范化处理、专业化答复水平，目前来电群众对热线服务满意度保持在 96% 以上。

畅通群众诉求表达渠道，通过 12309 检察服务中心实体大厅、12309 检察网、“西藏检察”微信公众号和检察 12309APP 等“信、访、网、电”一体化、立体式服务平台，全面开展案件办理、法律咨询、矛盾纠纷化解、司法救助等各类检察为民办实事工作。据统计，传统“来信、来访”数量占比从 2020 年的 82% 下降至 2023 年 62%，新增“网络、电话”接访数量占比相比 2020 年增加 269 倍。其中，山南市检察院在所辖乃东区琼嘎顶社区设立全区首个社区 12309 检察服务中心，将检察“服务窗口”前移至群众身边。

二、着力搭建边境村检察服务平台，持续巩固深化边境检察工作

在全区 383 个边境村建立 12309 检察服务中心，明确 13 项具体工作举措。从各边境村村“两委”、老党员老代表中聘任检察服务中心服务员 814 名，协助宣传控告申诉、案件受理、国家司法救助、法律咨询服务、“央宗热线”等检察便民措施，收集提供案件线索，共同化解基层矛盾纠纷。

2023 年，各边境村 12309 检察服务中心已进村、进社区宣传法律 200 余次，提供法律咨询 170 人次，现场化解矛盾纠纷 70 余次。其中，日喀则市定日县检察院办理的一起刑事申诉案中认真落实首次刑事申诉院领导包案办理责任制，通过耐心细致向申诉人释法说理，联合县公安局在申诉人所在村开展法治宣传、澄清消除其负面影响，并依法通过司法救助等举措，在帮助申诉人解决生活困难的同时，用心用情化解了申诉人的法结和心结。

三、深化司法救助与社会救助协同推进，坚持救助帮扶和“志智双扶”相结合

压实司法救助线索发现和移送责任，全领域开展司法救助线索排查，明确西藏检察机关办理司法救助内部衔接、加强困难妇女国家司法救助等机制，坚持检察环节司法救助“应救尽救”“应救即救”。

2023 年，全区检察机关共办理司法救助案件 117 件 156 人，发放救助金额 279. 9 万，人均救助金额 2. 39 万，刑事司法救助率为 6. 87%。

强化军地检务协作，联合军事检察机关开展涉军司法救助、“央宗热线”宣传等送法“进军营”活动，建立涉军案件“绿色通道”及时移送案件线索，有力保障军人军属及退役军人合法权益，形成军地检察合力。

完善多元化救助模式，与乡村振兴、民政、军事检察院等部门共同搭建联动工作平台，对司法救助后生活依然困难的积极争取相关部门开展救助。拉萨市检察院及下属达孜区院强化上下联动和对外协调，在依法对一起猥亵儿童案开展司法救助的基础上，积极协调未成年人居住地妇联、教育局、中学等部门联合开展社会救助，及时解决其家庭监护人工作，并纳入重点关爱对象，不定期对该家庭进行走访，通过联合精准救助，更好呵护未成年人健康成长。

四、强化矛盾纠纷多元化解，全力预防和减少信访问题发生

推进领导干部接访下访和领导包案化解工作深入开展，通过“定点接访、定期约访、包案息访、跟踪回访”等方式，推动落实领导干部下访接访规范化、制度化、常态化，进一步密切党群干群关系、提升基层治理水平。

2023 年，全区检察机关领导干部下访接访 536 次，认真按照“三到位一处理”要求排查解决各类问题 500 余件，其中自治区检察院厅级以上领导接访 9 件，各级院检察长包案申诉案件 21 件，均无再次信访。阿里地区改则县院综合履职，联合相关部门帮助 951 名农民工追回被拖欠工资 1429. 41 万元。

坚持推进检察听证常态化，建立西藏检察机关涉法涉诉信访案件简易听证工作制度，实现听证模式由“线下”向“线上 + 线下”转型，2023 年以来，全区检察机关采取简易听证、上门听证、三级联合听证等方式开展民事、行政、刑事案件公开听证 428 件，信访矛盾有效化解率达 90% 以上。

转变理念作风，持续开展全区检察机关“一站式”帮扶化解工作，从内地和全区抽调业务骨干下沉到 74 个基层院逐一面对面、手把手树理念、教思路、教方法、提素能，最大限度地帮助基层院把问题解决在当地、把矛盾纠纷化解在初始阶段。

扎实推动打击治理电信网络诈骗违法犯罪工作取得新成效

西藏自治区公安厅

2023 年，西藏自治区公安机关深入贯彻落实习近平总书记关于打击治理电信网络诈骗犯罪工作的重要指示精神和党中央决策部署，认真贯彻落实国务院打击治理电信网络新型违法犯罪工作部际联席会议办公室各项部署要求，贯彻落实自治区党委、政府工作要求，以守住人民群众“钱袋子”为目标，坚持人民至上，持续推进“强宣传、控发案、严打击、重治理”工作措施，全力推动打击治理电信网络诈骗违法犯罪工作，取得了破获案件数、抓获犯罪嫌疑人数、冻结涉案资金数、挽回损失资金数、预警劝阻人数、避免损失资金数“六个提升”的阶段性工作成效。

一、着力强化组织推进，良好工作格局逐步形成

自治区公安厅先后召开全区打击治理电信网络新型违法犯罪工作联席会、专题会、经验交流会，制定印发工作方案，全面部署打防管治建宣各项工作。全区各地市各成员单位牢固树立“一盘棋”思想，充分发挥职能作用，坚持守正创新、问题导向，强化系统观念、法治思维，注重源头治理、综合治理，坚持齐抓共管、群防群治，强力推进打击治理电信网络诈骗违法犯罪各项工作。

二、着力强化侦查打击，震慑犯罪成效明显增强

全区公安机关重拳出击、以打开路，以深入开展“云剑”“断卡”“断流”“夏季治安打击整治”等专项行动为抓手，创新完善机制战法，全力开展大案攻坚、高发类案集群战役，特别是针对个案损失较高的电信网络诈骗案件，实施挂牌督办、集中攻坚，依法大力开展侦查打击工作。2023 年，全区公安机关破获电信网络诈骗案件、抓获犯罪嫌疑人、挽回损失资金、冻结涉案资金同比上升。

三、着力强化预警劝阻，精准阻诈能力不断提升

依托 96110 反诈预警专号，严格实行 7×24 小时值班制度，对资金预警线索第一时间实施分类分级精准劝阻，确保预警线索逐条落地、逐人见面，并及时对受害人银行卡采取临时保护性止付措施，通过实施日调度、月通报工作制度，竭力减少发案，最大限度避免人民群众损失。2023 年，全区公安机关共预警劝阻 59.74 万人次，同比上升 60%；避免损失资金 4161 万元，同比上升 854%。

四、着力强化共建共治，防范风险水平稳步提高

各行业主管部门坚决贯彻落实《反电信网络诈骗法》，持续加大治理力度，堵塞监管漏洞，全力挤压涉诈违法犯罪活动空间。2023 年，共处置涉诈 APP 14 万个，拦截涉诈电话 412.3 万次，封堵涉诈域名、网址 350 万个。

五、着力强化宣传引导，全民反诈氛围日趋浓厚

各地市各成员单位以贯彻落实“全民反诈在行动”集中宣传月工作要求和为期半年的全区防范电信网络诈骗宣传活动部署会议精神为目标，以深入宣传《反电信网络诈骗法》为主线，以安装推广“国家反诈中心”APP 为有力抓手，在广泛运用传统媒体和新媒体开展线上宣传的同时，因地制宜开展反诈“九进”宣传，综合运用线上答题、线下讲座、播放节目、入户宣讲、短信提示等形式，广泛动员全社会力量共同参与电信网络诈骗防范工作，切实提升自治区人民群众的防骗意识和识骗能力，积极营造了全民反诈的浓厚氛围，宣传活动取得了实实在在的成效。

发挥调解基础性作用　深化矛盾纠纷预防化解

西藏自治区司法厅

2023 年是毛泽东同志批示学习推广“枫桥经验”60 周年暨习近平总书记指示坚持发展“枫桥经验”20 周年。一年来，西藏自治区各级司法行政机关坚持和发展新时代“枫桥经验”，深入贯彻落实习近平总书记关于调解工作的重要指示，立足司法行政机关职能任务，发挥调解基础性作用，提升矛盾纠纷预防化解能力。

一、强化研究部署，进一步加强新时代全区调解工作

区党委高度重视调解工作，把调解工作作为推进西藏长治久安和高质量发展的重要基础性工作，纳入平安西藏、法治西藏建设总体目标，出台《西藏自治区人民调解条例》，有力推动了调解工作法治化进程。区党委常委会和区党委政法委员会会议专门学习“枫桥经验”纪念大会和全国调解工作会议精神，研究部署自治区贯彻落实工作，组织召开全区坚持和发展新时代“枫桥经验”暨调解工作会议。会议全面总结全区调解工作成效，命名表彰西藏自治区首批新时代“枫桥式”司法所，分析面临的形势，明确坚持和发展新时代“枫桥经验”，做好新时代新征程全区调解工作的任务措施，推动建设更高水平的平安西藏、法治西藏。

二、狠抓推进落实，进一步夯实调解工作基础

区司法厅党委深入贯彻落实党中央、区党委部署要求，坚持大抓基层、大抓基础的鲜明导向，立足预防、立足调解、立足法治、立足基层，加强调解组织队伍建设，完善工作机制，巩固司法所规范化建设成果，进一步夯实调解工作基础。

一是加强调解组织队伍建设。巩固发展“联户调解小组+乡村调解委员会+行业性专业性调解委员会+品牌调解室”的人民调解组织网络，在乡镇（街道）、村（社区）及重点行业领域人民调解委员

会实现全覆盖基础上，推动“五落实、六统一”规范化建设。进一步规范人民调解员选任工作，突出政治标准，注重法治素养和调解能力，培养壮大贴近群众的兼职人民调解员队伍，突出专职人民调解员队伍建设，出台西藏自治区《专职人民调解员配备方案》及《专职人民调解员管理办法》，为县（区）人民调解中心和乡镇（街道）人民调解委员会配备专职人民调解员946名并开展分批轮训，建立了一支专兼结合、优势互补、发挥实效的人民调解员队伍。

二是完善矛盾纠纷多元化解机制。坚持把非诉讼纠纷解决机制挺在前面，结合自治区实际，加强与区党委政法委、区高法院、区公安厅、区信访局等部门的沟通协调，深化诉调警调访调对接。充分发挥司法行政机关统筹指导、牵头推进职能，依托市县两级公共法律服务中心和乡镇司法所等，整合公共法律服务资源和各类解纷力量优势资源，推动形成人民调解、行政调解、司法调解、行业性专业性调解优势互补、有机衔接、协调联动的调解工作格局。

三是开展“枫桥式”司法所创建活动。持续开展“加强司法所规范化建设、打造‘枫桥式司法所’三年行动”，经区党委同意，印发《西藏自治区新时代“枫桥式司法所”创建评定方案》及考评细则，按照县（区）自评申报、地（市）初评推荐、自治区复审评定的程序，优中选优、严把质量，扎实开展“枫桥式司法所”创建评定工作，将拉萨市林周县司法局春堆司法所等7个司法所评定为首批西藏自治区新时代“枫桥式”司法所，为全区坚持和发展新时代“枫桥经验”树立标杆。

三、抓实调解工作，进一步提升矛盾纠纷预防化解能力

全区各级司法行政机关坚持和发展新时代“枫桥经验”，树立预防在前、调解优先、依法调解、实质调解理念，发挥司法所职能作用和人民调解扎根基层、贴近群众的优势，深化矛盾纠纷排查化解，为维护全区社会和谐稳定奠定坚实基础。

一是充分发挥人民调解基础性作用。在各级司法行政机关的指导推动下，全区各类调解组织和广大调解员坚持调防结合、以防为主，落实矛盾纠纷“三级摸排、一级研判、分类调处”工作机制，采取日常排查与专项排查相结合，普遍排查与重点排查相结合，突出重点领域、重要节点，深入开展矛盾纠纷大排查活动，充分发挥人民调解的基础性作用，深化诉调访调警调对接，强化“三调”联动，依法及时就地化解矛盾纠纷，防止矛盾纠纷激化升级、外溢上行。

二是有效发挥司法所职能作用。全区司法所坚持围绕中心、服务大局，立足司法所各项职能，扎实开展人民调解、法治宣传、公共法律服务、基层法治建设和重点人群服务管理等工作，司法所在维护社会和谐稳定、推进乡村法治建设、提供基层公共法律服务、服务乡村振兴等方面发挥了重要作用。

审稿人：吕　涛　德吉卓嘎
撰稿人：孙　超　林香超　巴桑多吉
洛桑加措　何奇钊　谭海波
邓　波

陕 西 省

工作概况

2023年度陕西政法工作综述

2023年，陕西省政法系统坚持以习近平新时代中国特色社会主义思想为指导，全面贯彻落实党的二十大精神，深入学习贯彻习近平法治思想、习近平总书记关于政法工作的重要论述和来陕考察重要讲话重要指示，坚决贯彻落实党中央决策部署和省委工作要求，忠诚履职、担当作为，全力以赴防风险、保安全、护稳定、促发展，各项工作取得了新成效。

一、突出政治建设，捍卫"两个确立"、做到"两个维护"更加坚定坚决

（一）政治忠诚不断筑牢。始终把坚定捍卫"两个确立"、坚决做到"两个维护"作为最高政治原则和根本政治规矩，体现在实际行动和工作效果上。省委政法委员会出台《关于进一步弘扬延安精神 传承红色基因 以实际行动捍卫"两个确立" 做到"两个维护"的意见》，明确8个方面33项具体任务推进落实。全省政法系统通过深入开展"马锡五审判方式"重点课题调研、"寻访革命旧址、保护革命文物、传承革命精神"专项活动，用足用好延安、照金、马栏等红色资源，开展经常性的革命传统教育，不断用延安精神滋养初心、淬炼灵魂，广大政法干警捍卫"两个确立"、做到"两个维护"的政治自觉、思想自觉、行动自觉进一步增强。大力弘扬"把屁股端端地坐在老百姓这一面"等光荣传统，用心用情用力解决群众急难愁盼问题，其中解决企业、群众、基层干部反映的问题1793个，以实干实绩践行对党忠诚。

（二）主题教育扎实开展。落实"学思想、强党性、重实践、建新功"总要求，坚持不懈用习近平新时代中国特色社会主义思想凝心铸魂。省级政法机关成立领导机构、精心制定方案，一体推进理论学习、调查研究、推动发展、检视整改等措施落实，指导各市（区）政法系统开展好第二批主题教育。坚持把学、查、改有机贯通起来，切实解决实际问题。省委把开展道路交通安全和运输执法领域突出问题专项整治列入主题教育问题清单集中推进，全省核查处理问题线索2514条。深入推进执法司法领域腐败和作风问题、"村霸""街霸""矿霸"及黑恶势力和保护伞问题、持续优化提升法治化营商环境等3个专项整治。

二、务实扎实推进，政法工作现代化取得阶段性成效

（一）充分调查研究。坚持两统两分、两上两下，省委政法委召开专题调研座谈会研究部署，省级政法各单位分别制定初步措施；省委政法委制定全省工作措施，再下发征求意见、会议研究审定后印发执行。

（二）制订年度行动计划。出台推进政法工作现代化2023年《行动计划》，将中央政法工作会议提出的"四个观念""五个体系""五种能力"，细化为5个方面40项重点任务措施、扎实推进。

（三）狠抓工作落实。省委政法委员会定期研究推进政法现代化各项工作，省级政法各单位主动认领任务拿出具体落实措施。省法院提出8项重点工作，省检察院理出13个方面重点任务，省公安厅明确5个方面35项具体任务，省司法厅制定了《实施方案》，省国家安全厅细化了任务部署，一项一项推进落实。

（四）实际效果明显。省委政法委把政法工作现代化作为重中之重，召开重点工作推进会通报进展情况，强化责任落实，做到有部署、有检查、有行动。全省法院平均结案时间同比缩短1.73天；检察机关大力推进检察职能“双进”工作，化解矛盾纠纷2800件；公安机关建立“专业+机制+大数据”的新型警务运行模式；司法行政机关加强公共法律服务体系建设，市县镇村四级服务平台覆盖率100%；国家安全机关构建现代化工作体系，更好服务重大斗争需要。

三、平安陕西建设不断深化，全省社会大局保持稳定

始终把维护政治安全放在首位，把防风险、保安全、护稳定摆在更加突出的位置，圆满完成中国—中亚峰会维稳安保任务，高质量承办第二十一次上合组织成员国总检察长会议，全国两会和春节、“五一”、“十一”等重要节点平稳度过。

（一）平安建设工作机制更加完善。4月14日省委召开平安陕西建设工作会议，对新征程更高水平的平安陕西建设作出新部署。平安建设考评纳入省委和省政府年度目标责任考核。

（二）风险隐患化解更加有效。完成重大决策事项的社会稳定风险评估1580件。滚动排查化解房地产、征地拆迁、教育等18个重点行业领域突出涉稳风险隐患248件。

（三）矛盾纠纷排查化解更加深入。制定《关于坚持和发展新时代“枫桥经验”推进基层矛盾纠纷多元预防化解的意见》，在安康市汉阴县召开了全省坚持和发展新时代“枫桥经验”、推进基层矛盾纠纷多元预防化解现场会，以视频会议方式开到村（社区）党组织书记一级、共2.9万余人参加。韩城、富平、绥德3个基层单位入选全国“枫桥式工作法”先进典型。2023年全省法院共受理案件101.15万件，同比下降12.36%，是10年来首次下降。全省万人起诉率低于全国平均值18.72个百分点，9个市诉讼案件数量呈现负增长。

（四）治安防控更加有力。强化社会治安整体防控，深入开展全省春季社会治安清查整治和安全稳定风险隐患排查治理两大专项行动，排查整治治安混乱地区3682个。部署开展“夏季行动”，组织侦办全国集群战役案件10起、省内集群战役16起、区域会战11场，开展13次夏夜巡查宣防集中统一行动。严厉打击突出违法犯罪，全省共立电信网络诈骗案件1.69万起、同比下降12.9%。常态化开展扫黑除恶斗争，全省共打掉涉黑组织2个、涉恶犯罪集团30个、团伙46个。制定《陕西省防范“民转刑”案件工作机制》，狠抓工作措施落实，2023年全省没有发生一杀多人（3人及以上）案件。加强校园安全防范，排查整改校园及周边治安隐患2360处，整治校园周边治安乱点518处，化解涉校矛盾纠纷194起，破获各类涉校案件73起。2023年全省人民群众对社会治安满意率为98.86%，比上年提升0.34个百分点。

（五）平安创建活动有效开展。授予3个市、27个县（市、区）“平安银鼎”，授予2个市和19个县（市、区）“平安铜鼎”。第一批5个市域社会治理现代化试点市全部通过国家验收。印发《关于进一步加强见义勇为宣传教育工作的意见》，开展英模事迹巡回演讲10场次。中央政法委推广了陕西省见义勇为宣传“123”工作法。

四、深入贯彻习近平法治思想，更高水平的法治陕西建设取得新进展

制定并实施学习宣传、研究阐释、贯彻落实习近平法治思想工作方案，全面推进立法、执法、司法和守法工作走深走实。

（一）工作统筹不断强化。召开省委全面依法治省委员会会议，部署推进全年9个方面32项重点任务。纵深推进法治政府建设“六大工程”，全省行政机关负责人出庭应诉率从2019年的12.6%提升到2023年的94.8%。推动出台《陕西省警务辅助人员条例》。全省法院审执结案件93.66万件。全省检察机关办理各类案件14.8万件、同比上升25%。深入推进“八五”普法，全省人民群众对法治建设的满意率达到95.3%、同比上升0.17个百分点。省法学会组织专家学者提出立法建议61条，开展普法宣传1.5万余场次。

（二）政法改革有序推进。全面深化政法改革，细化落实9部分43个方面150条任务。在5个市积极开展破解执法司法领域难点堵点问题综合试点，完成了司法责任制综合配套、执法司法权力运行机制等重点改革事项中的64项改革任务。

（三）涉外法治迈出新步伐。首次召开全省涉外法治工作会议，成功举办2023欧亚经济论坛“一带一路”商事法律服务分论坛等涉外活动，以高质量法律服务保障高水平对外开放。加强与最高人民法院第六巡回法庭、第二国际商事法庭协作，最高人民检察院在陕西省设立“一带一路”检察研究基地，省检察院、西安市检察院设立检察服务中心，“一带一路”国际商事法律服务示范区建设加快推进。

五、积极担当作为，服务全省高质量发展卓有成效

（一）法治化营商环境更加优化。充分发挥政法职能作用，切实做好善服务、强保障、优环境各项工作。出台持续优化提升法治化营商环境十条措施、扎实开展专项行动，化解涉企矛盾纠纷 3.87 万个。深入开展“法律服务进企业、进厂房”活动，组织 362 家律师事务所和 587 名律师与 643 个省级重点建设项目结对开展“一对一”法律服务。

（二）执法司法保障措施更加完善。落实为秦创原提供法治保障的意见、助力秦创原建设的十条措施等，积极提供法律服务和法治保障。严厉打击各类破坏市场经济秩序违法犯罪，依法平等保护各类经营主体合法权益，破获经济犯罪案件 1085 起。充分发挥秦创原知识产权巡回审判庭、检察保护中心、法律服务中心等作用，依法审结知识产权和竞争纠纷 7931 件。继续推动落实保障全省粮食安全《若干措施》，依法侦办非法占用农用地犯罪案件 132 件。

（三）政法公共服务更加有力。法院系统不断增强群众诉讼便利，累计网上立案 23.08 万件、跨域立案 3663 件。市县检察院全部进驻当地综治中心，为群众提供面对面法律服务。公安政务服务平台上线事项 361 项，为群众提供服务 4700 万件。司法行政系统组织 179 个法律服务团为 6380 家企业开展“法治体检”。

（四）助力生态环境保护更加有效。出台并落实《关于充分发挥政法机关职能作用为全省大气污染治理提供法治保障的实施方案》，积极参与“2023 利剑治污”专项行动，助力打赢关中地区大气污染防治攻坚战。依法严厉打击破坏环境领域犯罪，侦办刑事案件 629 起；起诉破坏环境资源犯罪 659 件。审结各类一审环境资源案件 5410 件，开展环资案件执行“回头看”，推动执行到位 74.24%。

六、着力锻造政法铁军，队伍建设展现新风貌

落实抓班子、带队伍的政治责任，着力加强政法队伍思想政治、履职能力、纪律作风建设。2023 年全省人民群众对政法队伍的满意率为 98.52%、同比提升 0.24 个百分点。

（一）理论武装不断加强。举办了 245 人参加的全省政法领导干部“学习贯彻习近平新时代中国特色社会主义思想　锻造陕西政法铁军”专题培训班，全省各级政法机关普遍开展了政治轮训和业务培训，举办各类读书班、培训班等 2736 期、受训 17 万人次。

（二）作风能力持续提升。认真落实省委开展干部作风能力提升年活动的部署要求，结合巩固政法队伍教育整顿成果，开展“铸忠诚、提能力、强作风、展风貌”等主题活动。

（三）英模精神彰显弘扬。表彰 50 个全省人民群众满意的政法单位和 100 名全省人民群众满意的政法干警，涌现出全国“新时代政法楷模”、“全国模范检察官”等一批先进典型。延安市委政法委、安康市平利县委政法委曹修斌分别被授予全国“新时代政法楷模集体”和“新时代政法楷模个人”称号。

（四）党委政法委自身建设进一步加强。协助党委及其组织部门加强政法单位领导班子和干部队伍建设。推动省人大出台《陕西省警务辅助人员条例》。推动派出所所长进乡镇（街道）班子占比由 10% 提升到 61.1%。支持省法院开展系列执行行动、切实解决执行难。指导省检察院推动设立秦岭北麓地区人民检察院等 4 个专门检察院。

会议活动

平安陕西建设工作会议

4 月 14 日，平安陕西建设工作会议召开。会议宣读《关于命名 2022 年度平安市（区）、平安县（市、区）和平安建设先进单位及授予“平安鼎”的决定》《关于表彰 2021—2022 年度平安陕西建设先进集体和先进个人的决定》，通报 2022 年度平安陕西建设工作情况。

会议指出，2023 年是全面贯彻落实党的二十大精神的开局之年，也是奋进中国式现代化新征程、谱写陕西高质量发展新篇章的关键一年。要把防风险、保安全、护稳定摆在更加突出的位置，正确处理发展和安全、秩序和活力、维稳和维权、平常和非常的关系，全面提升平安建设科学化、社会化、法治化、智能化水平，以实际行动坚定捍卫“两个确立”、坚决做到“两个维护”。

会议强调，要紧扣政治安全、社会安定、人民安宁，进一步打好建设更高水平的平安陕西的关键战役。要坚决维护政治安全，严厉打击敌对势力渗透、破坏、颠覆、分裂活动。要坚决维护经济安全，紧扣发展县域经济、民营经济、开放型经济、数字经济，持续优化提升营商环境，防范化解经济金融风险。要坚决维护信访安全，下气力解决重点领域信访突出问题，抓好信访积案攻坚，推动信访问题“案结事了”。要坚决维护公共安全，围绕“发案少、秩序好”强化社会治安，围绕“不死人、少伤人”抓好灾害防治。要坚决维护生产安全，深入推进专项整治行动，常态化开展风险隐患排查，着力提升本质安全水平。要坚决维护网络安全，营造清朗网络空间。

会议要求，要坚持和发展新时代“枫桥经验”，进一步筑牢建设更高水平的平安陕西的治理根基。要健全立足于早的预防处置机制，加强预测预警，深入排查化解矛盾纠纷，完善应急预案、加强实战演练。要健全专群结合的力量生成机制，坚持政府社会互动，深化专门力量联动，引导群众积极参与联防联控。要健全精密智控的科技支撑机制，把社会治理智治纳入数字化改革一体谋划推动，建基础、汇数据、强赋能。要健全公平正义的法治保障机制，提升立法的科学性，保证执法的严肃性，维护司法的公正性，增强守法的自觉性。要健全常态长效的治本抓源机制，加强重大决策事项社会稳定风险评估，深入推进市域社会治理现代化、基层治理创新、平安创建各项工作。

文件选辑

关于坚持和发展新时代“枫桥经验”推进基层矛盾纠纷多元预防化解的意见

（中共陕西省委平安陕西建设领导小组，2023 年 5 月 20 日）

为坚持和发展新时代“枫桥经验”，推进基层矛盾纠纷多元预防化解，现提出如下意见。

一、总体要求

（一）指导思想。坚持以习近平新时代中国特色社会主义思想为指导，全面贯彻落实党的二十大精神，深入学习贯彻习近平法治思想和习近平总书记来陕考察重要讲话重要指示，认真贯彻落实党中央决策部署和省委工作要求，弘扬延安精神，传承红色基因，在社会基层坚持和发展新时代“枫桥经验”，畅通和规范群众诉求表达、利益协调、权益保障通道，健全党组织统一领导、政府依法履责、各类组织积极协同、群众广泛参与，自治、法治、德治相结合的基层治理体系，完善网格化管理、精细化服务、信息化支撑的基层治理平台，形成共建共治共享的基层治理格局，及时把矛盾纠纷预防在先，化解在基层、化解在萌芽状态，做到“小事不出村、大事不出镇、矛盾不上交”，为服务保障全省“三个年”活动、谱写陕西高质量发展新篇章创造安全稳定的环境。

（二）工作原则。坚持党的领导，充分发挥乡镇（街道）、村（社区）党组织在基层矛盾纠纷预防化解中的领导作用，引导社会各方面力量积极参与矛盾纠纷预防化解。坚持以人民为中心，贯彻党的群众路线，充分发动群众、组织群众，依靠群众解决群众自己的事情。坚持预防为主，将预防矛盾纠纷贯穿于重大决策、行政执法、司法诉讼等全过程，最大限度减少矛盾纠纷的发生。坚持依法治理，健全完善政策制度，运用法治思维、法治方式化解各类矛盾纠纷。坚持守正创新，总结成功经验，借鉴有益成果，因地制宜，推进工作机制和方式创新。

二、加强源头治理，推动事前预防

（三）强化基层党组织领导。加强乡镇（街道）、村（社区）党组织对基层各类组织的统一领导，乡镇（街道）党（工）委书记担负起矛盾纠纷多元预防化解第一责任人责任，落实乡镇（街道）领导班子成员包村（社区）联户和直接联系网格制度，将党支部或党小组建在网格上、党组织有效嵌入各类社会基层组织。健全党建引领城乡基层治理的有关制度，涉及基层治理的重要事项、重大问题都要由党组织研究讨论后按程序决定。持续整顿软弱涣散基层党组织，确保把基层党组织建设成为领导基层治理的坚强战斗堡垒。〔牵头单位：省委组织部、省民政厅；责任单位：省委政法委、省农业农村厅、省总工会、团省委、省妇联等，各市（区）、县（市、区）〕

（四）提升乡镇（街道）统筹协调能力。按照“精简、效能、便民”原则，规范乡镇（街道）政务服务、公共服务、公共安全等事项，重点突出乡镇（街道）行政执行、为民服务、议事协商、应急管理、国家安全人民防线和平安建设等基层治理能力。公安派出所、人民法庭、市场监管所、财政所、司法所等派驻体制的人员实行派驻单位和乡镇（街道）双重管理，其他部门应放则放，实行属地管理，接受上级部门业务指导和培训。全面推行“街乡吹哨、部门报到”工作机制。〔牵头单位：省委组织部、省委编办；责任单位：省委政法委、省法院、省公安厅、省民政厅、省司法厅、省财政厅、省应急管理厅、省市场监督管理局、省信访局等、各市（区）、县（市、区）〕

（五）推进基层群众自治。加强村（居）民委员会规范化建设，坚持党组织领导基层群众性自治组织制度，建立基层群众性组织法人备案制度，健全村（居）民委员会下设的人民调解、治安保卫、公共卫生等委员会。村民委员会应设妇女和儿童工作等委员会，社区居民委员会可增设环境和物业管理等委员会。在基层公共事业和公益事业中广泛实行群众自我管理、自我服务、自我教育、自我监督，聚焦群众关心的民生实事和重要事项，定期开展民主协商，实行民事民提、民事民议、民事民决、民事民办、民事民评。依托村（社区）统一划分综合网格，深化网格化管理服务，做小做细做优基层治理单元，使治理触角延伸至每个村组、每个楼栋、每个家庭、每个人，打通服务管理“最后一米”。〔牵头单位：省委组织部、省民政厅；责任单位：省委政法委、省公安厅、省司法厅、省生态环境厅、省住建厅、省农业农村厅、省卫健委、省妇联等，各市（区）、县（市、区）〕

（六）推进基层法治建设。实施农村“法律明白人”培养工程，组织开展多种方式、多种层次的乡村治理骨干人才培训，提升基层党员、干部法治素养。深入开展“民主法治示范村（社区）”创建活动，培育农村学法用法示范户，引导群众积极参与、依法支持和配合基层治理。完善基层公共法律服务体系，加强和规范村（居）法律顾问工作，提高公共法律服务水平。乡镇（街道）指导村（社区）依法制定村规民约、居民公约，健全备案和履行机制，确保符合法律法规和公序良俗。落实重大决策社会稳定风险评估机制，完善配套制度，做到应评尽评。〔牵头单位：省委政法委、省司法厅；责任单位：省法院、省检察院、省发展和改革委、省公安厅、省民政厅、省农业农村厅等，各市（区）、县（市、区）〕

（七）营造崇德向善氛围。推动习近平新时代中国特色社会主义思想进社区、进农村、进家庭。培育和践行社会主义核心价值观，充分挖掘中华优秀传统文化，传承弘扬革命文化，大力弘扬见义勇为精神，加强社会公德、家庭美德、职业道德、个人品德建设。健全村（社区）道德评议机制，广泛开展“十星级文明户”“三秦楷模”“道德模范”“身边好人”“陕西好青年”等推荐评选活动，实施“家家幸福安康工程”，注重发挥家庭家教家风在基层治理中的重要作用。组织开展科学常识、卫生知识、应急知识普及和诚信宣传教育，深入开展爱国卫生运动，遏制各类陈规陋习，抵制封建迷信活动。〔牵头单位：省委宣传部、省委文明办；责任单位：省委政法委、省发展和改革委、省民宗委、省公安厅、省民政厅、省司法厅、省农业农村厅、省卫健委、省应急管理厅、省总工会、团省委、省妇联等，各市（区）、县（市、区）〕

三、强化多元化解，实现事心双解

（八）加强“一站式”平台建设。突出实战实用实效，按照“统分结合、因地制宜”原则，打造乡镇（街道）矛盾纠纷多元化解“一站式”平台，充分整合法院诉调对接、公安机关公调对接、司法行政机关人民调解、信访部门群众接访，以及行业部门、群团、社会组织、保险、公益服务等社会力量，集成信访调处、调解、仲裁、诉讼、法律援助、困难帮扶、司法救助、心理安抚等功能，加强人民调解、行政调解、司法调解、仲裁、公证等非诉讼解纷方式的有效衔接、协调联动，构建在党委统一领导下，各种力量有效整合，社会广泛参与的多元化解工作格局，实现群众诉求一站式接收、一揽子调处、全链条解决，让群众“只进一扇门、只跑一次路”。〔牵头单位：省委政法委；责任单位：省法院、省检察院、省公安厅、省司法厅、省信访局等，各市（区）、县（市、区）〕

（九）深化人民调解。发挥人民调解在化解基层矛盾纠纷中的基础性作用。积极推动在房地产、医疗、劳动争议、征地补偿、拆迁安置、交通事故、消费者权益保护、物业管理等矛盾纠纷相对集中多发的领域，建立行业性专业性调解组织，加强对新兴调解组织的培育、引导和监督，健全覆盖城乡的调解组织网络，引导律师、婚姻家庭咨询师、心理咨询师等专业力量参与。充分发挥“三库两平台一基地”（人民调解专家库、师资库、案例库，电视调解平台、智慧调解平台，人民调解培训研究基地）作用，通过以法促调、以调促宣、以案说法和以情动人、以理服人、以法育人，有效化解群众“烦心事”“闹心事”，达到“调解一案、普法一片、稳定一方”的效果。〔牵头单位：省司法厅；责任单位：省公安厅、省民政厅、省人社厅、省自然资源厅、省住建厅、省交通运输厅、省农业农村厅、省卫健委、省市场监督管理局等，各市（区）、县（市、区）〕

（十）加强行政调解。把行政调解作为各级政府和有关部门的重要职责，建立由各级政府负总责、司法行政机关牵头、各职能部门为主体的行政调解工作体制，明确行政调解范围，规范行政调解程序。着力做好法律、法规、规章明确可以由行政机关调解的公民、法人组织之间的民事纠纷，以及公民、法人或者非法人组织与行政机关之间有关行政赔偿、行政补偿以及行政机关行使自由裁量权产生行政争议的调解工作，切实保障当事人权益。探索建立行政争议调解员制度，完善行政争议调解员选任、管理办法，推动行政争议调解员参与行政争议、行政诉讼案件调解工作。〔牵头单位：省司法厅；责任单位：省级各有关部门，各市（区）、县（市、区）〕

（十一）深化司法调解。健全诉讼与非诉讼衔接的矛盾纠纷化解机制，依法开展矛盾纠纷化解引导、调解和司法确认等工作，对人民调解、行政调解以及其他调解进行业务指导；针对多发易发诉讼案件类型，推动将人民调解、行政调解、仲裁和公证等解纷资源纳入人民法院特邀调解组织和调解员名册。推动基层法院在登记立案前，对家事纠纷、邻里纠纷、小额债务、消费者权益保护、交通事故、医疗纠纷、物业管理等依法可以调解的纠纷，在征求当事人意愿的基础上，引导当事人由特邀调解组织或者特邀调解员先行调解。建立司法数据分析反馈机制，对一定时间内重点领域、重点类型的诉讼案件数据和案件类型发展态势进行分析研判，向相关部门制发司法建议，提出工作意见，督促做好健全机制、完善规则等责任。深化“互联网＋枫桥经验”实践，推动司法调解进乡村、进社区、进网格，促进矛盾纠纷在基层得到实质性化解。〔牵头单位：省法院；责任单位：省委政法委、省检察院、省公安厅、省司法厅、省交通运输厅、省住建厅、省卫健委、省金融监督管理局、省市场监督管理局、省妇联等，各市（区）、县（市、区）〕

（十二）加强行政裁决和行政复议。发挥行政复议化解行政争议主渠道作用，建立体系健全、渠道畅通、公正便捷、裁诉衔接的裁决机制，提高行政裁决规范化、法治化水平。强化案例指导和业务培训，提升行政裁决能力。推动市县两级政府建立行政复议咨询委员会，为重大、疑难、复杂的案件提供咨询意见。完善行政复议工作程序，建立行政复议决定书以及行政复议意见书、建议书执行监督机制，实现个案监督纠错与倒逼依法行政的有机结合。推动行政复议决定书网上公开，增强行政复议透明度，保障行政复议当事人、社会公众的知情权、参与权和监督权。〔牵头单位：省司法厅；责任单位：省级各有关部门，各市（区）、县（市、区）〕

（十三）深入化解信访问题。扎实开展“常态化治理重复信访和信访积案、信访问题源头治理三年攻坚行动、贯彻落实《信访工作条例》推进年”等重点工作，坚持“五级书记抓信访”、领导干部带头接访包案，以“全国信访工作示范县”和“四无”乡镇（街道）创建活动抓手，拓宽社会力量参与的制度化渠道，进一步提升基层化解矛盾能力，最大限度推动群众信访事项在县域及以下得到妥善解决。深入推进解决重点领域信访突出问题，强化“接诉即办”工作模式，最大限度把问题解决在初始阶段，切实提高一次性化解率和群众满意率。〔牵头单位：省信访局；责任单位：省级各有关部门，各市（区）、县（市、区）〕

（十四）提高多方参与水平。深化以城乡社区为平台、社会工作者为支撑、社会组织为载体、社区志愿者为补充、社会慈善资源为辅助的“五社联动”基层治理模式试点，推动解决社区存在的突出问题。

拓展党代表、人大代表、政协委员、律师等第三方参与矛盾纠纷化解的途径，鼓励和支持通过设立调解工作室等方式开展矛盾纠纷化解工作。工会、共青团、妇联、法学会等群团组织按照各自职责，参与矛盾纠纷多元化解工作。发动网格员、平安志愿者、社区工作者和退休老党员、老干部、老退伍军人、老模范、老教师等“五老人员”开展矛盾纠纷预防化解工作。〔牵头单位：省民政厅；责任单位：省委组织部、省人大常委会办公厅、省教育厅、省司法厅、省退役军人事务厅、省政协办公厅、省总工会、团省委、省妇联、省法学会等，各市（区）、县（市、区）〕

四、完善制度机制，提升工作质效

（十五）健全畅通群众利益诉求表达机制。发挥乡镇（街道）党群服务中心、综治中心、便民服务中心、信访接待中心等作用，搭建倾听群众呼声、发现社会矛盾的平台。践行网上“枫桥经验”，拓展“随手拍、随时报”等渠道，全面推进“阳光信访”“网上信访”，鼓励群众及时反映自身诉求、报送身边隐患、表达监督意见。发挥民主党派、社会团体、民间组织的桥梁纽带作用，及时征集群众意见建议。〔牵头单位：省委政法委；责任单位：省级各有关部门，各市（区）、县（市、区）〕

（十六）健全矛盾纠纷排查化解闭环管理机制。聚焦重点领域、重点人群、重要节点，常态化开展矛盾纠纷大排查大化解活动。对排查出来的问题隐患，分级分类建立工作台账，明确化解责任，推行红黄蓝“三色”管理机制，制定“一案一策”化解工作方案，实行销号管理，形成分流交办、全程督办、结果反馈及评价回访的工作闭环。对本级解决不了、解决不好的矛盾问题逐级上报，力争在县（市、区）有效化解，确保矛盾不外溢、不激化。〔牵头单位：省委政法委；责任单位：省法院、省检察院、省公安厅、省司法厅、省信访局等，各市（区）、县（市、区）〕

（十七）健全分析研判机制。省、市（区）、县（市、区）党委政法委每月，乡镇（街道）党（工）委每半月，村（社区）党组织每周，组织有关方面对矛盾纠纷排查化解工作进行综合分析，重要节点开展专题研判，对可能引发矛盾问题的风险进行梳理评估、作出预判，研究制定针对性措施，确保早预警、早处置。〔牵头单位：省委政法委；责任单位：省法院、省检察院、省公安厅、省司法厅、省信访局等，各市（区）、县（市、区）〕

（十八）健全重大案事件倒查机制。对因矛盾纠纷引发的重大案事件进行“一案一剖析”“一案一整改”，一案死亡1人的由县（市、区）党委政法委牵头，一案死亡2人的由市（区）党委政法委牵头，一案死亡3人以上的由省委政法委牵头，会同有关部门调查案事件发生经过，分析产生原因，明确责任主体，督导落实整改并倒查责任。〔牵头单位：省委政法委、省公安厅、省司法厅；责任单位：省级各有关部门，各市（区）、县（市、区）〕

（十九）健全考评奖惩机制。将矛盾纠纷排查化解工作作为重要内容纳入年度平安建设考评，提高分值权重。对工作成效突出的予以表彰，对因排查不细、措施不力、化解不及时导致发生重大问题的严肃追究责任。〔牵头单位：省委政法委；责任单位：省级各有关部门，各市（区）、县（市、区）〕

（二十）健全典型经验总结推广机制。总结推广西安长安区打造“全科网格”，宝鸡“十小自治”，咸阳“党建引领、法融网格、共治共享”，铜川耀州区锦园社区“党建引领、和合共治”，渭南韩城市“四联调解”，延安新时代“十个没有”、富县“两说一联”，榆林“五级五长”，汉中留坝县“院坝说事”，安康汉阴县“321”基层治理、石泉县“书记民情三本账”，商洛“3+N”平安稳定信息研判等典型做法，打造一批可复制可推广的基层矛盾纠纷预防化解创新经验。积极开展“枫桥式”公安派出所、“枫桥式”人民法庭和“六好”司法所等创建活动，每年开展乡镇（街道）“枫桥式”工作法评选，推树一批在全国叫得响、立得住的工作品牌。〔牵头单位：省委政法委；责任单位：省委宣传部、省法院、省检察院、省公安厅、省民政厅、省司法厅、省农业农村厅等，各市（区）、县（市、区）〕

五、加强组织保障，形成工作合力

（二十一）压实工作责任。各地各部门要将推进矛盾纠纷多元预防化解列入重要议事日程，及时研究解决存在的困难问题，推动各项工作要求落到实处。各级党委政法委要在同级党委统一领导下，充分发挥统筹协调职能，推进矛盾纠纷多元预防化解机制建设。各有关部门要切实履行职责，加强条线指导和部门联动，形成齐抓共管的工作局面。

（二十二）加强队伍建设。健全完善专职人民调解员、网格员聘用考核、薪酬待遇、业务培训制度，落实调解案件补助，建立网格员重大风险隐患排查奖励制度，常态化组织开展网格员、调解员专题培训工作，组织人民调解员、网格员考取心理咨询师证，不断提高矛盾纠纷排查化解业务水平。

（二十三）强化数字赋能。推动工作手段信息化，构建纵向贯通、横向集成、分级应用、安全可靠的信息资源服务体系，实现指挥调度、应急处置、服务管理可视化、智能化、扁平化。加快智慧法院、智慧检务、智慧公安、智慧司法行政、智慧防线等智慧平台建设和数据融合。加快全省统一的矛盾纠纷排查化解信息系统建设，纵向从省到市、县并延伸到乡镇（街道），横向接入公安、检察、法院、司法、信访等现有网络，构建“多网合一、一网统管”工作格局。

（二十四）加强舆论宣传。综合运用各类宣传载体和文化阵地，充分发挥传统媒体和新媒体作用，大力宣传各地各部门坚持和发展新时代“枫桥经验”的实践成果、理论成果、制度成果，大力宣传典型案例、先进人物，讲好“平安陕西、法治陕西”故事，牢牢掌握宣传舆论工作主动权、主导权，努力营造全社会关心、支持、参与矛盾纠纷多元预防化解的良好氛围。

特色专栏

深化新时代“枫桥经验”的陕西实践
有效提升矛盾纠纷多元预防化解工作水平

陕西省委政法委

陕西省认真学习贯彻习近平总书记关于坚持和发展新时代“枫桥经验”重要指示，坚决落实党中央决策部署和省委工作要求，坚持市级主导、县级主抓、镇级主战、村级主防、单位主责，构建“党政动手、依靠群众、立足预防、化解矛盾、维护稳定、促进发展”工作格局，推进基层矛盾纠纷源头预防、化解在小，不断夯实平安建设根基，防风险、护稳定、促发展，为奋力谱写中国式现代化建设的陕西新篇章创造安全稳定环境。

一、加强组织领导，强化部署推进

省委常委会会议、平安陕西建设领导小组会议等重要会议研究部署，每年4月1日前后召开平安陕西建设工作会议作出安排。省委政法委先后组织召开平安建设、社会治理、矛盾纠纷多元化解“一站式”平台建设等专题会议，邀请专家教授进行专题讲座，深入学习贯彻习近平总书记关于坚持发展“枫桥经验”重要指示，分领域、分专题研究贯彻落实措施，推动工作落实。专门赴浙江考察学习“枫桥经验”，先后多次深入基层一线和有关部门进行调研指导工作，以上率下推进落实。省委平安陕西建设领导小组出台《关于坚持和发展新时代“枫桥经验”推进基层矛盾纠纷多元预防化解的意见》。8月28日在汉阴县召开全省现场（视频）会，对坚持和发展新时代“枫桥经验”、推进基层矛盾纠纷多元预防化解再次进行安排部署，包括村（社区）党组织书记共2.9万余人参会。各地各有关部门积极推动矛盾纠纷多元预防化解制度化安排、规范化落实、常态化督导，12个市（区）相继召开现场会、推进会，总结推广经验、安排部署重点工作。

二、健全完善机制，压紧压实责任

着力打造“一站式”平台，积极推广汉阴县“321”基层治理模式，突出实战实用实效，在县、乡两级，以综治中心为主体，通过派驻、轮驻、随驻办公等多种形式，打造“一站式”矛盾纠纷多元化解平台，实现群众诉求一窗式受理、一站式接待、一条龙服务、一揽子解决。建成省市县镇四级综治中心1436个，村（社区）级中心（站）19879个，实现省、市、县、镇视频指挥调度、视频监控接入、视频接访、视频会议、远程调研全覆盖。健全落实畅通群众利益诉求表达机制，发挥乡镇（街道）党群服务中心、综治中心、便民服务中心、信访接待中心等作用，搭建倾听群众呼声、发现社会矛盾的平台，鼓励群众通过线下线上多种方式反映自身诉求。健全落实分析研判机制，省、市（区）、县

（市、区）党委政法委每月，乡镇（街道）党（工）委每半月，村（社区）党组织每周，组织有关方面对矛盾纠纷排查化解工作进行综合分析研判，制定针对性措施，确保早预警、早处置。健全落实通报调度机制，省委政法委每月对全省各市（区）、有关省级部门矛盾纠纷排查化解情况进行通报，重点工作、重要节点开展视频调度，督促指导各地各部门固强补弱、推动落实。健全落实闭环管理机制，对矛盾问题分级分类建立工作台账，形成分流交办、全程督办、结果反馈及评价回访的工作闭环，对本级解决不了、解决不好的矛盾问题逐级上报，确保矛盾不外溢、不激化。健全落实防范“民转刑”机制，不断提升发现预警、调处化解、防范管控、应急处置等能力，有效遏制和预防“民转刑”“刑转命”案件发生。健全落实重大案事件倒查机制，对因矛盾纠纷引发重大案事件的，一案死亡1人的由县（市、区）党委政法委牵头，一案死亡2人的由市（区）党委政法委牵头，一案死亡3人以上的由省委政法委牵头，会同有关行业部门全面复盘，督导落实整改并倒查责任。健全落实考评奖惩机制，将坚持和发展新时代“枫桥经验”、预防化解基层矛盾纠纷作为平安建设考核评价重要内容，提高分值权重。每年一季度由省级领导带队到市县和省级有关部门开展一次集中督导，落实《陕西省平安建设工作考评及授“鼎”实施办法》，截至目前，全省3个市（区）、27县（市、区）被授予“平安银鼎”，2个市（区）、19个县（市、区）被授予“平安铜鼎”。

三、积极探索创新，以点带面推动

全省各地各部门坚持强基导向，形成了一批各具特色的亮点做法。渭南市富平县涉税费矛盾纠纷“一站专调”工作法、韩城市金城街道矛盾纠纷“四联调解　分类施策”工作法、榆林市绥德县满堂川镇“说事堂”乡邻解纷工作法，入选全国“枫桥式工作法”。西安市雁塔区凝聚“红色力量”化解物业纠纷工作法、宝鸡市渭滨区经二路街道“我帮你合作社”化解“三无”小区物业管理矛盾工作法、安康市镇坪县曾家镇“无忧调解超市”工作法等8个典型经验，入选中央政法委研讨班论文集。西安、宝鸡、铜川、榆林、安康5市入选“全国市域社会治理现代化试点合格城市”名单，西安市《坚持问题导向　深化破题见效　防范化解物流寄递领域安全风险》、铜川市《厚植“好人之城”沃土　开出“三联调解”良方》2个经验入选“优秀创新经验”名单。全省汉阴现场会推广交流了40个基层矛盾解纷工作法，在《陕西政法》设立坚持和发展新时代“枫桥经验”专刊推广各地经验做法，以示范带动推进基层矛盾纠纷预防化解能力水平整体提升。

打击治理电信网络诈骗犯罪　切实保障人民群众财产安全

陕西省高级人民法院

近年来，利用电信网络实施的违法犯罪活动持续高发频发，犯罪手段迭代升级，犯罪形式复合化，衍生出帮助信息网络犯罪活动罪，掩饰、隐瞒犯罪所得、犯罪所得收益罪等关联犯罪，严重危害人民群众财产安全，影响社会和谐稳定。2023年，陕西各级法院坚决贯彻落实党中央关于打击治理电信网络违法犯罪的决策部署和最高人民法院、省委的工作要求，准确把握电信网络诈骗犯罪面临的新形势、新变化、新特点，积极担当作为，坚持依法从严方针，坚决严惩电信网络诈骗犯罪，主动延伸审判职能，坚决遏制电信网络诈骗犯罪多发高发态势，切实维护好人民群众的财产安全，不断增强人民群众的获得感、幸福感、安全感。

一、深化思想认识、提高政治站位，坚定使命担当

组织全省各级法院对习近平总书记关于打击治理电信网络违法犯罪的重要指示精神再学习、再领悟、再落实，并与主题教育活动相结合，不断深化法官干警的思想认识，提高政治站位。省高院成立了由分管院领导为组长的打击治理电信网络违法犯罪领导小组，为做好审判工作提供有力组织保障，各中基层法院进一步夯实领导责任，升级工作专班，投入精锐力量强化案件审判。同时，畅通请示报告、沟通协调、信息报送渠道，形成上下同步、反应迅速的三级法院联动工作机制，推动打击治理电信网络诈骗犯罪工作迈上新台阶。

二、深化打击成效、坚持严惩方针，确保“三效统一”

全省各级法院严格适用法律，认真贯彻刑事政策，对电信网络诈骗犯罪始终坚持依法从严惩处方针不动摇，依法严惩电信网络诈骗犯罪团伙的组织者、策划者、指挥者和骨干分子以及跨境犯罪集团。2023 年一审审结电信网络诈骗犯罪案 1239 件 2001 人，对 54 名被告人判处五年以上有期徒刑，重刑率为 2.7%，有效震慑犯罪。全方位、全链条打击关联犯罪案，2023 年一审审结帮助信息网络犯罪活动罪、掩饰、隐瞒犯罪所得、犯罪所得收益罪、侵犯公民个人信息罪、妨害信用卡管理罪案 2368 件 3698 人。全省各级法院注重对涉案财产的审查，加大财产刑判罚力度，执行部门开展“三秦飓风”等专项行动，全力追赃挽损，确保案件处理实现政治效果、法律效果和社会效果有机统一。

三、深化协作配合、延伸审判职能，助力综合治理

加强与政法机关的协作配合，深化与政府相关职能部门的联动融合，形成打击惩处合力，省高院与人民银行西安分行建立《陕西省洗钱犯罪联动打控合作机制》，汉中法院与当地检察机关、公安机关、人民银行建立《反电信网络诈骗协作机制》，西安市新城区法院与检察机关、公安机关联合出台《打击治理电信网络诈骗十大举措》。坚持治罪与治理并重，加强对帮助信息网络犯罪活动罪等关联犯罪的治理。报送的《我省涉“两卡”类“帮信罪”大幅上升亟需引起重视》被省委办公厅采纳，从审判角度为全省打击治理涉电信网络新型违法犯罪建言献策。针对案件中反映出的行业、领域监管漏洞和薄弱环节，积极制发司法建议，深化防范治理，促进常治长效。加强普法教育，举办全省打击治理电信网络犯罪工作新闻发布会，向社会发布《陕西省电信网络犯罪审判白皮书》和 8 起打击治理电信网络犯罪典型案例。跟踪指导的“9·17”特大跨国电信网络诈骗系列案，入选 2022 年度陕西省十大审判执行案例。各中基层法院聚焦重点地区、重点领域，组织开展“反诈百日宣防活动”，切实提高群众识骗防骗意识，促进形成良好法治氛围。

协同推进检察建议办理工作　助推社会治理现代化

陕西省人民检察院

2023 年以来，全省检察机关全面贯彻党的二十大精神，贯彻落实习近平法治思想和习近平总书记历次来陕考察重要讲话重要指示，深入贯彻《中共中央关于加强新时代检察机关法律监督工作的意见》和省委《若干措施》，进一步加强与有关部门和单位协作配合，深化落实陕西省检察建议办理社会化工作格局，协同推进检察建议办理工作，工作质效稳步提升，有力助推了陕西省社会治理法治化现代化，为谱写中国式现代化建设的陕西新篇章提供了有力司法保障。

一、聚焦品牌，谋划推动

省检察院把发挥好检察建议功能作用作为全省检察机关为大局服务、为人民司法，助推国家治理体系和治理能力现代化的一项重要工作。

一是加强领导。省检察院党组多次专题研究检察建议工作，分析形势、剖析问题、推动落实。定期组织“检务督导面对面”，视频问询市、县院“一把手”，推动检察建议工作在基层院落地落实，全省三级检察院普遍形成“检察长负总责、分管领导具体负责、各业务部门齐抓共管”的检察建议工作模式。

二是规范指引。省检察院研究制定《关于充分发挥检察建议作用促进社会治理法治化的若干措施》，进一步明确检察建议重点领域、办理程序、督促落实等内容。汇编《检察建议工作学习手册》，狠抓业务培训，提升一线检察官规范制发检察建议的素质能力。

三是考核激励。实行检察建议案件化办理，落实制发前审核、制发后备案机制，引导检察官规范开展检察建议办理工作。坚持定期分析研判，及时发现问题，跟进指导落实，着力提升建议的精准度。同时，将检察建议办理质效作为有进步、有站位、有品牌

“三有”争创活动重点任务，纳入对市分院及业务部门和检察官业绩评价体系，并不断提升比重，形成激励导向。

二、聚焦刚性，健全机制

全省各级检察机关主动向同级党委、人大报告检察建议工作情况，积极争取领导支持，检察建议刚性显著增强。

一是紧紧依靠党委领导。省委“一委两办”印发《关于进一步加强检察建议办理工作促进社会治理法治化的意见》，在总结陕西省实践经验基础上，提出健全“党委领导、政府主导、多方参与、司法保障”的检察建议办理社会化工作格局。2022年5月，省委印发《关于全面加强新时代检察机关法律监督工作为谱写陕西高质量发展新篇章提供法治保障的若干措施》，明确要求各级党委“将检察建议和法律监督意见落实情况纳入法治陕西建设考评指标体系”。2021至2023年，省委“一委两办”连续三年召开“全省检察建议办理工作推进会”。2023年共有29家单位参加，省应急管理厅、省银保监局、省监狱管理局、榆林市委政法委作交流发言，会议明确要把检察建议办理情况纳入市县平安建设、法治建设考评体系，要求各级党委法治建设议事和协调机构要会同党委政法委、检察机关，加强对检察建议办理的督促落实。

二是自觉接受人大监督。省人大常委会高度重视检察建议工作，主要领导多次就支持检察建议办理工作作出批示。2023年4月，省人大常委会在深入调研的基础上，专题听取陕西省院关于全省检察建议工作情况报告，并作出《关于加强新时代检察机关法律监督工作的决定》，进一步明确各级人大及其常委会和各有关部门落实检察建议的支持配合职责，以地方立法的形式支持、保障检察建议工作有力推进。全省共计6个地市、22个区县人大常委会出台规范文件加强检察建议工作，西安市长安区等多个基层检察院与本级人大、政协建立代表建议、委员提案与检察建议双向衔接转化机制。

三是深化推动。各地认真落实省委和省委政法委部署要求及省人大常委会决定，持续健全机制、强化协作、压实责任。全省10个地市“一委两办”及72个区县党委出台细化举措，为加强检察建议办理工作奠定了坚实基础。2023年底，检察建议办理情况纳入同级党委考核实现省、市、县三级“全覆盖”。

三、聚焦重点，同为共治

全省检察机关秉持双赢多赢共赢理念，以落实最高人民检察院系列检察建议为切入点，围绕社会治理难点、堵点问题，聚焦服务高质量发展、保障民生福祉、促进依法行政和维护司法公正等重点领域，进一步加强与相关单位和部门协同联动，凝聚合力，同为共治，以“我管”促“都管”，推动完善社会治理体系。加强与应急管理、公安等部门沟通协调，健全安全生产治理机制，国务院安委办、应急管理部新闻发布会肯定陕西做法。配合监委完善追逃追赃、线索移送等衔接机制，与民政部门共建未成年人保护深度合作机制，与妇联、团委等8家单位会签未成年人案件家庭教育指导工作实施意见，与邮政部门强化寄递安全管理合作机制，与地方金融监管部门深化处置非法集资犯罪追赃挽损工作机制，与人民银行西安分行建立反洗钱案件线索移送机制，联合西安军事检察院制定加强军地检察机关协作办法，与退役军人事务部门等单位开展红色资源、英烈纪念设施专项监督、保护行动。市、县两级检察院普遍与法院、公安、交通、住建、民政、工信、应急管理、金融监管等多部门构建联动机制，依法共治合力进一步增强。

四、聚焦效应，辐射引领

积极培树典型案例、优秀案件，创新形式、加大力度，积极营造全社会关心支持检察建议工作的良好氛围。连续5年邀请专家学者、法官、律师评选、表彰全省优秀检察建议100件。召开新闻发布会，发布社会治理优秀检察建议和典型案例，以案析理、以案释法，引导社会公众自觉遵法守法。积极运用新媒体讲述检察故事，落实“一号检察建议”的微电影《为爱重生》获全国检察微电影十佳、全省政法微电影一等奖；舞台剧《五月向阳六月花》受到最高人民检察院肯定和社会各界赞誉。

严密组织开展“云剑”行动
持续推进打击治理电信网络诈骗犯罪工作深入开展

陕西省公安厅

2023年以来，全省公安机关深入落实习近平总书记关于打击治理电信网络诈骗犯罪工作的重要指示精神和听取省委、省政府工作汇报重要讲话精神，按照《反电信网络诈骗法》和“两办”意见，坚持以人民为中心发展理念，以“四专两合力”建设为重要抓手，按照省委、省政府和公安部统一部署，持续推进打击治理电信网络诈骗犯罪深入开展，取得良好工作成效。

一、高度重视，工作推进扎实有力

3月1日，省厅召开了全省公安机关打击治理电信网络诈骗犯罪工作会议，厅党委副书记、常务副厅长出席会议并深刻分析面临形势，扎实部署2023年打击治理工作。6月28日，副省长、省公安厅党委书记、厅长出席全省打击治理电信网络新型违法犯罪工作电视电话会议，结合省十四届人大常委会第三次会议精神，对全省打击治理电信网络诈骗工作进行安排部署。8月4日，省公安厅召开全省公安机关刑侦工作暨夏季行动打击工作推进会，要求以“夏季行动”为抓手，聚力攻坚电信网络诈骗犯罪。

二、以打开路，严打整治效果显著

持续推进“云剑－2023”打击治理电信网络诈骗犯罪专项行动，全力开展大案攻坚，大力推行集群战役模式。公安部将陕西省延安“12.07”特大跑分洗钱专案发起全国集群战役，抓获犯罪嫌疑人349人。两次在全省发起“夏季行动－云剑区域会战”，抓获搭建语音话务窝点、出租出借“两卡”等违法犯罪嫌疑人607人。

三、督导调研，注重解决打击治理难点问题

省联席办积极发挥统筹协调作用，及时下发通知，要求银行、电信、互联网等行业主管部门持续推进行业治理，同时，通过会商会、督办会、推进会、工作通报、提示函等工作举措，推进工作落实。

四、齐抓共管，综合治理成效明显

针对高危被骗群众资金预警见面劝阻质效不佳、预后被骗率较高的问题，省联席办会同省通信管理局、人民银行陕西省分行、国家金融监督管理总局陕西监管局联合制定印发了《陕西省高风险受骗人员临时性资金通讯保护措施实施意见（试行）》《陕西省资金预警信息移交工作规范》，召开全省电视电话会议进行安排部署。

五、强化宣防，反诈氛围浓厚

制定下发了陕西省“宣贯反诈法　全民在行动”百日宣防活动工作方案，进一步增强人民群众反诈防骗意识和能力。

以“双覆盖”为目标
推动党政机关法律顾问工作高质量发展

陕西省司法厅

2023年，陕西省司法厅学悟笃行习近平法治思想，全面贯彻落实党的二十大精神，牢牢把党政机关法律顾问工作扛在肩上、抓在手上，以有形覆盖和有效覆盖为目标，突出提站位、助发展、解难题、抓规范四个关键点持续发力，全省8432家党政机关实现法律顾问全覆盖，工作运行更加规范高效，作用发挥日益明显，为推进更高水平法治陕西建设提供了有力法治保障。

一、提站位，高点定位谋划

省委全面依法治省委员会始终站在推进全面依法治国、建设社会主义法治国家的高度谋划部署党政机关法律顾问工作，将其作为推进法治建设的源头性基础工程，印发《陕西省党政机关法律顾问工作暂行规定》，突出规范化、制度化总抓手，推动法律顾问工作高质量发展。省委依法治省办把党政机关法律顾问工作纳入“一决定两规划两方案”重要内容，列入年度工作要点和重点任务清单，纳入推进法治建设第一责任人职责任务及年度法治督察重要内容，印发《关于开展党政机关法律顾问工作调研摸底的通知》，进一步摸清底数、找准问题；召开党政机关法律顾问工作座谈会，听取各市（区）工作进展情况汇报，征询相关意见建议；印发《关于开展党政机关法律顾问工作督察的通知》，形成督察闭环，狠抓任务落实。

二、助发展，服务全省大局

始终把服务改革发展稳定大局作为全省党政机关法律顾问工作的重要职责，发挥专业优势，依法忠诚履职。进一步加大合法性审查力度，安排省政府法律顾问参与亚洲开发银行贷款黄河流域绿色农田建设和农业高质量发展项目、西蓝商高速公路通行费拆分有关问题、防范化解房地产风险等33项重大法律事务研究办理，出具的法律意见全部被采纳，促进省政府依法行政、科学决策。注重发挥法律顾问在全面清理妨碍统一市场公平竞争的地方性法规和规范性文件中骨干作用，加强对汉中市宁强县综合行政执法局相对集中行使行政处罚权等有关问题的研究论证，助力打造公平透明、可预期的法治化营商环境。印发《关于开展律师事务所结对服务2023年省级重点建设项目推动全省经济高质量发展工作的通知》，为643个省级重点建设项目保驾护航，提供全过程全方位法律服务。充分发挥法律顾问作用，加强在县域经济政策制定、促进民营经济相关立法、陕西省企业“走出去”外地企业“走进来”、数字经济健康发展等方面的法律服务，为大力发展“四个经济”提供有力法律支撑。各级党政机关组织法律顾问开展法律风险排查，制定法律风险应对预案，把风险控制在源头、消灭在萌芽，牢牢守住不发生系统性风险的法律底线。

三、解难题，突出分类施策

始终坚持问题导向，聚焦党的机关、人大常委会机关、行政机关、政协机关、监察机关、人民团体等不同行业特点，着力破解行业差别大、工作模式单一等难题。针对党的机关工作特点，召开座谈会专门研究办法措施，更好发挥法律顾问在坚持制度治党、依规治党、依法决策中的作用。针对公职律师身份特点，研究建立公职律师担任法律顾问的职责定位和保障激励等机制，着力打造高精专的内部法律顾问队伍。针对公职律师部门单位分布不均的实际，探索完善运行模式，建立跨部门的公职律师服务力量。针对地区特点，通过建立省市法律顾问资源库、用好陕西法网和定向指派等调控支持措施，着力破解位置偏远、经济落后地区法律顾问资源短缺等难题，推动党政机关法律顾问工作均衡、充分、可持续发展。

四、抓规范，提升工作质效

修订完善《陕西省人民政府法律顾问工作规则》，规范拓展省政府法律顾问参与重大法律事务范围和内容，为全省党政机关法律顾问工作发挥示范引领作用。制定出台《陕西省党政机关法律顾问工作规则》，明确规定党政机关范围和工作职责及法律顾问的选聘条件、解聘情形、工作职责、权利义务、监督管理等，着力解决法律顾问对“做什么”“怎么做”思想上不清晰、工作上不细致、程序上不规范等问题。特别规定了各级司法行政机关的指导监督职责，通过建立健全法律顾问选聘备案、执业监管、业务交流、诚信记录、表彰惩戒等工作机制，促进党政机关和法律顾问各自职责任务有效落实，全面提升全省党政机关法律顾问工作规范化、制度化、程序化建设水平，为奋力谱写中国式现代化建设的陕西新篇章贡献法治力量。

审稿人：牛克俭　李从教

撰稿人：郑宇鹏　赵　波　吕　浩

李佳杰　马利勇　崔　豪

甘 肃 省

工 作 概 况

2023 年度甘肃政法工作综述

2023 年，甘肃省各地各部门深入贯彻习近平法治思想和总体国家安全观，全面贯彻习近平总书记关于政法工作的重要论述，统筹高质量发展和高水平安全，认真落实中央和省委决策部署，紧紧围绕主动创稳推进政法工作现代化这一主题主线，以理念转变，思路创新、机制变革、责任重构为突破口，建立健全统筹协调、清单台账、指挥调度、督导考评等制度机制，有效防范化解和管控一批突出矛盾风险，政治安全得到有力维护，社会大局保持稳定，法治建设持续推进，主动创稳全面开局成势，政法工作现代化取得积极进展。

一、坚持和加强党的绝对领导

牢牢把握"政法姓党"根本政治属性，全面加强政法机关党的政治建设，坚定拥护"两个确立"、坚决做到"两个维护"，始终把党的绝对领导贯穿政法工作各方面、全过程。

（一）深入学习贯彻党中央决策部署。严格落实"第一议题"制度，全面系统学习习近平法治思想和总体国家安全观，学习习近平总书记重要讲话和重要指示批示精神，学习党中央关于政法工作的决策部署，并不断指导实践，创新思路，推动落实，确保件件传达学习、件件抓实见效。

（二）以主题教育为抓手凝心铸魂。聚焦学思想、强党性、重实践、建新功总要求，一体推进理论学习、调查研究、推动发展、检视整改、建章立制，带动政法战线理论学习全覆盖，形成一批高质量调研成果，纠治一批群众反映强烈的突出问题，建立一批行之有效的制度机制，达到了以学铸魂、以学增智、以学正风、以学促干的目的。

（三）深入贯彻政法工作条例。修订省委政法委员会全体会议规则，健全重大事项请示报告等一系列制度机制，省委政法委向中央政法委和省委请示报告 136 件，通过简报等上报情况 540 余件，以省委名义对 6 个市政法系统开展政治督察，取得较好效果。各级党委、党委政法委、政法单位也加强了请示报告，各级党委把方向、管大局、促落实作用更加有力，党领导政法工作的总体格局和运行体系更加健全。

二、主动创稳全面开局成势

全面落实省委主动创稳工作要求，主动应变新形势新任务，更好统筹发展和安全，以防范化解突出矛盾风险隐患为着力点，以思路创新、机制变革、作风转变、责任重构为突破口，坚持服务、防范、打击、治理、塑造综合施策，在甘肃省开展全方位、全过程、全领域主动创稳、有效维稳、全力保稳。

（一）省委高度重视推动有力。省委坚持把主动创稳作为统筹发展和安全的战略性举措，始终从全局和战略高度谋划和推进工作。省委常委会会议先后 12 次听取主动创稳及相关情况汇报，省委主要领导同志带头履行第一责任人责任，先后 5 次出席政法相关会议并讲话，提出一系列明确要求，多次深入基层调研指导，并针对重要情况和突出问题，多次作出指示批示，推动责任落实，措施落地。

（二）情报信息引领创稳明显加强。坚持把情报信息作为主动创稳的"眼睛"和政法工作理念、能力、作风、权威的体现，制定出台相关工作办法，健全发现、核查、研判、预警、防范、处置"六位一体"工作机制，充分发挥专业"尖刀"、行业"感知"和基层"前哨"三个作用，织密情报信息工作网络，有力服务决策和维稳实战。严格落实情报信息“日研判、日调度、日报告”机制，加强信息报送和分析研判，及时推送预警，有针对性地制定方案措施，前置力量，为防范化解风险赢得主动。

（三）政治安全防线更加牢固。坚持把政治安全作为主动创稳的核心任务，紧紧抓住影响国家政治安全的风险点，深入开展维护国家政治安全系列专项行动，严守重点地区、严控重点人员、严管重点领域，坚决打好维护国家政治安全主动仗。

（四）攻坚化解现实矛盾问题有力有效。坚持把化解现实矛盾问题作为主动创稳的突破点，聚焦经济金融、房地产、投资受损、劳资纠纷、教育医疗、历史遗留等领域现实矛盾问题，坚持常态排摸、强化调研分析、综合施策攻坚、主动化解管控，组织各地各有关部门常态化滚动排查现实矛盾问题，建立省市县三级分类管理机制，采取“清单责任＋专班攻坚＋研判调度”方式推动工作，一项一项推动化解，有效防止风险升级、外溢。

三、基层社会治理效能有效提升

坚持和发展新时代“枫桥经验”，坚持服务保障群众、畅通诉求表达、排查化解矛盾“三条线”协同发力，大力推进“四个实战化”。通过前瞻治理，从源头上预防和减少涉稳问题，社会显性矛盾纠纷“倒金字塔”结构分布开始扭转。

（一）大力推进网格管理实战化。出台甘肃省网格化服务管理工作办法，统一划分网格和配备专职网格员 3.4 万个（人），选聘 1.47 万名乡村创稳网格员，开展万名网格员能力提升行动和“百万警进千万家”活动，涉稳数据日均排查从去年 550 余条增至目前的 1 万余条。

（二）大力推进综治中心实战化。优化明确不同层级综治中心职能定位，推进县级综治中心“1 厅＋N 室”和乡镇（街道）综治中心实战实用阵地建设，县乡两级均建成“一站式”矛盾纠纷综合调处平台，健全落实“中心吹哨、部门报到”工作机制，综治中心正在成为化解社会矛盾纠纷的“集散地”。

（三）大力推进“三调对接”实战化。制定全面推进诉调对接工作的指导意见，86 个县（市、区）设置调解场所 350 个，进驻各类调解力量 2100 余人，诉前成功调解 21 万件，成功率 72.57%。部署开展诉调、警调对接，分别制定工作指导意见，坚持应调尽调、能调不判，20.5 万件案件在诉前成功调解，信访总量与 2019 年比下降 12.9%、赴京上访下降 5.4%。

（四）大力推进信息平台实战化。召开甘肃省“畅通诉求表达、推动主动创稳”现场推进会，建成政法综合信息平台、线索办理系统，总结推广兰州“小兰帮办”、白银“码上反映 · 马上办理”等做法，线下设立受理窗口、线上建立平台，让群众话有处说、事有人管。加快安全生产“五大体系”建设，紧盯矿山、危化、燃气等重点行业领域，排查整治一批重大事故隐患 2533 个。人社部门设立为民服务“直通车”105 个，选聘 1.47 万名乡村创稳网格员，充实农村一线工作力量。兰州市西固区委政法委、天水市人民检察院、张掖市高台县骆驼城镇被表彰为全国新时代“枫桥经验”先进典型。

四、法治甘肃建设统筹推进

甘肃省政法机关坚持执法司法为民，聚焦人民群众反映强烈的执法司法突出问题，以全面深化落实政法改革举措为着力点，以实施“一规划两方案”为抓手，聚焦破解影响执法司法公正、制约执法司法能力的体制机制障碍，加强执法司法规范化建设，服务保障高质量发展。

（一）全面落实中央政法改革任务。研究制定《甘肃省全面深化落实政法改革若干措施（2023—2027 年）》，针对完善党对政法工作绝对领导的制度机制，健全政法单位各司其职、相互配合、相互制约的体制机制，全面准确落实司法责任制，服务保障经济高质量发展，加快推进政法科技智能化建设等改革任务，细化明确 41 项具体改革举措。按照各条线职责范围，统筹确定 36 项年度重点改革任务，逐条逐项明确具体举措、责任单位、责任领导和完成时限等，以全方位、立体式清单台账，推动各项工作落到实处。

（二）不断提升执法司法质效。创新案件线索办理机制，建立集中受理、转办核查、直查直核、结果运用制度措施，处理干警和干部 374 人。部署开展“半年清积”攻坚和“陇原风暴”执行专项行动，清理旧存案件 7.17 万件、执结案件 24.86 万件。完善法律监督机制，批准逮捕各类犯罪嫌疑人 9664 人，提起公诉 2.74 万人，办理民事、行政检察监督及公益诉讼案件 6028 件。深化完善“情指行”一体化运行机制，健全多部门多警种合成作战新模式，“一村一辅警”覆盖率由 26.6% 提高到 67%。规范落实“减、假、暂”制度机制，开展监管场所规范建设提升行动。集中开展明规守纪专题教育和执法司法顽瘴痼疾专项整治，配合完成中央政法委执法司法突出问题专项检查。

（三）深入推进依法治省实践。全面实施法治甘肃建设“一规划两方案”，统筹推进科学立法、严格执法、公正司法、全民守法。健全立法专题会议审查和评估机制，推动出台《黄河流域生态保护条例》《甘肃省平安建设条例》《安全生产隐患排查治理办法》等一批立法项目。开展道路交通执法突出问题专项整治，摸排整改各类问题4500多个。深入实施“八五”普法，制定领导干部学法清单制度，建立首席法律咨询专家制度，组织开展“双百”和青年普法志愿者法治文化基层行活动。依托高校设立“3个研究基地”，加强对习近平法治思想的研究阐释。补选甘肃省法学会第八届理事会领导机构，举办首届敦煌法学高端学术论坛等6个论坛，形成一批理论成果。举办省见义勇为基金会成立30周年暨全省第十一届见义勇为英模表彰晚会，为主动创稳和爱心甘肃建设增添动力。

五、常态化扫黑除恶斗争走深走实

围绕省委主动创稳行动，以线索办理为重要抓手，以源头治理为治本之策，坚持长期斗争、依法打击、标本兼治、精准督导，有力巩固了专项斗争成效，带动了社会治安形势持续好转。

（一）组织领导进一步强化。省委、省政府高度重视常态化扫黑除恶斗争，作为重大政治任务来认识，纳入经济社会发展全局谋划推进，作为政法工作、平安建设、主动创稳重点任务进行部署。省委常委会结合主动创稳工作6次听取情况汇报，省委书记带头履行扫黑除恶第一责任人责任，多次作出指示批示。省委常委、省委政法委书记、省扫黑除恶斗争领导小组组长专题听取工作汇报，提出工作要求。

（二）齐抓共管的工作合力进一步形成。制定出台《2023年甘肃省常态化推进扫黑除恶斗争工作方案》，召开省扫黑除恶斗争领导小组第5次全体会议暨常态化扫黑除恶斗争重点工作推进会，推动常态化扫黑除恶斗争走深走实。各行业主管部门落实监管责任，将扫黑除恶与行业监管有机结合、协同推进。市、县两级严格落实属地责任，主要负责同志靠前指挥，分管负责同志尽职履职，确保各项措施不折不扣落到实处。

（三）宣传舆论氛围进一步浓厚。以《反有组织犯罪法》实施一周年为契机，充分运用线上线下宣传渠道，通过制作宣传短片、在《甘肃法治报》开设专栏等形式，全面深入宣传解读《反有组织犯罪法》重要内容，不断增强人民群众运用法律武器与黑恶势力作斗争的信心决心。

（四）依法打击力度进一步加大。深入推进教育、市场流通、金融放贷三大领域专项整治，对9个市州扫黑除恶工作实地督导，打掉一批涉黑涉恶组织，破获一批刑事案件，抓获一批犯罪嫌疑人，查处一批“腐伞渎”问题。

六、政法铁军建设纵深推进

坚持把“铸忠诚警魂”活动作为政法系统“三抓三促”行动的具体抓手，以彻底的自我革命精神推进政法领域全面从严管党治警。

（一）推动主题教育走深走实。紧紧围绕政法工作职能定位，督促指导甘肃省政法系统把理论学习、调查研究、推动发展、检视整改、建章立制有机融合、一体推进，扎实推动主题教育走深走实。举办甘肃省政法领导干部专题研讨班和县区政法委书记培训班，督促全省各级政法机关开展专题学习共计1万余场次。

（二）深入开展“铸忠诚警魂”活动。紧盯理论武装、典型引领、祛腐健肌、锤炼素质“四件大事”，落实政治建警、实践砺警、素质强警、文化育警、从严治警、从优待警“六项任务”，以“四个结合”推动各项工作取得实在成效。注重正面引领和反面警示相结合，制定《楷模选树宣传工作方案》《“明规守纪”专题教育方案》，分批次选树“对敌斗争和打击犯罪”和“服务群众”楷模，在甘肃省政法系统范围通报违纪违法典型案例，推动甘肃省政法系统开展先进事迹报告会、警示教育会，把正面引领和反面警示相结合，不断提升政法干警思想教育实际效果。

（三）着力打造政治督察工作品牌。以省委名义对6个地市进驻督察，察问题、督整改、见责任、优作风，全面督导落实决策部署、履行主责主业、推进队伍建设等情况，建立“一报告两清单”和“四移交”制度，形成了一套可复制可推广的政治督察工作机制。

（四）全面加强政法队伍建设。加强政法领导干部协管，派员参加政法领导干部推荐考察7次，对市州政法委书记、县区法检两长任免均进行意见函复并备案管理，推动甘肃省政法系统领导干部交流轮岗4200余人次。组织开展法官检察官入额遴选工作，在第八批法官检察官入额遴选工作中，创新引入第三方专业机构保障考务工作，顺利遴选入额法官检察官215名、递补法官检察官139名。

会议活动

全省主动创稳推进大会

3月1日上午，甘肃省委、省政府在兰州召开全省主动创稳推进大会。

会议强调，要深入学习贯彻习近平总书记关于统筹发展和安全、关于推进平安建设的重要论述，全面贯彻落实党的二十大和二十届一中、二中全会精神，切实把保稳定促和谐时时放在心上、牢牢扛在肩上、紧紧抓在手上，以“一失万无”的警醒、“万无一失”的细致，自觉担负起保一方平安、护一方稳定的政治责任，携手开创主动创稳新局面，奋力谱写社会和谐新篇章，为全省各项事业高质量发展和人民群众生产生活创造安全稳定的良好环境。

会议指出，各级各方面要牢记习近平总书记嘱托，坚决贯彻党中央决策部署，认清重大挑战和现实问题，立足特殊省情和短板弱项，把握发展任务和人民期盼，树牢底线思维，发扬斗争精神，积极作为、主动创稳，切实做到守土知责、守土担责、守土负责、守土尽责，持续巩固和发展和谐稳定的良好局面，以高水平安全保障高质量发展，以新安全格局服务新发展格局。

会议强调，要创新思路理念，把握好预防与处置、维稳与维权、秩序与活力的关系，下好先手棋，打好主动仗，全力将隐患消除于萌芽、将风险消弭于无形、将矛盾消解于未发。要因势而动、精准施策，动态掌握情况、研判形势、调整策略，实现“静态维稳”向“动态创稳”转变。要预警预防、源头治理，建立健全常态化维护稳定工作机制，抓在平常、融入日常、做到经常，实现“应急维稳”向“常态创稳”转变。要标本兼治、疏堵结合，推动矛盾纠纷实质性化解，实现“单一刚性维稳”向“刚柔并济创稳”转变。要法治引领、机制保障，确保维稳工作始终在法治轨道上运行，实现“突击式维稳”向“法治化创稳”转变。要多元共治、协同作战，全方位、立体化整合社会资源，组织动员相关职能部门、基层组织、社会力量和广大群众共同参与，实现“专门力量维稳”向“以专门力量为主导的群防群治创稳”转变。

会议强调，主动创稳，核心是创，目标是稳，关键在主动。要在收集掌握情况上更加主动、维护政治安全上更加主动、调处矛盾纠纷上更加主动、重大事项稳定风险评估上更加主动、保障公共安全上更加主动、深化社会治理上更加主动、守好网络阵地上更加主动、磨砺政法队伍上更加主动，切实增强警惕性、预见性、前瞻性，全领域、全周期、全方位、全要素做好工作，全面提升维护稳定工作整体效能。要强化组织保障，坚持党委主责、政府主抓、政法主战、部门主建、基层主防，“一盘棋”统筹、“一张图”推进、“一体化”考核，形成强大工作合力，系统推进主动创稳各项任务有效落实，让平安的阳光照耀千家万户。

文件选辑

甘肃省平安建设条例

（2023年9月27日甘肃省第十四届人民代表大会常务委员会第五次会议通过）

第一章　总　则

第一条　为了提高社会治理现代化水平，建设更高水平的平安甘肃，保障经济社会高质量发展，根据有关法律、行政法规，结合本省实际，制定本条例。

第二条　本省行政区域内平安建设及其监督管理活动，适用本条例。

本条例所称平安建设，是指组织和动员全社会力量，加强和创新社会治理，提高社会治理水平，依法防范社会风险，化解矛盾纠纷，预防和减少违法犯罪，防止和减少各类安全事故，构建共建共治共享格局，保障国家安全、社会安定、人民安宁。

法律、行政法规对平安建设及其监督管理活动已有规定的，依照其规定执行。

第三条　开展平安建设，应当坚持党的领导，坚持人民至上，落实总体国家安全观，统筹发展和安全，坚持依法治理、系统治理、源头治理、综合治理、专项治理。

第四条　开展平安建设，应当坚持和发展新时代“枫桥经验”，推动平安建设工作理念、工作体系、工作能力现代化，构建服务、防范、治理、打击、塑造于一体的主动创稳工作新格局，以高水平安全保障高质量发展。

第五条　平安建设的主要任务是：

（一）维护国家政治安全；

（二）健全社会治安防控体系和公共安全保障体系；

（三）健全基层社会治理机制；

（四）防范社会风险、化解矛盾纠纷；

（五）预防和打击各类违法犯罪行为；

（六）推进网络综合治理；

（七）加强安全生产和应急管理工作；

（八）开展平安创建活动；

（九）国家和省规定的其他平安建设任务。

第六条　省、市（州）、县（市、区）承担平安建设协调职责的机构履行下列职责：

（一）贯彻落实党中央、国务院关于平安建设的决策部署，推动落实上级和同级党委、政府工作安排和工作要求；

（二）指导本辖区内平安建设工作；

（三）组织、指导实施平安建设相关法律法规；

（四）掌握平安建设动态，定期分析平安建设形势，提出深化平安建设的政策建议；

（五）组织开展平安建设工作落实情况的督导检查、考核奖惩等工作；

（六）总结和推广平安建设经验，推进平安建设理论研究和实践创新；

（七）协调处理平安建设其他工作。

第七条　县级以上人民政府应当将平安建设纳入国民经济和社会发展规划与年度计划，履行平安建设相关职责，将平安建设工作经费列入本级财政预算。

第八条　平安建设实行领导责任制。各级各单位党政主要负责人为平安建设工作第一责任人，分管负责人为平安建设工作直接责任人，其他负责人对分管工作范围内平安建设工作负直接领导责任。

第九条　平安建设工作实行目标管理责任制。机关、团体、企业事业单位以及其他组织，应当根据工作职责，明确工作目标，确定工作任务、责任部门和责任人。

第十条　各级人民政府应当推进大数据、云计算、人工智能等信息技术与平安建设深度融合，深化公共安全视频监控建设和应用，推进交通、警务、消防、城市管理、市场监管、安全生产、应急管理、生态环保等平安建设重点领域的智能化建设，依托现代信息技术赋能社会治理，提升平安建设智能化、信息化水平。

承担平安建设协调职责的机构应当积极推进平安建设信息化管理平台建设，推动平安建设信息化管理平台与公共安全视频监控系统、智能安防小区管理平台以及有关单位社会治理数据信息及时、有效、安全对接，依法加强信息数据规范管理，实现信息资源的安全共享和深度挖掘利用，提升预测预判预警社会风险的能力。

第十一条 县级以上人民政府应当加强平安建设合作与交流，在信息共享、重大突发事件处置、矛盾风险防范与化解等方面加强协作，可以共同建立跨行政区域的平安建设协同发展工作机制，促进区域平安一体化建设。

第十二条 承担社会治安综合治理职责的机构应当建立健全协调联动、集约高效的工作运行机制，推动工作联动、问题联治、平安联创。

第十三条 机关、团体、企业事业单位以及其他组织，应当积极开展平安建设宣传教育。

报刊、广播、电视、互联网等媒体应当加强平安建设宣传，普及平安建设知识，发挥舆论引导和监督作用。

第二章 风险防范与矛盾化解

第十四条 机关、团体、企业事业单位以及其他组织应当开展国家安全宣传教育，加强意识形态安全工作，落实意识形态工作责任制，加强阵地建设和管理，培育和践行社会主义核心价值观，继承和弘扬中华优秀传统文化，坚决防范和抵制不良思想文化影响。

人民法院、人民检察院、公安机关、国家安全机关、司法行政部门以及有关部门应当加强维护国家政治安全工作体系和能力建设，严密防范和依法打击各种渗透颠覆破坏活动、暴力恐怖活动、民族分裂活动、宗教极端活动、邪教活动以及其他危害国家政治安全的活动。

第十五条 各级人民政府及有关部门应当建立健全社会风险源头预防、排查预警、分析研判、防控协同、应急处置机制，建立社会风险防控责任清单，落实属地责任、部门责任、源头责任，精准高效防范和处置社会风险。

第十六条 各级人民政府及有关部门应当建立健全重大决策社会稳定风险评估机制，对事关人民群众切身利益、可能引发社会稳定、公共安全问题的重大决策进行风险评估，并将评估结果作为作出重大决策的重要依据。

第十七条 各级人民政府及有关部门应当统筹推进城乡区域基本公共服务均等化，健全公共服务体系，提高公共服务水平，解决好就业、教育、医疗、社保、托育、养老、住房等人民群众最关心最直接最现实的利益问题，增进民生福祉，推动社会公平。

第十八条 各级人民政府及有关部门应当坚持依法行政，严格规范公正文明执法，完善行政执法程序，健全行政裁量基准，加强行政执法监督，依法及时纠正违法或者不当行政执法行为，预防减少行政争议的发生。

第十九条 人民法院、人民检察院、公安机关等单位在执法办案中应当坚持司法为民、公正司法，严格落实司法责任制，防止因案件办理引发新的矛盾风险。

第二十条 各级人民政府及有关部门应当完善和解、调解、公证、仲裁、行政裁决、行政复议、诉讼等纠纷解决途径相互衔接、协调联动的工作机制，促进社会矛盾纠纷多元调处化解。

承担平安建设协调职责的机构应当建立健全矛盾纠纷多元调处化解机制，推进综合服务平台建设，统筹调解资源，强化组织调度，加强工作督办，推动矛盾纠纷一窗口受理、一站式服务、一揽子解决。

第二十一条 承担平安建设协调职责的机构应当组织协调人民法院、人民检察院、公安机关、司法行政部门、仲裁机构等单位，依法建立健全诉讼与非诉讼衔接的矛盾纠纷解决机制，完善诉前调解机制，鼓励当事人选择非诉讼程序解决矛盾纠纷，并在程序安排、效力确认、生效法律文书执行等方面加强机制对接。

第二十二条 县级以上人民政府有关部门应当根据自身职责和工作需要，设立或者指导有关行业、专业领域设立相应的行业性、专业性调解组织，化解本领域、本行业矛盾纠纷。

第二十三条 信访工作机构应当畅通和规范群众诉求表达、利益协调、权益保障渠道，推动落实网上信访、视频接访和基层接访制度，建立健全访调对接机制，依法分类处理信访诉求，跟踪、督促和协调信访事项的办理，及时有效化解重大、疑难信访积案，推动解决群众合理合法诉求。

第二十四条 县级以上人民政府及有关部门应当加强社会心理服务体系建设，建立社会心理疏导、危机干预机制，健全社会心理服务网络，培育专业心理服务人才队伍，开展社会心态监测、心理健康指导、心理咨询服务等活动，加强心理健康知识宣传，推动社会心理服务和教育进学校、进社区、进单位、进家庭，预防和减少个人极端案事件发生。

第三章　重点防控与治理

第二十五条　学校、幼儿园、养老和儿童福利机构、医院、公园、文化娱乐场所、大型商业中心、工业园区、机场、车站、公交、地铁、铁路沿线、城中村、城乡结合部等重点区域、重要场所的管理或者运营单位，应当按照有关法律法规和技术标准配备安防人员和设施设备，制定突发事件应急预案，定期组织应急演练，提高风险防控能力。

第二十六条　司法行政、公安、卫生健康、民政等部门，应当加强对社区矫正对象、刑满释放人员、社区戒毒和社区康复人员、严重精神障碍患者、流浪乞讨人员等的服务与管理，建立健全政府、社会、家庭三位一体的服务管理体系，落实教育矫正、安置帮教、职业培训、就业指导、困难帮扶、医疗救助、心理疏导等措施，预防和减少违法犯罪发生。

第二十七条　各级人民政府及有关部门、监察机关、人民法院、人民检察院应当依法组织开展有组织犯罪预防和治理工作，建立健全常态化扫黑除恶工作机制，完善司法机关与监察机关涉黑涉恶案件和线索双向移送制度，依法惩处涉黑涉恶违法犯罪行为。

任何组织和个人，发现涉黑涉恶等违法犯罪线索，应当及时报告公安机关。

第二十八条　县级以上人民政府应当建立健全统筹协调工作机制，对新型网络犯罪、涉众型侵财、侵害未成年人、危害食品药品安全等突出违法犯罪，明确牵头部门及相关部门单位职责任务，健全落实监测预警、信息共享、防范处置、联席会议、协同联动等制度，开展专项治理。

第二十九条　网信、公安、通信管理等部门应当按照职责加强网络安全管理和防护工作，开展网络违法信息巡查和网络安全宣传教育，加强公民个人信息保护，加强对网络运营者的监督管理，预防和打击网络违法犯罪活动。

网络运营者应当履行网络安全主体责任，落实网络安全法律法规和等级保护制度要求，制定网络安全应急预案，保障网络数据安全和用户信息安全，防范网络安全风险。

网络使用者应当遵守法律法规的规定，遵守公共秩序，尊重社会公德，不得利用网络从事危害国家安全、扰乱经济秩序和社会秩序、侵害他人合法权益的活动，不得编造、传播违法有害信息或者谣言。

第三十条　各级人民政府及有关部门应当健全网络舆情监测预警和联动处置机制，坚持依法办理、舆论引导、社会面管控同步开展的原则，及时回应社会关切，防范处置重大网络舆情。

第三十一条　县级以上人民政府应当落实地方金融监督管理制度，建立健全金融风险防范和处置工作机制，稳妥处理地方金融领域影响社会稳定的问题。

金融监督管理部门应当运用现代信息技术手段，加强对金融风险的监测和预警。

金融机构、非银行支付机构应当加强对非法金融活动的监测，发现非法金融活动线索，应当及时向金融监督管理部门、公安机关报告。

第三十二条　教育主管部门应当会同公安、城市管理、市场监督管理等部门建立健全联动机制，落实校园安全保护区综合治理措施，做好安全防范工作。

教育、公安、应急管理、卫生健康等部门应当加强对学校、幼儿园安全管理工作的监督检查，督促指导学校、幼儿园加强校园安全防范工作，配备报警和视频监控系统等设施，落实专职保安员、护学岗、消防安全、食品安全、校园欺凌防控等内部安全管理制度。

学校、幼儿园应当加强法治教育、心理健康和安全知识教育，制定完善校园安全应急预案，开展经常性的安全检查和隐患排查，及时防范和消除安全隐患。

第三十三条　机关、团体、企业事业单位、其他组织、村（居）民委员会、学校、家庭，应当各负其责、相互配合，依法做好未成年人保护工作，建立健全家庭保护、学校保护、社会保护、网络保护、政府保护、司法保护相结合的综合保护体系，对未成年人的不良行为和严重不良行为及时进行分级预防、干预和矫治，及时消除滋生未成年人违法犯罪行为的各种消极因素。

各级人民政府及有关部门应当加强专门学校建设和专门教育，做好有严重不良行为的青少年、未成年社区服刑人员的矫治教育和违法犯罪预防工作。

第三十四条　卫生健康部门应当指导、监督医疗机构做好医疗纠纷的预防和处理工作，引导医患双方依法解决医疗纠纷。

公安机关应当依法维护医疗机构治安秩序，依法查处、打击侵害患者和医务人员合法权益以及扰乱医疗秩序等违法犯罪行为。

医疗机构应当履行安全秩序管理主体责任，强化人防物防技防措施，健全落实风险排查、安全防控、守护巡查、应急处置等安全保卫制度，完善医疗纠纷预防和化解制度，建立高风险就诊人员信息共享、预警机制，提高安全防范水平。

第三十五条 县级以上人民政府应当加强对流动人口服务和管理工作的组织领导，完善流动人口综合服务管理信息，实现政府部门之间信息共享。

公安、教育、民政、司法行政、人力资源和社会保障、住房和城乡建设、卫生健康等部门应当按照各自职责做好流动人口服务和管理工作，其他单位、组织和个人协助做好流动人口相关服务和管理工作。

第三十六条 公安机关应当加强对出租房屋的治安管理，依法采集、登记、核查相关信息，落实和完善治安防范措施，排查整治安全隐患。

村（居）民委员会、物业服务人应当协助公安机关和相关部门排查出租屋治安隐患，采集、核查出租屋和流动人口相关信息。

出租人应当依法申报出租屋信息，保障出租屋设施安全，及时排除或者督促承租人排除安全隐患，发现承租人涉嫌违法犯罪的，应当及时向公安机关或者相关部门报告。

第三十七条 县级以上人民政府及有关部门应当加强现代移动通信、人工智能、人脸识别等新技术和网络直播、数字经济、共享经济等新业态、新经济的安全监管，对可能存在的安全风险进行分析研判，建立相应的全流程防范监管机制，督促落实安全防范措施。

交通运输、市场监督管理、城市管理、商务、工业和信息化、通信管理、邮政、金融、人力资源和社会保障等部门和公安机关应当建立协同监管机制，加强对共享单车、共享租车、网约车、智能联网汽车等新业态企业和外卖餐饮、电子商务等相关网络平台、企业的监督管理，有效防范和处置新型风险。

网约车、外卖餐饮、物流快递等相关互联网平台、企业应当加强对驾驶员、配送员的安全教育和管理，提高新型风险识别和预警能力。

第三十八条 机关、团体、企业事业单位以及其他组织，应当加强内部安全保卫组织建设，依法建立健全内部安全保卫制度，加强安全防范设施建设，加强重要部位安全保卫，组织开展法治宣传教育和安全教育，及时处置安全隐患。

公安机关依法指导、监督本行政区域内的单位内部治安保卫工作。

第三十九条 承担平安建设协调职责的机构应当建立健全社会治安突出问题重点治理和挂牌整治机制，对案件高发、隐患突出的地区、领域和行业进行重点治理，对群众反映强烈的突出问题实施挂牌整治。

第四十条 各级人民政府及有关部门应当建立突发事件联动应急处置机制，加强分级响应、区域协作和部门联动，畅通与专业机构、新闻媒体、社会公众之间的信息传递和交流渠道，全面、准确、及时向社会发布突发事件信息，组织动员社会各方面力量做好应对处置工作。

第四章 公共安全保障

第四十一条 各级人民政府应当健全公共安全保障体系，完善公共安全源头预防、隐患排查、监测预警、应急处置机制，全面提升公共安全效能，提高公共安全保障能力。

第四十二条 县级以上人民政府应当加强对安全生产工作的领导，建立健全安全生产工作协调机制，支持、督促各有关部门依法履行安全生产监督管理职责，及时协调、解决安全生产监督管理中存在的重大问题。

应急管理和负有安全生产监督管理职责的部门应当依法加强安全生产监督管理工作，建立健全安全风险评估与论证机制、重大事故隐患排查和治理督办制度。

生产经营单位应当遵守安全生产相关法律法规，强化和落实安全生产主体责任，建立健全全员安全生产责任制和安全生产规章制度，加大对安全生产资金、物资、技术、人员的投入保障力度，改善安全生产条件，加强安全生产标准化、信息化建设，构建安全风险分级管控和隐患排查治理双重预防机制，健全风险防范化解机制，提高安全生产水平。

第四十三条 省、市（州）人民政府应当依法对本行政区域内容易引发特别重大、重大突发事件的危险源、危险区域进行调查、登记、风险评估、公布，组织进行检查、监控，并责令有关单位采取安全防范措施。

县级人民政府应当依法对容易引发自然灾害、

事故灾难和公共卫生事件的危险源、危险区域进行调查、登记、风险评估、公布，定期进行检查、监控，并责令有关单位采取安全防范措施。

乡镇人民政府、街道办事处应当做好本辖区内容易引发自然灾害、事故灾难和公共卫生事件的危险源、危险区域的排查工作，发现异常情况采取必要处置措施，并依法履行报告职责。

第四十四条　给排水、供电、供气、供热、供油、通信等相关主管部门及经营单位，应当加强管理区域内管线和设施设备的安全运行和维护管理，及时排查消除安全隐患，配合公安机关依法查处破坏管线和设施设备的违法犯罪行为。

第四十五条　公安、住房和城乡建设、应急管理、生态环境、交通运输、卫生健康、市场监督管理等部门应当依法加强对枪支弹药、管制刀具、易燃易爆、剧毒、放射性、腐蚀性等危险物品的全流程监督管理，对违法行为及时依法处理。

危险物品的生产、运输、储存、销售、使用、进出口等相关单位应当依法实行经营许可、经营备案、流向跟踪、销售购买人员登记、失窃被抢和可疑情况报告等安全管理制度，做好内部安全管理工作，并配合政府相关部门的监督检查。

第四十六条　县级以上人民政府应当建立健全生态文明建设统筹协调机制，完善生态环境保护督察制度，强化生态环境保护综合执法，加强环境应急管理，落实生态环境修复责任，预防和减少环境污染、生态环境损害事故的发生。

人民法院、人民检察院、公安机关等应当完善环境资源司法保护制度，健全生态环境公益诉讼制度，规范生态环境损害赔偿工作，依法惩处破坏生态和污染环境的违法犯罪行为。

第四十七条　县级以上人民政府应当建立健全突发公共卫生事件风险预防控制、医疗救治和监督管理制度，加强疫情监测，强化疫情报告，及时发现疫情风险，防范化解突发公共卫生事件风险。

第四十八条　大型群众性活动的主办者、承办者依法负责承办活动的安全，大型群众性活动的场所管理者依法负责活动场所及设施的安全。

公安机关依法开展大型群众性活动安全管理工作，对经安全许可的大型群众性活动，根据安全需要组织相应警力，维持活动现场周边的治安、交通秩序，预防和处置突发治安事件，查处违法犯罪活动。

其他有关部门按照各自职责，负责大型群众性活动相关安全工作。

第四十九条　公安、交通运输等部门应当加强对交通事故多发地段和存在交通安全隐患路段的排查整治，强化对重点运输行业、重点车辆源头管控，定期对运输行业开展安全检查。

公安机关交通管理部门应当依法做好本行政区域内的道路交通安全管理工作，维护道路交通秩序，加强道路交通安全法律法规宣传，依法查处道路交通安全违法行为，保障道路交通有序、安全、畅通。

铁路护路联防机构应当组织实施和监督指导铁路护路联防工作，开展铁路沿线治安整治活动，管理专职铁路护路联防队伍，防范和制止危害铁路安全的行为。

第五十条　物流寄递企业应当落实持证经营、实名收寄、收寄验视、技防安检、从业人员登记等安全管理制度，完善内部安全管理措施。寄件人或者其委托人办理寄递业务时应当配合检查，拒绝接受验视或者安全检查的，物流寄递企业不得收寄，发现异常情况应当及时向交通运输、邮政、公安等部门报告。

交通运输、邮政、公安等部门应当加强对物流寄递企业执行安全管理制度情况的监督检查，依法打击利用物流寄递渠道进行的各种违法犯罪活动。

第五十一条　县级以上人民政府应当建立健全食品药品全程监督管理工作机制和信息共享机制，及时协调处置本行政区域内的食品药品突发事件。

市场监督管理部门应当会同有关部门加强食品安全监督管理，根据食品安全风险监测、风险评估结果和食品安全状况等，确定监督管理的重点、方式和频次，实施风险分级管理。

市场监督管理部门应当加强药品研制、生产、经营、使用全过程监管，保证药品质量，保障公众用药安全，保护和促进公众健康。

第五十二条　应急管理部门应当对本行政区域内的消防工作实施监督管理，并由本级消防救援机构负责实施。

消防救援机构应当对机关、团体、企业事业单位以及其他组织落实消防安全责任制的情况进行监督检查，加强消防法律法规宣传，定期组织开展消防隐患排查整治，预防减少火灾危害发生。

单位和个人应当严格遵守消防安全相关法律法规，履行维护消防安全、保护消防设施、预防火灾、报告火警的义务。

公众聚集场所、人员密集场所、住宅小区等的主要出入口、电梯口、疏散门、安全出口等，应当设置安全疏散指示图、指示标识，保障疏散通道、安全出口、消防车通道畅通。

第五十三条 县级以上人民政府应当建立健全科学高效的自然灾害防治体系，完善各类应急预案，加强防灾减灾抗灾救灾能力建设，提高抵御自然灾害的综合防范能力，有效防范和减轻灾害风险。

应急管理、发展和改革、公安、自然资源、住房和城乡建设、农业农村、水利、卫生健康、交通运输、地震、气象等有关部门应当按照职责分工，加强自然灾害风险调查评估、监测预报预警，做好灾害防御、应急准备、紧急救援、转移安置、生活救助、卫生防疫、灾后重建等工作，维护人民群众生命财产安全。

第五十四条 县级以上人民政府应当加强和规范应急避难场所建设管理，完善体育场馆、会展场馆、公园绿地和人防工程等场所应急使用功能，开展防灾减灾、冗余设施和空间的复合利用，完善平战转换机制，提高应急使用效能。

第五十五条 县级以上人民政府应当建立健全多层次公共安全风险分担机制。

鼓励生产经营单位投保安全生产责任保险；属于国家规定的高危行业、领域的生产经营单位，应当投保安全生产责任保险。

鼓励和支持保险机构参与风险评估、风险预警、风险防控、事故调查等工作，协助出险单位完善风险隐患整改措施。

第五章　基层治理与社会参与

第五十六条 各级人民政府应当建立健全基层网格化服务管理机制，科学划分网格，建立网格服务管理事项准入审核机制和信息化管理平台，提升网格治理效能，发挥在平安建设中的基础性作用。

乡镇人民政府、街道办事处应当做好网格员的选用退出、教育培训、绩效考核、日常管理等工作，建立健全信息收集、问题发现、任务分办、协同处置、结果反馈等工作机制，督促指导网格员认真履行基础信息采集、社情民意收集、安全隐患排查、矛盾纠纷化解、政策法规宣传等职责。

第五十七条 乡镇人民政府、街道办事处应当履行综合管理、统筹协调、行政执法和应急处置等职责，组织落实本辖区内社会治理工作，指导村（居）民委员会规范化建设，健全自治机制，组织动员辖区各单位、各类组织及公众参与基层治理工作，创新社会治理方式，促进基层和谐稳定。

第五十八条 村（居）民委员会应当依法协助乡镇人民政府、街道办事处开展平安建设工作，加强群防群治、联防联治机制建设，推动平安建设相关内容纳入村规民约、居民公约，组织引导村（居）民参与平安建设活动。

村（居）民委员会应当健全落实村（居）务、财务公开制度，完善民主管理制度，加强村（居）民议事平台建设，创新群众协商议事形式和活动载体，全面推进村（居）民自治制度化、规范化、程序化。

第五十九条 工会、共青团、妇联、残联等人民团体应当结合各自职责和工作特点，通过多种方式做好平安建设相关工作，依法维护职工、未成年人、妇女、残疾人等的合法权益。

第六十条 各级人民政府可以通过购买服务等方式，鼓励和支持符合条件的社会组织参与网格化服务管理和基层社会治理，协助开展纠纷化解、社区戒毒、社区康复、社区矫正、社会帮教、心理疏导、应急处置等平安建设工作。

鼓励和支持行业协会、商会发挥行业自律功能，引导会员参与平安建设，协助主管部门建立行业公共安全风险评估、化解和管控机制，防范化解行业风险。

第六十一条 各级人民政府应当将物业管理纳入基层治理体系，指导推动和鼓励支持物业服务人、业主大会、业主委员会参与平安建设工作。

物业服务人应当依法做好物业服务区域内安全防范和管理服务工作，协助公安机关和其他相关单位做好社区治理、治安巡查、矛盾调解、公益宣传等平安建设工作。

业主大会、业主委员会应当协助、配合做好社区建设工作，化解矛盾纠纷、维护业主权益、参与社区治理。

第六十二条 鼓励和支持社会公众参加平安建设志愿服务活动，协助开展矛盾纠纷化解、社会治安巡逻、平安法治宣传、应急处置救援、特殊群体关爱、提供法律服务等工作。

参与平安建设志愿服务活动受到恐吓威胁、滋事骚扰、攻击辱骂、财产损失以及其他伤害的，公安机关应当依法处理。

第六十三条 公民应当遵守法律和社会公德，增强自我防护意识，提高安全防范能力。家庭应当弘扬传承传统美德，教育未成年人遵纪守法，促进家庭和邻里关系和谐。

鼓励公民举报违法犯罪行为，支持公民同违法犯罪行为作斗争。对见义勇为人员应当按照有关法律法规予以奖励和保护。

第六十四条　承担平安建设协调职责的机构应当建立健全基层平安创建机制，组织开展地区平安创建、行业平安创建、单位平安创建、家庭平安创建活动，组织动员社会力量参与平安建设工作。

省级承担平安建设协调职责的机构应当定期对符合创建标准的平安建设示范市（州）、县（市、区）进行通报、命名、授牌并实行动态管理。

第六章　监督与奖惩

第六十五条　省级承担平安建设协调职责的机构应当建立健全平安建设考核评价制度，制定完善考核评价标准和指标体系，强化考核评价结果运用，落实平安建设工作目标管理责任制和领导责任制。

市（州）、县（市、区）承担平安建设协调职责的机构可以结合实际情况，根据省级考核评价标准和指标体系制定本辖区的具体考评办法。

第六十六条　省级承担平安建设协调职责的机构应当建立健全平安建设公众评价机制，通过委托第三方评估等方式，开展公众安全感、满意度调查或者测评，调查或者测评结果纳入平安建设考核评价指标体系。

第六十七条　县级以上人民代表大会常务委员会应当加强对平安建设工作的监督。

监察机关、人民法院、人民检察院、公安机关在依法行使职权中，发现相关单位履行平安建设职责存在薄弱环节和突出问题的，可以提出监察建议、司法建议、检察建议、公安提示函，督促相关单位整改落实。

第六十八条　承担平安建设协调职责的机构或者有关部门应当按照国家和本省规定，对在平安建设工作中成绩显著的单位、组织和个人给予表彰、奖励。

第六十九条　承担平安建设协调职责的机构应当加强对平安建设的督导检查。对机关、团体、企业事业单位以及其他组织未依法履行平安建设职责的，可以由同级承担平安建设协调职责的机构予以约谈、通报、挂牌督办，并责令限期整改；情节严重的，由有关机关对负有责任的领导人员和直接责任人员按照国家有关规定予以处理。

第七十条　违反本条例规定的行为，法律、法规已有处罚规定的，依照其规定执行。

第七章　附　则

第七十一条　本条例自2023年12月1日起施行。1993年11月27日甘肃省第八届人民代表大会常务委员会第六次会议通过，2003年8月1日甘肃省第十届人民代表大会常务委员会第五次会议修正，2010年11月26日甘肃省第十一届人民代表大会常务委员会第十八次会议修订的《甘肃省社会治安综合治理条例》同时废止。

特 色 专 栏

全面提升综治中心实战化运行水平
不断增强矛盾纠纷排查化解能力和质效

甘肃省委政法委

2023年，甘肃牢牢把握综治中心特殊功能定位，在工作理念更新、方法措施改进、能力素质锻造上持续发力，深入推进网格管理、综治中心、诉调警调访调对接、信息平台“四个实战化”，重塑矛盾纠纷化解模式，不断激活综治中心整合社会治理资源、创新社会治理方式功能作用，大力解决法院案件多、公安派出所警情多、基层组织排查化解少的矛盾纠纷“倒金字塔”分布问题，各级综治中心化解矛盾纠纷的实战能力得到大幅提升。

一、推进综治中心实战化，激活矛盾化解“新引擎”

牵住诉调警调访调对接、情报收集研判、信息融合汇聚等“牛鼻子”，分级定位综治中心职能，制定实施网格管理、诉调警调对接、畅通诉求表达、情报信息提升等一系列制度文件，持续为综治中心优化赋能，不断提高实战效能。依托综治中心打造集矛盾排查、诉求表达、诉调对接、警调对接、信访调处、仲裁公证、法律援助、心理疏导于一体的“一站式”矛盾纠纷综合调处服务平台，按“1厅+N室”科学设置综治中心功能室，线下全面设立群众诉求受理窗口、线上搭建诉求表达平台，兜底受理群众矛盾纠纷和难心事烦心事。省市县乡四级综治中心配备工作人员6600余人，设置调解室1800余个，进驻各方调解员7000余名、行业单位及社会组织人员1万余人，全年排查化解矛盾纠纷38万件，有力推动基层社会治理由“单元分散”向“融合协同”转变。

二、推进网格管理实战化，提升矛盾排查“新效能”

制定《甘肃省网格化服务管理工作办法（试行）》《甘肃省网格员队伍省级补助经费管理办法(试行)》，明确党委政法委在网格化服务管理中的主导地位，明确网格员由综治中心调度管理，规范网格划分和网格员选派标准，明确网格员职责任务和工作模式，配齐3.47万名专职网格员和1.47万名乡村创稳网格员，解决了网格多头管理、抓而不实问题。扎实开展万名网格员能力提升行动，“学、练、比、评”一体推进教育培训，网格员排查化解矛盾纠纷能力水平大幅提升、“前哨”和“第一道防线”作用显著增强，日均信息报送量从2022年的550件增至1万多件，使大量矛盾隐患发现在早、处置在小。

三、推进三调对接实战化，彰显矛盾调解“新优势”

针对矛盾纠纷化解资源力量分散、基层单位各自为战，以及“法院案件多、公安派出所警情多、基层排查化解少”矛盾纠纷“倒金字塔”分布问题，充分发挥综治中心优势和作用，分别制定推进诉调对接、警调对接、访调对接工作的指导意见，精心部署推动实施，明确将适宜调解的民商事诉讼案件从法院对接分流至综治中心集中调处化解，最大限度将矛盾纠纷止于诉外、化解在诉前；将公安机关及派出所矛盾纠纷类警情对接推送同级综治中心跟踪化解、长效管控，实现信息联通、矛盾联调、风险联防、命案联控；将信访事项中适宜调解的矛盾纠纷对接综治中心、组织责任主体集中化解，最大限度凝聚化解合力、提升化解效率。2023年，各级综治平台统筹资源力量化解矛盾纠纷38万件，成功调解诉前矛盾纠纷21.9万件、警情矛盾纠纷26万件，矛盾纠纷“倒金字塔”分布问题逐步扭转。

四、推进信息平台实战化，构建风险管控“新大脑”

坚持科技赋能，大力推进平安甘肃信息化支撑管理平台实战应用，依托网格员和各级综治中心干部，连点成面建立起一张覆盖全社会的平安稳定情报信息大网，主动排查搜集不安全不稳定因素，全量汇聚矛盾纠纷和涉安全稳定信息，2023年汇聚涉平安稳定信息3000多万条，有效补充了专业力量情报短板。建立“日报告、月研判、季分析”制度，第一时间预警提示、调度督办重大矛盾问题，定期研判分析矛盾纠纷趋势，及时督促改进薄弱环节。2023年以来省综治中心编发值班信息420期、平安形势研判报告15期、社会治理情况研判报告6期、治理研究专刊6期，第一时间提示、转办、督办矛盾风险问题1200多个，有效支撑服务了科学决策和精准治理。

以“主动创稳”促推平安甘肃、法治甘肃建设

甘肃省高级人民法院

甘肃省高级人民法院坚持以习近平新时代中国特色社会主义思想为指导，深入贯彻习近平法治思想，以及习近平总书记关于安全稳定的一系列重要论述精神，坚决落实省委主动创稳行动总体部署，着力构建服务、防范、治理、打击、塑造一体化的主动创安、主动创稳工作格局。

一、严厉惩治刑事犯罪

审结刑事案件2.94万件，对实施杀人、强奸犯罪的被告人火某某，贩卖运输毒品13.9公斤的陈某某依法判处死刑。常态化开展扫黑除恶，审结涉黑恶案件41件567人。依法惩治涉众型经济犯罪，妥善审理了参与人数4515人、涉案金额25.9亿元的某房地产开发公司及靳某某等人非法吸收公众存款案。全链条打击电信网络诈骗及其关联犯罪，审结案件2476件。始终保持惩治腐败高压态势，审结职务犯罪案件364件。坚持教育、感化、挽救方针，审结未成年人犯罪案件423件。

二、妥善化解民事纠纷

审结民事纠纷案件23.67万件。依法保护妇女儿童、未成年人合法权益，审结婚姻家庭、继承纠纷案件6.09万件，发出人身安全保护令124件，家庭教育令51份，全省法院有8个集体、4名个人获全国妇联表彰。审结涉房地产及建工纠纷案件1.07万件，发布审判白皮书及十大典型案例，助推房地产市场健康发展。加强民生司法保障，实质性化解涉及1000多户群众房屋权属纠纷的执行及执行异议之诉系列案，为农民工追回劳动报酬2491.21万元，为困难当事人发放救助金2874.74万元，减、缓、免诉讼费2533.6万元，让司法温暖直抵民心。

三、依法审理商事案件

充分发挥司法裁判对市场规则的评价规范引导作用，审结商事纠纷案件12.07万件。加大破产案件审判力度，办理破产及衍生诉讼案件699件。推动成立省级破产管理人协会，部署开展“破产案件清积行动”，破产案件结案率上升至全国第6位，一批企业通过重整走出困境。坚持平等保护原则，办理涉外纠纷案件54件。建立涉铁纠纷诉调对接中心，促进“一带一路”黄金通道建设。省法院在中国—上合组织框架下地方法院司法交流合作会议上介绍了商事审判经验。

四、全力保障营商环境

推进创新驱动发展，审结知识产权纠纷案件2838件，联合设立知识产权保护示范基地、种业纠纷调解站，发布知识产权司法保护白皮书，杂交玉米新品种技术秘密侵权案入选全国知识产权保护典型案例。推进美丽甘肃建设，审结环境资源案件6818件，召开祁连山国家公园司法协作联席会议暨法治论坛，有4起案件入选最高人民法院环境资源审判典型案例。

五、助推法治政府建设

审结行政案件8587件，行政机关负责人出庭应诉率达到100%。充分发挥政府化解行政争议的主导作用，陇南中院成功化解了时间跨度近20年的陈某某申请土地登记办证信访案。张掖中院率先推行行政机关“清单式”执法、法院“要素式”审判模式，助推法治政府、诚信政府建设。

六、积极参与社会治理

全力推进金融风险防范化解，促进金融纠纷案件多元化解和专业化、集约化高效处理。开展金融不良资产清收“百日攻坚”，超额完成省专班交办任务。与最高人民法院联动，帮助省属某银行短期回收金融债权现金25.1亿元，有力促进金融化险。坚持“办理一案、治理一片”，制发《要情专报》、发送司法建议、开展“法律八进”、召开新闻发布会、举办“法院开放日”、推动中小学法治副校长全覆盖，以司法建议、普法宣传赋能社会治理。白银法院《现在开庭》等栏目成为弘扬法治精神的重要平台。庆阳中院成立实践教育基地、定西法院推出“一法庭一特色、一法庭一品牌”、甘南法院打造“01234”模式，让“马锡五审判方式”在新时代焕发新的生机活力。

着力“防未病”“治已病”“疗通病”加强未成年人违法犯罪预防治理

甘肃省人民检察院

近年来，甘肃省检察机关坚持把推动落实强制报告制度作为预防治理未成年人违法犯罪的重要抓手，上下一体、内外联动、多措并举，扎实推进未成年人犯罪预防治理，取得明显成效。

一、着力“防未病”，抓实涉未成年人违法犯罪前端预防

一是深化落实“一号检察建议”。联合省教育厅部署开展检视“一号检察建议”落实情况专项活动，通过检视案件、联合调研、检教会商、入校督查等方式，及时发现问题，督促整改。

二是深化落实强制报告制度。制作宣传海报和手册等，全省三级检察院一体开展送法进校园、进机关、进群团组织、进村委社区、进家庭活动，大力宣传强制报告制度；协调省交通厅、卫健委等，在交通枢纽场站、医疗机构显著位置张贴海报、播放宣传片，扩大强制报告制度社会知晓面，增强法治宣传实效性。

三是督促落实入职查询制度。联合省教育厅、公安厅制定《关于落实学校工作人员准入查询性侵违法犯罪信息工作办法》，发挥检察官担任法治副校长的履职便利条件，督促开展教职员工入职查询7万余人次，41人因有违法犯罪信息被作出相应处理。

二、着力“治已病”，抓实涉未成年人违法犯罪再犯预防

一是抓严责任追究。依托涉未刑事案件办理，推行侵害未成年人案件“是否报告”每案必查制度，做实跟踪监督和反向审视。2023年，全省检察机关共督促对不履行报告义务人员追责人数在全国占比领先。

二是做实全方位帮教。监督办案中，注重从涉罪未成年人的家庭、生活、学习各方面展开调查，通过开展法律援助、心理疏导和心理治疗、亲职教育、参加公益活动等多元方式，加强未成年人认知引导、心理矫正和行为纠偏。2023年，全省有116名涉罪未成年人通过帮教顺利回归社会，其中39名成功考入大学。

三是推动家庭教育指导。针对涉案未成年人父母或其他监护人主体意识不强，责任落实不到位，家庭教育方式、教育理念和方法欠缺，家庭成员法治意识淡薄等问题，与省妇联协作配合，建立家庭教育指导站22个，2023年共对307名“问题父母”开展家庭教育指导242次。酒泉市检察机关联合专业社工一起加强家庭教育指导的案例和成效，在中央广播电视总台法治节目《守护明天》播出推介。

三、着力“疗通病”，抓实涉未成年人违法犯罪源头预防

一是强化部门贯通协作。向省人大常委会专项报告全省未成年人检察工作，自觉接受监督，争取工作支持。针对检察履职发现的突出问题，促推省未保办出台《甘肃省未成年人保护强制报告制度实施办法》，借助30余家成员单位的力量，在全省开展了为期一个月的集中宣传，共同推进强制报告制度落实。联合省法院、省公安厅等8家单位出台意见，建立惩治和预防性侵害未成年人犯罪联动机制。与团省委签订未成年人检察工作社会支持体系合作框架协议，引入青少年司法社工、心理咨询师等社会专业力量，合力护航未成年人健康成长。

二是深化未检综合履职。以刑事办案为切入点，针对案件暴露出的强制报告制度落实不到位，监护权缺失，未成年人失学、辍学，酒店、旅馆违规接待未成年人等侵害未成年人合法权益问题，统筹发挥刑事、民事、行政、公益诉讼检察职能，通过支持起诉、制发检察建议、开展专项行动方式，强化未成年人保护源头治理。2023年，共立案公益诉讼案件506件，办理涉未成年人民事支持起诉案件273件。

三是探索推行分级干预。依托省检察院部署开展的“实践课题带动工作创新”活动，深入分析低龄未成年人核准追诉案件等未成年人犯罪情况，探索推行罪错未成年人分级干预。白银市平川区院与区委政法委、区公安、法院、民政、教育、妇联等9部门建立罪错未成年人分级处遇工作机制。张掖市检察院发挥主导作用，内外协同推动建成全省首家规范化未成年人专门学校，已正式投入使用。

以主动创稳之笔书写平安甘肃新答卷

甘肃省公安厅

党的二十大报告指出，坚持安全第一、预防为主，推动公共安全治理模式向事前预防转型。省委、省政府坚决落实党中央决策部署，立足全省安全稳定实际，高规格部署开展主动创稳行动。作为平安建设的主力军，甘肃公安冲锋在前、实干在先，以“一失万无”的警醒和“万无一失”的细致，主动创稳、有效维稳、全力保稳，扎实推进防风险、保安全、创稳定、促发展各项工作，全省政治社会大局持续平稳向好。

一、上下联动，构建一体部署的创稳工作体系

一是“一盘棋”部署。成立主要负责同志任组长、统筹各部门警种、贯穿省市县三级公安机关的领导小组，健全党委议稳抓稳制度，抽调专人组建工作专班，强化上下协调、统筹推进，压紧压实各级公安机关党委主体责任、属地直接责任和部门警种主管责任，及时搭建“上下一体、责任到人”的责任体系。

二是“一张图”作战。紧密结合职责任务、紧扣安全稳定问题，制定印发全省公安机关主动创稳三年规划纲要（2023—2025年），明确7个方面28项举措，各地各部门警种分领域、分层级制定实施方案，倒排工期、挂图作战，迅速建立“横向到边、纵向到底”的工作体系。

三是“一本账”推进。健全完善工作任务、工作责任、现实矛盾问题、制度机制“四个清单”和创稳工作、情报信息、分析研判、核查处置“四个台账”，将主动创稳工作纳入全省公安机关重点工作绩效考评，优化细化考核指标，清单化、制度化推进主动创稳开展，高效形成“末端发力、终端见效”的落实体系。

二、左右协同，打造一体推进的创稳工作格局

一是全程护发展。紧紧围绕影响经济发展的风险问题，部署开展“陇剑”系列专项行动，严打经济金融领域突出违法犯罪，全力参与高风险金融机构化险工作，破获各类经济犯罪案件3282起、查扣涉案财产53亿元，助力全省经济运行效速兼取、量质共赢。

二是全情优服务。聚焦影响人民群众办事的难点、堵点和痛点，深化公安行政管理服务改革，180项公安业务实现“网上办”，114项“全程网办”，8项“跨省通办”，居民身份证最快24小时送达，群众享受的改革红利不断充实。

三是全力创环境。认真贯彻省委相关行动部署，加强企业周边治安环境整治，依法办理涉企案件，最大限度减少对企业正常生产经营活动影响，助力打造一流法治营商环境。

三、前后衔接，完善一体发力的创稳工作措施

一是关口前移以防保稳。坚持和发展新时代“枫桥经验”，聚焦婚恋纠葛、家庭矛盾、邻里冲突等矛盾纠纷，强化源头防范和疏导化解，协同化解各类矛盾纠纷9.2万余起，努力以“基础实”守护“百姓安”。加强社会面巡逻防控，严格落实公安、武警联勤武装巡逻和“1、3、5分钟”快速响应机制，社会治安防控网越织越密。深化道路交通事故预防，部署开展“除隐患、查违法、保安全”专项整治，制定实施“严管十条”刚性措施，开展“百日攻坚”“冬季攻势”，全力以赴防风险、保畅通。

二是严打震慑以安塑稳。以夏季治安打击整治行动为抓手，严厉打击各类突出违法犯罪，全省刑事立案同比下降5.7%，命案现案连续5年全破，电诈案件保持发案、损失“双下降”，未成年人违法犯罪同比下降28.7%。全力以赴投入积石山抗震救灾，110个“抗震前线110”昼夜守护，开展“全省轮战300天，守护平安积石山”专项行动，生动诠释了“人民公安为人民”的庄严承诺。

三是正本清源以治促稳。探索建立三级网格、警格、志愿者“3+3+N”社会治理工作机制，推动社区警务深度融入社区管理、网格管理。重点整治城乡结合部“复杂地区”、重点人群“灰色地区”、各类案件“高发地区”，以高质的治理成效筑牢安全稳定防线。重拳整治网络“三俗”和谣言信息，打击处理2300余人，涉甘舆情热度长期处于全国低位。

四、内外兼修，夯实一体落实的创稳工作根基

一是夯基固本增实力。严格落实公安局班子成员联系派出所工作制度，建立健全部门警种支援派出所工作机制，新创建3个全国和24个省级“枫桥式公安派出所”，促进基层提振、基础提质、基本能力提升。全面落实派出所和社区民警警力配置“两个40%以上”要求，先后招录9500余名辅警充实到农村地区，“一村一辅警”覆盖率67%。

二是数据赋能提效力。搭建易引发命案矛盾纠纷预警模型，实时预警潜在风险，有效借助信息化手段织牢“城市安全网”。加快推进智能安防小区建设，强化智能前端布建和数据汇聚，打防管控工作更加耳聪目明。深化“情指行”一体化运行机制，研发实战模型3200多个、应用APP160余款，推动基层“智治”水平不断提升。

三是法治提振强能力。聚焦法治公安建设，建成96个执法办案管理中心，实现规范执法和办案效率“双提升”。全面落实执法办案全流程全要素监督管理和案件办理“五级审核把关”制度，全省配备法制监督员2049名，延伸执法监督触角，公安执法规范化水平不断提升。

健全矛盾纠纷多元化解机制
筑牢社会安全稳定法治根基

甘肃省司法厅

2023年，甘肃省司法行政系统紧扣全省经济社会发展大局，围绕全省主动创稳行动，强化矛盾纠纷排查化解，推动新时代“枫桥经验”落地落实，为维护社会和谐稳定、推进平安甘肃法治甘肃建设作出了积极贡献。

一、深化标本兼治，注重源头治理

一是做好矛盾纠纷排查预警。以全省主动创稳行动为契机，转变工作理念，变被动调解为主动化解、变事后调处为事前预防，紧盯重点领域、敏感节点，提前谋划、主动介入，组织开展“主动创稳、矛盾纠纷大排查大调解”专项行动。聚焦法治化营商环境、招商引资等重点工作，积极排查化解环境保护、知识产权、金融保险及涉中小微企业纠纷。建立“村居每周、乡镇街道每月、县（市、区）每季度一次”的常态化矛盾纠纷排查机制，通过人民调解进学校、进医院、进企业等“十进”活动，及时发现各种风险隐患苗头，把矛盾纠纷预防在源头、防范在萌芽。

二是夯实司法行政基层基础。深入开展司法所规范化建设三年行动，培育命名29个“枫桥式”司法所，充分发挥司法所扎根基层、遍布城乡、贴近群众的“排头兵”优势特点，全面掌握本辖区存在的矛盾纠纷和不稳定因素，通过矛盾纠纷滚动式摸排，积极寻案源、挖线索、找苗头、建台账，做到矛盾纠纷早发现、早预警，底数清、情况明。积极推动监狱戒毒警察下沉司法所参与主动创稳工作，统一司法所外观标识和室内设置，为司法所工作人员配发服装，有效提高司法所规范化建设水平。

三是抓好法治宣传教育。开展“服务大局普法行”“百场法治大宣讲”等主题普法活动，创新建立领导干部学法清单制度，在全国率先出台青少年法治宣传教育工作意见，持续开展“法律明白人”培养、“民主法治示范村（社区）”创建、农村学法用法示范户培育“三大工程”，教育引导干部群众办事依法、遇事找法、解决问题用法、化解矛盾靠法，减少因不懂法和违法而引发的矛盾纠纷。

二、织密调解网络，推动多元化解

一是抓好基层调解组织建设。健全人民调解组织机构，实现全省乡镇（街道）、村（社区）人民调解委员会全覆盖，形成了村民小组纠纷信息员、村（社区）人民调解委员会、乡镇人民调解委员会三级联动，纠纷信息预警、预防、排查、化解四位一体的基层人民调解组织网络体系。指导各地按照“五落实、六统一”要求加强人民调解委员会规范化建设。

二是深化大调解工作格局。深入贯彻落实《关于全面推进诉调对接工作的指导意见》，指导525个人民调解组织、238个个人调解工作室、3090名调解员进驻各级综治中心开展诉调对接工作。认真落实《关于健全完善矛盾纠纷多元化解机制构架大调解工作格局的指导意见》，在基层法院、公安派出所、信访部门设立或派驻调解工作室834个，推动1184个人民调解组织、3729名调解员入驻人民法院调解平台，全面构建人民调解、行政调解、司法调解优势互补、有机衔接、协调联动的“大调解”工作格局，95%以上的民间矛盾纠纷在基层得到有效化解，最大限度防止“民转刑”案件发生。

三是拓宽多元化调解路径。坚持以社会需求为导向，加强与相关行业主管部门沟通衔接，聚焦纠纷化解新需求，积极孵化培育道路交通、医疗卫生、劳动争议、物业管理、消费权益等行专调解组织1435个，培育建立个人调解工作室676个，在143个企事业单位设立人民调解委员会，实现重点领域、重点行业全覆盖，专业纠纷专人化解、多元化解。

三、创新工作模式，提升治理效能

一是创建复议案件调解机制。以行政复议体制改革为契机，省市县三级同步建立行政复议调解和解专业委员会，制定《甘肃省人民政府行政复议调解和解委员会工作细则》，首创行政复议调解三档补助模式，坚持“应调尽调”“能调尽调”原则，将越来越多行政争议以调解和解形式化解在复议阶段。自此项制度推行以来，行政复议调解化解案件争议成功率逐年上升，初步实现“定分止争、案结事了”工作目标。

二是创设特色调解品牌。因地制宜、创新思路培育打造各级各地特色调解品牌。张掖市高台县骆驼城镇“四级七天”工作法被中央政法委评为“枫桥式”工作法；武威市“天涯若比邻”远程视频调解工作法让“数据多跑路，群众少跑腿”，实现了服务“零”距离。“五步七天调解”“马背调解”“一碗奶茶调解”“民情日记”等一大批特色矛调品牌在陇原大地落地生根、深入民心。

三是创新队伍管理模式。突出专业化、职业化建设，着力打造懂省情、业务精、技能强的人民调解工作队伍。开展人民调解员等级评定工作，统一制发工作证件、胸牌、徽章，全省10万余名人民调解员全部实现持证上岗。搭建网络培训平台，每年进行全覆盖式轮训，建立人民调解、法律咨询、心理干预等专家库，优先选聘社会经验丰富、法律素养较高的人员担任调解员，全省现有法学教授、退休法官和检察官等专职人民调解员16309人，占总数的15.64%，人民调解员队伍结构得到进一步优化。

审稿人：徐永胜
撰稿人：王文华　胡剑祎　张　宁
杨晓睿　张　雷　王兴震
岳文钰　姜　聪　李万俊
白　芸　冯佳彬　陈恪睿
杜　凡

青　海　省

工 作 概 况

2023 年度青海政法工作综述

2023 年是全面贯彻落实党的二十大精神的开局之年。一年来，青海省政法系统在中央政法委的有力指导和省委、省政府的坚强领导下，坚持以习近平新时代中国特色社会主义思想为指引，深入学习贯彻党的二十大和习近平总书记关于政法工作重要指示精神，坚持党对政法工作的绝对领导，认真贯彻落实中央政法工作会议部署、省委工作要求，聚焦稳疆固藏战略地位，紧扣现代化新青海建设中心任务，统筹发展和安全两件大事，突出平安青海、法治青海“两大建设”，坚决捍卫政治安全、全力维护社会安定、促进社会公平正义、切实保障人民安宁，奋力推动政法工作高质量发展。

一、旗帜鲜明讲政治，政法姓党根本属性更加凸显

（一）推动党的绝对领导落到实处。认真贯彻《中国共产党政法工作条例》及青海省实施细则，狠抓重大事项请示报告、民主集中制落实，切实将党对政法工作的绝对领导贯穿决策执行监督各环节。系统总结政治督察“青海经验”，印发《关于进一步加强和改进全省政法系统政治督察工作的通知》，明确“4321”工作举措，推进督察方式和内容更加聚焦主责主业、执法司法。

（二）推动主题教育走深走实。围绕习近平新时代中国特色社会主义思想深化、内化、转化主线，青海省委政法委示范引领，班子成员靠前指挥，带头以讲促学、调研督导、查摆问题、整改落实。省委政法委机关和省直政法单位有形有感有效开展主题教育，紧扣维护社会稳定、制约行政司法执法高质量发展难点堵点问题等开展实地调研。

（三）推动党的建设提质增效。认真对标青海省委基层党建“六个一”工作要求，深入开展政法系统机关党建提质增效行动，持续推进党支部标准化规范化建设，严肃党内政治生活，严格落实“三会一课”、主题党日、民主评议党员等制度，各级政法机关领导干部带头过好双重组织生活、带头讲专题廉政党课，如实报告个人有关事项，常态学习条例法规、组织观看警示教育片、参观警示教育基地，组织召开书记抓党建工作会，持续抓好机关党支部书记抓党建述职评议考核，机关党建与业务工作深度融合，政法领域党组织全面进步、全面过硬。

二、真抓实干上水平，平安青海建设网底更加牢固

青海省委、省政府将平安青海建设作为落实习近平总书记对青海工作重大要求的重要举措，针对青海省连续三年在平安中国建设考核中排名靠后的情况，先后 9 次召开省委常委会会议和平安青海建设领导小组会议及“双月”调度会议专题研究部署工作，明确提出平安青海建设“十个一”工作要求，通过双月调度、季度评估、年终考核，让平安青海建设的方向更加明确、指挥更加精准、督办更加有力。

（一）落实更加有力。要求排名靠后的市（州）委书记作说明，倒逼市（州）、县（区）党委主要领导把平安青海建设作为“一把手”工程，对重要问题、关键问题，主动过问、亲自协调解决，一级带着一级干，形成“五级”书记抓平安、条专块统建平安、久久为功铸平安的工作新格局。

（二）责任更加明确。健全“条专块统”责任体系，既发挥各行业专业部门作用，提高专业化应对水平，又发挥各市州党委统筹协调作用，完善市州县党委、牵头单位、专项组、平安办协调机制，形成平安青海建设责任闭环。

（三）基础更加牢固。印发贯彻《“十四五”平安中国建设规划》若干措施，打造经济社会健康发展“免疫系统”。着力构建“打防管控建教”六位一体工作体系，健全应急处突预案体系，部署整治社会突出问题、扫黑除恶“回头看”等工作，以社会面的和谐稳定兜牢网底，有力推动青海省各层级、各领域平安建设工作取得长足进步。

三、守正创新抓治理，共建共治共享格局更加完善

（一）着力推进新时代“枫桥经验”青海实践。挖掘选树、总结提炼基层典型经验，青海省培树打造的预防化解外出从业“拉面人”纠纷工作法、化解农牧业地区纠纷“六小”工作法、“三江源·检察蓝”联动解纷工作法被评选为全国“枫桥式工作法”。组织带队赴浙江省学习考察“枫桥经验”，观摩全国“枫桥式工作法”经验做法，召开青海省坚持和发展新时代“枫桥经验”暨加强基层社会治理工作会议，制定《青海省关于贯彻落实纪念毛泽东同志批示学习推广“枫桥经验”60周年暨习近平总书记指示坚持发展“枫桥经验”20周年大会精神重点任务分工方案》，探索矛盾纠纷“双月”分析研判机制，建立公安机关命案分析工作制度，部署开展涉藏市州历史遗留矛盾纠纷大排查、“护校安园”、矛盾纠纷大排查大化解大起底百日攻坚专项行动。

（二）着力推进“五大中心”有机整合。坚持把非诉讼纠纷调处化解挺在前面，研究制定《省委平安青海建设领导小组办公室关于建立社会治理综合服务中心的指导意见（试行）》，统筹推进州县乡各级公共法律服务中心、信访中心、诉讼服务中心、综治中心资源整合，建立社会治理综合服务中心，依托各级综治业务“9＋X”信息系统，推动各级中心数据向省级汇总。

（三）着力推进社会治安防控。滚动排查、系统整治严重暴力犯罪、盗抢骗、黄赌毒、食药环、电信诈骗、“民转刑、刑转命”等群众反映强烈、扰乱社会治安的突出问题，全力抓好夏季治安打击整治、缉枪治爆等专项行动，纵深推进“防风险、除隐患、降发案、保平安”工作，牵引开展各类打击整治专项行动，严格实行公安武警联勤武装巡逻，加强重点地段、时段、行业、场所管控，持续净化治安环境。扎实开展扫黑除恶“回头看”“十个过一遍”，全面推进涉黑涉恶案件线索攻坚等“六大攻坚行动”，实现发案数下降，破案数、破案率上升的“一降两升”良好态势。深入推进见义勇为工作，规范行为确认、表彰等工作，制作英模事迹宣传片，弘扬社会正能量。

（四）着力推进公共安全隐患化解。抓住影响公共安全的核心要素，加强隐患主动防范、有效化解，织密公共安全防护网。纠正道路交通违法行为39.23万起，治理道路隐患182处，封停特种设备25台，制发监察指令书515份，切实把安全隐患降到最低。领导包案化解推动“办证难、入住难”问题成批解决，23个保交楼项目全部复工。建成“农民工工资支付监控预警平台”，拖欠农民工工资举报投诉案件结案率100%。构建和谐医患关系，建立医患矛盾“三调解一保险”机制。积极做好抗震救灾工作，成立抗震救灾现场指挥部信访维稳组，各级政法、公安、信访部门分口负责，以“四不两直”方式摸排风险隐患、进行分析研判，政法干警直插灾后一线，深入开展疏散群众、灾情排查、道路保通、治安防控、秩序维护等工作，全力保障人民群众生命财产安全，警旗在地震灾区高高飘扬。

四、厉行法治促发展，法治护航服务大局更加有感

（一）在法治青海建设上下功夫。常态化召开联席会议，提出进一步推进法治政府建设司法建议，行政机关负责人出庭应诉率达到81.84%，做到“出庭又出声”“出声有质量”。连续15年发布行政审判白皮书，相关做法被最高人民法院在全国推广。全面实施“一规划两纲要”，召开省委全面依法治省委员会第七次会议，命名第一批青海省法治政府建设示范县（市、区）8个、项目5个。开展“八五”普法中期检查评估，印发《法律进宗教活动场所实施意见》，深入推进今冬明春普法宣传教育活动，深化法治创建。坚持法学研究与法治实践有机融合，青海省法学会提供专项经费支持省法院、省公安厅、省司法厅等领题调研，开展法治征文，抓好《青海法学》阵地建设，全力办好“法治文化基层行”“法治大宣讲”“百人百场”专项普法活动，有形有感有效推进普法宣传。

（二）在生态环境保护上出实招。进一步健全完善生态环境保护审判、检察、案件侦办和执法司法衔接机制，依法防控打击生态领域违法犯罪，“7·13”危害珍贵、濒危野生动物重特大系列案件入选全国“十大破坏生态环境资源犯罪”典型案例。构建“案件审理+司法宣传+生态修复+综合治理”司法保护体系，深化生态环境公益诉讼巡回检察，全年开展巡回检察95次，发现案件线索377件、立案315件，办理生态环境和资源保护领域公益诉讼案件1146件，督促治理污染水源地4处、清理污染河道56.6公里、复垦非法改变用途和占用耕地1698.9亩。与甘、新、藏、蒙等相关地区检察院签订协作意见，探索建立跨区域生态环境和资源保护检察协作机制。

（三）在护航高质量发展上求突破。依法保护市场主体，聚焦知识产权、金融、涉税、商贸等突出违法犯罪，依法审结各类民商事案件144272件，侦办经济金融犯罪案件破案率达83.9%，缉捕劝返4名“猎狐”逃犯，实现受案数下降、破案率和追赃挽损率上升的“一降两升”工作目标。

（四）在坚持司法为民上办实事。践行人民至上，在解决群众急难愁盼中维护公平正义。加强一站式建设，立案、调解、送达、诉前保全、申诉等主要对外服务事务实现全流程在线办理，跨域立案服务覆盖率100%。发扬“马背法庭”传统，开展巡回审判2885次，打通诉讼服务“最后一公里”。开展惩治性侵未成年人犯罪法律监督专项行动，打造“未爱·守心”未成年人观护基地、未成年人综合司法保护基地，举办百场法治进校园宣传月活动，呵护未成年人安全幸福成长。

五、深化改革提效能，政法工作现代化更加可及

（一）深化司法责任制及综合配套改革。着力构建诉讼以审判为中心、审判以庭审为中心、庭审以证据为中心的刑事诉讼格局，协调推动“四大检察”，深入实施公安机关基层提振、基础提质、基本能力提升三大行动，高质量完成第十批103名司法辅助人员招录和第六批325名法官检察官入额遴选工作，探索创新市州内跨域遴选及跨域递补机制，司法队伍不断优化充实。修订完善法官检察官惩戒工作办法，组织第二届省法官检察官惩戒委员会开展听证审议工作。

（二）深化执法权力运行机制改革。研究制定青海省贯彻落实政法领域执法司法权力运行机制改革的具体举措，探索实践执法监督、法治督察、政治督察、纪检监察监督等融合监督检查机制，对减假暂等2500余件重点案件全面排查评查。全面准确落实司法责任制，持续推进刑事案件审查起诉、审判阶段律师辩护全覆盖试点，法院系统开展“质效双优”竞赛活动，强化“三评查一审核”机制，申诉申请再审提－指比、调解率、撤诉率等主要考核指标名列前茅，办案质效显著提升。

（三）深化政法公共服务改革。扎实推动户籍制度改革，全面取消城市落户限制，持续开展户口、流动人口清理整顿，新登记流动人口13.33万，清理重复（虚假）户口7911人。加快“互联网+公安政务服务”平台建设，完善公安服务站点638个，优化电子证照、电子印章、电子认证系统，户口迁移和居民身份证等更多事项实现“一网通办”“一窗通办”。深化“证照分离”改革，进一步压缩审批时限、精简审批事项、简化审批流程。着力推进司法鉴定和公证改革，设立青海省首家动植物环境损害司法鉴定机构，出台深化公证体制机制改革的实施意见，全面落实公证服务费优惠减免政策，扩大“最多跑一次”公证事项范围，精简公证证明材料并实行清单管理。

（四）深化政法信息化改革。持续加强智慧公安、智慧法院、数字检察、智慧法治建设，高效推动五级综治信息平台运行，重点推进跨部门大数据办案，刑事案件实现全程网上流转，稳步推进单轨制网上办案，青海政法大数据平台实现信息资源一键跨网查询，推动新理念、新技术、新方法与打击犯罪、执法办案、公共服务等深度融合，不断提升政法工作数据化、智能化、规范化水平。着力公安一网建设总体布局，汇聚视频监控资源7.8万余路，初步形成算力强大、数据丰富、服务智能的一网建设基础支撑平台。

六、全面从严铸铁军，政法队伍能力作风更加过硬

（一）持续从严管党治警。认真落实“十个严禁”、防止干预司法“三个规定”、禁业清单和被请托事项登记报告制度，深入贯彻《青海省关于严格执行防止干预司法“三个规定”的实施意见》，部署开展“回头看”专项工作，强化记录报告成果运用。坚持党管干部原则，把政治标准和从严要求体现到选人用人、组织建设全过程。

（二）持续正风肃纪反腐。坚持干部要干、思路要清、律己要严，严格落实“一岗双责”，推动全面从严管党治吏与政法业务工作同谋划、同部署，听取述责述廉报告，全链条加强日常监督教育管理。坚持严的基调，紧跟省委作风建设步伐，自觉践行中央八项规定及其实施细则精神和省委、省政府若干措施，深入开展“以案促改”专项教育整治和作风突出问题专项整治。

（三）持续强化能力建设。统筹抓好政治历练、业务锻炼，举办学习贯彻习近平法治思想理论研修班、青海省政法领导干部学习贯彻习近平新时代中国特色社会主义思想政治轮训班等主体班次，以点带面增强政治轮训针对性和系统性。健全完善轮岗交流、素能提升、乡镇（街道）政法委员履职等制度机制，扎实做好岗位大练兵、送教下基层、人才库建设，积极打造“业务课堂”“巡回培训”“脱薄争先”特色品牌，青海省政法系统年内举办培训班422期（含网络培训）、培训干部3.49万人次，推动政法干警能力素质更加响应需求、贴近实战。建立“一周一主题”宣传工作机制，创新开展日常宣传、重大主题宣传、政法英模宣传，突出严管厚爱结合、激励约束并重，极大激发政法干警职业荣誉感、幸福感。

会议活动

省委平安青海建设领导小组会议暨“双月”调度会议

6月28日下午，省委平安青海建设领导小组会议暨“双月”调度会议召开。会议听取平安青海建设推进情况汇报，调度解决存在的突出问题，推动平安青海建设各项工作再上新水平。

会议强调，推进平安青海建设，是省委作出的重要部署。各地各部门要在思想上高度重视，杜绝惯性思维，克服“等靠要”思想，强化形势研判，一级带着一级干，层层传导压力，深入排查走访，深化思想政治引领，筑牢团结奋斗的根基。要坚持问题导向，把解决问题作为推动工作的有力抓手，坚持“处小、处早、处快”，解决好安全生产、自然灾害、道路交通、草山纠纷等重难点问题，严防“小纠纷”引发“大事件”。要全面压实责任，市州县扛起主体责任，守好“责任田”、种好“自留地”，打破责任落实“中梗阻”；各牵头单位扛起联动责任，做到统起来管、协调一致抓，凝聚工作合力；各专项组组长单位扛起牵头责任，持续强化对重点工作的指挥、调度、协调；各级平安办扛起第一责任人责任，进一步发挥牵头抓总、统筹推进、督办落实、考核评价等作用，不断加强政法队伍建设。要重点抓好调度评估、织牢基层基础网底、配优配强警力、应对网络舆情等工作，提升依法管理宗教事务能力，做到解决问题用法、化解矛盾靠法，把平安青海建设各项部署不折不扣落到实处。

会议指出，平安青海建设是2023年转作风、强基础、勇争先的重要内容和工作着力点。各地各部门要进一步健全工作体系，主要领导亲自抓，坚持目标导向和问题导向相统一，做到作部署、明要求、抓落实相贯通，切实把责任、任务、要求传导到基层。要抓住工作重点，准确把握当前进入汛期、旅游旺季、生产高峰期的安全形势，突出重点人员、重点行业、重点领域、重点地区、重点场所，结合各地各部门工作实际，坚持防患于未然，着力在补短板、强弱项、固底板上下功夫。要形成工作合力，特别要充分发挥村（社区）党员、网格员、生态管护员、驻村工作队等基层力量，强化科技赋能，实现信息互通和资源共享，做到目标明、任务清、工作实，全面落实平安青海建设各项目标任务。

会议审议《青海省关于贯彻〈“十四五”平安中国建设规划〉的若干措施》，听取省委统战部、省公安厅、海北州、玉树州平安建设工作情况汇报，其他牵头单位、市（州）作书面汇报。

文件选辑

关于探索建立青海湖地区行政执法与公益诉讼检察协作配合机制的意见

（青海省人民检察院　海南藏族自治州人民政府　海北藏族自治州人民政府
青海湖景区保护利用管理局，2023 年 3 月 1 日）

为深入贯彻习近平总书记视察青海重要讲话和对青海湖生态保护的重要指示批示精神，认真落实省委、省政府关于改革青海湖景区管理体制的安排部署，全面推进青海湖流域生态保护和高质量发展，按照《青海湖国家公园创建期间管理体制改革方案》要求，建立健全执法司法协作联动机制，切实加大青海湖景区行政执法监督力度，提升青海湖景区综合行政执法工作效能，结合青海湖流域生态保护和高质量发展工作实际，制定本意见。

一、工作目标

以习近平生态文明思想为指导，坚持山水林田湖草沙冰生命共同体理念，通过不断凝聚检察监督与行政执法工作合力，运用法治思维和法治方式协同推进生物多样性治理，扎实做好青海湖流域自然资源和生态保护修复重点工作，助力加快青海湖国家公园创建步伐，巩固青海湖生态保护和环境治理取得的成效，推进建立以国家公园为主体的自然保护地体系，助推不断提升青海湖景区治理体系和治理能力现代化水平，促进青海湖生态环境高水平保护和生态旅游高质量发展。

二、重点任务

1. 助推加快青海湖国家公园创建。认真贯彻落实习近平总书记关于“在建立以国家公园为主体的自然保护地体系走在前头”的重大要求，检察机关会同行政机关进一步建立健全行政执法与刑事司法、公益诉讼检察衔接机制，聚焦构建青海湖国家重要生态安全屏障，统筹湖里和岸上、水源和流域，充分发挥行政执法与法律监督职能作用，促进区域野生动物种群恢复和生物多样性保护，积极推动青海湖流域生态文明高地建设，助推加快创建青海湖国家公园。

2. 合力加大青海湖流域生态环境和野生动物保护力度。强化日常协同与工作联动，依法妥善办理青海湖景区生态环境和资源保护等领域行政处罚案件、刑事案件。合力强化对青海湖生态功能区、生态敏感区和生态脆弱区的监督保护，严厉打击破坏青海湖景区水体、湿地、植被、野生动物资源等领域违法犯罪活动，进一步加强对特有野生动物珍稀物种及其栖息地的保护，加大青海湖野生鸟类栖息地和迁徙地的公益司法保护力度。

3. 切实强化青海湖流域公益诉讼检察工作。紧紧围绕草场保护、湿地保护和生物多样性保护等领域，聚焦黑臭水体、固体废物和尾矿污染等问题，依法办理青海湖流域生态环境和资源保护领域的公益诉讼案件，服务保障青海湖流域生态系统保护和修复重大项目，促进清理青海湖流域饮用水水源地风险隐患。检察机关要会同相关行政主管部门重点关注向青海湖流域违法排放工业废水、生活污水等其他废水废弃物和在流域沿岸乱占、乱采、乱堆、乱建问题的治理，督促及时清理污染水域、清除生活和建筑废弃物、拆除违法建筑。

4. 助力青海湖流域环境综合整治。严厉打击青海湖流域非法采矿洗矿、非法采伐林木、非法猎捕野生动物、非法捕捞水生动物，破坏环境资源和生物多样性等方面的公益损害行为。依法办理非法排放污水、投肥养殖、违反环境保护“三同时”、排污许可、禁养限养区管理等制度规定养殖畜禽等公益损害案件。依法对青海湖流域生活垃圾收集转运、牧区生活污水治理落实不到位等问题进行法律监督，推动以绿色发展改善青海湖流域生态环境质量。

5. 助推提升青海湖景区旅游市场治理水平。依法办理发生在青海湖景区内的食品药品、公共安全等领域侵害消费者合法权益公益诉讼案件，推动进一步加强旅游市场监管，促进完善旅游市场监管机制；在各自职权范围内，重点围绕景区内餐饮服务场所从业人员健康证、卫生状况、有无销售过期食品等问题开展执法司法工作，切实维护青海湖景区消费者合法权益。

6. 设立巡回检察点。分别在青海湖景区保护利用管理局共和、刚察、海晏分局设立巡回检察点，负责与当地相关行政主管部门的沟通协调，做好案件办理衔接、检务保障等工作。协调州检察院与相关行政主管部门开展业务交流、岗位培训等活动，推进专业技术力量和数据共享，提升协同执法司法能力。

7. 建立案件线索互通共享机制。建立线索双向移送、证据收集协作配合机制，行政主管部门在履行职责中，发现生态环境和资源保护领域及其他领域损害国家利益或者社会公共利益的行政执法问题和相关案件线索的，及时移送检察机关。检察机关在履行职责中，发现涉生态环境和资源保护领域违法行为和情节轻微的行政机关违法行使职权、不作为问题线索，及时移送行政主管部门。

8. 建立信息资源互通共享机制。建立日常沟通联系机制，推动青海湖景区行政执法信息及检察监督信息资源共享，共同研究解决在执法司法中存在的重大问题和事项，努力实现青海湖景区相关行政主管部门与检察机关的协作配合信息化、制度化和常态化。行政主管部门根据检察机关办案需要，向检察机关提供有关涉生态环境和资源保护领域及其他损害国家利益或者社会公共利益的线索收集、评估和相关行政执法信息。检察机关及时向行政主管部门通报办理涉青海湖景区相关公益诉讼检察办案情况和案件信息。

9. 开展专项监督检查。充分发挥公益诉讼检察职能，协同相关行政主管部门开展青海湖景区食品药品、安全生产、环境整治等专项监督检查工作，助推落实青海湖景区生态保护措施。检察机关与相关行政主管部门开展的涉及对方职责范围的专项活动时，可以邀请对方参与，或者双方联合开展专项活动，充分发挥法律监督职能和行政执法专业化优势，促进公正司法和严格执法良性互动。

10. 提供专业技术支持。相关行政主管部门与检察机关根据各自业务特点，相互提供专业咨询和技术支持。检察机关依法开展涉青海湖景区相关公益诉讼办案工作，进行调查取证时，相关行政主管部门应予支持配合；检察机关根据办案需要，商请相关行政主管部门作出勘验检查、鉴定评估、出具专家意见等协助的，相关行政主管部门应予协助。相关行政主管部门根据工作需要，向检察机关进行法律咨询的，检察机关应予支持和帮助；相关行政主管部门与检察机关互派业务专家开展专题授课，参加对方组织的岗位培训和业务交流活动，共同提高行政执法和法律监督能力。

三、保障机制

11. 建立联席会议制度。相互沟通交流相关行政主管部门执法情况、涉青海湖景区公益诉讼办案情况，及时研究解决协作配合中存在的问题，对共同做好景区生态环保、环境整治工作进行安排部署。联席会议采取定期举办、轮流承办的方式召开，原则上每年召开一次，经双方同意可临时召开。各确定一名联络员，负责日常文件传输、信息交换、沟通协调、重大案件通报等工作，建立相关工作台账。对于达成一致的议题，及时以会议纪要、会签文件等形式固化为制度成果。

12. 建立重要情况通报制度。建立重要情况通报制度，涉及检察机关与相关行政主管部门的重大舆情、重要问题、重大案件等，应及时相互通报，共同做好舆情处置、依法办理等工作。

13. 开展法治宣传活动。检察机关与相关行政主管部门可共同开展涉及青海湖景区生态环境保护、环境整治的宣传活动，通过制作公益宣传片、发布典型案例、召开新闻发布会等形式，广泛宣传青海湖景区生态环保成果，为促进依法行政、公正司法，营造良好宣传氛围。

特色专栏

坚持以政治督察全覆盖为抓手 打造新时代忠诚干净担当的政法铁军

青海省委政法委

近年来，青海省委政法委在中央政法委和青海省委的坚强领导下，注重优化完善政治督察机制、集成融合各类监督渠道，以常态化、多元化、长效化、科学化推进为引领，将加强党对政法工作的绝对领导作为主攻方向，牵头带动各市州党委政法委、省直政法单位开展政治督察56轮次，构建起了省级示范带动、各市州层级联动的政治督察工作格局，全力以自我革命的勇气助推锻造新时代忠诚干净担当的政法铁军。

一、科学定位政治督察制度，常态化推动实施

在总结实践经验的基础上，修订完善《青海省政法系统政治督察办法》，进一步明确了政治督察的新内涵、新定位。

一是从督察定位上，由省纪委机关、省委组织部、省委政法委、省委巡视办联合出台制度办法，明确政治督察作为狠抓政法系统党的政治建设、完善制约监督体系、承接教育整顿成果、推进全面从严管党治警的创新载体，要坚持以习近平法治思想为指导，推动《中国共产党政法工作条例》深入贯彻落实，为党委巡视巡察工作提供有益补充，是政法系统的“巡视条例”。

二是从督察推进上，细化“两个层面”（党委政法委和政法单位）、“三个层级”（省、市州、县区三级）的政治督察实施主体和具体对象，将所有政法单位纳入督察范围。将政治督察分为全面督察和专项督察两种形式，要求在地方党委任期内实现对所有对象的全覆盖督察，为常态化政治督察提供了制度依据，为灵活性、必要性督察留下了制度空间。

三是从统一实施上，制定印发《关于常态化开展政治督察工作的通知》，明确要求督察实施主体制定本届党委任期内的全覆盖督察计划，形成惯例、有序推进，积累经验、提质见效。同步印发实施《青海省政法系统政治督察工作指引》，为各级政法机关提供了现成的“工具书”和统一的“施工图”，确保了政治督察规范、稳步实施。

二、综合集成各方监督渠道，多元化融合监督

坚持政治引领、省委领导，各方参与、系统集成的原则致力打造渠道多元、手段综合、务求实效的监督体系。

一是在制度设计中，明确政治督察在党委统一领导下，坚持“一次一请示”“一次一授权”的方式组织实施，由党委政法委牵头依规依纪依法组织开展，从顶层设计上为强化党委政法委对政法工作的统筹领导给了抓手，赋了能量。

二是在集成监督中，由省纪委机关、省委组织部、省委政法委、省委巡视办、省直政法单位共同派员参加，进一步明确构建与各相关部门协同监督、信息共享、成果共用的机制，确保了监督授权、监督渠道、监督方式上的综合集成，有效提升了监督效力。

三是在实际操作中，省委政法委牵头组建政治督察组，对省公安厅党委、省司法厅党组的政治督察期间，推动各类监督渠道监督在同一平台的集成融合，实现了与省委巡视组、省委组织部选人用人专项检查组、省检察院巡回检察组的同时进驻、同台监督，为探索完善政法系统党内监督有效途径作出了积极探索。

三、狠抓督察成果转化运用，长效化整改落实

坚持从政治层面分析业务问题、从业务问题查找政治偏差，聚焦政治建设、法治建设、平安建设、队伍建设等督察重点，深挖问题案件、补齐制度短板。

一是聚焦政治建设，着力发现政法系统党的政治建设虚化、弱化、淡化等普遍共性问题。各地各单位借力政治督察整改，健全完善“第一议题”制度、加强重大事项请示报告、优化基层党组织设置、充实一线政法工作力量，探索了加强党对政法工作绝对领导的新路径。

二是聚焦法治建设，把执法司法问题案件清单作为政治督察见到实战果、发挥真威力的关键一招。特别实行问题案件线索清单化管理、联动式整改追责做到了“一案四查”，即督察一家，公检法司四方同查同改。省委政法委组织的5轮次政治督察中，共依法整改89起执法司法典型问题案件，依纪依法循线处理涉案政法干警50余人，探索了拧紧执法司法制约监督责任链条的新思路。

三是聚焦平安建设，将解决群众反映强烈的突出问题作为政治督察最大的价值追求。在依靠群众发现问题的同时，着力通过解决问题赢得群众满意。如围绕督察发现的违规技侦、顶格处罚、酒驾案件办理尺度不一、涉藏地区抵押车乱象和性侵未成年人案件多发易发等群众反映强烈的问题，被督察单位开展系列专项行动、建立多项长效机制，维护了群众合法权益、减轻了群众负担，探索发现解决影响人民群众安全感、获得感问题的新机制。

四是聚焦队伍建设，将建设忠诚干净担当的政法队伍作为政治督察的目标任务，着重发现解决形式主义、官僚主义等作风问题，干部断层、人才匮乏、干警机关化等队伍建设老大难、中梗阻问题，普遍性、机制性的顽瘴痼疾问题，督促相关部门研究制定爱警暖警长效机制、加快推动干警轮岗交流和实战实训，通过补短板强弱项，有效助力政法队伍建设，探索了落实全面从严管党治警的新载体。

四、持续改进完善方式方法，科学化提质增效

注重在实施中不断优化改进政治督察方式方法，力求以更加科学高效的手段举措拓展提升督察质效。

一是抓好统筹指导，围绕常态化推进、改进方式方法、避免重复性督察等主题，连续4年下发指导文件抓好统筹谋划、强化对下指导，通过采取召开工作推进会、派员授课指导、定期通报等方式督促各地各单位压实责任、挂牌作战、逐年销号、提升质效，确保早日实现全覆盖督察目标。

二是注重人才储备，建立及时更新、强化培训，经验交流、激发激励等政治督察人才素能提升机制，结合省委政法委执法监督人才库建设，将懂政治监督、会案件评查等方面专业人才吸纳入库，并采取点名抽调、固化督察组人员构成等举措确保了督察队伍的专业性。

三是深化成果运用，定期围绕政法系统政治督察开展情况进行调查研究，系统分析政治督察发现的问题和整改进展。针对涉及多家单位的普遍性问题，谋划部署政治督察“后半篇”文章，通过组织各地各单位开展反馈问题整改“回头看”，进一步明确了“当下改”和“长久立”举措，切实以成果运用扩大了整改成效，转化为了发展思路。

依法严惩涉黑涉恶犯罪
推动常态化扫黑除恶斗争走深走实

青海省高级人民法院

2023年，青海省高级人民法院扫黑办深入落实省委平安青海建设“十个一”工作要求，坚持将常态化扫黑除恶斗争摆在工作全局的突出位置，统一思想、统筹部署、统筹推进，扎实推进青海法院常态化扫黑除恶斗争工作。

一、及时部署推动，工作稳步开展

坚持把常态化扫黑除恶作为平安青海建设的重要内容与业务工作同安排、同部署、同落实。先后制定印发《青海省高级人民法院2023年度常态化扫黑除恶斗争工作要点》《全省法院扫黑除恶“回头看”百日攻坚行动方案》《关于切实做好打击惩治涉网黑恶犯罪专项行动的通知》《关于开展依法严惩各类政商结合家族式黑恶势力犯罪有关工作的通知》《关于发挥审判职能作用推进教育、金融放贷、市场流通等重点行业领域整治工作的通知》等，明确职责任务、强化责任落实、完善组织领导，扎实推动常态化开展扫黑除恶走深走实。

二、树牢“铁案”意识，依法严格办案

严把案件事实关、证据关、程序关和法律适用关，确保扫黑除恶始终在法治轨道上运行。常态化开展扫黑除恶斗争以来，指导全省法院继续依法保持对黑恶势力犯罪打击的高压态势，对常态化以来新收的涉黑恶案件，坚持定期开展盘点调度，督导督办，实现收结案动态平衡。常态化开展扫黑除恶斗争以来，全省法院一审审结13件146人，二审审结10件112人，重刑率36.3%，所有案件均已一审审结。加大“打财断血”力度，准确把握“黑财”认定范围及证据标准，将财产处置工作作为法庭调查、举证质证、法庭辩论的重要内容，加强对涉案财产权属、性质的审查甄别，能证明是黑恶的坚决“颗粒归仓”，切实提高财产处置率，共判处财产刑及追缴、没收违法所得2057.15万元，有效铲除了黑恶势力犯罪的经济基础。

三、聚焦大案要案，加强对下指导

始终把查处大案要案作为主攻方向，主动加强与政法各单位的联系，充分运用重大案件会商和联席会议制度机制，加强对重点案件的分析研判。同时，加强对全省法院办理重大疑难复杂涉黑涉恶案件的指导力度，多次前往各地基层法院就案件审理进行研判指导，确保案件审理取得良好的政治效果、法律效果和社会效果。对全国扫黑办挂牌督办的“蒋涛案”“谈林军”案，坚持“一案一专班、一案一方案”，逐案跟踪指导，指导承办法院破难题、解困局、指方向，推动顺利审结谈林军等12人组织、领导、参加黑社会性质组织案，蒋涛、张立功等20人组织、领导、参加黑社会性质组织案，黄国灿等27人诈骗上诉案，马金龙等19人敲诈勒索、侵犯公民个人信息、偷越国境案，有效巩固了扫黑除恶斗争战果。

四、强化宣传发动，提升法治教育力度

将《反有组织犯罪法》列入党组理论学习中心组的学习内容。同时，结合“法律七进”送法服务活动，在全民国家安全教育日、非法集资宣传、环境生态、禁毒等专题宣传期间，运用“两微一端”以及集中宣传等方式广泛宣传《反有组织犯罪法》，切实增强人民群众反有组织犯罪意识和能力，提升人民群众对《反有组织犯罪法》的知晓率。结合当前反电诈等重点领域工作，与切实做好打击惩治涉网黑恶犯罪专项行动工作相融合，统一部署，同步推进，一并推动宣传教育工作开展。

探索建立生态环境公益诉讼巡回检察制度

青海省人民检察院

青海地处“地球第三极”，是“三江之源”“中华水塔”。习近平总书记强调，保护好青海生态环境是“国之大者”，提出青海“三个最大”“三个更加重要”省情定位的重大论断，进一步明确了青海在国家生态安全中的战略地位。近年来，青海检察机关坚持以习近平法治思想和习近平生态文明思想为指引，立足国家法律监督机关职能定位，在三江源地区（“一片”）、环青海湖地区（“一圈”）、祁连山南麓青海片区（“一线”）三个区域，开展生态环境公益诉讼巡回检察，探索通过“属地检察+巡回检察+专项治理”解决河湖跨流域、区划跨地域、管理跨领域重点生态功能区生态环境突出问题的新路子。

一、发挥属地检察机关基础性作用

在生态环境公益诉讼巡回检察中，市州、县区两级属地检察机关的日常履职是基础和支撑。

一是突出监督办案的重点领域。青海省基层检察机关特别是三个生态功能区试点所在地的基层检察院，把涉生态环境公益诉讼案件作为检察办案的着力点和增长点，加大生态环境领域的监督办案力度。

二是建立定期报送、联点直报等制度。把收集上报相关线索信息作为属地基层院一项日常职责，对相关行政主管部门不履行自然资源、生态环境等行政管理职责，影响三江源等重点生态功能区生态环境保护的，由属地检察院直接向省检察院移送相关案件线索，推动青海省生态环境领域公益诉讼办案数量大幅提升。

三是履行驻点检察职责。“一片”“一圈”“一线”区域所在地检察机关取得有关部门支持，设立驻点检察机构，对重点领域、重要地段生态环境保护情况进行常态化检察监督，及时发现问题，依法督促有关部门履行职责。

二、开展生态环境公益诉讼巡回检察

针对重点生态功能区生态损害案件线索发现难、

检察服务触角尚未延伸到位等问题，2021年12月，经最高人民检察院批准和青海省人大常委会决定，在西宁铁路运输检察院挂牌成立三江源地区人民检察院，专门管辖省内跨区域生态环境领域刑事案件和公益诉讼案件，进一步强化生态环境检察保护的专业化、专门化水平。建立以三级检察院一体化办案机制为纵向牵引，以环青海湖、黄河青海流域检察协作机制为横向平台，以三江源地区检察院为联结纽带，围绕三区域存在的生态环境突出问题开展巡回检察的生态环境保护检察履职机制，组建巡回检察组，采用“定期+机动”方式，每半年开展1次固定巡回检察工作，并针对一定时段、特殊区域内生态环境特定问题适时开展巡回检察。

一是排查发现重大案件线索。全面分析各地上报的问题线索，确定重点领域、重点问题，主动摸排国家公园园区和各类自然保护地内非法采矿、非法猎捕珍贵、濒危野生动物，非法改变自然水系状态等损害国家和社会公共利益等违法犯罪线索，确保巡回检察能够聚焦问题、突出重点，有的放矢。

二是办理生态环境公益诉讼重大案件。对于巡回检察中发现的“三跨”重大案件线索，归口由三江源检察院办理，或由省检察院指定有关市州检察院管辖，有效解决这类案件因属地检察机关级别不够、管辖权有限而导致的迟办、缓办或者办不彻底的问题。

三、推动生态环境突出问题专项整治

针对在巡回检察和办理案件中发现的涉及面广、成因复杂、危害严重的生态环境突出问题，推动有关地方和部门开展专项整治活动，在一定时间内集中力量对累积的突出问题开展“外科手术”式整治，助推重点生态功能区生态环境持续改善。通过开展专项整治活动，先后与18家行政主管部门围绕长江黄河保护、国家公园建设、野生动物保护、湿地保护、人兽共患传染病防治和防治外来物种侵害等重点领域工作，建立23项公益诉讼检察与行政执法衔接机制。推动有关部门制定完善相关领域管理规范性文件47个，有力推进了生态环境问题的源头治理和制度防范。

积极探索打击破坏生态环境资源犯罪新模式

青海省公安厅森林警察总队

近年来，青海省公安机关在省委和省政府、公安部的坚强领导下，坚持以习近平新时代中国特色社会主义思想为指导，立足“三个最大”省情定位和“三个更加重要”战略地位，统筹推动“昆仑”等系列专项行动，依法严厉打击破坏生态环境资源领域违法犯罪，坚决扛稳扛牢守护生态环境资源安全重大政治责任。

一、突出专业警种带动，警务管理模式不断优化

严格落实习近平总书记关于健全美丽中国建设保障体系的重要指示精神，持续深化重点生态功能区警力整合布防和警务优化管理。在三江源地区、环青海湖地区、祁连山地区，针对非法猎捕野牦牛驯养繁殖、环湖地区（流域）涉渔违法犯罪等突出、易发、多发问题，全面排查生态环境资源领域风险隐患，依法严厉打击涉生态环境领域违法犯罪行为。

二、突出全警统一行动，专项打击整治纵深推进

始终坚持习近平总书记“用最严格制度、最严密的法治”保护生态环境和资源安全，持续深入推进“昆仑”“清风”“长江禁渔”“黄河禁渔”等自然资源领域系列专项行动，树牢首位意识、扛起守土之责，全面推进“生态警长制”，构建“四级”生态警务模式，进一步压实各级公安机关维护生态环境资源安全责任链条，抓实抓细“打防管控建宣”各项措施，严守环境质量底线、资源利用上线、生态环境保护红线，不断深化“警园”协作，保障服务好国家公园示范省建设。全面实施主动警务、预防警务，加强前端性谋划部署，持续深化生态环境资源领域矛盾纠纷排查化解，妥善处置打击和保护之间的关系，坚持打早打小，遏制源头案件增量，管控风险变量，减少问题存量。2023年，青海省公安机关共侦办食药环和知识产权领域刑事案件143起，同比提升52.13%；破案131起，破案率91.61%，同比提升32.04%；抓获犯罪嫌疑人242人，同比增长105.08%。其中，环资类案件94起，同比增长 44.61%。

三、强化部门衔接联动，行刑双向衔接持续深入

始终坚持生态保护优先，牢固树立系统观念，坚持标本兼治、固本强基，持续加强与行业主管部门协作联动，将最严格制度最严密法治落到实处。为进一步化解行业部门多头执法等问题，2023 年 1 月，省公安厅联合相关行业主管部门，制定印发《青海省食药环领域行政执法与刑事司法衔接工作实施办法》，进一步细化了食药环领域行刑衔接工作流程和措施，对食药环领域“两法衔接”提供了指引和标准。深化地区间横向沟通协作，主动加强与新疆、西藏、四川、甘肃等周边省区公安机关的协作联动，搭建以联勤、联管、联享、联控、联治为主体的“五联”跨区域警务合作机制，进一步化解跨区域、跨流域环境资源保护难题，签订联防合作和跨区域合作协议，召开警务协作联席会议，常态化开展联合执法巡查，互通信息情报。

四、突出群众发动参与，群防群治合力不断凝聚

始终牢记“良好生态环境是最公平的公共产品，是最普惠的民生福祉”，不断拓宽群团组织、社会组织、人民群众参与生态环境和资源保护渠道，鼓励基层村“两委”“志愿团体”等组织参与执法保护工作，着力构建了公安巡逻防控与群防群治、源头管控、良性互动的生态警务新模式。进一步加强同主流媒体、平台之间的协作联动，定期发布典型案例，以案释法，发挥警示教育作用，突出正向激励作用，加大力度宣传可可西里坚守、三江源守护等典型事例及索南达杰、赵新录等先进事迹，让先进典型成为坚守精神的引路人和警营文化的代言人。同时，结合“百万警进千万家”活动，常态化开展普法宣传工作、开展“马背宣讲”“帐房讲堂”“生态课堂”等普法宣教活动，多维度、多层次开展普法宣传，提升公众依法保护环境资源认知度，引导群众积极参与生态环境资源保护，努力实现打击整治工作政治效果、法律效果和社会效果相统一。

“法律九进”重落实　全面推进“八五”普法走深走实

青海省司法厅

青海省“八五”普法规划实施以来，省委全面依法治省委员会守法普法协调小组坚持以《深化“法律九进”活动助推平安青海法治青海建设实施方案》为牵引，以充分发挥牵头抓总、统筹督导职能作用为抓手，以深入推进法律进机关、进学校、进企业、进社区、进乡村、进军营、进家庭、进网络、进宗教活动场所“法律九进”活动为重点，健全机制、创新方式、高标推进，不断提升法治宣传教育的针对性和实效性，助推平安青海法治青海建设再上新台阶。

一、抓好法律“进机关”，不断提高依法行政和服务社会水平

坚持把习近平法治思想纳入理论学习中心组学习内容和干部教育培训重点专题，通过建立“学、述、考、用”四位一体法治能力培养体系，全面推行国家工作人员“线上＋线下”学法模式，推动落实领导干部法治培训、会前学法、任前考法、年终述法等制度，领导干部法治理念、法治思维能力得到进一步提升。青海省共有 14 万名国家工作人员、企事业经营管理人员参加年度学法用法考试，参考率 85.51%，及格率 82.59%，其中厅级干部参考率 90.35%。

二、抓好法律“进学校”，有效提升青少年学生法律素养

坚持把法治宣传纳入国民教育体系和中小学教师“国培”计划，广泛开展“学宪法、讲宪法”“青春与法同行”“关爱明天　普法先行”及模拟法庭、普法征文、漫画征集、手抄报评选、舞台剧演出等青少年法治宣传主题教育系列活动，推动实现青海省中小学配备法治副校长、法治辅导员全覆盖，《青少年法治教育大纲》在青海省得到有效落实。青海省共命名“依法治校示范校”110 个。

三、抓好法律“进企业”，大力促进企业依法诚信经营

坚持把生动的法治宣传寓于鲜活的法律宣讲、

以案释法、政策解读、法律咨询和风险排查服务之中，深入企业讲政策、送法律、解难题、促发展，重点宣传涉企典型案例，精准提供政策解读和法律咨询，推动落实企业经营管理人员学法用法及公司律师、企业法律顾问等制度，扎实开展“诚信守法示范企业”创建示范活动，不断深化依法治企管理能力建设。

四、抓好法律“进社区”，共建共享社区法治文明成果

坚持以建设1个法治宣传窗、1个法律图书室（角）、组建1支专兼职相结合的普法队伍，建立1套居民学法制度、制定1部居民公约，每季度开展1次义务法治宣传活动，为居民上1堂法治课“七个一”活动为载体，通过搭建“法治连亲平台”，运用“法治+文艺”“法治+民俗”“调解+普法”“服务+普法”等多种工作模式，深入推进社区依法治理工作，着力解决基层突出矛盾，全面推动社区法治文明建设提档升级。

五、抓好法律“进乡村”，着力夯实农牧区基层治理基础

主动服务巩固拓展脱贫攻坚成果同乡村振兴有效衔接工作，以“乡村振兴与法治同行”活动为主线，深入推进民主法治示范村（社区）创建和“法律明白人”培养工程，结合“法治文化基层行”活动，充分发挥马背法治宣讲队、摩托车法治宣讲队、“双语”普法宣讲队等特色普法宣传队职能作用，进村入社敲开门、走帐串户送到手、创新方式听得懂，努力满足各族群众的法律需求，切实为农牧区基层治理提供坚强法治支撑。

六、抓好法律“进军营”，厚植军地融合发展法治根基

联合退役军人部门深入开展“法律政策进军营”“法律服务进军营”等双拥宣传活动，面对面开展法律宣讲，提高官兵法律意识，“一对一”进行法律咨询，满足官兵法律需求，实打实提供法律服务，保障官兵合法权益，通过法律咨询、法治讲座、代拟法律文书、受理法律援助申请等“一站式”法律服务，切实将法律服务送到部队官兵身边，真正实现法律拥军、法治护军。

七、抓好法律“进家庭”，全面激活和谐社会法治细胞

积极发挥家庭在法治社会建设的独特作用，深化“建设法治青海巾帼在行动”活动，通过培育“巾帼法律明白人”、组建“青姐姐后援团”、开展“精神文明进家庭”、创建学法用法示范户（中心户）、文明守法示范家庭、五星级文明户等群众喜闻乐见的方式，普及法律知识、宣传家教家风、参与基层治理、调解家庭纠纷，真正把法律送进千家万户。

八、抓好法律“进网络”，努力营造清朗安全网络空间

抓住新媒体时代机遇，聚焦互联网企业管理及从业人员、互联网用户“两类主体”，网上网下联动、线上线下互动，通过搭建以青海普法网、“青海普法”等为核心的网络普法新媒体矩阵，广泛开展“互联网+法治宣传”活动。青海省共开通普法微信公众号101个，“青海普法”新媒体账号18个，发布信息稿559万条，粉丝数达110余万人，阅读量达20969万人次，广大网民文明上网、依法上网、理性上网的氛围正在逐步形成。

九、抓好法律“进宗教活动场所”，用心绘好团结奋进同心圆

始终把铸牢中华民族共同体意识贯穿全民普法全过程各领域，组建成立宗教活动场所法治宣讲团，充分利用“寺院法治宣传月”“宗教政策法规学习月”“平安青海建设宣传周”“民族团结进步宣传月”等时间节点，组织开展活佛阿訇讲宪法和“党亲国好法大家乡美”教育实践活动，并在全国首创“尊法学法守法用法示范寺观教堂”创建活动，命名“尊法学法守法用法示范寺观教堂”34个，打造建设果洛州玛沁县拉加寺、黄南州同仁市隆务寺法治文化阵地2处。

审稿人：周　戈　山永祥
撰稿人：杨雪峰　张耀玮　刘　伟
范宗平　郑燕君

宁夏回族自治区

工 作 概 况

2023年度宁夏政法工作综述

2023年，宁夏政法系统坚持以习近平新时代中国特色社会主义思想为指导，深入学习习近平法治思想，贯彻落实总体国家安全观，扎实推进主题教育，坚持法治化根本路径，持续推进基层法治固根本，着力解决突出问题稳预期，不断夯实防范机制利长远，为疫情防控转段之后宁夏经济恢复发展、社会稳定运行营造了法治化环境。

一、突出政法在“干”，系统推进两批次主题教育

跟进学习领悟习近平总书记关于主题教育重要讲话和重要指示批示精神，以铸牢中华民族共同体意识为工作主线，以政法在“干”为行动牵引，切实把主题教育过程转化成为贯彻落实党的二十大精神的实干行动。

（一）坚定法治立场观点方法。在主题教育中着力塑造适应推进政法工作现代化实践要求的法治立场观点方法。研究制定《关于常态化加强新时代政法干警素质能力训练的实施意见》，把“四个以学”具体化为27项工作措施，提高政法干警自觉运用法治思维和法治方式开展工作、解决问题、保障发展的素质能力。积极运用自治区“10+3”安全生产工作机制和政策制度体系，系统转化为推进基层法治、预防化解风险的社会综合治理“路线图”，着力提升统筹安全的法治化水平。推动将自治区生态文明建设“1+4”系列文件转化为构建法治生态新安全格局的“任务书”，统筹推进生态环境领域立法、执法、司法和法治宣传工作，用最严格制度最严密法治保障生态文明建设。

（二）着力推动解决突出问题。紧密依托基层法治，切实以解决问题的成效检验主题教育的成色。聚焦涉法涉诉信访领域突出问题专项整治，排查整改7类突出问题和案件906件，组织开展信访问题源头治理三年攻坚行动，清理长期未结诉讼案件和执行积案，受理劳资纠纷类信访事项3582件，化解3082件，办理法律援助案件18336件，让人民群众切身感受到主题教育带来的法治变化和政法成效。

（三）强化铸魂增智正风促干。切实把“四个以学”要求通过政法单位主题实践，在系统推进常态化政法队伍教育整顿过程中强化铸魂增智正风促干。自治区高级法院实施“六项能力水平提升工程”，全力推进矛盾纠纷多元化解，集中攻坚执行难问题，兴庆区法院被最高人民法院命名为全国第一批“为民办实事示范法院”；自治区检察院开展以“检察蓝”守护人民群众美好生活专项监督活动，会同自治区法学会在全国率先成立省级公益诉讼法学研究会，20个公益诉讼案件入选全国检察机关优秀典型案例；自治区公安厅推进“出警快一秒、平安多一分”专项攻坚行动，46%的警力下沉基层一线，接处警速度提升20%，八类主要刑事案件破案率达100%；自治区司法厅深化人民调解“四张网”建设，积极推进“事心双调”，“塞上枫桥”调解经验在全国调解工作会上作经验交流；自治区法学会组织“百名法学家百场报告会”、首席法律专家咨询等活动，积极推进习近平法治思想深入基层、走进群众。

（四）系统构建常态长效机制。统筹“当下治”与“长久立”，推进建立一系列固根本、稳预期、利长远的法治化防范机制。围绕基层法治，提升推广固原市“1+1+3”机制，构建乡镇（街道）综治中心统筹、村（社区）基层法治工作机制支撑、社会力量广泛参与的“塞上枫桥”基层法治体系，做到矛盾纠纷化解村（社区）“日清周结”、乡镇（街道）“周清季结”，坚强筑牢基层法治根基。围绕信访工作，完善预防、受理、办理、监督追责、维护秩序法治化“路线图”，在五个县（市、区）先行试点，推动信访问题源头预防、依法化解。围绕严格执法，推行公安执法“一网统管”，及时预警管控执法风险，有效提升执法质效和公信力，人民群众对公安执法满意度达到93.56%。

（五）有序衔接两批次主题教育。坚持把调查研究贯穿两批次主题教育，围绕政治安全、社会稳定、法治建设、服务发展、队伍建设等方面，自治区党委政法委与五个地市协同调研，“一市一专题”合力破解难点问题。坚持和发展新时代“枫桥经验”，把解决信访突出问题作为着力重点，推动化解涉法涉诉、就业安置、拆迁补偿、拖欠薪资等信访矛盾纠纷。坚持把应知应会党内法规和国家法律制度作为主题教育理论学习的重要内容，举办“塞上枫桥”法治讲堂，贯通区、市、县、乡四级，推动法治制度和基层实践有机融合，提升政法干警忠诚履职、担当作为能力。系统推进落实自治区党委铸牢中华民族共同体意识“七抓七促”部署要求，指导推动乡镇（街道）综治中心、村（社区）“塞上枫桥”基层法治工作机制，以铸牢中华民族共同体意识为基准，常态化开展风险隐患排查化解稳控，推动形成办事依法、遇事找法、解决问题用法、化解矛盾靠法的基层法治氛围。

二、严守政治安全，依法推进防范体系机制化

（略）

三、加强基层法治，铸牢中华民族共同体意识

在自治区党委统一部署下，宁夏政法机关始终把基层法治作为铸牢中华民族共同体意识的基准，坚持运用法治思维和法治方式维护中华民族共同体。

（一）建立风险防范法治化“路线图”。将自治区安全生产的“防、查、改、教、强、技、制、督、调、究”重点任务和“深、准、狠”总要求，系统转化为风险防范法治化“路线图”，出台《坚持和发展新时代“枫桥经验”提升社会矛盾纠纷预防化解法治化水平的实施意见》，推进矛盾纠纷预防化解和信访工作法治化。针对婚恋家庭、医疗卫生等重点领域和重点群体，严格按照“路线图”排查化解，2023年累计排查各类矛盾纠纷74032件，化解72446件，化解率99.7%。

（二）统筹基层法治力量开展“事心双调”。持续深化人民调解“四张网”建设，推动更多法治力量按照“事心双调”要求，既调处化解矛盾事项，又调理疏导纠纷心结，构建形成以人民调解为基础，行政调解、司法调解、行业性专业性调解协调联动的矛盾纠纷调解化解法治体系。

（三）提升生态环境治理法治化水平。坚持学懂弄通做实习近平法治思想和习近平生态文明思想，研究制定系统推进生态环境治理法治化的实施意见，围绕依法维护国土空间规划、保障“几字弯”攻坚战等8项重点目标任务，着力构建生态法治新安全格局。深化“丝绸之路经济带”（国内西北段）生态环境检察对接协作，检察机关办理生态环境和资源保护领域公益诉讼案件814件，人民法院集中管辖审理环境资源类案件2572件。打赢“网盾行动”首战，打击处理违法犯罪人员11人，查办野生动植物案件13起。

（四）建设社会治理共同体法治文化。建立政法系统领导干部应知应会党内法规和国家法律制度清单，作为政法队伍教育整顿常态化常修课，推动政法干警坚定法治信仰、增强法治观念、树牢法治思维、提升法治能力，引领社会治理共同体法治文化建设。政法各单位充分利用黄河工程设施、沿黄生态廊道等，建设黄河法治宣传教育阵地87个，广泛宣传黄河法治文化。深入开展“宪法宣传周”活动，区、市、县三级连线，2800多个村（社区）同步启动，300多万人积极参与，不断增强全社会对宪法的尊崇和信仰。坚定依托基层法治体系，广泛宣传习近平法治思想，全面推进村（社区）以建设法治家园为载体，传承弘扬中华优秀传统法律文化，与主题教育和政法队伍教育整顿常态化融会贯通，引领培塑全社会日用而不觉的法治思维习惯和行为方式。

四、加强法治建设，维护政治法律社会效果相统一

政法机关牢牢把握公平正义的法治价值追求，健全完善法律体系，推动统一正确实施，努力实现更加统一的政治效果、法律效果、社会效果。

（一）科学精准推动地方立法。以良法保障善治促进发展，积极服务保障先行区建设，制定修改废止乡村振兴促进条例、贺兰山东麓葡萄酒产区保护条例等地方性法规、政府规章22件。建立“双组长全覆盖全过程”立法专项运行机制，新增24个基层立法联系点、245名信息联络员，畅通立法民意表达渠道。健全备案审查监督体系，集中清理政府规章、行政规范性文件446件，修改、废止、宣布失效21件，切实维护国家法治统一。全面推进新修订的

《行政复议法》学习贯彻，开展行政复议、行政执法、行政审判人员培训，高质量完成政府规章和行政规范性文件清理工作。

（二）依法促进安全生产整治。银川市兴庆区富洋事故发生后，第一时间成立由政法干警、律师、心理咨询医生等组成的工作专班，“一人一策一专班”开展工作，组织开展安全稳定风险专项整治，全力保障事故依法平稳处置。充分发挥自治区依法治区办职能作用，对自治区党委十三届四次全会出台的安全生产“1+37+8”系列文件进行合法合规审查，依法推进各地各部门履行安全生产法定职责。牵头推进落实道路交通、电动自行车、民用爆炸物品、大型群众性活动、公安监所、监狱及司法行政强制隔离戒毒场所6项安全管理重点任务，排查整改隐患8.3万余处，依法批捕危害生产安全犯罪27人。统筹推进火灾事故、道路交通、校园医院等重点风险隐患排查整治，依法整改整治“九小”场所火灾隐患8310处、交通安全隐患2638处、校园医院安全隐患720个，道路交通事故“四项指标”均下降10%以上，10月份宁夏道路交通事故预防“减量控大”位列全国第七、西北第一。

（三）坚决打击电信网络诈骗犯罪。电信网络诈骗案件发案数连续25个月同比下降，财损数和查处违法犯罪人数、挽损率连续10个月“一降两升”。

（四）纵深推进扫黑除恶斗争常态化。部署开展常态化扫黑除恶斗争重点工作攻坚提升行动，全面整改全国扫黑办特派督导反馈问题，系统推进教育、金融放贷、市场流通领域突出问题专项整治，坚决铲除黑恶势力滋生土壤。2023年打掉涉黑涉恶团伙6个、破获刑事案件79起；检察机关起诉涉黑涉恶案件8件103人；人民法院办理一审涉黑涉恶案件7件104人，处置财产0.63亿元，125起判决生效的涉黑涉恶案件120起财产已全部处置到位。

（五）全面加强社会治安防控。部署开展夏季治安打击整治行动，挂牌整治5个重点县（区）突出治安问题，创新网上网下一体化打防管控模式，刑事案件同比下降12.1%，传统盗抢骗案件同比下降23%。银川市获评首批全国社会治安防控体系示范城市。

（六）健全完善公共安全法治体系。建立防汛救灾维护稳定工作机制，针对12类涉稳风险场景开展桌面推演、实战演练，确保汛期平稳度过。甘肃等地发生地震后，立即启动工作机制，积极防范应对可能引发的各类灾害事故和风险隐患。建立自治区涉险公共区域安全防护工作联席会议制度，督促落实“三管三必须”要求，严防涉险事故发生。

五、推进政治整训，塑造新时代政法铁军政绩观

协同推进主题教育和政法队伍教育整顿常态化。组织开展常态化加强新时代政法干警素质能力训练，把政治训练贯穿政法干警成长全周期。

（一）着力提升政法干警政治能力、思维能力、法治能力、实践能力。加强政治机关建设，严明政治纪律和政治规矩，严格落实重大事项请示报告制度。2023年自治区党委政法委向自治区党委请示报告35件（次），办理自治区领导批示113件（次）。

（二）锻造政法干警正确政绩观。对标习近平总书记关于树立和践行正确政绩观的重要论述，以严守对党忠诚、崇尚法律尊严、维护公平正义等10条措施，推动各级政法委机关先行垂范，引领政法干警牢固树立和笃信践行正确政绩观，紧紧依托“政法在干”持续塑造政法口碑。建立“为民办实事”重点任务清单和解决群众困难问题清单，有效推动解决困难群体司法救助、未成年人司法保护等17个方面群众急难愁盼问题，增强人民群众对公正和安全的获得感。

（三）加强政法干警培养选树。全面推进优秀年轻干部选拔培养“3331”工程，已选拔任用110名“80后”“90后”青年政法干警担当重要岗位，干部队伍年龄结构持续优化，优秀年轻后备干部数量质量稳步提升。组织开展最美政法干警选树，46个集体及52名个人获全国表彰，127个集体及186名个人获全区表彰。

（四）持之以恒正风肃纪强警。深入推进纠治形式主义、官僚主义专项整治，严格落实新时代政法干警“十个严禁”，完善党委政法委执法监督与检察机关法律监督、法治督察与纪检监察衔接机制，2023年查处违纪违法政法干警同比下降45.62%。自治区党委政法委梳理起底廉政风险点29个，针对性采取70项风险防范措施。自治区高级人民法院开展行政发改判案件评查，从个案入手推进“以案查人”。自治区检察院制定纪律作风“十五条禁令”，从严落实防止干预司法“三个规定”，检察系统主动记录报告有关事项2637件。自治区公安厅实施铸魂、清风、育警、暖心“四项工程”，加强“八小时”外监督管理。自治区司法厅建立监狱执法监督机制，规范16个方面执法程序。

会议活动

宁夏坚持和发展新时代“枫桥经验”推进会暨全区调解工作会议

11月27日，宁夏坚持和发展新时代“枫桥经验”推进会暨全区调解工作会议召开。会议深入学习习近平总书记关于坚持和发展新时代“枫桥经验”及调解工作重要指示精神，贯彻落实纪念毛泽东同志批示学习推广“枫桥经验”60周年暨习近平总书记指示坚持发展“枫桥经验”20周年大会、全国调解工作会议精神。

会议强调，要认真按照自治区党委统一部署，坚持和发展新时代“枫桥经验”，充分发挥调解基础性作用，有效提升矛盾纠纷预防化解法治化水平。

会议指出，要深刻领会新时代“枫桥经验”的科学内涵和实践要求，坚持和贯彻党的群众路线，依靠基层组织和广大群众，系统创新“10+3”基层法治理念思路和方法路径，切实做到预防在前、调解优先、运用法治、就地解决，实现“小事不出村、大事不出镇、矛盾不上交”。要贯彻落实新修订的行政复议法调解理念和复议程序，聚焦便民为民，畅通申请渠道，不断提高行政复议化解行政争议能力。要积极探索法治化“事心双调”多元机制和统筹平台，加快构建乡镇（街道）综治中心统筹、村（社区）基层法治工作机制支撑、社会力量广泛参与的“塞上枫桥”人民调解体系，推动基层法治调解工作既调处化解矛盾事项，也调理疏导纠纷心结。要选树推广“塞上枫桥工作法”先进典型和调解范例，及时总结推广基层实践经验，用先进典型引领，用调解范例示范，全面服务保障平安宁夏建设。

文件选辑

关于常态化加强新时代政法干警素质能力训练的实施意见

（中共宁夏区委政法委员会，2023年9月29日）

为持续推进习近平新时代中国特色社会主义思想主题教育，深入贯彻《干部教育培训工作条例》和全国、全区干部教育培训规划（2023—2027年），贯彻落实自治区党委十三届四次、五次全会精神，巩固深化政法队伍教育整顿成果，常态化加强新时代政法干警素质能力训练，建设堪当重任的高素质政法铁军，推进全区政法工作现代化，结合工作实际，制定本实施意见。

一、总体要求

（一）指导思想

深入贯彻习近平法治思想，持续推进学习贯彻习近平新时代中国特色社会主义思想主题教育，以不忘初心、牢记使命为根本，以增强素质能力为重点，坚持政治统领、服务大局，坚持以德为先、注重能力，坚持精准训练、全员覆盖，坚持贴近实际、共建共享，围绕以学铸魂、以学增智、以学正风、以学促干，综合运用线上线下教育培训阵地，常态化加强政法干警素质能力训练，奋力推进新时代新征程政法工作思想观念、工作体系、工作能力现代化，系统塑造政法口碑，为全面建设中国式现代化美丽新宁夏贡献政法力量。

（二）主要目标

——理论素养更加深厚。以习近平新时代中国特色社会主义思想为中心内容的理论教育更加系统深入，政法干警政治理论素养不断提高，思想行动高度统一。

——政治训练更加扎实。政法干警理想信念、党性观念、宗旨意识进一步强化，思想觉悟、政德修养、品行作风进一步提升。

——法治精神更加彰显。政法干警适应新时代、实现新目标、落实新部署的法治能力明显增强，依法立法、严格执法、公正司法的法治精神进一步弘扬。

——素能训练更加有效。政法干警履职的知识体系不断健全、知识结构不断优化、综合素养不断提高，政法领导干部的治理能力现代化水平进一步提高。

——训练体系更加完善。政法干警素质能力训练的持续性、针对性、有效性系统增强，训练内容更具时代性系统性、训练方法更具针对性有效性，训练机制更加规范完备。

二、训练内容

（一）在以学铸魂方面。一是坚定理想信念。增强对党的价值追求和前进方向的高度政治认同，贯彻落实习近平总书记对人民警察队伍训词精神，始终把铸牢中华民族共同体意识作为推进宁夏政法工作的主线，对照民族地区“四个特别”好干部标准，为党和人民履好职、尽好责。贯彻落实习近平法治思想，坚定法治信仰，忠于宪法和法律，引领建设更高水平的法治宁夏。大力弘扬政法英模精神，推动形成崇尚英雄、争当模范的浓厚氛围。二是铸牢对党忠诚。坚持把政治训练贯穿政法干警成长全周期，学懂弄通做实习近平新时代中国特色社会主义思想，引导政法干警坚定捍卫“两个确立”，坚决做到“总书记怎么说，我们就怎么做”。学党史凝心铸魂，学党章永葆忠诚本色，用好红军长征在宁夏、陕甘宁边区党领导政法工作的探索实践等红色资源，打牢高举旗帜、忠诚使命的思想根基。领悟践行“社会主义是干出来的”伟大号召，把对党忠诚见诸推进政法工作现代化的具体行动中。三是站稳人民立场。坚守政法工作的人民性，始终保持党同人民群众的血肉联系，全面推进人民法院、人民检察、人民公安、人民司法建设，坚定执法为民、公正司法。坚持和发展新时代“枫桥经验”，建强基层法治阵地，提升基层法治效能，打通基层治理“最后一公里”，提升新形势下做好群众工作的能力水平。

（二）在以学增智方面。一是提升政治能力。牢牢把握政法工作的政治性，引导政法干警增强政治意识，提高政治“三力”，时刻做到观察分析形势首先把握政治因素，谋划推动工作首先落实政治要求，处理解决问题首先防范政治风险，真正成为政治上的明白人，确保“刀把子”牢牢掌握在党和人民手中。二是提升思维能力。坚定用习近平法治思想武装头脑，掌握运用包括“六个必须坚持”在内的立场观点方法，训练塑造适应推进政法工作现代化实践要求的世界观和方法论，提高政法干警运用法治思维和法治方式开展工作、解决问题、保障发展的能力。全面推进立法、执法、司法、守法，做法治的忠实信仰者、模范实践者，在法治轨道上保障善治、应对挑战。三是提升实践能力。强化政法工作的系统性，坚定贯彻总体国家安全观，提升在法治轨道上化解安全风险隐患、各类矛盾纠纷的能力水平，坚决维护政治安全和社会稳定。加强同政法干警本职工作相关的新知识新技能培训，完善政法干警履职必备的知识体系，提升推进政法工作现代化的专业素养。坚持把执法司法作为最好的实践课堂，广泛开展情景模拟演练、办案流程推演、技能比武竞赛等实战化训练，加快向素质培养、技能训练转变。

（三）在以学正风方面。一是大兴务实之风。贯彻落实党中央关于纠治形式主义、官僚主义的工作要求，查找政法干警作风上存在的突出问题、薄弱环节及具体表现，加强执法监督、纪律作风督查巡查，确保各项决策部署落地见效。坚持把调查研究作为做好政法工作的基本功，把深、实、细、准、效“五字诀”贯穿政法工作的每一个环节。二是弘扬清廉之风。加强政治纪律、政治规矩教育，全面查找廉洁风险点，筑牢思想防线，坚守纪法红线。深化政法纪律条令教育，模范遵守新时代政法干警“十个严禁”等铁规禁令，坚决破除特权思想、特权行为，驰而不息推进正风肃纪反腐。三是养成俭朴之风。加强党史国史社会主义发展史改革开放史、中华优秀传统文化教育，继承和弘扬中华民族勤俭节约的优秀传统，继承和弘扬革命前辈的红色家风，明大德、守公德、严私德，以俭修身、以俭兴业。

模范落实中央八项规定精神，培养积极健康的生活情趣，尚俭戒奢、厉行节约，带头转变观念、反对浪费，以良好风尚引领社会风尚。

（四）在以学促干方面。一是树牢严格执法的政绩观。树牢维护公平正义、守护百姓安宁的严格执法正确政绩观，推进严格执法、公正司法，努力增强人民群众对公正和安全的获得感。聚焦黄河流域生态保护和高质量发展先行区建设、乡村全面振兴样板区建设、铸牢中华民族共同体意识示范区建设，着力在推进法治建设、维护安全稳定、锻造政法铁军上取得实效。二是鼓足法佑正义的精气神。把维护促进公平正义作为政法工作的神圣使命，做肩扛公正天平、手持正义之剑的坚定捍卫者。注重培养斗争精神，提高斗争本领，敢于在对敌斗争最前沿、维护稳定第一线迎接挑战、破解难题。大力培育家国情怀和勇于牺牲、敢于胜利的精神气质，引导政法干警善于应对突发情况、驾驭复杂局面。三是形成狠抓落实的好局面。坚持党对政法工作的绝对领导，自觉把政法工作放到党和国家工作大局中谋篇、放在全区改革发展稳定全局中布局，为全区高质量发展提供安全保障、夯实法治基础。贯彻落实习近平总书记视察宁夏重要讲话精神，开展基层法治提升、信访问题源头治理、解决执行难、公益诉讼检察、公安执法“一网统管”、人民调解等专项行动，为加强生态环境保护、推进美丽宁夏建设提供法治保障，切实解决影响政法工作高质量发展的突出问题，推动政法工作整体水平提升，奋力推进新时代新征程政法工作现代化。

三、训练方法

（一）常态开展线上训练。根据政法工作要求和干警特点，对“宁夏政法”微信小程序进行迭代升级，设置政法学堂、专题讲座、研讨交流、以案说法等应用模块，采取播放视频和在线讲授等方式，延伸到“塞上枫桥”警务工作站常态开展线上训练。

1. 加强专题讲授。深化与福建、浙江等省份及区内外政法院校的战略合作，邀请政法领域知名教授、专家学者线上讲授解读党的创新理论、党中央决策部署、政法工作安排部署等。

2. 组织条线训练。设置“政法委学堂”“法院学堂”“检察学堂”“公安学堂”“国家安全学堂”“司法行政学堂”，结合形势任务和工作实际，构建训练内容，组织开展学习训练工作，教育引导政法干警提升能力水平。

3. 弘扬政法英模。挖掘政法干警在对敌斗争、执法办案、保护群众、承担急难险重等任务中涌现出来的先进典型事迹，通过制作视频或在线讲述等形式组织干警学习，积极营造尚警、爱警、强警的浓厚氛围。

4. 深入研讨交流。通过在线方式，每周三利用半天时间，紧密结合形势任务，聚焦普遍关注的热点问题，通过现身说法、研讨交流等方式，引导政法干警和基层综治人员提高分析解决问题的能力水平。

5. 推进以案说法。创设“塞上枫桥”专栏，开设案例教学课，邀请专家教授选取典型案例进行研析，并就如何依法依规处置组织讨论，充分发挥典型案例的启示、指引、规范和教育功能，推动法治理念深入人心。

（二）有效组织线下训练。坚持政治引领、问题导向、实用实效原则，跨部门、跨区域、跨层级整合师资力量，扩大训练覆盖面，增强训练实效。

1. 加强理论学习中心组学习。充分发挥理论学习中心组的“风向标”和“排头兵”作用，全面落实“第一议题”和“双随机”交流机制，坚持集体学习为主，个人自学、辅导讲座、研讨交流贯通结合，通过学习联抓、活动联办、工作联推，提高理论学习中心组学习的针对性和有效性。根据工作需要，由政法各单位轮流主办党委政法委和政法各单位理论学习中心组联组学习会，形成常态化制度机制，切实推动学以致用、以学促干。

2. 举办“塞上枫桥”大讲堂。聚焦政法工作形势任务要求，由自治区党委政法委牵头，统筹协调自治区政法单位轮流组织，采取视频形式，视情覆盖到区、市、县、乡四级综治中心、“塞上枫桥”警务工作站，全力打造与政法工作相衔接、形势任务相适应、干警需求相结合的政法实务讲堂，推动法治理论与基层实践有机融合，助推培养高素质法治人才。

3. 丰富基层党支部学习。坚持“第一内容”制度，落实“三会一课”制度，常态化开展理想信念、党内法规、国家法律、职业道德、形势政策教育，通过交流研讨、宣讲阐释、案例教学、参观党性教育基地等方式组织党员干警学习，推动政法干警学有所思、学有所悟、学有所获。

4. 统筹政法系统资源。对标对表、跟进学习中央政法委、政法各单位举办的专题研讨班、培训班精神，借力用好高水平学习资源，让更多干警接受高质量学习训练。加强与区内外政法院校、各系统培训机构的战略合作，协商开展“菜单式”“订单式”培训，构建适宜政法干警发展的课程体系，合力推进应用型复合型创新型法治人才培养。

5. 开设政法主体班次。推动政法工作进党校课堂，在区、市、县各级党校（行政学院）主体班次中安排专门教学单元，统筹安排培训班次、学员、课程、师资等，推行课堂讲授、案例解析、现场感悟相结合的教学方式，增强政法主题教育培训的吸引力感染力说服力。

（三）扎实抓好实战训练。针对本地区本部门（单位）存在的突出问题和群众反映强烈的热点难点问题，深入开展调查研究，完善政法单位条线训练计划，分级分类组织实施，提升和检验新时代政法干警素质能力和实战水平。

1. 开展专业训练。着眼推进政法工作现代化需要，培养造就一批适应形势任务要求、关键时刻能够发挥作用的行家里手。加强互联网、大数据、云计算、人工智能等现代化科技手段在政法领域的深度运用，切实提高防控风险、执法办案、服务群众能力水平。

2. 开展实战演练。突出全流程模拟、实战化推演，让政法干警在逼真模拟场景下以演代训、以练促战。着眼有效应对处置突发事件，组织开展规模性突发事件、生产安全事件、公共卫生事件、自然灾害事件等应急处置实战演练，提高政法干警应急处突的实战能力。

3. 开展实地观摩。组织政法各单位条线业务工作观摩活动，采取集中观摩、现场点评、交叉互评等方式，互观互鉴执法司法的好做法、好经验，亮晒比促、取长补短，系统集成各地各部门创新举措，化一地经验为全区实践。

4. 开展技能比武。适时举办警务技能比武活动，科学设置技能比武项目，组织政法英模、优秀法官检察官、金牌调解员、办案能手等同台竞技、现场过招，营造比学赶超、争先创优的浓厚氛围。

5. 开展案件评查。突出问题导向，聚焦对社会影响大、群众反映强烈的案件，组织政法各单位业务骨干和法学专家、公职律师等组成评查组，对涉及民事、刑事、行政、执行、仲裁等重点案件，开展异地交叉评查、跨系统互查、提级复查，提升执法司法规范化水平，维护执法司法公信力。

四、组织保障

（一）层层压实责任。自治区党委政法委牵头统筹推进政法干警素质能力训练工作，推动各级党委政法委、政法单位制定、落实训练计划。自治区政法单位要根据政法队伍教育整顿等暴露出来的短板弱项和主题教育检视整改的问题，加强条线政法干警训练规划、制度建设，分级分类抓好落实。具体承办部门要切实履行职能，加强统筹协调和督促指导，精心组织实施。各级政法单位要合理安排业务工作和学习训练，确保训练任务落实到位。

（二）加强师资建设。自治区党委政法委、法学会充分发挥政法系统资源优势，按照政治合格、素质优良、结构合理、专兼结合的要求，选择实践实战经验丰富的领导干部、法学专家教授和一线政法干警担任兼职教师，培养组建一支优质师资队伍，建好用好政法干警教育培训师资库。

（三）注重学用结合。各级党委政法委、政法各单位要结合开展学习贯彻习近平新时代中国特色社会主义思想主题教育，结合巩固深化政法队伍教育整顿成果，主动适应政法工作新形势新任务新要求，深入推进政法干警素质能力训练，切实把学习成果转化为解决实际问题、狠抓工作落实的作风本领。

（四）强化跟踪问效。建立健全督导检查制度，定期督导检查培训情况，发现问题及时督促整改，对训练情况适时进行通报，并纳入平安宁夏建设考核内容。全面推进项目质量、课程质量、训练质量考核评价，采取抽样调查、定量定性等评估方法，以评促学、以评促训。根据学习训练积分排名，给予相应奖励，调动政法干警参加学习训练的积极性和主动性。

特色专栏

实践“塞上枫桥”基层法治工作机制

青铜峡市委政法委

宁夏深入贯彻落实中央“枫桥经验”纪念大会和全国调解工作会议精神，创新构建乡镇（街道）综治中心统筹、村（社区）法治阵地支撑、基层法治力量广泛参与的“塞上枫桥”基层法治体系，坚强筑牢维护安全稳定的基层法治根基。青铜峡市创新实践基层法治方式，奋力推动“塞上枫桥”基层法治工作机制规范化建设，提升基层法治水平。

一、统筹谋划，凝聚合力推进

一是高位推动。组织召开市委常委会、推进会、座谈会8次，谋划部署工作，研究解决矛盾纠纷发现率不高、制度落实不到位等问题。制定《“塞上枫桥”基层法治工作机制规范化建设具体举措》《网格员“塞上枫桥”基层法治工作考核管理办法》等文件，明确市、镇、村三级基层法治工作职责任务及工作要求，有力有序有效推进基层法治工作机制。

二是整合资源。创新推行新时代矛盾纠纷多元化解工作模式，政法委机关领导干部开展联镇包片工作，统筹全市39个“一庭三所一中心”等资源力量，将166名“三官一师两员”全部下沉基层一线，坚持“每周联席研判、电话预约随时服务”，发挥“人民调解员+法治宣传员+民意收集员”作用，全力打造“半小时矛盾纠纷调解圈”。

三是严督实导。将“塞上枫桥”基层法治工作机制规范化建设纳入全年效能目标考核、纳入各级财政预算、纳入“四防”督查、纳入政法委员述职述责，将矛盾纠纷发现、问题隐患调处质效作为重要考核内容，分层次、分批次开展实地督导检查30余次，对发现问题分类处置，采取通报、约谈、挂牌督办等方式压实责任限时办结，矛盾纠纷排查化解不深入、镇街综治中心统筹协调不到位等突出问题得到有效整改。

二、落实责任，推动事心双解

一是实战化运行综治中心。按照“四有四化”标准，系统整合信访、人民调解、劳动仲裁、法律服务等职能和力量，健全完善“综治中心+网格化+信息化+铁脚板”运行体系，实现受理接待、协同指挥、分流转办、调处化解、跟踪督办各环节有效衔接，推动基层治理方式由“单兵作战”向“团队服务”转变，一站式解决好群众“急难愁盼”。

二是全力共建法治家园。创新建设集重点人员帮扶、矛盾纠纷多元化解、法律服务、政策宣传、群众议事等于一体的法治家园，常态化开展“积分制+道德模范”“积分制+美丽家庭”等“积分制+N”评选活动，累计参与兑换积分群众8.6万名，兑换物品价值150余万元，宣讲宣传法治教育、移风易俗等活动30场次，推动形成了以“甘城子村法治家园”为全区首家独具特色的“塞上枫桥”品牌，以谭桥村、东街社区等为试点的青铜峡“枫”景。

三是联动化解矛盾纠纷。持续深化城市、农村、单位、行业专业人民调解“四张网”建设，构建起以人民调解为基础，行政调解、司法调解、行业性专业性调解协调联动的矛盾纠纷调解化解法治体系，推动更多法治力量按照“事心双调”“事心双解”要求，既调处化解矛盾事项，又调解疏导纠纷心结。比如，人民法院“三间法庭”让法官多跑腿、群众少跑路，司法局“金牌解纷联盟”实现金牌调解员跨区域调解，把法治服务送到群众身边。

三、健全机制，强化源头治理

一是聚焦发现矛盾，建立网格服务管理机制。按照“多网合一、一网统建、一网通管、一网共享”标准，细化724个网格，将社情民意收集、基础信息采集、矛盾纠纷排查等职能职责细化网格，最大限度激活网格化管理各项功能。统筹以网格员为骨干，以社区民警、法官、检察官、法律顾问等专业力量及志愿服务队、退役军人等社会力量为补充的专群联动工作队伍，通过“开门接访、分类跟访、带件下访”方式，结合家常、倾听、劝解等形式，做好信息“采集员”、法治“宣传员”、矛盾“调解员”，做到矛盾掌握“日清日结”；对收集到的社情民意、矛盾纠纷每周分析研判，分类处置、联动化解，做到“日清周结”。谭桥村以“村民说事”为平台，探索出一条“想说都能说、遇事要商量、有事马上办、好孬大家评”的“谭桥做法”新路子，27 年无信访问题。

二是聚焦解决问题，建立联席会议机制。镇（街道）充分发挥政法委员、武装部长牵头作用，统筹综治中心、法庭、派出所、司法所、禁毒办、退役军人服务站、武装部等，每周召开研判会议，对辖区治安问题和社会稳定风险进行预警研判，提出化解措施。创新实施政法单位领导干部包抓联系机制，针对辖区内重大矛盾纠纷、突出社会风险、重大信访事项，按需列席镇（街道）联席会议进行研判、联合调处、跟踪回访，做到“周清季结”。2023 年以来，联合调处各类矛盾纠纷 279 起，解决了老旧小区上下水不通、物业服务质效不高等群众急难愁盼问题。

三是聚焦防范风险，建立信息互通机制。严格落实《维护社会稳定责任制规定》，常态化深入开展矛盾风险“大排查”“大化解”，市委政法委统筹各镇（街道）定期分类分级开展矛盾纠纷分析研判，各行业领域每季度分析社会稳定形势，深入落实矛盾风险“三函一表”（风险提示函、督办函、转办函、摸排表），实现属地、行业领域与执法部门间信息互通、联动预防。2023 年以来，针对欠薪讨薪、婚姻家庭等风险隐患对口制发风险提示函 48 份，协助兄弟县区稳控化解峡口镇谭某某等婚姻家庭纠纷，化解信访问题 23 件。

四是聚焦社会稳定，建立包抓联系机制。融合推进信访工作法治化和“塞上枫桥”基层法治工作机制建设，引导信访人树立正确行为导向，推动信访秩序持续好转。2023 年以来，市四套班子主要负责同志带头包难案，市级领导包积案，联动责任部门共同化解，组织现场协调会 15 场次，27 件“钉子案”得到有效解决。

创新“和美中卫一统三步”融合式解纷工作法

中卫市中级人民法院

近年来，中卫市两级法院深入贯彻落实习近平总书记关于调解工作重要指示精神和“把非诉讼纠纷解决机制挺在前面”工作要求，坚持把诉调对接的“调”再向前延伸，通过统一建章立制，紧盯源头预防、中端联动、末端延伸三步精准发力，打造“和美中卫一统三步”融合式解纷工作法，从源头上预防和减少矛盾纠纷发生。2019 年以来，中卫法院诉前化解矛盾纠纷 42776 件，占新收一审民商事案件的 58.9%（新收一审民商事案件 72723 件），诉讼内成功调解 17259 件，撤诉 11143 件，调撤率为 39.1%。2023 年以来，中卫法院已诉前委派调解矛盾纠纷 7795 件，诉前调解成功分流率 28.97%。

一、统一建章立制，高位推进，主动融入社会治理大格局

坚持为大局服务、为人民司法，主动融入基层社会治理，积极推进矛盾纠纷多元化解。

一是高位谋划建机制。主动汇报、积极争取党委、政府领导支持，推动市委、市政府先后出台《关于坚持发展“枫桥经验”进一步加强人民调解工作的实施方案》《关于进一步完善矛盾纠纷多元化解机制建立大调解工作格局的实施意见》，市、县（区）党委政法委将“民事行政案件万人起诉率”纳入平安建设考核指标体系，实现了从“法院主推”到“党委主抓”“社会协同”的提升转变。

二是各方联动搭平台。争取市、县（区）政府、信访、司法行政等部门支持，协调解决场地、人员、经费等问题，实现市、县（区）综治中心和行政争议协调化解中心全覆盖。中卫中院与市政府联合出台《中卫市依法推进行政争议协调化解工作实施方案》，联动化解行政争议。

三是多措并举强保障。连续三年制定矛盾纠纷多元化解专项方案，成立领导小组，把矛盾纠纷多元化解作为全市法院重点工作和品牌工作高位推动，落实领导分片包抓和定期督查督导机制，多次召开亮点观摩会、总结推进会，确保上下联动、协同推进。在财政保障基本工资的基础上，法院再对人民调解员和特邀调解员办理委派或委托调解案件情况进行考核，并实行以案定补，充分调动参与化解矛盾纠纷的积极性。

二、第一步关口前移，源头预防，全力打造纠纷化解减压阀

坚持重心前移、力量下沉，多措并举推动工作向纠纷源头防范延伸。

一是嵌入基层治理。全面创建10个“塞上枫桥人民法庭”，积极参与“无讼村（居）”建设，加强法院与基层政法单位、自治组织、调解组织的沟通对接和协同联动，将多元解纷触角延伸到基层治理“神经末梢”，最大限度将矛盾纠纷化解在诉前、解决在基层、消除在萌芽。中宁县法院长山头法庭积极开展“百姓说事·法官说法”矛盾纠纷排查化解工作，辖区石喇叭村连续三年无一诉讼案件，成功创建中卫市第一个“无讼村”示范点。

二是下沉社区网格。与乡镇联合印发《关于开展法官+网格试点工作的实施方案》，纵深推进审务“进基层”、法官“进网格”工作，设立审务工作站和诉讼服务点182个、巡回审判点47个，依托基层综治网格、矛盾纠纷排查例会、微信工作群，开展诉讼服务、法律咨询、指导调解、多元解纷等3000余次，形成联动调解、定期排查化解矛盾纠纷、网格化社会治理的工作合力，进一步织密司法服务网络，打通服务群众“最后一公里”。

三是强化靠前指导。建立人民法庭负责指导辖区人民调解工作机制，持续“沉下去、动起来、引进来”，变“等待审理”为“靠前指导”，通过提供法律咨询、推送典型案例、组织调解员旁听庭审、法官参与联合调解、开展法律知识、调解实务和网络技术培训等方式，强化法院对人民调解的业务指导，切实发挥司法在调解流程、效力确认、法律指引等方面的引领、规范、保障作用。

三、第二步融合力量，中端联动，倾力构建纠纷调处共同体

不断拓展社会力量参与纠纷化解渠道，形成“法院+社会各界”的融合式多元解纷工作模式。

一是做强驻院调解。引进律师调解、行业调解、行政调解、人民调解、特邀调解、仲裁调解等多元解纷力量入驻诉讼服务中心，打造“一站式解纷服务超市”，根据纠纷特点做实诉前分流，降低矛盾纠纷成讼率。海原法院联合司法局在派出法庭设立调解工作室，派驻12名专职人民调解员，常态化开展诉前调解工作，诉前调解分流率36.67%，位居全区基层法院第三，诉前调解成功率高达50%左右。

二是做优特邀调解。与仲裁委、交调委、医调委、总工会、工商联等36家单位建立诉前联动化解机制，联合司法行政、金融、住建等行业主管部门组建金融纠纷调解中心、市知识产权纠纷调解委员会、沙坡头区物业纠纷人民调解委员会等专业性、行业性调解组织4个，选聘特邀调解员105人，培育宋波、周佳、强建国等金牌特邀调解员，打造多元解纷“排头兵”。

三是做实平台调解。扎实推进人民法院调解平台“进乡村”“进社区”“进网格”工作，对接基层治理单位和调解组织49家，入驻调解人员119位，广泛开展诉前、立案、诉中委派、委托调解工作，调解组织、调解员凭借手机、电脑即可随时随地开展音视频远程调解工作，实现申请、调解、审查、司法确认“一网通办”。2023年以来，通过调解平台调解纠纷8468件，调解成功6509件，司法确认2432件。

四、第三步司法为民，末端延伸，奋力绘就纠纷解决新画卷

牢固树立以人民为中心的发展思想，将司法为民宗旨全面融入和贯穿新时代新发展阶段审判工作始终。

一是转变司法理念。强化“规范调解+示范裁判”引领作用，严格案件质量管控和审限管理，定期通报案件发回重审、改判和申请再审提指情况，全面深化“群众心中一件事”“审判执行一件事”改革，整治程序空转、减少衍生案件。

二是注重司法调解。出台《民商事案件诉前调解规程》《诉调对接工作实施办法》《关于推进民商事案件繁简分流和调解速裁工作规定（试行）》等工作机制，针对特定案件实行调解前置，推行“调解+司法确认”联动机制，创新“诉前调解+案件回访”模式，持之以恒开展诉前、诉中调解。沙坡头区法院柔远法庭“大调解”模式和“一张主网、两个平台、三调联动、四级联调、五结合疏导、六个一配套运行机制”的“123456工作法”得到进一步完善，并在全市广泛推广，逐步形成“人民调解+仲裁+信访+诉讼”的纠纷治理中卫模式。

三是用好司法建议。2019年以来及时以个案通报、情况反映、领导专报、司法建议等形式向相关部门和涉案单位反映、指出工作中发现的制度缺失、工作疏漏、风险隐患等问题321件，不断扩展审判效果，既从“点”上促进有关部门规范行为、消除隐患，又从“面”上服务党委、政府科学决策、防范风险。探索建立婚姻家庭、邻里纠纷案件属地通报制度，协调联动当地派出所、乡镇做好稳控工作，预防“民转刑”案件发生。

全力打造“五心”检察工作品牌

吴忠市人民检察院

近年来，吴忠市人民检察院聚焦基层社会治理，不断深化检察环节新时代“枫桥经验”实践创新，紧紧围绕“信访矛盾就地化解，群众困难全力解决，服务群众作风优良，信访场所环境优化、群众服务制度健全”等内容，在全市检察机关开展“强化初心引领、坚持匠心办案、注重耐心解惑、突出真心纾困、跟进暖心服务”“五心”品牌创建活动，在全市全覆盖设立“五心”检察工作室，全力打造检察工作“吴忠样板”。

一、强化“初心”引领显“本色”

坚持把“高质效办好每一个案件”作为新时代新征程检察履职办案的基本价值追求，让求真务实、担当实干成为新时代新征程检察人员的鲜明履职特征，更好为大局服务、为人民司法、为法治担当。2023年先后有26个集体、54名干警获得市级以上表彰奖励，办理的20件案件获评最高人民检察院、自治区检察院典型案（事）例。吴忠市人民检察院被授予“全国维护妇女儿童权益先进集体”称号，利通区检察院被最高人民检察院评为“全国模范基层检察院”，利通区、红寺堡区、青铜峡市检察院被授予“全区未成年人保护先进集体”称号。

二、坚持“匠心”办案显“底色”

深入开展信访矛盾源头治理三年攻坚行动、重复信访积案实质性化解三年“清仓”行动，建立办理检察信访案件三项标准、四个清单、五个亲自“345”工作制度，推动形成办理群众信访相关部门、上下级院、律师及第三方参与实质性化解等协作配合机制，把典型案例培育作为检察履职的重要能力，把典型案例提炼作为检察办案的重要内容，把典型案例打造作为检察质效的重要标准，通过细心培育、精心打造、齐心推介典型案例、精品范例、优秀事例带动全市检察工作提质增效。2023年全市检察机关办理刑事申诉案件21件、立案监督案件19件、国家赔偿案件1件。院领导包案办理信访案件56件，实质性化解56件，实质性化解率100%。全市检察机关15件司法救助、立案监督、刑事申诉、律师阻权案件入选自治区检察院控告申诉检察典型案例，红寺堡区检察院被最高人民检察院评为“全国检察机关控告申诉检察部门接待窗口深化开展‘为民办实事’实践活动”表现优秀团队。

三、注重“耐心”解惑显“特色”

认真落实群众信访件件有回复制度，深入开展群众信访件件有回复“电话回访和满意度”调查活动，倒逼检察信访工作提质增效。坚持以公开促公正、用听证赢公信，把公开听证作为涉检信访问题实质性化解的重要方式，充分发挥检察听证在化解社会矛盾、提升办案质效等方面的作用，努力书写检察机关发展全过程人民民主的“检察答卷”。2023年全市检察机关共接受群众信访事项834件。其中，来信157件，来访523件，来电128件，网络26件。办理信访事项624件，七日内程序性回复率和三个月内办理过程和结果答复率均为100%。全市检察机关检察听证各类案件453件，提升案件办理的透明度，推动化解社会矛盾，促进社会治理。

四、突出“真心”纾困显“成色”

深化运用“个案办理—类案监督—系统治理”法律监督新路径，全市检察机关通过构建、运用大数据司法救助法律监督模型，司法救助工作逐步实现变“被动”为“主动”、变“我救”为“众救”、变“单一”为“多元”、变“独唱”为“合唱”。牵头与市民政局、乡村振兴局、市妇联等10部门联合签署《关于建立吴忠市检察机关国家司法救助与社会救助衔接机制的实施意见》，推动构建“1+N”多元救助工作机制，有效拓展检察机关司法救助线索来源。2023年全市检察机关共办理司法救助案件108件144人，发放司法救助金148.6万元。其中，救助农村困难当事人45件46人，退役军人3件3人，未成年人27件49人，残疾人16件17人，困难妇女17件29人。联合相关部门开展社会多元救助43件58人，对未成年人开展心理救助178人（次）、帮助重返学校14人。

五、跟进“暖心”服务显“亮色”

升级改造和优化12309检察服务中心实体大厅接访环境，构建12309实体、网上、掌上、热线“四位一体”检察服务模式，严格落实青年干警、员额制检察官、部门负责人、分管院领导、检察长接访制度，做到“六个一”服务（一张笑脸相迎、一声问候相询、一杯热茶相待、一番倾听相慰、一次解答相信、一句再见相送）和“四清楚”（把群众的诉求听清楚、把群众的困难问清楚、把群众的疑惑答清楚、把群众的事情办清楚的群众接访），确保群众诉求随时反映、问题疑惑实时解答、矛盾纠纷及时解决。充分发挥全市检察机关“五心”工作室和各县（市、区）检察院流动“五心”工作站（点）作用，广泛开展“三深入”（深入基层、深入一线、深入群众）和“六联六促”（通过组织联络促交流、党员联动促交往、活动联合促交融、阵地联用促共建、品牌联创促共治、实事联办促共享）活动，将检察工作延伸到乡（镇）、覆盖到村（居委会）、连接到户，用心用情用力解决好关系群众切身利益的操心事、烦心事、揪心事。2023年全市检察机关开展法律“六进”活动268场（次），解答基层群众各类咨询980余人（次），就地化解矛盾纠纷23件。办理追赃挽损案件152件，为209名被害人追回经济损失466.8万元。

深入践行新时代“枫桥经验”　夯实基层治理根基

宁夏回族自治区公安厅

2023年，宁夏公安机关牢固树立大抓基层、大抓基础的鲜明导向和以人民为中心的发展理念，坚持打防结合、以防为主，持续推动重心下移、警力下沉、保障下倾，着力创建平安村（居）单位，有力促进全区社会治安大局持续安全稳定。

一、深化公安派出所改革，打造服务民生前沿阵地

研究出台《加强新时代宁夏公安派出所三年行动规划（2023—2025年）》，以落实派出所工作标准化建设为牵动，强化主防理念、落实主防责任，组织实施基层提振、基础提质、基本能力提升三大行动。主动争取各级党委和政府支持，强力推动派出所和警务室建设、警力配备、所长民警进班子“三个全覆盖”和社区警务机制改革措施落实落地。在全区214个户籍派出所规范设立党支部，配齐党支部班子，做到党的基层组织在派出所“全覆盖”。全面推行社区警务“1+X+N”警务模式，在全区2860个村（社区）规范建设警务室2598个，与社区、村（居）委会同址办公率达93%。各地公安机关通过招录警力、机关警力下沉、轮岗交流等方式充实基层一线警务力量，全区公安机关派出所民警与县级公安机关民警、社区民警与派出所民警占比均达到46%以上，“一社区一警两辅”“一村一辅警”配备率超过87%，“两队一室”“一警多能”两种勤务模式全面推开，推动派出所回归主责主业、落实主防责任，社区民警真正沉在基层、战在一线，社区民警为专业警种提供线索破案数同比上升60.2%，全区可防性案件下降16%，公安机关参与基层社会治理的能力水平进一步提高，与社区各方治理组织联系更加紧密，沙坡头区镇罗派出所被命名为全国第三批“枫桥式公安派出所”。

二、推动各方协同治理，织密社区治安防范网络

推动219名派出所所长进乡镇（街道）党政班子，2498名社区民警、辅警进社区（村）“两委”班子或担任村主任助理，有力推进“警格+网格”融合。组建“红陶义警”“红通义警”等平安类群防群治队伍2400余支2.8万余人，创新推出“辅警村官”、网格员兼任警务助理员、“小翼看家”智警，先后推行“五必须”工作法、“5431”工作法和“1256”等社区警务工作机制。研发利通区利盾APP、盐池县“爱心积分超市”APP和红盐义警

APP，设立“爱心积分超市”273个，科学精准管理群防群治力量，做到组织、阵地、力量、职责、科技有机融合。研发行业场所三色管理平台，创新科技手段，开发“指尖社区”“盐池雪亮奇兵”“社区e联盟”等移动警务APP，满足民警“查、传、收”等应用需求，实现了“要素智能采集、信息精准推送、档案自动生成”。在3080所中小学、幼儿园全面推行“一警+N”工作模式，设置“护学岗”2470个，投入警力3083人。

三、践行新时代“枫桥经验”，全量排查化解矛盾纠纷

全区公安机关坚持和发展新时代“枫桥经验”，深入推进“百万警进千万家”活动，常态化开展矛盾纠纷排查化解，与有关部门建立矛盾纠纷警情分类管控机制，分阶段、分步骤开展矛盾纠纷排查化解工作，对“解而不和”、可能引发个人极端案事件的警情逐一跟踪回访，促进矛盾纠纷化解在基层和萌芽状态。稳妥做好宝塔石化重大风险主体处置工作，有效防范经济金融领域风险传导升级。2023年，全区公安机关共排查各类矛盾纠纷43293起，排查化解率98.3%。西吉县吉强派出所“一警四联”工作法作为全国入选的5个派出所之一，被中央政法委评为“全国新时代‘枫桥经验’先进典型”。

四、坚持打防结合，维护好社会政治安全稳定

严密防范敌对势力渗透破坏，与相关部门和周边省区建立联防联处机制，经验做法被公安部作为典型案例予以推广。纵深开展打击非法集资、传销、“套路贷”、“校园贷”和“云剑”等系列专项行动，将反诈工作纳入平安建设考核，全区电信诈骗案件发案连续25个月同比下降。打响聚集性传销“巩固战”和网络传销“主动战”，指挥破获特大网络传销案。全区110接处警涉传销类总警情峰值下降92%，聚集型传销立案数峰值下降88%，网络传销发案同比下降24%，较2018年下降63%，高发蔓延势头得到初步遏制。

五、强化平安乡村建设，持续整治涉农安全隐患

深化“昆仑”专项行动，受理行政部门移交案件线索58条，立刑事案件24起，向行政主管部门移交线索41条，接收公安部和外省协查案件77起，梳理线索1195条，按时限核查反馈率100%。充分发挥快检实验室保障作用，累计完成食品等样品抽检200余批次，提取样本300余份，检测异常样本50余份，转化案件14件，向行政部门移交线索35件。全区公安机关共侦办食药环和知识产权刑事案件139起，同比上升8.5%；打击处理犯罪嫌疑人359人，涉案金额1.86亿元。持续深化道路交通事故预防“减量控大”工作，开展“两客一危一货一面”和电动自行车专项整治，道路交通事故“四项指数”同比分别下降10.07%、9.08%、11.25%、9.63%，“减量控大”工作取得好成绩。

发挥行政复议化解行政争议主渠道作用 推进社会治理现代化

宁夏回族自治区司法厅

2023年，宁夏司法厅深入贯彻习近平总书记关于行政复议工作的重要指示精神，巩固拓展行政复议体制改革成效，锚定主渠道作用定位，加大对行政行为的监督力度，全力维护群众合法权益。

一、提高行政复议“首选率”

一是提高便捷性。设立298个行政复议窗口、代收点，实现全区乡镇（街道）全覆盖。为市、县两级拨付转移支付资金，建设“一站式”服务大厅和标准化办案场所。各地通过政府门户网站链接行政复议申请网上端口、在政府官网和公众号发布行政复议办事指南等方式全面推广应用“掌上复议”小程序；引导群众通过邮件、微信小程序、传真、电子邮箱等便利方式表达诉求。2023年，群众申请行政复议“零次跑”比例达70%以上。

二是扩大救济面。坚持“应收尽收、存疑先收、容缺受理”，对符合形式要件的及时受理、不确定能否受理的先行受理，自治区本级行政复议案件容缺受理比率达 20.6%，行政复议受理审查用时仅为法定审查期限的 1/3。

三是扩大知晓度。加大行政复议宣传力度，广泛开展“11 个一”系列宣传活动，举办全区行政复议、行政执法、行政审判人员培训，在各级政法单位理论学习中心组联组学习会、政府常务会、党委（党组）理论学习中心组学习会解读新修订行政复议法 700 余次，组织开展行政复议大宣讲、开放日、进企业、旁听听证等活动，行政复议的社会知晓度不断提升，案件量大幅提升，“首选率”明显提高，与行政诉讼的“案件比”同比缩小 31.8 个百分点。

二、做深做实行政争议实质性化解

一是全过程调解提高“调撤率”。坚持“凡进必调、能调尽调、实质化解”，对行政复议案件开展受理前、审查中、决定后多环节全流程调解。2023 年，经复议机关调解、协调，当事人主动和解或达成调解协议 289 件，调解率 25.67%，同比增长 10.09 个百分点。

二是全方位监督提高“纠错率”。坚持对行政行为的合法性和合理性进行全面监督，加大对重点执法领域和民生领域行政复议案件监督力度，全年通过确认违法、撤销、变更行政行为等方式纠正违法或不当行政行为 195 件，直接纠错率 17.32%，同比增长 1.74%。

三是多元化调处提高“协调化解率”。积极构建复议机构主导、行政机关配合、人民法院参与的纠纷化解格局，理顺行政争议协调化解中心工作机制。2023 年，全区协调化解中心共接收行政争议 1083 件，成功化解 393 件，成功率 36.29%，同比增长 18.18%。全区行政复议案件被起诉 319 件，被诉率 28.33%，同比减少 7.41%，行政复议的“过滤器”作用更好发挥，群众满意度明显提升。

三、提升行政复议办案质量

一是强化行政复议谋划部署。开展“行政复议质量提升年”活动，明确行政复议质量提升“十项重点工作”，召开全区行政复议质量提升年暨规范化建设现场会。提请自治区人民政府常务会议审议通过《关于加强行政复议行政应诉工作的意见》，提出 32 条具体意见 27 项量化指标；起草行政复议案件调解工作指引、行政应诉工作办法、行政争议协调化解中心工作规定等制度，推动行政复议工作制度化、规范化。

二是加强行政复议质效评价。探索建立复议首选率、纠错率、调解率和复议后被诉率、败诉率“五个比率”指标评价体系，提请自治区人民政府印发《法治政府建设指标体系》《关于推进法治政府建设“八大提升行动”的实施方案》，将落实行政复议行政应诉工作职责情况纳入法治政府建设考核。

三是探索败诉案件责任追究。与人民法院建立败诉案件通报机制，定期分析研判败诉原因，印发《行政败诉典型案例》，固原市、吴忠市红寺堡区建立行政败诉责任追究机制，倒逼行政机关和行政复议机构依法履行职责。

四是注重行政复议队伍建设。全区配备 112 名专（兼）职行政复议人员；组织全区行政复议人员全员参加司法部新修订行政复议法培训，组织开展全区行政复议、行政执法、行政审判人员培训，提升复议人员业务素质；结合主题教育开展思想政治教育、党风廉政等各类教育活动 385 次，引导复议人员筑牢廉洁办案意识。

审稿人：张自军　苏发坤
撰稿人：刘　敏　孙健嵘　赵　磊
李　辉　马永靖　张少青
刘　琦　曹润涵

新疆维吾尔自治区

工作概况

2023年度新疆政法工作综述

2023年，在自治区党委坚强领导下，新疆政法机关坚持以习近平新时代中国特色社会主义思想为指导，深入贯彻党的二十大精神和习近平总书记重要讲话重要指示精神，按照中央政法工作会议和自治区党委十届历次全会部署，完整准确全面贯彻新时代党的治疆方略，牢牢扭住社会稳定和长治久安总目标，坚持稳字当头，高举法治旗帜，扎实推进反恐维稳法治化常态化，积极推动事关长治久安的根本性、基础性、长远性工作，全力以赴确保了社会大局持续稳定。

一、聚焦守牢底线，反恐维稳法治化常态化取得新进步

贯彻落实习近平总书记关于"保持新疆社会大局持续稳定长期稳定，要靠反恐维稳法治化常态化"的重要指示精神，不断优化反恐严打斗争长效机制，坚决守住了不发生暴恐案事件的底线。坚持主动进攻、凡"恐"必打、露头就打，突出精准打击，反恐维稳措施更加规范精细。坚持标本兼治，综合施策，圆满完成"一带一路"国际合作高峰论坛、亚欧博览会等维稳安保任务。紧盯危爆物品"产销管储运"关键环节，加强排查、消除隐患。强化道路交通安全监管，一般道路交通事故起数、死亡人数、受伤人数同比下降。

二、聚焦长治久安，法治新疆建设达到新高度

贯彻落实习近平总书记关于"要着眼长治久安，高举法治旗帜，用好法律武器，提升法治化水平，筑牢稳定的法治基础"的重要指示精神，坚持从政治上看、从法治上办，把依法治疆的要求贯穿反恐维稳工作各方面、全过程。

（一）筑法治之基，稳定的法治基础持续巩固。推动党政主要负责人履行法治建设第一责任人职责，实现县级以上党政主要负责人述法全覆盖，召开述法会议120余场次、党政主要负责人述法8200余人。推动出台自治区《公安检查站工作规定》《流动人口服务管理条例》等法规。提升"法治讲堂·逢九必讲"培训质效，参训达340万人次。开展"双百""法治文化基层行"等法治宣传活动，增强干部群众法治意识。

（二）行法治之力，维护公平正义的能力持续提升。推进执法规范化建设，公安机关开展执法质量考评，整改执法问题7700余个。加强公益保护治理，开展"乌—昌—石"区域大气污染公益诉讼检察专项监督活动，办理公益诉讼案件7000余件。依法审理涉教育、就业、医疗、住房、社保等民生案件8万余件，切实维护社会公平正义。

（三）积法治之势，法治化营商环境持续优化。组织政法系统前往广东等省学习护航高质量发展经验，深化落实《自治区政法机关优化法治化营商环境50条措施》，助推"一带一路"核心区、自由贸易试验区建设和"八大产业集群"发展。审判机关深入开展"三清一促"专项行动，紧盯"清积降存"目标，聚力清理一年以上长期未结案件，清积率达99.65%，89.57%的法院实现清零目标。检察机关成立知识产权检察办公室，加大知识产权综合司法保护力度。公安机关依法打击非法集资、涉税、金融、侵犯知识产权等领域违法犯罪，侦破经济犯罪案件700余起，挽回经济损失2亿余元。新疆法学会与广东省、中国法学会联合举办首届"中国（喀什）—中亚南亚法治论坛"，取得良好的国际影响。协调深圳国际仲裁院在喀什建立分支机构，提供更优质的涉外法治保障。

三、聚焦夯实基础，平安新疆建设迈上新台阶

贯彻落实习近平总书记关于“坚持大抓基层的鲜明导向”的重要指示精神，坚持工作力量下沉，深化平安新疆建设，不断增强各族群众的获得感、幸福感、安全感。

（一）试点牵引，平安创建工作不断提升。发挥平安建设示范引领作用，命名表彰自治区优秀平安地州市1个、优秀平安县市区4个、优秀平安乡镇街道87个。克拉玛依市、乌鲁木齐市等6个一期试点城市全部获评“全国市域社会治理现代化试点合格城市”，阿克苏和阿勒泰地区试点经验入选“全国市域社会治理现代化试点优秀创新经验”名单。

（二）党建引领，政法维稳基础不断巩固。推广“党组织＋综治中心＋网格”工作模式，优化完善网格化管理、精细化服务、信息化支撑平台，在地县乡综治（网格）中心，设置接访、矛调、法律援助等窗口，强化基层网格化服务管理功能。纵深推进基层法院“五个好”党支部创建和“四个合格”党员先锋引领行动，大力推动相对薄弱基层检察院“脱薄”，深化示范性司法所创建，基层政法单位履职能力不断提升。

（三）多管齐下，矛盾纠纷化解合力持续增强。制定《贯彻落实习近平总书记重要指示、“枫桥经验”纪念大会精神重点工作任务分工方案》，深入开展“大走访、大排查、大化解”，充分利用“社会治理综合服务平台”“新疆平安E家”等平台，督促指导相关职能部门及时化解家庭邻里、投资受损等领域矛盾纠纷，乌鲁木齐市沙依巴克区骑马山街道等3家单位入选全国“枫桥式工作法”先进典型。创新探索玛纳斯首席法律咨询专家工作新模式，中国法学会将其列为典型做法、给予经费支持。

四、聚焦系统高效，政法领域改革取得新成效

贯彻落实习近平总书记关于“着力推进政法领域全面深化改革，提高政法工作现代化水平”的重要指示精神，贯彻落实党中央关于全面深化政法改革部署要求，推动政法改革系统集成、协同高效、纵深发展。

（一）政法机构职能体系不断优化。完成区、地、县三级法院、检察院财物统一管理改革。优化审判机关三级审级职能定位改革，审判理念、机制、体系、管理各方面更趋现代化。推进地县两级公安机关“大部门、大警种”改革，警务运行质效和合成作战能力进一步提升。

（二）执法司法责任体系不断健全。印发《关于加强党委政法委执法监督与检察机关法律监督衔接的工作意见》，推动执法司法权力运行机制、责任体系和制约监督体系健全完善。制定《自治区公安机关刑事案件“统一审核、统一出口”工作规定（试行）》等文件，信息共享、办案协助、情况通报的体制机制更加健全完善。印发《关于加强行政检察与行政执法监督衔接工作的意见（试行）》，实现检察监督与行政机关执法监督有机贯通。

（三）政法维稳科技运用能力不断提升。加快推进公共法律服务实体、热线、网络“三大平台”融合发展，建成三级实体平台1231个。公安机关通过信息化手段拓宽户政便民通道，办理“跨省通办”业务8800余件，受理网上户籍业务60万件。

五、聚焦自我革命，政法队伍建设呈现新气象

贯彻落实习近平总书记关于“努力建设一支信念坚定、执法为民、敢于担当、清正廉洁的政法队伍”的重要指示精神，坚持以政治建设为统领，持续加强政法队伍“四化”建设，着力打造政治过硬、本领高强、作风优良的精兵劲旅。

（一）政治忠诚“纯度”更高。锤炼品格强化忠诚，严肃党的政治纪律和政治规矩，举办自治区政法领导干部政治轮训暨锻造新疆政法铁军专题培训研讨活动，6000余人参训，确保绝对忠诚、绝对纯洁、绝对可靠。

（二）素能建设“力度”更强。深入实施政法队伍素能提升工程，举办扎实推进反恐维稳法治化常态化专题研讨班、政法系统信息化干部培训班、法院系统学习贯彻全国大法官研讨班精神专题培训班、县市区公安局局长实战指挥能力提升专题培训等，专业化能力水平持续提升。

（三）政法宣传“热度”更大。深入开展“新疆政法英模事迹云宣讲”等活动，中央和自治区主流媒体刊发新疆政法稿件3万余篇。发挥新媒体矩阵作用，“新疆检察”微信公众号等新媒体获中央政法委“四个一百”优秀新媒体称号。改扩建“新疆政法史馆”，激励政法干警守正创新、开创未来。

（四）拒腐防变“深度”更广。严格落实党风廉政建设“一岗双责”，严格执行中央八项规定、新时代政法干警“十个严禁”和防止干预司法“三个规定”等铁规禁令，健全政法机关与纪检监察机关问题线索快速移送、反馈工作机制，深刻汲取反面典型案例教训，强化纪律教育，加强廉洁文化建设，一体推进不敢腐、不能腐、不想腐，营造良好的干事创业环境。

（五）激励保障“温度”更暖。落实晋职晋级、医疗保障、抚恤优待、轮休休假等从优待警政策措施，健全并落实常态化干部交流轮岗、能上能下等制度机制，以正确选人用人导向最大限度激发政法干警干事创业动力。

会议活动

自治区贯彻落实“枫桥经验”纪念大会精神暨推进矛盾纠纷排查化解工作会议

12 月 19 日下午，自治区召开贯彻落实“枫桥经验”纪念大会精神暨推进矛盾纠纷排查化解工作会议。会议深入学习贯彻纪念毛泽东同志批示学习推广“枫桥经验”60 周年暨习近平总书记指示坚持发展“枫桥经验”20 周年大会和自治区党委常委会会议精神，总结交流工作经验，安排部署下一阶段重点任务，切实提升全区矛盾纠纷化解法治化水平。会议以视频形式开至地（州、市）一级。

会议指出，坚持和发展好新时代“枫桥经验”是贯彻落实新时代党的治疆方略，护航新疆高质量发展的现实需要，是践行党的群众路线，提升群众获得感、幸福感、安全感的迫切要求，是推动矛盾纠纷化解深入开展、建设更高水平平安新疆的重要抓手，必须坚持在法治轨道上依靠群众解决群众自己的事情，坚持推动发展成果惠及民生、凝聚人心，牢牢扭住新疆社会稳定和长治久安总目标，积极探索新时代“枫桥经验”新疆模式，最大限度减少社会矛盾，营造更加平安、祥和的社会环境。

会议强调，要提高政治站位，深刻领会坚持和发展新时代“枫桥经验”的重要意义，牢牢把握新时代“枫桥经验”的科学内涵和实践要求，抓实重点任务，全面提升矛盾纠纷排查化解法治化水平。坚持预防在前，畅通和规范群众诉求表达、利益协调、权益保障机制，最大限度避免和减少矛盾纠纷发生；坚持调解优先，完善多种化解方式衔接联动机制，充分发挥调解在矛盾纠纷化解中的基础性作用；坚持法治为本，推进信访工作法治化，营造良好法治环境，运用法治思维和法治方式预防化解矛盾纠纷；坚持基层为要，提升基层治理现代化水平，完善基层矛盾纠纷多元化解平台，就地解决人民群众反映的各类矛盾纠纷。

会议要求，要压实属地责任、职能部门责任、政法部门责任，推进依法执政、依法行政，做到“预防在前、调解优先、运用法治、就地解决”，实现“小事不出村、大事不出镇、矛盾不上交”；要立足预防、排查、化解、强基等各个环节，结合工作实际，精准发力、攻克难点，全面提升全区矛盾纠纷化解法治化水平，续写社会长期稳定新篇章，建设更高水平的平安新疆、法治新疆。

文件选辑

关于推进自治区网格化服务管理工作方案

（自治区党委政法委　自治区党委组织部　自治区民政厅，2023 年 8 月 7 日）

为全面贯彻习近平新时代中国特色社会主义思想，深入贯彻落实党的二十大精神，完整准确贯彻新时代党的治疆方略，牢牢扭住社会稳定和长治久安总目标，按照《社会治安综合治理综治中心建设与管理规范》（GB/T33200—2016）《城乡社区网格化服务管理规范》（GB/T 34300—2017）和《新疆维吾尔自治区平安建设条例》相关要求，不断完善网格化管理、精细化服务、信息化支撑的基层治理平台，深化网格化服务管理在维护社会稳定、防范化解矛盾纠纷、服务人民群众等方面的基础作用，提高全区各级网格化服务中心（以下简称“网格中心”）队伍规范化、业务专业化、机制联动化水平，为建设更高水平的平安新疆、法治新疆奠定坚实基础，现就加强网格化服务管理工作提出如下方案。

一、优化调整网格布局，形成网格化服务管理“一张网”

（一）合理设置网格。村（社区）原则按照每百户左右标准，合理划分网格。网格类型分为基础网格和专属网格，基础网格按照“规模适度、界限清晰、无缝覆盖”原则，在城市社区以居民小区、楼栋等为基本单元，在农村以自然村、村民小组为基本单元划分；专属网格针对城市社区较大商务楼宇、各类园区、商圈市场、学校、医院及有关企事业单位且具有相对独立的办公区域属性划分，全面融入基础网格。每个网格按照自治区统一工作平台进行 15 位唯一编码，实现网格数字化管理。

（二）坚持“一网统管”。整合网格资源力量，把村（社区）现有的组织、公安、法院、司法、民政、网信、城管、住建、环保、消防、卫健、市场监管、应急管理、妇联、工会等需要在网格落实相关业务的部门，统一整合成“一张网”，做到“多网合一、一网统管”，实现以网格中心为枢纽，推动各部门建立涉及网格业务工作协调联动机制。网格整合后各职能部门不再另行单独划定网格，确需依托网格开展的业务工作，须经同级网格中心审批后，按照“权随责走，费随事转”的原则，纳入村（社区）“一张网”统一管理。

二、明确网格职责边界，实现网格治理全覆盖

（三）明晰网格职责任务。将人、地、事、物、情、组织等纳入网格服务管理范畴，充分发挥网格员在网格中的“信息员、调解员、协调员、宣传员”等作用，配合相关部门（单位），协助落实基础信息采集、问题隐患排查、矛盾纠纷化解、社情民意收集、情报线索发现、突发事件上报、社会治安联防、特殊人群走访、困难群体帮扶、政策法规宣传和民生服务等基本职能，做到信息掌握到位、矛盾化解到位、便民服务到位，确保事项第一时间掌握上报，及时妥善处置。

（四）健全网格事项准入退出机制。厘清网格事项与职能部门权责边界，明确事项清单，规范网格事项审批流程。各联动单位拟纳入网格开展的除行政事务以外的工作事项，由县（市、区）联动单位提出具体工作任务申请，经同级网格中心提出意见、政法委审核，报党委、政府批准实施。未纳入网格事项清单的，各联动单位不得直接安排网格员办理。阶段性工作可以通过牵头部门购买服务的方式，限期纳入网格事项。对已经纳入网格范畴的事项，经过实践证明不再适宜由网格承担的事项，限期清理退出。各级党委、政府要定期开展网格事项准入退出督查，对不符合规定程序的网格事项及时清理。

三、夯实网格工作阵地，加强网格队伍建设

（五）推进网格阵地规范化建设。各级网格中心与综治中心实行一套人马、两块牌子，并一体化运行。深入落实“网格中心作为平安建设工作平台”的要求，深化网格中心“两化三有”建设（两化：网格化、信息化；三有：有制度、有人员、有阵地），夯实网格化服务管理工作根基。各级人民政府将网格化服务管理工作经费纳入财政预算，确保网格化服务管理工作顺利开展。

（六）配齐配强网格力量。科学配置网格工作人员，最大限度统筹协调基层服务管理资源向网格倾斜。加强网格中心领导班子建设，强化网格长、网格员队伍管理，建立健全网格长（员）常态化业务培训、考核评比，以及选聘、管理和奖惩等相关制度。原则上每百户配备一名专职网格员，社区网格员纳入社区工作者队伍。拓展兼职网格员队伍，建立奖励激励机制，兼职网格员由辖区“四老”人员、联户长、物业人员、社会志愿者、快递员、外卖员、网约车司机等社会力量构成，建立健全“1＋1＋X”（1名网格长＋1名专职网格员＋X名兼职网格员）网格组团服务治理机制。

四、创新完善方式方法，推动网格工作扎实有效开展

（七）加强党建引领网格治理。坚持把党组织建在网格上，强化党对网格化服务管理工作的全面领导，原则上一个网格设立1个党支部或党小组，实现网格党组织全覆盖。注重把业委会、楼宇物业、重点企业党员负责人按照组织程序选进网格党组织班子，参与网格治理。组织机关和企事业单位在职党员到居住地党组织报到、到网格服务，促进党员先进性从岗位向网格延伸。

（八）健全完善分级处置机制。按照“网格发现、村社接报、街乡吹哨、部门报到、末端评价”机制，落实网格员报告免责制度，加强网格员对于网格内信息线索、问题隐患、矛盾纠纷、困难诉求等情况发现、收集、上报力度；建立乡镇（街道）以上网格中心“上下贯通、左右横通”的网格治理指挥调度机制，负责对“吹哨报到”事项全流程受理、分流、核实、监督、反馈，定期召开相关职能部门网格联席会议，及时通报相关情况，分类分级协调解决有关问题。落实行政、执法、司法等具有服务管理职能的联动单位主动认领网格，明确网格联络员，依托现代信息技术，形成有单必接、接单必办、办结必回的“闭环”管理工作机制，做到民有所呼、我有所应。

（九）推动“三治”融合。健全自治、法治、德治相融合的基层治理体系，创新网格自治方式，完善村（居）民议事协商机制，用好网格内村（居）民小组会议、楼院（小区）党群议事会、业主委员会等议事协商平台，构建民主平等、开放多元的议事协商机制。推进法治与网格精准对接，落实法官、律师、公证员、法律工作者、心理咨询师等进网格，与网格员结对，以“网格律师”“网格法律顾问”“网格心理咨询师”名义开展工作。大力弘扬社会主义核心价值观，铸牢中华民族共同体意识，开展道德模范宣传教育活动和“文化润疆”基层实践，引导全社会崇德向善。

（十）强化智治支撑。推动网格工作智能化发展、信息化联动，打通数据壁垒，落实联动单位涉及网格工作的数据全量接入共享应用，做到各部门各领域数据资源互通共享，实现科技赋能。加强网格工作信息化平台深度应用，加大对网格员账号注册使用全覆盖，借助“敲门行动”，完成对人、地、事、物、情、组织的标注，特别是人房等基础要素信息动态更新，完善社会治理基础信息资源库，形成信息收集、共享、应用闭环，提升数据管理和应用水平。深化“新疆平安E家”等“互联网＋”应用线索收集办理，做好平台日常巡查处置工作，对群众反映的诉求困难、信息线索及时回应答复，不断提高网格治理信息化水平。

五、健全网格工作体系，压实网格工作责任

（十一）加强组织领导。各地要构建党委领导、政府主导、政法委牵头、部门联动、各方参与、社会共治的网格化服务管理工作机制。各级党委政法委、组织、民政部门要积极争取本地党委、政府支持，加强对网格治理工作的指导，推动网格中心成为实施网格治理的责任主体，建立网格中心与各单位部门指挥调度、协调联动、分流转办、监督考核等机制，实现网格联动事项处置部门全在线、全运行；在各级党委、政府统筹领导下，网格中心要加强对联动单位综合协调、督促检查，发挥维护社会稳定、预防化解矛盾纠纷、服务人民群众的作用。

（十二）加强网格宣传。各地网格中心要联合宣传部门和网格联动单位，加大对网格工作宣传报道，充分利用传统媒体和新媒体拓宽网格宣传覆盖面，广泛宣传网格治理的成效和网格队伍先进事迹，定期开展优秀网格员评选活动。加大“网格品牌”建设，选树一批服务群众、智慧赋能、多元共治、共享共赢等网格中心工作品牌进行宣传推广。各级网格中心要定期向居民群众公示网格工作情况，不断提升群众对网格知晓率、参与度。

（十三）强化督导考核。把网格工作纳入自治区维护稳定（平安建设）考核评价体系，健全完善网格中心和网格员的考核考评机制，将网格员考核结果与其报酬、奖惩、培养、任免挂钩，对考核优秀的集体和个人给予表彰奖励，对考核不合格或违法违纪的网格员依法依规处理或解聘。建立对联动单位事项处置考核评价机制，对“吹哨不报到、报到不办理、办理无成效”的联动单位，按照平安建设考核评价结果，进行通报、约谈、挂牌督办。

特色专栏

搭建共治调处平台　完善多元治理措施 织密金融纠纷解纷网

昌吉回族自治州党委政法委

昌吉州率先建立全疆首个“一站式”金融纠纷多元化解中心，推动全州5县、2市金融调解分中心“全覆盖”，通过创新金融纠纷调解制度、优化调解模式、完善案件分流机制、培育专业调解队伍，进一步畅通了金融纠纷调解渠道，有效节约了司法资源和金融服务成本，为金融纠纷多元化解提供了“昌吉方案”。

一、多元共治，激发金融解纷“内生动力”

一是创新制度“激活力”。成立由州中级人民法院、司法局、金融办、银保监分局、人民银行昌吉州中心支行组成的州（市）金融纠纷多元化解中心（人民调解委员会），制定《金融纠纷多元化解机制建设指导意见》《金融纠纷诉调对接机制实施细则》等制度，配套建立“金融纠纷多元化解机制建设”五方联席会议机制，定期召开联席会议、协调解决问题。

二是多方联动“聚合力”。多角度梳理金融纠纷案件集中领域、诉调对接难点与程序衔接堵点，整合诉调对接、司法确认、审判服务等工作机制，进一步优化“调解员＋法官＋专家调解＋第三方”“人民调解员＋律师”等调解模式，建立行政调解、人民调解、司法调解“三线联动”多元化解机制，推动金融纠纷化解工作从“一指用力”到“五指成拳”转变。

三是集约高效“提效力”。在7个县（市）成立金融纠纷多元化解中心分中心，与基层法院签订合作备忘录，建立“投诉＋调解＋裁决”一站式解纷机制，对法院委托、委派金融纠纷案件进行集中调解，并以法官“远程调解＋线下确认”模式实现调解协议“当天确认”，原审理周期3个月、6个月的简易与普通程序金融纠纷案件实现了当场调、当日结。

二、多管齐下，培育专业高效“解纷团队”

一是整合资源“强支撑”。充分依托和运用金融、司法等部门优质人才资源，先后从金融、司法、公安、消协、律师队伍中聘任8名精通法律和金融知识的调解员，在金融纠纷多元化解中心联合办公，为消费者与金融、保险机构之间产生的民事纠纷提供公平、专业、高效、经济的“一站式”调解服务。

二是规范队伍“夯基础”。精准把握金融纠纷调解性质，设立行政调解室、人民调解室和司法调解室（法官工作室），制定《昌吉州金融纠纷多元化解中心调解员管理办法》，配齐配强调解队伍，建立调解员职责、出任、考核等管理制度，为高效化解金融领域矛盾纠纷提供了组织保证。

三是拓宽渠道“学先进”。与上海市金融消费纠纷调解中心、人民银行郑州培训中心等机构建立金融调解队伍培育协作机制，2020年以来，先后组织工作人员赴山东日照银行、建设银行山东省分行金融教育基地开展学习观摩3次、案件交流50余次。建立“法官工作室”与“人民调解委员会”跟班带训机制，全方位提升调解员队伍综合素质。

三、多措并举，打造便民利民“金字招牌”

一是“一站式”便民。积极践行以人民为中心的发展思想，与昌吉市法院联合成立金融法庭，避免了双方当事人往返基层法院，极大节约了当事人的时间和精力成本。2022年以来，金融法庭开庭审理金融案件43件，涉案标的659万元。

二是“智能化”利民。打造“昌融”金融案件智审智达平台，推动金融机构和法院线上全业务流程和全数据电子对接，24 小时在线立案、自动分案排期、法律文书自动生成，立案时间由原来的 15 分钟缩短为现在的6—7 分钟，实现了“百姓少跑腿、信息多跑路”。

三是“低成本”为民。免费为当事人开展解纷工作，诉前通过人民调解委员会签订调解协议的，当事人可免费向人民法院申请司法确认，极大地降低了诉讼成本。2022 年以来，成功调解金融纠纷 1236 件，节省诉讼费 226 万元。

高效践行新时代“枫桥经验”　让小法庭迸发大能量

新疆维吾尔自治区高级人民法院

近年来，全区各级法院坚持党建引领，立足司法职能，不断丰富人民法庭践行新时代“枫桥经验”的实践载体，巩固扩展人民法庭建设成果，在维护社会大局稳定、服务向西开放等方面下功夫，探索形成了极具地域和民族特色的人民法庭工作新模式，让新时代“枫桥经验”在天山南北落地生根。

一、勇挑重担，把法庭建成服务群众的前沿阵地

新疆法院始终把人民法庭建设作为实现社会稳定和长治久安总目标的基础性工作来谋划推进，从维护社会稳定、厚植党的执政根基高度认识和处理矛盾纠纷。

助力培育基层群众法治意识，服务民族地区基层社会治理。2022 年，喀什地区莎车县人民法院先行先试，推动更多法治力量向引导和疏导端用力，相继在全县除人民法庭所在乡镇以外的 27 个乡（镇、管委会、场）、568 个村（社区）开展“一村一法官”活动，建立巡回审判点、法官工作站，通过定期走村入户普法宣传、指导人民调解、开展巡回审判等方式，解决民间借贷、婚姻家庭、土地承包等纠纷，培育法治意识，提升村级事务的法治化水平，营造主动学法、办事依法、遇事找法、化解矛盾靠法的浓厚法治环境。

乌鲁木齐市乌鲁木齐县永丰渠人民法庭距市区 55 公里，负责周边 3 个乡镇的案件，人口数 2. 24 万人，居住分散，永丰渠人民法庭立足辖区各民族杂居、农牧业并存、城乡结合的特点，打造“党旗下、马背上、指尖上”的枫桥法庭，邀请辖区基层党组织负责人、党员干部等入驻“特邀调解室”，构建法官、乡镇领导、包村干部、村支书协调联动的网格化治理体系；通过车载、马背、步行等方式开展巡回审判，将司法服务延伸到农牧区每一个角落，法官年均深入农牧区走访 36 次，做到服务基层群众“一个都不能少”。同时，该法庭研发多语言智能翻译平台，实现汉、哈、维三种语言和文本互译，双语裁判文书翻译应用率达 95%，为传统马背法庭插上现代信息化翅膀。

近年来，新疆法院不断夯实基层基础，174 个中心法庭中，167 个设立立案窗口，171 个实现网上立案、电子送达，145 个实现跨域立案、网上缴费，157 个建立科技法庭，实现视频调解，把法庭建成服务群众的前沿阵地。

二、聚焦核心区建设，服务国家向西开放

中国（新疆）自由贸易试验区正式挂牌标志着新疆已经从相对封闭的内陆变成对外开放的前沿，法治是最好的营商环境，自治区高级人民法院全力服务保障丝绸之路经济带核心区建设重大战略。

作为自由贸易试验区之一的喀什市，每年经济开发区及工业园区的涉企案件较多，新疆法院立足护航“丝绸之路经济带核心区”建设，推动在园区成立喀什经济开发区人民法庭，就近从快解决涉企矛盾纠纷，服务园区企业创业创新、健康发展。

哈萨克斯坦公民卡某经常往来于中哈两国，从事边贸生意，2022 年 3 月，中国公民哈某向其订购一批玩具，卡某交付货物后，哈某余 1. 16 万元迟迟未支付，卡某遂寻求中哈霍尔果斯国际边境合作中心的“中哈联合纠纷化解平台”帮助，法官任利军与中哈联合平台首席法律咨询专家耐心向双方当事人释明合同义务和法律责任，解释相关法律规定，促成调解，最终哈某付清货款，仅用一天就化解了这起跨国纠纷。

该平台是伊犁州霍尔果斯市人民法院践行综合

司法理念，服务经济开发区建设的重要部署，集成审判、调解、仲裁、公证、律师等多个职能部门于一体，构建便利快捷、智能精准、低成本的“一站式”争端解决中心。平台成立以来，诉前化解合作中心纠纷301件，审结民商事案件181件，召开联席会6次，开展普法宣传101场次，为服务霍尔果斯经济开发区建设提供了有力司法保障。“中哈联合纠纷化解平台”作为新时代“枫桥经验”在边境口岸的成功实践，被自治区高级人民法院推广至阿拉山口、巴克图、红其拉甫8个口岸，设立法官工作室、巡回办案点，2023年以来办理国际、区际司法协助案件19件，审理涉外民商事案件140件，调解率68.92%，逐步形成有机衔接、良性互动的“一站式”涉外纠纷多元解决机制。

三、锦上添花，助力旅游业健康发展

近年来，新疆法院坚持综合司法服务文化润疆工程和旅游兴疆战略，护航文旅产业高质量发展。

伊犁州州直法院在那拉提、喀拉峻等景区设置毡房法庭、马背法庭，让优质司法服务惠及八方游客。

来自四川省的游客张某在喀拉峻景区某农家乐毡房入住期间，因灯光照明不足不慎摔倒，与农家乐协商赔偿事宜产生纠纷。张某向伊犁州特克斯县人民法院喀拉峻旅游“毡房巡回法庭”负责人玛那甫·米卡尔丁求助，在玛那甫耐心的释法说理下，双方达成调解协议并握手言和，农家乐当场退还张某50%的住宿费，纠纷得到圆满解决。

阿勒泰地区、吐鲁番市法院在将军山滑雪场、库木塔格沙漠公园景区设立旅游巡回法庭，推动“法旅融合”，针对景区内滑雪、骑马、沙漠越野等高风险旅游项目，向经营者发出司法提示并推送典型案例，督促完善安全警示标识和保护设施，履行安全保障义务，对可能存在的风险进行明确告知，提示旅游者购买旅游意外保险等，助力营造安全、有序、舒心的旅游环境。

全区各级法院在景区共设立102个巡回法庭、56个法官工作室，实现4A级以上旅游景区巡回法庭全覆盖，审理案件76件，诉前调解363件。与当地党委政法委、文旅局等单位定期召开联席会议，针对案件审理中发现的问题，提出15条司法建议，深入景区开展法治宣传活动60余场次，发放普法资料1.3万余份，接受法律咨询5000余人次，持续擦亮“新疆是个好地方”靓丽名片。

在坚持和发展新时代“枫桥经验”的道路上，新疆法院始终秉持综合司法理念，不断延伸司法服务触角，着力把人民法庭打造为彰显司法公信的最前沿，维护社会稳定的压舱石，为谱写中国式现代化新疆实践的基层治理篇章提供更加有力的司法服务和保障。

检察公益诉讼助力“乌—昌—石”区域大气污染治理再提升

新疆维吾尔自治区人民检察院

2023年，新疆检察机关认真践行习近平生态文明思想，深入开展“乌—昌—石”区域大气污染防治公益诉讼检察专项监督活动，联合兵团检察机关共同聚焦大气污染重点难点问题，共摸排公益诉讼线索584条，办理公益诉讼案件93件，制发社会治理检察建议1份，有力助推“乌—昌—石”区域大气环境改善。

一、提高政治站位，加强组织领导

一是主动请示汇报，积极争取支持。2023年2月21日自治区检察院党组书面向自治区党委汇报开展专项监督活动计划；同年4月4日又向自治区人大环境与资源保护工作委员会作专题汇报。兵团检察院及四个师检察分院分别向兵师党委汇报；乌鲁木齐市院、昌吉州院主动向市委、州委报告，获主要领导批示支持。

二是制定实施方案，兵地统筹推进。认真调研谋划，制定《“乌—昌—石”区域大气污染防治公益诉讼检察专项监督活动实施方案》，成立由检察长高继明担任组长的专项监督活动领导小组，加强统筹、指挥、指导。同时，与兵团检察院建立起定期会商制度。

三是全面动员部署，统一思想认识。3月2日，自治区检察院与兵团检察院同日召开动员部署会，并与乌鲁木齐市院、昌吉州院、铁路检察分院主要领导签订《廉政责任状》《工作目标保证书》，统一思想认识，明确目标任务。

二、建立完善机制，闭环规范管理

一是建立定期分析总结周报制度。建立周分析总结通报制度。每周梳理工作任务，编发《专项监督活动工作情况》；每周落实工作小结并计划下周工作任务，编发《专项监督活动工作周报》实现认识统一、步调一致。

二是落实分级分组集中讨论制度。建立“一案三议”及周例会制度。针对推送的问题，线索排查组提出方向性意见，专班再研究确定核查内容；核查后，专班集体讨论后上报审核。同时，每周组织召开现场会或视频会，落实周计划、周总结。

三是建立健全外部协调配合机制。多次与乌、昌两地政府分管环境的领导座谈交流。与自治区生态环境厅形成《关于在大气污染防治领域进一步加强检察公益诉讼协作配合座谈会会议纪要》。持续加强与税务、住建等多部门协作，调取数据12余万条，奠定数据赋能基础。

三、坚持统筹谋划，强化一体推进

一是成立三班三组，上下一体统筹。在专项监督活动领导小组统一指挥下，从乌鲁木齐、昌吉、铁路各院抽调干警65人成立三个专班和线索排查组、数字赋能组、专案攻坚组，集中力量、各司其职推动专项监督活动开展。兵团检察院参照政法队伍教育整顿重点案件核查专班工作机制，也成立核查专班强化办案督促指导。

二是梳理问题线索，压茬推进核查。摸排发现行政机关违法行使职权或者不作为线索5类，其中前端许可审批把关不严8条；违法行为执法监管不严33条；地方政府怠于启动生态损害赔偿3条；环保税征管不到位线索2982条。摸排发现企业擅自停运污染治理设施、未执行重污染天气应急减排措施等违法行为，污染大气环境或破坏生态的线索16条。

三是盯紧关键线索，合力集中攻坚。以区院领导小组为统领，乌鲁木齐、昌吉、铁路专班为主力，针对重点问题线索集中攻坚。

四、聚焦监督重点，加大办案力度

一是乌鲁木齐专班督促新疆某某硅业公司办理环境影响评价批复、节能评估报告批复等手续，缴纳城市配套建设费6506.7741万元，安装连续围挡7406米，车辆冲洗平台5个，安装远程设备35个，安装Pm10在线监测设备8个，施工现场道路硬化32.1公里，覆盖裸土296.42平方千米；督促建设管理部门对新疆某某硅业公司生产安全问题进行行政处罚，罚款122.5万元；督促税务机关收缴环境保护税238.68万元，并出台《甘泉堡施工扬尘环境保护税核定征收联系工作机制》，进一步加强扬尘环保税征收管理工作。将博某某公司擅自停用污染处理设施污染环境、某某钢铁公司无组织排放污染物超标、某某轮胎集团污染物超标等问题移送生态环境部门启动生态环境损害赔偿程序。

二是昌吉专班督促生态环境部门立案查处新疆宝某碳材料有限公司超总量排放大气污染物和擅自在厂区倾倒危险废物的违法行为，并同步向公安机关移送刑事犯罪线索；督促新疆格某某特活性炭有限公司等5家企业安装、联网、验收自动监测设备；督促润某公司、亿某煤炭公司安装8台喷淋降尘设施和布袋除尘设施、配备4台洒水车等降尘抑尘措施；督促新疆宝某矿业有限公司修筑山坡排土场周围全长1.107公里的截、排水设施，消除安全生产隐患；督促税务部门收回施工扬尘环境保护税9.95万元。

三是铁路专班督促公安机关对阜康市某某煤化有限公司熄焦废水不经处理直接用于熄焦涉嫌环境污染犯罪进行立案侦查，制作引导侦查提纲16条；办理新疆瑞某某生物科技有限公司擅自倾倒49.5吨矿物油污染环境刑事附带民事公益诉讼案件，开展生态环境修复磋商；督促生态环境部门收缴长达3年未缴纳罚款10.87万元。

五、借力借智支持，提升办案质效

一是组建专家顾问团队。从生态环境厅、中国环境科学学会等多家单位聘请22位专家组建专家顾问组，高继明检察长为受聘专家颁发聘书。有17名专家参与办案，发现问题10条，提出意见建议9条，有力助推专案工作开展。

二是推进检察数据赋能。自治区院组织业务骨干及时研究建立排污许可监管、污染物超标排放、环境保护税征收等监督模型，通过数据比对碰撞，发现类案2件，涉及问题线索3124条；排查出无证排污、未按时报告排污许可监测情况、未依法披露信息等违法企业225家。

三是开展学习借鉴交流。与山西省检察院、陕西省检察院开展座谈，学习河南、山西、陕西三地联合开展的“汾渭平原大气污染综合治理公益诉讼专项活动”经验，不断挖掘他山之石。

“乌—昌—石”区域大气污染治理，事关人民群众对高质量发展的直接感受和经济社会持续健康发展。公益诉讼检察助力大气污染治理既是民心所向、众望所归，又是职责使然、使命要求。新疆检察机关将进一步响应党中央、总书记号召，充分践行习近平生态文明思想，以公益诉讼办案助力“乌—昌—石”区域大气污染治理取得实实在在的成果。

不断优化行政管理服务　护航高质量发展

新疆维吾尔自治区公安厅

2023年，新疆公安机关坚持以人民为中心，深化公安行政管理服务改革，召开全区公安机关政务服务保障高质量发展暨“一窗通办”工作现场推进会，推动“互联网+公安政务服务”、服务保障高质量发展等工作，形成公安政务服务网上网下融合发展、多元化服务群众新格局，不断优化营商环境，为企业群众办事压环节、减材料、减时间。

一、研发建设“新疆公安微警务”，实现“互联网+新疆公安政务服务”指尖应用新跨越

一是坚持“互联网+”思维，打造“新疆公安微警务”指尖办服务平台。上线以网办业务、电子证照、厅（局）长信箱三大模块为支撑的“新疆公安微警务”微信小程序，实现公安机关服务民生方式从“门网融合”向“指尖”转移。上线88项高频网办业务，实现新疆所有户籍类业务“一网通办”，疆外户口迁入业务全部“跨省通办”，临时身份证申领、电子居住证申领及签注“60秒即办”，企业可在“微警务”办理保安业务所有行政许可和行政备案，同时推动工作提质增效、解放警力，全区日均业务量同比提升28.6%，警力资源节省10.1%。推出身份证、户口簿、驾驶证、行驶证、居住证、临时居住登记凭证6类公安电子证照，群众可在办理业务、旅馆入住、邮政寄递等47种场景中亮证使用。开设厅、地、县三级厅（局）长信箱，解决群众困难诉求4002件，督办整改边管、治安、交管等9方面77项问题，系统化提升规范15类工作。

二是发挥公安大数据优势，助力数字政府建设。立体化搭建各级政府政务服务网（PC端）公安业务模块和“新疆公安微警务”（移动端）互为联动的“公安网上办事大厅”，建成互联网办事大厅支付中心，实现群众办理业务网上便捷缴费。依托自治区一体化政务服务平台，实现厅、地、县219个公安政务服务事项无差别受理、同标准办理。向自治区一体化在线政务服务平台实时共享电子证照数据，实现群众在自治区政务服务网办理各类业务“材料免提交、事项免填写”，6类电子证照被调用111万次。整合居民身份证、机动车驾驶人、出入境证件等公民身份信息资源，为各级政府提供“实人、实名、实证”的权威身份认证服务，认证核验人数达1亿人次，日均15万人次。向自治区一体化在线政务服务平台推送常住人口、机动车登记等98类公安数据接口，涉及人证核查、信息验证、材料审核等66项数据服务，被调用6505万次。

二、打造“五办”业务，深化公安行政管理服务改革

一是推动“五办”业务同向发力，实现群众办理业务低成本、少跑路。推进“一窗通办”，在地县两级政府政务服务中心、公安政务服务中心、派出所、街道（社区）分级设立184个综合窗口，逐级打造服务群众“旗舰店”“便利店”“连锁店”；推动户政、交管、出入境等120余项业务一窗办理，全年办理“一窗通办”业务26.5万笔。推进“跨省办”，受领自治区、公安部“跨省通办”任务33项，异地首次申领居民身份证、异地新生儿入户等8项业务在窗口实现“跨省通办”。全量完成“疆内办”，居民身份证申换领、普通护照首次申请、驾驶证补换领等23项自治区任务在窗口实现“疆内通办”，6项网上可办。推行“自助办”，打造自助业务服务区、24小时自助服务站，在全区布设智能设备421台，群众可自助办理业务。做好“一件事一次办”，强化与卫健、市监等部门协作，“高校毕业生落户”等8项自治区“一件事一次办”任务已全部实施，全年办理“五办”业务1477.8万笔，惠及群众1921.1万人，为群众节省误工、往返等费用4.4亿元。

二是推行简政放权，实现群众办事减材料、降时限。下放审批服务权限，简化工作流程和证明材料，实现“环节少、路径短、程序简”。居民身份证、出入境证件等业务办理时限平均缩减56%，保安公司设立许可、旅馆业特种行业许可证核发等业务所需材料平均减少37%。

三是出台落实便民举措，群众办理业务多省心、更暖心。推出高考补办身份证“绿色通道”、车辆“全国通检”、马背上的流动办理队、独库旅游线路“五地六县”平安畅游服务等便民特色服务，拓展上门办、预约办、延时办等服务举措，打通服务群众“最后一公里”。

三、做好安商护商工作，优化法治化营商环境

一是打击涉企违法犯罪。办理一批涉企、涉税案件，涉案金额9亿余元。在乌鲁木齐市成立“公安—税务”联合办案中心，联动打击防范经济犯罪。

二是培育兴业氛围。规范跨境经济合作区、互市贸易区等运行管理，创新商品车整车出口、重要能源运输车随到随检等通关模式，保障口岸人员车辆通关顺畅安全。加强电竞宾馆、旅游民宿等新业态安全监管，联合相关单位落实“双随机、一公开”企业监管工作要求，杜绝权力“寻租空间”。

三是开展警企“零距离”服务。建立警企联络室、搭建警企联系群，开展警企恳谈、法治宣传等工作，帮助企业纾困解难、享受政策红利。

聚焦三个重点　探索边疆民族地区法治工作新模式

新疆维吾尔自治区司法厅

2023年，自治区司法厅立足少数民族多、民族语言种类多、民族文化差异大的区情，聚焦重点群体、重点地区、重点领域，不断提升法治宣传质效，探索适合边疆民族地区的法治工作模式。

一、聚焦重点群体学法用法，打造普法强基“新高地”

一是围绕落实部门责任，先后出台《关于进一步巩固深化国家机关“谁执法谁普法”普法责任制的意见》《新疆维吾尔自治区“谁执法谁普法”责任单位履职报告评议工作实施办法（试行）》，建立落实普法责任制、普法责任清单制度，形成高位谋划、清单管理、跟踪问效的普法工作格局。

二是围绕“关键少数”示范引领，建立自治区领导干部应知应会法律法规清单制度，梳理1500个共性内容清单知识点，全年组织598名自治区本级处级以上领导干部线下集中学法考试。自治区司法厅积极搭建“法治讲堂·逢九必讲”法治培训平台，每期选取不同角度、不同主题，有针对性组织全区各级领导干部、国家工作人员同上一堂法治课。

三是围绕信教群众普法工作薄弱环节，以培养少数民族干部和引导信教群众为重点，以《民族区域自治法》《自治区去极端化条例》《自治区民族团结进步工作条例》为主要内容开展法治宣传，提升信教群众国家意识、公民意识、安全意识，确保宗教工作在法治化轨道运行。

二、聚焦重点地区法治宣传，搭建普法强基“新矩阵”

一是紧盯偏远牧区普法难，结合牧民游牧生活习俗，组建马背上的宣讲队走进牧区、走进毡房，打通普法工作“最后一公里”，实现偏远牧区全覆盖。塔城地区组建的“乌兰牧骑”宣讲队，坚守初心半个世纪，把草原、戈壁、田野作为普法宣传的大舞台。

二是紧盯旅游景区纠纷多，各地加大法律服务供给，针对今年新疆旅游市场升温，游客激增、旅游业矛盾增多的形势，在旅游线路和景区周边主动打造法治文化景观和各类法律服务场所，举办旅游经营户培训班，依法保护游客合法权益。2023年，新疆各级司法机关在300余家旅游景区（点）、120余家旅游民宿，举办各类法治进景区展演活动。

三是紧盯边境地区普法责任重，把边境群众普法工作作为维护国家安全稳定和铸牢中华民族共同体意识的重要支撑，依托边境口岸推进法治文化阵地建设，将宪法、边境违法犯罪、国家安全教育等内容融入普法工作中。2023 年，全区边境口岸县、市共组织开展法治宣传活动 4.2 万场次，发放宣传资料 16 余万份，入户释法宣讲 2.2 万人次。

三、聚焦重点领域依法治理，构建普法强基“新渠道”

一是突出新媒体应用，积极采用贴近群众的新媒体方式开展法治宣传。阿勒泰地区开通“雪都普法”公众号，和田地区开展“法耀昆仑·国旗下普法”和抖音“直播说法”活动，结合群众诉求化解常态开展普法宣传、以案释法。昌吉州开发“普普”帽子、T 恤、手提袋等 30 余种 40 余万件文创产品，制作“普普”微动漫 150 部。

二是突出新业态纠纷化解，针对快递、物流、网约车等新业态从业人员流动性大、维权难的问题，开展动态普法、送法上门，就劳动合同、社会保险、消费者权益保护等重点内容开展法治宣讲和解答咨询。喀什地区组建 5300 余支“社区干部+工作队+志愿者”的行动小组、65 个“农民工调解室”普法阵地，帮助新业态从业人员解难题破困局。

三是突出新农村治理，将法治宣传紧密融入“三下乡”、“民族团结一家亲”和民族团结联谊等活动，充分利用国旗下宣讲、巴扎日群众赶集、农村“大喇叭”、公共场所 LED 屏等，送法进农户。大力推进“法律明白人”培养工程，助力基层治理法治化，全区 8861 个行政村选荐培养“法律明白人”50003 名，开展法律服务 8 万件次，全区创建全国民主法治示范村（社区）93 个、自治区民主法治示范村（社区）122 个。

审稿人：毕德国　王建军　李小平
撰稿人：韩永生　罗建国　汪莎莎
全敏慧　冯　晶　曹　云
于　杰　李世炜　程志鹏

新疆生产建设兵团

工 作 概 况

2023年度兵团政法工作综述

2023年，在兵团党委的坚强领导下，在中央政法委的有力指导下，兵团政法机关深入学习贯彻习近平新时代中国特色社会主义思想和党的二十大精神，学习贯彻习近平法治思想和总体国家安全观，贯彻落实习近平总书记在听取自治区和兵团工作汇报时重要讲话精神，完整准确全面贯彻新时代党的治疆方略和党中央对兵团的定位要求，贯彻落实兵团党委工作部署，坚持统筹发展和安全，扎实推进反恐维稳法治化常态化，奋力推进兵团政法工作现代化，为高质量推进中国式现代化兵团实践营造了安全稳定环境、作出了积极贡献，取得了明显成效。

一、坚持和加强党对政法工作的绝对领导方面

始终坚持以党的政治建设为统领，坚持党对政法工作的绝对领导，坚定拥护“两个确立”、坚决做到“两个维护”，确保兵团政法工作始终沿着习近平总书记指引的方向前进。

（一）党的领导持续强化。兵团党委高度重视政法工作，自治区党委副书记、兵团党委书记、政委1月30日出席兵团党委政法工作会议，代表兵团党委作重要讲话，充分肯定成绩，深刻分析形势，对奋力推进新时代新征程兵团政法工作现代化作出全面部署，为新时代政法工作高质量发展提供了坚强组织保障。兵团先后召开专题会议研究政法维稳工作23次，批示政法工作773次。中央政法委始终关心支持兵团政法工作，陈文清书记6月14日—18日亲自带队深入新疆和兵团调研，驱车2000多公里，冒着沙尘，深入南疆沙漠腹地、维稳前沿，亲切慰问基层一线干警，指导新疆和兵团政法维稳工作，提出工作要求，为做好新时期兵团政法工作提供了科学指引、注入了强大动力。

（二）主题教育高质量开展。高举思想旗帜，一体推进理论学习、调查研究、推动发展、检视整改。举办兵团政法系统学习贯彻习近平新时代中国特色社会主义思想锻造政法铁军专题研讨班、兵团政法单位处级以上干部专题读书班，开展学习研讨3542场次。在反恐维稳法治化常态化、重点人员教育服务管理等事关根本基础长远重大问题上，形成了一批高质量调查研究成果。抓实抓细18项专项整治任务，以学铸魂、以学增智、以学正风、以学促干取得扎实成效。

（三）政法委自身建设向纵深推进。认真贯彻《中国共产党政法工作条例》，完成中央第四督查组对兵团贯彻落实情况反馈问题整改。修订《兵团党委政法委“三重一大”事项规定》和兵团党委政法委员会全体会议议事规则，严格落实“第一议题”制度。完善政治督察、政法委员述职等工作机制。建立兵团党委政法委班子成员挂钩联系兵团政法单位、师市政法工作制度。严格执行重大事项请示报告制度，全年向兵团党委请示报告282件次，向中央政法机关请示报告29件次。

二、维护国家政治安全和社会稳定方面

深入贯彻习近平法治思想和总体国家安全观，紧扣铸牢中华民族共同体意识主线，坚持稳字当头，统筹治标和治本，扎实推进反恐维稳法治化常态化，为新疆持续稳定长期稳定作出了积极贡献。

（一）依法严打更加精准。建强兵师情报预警专业力量，严厉打击危安类犯罪。严密防范打击各类渗透破坏活动，深化反奸防谍，加大专案侦查。深化打击整治“翻墙破网”、暴恐音视频、问题书籍歌曲等系列会战，查处“三非”案件16起55人，收缴“三化”物品1100余件。强化学校安全管理，深化中高职院校风险隐患排查整治。召开兵团监狱重点工作现场推进会，深化地监联动，选派专班教师进驻监狱集中攻坚，推进危险性精准评估。

（二）社会面整体防控更加严密。发挥四级维稳指挥体系作用，持续优化调整防控措施，提升“1、3、5分钟”快速响应处置能力，开展“双周行动”，全面排查化解风险隐患，打赢了全国两会、“7·5”、中国—中亚峰会、亚运会等系列维稳安保硬仗。

（三）重点群体教育服务管理更加精细。部署开展“春风行动”，对涉危安重点人员全量摸排、逐人研判、分类管控、动态调整。落实风险人员包联责任制，加强法治教育、心理疏导、困难帮扶，精准精细教育服务管理，最大限度凝聚人心。

三、服务保障兵团大局方面

坚持围绕中心、服务大局，加强抓稳定和促发展两方面工作的统筹结合，全力为兵团经济社会高质量发展提供法治护航，努力实现以稳定确保发展，以发展促进稳定。

（一）着力营造法治化营商环境。制定《兵团政法机关联系园区和企业制度》，实施13条具体措施。兵团法院以公正司法助力保障兵团高质量发展，检察院攻坚清理涉案企业“挂案”，公安局出台优化营商环境17条措施，司法局深化企业“法治体检”，法学会举办首届企业涉外法律培训班。依托公共法律服务“三大平台”提供法律咨询服务9.6万余人次。落实行政机关负责人出庭应诉制度，应诉率达79%。

（二）全方位助力兵团高质量发展。推动《关于进一步提高政法工作质效为兵团经济高质量发展营造公平公正法治环境的意见》落实落细，严打食药环、知识产权、金融财税、商贸等领域突出犯罪，为企业挽回经济损失1.63亿元。妥善审理泓利非法集资案件，挽回经济损失1.45亿元。

（三）持续深化兵地政法领域融合发展。健全兵地情报共享、联合维稳、协作办案、联管联控等机制，常态化开展兵地联合演练。密实兵地警务协作，完善公安武警联勤武装巡逻机制。深化兵地刑事执行合作，圆满完成收押自治区已决罪犯任务。

四、法治兵团建设方面

坚持依法治疆、依法治兵团，带头尊崇法治、捍卫法治、厉行法治，深入推进严格执法、公正司法、全民守法，充分发挥法治固根本、稳预期、利长远的保障作用，努力建设更高水平法治兵团。

（一）执法司法普法取得新成效。审判机关受理案件增长39%，案件结案率增长45.1%。检察机关批捕刑事犯罪案件增长44%，受理民事监督案件增长103%、行政监督案件增长135%。公安机关刑事案件破案率65.6%，受理治安案件下降25.1%，现行命案连续8年全破。制定《兵团领导干部应知应会党内法规和法律法规清单》，落实党政主要负责人年度述法制度，深入开展依法行政大培训和群众法治大培训，营造学法守法用法氛围。

（二）政法改革取得新进展。贯彻落实党中央关于全面深化政法改革部署要求，执法司法权力运行机制改革持续深化。审判机关深化以审判为中心的刑事诉讼制度改革，优化三级法院审级职能。检察机关扎实推进“四大检察”协调充分发展。公安机关制定《辅警管理办法》以及用人额度管理等10项配套制度，持续推行派出所“两队一室”警务机制改革。司法行政机关推广“线上公证”“智慧公证”，办理公证2.9万余件。

（三）政法宣传呈现新气象。做强“兵团长安网”新媒体矩阵，在中国长安网、《法治日报》等中央和省级媒体刊稿6757篇。兵团5部作品在第七届平安中国“三微”大赛中获奖，“兵团戒毒”“云上阿拉尔”等上榜全国优秀政法新媒体，一师党委政法委“丝路视讯”抖音账号入选2023年走好网上群众路线百个成绩突出账号。

五、平安兵团建设方面

深入学习领悟习近平总书记关于坚持和发展新时代“枫桥经验”的重要论述，10月29日至11月4日，赴浙江省、广东省实地考察学习新时代“枫桥经验”、基层社会治理、法治建设、政法信息化智能化等方面的先进经验和创新做法。强化考察结果运用，大力弘扬新时代“枫桥经验”，坚持以人民为中心，加快构建共建共治共享社会治理格局，新创建兵团优秀平安团场（街道）30个、连队（社区）100个，职工群众安全感满意度达99.42%。

（一）推动市域社会治理现代化。召开兵团市域社会治理现代化试点工作暨国家安全人民防线建设现场会，深化“五治融合”，建成“五位一体”综治中心1832个，推进“党建+网格+信息化”，配备专兼职网格员1.75万名、联户长等群防群治力量9.8万名。二师铁门关市、三师图木舒克市、五师双河市、六师五家渠市、八师石河子市获评国家市域社会治理试点“合格城市”。

（二）推动社会治安防控精准化。持续完善立体化智能化防控体系，兵团公共安全视频监控总量达19.24万路，基本形成环师市、环团场、环重点核心区的三道防控识别圈。推进扫黑除恶常态化，侦破九类涉恶犯罪个案96起266人。弘扬见义勇为精神，2名群众荣获“全国见义勇为勇士”，32人荣获“兵团见义勇为先进个人”。

（三）推动社会矛盾化解多元化。召开兵团坚持和发展新时代“枫桥经验”推进矛盾纠纷预防化解暨调解工作会议，推进矛盾纠纷预防化解法治化。在一师、八师试点推进信访工作法治化，兵团信访工作连续三年获全国优秀。五师81团、八师老街街道、十四师皮山农场经验做法获评全国“枫桥式工作法”，十师龙疆街派出所荣获“全国枫桥式公安派出所”，三师45团、八师五三社区、十四师皮山农场调委会荣获“全国模范人民调解委员会”。

六、在守边固防方面

坚持守边有责、守边负责、守边尽责，不断健全完善党政军警兵民“六位一体”管边控边机制，持续筑牢边境管控铜墙铁壁。

（一）边境管控措施不断优化。召开兵团边境管控工作现场会暨兵团边防先进表彰会议，强化管边控边责任落实，织密人防物防技防网络，提升“四防一处置”能力。推进“智慧边防”建设，建成兵团边防指挥中心1个、团级监控中心20个，构建起兵、师、团、警务站、执勤房五级预警体系。

（二）兵地军联防联控持续深化。8个边境师市与相邻7个地州、军分区、边境管理支队常态化开展联防联控，召开“六位一体”联席会议70余场次，联合清山踏查9000余公里。

（三）排查处置更加高效。严格落实边境视频日调度制度，常态化开展实战演练，持续深化查漏洞、查隐患、查短板、查职责不清、查管理松懈“五查”工作，成功处置非法抵边案事件6起6人。

七、全面从严管党治警方面

牢记政法姓党的根本政治属性，全面加强政法机关党的建设，全面从严管党治警，持续锻造新时代过硬政法铁军。

（一）政治建警不断加强。分系统、分层级常态化开展全员政治轮训、法治培训和业务实训，系统学习习近平新时代中国特色社会主义思想、习近平法治思想、总体国家安全观、习近平总书记关于政法工作、新疆和兵团工作重要论述，举办政治轮训125期，轮训干警辅警1.15万人次。强化典型引领，选树各类典型254人，22个集体、45名个人获省部级以上表彰，三师党委政法委获评全国新时代“政法楷模”。

（二）练兵强警持续加力。部署“大学习、大练兵、大提升”活动，开展理论学习、岗位练兵、技能比武等3万余场次、67万人次，不断提升应急处突、执法司法、服务群众能力本领。

（三）从严治警全面深化。牢记“两个永远在路上”，严格执行“十个严禁”、防止干预司法“三个规定”等铁规禁令，持续深化查作风、查责任、查短板、查落实、查违纪违法“五查”工作，坚决清除“害群之马”，持续纯洁队伍。

会议活动

兵团政法系统“大学习、大练兵、大提升”活动总结会

4月2日上午，兵团政法系统“大学习、大练兵、大提升”活动总结会召开。会议总结成效，分析问题，部署推进“大学习、大练兵、大提升”活动常态化制度化。

会议认为，在兵团党委的坚强领导下，兵团各级政法机关紧扣“强素质、提能力、转作风、铸忠诚、建铁军”目标任务，加强组织领导，创新工作举措，以强烈的责任担当深入开展学习培训、作风整顿、练兵比武、总结评估等工作，有力推动队伍忠诚根基进一步筑牢、能力素质进一步提升、纪律作风进一步严明、制度机制进一步健全。

会议指出，兵团政法队伍建设还存在政治建警力度还不够、纯洁队伍落实还不细、能力素质还不强等突出问题，需要引起高度重视，坚持问题导向，以解

决实际问题的成效，推动政法工作整体水平提升。

会议要求，兵团政法系统要始终坚持对标对表习近平总书记提出的“四化”“五个过硬”“四个铁一般”要求，全面推进“大学习、大练兵、大提升”常态化制度化。下一步，要与主题教育相衔接，持续筑牢政治忠诚；要与调查研究相联系，持续提升能力素质；要与实战练兵相贯通，持续强化实战本领；要与从严治警相结合，持续纯洁干部队伍。

文件选辑

兵团“行政复议应诉能力提升年”行动方案

（兵团党委全面依法治兵团委员会办公室，2023年3月4日）

为全面贯彻落实党的二十大精神，加强行政复议队伍“革命化、正规化、专业化、职业化”建设，进一步提升兵团行政复议应诉能力水平，扎实推进行政复议应诉工作现代化，为兵团高质量发展保驾护航，现结合工作实际，开展“兵团行政复议应诉能力提升年”行动，制定工作方案如下。

一、总体要求

（一）指导思想

坚持以习近平新时代中国特色社会主义思想为指导，全面贯彻落实党的二十大精神，深入学习习近平法治思想，贯彻落实兵团第八次党代会和兵团党委八届二次、三次、四次全会精神，牢牢扭住新疆工作总目标，聚焦履行新时代兵团职责使命，充分发挥行政复议监督依法行政、化解行政争议、维护公民、法人和其他组织合法权益的职能作用，进一步提高兵团依法行政水平和公信力，促进社会公平正义与和谐稳定，为法治兵团建设迈上新征程提供有力法治保障。

（二）主要目标

根据中央全面依法治国委员会关于打造革命化、正规化、专业化、职业化的行政复议专门队伍的要求，以开展“十个一”活动为抓手，着力提升兵团行政复议应诉队伍的政治素质和履职能力，进一步统一思想、明确思路、提振士气，主动担当作为，扎实开展工作，进一步彰显行政复议化解行政争议的主渠道作用，积极发挥行政复议服务和保障大局的重要作用，奋力开创兵团行政复议应诉工作高质量发展的新局面。

二、活动安排

活动自2023年3月起至2023年10月底结束。兵团各级行政复议机构扎实开展“十个一”活动，促进行政复议应诉能力提升。

（一）开展一系列线上培训

坚持问题导向、效果导向，紧紧围绕行政复议法律制度修订方向、行政复议体制改革方向，结合兵团行政复议工作实践，坚持理论和实践相结合的原则，有针对性地围绕行政复议法修订、行政复议主渠道建设、畅通多元化纠纷化解机制、行政复议应诉案件办理实务等内容开展线上业务培训。用好对口援疆资源，邀请援疆省份复议应诉工作专家学者授课。注意在提升理论和业务能力的同时，借鉴其他省份先进工作经验。通过一系列线上培训，不断强化行政复议应诉工作人员的政治素养和业务能力，提升案件办理质量，打造一支政治过硬、业务精湛、作风优良、群众信赖的行政复议应诉工作队伍。（牵头单位：兵团司法局）

（二）组织一次案卷评查

对2022年行政复议案卷开展评查，采取随机抽查、交叉检查方式，围绕案件实体、程序、文书制作等方面，评查案件事实审查是否清楚、审查程序是否规范、文书内容是否齐全、卷宗装订是否规范，总结案卷评查中发现的普遍性、倾向性问题，认真查找短板和不足，及时通报并持续跟踪督促整改。以案卷评查为抓手，加强立卷归档工作规范化，有效提升行政复议工作质效。（牵头单位：兵团司法局）

（三）举行一场案件听证会

从2023年受理的行政复议案件中选取一件重大、疑难、复杂的案件举行案件听证会，组织各师市行政复议机构工作人员线上或现场观摩。通过举行案件听证会，指导各师市行政复议机构规范听证程序，提高行政复议工作人员全面审查案件和向当事人释法说理的能力，同时为双方当事人搭建平等对话的平台，增强行政复议透明度，提高行政复议公信力。（牵头单位：兵团司法局）

（四）组织旁听一次行政应诉庭审活动

组织行政机关负责人及负责应诉工作人员旁听人民法院庭审活动，把庭审现场变成以案释法的法治公开课，一是使旁听人员零距离观摩学习行政应诉案件审理全过程，提高行政机关行政应诉和实质性化解纠纷的能力水平。二是使旁听人员直观、全面地感受法律的严肃性，增强行政机关的程序意识、证据意识、诉讼意识，不断增强行政机关工作人员运用法治思维、法治方式解决问题的能力。三是促进司法与行政的良性互动，推动案件办理政治效果、法律效果和社会效果的有机统一。（牵头单位：兵团司法局、师市司法局）

（五）开展一场岗位技能竞赛

组织开展行政复议法律文书写作竞赛。从易引发行政争议的行政领域、行政事项中选择行政复议案件，由各师市行政复议机构推荐的一名行政复议业务骨干根据行政复议申请书、行政复议答复书以及当事人双方提供的证据对案件实体和程序问题进行判断，并撰写行政复议决定书。兵团行政复议机构组织专家对行政复议决定书进行评审打分并通报评比结果。通过“比、亮、晒”达到以比促练、以练促用、以用促学、学用结合的目的，并以此为契机规范行政复议法律文书写作格式，提升案件办理能力和文书写作水平。（牵头单位：兵团司法局）

（六）形成统一的案件审理标准

为进一步规范行政复议案件审理工作，杜绝同案不同判，对兵团高发、多发的行政复议案件领域、类型进行分析总结，形成统一的案件审理标准。重点针对政府信息公开类行政复议案件，制定兵团政府信息公开案件审理要点，指导各级行政复议机构审理此类案件，实现同案同判。同时充分发挥行政复议倒逼依法行政的作用，规范各级行政机关政府信息公开行政行为。（牵头单位：兵团司法局）

（七）开展一场典型案例点评

对2023年度兵团各级行政复议机构办理的，具有典型性、指导意义的行政复议和应诉案例，组织专家进行评审。通过开展典型案例点评，一是从提高行政复议办案质量的角度，明确疑难案件的审理思路和标准，有利于加强对行政复议应诉工作的指导，提升案件审理质量。二是从规范行政机关行政执法行为的角度，梳理一些带有普遍性的问题，并予以纠正，有利于促进依法行政，切实维护人民群众的合法权益。三是从服务行政管理相对人的角度，解决官民纠纷，通过案例回应群众关切的问题，向群众示明行政复议是化解行政争议的法定渠道，引导群众依法维权。（牵头单位：兵团司法局）

（八）制定完善一系列工作制度机制

为进一步深化行政复议体制改革，以建章立制为切入点，继续推动行政复议规范化建设。各级行政复议机构要结合工作实际，对行政应诉工作、行政复议答复工作、行政复议监督履行工作等配套制度进行制定和完善，规范复议与应诉工作全流程。（牵头单位：兵团司法局）

探索构建行政复议与行政调解、人民调解联动机制，有效整合调解资源，强化调解职能，形成工作合力，进一步发挥行政复议化解行政争议主渠道作用，为人民群众提供多元、便捷、高效的行政争议解决方式，依法及时就地化解行政争议。（牵头单位：兵团司法局、师市司法局）

（九）选树一批先进集体和个人

先进典型、先进事迹，对激励行政复议队伍担当作为、推动行政复议应诉工作高质量发展，具有重要意义和示范引领作用。兵团司法局将根据活动期间各师市司法局的整体情况，选树行政复议先进集体，办案标兵和调解能手，在全系统进行通报表扬，并利用各类新媒体平台强化正面宣传工作。通过评选活动，培育选树一批政治过硬、业务精通、作风优良的集体和个人，激发工作动力，打造“四化”铁军。（牵头单位：兵团司法局）

（十）开展一系列宣传活动

进一步加大行政复议宣传力度。各级行政复议机构要以主渠道建设为导向，采取灵活多样、职工群众喜闻乐见的形式，宣传行政复议制度的独特优势和功能作用、行政复议体制改革各项新举措以及行政复议法的修订内容。进一步提升行政复议知晓率和首选率，提高社会公众知法、学法、守法、用法的自觉性和对行政复议制度的认同感，消除群众“不知复议”的盲区和“不敢复议”的顾虑，使行政复议走入职工群众，为行政复议主渠道建设营造良好社会氛围。（牵头单位：兵团司法局、师市司法局）

三、工作要求

（一）提高政治站位，加强组织领导

各单位要进一步提高政治站位，把开展“行政复议应诉能力提升年”行动作为学习贯彻党的二十大精神、贯彻落实习近平总书记关于发挥行政复议公正、高效、便民、为民的制度优势和化解行政争议的主渠道作用重要指示精神的重要举措和实际行动。各单位主要负责同志要高度重视、提高认识，努力将行政复议工作放在大局中谋划和推动，切实将“行政复议应诉能力提升年”行动列入年度重点工作，纳入重要议事日程，精心组织、周密部署。

（二）坚持问题导向，聚焦活动实效

各单位要深入研判当前行政复议应诉工作面临的新形势新任务，准确把握党和人民对行政复议工作的新要求、新期待。结合工作实际，坚持问题导向，创新活动方式，强化学用贯通，务求实效，通过活动补短板、强弱项、提能力，切实促进行政复议应诉办案规范化、制度标准化、队伍专业化，进一步推动行政复议应诉工作高质量发展。

（三）注重经验总结，加强正面宣传

各单位开展“行政复议应诉能力提升年”行动，要注重经验总结，把好经验、好做法以制度形式固定下来，推动能力提升常态化，促进行政复议工作规范化。要不断创新宣传形式，强化行政复议宣传力度、强度和深度，提高群众对行政复议工作的知晓度和认可度，为发挥行政复议化解行政争议主渠道作用营造氛围。

特色专栏

运用“加减乘除”法　多元化解矛盾纠纷

第二师铁门关市党委政法委

第二师铁门关市二十九团始终把做好矛盾纠纷化解作为群众工作的重要内容，创新运用“加减乘除”工作法为群众排忧解难，切实将矛盾纠纷化解在基层、解决在萌芽状态。

一、突出源头预防，做好群众工作的“加法”

一是坚持“建机制”促化解。建立排查、接待、化解、回访、上报制度，团党委主要领导统筹推进，政法委书记牵头主抓，连队社区落实首办责任，相关部门共同发力，形成了全团上下齐抓共管、联调联动的工作格局。

二是坚持“抓联动”促化解。建立网格员日询问＋连队（社区）周排查＋综治中心月研判＋团领导常态化走访制度，零距离受理群众诉求，第一时间解决问题纠纷。坚持疑难问题专项排查化解＋新问题即排即解的矛盾纠纷排查化解模式，针对连队无法解决的复杂疑难矛盾纠纷，团综治中心联合信联办、司法所、法官等召开联席会议，统筹资源、挂图作战，确保矛盾不上交。

三是坚持“善总结”促化解。总结并推行“五帮三改”工作法，即做到“群众生活困难马上帮、生产困难及时帮、外出办事跟进帮、到师团办事派人帮、家属有事主动帮”，“做群众工作时，遇到阻力及时改策略，遇到僵持及时改话题，遇到情绪激动及时更换工作人员”，切实做好群众矛盾纠纷“解铃人”，当好群众身边的“贴心人”。

二、突出“事要解决”，做好案结事了的“减法”

一是坚持“铆足劲”拔钉子。针对历史遗留问题和疑难纠纷，开展大排查、大起底、大化解行动，推动久拖不决疑难矛盾纠纷实质化解。

二是运用“情理法”解心结。系统总结化解历史遗留问题和疑难纠纷实践经验，形成“以疏导理情绪、以救助解疾苦、以法理促化解”方法，努力实现政治效果、法律效果、社会效果有机统一。

三是引入“第三方”促实效。坚持疑难纠纷群众公开听证“应听尽听”，对涉及法律法规的，引入律师、法官、警察等专业人士；对涉及政策规定的，引入社保等相关部门。同时，邀请人大代表、人民监督员等有群众知名度的社会人士参加，借力第三方评判提升解纷质效。

三、突出制度落实，做好提质增效的“乘法”

一是压实各方工作责任机制。严格落实“五包一”责任制，建立信联办督办、政法、纪委联合督查制度，以团综治中心为中枢，团信联办与各部门、连队社区、单位签订信访目标责任书，分区域、分网格、分领域划定责任，织密群众矛盾化解“责任网”。

二是完善情报信息搜集机制。推动团政法单位干部、连队社区“两委”“进圈入群”，对团内职工群众各类群，安排专人每日对可能形成诉求的各类议论热点问题进行梳理汇总，及时向职能部门转办交办，确保问题发现在早、处置在小。

三是畅通群众诉求表达机制。依托市域社会治理APP，开设群众“随手拍随时报”栏目，实现矛盾纠纷网上投诉、办理、查询、跟踪、监督、评价一站式办理反馈。

四、突出法治思维，做好解决矛盾纠纷的“除法”

一是运用法治手段化解矛盾纠纷。运用评议机制、一案一律师等法治手段，本着公平公正、于法有据、合法合理原则解决群众合理诉求、维护群众合法利益，对群众诉求不合理合法的，释法明理，讲清政策。

二是做好常态化法治宣传教育。深入开展“送法进社区、进连队、进企业、进家庭”和“百万警进千万家”活动，广泛宣传法律法规，不断提高群众法律意识，引导群众运用法律手段、通过法律途径、依照法律程序表达诉求。

三是发挥法治工作队伍作用。建立法律服务人员参与矛盾纠纷化解机制，发挥司法所、法庭、团法官工作室、连队社区法律顾问、人民调解员等部门人员作用，发挥公职律师、法律顾问在咨询论证、审核把关等方面的作用，在矛盾纠纷化解过程中做好释法析理、引导分流、法律援助等，建立法治化解矛盾纠纷体系，推动矛盾纠纷化解规范化、法治化。

深入开展“三整顿、三提升”专项活动

新疆维吾尔自治区高级人民法院生产建设兵团分院

2023年9月，兵团法院党组在全系统部署开展“整顿纪律、整顿作风、整顿队伍，提升素能、提升质效、提升形象”专项活动（简称“三整顿、三提升”专项活动）。兵团各级法院结合主题教育，抓纪律、转作风、提质效，工作基础不断夯实，纪律作风整体向好，干警的精神状态更加昂扬向上。活动期间，各级法院共计查找问题826条、制定整改措施768条，新建、完善制度405项，全年共受理各类案件92264件，结案88034件，同比分别增长39.04%、45.10%，审限内结案率91.88%，最高人民法院28项审判管理指标体系中22项同比趋优，初步摆脱了审判质效落后局面，为兵团高质量发展提供了有力的司法服务和保障。

一、正视自身问题，下定决心荡涤沉疴

清醒认识严重违纪违法案件对法院政治生态和队伍形象造成的严重损害，坚决破除积弊，用力营造风清气正的政治生态。

一是压实党组主体责任。兵团法院党组把专项活动作为贯彻落实全面从严治党要求的重要抓手，将各阶段工作与落实兵团党委关于全面从严治党主体责任以及加强对“一把手”和领导班子监督的规定要求相结合，通过本级党组自查自纠、上级党组巡查检查、召开院长对话会、对“一把手”进行约谈等方式，重点查摆解决党组领导核心作用发挥不充分、监督管理机制不健全、防止干预司法“三个规定”执行不力、以上率下作用不强等问题，推动党组一班人明责于心、履责于行，当好“领头雁”、种好“责任田”。

二是深化以案促改促治。深刻认识兵团法院党风廉政建设和反腐败斗争的严峻形势，深入剖析兵团法院系统违纪违法案例，推动以案促改制度化常态化。将“三个规定”落实情况作为检验活动成效的重要体现，探索建立法官与律师交往负面清单制度，不断健全禁止法官与律师不正当接触交往制度机制。将廉政警示教育穿插到活动各阶段全过程，邀请兵团纪委分管负责同志为全系统作廉政教育专题辅导，组织观看《蒙尘的法袍》《陨落的法槌》《风腐之殇》等警示教育片，及时进行节日廉洁提醒，组织干警旁听职务犯罪庭审，与驻院纪检监察组共同编印系统违纪违法案例选编，用身边事教育身边人。

三是强化监督管理效能。各级法院不断完善执法司法监督体系，充分发挥机关纪委、督察局内部监督作用，与派驻纪检监察组形成监督合力，加强对党内法规制度和审判管理制度执行情况的监督，特别是抓好对中央八项规定精神、防止干预司法

“三个规定”的监督检查。认真执行法官惩戒程序规定，加强对法官履行审判职责的监督，推动履职监督与法官惩戒、纪检监察的有效衔接。全面落实院庭长“阅核制”，强化审判监督管理。优化绩效考核办法，制定信息化项目建设、人员考勤、聘用人员管理等各项制度规定，通过规范化管理规避各类风险隐患。

二、锚定目标任务，真抓实干力求实效

专项活动开展以来，各级法院紧紧围绕党中央、兵团党委、最高人民法院党组安排部署，紧扣活动方案，紧盯目标任务，不断查纠整改，扎实推进各项整改举措落实。

一是思想教育不打折扣。把理论学习贯穿专项活动全过程，制订学习计划，强化党规党纪学习，落实“每天自学不少于1小时”制度，全系统1300多名干警参加各类集中学习培训100余场次。立足兵团实际，组织开展“服务保障兵团工作大局，推进兵团法院高质量发展”专题调研，各中级法院“一把手”和兵团法院各部门负责人向兵团法院党组提交调研报告和工作思路21篇。举办廉政专题讲座、院领导讲授廉政专题党课，发放倡廉助廉倡议书，到廉政教育基地、家风家教馆开展廉政警示教育，撰写心得体会，干警党性修养和纪法意识进一步提升。

二是整顿整改落地见效。各级法院认真查找作风、纪律、队伍建设中存在的突出问题，深入开展自查自纠。党组、班子成员、各部门负责人和干警分别制定问题清单，提出整改方案措施，其中兵团法院机关查摆存在问题37个，已整改落实29个，整改率78.3%，持续推进整改落实8个。梳理作风不实、工作不实、责任不实和违纪违法等问题线索，深化组织查处，活动以来，共查处违纪违法干警9人，其中，运用第一种形态处置8人，运用第三种形态处理1人。

三是建章立制规范有序。把加强制度建设作为全面从严管理的根本之策。兵团法院成立制度创新规范工作领导小组及其办公室，各级法院把调查研究与建章立制贯通起来，用党的创新理论分析问题、研究举措，推动固化形成制度性成果。兵团法院新建、完善制度22项，废止25项，将28项基础性、关键性、重点性的管理制度汇编成册，供全体干警学习查阅。各师法院新建、完善制度383项，废止114项，夯实了兵团法院科学管理、从严管理的制度基础。

三、统筹重点工作，周密部署有序推进

兵团各级法院坚持将专项活动与主题教育有机衔接、与重要工作统筹兼顾，分层分类、实事求是、稳步推进，务求真功实效。

一是强化组织保障。召开三级法院动员大会，让全体干警认识到开展专项活动对于扭转被动局面、推进事业发展的重大意义，清楚掌握专项活动的各项具体要求，从而凝聚正风肃纪、争创一流的信心决心。各师法院闻令而动，成立领导小组、制定活动方案，统一思想认识、强化工作举措，明确职责分工、压实各方责任，为活动开展提供坚实的组织保障。

二是统筹协调推进。有序推进思想教育、整顿整改、建章立制各阶段工作，在思想教育阶段向整顿整改阶段过渡时，及时组织召开兵团法院院长与中级法院院长视频对话会，各师法院总结汇报前一阶段工作，兵团法院院长当场点评、指出不足，对下一步工作进行再动员、再部署。在各阶段活动结束时，及时评估成效、总结经验、查找不足。

三是及时校准偏差。强化活动检查督导，兵团法院组织检查组，分别到三师、五师、六师、八师、十四师等两级法院进行督导检查，重点看班子查摆的问题准不准、列出的措施实不实，党组有没有分析研究，院领导有没有严格审核把关等。调度掌握全系统活动开展情况，针对部分法院存在的重视不够、方向跑偏、不严不实等问题，发布工作提示，进一步明确专项活动的初衷目标，校正思想认识误区。

“三聚焦”提升办案质效

兵团人民检察院

和田垦区（昆玉市）人民检察院聚焦检察办案精准性和规范性，多措并举，提高案件办理质效，提升司法公信力。

一、聚焦评价体系提质效

一是树立基本价值追求，保证正确方向。运用《检察机关案件质量主要评价指标》，加强正面引导，引入负面评价，注重预防“反管理”等问题，革除唯数据论的机械评价方式，每季度出具检察业务分析报告，不定期组织各业务部门“回头看”。

二是强化案件质量评查，保证办案质量。持续落实“案件评查＋实体评查”双评查机制，既对案卷件件评查，又对实际效果件件评查，反向督促承办人办好每一起案件。持续加大检察业务数据质量核查力度，针对案卡填录不规范问题督促承办人及时回填案卡68处，督促公益诉讼检察部门及时收回行政公益诉讼检察建议复函5份，跟进监督整改情况。

三是均衡检察业务发展，保证办案实效。统筹当前和长远、治标和治本，忠诚履职，精准施策，增强人民群众获得感幸福感安全感。比如，在办理一起近亲性侵害案件时，通过督促监护、司法救助、民事支持起诉、心理疏导等综合保护措施，帮助被害未成年人尽快走出阴霾。

二、聚焦队伍建设提质效

一是提升队伍素能。以学铸魂固根本，苦练内功重自强，院党组高度重视全体检察人员个人素能提升，通过集体学习、个人自学、交流研讨等方式提升个人专业素养，提高团队办案质效。组织检察干警参与最高人民检察院、北京市检察院组织的线上业务培训63场次。业务部门举办案件研讨会9场次，采用老带新模式共同评议案件20余次。与援疆院建立“一对一”导师制度，通过“传帮带”促使干警汲取先进的司法理念，强化检察履职能力，提高为民司法理念。

二是优化队伍配置。推行两级院“一体化”办案，各业务条线组织业务骨干成立“攻坚办案团队”，集中攻克疑难复杂案件，解决人员少、办案资源紧张问题。

三是利用政策优势。利用好对口援疆、挂职干部资源优势，4名北京援疆业务专家、各师挂职干部带头办案，举办检察业务大讲堂5次，邀请北京市检察院对疑难复杂案件开展线上“会诊”2次，极大提升了全院干警全方位、多角度学深悟透相关法律理论和实务知识的能力。

四是借助外智外脑。邀请“益心为公”志愿者团队，人大代表、政协委员、人民监督员等20余人参加“生态环境公益诉讼检察助力美丽中国建设”检察开放日活动并征询改进检察工作意见和建议，让检察工作更好服务师市经济发展大局。邀请生态环境保护、自然资源管理、市场监管等相关行业领域骨干专家担任特邀检察官助理，破解专业知识壁垒，提升检察办案专业化水平。

三、聚焦依法履职提质效

一是从单打独斗到协同作战，破解“查证难”。建好衔接机制，与行政机关召开磋商会3次，与公安机关召开疑难案件同堂研讨会议4次，统一执法办案尺度，规范调查取证，促进行刑衔接，严把案件立案关、证据关、检察建议关，严禁“类案群发”。

二是从就案办案到主动作为，破解“追责难”。提前介入职务犯罪案件2次，前往纪委阅卷提出书面反馈意见3份，提前介入涉未成年人案件6次，强化案件事实审查认定、证据链条完善补强、证据适用论证。集中办理类案，集中具结13起危险驾驶罪认罪认罚案件，保障刑事诉讼依法有序进行，提高办案效率，节约司法资源，保障犯罪嫌疑人权利，确保认罪认罚自愿性、真实性、合法性。

三是从个案办理到类案监督，破解“治理难”。强化指导案例引领，发挥指导案例的示范引领作用，深入分析案件背后的深层次治理问题，有针对性总结改进工作、完善治理的经验，努力达成“办理一案、治理一片”的办案效果。

深学细悟铸警魂　学以致用促发展

兵团公安局

兵团公安局党委把开展好主题教育作为坚定拥护“两个确立”、坚决做到“两个维护”的具体实践，作为完整准确贯彻新时代党的治疆方略、忠诚履行新时代兵团职责使命、推动公安工作高质量发展的生动实践，坚持以学铸魂、以学增智、以学正风、以学促干，推动主题教育走深走实走在前列。

一、坚持凝心铸魂，在理论学习上有新进步

牢牢把握“公安姓党”的根本政治属性，组织党员、干部带着嘱托学、带着感情学、带着责任学，做好学习贯彻习近平新时代中国特色社会主义思想的深化、内化、转化工作，从思想上正本清源、固本培元。兵团公安局党委把党的创新理论武装作为重中之重，研究制定主题教育实施方案和理论学习、调查研究、推动发展、检视整改、教育整顿 5 个配套方案，列出推进计划表，来一次理论大学习、思想大武装。3 次召开理论学习中心组学习会、党委（扩大）会、读书班专题学习研讨会，在深刻把握读原著、学原文、悟原理三者辩证统一关系的基础上，采取个人自学、专题辅导、集中研讨等方式，深入学习习近平总书记关于新疆和兵团工作的重要讲话重要指示批示精神，深入学习贯彻习近平法治思想特别是习近平总书记关于新时代公安工作的重要论述，不断推动“真学—真信—真用”进阶，努力在学懂弄通做实党的创新理论上下功夫、求实效。兵团公安局机关党委组织开展科级及以下党员民警辅警开展主题教育集中学习，邀请中国人民公安大学、兵团党委党校专家教授授课，编印《主题教育集中学习手册》，原原本本学习包括“六个必须坚持”在内的习近平新时代中国特色社会主义思想的立场观点方法，把握实践要求，接受思想淬炼。用好自治区博物馆和爱国主义教育基地毛泽民故居等红色资源开展现场教育，传承红色基因，赓续红色血脉，践行兵团精神和胡杨精神、老兵精神，筑牢根本、坚定信仰。兵团公安局新闻宣传处在兵团广播电视台演播大厅举办“公安心向党　护航新征程”兵团公安机关学习贯彻习近平新时代中国特色社会主义思想主题教育暨庆祝第 74 个“五四”青年节演讲大赛，遴选 14 名优秀青年民警代表参加演讲大赛，以火热的公安工作为依托，以身边英模事迹为素材，推动学习往深里走、往实里走、往心里走。

二、坚持问题导向，在调查研究上有新收获

坚持领导领题、调研开路，推动党员、干部扑下身子、沉到反恐维稳一线和社会治安情况复杂、治理难点多的地方，解基层之盼和改革之难、发展之需，更好运用党的创新理论研究新情况、解决新问题。兵团公安局党委紧扣中央和兵团党委、公安部党委明确的调研重点，制定实施方案，列出计划表，明确兵地融合发展、推进基层社会治理体系和治理能力现代化、扎实推进反恐维稳法治化常态化、加快推进智慧公安建设等 8 个重点调研课题，局主要负责同志率先赴各师市公安机关开展调研，与当地党政主要领导座谈，围绕事关经济社会高质量发展、形成维稳戍边新优势、推进反恐维稳法治化常态化、深化公安改革、加强队伍建设等根本性、基础性、长远性问题听取意见建议，摸清情况，抓住症结，提出建设性意见。局党委班子成员结合分管领域、分管工作，有针对性地做好事关全局的战略性调研、破解复杂难题的对策性调研、新时代新情况的前瞻性调研、重大工作项目的跟踪性调研、典型案例的解剖式调研、推动落实的督查式调研，使调查研究的过程成为转变工作作风、提高履职本领、增强责任担当的过程，把调研成果转化为推动工作落实的实际成效。兵团公安局机关各党支部为局党委谋思路、出点子、献良策，紧密结合本警种实际，围绕调研内容，明确调研任务课题，采取“四不两直”方式在扎实做好基层走访、蹲点考察、专题座谈等传统调研工作的同时，运用互联网、大数据、云计算等工具开展社情、警情、案情、舆情分析研究，提高调研工作的科学性和实效性。进一步探索新思路、新理念和好的经验做法，启动兵团公安系统第二届调研文章“大比武”活动，为做好公安工作提供理论参考。

三、坚持刀刃向内，在检视整改上有新突破

主题教育启动前，兵团公安局党委带头查摆问题理清思路，通过自我深刻检视、调查研究发现的队伍风险隐患提前谋划、找准靶向，深入推进集中整治公安队伍中违反公安部严禁违规宴请饮酒“六项规定”“吃拿卡要”突出问题等4个专项整治工作，推动即查即改、真查实改。主题教育启动后，组织党员、干部紧扣“四对照六查摆”，对照习近平新时代中国特色社会主义思想特别是习近平总书记关于新疆和兵团工作的重要讲话重要指示批示精神，对照习近平总书记在中央主题教育工作会议上的重要讲话精神，对照习近平总书记关于新时代公安工作的重要论述，对照兵团公安局党委关于大兴调查研究方案列出的8个方面26项具体调研内容，深入查摆主题教育6个方面、干部队伍教育整顿9个方面问题和服务高质量发展、维护稳定、保障民生、全面从严管党治警方面的突出问题，坚持奔着问题去、带着问题学、对着问题改，组织局机关229名党员谈心谈话314人次，深刻检视剖析问题，梳理出6类118条。同时，通过采取个别谈话、召开座谈交流、设立意见箱、发放征求意见建议表等多种方式，征集意见建议12条，确保解决真问题、真解决问题。同时，结合近年来查处的突出问题和典型案例，编印《兵团公安系统领导干部严重违纪违法警示录》，举一反三、以案促改，做到警钟长鸣、警惕常在。

四、坚持真抓实干，在推动发展上有新提高

紧紧围绕高质量发展这个首要任务，充分发挥公安机关维护国家安全和社会稳定主力军作用，以推动“大学习、大练兵、大提升”活动常态化制度化、推进“雷霆2023”专项行动为抓手，引导党员、干部切实将主题教育成效体现在推动兵团经济社会高质量发展、推进兵团现代化建设的各项任务中。兵团公安局党委加强顶层设计，把开展主题教育与推进公安中心工作结合起来，深入学习贯彻习近平法治思想，时时处处用“十一个坚持”对照、检视工作，大力加强法治公安建设、智慧公安建设、基层基础建设、过硬队伍建设四个基本建设，始终保持对“三股势力”依法严打高压态势不动摇，为奋力谱写中国式现代化兵团篇章提供坚强有力的法治保障。兵团公安局科信总队组织业务骨干成立调研组，先后赴第五师、第六师公安机关与各部门警种、基层派出所负责人及业务骨干座谈交流，了解掌握基层公安信息化应用需求和现有平台使用中的难点、堵点问题，组织开展送教上门、现场培训等活动，累计400余人次参加培训。按照“建设好、应用好、服务好、基层口碑好”的“四好”要求，结合基层应用需求，优化预警中心、声音告警、丰富图层等10余项功能，进一步提升了兵团公安大数据平台支撑基层一线实战的能力。兵团公安局治安总队、交警总队和刑侦总队研究制定主题教育“办实事、解民忧”工作方案，建立健全“办实事、解民忧”工作事项定期调度、督查、通报机制，在简化行政审批流程、优化户政管理服务、优化车辆注册登记业务和机动车查验服务、深入开展防范电信网络诈骗宣传活动等8个方面细化工作项目清单，着力把惠民生的事办实、暖民心的事办细、顺民意的事办好。兵团公安局刑侦总队反诈宣讲团走进石河子大学，以问题为导向、以学生为中心，为高校师生量身打造识骗防骗“金钟罩”。宣讲团成员通过生动的案例、直观的图表以及有趣的视频等方式，介绍刷单返利诈骗、冒充电商物流客服诈骗等校园常见诈骗形式，让反诈宣传“走新”更“走心”，全方位推进全民反诈的社会氛围。兵团公安局食药环侦总队联合兵团市场监管局、十二师市场监管局、十二师公安局森林分局、剑南春等5家酒厂打假办对十二师九鼎国际食品城部分酒类批发商铺开展联合检查活动，进一步净化酒类市场的经营环境，营造了诚信守法、放心消费的市场浓厚氛围。

五、坚持常态长效，在建章立制上有新成果

建章立制是这次主题教育的重要举措。兵团公安局系统梳理本单位规章制度检视情况，全面深入排查队伍中存在的问题，针对性改进和加强全面从严管党治警各项措施，在抓好“大学习、大练兵、大提升”活动中修订和新制定19项规章制度的同时，先后制定印发《兵团公安局机关民警八小时外管理规定（试行）》《关于加强兵团公安局机关党支部标准化规范化建设的若干规定（试行）》等规定，从严构建用制度管权、按制度办事、靠制度管人的工作格局。

着力打造“昆仑山下古丽花”人民调解品牌

兵团司法局

第十四师昆玉市司法局坚持和发展新时代“枫桥经验”，强化党建引领，完善人民调解工作体系，发展专职人民调解员队伍，着力打造“昆仑山下古丽花”人民调解品牌，全面构建人民调解工作新格局，实现矛盾不上交，增强了职工群众的获得感、幸福感和安全感。

一、强化党建引领，确保品牌政治纯洁

师市司法局坚持以党建为引领，积极探索“党建引领+人民调解”模式，通过“线上+线下”方式，组织人民调解员认真学习习近平新时代中国特色社会主义思想、党的二十大精神、习近平法治思想，坚定拥护“两个确立”，增强“四个意识”、坚定“四个自信”、做到“两个维护”。深入开展“新疆四史”主题教育等，传承和发扬兵团精神、胡杨精神、老兵精神，提高调解员队伍政治素质，确保“昆仑山下古丽花”人民调解品牌政治上的纯洁性。经培养发展，75 名专职人民调解员中有中共党员 11 人，另有 58 人向党组织递交了入党申请书，有 17 名表现优秀的调解员被推选为连队（社区）“两委”，4 名当选市人大代表，进一步激发了人民调解员的工作动力和调解热情。

二、坚持科学谋划，丰富品牌精神内涵

第十四师昆玉市地处昆仑山脚下，辖区维吾尔族群众占比较高，在维吾尔族中对年轻女子泛称“古丽”，而“古丽花”寓意像花朵一样纯洁、漂亮、坚韧，表示对新鲜、美好事物的欣赏和向往。结合地域特征、民俗风情、从业人群和职业特点，将师市人民调解工作品牌命名为“昆仑山下古丽花”，赋予“美丽、自信、坚韧、包容”的精神内涵。“美丽”：调解员队伍中女性居多，她们不仅有着美丽的容貌，而且有着一份“急群众之所急、盼群众之所盼”全心全意为人民服务的美好情怀。“自信”：通过不断学习和培训，政治素养、法律素质、调解技能、群众工作等能力不断提升，在处理急难愁盼问题时临危不惧、把控全局，散发着自信的光芒。“坚韧”：调解员在调解群众纠纷时秉持着一管到底、锲而不舍的精神，不把问题解决不松劲、不将纠纷平息不罢休，始终把为群众排忧解难记在心头、扛在肩上、抓在手中、做在实处，为民服务意志像昆仑山一样坚韧不拔。“包容”：调解员在调解纠纷时不分民族性别、职业高低、贫富贵贱，面对无理刁难时，胸怀博大，像海一样包容，温柔开导，最终圆满化解纠纷。比如，皮山农场一连专职人民调解员布阿斯·麦麦提，接到 13 名农民工与建筑商刘某之间的劳动争议纠纷调解申请，反映建筑工程早已完工，多次联系建筑商刘某讨要工资未果。这起纠纷涉及人数多、金额大、时间长，布阿斯·麦麦提坚持每周与刘某联系，经过半年的坚持，刘某从最开始的不接电话、接通后挂断、接电话后无礼谩骂侮辱，到被她咬定青山不放松、攻坚克难再向前的韧劲所感动、折服，最终从外地返回圆满解决此事。

三、提升综合实力，完善品牌机制建设

一是科学优化人民调解工作体系。为加强“昆仑山下古丽花”人民调解品牌的孵化，师市司法局联合政法委、人社局等六部门出台人民调解工作体系建设方案，推动师市辖区建立覆盖团场、连队（社区）、片区（小区）、楼栋（单元）四级人民调解网格体系。依法成立各类人民调解委员会 82 个，其中团场（街道）调委会 6 个，连队（社区）调委会 50 个，劳动争议和医疗纠纷行业性、专业性人民调解委员会 9 个，企事业单位调委会 9 个，兵地联合调解委员会 3 个，公调、诉调、访调联合调解委员会 5 个，设立个人调解工作室 126 个。现有调解员 456 名，其中兼职人民调解员 381 名，专职人民调解员 75 名。

二是建立完善人民调解工作机制。建立和完善矛盾纠纷排查制度、预警制度、登记制度、信息上报制度、分析研判制度、回访制度和档案管理制度，依托调解网格，进行定期与不定期排查，对排查出来的矛盾纠纷依法调处化解。建立和完善公调对接、访调对接、诉调对接等多元化解机制，形成了人民调解、行政调解、司法调解联调联动新局面。

三是着力强化人民调解队伍建设。司法局联合政法委、人社局等六部门制定了专职人民调解员管理考核实施办法，按照“公开、公平、竞争、择优”

的原则，优化队伍结构。坚持对调解员每季度一次集中培训、司法所坚持每周一次培训。鼓励培养专职人民调解员考取基层法律服务工作者执业资格证3人，考入事业单位2人，支持学历提升，现有本科7人，大专43人。为充分发挥普法宣传员、矛盾纠纷调解员、为民办事服务员、情报信息收集员、平安建设监督员“五大员”作用，鼓励和支持调解员积极运用现代信息技术，使用智慧调解应用程序、微信等开展调解工作，创新在线调解、视频调解等方式方法，节约资源和时间，提升工作效率，调解员队伍综合实力和服务职工群众水平不断提高。

四是积极选树人民调解先进典型。制定了《“昆仑山下古丽花”品牌调解员推荐方案》，每年对推荐出的“昆仑山下古丽花”品牌人民调解员进行挂牌，实行动态调整，坚持能上能下、能进能出，永葆品牌活力。师市现已建成56个以“昆仑山下古丽花”人民调解品牌命名的规范化人民调解室，统一了标识、制度、工作流程等。重视做好品牌经验推广，每年组织编写《人民调解典型案例100例》，为人民调解员提供案例指导和调解经验。

四、聚焦工作重点，凸显品牌为民实效

为发挥“昆仑山下古丽花”人民调解品牌优势，扩大品牌影响力，聚焦各类合同、劳动争议、婚姻家庭和邻里矛盾等易发频发纠纷，全力化解。比如，某公司拖欠23名农民工工资78.96万元，引发群体性上访。专职人民调解员得知后立即介入，对案件进行了实地走访调查、核实情况、开展调处，采取“访调对接+司法确认”方式，成功帮助23名农民工讨回78.96万元血汗钱。拿到钱的那一刻，农民工热泪盈眶，激动地说：“感谢党、感谢政府、感谢调解员为我们讨回血汗钱。”为表达谢意，送来“为民调解解民忧　排忧解难暖人心”的锦旗。又比如，一名职工参加满月宴饮酒后死亡，家属情绪激动，提出人身损害赔偿，未达成一致，家属以不发丧下葬、到机关上访、哭闹等方式表达诉求。专职人民调解员梳理案情、还原经过，向双方讲述风俗，解读法律法规，缓解双方情绪，后组成调解小组，经过为期七天不分昼夜调解，最终达成协议并进行司法确认，家属息诉罢访。

“昆仑山下古丽花”人民调解品牌的创建，进一步激发人民调解员为基层分忧、为职工群众解难的工作热情，促进人民调解员公平、公正调处矛盾纠纷，以人格魅力和工作能力，实现“大事不出团、小事不出连、矛盾不上交”的良好社会效果，为平安昆玉、法治昆玉建设作出了积极贡献，不断谱写人民调解工作新篇章。

审稿人：张新辉　丁筱玲
撰稿人：赵　哲　熊　争　樊　彬
袁　健　程　斌

附　　录

一、统计资料*

法院系统

人民法院审理一审案件收结案情况（2023年）

（单位：件）

项目	收案	结案
合计	**19070779**	**19028455**
刑事	1229811	1243255
民事	17530542	17477181
行政	298711	295965
行政赔偿	11715	12054

注：一审案件指人民法院按照诉讼级别管辖按第一审程序审理的案件。

人民法院审理刑事一审案件收结案情况（2023年）

（单位：件）

项目	收案	结案
合计	**1229811**	**1243255**
危害公共安全罪	395664	397184
破坏社会主义市场经济秩序罪	61634	62518
侵犯公民人身权利民主权利罪	128228	131990
侵犯财产罪	249224	251267
妨害社会管理秩序罪	378904	383773
危害国防利益罪	273	285
贪污贿赂罪	14000	14238
渎职罪	1564	1647
其他	320	353
合计中含自诉案件	9579	9666

注：结案中含上年旧存（以下相关表同）。

* 统计资料中的“空格”表示该项统计指标数据不详或无该项数据；“#”表示其中的主要项。

人民法院审理刑事案件罪犯情况（2023 年）

（单位：人）

项目	罪犯人数	作案时年龄				女性罪犯人数	作案时年龄	
		不满18岁	18岁以上不满25岁	25岁以上不满60岁	60岁以上		不满18岁	18岁以上不满25岁
合计	**1659396**	**36037**	**248521**	**1319010**	**55828**	**173049**	**2845**	**20541**
危害公共安全罪	397050	1118	24990	354759	16183	14230	26	979
破坏社会主义市场经济秩序罪	124870	219	8315	111808	4528	28782	46	1815
侵犯公民人身权利、民主权利罪	147521	10430	23589	103326	10176	10128	804	1163
侵犯财产罪	332700	14237	60818	247327	10318	35488	877	6443
妨害社会管理秩序罪	638822	10025	130382	484748	13667	82514	1091	10101
危害国防利益罪	429		55	359	15	32		
贪污贿赂罪	14907	2	142	13931	832	1497		23
渎职罪	2034		66	1892	76	92		1
其他	1063	6	164	860	33	286	1	16
其中：自诉案件	662	15	46	549	52	125		9

人民法院审理民事一审案件收结案情况（2023 年）

（单位：件）

项目	收案							
		结案	判决	不予受理	驳回起诉	撤诉	调解	其他
合计	**17530542**	**17477181**	**8271078**	**45398**	**352538**	**4370071**	**4233922**	**204174**
人格权纠纷	192977	191590	101263	447	3053	45098	40593	1136
婚姻家庭、继承纠纷	2174936	2170042	722572	1928	17408	376995	1033392	17747
物权纠纷	349681	350600	159782	2645	24669	106766	53413	3325
合同、无因管理、不当得利纠纷	11936754	11869516	5802094	34584	252736	3102208	2565458	112436
知识产权与竞争纠纷	462176	460306	127911	558	3589	270109	50753	7386
劳动争议、人事争议	608529	594894	319497	1979	18852	95230	134711	24625
海事海商纠纷	16117	16238	6340	95	175	4799	3665	1164
与公司、证券、保险、票据等有关的民事纠纷	599395	632177	360597	1603	13862	134788	90276	31051
侵权责任纠纷	1091165	1097538	607116	1267	12668	212665	259318	4504
其他	98812	94280	63906	292	5526	21413	2343	800

人民法院审理婚姻家庭、继承一审案件收结案情况（2023 年）

（单位：件）

项目	收案	结案						
			判决	不予受理	驳回起诉	撤诉	调解	其他
合计	**2174936**	**2170042**	**722572**	**1928**	**17408**	**376995**	**1033392**	**17747**
婚姻家庭纠纷小计	2034502	2032771	681705	1727	14456	353211	965266	16406
离婚纠纷	1713177	1713663	560022	1096	9782	282659	848663	11441
抚养纠纷	138219	136993	49845	158	1502	27976	55962	1550
扶养纠纷	3310	3255	1296	4	45	866	989	55
赡养纠纷	23738	23666	9014	23	286	5823	7985	535
收养关系纠纷	1663	1639	619	5	40	288	669	18
监护权纠纷	708	707	216	9	35	283	150	14
探望权纠纷	7404	7345	2762	14	96	1589	2727	157
其他	146283	145503	57931	418	2670	33727	48121	2636
继承纠纷小计	138372	134892	40165	197	2921	23340	66949	1320
法定继承纠纷	54234	52781	10229	54	711	7934	33515	338
遗嘱继承纠纷	9012	8610	3461	5	152	1581	3325	86
其他	75126	73501	26475	138	2058	13825	30109	896
其他	2062	2379	702	4	31	444	1177	21

人民法院审理行政一审案件收结案情况（2023 年）

（单位：件）

项目	收案	结案						
			判决	不予立案	驳回起诉	撤诉	调解	其他
合计	**298711**	**295965**	**145081**	**13647**	**52728**	**71963**	**3556**	**8990**
公安	35541	34494	16745	1741	4580	10706	69	653
资源	38754	38403	16611	1981	9391	8518	451	1451
城建	49172	48633	20760	2193	11731	10894	910	2145
计划生育	91	85	31	6	18	29	1	
工商	6326	6215	2095	348	1381	2160	86	145
商标	18557	20089	18945	30	69	967	4	74
质量监督	1551	1541	546	35	280	625	27	28
卫生	1546	1529	561	108	438	367	27	28
食品、药品	1501	1441	538	36	202	602	44	19
农业	625	599	264	31	115	137	12	40
物价	70	94	30	4	42	18		

续表

项目	收案	结案						
			判决	不予立案	驳回起诉	撤诉	调解	其他
环保	1655	1824	1003	38	174	496	50	63
交通	1632	1636	624	80	208	677	24	23
信息、电讯	375	340	158	13	83	80		6
邮政	76	77	30	10	25	11		1
专利	1986	2207	1939	8	13	240	1	6
集成电路布图设计	1	1	1					
反垄断	12	10	4	3		2		1
新闻、出版	11	17	6	1	9		1	
税务	1253	1222	443	98	283	352	6	40
金融	971	905	379	34	273	197	1	21
外汇	10	11	7			4		
海关	51	47	19	1	8	19		
财政	626	573	329	12	106	106		20
劳动、社会保障	28882	28004	17949	504	1928	7196	79	348
审计	59	59	23	5	19	11		1
内贸、外贸	13	16	8	1	5	2		
水利	581	616	284	35	127	137	9	24
旅游	59	58	29	4	9	14	1	1
烟草专卖	157	148	61	7	28	49	1	2
司法行政	1432	1377	637	129	314	259	4	34
民政	2078	2120	411	212	449	1016	6	26
教育	822	821	210	126	269	200	3	13
文化	112	107	41	15	18	24	1	8
广电	32	31	6	2	17	6		
统计	11	10	2	1	3	4		
电力	76	77	18	34	15	6	1	3
国资	145	156	39	12	82	21	1	1
外资管理								
盐业	8	10	6	1	1	1		1
体育	21	20	7	1	7	4		1
监察	466	443	214	23	60	118	18	10
乡政府	21640	21917	9991	1012	4805	4679	298	1132
其他	79724	77982	33077	4712	15143	21009	1420	2621

注：不包括行政赔偿案件。

检察系统

人民检察院审查逮捕、审查起诉情况（2023 年）

（单位：人）

案件分类	批捕、决定逮捕	决定起诉
合计	**726210**	**1687689**
危害公共安全案	32711	407677
破坏社会主义市场经济秩序案	58091	121039
侵犯公民人身、民主权利案	102187	146831
侵犯财产案	232960	344431
妨害社会管理秩序案	290361	648752
贪污贿赂案	8469	16096
渎职侵权案	776	1911
其他	655	952

人民检察院办理刑事申诉案件情况（2023 年）

（单位：件）

案件分类	刑事检察部门办理	复查结案结果		提出抗诉	提出再审检察建议
		改变原决定	维持原决定		
合计	**5267**	**59**	**1218**	**9**	**135**
不服检察机关处理决定	2830	59	1218		
不服不批捕	37	2	11		
不服不起诉	2734	54	1197		
不服撤案	3	0	0		
不服其他诉讼终结的刑事处理决定	56	3	10		
不服法院刑事判决裁定	2437			9	135

人民检察院办理刑事抗诉案件情况（2023年）

案件类别	提出抗诉（件）	审判结果合计（件）	改判		维持原判（件）	发回重审（件）
			（件）	（人）		
合计	**7876**	**5115**	**4026**	**5274**	**230**	**859**
危害公共安全案	824	540	454	472	15	71
破坏社会主义市场经济秩序案	964	564	415	735	26	123
侵犯公民人身、民主权利案	1213	779	632	747	29	118
侵犯财产案	1633	1055	822	1028	44	189
妨害社会管理秩序案	2640	1745	1382	1954	90	273
贪污贿赂案	271	172	133	146	5	34
渎职侵权案	77	42	26	40	6	10
其他刑事案	254	218	162	152	15	41

人民检察院办理民事、行政判决裁定调解书监督情况（2023 年）

（单位：件）

案件类别	合计		
		民事案件	刑事案件
提出抗诉	3999	3807	192
抗诉案件再审	3497	3368	129
改判	2422	2372	50
调解	204	200	4
发回重审	337	306	31
和解撤诉	258	237	21
维持原判	195	175	20
其他	81	78	3
提出再审检察建议	10957	10525	432
采纳再审检察建议再审情况	5345	5169	176
改判	3812	3745	67
调解	350	337	13
发回重审	86	81	5
和解撤诉	311	271	40
维持原判	111	107	4
其他	675	628	47

人民检察院刑事诉讼监督和刑事执行检察情况

项目	2023 年	2022 年
立案监督小计（件）	139480	82932
监督立案	96756	36951
监督撤案	42724	45981
建议行政执法机关移送案件（件）	5869	8779
已纠正漏捕漏诉小计（人）	118115	76689
纠正漏捕	19485	17273
纠正漏诉	98630	59416
已纠正侦查活动违法小计（件次）	247592	201315
提出检察建议合计（件次）	53976	53324
纠正违法类检察建议	30641	23149
社会治理类检察建议	19294	23810
其他问题	4041	6365
减刑、假释、暂予监外执行检察小计（人）	25517	58039
监外执行和社区矫正监管活动检察（人）	130315	102083

人民检察院办理民事、行政公益诉讼案件情况（2023 年）

（单位：件）

案件类别	合计		
		民事案件	刑事案件
案件线索受理	203773	23611	180162
立案	189885	22109	167776
诉前检察建议	135673	19184	116489
起诉	12579	11303	1276
法院审结	8128	7543	585
#一审判决支持	8126	7543	583

公安系统

公安机关立案的刑事案件及构成（2023 年）

案件类别	立案（起）	构成（%）
合计	**4496359**	**100**
杀人	5443	0.12
伤害	88510	1.97
抢劫	6751	0.15
强奸	42458	0.94
拐卖妇女、儿童	1705	0.04
盗窃	981771	21.83
诈骗	1694757	37.69
走私	6033	0.13
伪造、变造货币，出售、购买、运输、持有、使用假币	987	0.02
帮助信息网络犯罪活动	126860	2.82
其他	1541084	34.27

公安机关受理和查处治安案件数（2023年）

案件类别	受理（起）	查处（起）	每万人口受理案件数（起/万人）
合计	**8685252**	**7880992**	**61.61**
扰乱单位秩序	57513	54978	0.41
扰乱公共场所秩序	151070	149635	1.07
寻衅滋事	125511	120273	0.89
阻碍执行职务	29418	28341	0.21
非法携带枪支、弹药、管制器具	21866	21163	0.16
违反危险物质管理规定	52311	51206	0.37
殴打他人	2215010	2042382	15.71
故意伤害	103236	93185	0.73
盗窃	2245846	1921568	15.93
敲诈勒索	56887	50350	0.40
抢夺	4562	3986	0.03
盗窃、损毁公共设施	10333	8497	0.07
伪造、变造、倒卖有价票证、凭证	1329	1284	0.01
违反旅馆业管理	101199	99611	0.72
违反房屋出租管理	128613	127428	0.91
诈骗	568830	477204	4.04
卖淫、嫖娼	184827	182321	1.31
赌博、为赌博提供条件	388901	382122	2.76
毒品违法活动	169530	167166	1.20
其他	2068460	1898292	14.67

道路交通事故情况

类别	发生数（起）	死亡人数（人）	受伤人数（人）	直接财产损失（万元）
总计	**254738**	**60028**	**253895**	**117933.4**
机动车	211974	53361	206610	107752.5
#汽车	155158	42164	142318	94275.9
摩托车	47330	9034	54518	10699.5
拖拉机	998	313	950	252.2
非机动车	38685	5252	44099	7803.0
#自行车	3119	554	3090	681.8
行人乘车人	3913	1390	3024	2288.9
其他	166	25	162	89.0

各地区道路交通事故情况（2023年）

地区	发生数（起）	死亡人数（人）	受伤人数（人）	直接财产损失（万元）
全国	**254738**	**60028**	**253895**	**117933.4**
北京	6472	1001	5419	3566.1
天津	6254	927	5907	3199.0
河北	3871	2181	2757	2214.8
山西	7778	2226	7430	5154.4
内蒙古	3692	784	3846	2226.6
辽宁	4778	1805	4149	1761.7
吉林	6745	1482	7257	1717.2
黑龙江	3438	819	3684	1736.6
上海	1169	811	560	464.4
江苏	9349	3645	7113	4337.2
浙江	9690	2678	8223	4585.1
安徽	9400	2356	9646	3478.1
福建	7983	1594	7652	2415.7
江西	3695	1474	3542	6079.9
山东	11589	3009	10569	3955.6
河南	20919	2652	23466	9645.8
湖北	28492	4287	32508	13395.2

续表

地区	发生数（起）	死亡人数（人）	受伤人数（人）	直接财产损失（万元）
湖南	7722	3270	6935	7541.6
广东	34353	7246	33056	9301.9
广西	15644	2677	17180	4863.2
海南	2994	604	3186	1488.0
重庆	4227	936	4266	3878.3
四川	7113	2273	7325	7441.6
贵州	13965	2655	14988	5093.3
云南	5533	1908	4625	1658.8
西藏	785	278	983	1347.9
陕西	5109	917	5325	2716.9
甘肃	3791	1307	3990	709.4
青海	1699	463	1632	773.2
宁夏	1450	447	1359	263.4
新疆	5039	1316	5317	922.5

司法行政系统

律师、公证、司法鉴定和调解工作情况

项目	2023 年	2022 年
律师工作		
律师事务所（家）	41132	38547
律师人数（人）	731637	650312
#专职律师	557068	503638
兼职律师	14790	15462
担任法律顾问（家）	909949	876338
民事案件代理（件）	8244294	6975417
刑事案件辩护及代理（件）	1287744	990440
行政案件代理（件）	299820	254756
非诉讼法律事务（件）	1503755	1416481
咨询和代书（件）	2356089	2298414
公证工作		
公证机构（家）	2941	2948
公证员（人）	15292	14869
办理公证（出证）总数（万件）	1365.2	1104.5
司法鉴定工作		
司法鉴定机构（家）	2888	2837
司法鉴定人（人）	38456	36767
司法鉴定业务总数（万件）	354.7	301.6
人民调解工作		
人民调解委员会（万个）	69.8	69.3
调解人员（万人）	307.8	317.6
调解案件总数（万件）	1720.0	892.3

注：1. 全国律师人数中包括各省（区、市）和新疆兵团律师以及司法部批准的公职律师、公司律师、中国法律律师事务所律师和军队律师。

2. 2023 年，调解案件总数含法院委托移送调解案件数。

公证业务分类

（单位：件）

项目	2023 年	2022 年
合计	**13651594**	**11045234**
国内公证数	10101647	8778104
涉外公证数	3363212	2162090
合同（协议）	640222	509480
继承	1701487	1233546
其中：小额继承	170126	201878
委托	2714600	2656907
声明	1483931	1073352
赠与	47931	37597
遗嘱	154444	106627
现场监督	144118	175488
婚姻状况、亲属关系、收养关系	546158	306378
出生、生存、死亡	373905	230103
身份、经历、学历、学位、职务、职称	142475	93059
有无违法犯罪记录	495668	336293
公司章程	1792	2368
保全证据	652494	671122
证书、执照	1189202	799265
签名、印鉴	267082	279559
文本相符	897471	731033
赋予强制执行效力	1728368	1316637
执行证书	55024	39377
抵押登记	5968	24317
提存	21203	11470
保管	3379	4186
其他	384672	407070

调解民间纠纷分类情况（2023 年）

项目	调解纠纷（件）	各类纠纷所占比重（%）
合计	**17200000**	
#婚姻家庭	1475468	8.6
房屋、宅基地	321576	1.9
邻里	2853243	16.6
损害赔偿	851888	5.0
医疗	76242	0.4
道路交通事故	837467	4.9

注：2023 年，调解案件总数含法院委托移送调解案件数。

二、表彰名录

党委政法委系统

全国党委政法委系统“新时代政法楷模集体”

北京市西城区委政法委员会

天津市委政法委员会综治督导处（专项行动办）

河北省衡水市委政法委员会

山西省运城市永济市委政法委员会

内蒙古自治区兴安盟扎赉特旗委政法委员会

辽宁省朝阳市喀喇沁左翼蒙古族自治县委政法委员会

吉林省延边朝鲜族自治州委政法委员会

黑龙江省佳木斯市委政法委员会

上海市委政法委员会专项工作处

江苏省无锡市委政法委员会

浙江省杭州市余杭区委政法委员会

安徽省安庆市桐城市委政法委员会

福建省三明市委政法委员会

江西省抚州市资溪县委政法委员会

山东省烟台市委政法委员会

河南省鹤壁市委政法委员会

湖北省黄石市西塞山区委政法委员会

湖南省张家界市武陵源区委政法委员会

广东省委政法委员会综治专项工作处（扫黑除恶治理处）

广西壮族自治区桂林市委政法委员会

海南省海口市委政法委员会

重庆市合川区社会治安综合治理中心

四川省甘孜藏族自治州委政法委员会

贵州省遵义市赤水市委政法委员会

云南省西双版纳傣族自治州勐腊县委政法委员会

西藏自治区那曲市色尼区委政法委员会

陕西省延安市委政法委员会

甘肃省张掖市临泽县社会治安综合治理中心

青海省海西蒙古族藏族自治州格尔木市委政法委员会

宁夏回族自治区石嘴山市大武口区委政法委员会

新疆维吾尔自治区喀什地区麦盖提县委政法委员会

新疆生产建设兵团第三师图木舒克市委政法委员会

中国人民解放军63601部队党委政法委员会

全国党委政法委系统“新时代政法楷模个人”

陈敏姬（女）　北京市昌平区委政法委员会宣传科科长

王晶（女）　辽宁省大连市甘井子区中华路街道政法委员

金双（女）　上海市奉贤区委政法委员会宣传和研究室主任

陈旭瑾　浙江省委政法委员会基层治理指导室主任

肖秋龙　江西省宜春市樟树市委政法委员会一级主任科员

黄英德（壮族）　广西壮族自治区河池市凤山县委政法委员会原副书记

王昌鸿　云南省普洱市委政法委员会副书记

江参（藏族）　西藏自治区山南市隆子县三安曲林乡政法委员、副乡长

曹修斌　陕西省安康市平利县委政法委员会四级调研员

饶磊　中国人民解放军 96717 部队党委政法委员会书记

法院系统

全国法院先进集体

北京市

门头沟区人民法院王平村人民法庭

密云区人民法院溪翁庄人民法庭（环境资源法庭）

北京金融法院审判第三庭

天津市

高级人民法院民事审判第二庭

第一中级人民法院刑事审判第一庭

滨海新区人民法院大沽法庭（少年法庭）

河北省

高级人民法院刑事审判第三庭

石家庄市桥西区人民法院石家庄金融法庭

唐山市丰南区人民法院刑事审判庭

大名县人民法院执行局

邢台市中级人民法院立案一庭

安新县人民法院白洋淀人民法庭

安国市人民法院执行局

张家口市中级人民法院环境保护审判庭

承德市中级人民法院政治部

廊坊市中级人民法院刑事审判第一庭

山西省

高级人民法院新闻宣传处

太原市晋源区人民法院晋阳人民法庭

平定县人民法院刑事审判庭

泽州县人民法院执行局

晋中市中级人民法院信息处

运城市中级人民法院政治部

临汾市中级人民法院家事审判庭

岚县人民法院执行局

内蒙古自治区

呼和浩特市中级人民法院未成年人案件综合审判庭

包头市九原区人民法院行政审判庭

通辽市中级人民法院审判管理办公室

鄂尔多斯市中级人民法院政治部

呼伦贝尔市中级人民法院刑事审判第一庭

乌兰察布市中级人民法院司法警察支队

兴安盟中级人民法院民事审判第四庭

辽宁省

大连市中级人民法院立案一庭

抚顺市新抚区人民法院刑事审判庭

锦州市古塔区人民法院行政（综合）审判庭

盖州市人民法院东城人民法庭

西丰县人民法院政治部

大连海事法院立案庭

辽河人民法院曙光人民法庭

吉林省

长春市中级人民法院刑事审判第二庭

四平市中级人民法院民事审判第四庭

通化市东昌区人民法院立案庭（诉讼服务中心）

长白朝鲜族自治县人民法院八道沟人民法庭

图们市人民法院政治部

黑龙江省

高级人民法院研究室

宾县人民法院宾西人民法庭

齐齐哈尔市建华区人民法院政治部

鸡东县人民法院鸡林人民法庭

鹤岗市中级人民法院执行局

佳木斯市中级人民法院刑事审判第一庭

牡丹江市中级人民法院刑事审判第二庭

海伦市人民法院立案庭

漠河市人民法院北极人民法庭

上海市

徐汇区人民法院立案庭（诉讼服务中心、诉调对接中心）

浦东新区人民法院自由贸易区法庭（自由贸易区知识产权法庭）

上海金融法院综合审判一庭

江苏省

南京市中级人民法院南京环境资源法庭

常州市武进区人民法院嘉泽人民法庭

苏州市中级人民法院未成年人案件综合审判庭

如东县人民法院洋口港人民法庭

扬州市中级人民法院执行局

句容市人民法院少年案件审判庭

南京海事法院执行局

浙江省

杭州市上城区人民法院基金小镇人民法庭

宁波市奉化区人民法院行政审判庭（综合审判庭）

温州市中级人民法院民事审判第一庭

绍兴市中级人民法院金融审判庭

台州市黄岩区人民法院立案庭（诉讼服务中心）

缙云县人民法院壶镇人民法庭

安徽省

高级人民法院研究室

合肥市包河区人民法院未成年人案件审判庭

淮北市中级人民法院政治部

安庆市中级人民法院立案庭

六安市中级人民法院刑事审判第一庭

亳州市中级人民法院民事审判第一庭

郎溪县人民法院十字铺人民法庭

福建省

高级人民法院宣传处

厦门市中级人民法院宣传教育处

三明市三元区人民法院莘口人民法庭

石狮市人民法院湖滨人民法庭

漳州市中级人民法院生态环境审判庭

江西省

高级人民法院环境资源审判庭

景德镇市珠山区人民法院竟成人民法庭

萍乡市安源区人民法院五陂人民法庭

新余市中级人民法院民事审判第二庭

鹰潭市中级人民法院立案庭

赣州市中级人民法院政治部

吉安市中级人民法院研究室

山东省

高级人民法院督察室

济南市中级人民法院行政审判庭

青岛市中级人民法院环境资源审判庭

淄博市中级人民法院刑事审判第一庭

枣庄市市中区人民法院综合办公室

潍坊市中级人民法院审判监督庭

日照市中级人民法院少年法庭

日照市岚山区人民法院巨峰人民法庭

聊城市中级人民法院再审立案庭（信访处）

菏泽市中级人民法院研究室

河南省

登封市人民法院执行局

洛阳市中级人民法院知识产权审判庭

平顶山市中级人民法院少年刑事审判庭

鹤壁市山城区人民法院立案庭（诉讼服务中心）

新乡市中级人民法院审判管理办公室

濮阳市中级人民法院民事审判第一庭

许昌市中级人民法院执行局

淅川县人民法院荆关人民法庭

永城市人民法院高庄人民法庭

信阳市中级人民法院民事审判第三庭

湖北省

十堰市中级人民法院研究室

秭归县人民法院政治部

鄂州市华容区人民法院综合办公室

沙洋人民法院综合办公室

红安县人民法院刑事审判庭

崇阳县人民法院白霓人民法庭
仙桃市人民法院龙华山人民法庭

湖南省

高级人民法院办公室
长沙市开福区人民法院湘江环境资源法庭（金霞中心法庭）
株洲市中级人民法院行政审判庭
衡东县人民法院民事审判庭
新宁县人民法院政治部
岳阳市中级人民法院司法技术室
常德市中级人民法院立案庭
郴州市中级人民法院刑事审判第一庭

广东省

韶关市武江区人民法院刑事审判庭
佛山市南海区人民法院立案庭（诉讼服务中心）
江门市中级人民法院政治处
廉江市人民法院安铺人民法庭
惠州市中级人民法院研究室
兴宁市人民法院行政审判庭
东莞市第一人民法院执行局
广州铁路运输中级法院立案庭
广州海事法院海事审判庭

广西壮族自治区

高级人民法院民事审判第一庭
柳州市中级人民法院行政审判庭
桂林市中级人民法院未成年人案件审判庭
北海市中级人民法院司法警察支队
钦州市钦北区人民法院政治部
金秀瑶族自治县人民法院桐木人民法庭
崇左市中级人民法院立案庭

海南省

三亚市中级人民法院刑事审判庭
儋州市人民法院立案庭

重庆市

武隆区人民法院仙女山人民法庭
渝中区人民法院政治部（机关党委）
重庆两江新区人民法院（重庆自由贸易试验区人民法院）综合办公室

四川省

高级人民法院审判管理办公室
成都市武侯区人民法院立案庭（诉讼服务中心）
荣县人民法院未成年人与家事案件审判庭
攀枝花市中级人民法院研究室
叙永县人民法院摩尼人民法庭
绵阳市涪城区人民法院民事审判第一庭
井研县人民法院研城人民法庭
通江县人民法院沙溪人民法庭
凉山彝族自治州中级人民法院刑事审判第一庭
成都铁路运输第一法院成都互联网法庭

贵州省

高级人民法院办公室
清镇市人民法院研究室
仁怀市人民法院刑事审判庭
安顺市中级人民法院刑事审判第二庭
毕节市中级人民法院审判监督第二庭
铜仁市中级人民法院刑事审判第一庭

云南省

高级人民法院刑事审判第一庭
昆明市中级人民法院办公室
昆明市西山区人民法院刑事审判庭
曲靖市中级人民法院少年案件审判庭
玉溪市中级人民法院审判监督庭
澜沧拉祜族自治县人民法院行政审判庭（综合审判庭）
勐腊县人民法院民事审判庭
瑞丽市人民法院涉外审判庭

西藏自治区

高级人民法院行政审判庭
拉萨市中级人民法院审判管理办公室
山南市中级人民法院执行局
巴青县人民法院立案庭（诉讼服务中心）
普兰县人民法院塔尔钦中心人民法庭

陕西省

西安市中级人民法院民事审判第四庭
铜川市印台区人民法院陈炉人民法庭
武功县人民法院刑事审判庭
榆林市中级人民法院办公室
安康市中级人民法院审判管理办公室
商洛市商州区人民法院沙河子人民法庭
西安铁路运输中级法院环境资源审判庭

甘肃省

高级人民法院立案一庭
兰州市西固区人民法院福利路人民法庭
金昌市中级人民法院政治部
白银市中级人民法院审判管理办公室
静宁县人民法院雷大人民法庭
庆阳市中级人民法院刑事审判第二庭

青海省

高级人民法院刑事审判第一庭

西宁市城北区人民法院执行局
互助土族自治县人民法院双树人民法庭
宁夏回族自治区
永宁县人民法院闽宁人民法庭
固原市中级人民法院研究室
新疆维吾尔自治区
高级人民法院刑事审判第一庭
乌鲁木齐市中级人民法院乌鲁木齐知识产权法庭
昌吉回族自治州中级人民法院行政审判庭
喀什地区中级人民法院刑事审判第二庭
福海县人民法院喀拉玛盖人民法庭
库尔勒铁路运输法院立案庭
解放军
乌鲁木齐军事法院第一审判庭
中部战区军事法院民事审判庭
新疆生产建设兵团
阿拉尔垦区人民法院刑事审判庭
第二师中级人民法院立案庭

全国法院先进个人

北京市
姜巍巍（女） 高级人民法院政治部组宣处副处长
司　可（女） 东城区人民法院司法警察大队三级警长
温晓汾（女） 朝阳区人民法院民事审判二庭副庭长
李雪鹏 顺义区人民法院综合审判庭书记员
周丽婷（女） 北京知识产权法院技术调查室副主任
天津市
张　玉（女） 和平区人民法院立案庭书记员
李月辉 西青区人民法院李七庄人民法庭副庭长
朱福亮 第二中级人民法院督察室副主任
康　扬（满族） 东丽区人民法院司法警察大队副大队长
河北省
刘　鹏 高级人民法院民事审判第二庭法官助理
张海亮 唐山市中级人民法院执行局执行指挥中心副主任
张金政 秦皇岛市中级人民法院立案一庭庭长
周若茵（女） 宁晋县人民法院政治部副主任
徐　帅（女） 涞水县人民法院义安人民法庭庭长
张少卿 阳原县人民法院立案庭庭长
付相如 承德市中级人民法院督察室主任
李　智 沧州市新华区人民法院审判委员会专职委员
卢华伟 衡水市中级人民法院办公室主任
山西省
赵　昊 大同市云冈区人民法院副院长
韩旭辉 长治市潞州区人民法院原审判员
王秀华（女） 怀仁市人民法院刑事审判庭庭长
张改兰（女） 忻州市中级人民法院政治部法官管理处处长
斛艳艳（女） 吕梁市中级人民法院机关党委办公室主任
张雳冰 太原铁路运输中级法院政治部副主任
内蒙古自治区
杨文辉 高级人民法院政治部法官管理处副处长
许亚龙 乌海市中级人民法院信息技术司法辅助办公室主任

张子孝 克什克腾旗人民法院综合办公室主任
许 承 乌拉特前旗人民法院审判委员会专职委员
夏 敏（女） 锡林郭勒盟中级人民法院立案一庭书记员
姚宏波（蒙古族）通辽铁路运输法院综合审判庭副庭长

辽宁省

王维鑫（满族） 高级人民法院组织人事处四级调研员
杨阳阳 沈阳市中级人民法院信访工作办公室法官助理
胡英杰（女） 鞍山市中级人民法院组织人事科科长
林 琳（女） 丹东市中级人民法院审判管理办公室副主任
明良业 阜新市中级人民法院宣传科（新闻中心）主任
刘丹宁（女） 灯塔市人民法院政治处副主任
刘泽森 朝阳县人民法院羊山人民法庭庭长
王晶晶（女，满族） 建昌县人民法院立案庭（诉讼服务中心）庭长

吉林省

刘梦琦 长春市南关区人民法院执行局法官助理
韦宝立 吉林市中级人民法院司法行政装备管理处副处长
李文东 辽源市龙山区人民法院刑事审判庭庭长
杨秋实（女） 前郭尔罗斯蒙古族自治县人民法院行政审判庭庭长
徐岩松 白城市中级人民法院立案二庭法官助理

黑龙江省

郭 涛 双鸭山市中级人民法院研究室副主任
闫善辉 大庆市中级人民法院机关党委专职副书记
张秋妍（女） 伊春市中级人民法院立案一庭庭长
王洪洋 七台河市新兴区人民法院政治部副主任
田 波 嫩江市人民法院立案庭副庭长
王旭成 哈尔滨铁路运输中级法院司法行政装备管理处副处长
高丽丽（女） 林区中级人民法院综合办公室副主任
李 娜（女） 绥北人民法院嘉荫人民法庭庭长

上海市

陆 诚（女） 高级人民法院信息管理处处长
朱 奇 第一中级人民法院司法行政装备处（信息管理处）信息管理一科科长
颜娉婷（女） 金山区人民法院司法警察大队三级警长
白 云（女） 静安区人民法院未成年人与家事案件综合审判庭副庭长
黄菲菲（女） 崇明区人民法院陈家镇人民法庭庭长

江苏省

刘 军 高级人民法院行政审判庭副庭长
邹 钢 高级人民法院办公室副主任
柯菲菲（女） 无锡市锡山区人民法院诉讼服务中心副主任
王 震 睢宁县人民法院刑事审判庭庭长
张宝玲（女） 连云港市连云区人民法院综合办公室主任
郑学记 淮安市中级人民法院司法警察支队支队长
徐刘根 东台市人民法院三仓人民法庭庭长
徐 佼（女） 泰州市中级人民法院刑事审判第一庭副庭长
李双才 宿迁市中级人民法院综合处处长

浙江省

黄绍兵　建德市人民法院司法警察大队副大队长
王咏梅（女）　宁海县人民法院司法警察大队一级警长
钱慧智（女）　嘉兴市中级人民法院审判管理处副处长
许婷婷（女）　湖州市中级人民法院环境资源审判庭庭长
吴霞林（女）　东阳市人民法院巍山人民法庭庭长
王俪婧（女）　衢州市柯城区人民法院民事审判二庭（巡回法庭）副庭长
纪燕玲（女）　舟山市中级人民法院办公室主任
孔　昱（女）　宁波海事法院办公室主任

安徽省

汪　飓　高级人民法院政治部组织人事处二级主任科员
张清龄（女）　芜湖市中级人民法院技术处副处长
陈栋梁　蚌埠市中级人民法院研究室法官助理
朱启凡（女）　淮南市中级人民法院离退休科科长
周冰一（女）　当涂县人民法院副院长
唐　超（女）　滁州市南谯区人民法院乌衣人民法庭庭长
薄同辉　宿州市中级人民法院司法警察支队三级警长

福建省

林孔亮　闽侯县人民法院副院长
李冠鑫　莆田市中级人民法院研究室副主任
张廷贵　南平市中级人民法院武夷新区巡回法庭副庭长
王雪勇　龙岩市中级人民法院司法警察支队副政委
范陈鑫　宁德市中级人民法院司法警察支队副政委
余洪峰　厦门海事法院政治部副主任

江西省

胡　强　南昌市中级人民法院办公室副主任
赵滨滨　湖口县人民法院立案庭庭长
雷珑婕（女）　宜春市中级人民法院审判管理办公室主任
吴水松　抚州市中级人民法院政治部副主任
郑　彬　上饶市中级人民法院立案一庭法官助理

山东省

姜晓艳（女）　东营市中级人民法院组织人事处处长
郭宏伟　烟台市中级人民法院研究室主任
陆　宾　济宁市中级人民法院信息宣传处副处长
牛　春（女）　泰安市泰山区人民法院岱庙人民法庭庭长
孙文星　乳山市人民法院滨海新区人民法庭庭长
袁　军　临沭县人民法院司法警察大队大队长
王炳申　滨州市滨城区人民法院立案庭原审判员
徐　宏（女）　济南铁路运输法院综合审判庭副庭长
牛　萌（女）　青岛海事法院研究室副主任
鞠吉瑞　山东法官培训学院教学部副教授

河南省

陈　琼（女）　高级人民法院司法技术鉴定处副处长
王松洋（女）　郑州市中级人民法院审判管理办公室副主任

李　冰　　　　　杞县人民法院副院长
李瑞增　　　　　安阳市中级人民法院办公室主任
武丽娟（女）　　焦作市中级人民法院民事审判第三庭副庭长
楚军辉　　　　　漯河市中级人民法院办公室主任
郭丽莎（女）　　三门峡市中级人民法院民事审判第四庭副庭长
李　静（女）　　周口市中级人民法院刑事审判第一庭庭长
任蕴力　　　　　驻马店市中级人民法院民事审判第四庭副庭长
张林丰　　　　　济源市人民法院宣传教育科科长

湖北省

余　杰　　　　　武汉市中级人民法院研究室主任
阮　缘（女）　　黄石市西塞山区人民法院政治部副主任
孙晓云（女）　　襄阳市中级人民法院研究室法官助理
李　卿　　　　　荆门市掇刀区人民法院综合办公室主任
余穗军（女）　　汉川市人民法院审判管理办公室（研究室）主任
王俊辉　　　　　荆州市中级人民法院研究室副主任
熊　清（女）　　随县人民法院审判管理办公室（研究室）主任
程　璟　　　　　来凤县人民法院刑事审判庭法官助理

湖南省

蒋　琳　　　　　高级人民法院立案信访局副局长
尹　静（女）　　湘潭市中级人民法院新闻信息科科长
周小晖（女，土家族）　张家界市中级人民法院审判管理办公室主任
沈斯彦（满族）　益阳市中级人民法院政治部副主任
刘姣丽（女）　　永州市中级人民法院政治部宣传教育科副科长
魏维志（侗族）　通道侗族自治县人民法院副院长
曾宪华　　　　　娄底市中级人民法院执行局副局长
向　昉（女，土家族）　湘西土家族苗族自治州中级人民法院刑事审判第一庭审判员

广东省

李民韬　　　　　高级人民法院民事审判第四庭审判员
罗雅之（女，苗族）　广州市中级人民法院机关党委办公室法官助理
何远彬　　　　　深圳市龙华区人民法院刑事审判庭庭长
朱祖永　　　　　高州市人民法院金山人民法庭庭长
彭静雯（女）　　四会市人民法院审判管理办公室（研究室）主任
姚秋福　　　　　阳西县人民法院政治部副主任
钟计瑞　　　　　英德市人民法院司法警察大队教导员
陈燕飞（女）　　潮州市中级人民法院立案庭法官助理
谢保明　　　　　广州知识产权法院著作权审判庭法官助理

广西壮族自治区

吴　昊　　　　　南宁市兴宁区人民法院综合办公室一级科员
谢　康　　　　　梧州市中级人民法院刑事审判第一庭庭长
梁海冰　　　　　贵港市覃塘区人民法院司法警察大队大队长
谭展悦（女）　　玉林市福绵区人民法院审判管理办公室（研究室）主任
黄　佶　　　　　贺州市八步区人民法院政治部主任
苏　嘉（瑶族）　河池市中级人民法院研究室副主任
陆英涛（壮族）　北海海事法院海商审判庭庭长

海南省

陈　茵（女）　海口市龙华区人民法院刑事审判庭法官助理

蔡预红（女，苗族）　屯昌县人民法院执行局局长

重庆市

张　伟　高级人民法院信息技术管理处处长

王慧群　江北区人民法院立案庭（诉讼服务中心）庭长

温春来　云阳县人民法院南溪人民法庭庭长

刘津坤　第四中级人民法院研究室（审判管理办公室）法官助理

钟丽君（女）　第五中级人民法院办公室宣传科科长

四川省

张　月（女）　高级人民法院办公室四级调研员

李　敏（女）　广元市中级人民法院审判委员会专职委员

青小丁（女）　遂宁市中级人民法院行政审判庭庭长

毛　刚　阆中市人民法院政治部主任

陈建强　眉山市中级人民法院办公室二级主任科员

贺　毳（女）　广安市中级人民法院执行局执行二处副处长

高玉丹（女）　天全县人民法院诉讼服务中心主任

朱　璐（女，藏族）　阿坝藏族羌族自治州中级人民法院政治部教育培训处处长

苟　刚　泸定县人民法院司法警察大队三级警长

贵州省

吴昌奇　高级人民法院政治部人事处二级主任科员

龙怀翔　六盘水市中级人民法院司法警察支队副支队长

肖敬贤　遵义市中级人民法院执行局法官助理

孙鲁霞（女）　施秉县人民法院副院长

孟锦雄（毛南族）黔南布依族苗族自治州中级人民法院对外宣传科副科长

云南省

李　昱（女，傣族）　临沧市中级人民法院政治部一级科员

钟　磊　楚雄市人民法院副院长

陈玉莹（女）　蒙自市人民法院民事审判二庭审判员

李　富（彝族）　文山壮族苗族自治州中级人民法院政治部组织人事科科长

何　洪　南涧彝族自治县人民法院政治部主任

龙　汐（女）　昆明铁路运输中级法院研究室法官助理

西藏自治区

旦增朗珠（藏族）拉孜县人民法院政治部副主任

王志钰　昌都市中级人民法院民事审判第二庭庭长

田　峰　波密县人民法院副院长

陕西省

苏　靖　高级人民法院司法技术室副主任

李国良　西安市雁塔区人民法院刑事审判庭副庭长

杜　彦　宝鸡市金台区人民法院副院长

亢俊谦　渭南市中级人民法院研究室法官助理

徐坤森　子长市人民法院民事审判庭庭长

王克琴（女）　汉中市汉台区人民法院政治部三级主任科员

甘肃省

董　浩　天水市中级人民法院法医技术室主任

杨　德　　　　　武威市凉州区人民法院督察室三级主任科员
夏丽萍（女）　　定西市中级人民法院立案庭副庭长
董仓荣（藏族）　永靖县人民法院司法警察大队一级警司
余　敏（女）　　兰州铁路运输法院政治部一级主任科员

青海省

徐开玉（女）　　西宁市城东区人民法院执行局法官助理
班玛才昂仁增（藏族）　班玛县人民法院政治部主任
赵　琰（女）　　格尔木市人民法院河西人民法庭庭长

宁夏回族自治区

马　磊（回族）　高级人民法院司法技术管理处一级主任科员
尤兆林（回族）　石嘴山市中级人民法院政治处副主任
买小林（回族）　同心县人民法院执行局局长

新疆维吾尔自治区

王昕彤（女）　　高级人民法院研究室（少年审判庭）审判员
刘庆羽　　　　　克拉玛依市中级人民法院司法警察支队副支队长
古丽皮亚·热合木吐拉（女，维吾尔族）　吐鲁番市中级人民法院办公室副主任
曼司亚（女，哈萨克族）　巴里坤哈萨克自治县人民法院立案庭副庭长
康彦军　　　　　阿克苏地区中级人民法院政治部三级主任科员
艾尔帕提·阿布都尔斯力（维吾尔族）　察布查尔锡伯自治县人民法院海努克人民法庭庭长

解放军

吴　鑫　　　　　解放军军事法院刑事审判庭审判员
毛贤伟（土家族）南部战区军事法院刑事审判庭庭长

新疆生产建设兵团

杨　璐　　　　　第四师中级人民法院办公室副主任
孙　仪（女）　　五家渠垦区人民法院综合审判庭庭长

检察系统

全国模范检察院

北京市
门头沟区人民检察院
天津市
北辰区人民检察院
河北省
顺平县人民检察院
蔚县人民检察院
山西省
长治市壶关县人民检察院
内蒙古自治区
包头市昆都仑区人民检察院
辽宁省
大连市普兰店区人民检察院
吉林省
长春经济技术开发区人民检察院
黑龙江省
富裕县人民检察院
铁力市人民检察院
上海市
虹口区人民检察院
江苏省
江阴市人民检察院
浙江省
杭州市余杭区人民检察院
安徽省
望江县人民检察院
福建省
上杭县人民检察院
江西省
鄱阳县人民检察院
山东省
济南市市中区人民检察院
青岛市即墨区人民检察院
河南省
西华县人民检察院
新野县人民检察院
湖北省
武汉经济技术开发区人民检察院
湖南省
宁乡市人民检察院
广东省
广州市南沙区人民检察院（广东自由贸易区南沙片区人民检察院）
广西壮族自治区
贺州市八步区人民检察院
海南省
海口市龙华区人民检察院
重庆市
永川区人民检察院
四川省
大竹县人民检察院
雅安市名山区人民检察院
贵州省
沿河土家族自治县人民检察院
云南省
临沧市临翔区人民检察院
西藏自治区
拉萨市达孜区人民检察院
陕西省
平利县人民检察院
甘肃省
庄浪县人民检察院
青海省
海东市乐都区人民检察院
宁夏回族自治区
吴忠市利通区人民检察院
新疆维吾尔自治区
奎屯市人民检察院
中国人民解放军
广州军事检察院
新疆生产建设兵团
第十四师和田垦区（昆玉市）人民检察院

全国模范检察官　全国模范检察干部

北京市

陈禹橦（女）　市人民检察院第四检察部副主任

天津市

谢文凯　武清区人民检察院检察委员会委员、第三检察部主任

河北省

裴丽艳（女）　石家庄市栾城区人民检察院副检察长

温可红（女）　邢台市人民检察院第二检察部副主任

赵宝德　易县人民检察院检察委员会专职委员

山西省

谢金娜（女）　忻州市人民检察院第一检察部副主任

曹月兰（女）　岚县人民检察院检察委员会委员、第二检察部主任

内蒙古自治区

杨丽琴（女）　鄂尔多斯市人民检察院检察委员会专职委员

孙　凯（女）　巴彦淖尔市人民检察院第一检察部主任

辽宁省

屈　欣　辽阳市人民检察院第二检察部主任

逄燕妮（女）　丹东市人民检察院第一检察部三级检察官

吉林省

姚远来　延边朝鲜族自治州人民检察院第二检察部主任

魏　来　延边铁路运输检察院机关党委专职副书记

黑龙江省

付冬梅（女）　牡丹江市人民检察院第七检察部主任

李　明（女）　同江市人民检察院副检察长

上海市

马玮玮（女）　静安区人民检察院副检察长

江苏省

余枫霜（女）　南京市人民检察院第三检察部主任

饶本东　徐州市人民检察院第四检察部主任

杨红萍（女）　连云港市赣榆区人民检察院第四检察部主任

浙江省

陈　祺（女）　宁波市鄞州区人民检察院第一检察部主任

沈　璋（女）　湖州市吴兴区人民检察院副检察长

安徽省

汤恒明　芜湖市镜湖区人民检察院副检察长、第五检察部主任

陈　磊　宿州市人民检察院第三检察部一级检察官

福建省

吴雅芳（女）　晋江市人民检察院检察委员会委员、第一检察部主任

吴传忠　古田县人民检察院第一检察部主任

江西省

钟致雅（女）　赣州市人民检察院第三检察部主任

詹文成　省人民检察院第一检察部一级检察官助理

山东省

刘　玲（女）　滕州市人民检察院副检察长

谷红艳（女）　潍坊市人民检察院第三检察部主任

宋炎炎（女）　兰陵县人民检察院检察委员会专职委员

河南省

马玲玲（女）　卢氏县人民检察院检察委员会委员、第三检察部副主任

宋喜东　　　　固始县人民检察院检察委员会委员、第二检察部副主任

冯海宽　　　　省人民检察院第六检察部副主任

湖北省

刘　亮（女）　黄石市人民检察院副检察长

何娅茜（女）　潜江市人民检察院第一检察部主任

湖南省

何秋花（女）　醴陵市人民检察院副检察长

吴浪平（女）　娄底市人民检察院第一检察部副主任

广东省

张　玲（女）　珠海市人民检察院第五检察部一级检察官

骆　誉　　　　惠州市人民检察院第一检察部主任

李景平（女）　省人民检察院第三检察部三级高级检察官

广西壮族自治区

孔德雨　　　　南宁市人民检察院第五检察部主任

韦　斌（壮族）　河池市人民检察院第六检察部主任

海南省

徐　贺　　　　省人民检察院第一检察部副主任

重庆市

游中立　　　　市人民检察院第一分院检察二部三级高级检察官

四川省

白　华　　　　攀枝花市人民检察院第七检察部主任

陈　进（女）　内江市市中区人民检察院第五检察部主任

张晓波　　　　西充县人民检察院常务副检察长

贵州省

代潘菊（女，白族）　大方县人民检察院副检察长

云南省

李蕻娟（女）　保山市人民检察院第一检察部主任

玉喃溜（女，傣族）　景洪市人民检察院副检察长

西藏自治区

席淑姣（女）　山南市乃东区人民检察院检察委员会委员、第一检察部主任

陕西省

胡丽萍（女）　宝鸡市人民检察院第一检察部主任

张树峰　　　　岚皋县人民检察院副检察长

甘肃省

赵淑霞（女）　永昌县人民检察院副检察长

青海省

王小婷（女）　刚察县人民检察院第一检察部主任

宁夏回族自治区

何　静（女）　石嘴山市人民检察院第二检察部主任

新疆维吾尔自治区

周继凤（女）　乌鲁木齐市人民检察院第四检察部副主任

中国人民解放军

王洪国　　　　中部战区军事检察院第二检察处上校处长

新疆生产建设兵团

张　芳（女）　第七师奎屯垦区人民检察院副检察长

全国检察系统集体一等功

北京市

通州区人民检察院

天津市

市人民检察院第一分院第三检察部

河北省

新乐市人民检察院

遵化市人民检察院

涉县人民检察院

承德县人民检察院

省人民检察院检察信息技术部

山西省

太原市人民检察院第一检察部

左权县人民检察院

临汾市人民检察院第一检察部

运城市人民检察院第五检察部

内蒙古自治区

呼和浩特市人民检察院第八检察部

乌海市海勃湾区人民检察院

辽宁省

沈阳市大东区人民检察院

新宾满族自治县人民检察院

阜新蒙古族自治县人民检察院

省人民检察院第十一检察部

吉林省

东丰县人民检察院第一检察部

白山市人民检察院第六检察部

省人民检察院第十检察部

黑龙江省

大庆市龙凤区人民检察院

鹤岗市工农区人民检察院

黑河市人民检察院第七检察部

绥棱县人民检察院

哈尔滨铁路运输检察院

上海市

杨浦区人民检察院

江苏省

南京市玄武区人民检察院

苏州市吴江区人民检察院

南通市崇川区人民检察院

射阳县人民检察院

浙江省

慈溪市人民检察院

温州市龙湾区人民检察院

海宁市人民检察院

舟山市人民检察院第五检察部

安徽省

蚌埠市蚌山区人民检察院

池州市人民检察院第六检察部

省人民检察院第六检察部

福建省

厦门市思明区人民检察院

南平市人民检察院第五检察部

省人民检察院第十检察部

江西省

浮梁县人民检察院

宜丰县人民检察院

抚州市人民检察院第一检察部

山东省

桓台县人民检察院

烟台市人民检察院第七检察部

新泰市人民检察院

日照市岚山区人民检察院

聊城市人民检察院第八检察部

菏泽市牡丹区人民检察院第一检察部

河南省

尉氏县人民检察院第二检察部

洛阳市瀍河回族区人民检察院第二检察部

夏邑县人民检察院第二检察部

驻马店市人民检察院第一检察部

省人民检察院郑州铁路运输分院第四检察部
省人民检察院案件管理办公室
湖北省
秭归县人民检察院
十堰市郧阳区人民检察院
鄂州市鄂城区人民检察院第一检察部
黄冈市人民检察院第六检察部
恩施土家族苗族自治州人民检察院第七检察部
湖南省
常德市鼎城区人民检察院
永兴县人民检察院
麻阳苗族自治县人民检察院
泸溪县人民检察院
广东省
佛山市人民检察院第五检察部
东莞市第二市区人民检察院
江门市新会区人民检察院
云浮市人民检察院第一检察部
省人民检察院公共关系处
广西壮族自治区
柳州市人民检察院第七检察部
苍梧县人民检察院
玉林市人民检察院第六检察部
海南省
白沙黎族自治县人民检察院
重庆市
万州区人民检察院
渝北区人民检察院检察一部
四川省
崇州市人民检察院
中江县人民检察院
三台县人民检察院
剑阁县人民检察院
宜宾市叙州区人民检察院
安岳县人民检察院
贵州省
六盘水市人民检察院第十检察部
威宁彝族回族苗族自治县人民检察院
省人民检察院第九检察部
云南省
昆明市人民检察院第一检察部
曲靖市人民检察院第八检察部
漾濞彝族自治县人民检察院
芒市人民检察院
省人民检察院第九检察部
西藏自治区
拉萨市人民检察院第八检察部
陕西省
西安市人民检察院第九检察部
周至县人民检察院
三原县人民检察院
商南县人民检察院
甘肃省
兰州市城关区人民检察院第三检察部
酒泉市肃州区人民检察院
岷县人民检察院
青海省
玛沁县人民检察院
宁夏回族自治区
灵武市人民检察院
新疆维吾尔自治区
乌鲁木齐市头屯河区人民检察院
哈密市伊州区人民检察院第五检察部
自治区人民检察院和田分院第二检察部
中国人民解放军
上海军事检察院
新疆生产建设兵团
兵团人民检察院第八师分院刑事检察部
最高人民检察院
办公厅代表委员联络处

全国检察系统个人一等功

北京市

汪珮琳（女）　东城区人民检察院第二检察部副主任
孙　鹏　海淀区人民检察院第七检察部副主任
周　宇（女）　大兴区人民检察院第一检察部副主任

天津市

曹纪元　市人民检察院第二分院第五检察部副主任
王　娜（女）　市人民检察院第四检察部四级高级检察官

河北省

彭　莹（女）　秦皇岛市海港区人民检察院第四检察部主任
于　红（女）　沧州市人民检察院第三检察部主任
王大为（满族）　固安县人民检察院副检察长
董红英（女）　枣强县人民检察院副检察长
赵英爽（女）　省人民检察院第九检察部四级高级检察官
任美宁（女）　省人民检察院雄安新区分院二级检察官助理

山西省

韩伟民　大同市人民检察院检察委员会委员、第五检察部主任
潘永平（女）　朔州市人民检察院检察委员会委员、第六检察部主任
田　瑶（女）　阳泉市郊区人民检察院第一检察部副主任
崔　茜（女）　晋城市人民检察院第五检察部副主任

内蒙古自治区

景南南（女）　包头市人民检察院第二检察部主任
田红梅（女，蒙古族）　通辽市人民检察院第七检察部主任
刘慧慧（女）　敖汉旗人民检察院副检察长
田　河　自治区人民检察院第四检察部一级检察官助理

辽宁省

戴敏佳（女，蒙古族）　沈阳市人民检察院第八检察部二级主任科员
钟晓宇（女）　大连市人民检察院第三检察部副主任
刘扬扬（女）　凌海市人民检察院副检察长
韩振伟　朝阳市人民检察院第一检察部副主任
葛沛麟（女）　盘锦市人民检察院第一检察部四级检察官助理

吉林省

郭劲男　长春市绿园区人民检察院第四检察部主任
付　勋（女）　吉林市人民检察院第六检察部副主任
窦　娜（女）　通化市人民检察院第一检察部主任

黑龙江省

于健楠　哈尔滨市人民检察院第一检察部四级高级检察官
刘大成　绥滨县人民检察院第四检察部三级检察官
周芳敏（女）　五大连池市人民检察院副检察长
张萍萍（女，壮族）　绥化市人民检察院第三检察部主任
张　馨（女）　省人民检察院哈尔滨铁路运输分院检察技术与信息化部副主任
李　琳（女）　省人民检察院第一检察部一级检察官

上海市

胡巧绒（女） 宝山区人民检察院第五检察部主任
周少鹏 奉贤区人民检察院第三检察部主任
于 爽（女） 市人民检察院第一分院第一检察部副主任

江苏省

高 正 常州市钟楼区人民检察院第五检察部主任
杨海峤 涟水县人民检察院第一检察部主任
汤 智 高邮市人民检察院检察委员会专职委员
张丹慧（女） 镇江市人民检察院第八检察部主任
丁 铌（女） 泰州市人民检察院第七检察部主任
王 绪 宿迁市宿城区人民检察院副检察长兼公益诉讼检察室主任
周立武 省人民检察院第一检察部副主任

浙江省

吕 静（女） 杭州市人民检察院第一检察部主任
项秉忠 温州市人民检察院第四检察部主任
温一浩 嵊州市人民检察院第一检察部主任兼第五检察部副主任
王 艳（女） 金华市人民检察院第七检察部副主任
孙婷婷（女） 台州市人民检察院办公室主任

安徽省

陈 胜 合肥市人民检察院第三检察部主任
朱 溟（女） 淮北市相山区人民检察院检察委员会委员、第三检察部主任
方文兵 枞阳县人民检察院第一检察部副主任
冯祝苗（女） 滁州市人民检察院第一检察部副主任
李 浩 利辛县人民检察院第一检察部主任

福建省

林承杰 福州市人民检察院第一检察部副主任
林 毅 漳州市龙海区人民检察院副检察长
余欣雯（女） 三明市人民检察院第一检察部副主任
骆志峰 莆田市涵江区人民检察院副检察长

江西省

刘向的（女，壮族） 南昌市人民检察院第一检察部副主任
李平洋 九江市人民检察院第六检察部主任
毛红文（女） 鹰潭市余江区人民检察院副检察长

山东省

孟一姝（女） 济南市槐荫区人民检察院第四检察部主任
刘凌云（女） 青岛市人民检察院第八检察部四级高级检察官
殷 红（女） 东营市河口区人民检察院第一检察部主任
王希昀（女） 海阳市人民检察院副检察长
马恩茹（女） 济宁市人民检察院第二检察部主任
柳英华（女） 乳山市人民检察院派驻公安执法办案管理中心检察官办公室主任
张振红（女） 平原县人民检察院副检察长、第一检察部主任
修 娟（女） 滨州市滨城区人民检察院第二检察部主任

河南省

朱长城 郑州市管城回族区人民检察院检察委员会委员、第一检察部主任

马　霄（女）　　栾川县人民检察院检察委员会委员、第二检察部主任
孙雨蒙（女）　　汝州市人民检察院检察委员会委员、第二检察部主任
朱梁双　　　　　原阳县人民检察院副检察长
郑玲玲（女）　　焦作市人民检察院第一检察部副主任
刘　爽（女）　　许昌市人民检察院第三检察部主任
王济阳（女）　　漯河市源汇区人民检察院检察委员会专职委员、第一检察部主任
李军灵　　　　　桐柏县人民检察院检察委员会专职委员

湖北省

高　尚（土家族）　武汉市汉阳区人民检察院第二检察部主任
沈　洁（女）　　枣阳市人民检察院第一检察部主任
代姗姗（女）　　公安县人民检察院第五检察部主任
沈　超　　　　　荆门市人民检察院第二检察部主任
史　祎（女）　　随州市人民检察院第一检察部主任

湖南省

肖喜伟　　　　　衡南县人民检察院第五检察部主任
赵　旭　　　　　邵阳市人民检察院第二检察部主任
郭东波　　　　　岳阳县人民检察院副检察长
艾圆圆（女）　　永州市人民检察院第三检察部副主任
熊焕喜（女）　　省人民检察院第三检察部三级高级检察官

广东省

张敬伟　　　　　深圳市人民检察院第二检察部一级检察官
姚伟锋　　　　　汕头市人民检察院检察委员会委员、第一检察部主任
李林凌（女）　　兴宁市人民检察院副检察长
谭忠俊　　　　　阳江市阳东区人民检察院副检察长
罗泳池（女）　　湛江市坡头区人民检察院第一检察部副主任
柯　蕾（女）　　肇庆市人民检察院办公室一级科员
王　栋　　　　　省人民检察院第六检察部三级高级检察官
赵一瑾（女）　　省人民检察院第八检察部三级高级检察官

广西壮族自治区

赖家明（壮族）　永福县人民检察院四级高级检察官助理
潘惠云（女）　　北海市人民检察院第一检察部主任
严秋霞（女）　　百色市人民检察院第二检察部主任
刘军辉　　　　　自治区人民检察院第一检察部主任

海南省

李光波　　　　　文昌市人民检察院第一检察部主任

重庆市

刘蔚琳（女）　　南岸区人民检察院检察七部主任
黎　佳（女）　　大足区人民检察院检察二部副主任
冉　章（女）　　市人民检察院检察长办公室主任

四川省

高建峰　　　　　成都市人民检察院第六检察部四级高级检察官
卓俊涛（女）　　荣县人民检察院检察长
李　玲（女，苗族）　叙永县人民检察院副检察长
夏　军　　　　　遂宁市船山区人民检察院副检察长

朱学涛（藏族） 阿坝藏族羌族自治州人民检察院第二检察部主任
扎西拥忠（女，藏族） 得荣县人民检察院二级警长
李 清 凉山彝族自治州人民检察院第五检察部副主任

贵州省

刘 玉（女） 贵阳市南明区人民检察院第六检察部主任
计 鸿（女，苗族） 安顺市平坝区人民检察院第三检察部主任
杨再滔（女，苗族） 黔东南苗族侗族自治州人民检察院第二检察部主任

云南省

神 骥 昭通市人民检察院案件管理办公室副主任
柏利民 玉溪市人民检察院检察委员会专职委员、三级高级检察官
普文乾（彝族） 楚雄彝族自治州人民检察院办公室副主任
杨莎莎（女，回族） 云县人民检察院第二检察部主任

西藏自治区

方金芬（女） 林芝市波密县人民检察院四级检察官助理

陕西省

罗 利（女） 咸阳市秦都区人民检察院检察委员会委员、一级检察官
王军娜（女） 渭南市人民检察院第一检察部主任
侯 帅 铜川市印台区人民检察院副检察长
田 方 汉中市人民检察院驻汉江监狱检察室主任

甘肃省

何生海 嘉峪关市人民检察院驻看守所检察室主任
颜为忠 白银市人民检察院副检察长
刘 欣（女） 天水市人民检察院第六检察部副主任

青海省

杨忠多杰（藏族） 黄南藏族自治州尖扎县人民检察院副检察长

宁夏回族自治区

刘雪梅（女） 中卫市人民检察院第二检察部副主任

新疆维吾尔自治区

海里齐古丽·加帕尔（女，维吾尔族） 巴音郭楞蒙古自治州人民检察院第二检察部主任
克力地白克·赛麦提（柯尔克孜族） 克孜勒苏柯尔克孜自治州人民检察院第二检察部三级检察官
张鹏雁 伊犁哈萨克自治州人民检察院第五检察部主任

中国人民解放军

郎 峰（满族） 北部战区军事检察院第二检察处少校营级正职检察员

新疆生产建设兵团

孙 露 第五师博乐垦区人民检察院检察长

最高人民检察院

李 豪 第二检察厅三级高级检察官

公安系统

全国公安系统一级英雄模范

刘　欣（女）　黑龙江省七台河市公安局成企分局桃南派出所三级警长（病逝）
蒋久华　　四川省青神县公安局青竹派出所二级警长（牺牲）

全国公安系统二级英雄模范

吕　游　　天津市公安局刑侦总队十三支队九大队警务技术二级主管
沙庆捷　　天津市公安局西青分局治安管理支队四大队四级高级警长（牺牲）
许　喆　　天津市滨海新区公安局刑侦支队一大队副大队长
施维昆　　天津市公安局和平分局法制支队二大队大队长（牺牲）
宋庆磊　　河北省邯郸市公安局交巡警支队大名大队三级警长（牺牲）
李健吾　　河北省青县公安局局长（牺牲）
杨贤法　　河北省石家庄市公安局特警支队三大队一中队中队长（牺牲）
李应存　　山西省朔州市拘留所二级警长（牺牲）
谷永乐　　内蒙古自治区商都县公安局政工办主任（牺牲）
陈　军　　内蒙古自治区公安厅交管局高速公路一支队一级警长（牺牲）
张洪俊　　辽宁省公安厅办公室对策研究科一级主任科员（牺牲）
丛海波　　吉林省吉林市公安局船营分局情报指挥中心二级警长（牺牲）
安岩松　　黑龙江省黑河市公安局刑事技术支队警务技术四级主任
傅　琦　　上海市宝山区拘留所二级警长（牺牲）
李　忠　　江苏省常州市公安局交警支队高速公路一大队一级警长（牺牲）
宋祖钦　　江苏省淮安市公安局交警支队三大队四中队中队长（牺牲）
朱　晖　　江苏省扬州市公安局江都分局宜陵派出所所长
沈高芳（女）　江苏省扬州市公安局刑警支队刑事科学技术研究所教导员
徐金镇　　江苏省宿迁市公安局交警支队高速公路四大队副大队长
陈永虎　　浙江省绍兴市公安局柯桥区分局交警大队马鞍中队中队长（牺牲）
厉恩重　　安徽省灵璧县公安局刑侦大队副大队长（病逝）
华　杰　　安徽省合肥市公安局交警支队庐阳大队一中队中队长（牺牲）
刘中青　　安徽省金寨县公安局铁冲派出所所长（牺牲）
潘加声　　福建省泉州市公安局交警支队泉港大队涂岭中队二级警长（牺牲）
郭伟民　　福建省福州市公安局刑侦支队政委（病逝）
柯佳勇　　福建省永泰县公安局塘前派出所所长（牺牲）
何明树　　江西省上栗县公安局交警大队桐木中队中队长（牺牲）
李　兵　　江西省上栗县公安局交警大队桐木中队警务技术三级主管（牺牲）
胡本阳　　江西省抚州市纪委监委驻市公安局纪检监察组组长，市公安局党委委员、二级高级警长（牺牲）
魏和友　　江西省南昌市公安局东湖分局大院派出所所长（牺牲）

李　岩　　河南省新蔡县公安局杨庄户乡派出所所长（牺牲）
徐远东　　河南省鲁山县公安局董周派出所教导员（牺牲）
史洪恒　　河南省新野县公安局刑警大队警务技术一级主管（牺牲）
吕刚果　　河南省宜阳县公安局政治处主任（牺牲）
赵　淼　　河南省潢川县公安局行政审批股股长（牺牲）
黄茂春　　河南省长垣市公安局芦岗派出所所长（牺牲）
鄂红兵　　湖北省武汉市公安局武昌区分局白沙洲街派出所一级警长（牺牲）
郑　涵　　湖北省蕲春县公安局交警大队一级警员（牺牲）
杨碧冰　　湖南省洪江市公安局安江派出所教导员（牺牲）
冯永坚　　广东省佛山市公安局南海分局松岗派出所龙头社区民警中队指导员（牺牲）
曾宇恒　　广东省广州市公安局番禺区分局政工办三级警长（牺牲）
周成标　　广东省英德市公安局大站派出所副所长（牺牲）
贾世忠　　四川省雅安市公安局森林警察支队综合大队大队长（病逝）
周士俊　　西藏自治区芒康县公安局指挥中心主任（牺牲）
刘　苏（女）　甘肃省定西市公安局安定分局警务保障室三级警长（牺牲）
闫祥林　　甘肃省嘉峪关市公安局指挥中心情报中心副主任（牺牲）
陈　洋　　宁夏回族自治区银川市公安局金凤区分局刑侦大队三级警长
乌提库尔·阿不来提　新疆维吾尔自治区阿拉山口市公安局副局长（牺牲）
武　洋　　太原铁路公安局临汾公安处霍州车站派出所所长（牺牲）

国家安全系统

全国国家安全系统先进集体

（略）

全国国家安全系统二级英雄模范

（略）

国家安全机关部级优秀共产党员、优秀党务工作者

（略）

国家安全机关部级先进基层党组织

（略）

“国家安全荣誉”纪念章

（略）

司法行政系统

全国模范人民调解委员会

北京

西城区什刹海街道人民调解委员会

朝阳区黑庄户乡人民调解委员会

顺义区双丰街道马坡花园第二社区人民调解委员会

首都知识产权服务业协会知识产权纠纷人民调解委员会

全联新能源商会人民调解委员会

天津

滨海新区大港街道人民调解委员会

红桥区和苑街道梦和园社区人民调解委员会

西青区劳动争议人民调解委员会

宝坻区交通事故联合人民调解委员会

天津广播电视台电视人民调解委员会

河北

石家庄市新华区西苑街道人民调解委员会

石家庄市井陉矿区贾庄街道天户峪社区人民调解委员会

平山县岗南镇人民调解委员会

兴隆县兴隆镇人民调解委员会

张家口市下花园区城镇街道龙兴路社区人民调解委员会

昌黎县交通事故纠纷人民调解委员会

唐山市丰南区诉前人民调解委员会

固安县固安镇人民调解委员会

大厂回族自治县医疗纠纷人民调解委员会

唐县长古城镇人民调解委员会

沧州市医疗纠纷人民调解委员会

武强县豆村镇人民调解委员会

邢台市南和区疑难纠纷人民调解委员会

大名县张铁集乡人民调解委员会

邯郸市复兴区铁路大院街道军营路社区人民调解委员会冯静调解工作室

安新县安新镇王家寨村人民调解委员会

定州市南城区回民第二社区人民调解委员会

辛集市田家庄乡人民调解委员会

山西

山西省访调对接人民调解委员会

太原市小店区诉前人民调解委员会

大同市云冈区平旺乡王家园村人民调解委员会

阳泉市道路交通事故纠纷人民调解委员会

朔州市平鲁区陶村乡人民调解委员会

河曲县人民调解中心人民调解委员会

长治市保险纠纷人民调解委员会

吕梁市医疗纠纷人民调解委员会

寿阳县南燕竹镇南燕竹村人民调解委员会

翼城县王庄镇王庄村人民调解委员会

永济市栲栳镇人民调解委员会

沁水县嘉峰镇人民调解委员会

内蒙古

东乌珠穆沁旗乌里雅斯太镇满都胡社区人民调解委员会

包头市昆都仑区市府东路街道人民调解委员会

巴彦淖尔市临河区铁南街道人民调解委员会

翁牛特旗婚姻家庭纠纷人民调解委员会

奈曼旗道路交通民事损害赔偿人民调解委员会

乌海市医疗纠纷第三方人民调解委员会

辽宁

沈阳市沈北新区道义街道北苑社区人民调解委员会

大连市劳资纠纷人民调解委员会

鞍山市千山区甘泉镇人民调解委员会

黑山县半拉门镇人民调解委员会

阜新市新邱区长营子镇人民调解委员会

西丰县钓鱼镇人民调解委员会

朝阳市龙城区龙泉街道东三家村人民调解委员会

葫芦岛市龙港区连湾街道凯地家园社区人民调解委员会

吉林

大安市锦华街道物业纠纷人民调解委员会

东丰县拉拉河镇福安村人民调解委员会

吉林省保险行业合同纠纷人民调解委员会

双辽市柳条乡人民调解委员会

延吉市建工街道延春社区人民调解委员会

永吉县口前镇人民调解委员会

黑龙江

哈尔滨市香坊区黎明街道人民调解委员会笑雪调解工作室

齐齐哈尔市富拉尔基区北兴街道繁胜社区人民调解委员会

牡丹江市诉前纠纷人民调解委员会

抚远市乌苏镇人民调解委员会最东调解工作室

杜尔伯特蒙古族自治县克尔台乡乌诺村人民调解委员会

孙吴县孙吴镇人民调解委员会

上海

徐汇区人桥人民调解委员会

杨浦区知识产权人民调解委员会

宝山区友谊路街道人民调解委员会

金山区朱泾镇南圩社区人民调解委员会

嘉定区南翔镇永乐村人民调解委员会

江苏

南京市金融消费纠纷人民调解委员会

无锡市惠山区交通事故纠纷人民调解委员会

新沂市唐店街道人民调解委员会

常州市天宁区兰陵街道人民调解委员会

张家港市锦丰镇人民调解委员会

如东县马塘镇人民调解委员会

连云港市赣榆区联合人民调解委员会驻赣榆区人民检察院调解工作室

淮安市淮阴区联合人民调解委员会老兵调解工作室

盐城市大丰区金融纠纷人民调解委员会

扬州市江都区医患纠纷人民调解委员会

镇江市镇江新区丁卯街道人民调解委员会

泰州市高港区口岸街道引江社区人民调解委员会

宿迁市宿城区公调对接人民调解委员会

浙江

杭州市临平区塘栖镇人民调解委员会

建德市杨村桥镇人民调解委员会

宁波市海曙区古林镇人民调解委员会

宁波市北仑区小港街道人民调解委员会

温州市医疗纠纷人民调解委员会

温州市鹿城区南汇街道春秋社区人民调解委员会

湖州市南浔区南浔镇人民调解委员会

海盐县秦山街道人民调解委员会

诸暨市浣东街道人民调解委员会

义乌市涉外纠纷人民调解委员会

衢州市柯城区万田乡人民调解委员会

舟山市普陀区六横镇人民调解委员会

台州市椒江区洪家街道人民调解委员会

青田县季宅乡人民调解委员会

安徽

庐江县婚姻家庭纠纷人民调解委员会

淮北市杜集区段园镇人民调解委员会零距离调解工作室

固镇县谷阳镇张洪社区人民调解委员会

寿县炎刘镇人民调解委员会

阜阳市总商会人民调解委员会

马鞍山市道路交通事故人民调解委员会

南陵县籍山镇人民调解委员会

郎溪县建平镇人民调解委员会

东至县花园乡花园村人民调解委员会

桐城市吕亭镇人民调解委员会

祁门县塔坊镇响潭村人民调解委员会

福建

福州市鼓楼区洪山镇福屿社区人民调解委员会

厦门市集美区后溪镇人民调解委员会

安溪县医疗纠纷人民调解委员会

邵武市通泰街道西门社区人民调解委员会

宁德市医患纠纷人民调解委员会

建宁县闽赣边界纠纷人民调解委员会

东山县道路交通事故损害赔偿纠纷人民调解委员会

福建省城市市容环境卫生行业协会人民调解委员会

江西

南昌市知识产权纠纷人民调解委员会

江西云山集团有限责任公司人民调解委员会

浮梁县浮梁镇人民调解委员会

萍乡市安源区八一街道人民调解委员会

新余市渝水区诉前人民调解委员会

鹰潭市余江区平定乡人民调解委员会

石城县横江镇人民调解委员会

龙南市东江乡人民调解委员会

丰城市上塘镇人民调解委员会

上饶市广信区皂头镇人民调解委员会

吉安市青原区值夏镇值夏社区人民调解委员会白保忠调解工作室

抚州市临川区文昌街道东乡仓社区人民调解委员会

山东

济南市第二医患纠纷人民调解委员会

济南市市中区舜玉路街道舜园社区人民调解委员会

青岛市市南区金门路街道天山社区人民调解委员会

淄博市张店区车站街道人民调解委员会

枣庄市金融消费纠纷人民调解委员会

东营市河口区新户镇人民调解委员会

烟台市牟平区大窑街道人民调解委员会

招远市夏甸镇人民调解委员会

潍坊市医疗纠纷人民调解委员会

临朐县城关街道兴隆社区人民调解委员会

济宁市任城区古槐街道人民调解委员会

邹城市唐村镇人民调解委员会

泰安市医疗纠纷人民调解委员会

威海市文登区企业信用纠纷人民调解委员会

莒县阎庄街道人民调解委员会

临沂市兰山区汪沟镇人民调解委员会

莒南县相沟镇人民调解委员会

乐陵市黄夹镇人民调解委员会

聊城市东昌府区新区街道人民调解委员会

无棣县碣石山镇小吴码头村人民调解委员会

东明县陆圈镇人民调解委员会

河南

郑州市金水区未来路街道升龙社区人民调解委员会

开封市龙亭区联合人民调解委员会驻龙亭区人民法院调解工作室

栾川县栾川乡人民调解委员会

鲁山县观音寺乡人民调解委员会

林州市开元街道人民调解委员会驻开元派出所调解工作室

获嘉县照镜镇人民调解委员会

焦作市马村区马村街道人民调解委员会

南乐县谷金楼镇人民调解委员会

襄城县茨沟街道乔皮社区人民调解委员会

临颍县瓦店镇人民调解委员会

三门峡市湖滨区交口乡人民调解委员会

新野县城郊乡人民调解委员会

息县包信镇人民调解委员会

西华县红花集镇人民调解委员会

确山县李新店镇人民调解委员会

平舆县万金店镇土店村人民调解委员会

济源市诉前纠纷人民调解委员会

湖北

武汉市东西湖区常青花园社区人民调解委员会

黄石市下陆区道路交通事故纠纷人民调解委员会

襄阳市工会职工劳动争议人民调解委员会

荆州市荆州区城南街道人民调解委员会

当阳市玉阳街道望城村人民调解委员会

十堰市郧阳区胡家营镇人民调解委员会

孝感市孝南区婚姻家庭纠纷人民调解委员会

荆门市物业服务矛盾纠纷人民调解委员会

鄂州市梁子湖区东沟镇人民调解委员会

浠水县蔡河镇窑上咀村人民调解委员会

咸宁市房地产领域纠纷人民调解委员会

咸丰县联合人民调解委员会苏老武调解工作室

随州市曾都区何店镇人民调解委员会

湖南

长沙市天心区南托街道人民调解委员会

衡阳县婚姻家庭纠纷人民调解委员会

炎陵县水口镇水口村人民调解委员会

湘潭市雨湖区雨湖路街道人民调解委员会

新邵县陈家坊镇洪庙村人民调解委员会

汨罗市罗江镇罗江村人民调解委员会

石门县楚江街道龙凤社区人民调解委员会

慈利县零阳街道人民调解委员会

益阳市医疗纠纷人民调解委员会

郴州市医疗纠纷人民调解委员会

通道侗族自治县陇城镇洞雷村人民调解委员会

涟源市石马山街道人民调解委员会

保靖县道路交通事故纠纷人民调解委员会

广东

广州金融纠纷人民调解委员会

阳江市江城区城北街道人民调解委员会

湛江市麻章区麻章镇人民调解委员会

高州市根子镇人民调解委员会

潮州市湘桥区医疗纠纷人民调解委员会

新兴县东成镇人民调解委员会

深圳市福田区香蜜湖街道人民调解委员会

珠海高新技术产业开发区唐家湾镇人民调解委员会

汕头市潮阳区贵屿镇东洋社区人民调解委员会

佛山市禅城区祖庙街道人民调解委员会

韶关市市区道路交通事故人民调解委员会

陆河县河口镇人民调解委员会

东莞市桥头镇石水口村人民调解委员会

中山市西区街道人民调解委员会

广西

南宁市南宁经济技术开发区商会人民调解委员会

柳州市福建商会人民调解委员会

北海市医患纠纷人民调解委员会

钟山县钟山镇人民调解委员会

防城港市港口区企沙镇人民调解委员会

金秀瑶族自治县头排镇人民调解委员会

乐业县新化镇百坭村人民调解委员会

凭祥市凭祥镇狮子山社区人民调解委员会

海南

海口市秀英区长流镇人民调解委员会

定安县黄竹镇人民调解委员会

东方市新龙镇上通天村人民调解委员会

重庆

渝中区工会劳动争议纠纷人民调解委员会

江北区五里店街道人民调解委员会

巴南区南泉街道人民调解委员会

长寿区重大疑难复杂矛盾纠纷人民调解委员会驻法院调解工作室

綦江区三江街道重钢四厂社区人民调解委员会

秀山土家族苗族自治县隘口镇百岁村人民调解委员会

四川

成都市郫都区郫筒街道人民调解委员会

金堂县赵镇街道河湾社区人民调解委员会

荣县青阳街道人民调解委员会

攀枝花市医疗纠纷人民调解委员会“和之霞”调解工作室

叙永县“石榴籽”人民调解委员会

广汉市金雁街道人民调解委员会

绵阳市安州区花荄镇人民调解委员会

广元市昭化区昭化镇人民调解委员会

资中县银山镇人民调解委员会

乐山市沙湾区踏水镇人民调解委员会

南部县滨江街道红电社区人民调解委员会

宜宾市叙州区观音镇人民调解委员会

达州市通川区复兴镇人民调解委员会

眉山市东坡区苏祠街道人民调解委员会

甘孜县下雄乡人民调解委员会

贵州

贵阳市观山湖区劳动纠纷人民调解委员会

遵义市红花岗区公共法律服务中心人民调解委员会

习水县商务纠纷人民调解委员会

六盘水市六枝特区九龙街道人民调解委员会

安顺市医疗纠纷人民调解委员会

毕节市七星关区柏杨林街道人民调解委员会

松桃苗族自治县太平营街道人民调解委员会

丹寨县兴仁镇人民调解委员会

都匀市涉诉人民调解委员会

兴义市劳动纠纷人民调解委员会

云南

昆明市官渡区金马街道幸福邻里社区人民调解委员会

永善县务基镇锦屏村人民调解委员会

墨江哈尼族自治县联珠镇人民调解委员会

永胜县永北镇人民调解委员会

楚雄市联合人民调解委员会

西畴县鸡街乡鸡街村人民调解委员会

盈江县道路交通事故人民调解委员会

西藏

林周县边交林乡人民调解委员会

亚东县上亚东乡人民调解委员会

琼结县下水乡下水村人民调解委员会

朗县婚姻家庭纠纷人民调解委员会

班戈县普保镇人民调解委员会驻纳木路便民警务站“红心向党”调解工作室

陕西

西安市新城区解放门街道人民调解委员会

陕西省西咸新区钓台街道人民调解委员会

扶风县绛帐镇罗家村人民调解委员会

咸阳市秦都区古渡街道人民调解委员会

铜川市耀州区矛盾纠纷多元化解人民调解委员会

渭南市临渭区站南街道高田社区人民调解委员会

延安市信访矛盾纠纷人民调解委员会

榆林市榆阳区镇川镇高梁柳湾村人民调解委员会

西乡县白龙塘镇人民调解委员会

石泉县城关镇老城社区人民调解委员会

柞水县乾佑街道仁和社区人民调解委员会

甘肃

兰州市城关物业服务集团物业纠纷人民调解委员会

嘉峪关市钢城街道紫轩社区人民调解委员会

金塔县劳动人事争议人民调解委员会

民乐县六坝镇人民调解委员会

永昌县河西堡镇人民调解委员会

武威市凉州区和平镇中庄村人民调解委员会

景泰县一条山镇人民调解委员会

庄浪县城市社区紫荆社区张晓丽调解工作室

正宁县周家镇人民调解委员会

青海

西宁市城东区周家泉街道为民社区人民调解委员会为民家事调解工作室

互助土族自治县五峰镇人民调解委员会

都兰县香日德镇人民调解委员会

贵南县森多镇人民调解委员会

同仁市多哇镇直跃村人民调解委员会

宁夏

银川市兴庆区大新镇人民调解委员会

石嘴山市医疗纠纷人民调解委员会

吴忠市利通区东塔寺乡人民调解委员会

隆德县诉前纠纷人民调解委员会

新疆

乌鲁木齐市沙依巴克区扬子江路街道人民调解委员会

伊宁县萨地克于孜乡下萨地克于孜村人民调解委员会

和静县额勒再特乌鲁乡乌兰布鲁克村人民调解委员会

昌吉州金融纠纷人民调解委员会

疏勒县疏勒镇人民调解委员会

阿瓦提县塔木托格拉克镇人民调解委员会

兵团

第三师四十五团人民调解委员会

第八师老街街道五三社区人民调解委员会

第十四师皮山农场人民调解委员会

全国模范人民调解员

（略）

法学会系统

第十届“全国杰出青年法学家”称号获得者

（按姓氏笔画排列）

王 旭 尹 飞 吴洪淇 宋亚辉 宋华琳 周尚君 赵 骏 胡 健 谢增毅 雷 磊

第十届“全国杰出青年法学家”提名奖获得者

（按姓氏笔画排列）

王青斌 叶 姗 朱 虎 杨 华 吴元元 何 挺 宋志红 陈 璇 陈福勇 林喜芬
竺 效 郑春燕 郑智航 屈文生 段文波 姚建龙 徐阳光 喻海松 廖诗评 翟国强